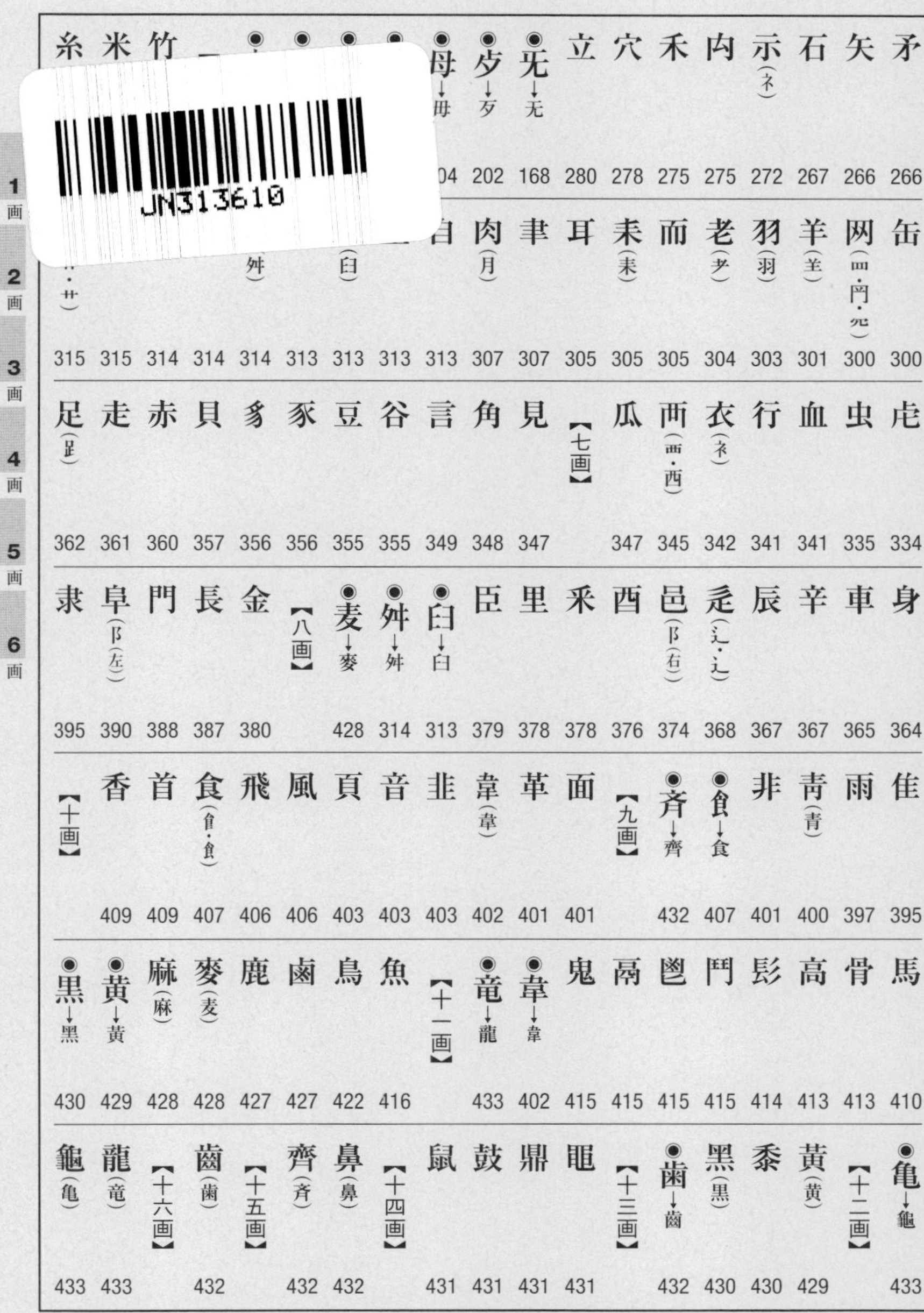

13 7 1 画

14·15 8 2 画

16 9 3 画

10 4 画

11 5 画

12 6 画

三省堂 難読漢字辞典

三省堂編修所…編

三省堂

執筆協力――井倉一也
樹花舎
紙面設計――大熊肇（トナン）
装丁――三省堂デザイン室

まえがき

本書は、読み方の難しい漢字のことば―難読漢字の語＝難読語―の読み方を調べるための辞典です。

一般に難読語とは、「銀杏」や「海老」などの漢字の組み合わせ（熟字）に「いちょう」や「えび」などの日本語の訓（くん）をあてて読む「熟字訓（じゅくじくん）」や、「芽出度（めでた）い」「愛蘭土（アイルランド）」などのように漢字本来の意味とは関係なくその音や訓をあてた「宛字（あてじ）」など、普通の漢字の読み方では読むことが難しい漢字のことばを指しますが、さらに、現在ではあまり目にすることのないような伝統的な訓や熟語、平易な字ではあっても実際にどう読むのか分からないような地名や人名なども、広くこれに含めることができるでしょう。日本語はこのように、本来は外国語である漢字を用いて多くのことばを表現し、その世界を広げてきました。難読語には、その難しさとは表裏一体の、豊かな日本語の世界が広がっていると言うこともできるでしょう。

本書は、この難読語について、自然・生活と行事・文化と歴史・人名・地名・故事成語・四字熟語などさまざまな分野の語のなかから、〝初級編〟から〝上級編〟までの二万五千語を精選して、これを収録したものです。従来あまり扱われてこなかった人名や地名なども積極的に採録し、現代の日本における漢字使用の実態をできるかぎり掬（すく）い上げるよう努めました。

その配列に当たっては、読み方が分からない漢字のことばを調べる、という難読漢字辞典の本来の主旨から、漢和辞典の組み立てに倣（なら）うこととし、部首別の見出し漢字ごとに難読語をまとめて配列しました。そして、漢字から引く索引三種と読み方から引く索引一種とを用意し、漢字表記と読み方の両側面から、難読語を自在に検索できるよう工夫しました。

もとより、難読語の世界は広大かつ深遠であり、また、日々新たな語も生み出されています。この辞典で採り上げることのできたものはその一端でしかありませんが、本書が日本語の豊かな世界への入り口となり、さまざまな場面で読者の皆様のお役に立つことを深く願ってやみません。

二〇〇九年四月

三省堂編修所

凡例

本書は、難読漢字の語＝難読語＝二万五千語を集め、その漢字表記を掲げて漢和辞典方式で配列して、その読み方を示すとともに、簡単な説明を施したものです。見出し漢字に示された読み方も含めれば、三万語以上の漢字の語の読み方を調べることができます。

◉本書の索引

本書では、漢字表記と読み方の両側面から、収録された難読語を調べることができます。

⊙漢字から読み方を調べたいときには……前見返しの「部首索引」、および、巻頭の「音訓索引」「総画索引」から。（所属部首の分かりにくい字については、後見返しの「部首ガイド」をご参照ください）

⊙読み方から漢字表記を調べたいときには……巻末の「項目索引」から。

◉本書の構成

⊙難読語の見出し語は、先頭の漢字を**見出し漢字**として、その字ごとにまとめて示しました。

⊙見出し漢字の配列は、伝統的な部首順・画数・音訓順としました。

⊙見出し漢字ごとの見出し語の配列は、二字目以降の画数順（同画数の場合は代表的な読みの順）としました。（ひらがな・かたかなは、0画としました）

⊙同じ語が複数の漢字表記で表わされる場合は、適宜本書での「主見出し」を定めて、その異表記や解説をまとめて示すとともに、それ以外の表記は「空見出し（からみだし）」として、主見出しを参照させるかたちとしました。

◉見出し漢字

⊙見出し漢字には、その字の部首・部首内画数と総画数を示し、常用漢字については常用漢字表に示された音訓を、それ以外の字では音（国字の場合は訓）を示しました。

◉見出し語

⊙その見出し漢字の下で、以下のような分野から難読と思われる語例を精選し、**見出し語**として掲げました。

その見出し漢字の訓（漢文訓読などにも用いられる語を含む）
自然に関する語例（自然現象・動植物名など）
生活と行事に関する語例（住居・道具・服飾・からだ・健康・飲食・行事・暦・遊びなど）
文化と歴史に関する語例（芸術・芸能・宗教・家紋・色・単位・文学史・歴史上の語など）
人名に関する語例（姓氏の例・外国人名・歴史上の人名など）
地名に関する語例（自然地名・二〇〇七年一〇月現在の行政地名・二〇〇七年三月現在の駅名・旧国名・外国地名など）
故事成語の語例
四字熟語の語例
その他、常用音訓の語を含む、読み方の難しいと思われる語例

⊙見出し語の上にその語の二字目の総画数を掲げ、検索の便を図りました。

⊙「上手（うわて）」「上手（かみて）」「上手（じょうず）」のように、同じ表記の別語が続く場合、その先頭と末尾の項目に、左右参照の矢印を付しました。

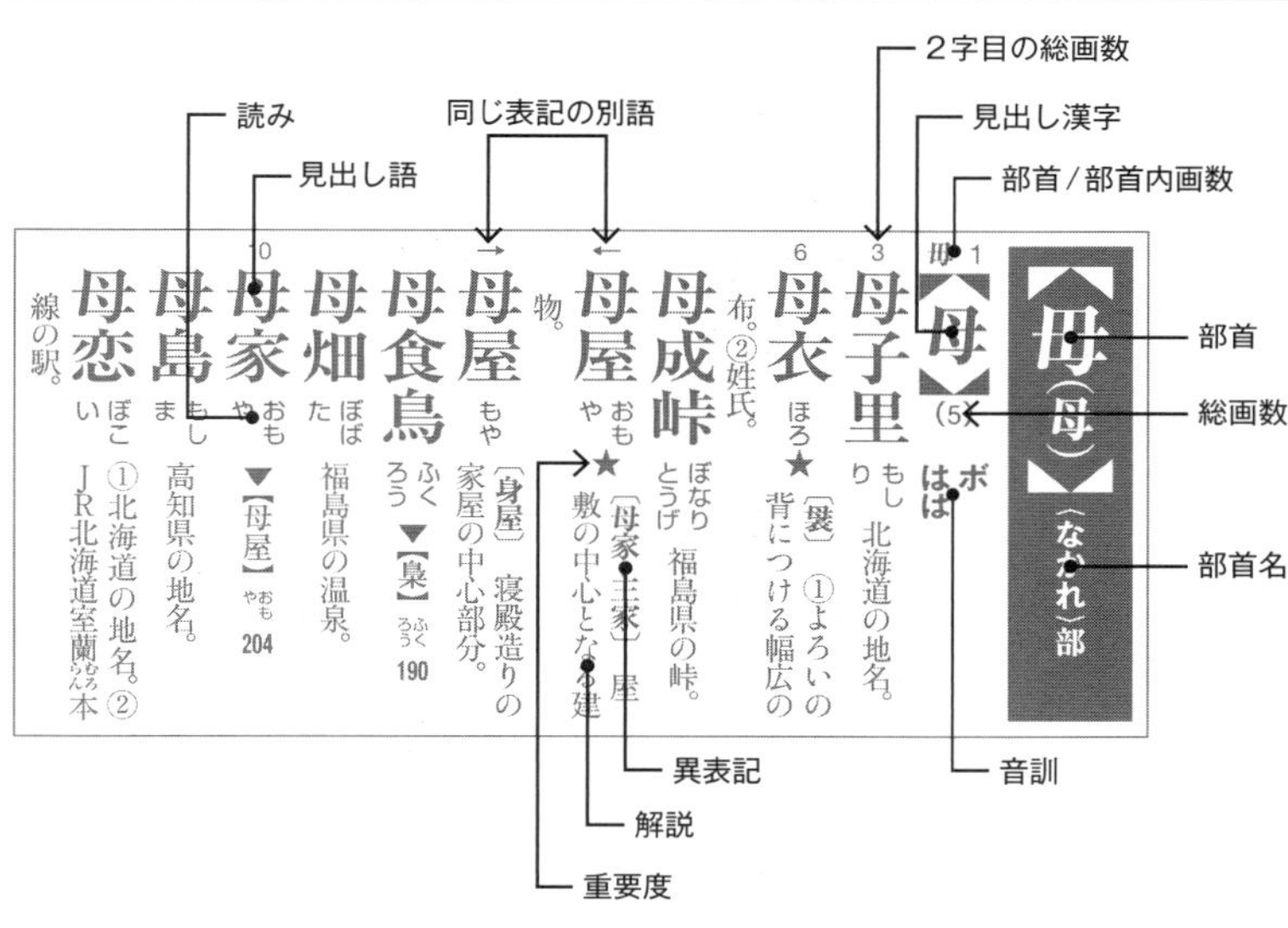

◉見出し語の読み

⊙見出し語の下に、ゴシック体で、その読み方を示しました。

⊙ここでは、原則として平易な読み方は省略し、難読と思われる読み方を示しました。

⊙姓氏の場合は、一般に多様な読み方がありますので、その一例としました。

◉異表記

⊙異表記のある語は、見出し語の読みの次に〔　〕でくくって、まとめて示しました。

◉解説

⊙見出し語の読み・異表記の次に、簡潔な意味・解説や用例を示し、その語の理解の助けとなるようにしました。また、見出しに掲げたもの以外の読み方や名称などもここで補いました。

⊙自然地名や固有名詞などは、「山(やま)」「岬(みさき)」「島(しま)」などのように解説の用語でそのまま呼ばれている場合を除き、その実際の名称を注記しました。

例……（―山(さん・ざん)）（―岳(たけ・だけ)）（―崎）（―鼻(はな)）（―島(とう)）（―渓）
（―水道）（―瀬戸）（―潟）（―電気鉄道）

⊙町村名は、「まち・ちょう」「むら・そん」の別をルビで示しました。

例……北海道の町(ちょう)　秋田県の町(まち)　千葉県の村(むら)　沖縄県の村(そん)

◉重要度

⊙見出し語の読みの下に、難読語として扱われる度合いや検定試験での出題傾向などを参考に、その語の重要度を本書独自に判断して、以下のような二段階の記号で示しました。

★……最重要語
☆……重要語

【音訓索引】

- 本辞典に収録した見出し漢字の音と訓を五十音順（同じ読みの場合は総画数順）に配列し、本文の掲載ページを示しました。
- かたかなは音、ひらがなは訓です。
- 見出し漢字の上に示した数字は総画数です。

【ア・あ】

ア
| 16 鴉 三九一 | 19 鵲 三九一 | 16 錏 三四 | 12 姫 三〇四 | 9 姪 二九六 | 11 婀 二九七 | 8 唖 六九一 | 7 阿 三九 | 亜 一九 |

あい
| 15 鞋 四〇二 | 隘 三九七 | 13 矮 二三七 | 11 欸 二〇〇 | 10 挨 一五七 | 9 埃 六七 | 20 哀 六六 | 19 鐔 三八三 | 鴉 三九一 | 16 闔 三九九 | 15 錏 三四 | 12 姬 三〇四 |

あう
合 六二 | 遭 三七二

あおぐ
仰 二四

あお
青 四〇〇 | 碧 二三八

あか
赤 三六〇

あかい
赤 三六〇

あかし
明 一七一

あかつき
暁 一七三

あからむ
赤 三六〇 | 明 一七一

あからめる
赤 三六〇 | 明 一七一

あかり
明 一七一

あがる
上 一七 | 挙 一五九 | 揚 一六一

あかるい
明 一七一

あかるむ
明 一七一

あきなう
商 六九

あきらか
明 一七一

あきる
飽 四〇八

アク
悪 一三六 | 握 一六一 | 渥 二二二 | 齷 四三三 | 坏 六七

あく
明 一七一 | 開 三八八 | 空 二七九

あくつ
圷 六七

あくる
明 一七一

あける
明 一七一 | 開 三八八 | 空 二七九

あげる
上 一七 | 挙 一五九 | 揚 一六一

あこがれる
憧

あさ
朝 一七八 | 麻 四二三

あさい
浅 二〇一

あざ
字 九六

あざむく
欺 一九六

あさやか
鮮 四一九

あざる
鯏 四〇七

あし
脚 三一〇 | 足 三四二

あじ
味 六六

あじわう
味 六六

あずかる
預 四〇四 | 与 一九

あずける
預 四〇四

あせ
汗 二〇八

あせる
焦 二五二

あそぶ
遊 二六八

あたい
価 二八 | 値 三四

あたえる
与 一九

あたたか
温 二二四 | 暖 一七四

あたたかい
温 二二四 | 暖 一七四

あたためる
温 二二四 | 暖 一七四

あたま
頭 四〇五

あたらしい
新 一六八

あたり
辺 三六八

あたる
当 一二〇

アツ
圧 六五 | 軋 三五五

あつい
厚 五〇 | 暑 一七三 | 熱 二五一 | 篤 二七三

あつかう
扱 一五一

あつまる
集 三五八

あつめる
集 三五八

あと
後 一三〇 | 跡 三四三

あな
穴 二七八

あなどる
侮 二九

あに
兄 四五

あね
姉 二七四

あばく
暴 一七四

あばれる
暴 一七四

あびせる
浴 二一八

あびる
浴 二一八

あぶない
危 五六

あぶら
油 二一三 | 脂 三一〇

あま
尼 一一 | 天 八九 | 雨 三九五

あまい
甘 二四一

あまえる
甘 二四一

あます
余 二八

あまやかす
甘 二四一

あまり
余 二八

あみ
網 二九六

あむ
編 二九八

あめ
天 八九 | 雨 三九五

あやうい
危 五六

あやしい
怪 一三三

あやしむ
怪 一三三

あやつる
操 一六八

あやぶむ
危 五六

あやまち
過 三七一

あやまつ
過 三七一

あやまる
誤 三三一 | 謝 三三四

あゆむ
歩 二〇二

あらい
荒 二八五 | 粗 二六九

あらう
洗 二一五

あらそう
争 一六二

あらた
新 一六八

あらたまる
改 一六二

あらためる
改 一六二

あらわす
表 三二四 | 著 二八五 | 現 二三三

あらわれる
表 三二四 | 現 二三三

ある
有 一六七 | 在 六五

あるく
歩 二〇二

あれる
荒 二八五

あわ
泡 二一〇

あわい
淡 二二〇

あわす
合 六二

あわせる
併 二九 | 合 六二

音訓索引 ▼あわただしい—うかがう

【イ・い】

イ
- 3 以 一二九
- 5 匝 五一
- 6 伊 三二
- 6 夷 九三
- 21 鷲 四二
- 17 鮟 四二七
- 16 餡 四〇八
- 15 闇 四〇二
- 13 諳 三五四
- 頷 三五〇
- 鞍 四〇四
- 罨 三〇〇
- 11 暗 一七二
- 菴 三三一
- 淹 二二九
- 庵 一〇三
- 殷 二〇八
- 案 一七二
- 晏 一八二
- 10 俺 一五四
- 9 按 一八一
- 7 杏 一九一
- 行 三四一
- 6 安 九三
- 哀 六七
- 哀 六七
- 12 慌 一二四

- 貽 三五一
- 詒 三五一
- 渭 二三二
- 欹 二一二
- 椅 一九九
- 12 偉 一五七
- 萎 三三二
- 移 三一〇
- 異 二九二
- 猗 二五二
- 惟 一四一
- 帷 一〇七
- 尉 九八
- 11 唯 七〇
- 韋 四〇三
- 倚 一五四
- 倭 一五四
- 10 胃 三〇二
- 畏 二九一
- 為 二二三
- 洟 二二六
- 姨 九五
- 威 九五
- 9 易 一七八
- 怡 一三四
- 8 委 九四
- 依 一五三
- 囲 七五
- 7 医 五一
- 位 一五二
- 衣 三四二

- 言 三五四
- 井 一八
- 22 懿 一四七
- 21 饐 四〇九
- 鮪 四二九
- 鹼 四三二
- 20 鯡 四二九
- 18 彝 四二八
- 謂 三五八
- 17 蝟 二八八
- 薏 二九六
- 縊 三二九
- 緯 三二九
- 16 噫 七二
- 頤 四〇四
- 遺 三七三
- 蝟 二八五
- 慰 一四五
- 飴 四〇八
- 15 蔚 三三五
- 14 維 三二五
- 鉈 三八二
- 違 三七一
- 葦 三三三
- 肆 三〇六
- 瘀 二六一
- 意 一四三
- 彙 一一〇
- 13 透 三七一

い
- いえ 10 家 一〇二
- いかす 5 生 二七四
- いかだ 16 筏 三二〇
- いかる 9 怒 一三九
- イキ 10 息 一四〇
- 13 閾 三九〇
- 15 憤 一四六
- いきおい 12 勢 一五〇
- いきる 5 生 二七四
- いきどおる 15 憤 一四六
- イク 6 育 三〇二
- 8 郁 三七八
- いくさ 12 戦 一五九
- 13 戦 一五九
- いけ 6 池 二二五
- いける 5 生 二七四
- いこい 16 憩 一四六
- いこう 16 憩 一四六
- いさぎよい 15 潔 二三六
- いさむ 9 勇 一五一

- 8 板 一八五
- 9 急 一三八
- 忙 一三二
- 6 泉 二二四
- 19 鷗 四三一
- 18 礎 二七一
- 5 石 二六九
- いずみ 9 泉 二二四
- いそぐ 9 急 一三八
- いそがしい 6 忙 一三二
- いた 8 板 一八五

- いたい 痛 二六〇
- いたす 10 致 三〇三
- いだく 8 抱 一八〇
- いただき 頂 四〇二
- いただく 頂 四〇二
- いたむ 13 傷 一五九
- 痛 二六〇
- いためる 13 傷 一五九
- いたる 至 三〇六
- イチ 一 一
- 7 壱 八五
- 市 一〇五
- 13 溢 二三四
- いちじるしい 11 著 三三四
- イツ 一 一
- 6 佚 一五一
- 逸 三六九
- 軼 三八五
- 11 喜 七〇
- 溢 二三四
- 23 鷸 四三一
- 5 五 一七
- 慈 一四五
- 11 鰯 四二九
- 偽 一五七
- 糸 三二〇

- いわ 8 岩 一一六
- いろどる 彩 一一一
- いれる 6 入 一六四
- いる 10 鋳 三八四
- 射 九六
- 要 三四五
- 9 居 一一八
- 6 入 一六四
- いる 杁 一八七
- 圦 八三
- いやしい 卑 五五
- 卑 五五
- 卑 五五
- いやしむ 卑 五五
- いやしめる 卑 五五
- いもうと 妹 九四
- いま 4 今 一三六
- 祈 二七二
- いましめる 戒 一六二
- いのる 祈 二七二
- いのち 命 六七
- いぬ 犬 二五〇
- いな 14 鰕 四二九
- 否 六五
- 21 鰊 四二九
- いどむ 挑 一八二
- いとなむ 営 七〇

- 9 祝 二七二
- 21 鰯 四二九
- イン
- 4 允 一三二
- 尹 九九
- 右 六二
- 引 一一二
- 6 印 五六
- 9 因 七六
- 咽 六七
- 姻 九五
- 胤 三〇二
- 茵 三三一
- 10 音 四〇四
- 員 六八
- 恁 一三八
- 院 三九三
- 11 淫 二二九
- 婬 九五
- 寅 一〇三
- 陰 三九二
- 12 湮 二三二
- 飲 四〇七
- 13 慇 一四四
- 楢 一九五
- 蔭 三三五
- 隠 三九四
- 18 蟬 二八九
- 19 韻 四〇三
- 28 鸚 四三七

う
- うお 11 魚 四二八
- うえ 3 上 四
- うえる 12 植 一九七
- 10 飢 四〇八
- ウイ 3 上 四
- 7 初 三四〇
- うかがう 9 伺 一五二

【ウ・う】

ウ
- 于 一七
- 4 尤 九九
- 右 六二
- 宇 一〇〇
- 有 二九九
- 羽 二九八
- 6 迂 三六六
- 於 一七七
- 盂 二六六
- 雨 三九五
- 9 禹 二七三
- 紆 三二〇
- 胡 三〇一
- 烏 二三九
- 10 雩 三九六
- 偶 一五七
- 11 鳴 四三〇
- 13 饂 四〇九
- 14 齲 四三七
- 19 鮨 四二九
- 24 鸕 四三七
- 7 初 三四〇
- 3 上 四
- 10 飢 四〇八
- 12 植 一九七
- 11 魚 四二八
- 7 伺 一五二

音訓索引 ▼うかぶ―エン

読み	画	漢字	頁
うかぶ	10	浮	三八
うかべる	10	浮	三八
うかる	8	受	五〇
うかれる	10	浮	三八
うく	10	浮	三八
うぐい	18	鯎	四四一
うける	15	鯎	一五一
うけたまわる	8	承	四六
うけ	11	請	五五八
うごかす	11	動	四九
うごく	11	動	四九
うし	4	牛	一〇五
うじ	9	氏	三一
うしなう	5	失	三二
うしろ	12	後	三三
うず	12	渦	三三
うすい	16	薄	三一
うすまる	16	薄	三一
うすめる	16	薄	三一
うすらぐ	16	薄	三一
うすれる	16	薄	三一
うた	14	歌	三〇一
うた	16	謡	三〇一
うたう	14	歌	三〇一
うたう	16	謡	三〇一
うたい	16	謡	三〇一
うたがう	14	疑	三〇一
うち	4	内	四〇
ウチ	8	内	四〇
ウツ	14	鬱	三八
	14	蔚	三八

うつ	5	打	四五
うつ	10	討	一五〇
うつ	15	撃	一五〇
うつくしい	美		三〇一
うつす	5	写	四一
うつす	9	映	一七一
うつたえる	訴		二六八
うつる	5	写	四一
うつる	9	映	一七一
うつわ	15	器	三三一
うで	12	腕	二七六
うとい	疎		三五四
うとむ	疎		三五四
うながす	9	促	三三一
うぬぼう	献		三三一
うね	14	畝	四三一
うばう	11	奪	三五〇
うま	10	馬	三五〇
うまる	埋		七九
うまれる	生		三三
うみ	9	海	三二三
うむ	11	産	三四九
うむ	5	生	三三
うめ	10	梅	一九〇
うめる	11	埋	七九
うもれる	埋		七九

うやうやしい	恭		一六三
うやまう	敬		一六三
うら	10	浦	三八
うら	15	裏	五四
うらなう	占		四〇
うらむ	恨		一四〇
うらめしい	恨		一四〇
うる	売		三六
うる	11	得	二三三
うるおう	潤		三三五
うるおす	潤		三三五
うるし	漆		三三五
うるわしい	麗		四二八
うれい	愁		一五四
うれい	憂		一五四
うれえる	憂		一五四
うれる	売		三六
うれる	15	熟	二六五
うわ	上		七
うわる	植		一九二
うん	云		七
	叶		六三
	苑		三〇九
ウン	7	転	八
ウン	10	運	三七一
ウン	12	雲	三九八
ウン	13	慍	一七四
ウン	14	暈	一七四
ウン	14	熅	三二四

【エ・え】

エ	6	会	二四
	依		七五
	回		三〇
	11	廻	二九
	恵		一四〇
	淮		三一
	絵		三七
	13	慧	一五四
	15	瑰	二三
	17	膾	一八〇
	18	繪	二七
	24	鱠	四三一

エイ	6	柄	一八七
	永		七五
	曳		三〇六
	兌		二一
	7	泄	三二一
	8	英	三一〇
	9	映	一七一
	9	栄	一八五
	10	洩	三二三
	郢		二六〇
	10	枻	一七五
	11	営	二五
	12	詠	八一
	13	裔	二三五
	13	影	一五三
	14	頴	四二六
	15	瑩	一七四
	叡		二五
	16	鋭	五四
	颖		三五
	殪		三九八
	霓		四〇一
	要		九八
	17	嬰	三五四
	翳		三五四
	20	蝶	三二九
	21	瀛	二九一
	22	瓔	三〇〇
	23	纓	三五四
エキ	11	亦	一九
エキ	6	役	二二三
エキ	7	易	一三二
エキ	8	易	一三二
エキ	9	奕	九二

エキ	10	疫	二五四
エキ	益		二六〇
エキ	11	掖	一四六
エキ	12	液	二九
エキ	14	腋	一四六
エキ	16	駅	三二一
エキ	17	懌	二八
エキ	18	錫	四二
エキ	23	鱝	三三一
えだ	枝		一八三
エツ	曰		一一一
えそ	鱝		四三一
	5	兌	二一
	10	悦	三〇〇
	咽		六六
	越		三五一
	12	鉞	一四一
	15	謁	七七
えむ	謁		二七二
	閲		一三一
えび	16	蝦	二八九
	樴		一九九
えらい	偉		二八二
えらぶ	16	選	三七三
えり	17	襟	二四五
える	11	獲	二四〇
エン	得		二三三
エン	4	円	四〇

エン	8	宛	一〇一
エン	奄		九一
エン	延		一二六
エン	沿		三二〇
エン	炎		三二二
エン	苑		三〇九
エン	9	咽	六六
エン	怨		一三八
エン	10	妥	九四
エン	俺		二八〇
エン	兗		二三
エン	冤		三二
エン	宴		一〇五
エン	殷		三〇八
エン	烟		三二二
エン	茎		三一〇
エン	袁		三一一
エン	冤		三二
エン	11	婉	九六
エン	掩		一四六
エン	淵		三二八
エン	12	堰	八〇
エン	焉		三二二
エン	媛		九八
エン	援		一四八
エン	掾		一四七
エン	湮		三三一
エン	焰		三二二
エン	13	園	七六

エン	煙		三二三
エン	延		三五一
エン	14	猿	二四一
エン	筵		二四八
エン	罨		三〇〇
エン	羨		三〇二
エン	蜒		二八九
エン	遠		三七一
エン	鉛		三八〇
エン	厭		四一
エン	媕		三二
エン	演		三三一
エン	15	縁	二六七
エン	蝘		二八九
エン	鳶		四二〇
エン	16	燕	三二四
エン	閼		三八四
エン	19	艶	三〇六
エン	閻		三八四
エン	17	轅	三六六
エン	檐		一九九
エン	曖		一一二
エン	鴛		四二〇
エン	19	簷	二五一
エン	20	臙	二八五
エン	22	黶	四三二
エン	23	灩	三三二
	塩		八一

音訓索引 ▼オ―カ

【オ・お】

お
乎 6 ― 一四
汚 8 ― 一六七
和 10 ― 六六
於 11 ― 一二七
烏 13 ― 七一
悪 ― 一〇六
嗚 ― 二六六
瘂 ― 三〇六
小 3 ― 五三
尾 7 ― 一二二
雄 12 ― 二九六
緒 14 ― 三二四

おい
老 6 ― 三〇四

オウ・おう
凹 5 ― 四一
王 ― 二九六
央 ― 九一
応 7 ― 二七六
汪 ― 一六八
邑 ― 三六七
往 8 ― 一八二
快 ― 一五一
押 ― 一三八
拗 ― 一五二
旺 ― 一七〇
枉 ― 二〇〇
欧 ― 二〇三
咬 9 ― 六八
殴 ― 二〇三
始 ― 九五
皇 ― 二八九
桜 10 ― 一八八
秧 ― 二三六
翁 ― 二七八
黄 12 ― 四二九
奥 ― 九〇
媼 13 ― 九六
違 ― 三八一
厭 ― 五〇
嘔 14 ― 七二
嫗 ― 九七
軮 ― 三八八
横 15 ― 一九七
塢 ― 八二
墺 16 ― 八二
懊 ― 一六四
澳 ― 二四六
鴨 18 ― 四二五
甕 ― 二九八
謳 ― 三六五
鏖 20 ― 三八八
鯖 21 ― 四二〇
鶯 22 ― 四二六
鷗 ― 四二六
攟 23 ― 一六二

おおい
多 6 ― 八四

おおいに
大 3 ― 八五

おおう
覆 18 ― 三五六

おおきい
大 3 ― 八五

おおせ
仰 6 ― 二八

おおやけ
公 4 ― 四八

おか
丘 5 ― 二一

おかす
犯 5 ― 二六二
侵 9 ― 三二
冒 ― 三九

おがむ
拝 8 ― 一四一

おき
沖 7 ― 一六四

おきる
起 10 ― 三八一

おく
屋 9 ― 二二〇
憶 16 ― 一六六
奥 ― 九一
臆 17 ― 三一九

おくらす
遅 12 ― 三八〇

おくる
送 9 ― 三七一
贈 18 ― 三五二

おくれる
後 9 ― 一八一
遅 12 ― 三八〇

おこす
起 10 ― 三八一
興 16 ― 二七九

おこたる
怠 9 ― 一五七

おごそか
厳 17 ― 五一

おこなう
行 6 ― 三五六

おこる
怒 9 ― 一五七
起 10 ― 三八一
興 16 ― 二七九

おさえる
抑 7 ― 一三五
押 8 ― 一三八

おさない
幼 5 ― 一一二

おさまる
治 8 ― 一七二
収 4 ― 六一

おさめる
収 4 ― 六一
治 8 ― 一七二
修 10 ― 三二
納 ― 三一二

おしい
惜 11 ― 一六二

おしえる
教 11 ― 一四二

おしむ
惜 11 ― 一六二

おす
押 8 ― 一三八
推 11 ― 一五六
雄 12 ― 二九六

おそい
遅 12 ― 三八〇

おそう
襲 22 ― 三五一

おそれる
恐 10 ― 一六〇
虞 13 ― 三三五

おそろしい
恐 10 ― 一六〇

おそわる
教 11 ― 一四二

おだやか
穏 16 ― 二四一

おちいる
陥 10 ― 四〇二

おちる
落 12 ― 三二六

オツ
乙 1 ― 一五

おっと
夫 4 ― 九一

おとうと
弟 7 ― 一二八

おどかす
脅 10 ― 三二八

おとこ
男 7 ― 二六四

おどし
脅 10 ― 三二八

おとしいれる
陥 10 ― 四〇二

おどす
脅 10 ― 三二八
威 9 ― 九二

おとずれる
訪 11 ― 三六〇

おとる
劣 6 ― 四四

おどる
踊 14 ― 三八七
躍 21 ― 三八九

おどろかす
驚 22 ― 四三一

おどろく
驚 22 ― 四三一

おなじ
同 6 ― 六七

おに
鬼 10 ― 四二五

おのおの
各 6 ― 六二

おのれ
己 3 ― 一一九

おばえる
覚 12 ― 三五四

おびやかす
脅 10 ― 三二八

おび
帯 10 ― 一一三

おぼえる
覚 12 ― 三五四

おぼす
思 9 ― 一五六

おもい
重 9 ― 三九一

おもう
思 9 ― 一五六

おもて
表 8 ― 三五二
面 9 ― 四二一

おもむき
趣 15 ― 三八一

おもむく
赴 9 ― 三八一

おや
親 16 ― 三六四

および
及 3 ― 一四

およぶ
及 3 ― 一四

およぼす
及 3 ― 一四

おり
折 7 ― 一三四

おりる
降 9 ― 四〇三

おる
折 7 ― 一三四
織 18 ― 三二五

おれる
折 7 ― 一三四

おろか
愚 12 ― 一六四

おろし
卸 9 ― 五〇

おろす
卸 9 ― 五〇
降 9 ― 四〇三
下 3 ― 五

おわる
終 11 ― 三二九

オン
怨 9 ― 一五八
音 ― 四二一
冤 10 ― 四一
恩 ― 一五八
殷 ― 二〇三
温 12 ― 二〇二
慍 ― 一六三
遠 13 ― 三八一
懕 14 ― 一六三
榲 ― 一九五
蔭 ― 三三二
蚊 ― 三四二
穏 16 ― 二四一
鶯 ― 三八二
闇 17 ― 四〇七
鯤 21 ― 四二〇
御 12 ― 一八〇
女 3 ― 九三

おんな
女 3 ― 九三

【カ・か】

カ
下 3 ― 五
化 4 ― 二三
戈 ― 一三一
火 ― 二五〇
加 5 ― 四五
可 ― 五七
禾 ― 二三八
仮 6 ― 二六
瓜 ― 二九七
何 7 ― 二五
伽 ― 二六
囮 ― 七五
花 ― 三二七
価 8 ― 二六
佳 ― 二七
卦 ― 五〇
苛 ― 三二八
茄 ― 三二八
果 ― 一八六
河 ― 一六八
呵 ― 六七
架 9 ― 一八六
挂 ― 一四三
柯 ― 一八六
枷 ― 一八六
珈 ― 二八四
科 ― 二四〇
迦 ― 三六七
哥 ― 六八
夏 10 ― 八八
家 ― 一〇六
痂 ― 三〇六
胯 ― 三二二
荷 ― 三二九
華 ― 三二九
筏 11 ― 二五〇
蚵 ― 三四二
袈 ― 三四九
訛 ― 三六一
厦 12 ― 五〇

音訓索引 ▼か—ガク

か / ガ

渦 萵 訶 迦 跏 過 嫁 暇 瑕 禍 寡 賈 跨 退 靴 嘉 夥 寡 榎 樺 歌 窩 箇 螺 裏 稼 蝦 蝸 踝 駕

鱈 鍋 霞 顆 日 鰕 香 蚊 牙 瓦 伽 画 芽 俄 臥 哦 峨 訛 訝 賀 蛾 衙 雅 蝦 餓 駕 鵞 鷲

カイ

介 乢 亥 会 回 灰 快 戒 改 芥 乖 怪 拐 咳 垓 孩 峡 廻 悔 恢 恠 挂 海 界 疥 皆 茴 迦 凱 偕 晦

械 淮 傀 剴 喙 揩 絵 硅 蛔 街 開 階 塊 嵬 塰 蓋 陔 槐 稽 誡 魁 潰 鞋 骸 壊 懐 懈 薤

かい / ガイ

薤 蘚 諧 骸 駭 檜 櫑 膾 邂 醢 鮭 鎧 蟹 鱠 貝 乂 外 艾 亥 苅 劾 咳 垓 孩 害 崖 涯 崖 凱 剴 街

かう / かえす / かえりみる / かえる / かお / かおり / かおる / かか

蛾 薫 嬶 顔 替 換 帰 変 返 代 省 帰 返 飼 買 交 蚕 鎧 鮠 骸 鎧 概 陔 該 蓋 碍 睚 慨 嵬

かかあ / かかえる / かかげる / かかみ / かかり / かかる / かき / かぎる / カク

嬶 抱 掲 鏡 係 掛 架 係 懸 砠 垣 限 各 角 拡 咯 画 客 狢 茖 革 格 核 桷 椁 殻 涸 郭 喀 瓠 覚

かく / ガク

岳 学 書 欠 鸞 攫 攪 鶴 鶩 穫 箴 殻 癨 擱 嚇 霍 獲 膕 確 樗 閣 赫 熇 摑 慇 廓 劃 隔 較 貉 塙

音訓索引 ▼かくす―カン

かし	かざる	かざり	かさねる	かさなる	かさ	かこう	かこむ	かける	かける	かげ	かくれる	かくす													
15 樫 一九七	13 飾 四八	15 錺 五八四	13 重 三七六	9 重 三七六	12 風 四〇六	7 傘 三一	6 囲 一七五	11 囲 一七五	11 懸 二一四	20 掛 一五六	7 架 一八〇	6 欠 三〇〇	15 影 一九一	11 陰 三一	14 陰 三一	24 鷽 五九四	20 鴨 五九三	鰐 五九四	18 顎 四五九	17 額 四五八	16 鍔 五五	謂 二一七	13 楽 一九四	卾 五六一	12 愕 一二三

かたむける	かたむく	かたまる	かたまり	かたな	かたち	かたい	かたき	かたい	かぞえる	かせぐ	かぜ	かせ	かすり	かずのこ	かずら	かす	かしら	かしこい	かじか										
15 傾 三	13 傾 三	15 固 一七五	9 塊 八一	刀 四一	12 形 一三〇	18 難 四一六	敵 一七七	8 硬 三一八	堅 八〇	15 固 一七五	9 渇 二八七	型 七九	7 肩 三〇	方 一二七	片 三六七	13 数 一六二	15 稼 三二四	13 風 四〇六	10 絵 四二八	桛 一八八	20 縑 四二九	藐 四二五	鰊 四二八	鏨 五八六	数 一六二	18 貸 三五八	13 賢 三五九	12 頭 四五一	16 魳 四七一

カツ	かチ	かたわら	かたよる	かたる	かたらう	かためる																							
17 闊 五四〇	17 轄 五五四	螛 五五	15 頡 四五四	14 獦 二九一	14 竭 三三	稽 三二七	13 渇 二八七	滑 二八八	12 楔 一九二	蛞 三九三	葛 四一七	筐 三三二	割 四七	葛 四一七	11 渇 二八七	夏 六九	喝 六五	活 二八四	曷 二〇一	拮 一五四	括 一五一	9 恰 一一四	刮 四六	歇 三〇二	傍 三一	語 二二一	語 二二一	カチ 偏 三三	カツ 固 一七五

かみ	かます	かまえる	かまう	かま	かべ	かぶ	かば	かの	かねる	かね	かならずしも	かなでる	かなしむ	かなしい	かな	かど	かつぐ	ガツ	ガツ	カツ								
14 髪 四六四	10 紙 四二一	9 神 三二七	5 上 一七	叺 五九〇	14 構 一九六	15 構 一九六	16 窯 三二五	10 壁 八二	椛 一九二	8 彼 一〇二	兼 四〇	鐘 五八七	8 金 五六五	必 九二	奏 三八〇	悲 三八〇	悲 一一五	金 五六五	8 門 五四二	7 角 三八〇	糧 三五四	担 一五二	6 合 六四	12 勝 六一	且 一	5 合 六四	20 鴃 五九二	19 蠍 四三五

かみしも	かみなり	かみよう	から	かも	かもす	かみ	かわかす	かわく	かわ	かろやか	かれる	かるい	かる	かりる	かり	からむ	からだ	からい	がら	から										
6 交 一九	渇 二八七	11 乾 一六	乾 一六	9 側 三〇	8 革 四〇一	5 河 二一〇	3 皮 二二一	11 川 一八	8 軽 一八六	枯 一八六	彼 一〇二	12 軽 一八六	8 狩 二一	刈 四一	10 借 二九	6 狩 二一	12 仮 二九五	絡 四二五	絡 四二五	7 体 二一六	9 枯 一八六	11 辛 一八六	柄 一八七	殻 三〇	10 唐 六七	8 空 二七	9 通 五六八	20 醸 五七八	13 雷 五三九	11 裃 四三二

かん	カン	かわる	かわら																											
9 巻 一二〇	宦 一〇二	姦 九五	咸 六六	冠 四一	邯 五七五	泪 六四一	官 一〇二	坩 七八	8 函 二八六	侃 三〇〇	肝 三七七	罕 六二七	旱 一九九	完 七七	坎 七八	串 三	缶 三五〇	汗 二八〇	扞 一五一	奸 九三	甲 三一四	甘 三一二	刊 四二	卯 五七	干 一二六	12 替 二〇三	換 一五八	変 八三	代 二一	航 三七四

| 棺 一九三 | 敢 一六三 | 換 一五八 | 嵌 一一六 | 寒 一〇四 | 堪 八〇 | 喊 六六 | 喚 六六 | 貫 三五八 | 菅 四一二 | 淦 二八九 | 涵 二八九 | 患 一四〇 | 啣 六六 | 11 勘 六〇 | 乾 一六 | 陥 三一 | 莞 四一二 | 蒼 六三 | 莞 四一二 | 苻 四〇九 | 浣 二八六 | 桓 一八八 | 栞 一八九 | 捍 一五七 | 悍 一四〇 | 竿 三三二 | 矜 二一六 | 看 二二一 | 柬 一八六 | 柑 一八六 |

| 澣 三七 | 橄 一九六 | 憾 一四六 | 蕑 六七 | 縅 四二七 | 緩 四二七 | 監 二三六 | 潤 二九五 | 歓 三〇一 | 墾 一〇 | 嫻 九七 | 関 五四〇 | 銜 三八〇 | 綸 二六 | 箝 三五四 | 管 三三四 | 14 幹 一二七 | 慣 一四五 | 鉗 五八二 | 煥 二七四 | 漢 二九四 | 戡 一四六 | 感 一四二 | 13 幹 一二七 | 寛 一〇五 | 勧 五一 | 閑 五三九 | 間 五三九 | 酣 五七七 | 渙 二九一 | 款 三〇一 |

| 瀚 三七 | 鑑 四九六 | 鹹 五九六 | 鹹 四九七 | 監 二三六 |

音訓索引 ▼かん―ギャク

かん
鹽 翰 諫 還 領 館 環 癇 瞰 艱 餡 癸 簡 観 韓 艦 羹 檻 鶉 灌 轗 酸 鹼 艦 鱇 罐 鑑 鑒

ガン
鬟 雛 鹼 鑵 神 丸 元 含 岩 岸 俺 浣 啌 眼 喭 雁 頑 癌 顔 贋 願 巖 龕 考 芳 冠

かんむり 冠
かんばしい 芳
かんがえる 考

【キ・き】

キ
几 乞 己 企 伎 危 机 気 妓 岐 希 忌 杞 汽 祁 亟 其 奇 季 祁 祈 俟 哇 奎 屁 枳 泊 癸 祇 紀 軌 倚 帰 既 耆 記 豈 起 飢 鬼 基 寄 悸 歖 規 頎 亀 喟 喜 幾 揮 敲 期 棋 棊 欷 稀 葵 貴 逵 愧 暉 棄 毀 崎 跪 旗 箕 綺 器 嘻 嬉 槻 毅 熈 畿 麾 冀 暨 機 窺 徽 磯 虧 覬 諱 鮨 櫃 簀 鼇 騎

ギ
騏 護 麒 戯 饑 鰭 鰯 驥 木 生 黄 伎 妓 宜 祁 祇 者 偽 欺 義 蛾 疑 儀 戯 毅 誼 擬

きえる 消
キク 菊
きく 掬 麹
きえる 効
きこえる 聞
きく 聴 聞
きざし 兆
きざす 兆
きざむ 刻
きし 岸
きず 傷
きずく 築
きそう 競
きた 北
きたえる 鍛
きたない 汚
きたる 来

キチ 吉
キツ 吉 乞 吃 迄 佶 拮 桔 訖 喫 詰 頡 橘 屹 絹 厳 決 君 決 肝 伽 迦 却 脚 客 戟 虐 蠖

▼キュウ―キン

キュウ
15 瘻 三六九 / 2 九 三三 / 3 及 一五 / 久 二八 / 4 弓 一四 / 仇 一二 / 5 丘 一六九 / 旧 一二八 / 6 吸 一六二 / 休 一二九 / 朽 一六二 / 臼 二八 / 7 岌 二四五 / 求 二〇一 / 汲 二一〇 / 灸 二六七 / 玖 二六九 / 究 二七一 / 糾 二六六 / 咎 一六六 / 8 泣 二一一 / 疚 二五九 / 穹 二七五 / 急 一三二 / 9 柾 一八六 / 枢 一八六 / 級 二九一 / 糾 二九六 / 韮 四〇一 / 10 宮 一〇三 /

11 毬 三六五 / 救 一六三 / 躬 三八二 / 球 二六五 / 蚯 三六〇 / 亀 二〇五 / 12 給 二九三 / 翕 三四三 / 韮 四〇一 / 13 嗅 一七一 / 舅 三四五 / 裘 三七二 / 鳩 四〇四 / 14 厩 一三九 / 窮 二七六 / 15 糗 二九六 / 僵 二四六 / 16 憊 二三三 / 17 鬮 四一五 / 24 齲 四一五 / 26 驫 三八八 / 牛 二六二 / 7 灸 二六七 / 8 居 一五七 / 拒 二二六 / 9 苣 三五二 / 炬 二六八 / 10 倨 三二二 / 5 巨 一三三 / 去 一三八 /

キョ

11 挙 一五四 / 矩 二八一 / 虚 二八八 / 許 三五〇 / 12 渠 二一五 / 距 三八一 / 筥 二七八 / 13 裾 五一 / 嘘 一七二 / 墟 一八一 / 15 鋸 三一七 / 踞 三八三 / 16 歔 一八四 / 17 鋸 三一七 / 20 邁 三八四 / 22 蘧 三五八 / 11 欅 一九九 / 12 魚 四〇九 / 御 二二六 / 13 馭 四〇八 / 14 禦 三三五 / 漁 二一八 / 16 禦 二八五 / 22 籲 二八〇 / 5 清 二一三 / 凶 一二〇 / 兄 一三〇 / 叶 六七 / 兕 六三 / 共 一三五 / 匈 五五

キョウ

匡 五一 / 叫 一六一 / 劫 一二八 / 夾 一八九 / 4 杏 一八五 / 狂 二六四 / 京 二二〇 / 享 一八一 / 8 供 一三九 / 協 一二三 / 怯 二二九 / 況 二一一 / 侠 一三二 / 哄 一六九 / 姜 一五八 / 峡 一四六 / 挟 二二六 / 拱 二二五 / 狭 二六四 / 矜 二六六 / 荊 三五二 / 香 三二八 / 唉 一六九 / 恐 一三一 / 恭 一三二 / 匡 一八八 / 羌 三四〇 / 胸 三〇二 / 脅 三〇九

脇 三〇一 / 英 三五四 / 強 一四九 / 教 一六四 / 梟 一六二 / 皎 二六一 / 竟 二七五 / 経 二八一 / 袷 三七〇 / 郷 三二〇 / 頃 四〇二 / 12 卿 一三〇 / 喬 一七一 / 筐 二七八 / 蛩 三六四 / 蛟 三六四 / 13 蜓 三六五 / 峡 一四六 / 僥 八一 / 境 一八一 / 誑 三五一 / 14 嬌 一五六 / 筿 二七八 / 嬈 二四四 / 15 篋 二七九 / 蕎 三五四 / 鋏 三一七 / 葦 三四二 / 鮫 四一二 / 16 橿 一九八

17 鵈 四〇七 / 頬 四〇五 / 頸 三〇七 / 橿 三三七 / 18 矯 二八二 / 繦 二九九 / 緩 二九九 / 鶯 四〇七 / 簀 二九五 / 19 疆 二九五 / 徹 二九五 / 鏡 三一八 / 20 饗 四〇五 / 響 四〇二 / 馨 三七一 / 21 囂 一七二 / 22 驚 四〇九 / 驕 四〇九 / 饗 四〇六 / 仰 一二四 / 6 行 二三一 / 7 形 二三五 / 克 一三六 / 8 狎 二六三 /

ギョウ

キョク / 12 暁 一七三 / 業 一九四 / 儀 八九 / 凝 一二〇 / 澆 二一九 / 翹 三四三 / 16 蟯 三四三 / 18 驍 四〇九 / 22 饗 / 6 曲 一七六 / 7 局 一五二 / 亟 一二二 / 8 極 一九二 / 9 棘 一九〇 / 極 一九二 / 14 嘉 一二五 / 15 玉 二六五 / 17 髷 一八七 / 11 凝 一二七 / 12 嫌 一五六 / 清 三九三 / 13 霧 三九六 / 19 切 一二一 / 8 延 二四七 / 4 圬 二八〇 / 12 極 一九二

キョク / **ギョク** / **きよい** / **きよまる** / **きよめる** / **きらう** / **きり** / **きる** / **きれる** / **キロメートル** / **キログラム** / **キロリットル** / **きわ** / **きわまる**

きわみ / きわめる / 3 今 一二二 / 巾 一三三 / 4 斤 一六五 / 均 一七九 / 7 芹 三五一 / 近 三八六 / 8 登 二八〇 / 欣 二〇一 / 金 三一五 / 9 矜 二六六 / 裕 三七〇 / 10 禽 二八八 / 菌 三五三 / 11 亀 二〇五 / 勤 一二九 / 欽 二〇二 / 琴 二六五 / 13 窘 二七六 / 筋 二八三 / 新 三八二 / 僅 八二 / 14 禁 二八五 / 禽 二七五 / 樺 一九七 / 15 緊 二九九 / 15 極 一九二 / 究 二七一 / 窮 二七六

キン

ギン

16 噤 一七三	愁 一五四	17 錦 三八五	18 謹 三八四	19 襟 三八八	25 齶 三六七	7 吟 一四三	听 一四三	岑 一四四	矜 二六六	12 釿 三八二	14 銀 三八三	16 慇 一五四	25 釁 三七八		

ク・く

九 一五	2 久 一五九	3 勾 一二八	功 一二八	4 区 一五一	5 句 一四〇	6 呴 一四三	7 佝 一六二	呼 一四六	劬 一二八	咔 一四四	吼 一四四
8 供 一六二											

佫 一六五	狗 一四〇	苦 二八	荀 二八	垢 一五四	拱 二九	9 枸 二一六	紅 三六	虹 三五〇	俱 一六二	10 宮 一〇二	庫 一八二	栩 二一八	疚 三〇六	矩 二六六	貢 三六八	11 躬 三六九	12 亀 一三
13 琥 二四六	蛆 三五一	照 一八五	14 嘔 一四七	笠 二九四	鳩 三七二	15 駒 四一二	駈 四一二	16 竇 一〇四	鴝 四二一	17 瞿 二六五	18 軀 三六五						

懼 一五七	24 齲 四三一	26 蠼 三五四	21 懼 一五七	弘 一七五	具 五〇	俱 一六二	禺 二七五	寓 一〇四	愚 一五六	13 耦 三〇六	瞿 二六五	21 懼 一五七	悔 一五四	空 二九四	虹 三五一	躬 三六九	12 腔 三〇七	食 四〇六
10 弘 一七五	偶 一六五	寓 一〇四	遇 三九〇	隅 三九七	藕 三三五	茎 三二八	9 草 三二二											

くさい	14 鎖 三八六	18 腐 三一一	14 腐 三一一	16 鯨 四一九	11 崩 一一七	16 薬 三三四	崩 一一七	癖 二五七	管 二九六	9 砕 二七〇	3 下	下	下 一	
くずれる	くされる	くさる	くさらす	くじら	くずす	くずれる	くすり	くずれる	くだ	くだける	くださる	くだす	くだる	くだり

5 加 四七	9 企 二四	10 詳 三七五	10 加 四七	11 桑 二二〇	黒 四一四	黒 四一四	9 暮 一八六	紅 三三五	7 俥 一六五	車 三六五	苦 三二八	苦 三二八	9 狂 二三九	狂 二三九
くわわる	くわだてる	くわしい	くわえる	くわ	くろい	くれる	くれない	くるま	くるしめる	くるしい	くるおしい	くる	くらべる	くらす

7 繰 三四二	19 繋 三四二	13 暮 一八六	19 食 四〇六	7 比 二四二	15 暗 一八七
			7 位 一六二	15 蔵 三三三	10 倉 一六六
					10 悔 一五四
					悔 一五四
					曇 一八七
					9 雲 三九八
					8 粂 二九八
					11 組 三三八

ケ・け / クン / グン / ゲ / ケイ / ゲけ

7 君 一四五	10 訓 三七四	12 裙 三五九	14 靴 三九九	勲 一二九	熏 二四一	15 熏 二四一	燻 二四一	齶 四三〇	10 軍 三六五	郡 三八一	11 羣 三〇二	12 群 三〇二	齶 四三〇	19 懸 一四七	4 化 一六〇	仮 一六〇	6 気 二〇五	芥 三六六	卦 一三八
8 呿 一四三	家 一〇二	華 三二七	9 袈 三五九	稀 二八七	13 瑕 二四六	14 魁 四一七	稽 二八八	15 懈 一五六	19 繋 三四〇	20 懸 一四七									

4 毛 二〇四	下 一	3 牙 二三四	4 外 九〇	艾 三三四	5 夏 八八	6 仮 一六五	砥 二六七	13 解 三六九	11 許 三七五	9 夏 八八	10 勍 一二八	係 一六五	径 一六五	茎 三二六	京 二三	8 圭 一五二	刑 一二七	形 一七七	5 兄 三七	6 廿 二五八	4 仁 一五九
10 桂 一八八	恵 一四九	勛 一二九	計 三七四	荊 三二八	炯 二三八	挂 二一四	奎 九一	契 九一	型 一五四	勍 一二八											

珪 二四五	笄 二九四	桂 三三一	啓 一四七	11 偈 一六五	茴 三二七	掲 二一六	彗 一七六	脛 三一〇	畦 二五四	炯 二三八	渓 二二八	竟 二九三	経 三三九	脛 三一〇	蛍 三五一	12 卿 一三六	桂 二二二	敬 一九二	景 一八六	痙 二五五	軽 三六五
倶 三八九	13 侯 一六五	携 二一六	継 三四一	14 誥 三七六	境 一五五	夐 八三	禊 二七四	閨 三九〇													

音訓索引 ▼ゲイ—コ

ゲイ
13 睨 三六五 | 11 猊 二四二 | 7 迎 三八 | 24 芸 四二 | 23 鯨 四三二 | 鯢 四二一 | 鼯 四三二 | 20 馨 四三二 | 競 四二〇 | 鶏 三八一 | 蹶 三九五 | 19 警 三八〇 | 繋 三五四 | 雞 三八一 | 譽 三七四 | 18 蟶 三六九 | 瓊 二四〇 | 17 谿 三七五 | 誓 三七二 | 頸 四一五 | 蜾 三六六 | 薊 三三〇 | 憩 一七二 | 16 巂 | 歓 二二四 | 薫 三三〇 | 稽 二七八 | 憬 一七一 | 慧 一七〇 | 15 慶 一六八

ゲキ / **ケキ** / **けがれる** / **けがらわしい** / **けがす**
18 闃 四二五 | 17 檄 三〇七 | 16 激 二三七 | 14 獗 二四三 | 15 撃 三一三 | 14 劇 三五九 | 13 覡 三七一 | 12 隙 四一八 | 10 屐 一一三 | 18 鵙 四〇三 | 17 鬩 四三六 | 15 闋 四二五 | 14 獗 二四三 | 13 覡 三七一 | 12 隙 四一八 | 10 屐 一一三 | 汚 二一三 | 6 汚 二一三 | 21 囈 一〇八 | 20 鯢 四二一 | 19 鯨 四二一 | 17 鮨 四一九 | 16 霓 三九八 | 14 蜺 三五一

ケツ / **ケチ** / **けずる** / **けす**
19 蠍 三六七 | 18 闕 四二五 | 15 欠 二二五 | 頡 四一六 | 蕨 三三一 | 羯 二八三 | 潔 二三八 | 竭 二七四 | 碣 二七〇 | 歇 二二五 | 14 傑 一三九 | 13 結 二九〇 | 12 訣 三七一 | 11 偈 一三七 | 訐 三七〇 | 10 桔 二九五 | 9 頁 四一四 | 拮 一八八 | 7 決 二一五 | 6 抉 一八六 | 血 三七七 | 4 穴 二八〇 | 欠 二二五 | 3 孑 一〇〇 | 21 齧 四三二 | 14 羯 二八三 | 頁 四一四 | 9 削 一五〇 | 10 消 | 21 鴃 四〇二 | 鴂 四〇一

ケン / **けわしい** / **けもの** / **けむる** / **けむり**
10 兼 一二二 | 倦 一三六 | 俔 一二七 | 祇 二七七 | 研 二六九 | 県 二六三 | 柑 二九六 | 9 建 一八五 | 妍 九五 | 肩 三〇四 | 眩 二六六 | 券 一五二 | 見 三七一 | 件 一二五 | 4 犬 二四〇 | 11 険 四一七 | 獣 二四三 | 16 煙 | 煙 | 13 葉 | 22 黶 | 21 葉 | 20 撃 | 19 嚙 | 18 月 | 4 子 | 3 孑 | 21 囈 | 纐 | 蹶 | 謠

腱 三二一 | 絹 二九〇 | 筧 二八四 | 献 二四二 | 慊 | 悁 | 嫌 九七 | 間 | 萱 三二九 | 絢 二九〇 | 硯 二七〇 | 検 三〇二 | 堅 一〇八 | 圏 一〇二 | 喧 | 険 四一七 | 衒 三六二 | 絃 | 眴 | 眷 二六六 | 牽 二四一 | 棬 三〇一 | 捲 | 健 一三九 | 軒 三八六 | 莧 | 眩 二六六 | 狷 二四二 | 涓 二一七 | 拳 一九〇 | 剣 一四六

ゲン
4 幻 一一五 | 24 験 | 鹼 四三〇 | 23 鰹 四二七 | 21 譴 三七五 | 鹹 | 懸 一七三 | 20 譁 | 譲 | 19 験 四〇五 | 18 顕 四一七 | 繭 二九五 | 瞼 二六八 | 鍵 三八五 | 17 寒 一〇六 | 謙 三七四 | 癇 | 賢 二六九 | 諠 | 縑 | 16 嶮 | 蕄 | 湤 | 権 三〇三 | 樫 | 15 蜷 | 箝 | 甄 二八四 | 愎 八三 | 鉗 三八一 | 遣 三九二 | 蜺 三六七

22 儼 一三五 | 20 醯 三八八 | 18 験 | 鼅 一六九 | 17 鍵 三八五 | 16 厳 | 諺 三七六 | 13 嫌 九七 | 硯 二七〇 | 減 二一七 | 12 喧 | 這 | 誼 | 衒 三六二 | 絃 | 眼 二六六 | 現 二四六 | 11 眩 二六六 | 拳 一九〇 | 喧 | 10 原 一五〇 | 限 四一七 | 彦 | 姸 九五 | 9 咸 一〇七 | 弦 | 言 | 5 玄 二四三

コ・こ
10 庫 | 個 一三三 | 倨 | 胡 三〇四 | 狐 二四二 | 炬 | 枯 二九三 | 9 故 | 弧 | 孤 一〇〇 | 呱 | 虎 | 股 | 沽 二一五 | 拠 | 怙 | 姑 九四 | 固 一〇三 | 呼 一〇七 | 刳 | 其 | 8 杞 | 冴 | 亙 | 7 古 一〇七 | 去 | 乎 | 戸 | 5 4 己 | 3 己

音訓索引 ▼こーコウ

こ

3	23	18	17	16		15	14				13					12		11												
小	子	蠱	鯒	瞽	鮓	鋼	鋸	踞	糊	噓	箍	鼓	跨	賈	誇	觚	痼	雇	瓠	葫	菰	琥	湖	渠	壺	袴	虚	涸	戽	胯

こい ゴ

16	10	20	15		14	13	12	11		10	9		8		7		6		4	11	10	4								
濃	恋	鼯	護	糊	誤	語	蜈	碁	期	御	瑚	梧	莫	悟	娯	胡	後	怙	其	吾	呉	冴	迕	伍	午	互	五	黄	粉	木

コウ こいしい

7									6				5				4		3	10										
佝	行	芒	考	江	扛	扣	好	后	向	光	伉	仰	交	互	亘	甲	弘	広	巧	尻	叩	功	爻	孔	勾	公	允	工	口	恋

											8																			
肱	肯	狎	狗	杲	杭	昊	昂	拘	怯	庚	幸	岡	呷	咎	劾	肛	承	杠	杏	更	攻	抗	宏	孝	夾	坑	吼	吽	匣	劫

			10																			9								
晃	哮	倥	倖	候	香	虹	荇	荒	紅	矜	皇	畊	狡	洽	洪	枸	恍	恰	恒	後	巷	姮	垪	垢	哄	咬	厚	侯	苟	肴

12										11																				
喉	黄	釦	袷	盒	皐	晈	毫	梗	控	康	腔	高	降	貢	豇	訌	荅	航	耿	耗	耕	羔	硌	浹	浩	桄	栲	桁	校	格

			14															13												
楮	槁	構	敲	慷	閧	鈎	鉱	逅	詬	萵	蓋	粳	煌	溘	溝	幌	媾	項	蛤	腔	絎	絖	絞	笱	窖	硬	皓	猴	港	慌

				17									16							15										
鮫	購	講	藁	糠	濠	擤	壕	閧	鋼	衡	薨	興	縞	篝	嚆	餃	靠	螳	膠	篁	稿	閤	鉸	酵	膏	綱	箜	睾	犒	槹

音訓索引 ▼こう―サイ

ゴウ / こう
巷 哈 咬 看 昂 吽 劫 合 号 請 恋 神 鼇 攪 攪 轟 縞 鮫 鯉 蠔 鵬 鵁 鏗 羹 疆 曠 響 闔 鎬 鴿 鴻

こえる / こえ / こうむる / こうじ
越 肥 肥 声 被 糀 轟 嚻 蠔 藕 嚆 鵁 鴻 鼇 濠 壕 鮫 耦 熬 豪 嗷 業 傲 皓 郷 盒 毫 強 剛 洽 拷

ここのつ / ここ / こえる / こげる / ゴク / コク / こがれる / こがらし / こがす / こおる / こおり / こえる
九 九 凍 焦 獄 極 鵠 穀 穀 穀 槲 酷 蘚 穀 棘 黒 斛 哭 或 国 刻 谷 告 克 石 焦 凩 焦 凍 氷 超

こと / ゴツ / コツ / こちら / コチ / こたえる / こたえ / こす / こごしい / ごき / こころよい / こころみる / こころざし / こころ
異 殊 事 言 兀 鶻 榾 窟 惚 骨 訖 笏 忽 兀 乞 鮖 鮴 鮴 訖 忽 答 答 超 越 腰 薩 快 試 志 志 心

ころも / ころぶ / ころげる / ころがす / ころす / こる / こりる / ごり / こらしめる / こらえる / こよみ / こやす / こめ / こむ / ごみ / こまる / こまかい / こばむ / こはぜ / このしろ / ことわる / ことぶき / こと
衣 転 殺 転 転 転 凝 懲 鮴 鮴 懲 懲 怺 暦 肥 肥 込 米 込 埖 困 細 細 拒 鞐 好 鰶 粉 断 寿 琴

コン / こわれる / こわす / こわい / こわ
滾 蒟 献 溷 渾 楮 梱 衮 莧 紺 痕 混 梱 婚 根 悃 恨 建 金 欣 昏 昆 坤 困 艮 今 壊 壊 怖 声

【サ・さ】

サ / ゴン / ザ / サイ
姿 唆 茶 砂 粗 査 沙 坐 作 些 扠 再 左 乍 叉 厳 譚 権 禽 勤 欣 言 艮 懇 譚 墾 魂 褌

サイ
仔 切 才 挫 座 坐 鯊 鎖 蹉 鮏 簀 鈔 瑣 槎 摧 簔 楂 嵯 嗄 嗟 靫 詐 渣 釵 蚱 柮 梭 莎 紗 挫 差

音訓索引 ▼ザイ―シ

16

| | 6災 | 7妻 | 8采 | 9哉 | 10柴 | 酒 | 砕 | 倅 | 宰 | 晒 | 栽 | 殺 | 皆 | 眦 | 砦 | 豺 | 財 | 11偲 | 崒 | 崔 | 彩 | 採 | 済 | 猜 | 祭 | 細 | 菜 | 釵 | 斎 |

| | 12最 | 焠 | 犀 | 裁 | 載 | 債 | 催 | 塞 | 歳 | 渽 | 腮 | 載 | 截 | 摧 | 蔡 | 際 | 嘶 | 篩 | 儕 | 鞍 | 擠 | 17榱 | 賽 | 18臍 | 顋 | 20鰓 | 21齎 | 23纔 |

ザイ
さいわい
さえぎる
さか
さかい
さかえる
さかき
さかさ
さかずき
さからう
さかな
さかる
さがす
さがる
さかん
サク
さき

| | 在 | 財 | 10罪 | 11摧 | 幸 | 遮 | 坂 | 逆 | 酒 | 境 | 栄 | 榊 | 9捜 | 探 | 杯 | 魚 | 逆 | 下 | 盛 | 先 | 崎 | 冊 | 作 | 削 | 7昨 | 8柵 | 9柞 | 炸 | 捉 | 10朔 |

さくら
さぐる
さけぶ
さける
さげる

| | 窄 | 11索 | 蚱 | 雀 | 12策 | 酢 | 搾 | 13猎 | 蒴 | 噴 | 嗽 | 14幘 | 槊 | 15槭 | 醋 | 錯 | 17簪 | 28鑿 | 9咲 | 割 | 12裂 | 桜 | 11探 | 10酒 | 6叫 | 12裂 | 16避 | 3下 | 12提 |

さこ
さき
ささえる
ささら
さす
さずかる
さずける
さそう
さだか
さだまる
さだめる
さど
サチ
サツ
さち
さとす
さとる
さびしい
さび
さびれる
さま
さまたげる
さむらい
さめる
さら
さる
さわぐ
さわる
サン

| | 峪 | 笹 | 11支 | 籏 | 刺 | 指 | 差 | 10挿 | 授 | 誘 | 10定 | 12定 | 幸 | 5札 | 8刷 | 9刹 | 10拶 | 殺 | 14紮 | 察 | 筍 | 蔡 | 颯 | 14撮 | 15撒 | 17擦 |

| | 6早 | 雑 | 14扠 | 6里 | 7諭 | 悟 | 10裁 | 11寂 | 12寂 | 寂 | 14様 | 冷 | 12侍 | 冷 | 覚 | 更 | 皿 | 7去 | 13猿 | 沢 | 13騒 | 14触 | 障 | 3三 | 14山 | 7刪 | 8参 |

| | 疝 | 珊 | 閂 | 9栈 | 10蚕 | 惨 | 斬 | 産 | 傘 | 喰 | 屡 | 散 | 粲 | 蒜 | 13潸 | 暫 | 慚 | 算 | 酸 | 15憯 | 撒 | 撰 | 潺 | 精 | 16糁 | 17穇 | 纂 | 糝 | 18饡 |

ザン
シ

| | 之 | 24讖 | 20懺 | 19巉 | 18鏨 | 實 | 15暫 | 慚 | 14嶄 | 塹 | 斬 | 11惨 | 残 | 29爨 | 27鑽 | 24讒 | 23纔 | 22攢 | 霰 | 酸 | 纂 | 簪 | 慚 | 20巉 | 19鏨 | 鹺 | 徹 |

音訓索引 ▼ジ—シツ

シ
士 志 厄 孜 址 伺 至 自 糸 死 此 次 束 旨 弛 示 矢 市 四 只 史 司 卮 仔 仕 氏 止 支 巳 尸 子

疵 恣 師 茲 茨 祇 枲 枳 柿 柴 施 指 恃 思 屎 屍 姿 咫 俟 肢 祀 泗 枝 始 姉 呰 刺 使 豕 私 沚

粢 痣 斯 揣 弑 摯 啻 趾 視 葹 絁 笥 瓷 梔 梓 埴 廁 匙 偲 蚩 舐 脂 者 翅 紙 秭 祇 祠 砥 眥 眥

熾 鰤 髭 輻 賜 漸 幟 嘴 雌 誌 緇 飼 鉈 資 試 詩 蓍 蒔 肆 獅 滓 塒 嗤 嗜 嗣 歯 詞 觜 葖 紫

ジ
篩 縒 諮 諡 錙 鴟 薩 鵄 鵄 鷓 鶲 鷓 鶏 鱏 鷁 齋 醴 仕 示 地 字 寺 而 次 耳 自 似 児 事

しあわせ しいたげる シイ しいら

鱓 虐 弑 幸 路 鰆 璽 邇 膩 鰤 餌 褫 磁 爾 辞 蒔 慈 塒 滋 孳 痔 瓷 匙 除 時 茲 持 恃 峙 治 侍

しずまる しずく しず しころ しげる ジク しく シク しきみ ジキ しぎ した したう したがう したしい したしむ したたる シチ シツ

静 滴 静 鞦 茂 軸 舳 柚 竺 忸 敷 㔉 萩 戚 椥 餝 食 直 鳴 識 織 餝 拭 色 式 璽 潮 塩 強

瑟 嫉 蛭 湿 悉 執 疾 桎 室 虱 失 叱 質 膝 瑟 嫉 悉 七 滴 親 親 従 従 慕 舌 下 鎮 静 沈 沈 鎮

音訓索引 ▼ジツ―シュウ

音訓索引 ▼ジュウ―ショウ

ジュウ
13 頌 鈕 絨 12 揉 11 渋 紐 10 従 重 9 柔 拾 忸 住 戎 6 充 5 汁 廿 什 4 十 2 驟 24 鷲 23 讐 22 襲 鏽 鰍 鯒 20 蹴 繡 19 鞦 鐘 18 鍬 醜

シュク / ジュク / シュチ / シュツ
20 齣 17 蟀 11 啐 9 恤 6 戍 朮 5 出 9 恤 15 戌 熟 11 孰 鷫 22 蹜 19 縮 17 槭 15 粥 12 萩 肅 淑 11 宿 10 孰 俶 8 祝 6 叔 18 鞦 蹤 16 縦 15 獣 14 誦

ジュツ / シュン
17 濬 醇 15 諄 14 蕣 蕈 馴 13 雋 遁 楯 筍 12 竣 皴 逡 晙 11 惇 淳 隼 笋 10 浚 峻 荀 洵 春 恂 9 俊 吮 11 術 恤 8 述 6 戌 朮

ジョ / ジュン
5 処 19 鵷 醇 遵 諄 15 潤 蕈 馴 13 準 楯 順 筍 12 循 淳 惇 隼 11 純 笋 10 殉 准 荀 盾 9 恂 旬 巡 6 蠢 21 鱒 20 鵷 蹲 19 瞬 18 駿

ショ
15 諸 14 緒 鼠 13 雎 署 黍 詛 舒 絮 疏 滑 12 咀 渚 庶 茶 荓 書 恕 俎 狙 沮 杼 杵 所 岨 姐 咀 抒 7 初 疋

ショウ / ジョ
4 升 丼 3 小 19 上 17 諸 薯 鋤 舒 絮 12 除 荓 10 恕 9 徐 茹 8 叙 杼 抒 7 序 助 佇 汝 如 女 25 鱮 麒 櫧 薯 20 曙 19 鋤 17

少 5 召 正 生 丞 匠 6 声 床 抄 肖 吋 7 妾 姓 尚 姓 性 承 招 昇 8 昌 松 沼 炒 㭟 青 佾 9 拯 政 昭 星 省 相

哨 10 宵 将 従 悚 悄 消 涉 祥 称 秤 笑 11 陞 商 娼 捷 梢 涉 清 章 笙 紹 春 菖 訟 逍 勝 廂 掌 晶 椒 12

獐	滕	摺	慴	彰 14	嘗	頌	鉦	詳	蛸	腥	腫	睫	照	楫	奬	傷 13	鈔	象	詔	証	裝	翔	粧	竦	稍	硝	猩	焦	燒	湘

錆	錆	醒	踵	褶	薔	蕭	瘴	橡	樵 16	嘯	麨	餉	霄	銷	踪	賞	諍	衝	蕉	瘡	樅	樟	憧	憔	慫 15	障	誦	裳	蔣	精

ジョウ

仍 4	丈 3	上	顳 27	鱶 26	鷯 23	霙	鱏 22	懾 21	鐘 20	鯧	鏘 19	瀟	鮹	鬆	鎗	醬	觴 18	鍾	鍬	蹌	聳	篠	礁	甑 17	牆	燮	檣	償	鞘	霎

漵	嘗 14	曩	蒸	條	牒	溺	嫋 13	娚	翔 12	疊	場	捻	情 11	常	剩	茸	淨	拯	城 9	乘	狆	帖 8	定	状	杖 7	条	成 6	丞	冗

ショク

植	惻 12	寔	喞 11	埴	廁	食 9	拭 6	色 4	仄	顱 27	躅 25	鱶 22	饒	囑	釀	讓 20	攘 19	潯	嬈	穣	擾	嬲 18	錠 17	樵	嬢 16	壤	鄭	縄 15	靜	肇

しろ　しるす　しるし　しる　しりぞける　しらべる　しら

ジョク

城 9	白 5	代	記 8	印 6	知 5	汁	退 5	退	調 5	白	褥 22	辱 19	贖 18	蜀 17	職	織 16	趣	燭 15	餝	薔	蝕	稷	瘝	嘱	飾 13	触	蜀	稙	粟	殖

しろい　シン

梻 11	晨	針	訊	秦	真	浸	晋	振 10	宸	脣	刎	津	怎 9	侵	信 8	枕	呻	臣	辰	辛	身	芯	沁	岑 7	伸 6	囟 5	申 4	心	白 5

震	請	蕁	蕈	筬	瞋 15	潯	審	賑	甄	滲	槇 14	榛	雋	蜃	蓁	椹	新	斟 13	慎	寝	嗔	軫	診	袗	腎 12	森	進	紳	深

ジン

訊	荏	恁	衽	荏	神10	甚9	臣	迅6	尽	壬4	仁3	刃2	人	鱭26	鱘	鱏23	鱣	臚21	鐔	簪20	顳19	鴆	蟬	爐18	駸	鍼17	親	薪	縉16	儘
三三	三三	三九	四三	三六	二七	二四八	三八九	三二	三二	八二	二一	三一	二〇	四四	三四二	四二	四二	三八九	三八七	三八六	三九〇	四四〇	三九〇	四二一	四一四	三九八	三六五	三四八	三三七	一四

ス・す

酢12	巣11	州6	諏15	数13	須12	笥11	素10	守6	主5	子3	籔22	鱘	鱏23	鱣21	爐18	橡17	儘16	葦15	糝14	潭	塵	腎13	稔	横12	軺	湛	尋11	衽
三七二	一九一	一八	三五二	一六四	四〇三	二八〇	三三一	九八	三二	二三	二八七	三四二	四二	四二	四二一	二八九	一四	二八九	二八九	二七二	三一一	三二一	二六七	一九五	四〇二	二三二	一〇六	三四

スイ

遂	椎	棰12	揣	酔	萃	推	悴11	彗	崔10	衰	粋9	崇	帥8	炊	垂	吹7	出水	頭15	廚	酳14	誦12	廚11	逗	咒	呪8	事	豆杜	図7	
三七一	一五八	一五二	一三六	三七三	二九九	一三〇	一二七	一三〇	一七二	二八七	二七四	一五〇	一四四	一八三	八一	六四	五七	四五〇	四九	二〇六	三六七	三五一	五〇	六六	六五	一六	一五五	八二	一七五

スウ ズイ すい

嵩13	阪11	菘8	崇7	枢	髄19	宋16	蓫	薐	陡15	蕊	綾	瑞12	隋14	随	椎	酸18	遂17	雖	熢	隧15	錐	錘16	萬	誰	膵15	穂14	翠	睡13	瑞	隋
一七一	二九〇	三二〇	一五〇	一八四	四三三	一〇一	二九五	三二〇	四二六	三二〇	三四六	一九三	三九五	三九五	一五八	三七二	三七一	三六五	一八八	三九五	三八八	三八八	二八二	三五二	二七八	二七〇	三四六	二六六	一九三	三九五

すすめる	すずむ	すずしい	すず	すじ	すさ	すこやか	すこし	すける	すけ	すげ	すけとうだら	すぐれる	すくない	すくも	すくう	すく	すぎる	すぎ	すがた	すかす	すえる	すう							
進13	涼11	進13	涼11	鈴	筋12	茵11	健13	過12	少10	透	鯒	優9	粭8	助	少	救12	透	好11	椙	杉	姿9	透	据10	末4	吸	雛18	趨17	縋16	数
四一五	三二六	四一五	三二六	四〇五	二八〇	三二〇	一二六	三八二	九九	三五〇	四四九	一二	二七八	三八	九九	一四三	三五〇	九三	一五七	一五七	九六	三五〇	一三六	一九	六二	四三九	三八〇	三三五	一六二

セ・せ スン する すわる

世5		時時	寸3	据11	座	擦	鋭	擦	刷	澄	済9	住	速10	墨	隅	炭	澄9	済	住	滑	統	迄	砂	捨	既	廃	廃	薦	勧
一二		一四五	一三九	一三六	一四五	一四六	三八八	一四六	四五	三九四	三二八	一八	三七七	八二	四二	一八二	三九四	三二八	一八	二〇〇	三三八	三七四	二九一	一四〇	一六二	一四九	一四九	三二一	五〇

セイ ゼ せ

脆	眦	皆	栖	凄	倩	砒	省10	牲	酒9	星	政	青	性	征8	姓7	制	声6	西	成5	生	正4	井9	世	井	是	瀬19	畝10	背9	施
三二〇	二六三	二五八	一八九	五三	四二	二七二	二五六	二二六	二〇六	一九二	一八一	四三二	一二五	四五	九六	四〇	八二	三五四	八四	一九三	二〇一	二八	一二	一八	一七二	三三五	二五四	二五八	一六七

精14	靖	鉦	誠	蛻	腥	聖13	筮	歳	勢	貰	筴	甥	猩	犀	黽	棲12	晴	掣	婿	堉	菁	姜	笙	盛	清	旌	棲	情	圊	啜11
二八九	四三一	四〇二	三四四	三二七	二七七	二七五	二八〇	二〇二	五〇	三五八	二八三	二〇五	二一二	一六五	四五〇	二八三	一六七	一三五	九三	二二	一五七	三二〇	九五	二六〇	一九六	一八一	一五二	一二四	七六	

音訓索引 ▼せい—ソ

せイ																										
10 脆 三〇	8 枘 一八四	9 背 三〇九	25 鱗 四二〇	22 鯲 四〇〇	21 霽 三九一	20 齋 三四〇		19 韲 三四〇	18 贅 三二九	17 臍 三二二	薺 三二	擠 二六一	鮏 二四七	錆 二三五	鎕 二三七	醒 一六二	整 七一	16 噬 五四	15 儕 三九	請 三〇一	嘶 五二	静 四〇一	誓 三三四	製 二九四	鯖 三九二	醒 三〇八

せがれ
セキ

| 14 蜥 三八 | 13 碩 三六〇 | 跡 三六二 | 25 蓆 三四八 | 22 責 一四一 | 戚 一四二 | 11 惜 一四一 | 寂 一〇四 | 隻 一九六 | 迹 一九八 | 10 脊 三一一 | 9 席 一三〇 | 柵 一八六 | 8 炙 七一 | 昔 二六〇 | 7 赤 二六六 | 6 呪 八三 | 汐 二六九 | 5 石 二七五 | 3 斥 一六八 | 11 夕 四三 | 18 紛 三六五 | 16 贅 七二 | 14 噬 五二 | 説 三三四 | 蛻 三八四 | 13 筮 二八七 | 税 二七七 | 12 毳 二〇五 | 蚋 三八三 |

セチ
セツ

| 11 紲 二九一 | 枘 一八四 | 11 接 一七〇 | 啜 五三 | 10 浙 二一二 | 殺 二〇二 | 9 屑 一二三 | 窃 二八三 | 洩 二一一 | 8 泄 二〇九 | 拙 一五三 | 7 利 一五一 | 4 折 一四四 | 13 截 一四八 | 節 二八五 | 21 刹 一五〇 | 関 四二〇 | 20 鶺 四二〇 | 18 鯽 三九二 | 籍 二八六 | 蹶 三六四 | 17 薹 三五三 | 績 二九三 | 籍 二八六 | 錫 二三七 | 16 積 二七七 | 瘠 二五五 | 15 槭 一九六 |

せる
セン
せばむ
せばめる
せまる
せまい
せめる
ゼニ
ゼツ

| 7 吮 六五 | 串 三七 | 8 阡 四一九 | 尖 一二〇 | 6 亘 三九 | 占 一二五 | 仙 三一 | 3 川 一二三 | 20 競 二八一 | 11 責 一四一 | 攻 一六二 | 7 迫 三六八 | 8 狭 二四一 | 狭 二四一 | 狭 二四一 | 錢 二三五 | 14 絶 二九二 | 12 舌 三二五 | 6 癤 二五六 | 20 藝 三五四 | 17 説 三三四 | 截 一四八 | 14 節 二八五 | 楔 一九四 | 13 摂 一六〇 | 渫 二一五 | 12 毳 二〇五 | 雪 三八九 | 設 三三〇 |

| 煎 一二三 | 戰 一四八 | 跣 三六四 | 13 僉 三八 | 筌 二八三 | 湛 二一三 | 潺 二一六 | 揃 一五九 | 12 羼 一二二 | 喘 五二 | 釧 二三四 | 船 三二五 | 11 旋 一六七 | 剪 一四九 | 閃 四一七 | 涎 二一二 | 栴 一八九 | 栓 一八九 | 10 扇 一五五 | 倩 三七 | 茜 三四二 | 穿 二八三 | 洗 二一二 | 浅 二一一 | 酒 三六 | 泉 二〇九 | 染 一八七 | 專 一二九 | 9 宣 一一六 | 8 苫 三四三 | 疝 二五五 |

| 纎 二九三 | 17 氈 二〇五 | 薦 三五三 | 膳 三二一 | 磚 二六一 | 16 澹 二一七 | 暹 一七四 | 擅 一六〇 | 遷 三七三 | 選 三七三 | 15 賤 三六〇 | 線 二九二 | 箭 二八五 | 潜 二一六 | 澪 二一七 | 撰 一六〇 | 嬋 一一九 | 銛 二三五 | 銑 二三五 | 錢 二三五 | 箋 二八四 | 煽 八一 | 14 塹 一三四 | 僭 三八 | 雋 三八八 | 跣 三六四 | 践 三六四 | 詮 三三二 | 腺 三二一 | 羨 三一一 | 蓋 二六一 |

センチグラム
ゼン

| 14 廱 一二八 | 20 蠕 三八七 | 18 蟬 三八六 | 16 繕 二九四 | 15 膳 三二一 | 14 髯 四〇四 | 13 漸 二一六 | 禅 二七二 | 12 然 七一 | 10 喘 五二 | 9 善 五二 | 6 全 三三 | 24 鱏 四二一 | 鱣 四二一 | 23 籤 二八七 | 顫 四〇六 | 鑕 二三八 | 22 囊 三八七 | 21 霑 三九〇 | 闖 四一八 | 譫 三三五 | 蘚 三五五 | 20 懺 一四二 | 蟾 三八七 | 瓊 一〇三 | 蟬 三八六 | 19 瞻 二六一 | 鮮 三九一 | 18 餞 四〇八 |

ソ
【ソ・そ】
センチメートル
センチリットル

| 溯 二一四 | 楚 一九四 | 想 一四四 | 塑 一三四 | 詛 三三一 | 訴 三三一 | 疏 二五五 | 疎 二五五 | 12 甦 二五三 | 曾 一七六 | 粗 二八八 | 梳 一九一 | 11 曽 一七六 | 10 措 一五八 | 素 二九〇 | 祖 二七二 | 怎 一四〇 | 阻 四一九 | 狙 二四一 | 沮 二一一 | 泝 二一二 | 岨 一二五 | 9 姐 一〇九 | 咀 六六 | 8 疋 二五四 | 5 纒 二八一 | 糎 二八九 |

音訓索引 ▼そ—ダ

ソウ / ゾ / そ

忽 奏 哈 林 炒 帚 宗 走 阜 抓 宋 艸 早 壮 争 卡 匝 匆 爪 双 卅 曾 曽 噌 驫 䌫 蘇 礎 遡 鼠 麁

装 菱 葱 葬 窓 稍 湊 椋 棗 曾 惣 廂 喪 創 窻 爽 巣 梢 曹 曽 掃 蚤 竺 桑 挿 捜 倉 荘 草 相 炸

瘦 槽 颯 遭 蔟 聡 綜 総 粽 箏 箒 漕 漱 槍 愴 層 嘈 啾 嗾 蛸 蒼 煤 滄 惚 槫 搔 愴 想 嫂 僧 鈔

鎗 賊 竈 囃 躁 孀 鯮 騒 藻 鏘 贈 藪 繒 叢 霜 蹌 糟 簇 繒 甑 燥 鞘 霙 鏘 薔 操 噪 師 諍 瘡

ソク / ゾウ / そう / そうろう / そえる

聰 鰺 鬆 鑿 沿 添 曽 造 曾 象 像 増 憎 雑 蔵 贈 臓 賊 鑿 束 促 仄 添 候 則 息 捉 速 側

ソツ / ゾク / そこ / そそぐ / そだつ / そだてる

啐 倅 卒 育 唆 注 底 鯽 鏃 蠋 族 賊 続 粟 属 族 俗 鯽 鏃 趨 簇 燭 稷 瘯 蔟 塞 測 惻 唧 率

ゾン / ソン / そらす / そら / そめる / そむける / そむく / その / そなわる / そなえる / そと

存 鱒 鐏 蹲 檜 噂 遜 巽 尊 孫 洒 拊 邨 村 忖 存 反 反 空 染 初 背 背 染 柚 園 備 備 供 外

タ・た / ダ / た

挙 梁 陀 奈 那 柒 打 田 手 鱓 驒 鯔 楷 駝 躱 詫 楕 隋 舵 唾 茶 梁 陀 侘 柒 多 他 太

音訓索引 ▼タイ―タン

タイ
| 9剃 | 8苔 | 拾 | 8俗 | 対 | 呆 | 7兌 | 体 | 6扠 | 台 | 5代 | 4太 | 3大 | 22犂 | 糯 | 儒 | 橢 | 駝 | 駄 | 楠 | 隋 | 13惰 | 12堕 | 雫 | 蛇 | 舵 | 椰 | 11唾 | 茶 | 拿 | 10蚰 |

| 諦 | 駘 | 褪 | 颱 | 14腿 | 態 | 蛻 | 碓 | 13碓 | 滯 | 隊 | 躰 | 貸 | 12詒 | 替 | 敦 | 逮 | 袋 | 11給 | 堆 | 10泰 | 帶 | 退 | 胎 | 耐 | 玳 | 砥 | 殆 | 怠 | 待 |

たおれる / たおす / たいら / ダイ / たきぎ / たき / たがやす / たかめる / たかまる / たかい
| 倒 | 10倒 | 絶 | 12堪 | 耐 | 平 | 19鰆 | 18鮫 | 題 | 17薹 | 擡 | 16餒 | 11醍 | 洒 | 殆 | 9抬 | 8奈 | 弟 | 7台 | 5代 | 内 | 4大 | 3乃 | 20鐓 | 臺 | 擡 | 17戴 | 黛 | 頼 |

ダク / たく / たくわえる / たけ / たしかめる / たしか / だす / たすかる / たすける / たすさえる / たずねる / たずさわる / たたかう / ただし / ただちに / ただす / ただよう / たたみ / たたむ / タツ
| 16濁 | 15諾 | 13掬 | 8炊 | 21鐸 | 17濯 | 擢 | 磔 | 16魄 | 15槖 | 14琢 | 11託 | 10啄 | 析 | 9度 | 拓 | 卓 | 沢 | 8択 | 託 | 7宅 | 6薪 | 16滝 | 13宝 | 8耕 | 10高 | 4高 | 10互 | 19雛 | 高 |

たび / たば / たのもしい / たのむ / たのしむ / たのしい / たね / たに / たとえる / たてる / たてまつる / たっとぶ / たっとい / ダツ / たつ
| 9度 | 7束 | 16頼 | 頼 | 13楽 | 楽 | 14種 | 谷 | 棚 | 8例 | 建 | 立 | 5奉 | 16縦 | 盾 | 貴 | 尊 | 貴 | 尊 | 獺 | 12撻 | 奪 | 14脱 | 捺 | 11裁 | 絶 | 断 | 10竜 | 建 | 立 | 獺 |

タン / たわら / たわむれる / たれる / たりる / たらのき / たら / たよる / ためす / ためる / だます / たましい / たまご / たま / たべる
| 7坩 | 5旦 | 丼 | 4反 | 10丹 | 俵 | 戯 | 垂 | 7足 | 足 | 榻 | 9垂 | 鱈 | 16頼 | 9便 | 絶 | 保 | 矯 | 17試 | 民 | 13賜 | 黙 | 5魂 | 卵 | 15霊 | 15弾 | 球 | 12玉 | 9食 | 栫 | 10旅 |

| 誕 | 薵 | 15緞 | 潭 | 14歎 | 憚 | 綻 | 13端 | 痰 | 椴 | 12嘆 | 報 | 12短 | 猯 | 湛 | 敦 | 11酖 | 貪 | 10蛋 | 淡 | 探 | 9咥 | 9祖 | 耽 | 胆 | 8眈 | 炭 | 単 | 7担 | 坦 |

ダ

| | 16 壇 八二 | 16 滄 二三二 | 17 獺 一九七 | 17 檐 一九九 | 17 檀 二五九 | 18 禪 二五九 | 18 賺 二八六 | 18 鍛 二八六 | 19 簞 三四〇 | 19 蟬 三五〇 | 19 壜 八二 | 20 譚 三五九 | 22 贍 四二九 | 鷴 四四一 | 鐔 二八六 | 灘 三三九 | 団 七二 | 6 男 七五 | 7 段 二〇二 | 9 袒 三八〇 | 10 断 一六五 | 11 喃 一〇六 | 12 弾 一七四 | 13 煖 二四三 | 13 椴 一九五 | 楠 一九五 | 14 煖 二四三 | 15 痰 二三四 | 緞 二九七 | 談 三五七 |

【チ・ち】

| | 16 壇 八二 | 16 檀 一九九 | 17 譚 三五九 | 19 譚 三五九 | 22 灘 三三九 | ち | ちいさい 小 一〇六 | 3 血 五二 | 4 乳 二〇 | 8 近 三六二 | 8 誓 三五〇 | 9 違 三六二 | 9 違 三六二 | 10 力 二〇 | 10 契 一五〇 | 11 竹 三三〇 | 12 竺 三三〇 | 12 柚 一八六 | 12 畜 二三三 | 13 逐 三六二 | 13 舳 三一四 | 13 筑 三四〇 | 13 蓄 三二八 | 16 築 三四二 | 22 鯔 四四一 | 4 父 二三一 | 5 乳 二〇 | ちぢまる 縮 二九八 | ちぢむ 縮 二九八 | ちぢめる 縮 二九八 | ちぢらす 縮 二九八 | ちぢれる 縮 二九八 | 9 姪 九六 |

（後略）

音訓索引 ▼ツ─テン

【ツ・つ】

読み	漢字	画数	ページ
ツ	通	10	三七〇
ツ	都	11	三二六
ツ	津	9	一九三
ツイ	対	7	一九三
ツイ	追	9	三三六
ツイ	堆	11	八二
ツイ	椎	12	二九六
ツイ	槌	14	三五〇
ツイ	墜	15	八二
ツイ	縋	16	三五八
ついえる	費	12	三五九
ついやす	費	12	三五九
つう	痛	12	二五六
つう	通	10	三七〇
つか	蓮	14	三〇六
つかう	塚	12	八〇
つかう	使	8	一三二
つかう	遣	13	三六六
つかえる	仕	5	一一二
つかす	悶	11	三八〇
つかまえる	尽	6	一五六
つかまる	捕	10	一五六

読み	漢字	画数	ページ
つかる	漬	14	二五五
つからす	疲	10	二五五
つかれる	疲	10	二五五
つかわす	遣	13	三六六
つき	月	4	一七三
つき	鵄	17	四三四
つぎ	次	6	一三〇
つきる	尽	6	三〇一
つく	付	5	二八七
つく	突	8	二四〇
つく	就	12	三〇二
つく	着	12	一八〇
つぐ	接	11	一六五
つぐ	継	13	一八〇
つぐ	次	6	一三〇
つぐ	机	6	三二二
つくす	尽	6	二七二
つぐなう	償	17	四二三
つぐみ	鶫	20	二七〇
つくる	作	7	三三九
つくる	造	10	三三九
つくろう	繕	18	二三九
つける	付	5	一三九
つける	就	12	三〇三
つける	着	12	六四
つげる	告	7	一二三
つじ	辻	5	三八五
つた	伝	6	二五
つたう	伝	6	二五
つたえる	伝	6	二五
つたわる	伝	6	二五

読み	漢字	画数	ページ
つち	土	3	七六
つちかう	培	11	八〇
つつく	筒	12	一二五
つづく	続	13	一二四
つづける	続	13	一二四
つつしむ	慎	13	一八〇
つつしむ	謹	17	八〇
つつみ	堤	12	五四一
つつむ	包	5	八〇
つづみ	鼓	13	四九六
つどう	集	12	二五九
つとまる	勤	12	二五九
つとめる	努	7	二五九
つとめる	勤	12	四三四
つとめる	務	11	三〇四
つな	綱	14	四九四
つね	常	11	一六三
つの	角	7	三四一
つのる	募	12	二〇四
つばさ	翼	17	六七
つぶ	粒	11	三九四
つぼ	坪	8	一六一
つま	妻	8	一七八
つまる	褄	13	一〇一
つみ	罪	13	三〇〇
つむ	詰	13	三六一
つむ	摘	14	一五六
つむ	積	16	三八五
つむぐ	紡	10	三九二

読み	漢字	画数	ページ
つめたい	冷	7	四一
つめる	詰	13	三六一
つもる	積	16	三八五
つゆ	露	21	二六八
つよい	強	11	一三九
つよまる	強	11	一三九
つよめる	強	11	一三九
つら	面	9	四〇一
つらなる	連	10	三二九
つらぬく	貫	11	三五八
つらねる	連	10	三二九
つる	弦	8	三八二
つる	釣	11	四四六
つる	連	10	三二九
つるぎ	剣	10	五〇
つれる	連	10	三二九

【テ・て】

読み	漢字	画数	ページ
て	手	4	一四九
テイ	丁	2	一二八
テイ	町	7	四六
テイ	弟	7	四六
テイ	氐	5	六一
テイ	汀	5	二三〇
テイ	体	7	二二〇
テイ	低	7	一〇二
テイ	呈	7	一二六
テイ	弟	7	二三八
テイ	定	8	一〇二
テイ	底	8	一〇二
テイ	低	7	三三
テイ	抵	8	一五二
テイ	邸	8	一二〇
テイ	亭	9	二七五
テイ	剃	9	二九一
テイ	帝	9	一二一
テイ	涕	10	四六
テイ	泜	10	三三
テイ	訂	9	三五七
テイ	貞	9	三二九
テイ	剔	10	四一
テイ	庭	10	二六
テイ	悌	10	一四二
テイ	挺	10	一五五
テイ	涕	10	二一七
テイ	渟	11	二六二
テイ	停	11	三八一
テイ	釘	10	七〇
テイ	遞	11	一二三
テイ	掟	12	一五二
テイ	梯	11	二九一
テイ	梃	11	八〇
テイ	逞	11	三五〇
テイ	啼	12	七一
テイ	堤	12	一七三
テイ	提	12	二七七
テイ	棣	12	三六五
テイ	程	12	二五四
テイ	艇	13	二五四
テイ	碇	13	二一〇
テイ	禎	13	一二七
テイ	蓮	13	三七三
テイ	鼎	13	四二一
テイ	綴	14	四三一
テイ	蔕	14	二九五
テイ	締	15	二九六
テイ	鄭	15	四〇七
テイ	薙	16	三二〇
テイ	諦	16	二五四
テイ	蹄	16	三八六
テイ	醍	16	四一二
テイ	錠	16	四二四
テイ	鯏	18	四二一
テイ	嚔	18	七二
テイ	鯷	19	四二四
テイ	泥	8	二四七
テイ	禰	19	二八〇
デカメートル	糎	7	三四九
デカリットル	竏	8	三四九
デカグラム	瓧	8	一二四
テキ	的	8	二八七
テキ	甼	9	三八一
テキ	荻	10	一四二
テキ	剔	10	四六
テキ	笛	11	一二三
テキ	摘	14	一五六
テキ	滴	14	二三六
テキ	適	14	三六九
テキ	敵	15	一六二
テキ	擢	17	一六一
テキ	擲	18	一五七
テキ	藩	19	二九九
テキ	鏑	19	四二九
テキ	羅	19	三九六
テキ	覿	22	三五四
テキ	躑	19	三八七
テキ	溺	13	二四六
テキ	滌	13	二三五
デキ	斑	9	一六四
テチ	咥	9	七四
テツ	迭	8	三六五
テツ	侠	8	二〇
テツ	轍	19	三八五
テツ	跌	12	三八七
テツ	哲	10	六九
テツ	喋	12	七一
テツ	蛭	12	三九八
テツ	跌	12	三八七
テツ	鉄	13	四二〇
テツ	綴	14	三九二
テツ	徹	15	一四二
テツ	撤	15	一五七
テツ	轍	19	三八五
テツ	捏	10	一五五
デシリットル	竕	9	三四九
デシグラム	瓰	9	一二四
デツ	涅	10	二二七
てら	寺	6	一二四
てらす	照	13	二二〇
てる	照	13	二二〇
てる	出	5	八九
てる	照	13	二二〇
テン	天	4	七八
テン	辿	6	三六五
テン	佃	7	二五
テン	店	8	一二〇
テン	典	8	五二
テン	怛	9	四〇
テン	恬	9	一四二
テン	昣	9	一四二
テン	展	10	一〇三
テン	点	9	二四九
テン	唸	10	六九
テン	添	11	二三四
テン	淀	11	二三五
テン	甜	11	三六一
テン	転	11	二四九
テン	奠	12	二四九
テン	貼	12	三五九
テン	塡	13	八一
テン	殿	13	一九五
テン	槙	14	二九五
テン	槇	14	二九五
テン	碾	15	二一〇

デン

| 21纏 | 18癜 | 17輾 | 16臀 | 15鮎 | 13澱 | 12碾 | 11捻 | 8電 | 7殿 | 6奠 | 5淀 | 鱣 | 24癲 | 22驒 | 鵺 | 21纏 | 19囀 | 18顚 | 17簟 | 癜 | 16輾 | 霑 | 澱 | 諂 | 篆 |

ド と ト

| 3土 | 4戸 | 2十 | 24蠹 | 17闍 | 鍍 | 16賭 | 14醋 | 13塗 | 菟 | 登 | 12渡 | 屠 | 堵 | 都 | 11兜 | 途 | 10茶 | 9徒 | 8度 | 妬 | 肚 | 杜 | 7図 | 6兎 | 4吐 | 3斗 | 土 |

トウ とい

| 島 | 套 | 唐 | 凍 | 10党 | 倒 | 逃 | 9蒼 | 桐 | 苳 | 8杳 | 7東 | 到 | 6豆 | 投 | 灯 | 5当 | 11時 | 15切 | 14冬 | 刀 | 9問 | 鶩 | 酘 | 怒 | 8度 | 弩 | 呶 | 7杜 | 努 | 5奴 |

| 統 | 筒 | 等 | 答 | 登 | 痘 | 湯 | 渫 | 棠 | 椁 | 棟 | 搭 | 塔 | 喋 | 陶 | 12醄 | 逗 | 盜 | 淘 | 桶 | 掏 | 掉 | 悼 | 兜 | 偸 | 11透 | 討 | 納 | 疼 | 桐 | 桃 |

| 謄 | 螳 | 瞳 | 盪 | 濤 | 頭 | 縢 | 17瞠 | 橙 | 踏 | 蕩 | 樋 | 撞 | 16憧 | 幢 | 鬧 | 骰 | 読 | 15蓮 | 綯 | 筒 | 稲 | 働 | 14僮 | 條 | 當 | 滔 | 搨 | 搗 | 13塘 | 道 |

ドウ とう

| 12棠 | 11動 | 胴 | 10桐 | 衲 | 洞 | 9恫 | 8咚 | 而 | 6同 | 問 | 11攪 | 23饕 | 22臑 | 鐺 | 21籐 | 騰 | 20鞳 | 鐙 | 19蟷 | 檮 | 闘 | 襠 | 藤 | 磴 | 瀆 | 擢 | 檮 | 18鴟 | 鞜 | 蹈 |

| 13遠 | 2十 | 貴 | 尊 | 12貴 | 9尊 | 22峠 | 21嚢 | 囊 | 20鐃 | 襖 | 臑 | 18檮 | 蹈 | 17臑 | 瞳 | 獰 | 瞳 | 撓 | 撞 | 憧 | 15幢 | 導 | 儻 | 銅 | 14働 | 13僮 | 働 | 道 | 童 |

と とお とおい とうぶ とうとい とうげ トク とき とかす とおす

| 7床 | 遂 | 13解 | 23溶 | 14解 | 14解 | 獨 | 13讀 | 獨 | 13犢 | 19瀆 | 18篤 | 14讀 | 徳 | 13薦 | 11督 | 10得 | 8特 | 匿 | 17竺 | 10禿 | 鴇 | 時 | 10解 | 溶 | 通 | 通 |

音訓索引 ▼ところ―ぬる

読み	漢字	番号	ページ
とびら	扉	12	一四九
とばす	飛	9	四〇六
との	殿	13	二〇三
との	殿	13	二〇三
となり	隣	16	二九五
とのえる	整	16	一六三
とのう	調	15	三三五
ととこおる	滞	13	二四七
ととのう	調	15	三三五
とても	鮇	8	三九〇
とて	迎	13	三六六
とつぐ	嫁	11	一一七
とて	訥	7	四〇四
ドツ	頓	13	三五〇
とて	訥	11	四〇四
ドツ	突	8	二六六
ト	咄	7	六五
ト	凸	5	四三
とち	栃	9	一八二
とち	栃	7	一八二
とじる	閉	11	三八八
とじょう	鰍	19	四一四
とし	年	6	一二四
とざす	閉	11	三八八
ところ	所	8	一四九
とこ	常	11	一三三

(以下、残りの項目も同様に続く。実際の情報量が多いため、主要な読み方と漢字のみ記載)

と
跳・飛・乏・止・泊・留・富・富・止・泊・留・共・友・鞆・捕・捕・鳥・取・捕・執・採・撮・泥・屯・井・団・呑・廃・惇

ナ・な
豚・貪・敦・遁・頓・褪・逖・臀・鐙・問・呑・敦・鈍・嫩・殺・曼・壞・那・奈・南・納・名・菜・乃・内・奈

なす なおす・なおる・なか・なかば・ながい・ながす・ながめる・ながれる・なぎ・なく・なぐさむ・なぐさめる・なげかわしい・なげく・なげる・なごやか・なさけ・なす

成・情・和・和・投・嘆・嘆・殴・慰・慰・鳴・泣・凪・流・眺・半・流・長・永・仲・中・直・治・直・治・苗・無・亡・酒・酘

なる・ならぶ・ならびに・ならう・なやます・なやむ・なめらか・なみだ・なみ・なまり・なまず・なまける・なま・なに・ななめ・なな・なつかしい・なつかしむ・なつく・なつ・ナツ・ナツ・ナン・なれる

成・並・並・並・鳴・慣・習・倣・悩・悩・滑・涙・波・並・鉛・鯰・怠・生・七・何・斜・七・懐・懐・懐・夏・納・捺・吩

に
ニ・に
逃・苦・匂・鳰・煮・銑・新・荷・邇・爾・児・而・弐・尼・仁・二・何・難・煖・楠・喃・軟・納・南・男・縄・苗・慣・鳴

にがす・にがい・におい・におう・にえる・にい・に・にい・なん・ニ・ニ・ニ・ニ・ニ・ニ・ニ・ニ・ニ・ニュウ・ニョ・ニョウ

溺・尿・女・汝・如・女・柔・乳・廿・入・煮・搦・若・鈍・鈍・担・日・偽・西・濁・濁・逃・憎・憎・憎・憎・褥・宍・肉・握・苦

ぬる・ぬま・ぬの・ぬすむ・ぬし・ぬげる・ぬける・ぬく・ぬかる・ぬう・**ヌ・ぬ**・ニン・にわとり・にわ・にる

塗・沼・布・盗・主・脱・抜・脱・抜・抜・縫・認・荵・恁・忍・妊・任・壬・人・鶏・庭・煮・似・饒・鐃・擾・撓

音訓索引 ▼ネ―ばける

【ネ・ね】

読み	ね	ねー	ネイ						ねがう	ねかす	ねこ	ネチ	ネツ		ねばる	ねむい	ねむる	ねる		ネン						
画数	10	10	10	7	10	14	18	19	19	14	11	10	13	11	10	15	11	10	13	14	4	6	8	11	12	
漢字	涅	値	根	佞	蚋	寧	檸	禰	願	寝	猫	涅	捏	熱	粘	眠	眠	寝	練	廿	年	念	拈	唸	粘	然

【ノ・の】

読み		ノウ		のぼせる	のぼす	のぼる	のべる	のびる	のばす	のち				の	のがれる	のがす	のき	ノク	のこす	のこる	のせる	のぞく	のぞむ	のる										
画数			ねんごろ	3							13	16	20	10			11	13	17	21	22	9			10	15	9	13	9	10	13	9	11	12
漢字	稔	撚	燃	鮎	蠕	懇	野	而	衲	悩	納	能	脳	農	濃	嚢	嚢	逃	軒	残	残	乗	除	望	臨									

【ハ・は】

読み	は	バ	ハイ																														
画数		5	7	8	8	9	7	9	13	12	12	11	12	15	14	13	11	7	14	12	6	3	3	5									
漢字	巴	把	芭	怕	杷	波	爬	咆	飯	載	羽	刃	覇	簸	鮎	播	頗	盃	胚	肺	背	徘	悖	唄	俳	倍	栂	昧	苺	吠	売	配	灰

はい / ばい / はえ / はえる / はかる / はか / ばか / ばかす / はがね / ハク / はく

| 画数 | 7 | 5 | 12 | 9 | 12 | 7 | 16 | 13 | 9 | 5 | 2 | 23 | 22 | 16 | 13 | 12 | 11 | 10 | 9 | 8 | 7 | 13 | 10 | 9 | 19 | 16 | 15 | 14 | 12 | 11 | 10 | 9 | 8 |
| 漢字 | 伯 | 白 | 謀 | 諮 | 測 | 計 | 図 | 計 | 鋼 | 化 | 墓 | 栄 | 映 | 生 | 栄 | 入 | 徹 | 霾 | 邁 | 蝿 | 煤 | 楳 | 買 | 焙 | 媒 | 陪 | 菩 | 培 | 狸 | 梅 | 佰 | 帕 | 拍 | 怕 | 泊 | 狛 | 迫 | 柏 | 剥 | 栢 | 粕 | 舶 | 博 | 搏 | 薄 | 箔 | 駁 | 魄 | 璞 | 樸 | 薄 | 蟇 | 駁 | 鮑 | 譬 | 檗 | 饂 |

ばける

| 画数 | 4 | 7 | 8 | 14 | 16 | 17 | 18 | 19 | 20 |
| 漢字 | 化 | 励 | 励 | 貉 | 貌 | 駁 | 暴 | 縛 | 貘 | 瀑 | 邈 | 曝 | 爆 | 鶩 | 激 | 励 | 饒 |

音訓索引 ▼はこ―ヒ

音訓索引 ▼ひ―ブ

ブウ					フウ	ぶ																				
14 蓬 三元	16 諷 三五	14 瘋 三五	13 鮏 三四	12 楓 一九四	11 富 一〇四	烽 一九〇	9 桴 一九六	7 風 一八一	4 封 九一	16 阜 三一七	20 莩 四三	19 鷲 四三	18 鵐 四三	蕪 三五四	舞 三一六	撫 一九六	憮 一四〇	15 誣 三五二	14 蓬 三三八	13 蒲 三三六	12 葡 三三三	無 二七〇	11 部 二七〇	逢 二〇二	歩 二〇二	武 二〇一

ふくらむ	ふくめる	ふく										フク	ふかめる	ふかまる	ふかす	ふかい	ふえる									
16 膨 三三三	7 含 六二	15 含 六二	7 噴 七〇	20 鰒 四三一	19 鞴 四〇二	鵬 四〇二	18 馥 三九六	16 覆 三五六	15 輻 三六四	14 嗄 二八四	13 腹 三一七	12 福 二七四	菖 三三四	11 復 一四七	幅 一五〇	8 袱 一七七	6 匐 五〇	副 四七	服 一七七	伏 一二五	11 深 一七五	7 深 一七五	14 更 八二	12 深 一〇三	11 殖 二〇三	笛 二六三

ふね	ふな	ふところ	ふとい	ふで	ブツ						フツ	ふち	ふたたび	ふたつ	ふだ	ふた	ふせる	ふせぐ	ふし	ふさ	ふける	ふくろ	ふくれる				
11 船 三四	6 舟 三四	11 船 三四	6 舟 三四	8 太 八九	7 懐 一五八	15 筆 二八六	8 物 一五〇	4 勿 三三	10 祓 一七六	8 沸 一六〇	5 払 一二八	弗 三三	15 縁 二八七	6 再 四一	4 豚 三一六	13 札 一二八	15 双 六一	4 二 一五	6 伏 一二五	16 防 三九一	15 伏 一二五	10 節 一九一	5 房 一四九	10 更 八二	老 三二〇	10 袋 三三二	膨 三三三

ふれる	ふるす	ふるえる	ふるう	ふるい	ふる	ふゆ	ふやす	ふもと	ふむ	ふみ	ふまえる																	
11 鯊 四一七	15 憤 一四六	噴 七二	12 雰 三九八	12 焚 一九二	10 紛 二八一	紛 二八五	8 粉 一八七	忿 一三七	7 芬 三二一	6 汾 三一〇	4 扮 一五二	13 吻 六五	勿 三三	15 分 四六	触 三五九	16 古 六九	15 震 三九九	10 奮 九三	震 一五五	振 一五二	10 古 六九	降 三九一	12 増 八二	11 殖 一九三	15 梺 一六〇	4 踏 三六八	15 文 一四七	踏 三六八

		ヘイ	ベ	ヘ・ヘ											ブン													
蛄 三六	11 萆 三四一	萍 三三二	10 屛 一二三	陛 三九一	9 病 二五五	俾 三一	8 砒 三六八	柄 一五五	7 拚 一五四	萃 三一七	秉 一八五	枋 二〇七	并 四一	6 併 二九	並 三一	兵 二九	5 平 三二	丙 一一	辺 三六八	14 聞 三〇六	10 糸 二九一	7 吻 六五	勿 三三	文 一六四	4 分 四六	23 鱶 四二一	17 糞 二八九	16 奮 九二

				ヘキ				ベイ																					
21 霹 三九九	20 壁 八七	19 甓 八七	瘭 二五六	18 壁 二四〇	16 壁 八二	劈 四九	14 碧 四七	13 辟 三七〇	11 萆 三四一	謎 三五四	袂 六五	9 吠 六四	7 米 二八七	18 斃 一六四	鮃 四一七	16 箆 二八六	變 九九	餅 四一〇	蔽 三三〇	弊 一三〇	幣 三二七	15 辟 三七〇	蓖 三三〇	聘 三〇六	脾 二六五	13 絣 二九一	敞 一六三	塀 八〇	12 閉 二八九

ヘン	へる	へらす	へび	へに						ベツ		へだてる			(ヘトメートル)	(ヘクトグラム)	(ヘクトリットル)	ベキ											
14 褊 三四五	12 遍 三七一	11 貶 三六二	10 偏 三〇	9 胼 二六五	扁 一四九	7 変 八三	5 返 三六八	4 扑 一五一	片 一九〇	12 減 二九	11 経 二九〇	減 一六六	11 蛇 三五六	9 紅 二八一	25 鼈 四二四	23 鱉 四二一	19 襪 三四五	17 臀 二六五	14 蔑 三三〇	7 別 四五	25 鼈 四二四	19 瞥 二六一	17 隔 三九一	14 隔 三九一	7 陌 三八七	25 粨 三八八	19 糎 二八八	15 冪 四一	24 鵰 四二一

					ベン																				
20 麵 四二八	辯 三〇	18 鮸 四一八	鞭 四〇二	16 駢 三六五	辨 二二	15 麺 四二一	緬 二九一	13 瞑 二六五	11 罷 一九四	冕 四一	10 挽 一五六	勉 一五二	9 冥 四一	7 便 二九	5 俛 三〇	扑 一五一	弁 二二	20 辯 三七〇	19 騙 三九七	18 攀 一五八	鞭 四〇二	鴇 四二一	16 骿 三六五	辨 二二	15 篇 二八五

音訓索引 ▼ホ―ホン

【ホ・ほ】

ホ
甫 一三〇
歩 三〇二
保 一五〇 7
哺 六九 8
匍 六九 9
圃 六九 10
捕 一五六 11
浦 二八 12
埠 八〇 菩 三二四
堡 八〇 葡 三二四 13
溥 三三一 蒲 三三三 補 一三四
輔 三六六 14
舗 四六 鋪 四一二 15
鯆 四二二 16
輔 三六六 18
黼 四三八 19

ホイ 火 二一九 ホウ 帆 二〇〇 穂 三三二 戊 一四七 母 一六四 牡 二〇四 拇 一五二 姥 九六 莫 三三九 10

苞 三三九 泡 二三二 法 二三二 枋 一八七 朋 一七五 放 一七六 抛 一五二 抱 一五一 庖 一〇二 宝 九七 奉 八五 咆 六六 邦 三七五 芳 三三七 泛 二三一 抔 一五一 彷 一一五 呆 六二 仿 五一 包 五七 方 一七六 4 5 6 7 8 12 16
焙 二六七 無 一七四 模 一九九 暮 一七二 摯 一五六 慕 一三一 鉧 四二三 墓 八一 募 八三 菩 三一四 11 12 13 14

珓 二四六 焙 二六七 彭 一一七 幇 一〇四 報 八〇 逢 三八八 訪 三五〇 鮑 四二三 萌 三二二 菠 三二三 烽 二六三 烹 二六三 捧 一五七 崩 一一三 琳 八五 匏 五七 迸 三八三 豹 三五六 袍 三四二 蚌 三二一 舫 三二六 砲 二五五 疱 二四六 旁 一七一 峰 一一二 俸 五四 倣 五三 胞 三三〇 炮 二六一 封 一〇六 9 10 11 12

ボウ
乏 一四 亡 一九 龐 四三二 鵬 四三五 瀑 三三八 謗 三五四 繃 二九九 縫 二九八 鋩 四一三 魴 四三一 髣 四二九 鋒 四二〇 褒 三四五 磅 二五七 滂 三三五 鳳 四三〇 髣 四二九 鞄 四〇三 蓬 三二四 掊 四〇二 膀 三三〇 飽 四〇八 雹 三九七 鉋 四一三 豊 三五五 蜂 三二二 迸 三八三 跑 三五九 苟 三三八 絣 二九五 3 4 12 13 14 15 17 18 19

萌 三一四 眸 二四四 望 一七七 惘 一三二 蚌 三二一 耄 三〇五 紡 二九一 旁 一七一 剖 六〇 虻 三二〇 芒 三三七 冒 五七 某 一八七 昂 一六九 庬 一〇二 茆 三三九 茅 三三九 罔 三〇二 朋 一七五 房 一七九 防 三九一 忘 一二一 尨 一〇九 妨 九四 坊 七六 呆 六二 芒 三三七 牟 二〇五 忙 一二一 妄 九四 卯 五八 5 6 7 8 9 10 11

ホク 瀑 三三八 樸 一九六 幞 一〇五 剝 六一 北 五九 仆 五一 ほがらか 朗 一七七 ほうむる 葬 三二三 ボウ 龐 四三二 螟 三二四 魍 四三一 鵠 四三五 謀 三五三 膨 三三一 冑 五七 蟒 三二四 薨 三二五 蓊 三二五 暴 一七三 儚 五六 鏊 四一四 鋒 四二〇 貌 三五八 膀 三三〇 毘 四一三 棒 一九二 帽 一〇五 傍 五五 12 13 14 15 16 17 18 19

ボク ホツ ホッする ホツ ほたる ほそる ほす ほしい ほこる ほこ
没 二三〇 法 二三二 浡 二三四 発 二四九 勃 五九 弗 一一七 弗 一一七 蛍 三二一 細 二九二 干 一〇〇 欲 二一七 星 一六九 誇 三五一 矛 二五三 鶩 四三五 樸 一九六 撲 一六二 幞 一〇五 墨 八二 僕 五六 睦 二四五 首 四〇二 沐 二三〇 朴 一八一 目 二四三 木 一八一 卜 五八 蹼 三六一 曝 一七四 5 7 8 10 11 13 14 15 16 20 2 4 5 7 10 13 18 19

ホン ほろびる ほろぶ ほる ほり ほら ほめる ほまれ ほね ほどこす ほどける ほどく ホッする ボッ
繙 二九九 幡 一〇五 稟 二七七 犇 二〇七 奔 八五 叛 六三 本 一八一 反 六三 滅 二三五 滅 二三五 袰 三四五 掘 一五八 彫 一一七 堀 八〇 洞 二三四 襃 三四五 誉 三五〇 炎 二六一 骨 四二九 施 一七一 仏 五一 程 二七六 欲 二一七 鮖 四三二 坊 七六 浡 二三四 悖 一二九 勃 五九 歿 二一八 4 5 9 11 13 7 8 9 10 12 13 15 18

音訓索引 ▼むす―ユウ

むす
難[11] 蒸[13] 搗[18] 拷[9]

むすぶ
結[10]

むすめ
娘[4]

むっつ
六[10]

むつ
六[12]

むな
胸[10]

むね
旨[6]

むね
胸[10]

むら
村[7]

むらさき
紫[12]

むらす
蒸[13]

むれ
群[13]

むれる
群[13]

むろ
室[12]

むろあじ
鯥[20]

メ・め
碼[15] 瑪[14] 罵[15] 女[3] 目[5] 芽[8] 雌[14]

メイ
名[6] 命[8] 明[9] 茗[10] 迷[10] 冥[10] 盟[13] 酩[14] 槙[14] 銘[15] 瞑[16] 螟[17] 謎[17] 恵[10] 巡[12] 飯[13] 召[5] 雌[14] 珍[12] 蔑[13] 滅[13] 鮴[17] 免[9] 面[10] 冥[10] 挽[12] 棉[12] 罠[13] 綿[14]

モ
模[14] 摸[15] 摹[15] 茂[9] 麵[20] 麺[16] 緬[15] 瞑[16]

モウ
亡[4] 毛[6] 妄[7] 芒[8] 孟[9] 岡[8] 耄[10] 茴[10] 望[11] 猛[11] 萌[13] 蒙[14] 網[15] 蠎[16] 朦[17] 檬[17]

モク
木[4] 目[5] 沐[7] 睦[13] 黙[15]

もぐる
潜[15]

もしくは
若[8]

もす
燃[16]

モチ
勿[4]

もちいる
用[5]

モツ
勿[4]

もっとも
最[12]

もっぱら
専[9]

もと
元[4]

もとい
基[11]

もとす
基[11]

もとめる
求[7]

もどす
戻[7]

もどる
戻[7]

もの
物[8]

もみ
籾[9]

もみじ
椛[11]

もむ
揉[12]

もも
桃[10]

もやす
燃[16]

もよおす
催[13]

もり
守[6]

もる
漏[14]

もれる
漏[14]

モン
門[8] 文[4] 紋[10] 悶[12] 問[11] 聞[14] 璊[22] 刎[4]

もんめ
匁[3]

ヤ・や
也[3] 冶[7] 夜[8] 耶[9] 野[11] 挪[12]

や
矢[5] 八[2]

やがて
軈[24]

ヤク
厄[4] 亦[6] 役[7] 扼[7] 突[8] 疫[9] 約[9] 益[10] 訳[11] 軛[12] 隘[13] 薬[16] 櫟[19] 躍[21] 鑰[25] 焼[12] 易[8]

やさしい
優[17]

やしなう
養[15]

やしろ
社[7]

やすい
安[6]

やすまる
休[6]

やすむ
休[6]

やすめる
休[6]

やっつ
八[2]

やつ
八[2]

やとう
雇[12]

やど
宿[11]

やどす
宿[11]

やどる
宿[11]

やなぎ
柳[9]

やに
篠[17]

やぶる
破[10]

やぶれる
敗[11]

やま
山[3]

やまい
病[10]

やむ
病[10]

やめる
辞[13]

やり
鑓[22]

やわらか
柔[9]

やわらかい
軟[11]

やわらぐ
柔[9] 軟[11] 和[8]

ユ・ゆ
和[8] 由[5] 油[8] 柚[9] 涌[10] 蚰[11]

ゆ
湯[12]

ユイ
由[5] 唯[11] 惟[11] 遺[15]

ユウ
友[4] 尤[4] 右[5] 由[5] 有[6] 佑[7] 邑[7] 西[7] 侑[8] 勇[9] 愉[12] 渝[12] 湧[12] 遊[12] 愈[13] 楡[13] 瑜[13] 諛[15] 蝓[15] 論[15] 踰[16] 癒[18] 湯[12]

ゆう

宥	幽	柚	疣	祐	恂	涌	莠	悠	蚰	揖	游	湧	猶	裕	遊	釉	雄	楢	熊	誘	憂	融	優	鶓	勠	鎔	䵟	夕	結

ゆえ・ゆか・ゆき・ゆく・ゆさぶる・ゆずる・ゆたか・ゆび・ゆめ・ゆらぐ・ゆり・ゆるい・ゆるす・ゆるむ・ゆるやか・ゆれる・ゆわえる

故	床	祐	雪	行	揺	揺	譲	豊	指	弓	夢	揺	閖	揺	許	緩	緩	緩	揺	結

【ヨ・よ】

予	余	於	舁

よ

世	代	四	夜	良	宵	善	夭	孕	幼	用	羊	妖	快	拗	杳	侑	咬	洋	盈	要	頁	容	恙	涌

ヨウ

秋	窈	庸	痒	揚	揺	湧	葉	遥	陽	傭	暘	楊	溶	煬	瑒	腰	蛹	雍	頌	厭	様	榕	漾	熔	踊	遙	銚	瑩	窯

よう

ヨク

養	蓉	擁	謡	踰	鴞	邀	曜	燿	鎔	蠅	癰	耀	鷂	鰒	纓	䯻	鷹	八	酔	弋	抑	杙	沃	或	峪	浴	欲

よごす・よごれる・よせる・よそおう・よつ・よぶ・よむ・よめ・よる・よろこぶ・よわい・よわまる・よわめる・よわる・よん

【ラ・ら】

翌	俗	噎	蘿	國	檍	翼	臆	横	汚	汚	由	装	四	四	呼	詠	読	嫁	夜	寄	喜	弱	弱	弱	弱	四

ラ・ライ・ラク・ラチ

拉	喇	裸	螺	羅	驟	蘿	邏	礼	耒	来	萊	雷	磊	黎	蕾	頼	懶	籟	壘	籟	洛	烙	絡	落	楽	酪	駱	擽	埓

【リ・り】

リ・リツ

拉	喇	辣	蜊	乱	卵	嵐	酬	燗	覧	蘭	濫	蠣	懶	襴	蘭	瀾	襤	爛	纜	鸞	吏	利	李	里	俚	哩

音訓索引 ▼リキ—ロ

リツ	リチ		リク	リキ																	

13 慄 / 12 葎 / 11 率 / 10 栗 / 9 律 / 8 立 / 19 慄 / 15 律 / 14 鯲 / 13 毅 / 11 蓼 / 2 陸 / 26 力 / 25 蠶 / 19 籬 / 離 / 18 鯉 / 16 鼇 / 15 罹 / 13 璃 / 12 犂 / 履 / 裏 / 15 犂 / 13 犂 / 12 犂 / 11 梨 / 苙 / 狸 / 浬

	リョ																	リュウ		リャク	

13 紹 / 10 旅 / 7 呂 / 22 鷚 / 21 聾 / 19 鰡 / 18 雷 / 16 嚠 / 15 龍 / 瘤 / 14 劉 / 13 瑠 / 12 榴 / 溜 / 硫 / 犁 / 隆 / 粒 / 笠 / 11 琉 / 竜 / 留 / 10 流 / 9 柳 / 5 立 / 20 礫 / 18 擽 / 11 掠

| | | | | | | | | | | リョウ | | | | | | | | | | |

13 梁 / 稜 / 12 量 / 椋 / 喨 / 陵 / 菱 / 聊 / 猟 / 涼 / 11 梁 / 掠 / 10 料 / 9 凌 / 玲 / 8 亮 / 苓 / 7 良 / 6 伶 / 両 / 2 了 / 26 驢 / 23 鑢 / 20 稺 / 19 椚 / 18 廬 / 15 濾 / 慮 / 14 膂 / 滷 / 虜

| リン | | | リョク | | | | | | | | | | | | | | | | | | |

10 倫 / 9 厘 / 林 / 各 / 14 綠 / 13 碌 / 6 朸 / 2 力 / 26 鱲 / 25 蠡 / 22 聾 / 19 壟 / 繚 / 18 糧 / 瞭 / 17 療 / 龍 / 燎 / 16 霊 / 遼 / 諒 / 15 獠 / 撩 / 領 / 蓼 / 綾 / 漁 / 14 寮 / 僚 / 褊 / 粮

| | | | | | | | | | ル | ル・る | | | | | | | | | | | |

19 鏻 / 17 臚 / 16 縷 / 14 厘 / 廛 / 13 僂 / 琉 / 11 婁 / 留 / 10 流 / 9 陋 / 24 鱗 / 23 躪 / 19 藺 / 18 臨 / 17 燐 / 16 霖 / 隣 / 酬 / 15 輪 / 14 凜 / 綸 / 13 綾 / 鈴 / 12 稟 / 11 琳 / 淋 / 恪

| レイ | | | | | | | | | | レ・れ | | | | | | | ルイ | | | |

13 鈴 / 12 犂 / 11 羚 / 10 砺 / 捩 / 9 茘 / 玲 / 苓 / 泪 / 8 怜 / 囹 / 例 / 戻 / 励 / 冷 / 7 伶 / 礼 / 5 令 / 28 驪 / 19 蠃 / 18 類 / 17 縲 / 15 樏 / 13 誄 / 12 塁 / 11 累 / 泪 / 8 泪

| レン | | | | | | レツ | | | | | レキ | | | | | | | | | | |

10 恋 / 8 苓 / 怜 / 12 烈 / 裂 / 10 栗 / 捩 / 埒 / 6 劣 / 22 列 / 轢 / 20 礫 / 樔 / 19 瀝 / 櫟 / 14 歴 / 24 鱧 / 21 櫺 / 醴 / 20 蠣 / 麗 / 19 礪 / 18 藜 / 17 齡 / 嶺 / 16 隷 / 澪 / 15 黎 / 霊 / 零

| | | | | | | ロ | ロ・ろ | | | | | | | | | | | | | |

15 魯 / 14 滷 / 13 路 / 賂 / 12 鈩 / 11 鹵 / 炉 / 枦 / 8 芦 / 7 呂 / 23 攣 / 22 鰊 / 20 蘞 / 19 簾 / 18 鎌 / 聯 / 17 縺 / 錬 / 16 憐 / 鏨 / 15 練 / 漣 / 14 蓮 / 煉 / 棟 / 廉 / 13 連

ロウ

楼13	僂11	琅	蔞	狼	浪10	朗	拼	陋	郞9	拉8	牢	弄7	労6	老27	鱸26	驢24	鑪23	鷺22	艫21	露20	櫨	蘆	櫚	櫓19	廬18	濾	蕗16	盧

ロク

糠14	漉13	碌12	禄	鹿11	肋6	六4	聾22	籠	蠟	朧21	龐20	隴	鏤	瀧	臘19	壟	醪18	糧17	螻	螃	龍16	蘥	蔘	漏14	榔	摺	粮	稜

わかれる / わかる / わかつ / わかい / ワイ / わ / ワ / ロン

別7	分4	分	分	沸8	若18	穢	賄13	矮	湊12	隈11	猥9	淮15	歪7	輪14	我13	窪	窩12	話10	蛙8	萬	倭	和15	ワ・わ	論19	麓18	轆	録16	戮15	緑

ワン / われる / わるい / わる / わらべ / わらう / ワツ / わたる / わたす / わたくし / わた / わずれる / わずらわす / わずらう / わざわい / わざ / わける / わく / ワク

腕	湾12	椀11	掬12	我7	悪11	割	割12	童10	笑	幹	日4	渡12	渡	私14	綿7	忘	煩13	煩11	患7	災13	業7	技	分4	訳11	沸	枠8	簧16	惑12	或8

彎22	鋺16	豌15	蜿	綰14	碗13

【エ・え】

【コ・こ】

【サ・さ】

【シ・し】

【ソ・そ】

【タ・た】

【ト・と】

【ネ・ね】

【ノ・の】

【ハ・は】

【ヒ・ひ】

【へ・へ】

【ホ・ほ】

【ワ・わ】

【総画索引】

- 本辞典に収録した見出し漢字を総画数順(同画数の場合は部首順)に配列し、本文の掲載ページを示しました。
- 見出し漢字の上に示した字は部首です。

【一画】
一 一
乙 乙
一四 一

【二画】
丁 七 乂 乃 九 了 二 人 入 八 几 刀 力 匕 亡 十 卜
三 三 一四 六 六 三 三 三 四 四 四 五 五 五 五 五

【三画】
下 三 上 丈 万 与 丸 之 久 及 乞 也 于 亡 兀 凡 刃 勺 勺 千 又
四 五 七 九 九 九 三 三 五 五 七 九 三 五 四 四 五〇 五二 五八

口 土 士 夕 大 女 子 寸 小 尸 山 川 工 己 已 巳 巾 干 弓 彳 手
五九 七六 八三 八五 八六 九〇 九八 九九 一〇〇 一〇〇 一〇四 一〇八 一一〇 一一二 一一二 一一二 一一四 一一九 一二〇 一二五 一三〇

【四画】
丑 不 中 丹 乏 予 云 五 互 井 亢 介 仇 今 什 仍 仁 仄 仏 允
〇 〇 一 三 四 六 七 八 八 九 一〇 三 三 三 三 三 三 三 三 五

元 公 六 円 内 冗 凶 刈 切 分 勾 匆 勿 匆 化 匹 区 匚 卅 厄 収 双
三五 三九 四〇 四四 四四 四四 四五 五〇 五〇 五一 五三 五三 五三 五三 五四 五五 五五 五六 五六 五六 五七 五七

【五画】（続き）
反 友 壬 太 夫 夭 孔 少 尤 尺 屯 山 巴 幻 廾 引 弓 心 戈 戸 手
五五 六五 八三 八五 八五 九一 九一 一〇二 一〇三 一〇三 一〇四 一一三 一一三 一一九 一二〇 一二〇 一二三 一三五 一三六 一四九

支 文 斗 斤 方 日 日 月 木 欠 止 歹 比 毛 氏 水 火 爪 父 爻 片 牙 牛
一六二 一六四 一六四 一六五 一六六 一六六 一七〇 一八四 一八四 一八四 一九一 一九五 一九五 一九六 一九八 一九八 一九八 一九八 一九八 一九八 一九八 一九八

【五画】
犬 王 玉 一 且 丘 世 丕 丙 卯 巨 主 丼 乎 乍 以 仕 仔 仙 他 代 付 令
二四〇 三二四 三二四 一 三 四 四 四 四 四 四 四 二 三 三 三 三 三 三 三 三 三

兄 冊 写 処 凧 凹 出 凸 刊 加 功 匆 包 北 匙 匝 匚 占 卡 十 叱 叩 卯 去 右
三五 一 四〇 四三 四四 四七 四七 四八 五〇 五〇 五〇 五三 五三 五三 五五 五五 五五 五六 五六 五六 五九 六〇 六〇 六〇 六〇

可 叺 叶 句 古 叩 号 司 史 只 台 吁 四 囚 圧 圦 土 冬 外 央 失 奴
六〇 六〇 六〇 六〇 六〇 六〇 六四 六四 六四 六四 六四 六四 七二 七六 七七 七七 八四 八五 八六 九三 九三

孕 尻 尼 巧 左 巾 市 布 平 幼 幺 広 庁 弁 弗 弘 必 忉 戊 打 払 斥 旧 旦
九八 一〇三 一〇三 一一〇 一一〇 一一四 一一四 一一九 一一九 一二二 一二二 一二三 一二三 一二五 一二七 一二七 一三五 一三五 一四九 一五〇 一五〇 一六五 一六九 一六九

札 朮 本 末 未 正 母 氏 民 永 水 汁 汀 氾 犯 玄 玉 瓦 甘 生 用 田 甲
一八〇 一八〇 一八四 一八四 一八四 一九一 一九六 一九六 一九六 一九八 一九八 一九八 一九八 一九八 二四〇 二四一 三二四 三四七 三四七 三四九 三五〇 三五一 三五一

総画索引 ▼六―七画

示	白	田	用	瓦	玉		犬	牛		火																				
祁	阜	町	男	甫	玼	玖	狆	狂	状	牢	牡	灼	災	灸	沃	沐	没	汾	泛	沛	沈	沖	沢	沁	沚	沙	決	汲	汽	汪

														岬	長					肉	网		糸	立	穴			禾		
言	角	見	芦	芳	芬	苯	芙	芭	茍	芯	芸	芹	苅	芥	花	艮	肚	肘	肖	肛	肝	罕	系	糺	圸	究	禿	秀	私	社

一	【八画】		麥	阜	臣	里	西				邑						辵	辰	辛	車	身	足	走	赤	貝	豕	豆	谷	
並		麦	防	阪	臣	里	西	邦	那	邨	邑	返	迎	近	迪	迄	迂	辷	辰	辛	車	身	足	走	赤	貝	豕	豆	谷

刀	凵	几		八	儿														人		二		乙	ノ						
刮	函	凭	典	具	其	免	尭	例	侑	併	侮	佰	佩	佗	佅	舎	侍	使	供	佶	侃	佳	価	依	享	京	亟	事	乳	乖

口											又	ム	ト		十	力														
咕	咀	呻	周	咒	呪	呰	呷	呼	呟	咎	呵	叔	受	取	参	叄	卦	卓	卒	協	効	劼	到	制	刺	刹	刷	刻	剄	券

子							女			大	夕			土					口											
学	妹	妬	姐	姓	妾	始	姉	妻	姑	委	奔	奉	奈	奇	奄	夜	坪	坦	垂	坤	坩	圄	国	固	和	命	味	咆	咀	咬

广	干	巾						山		尸	小						宀													
店	底	庚	幷	幸	帛	帖	帙	帚	岬	岶	岱	岨	岫	岡	岸	岩	岳	屈	居	尚	宝	定	宙	宗	実	宜	官	宛	孟	季

手	戸	戈				心										イ		弓	廴											
押	承	房	所	或	怜	怖	怕	性	怺	怙	怯	怪	快	怡	忿	念	忝	忠	忽	彼	彽	征	径	往	弥	弩	弦	延	庖	府

		日	方	斤	支																									
昆	昊	昂	旺	易	於	斧	放	拉	拗	抹	抛	抱	拇	披	拍	拝	拈	抵	拄	抽	担	拓	拾	拙	招	拘	拠	拒	拡	拐

																			木			月								
枡	枚	枋	枌	杪	枇	板	柿	杯	杷	東	枕	杼	析	枘	枢	松	柞	枝	杲	杭	果	枉	朋	服	明	旻	昔	昌	昇	昏

														水	毛	母	殳	歹		止	欠					火				
沸	泌	泊	波	泥	注	沮	泝	泄	沼	治	泗	沽	況	泣	泪	河	沿	杳	毟	毒	殷	殀	歩	武	欣	欧	炸	炉	林	杏

示	矢	皿	白		疒	田	瓦	玉		犬	牛	片	爿	爪			火													
祀	祁	知	直	盂	盅	疝	疚	画	疣	玩	狒	狛	狙	狎	狗	物	版	牀	爬	采	炉	炒	炊	炙	炎	泪	油	沫	泡	法

総画索引 ▼九画

草	茜	茌	茸	茹	荀	茱	茲	茨	荇	荒	荊	茗	茴	茵	昇	臭	胞	胚	肺	背	胝	胆	胎	胡	胤	胃	耶	耐	羙	約

| 追 | 退 | 逆 | 迢 | 迦 | 軍 | 軌 | 赴 | 負 | 貞 | 計 | 訂 | 計 | 要 | 袂 | 衲 | 袒 | 袒 | 衿 | 衷 | 衍 | 虹 | 虵 | 虹 | 虐 | 茘 | 茗 | 茫 | 苔 | 茶 | 莊 |

| 個 | 倦 | 俠 | 倶 | 倨 | 俺 | 倚 | 倭 | 【十画】 | 香 | 首 | 食 | 飛 | 風 | 頁 | 音 | 韭 | 革 | 面 | 陋 | 陌 | 限 | 門 | 臥 | 重 | 酋 | 郎 | 郁 | 迷 | 逃 |

| 剔 | 剛 | 剣 | 凌 | 凍 | 凋 | 凄 | 准 | 冥 | 家 | 冤 | 兼 | 党 | 倫 | 俸 | 倣 | 俯 | 俵 | 俾 | 倍 | 俳 | 倒 | 値 | 倉 | 倩 | 修 | 借 | 倅 | 倥 | 倖 | 候 |

| 姿 | 娯 | 套 | 夏 | 垮 | 埋 | 垉 | 埃 | 圃 | 哩 | 哺 | 唄 | 唐 | 哲 | 啄 | 唇 | 哨 | 唆 | 哭 | 哮 | 唱 | 哦 | 哥 | 員 | 原 | 匪 | 匿 | 勉 | 勍 | 剖 | 剥 |

| 庭 | 座 | 庫 | 帯 | 席 | 師 | 帰 | 差 | 峪 | 峰 | 島 | 峻 | 峩 | 峨 | 展 | 屑 | 展 | 将 | 射 | 容 | 宸 | 宵 | 宰 | 宮 | 害 | 家 | 宴 | 孫 | 娘 | 姫 | 娌 |

| 挨 | 拿 | 拳 | 挙 | 扇 | 恪 | 悒 | 悖 | 悩 | 悌 | 悄 | 悚 | 悃 | 悟 | 悍 | 悦 | 恋 | 恙 | 恥 | 息 | 恕 | 恣 | 恵 | 恭 | 恐 | 恩 | 恁 | 徒 | 徐 | 從 | 弱 |

| 核 | 格 | 桜 | 案 | 朗 | 朔 | 書 | 晋 | 時 | 晒 | 晃 | 晏 | 既 | 旅 | 旁 | 料 | 敏 | 挵 | 捩 | 捕 | 挽 | 捌 | 捏 | 挺 | 捗 | 捉 | 挿 | 捜 | 振 | 挫 | 捍 |

| 泰 | 殺 | 殷 | 殉 | 殊 | 残 | 栗 | 栢 | 梅 | 桐 | 桃 | 桒 | 梅 | 栓 | 栖 | 桎 | 桟 | 栽 | 根 | 桄 | 栲 | 桁 | 校 | 桂 | 栩 | 框 | 桔 | 桓 | 栞 | 株 | 桙 |

| 珪 | 狼 | 狸 | 狷 | 倏 | 特 | 烈 | 烙 | 烏 | 烟 | 浪 | 涙 | 流 | 浬 | 浴 | 涌 | 浡 | 浦 | 浮 | 浜 | 涅 | 涕 | 涎 | 浙 | 浸 | 浹 | 消 | 浚 | 浩 | 涓 | 浣 |

| 破 | 砧 | 砥 | 砦 | 砿 | 矩 | 眠 | 真 | 眤 | 眦 | 眥 | 胺 | 益 | 疱 | 病 | 疲 | 疼 | 疾 | 疵 | 痀 | 疳 | 痂 | 留 | 畚 | 畔 | 畠 | 畜 | 畝 | 班 | 珮 | 珠 |

| 紙 | 索 | 紗 | 耗 | 粉 | 粃 | 粋 | 笆 | 竕 | 笑 | 笋 | 笏 | 笙 | 笈 | 窈 | 窄 | 秣 | 秘 | 秩 | 秦 | 秤 | 称 | 秭 | 秧 | 祥 | 祓 | 祟 | 祇 | 祠 | 砺 | 砲 |

総画索引 ▼十一画

Row 1 (竹/立/穴/禾/示/目/皿/白/疒 radicals):
笨 符 笛 笞 第 笙 笥 笹 筅 竡 章 竟 窒 窓 移 祭 眸 眺 眴 眷 眼 盗 盛 盒 皐 痃 痒 痔 痕 略 畢

Row 2 (肉/聿/耳/羽/羊/糸/米 radicals):
脳 脱 脛 脚 粛 聊 翌 習 羚 羞 累 絆 紬 絽 組 絅 紳 紹 終 絁 紫 細 紺 絃 経 粒 粕 粘 粗 粔 笠

Row 3 (艹/舟/臼 radicals):
菱 菜 萌 菩 草 萍 菠 菠 著 菁 菱 菘 萃 菖 萩 菊 菜 崑 菫 菌 菊 菅 葛 萎 菴 舶 舵 船 舳 舷 舂

Row 4 (言/見/衣/行/虫/虍 radicals):
訣 許 訝 訛 視 規 桁 袱 袵 袷 袴 袿 袢 袋 衰 袈 術 街 蚰 蚫 蚵 蚣 蛋 蛆 蛇 蚱 蛍 蚯 蚜 虚

Row 5 (邑/辵/車/身/足/赤/貝/豕 radicals):
郷 郭 逮 進 逸 逢 逗 逞 逍 逡 這 逾 軛 軟 転 趺 跋 趾 赦 貶 貧 販 貪 貫 貫 豚 訳 訪 訥 設 訟

Row 6 (鹵/鳥/魚/頁/雨/隹/阜/門/金/里/酉 radicals):
鹵 鳥 魚 頂 頃 雫 雪 雯 雀 陵 隆 陸 陪 陶 陳 阪 険 陰 閉 問 釣 釧 釵 鈕 金 野 釈 酘 酖 酔 部 都

Row 7 (口/厂/卩/十/力/刀/几/人 radicals): 十二画
噌 喊 喚 喀 喙 営 厨 厦 卿 博 募 勝 勤 創 割 剴 凱 傍 傅 備 傘 傀 偉

【十二画】 亀/斎/黒/黄/麻/鹿 radicals:
亀 斎 黒 黄 麻 鹿

Row 8 (土/口 radicals):
報 堡 塀 塔 堵 堤 塚 堕 場 堅 堪 堰 圏 喨 喇 喩 喃 啼 喋 喞 喪 喘 善 啻 喰 喉 喧 喬 喫 喟 喜

Row 9 (广/幺/巾/己/山/尸/尢/寸/宀/子/女/大/士 radicals):
廂 幾 帽 幇 幅 幄 巽 嵐 嵌 屠 属 就 尊 尋 富 痲 寔 寓 寒 孳 屠 媚 媒 婚 媛 奠 奢 奥 堉 壺 壹

Row 10 (手/戸/戈/心 radicals):
揖 揉 揣 揮 換 揩 掾 援 握 掣 掌 扉 戟 愉 惰 惻 慌 愕 惑 悶 悲 惚 惹 復 循 御 彭 弼 弾 弑 廃

Row 11 (木/月/日/斤/文/攴 radicals):
棺 椅 朝 期 替 曾 最 普 晩 智 晴 晶 暑 景 暁 斯 斌 斐 斑 敞 敦 散 敬 敢 敲 揺 揚 揖 揶 搭 提

Row 12 (木 radicals):
椀 椋 棉 椎 棒 棠 椊 棟 棣 椎 椨 棚 棕 棗 楼 椙 棰 森 植 椒 楮 椿 棍 検 椥 椚 棘 極 椈 椹 棋

総画索引 ▼十三画

【十三画】

総画索引 ▼十四画

総画索引 ▼十五画

木			日	方	斗	支					手	戈										心
槁	構	概	槐	榎	樺	榲	暦	暮	暢	旗	幹	敲	摘	摺	摧	摑	摯	截	慢	慟	慷	憎

水 止 欠
漱 漸 滲 漆 滾 漁 演 歴 歌 椰 榴 榕 様 模 槙 槫 槐 槃 槇 槌 槍 槙 槁 榛 榺 槃 榊 槎 榾 榲

广 疋 疒 匸 瓦 | 玉 | 犬 牛 爻 | | | | 火 | | | | | | | | | |
瘋 疑 疊 匯 甃 甄 瑠 瑪 瑣 瑰 獐 獄 犒 爾 熔 熊 煽 熄 熄 漉 漏 滷 漣 漾 漫 漂 滌 滴 漬 漲 漕

| | 竹 | | | | | | | | 立 | 穴 | | 禾 | | 示 | | | 石 | 目 | | | 皮 |
箔 劄 筝 箒 箋 算 箜 篠 箕 箝 管 筒 端 竫 竭 窪 窩 稲 種 穀 稽 禊 碧 碑 磋 碩 磁 碣 睾 睥 皸

| 耳 | 羽 | 网 | | | | | | | | | | | | | | | | | 糸 | | 米 | |
聟 聚 聢 翡 翠 罰 綰 練 綸 緑 綾 網 綿 緋 絢 綴 綻 綜 総 綾 緒 綬 綽 緇 綱 綺 維 糅 粽 精 箙

| | 虫 | | | | | | | | | | | | | 岬 | | | 肉 | 聿 | | | |
蜥 蜻 蝣 蜺 蝶 蜿 蓼 蔓 蓬 蔀 蒐 蓮 蔦 蔕 蔟 蔣 蔞 蔡 蔚 蔭 膂 膜 膀 腿 膏 膃 腐 肇 聞 聡

足 赤 貝 豸 豕 | | | | 言 | | | 見 | | 衣 | | | | | | | |
踊 踟 赫 賑 貌 豪 誘 諭 認 読 誓 誦 誌 誤 語 誑 誡 覡 褊 複 褌 装 製 裳 裏 蜜 蜉 蝨 蜩 蜘

| | 門 | | | | | | | | | | | 金 | | 酉 | 邑 | | | 辷 | 辛 | | 車 |
閤 閨 関 閣 銘 銛 鋒 銅 銚 銛 銑 銭 銖 銙 銀 銜 餘 酸 酷 酵 鄙 適 遭 遮 遙 遜 遡 辣 輔 輓 輒

| 人 | | 鼻 | | 鳥 | 鬼 | 影 | 骨 | | 馬 | | 食 | | 風 | 頁 | | 革 | 青 | 雨 | 隹 | | 阜 |
億 【十五画】 鼻 鳴 鳳 鳶 魂 魁 髣 髪 骸 駁 駄 駅 飴 颱 颯 領 頗 鞄 鞅 靫 静 需 雌 雑 障 際 隠 閲

尸 寸 宀 | 女 | | | 土 | | | | | | | | | | 口 | 力 | | 刀 | 冫 | 冖 | |
履 導 審 嬋 嬌 嬉 嫺 墜 墳 嫵 嘲 噂 嘶 嘱 嘴 噓 嘻 器 噎 勲 劉 劈 劇 凜 冪 僵 舗 僻 儂 儀

手 戈 | | | | | | | | | | 心 | 彳 | 彡 | 廾 | 广 | | | | | 巾 | |
撒 撮 摩 擊 戮 戯 慣 憮 憫 憧 憚 憔 憬 慳 慮 憂 慫 憖 慧 慶 慰 徴 影 弊 廟 廚 幞 幣 幡 幢 幟

| | | | | | | 木 | | 日 | 支 | | | | | | | | | | |
槊 槞 標 樋 樢 樗 槽 樅 樟 樻 樒 槲 権 槿 槻 樫 梆 横 暴 暫 敷 敵 撩 撲 撫 撥 播 撚 撓 撞 撤 撰

総画索引 ▼十六画

総画索引 ▼十九—二十画

【十一画】

【十三画】

総画索引　▼十三画

【十五画】

【十六画】

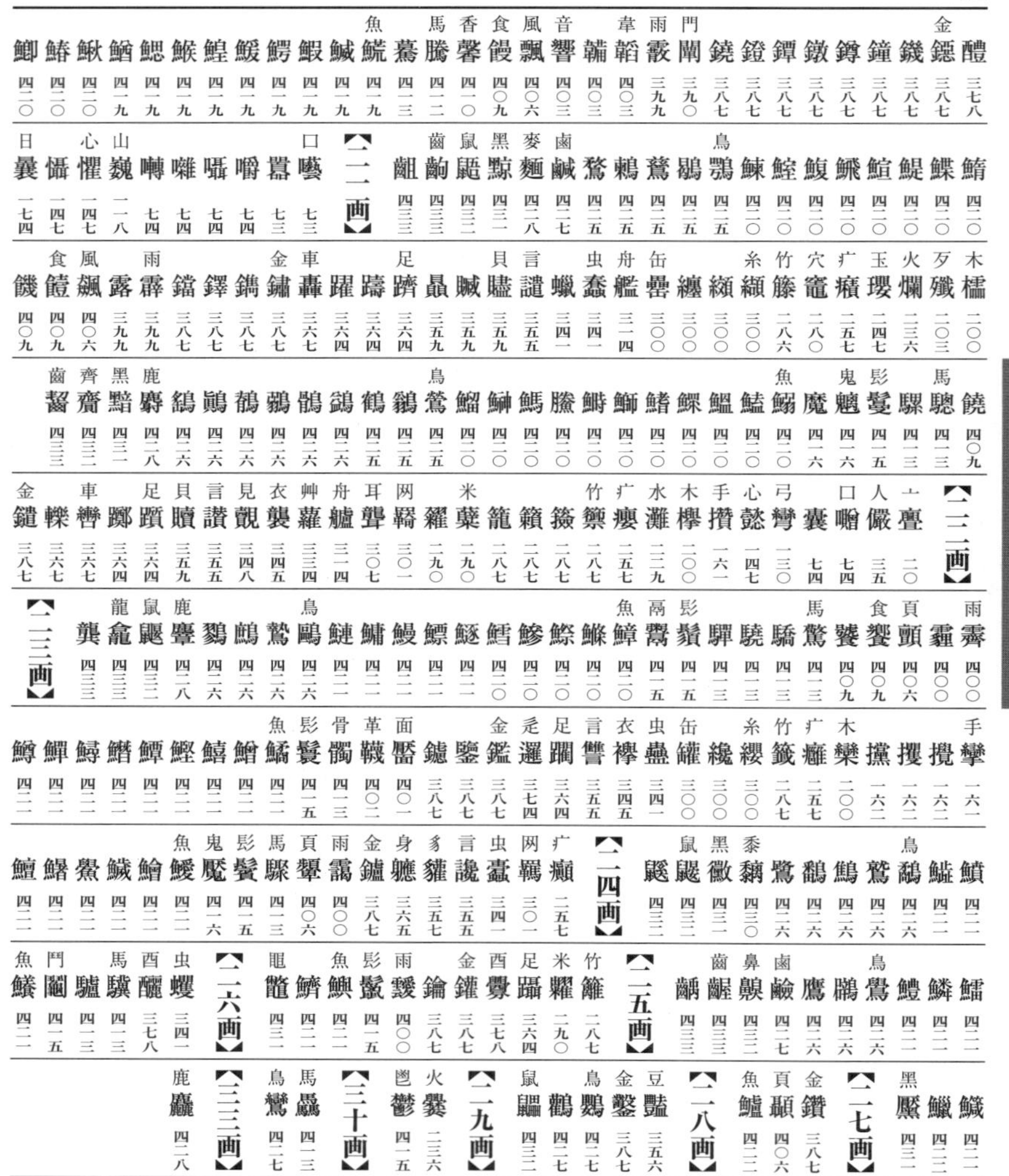

【一】〈いち〉部

0

一 【一】(1) イチ・イツ ひと・ひとつ

0

一 にのまえ 姓氏。

一か八か いちかばちか 「—やってみよう」

一に いつに ひとえに。

2

一七日 いちしちにち・ひとなぬか・ひとなのか 人の死後七日目。

一人 ひとり 人の数が一であること。

一人法師 ひとりぼっち 〔独り法師〕一人きり。

一人静 ひとりしずか センリョウ科の多年草。

一丁字 いっていじ 一個の文字。「—を識しらず」

3

一二三 いじみ 姓氏。

一入 ひとしお★「感慨も—だ」

一八 いちはつ ▼【鳶尾】いちはつ 422

一口 いもあらい ①京都府の地名。②姓氏。

一口両舌 いっこうりょうぜつ 二枚舌を使うこと。

一山一寧 いっさんいちねい 鎌倉時代の僧。

一寸 ちょっと★〔看一・鳥渡〕「—出かけてくる」

一寸八分 かまつか 姓氏。

4

一介 いっかい 「—の小市民」

一斤染 いっこんぞめ 染め物の一。

一戸 いちのへ ①岩手県の町まち。②IGRいわて銀河鉄道いわて銀河鉄道線の駅。

一尺八寸 かまつか 姓氏。

一切 いっさい 全部。

一切合切 いっさいがっさい 〔一切合財〕「火事で—を失う」

一日 ついたち☆ ▼【朔】ついたち 177

一日千秋 いちじつせんしゅう 「—の思い」

一日市 ひといち 秋田県の地名。

一日市場 ひといちば ①長野県の地名。②JR東日本大糸線の駅。

一日花 とろろあおい ▼【黄蜀葵】とろろあおい 429

一匹狼 いっぴきおおかみ 「政界の—」

一片 ひとひら ▼【一枚】ひとひら 2

一方 ひじかた 姓氏。

一方ならず ひとかたならず 「—世話になる」

一木一草 いちぼくいっそう 「—に至るまで…」

5

一矢 いっし 「—を報いる」

一汁一菜 いちじゅういっさい そまつな食事。

一世一代 いっせいちだい 生涯ただ一度。

一世一期 いっせいちご 終生。

一辺倒 いっぺんとう 「親米しんべい—」

一本気 いっぽんぎ 「—な男」

一本独鈷 いっぽんどっこ 博多織の一。

6

一目瞭然 いちもくりょうぜん☆ 「両者の違いは—だ」

一礼比 いちろい 姓氏。

一衣帯水 いちいたいすい 一筋の帯のように狭い川。

一気呵成 いっきかせい☆ 一気にやり遂げる。

一伍一什 いちごいちじゅう 一部始終。

一行 ひとくだり 文章の一部分。

← 一向 ひたすら ▼【只管】ひたすら 61

→ 一向 ひたぶる ▼【頓】ひたぶる 404

一色 いっしき 姓氏。

一朶 いちだ 花のついたひと枝。

一年 ひととせ いちねん。

← 一見 いちげん★「—の客」

→ 一見 ひとみ 姓氏。

一言半句 いちごんはんく ほんの少しの言葉。

一言居士 いちげんこじ 一言言わないと気がすまない者。

一条兼良 いちじょうかねら 室町中期の政治家・学者。

一身田 いしんでん ①三重県の旧町。②JR東海紀勢本線の駅。

8

一町田 よほうだ 姓氏。

一呂比 いちろい 姓氏。

一雨 ひとふり 姓氏。

一炊の夢 いっすいのゆめ　はかないことのたとえ。

一青 いっと・ひとと　姓氏。

一念発起 いちねんほっき　「―して研究に打ち込む」

一迫 いちはさま　宮城県の川・旧町。

一泡 ひとあわ　「―ふかせる」

一枚 ひとひら　〔一片〕「―の枯れ葉」

一抹 いちまつ　「―の不安」

一夜草 すみれ　▼【菫】すみれ　324

9

一昨日 おととい・おとつい☆　きのうの前の日。

一昨年 おととし　去年の前の年。

一昨昨日 さきおととい☆　おとといの前の日。

一昨昨年 さきおととし　おととしの前の年。

一炷 いっしゅ　一本の灯心。

一荘 イーチャン　マージャン用語。

一畑 いちばた　①島根県の地名。②民営鉄道(―電車)。

一品 いっぽん　律令制で親王の位階の第一位。

一風迫 いちのはざま　姓氏。

10

一夏 いちげ　僧の夏の修行期間。

一家言 いっかげん　その人独特の意見。

一家眷属 いっかけんぞく　家族・関係者の全員。

一宮 いっく　①高知県の地名。②姓氏。

一庫 ひとくら　兵庫県の地名。

一殺多生 いっせつたしょう・いっさつたしょう　一人を殺すことで多くを生かす。

一倡三歎 いっしょうさんたん　〔一唱三歎〕詩文をほめるときの言葉。

一閃 いっせん　ぴかっと光る。

一挺 いっちょう　〔一丁〕銃などを数える語。

一途 いちず★「―な恋」

11

一掬 いっきく☆　ひとすくい。

一渉り ひとわたり　「―目を通す」

一張一弛 いっちょういっし　ほどよく扱う。

一張羅 いっちょうら　「―の背広」

一転 いちころ　「チャンピオンに―でやられる」

一粒万倍 いちりゅうまんばい　物事が成長する。

12

一越縮緬 ひとこしちりめん　しぼの細かい縮緬。

一揆 いっき　「百姓―」

一期一会 いちごいちえ☆　一生に一度限り。

一貴山 いきさん　JR九州筑肥(ちくひ)線の駅。

一筋縄 ひとすじなわ　「―では行かない」

一揃 ピンぞろ　「―の丁(ちょう)」

一朝一夕 いっちょういっせき　「何事も―には完成しない」

一斑 いっぱん　「考えの―を述べる」

一番合戦 いちまかせ　姓氏。

一揖 いちゆう　ちょっとお辞儀すること。

一葉草 すみれ　▼【菫】すみれ　324

一陽来復 いちようらいふく　よい方向に向かう。

一絡げ ひとからげ　「十把―」

13

一献 いっこん　「―傾ける」

一盞 いっさん　一つのさかずき。

一節切 ひとよぎり　尺八の一。

一廉 ひとかど★「―の人物」

一蓮托生 いちれんたくしょう☆　「―の運命」

14

一摑み ひとつかみ　「―の米」

一搩手 いっちゃくしゅ　仏教で、手の親指と中指とを開いた長さ。

一際 ひときわ　「―目立つ」

一端 いっぱし　「―の口をきく」

一碧万頃 いっぺきばんけい　海や湖の水が、見渡すかぎり青く広がっているさま。

一網打尽 いちもうだじん　「密売人を―にする」

15

一撮み ひとつまみ　「―の塩」

一熟 いちじく　▼【無花果】いちじく　233

17

一闋 ひとくさり　▼【一齣】ひとくさり　3

一轂 いっこく　一つのこしき。

一臂 いっぴ　「―の労をとる」

一瓢 いっぴょう　ひょうたん一つ。

一頻り ひとしきり　「―雨が降る」

18 一瞥 いちべつ　ちらっと見る。

一縷 いちる　「―の望み」

一簣 いっき　わずかの量。

一瀉千里 いっしゃせんり　「―に事を運ぶ」

一觴一詠 いっしょういちえい　酒を飲み詩を吟じる。

一叢 ひとむら　ひとかたまり。

一擲 いってき　「乾坤(けんこん)―」

一擲千金 いってきせんきん　気前がいいこと。

一癖 ひとくせ　「―も二癖もある人物」

一翻 イーファン　マージャン用語。

一蹴 いっしゅう　にべもなく拒絶する。

19 ←一齣 ひとくさり　〔一闋〕「得意の歌声を―歌ってきかせる」

→一齣 ひとこま　「人生の―」

一籌 いっちゅう　一つのはかりごと。

21 一饋 いっき　一回の食事。

一顧傾城 いっこけいせい　絶世の美人。

一纏め ひとまとめ　「荷物を―にする」

23 一攫千金 いっかくせんきん　「―を夢見る」

24 一顰一笑 いっぴんいっしょう　機嫌。

一 1 **【七】**(2)　**シチ**　**なな・ななつ・なの**

0 七ヶ宿 しちかしゅく　①宮城県の町(まち)。②宮城・山形県の街道。

2 七七日 なななぬか・なななのか・しちしちにち　人の死後四九日目。

←七十 ななそ　しちじゅう。

→七十 ななそじ　▼【七十路】ななそじ 3

七十路 ななそじ　〔七十〕　七〇歳。

3 七子 ななこ　▼【魚子】ななこ 416

七寸五分 くつわた　姓氏。

七夕 たなばた★　〔棚機・織女〕　五節句の一。

4 七戸 しちのへ　青森県の川・町(まち)。

七五三 しめ　姓氏。

七五三飾り しめかざり　▼【注連飾り】しめかざり 212

七五三縄 しめなわ☆　▼【注連縄】しめなわ 212

七日 なぬか・なのか　月の七番目の日。

←七生 ななお　東京都の地名。

→七生 はぶ　姓氏。

七北田 ななきた　宮城県の地名。

6 七会 ななかい　茨城県の旧村。

七糸緞 しゅちん　▼【繻珍】しゅちん 299

7 七言絶句 しちごんぜっく　漢詩の一形式。

七対子 チートイツ　マージャン用語。

8 七宗 ひちそう　岐阜県の町(ちょう)。

七宝 しっぽう　①七つの宝物。②愛知県の町(ちょう)。③名鉄津島線の駅。④香川県の山(―山(さん))。

七味 しちみ　長野県の温泉。

9 七面山 しちめんざん　山梨県の山。

七面倒 しちめんどう　非常に面倒なさま。

七面鳥 しちめんちょう　〔吐綬鶏・白露鶏〕　キジ科の鳥。

10 七時雨山 ななしぐれやま　岩手県の山。

七島藺 しちとうい　植物シチトウの別名。

七釜 ななつがま　長崎県の観光地。

11 七堂伽藍 しちどうがらん　寺の主要な七つの建物。

12 七飯 ななえ　①北海道の町(ちょう)。②JR北海道函館本線の駅。

七葉樹 とちのき　▼【橡】とちのき 198

七隈 ななくま　福岡市交通局地下鉄の路線。

13 七福 ななふく　千葉県の旧村。

14 七種 ななくさ　七つの種類。

18 七難八苦 しちなんはっく　さまざまな災難。

七類 しちるい　島根県の地名・峠。

19 七顛八倒 しちてんばっとう　「―の苦しみ」

21 七竈 ななかまど　〔野槐・花楸樹〕　バラ科の落葉小高木。

一 1 **【丁】**(2)　**チョウ・テイ**

←丁 ひのと☆　十干の一。

→丁 よほろ・ようろ　姓氏。

←丁丁 ちょうちょう　〔打打〕　続けて打つ音を表す語。

→丁丁 とうとう　木を切る音が響くさま。

丁発止　ちょうちょうはっし　〔打打発止〕「―とやりあう」
3 丁子　ちょうじ　〔丁字〕フトモモ科の常緑高木。
5 丁尼生　テニソン　イギリスの詩人。
丁半　ちょうはん　ばくちの種類。
丁卯　ていぼう　干支（えと）の一。
6 丁字　ちょうじ　▼【丁子（ちょうじ）】4
丁年　ていねん　成年。
8 丁岳　ひのとだけ　秋田・山形県境の山地・山。
丁抹　デンマーク★　国名。
9 丁重　ていちょう　▼【鄭重（ていちょう）】376
丁度　ちょうど　「定員―だ」
10 丁翁　あけび　▼【通草（あけび）】370
11 丁野　よぼの　姓氏。
12 丁幾　チンキ　「ヨード―」
丁場　ちょうば　宿場と宿場との間の距離。
丁斑魚　めだか　▼【麦魚（めだか）】428
13 丁稚　でっち★「―奉公」
14 丁寧　ていねい　〔叮嚀〕「―なあいさつ」

16 丁髷　ちょんまげ★　男性の髪の結い方。

一 2 【下】(3)
カ・ゲ
した・しも・もと・さげる・さがる・くだる・くだす・くださる・おろす・おりる

0 下　しも　富山県の旧村。
下っ端　したっぱ　「―の役人」
下ノ一色　しものいしき　愛知県の地名。
下ノ加江　しものかえ　高知県の川・地名。
下ル　さがる　京都で、南の方へ行く。
2 下人　げにん　身分の低い者。
3 下下　しもじも　一般庶民。
下山門　しもやまと　JR九州筑肥（ちくひ）線の駅。
下川　しもかわ　北海道の町（ちょう）。
4 下火　あこ　▼【下炬（あこ）】5
←下戸　おりと　姓氏。
→下戸　げこ　酒が飲めない人。
←下手　したて・したで　「―に出ればつけ上がる」
下手　しもて　客席から見て、舞台の左側。

→下手　へた☆「―の横好き」
下手人　げしゅにん　殺人犯。
下手物　げてもの　「―趣味」
下仁田　しもにた　①群馬県の町（まち）。②上信電鉄の駅。
下水内　しもみのち　長野県の郡。
下斗女　しもとめ　姓氏。
下斗米　しもとまい・しもとべい　姓氏。
下日　しもあさひ　姓氏。
下毛　しもげ　大分県の旧郡。
5 下市　しもいち　①奈良県の町（ちょう）。②鳥取県の地名。
下司　げす　▼【下種（げす）】5
下世話　げせわ　「―な話」
下石　おろし　①岐阜県の旧町。②姓氏。
←下田　しただ　新潟県の旧村。
→下田　しもだ　静岡県の市・温泉・港・街道。
下立　おりたて　富山地方鉄道本線の駅。
6 下圷　しもあくつ　姓氏。
下向　げこう　都から地方へ行く。

下庄　しものしょう　JR東海紀勢本線の駅。
7 下位　のぞき　姓氏。
下克上　げこくじょう　▼【下剋上（げこくじょう）】5
下谷　したや　東京都の旧区・地名。
下志比　しもしい　えちぜん鉄道勝山永平寺（かつやまえいへいじ）線の駅。
←下条　げじょう　JR東日本飯山（いいやま）線の駅。
→下条　しもじょう　姓氏。
下里母　かりも　姓氏。
下呂　げろ　①岐阜県の温泉・市。②JR東海高山本線の駅。
下良　けら　姓氏。
8 下河辺長流　しもこうべちょうりゅう　江戸前期の国学者・歌人。
下学上達　かがくじょうたつ　基礎から深い学問に進んでいく。
下学集　かがくしゅう　国語辞書の一。
下京　しもぎょう　京都市の行政区。
下枝　しずえ　下の方の枝。
下松　くだまつ　①山口県の市。②JR西日本山陽本線の駅。

下知 げじ・げち 命令。
下肥 しもごえ こやし。
下府 しもこう ①島根県の地名。②JR西日本山陰本線の駅。
9 下炬 あこ 〔下火・下風〕たいまつに火をつける。
下県 しもあがた 長崎県の旧郡。
下剋上 げこくじょう 〔下克上〕「―の世」
下穿き したばき 下着。
下段 しただん 富山地方鉄道立山(たてやま)線の駅。
下卑る げびる いやしく見える。
←下風 あこ ▼【下炬】あこ 5
→下風 おろし ▼【颪】おろし 406
下郎 げろう 「―の分際」
10 下益城 しもましき 熊本県の郡。
下浣 げかん 〔下澣〕下旬。
下真 しもつま 姓氏。
下通 しもつみち 姓氏。
←下馬 げば JR東日本仙石(せんせき)線の駅。
→下馬 しもうま 東京都の地名。
下馬評 げばひょう 「総裁選の―に上がる」
11 下郷 しもごう 福島県南西部の町(まち)。
下都賀 しもつが 栃木県の郡。
下部 しもべ 山梨県の温泉・旧町。
下閉伊 しもへい 岩手県の郡。
←下野 げや 「選挙に敗れて―する」
→下野 しもつけ ①栃木県の市。②旧国名。現在の栃木県。
下野草 しもつけそう ▼【繍線菊】しもつけそう 299
下唯野 しもゆいの ①福井県の地名。②JR西日本越美北(えつみほく)線の駅。
12 下越 かえつ 新潟県の地方。
下間 しもつま 姓氏。
下衆 げす☆ ▼【下種】げす 5
下筌 しもうけ 熊本県の地名。
下嵐 おろし 姓氏。
13 下新川 しもにいかわ 富山県の郡。
下頓別 しもとんべつ 北海道の地名。
下蒲刈 しもかまがり 広島県の島・旧町。
14 下関 しものせき ①山口県の半島・市。②JR西日本山陽本線の駅。
下種 げす☆ 〔下衆・下司〕「―の勘ぐり」
←下総 しもうさ ①千葉県の台地。②旧国名。現在の千葉県北部と茨城県南西部。
→下総 しもふさ 千葉県の旧町。
下駄 げた 木製のはきもの。
下腿 かたい すね。
下徳富 しもとっぷ JR北海道札沼(さっしょう)線の駅。
15 下賜 かし 「杯を―される」
下賤 げせん 身分が低い。
下履 したばき 屋外ではくはきもの。
16 下鴨 しもがも 京都府の地名。「下賀茂」とも。
下澣 げかん ▼【下浣】げかん 5
下臈 げろう 官位・身分が低い人。

一 2 【三】(3) **サン** **み・みつ・みっつ**

0 三つ巴 みつどもえ 「―の乱戦」
三ノ瀬 そうのせ 山口県の地名。
三ヶ日 みっかび ①静岡県の旧町。②天竜浜名湖鉄道天竜浜名湖線の駅。
1 三一 さんぴん 身分の低い武士をいやしめる語。
2 三九二 みくに 姓氏。
三七日 みなぬか 人の死後二一日目。
三十 みそ さんじゅう。
三十一文字 みそひともじ 短歌のこと。
三十三才 みそさざい ▼【鷦鷯】みそさざい 426
三十日 みそか ★173 ▼【晦日】みそか
三十路 みそじ 三〇歳。
三刀屋 みとや 島根県の川・旧町。
3 三下 さんした 取るに足りない。
三下り半 みくだりはん ▼【三行半】みくだりはん 6
三叉 みつまた 〔三椏・結黄〕ジンチョウゲ科の落葉低木。
三才山峠 みさやまとうげ 長野県の峠。
三才図会 さんさいずえ 中国、明代の図解書。
三三九度 さんさんくど 儀式の献杯の作法。
三三五五 さんさんごご

「―集まってくる」

4

三戸　さんのへ　①青森県の郡・町(まち)。②青い森鉄道青い森鉄道線の駅。

三五月　もちづき　▼【望月】(もちづき) 177

←三水　さみず　長野県の旧村。

→三水　さんずい　漢字の偏の一。

←三井　みい　福岡県の郡。

→三井　みつい　姓氏。

三井寺　みいでら　滋賀県の寺、園城寺(おんじょうじ)の通称。

三斗小屋　さんどごや　栃木県の温泉。

←三方　さんぼう・さんぽう　ヒノキでつくった儀式用の台。

→三方　みかた　①福井県の湖・郡・旧町。②JR西日本小浜(おばま)線の駅。

三方一方　くつわだ　姓氏。

三方一所　くつわだ　姓氏。

三方一新　くつう　姓氏。

三方五湖　みかたごこ　福井県の湖。

三方高　さんぼうこう　秋田県の山。

三木　みき　①兵庫県の市。②民営鉄道(―鉄道)。③姓氏。

5

三加和　みかわ　熊本県の旧町。

三丘　みつお　山口県の温泉・地名。

三尻　みかじり　姓氏。

三生　みよし　姓氏。

←三田　さんだ　①兵庫県の市。②神戸電鉄の路線・駅。③JR西日本福知山線の駅。

→三田　みた　①東京都の地名。②都営地下鉄の路線・駅。

三白草　はんげしょう　▼【半夏生】(はんげしょう) 54

6

三会　みえ　島原鉄道の駅。

三行半　みくだりはん　★〔三下り半〕　離縁状。

三次　みよし　①広島県の盆地・市・旧郡。②JR西日本芸備線等の駅。

三宅　みやけ　①東京都の島・坂・支庁・村。②姓氏。

三宅観瀾　みやけかんらん　江戸中期の儒学者。

三池　みいけ・みけ　姓氏。

三年　みとせ　さんねん。

三百代言　さんびゃくだいげん　弁護士をののしっていう語。

三伏　さんぷく　最も暑い時期。

三伏峠　さんぷくとうげ　長野・静岡県境の峠。

7

三位　さんみ　貴族の位階の一。

三位一体　さんみいったい　キリスト教の根本教義の一。

三角　みすみ　①熊本県の旧町・港。②JR九州の路線・駅。③姓氏。

三角寛　みすみかん　文筆家。

三角楓　とうかえで　▼【唐楓】(とうかえで) 69

三岐　さんぎ　民営鉄道(―鉄道)・路線。

三谷　みや　①愛知県の地名。②姓氏。

三豕渉河　さんししようか　文字を誤用、誤読するたとえ。

三社　みおや　姓氏。

三条実美　さんじょうさねとみ　幕末・明治時代の政治家。

三良坂　みらさか　①広島県の旧町。②JR西日本福塩線の駅。

8

三依　みより　①栃木県の旧村。②姓氏。

←三枝　さいぐさ・さえぐさ　姓氏。

→三枝　さきくさ　枝が三つに分かれている草木。

三枝松　さえぐさ　姓氏。

三波川　さんばがわ　群馬県の川。

三波石峡　さんばせききょう　群馬県の峡谷。

三拝九拝　さんぱいきゅうはい　「―して頼み込む」

三迫川　さんはさまがわ　宮城県の川。

三味線　しゃみせん・さみせん☆　弦楽器の一。

三和土　たたき　★〔叩土・敲土〕　コンクリートで仕上げた土間。

9

三界　さんがい　「女―に家なし」

三査子　さんざし　▼【山樝子】(さんざし) 115

三津　みと　静岡県の景勝地。

三祖　みおや　姓氏。

三段壁　さんだんぺき　和歌山県の断崖。

三度崎　みたべざき　島根県の岬。

三昧　さんまい・ざんまい　「ぜいたく―な生活」

三面川　みおもてがわ　新潟県の川。

三面六臂　さんめんろっぴ　「―の活躍」

10

三家　みやけ　姓氏。

三宮 さんのみや ①兵庫県の地名。②阪急神戸本線等の駅。
三軒茶屋 さんげんぢゃや ①東京都の地名。②東急田園都市線等の駅。
三根 みね 佐賀県の旧町。
三通 さんのみち 姓氏。
三途 さんず 「―の川」
← 三島 さんとう 新潟県の郡。
→ 三島 みしま ①静岡県の市。②JR東海東海道本線等の駅。
三浦按針 みうらあんじん 江戸初期に渡来したイギリス人、ウィリアム・アダムスのこと。
三峰山 みうねやま 三重・奈良県境の山。
三峰川 みぶがわ 長野県の川。
11 三毬杖 さぎちょう ▼【左義長】さぎちょう 119
← 三郷 さんごう 奈良県の町。
→ 三郷 みさと ①埼玉県の市。②JR東日本武蔵野線の駅。
三宿 みしゅく 東京都の地名。
← 三瓶 さんべ 島根県の川・山(―山(さん))・温泉。
→ 三瓶 みかめ 愛媛県の旧町。
三野 みの 香川県の旧町。
12 三椏 みつまた ▼【三叉】みつまた 5
三間 みま 愛媛県の旧町。
三竦み さんすくみ 「―の状態」
三朝 みささ 鳥取県の川・温泉・高原・町。
三斑鶉 みふうずら ミフウズラ科の小鳥。
三飯 さば ▼【生飯】さば 250
三番叟 さんばそう ★ 能の役名。
三幅 みの 並幅の布を三枚合わせたはば。
三傍示山 さんぼうじやま 徳島・愛媛・高知県境の山。
三葉 みつば 〔野蜀葵〕 セリ科の多年草。
三葉空木 みつばうつぎ ▼【省沽油】みつばうつぎ 262
13 三稜草 みくり 〔黒三稜・実栗〕 ミクリ科の草。
14 三厩 みんまや ①青森県の湾・旧村・漁港。②JR東日本津軽線の駅。
三増峠 みませとうげ 神奈川県の峠。
15 三槲 みつがしわ 〔睡菜・三柏〕 ミツガシワ科の多年草。
三線 さんしん 沖縄の弦楽器。
三幣 みぬさ 姓氏。
三摩 さんま ▼【秋刀魚】さんま 276
三養基 みやき 佐賀県の郡。
16 三隣亡 さんりんぼう 暦注の一つ。
17 三篠川 みささがわ 広島県の川。
三嶺 みうね 徳島・高知県境の山。
18 三蟠 さんばん 岡山県の地名。
三鞭酒 シャンパン ☆ 飲料の一。
19 三瀬 さんぜ JR東日本羽越本線の駅。
三瀬谷 みせだに ①三重県の旧町。②JR東海紀勢本線の駅。

一 2 **【上】** (3)
ジョウ・ショウ うえ・うわ・かみ・あげる・あがる・のぼる・のぼせる・のぼす

0 上 かど 姓氏。
上がり框 あがりがまち 家の上がり口にある横木。
上の空 うわのそら 「―で話を聞く」
上ル あがる 京都で、北の方へ行く。
2 上九一色 かみくいしき 山梨県の旧村。
上人 しょうにん 〔聖人〕 高僧の尊称。
3 上下 かるめる 〔甲乙〕 邦楽で音の上げ下げ。
上山 かみのやま 山形県の温泉・市。
上三川 かみのかわ 栃木県の町。
上三緒 かみみお JR九州後藤寺線の駅。
上士幌 かみしほろ 北海道の町。
上巳 じょうし 桃の節句。
上之保 かみのほ 岐阜県の旧村。
上小阿仁 かみこあに 秋田県の村。
上川内 かみせんだい 肥薩おれんじ鉄道の駅。
4 上月 こうづき ①兵庫県の旧町。②JR西日本姫新線の駅。
← 上戸 じょうご JR東日本磐越西線の駅。
→ 上戸 じょうご 酒飲み。
← 上手 うわて 「彼女の方が一枚―だ」
上手 かみて 客席から見て、舞台の右側。
→ 上手 じょうず ☆ 「―の手から水がもれる」

上手い うまい ☆〔巧い〕「―い絵」
上水 あげみず 姓氏。
上水内 かみみのち 長野県の郡。
上水流 かみずる 姓氏。
上井 あげい 鳥取県の旧町。
上斗米 かみとまい 姓氏。
上不見桜 うわみずざくら
▼【上溝桜】うわみずざくら 9
上分 かみぶん 愛媛県の旧町。
上方 かみがた 近畿地方。
上毛 こうげ 福岡県の町(まち)。
上毛布 かみつけの 姓氏。
5
上穴馬 かみあなま 福井県の旧村。
上矢作 かみやはぎ 岐阜県の旧町。
上辷り うわすべり「―な知識」
上生 はぶ 姓氏。
上平 かみひら 熊本県の地名。
上辺 うわべ「―をつくろう」
上本町 うえほんまち ①大阪市の地名。②近鉄大阪線等の駅。
上本部 かみもとぶ 沖縄県の旧村。
6
上衣 うわぎ ☆〔表着・上着〕上半身に着る衣服。
上気せる のぼせる
▼【逆上せる】のぼせる 369
上旬 うつめ 姓氏。
上地令 あげちれい 江戸時代の私領の収公令。
上米内 かみよない JR東日本山田線の駅。
上有住 かみありす ①岩手県の旧村。②JR東日本釜石(かまいし)線の駅。
上有賀 こうずち 姓氏。
7
上志比 かみしひ 福井県の旧村。
上声 じょうしょう・じょうせい 漢字の四声の一。
上坂 こうさか 姓氏。
上尾 あげお ①埼玉県の市。②JR東日本高崎線の駅。
上別府 びいふ 姓氏。
8
上京 かみぎょう 京都市の行政区。
上金 あげきん 江戸時代の上納金の一。
←上枝 ほずえ JR東海高山本線の駅。
→上枝 ほつえ〔秀枝〕上の方の枝。
上松 あげまつ 長野県の町(まち)。
上狛 かみこま ①京都府の地名。②JR西日本奈良線の駅。
←上牧 かみもく ①群馬県の温泉・地名。②JR東日本上越線の駅。
→上牧 かんまき ①大阪府の地名。②阪急京都本線の駅。③奈良県の町(ちょう)。
9
上海 シャンハイ 中国の都市。
上県 かみあがた 長崎県の旧郡・旧町。
上津 こうづ 姓氏。
上津浦 こうつうら 熊本県の地名。
上神 にわ 姓氏。
上神吉 かみかんき 姓氏。
上神梅 かみかんばい わたらせ渓谷鉄道の駅。
上前 うわまえ「―をはねる」
上峠 かみあくつ 姓氏。
上背 うわぜい 背丈。
上郎 こうろう 姓氏。
10
上益城 かみましき 熊本県の郡。
上浣 じょうかん〔上澣〕上旬。
上挙母 うわごろも 名鉄三河(みかわ)線の駅。
上郡 かみごおり ①兵庫県の町(ちょう)。②JR西日本山陽本線等の駅。
上根ノ峠 かみねのたお 広島県の峠。
上座 かみくら 姓氏。
上島鬼貫 うえじまおにつら 江戸中期の俳人。
上浮穴 かみうけな 愛媛県の郡。
上涌谷 かみわくや JR東日本石巻(いしのまき)線の駅。
上竜 こうりゅう 姓氏。
11
上梓 じょうし ★「処女作を―する」
上渚滑 かみしょこつ 北海道の旧村。
上深川 かみふかわ JR西日本芸備線の駅。
上都賀 かみつが 栃木県の郡。
上閉伊 かみへい 岩手県の郡。
上野 こうずけ ★旧国名。現在の群馬県全域。
上野焼 あがのやき 陶器の一。
上野幌 かみのっぽろ JR北海道千歳(ちとせ)線の駅。
上鹿折 かみししおり JR東日本大船渡(おおふなと)線の駅。

12 上達部 かんだちめ・かんだちべ　三位(さんみ)以上の人。
上莵毛 かんつけ　姓氏。
←上道 あがりみち　JR西日本境線の駅。
上道 かみつみち・かんみち　姓氏。
上道 じょうとう　JR西日本山陽本線の駅。
→上道 じょうどう　岡山県の地名・旧郡。
上富田 かみとんだ　和歌山県の町(ちょう)。
上湧別 かみゆうべつ　北海道の町(ちょう)。
13 上意下達 じょういかたつ　上位者の命令を下位に徹底させる。
上幌向 かみほろむい　JR北海道函館本線の駅。
上溝桜 うわみずざくら　〔上不見桜〕　バラ科の落葉高木。
上滝 かみだき　①富山県の旧町。②富山地方鉄道の路線・駅。
14 上関 かみのせき　山口県の海峡・町(ちょう)。
上総 かずさ　①千葉県の台地。②旧国名。現在の千葉県中部。
上蔟 じょうぞく　カイコがまゆをつくる状態。
上腿 じょうたい　下肢の上部。

上膊 じょうはく　上腕のこと。
15 上履 うわばき　屋内だけで使う履物。
16 上澣 じょうかん　▼【上浣】(じょうかん) 8
上積み うわづみ　「一律千円を―する」
上臈 じょうろう　官位・身分の高い人。
17 上翳 うわひ　〔外障眼〕　眼病の一。
上齋原 かみさいばら　岡山県の旧村。
上績 かみおみ　姓氏。
22 上籠 うわごもり　姓氏。

一2【丈】(3)　ジョウ　たけ

←丈 たけ　〔長〕「―の高い草」
丈 だけ　「君―に話す」
→丈 つえ　▼【杖】(つえ) 181
4 丈夫 ますらお★　▼【益荒男】(ますらお) 260
丈夫振り ますらおぶり　男性的な歌風。
11 丈部 はせべ　姓氏。

一2【万】(3)　マン・バン

0 万 よろず★　数の単位、万(まん)。
2 万刀 まかた　姓氏。
3 万三郎岳 ばんざぶろうだけ　静岡県の山。
万之瀬川 まのせがわ　鹿児島県の川。
4 万木 まるき　姓氏。
5 万古峡 まんごきょう　長野県の渓谷。
万代 ばんだい　姓氏。
万目睚眦 まんもくがいさい　多くの人ににらまれ、居場所がなくなる。
6 万朶 ばんだ　多くの枝。
万年松 いわひば　▼【巻柏】(いわひば) 120
万年青 おもと★　〔老母草〕　ユリ科の常緑多年草。
万年馬 まねば　姓氏。
万年鮑 とこぶし　▼【常節】(とこぶし) 122
7 万寿果 パパイア　▼【蕃瓜樹】(パパイア) 330
万里小路 までのこうじ　姓氏。
万里崎 までさき　姓氏。
9 万祝 まいわい　▼【真祝】(まいわい) 264
万城 まきめ　姓氏。
万城目 まきめ・まんじょうめ　姓氏。
10 万鬼 まきり　姓氏。
万座毛 まんざもう　沖縄県の海岸。
万能倉 まなぐら　①広島県の地名。②JR西日本福塩線の駅。「まんのうぐら」とも。
11 万斛 ばんこく　はかりきれないほど多いさま。
万部 よろつべ　姓氏。
12 万鈞 ばんきん　「―の重み」
←万歳 いわひば　▼【巻柏】(いわひば) 120
万歳 ばんざい　「―三唱」
→万歳 まんざい　門付(かどづけ)芸能の一。

一2【与】(3)　ヨ　あたえる

0 与する くみする★　味方する。
与る あずかる☆　「計画の立案に―」
7 与那国 よなぐに　沖縄県の島・町(ちょう)。
与那原 よなばる　沖縄県の海岸・町(ちょう)。
与那覇 よなは　沖縄県の湾・山(―岳(だけ))・地名。
10 与祥 よさか　姓氏。
12 与勝 よかつ　沖縄県の半島。

13 **与路島** よろしま 鹿児島県の島・海峡。

17 **与謝** よさ ①京都府の郡。②姓氏。

与謝野 よさの ①京都府の町(ちょう)。②姓氏。

与謝野鉄幹 よさのてっかん 歌人。妻は、晶子(あきこ)。

与謝蕪村 よさぶそん 江戸中期の俳人・画家。

一3 **【丑】**(4) チュウ

0 **丑** うし 十二支の一。

3 **丑三** うしみつ 〔丑満〕「草木も眠る―時(とき)」

11 **丑寅** うしとら ▼【艮】うしとら 314

12 **丑番** うしば 姓氏。

3 **丑満** うしみつ ▼【丑三】うしみつ 10

一3 **【不】**(4) フ・ブ

1 **不乙** ふいつ 〔不一〕手紙の末尾に書く語。

3 **不土野峠** ふどのとうげ 熊本・宮崎県境の峠。

4 **不丹** ブータン 国名。

5 **不可** べからず …してはならない。

不可ない いけない …してはならない。

不犯 ふぼん★ 戒律(かいりつ)を破らないこと。

不立文字 ふりゅうもんじ 禅宗の言葉。

6 **不死草** いわひば ▼【巻柏】いわひば 120

不如帰 ほととぎす★ ▼【杜鵑】ほととぎす 182

7 **不見転** みずてん★ あと先を考えず事を行う。

不図 ふと 〔不斗〕「―思い出す」

不束 ふつつか☆ 「―ながら努めます」

不忍池 しのばずのいけ 東京都の池。

不来方 こずかた 盛岡市の別名。

8 **不易** ふえき 不変。

不拘 かかわらず それに関係なく。

不取敢 とりあえず ▼【取り敢えず】とりあえず 58

不知 しらず 知らない。

不知山 いさやま 姓氏。

←**不知火** しらぬい★ 海上の光が揺らめいて見える現象。

→**不知火** しらぬひ 熊本県の旧町。

不知不識 しらずしらず・ふちふしき 無意識のうちに。

不知夜 いざよい ▼【十六夜】いざよい 52

不味い まずい★ 「―料理」

9 **不恰好** ぶかっこう 〔不格好〕「―な服」

不貞る ふてる ふてくされる。

不貞寝 ふてね☆ ふてくされて寝る。

不貞腐れる ふてくされる 「叱られるとすぐ―」

10 **不格好** ぶかっこう ▼【不恰好】ぶかっこう 10

不帰岳 かえらずだけ 富山県の山。

不帰嶮 かえらずのけん 富山・長野県境の山。

不倶戴天 ふぐたいてん★ 「―の敵」

不倒翁 おきあがりこぼし ▼【起き上り小法師】おきあがりこぼし 361

不破 ふわ 岐阜県の郡。

不埒 ふらち 「―な男」

11 **不悪** あしからず 悪く思わないで。

不惜身命 ふしゃくしんみょう☆ 仏教で、修行のためには自分のからだ・命をもかえりみないこと。

不逞 ふてい 「―の徒」

不動山 ゆするぎ 姓氏。

不得手 ふえて 「英語は―だ」

12 **不開門** あかずのもん 特別のとき以外は開けない門。

不腆 ふてん よくないさま。謙遜していうことば。

13 **不愍** ふびん ▼【不憫】ふびん 10

14 **不精** ぶしょう ▼【無精】ぶしょう 233

不様 ぶざま ▼【無様】ぶざま 233

15 **不撓不屈** ふとうふくつ 心がかたく困難に屈しないこと。「―の精神」

不憫 ふびん 〔不愍〕「―でならない」

16 **不壊** ふえ こわれないこと。

不躾 ぶしつけ 〔無躾〕「―な質問」

不盧多 ブルータス 古代ローマの政治家。

19 **不鯛** ぶだい 〔武鯛〕ブダイ科の海魚。

24 **不覊** ふき 束縛されないこと。

一4 **【且】**(5) かつ

0 **且つ** かつ 「飲み―歌う」

10 **且座** さざ 茶の湯の七事式の一。

一4 【丘】(5) **キュウ** **おか**

0 **丘** つかさ 小高くなっている所。

8 **丘岡** きゅうこう おか。

丘阜 きゅうふ 小高い山。

9 **丘垤** きゅうてつ ありづか。

10 **丘珠** おかだま 北海道の地名。

丘疹 きゅうしん 吹き出物の一種。

17 **丘壑** きゅうがく おかと谷。

一4 【世】(5) **セイ・セ** **よ**

5 **世田谷** せたがや ①東京都の特別区。②東急の路線・駅。

6 **世名城** なぐすく 姓氏。

7 **世良田** せらだ 東武伊勢崎(いせさき)線の駅。

8 **世阿弥** ぜあみ 室町前期の能役者・能作者。

世知辛い せちがらい 「—世の中だ」

世知原 せちばる 長崎県の旧町。

9 **世故** せこ☆ 「—に長(た)ける」

世迷言 よまいごと ☆ 不平や愚痴。「—を並べる」

13 **世辞** せじ 「—を言う」

一4 【丕】(5) **ヒ**

17 **丕績** ひせき 立派な成績。

一4 【丙】(5) **ヘイ**

0 **丙** ひのえ 十干の一。

4 **丙午** へい・ひのえご・うま ★ 干支(えと)の一。

一5 【丞】(6) **ショウ・ジョウ**

0 **丞** じょう ▼【判官】(じょう) **45**

9 **丞相** じょう・しょうしょう・じょう 官名の一。

一5 【両】(6) **リョウ**

0 **両** ふた・ふたつ 二つの双方。

3 **両子山** ふたごさん 大分県の山。

両刃 もろは ▼【諸刃】(もろは) **352**

4 **両天秤** りょうてんびん ふたまたをかけておくこと。「—にかける」

6 **両両** りょうりょう 二つとも。

7 **両角** もろずみ 姓氏。

両村 ふたむら 姓氏。

9 **両神** りょうかみ 埼玉県の山(—山(さん))・旧村。

10 **両差** もろざし 〔双差〕 相撲(すもう)用語。

一7 【並】(8) **ヘイ** **なみ・ならべる・ならぶ・ならびに**

0 **並べて** なべて 総じて。一般に。「—世(よ)はこともなし」

7 **並足** なみあし ふつうの歩き方。

8 **並河** なびか 姓氏。

16 **並樹** なみき 〔列樹・行樹・樾〕 街路樹。

丨3 【中】(4) **チュウ** **なか**

0 **中** うち 「部屋の—にこもる」

中てる あてる 命中させる。

中る あたる ☆「暑さに—」

3 **中山道** なかせんどう☆ 〔中仙道〕 江戸時代の五街道の一。

中三依温泉 なかみよりおんせん 野岩(やがん)鉄道会津鬼怒川(あいづきぬがわ)線の駅。

4 **中心** なかご ものの中央。

中双里 なかそり 埼玉県の地名。

中中 なかなか 〔却却〕 相当に。

5 **中込** なかごみ ①長野県の旧町。②JR東日本小海線の駅。

中札内 なかさつない 北海道の村(むら)。

中主 ちゅうず 滋賀県の旧町。

中仙道 なかせんどう ▼【中山道】(なかせんどう) **11**

中辺路 なかへち 和歌山県の旧町。

6 **中舟生** なかふにゅう JR東日本水郡(すいぐん)線の駅。

中名 なかみょう JR九州指宿枕崎(いぶすきまくらざき)線の駅。

7 **中角** なかつの えちぜん鉄道三国芦原(あわら)線の駅。

中谷 なかや 姓氏。

中臣 なかとみ 姓氏。

中村草田男 なかむらくさたお 俳人。

中村彝 なかむらつね 洋画家。

中邑 なかむら 姓氏。

中里 なかさと ①青森県の旧町。②群馬県の旧村。③新潟県の旧村。

8 **中河内** なかかわち 大阪府の旧郡。

中京 なかぎょう 京都市の行政区。

中和 ちゅうか　岡山県の旧村。

9 中城 なかぐすく　沖縄県の湾・村（そん）。

中食 ちゅうじき　昼食。

中峠 なかたお　姓氏。

中風 ちゅうぶ・ちゅうぶう　卒中の後遺症によるからだのまひ。

10 中家 なかつや　姓氏。

中浣 ちゅうかん　〔中澣〕　中旬。

中宮 ちゅうぐう　皇后以外のきさき。

←中原 ちゅうげん　「―に鹿（しか）を逐（お）う」

→中原 なかばる　①佐賀県の旧町。②JR九州長崎本線の駅。

中能島 なかのしま　姓氏。

11 中深川 なかふかわ　JR西日本芸備線の駅。

中部 なかっぺ　静岡県の地名。

中麻績 なかおみ　姓氏。

中務 なかつかさ　①律令制の省。②姓氏。

←中間 ちゅうげん　〔仲間〕　従者。

→中間 なかま　①福岡県の市。②JR九州筑豊（ちくほう）本線の駅。

中暑 あつけ　▼【暑気】あつけ　173

中飯降 なかいぶり　①和歌山県の地名。②JR西日本和歌山線の駅。

13 中新川 なかにいかわ　富山県の郡。

中新田 なかにいだ　宮城県の旧町。

中頓別 なかとんべつ　北海道の町（ちょう）。

中鉢 ちゅうばち・なかばち　姓氏。

中蒲原 なかかんばら　新潟県の旧郡。

中腰 ちゅうごし　腰が半ばおりた姿勢。

15 中標津 なかしべつ　北海道の町（ちょう）。

16 中澣 ちゅうかん　▼【中浣】ちゅうかん　12

中頸城 なかくびき　新潟県の旧郡。

中頭 なかがみ　沖縄県の郡。

丨4 **【卯】**(5)　**カン**

←卯角 あげまき　▼【総角】あげまき　296

→卯角 かんかく　幼い子。

丨4 **【巨】**(5)　**キョ**

5 巨句麦 なでしこ　▼【瞿麦】なでしこ　265

11 巨細 こさい　★　一部始終。

巨野 おおの　姓氏。

12 巨椋 おぐら　姓氏。

13 巨勢 こせ　姓氏。

14 巨魁 きょかい　〔渠魁〕　首領。

15 巨蟒 おろち　▼【大蛇】おろち　88

巨摩 こま　山梨県の旧郡。

16 巨頭 おおあたま　大きな頭。

巨頭鯨 ごんどうくじら　★　マイルカ科の哺乳（ほにゅう）類。

17 巨擘 きょはく　おやゆび。

18 巨軀 きょく　大きなからだ。

丨6 **【串】**(7)　**セン・カン**

0 串 くし　「―焼き」

7 串貝 あわび　▼【鮑】あわび　417

串良 くしら　鹿児島県の川・旧町。

8 串刺 くしざし　☆　串に刺し通す。

15 串戯 じょうだん　〔串談〕　無駄話。

【丶】〈てん〉部

丶2 **【丸】**(3)　**ガン　まる・まるい・まるめる**

3 丸子 まりこ　①静岡県の地名。②姓氏。

6 丸曲 まるまげ　▼【丸髷】まるまげ　12

7 丸呑み まるのみ　「大きなヘビがカエルを―する」

10 丸桁 がぎょう・がんぎょう　軒桁。

11 丸魚 すっぽん　▼【鼈】すっぽん　431

丸部 わにべ　姓氏。

16 丸髷 まるまげ　〔丸曲〕　女性の髪形の一。

18 丸邇 わに　姓氏。

19 丸瀬布 まるせっぷ　①北海道の旧町。②JR北海道石北本線の駅。

丶2 **【之】**(3)　**シ**

0 之 これ　▼【此れ】これ　201

之く ゆく　おもむく。

18 之繞 しんにょう・しんにゅう　〔辶〕　漢字の部首の一。

丶3 **【丹】**(4)　**タン**

0 丹 に　赤い顔料の一。

3 丹下 あかした・たんげ　姓氏。

丹比 たんぴ 若桜鉄道の駅。
丹比 にいい 姓氏。
丹生 にぶ JR四国高徳線の駅。
丹生 にゅう ①福井県の山地・郡。②三重県の旧村。③姓氏。
丹生ノ川 にゅうのがわ 奈良県の川。
丹生川 にゅうかわ ①岐阜県の旧村。②奈良県の川。
丹生川 にゅうがわ 三岐鉄道三岐線の駅。
丹生谷 にゅうのや 姓氏。
丹生屋 みのおや 姓氏。
6 丹羽 にわ ①愛知県の郡。②姓氏。
丹色 にいろ ☆ 赤い色。
7 丹良 ほたる ▼【蛍】ほたる 336
8 丹治 たじ・たんじ 姓氏。
丹治部 たじべ JR西日本姫新線の駅。
丹波 たんば ①中国山地の平原。②京都府の旧町。③兵庫県の市。④旧国名。現在の京都府中部と兵庫県の一部。
丹波山 たばやま ①山梨県の村。②姓氏。

丹波川 たばがわ 山梨県の川。
10 丹原 たんばら 愛媛県の旧町。
11 丹第 ダンテ ▼【但丁】ダンテ 27
丹頂鶴 たんちょうづる ツル科の鳥。
丹鳥 ほたる ▼【蛍】ほたる 336
13 丹塗り にぬり 丹や朱で塗る。
18 丹藤川 たんとうがわ 岩手県の川。

丶4 【主】(5) シュ・ス ぬし・おも
0 主 あるじ 〔主人〕「一国一城の―」
2 主人 あるじ ▼【主】あるじ 13
4 主水 もんど・もいとり ☆ 〔水取〕 律令制の役職の一。
8 主典 さかん ☆ 〔録・志・目・典・史・属〕 律令制四等官の最下位。
9 主客顛倒 しゅかくてんとう 〔主客転倒〕 物事が逆の取り扱いを受ける。
主計頭 かずえのかみ 律令制で予算を立てる役所、主計寮の長官。
主神 かんざね ▼【神実】かんざね 273
10 主家 おもや ▼【母屋】おもや 204

主殺し しゅうごろし 主人を殺害すること。
11 主基 すき 大嘗祭のとき、神事に用いる新穀をささげる国郡。
12 主税 ちから ①律令制の役所。②姓氏。

丶4 【丼】(5) セイ・タン・トン
0 丼 どんぶり・どん 大き目の陶製の器。
6 丼池筋 どぶいけすじ 大阪府の地名。
11 丼勘定 どんぶりかんじょう 無計画に金を使う。
12 丼飯 どんぶりめし どんぶりに盛った飯。

【ノ】〈の〉部

ノ1 【乂】(2) ガイ
6 乂安 がいあん 世の中が平和なさま。

ノ1 【乃】(2) ダイ・ナイ
0 乃ち すなわち ▼【則ち】すなわち 46
4 乃公 だいこう・おれ 一人称。おれ。
乃父 だいふ ☆ 他人の父。
乃木希典 のぎまれすけ 陸軍軍人。

6 乃至 ないし ★ ①…から…まで。「三日―四日の行程」②または。
7 乃位 のぞき 姓氏。
9 乃美 のみ 広島県の地名。
13 乃楽坂 ならさか 姓氏。

ノ2 【久】(3) キュウ・ク ひさしい
0 久が原 くがはら ①東京都の地名。②東急池上線の駅。
3 久下田 くげた ①栃木県の旧町。②真岡鉄道の駅。
久久 ひさびさ 「―の対面」
久万 くま 愛媛県の川・高原・旧町。
久々子 くぐし 福井県の湖・地名。
久々野 くぐの ①岐阜県の旧町。②JR東海高山本線の駅。
4 久手堅 くでけん 沖縄県の地名。
久井 くい 広島県の旧町。
久方振り ひさかたぶり 久し振り。
久木 ひさぎ 島根県の地名。
久木野 くぎの 熊本県の旧村。

←**久世** くせ ①京都府の郡・地名。②岡山県の旧町。③JR西日本姫新(きしん)線の駅。

→**久世** くぜ 姓氏。

久布白 くぶしろ 姓氏。

久礼 くれ 高知県の旧町。

7 **久我** くが・こが 姓氏。

久我山 くがやま ①東京都の地名。②京王井の頭線の駅。

久谷 くたに 愛媛県の旧村。

久志 くし 沖縄県の旧村。

←**久住** くじゅう 大分県の高原・山(―山さん)・旧町。

→**久住** くずみ JR東日本成田線の駅。

久坂玄瑞 くさかげんずい 幕末の長州藩士。

久里浜 くりはま ①神奈川県の地名・港。②京急の路線・駅。

久良岐 くらき 神奈川県の旧郡。

8 **久居** ひさい ①三重県の旧市。②近鉄名古屋線の駅。

9 **久後** くしり 姓氏。

久美浜 くみはま ①京都府の湾・旧町。②北近畿(きたきんき)タンゴ鉄道宮津線の駅。

久保内 くぼない 北海道の地名。

久郎 くらき 姓氏。

10 **久高島** くだかじま 沖縄県の島。

久留米 くるめ ①福岡県の市。②JR九州鹿児島本線等の駅。

久連木 くれこ 姓氏。

11 **久崎** くざき ①兵庫県の旧町。②智頭(ちず)急行智頭線の駅。

12 **久賀** くか 山口県の旧町。

久賀島 ひさかじま 長崎県の島・旧村。

久喜 くき ①埼玉県の市。②JR東日本東北本線等の駅。

久御山 くみやま 京都府の町(ちょう)。

久須夜ケ岳 くすやがたけ 福井県の山。

久場島 くばしま 沖縄県の島。

←**久遠** くおん ☆ 永久。

→**久遠** くどお 北海道の旧村。

久慈 くじ ①岩手県の川・海岸・湾・港・市。②JR東日本八戸(はちのへ)線等の駅。③岩手・青森県の街道。④茨城県の川・山地・郡・旧町。

久寝 くすみ 姓氏。

14 **久種** くさつみ 姓氏。

17 **久闊** きゅうかつ 「―をわびる」

18 **久邇** くに 姓氏。

19 **久瀬** くぜ 岐阜県の旧村。

ノ2 **【及】**(3) **キュウ** **および・およぶ・およぼす**

0 **及く** しく 〔如く・若く〕それと同程度の価値・力をもつ。

3 **及己** ふたりしずか 17▼【二人静】(ふたりしずか)

及川 おいかわ 姓氏。

7 **及位** のぞき ①山形県の旧村。②JR東日本奥羽(おう)本線の駅。③姓氏。

12 **及淵** しきぶち 姓氏。

ノ3 **【乏】**(4) **ボウ** **とぼしい**

0 **乏しい** ともしい 少ない。

ノ4 **【乎】**(5) **コ・オ**

5 **乎古止点** をことてん 〔乎己止点〕漢文を読み下すための符号。

ノ4 **【乍】**(5) **サ**

0 **乍ち** たちまち 突然に。

乍ら ながら 〔随ら〕「昔―の町並」「働き―大学へ通う」

ノ7 **【乖】**(8) **カイ**

0 **乖く** そむく 一致しない。

7 **乖戻** かいれい 逆らい背く。

19 **乖離** かいり 「人心と政権が―する」

ノ8 **【乗】**(9) **ジョウ** **のる・のせる**

0 **乗** よつのや 姓氏。

15 **乗鞍** のりくら ①長野県の高原。②長野・岐阜県境の山(―岳だけ)・地名。③新潟・長野県境の山(―岳だけ)。④青森県の山(―岳だけ)。

乙(乚)〈おつ〉〈おつにょう〉部

乙0 **【乙】**(1) **オツ**

←**乙** おと 〔弟〕同性の年下の者。

→**乙** きのと ☆ 十干の一。

3 **乙丸** おとまる 北陸鉄道石川線の駅。

乙子 おとご 〔弟子〕すえの子。

乙子月 おとごづき 陰暦一二月。

乙女 おとめ ★〔処女・少女〕「うら若き―」

乙川 おっかわ JR東海武豊線の駅。

5 乙甲 めりかり ☆ ▼【減上】めりかり 222

6 乙守 おともり 姓氏。

8 乙供 おっとも JR東日本東北本線の駅。

乙夜 いつや 夜を分けた時間帯の一。

9 乙面 おとめ 姓氏。

10 乙訓 おとくに ①京都府の郡。②姓氏。

乙原 おんばら ①島根県の地名。②JR西日本三江線の駅。

乙姫 おとひめ 〔弟姫〕海底の竜宮城にすむという伝説上の姫。

11 乙張り めりはり ☆〔減り張り〕「―のきいた歌い方」

← 乙鳥 つばくろ 〔燕〕ツバメ。

→ 乙鳥 つばめ ▼【燕】つばめ 235

乙部 おとべ 北海道の町。

乙 1 【九】(2) **キュウ・ク ここの・ここのつ**

0 九 いちじく 姓氏。

2 九十 ここのそじ 〔九十路〕九〇歳。

九十九 つくも ①群馬県の川。②石川県の湾。③長崎県の小島群(―島)。④姓氏。⑤▼【江浦草】つくも 208

九十九折 つづらおり ★ ▼【葛折】つづらおり 325

九十九院 つるし 姓氏。

九十路 ここのそじ ▼【九十】ここのそじ 15

3 九寸五分 くすんごぶ 短刀のこと。

九千部 くせんぶ ①長崎県の山(―岳)。②福岡・佐賀県境の山。

4 九牛の一毛 きゅうぎゅうのいちもう 取るに足りない。

九月雨 しぐれ ▼【時雨】しぐれ 172

九戸 くのへ 岩手県の郡・村・街道。

九尺二間 くしゃくにけん 狭くて粗末な住居のたとえ。

九分九厘 くぶくりん ほとんど。

5 九仞の功 きゅうじんのこう 「―を一簣に虧く」

6 九年母 くねんぼ 〔香橘・香橙・乳柑〕ミカン科の常緑低木。

7 九条兼実 くじょうかねざね 鎌倉初期の公家。

九里 くのり 姓氏。

9 九界 くかい 仏教で九つの世界。

九首見 くすみ 姓氏。

九重 ここのえ 皇居。宮中。

九重山 くじゅうさん 大分県の山。

九度山 くどやま ①和歌山県の町。②南海高野線の駅。

九品 くほん ☆ 九種に分けた等級。

九品仏 くほんぶつ 東急大井町線の駅。

九面芋 やつがしら 〔八頭〕サトイモの一品種。

九郎原 くろうばる JR九州篠栗線の駅。

10 九鬼 くき ①三重県の地名。②JR東海紀勢本線の駅。

11 九皐 きゅうこう 奥深い沢。

12 九絵 くえ スズキ目の海魚。

九階草 くがいそう ▼【九蓋草】くがいそう 15

13 九蓋草 くがいそう 〔九階草・威霊仙〕ゴマノハグサ科の多年草。

九献 くこん 儀式の献杯の作法の一つ、三三九度のこと。

16 九頭竜 くずりゅう 福井県の川・峡谷(―峡)。

18 九竅 きゅうきょう 人体にある九つの穴。

乙 2 【乞】(3) **キツ・コツ・キ**

0 乞う こう 〔請う〕「教えを―」

5 乞巧奠 きこうでん ★ 陰暦七月七日の行事。

9 乞食 こじき ☆「―も三日すれば忘れられぬ」

乙 2 【也】(3) **ヤ**

← 也 かな 文末につけ感嘆を示す。

→ 也 なり 「金十万円―」

乙 6 【乱】(7) **ラン みだれる・みだす**

7 乱吹く ふぶく ▼【吹雪く】ふぶく 64

8 乱杭 らんぐい 〔乱杙〕秩序なく打ち込んだ杭。

乱波 らっぱ ★ 乱暴者。忍びの者。

10 乱高下 らんこうげ 相場が激しく変動する。

13 乱痴気騒ぎ らんちきさわぎ ばか騒ぎ。

19 乱離骨灰 らりこっぱい 〔羅利骨灰〕めちゃめちゃになること。

乙 7 【乳】(8) **ニュウ ちち・ち**

0 乳 みぶ 姓氏。

5 乳兄弟 ちきょうだい 血はつながらないが、同じ女性の乳で育てられた人。

乳母 うば・めのと ☆ 母親に代わって子供の面倒をみる女性。

乳母日傘 おんばひがさ ☆ 大事に守り育てること。

7 乳呑み児 ちのみご 乳児。

8 乳岩峡 ちいわきょう 愛知県の渓谷。

9 乳柑 くねんぼ ▼【九年母】くねんぼ 15

11 乳鳥 ちどり ▼【鵆】ちどり 424

乙10 【乾】(11) **カン** **かわく・かわかす**

0 乾 いぬい 〔戌亥〕 北西の方角。

乾し海鼠 ほしこ ☆ ナマコの腸を除いてゆでて干したもの。

乾し草 ほしくさ 〔干し草〕 かわかした牧草。

乾し飯 ほしいい ▼【干し飯】ほしいい 123

乾し鰯 ほしか ▼【干し鰯】ほしか 123

乾っ風 からっかぜ 「上州(じょうしゅう)名物—」

3 乾上る ひあがる 「日照りで田が—」

4 乾元 けんげん 年号。

乾分 こぶん 〔子分〕 手下。配下。

8 乾坤 けんこん ★ 天と地。

乾坤一擲 けんこんいってき 運命をかけた勝負。

乾苔 あおのり 〔海苔菜・青海苔・石髪・緑苔〕 アオノリ属の海藻。

乾物 ひもの 〔干物〕 魚介類をほした食品。

9 乾拭き からぶき 「柱を—する」

乾風 あなじ 〔西北風〕 冬の北西風。

11 乾菓子 ひがし 〔干菓子〕 水分の少ない菓子。

乾涸びる ひからびる ▼【干涸びる】ひからびる 123

12 乾飯 かれいい ▼【餉】かれいい 408

乾葉 ひば 〔干葉〕 枯れた葉。

13 乾蒸餅 ビスケット 焼き菓子。

乾酪 チーズ 発酵食品。

14 乾徳山 けんとくさん 山梨県の山。

16 乾薑 かんきょう ショウガの根を干したもの。

17 乾鮭 からざけ 陰干ししたサケ。

乾瓢 かんぴょう ▼【干瓢】かんぴょう 123

【亅】〈はねぼう〉部

亅1 【了】(2) **リョウ**

0 了う しまう ▼【終う】しまう 293

了わる おわる 〔卒わる・畢わる・訖わる・竟わる〕 終わる。

11 了得 さすが ▼【流石】さすが 218

14 了鳳草 いわがねそう 〔蛇眼草〕 イノモトソウ科の常緑性シダ植物。

18 了簡 りょうけん ☆ ▼【料簡】りょうけん 165

亅3 【予】(4) **ヨ**

← 予 おいら ▼【己等】おいら 119

→ 予 われ 私。

予て かねて ★ 以前から。

予め あらかじめ ★ 〔預め〕 前もって。「—準備しておく」

4 予予 かねがね ★ 〔兼兼〕 以前から。

亅5 【争】(6) **ソウ** **あらそう**

0 争う あらがう ▼【抗う】あらがう 151

争で いかで ▼【如何で】いかで 94

4 争戸 さかべ 姓氏。

亅7 【事】(8) **ジ・ズ** **こと**

0 事える つかえる ☆ 仕える。

事も無げ こともなげ 「—な様子」

3 事大主義 じだいしゅぎ 瑣末(さまつ)なことを騒ぎたてる態度。

4 事勿れ ことなかれ 「—主義」

11 事理 わけ 物事の道理。

12 事無草 しのぶぐさ ▼【垣衣】しのぶぐさ 79

【二】〈に〉部

二0 【二】(2) **ニ** **ふた・ふたつ**

0 二ッ杁 ふたついり 名鉄名古屋本線の駅。

2 二七日 にしちにち・ふたなのか・ふたなぬか 人の死後一四日目。

二十 はたち ☆ ▼【二十歳】はたち 17

二十日 はつか ☆ 〔廿日〕 日の数二〇。

二十日草 ぼたん ▼【牡丹】ぼたん 238

二十日鼠 はつかねずみ 〔鼷鼠〕 ネズミの一種。

二十六木 とどろき 姓氏。

二十重 はたえ ☆「十重とえ—に取り囲む」

二十歳 はたち 〔二十・廿〕「—を迎える」

←**二人** ふたり 「—づれ」

→**二人** ふひと 姓氏。

二人静 ふたりしずか 〔及己〕 センリョウ科の多年草。

←**二上山** にじょうさん ①大阪・奈良県境の山。②近鉄大阪線の駅。

→**二上山** ふたがみやま 富山県の山。

二川 ふたがわ ①愛知県の地名。②JR東海東海道本線の駅。

二千石 じせんせき 狂言の一。

4 **二月田** にがつでん JR九州指宿枕崎いぶすきまくらざき線の駅。

二戸 にのへ ①岩手県の郡・市。②JR東日本東北新幹線等の駅。

二井宿 にいじゅく ①山形県の旧村。②山形・宮城県境の峠。

二日 ふつか 月の第二日。

二反長 にたんおさ 姓氏。

二木島 にぎしま ①三重県の地名。②JR東海紀勢本線の駅。

5 **二布** ふたの ▼【二幅】ふたの 17

6 **二宇谷** にうだに 徳島県の地名。

二亦 ふたまた 姓氏。

二江 ふたえ 熊本県の地名。

二合半 こなから ☆〔小半ら〕 四半分。

7 **二岐** ふたまた 福島県の山・温泉。

8 **二河峡** にこうきょう 広島県の峡谷。

二居峡 ふたいきょう 新潟県の峡谷。

二迫川 にのはさまがわ 宮城県の川。

9 **二海** ふたみ 北海道の郡。

二荒 ふたら・ふたぐら 姓氏。

二荒山 ふたらさん 男体山なんたいさんの別名。

二重ノ峠 ふたえのとうげ 熊本県の峠。

二神 ふたがみ ①愛媛県の島。②長崎県の島。

二度芋 にどいも じゃがいも ▼【瓜哇芋】じゃがいも 347

二郎 にろう 神戸電鉄三田さんだ線の駅。

11 **二黒** じこく 陰陽おんよう道の九星の一。

二進も三進も にっちもさっちも ★どうにもできないさま。「—行かない」

二瓶 にへい 姓氏。

12 **二幅** ふたの 〔二布〕 腰巻。

二葉亭四迷 ふたばていしめい 小説家・翻訳家。

二 1 **【于】**(3) **ウ**

0 **于** ああ ▼【嗚呼】ああ 71

二 2 **【云】**(4) **ウン**

0 **云う** いう ▼【謂う】いう 353

←**云云** うんぬん ★「結果を—する」

→**云云** しかじか ▼【然然】しかじか 233

5 **云号** いいなずけ ▼【許婚】いいなずけ 350

9 **云為** うんい 言行。

←**云爾** うんじ これにほかならぬ。

→**云爾** しかいう 上述の通り。

二 2 **【五】**(4) **ゴ いつ・いつつ**

0 **五つ衣** いつつぎぬ 女房装束の一。

五ヶ瀬 ごかせ 宮崎県の川・町ちょう。

2 **五十子** いかご 姓氏。

←**五十川** いかがわ・いそがわ 姓氏。

→**五十川** いらがわ JR東日本羽越うえつ本線の駅。

五十公 いきみ・いじみ 姓氏。

五十日 いか ごじゅうにち。

五十日の餅 いかのもちい 「五十日の祝いわい」の餅。

五十市 いそいち JR九州日豊にっぽう本線の駅。

五十君 いしみ 姓氏。

五十谷 いかたに 姓氏。

五十村 いそむら 姓氏。

五十里 いかり 姓氏。

五十島 いがしま JR東日本磐越西ばんえつさい線の駅。

五十崎 いかざき ①愛媛県の旧町。②JR四国内子うちこ線の駅。

五十雀 ごじゅうから ゴジュウカラ科の小鳥。

五十猛 いそたけ ①島根県の旧村。②JR西日本山陰本線の駅。

五十集 いさば ①〔魚肆〕 魚を売買する店。②

姓氏。

五十棲 いおずみ 姓氏。

五十嵐 いがらし 姓氏。

五十鈴 いすず ①三重県の川。②宮崎県の川。③姓氏。

五十路 いそじ 五〇歳。

五十幡 いかはた 姓氏。

3 五寸切 ごんぎり 小さいハモの干物(ひもの)。

4 五月 さつき ①姓氏。②▼【皐月】さつき 260

五月女 さおとめ 姓氏。

五月雨 さみだれ★「先月は―式に会議があった」

五月晴れ さつきばれ ①新暦五月の晴れた天気。②梅雨の晴れ間。

五月蠅 さばえ☆ 夏の初めのハエ。

五月蠅い うるさい★〔煩い・煩冗い・煩瑣い〕「工場の騒音が―」

五月躑躅 さつき ▼【皐月】さつき 260

五戸 ごのへ 青森県の川・町(まち)。

五爪籠 やぶがらし ▼【藪枯】やぶがらし 332

5 五加 うこぎ☆〔五加子〕ウコギ科の落葉低木。

五加子 うこぎ ▼【五加】うこぎ 18

6 五百 いお 数が多いこと。

五百井 いさい 姓氏。

五百木 いおぎ 姓氏。

五百枝 いおえ たくさんの枝。

五百重 いおえ いくえにも重なる。

五百箇 いおつ 五百個。

五百旗頭 いおきべ 姓氏。

五百籠 いおろび 姓氏。

7 五位鷺 ごいさぎ サギ科の鳥。

五言絶句 ごごんぜっく 漢詩の形式。

五里霧中 ごりむちゅう 物事の様子がわからず、方針や見込みが立たないこと。

8 五所川原 ごしょがわら ①青森県の市。②JR東日本五能線の駅。

五所柿 ごしょがき ▼【御所柿】ごしょがき 133

五味 さねかずら ▼【真葛】さねかずら 264

五味子 さねかずら ▼【真葛】さねかずら 264

五和 ごか 大井川鉄道大井川本線の駅。

9 五城目 ごじょうめ 秋田県の町(まち)・街道。

五神 ごか 姓氏。

10 五家荘 ごかのしょう 熊本県の集落。

五鬼荘 ごきくら 姓氏。

五個荘 ごかしょう 滋賀県の旧町。

五倍子 ふし★〔没食子・付子〕ヌルデに寄生してできる虫こぶ。

五浦 いづら 茨城県の海岸。

11 五黄 ごおう 陰陽(おんよう)道の九星の一。

13 五節 ごせち 宮中行事の一。

14 五箇 ごか 島根県の旧村。

五箇山 ごかやま 富山県の地名。

五箇荘 ごかしょう 近江鉄道本線の駅。

五穀豊饒 ごこくほうじょう「―を祈る」

15 五器所 ごきそ 姓氏。

五畿七道 ごきしちどう 律令制下の行政区画。

16 五濁 ごじょく 悪世に生じる五つの悪い現象。

19 五蘊 ごうん 仏教で、諸存在を構成する五要素。

二2 【互】(4) ゴ たがい

0 互に かたみに かわるがわる。

11 互理 わたり 姓氏。

12 互換 ごかん 互いに取りかえる。

互替り かたみがわり かわるがわるする。

二2 【井】(4) セイ・ショウ い

3 井口 いのくち 富山県の旧村。

井上毅 いのうえこわし 政治家。

井上馨 いのうえかおる 政治家。

4 井井 せいせい 秩序があるさま。

5 井出井 いづい 姓氏。

井石 いいし・どんぶり 姓氏。

井代 いしろ・いで 姓氏。

井目 せいもく〔聖目・星目〕囲碁用語。

6 井伊谷 いいのや 静岡県の旧村。

井伊直弼 いいなおすけ 江戸末期の大老。

9 **井守** いもり ▼【蠑螈】いもり 340

井面 いのも 姓氏。

10 **井原** いばら ①岡山県の市。②民営鉄道(—鉄道)。③井原鉄道の路線・駅。

井桁 いげた ☆ 井戸の上部の木枠。

井畔 いぐろ 姓氏。

11 **井宿** ちちりぼし・せいしゅく 二十八宿の一。

12 **井蛙** せいあ ☆ 井戸の中にすむカエル。「—大海を知らず」

二4 **【亘】**(6) **セン・コウ**

0 **亘る** わたる ☆ 〔亙る〕ある範囲に及ぶ。

11 **亘理** わたり ①宮城県の郡・町(ちょう)。②JR東日本常磐(じょうばん)線の駅。③姓氏。

二4 **【亙】**(6) **コウ**

0 **亙る** わたる ☆ ▼【亘る】わたる 19

二5 **【亜】**(7) **ア**

0 **亜** アール ▼【亜爾】アール 19

亜ぐ つぐ 次ぐ。「社長に—実力者」

2 **亜力伯** アルプス アル ヨーロッパの山脈。

5 **亜弗利加** アフリカ ▼【阿弗利加】アフリカ 391

6 **亜当** アダム 〔阿段〕旧約聖書の登場人物。

亜当須美須 アダムスミス イギリスの経済学者。

亜米利加 アメリカ ★ 〔米国〕国名。

8 **亜欧堂田善** あおうどうでんぜん 江戸後期の洋風画家。

亜的児 エーテル ▼【依的児】エーテル 28

亜拉毘亜 アラビア ▼【亜剌比亜】アラビア 19

9 **亜剌比亜** アラビア ☆ 〔亜拉毘亜〕西アジアの半島。

10 **亜馬孫** アマゾン 南アメリカの川。

11 **亜細亜** アジア ★ 六大州の一。

亜得亜 アドリア 地中海の海域。

亜麻仁 あまに アマの種子。

亜理斯多徳 アリストテレス 古代ギリシアの哲学者。

12 **亜雁** あかり 姓氏。

14 **亜爾** アール 〔亜〕面積の単位。

亜爾加里 アルカリ 水に溶ける塩基。

亜爾吉墨都 アルキメデス 古代ギリシアの数学者。

亜爾然丁 アルゼンチン ★ 国名。

亜爾箇保児 アルコール ▼【酒精】アルコール 376

亜歴山 アレキサンダー マケドニアの王。

亜歴山特 アレキサンドリア エジプトの都市。

15 **亜撒** アーサー ケルトの伝説的英雄。

二5 **【些】**(7) **サ・シャ**

0 **些か** いささか ★ 〔聊か〕「これには—驚いた」

些し すこし ▼【寡し】すこし 105

些と ちと ちょっと。

些とも ちっとも 全然。

4 **些少** さしょう わずか。

5 **些末** さまつ ▼【瑣末】さまつ 247

7 **些些** ささ とるにたりないさま。

8 **些事** さじ ▼【瑣事】さじ 247

11 **些細** ささい 〔瑣細〕「—な違い」

二6 **【亟】**(8) **キョク・キ**

0 **亟** しばしば ▼【屢】しばしば 113

亟やか すみやか あせって。あわてて。

【亠】〈なべぶた〉〈けいさんかんむり〉部

亠1 **【亡】**(3) **ボウ・モウ** **ない**

0 **亡びる** ほろびる 「国が—」

6 **亡羊補牢** ぼうようほろう あとのまつり。

8 **亡者** もうじゃ 「金の—」

16 **亡骸** なきがら ★ 死体。

亠2 **【亢】**(4) **コウ**

10 **亢竜** こうりょう・こうりゅう 天に登った竜。

11 **亢宿** あみぼし・こうしゅく 二十八宿の一。

亢進 こうしん 〔昂進〕たかぶり進む。

亠4 **【亦】**(6) **エキ・ヤク**

0 **亦** また ▼【又】また 58

亠4 **【亥】**(6) **カイ・ガイ**

0 **亥** い 十二支の一。

亥の子 いのこ 陰暦十月の亥の日。

亠4 **【交】**(6) **コウ** **まじわる・まじえる・**

まじる・まざる・まぜる・かう・かわす

0 **交** こもごも ▼【交交】(こもごも) 20

3 **交叉** こうさ 〔交差〕 交わる。

6 **交交** こもごも★〔交〕「悲喜―」

7 **交尾む** つるむ★〔遊牝む・孳尾む〕「イヌが―」

8 **交枝樹** ねむのき ▼【合歓木】(ねむのき) 62

11 **交野** かたの ①大阪府の市。②京阪(けいはん)電鉄の路線。③姓氏。

12 **交喙** いすか★▼【鶍】(いすか) 424

交喙鳥 いすか ▼【鶍】(いすか) 424

13 **交詢** こうじゅん 親密に交際する。

15 **交誼** こうぎ 親しい交際。

20 **交譲木** ゆずりは ▼【譲葉】(ゆずりは) 355

27 **交驩** こうかん 親しく交わり楽しむ。

亠6 **【京】**(8) キョウ・ケイ

← **京** けい 数の単位の一。

← **京** みやこ 〔都〕 皇居のある所。

4 **京王** けいおう ①東京・八王子の合成名。②民営鉄道(―電鉄)・路線。

5 **京北** けいほく 京都市の旧町。

7 **京阪** けいはん ①京都・大阪の合成名。②民営鉄道(―電気鉄道)・路線(―本線)。

京坊峠 きょうぼうだわ 岡山県の峠。

9 **京津** けいしん 京阪(けいはん)電鉄の路線。

10 **京師** けいし みやこ。帝都。

京浜 けいひん ①東京・横浜の合成名。②民営鉄道(―急行電鉄)。③JR東日本の路線(―東北線)。④東京・神奈川県の港。

11 **京終** きょうばて ①奈良県の地名。②JR西日本桜井線の駅。

京都 みやこ 福岡県の郡。

12 **京極** きょうごく ①北海道の町(ちょう)。②姓氏。

京葉 けいよう ①東京・千葉の合成名。②JR東日本の路線。

京椋 きょうむく 姓氏。

15 **京畿** けいき 京都周辺の国々。

亠6 **【享】**(8) キョウ

0 **享ける** うける「この世に生を―」

6 **享年** きょうねん 死んだときの年齢。

亠7 **【亭】**(9) テイ

0 **亭** ちん あずまや。

8 **亭舎** あばらや ▼【荒ら屋】(あばらや) 320

亠7 **【亮】**(9) リョウ

12 **亮然** りょうぜん 明るいさま。

亠20 **【亹】**(22) ビ・ボン・モン

22 **亹亹** びび 休まず努力するさま。

【人(イ・𠆢)】〈ひと〉〈にんべん〉〈ひとがしら〉部

人0 **【人】**(2) ジン・ニン ひと

4 **人日** じんじつ 五節句の一。

6 **人伝** ひとづて「―に聞いた話」

7 **人身御供** ひとみごくう★ いけにえ。犠牲。

8 **人参** にんじん★〔人蔘・胡蘿蔔・神草〕セリ科の越年草。

人事不省 じんじふせい「―に陥る」

人怖じ ひとおじ「―しない子ども」

9 **人面竹** ほていちく〔布袋竹〕マダケの変種の一。

12 **人集り** ひとだかり「黒山のような―」

13 **人数** にんずう・にんず「―が足りない」

14 **人熅れ** ひといきれ〔人熱れ〕「会場は―でむんむんしていた」

人魂 ひとだま 空中を飛ぶ青白い火の玉。

人蔘 にんじん ▼【人参】(にんじん) 20

15 **人熱れ** ひといきれ ▼【人熅れ】(ひといきれ) 20

人2 **【介】**(4) カイ

0 **介** すけ ▼【次官】(すけ) 200

7 **介良** けら 高知県の旧村。

介良通 けらどおり 土佐電気鉄道後免(ごめん)線の停留所。

10 **介党鱈** すけとうだら☆〔鯳〕タラ目の海魚。

11 **介添** かいぞえ「花嫁の―をする」

13 **介意う** かまう 気をつかう。

16 **介錯** かいしゃく 切腹をする人の最期を見届け、その首を切ること。

24 **介鱗** かいりん 貝類と魚類。

人2 **【仇】**(4) キュウ

← **仇** あだ〔冤・讐〕「―をなす」

→仇 かたき 「親の―をうつ」
6 仇気無い あどけない 「―寝顔」
仇名 あだな ▼【徒名】あだな 132
10 仇討 あだうち かたきうち。
11 仇情 あだなさけ ▼【徒情】あだなさけ 132
仇野 あだしの ▼【徒野】あだしの 132

人 2 **【今】** (4) **コン・キン いま**

3 今上 きんじょう 「―天皇」
4 今日 きょう 「大会は―開催される」
5 今以て いまもって いまだに。
今世 こんせ・こんぜ 今の世の中。
今立 いまだて 福井県の郡・旧町。
6 今庄 いまじょう ①福井県の旧町。②JR西日本北陸本線の駅。
今年 ことし 現在の年。
8 今治 いまばり ①愛媛県の市。②JR四国予讃(よさん)線の駅。③姓氏。
今昔 こんじゃく・こんせき 今と昔。
今東光 こんとうこう 小説家。
10 今帰仁 なきじん ①沖縄県の村(そん)。②姓氏。
今宮戎 いまみやえびす 南海高野(こうや)線の駅。
今宵 こよい ☆ 今晩。
12 今給黎 いまきいれ・いまぎいれ 姓氏。
今朝 けさ ☆ 今日の朝。
14 今際 いまわ 死に際。臨終。
今際の際 いまわのきわ 最期の時。
今様 いまよう 当世風。

人 2 **【什】** (4) **シュウ・ジュウ**

14 什麼生 そもさん どうする。
15 什器 じゅうき ★ 日常使用する家具や道具。

人 2 **【仍】** (4) **ジョウ**

0 仍 なお ▼【猶】なお 243
仍て よって ▼【因って】よって 75
10 仍孫 じょうそん 八代目の子孫。

人 2 **【仁】** (4) **ジン・ニ**

3 仁山 にやま ①北海道の地名。②JR北海道函館本線の駅。
仁万 にま JR西日本山陰本線の駅。
4 仁王 におう 仏教護持の神像の一。
仁王頭 におうず 姓氏。
←仁井田 にいだ JR東日本烏山(からすやま)線の駅。
→仁井田 にいだ ①高知県の川・地名。②JR四国土讃(どさん)線の駅。
仁方 にがた ①広島県の地名。②JR西日本呉(くれ)線の駅。
仁木 にき ①北海道の町(ちょう)。②JR北海道函館本線の駅。
5 仁田 にた 長崎県の湾・峠。
仁田山峠 にたやまとうげ 埼玉県の峠。
6 仁江 にえ 石川県の地名。
仁多 にた ①島根県の旧町。②姓氏。
仁伏 にぶし 北海道の温泉。
7 仁位 にい 長崎県の港。
仁邨 にむら 姓氏。
仁尾 にお 香川県の旧町。
8 仁明 にんみょう 第五四代天皇。
仁和 にんな 年号。
仁和寺 にんなじ 京都府の寺。
9 仁科 にしな 姓氏。
仁侠 にんきょう ▼【任侠】にんきょう 25
仁恤 じんじゅつ 仁徳をもって人を助ける。
10 仁恕 じんじょ おもいやりがある。
11 仁淀 によど 高知県の平野・旧村。
仁淀川 によどがわ 高知県の川・町(ちょう)。
12 仁賀保 にかほ ①秋田県の旧町。②JR東日本羽越(うえつ)本線の駅。
13 仁義 じんぎ 仁と義。
仁豊野 にぶの JR西日本播但(ばんたん)線の駅。
14 仁徳 にんとく 第一六代天皇。
15 仁摩 にま 島根県の旧町。
仁輪加 にわか 即興的に演じる滑稽(こっけい)な寸劇。
16 仁鮒 にぶな 秋田県の地名。

人 2 **【仄】** (4) **ソク・ショク**

0 仄か ほのか かすか。
仄く かたむく そむける。
4 仄仄 ほのぼの ☆「―と夜が明ける」

仄日 そくじつ☆ 夕日。
13 仄暗い ほのぐらい 「—うちに出発する」
14 仄聞 そくぶん 〔側聞〕 人づてにちょっと聞く。

人2【仆】(4) **フ・ホク**
0 仆す たおす 〔殪す〕 殺す。

人2【仏】(4) **ブツ ほとけ**
0 仏 フラン ▼【法】フラン 213
3 仏子 ぶし 西武池袋線の駅。
4 仏手柑 ぶしゅかん ミカン科の常緑低木。
5 仏甲草 つめれんげ ▼【爪蓮華】つめれんげ 236
仏生山 ぶっしょうざん ①香川県の旧町。②高松琴平(ことひら)電鉄琴平線の駅。
仏生会 ぶっしょうえ 「灌仏会(かんぶつえ)」のこと。
仏生嶽 ぶっしょうがだけ 奈良県の山。
7 仏吹花 ぶっそうげ ▼【仏桑花】ぶっそうげ 22
仏利由私 プリニウス 古代ローマの学者。
8 仏供 ぶく・ぶっく 仏に供えるもの。
9 仏刹 ぶっさつ 寺。
仏科 フーコー フランスの物理学者。
10 仏座 ほとけのざ 〔元宝草〕 キク科のタビラコの別名。
仏桑花 ぶっそうげ 〔仏吹花・仏桑華〕 アオイ科の常緑小低木。
11 仏頂面 ぶっちょうづら ふくれっつら。
仏勒里達 フロリダ アメリカの半島・州。
12 仏掌薯 つくねいも ☆ ▼【捏ね薯】つくねいも 155
19 仏蘭西 フランス ★ 国名。
仏蘭克林 フランクリン ▼【弗蘭哥林】フランクリン 128
22 仏龕 ぶつがん 仏像をおさめる厨子(ずし)。

人3【以】(5) **イ**
0 以て もって 「書面を—通知する」
2 以丁堡 エディンバラ イギリスの都市。
4 以仁王 もちひとおう 後白河天皇の第三皇子。
5 以布利 いぶり 高知県の地名。
6 以色列 イスラエル 国名。
7 以来 このかた 「卒業—一度も会っていない」
以利沙伯 エリザベス イギリスの女王。〔易利薩伯〕
以呂波 いろは ▼【伊呂波】いろは 23
9 以為らく おもえらく ★ 〔謂えらく〕 思っていることには。

人3【仕】(5) **シ・ジ つかえる**
0 仕る つかまつる ★ 「承知—」
4 仕手 して ▼【為手】して 230
5 仕出来す しでかす ▼【為出来す】しでかす 230
6 仕合わせ しあわせ ▼【幸せ】しあわせ 124
7 仕来り しきたり ▼【為来り】しきたり 230
9 仕度 したく ▼【支度】したく 162
13 仕業 しわざ 〔為業〕 「だれの—かわからない」
14 仕種 しぐさ 〔為種〕 ちょっとした動作・表情。
15 仕舞う しまう ▼【終う】しまう 293
仕舞屋 しもたや・しもうたや ★ ふつうの家。

人3【仔】(5) **シ・サイ**
4 仔犬 こいぬ イヌの子。
11 仔細 しさい 〔子細〕 くわしいこと。

人3【仙】(5) **セン**
0 仙 セント アメリカなどの通貨単位。
2 仙人指甲蘭 なごらん ▼【名護蘭】なごらん 63
仙人掌 サボテン ★ 〔覇王樹〕 サボテン科の多肉植物の総称。
3 仙山 せんざん JR東日本の路線。
4 仙毛欅 いぬぶな ▼【犬橅】いぬぶな 240
5 仙北 せんぼく 秋田県の郡・市・旧町。
10 仙翁 せんのう 〔剪秋羅〕 ナデシコ科の多年草。
11 仙虚 いかりそう ▼【碇草】いかりそう 270
13 仙鼠 こうもり ▼【蝙蝠】こうもり 339
16 仙薬 しらも 〔白藻〕 オゴノリ属の海藻。

人3【他】(5) **タ**
0 他 ほか 「恋は思案の—」
2 他人 あだびと 他の人。
他人事 ひとごと ☆ 自分に関係のない事がら。
4 他戸 おさべ 姓氏。
5 他処 よそ ▼【余所】よそ 28
8 他所 よそ ★ ▼【余所】よそ 28

人3【代】(5) **ダイ・タイ かわる・かえる・よ・しろ**
5 代田 だいた 東京都の地名。

2画 人部 2–3画

8 代物 しろもの 商品。

16 代赭 たいしゃ 赤色系の顔料の一。

人 3 **【付】**(5) **フ** つける・つく

← 付子 ふし ▼【五倍子】しふ 18

→ 付子 ぶし☆ 〔附子〕 トリカブトの根。

8 付知 つけち 岐阜県の川・峡谷(―峡)・旧町。

14 付箋 ふせん ☆ 〔附箋〕 目印・備忘のための紙片。

人 3 **【令】**(5) **レイ**

0 令 りょう 古代の法典。

6 令旨 りょうじ 皇太子・三后(さんこう)等の命令書。

8 令法 りょうぶ リョウブ科の落葉小高木。

人 4 **【伊】**(6) **イ**

3 伊万里 いまり ①佐賀・長崎県の湾。②佐賀県の市・港・街道。③JR九州筑肥(ちくひ)線等の駅。④姓氏。

4 伊王 イワン ロシアの王。

伊支 いき 姓氏。

伊太利 イタリア ★ 国名。〔伊太利亜〕

伊太利亜 イタリア ▼【伊太利】イタリア 23

伊太祈曽 いだきそ 和歌山電鉄貴志川線の駅。

伊丹 いたみ ①兵庫県の市。②阪急電鉄の路線・駅。③JR西日本福知山線の駅。④姓氏。

伊方 いかた 愛媛県の町(ちょう)。

伊予柑 いよかん ミカンの一種。

伊予寒川 いよさんがわ JR四国予讃(よさん)線の駅。

5 伊永 これなが 姓氏。

伊平屋 いへや 沖縄県の島・村(そん)。

6 伊自良 いじら 岐阜県の旧村。

伊当 いとう ▼【伊富魚】いとう 23

7 伊佐 いさ 姓氏。

伊佐木 いさき ▼【鶏魚】いさき 425

伊吹 いぶき ①〔檜柏〕 ヒノキ科の常緑高木。②岐阜・滋賀県境の山。③滋賀県の旧町。④香川県の島。⑤愛媛・高知県境の山。

伊吹防風 いぶきぼうふう 〔邪蒿〕 セリ科の多年草。

伊吹虎尾 いぶきとらのお 〔拳参〕 タデ科の多年草。

伊吹麝香草 いぶきじゃこうそう 〔石薄荷〕 シソ科の小低木。

伊豆 いず ①東京都の諸島。②静岡県の半島・市。③民営鉄道(―急行)。④旧国名。現在の静岡県東部、東京都伊豆諸島。

伊尾木 いおき ①高知県の川・地名。②土佐くろしお鉄道ごめん・なはり線の駅。

伊呂波 いろは 〔以呂波・色葉〕「―歌」

伊良部 いらぶ 沖縄県の島・旧町。

伊良湖岬 いらござき 愛知県の岬。

8 伊邪那岐命 いざなぎのみこと ▼【伊弉諾尊】いざなぎのみこと 23

伊邪那美命 いざなみのみこと ▼【伊弉冉尊】いざなみのみこと 23

伊武部 いんぶ 沖縄県の海岸。

9 伊香 いか 滋賀県の郡。

伊香保 いかほ 群馬県の温泉・旧町。

伊是名 いぜな 沖縄県の島・村(そん)。

伊南 いな 福島県の川・旧村。

10 伊従 いより 姓氏。

伊弉冉尊 いざなみのみこと 〔伊邪那美命〕 記紀神話で、伊弉諾尊(いざなぎのみこと)とともに国生みをした女神。

伊弉諾尊 いざなきのみこと・いざなぎのみこと 〔伊邪那岐命〕 記紀神話で国生みをした男神。

伊能忠敬 いのうただたか 江戸後期の測量家・地理学者。

伊留満 イルマン 修道士の位階。

11 伊部 いんべ ①岡山県の地名。②JR西日本赤穂(あこう)線の駅。

伊部岳 いぶだけ 沖縄県の山。

伊梨 いり 姓氏。

伊犁 いり 中国の地域。

12 伊賀専女 いがとうめ 〔伊賀刀女〕 キツネの別名。

伊集院 いじゅういん ①鹿児島県の旧町。②JR九州鹿児島本線の駅。③姓氏。

伊曾保 イソップ 〔伊蘇普〕 古代ギリシアの作家。

伊達 だて★ ①おとこぎをみせる。②北海道の市。③福島県の郡・市。④JR東日本東北本線の駅。⑤姓氏。

伊統 これむね 姓氏。

伊富魚 いとう 〔伊富・伊当〕 サケ目の淡水魚。

13 伊勢 いせ ①愛知・三重県の湾。②三重県の平野・市・

街道。③民営鉄道(―鉄道)。④旧国名。現在の三重県中北部。⑤姓氏。

伊勢八太 いせはた JR東海名松(めいしょう)線の駅。

伊勢八知 いせやち JR東海名松(めいしょう)線の駅。

伊勢海老 いせえび 〔紅蝦・縞蝦・竜蝦〕 海産のエビ。

伊頓 イートン イギリスの町。

18 **伊聶謝** エニセイ ロシアの川。

伊藤若冲 いとうじゃくちゅう 江戸中期の画家。

19 **伊蘇普** イソップ ▼【伊曾保】イソップ 23

伊蘭 イラン 国名。

人 4 **【仮】**(6) **カ・ケ かり**

0 **仮す** かす 仮に与える。

5 **仮令** たとい・たとえ ★〔仮使・縦・縦使・縦然・縦令〕「―わが身がどうなろうとも」

6 **仮字** かな ▼【仮名】かな 24

仮名 かな 〔仮字〕 平仮名と片仮名。

仮名垣魯文 かながきろぶん 江戸末期・明治初期の戯作(げさく)者・新聞記者。

7 **仮谷** かりや 姓氏。

仮初に いささめに ちょっと。

仮初め かりそめ ★〔聊爾・苟且〕「―の恋」

仮声 こわいろ ▼【声色】こわいろ 83

8 **仮使** たとい・たとえ ▼【仮令】たとい 24

9 **仮面梟** めんふくろう メンフクロウ科の鳥。

←**仮借** かしゃ 漢字の六書(りくしょ)の一。

→**仮借** かしゃく 「―のない批判」

仮病 けびょう 「―を使って学校を休む」

仮眠 うたたね ▼【仮寝】うたたね 24

12 **仮粧** けわい・けしょう ▼【化粧】けわい 51

13 **仮寝** うたたね 〔仮睡・仮眠・転寝〕 ついうとうとと眠る。

仮睡 うたたね ▼【仮寝】うたたね 24

14 **仮漆** ニス ☆ ワニスの略。

16 **仮髪** すえ ①姓氏。② ▼【仮髻】すえ 24

仮髻 すえ 〔仮髪〕 古代、婦人が用いたかもじ。

人 4 **【会】**(6) **カイ・エ あう**

3 **会下** えげ 禅宗で、門下。

6 **会合衆** えごうしゅう 室町時代、自治組織を指導した豪商。

7 **会見** あいみ 鳥取県の旧町。

8 **会者定離** えしゃじょうり 世の無常をいう語。

9 **会津** あいづ ①福島県の盆地・地名。②民営鉄道(―鉄道)。

会津坂下 あいづばんげ 福島県の町(まち)。

会津若松 あいづわかまつ ①福島県の市。②JR東日本磐越西(ばんえつさい)線等の駅。

会津美里 あいづみさと 福島県の町(まち)。

会津磐梯山 あいづばんだいさん 福島県の山。

11 **会釈** えしゃく 「遠慮―もない」

会得 えとく 「スマッシュのこつを―する」

12 **会最** すずな ▼【菘】すずな 324

14 **会厭** ええん 喉頭蓋(こうとうがい)のこと。

15 **会稽の恥** かいけいのはじ 他人から受けたはずかしめ。

人 4 **【企】**(6) **キ くわだてる**

0 **企む** たくらむ 「陰謀を―」

11 **企救** きく ①福岡県の半島・旧郡・旧町。②姓氏。

企救丘 きくがおか 北九州高速鉄道(北九州モノレール)小倉線の駅。

人 4 **【伎】**(6) **キ・ギ**

0 **伎** くれ 姓氏。

13 **伎楽** ぎがく 渡来の仮面劇。

人 4 **【休】**(6) **キュウ やすむ・やすまる・やすめる**

休屋 やすみや 青森県の地名。

10 **休留** いいとよ ▼【鵂鶹】いいとよ 424

人 4 **【仰】**(6) **ギョウ・コウ あおぐ・おおせ**

0 **仰** のっけ 「―から泥棒呼ばわりされる」

仰け反る のけぞる 〔仰る〕「きつい冗談(じょうだん)に―」

←**仰る** おっしゃる 〔仰有る〕「言う」の尊敬語。

→**仰る** のけぞる ▼【仰け反る】のけぞる 24

3 **仰山** ぎょうさん たくさん。

4 **仰天** ぎょうてん ☆「びっくり―」

仰木 おうぎ・おうき 姓氏。

6 仰仰しい ぎょうぎょうしい　おおげさでものものしい。
仰仰子 ぎょうぎょうし　▼【行行子】ぎょうぎょうし 341
仰有る おっしゃる ☆　▼【仰る】おっしゃる 24
9 仰臥 ぎょうが　あお向けに寝る。
10 仰烏帽子山 のけえぼしやま　熊本県の山。
14 仰韶文化 ぎょうしょうぶんか　中国、新石器時代の文化。

人 4 **【件】**(6)　**ケン**
件 くだり　▼【条】くだり 181
→件 くだん ★「―の用件で参ります」
6 件如 くだんのごとし　以上述べたとおりである。

人 4 **【伍】**(6)　**ゴ**
0 伍 ご　「五」の大字。「金―万円也」
伍する ごする　肩をならべる。

人 4 **【伉】**(6)　**コウ**
21 伉儷 こうれい　配偶者。夫婦。

人 4 **【全】**(6)　**ゼン　まったく**
0 全うする まっとうする　〔完うする〕「任務を―」
全て すべて ☆　▼【凡て】すべて 42
4 全手葉椎 まてばしい　〔馬刀葉椎〕　ブナ科の常緑高木。
全方 またかた　姓氏。
6 全先 まさき　姓氏。
10 全豹一斑 ぜんぴょういっぱん　物事の一部だけで全体を推量すること。

人 4 **【仲】**(6)　**チュウ　なか**
2 仲人 なこうど ☆　〔媒〕「―は宵(よい)の口」
6 仲多度 なかたど　香川県の郡。
7 仲見世 なかみせ　〔仲店〕　境内の商店街。
仲村渠 なかんだかり・なかむらかれ　姓氏。
仲呂 ちゅうりょ　中国音楽の音名。
9 仲哀 ちゅうあい　第一四代天皇。
12 仲間 ちゅうげん　▼【中間】ちゅうげん 12
13 仲違い なかたがい　「友人と―する」

人 4 **【伝】**(6)　**デン　つたわる・つたえる・つたう**
0 伝 つて ☆　〔伝手〕「有力な―がない」
4 伝手 つて　▼【伝】つて 25
5 伝付峠 でんつくとうげ　山梨・静岡県境の峠。
←伝法 つのり　姓氏。
→伝法 でんぽう・でんぼう　①仏法を授け伝える。②粗暴なさま。
10 伝馬船 てんません ★　小型の和船。
15 伝播 でんぱ ★　伝わり広まる。

人 4 **【任】**(6)　**ニン　まかせる・まかす**
0 任 まま　▼【儘】まま 34
5 任田 とうだ　姓氏。
7 任那 みまな・にんな ☆　古代の朝鮮南部の地域名。
9 任侠 にんきょう　〔仁侠〕　おとこぎ。
任美 たくみ　姓氏。

人 4 **【伐】**(6)　**バツ**
0 伐つ うつ　討つ。「敵を―」
伐る きる　「木を―」
7 伐折羅 ばさら　▼【縛日羅】ばさら 298

人 4 **【伏】**(6)　**フク　ふせる・ふす**
7 伏見 ふしみ　①京都市の行政区。②姓氏。
17 伏翼 こうもり　▼【蝙蝠】こうもり 339

人 4 **【仿】**(6)　**ホウ**
14 仿製鏡 ぼうせいきょう　古代、中国の様式を模倣した日本製の鏡。

人 5 **【位】**(7)　**イ　くらい**
9 位封 いふ　古代、位階により与えられた俸禄。
10 位袍 いほう　位階によって定められた色の袍(ほう)。
12 位牌 いはい ☆　仏教で、死んだ者の法名を書いた木のふだ。「―を汚(けが)す」

人 5 **【佚】**(7)　**イツ・テツ**
10 佚書 いっしょ　〔逸書〕　散逸した書物。
13 佚楽 いつらく　〔逸楽〕　気ままに楽しむ。

人 5 **【何】**(7)　**カ　なに・なん**
0 何の どの　「―面(つら)さげて行けようか」
何や彼や なにやかや　「―と忙しい」
←何れ いずれ ☆　〔孰れ〕　どちら。どっちみち。
→何れ どれ　「―が好きですか」
←何方 いずかた　「―にありますか」
何方 どちら　「―かと言えば照れ屋だ」

何方　どっち　「しょせん—もどっちだ」
→何方　どなた　「お客様は—ですか」
←何処　いずこ　どこ。
→何処　どこ　▼【何所】　26
何奴　どいつ　「やったのは—だ」
6 何如　いかん　▼【如何】　94
7 何呉　なにくれ　「—となく世話をする」
8 何所　どこ　〔何処〕「—の馬の骨とも知れない」
何卒　なにとぞ　「—よろしくお願いします」
何迚　なにとて　どうして。なぜ。
9 何故　なぜ・なにゆえ　どうして。
何首烏　つるどくだみ　▼【蔓蕺】　329
何首烏芋　かしゅういも　ヤマノイモ科のつる性多年草。
何某　なにがし　▼【某】　187
10 何時　いつ　「—になったら晴れるやら」
何時何時　いつなんどき　「—地震が起こるかわからない」
何時迄草　いつまでぐさ　〔常春藤・壁生草〕キヅタの別名。

11 何鹿　いかるが　京都府の旧郡。
12 何程　どれほど　どのくらい。
17 何糞　なにくそ　「—負けるもんか」

人5【伽】(7)　カ・キャ・ガ

0 伽　とぎ　話相手をする。
11 伽耶　かや　古代朝鮮半島にあった小国群。
18 伽藍　がらん　寺の建物。
19 伽羅　きゃら　★　①香料の一。②姓氏。
伽羅橋　きゃらばし　南海高師浜線の駅。

人5【佝】(7)　コウ・ク

13 佝僂病　くるびょう　〔痀瘻病〕骨格の障害の一。

人5【佐】(7)　サ

0 佐　すけ　▼【次官】　200
佐ける　たすける　366　▼【輔ける】
3 佐土原　さどわら　①宮崎県の旧町。②JR九州日豊本線の駅。
佐々　さざ　①長崎県の川・町。②松浦鉄道西九州線の駅。
佐々里峠　ささりとうげ　京都府の峠。

佐々連尾山　さざれおやま　愛媛・高知県境の山。
4 佐介　さすけ　姓氏。
佐分　さぶり　姓氏。
佐木島　さぎしま　広島県の島。
5 佐左部　さくさべ　姓氏。
佐世保　させぼ　①長崎県の湾・市・港。②JR九州の路線・駅。③松浦鉄道西九州線の駅。
佐用　さよ　①JR西日本姫新線等の駅。②姓氏。
6 佐合　さごう　山口県の島・海峡(—瀬戸)・地名。
7 佐佐　さっさ　姓氏。
佐志生　さしう　JR九州日豊本線の駅。
佐那河内　さなごうち　徳島県の村。
←佐伯　さいき　①広島県の旧町。②大分県の湾・市・港。③JR九州日豊本線の駅。④姓氏。
→佐伯　さえき　①広島市の行政区。②広島県の旧郡。③姓氏。
佐呂間　さろま　北海道の町。
佐良　さがら・さら　姓氏。

佐良山　さらやま　①岡山県の旧村。②JR西日本津山線の駅。
←佐波　さば　山口県の川・旧郡。
→佐波　さわ　群馬県の郡。
佐拉　ゾラ　フランスの作家。
9 佐海　さみ　姓氏。
佐柳島　さなぎしま　香川県の島。
10 佐帰木　ねむのき　▼【合歓木】　62
佐原　さわら　①千葉県の旧市。②JR東日本成田線の駅。
11 佐貫　さぬき　①茨城県の地名。②JR東日本常磐線等の駅。③千葉県の旧町。
12 佐賀関　さがのせき　大分県の半島・旧町・港。
佐須奈　さすな　長崎県の地名。
佐渡　さど　①新潟県の島(—島)・市。②旧国名。現在の佐渡島。
13 佐幌　さほろ　北海道の川・山(—岳)・地名。
14 佐鳴湖　さなるこ　静岡県の湖。
15 佐潟　さかた　新潟県の沼。
佐敷　さしき　①熊本県の川・旧町。②肥薩おれんじ鉄道の駅。③沖縄県の旧町。

18 **佐織** さおり 愛知県の旧町。

人5 **【作】**(7) **サク・サ** **つくる**

0 **作す** なす ▼【為す】すな 230

4 **作木綿** ゆうつくり 姓氏。

5 **作礼** さらい 仏に敬礼する。

8 **作並** さくなみ ①宮城県の温泉。②宮城・山形県の街道。③JR東日本仙山線の駅。

11 **作務衣** さむえ ☆ 僧の作業着。

14 **作様** さくなり 兜(かぶと)の様式の一。

人5 **【伺】**(7) **シ** **うかがう**

0 **伺う** うかがう 「お話を―」

10 **伺候** しこう 〔祗候〕 謹んで目上の人のそば近くで仕える。

人5 **【似】**(7) **ジ** **にる**

4 **似内** にたない ①JR東日本釜石(かまいし)線の駅。②姓氏。

6 **似而非** えせ☆ ▼【似非】えせ 27

7 **似我蜂** じがばち 〔腰細蜂・蜾蠃〕 ジガバチ科の昆虫の総称。

8 **似非** えせ★ 〔似而非〕 「―文化人」

10 **似島** にのしま 広島県の島。

11 **似鳥** にとり 姓氏。

13 **似義須** にぎす 〔似鱚〕 サケ目の海魚。

18 **似顔画** にがおえ 〔似顔絵〕 「―作家」

似鯉 にごい 〔白魚〕 コイ目の淡水魚。

23 **似鱚** にぎす ▼【似義須】にぎす 27

人5 **【住】**(7) **ジュウ** **すむ・すまう**

0 **住まる** とどまる ▼【止まる】とどまる 201

住み処 すみか 〔栖〕 「犯人の―」

5 **住用** すみよう 鹿児島県の湾・旧村。

6 **住吉神** すみのえのかみ 住吉(すみよし)神社の祭神。「すみよしのかみ」とも。

12 **住道** すみのどう ①大阪府の地名。②JR西日本片町線の駅。

人5 **【伸】**(7) **シン** **のびる・のばす**

0 **伸す** のす 「業界のトップに―」

伸るか反るか のるかそるか 「―の大ばくち」

3 **伸子** しんし ▼【籡】しんし 287

人5 **【体】**(7) **タイ・テイ** **からだ**

14 **体態** ていたらく ▼【為体】ていたらく 230

人5 **【但】**(7) **ただし**

2 **但丁** ダンテ 〔丹第〕 イタリアの詩人。

10 **但馬** たじま 旧国名。現在の兵庫県北部。

人5 **【佇】**(7) **チョ・ジョ**

0 **佇む** たたずむ 〔彳む・佇立む〕 「しょんぼりと―」

5 **佇立** ちょりつ・ちょりゅう たたずむ。

佇立る たちどまる 歩くのをやめ立っている。

佇立む たたずむ ▼【佇む】たたずむ 27

人5 **【低】**(7) **テイ** **ひくい・ひくめる・ひくまる**

0 **低れる** たれる 頭などを下げる。

6 **低回** ていかい 〔低徊〕 行きつ戻りつする。

16 **低頭く** うつむく ▼【俯く】うつむく 32

人5 **【佃】**(7) **テン・デン**

0 **佃** つくだ ①耕作する田。②東京都の地名。③姓氏。

12 **佃煮** つくだに★ 「アサリの―」

人5 **【佞】**(7) **ネイ**

0 **佞る** おもねる ▼【阿る】おもねる 391

6 **佞奸** ねいかん 〔佞姦〕 弁舌たくみで心がねじけている。

8 **佞武多** ねぶた 東北地方の七夕(たなばた)行事。

人5 **【伯】**(7) **ハク**

←**伯太** はかた 姓氏。

→**伯太** はくた 島根県の川・旧町。

伯父 おじ☆ 父母の兄。また、伯母(おば)の夫。

伯方 はかた ①愛媛県の島・海峡(―瀬戸)・旧町。②姓氏。

5 **伯母** おば☆ 父母の姉。また、伯父(おじ)の妻。

伯母子 おばこ 奈良県南部の峠・山(―岳(だけ))。

6 **伯仲** はくちゅう 「両者の実力は―している」

7 **伯労** もず ▼【百舌】もず 259

8 **伯林** ベルリン★ ドイツの首都。

9 **伯剌西爾** ブラジル★ 〔巴西〕 国名。

10 **伯耆** ほうき ①鳥取県の町(ちょう)。②旧国名。現在の鳥取県西部。③姓氏。

←**伯楽** はくらく 良き指導者。

→**伯楽** ばくろう★ ▼【博労】ばくろう 55

人5 **【伴】**(7) **ハン・バン** **ともなう**

0 **伴** とも 従者。

4 **伴天連** バテレン ★ 宣教師。また、キリストのこと。

9 **伴侶** はんりょ☆ 「終生の—を見つける」

10 **伴造** とものみやつこ☆ 古代の職能集団の統率者。

11 **伴部** とものみやつこ 伴(とも)の集団の統率・管理者。

人5 **【佑】**(7) **ユウ**

0 **佑ける** たすける ▼【輔ける】(たすける) 366

7 **佑助** ゆうじょ 「天の—」

人5 **【余】**(7) **ヨ　あまる・あます**

3 **余子** あまりこ JR西日本境線の駅。

← **余戸** あまりべ ①律令制下の村落制度。②姓氏。

→ **余戸** ようご 伊予(よ)鉄道郡中線の駅。

5 **余処** よそ ▼【余所】(よそ) 28

5 **余目** あまるめ ①山形県の旧町。②JR東日本羽越(うえつ)本線等の駅。③姓氏。

6 **余地峠** よじとうげ 群馬・長野県境の峠。

余肉 あまじし ▼【瘜】(あまじし) 256

7 **余呉** よご ①滋賀県の川・湖・町(ちょう)。②JR西日本北陸本線の駅。

8 **余所** よそ 〔余処・他処・他所・外〕「—にはない」

余波 なごり ▼【名残】(なごり) 63

9 **余殃** よおう☆ 祖先の悪事が原因で子孫に及ぶ災難。

← **余部** あまるべ 兵庫県の岬(—崎)・地名。

→ **余部** よべ JR西日本姫新(きしん)線の駅。

12 **余禄** よろく 正規の収入以外の利益。

15 **余熱** ほとぼり ▼【熱り】(ほとぼり) 235

19 **余韻嫋嫋** よいんじょうじょう☆ 長く余韻が残るさま。

人5 **【伶】**(7) **レイ・リョウ**

9 **伶俐** れいり ▼【怜悧】(れいり) 139

人6 **【依】**(8) **イ・エ**

0 **依って** よって ▼【因って】(よって) 75

依り代 よりしろ ▼【憑代】(よりしろ) 146

依る よる 「武力に—問題解決」

5 **依田** よだ 姓氏。

8 **依怙地** いこじ 〔意固地〕「—な人」

依怙贔屓 えこひいき☆ 「厳しい先生だが—はしない」

依知爾亜爾箇保児 エチルアルコール 化合物の一。

依的児 エーテル 〔亜的児〕仮想の物質。

13 **依違** いい どっちつかず。

人6 **【価】**(8) **カ　あたい**

0 **価** ね 値段。

3 **価千金** あたいせんきん ▼【値千金】(あたいせんきん) 31

人6 **【佳】**(8) **カ**

0 **佳い** よい 「挙式に—日」

2 **佳人部為** おみなえし ▼【女郎花】(おみなえし) 93

4 **佳什** かじゅう すぐれた詩文。

佳日 かじつ ▼【嘉日】(かじつ) 72

佳文席 はなござ 316 ▼【花茣蓙】(はなござ)

5 **佳田** よしだ 姓氏。

7 **佳辰** かしん☆ ▼【嘉辰】(かしん) 72

8 **佳肴** かこう ▼【嘉肴】(かこう) 72

12 **佳景山** かけやま JR東日本石巻(いしのまき)線の駅。

21 **佳饌** かせん 立派な料理。

人6 **【侃】**(8) **カン**

8 **侃侃** かんかん 剛直なさま。

侃侃如 かんかんじょ 剛直である。

侃侃諤諤 かんかんがくがく 「—の議論」

人6 **【佶】**(8) **キツ**

8 **佶屈** きっくつ 〔詰屈〕文章が堅苦しく難しい。

人6 **【供】**(8) **キョウ・ク　そなえる・とも**

7 **供花** くげ・くうげ 〔供華〕仏前に花を供える。

8 **供物** くもつ お供え。

供奉 ぐぶ 行列に供をすること。

10 **供華** くげ・くうげ ▼【供花】(くげ) 28

11 **供笥** くげ 仏前に供える菓子などをのせる台。

12 **供御** くご 主に天皇の飲食物をいう語。

15 **供養** くよう 「亡父の—をする」

人6 **【使】**(8) **シ　つかう**

5 **使主** おみ 姓氏。

14 **使嗾** しそう☆ 〔指嗾〕そそのかす。

人6 **【侍】**(8) **ジ　さむらい**

0 **侍** さむらい 〔士〕武士。

侍する じする 貴人のそばにつかえる。

- 侍る はべる 「宴席に―芸者」
- 5 侍史 じし ①書記。②手紙の脇付の一。
- 8 侍所 さむらいどころ 鎌倉・室町幕府の役所の一。

人 6 **【舎】** (8) **シャ**

- 0 舎く おく 停止する。
- 舎てる すてる 放棄する。
- 舎る やどる 泊まる。
- 2 舎人 とねり☆ ①雑役に従事した官人。②東京都交通局日暮里(にっぽり)・舎人ライナーの駅。
- 舎人親王 とねりしんのう 天武天皇の皇子。
- 7 舎弟 しゃてい 弟。弟分。
- ← 舎利弗 しゃりほつ 釈迦(しゃか)の十大弟子の一人。
- → 舎利弗 とどろき 姓氏。
- 舎利別 シャリベツ シロップ。
- 11 舎密 セイミ 化学の旧称。
- 13 舎路 シアトル 〔沙市〕アメリカの都市。
- 14 舎熊 しゃぐま ①北海道の地名。「しゃくま」とも。②JR北海道留萌(るもい)本線の駅。

人 6 **【侏】** (8) **シュ**

- ← 侏儒 しゅじゅ ①一寸法師。②見識のない人をののしる語。
- → 侏儒 ひきひと 背がふつうより低い人。
- 侏儒舞 ひきまい 猿楽(さるがく)の一種。

人 6 **【侘】** (8) **タ**

- 0 侘しい わびしい☆ 「―一人暮らし」
- 侘る わびる 慎ましやかに暮らす。
- 7 侘助 わびすけ ツバキ科の常緑高木。
- 9 侘美 たくみ 姓氏。
- 13 侘傺 たてい・たくさい 〔侘傺〕志を失う。

人 6 **【佩】** (8) **ハイ**

- 0 佩く はく 刀剣を帯びる。
- 佩びる おびる☆ 身につける。
- ← 佩刀 はいとう 刀を腰につける。
- → 佩刀 はかし 貴人がつける刀。
- 5 佩用 はいよう 〔珮用〕身におびて用いる。
- 10 佩剣 はいけん 剣を身につける。
- 13 佩楯 はいだて 〔膝甲・脛楯〕よろいの付属具。

人 6 **【佰】** (8) **ハク・ヒャク・バク**

- 0 佰 ひゃく 「百」の大字。「金―万円也」

人 6 **【侮】** (8) **ブ あなどる**

- 0 侮る あなどる 〔慢る〕見下げて軽んずる。
- 14 侮蔑 ぶべつ ないがしろにして、さげすむ。

人 6 **【併】** (8) **ヘイ あわせる**

- 0 併し しかし ▼【然し】しかし 232
- 併べる ならべる 〔比べる〕並べる。
- 7 併呑 へいどん☆ 他国を自分の勢力下に取り込む。「隣国を―する」

人 6 **【侑】** (8) **ユウ**

- 0 侑める すすめる ▼【奨める】すすめる 92

人 6 **【例】** (8) **レイ たとえる**

- 0 例し ためし 〔様〕先例。

人 7 **【俤】** (9) **おもかげ**

- 0 俤 おもかげ★ ▼【面影】おもかげ 401

人 7 **【俄】** (9) **ガ**

- 0 俄 にわか 「一天―にかき曇る」
- 4 俄分限 にわかぶげん 急に金持ちになる。
- 12 俄然 がぜん☆ 急に。
- 19 俄羅斯 オロシャ 江戸時代のロシアの呼称。

人 7 **【俠】** (9) **キョウ**

- 0 俠 きゃん 勇み肌なさま。
- 6 俠気 おとこぎ 〔男気〕「―を感じさせる青年」
- ← 俠客 おとこだて ▼【男伊達】おとこだて 252
- → 俠客 きょうかく 渡世人。

人 7 **【俥】** (9) **くるま**

- 0 俥 くるま 人力車。

人 7 **【係】** (9) **ケイ かかる・かかり**

- 0 係う かかずらう 〔拘う〕関係する。こだわる。
- 係わる かかわる 〔関わる・拘わる〕関係をもつ。こだわる。

人 7 **【侯】** (9) **コウ**

- 7 侯伯 こうはく 諸侯。
- 17 侯爵 こうしゃく 五等爵の一。

人 7 **【俟】** (9) **シ・キ**

- 0 俟つ まつ 待つ。「国民の良識に―」

人 7 **【俊】** (9) **シュン**

- 9 俊彦 しゅんげん☆ すぐれた男子。

14 俊髦 しゅんぼう すぐれた人。

人7【俏】(9) ショウ

0 俏す やつす 〔窶す〕「身を―」

人7【信】(9) シン

0 信 まこと ▼【真】まこと 263

3 信士 しんじ 男子の戒名の末尾に添える語の一。

4 信太 しだ・しのだ 姓氏。

信太山 しのだやま ①大阪府の丘陵。②JR西日本阪和(はんわ)線の駅。

信天翁 あほうどり ★〔阿房鳥〕アホウドリ科の海鳥の総称。

信夫 しのぶ ①福島県の温泉・山・旧郡・旧村。②姓氏。

信木 しのぶき JR西日本三江(さんこう)線の駅。

5 信田 しのだ 大阪府泉北郡の旧村。

6 信仰 しんこう 「神を―する」

9 信砂 のぶしゃ ①北海道の川。②JR北海道留萌(るもい)本線の駅。

12 信貴 しぎ ①奈良県の山。②近鉄の路線。

信達 しんだち 大阪府の地名。

13 信楽 しがらき ①滋賀県の山地・旧町。②信楽高原鉄道の駅。③姓氏。

16 信濃 しなの ①新潟県の川。②長野県の町(まち)。③旧国名。現在の長野県のほぼ全域。

信憑 しんぴょう 「―性に欠ける記事」

人7【侵】(9) シン おかす

11 侵掠 しんりゃく 〔侵略〕「―戦争」

人7【俎】(9) ショ・ソ

0 俎 まないた ▼【俎板】まないた 30

8 俎板 まないた☆ 〔俎・真魚板〕「―の鯉(こい)の心境だ」

人7【促】(9) ソク うながす

0 促す うながす 「参加を―」

9 促促 そくそく あわただしいさま。

人7【俗】(9) ゾク

16 俗諺 ぞくげん☆ 世間のことわざ。

人7【俘】(9) フ

0 俘 とりこ ▼【虜】とりこ 335

13 俘虜 ふりょ・とりこ 「―収容所」

人7【俛】(9) フ・ベン

9 俛れる うなだれる ▼【項垂れる】うなだれる 403

俛首帖耳 ふしゅちょうじ 頭をたれ耳をたれる。こびへつらうさまをいう。

人7【便】(9) ベン・ビン たより

0 便 よすが ▼【縁】よすが 297

便ち すなわち ▼【則ち】すなわち 46

5 便尼 ペニー ▼【片尼】ペニー 237

7 便乱坊 べらぼう ▼【篦棒】べらぼう 286

8 便法 べんぽう 便利な方法。

9 便追 びんずい ▼【木鷚】びんずい 179

17 便覧 べんらん・びんらん ハンドブック。

人7【保】(9) ホ たもつ

3 保土ケ谷 ほどがや ①横浜市の行政区。②JR東日本横須賀(よこすか)線の駅。

6 保色山 ほいろやま 三重県の山。

7 保谷 ほうや ①東京都の旧市。②西武池袋線の駅。

9 保科 ほしな ①長野県の温泉。②姓氏。

保食神 うけもちのかみ 五穀の神。

人7【俣】(9) また

0 俣 また ものの分かれ目。

人7【俑】(9) ヨウ

0 俑 よう 副葬品の一。

人7【俚】(9) リ

16 俚諺 りげん 俗間で使われる言葉。

人8【倭】(10) イ・ワ

0 倭 やまと 日本国の別名。

4 倭文 しず ①古代の織物。②姓氏。

9 倭建命 やまとたけるのみこと ▼【日本武尊】やまとたけるのみこと 168

10 倭訓 わくん 国訓。

12 倭絵 やまとえ ▼【大和絵】やまとえ 87

倭塔瓦 オタワ カナダの首都。

人8【倚】(10) イ・キ

0 倚る よる 〔凭る〕体をもたせかける。

←倚子 いし 中国伝来の座具。

→倚子 いす ▼【椅子】いす 192

14 倚像 いぞう 仏像の形式の一。

17 倚藉 いしゃ 頼る。

人8【俺】(10) エン・アン

0 俺 おれ 〔己〕「―とお前の仲じゃないか」
12 俺等 おいら ▼【己等】おいら 119
人8 【倨】(10) キョ・コ
0 倨る おごる ごうまんなさま。
13 倨傲 きょごう おごり高ぶっていばる。
人8 【倶】(10) ク・グ
0 倶に ともに ☆「―天を戴いただかず」
6 倶伎羅 くきら ▼【拘耆羅】くきら 153
倶多楽 くったら 北海道の湖・山(―岳だけ)。
7 倶利伽羅 くりから ①石川県の旧村。②富山・石川県境の峠。③JR西日本北陸本線の駅。
倶利迦羅 くりから 〔倶梨伽羅〕から 不動明王の変化へんげ身。
8 倶知安 くっちゃん ①北海道の盆地・町ちょう・峠。②JR北海道函館本線の駅。
10 倶留尊山 くるそやま 三重・奈良県境の山。
11 倶梨伽羅 くりから ▼【倶利迦羅】くりから 31
13 倶楽部 クラブ ☆〔苦剌部〕同好会。
人8 【倹】(10) ケン
0 倹しい つましい ☆〔約しい〕地味で質素なさま。
7 倹吝 けんりん 〔慳吝〕欲深くけち。
13 倹飩 けんどん ▼【慳貪】けんどん 146
人8 【倦】(10) ケン
0 倦きる あきる ▼【飽きる】あきる 408
倦ねる あぐねる 「考え―」
←倦む あぐむ 〔厭む〕「攻め―」
→倦む うむ 飽きる。
9 倦怠 けんたい ☆「―感」「―期」
倦怠い だるい ▼【怠い】だるい 139
14 倦厭 けんえん 飽きていやになる。
人8 【個】(10) コ
8 個所 かしょ 〔箇所〕「読めない―がある」
人8 【候】(10) コウ そうろう
0 候 うかみ ▼【窺見】うかみ 280
4 候文 そうろうぶん 文語体の文章の一種。
人8 【倖】(10) コウ
0 倖い さいわい ▼【幸い】さいわい 124
倖せ しあわせ ▼【幸せ】しあわせ 124
人8 【倥】(10) コウ
11 倥偬 こうそう 忙しい。
人8 【倅】(10) サイ・ソツ
0 倅 せがれ 〔悴・躮〕「うちの―がお世話になります」
人8 【借】(10) シャク かりる
3 借上 かしあげ 鎌倉・室町時代の高利貸し。
10 借家 しゃくや 借りた家。
11 借問 しゃもん・しゃくもん ちょっと質問する。
12 借款 しゃっかん 金銭の貸借。
人8 【修】(10) シュウ・シュ おさめる・おさまる
2 修二会 しゅにえ 陰暦二月の仏教の行事。
6 修行 しゅぎょう 「―を積む」
8 修法 しゅほう・ずほう 密教の加持祈禱かじとうなどの法。
10 修祓 しゅうばつ・しゅうふつ 清めの儀式。
11 修理 しゅり・すり 修理職しゅりしきのこと。
修理職 しゅりしき・すりしき 平安時代の官職。
12 修善寺 しゅぜんじ ①静岡県の温泉・旧町。②伊豆箱根鉄道駿豆すんず線の駅。
18 修験道 しゅげんどう 山林で修行する宗教の一。
19 修羅 しゅら・すら 「―の巷ちまた」
修羅場 しゅらば 「―をかいくぐる」
人8 【倩】(10) セン・セイ
10 倩倩 つらつら ▼【熟】つらつら 235
人8 【倉】(10) ソウ くら
7 倉良瀬戸 くららせと 福岡県の水道。
12 倉賀野 くらがの ①群馬県の地名。②JR東日本高崎線等の駅。
14 倉稲魂 うかのみたま 〔稲魂・宇迦の御魂〕五穀の神。
人8 【値】(10) チ ね・あたい
3 値千金 あたいせんきん 〔価千金〕「―の一打」
人8 【倒】(10) トウ たおれる・たおす
0 倒ける こける ▼【転ける】こける 365
倒さ さかさ 「上下が―だ」
人8 【俳】(10) ハイ
16 俳諧 はいかい ▼【誹諧】はいかい 353
17 俳優 わざおぎ 〔優〕役者。

人 8【倍】(10) バイ

7 倍良 べら☆ ▼【遍羅】(べら) 372

10 倍根 ベーコン イギリスの哲学者。

人 8【俾】(10) ヒ・ヘイ

10 俾倪 へいげい ▼【睥睨】(へいげい) 265

12 俾斯麦 ビスマルク ▼【比斯馬克】(ビスマルク) 204

人 8【俵】(10) ヒョウ たわら

3 俵子 たわらご ナマコの別名。

9 俵屋宗達 たわらやそうたつ 江戸初期の画家。

人 8【俯】(10) フ

0 俯く うつむく☆ 〔低頭く〕「しかられて―」

← 俯す うつぶす うつぶせになる。

→ 俯す ふす うつむく。

6 俯仰 ふぎょう★ 立ち居振る舞い。

17 俯瞰 ふかん 上から見おろす。

人 8【倣】(10) ホウ ならう

0 倣う ならう☆ まねる。

人 8【俸】(10) ホウ

12 俸給 ほうきゅう 給料。

人 8【倫】(10) リン

9 倫勃朗 レンブラント オランダの画家。

12 倫敦 ロンドン★ イギリスの首都。

人 9【偓】(11) アク

9 偓促 あくせく・あくさく ▼【齷齪】(あくせく) 433

人 9【偃】(11) エン

4 偃月 えんげつ 弓張り月。

8 偃松 はいまつ ▼【這松】(はいまつ) 369

8 偃武修文 えんぶしゅうぶん 戦をやめて、文教を興す。

17 偃蹇 えんけん 高くそびえる。

人 9【偕】(11) カイ

0 偕に ともに いっしょに。

6 偕老同穴 かいろうどうけつ☆ 夫婦が愛情深く結ばれていること。

人 9【偽】(11) ギ いつわる・にせ

8 偽物 いかもの ▼【如何物】(いかもの) 94

17 偽瓢虫 てんとうむしだまし 〔擬瓢虫〕 テントウムシダマシ科の昆虫の総称。

人 9【偶】(11) グウ

0 偶 たまたま★ 〔偶偶・適適〕「―そこに居合わせた」

偶さか たまさか 〔適さか〕 たまたま。

偶に たまに 「彼なら―やって来る」

11 偶偶 たまたま ▼【偶】(たまたま) 32

人 9【偈】(11) ケツ・ケイ・ゲ

0 偈 げ★ 経文で徳をたたえる詩。

13 偈頌 げじゅ 「偈(げ)」に同じ。

人 9【健】(11) ケン すこやか

0 健か したたか☆ ▼【強か】(したたか) 129

健よか すくよか すこやか。

5 健田 たけだ 姓氏。

6 健気 けなげ★ 「親を介護する―な子ども」

7 健児 こんでい 古代の兵。

11 健啖 けんたん さかんに食べる。

14 健駄羅 ガンダーラ パキスタン北東部の古名。

人 9【偲】(11) サイ・シ

0 偲ぶ しのぶ 〔慕ぶ〕 なつかしむ。

人 9【倸】(11) シャ

0 倸 さて ▼【扠】(さて) 151

人 9【側】(11) ソク かわ

← 側 かたわら ▼【傍ら】(かたわら) 33

側 そば 〔傍〕「コンビニは交番の―にある」

側 はた 「池の―」「―の目がうるさい」

→ 側 わき ▼【傍】(わき) 33

側てる そばだてる 注意を集中させる。

側める そばめる 横や背後に向ける。

3 側女 そばめ ▼【側妻】(そばめ) 32

7 側杖 そばづえ 〔傍杖〕「―を食う」

側役 そばやく 主君のそば近くに仕える人。

8 側金盞花 ふくじゅそう ▼【福寿草】(ふくじゅそう) 275

側妻 そばめ 〔側女・妾〕 めかけ。

9 側柏 このてがしわ 〔児手柏・子手柏〕 ヒノキ科の小高木。

人 9【停】(11) テイ

← 停まる とどまる ▼【止まる】(とどまる) 201

→ 停まる とまる ▼【止まる】(とまる) 201

13 停頓 ていとん 先へ進まない。

人 9 【偵】(11) テイ

14 偵察 ていさつ 「敵情を―する」

人 9 【偸】(11) トウ・チュウ

0 偸か ひそか こっそりと。

偸む ぬすむ 〔窃む〕 盗む。

11 偸盗 ちゅうとう 盗人。

12 偸閑 あからさま ▼【白地】あからさま 258

人 9 【偏】(11) ヘン かたよる

0 偏 かたほ 〔片秀〕 不十分。

偏に ひとえに ★ ひたすら。

偏る かたよる 〔僻る〕 「栄養が―」

8 偏衫 へんさん 〔褊衫〕 僧衣の一。

10 偏旁冠脚 へんぼうかんきゃく 漢字の四種の構成部分。

14 偏頗 へんぱ ★ 不公平なこと。

人 10 【偉】(12) イ えらい

3 偉丈夫 いじょうふ 「堂々たる―」

8 偉物 えらぶつ・えらもの 〔豪物〕 やり手。

14 偉爾納 ウェルナー スイスの化学者。

人 10 【傀】(12) カイ

← 傀儡 かいらい 「―政権」

→ 傀儡 くぐつ 操り人形。

傀儡師 くぐつし 〔傀儡子〕 各地を漂泊した芸人。

人 10 【傘】(12) サン かさ

7 傘寿 さんじゅ 八〇歳。

8 傘松 こうやまき 〔金松〕 スギ科の常緑針葉樹。

9 傘茸 からかさたけ ハラタケ科のきのこ。

10 傘連判 からかされんぱん 放射状に署名して盟約する。

人 10 【備】(12) ビ そなえる・そなわる

0 備に つぶさに ★ ▼【具に】つぶさに 40

4 備中 びっちゅう ①岡山県の川・旧町。②旧国名。現在の岡山県西部。

備中神代 びっちゅうこうじろ JR西日本伯備線等の駅。

8 備長炭 びんちょうたん・びんちょうずみ 良質の炭。

9 備後 びんご ①広島県の海域(―灘びんごなだ)。②旧国名。現在の広島県東部。

備前 びぜん ①岡山県の市。②旧国名。現在の岡山県南東部。

人 10 【傅】(12) フ

0 傅く かしずく 人に仕えて世話をする。

傅ける つける 付着する。

人 10 【傍】(12) ボウ かたわら

← 傍 そば ▼【側】そば 32

→ 傍 わき 〔側〕 横。そば。

傍う そう 接近する。

傍ら かたわら 〔側・旁ら・脇〕 わき。そば。

5 傍目 はため 他人の目。

傍目八目 おかめはちもく 〔岡目八目〕 第三者は当事者よりも情勢を客観的に判断できる。

7 傍見 わきみ ▼【脇見】わきみ 309

傍杖 そばづえ ▼【側杖】そばづえ 32

傍役 わきやく ▼【脇役】わきやく 310

9 傍迷惑 はためいわく 側の人の迷惑になる。

10 傍畝 うねび 姓氏。

11 傍惚れ おかぼれ 〔岡惚れ〕 ひそかに恋い慕う。

12 傍陽 そえひ 姓氏。

15 傍輩 ほうばい ▼【朋輩】ほうばい 177

人 11 【傴】(13) ウ

13 傴僂 うる・せむし 背骨の病気。

人 11 【僅】(13) キン

0 僅か わずか 〔纔か〕 「―の費用ですむ」

13 僅僅 きんきん わずかに。

人 11 【傾】(13) ケイ かたむく・かたむける

0 傾げる かしげる・かたげる 「首を―」

傾れ なだれ ▼【雪崩】なだれ 398

傾れる なだれる 「表層が―」

9 傾城 けいせい ★ 〔契情〕 美女。

人 11 【傑】(13) ケツ

7 傑里列遠 ガリレオ イタリアの物理学者。

人 11 【傲】(13) ゴウ

0 傲る おごる 〔驕る〕 「―平家は久しからず」

8 傲岸 ごうがん 「―な態度」

傲岸不遜 ごうがんふそん

2画

人部 9－11画

自分を偉いと考え相手を見くだす。

12 傲然 ごうぜん 人を見くだす。

人 11 【債】(13) サイ

10 債鬼 さいき 貸した金を取り立てる人を鬼にたとえた語。

人 11 【催】(13) サイ もよおす

6 催合い もやい 〔最合い〕 共同で一つの物を所有する。

催合う もやう 〔最合う〕 共同で行う。

10 催帰 ほととぎす ▼【杜鵑】ほととぎす 182

催馬楽 さいばら ☆ 古代歌謡の一。

人 11 【傷】(13) ショウ きず・いたむ・いためる

11 傷痍 しょうい きず。けが。

傷痕 きずあと 〔疵痕〕「心の―」

傷悴 しょうすい 「―した顔」

13 傷傷しい いたいたしい 「松葉杖姿が―」

人 11 【僉】(13) セン

20 僉議 せんぎ 皆で相談する。

人 11 【僧】(13) ソウ

5 僧正 そうじょう 僧の役職の一。

11 僧都 そうず ☆ 僧の役職の一。

人 11 【働】(13) ドウ はたらく

0 働き はたらき 「―蜂(ばち)」

働き詰め はたらきづめ 「―に働く」

人 11 【傭】(13) ヨウ・チョウ

0 傭う やとう 雇う。

7 傭役 ようえき 人を雇って使う。

人 11 【僇】(13) リク

0 僇める はずかしめる 〔詬める〕 恥をかかせる。

人 11 【僂】(13) ル・ロウ

11 僂麻質斯 リューマチス 関節など運動器の病気の一。

人 12 【僥】(14) ギョウ・キョウ

10 僥倖 ぎょうこう ★ 思いがけない幸運。

人 12 【僭】(14) セン

10 僭称 せんしょう ☆ 称号を勝手に名乗る。

12 僭越 せんえつ 「―ながら私が…」

人 12 【像】(14) ゾウ

8 像法 ぞうぼう 仏教で、三時の一。正法(しょうぼう)に似た仏法が行われる時代。

人 12 【僮】(14) トウ・ドウ

0 僮 しもべ ▼【僕】しもべ 34

人 12 【僕】(14) ボク

← 僕 しもべ 〔僮〕 召使い。

→ 僕 やつがれ 自分のことをへりくだっていう語。

人 12 【僚】(14) リョウ

4 僚友 りょうゆう 仲間。

人 13 【億】(15) オク

7 億劫 おっくう ★ めんどうくさい。

人 13 【儀】(15) ギ

5 儀礼 ぎらい 中国、儒教の経典。

人 13 【儂】(15) ドウ

0 儂 わし 一人称代名詞。

人 13 【僻】(15) ヘキ

0 僻む ひがむ ☆ 心がひねくれる。

僻る かたよる ▼【偏る】かたよる 33

5 僻目 ひがめ 偏見。

7 僻見 へきけん・びゃっけん ☆ 偏見。

8 僻事 ひがごと まちがい。悪事。

人 13 【舗】(15) ホ

0 舗く しく 広げる。

5 舗石 しきいし・ほせき 地面に並べた石。

12 舗装 ほそう 〔鋪装〕「道路を―する」

人 13 【儚】(15) ボウ

0 儚い はかない ▼【果敢無い】はかない 183

儚む はかなむ ▼【果無む】はかなむ 183

人 14 【儒】(16) ジュ

6 儒艮 じゅごん ☆ 〔海馬〕 海牛目の哺乳(ほにゅう)類。

人 14 【儘】(16) ジン・シン

0 儘 まま 〔任・侭〕「気の向く―」、「足の向く―に歩き回った」

人 14 【儕】(16) セイ・サイ

0 儕 ともがら ▼【輩】ともがら 366

15 儕輩 さいはい・せいはい 仲間。同輩。

人 14 【儔】(16) チュウ

0 儔 ともがら ▼【輩】ともがら 366

9 儔侶 ちゅうりょ 仲間。

人15 【償】(17) **ショウ つぐなう**

0 償う まどう 弁償する。

人15 【優】(17) **ユウ やさしい・すぐれる**

0 優 わざおぎ ▼【俳優】わざおぎ 31

優る まさる すぐれている。

7 優形 やさがた 気立てや振る舞いが優しい。

11 優婆夷 うばい 女性の仏教信者。

優婆塞 うばそく 男子の仏教信者。

12 優渥 ゆうあく 手厚い。

16 優曇華 うどんげ クワ科の常緑高木。

人16 【儲】(18) **チョ**

0 儲かる もうかる 利益がある。

儲ける もうける 「株で期待した以上に―」「三人の子どもを―」

7 儲位 ちょい 皇太子の位。

13 儲蓄 ちょちく 「老後に備えて―する」

人20 【儼】(22) **ゲン**

0 儼か おごそか ▼【厳か】おごそか 163

【儿】〈ひとあし〉〈にんにょう〉部

儿1 【兀】(3) **コツ・ゴツ**

3 兀兀 こつこつ 「―と調査を続ける」

兀子 ごし 腰掛けの一。

6 兀老尹 ゴローニン ロシアの軍人。「ゴロブニン」とも。

8 兀岳 はげたけ 長野県の山。

16 兀頭 とくとう ▼【禿頭】とくとう 275

儿2 【允】(4) **イン**

0 允 じょう ▼【判官】じょう 45

允す ゆるす 承諾する。

5 允可 いんか 許可。

10 允恭 いんぎょう 第一九代天皇。

11 允許 いんきょ ★ 許可。

儿2 【元】(4) **ゲン・ガン もと**

3 元三 がんざん 年、月、日の三つのはじめ。

元巳 げんし 陰暦三月三日。

4 元日草 ふくじゅそう ▼【福寿草】ふくじゅそう 275

8 元金 がんきん・もときん 貸し借りや預金などの、元の金額。

元宝草 ほとけのざ ▼【仏座】ほとけのざ 22

9 元帥 げんすい 軍人の最高位。

11 元寇 げんこう 元軍の来襲。

元梯 もとはし 姓氏。

元埜 もとの 千葉県の村。

12 元結 もとゆい・もっとい 日本髪の根元を束ねるひも。

元朝 がんちょう 元日の朝。

15 元慶 がんぎょう 年号。

儿3 【兄】(5) **ケイ・キョウ あに**

0 兄 せ 〔夫〕女性が、自分の恋人や夫をいう語。

兄さん にいさん 兄を敬っていう語。

4 兄方 えほう ▼【吉方】えほう 61

5 兄矢 はや ▼【甲矢】はや 251

7 兄弟 きょうだい 「―げんか」

11 兄部 こうべ 姓氏。

21 兄鶏 このり おすのハイタカ。

24 兄鷹 しょう おすのタカ。

儿4 【兇】(6) **キョウ**

3 兇刃 きょうじん 「―に倒れる」

儿4 【光】(6) **コウ ひかる・ひかり**

1 光一 ぴかいち 際立って優れている。

6 光芒 こうぼう ☆ 光のほさき。

8 光岳 てかりだけ 長野・静岡県境の山。

光岡 てるおか JR九州久大本線の駅。

光参 きんこ ▼【金海鼠】きんこ 380

9 光風霽月 こうふうせいげつ ☆ さわやかな風と晴れた月。

10 光珠内 こうしゅない ①北海道の地名。②JR北海道函館本線の駅。

光桃 つばいもも ▼【椿桃】つばいもも 195

13 光暈 こううん 太陽の周りの光の輪。

儿4 【充】(6) **ジュウ あてる**

0 充たす みたす いっぱいにする。

充ちる みちる 〔盈ちる〕満ちる。

6 充行扶持 あてがいぶち ▼【宛行扶持】あてがいぶち 101

充字 あてじ ▼【宛字】あてじ 101

13 **充溢** じゅういつ 「気力が―する」

儿4 **【先】**(6) **セン さき**

0 **先ず** まず 最初に。ともかく。

4 **先斗町** ぽんとちょう 京都府の地名。

5 **先生** さきう 姓氏。

8 **先物** さきもの 取引用語。

9 **先限** さきぎり 取引用語。

10 **先負** せんぶ・せんまけ・さきまけ 六曜の一。

先原 さきばら 静岡県の台地。

先途 せんど 「ここを―と戦う」

12 **先達** せんだつ・せんだち 指導者。

先達て せんだって ☆ 先日。

13 **先触れ** さきぶれ 「―もなく訪れる」「もう春の―を感じさせる」

14 **先駆け** さきがけ ▼【魁】さきがけ 416

15 **先鋒** せんぽう 「反対運動の急―」

18 **先蹤** せんしょう ★ 先例。

先鞭 せんべん ☆ 「―をつける」

儿4 **【兆】**(6) **チョウ きざす・きざし**

0 **兆す** きざす 〔萌す〕「春が―」

10 **兆候** ちょうこう 〔徴候〕 前触れ。

儿5 **【克】**(7) **コク**

0 **克く** よく できる。

克つ かつ 「誘惑に―」

3 **克己心** こっきしん 自制心。

11 **克勒巴都拉** クレオパトラ 古代エジプトの女王。

19 **克鯨** こくくじら ヒゲクジラの一種。

儿5 **【児】**(7) **ジ・ニ**

←**児** こ・ちご ①子ども。②赤ん坊。

→**児** やや 赤ん坊。

0 **児ヶ水** ちょがみず 鹿児島県の温泉。

4 **児手柏** このてがしわ ▼【側柏】このてがしわ 32

5 **児玉** こだま 姓氏。

10 **児島** こじま 姓氏。

12 **児湯** こゆ 宮崎県の郡。

13 **児雷也** じらいや 〔自来也〕 怪盗の名。

15 **児戯** じぎ 「―に等しい論評」

儿5 **【兌】**(7) **タイ・ダ・エイ・エツ**

12 **兌換** だかん 紙幣を正貨と引き換える。

儿5 **【兎】**(7) **ト**

0 **兎** うさぎ・う ウサギ目の哺乳(ほにゅう)類の総称。

兎に角 とにかく 「―やってみよう」

兎の毛 うのけ きわめて小さくかすかなこと。

兎も角 ともかく 「―行ってみよう」

兎や角 とやかく 「―言われる」

6 **兎糸子** ねなしかずら ▼【根無葛】ねなしかずら 189

7 **兎角** とかく 〔左右〕「―この世はままならぬ」

兎角亀毛 とかくきもう ありえないもの。

8 **兎和野原** うわのはら 兵庫県の高原。

10 **兎唇** いぐち 〔欠唇〕 口唇裂(こうしんれつ)。

兎馬 うさぎうま ▼【驢】うさぎうま 413

儿5 **【売】**(7) **バイ うる・うれる**

←**売子木** えごのき ▼【斉墩果】えごのき 432

→**売子木** さんたんか 〔山丹花〕 アカネ科の常緑低木。

4 **売木** うるぎ 長野県の村(むら)。

5 **売布神社** めふじんじゃ 阪急宝塚本線の駅。

13 **売僧** まいす 商売をする僧。

儿6 **【尭】**(8) **ギョウ**

0 **尭** ぎょう 中国古代、伝説上の天子。

13 **尭舜** ぎょうしゅん 中国古代の伝説上の帝王、尭と舜。

儿6 **【免】**(8) **メン まぬかれる**

0 **免す** ゆるす 免除する。

免れる まぬかれる・まぬがれる のがれる。

9 **免疫** めんえき 「―反応」

儿8 **【党】**(10) **トウ**

0 **党する** とうする 仲間になる。

12 **党項** タングート 民族の一。

儿9 **【兜】**(11) **トウ・ト**

0 **兜** かぶと ①〔甲・冑〕 頭部を守る武具。②北海道の沼・岬。

6 **兜虫** かぶとむし 〔甲虫・独角仙・飛生虫〕 コガネムシ科の甲虫。

7 **兜町** かぶとちょう 東京都の地名。

11 **兜菊** かぶとぎく 〔双鸞菊〕 トリカブトの別名。

兜率天 とそつてん 仏教で、六欲天の下から四番目。

19 **兜蟹** かぶとがに 〔兜鱟・冑蟹・鱟・鱟魚〕 剣尾目の節足動物。

20 **兜櫨樹** のぐるみ ▼【野胡桃】のぐるみ 379

24 **兜鱟** かぶとがに ▼【兜蟹】かぶとがに 37

【入（𠆢）】〈いる〉〈いりがしら〉〈いりやね〉部

入 0 **【入】** (2) ニュウ いる・いれる・はいる

0 **入** しお 布を染める度数を数える語。

入れ質 いれじち 質に入れる。

3 **入之波** しおのは 奈良県の温泉。

4 **入戸** にっと 姓氏。

入水 じゅすい☆ 身投げ。

入内 じゅだい☆ 皇后などになる女性が正式に宮中に入ること。

入内雀 にゅうないすずめ 〔黄雀〕 ハタオリドリ科の鳥。

入木道 じゅぼくどう 書道。

5 **入生田** いりうだ 箱根登山鉄道の駅。

入母屋 いりもや☆ 屋根の形式の一。

6 **入会** いりあい 「―権」

7 **入谷** いりや ①東京都の地名。②東京地下鉄（東京メトロ）日比谷線の駅。

入声 にっしょう・にゅうせい 漢字の四声の一。

←**入来** いりき 鹿児島県の旧町。

→**入来** じゅらい 来訪の意の敬語。

入牢 じゅろう・にゅうろう 牢にはいる。

8 **入明** いりあけ JR四国土讃（どさん）線の駅。

9 **入首** しおくび 槍の穂と柄の間のくびれた部分。

←**入津** にゅうしん・にゅうつ 入港。

→**入津** にゅうづ 大分県の湾。

入相 いりあい 夕暮れ。

10 **入唐** にっとう☆ 日本から唐に行くこと。

入梅 ついり・にゅうばい つゆ入り。

11 **入舸** いりか 北海道の旧村。

入眼 じゅがん・じゅげん 仏像の開眼（かいげん）をする。

←**入野** しおの 姓氏。

→**入野** にゅうの JR西日本山陽本線の駅。

12 **入間** いるま 埼玉県の川・郡・市。

入婿 いりむこ 婿養子。

入善 にゅうぜん ①富山県の町（まち）。②JR西日本北陸本線の駅。

14 **入魂** じっこん ▼【昵懇】じっこん 171

入徳蘭 ユトランド デンマークの半島。

15 **入鋏** にゅうきょう 乗車券などにはさみを入れる。

20 **入麪** にゅうめん ▼【煮麺】にゅうめん 232

【八】〈はち〉〈はちがしら〉部

八 0 **【八】** (2) ハチ や・やつ・やっつ・よう

1 **八乙女浦** やおとめうら 山形県の景勝地。

2 **八九十三** やくとみ 姓氏。

八十一鱗 やくくり 姓氏。

八十八間 はとやま 姓氏。

八十八旗 とどろき 姓氏。

八十島 やそじま 姓氏。

八丁畷 はっちょうなわて ①神奈川県の地名。②JR東日本南武線等の駅。

八入 やしお 何度も染料液に浸して濃く染める。

3 **八子ヶ峰** やしがみね 長野県の山。

八女 やめ ①福岡県の山地・市・郡。②姓氏。

4 **八月一日** はっさく・ほずみ・ほつみ 姓氏。

八月朔 はっさく・ほずみ・ほつみ 〔八月朔日〕 姓氏。

八戸 はちのへ ①青森県の市・港。②JR東日本の路線・駅。

八戸高原 やとこうげん 大分県の高原。

八尺瓊 やさかに 大きな玉。

八尺瓊勾玉 やさかにのまがたま 三種の神器（じんぎ）の一。

八手 やつで 〔金剛纂・八角金盤〕 ウコギ科の常緑低木。

八日 ようか 日の数八つ。

八方 やも あらゆる方面。

八方ヶ岳 やほうがたけ 熊本県の山。

八木山 やきやま 福岡県の地名・峠。

5
八甲田山 はっこうださん 青森県の火山群。
八生 やぶ 姓氏。
八仙花 あじさい ▼【紫陽花(あじさい)】294
八代 やつしろ 熊本県の市。
八田 はった 姓氏。
八目鰻 やつめうなぎ ヤツメウナギ目の魚類の総称。
6
八向 やさか 姓氏。
八百万 やおよろず 「—の神」
八百長 やおちょう 「—試合」
八百屋 やおや 青果商。
八百津 やおつ 岐阜県の町(ちょう)。
八名 やな 愛知県の旧郡。
7
八角兎 かみきりむし ▼【天牛(かみきりむし)】89
八角金盤 やつで ▼【八手(やつで)】37
八岐大蛇 やまたのおろち ☆ 記紀神話に現れる大蛇。
八谷 やたがい 姓氏。
八束 やつか ①島根県の郡・旧町。②岡山県の旧村。

八坂 はっさか 滋賀県の地名。
←八尾 やお 大阪府の市。
→八尾 やつお 富山県の旧町。
八尾川 やびがわ 島根県の川。
8
八佾 はちいつ 古代中国の雅楽の舞の一種。
八卦 はっけ 中国古来の占い「易(えき)」の形象。「当たるも—当たらぬも—」
八国生 やこう 姓氏。
八事 やごと ①愛知県の地名。②名古屋市営地下鉄鶴舞(つるまい)線の駅。
八束 はっとう 鳥取県の川・旧町。
9
八屋 はちや 福岡県の地名。
八海山 はっかいさん 新潟県の山。
八咫 やた 大きい。
八咫烏 やたがらす 日本神話に登場する烏。
八咫鏡 やたのかがみ 三種の神器(じんぎ)の一。
八洲 やしま 日本国の別名。
八重干瀬 やびじ・やえびし 沖縄県のサンゴ礁群。
八重葎 やえむぐら アカネ科の一・二年草。

八柱 やばしら ①千葉県の地名。②新京成電鉄新京成線の駅。
八風 はっぷう ①長野県の山(—山(さん))。②滋賀・三重県の街道。
八面六臂 はちめんろっぴ 一人で何人分もの活躍をするたとえ。
八面玲瓏 はちめんれいろう どの面から見ても美しく鮮明なこと。
10
八家 やか 山陽電鉄本線の駅。
←八朔 はっさく ①陰暦八月一日。②果実の一。
→八朔 ほずみ 姓氏。
八峰 はっぽう 秋田県の町(ちょう)。
11
八郷 やさと 茨城県の旧町。
八都 やつ 姓氏。
八鹿 ようか ①兵庫県の旧町。②JR西日本山陰本線の駅。
12
八雲 やくも ①北海道の平野・町(ちょう)。②JR北海道函館本線の駅。③島根県の旧村。
八開 はちかい 愛知県の旧村。
八街 やちまた ①千葉県の市。②JR東日本総武本線の駅。

八景水谷 はけのみや 熊本電気鉄道菊池線の駅。
←八景島 はっけいじま 横浜新都市交通シーサイドラインの駅。
→八景島 やけいじま 宮城県の島。
八森 はちもり ①秋田県の旧町。②JR東日本五能線の駅。
14
八箇 はっか 新潟県の海岸(—浜)・峠。
←八幡 やはた ①福岡県の旧市。②北九州市の旧行政区。③JR九州鹿児島本線の駅。④姓氏。
→八幡 やわた ①山形県の旧町。②栃木県の温泉。③千葉県の地名。④愛知県の地名。⑤京都府の市。
八幡平 はちまんたい ①岩手・秋田県境の山。②秋田県の旧村。③JR東日本花輪線の駅。④岩手県の市。
八幡原高原 やわたばらこうげん 広島県の高原。
八幡船 ばはんせん 室町時代の海賊船。
16
八橋 やばせ ①秋田県の地名。②鳥取県の地名。③JR西日本山陰本線の駅。④姓氏。
←八頭 やず 鳥取県の郡・町(ちょう)。
→八頭 やつがしら ▼【九面芋(やつがしら)】15

19 **八瀬** やせ 京都府の地名。
21 **八鶴湖** はっかくこ 千葉県の人造湖。
24 **八衢** やちまた 道が八つに分かれた所。

八2 **【公】**(4) **コウ おおやけ**

0 **公** きみ 天皇。主君。
4 **公文** くもん 姓氏。
公方 くぼう 将軍の尊称。
8 **公官洲** くかんず 千葉県の州。
公事 くじ 表だった公の事。
10 **公家** くげ☆ 朝廷に仕える人。
公家悪 くげあく 歌舞伎の役柄の一。
公孫樹 いちょう★ 〔銀杏・鴨脚樹〕 イチョウ科の落葉高木。
公豢菜 なずな ▼【薺】332
11 **公魚** わかさぎ★ ▼【鰙】419
12 **公卿** くぎょう 公家。
公達 きんだち★ 〔君達〕 上流貴族の子弟。
13 **公衙** こうが 役所。
18 **公額** コンゴ 国名。

八2 **【六】**(4) **ロク む・むっ・むっつ・むい**

0 **六づかしい** むずかしい 難しい。
2 **六十** むそ ろくじゅう。
六十谷 むそた ①和歌山県の地名。②JR西日本阪和線の駅。
六十路 むそじ 六〇歳。
六人部 むとべ ①京都府の地名。②姓氏。
3 **六口島** むくちしま 岡山県の島。
4 **六月一日** うりはり 姓氏。
六月菊 みやまよめな 〔深山嫁菜〕 キク科の多年草。
六月雪 はくちょうげ ▼【白丁花】257
六戸 ろくのへ 青森県の町。
六日 むいか 「―の菖蒲」
六反地 ろくたんじ JR四国土讃線の駅。
5 **六田** むだ 近鉄吉野線の駅。
6 **六会日大前** むつあいにちだいまえ 小田急江ノ島線の駅。
六合 くに ①群馬県の村。②姓氏。←

→**六合** りくごう 天上。世界。
六糸緞 むりょう 中国渡来の繻子に似た織物。
7 **六角魚** かながしら ▼【鉄頭】383
六条御息所 ろくじょうのみやすどころ 源氏物語の作中人物。
六呂師高原 ろくろしこうげん 群馬県の高原。
8 **六国史** りっこくし 奈良・平安時代の六つの官撰国史の総称。
六実 むつみ ①千葉県の地名。②東武野田線の駅。
六波羅 ろくはら 京都府の地名。
六波羅探題 ろくはらたんだい 鎌倉幕府の職名。
9 **六指** むさし 石を使った遊び。
10 **六根清浄** ろっこんしょうじょう☆ 仏教の言葉。
六書 りくしょ 漢字の成立を説明する六種の分類。
六連島 むつれじま 山口県の島。
11 **六部** むとべ 姓氏。
12 **六朝** りくちょう 中国、魏晋南北朝時代の六王朝。
14 **六徳** りっとく 数の単位の一。

八4 **【共】**(6) **キョウ とも**

5 **共布** ともぎれ☆ 同じ布地。
8 **共命鳥** ぐみょうちょう 想像上の鳥。

八5 **【兵】**(7) **ヘイ・ヒョウ**

0 **兵** つわもの 兵士。
4 **兵戈** へいか 武器。
兵戸峠 ひょうどとうげ 熊本・大分県境の峠。
兵六玉 ひょうろくだま ▼【表六玉】342
7 **兵児** へこ 鹿児島で、一五歳から二五歳の男子。
兵児帯 へこおび☆ しごき帯の一。
10 **兵庫** ひょうご ①近畿地方の県。②兵庫県の港・運河。③神戸市の行政区。④JR西日本山陽本線の駅。
兵站 へいたん 戦場の後方で、補給や整備などにあたる機関。
12 **兵越峠** ひょうごしとうげ 長野・静岡県境の峠。
13 **兵粮** ひょうろう ▼【兵糧】39
18 **兵燹** へいせん 兵火。
兵糧 ひょうろう 〔兵粮〕 軍隊の食糧。

八6 **【其】**(8) **キ・ゴ・コ**

0 其の　その　「—時は—時だ」
其れ　それ　「—とこれとは話が別」
其れ処　それどころ　「とても—ではなかった」
其れ限り　それきり　〔其れ切り〕それで最後。
4 其文字　そもじ　あなた。
←其方　そちら　「—を見せてください」
→其方　そなた　あなた。
其方此方　そちこち　あちらこちら。
其方退け　そっちのけ　「勉強—で遊ぶ」
其方等　そちとら　おまえたち。
5 其奴　そいつ・そやつ　その人。

八6 **【具】**(8)　グ
0 具　つま　「さしみの—」
具に　つぶさに　★〔備に〕詳細に。
具わる　そなわる　「気品が—」
7 具志堅　ぐしけん　姓氏。
具志頭　ぐしかみ　沖縄県の旧村。

八6 **【典】**(8)　テン
0 典　さかん　▼【主典】さかん 13
8 典侍　てんじ・ないしのすけ　上級の女官。

八8 **【兼】**(10)　ケン　かねる
10 兼兼　かねがね　▼【予予】かねがね 16

八14 **【冀】**(16)　キ
0 冀う　こいねがう　▼【希う】こいねがう 121
11 冀望　きぼう　希望。

【冂】〈けいがまえ〉〈どうがまえ〉部

冂2 **【円】**(4)　エン　まるい
0 円やか　まろやか　穏やかなさま。
円ら　つぶら　まるく愛らしいさま。
3 円山　まるやま　①北海道の丘。②兵庫県の川。③姓氏。
円山応挙　まるやまおうきょ　江戸中期の画家。
円上島　まるがみじま　香川県の島。
4 円井　つぶらい　姓氏。
7 円谷　つぶらや　姓氏。
8 円居　まどい　★〔団居〕団欒だんらん。
10 円座　わろうだ　▼【藁蓋】わろうだ 331
11 円規　コンパス　製図器。
円転滑脱　えんてんかつだつ　自由自在なさま。
16 円錐　えんすい　「—図法」
28 円鑿方枘　えんさくほうぜい　物事がかみ合わないたとえ。

冂2 **【内】**(4)　ナイ・ダイ　うち
3 内子　うちこ　①愛媛県の町ちょう。②JR四国の路線・駅。
内子鮭　いれこざけ　腹に卵を持っているサケ。
4 内日　うつい　山口県の旧村。
5 内外　うちと　内と外。
内外海　うちとみ　福井県の半島。
内弁慶　うちべんけい　「うちの子どもは—で困る」
6 内曲　うちわ　身内。
内匠　たくみ　☆宮廷の工匠。
7 内臣　うちつおみ　古代の官職の一。
8 内官家　うちつみやけ　大和朝廷の直轄地。
内股膏薬　うちまたごうやく　節操のない人。
内舎人　うどねり　☆律令制下の文官。
内法　うちのり　箱などの内側の寸法。
内牧　うちのまき　①熊本県の地名。②JR九州豊肥ほうひ本線の駅。
←内海　うちのみ　香川県の湾・旧町。
→内海　うつみ　①愛知県の旧町。②名鉄知多新線の駅。③広島県の旧町。④姓氏。
内面　うちづら　「—がいい」
10 内宮　ないくう　伊勢いせ神宮の皇大神宮。
内訌　ないこう　うちわもめ。
内耗　うちべり　穀物を精白したときの減った分量。
11 内船　うつぶな　JR東海身延みのぶ線の駅。
内部　うつべ　近鉄の路線・駅。
12 内証　ないしょ　▼【内緒】ないしょ 40
13 内裏　だいり　天皇の住居である宮殿。
14 内緒　ないしょ　〔内証・内所〕秘密。
内障　そこひ　〔底翳・内障眼〕緑内障などの俗称。
←内儀　おかみ　▼【御内儀】おかみ 133
→内儀　ないぎ　他人の妻の敬称。

18 **内蔵助平** くらのすけだいら 富山県の高原。

19 **内藤湖南** ないとうこなん 東洋史学者。

内離島 うちばなりじま 沖縄県の島。

冂 3 **【冊】**(5) **サツ・サク**

3 **冊子** そうし ☆〔双紙・草子〕綴とじてある本。

冂 4 **【再】**(6) **サイ・サ ふたたび**

7 **再来月** さらいげつ 来月の次の月。

再来年 さらいねん 来年の次の年。

再来週 さらいしゅう 来週の次の週。

9 **再度山** ふたたびさん 兵庫県の山。

10 **再従兄弟** はとこ ☆ 父母のいとこの息子。

再従姉妹 はとこ 父母のいとこの娘。

冂 7 **【冑】**(9) **チュウ**

←**冑** かぶと ▼【兜】かぶと 36

→**冑** よろい 体を守る武具。

19 **冑蟹** かぶとがに ▼【兜蟹】かぶとがに 37

冂 9 **【冕】**(11) **ベン**

8 **冕服** べんぷく 貴人が用いる冠と衣服。

【冖】〈わかんむり〉部

冖 2 **【冗】**(4) **ジョウ**

8 **冗長** じょうちょう 「—な文」

14 **冗漫** じょうまん 「—なスピーチ」

冖 3 **【写】**(5) **シャ うつす・うつる**

11 **写経** しゃきょう 経文を書写すること。

冖 7 **【冠】**(9) **カン かんむり**

0 **冠る** かぶる ▼【被る】かぶる 343

4 **冠切** かむきり おかっぱ。

冠木 かぶき ①柱の横木。②姓氏。

冠木門 かぶきもん ★ 横木を渡した門。

5 **冠付け** かむりづけ 雑俳の一種。

8 **冠者** かじゃ 「太郎—」

9 **冠省** かんしょう 手紙に用いる語。

12 **冠着** かむりき ①長野県の山。②JR東日本篠ノ井しのい線の駅。

15 **冠履顛倒** かんりてんとう 上下の順序がさかさまであること。

冖 8 **【冤】**(10) **エン・オン**

0 **冤** あだ ▼【仇】あだ 20

8 **冤枉** えんおう 無実の罪。

13 **冤罪** えんざい 「—をこうむる」

冖 8 **【冢】**(10) **チョウ・チュウ**

5 **冢田** つかだ 姓氏。

13 **冢塋** ちょうえい 土を盛った墓。

冖 8 **【冥】**(10) **メイ・ミョウ・ベン・メン**

0 **冥い** くらい 光がなくて暗い。

3 **冥土** めいど 〔冥途〕「—のみやげにする」

7 **冥利** みょうり ☆「役者—に尽きる」

10 **冥途** めいど ▼【冥土】めいど 41

13 **冥福** めいふく 「故人の—を祈る」

14 **冥精** すずな ▼【菘】すずな 324

冖 13 **【冪】**(15) **ベキ**

0 **冪** べき 数学で、同一の数を掛け合わせたもの。

12 **冪然** べきぜん 覆いかぶさる。

15 **冪冪** べきべき 雲などが一面におおう。

【冫】〈にすい〉部

冫 4 **【冱】**(6) **コ・ゴ**

0 **冱える** さえる ▼【冴える】さえる 41

冱てる いてる ▼【凍てる】いてる 42

冫 5 **【冴】**(7) **コ・ゴ**

0 **冴える** さえる ☆〔冱える〕「月の光が—」

冴え冴え さえざえ 〔冱え冱え〕すっきりしてさわやかなさま。

冴え返る さえかえる 光などが澄みきる。

冫 5 **【冶】**(7) **ヤ**

8 **冶金** やきん 製錬。

冫 5 **【冷】**(7) **レイ つめたい・ひえる・ひや・ひやす・ひやかす・さめる・さます**

4 **冷水浦** しみずうら JR西日本紀勢本線の駅。

9 **冷泉** れいぜい 第六三代天皇。

←**冷笑う** あざわらう ▼【嘲笑う】あざわらう 73

→**冷笑う** せせらわらう ▼【嘲笑う】せせらわらう 73

冫 8 **【准】**(10) **ジュン**

0 **準える** なぞらえる ☆ ▼【準える】なぞらえる 225

冫8 **【凄】**(10) セイ

0 **凄まじい** すさまじい ★ ものすごい。

12 **凄絶** せいぜつ すさまじい。

13 **凄愴** せいそう ▼【悽愴】せいそう 142

19 **凄艶** せいえん ☆ ぞっとするほどあでやかなさま。

冫8 **【凋】**(10) チョウ

0 **凋む** しぼむ ☆ ▼【萎む】しぼむ 323

凋れる しおれる 元気がなくなって縮む。

10 **凋残** ちょうざん しぼみ損なわれること。

12 **凋落** ちょうらく ★ 〔彫落〕おちぶれる。

冫8 **【凍】**(10) トウ こおる・こごえる

0 **凍てる** いてる 〔冱てる〕凍りつく。

凍て付く いてつく ★ 「—ような寒さ」

凍て返る いてかえる 〔冱て返る〕ゆるんだ寒気が再び戻る。

凍て雲 いてぐも 冬空に凍りついたような雲。

凍みる しみる こおる。冷え込む。

凍み豆腐 しみどうふ 高野豆腐。

15 **凍瘡** とうそう しもやけ。

16 **凍餒** とうたい こごえ飢える。

冫8 **【凌】**(10) リョウ

0 **凌ぐ** しのぐ 相手を上回る。

10 **凌辱** りょうじょく 「—の限りを尽くす」

12 **凌雲** りょううん ☆ 俗世間を超越していること。

15 **凌駕** りょうが 〔陵駕〕「相手を—する」

凌霄花 のうぜんかずら ★ 〔苕・紫葳・陵苕〕ノウゼンカズラ科のつる性落葉木本。

凌霄葉蓮 のうぜんはれん 〔金蓮花〕キンレンカの別名。

冫13 **【凜】**(15) リン

0 **凜と** りんと りりしくひきしまっているさま。

5 **凜乎** りんこ 「—たる態度」

8 **凜冽** りんれつ ▼【凜烈】りんれつ 42

10 **凜烈** りんれつ 〔凜冽〕寒気が厳しいさま。

15 **凜凜** りんりん 寒さが身にこたえる。

凜凜しい りりしい ☆ 〔律律しい〕ひきしまっていて勇ましい。

冫14 **【凝】**(16) ギョウ こる・こらす

0 **凝と** じっと 「—見守る」

凝り しこり ★ 〔痼り〕「肩の—をもみほぐす」

凝る こごる 「煮汁が—」

9 **凝海菜** ところてん ▼【心太】ところてん 136

凝海藻 ところてん ▼【心太】ところてん 136

11 **凝菜** ところてん ▼【心太】ところてん 136

凝視る みつめる じっと見続ける。

【几(八)】〈つくえ〉部

几0 **【几】**(2) キ

0 **几** つくえ 物を載せる小机。

3 **几下** きか ▼【机下】きか 180

11 **几帳面** きちょうめん 「—な性格」

几1 **【凡】**(3) ボン・ハン

0 **凡そ** おおよそ・およそ ★ ▼【大凡】おおよそ 85

凡て すべて ☆ 〔総て・全て・渾て〕全部。

凡ゆる あらゆる ▼【所有】あらゆる 149

3 **凡下** ぼんげ 劣っている。

8 **凡河内躬恒** おおしこうちのみつね 平安前期の歌人。

凡例 はんれい 書物の編集方針を記した部分。

几3 **【処】**(5) ショ

0 **処** ところ 〔所〕場所。

3 **処女** おとめ ▼【乙女】おとめ 15

12 **処暑** しょしょ 二十四節気の一。

几3 **【凧】**(5) たこ

← **凧** いか・いかのぼり ▼【紙鳶】かい 291

→ **凧** たこ 〔紙鳶・紙凧〕遊具の一。

6 **凧糸** たこいと たこをあげるための糸。

几4 **【凩】**(6) こがらし

0 **凩** こがらし ★ 〔木枯風・木枯らし〕初冬の強い風。

几4 **【凪】**(6) なぎ・なぐ

0 **凪** なぎ 〔和〕海面が穏やかな状態。

凪ぐ なぐ ☆ 〔和ぐ〕風や波がおさまる。

几6 **【凭】**(8) ヒョウ

0 **凭る** よる ▼【倚る】よる 30

凭れる もたれる ★〔靠れる〕物に体をよせかける。「壁に—」

儿10 **【凱】**(12) **ガイ・カイ**

0 **凱らぐ** やわらぐ 柔軟になる。

9 **凱風** がいふう 南風。

11 **凱旋** がいせん 戦争に勝って帰ってくる。

14 **凱歌** がいか ☆ かちどき。

【凵】〈かんにょう〉〈うけばこ〉部

凵2 **【凶】**(4) **キョウ**

0 **凶** きょう 〔兇〕不運。不吉。

6 **凶会日** くえにち 暦注の一。凶の日。

14 **凶歉** きょうけん はなはだしい不作。

凵3 **【凹】**(5) **オウ**

← **凹む** くぼむ ★〔窪む〕へこむ。

→ **凹む** へこむ 「失敗して—」

5 **凹凸** おうとつ でこぼこ。

6 **凹地** くぼち 〔窪地〕周囲よりへこんだ土地。

凵3 **【出】**(5) **シュツ・スイ でる・だす**

0 **出っ尻** でっちり 尻の出っ張っていること。

出で立ち いでたち 〔打扮〕装い。

出で湯 いでゆ 「—の町」

3 **出口王仁三郎** でぐちおにさぶろう 宗教家。

4 **出戸浜** でとはま ①秋田県の観光地。②JR東日本男鹿(おが)線の駅。

出水 いずみ ①鹿児島県の平野・郡・市。②JR九州九州新幹線等の駅。③姓氏。

5 **出汁** だし ★「こんぶで—をとる」

出処進退 しゅっしょしんたい 進んで事にあたるか、見送るかの行動の基準。

出生 すいさん 「生飯(さば)」の別名。

出石 いずし ①兵庫県の川・旧郡・旧町。②愛媛県南部の山。③姓氏。

出平 だしだいら 黒部峡谷鉄道の駅。

出北 いできた 宮崎県の地名。

出目 いずめ JR四国予土(よど)線の駅。

6 **出衣** いだしぎぬ 直衣(のうし)などの着方の一。

出羽 でわ 旧国名。現在の山形県と秋田県の大部分に当たる。

出羽島 でばじま 徳島県の島。

出会す でくわす ☆ たまたま出会う。

出帆 しゅっぱん 船出。

← **出来** しゅったい ★「大事件が—する」

→ **出来** でき 「いつもより—が悪い」

出来す でかす うまくやる。

8 **出東** しゅっとう 島根県の地名。

出奔 しゅっぽん 逃げて姿をくらます。

10 **出家** しゅっけ 「世をはかなみ—する」

出挙 すいこ ☆ 古代の貸し付け制度。

出師 すいし ★ 出兵。

← **出島** いずしま 宮城県の島。

→ **出島** でじま 江戸時代、長崎にあった人工島。

出納 すいとう 「—簿」

出馬 いずんま JR東海飯田(いいだ)線の駅。

出梅 つゆあけ 梅雨が終わること。

出流原 いずるはら 栃木県の扇状地。

12 **出雲** いずも ①島根県の市。②旧国名。現在の島根県東部。

出雲阿国 いずものおくに 歌舞伎(かぶき)の始祖。

出湯 でゆ 新潟県の温泉。

14 **出端** では・でば 出たばかりの時。

15 **出穂** しゅっすい 稲や麦などの穂が出る。

18 **出藍** しゅつらん 「—の誉(ほま)れ」

19 **出廬** しゅつろ 官職について活躍する。

22 **出鱈目** でたらめ 筋が通らない。いい加減。

凵3 **【凸】**(5) **トツ**

5 **凸凹** でこぼこ ☆ 道などに高低のあること。

9 **凸柑** ポンかん ★▼**【椪柑】**ポンかん 193

凵6 **【函】**(8) **カン**

0 **函** はこ 〔匣・筺・筥〕物を入れておく器。

9 **函南** かんなみ ①静岡県の町(ちょう)。②JR東海東海道本線の駅。

16 **函館** はこだて ①北海道の市・港。②JR北海道函館本線の駅。

【刀(刂)】〈かたな〉〈りっとう〉部

刀0 **【刀】**(2) **トウ かたな**

3 **刀子** とうす　小刀。

刀川 たちかわ　姓氏。

6 **刀自** とじ★　一家の主婦。

7 **刀豆** なたまめ☆　▼【鉈豆】なたまめ 382

9 **刀背** みね　〔峰〕　刀の背。

10 **刀根** とね　姓氏。

19 **刀禰** とね　律令制下の官人の称の一。

刀1 **【刃】**(3)　**ジン**　**は**

0 **刃** やいば　刀剣。

4 **刃区** はまち　刀身で刃のある部分。

13 **刃傷沙汰** にんじょうざた　「―に及ぶ」

刀2 **【刈】**(4)　**かる**

5 **刈田** かった　①宮城県の山(―岳だけ)・郡。②姓氏。

6 **刈安** かりやす　▼【青茅】かりやす 400

刈羽 かりわ　①新潟県の砂丘・郡・村むら。②JR東日本越後えちご線の駅。

12 **刈萱** かるかや　〔萱草〕　イネ科の多年草。

刀2 **【切】**(4)　**セツ・サイ**　**きる・きれる**

0 **切り籠** きりこ☆　立方体の角を切った形。

4 **切戸** きれと　京都府の水路。

切支丹 キリシタン★　〔吉利支丹〕　キリスト教。

←**切羽** きりは　〔切端〕　採掘場。

→**切羽** せっぱ　さし迫った状況。

8 **切明** きりあけ　青森県の温泉。

10 **切能** きりのう　▼【尾能】きりのう 112

11 **切匙** せっかい　▼【狭匙】せっかい 241

切捨御免 きりすてごめん　〔斬捨御免〕　江戸時代の武士の特権。

12 **切歯扼腕** せっしやくわん★　非常にくやしがる。

15 **切磋琢磨** せっさたくま　自分を磨き上げる。

刀2 **【分】**(4)　**ブン・フン・ブ**　**わける・わかれる・わかる・わかつ**

0 **分** ぶ　「試合は我が方の―が悪い」

8 **分杭峠** ぶんぐいとうげ　長野県南部の峠。

9 **分限** ぶげん・ぶんげん　身のほど。

分袂 ぶんべい　人と別れる。

10 **分倍河原** ぶばいがわら　①東京都の地名。②JR東日本南武線等の駅。

分娩 ぶんべん☆　出産。

12 **分疏** いいわけ　▼【言訳】いいわけ 349

分葱 わけぎ★　〔冬葱〕　ユリ科の野菜。

刀3 **【刊】**(5)　**カン**

0 **刊する** かんする　出版する。

刀4 **【刑】**(6)　**ケイ**

7 **刑坂** おさか　姓氏。

8 **刑事** おさかべ　姓氏。

11 **刑部** おさかべ　①JR西日本姫新きしん線の駅。②姓氏。

刑部岬 ぎょうぶざき　千葉県の岬。

刑部省 ぎょうぶしょう　律令制の八省の一。

刀4 **【刎】**(6)　**フン・ブン**

0 **刎** はね　かぶとなどを数える語。

刎ねる はねる　人の首を切り落とす。「敵将の首を―」

4 **刎木** はねぎ　物を抜き取るときに用いる道具。

16 **刎頸** ふんけい★　「―の友」

刀4 **【列】**(6)　**レツ**

0 **列なる** つらなる　並ぶ。

列ぶ ならぶ　〔双ぶ〕　並ぶ。

5 **列田** なみた　姓氏。

6 **列列椿** つらつらつばき　つらなって咲く椿。

8 **列卒** せこ　▼【勢子】せこ 50

14 **列寧** レーニン　ロシアの革命家。

16 **列樹** なみき　▼【並樹】なみき 11

刀5 **【刪】**(7)　**サン**

0 **刪る** けずる　削除する。

10 **刪除** さんじょ　削除。

15 **刪潤** さんじゅん　取捨し立派にする。

刀5 **【初】**(7)　**ショ**　**はじめ・はじめて・はつ・うい・そめる**

0 **初** うぶ　〔初心〕　「―な青年」

初っ切り しょっきり　余興に行う滑稽な相撲すもう。

初っ端 しょっぱな　〔初っ鼻〕　最初。

初っ鼻 しょっぱな　▼【初っ端】しょっぱな 44

2 **初七日** しょなのか・しょなぬか　人の死後七日目。

3 **初山別** しょさんべつ　北海道の村むら。

4 **初午** はつうま 二月最初の午の日。

5 **初心** うぶ ▼【初】うぶ 44

初生り はつなり その年、初めてなった果実。

7 **初初しい** ういういしい 「―花嫁」

9 **初冠** ういこうぶり 元服して初めて冠をつけること。

初狩 はつかり ①山梨県の旧村。②JR東日本中央本線の駅。

10 **初陣** ういじん 「―を飾る」

初孫 ういまご 初めての孫。

11 **初産** ういざん 初めての出産。

初鹿野 はじかの 山梨県の地名。

19 **初瀬** はせ ①奈良県の川・地名。②奈良・三重県の街道。

刀5 **【判】**(7) **ハン・バン**

0 **判る** わかる ▼【解る】わかる 349

← **判官** じょう 〔丞・允・尉・忠・掾・監・進〕 律令制四等官の第三位。

→ **判官** ほうがん 「判官じょう」に同じ。

判官贔屓 ほうがんびいき・はんがんびいき 弱者に同情・味方する。

判事 はんす 〔半使〕 高麗こうらい茶碗の一種。

刀5 **【別】**(7) **ベツ わかれる**

6 **別当賀** べっとが JR北海道根室ねむろ本線の駅。

← **別府** べっぷ ①大分県の温泉・湾・市・港。②JR九州日豊にっぽう本線の駅。③島根県の湾・地名。④鹿児島県の川。

→ **別府** べふ ①山陽電鉄本線の駅。②高知県の渓谷。

9 **別海** べっかい 北海道の町ちょう。

別珍 ベッチン 綿のビロード。

別保 べっぽ ①北海道の地名。②JR北海道根室ねむろ本線の駅。

10 **別宮** わけみや 姓氏。

17 **別嬪** べっぴん 美人。

刀5 **【利】**(7) **リ きく**

0 **利く** きく 「鼻が―」

利し とし 鋭い。

3 **利子** とね 姓氏。

4 **利比亜** リビア 国名。

利比利亜 リベリア 国名。

5 **利目** ききめ ▼【効目】ききめ 49

7 **利別川** としべつがわ 北海道の川。

8 **利府** りふ ①宮城県の丘陵・町ちょう。②JR東日本東北本線の駅。

10 **利根** とね ①関東地方を流れる川。②群馬県の郡・旧村。③茨城県の町まち。④千葉県の運河。

利酒 ききざけ 〔聞酒〕 酒を味わって鑑定する。

利島 としま 東京都の島・村むら。

利馬 リマ ペルーの首都。

12 **利賀** とが 富山県の川・旧村。

16 **利鞘** りざや ☆ 売買差益金。

18 **利鎌** とがま 鋭利な鎌。

刀6 **【刮】**(8) **カツ**

0 **刮げる** こそげる 「靴の泥をへらで―」

刮る けずる 刃物で平らに削る。

5 **刮目** かつもく ★「―に値する」

刀6 **【券】**(8) **ケン**

9 **券契** けんけい 権利証書。

刀6 **【刳】**(8) **コ**

0 **刳い** えぐい ▼【蘞い】えぐい 334

刳り貫く くりぬく☆ えぐって中のものを取り出す。

← **刳る** えぐる ▼【抉る】えぐる 151

刳る くる 「丸太を―」

→ **刳る** しゃくる ▼【決る】しゃくる 209

刀6 **【刻】**(8) **コク きざむ**

0 **刻** とき 時間。

8 **刻刻** ぎざぎざ 〔段段〕 「―のある葉」

刀6 **【刷】**(8) **サツ する**

0 **刷く** はく 筆で色をつける。

3 **刷子** ブラシ ☆ はけ。

4 **刷毛** はけ ☆ ブラシ。

刀6 **【刹】**(8) **サツ・セチ・セツ**

7 **刹那** せつな 仏教で、時間の最小単位。瞬間。

刹利 せつり・クシャトリヤ インドにおける四大身分の第二。

9 **刹帝利** せっていり・クシャトリヤ 「刹利せつり」に同じ。

刀6 **【刺】**(8) **シ さす・ささる**

0 **刺** とげ 〔棘・朿・芒刺〕 植物の針状の硬い突起物。

2画 刀部 5―6画

刺る そしる ▼【謗る】そしる 354
2 **刺刀** さすが 腰に差す短刀。
3 **刺叉** さすまた ▼【刺股】さすまた 46
刺子 さしこ 綿布を細かく刺し縫いにしたもの。
6 **刺虫** いらむし イラガの幼虫。
7 **刺身** さしみ 「―のつま」
8 **刺股** さすまた 〔刺叉・指叉〕 捕り物道具の一。
刺刺 いらいら ▼【苛苛】いらいら 317
刺刺しい とげとげしい 〔棘棘しい〕「―皮肉を言う」
刺青 いれずみ★ 〔天墨・文身〕 彫り物。
9 **刺客** しかく・しきゃく・せっかく 「―をさしむける」
刺草 いらくさ☆ 〔莿・羊桃・蕁麻〕 イラクサ科の多年草。
11 **刺亀虫** さしがめ 46 ▼【刺椿象】さしがめ
13 **刺蛾** いらが イラガ科のガ。
刺楸 はりぎり 〔針桐〕 ウコギ科の落葉高木。
刺椿象 さしがめ 〔刺亀虫〕 サシガメ科の昆虫の総称。
刺鉄 さすが 釘形の止め金。

14 **刺槐** アカシア ▼【金合歓】アカシア 380
19 **刺繡** ししゅう☆ 縫い取り。

刀6 **【制】**(8) **セイ**
0 **制える** おさえる 制御する。
12 **制御** せいぎょ 〔制禦・制馭〕「―装置」
制馭 せいぎょ ▼【制御】せいぎょ 46
16 **制禦** せいぎょ ▼【制御】せいぎょ 46

刀6 **【到】**(8) **トウ**
0 **到る** いたる 「頂上に―山道」
9 **到津** いとうづ 姓氏。
16 **到頭** とうとう 「―ここまで来た」

刀7 **【削】**(9) **サク けずる**
0 **削ぐ** そぐ☆ 「竹を―」

刀7 **【前】**(9) **ゼン まえ**
0 **前** さき 「―の関白」
前める すすめる 前進する。
2 **前刀** さきと 姓氏。
5 **前代未聞** ぜんだいみもん 「―の珍事」
8 **前屈み** まえかがみ 体を前に曲げかがむ。
10 **前鬼** ぜんき 奈良県の地名。
前原 まえばる 福岡県の市。
前栽 せんざい★ ①木や草を植えた庭。②近鉄天理線の駅。
前途遼遠 ぜんとりょうえん 道のりが非常に遠く長いさま。
前島密 まえじまひそか 政治家。
11 **前張** さいばり 神楽(かぐら)で歌われる曲の名。
12 **前場** ぜんば 取引所で午前中の立会い。
14 **前褌** まえみつ 前まわし。

刀7 **【則】**(9) **ソク**
0 **則** のり ▼【法】のり 213
則ち すなわち 〔即ち・乃ち・廼ち・便ち・焉ち・輒ち・輙ち・洒ち〕 とりもなおさず。つまり。
則る のっとる 〔法る〕 規準・規範として従う。「先例に―」
4 **則天去私** そくてんきょし 天に則り、私を去る。

刀7 **【剃】**(9) **テイ・タイ**
0 **剃る** そる・する 「ひげを―」
2 **剃刀** かみそり★ ひげをそる道具。
14 **剃髪** ていはつ☆ 髪をそって仏門に入る。
剃髪落飾 ていはつらくしょく 貴人が髪をそり仏門に入る。

刀8 **【剣】**(10) **ケン つるぎ**
7 **剣呑** けんのん 〔険呑・険難〕 あぶないさま。
8 **剣突** けんつく とげとげしい言葉。
12 **剣戟** けんげき★ 「おりから起こる―の響き」
16 **剣橋** ケンブリッジ☆ イギリスの都市。

刀8 **【剛】**(10) **ゴウ**
2 **剛力** ごうりき 〔強力〕 ①力の強いさま。「―無双の男」②登山者の案内人。
3 **剛山** かたやま 姓氏。
15 **剛毅** ごうき 「―な人柄」
剛毅果断 ごうきかだん 思い切って行う。

刀8 **【剔】**(10) **テキ・テイ**
0 **剔る** えぐる☆ ▼【抉る】えぐる 151
7 **剔抉** てっけつ あばき出す。

刀8 **【剝】**(10) **ハク・ホク**

0 剥き出し むきだし「感情を―にする」

剥く むく「リンゴの皮を―」

← 剥ぐ はぐ 皮を取り去る。

→ 剥ぐ へぐ〔折ぐ〕 はぐ。

剥げる はげる「ペンキが―」

剥る へずる すこしけずり取る。

14 剥製 はくせい☆「ワシの―」

剥奪 はくだつ「資格を―する」

刀 8 【剖】(10) **ボウ**

0 剖く さく 分ける。

刀 9 【剰】(11) **ジョウ**

0 剰え あまつさえ・あまっさえ ★ ①そのうえに。②あろうことか。

剰す あます「―ところなく…」

剰る あまる 余る。

刀 9 【剪】(11) **セン**

0 剪む はさむ ▼【鋏む】はさむ 384

剪る きる☆「枝を―」

2 剪刀 はさみ ▼【鋏】はさみ 384

9 剪秋羅 せんのう ▼【仙翁】せんのう 22

10 剪夏羅 がんぴ ▼【岩菲】がんぴ 116

刀 9 【副】(11) **フク**

0 副 すけ ①姓氏。②▼【次官】すけ 200

副う そう 適合する。

5 副司 ふうす〔副寺〕 禅宗で、六知事の一。

6 副寺 ふうす ▼【副司】ふうす 47

10 副島種臣 そえじまたねおみ 政治家。

13 副腎 ふくじん「―皮質ホルモン」

刀 10 【剴】(12) **カイ・ガイ**

4 剴切 がいせつ☆ 非常に適切なこと。

刀 10 【割】(12) **カツ** **わる・わり・われる・さく**

0 割く さく「賞金の一部を寄付に―」

4 割木瓜 われもこう ▼【吾亦紅】われもこう 64

5 割出 わりだし ①北陸鉄道浅野川線の駅。②姓氏。

11 割勘 わりかん「費用は―にする」

割烹 かっぽう☆ 料理。

刀 10 【創】(12) **ソウ**

0 創 きず ▼【瑕】きず 246

創める はじめる 始める。

創る つくる「詩を―」

3 創口 きずぐち〔傷口・疵口〕 傷ついた所。

刀 11 【剽】(13) **ヒョウ**

9 剽窃 ひょうせつ☆ 盗用する。

12 剽軽 ひょうきん「―な男」

刀 12 【劃】(14) **カク**

0 劃する かくする 252 ▼【画する】かくする

劃る かぎる 区分する。

12 劃期的 かっきてき 画期的。「今世紀最大の―な大発明」

刀 13 【劇】(15) **ゲキ**

0 劇しい はげしい 232 ▼【烈しい】はげしい

刀 13 【劈】(15) **ヘキ**

0 劈く つんざく〔擘く・擗く〕「耳を―雷鳴」

16 劈頭 へきとう★ 冒頭。

刀 13 【劉】(15) **リュウ**

0 劉 みずき・みずち 姓氏。

7 劉邦 りゅうほう 中国、前漢の初代皇帝。

9 劉禹錫 りゅううしゃく 中国、唐代の詩人。

12 劉備 りゅうび 中国、三国蜀の初代皇帝。

17 劉覧 りゅうらん 全体をざっと見る。

【力】〈ちから〉部

力 0 【力】(2) **リョク・リキ** **ちから**

0 力める つとめる 49 ▼【勉める】つとめる

力 3 【加】(5) **カ** **くわえる・くわわる**

2 加入道山 かにゅうどうやま 神奈川・山梨県境の山。

3 加久藤 かくとう 宮崎県の盆地・道路トンネル。

加子母 かしも 岐阜県の旧村。

加之 しかのみならず☆ そればかりでなく。

4 加仁湯 かにゆ 栃木県の温泉。

← 加太 かだ ①和歌山県の瀬戸・地名・港。②南海の路線・駅。

→ 加太 かぶと ①三重県の旧村・峠(―越え)。②JR西日本関西本線の駅。

加比丹 カピタン 251 ▼【甲必丹】カピタン

5 加加阿 カカオ　アオギリ科の常緑高木。
加世田 かせだ　鹿児島県の旧市。
加布里 かふり　①福岡県の地名。②JR九州筑肥(ちくひ)線の駅。
加布良古 かぶらこ　三重県の海峡（―水道）。
加布爾 カブール　アフガニスタンの首都。
6 加西 かさい　兵庫県の市・旧郡・旧町。
7 加住 かすみ　東京都の丘陵・地名。
加条木 えのき　▼【榎】えのき 196
加利福尼 カリフォルニア　アメリカの州。
8 加治 かじ　①新潟県の川。②JR東日本羽越(うえつ)本線の駅。
加治木 かじき　①鹿児島県の温泉・町(ちょう)。②JR九州日豊(にっぽう)本線の駅。
加奈利亜 カナリア　▼【金糸雀】カナリア 380
加奈陀 カナダ　☆〔加拿太〕国名。
加波山 かばさん　茨城県の山。
加拉架 カラカス　ベネズエラ・ボリバル共和国の首都。
9 加計 かけ　①広島県の旧町。②姓氏。

加計呂麻島 かけろまじま　鹿児島県の島。
加持祈禱 かじきとう　祈禱の形態の一。
加津佐 かづさ　長崎県の旧町。
10 加悦 かや　①京都府の旧町。②姓氏。
加拿太 カナダ　▼【加奈陀】カナダ 48
加拿林雀 カナリア　▼【金糸雀】カナリア 380
加唐島 かからじま　佐賀県の島。
加特力 カトリック　カトリック教会。
加留多 カルタ　▼【歌留多】カルタ 201
11 加部島 かべしま　佐賀県の島。
加密列 カミツレ・カミルレ　〔加密爾列〕キク科の一・二年草。
加密爾列 カミルレ　▼【加密列】カミツレ 48
12 加賀潜戸 かかのくけど　島根県の洞門。
加須 かぞ　①埼玉県の市。②東武伊勢崎(いせさき)線の駅。
加須底羅 カステラ　〔鶏蛋糕・卵糖〕焼き菓子。
加曾利 かそり　千葉県の地名。

加答児 カタル　★粘膜の炎症。
加無山 かぶやま　山形県の山。
13 加勢蛇川 かせいちがわ　鳥取県の川。
加農砲 カノンほう　大砲の一。
14 加爾平 カルビン　フランスの宗教改革者。
加爾各搭 カルカッタ　インドの都市コルカタの旧称。
15 加樋 かけ　姓氏。
16 加積 かづみ　富山県の地名。
18 加藤楸邨 かとうしゅうそん　俳人。

力 3 **【功】**(5) **コウ・ク**
0 功 いさお　▼【勲】いさお 50
2 功刀 くぬぎ　姓氏。
←功夫 カンフー　中国の拳法。
→功夫 くふう　▼【工夫】くふう 118
14 功徳 くどく　☆「―を施す」

力 4 **【劣】**(6) **レツ　おとる**
11 劣敗 れっぱい　「優勝―」
12 劣等感 れっとうかん　他より劣るという感情。「―に苛(さいな)まれる」

力 5 **【劬】**(7) **ク**
0 劬る いたわる　▼【労る】いたわる 49

力 5 **【劫】**(7) **ゴウ・キョウ・コウ**
0 劫 こう　囲碁用語。
劫す おびやかす　▼【脅かす】おびやかす 309
4 劫火 ごうか　世界の終末に起こる大火。
11 劫掠 ごうりゃく・きょうりゃく　おびやかして奪いとる。

力 5 **【助】**(7) **ジョ　たすける・たすかる・すけ**
0 助っ人 すけっと　力を貸してくれる人。
4 助太刀 すけだち　かたき討ちの加勢をする。
8 助枝 すけじ　壁土を塗るための基礎。
助宗鱈 すけそうだら　〔助惣鱈〕スケトウダラの別名。
9 助柱 すけ　建物の傾きを支える棒。
12 助惣鱈 すけそうだら　▼【助宗鱈】すけそうだら 48

力 5 **【努】**(7) **ド　つとめる**
7 努努 ゆめゆめ　★けっして。

力5【励】(7) **レイ** **はげむ・はげます**
14 励精 れいせい 精を出す。

力5【労】(7) **ロウ**
0 労う ねぎらう 〔犒う〕「労を―」
労き いたずき 〔病き〕病気。
労しい いたわしい かわいそうだ。
労する ろうする 辛い思いをして働く。
労る いたわる☆ 〔劬る〕「老妻を―」
労れる つかれる 体が疲れる。
9 労咳 ろうがい 〔癆咳〕肺結核の古称。

力6【劾】(8) **ガイ**
9 劾奏 がいそう 官吏の罪を君主に奏上する。

力6【効】(8) **コウ** **きく**
0 効く きく「薬が―」
5 効目 ききめ 〔利目〕「この薬はとても―がある」「忠告しても―がない」

力7【勁】(9) **ケイ**
0 勁い つよい しっかりと力がみなぎる。
9 勁草 けいそう 強風にも倒れない強い草。

力7【勅】(9) **チョク**
0 勅 みことのり ▼【詔】みことのり 350
6 勅旨 ちょくし ①天皇の意思。②滋賀県の地名。「でいし」とも。③信楽（しがらき）高原鉄道の駅。
8 勅使河原 てしがわら 姓氏。
勅命 ちょくめい 天皇の命令。

力7【勃】(9) **ホツ・ボツ**
4 勃牙利 ブルガリア☆ 国名。
6 勃如 ぼつじょ むっとして怒るさま。
7 勃労寧 ブラウニング イギリスの詩人。
16 勃興 ぼっこう☆ にわかに盛んになる。

力7【勇】(9) **ユウ** **いさむ**
0 勇み足 いさみあし 相撲（すもう）用語。
5 勇払 ゆうふつ 北海道の川・平野・郡。
10 勇留島 ゆりとう 北海道の島。
11 勇魚 いさな☆ ▼【鯨】いさな 419
15 勇駒別 ゆこまんべつ 北海道の地名。

力8【勍】(10) **ケイ**
0 勍い つよい 力強い。
15 勍敵 けいてき 強い敵。

力8【勉】(10) **ベン**
0 勉める つとめる 〔力める〕努める。

力9【勘】(11) **カン**
0 勘える かんがえる 考える。
6 勘当 かんどう「息子を―する」
8 勘所 かんどころ ▼【肝所】かんどころ 307
13 勘解由 かげゆ 姓氏。
勘解由使 かげゆし 平安期の官職の一。
19 勘繰る かんぐる 悪いように考える。「二人の仲を―」

力9【動】(11) **ドウ** **うごく・うごかす**
0 動もすれば ややもすれば★ どうかすると。
11 動悸 どうき 胸がどきどきする。
12 動揺めく どよめく 大声で騒ぐ。
16 動橋 いぶりはし ①石川県の旧町。②JR西日本北陸本線の駅。
19 動顛 どうてん☆ 〔動転〕驚きあわてる。

力9【務】(11) **ム** **つとめる**
0 務め つとめ「国民としての―」
5 務田 むでん JR四国予土（よど）線の駅。

力9【勒】(11) **ロク**
5 勒布朗 ルブラン フランスの画家。
11 勒魚 しいら ▼【鱰】しいら 421

力10【勤】(12) **キン・ゴン** **つとめる・つとまる**
0 勤しむ いそしむ☆「勉学に―」
6 勤行 ごんぎょう 僧のおつとめ。
9 勤皇 きんのう「―の志士」
10 勤修 ごんしゅ 修行につとめる。

力10【勝】(12) **ショウ** **かつ・まさる**
0 勝える たえる もちこたえる。
勝れる すぐれる 優れる。
2 勝又 かつまた 姓氏。
3 勝川 かちがわ ①愛知県の地名。②JR東海中央本線等の駅。
4 勝木 がつぎ JR東日本羽越（うえつ）本線の駅。
5 勝北 しょうぼく 岡山県の旧町。
7 勝男武士 かつおぶし

▼【鰹節】かつおぶし 421

勝呂 すぐろ 姓氏。

9 **勝軍木** ぬるで ▼【白膠木】ぬるで 258

10 **勝原** かどはら ①福井県の地名。②JR西日本越美北(えつみほく)線の駅。

勝連 かつれん 沖縄県の岬(―崎)・旧町。

11 **勝部川** かちべがわ 鳥取県の川。

12 **勝間田** かつまだ ①岡山県の地名。②JR西日本姫新(きしん)線の駅。

15 **勝幡** しょばた 名鉄津島線の駅。

16 **勝鬨** かちどき 「―をあげる」

力10 **【募】**(12) **ボ つのる**

0 **募らす** つのらす つのらせる。

募り つのり 募集。

力11 **【勧】**(13) **カン すすめる**

4 **勧化** かんげ 説教。

10 **勧修寺** かんじゅじ・かじゅうじ 京都府の寺。

11 **勧進帳** かんじんちょう 歌舞伎の題目。

15 **勧請** かんじょう 神仏の来臨を願う。

力11 **【勢】**(13) **セイ いきおい**

0 **勢み** はずみ 弾み。

3 **勢子** せこ 〔列卒〕 狩りの人夫。

6 **勢多** せた 群馬県の郡。

12 **勢揃い** せいぞろい 「親類縁者が―する」

力13 **【勲】**(15) **クン**

0 **勲** いさお ☆〔功〕 手柄。功績。

8 **勲知** くち 姓氏。

19 **勲禰別川** くんねべつがわ 北海道の川。

【勹】〈つつみがまえ〉部

勹1 **【勺】**(3) **シャク**

0 **勺** しゃく 容積・面積の単位。

10 **勺旁** ショパン 〔蕭邦〕 ポーランドの作曲家。

勹2 **【勾】**(4) **コウ・ク**

4 **勾引** こういん☆ 〔拘引〕 捕らえて連行する。

勾引かす かどわかす★ 〔拐かす〕 誘拐(ゆうかい)する。

5 **勾玉** まがたま★ 〔曲玉〕 古代の装身具の一。

7 **勾坂** さぎさか 姓氏。

8 **勾金** まがりがね 平成筑豊(ちくほう)鉄道田川線の駅。

10 **勾配** こうばい 傾斜。

勾留 こうりゅう 被疑者などを拘禁する。

13 **勾践** こうせん ▼【句践】こうせん 60

20 **勾欄** こうらん 橋などにつけた欄干(らんかん)

勹2 **【匂】**(4) **におい**

0 **匂う** におう 〔香う・臭う〕 「バラが―」「靴下が―」

7 **匂坂** さぎさか・むぎさか 姓氏。

10 **匂宮** におうのみや 源氏物語の巻名・作中人物。

勹2 **【勿】**(4) **ブツ・モチ・モツ**

0 **勿れ** なかれ 〔莫れ〕 「君死にたまふこと―」

7 **勿告藻** なのりそ ▼【莫告藻】なのりそ 323

勿体 もったい☆ 「―をつける」

勿忘草 わすれなぐさ★ ムラサキ科の多年草。

勿来 なこそ ①福島県の旧市。②JR東日本常磐(じょうばん)線の駅。

勿来関 なこそのせき 古代の関所。

8 **勿怪** もっけ★ ▼【物怪】もっけ 239

15 **勿論** もちろん★ 言うまでもなく。

勹2 **【匁】**(4) **もんめ**

0 **匁** もんめ★ 重さの単位。

勹3 **【匆】**(5) **ソウ**

5 **匆匆** そうそう 〔怱怱〕 忙しいさま。

勹3 **【包】**(5) **ホウ つつむ**

0 **包** パオ 遊牧民が住む、組み立て式の家。

包む くるむ つつむ。

3 **包子** パオズ 点心の一。

7 **包坂** かねさか・さぎさか 姓氏。

勹4 **【匈】**(6) **キョウ**

4 **匈牙利** ハンガリー ▼【洪牙利】ハンガリー 215

5 **匈奴** きょうど 古代中国の北方で活躍した、遊牧騎馬民族。

勹7 **【匍】**(9) **ホ**

0 **匍う** はう ▼【這う】はう 369

11 **匍匐** ほふく 「―前進」

勹9 **【匐】**(11) **フク**

8 **匐枝** ふくし 蔓(つる)になって地上をはう茎。

勹9 **【匏】**(11) **ホウ**

0 **匏** ひさご ▼【瓢】ひさご 347

【匕】〈ひ〉部

匕 0 **【匕】**(2) **ヒ**

0 **匕** さじ ▼【匙】さじ 51

9 **匕首** あいくち★〔合口・相口〕①つばのない短刀。②相性。

匕 2 **【化】**(4) **カ・ケ ばける・ばかす**

0 **化ける** ふける 老ける。

7 **化身** けしん 「神の―」

9 **化香樹** のぐるみ ▼【野胡桃】のぐるみ 379

11 **化野** あだしの☆ ▼【徒野】あだしの 132

12 **化粧** けわい・けしょう 〔仮粧〕顔を美しく見せる。

17 **化膿** かのう☆「傷が―する」

匕 3 **【北】**(5) **ホク きた**

1 **北一已** きたいちやん JR北海道留萌(るもい)本線の駅。

3 **北小谷** きたおたり JR西日本大糸線の駅。

4 **北比布** きたぴっぷ JR北海道宗谷(そうや)本線の駅。

北方 きたがた ①岐阜県の町(ちょう)。②佐賀県の旧町。③JR九州佐世保(させぼ)線の駅。

北方真桑 きたがたまくわ 樽見(たるみ)鉄道の駅。

6 **北向** とき 姓氏。

7 **北谷** ちゃたん ①沖縄県の町(ちょう)。②姓氏。

←**北条** きたじょう ①JR東日本信越本線の駅。②姓氏。

→**北条** ほうじょう ①千葉県の地名。②民営鉄道(―鉄道)。③鳥取県の砂丘・旧町。④姓氏。

8 **北京** ペキン 中国の首都。

北明翰 バーミンガム イギリスの都市。

9 **北海部** きたあまべ 大分県の旧郡。

北信太 きたしのだ JR西日本阪和(はんわ)線の駅。

北神戸 きたごうど 養老鉄道の駅。

北相木 きたあいき 長野県の村(むら)。

10 **北高来** きたたかき 長崎県の旧郡。

北叟笑む ほくそえむ 満足してひそかに笑う。

北畠親房 きたばたけちかふさ 南北朝時代の公家・武将・学者。

北圃 きたばたけ 姓氏。

11 **北寄貝** ほっきがい ウバガイの別名。

15 **北諸県** きたもろかた 宮崎県の郡。

18 **北鵤** きたいかるが 姓氏。

匕 9 **【匙】**(11) **シ・ジ**

0 **匙** さじ★〔匕〕スプーン。

【匚・匸】〈はこがまえ〉〈かくしがまえ〉部

匸 0 **【匸】**(2) **ケイ**

14 **匸構** かくしがまえ 漢字の構えの一。

匸 2 **【区】**(4) **ク**

4 **区区** まちまち☆ 一様でない。

9 **区界** くざかい ①岩手県の峠。②JR東日本山田線の駅。

14 **区劃** くかく☆ 区画。「―整理」

匸 2 **【匹】**(4) **ヒツ ひき**

0 **匹う** たぐう つりあう。

4 **匹夫** ひっぷ 身分の卑しい男。

15 **匹耦** ひつぐう つれあい。

16 **匹儔** ひっちゅう 匹敵する。

匚 3 **【匜】**(5) **イ**

0 **匜** い 水や酒の器。

匚 3 **【匝】**(5) **ソウ**

14 **匝瑳** そうさ ①千葉県の市・旧郡。②姓氏。

匚 4 **【匡】**(6) **キョウ**

0 **匡す** ただす 正しくなおす。

5 **匡正** きょうせい 欠点を改める。

12 **匡弼** きょうひつ 誤りをただし、不足を補うこと。

匚 4 **【匠】**(6) **ショウ**

0 **匠** たくみ ①〔工〕工匠。②姓氏。

匚 5 **【医】**(7) **イ**

0 **医す** いやす ▼【癒やす】いやす 257

匚 5 **【匣】**(7) **コウ**

0 **匣** はこ ▼【函】はこ 43

13 **匣鉢** さや 陶磁器焼成時の保護用の容器。

匚 8 **【匿】**(10) **トク**

0 **匿す** かくす 隠す。「身を―」

匿まう かくまう★ 追われている人などを隠しておく。「犯人を―」

6 匿名 とくめい 本名を隠す。

匸8【匪】(10) ヒ

13 匪賊 ひぞく 盗賊。

【十】〈じゅう〉部

十0【十】(2) ジュウ・ジッ とお・と

0 十 ももき 姓氏。

1 十一 といち 一〇日で一割という高利。

2 十九浦 つづうら 姓氏。

十七夜 かなき・かのう 姓氏。

十十六木 とどろき 姓氏。

十二 そに 姓氏。

十二月一日 しわすだ 姓氏。

十二月田 しわすだ 姓氏。

十二仏 おちふるい 姓氏。

十二社 じゅうにそう 東京都の地名。

十二神 おちふるい 姓氏。

十二単 じゅうにひとえ 女房装束の俗称。

十二貫野 じゅうにかんの 富山県の扇状地。

十二黄雀 きれんじゃく ▼【黄連雀】きれんじゃく 429

十二雀 じゅうにから コガラの別名。

十八公 そやぎみ 姓氏。

十八成 くくなり 姓氏。

十八番 おはこ ★最も得意な芸。

3 十干 じっかん 「一十二支」

十三 じゅうそう ①大阪市の地名。②阪急神戸本線等の駅。

十三里 とみさと JR北海道石勝線の駅。

十寸見河東 ますみかとう 河東節の家元名。

十寸鏡 ますかがみ 澄んでいる鏡。

←十川 そがわ 姓氏。

→十川 とおかわ JR四国予土(よど)線の駅。

十大功労 ひいらぎなんてん ▼【柊南天】ひいらぎなんてん 187

4 十手 じって 捕り物道具の一。

十日戎 とおかえびす 正月十日の祭礼。

十方山 じっぽうさん 広島県の山。

十六沢 いさざわ 姓氏。

十六夜 いざよい ★〔宵不知・不知夜〕陰暦八月十六日の月。

十六島 うっぷるい 島根県の湾・地名。

5 十石峠 じっこくとうげ 群馬・長野県境の峠。

十代 そしろ 姓氏。

十弗 とおふつ ①北海道の地名。「とふつ」とも。②JR北海道根室(ねむろ)本線の駅。

6 十合 そごう 姓氏。

十字 つじ 姓氏。

7 十戒 じっかい 〔十誡〕守るべき一〇の戒め。

十把一絡げ じっぱひとからげ 雑然とひとまとめにすること。

十返舎一九 じっぺんしゃいっく 江戸後期の戯作(げさく)者。

8 十河 そごう 姓氏。

十国峠 じっこくとうげ 静岡県の峠。

十姉妹 じゅうしまつ ☆ カエデチョウ科の鳥。

十府ノ浦 とふのうら 岩手県の砂浜。

9 十炷香 じっしゅこう・じじゅこう ☆ 香を識別する遊び。

十重二十重 とえはたえ ☆ 「一に取り囲む」

十津川 とつかわ 奈良県の川・温泉・村(むら)。

10 十時 とき 姓氏。

←十島 とおしま JR東海身延(みのぶ)線の駅。

→十島 としま 鹿児島県の村(むら)。

11 十脚 さくらえび ▼【桜海老】さくらえび 188

12 十勝 とかち ①北海道の川・山(一岳(だけ))・平野・支庁・郡・港。②旧国名。現在の北海道南部。

13 十路 そじ 三、四などにつき、年齢を十歳単位に数える語。

14 十誡 じっかい ▼【十戒】じっかい 52

十種ケ峰 とくさがみね 島根・山口県境の山。

16 十薬 どくだみ ▼【蕺草】どくだみ 330

21 十露盤 そろばん ★ ▼【算盤】そろばん 284

十1【千】(3) セン ち

2 千入 ちしお 何度も染めること。

3 千千 ちぢ 「心が一に乱れる」

千岩 ちぢわ 姓氏。
4 **千々石** ちぢわ ①長崎県の旧町。②姓氏。
千手巻 せんだまき 刀などの柄を籐などですき間なく巻き、漆で塗り込めたもの。
千切る ちぎる 「ボタンを―」
千夫 いぶり・ちぶり 姓氏。
千木 ちぎ 社殿屋根の交差木。
千木良 ちぎら 姓氏。
5 **千石船** せんごくぶね 米千石の荷を積む荷船。
千代萩 せんだいはぎ 〔望江南・望江明・野決明〕 マメ科の多年草。
千旦 せんだ JR西日本和歌山線の駅。
6 **千吉** ちぎら 姓氏。
千曲 ちくま 長野県の川・市。
千年 ちとせ 弘南(こうなん)鉄道大鰐(おおわに)線の駅。
7 **千住** せんじゅ 東京都の地名。
千束 せんぞく 東京都の地名。
千町無田 せんちょううむた 大分県の地名。
千役 ちぶり 姓氏。

千里竹 ねざさ 土手などに群生するササ。
千里浜 ちりはま 石川県の海岸。
8 **千岩** ちはや 姓氏。
千金 ちがね JR西日本三江(さんこう)線の駅。
千金良 ちぎら 姓氏。
千金藤 はすのはかずら ▼【蓮葉葛】(はすのはかずら) 328
千屈菜 みそはぎ ▼【禊萩】(みそはぎ) 274
千国 ちくに ①長野県の地名。②JR東日本大糸線の駅。③長野・新潟県の街道。
千波 せんば ①茨城県の湖。②東京都の岬(―崎)。
9 **千秋** いわひば ▼【巻柏】(いわひば) 120
千秋万歳 せんずまんざい 中世の芸能の一。
千城台 ちしろだい ①千葉県の地名。②千葉都市モノレール2号線の駅。
千畑 せんはた 秋田県の旧町。
10 **千振** せんぶり 〔当薬・胡黄蓮〕 リンドウ科の越年草。
千倉 ちくら ①千葉県の旧町。②JR東日本内房(うちぼう)線の駅。
12 **千尋** ちひろ 非常に深い・長いこと。

千尋岬 ちひろざき 高知県の岬。
千装 ちきら 姓氏。
13 **千歳** ちとせ☆ ①長い年月。「せんざい」とも。②北海道の川・台地・市・旧郡。③JR北海道の路線・駅。④東京都の地名。⑤大分県の旧村。
千歳飴 ちとせあめ 七五三の祝いなどに用いられる縁起物のあめ。
千歳蘭 ちとせらん ▼【虎尾蘭】(ちとせらん) 334
千載一遇 せんざいいちぐう 「―のチャンス」
千路 ちじ JR西日本七尾線の駅。
14 **千厩** せんまや ①岩手県の旧町。②JR東日本大船渡(おおふなと)線の駅。
千種 ちくさ ①いろいろな秋の草。「ちぐさ」とも。②名古屋市の行政区。③JR東海中央本線等の駅。④兵庫県の川・旧町。⑤姓氏。
千綿 ちわた ①長崎県の旧村。②JR九州大村線の駅。
15 **千輝** ちぎら 姓氏。
千篇一律 せんぺんいちりつ 「―の文章」
16 **千頭** せんず ①静岡県の地名。②大井川鉄道大井川本線等の駅。

20 **千厳山** せんがんざん 熊本県の山。

十2 **【午】**(4) **ゴ**
← **午** うま☆ 十二支の一。
→ **午** ひる 正午。
10 **午起** うまおこし 三重県の地名。
15 **午餉** ごしょう 昼飯。

十2 **【升】**(4) **ショウ ます**
0 **升** しょう 体積の単位。
升る のぼる 上にあがる。
5 **升目** ますめ ますではかった量。
11 **升麻** うたかぐさ トリアシショウマの古名。

十2 **【卅】**(4) **ソウ**
0 **卅** さんじゅう 数字の三〇。

十3 **【半】**(5) **ハン なかば**
0 **半ら** なから およそ半分。
3 **半巾** ハンカチ・ハンケチ 〔手巾・手帛〕 小形の手ふき。ハンカチーフ。
4 **半井** なからい 姓氏。
5 **半玉** はんぎょく 一人前でない芸者。

半生 はんなま 「—のイモ」
半平 はんぺん★ 練り製品の一。
半辺蚶 いたやがい ▼【板屋貝】いたやがい 185
半辺蓮 みぞかくし 〔溝隠〕 キキョウ科の多年草。
8 半使 はんす ▼【判事】はんす 45
9 半風子 しらみ ▼【虱】しらみ 335
10 半夏生 はんげしょう☆ 〔三白草〕 ドクダミ科の多年草。
半家 はげ JR四国予土(よど)線の駅。
半挿 はんぞう・はそう ▼【[illegible]】はんぞう 248
半被 はっぴ★ ▼【法被】はっぴ 213
12 半畳 はんじょう 「—を入れる」
13 半靴 ほうか 略儀のときの騎乗用のくつ。
14 半銭 きなか 〔寸半〕 一文(いちもん)の半分。
半端 はんぱ 「—な時間」「中途—」
半蔀 はじとみ☆ 寝殿造りにみられる戸の一種。
21 半纏 はんてん 〔半天・袢纏・袢纒〕 羽織に似た、たけの短い上着。

十4 **【卍】**(6) **バン・マン**

0 卍 まんじ 吉祥(きっしょう)の象徴。
3 卍山 かずやま 姓氏。

十6 **【協】**(8) **キョウ**

0 協う かなう 調和する。
協せる あわせる 力や心を同じくする。

十6 **【卒】**(8) **ソツ**

0 卒に にわかに 急に。
卒わる おわる ▼【了わる】おわる 16
5 卒去 そっきょ 高貴な人が死ぬ。
7 卒寿 そつじゅ 九〇歳。
11 卒都婆 そとば ▼【卒塔婆】そとば 54
12 卒塔婆 そとば★ 〔卒都婆・率塔婆〕 墓の後ろに立てる細長い板。
14 卒爾 そつじ 〔率爾〕 軽率。無礼。
17 卒遽 そっきょ 突然のことであわてる。

十6 **【卓】**(8) **タク**

0 卓れる すぐれる 超越している。
7 卓別麟 チャップリン イギリス出身の俳優。
11 卓袱 しっぽく そば・うどん料理の一。
卓袱台 ちゃぶだい★ 折り畳み式の食卓。

十7 **【単】**(9) **タン**

0 単 ひとえ☆ 〔単衣・襌〕 裏のない衣類。
3 単于 ぜんう 匈奴(きょうど)の最高君主の称号。
5 単皮 たび ▼【足袋】たび 362
←単衣 ひとえ ▼【単】ひとえ 54
→単衣 ひとえぎぬ 裏のついていない衣。
9 単冠 ひとかっぷ 北海道の湾・山。
14 単寧 タンニン 皮をなめす性質のある物質。

十7 **【南】**(9) **ナン・ナ みなみ**

4 南五味子 さねかずら ▼【真葛】さねかずら 264
南天 なんてん 〔南燭・南天竹・南天燭〕 メギ科の常緑低木。
南天竺草 なでしこ ▼【瞿麦】なでしこ 265
南比布 みなみぴっぷ JR北海道宗谷(そうや)本線の駅。
南方熊楠 みなかたくまぐす 生物学者・民俗学者。
南木曾 なぎそ ①長野県の町(まち)。②JR東海中央本線の駅。
5 南白亀 なばき ①千葉県の旧村。②姓氏。
6 南瓜 かぼちゃ☆ 〔唐茄子・蕃南瓜〕 ウリ科のつる性一年草の野菜。
7 南呂 なんりょ 中国音楽の音名。
8 南旺府 プノンペン カンボジアの首都。
南京黄櫨 なんきんはぜ 〔南金櫨・烏臼〕 トウダイグサ科の落葉高木。
南金櫨 なんきんはぜ ▼【南京黄櫨】なんきんはぜ 54
←南牧 なんもく 群馬県の川・村(むら)。
→南牧 みなみまき 長野県の村(むら)。
9 南海 みなみ 姓氏。
南海部 みなみあまべ 大分県の旧郡。
南界 そじ 姓氏。
南相木 みなみあいき 長野県の村(むら)。
南美深 みなみびふか JR北海道宗谷(そうや)本線の駅。
南風 はえ☆ みなみ風。
南風原 はえばる ①沖縄県の町(ちょう)。②姓氏。
南風崎 はえのさき JR九州大村線の駅。
10 南原 なんばら ①東京都の海岸。②姓氏。

南原峡　なばらきょう　広島市の峡谷。

南畝　のうねん　姓氏。

南桑　なぐわ　錦川(にしきがわ)鉄道錦川清流線の駅。

南砺　なんと　富山県の市。

11 南蛇井　なんじゃい　①群馬県の地名。②上信電鉄の駅。

南淡　なんだん　兵庫県の旧町。

南部　みなべ　①和歌山県の旧町。②JR西日本紀勢本線の駅。

12 南雲忠一　なぐもちゅういち　海軍軍人。

南淵　なぶち・いなふち・みなみぶち　姓氏。

南淵請安　みなみぶちのしょうあん　飛鳥時代の学僧。

南椒　さんしょう　▼【山椒】さんしょう 115

南森　ナンセン　ノルウェーの探検家。

南蛮煙管　なんばんぎせる　〔野菰〕ハマウツボ科の一年草。

南蛮繁縷　なんばんはこべ　〔狗筋蔓〕ナデシコ科の多年草。

南無　なむ　仏などを信じ、それに帰依(えき)することを表す語。

13 南幌　なんぽろ　北海道の町(ちょう)。

南殿　なでん　サクラの一種。

←南燭　しゃしゃんぼ　ツツジ科の常緑低木または小高木。

→南燭　なんてん　▼【南天】なんてん 54

十 7 【卑】(9)　ヒ　いやしい・いやしむ・いやしめる

卑怯　ひきょう　意気地がない。

卑弥呼　ひみこ　邪馬台国の女王。

12 卑猥　ひわい☆　〔鄙猥〕「—な行為」

十 10 【博】(12)　ハク・バク

0 博い　ひろい　「顔が—」

3 博士　はかせ・はくし　「鉄道—」

4 博引旁証　はくいんぼうしょう☆　多くの資料を証拠として論ずる。

5 博打　ばくち☆　〔博奕〕「—を打つ」

6 博多　はかた　①福岡県の湾・港。②福岡市の行政区。③JR西日本の路線(—南線)。④JR九州鹿児島本線等の駅。

7 博労　ばくろう　〔伯楽・馬喰〕牛馬を売買する人。

9 博奕　ばくち　▼【博打】ばくち 55

博奕岬　ばくちみさき　京都府の岬。

10 博徒　ばくと　ばくちうち。

12 博黍　うぐいす　▼【鶯】うぐいす 425

【卜】〈ぼく〉部

卜 0 【卜】(2)　ホク・ボク

0 卜う　うらなう　▼【占う】うらなう 55

6 卜兆　うらかた　占いの結果。

9 卜食　うらはみ　亀甲を焼いて占うとき、裂けてできた筋。

10 卜書　うらぶみ　占いの結果を示す文書。

11 卜部　うらべ　姓氏。

卜 3 【占】(5)　セン　しめる・うらなう

0 占う　うらなう　〔卜う〕「トランプで—」

6 占地　しめじ☆　▼【湿地】しめじ 222

9 占冠　しむかっぷ　①北海道の村(むら)。②JR北海道石勝線の駅。

13 占筮　せんぜい　占いの一。

卜 3 【卡】(5)　ソウ・カ

4 卡内基　カーネギー　アメリカの実業家。

10 卡特頼特　カートライト　イギリスの技術者。

卜 5 【卣】(7)　ユウ

0 卣　さかだる　▼【櫑】さかだる 200

卜 6 【卦】(8)　カ・ケ

0 卦　け　「よい—が出る」

7 卦体　けったい　〔怪態・希代・稀代〕奇妙なさま。「—な話」

卦体糞　けったくそ　「—悪い」

【卩(㔾)】〈ふしづくり〉〈わりふ〉〈まげわりふ〉部

卩 3 【卮】(5)　シ

0 卮　さかずき　▼【杯】さかずき 185

3 卮子　くちなし　▼【梔子】くちなし 191

卩 3 【卯】(5)　ボウ

0 卯　う　十二支の一。

卯の花　うのはな☆　豆腐のしぼりかす。おから。

卯の花腐し　うのはなくたし　初夏の長雨。

4 **卯月** うづき 陰暦四月。
卯月花 しゃくなげ ▼【石南花】しゃくなげ 268
7 **卯木** うつぎ ☆ ▼【空木】うつぎ 279
卯辰山 うたつやま 石川県の山。
8 **卯波** うなみ 陰暦四月ころ立つ波。
10 **卯原内** うばらない 北海道の地名。
14 **卯槌** うづち 邪気を払うためのつち。

卩4 **【印】**(6) **イン しるし**
5 **印半纏** しるしばんてん 氏名などを染めた半纏。
6 **印西** いんざい 千葉県の市。
印西牧の原 いんざいまきのはら 北総鉄道北総線の駅。
7 **印形** いんぎょう 印章。
8 **印具** いぐ・おしずみ 姓氏。
印波 いなば 姓氏。
印牧 かねまき 姓氏。
9 **印契** いんげい 「—を結ぶ」
印相 いんぞう 印章の相。
印度 インド ★ 国名。
印度支那 インドシナ インドシナ半島の地域。
← **印南** いなみ ①和歌山県の町(ちょう)。②JR西日本紀勢本線の駅。
→ **印南** いんなみ 兵庫県の旧郡。
印南野 いなみの 兵庫県の台地。
10 **印通寺** いんどおじ 長崎県の地名。
11 **印部** いんべ 姓氏。
14 **印綬** いんじゅ 「—を帯びる」
17 **印顆** いんか 印章。
18 **印旛** いんば 千葉県の沼・郡・村(むら)。
19 **印璽** いんじ 天皇の印と国家の印。
22 **印籠** いんろう 容器状の装身具。
25 **印鑰** いんやく 印とかぎ。

卩4 **【危】**(6) **キ あぶない・あやうい・あやぶむ**
0 **危** あやう 暦注の十二直の一。
危める あやめる 〔殺める〕「人を—」
危殆 きたい ☆ 危険。
11 **危惧** きぐ 「絶滅—種」
危宿 うみやめぼし・きしゅく 二十八宿の一。
16 **危篤** きとく 「—に陥る」
21 **危懼** きく あやぶみおそれる。

卩5 **【却】**(7) **キャク**
0 **却ける** しりぞける 拒否する。
却って かえって ☆〔反って〕「—失礼になる」
7 **却却** なかなか ▼【中中】なかなか 11

卩5 **【即】**(7) **ソク**
0 **即く** つく 「帝位に—」
即ち すなわち ▼【則ち】すなわち 46

卩5 **【卵】**(7) **ラン たまご**
16 **卵糖** カステラ ▼【加須底羅】カステラ 48

卩6 **【巹】**(8) **キン**
0 **巹** さかずき ▼【杯】さかずき 185

卩7 **【卸】**(9) **おろす・おろし**
0 **卸し金** おろしがね 〔下ろし金〕調理器具の一。
3 **卸下** しゃが・しゃか 積み荷をおろす。
7 **卸売** おろしうり 「—物価指数」

卩10 **【卿】**(12) **ケイ・キョウ**
0 **卿** かみ ▼【長官】かみ 388
9 **卿相雲客** けいしょううんかく 公卿(くぎょう)と殿上人(てんじょうびと)。

【厂】〈がんだれ〉部

厂2 **【厄】**(4) **ヤク**
6 **厄瓜多** エクアドル 国名。
9 **厄神** やくじん JR西日本加古川線の駅。
10 **厄除け** やくよけ 「—のおふだ」

厂7 **【厚】**(9) **コウ あつい**
5 **厚司** アツシ 〔厚子〕オヒョウでつくった布。
厚皮香 もっこく ▼【木斛】もっこく 179
← **厚朴** ほお ▼【朴】ほお 181
→ **厚朴** ほおのき ▼【朴の木】ほおのき 181
7 **厚床** あっとこ ①北海道の地名。②JR北海道根室(ねむろ)本線の駅。
厚沢部 あっさぶ 北海道の川・町(ちょう)。
厚別 あつべつ ①北海道の川。②札幌市の行政区。③JR北海道函館本線の駅。

8 **厚岸** あっけし ①北海道の湾・湖・郡・町・港。②JR北海道根室本線の駅。

厚岸草 あっけしそう アカザ科の一年草。

厚東 ことう ①山口県の旧村。②JR西日本山陽本線の駅。

9 **厚狭** あさ ①山口県の川・旧郡・旧町。②JR西日本山陽本線等の駅。

厚保 あつ JR西日本美祢線の駅。

10 **厚真** あつま 北海道の川・町。

18 **厚顔しい** あつかましい 「―お願いですが…」

厂7 **【厖】**(9) **ボウ**

3 **厖大** ぼうだい 〔膨大・彪大〕「―な資料」

厂7 **【厘】**(9) **リン**

4 **厘毛** りんもう ほんの少し。

厂8 **【原】**(10) **ゲン はら**

0 **原ねる** たずねる 究める。

4 **原木** ばらき 伊豆箱根鉄道駿豆線の駅。

原木中山 ばらきなかやま 東京地下鉄(東京メトロ)東西線の駅。

5 **原田** はるだ ①福岡県の地名。②JR九州鹿児島本線等の駅。

6 **原当麻** はらたいま ①神奈川県の地名。②JR東日本相模線の駅。

←**原町** はらのまち 宮城県の地名。

→**原町** はるまち JR九州篠栗線の駅。

9 **原茸** はらたけ ハラタケ目のきのこ。

12 **原敬** はらたかし 政治家。

厂9 **【厠】**(11) **シ・ショク**

0 **厠** かわや☆〔圊〕便所。

厂10 **【厦】**(12) **カ**

8 **厦門** アモイ 中国の都市。

厂10 **【厨】**(12) **チュウ・ズ**

0 **厨** くりや★〔廚〕台所。

3 **厨子** ずし 仏像などの安置する仏具。

厨川 くりやがわ ①岩手県の旧村。②IGRいわて銀河鉄道いわて銀河鉄道線の駅。

8 **厨房** ちゅうぼう 台所。

厂12 **【厭】**(14) **エン・ヨウ・オウ・ユウ**

0 **厭** いや 〔嫌〕「顔を見るのも―だ」

厭う いとう☆「水仕事を―」

厭きる あきる ▼【飽きる】あきる 408

厭き厭き あきあき「仕事に―する」

厭む あぐむ ▼【倦む】あぐむ 31

5 **厭世** えんせい この世が嫌になること。

7 **厭忌** えんき いやになって嫌う。

8 **厭味** いやみ 〔嫌味〕「―を並べる」

11 **厭悪** えんお★「―の情」

13 **厭戦** えんせん「―思想」

15 **厭舞** えんぶ 〔振鉾〕雅楽の一。

19 **厭離穢土** おんりえど・えんりえど☆ 仏教で、けがれた現世を嫌って離れること。

厂12 **【厩】**(14) **キュウ**

0 **厩** うまや 馬を飼う小屋。

4 **厩戸皇子** うまやどのおうじ 聖徳太子の名。

8 **厩舎** きゅうしゃ 牛馬の小屋。

【ム】〈む〉部

ム3 **【去】**(5) **キョ・コ さる**

0 **去なす** いなす☆ ▼【往なす】いなす 131

6 **去年** こぞ★ 昨年。

7 **去声** きょしょう・きょせい 漢字の四声の一。

去来川 いさかわ 姓氏。

12 **去就** きょしゅう 事に臨んでとる態度。「―を決しかねる」

ム6 **【参】**(8) **サン まいる**

0 **参** さん 「三」の大字。「金―万円也」

4 **参内** さんだい 宮中に参上する。

8 **参画** さんかく「法案の起草に―する」

10 **参宮** さんぐう JR東海の路線。

参差 しんし 長短高低がばらばらなさま。

11 **参宿** からすきぼし・しんしゅく 二十八宿の一。

18 **参覲交代** さんきんこうたい 〔参勤交代〕江戸幕府の大名統制策の一。

22 **参籠** さんろう おこもり。

【又】〈また〉部

又0 **【又】**(2) **また**

0 **又** また 〔亦・復〕「―とない機会」

10 **又候** またぞろ またしても。

又1 **【叉】**(3) **サ・シャ**

0 **叉** また ▼【股】たま 308

← **叉手** さす 手をこまねくこと。

→ **叉手** さで すくい網の一。

10 **叉倉** あぜくら ▼【校倉】あぜくら 189

12 **叉焼** チャーシュー ☆ 焼き豚。

又2 **【収】**(4) **シュウ** **おさ**める・**おさ**まる

17 **収斂** しゅうれん 「血管が―する」

25 **収攬** しゅうらん 自分の手ににぎる。「瞬く間に人心を―した」

又2 **【双】**(4) **ソウ** **ふた**

0 **双ぶ** ならぶ ▼【列ぶ】ならぶ 44

双ヶ岡 ならびがおか 京都府の丘陵。

3 **双三** ふたみ 広島県の旧郡。

双子浦 ふたごうら 香川県の海岸。

4 **双手** もろて ▼【諸手】もろて 352

双六 すごろく★ 遊戯の一。

5 **双石山** ぼろいしやま 宮崎県の山。

8 **双肩** そうけん 左右の肩の意の漢語的表現。「国の将来がその―にかかっている」

9 **双海** ふたみ 愛媛県の旧町。

10 **双差** もろざし ▼【両差】もろざし 11

双紙 そうし ▼【冊子】そうし 41

20 **双簪鯊** しゅもくざめ ▼【撞木鮫】しゅもくざめ 160

30 **双鸞菊** かぶとぎく ▼【兜菊】かぶとぎく 36

又2 **【反】**(4) **ハン・ホン・タン** **そ**る・**そ**らす

0 **反** たん ▼【段】たん 203

反く そむく 違反する。

反す かえす ひっくり返す。

反って かえって ▼【却って】かえって 56

反っ歯 そっぱ ☆ 出っ歯。

反る かえる 「答えがすぐに―」

5 **反古** ほご★ ▼【反故】ほご 58

反正 はんぜい 第一八代天皇。

反石 はねいし 姓氏。

← **反舌** うぐいす ▼【鶯】うぐいす 425

→ **反舌** もず ▼【百舌】もず 259

反吐 へど★ 〔嘔吐〕「―が出るような気分」

7 **反町** そりまち 姓氏。

8 **反物** たんもの 〔段物〕 和服用の織物。

9 **反故** ほご★ 〔反古〕「約束を―にする」

10 **反芻** はんすう 「師の忠告を―する」

14 **反魂香** はんごんこう 〔返魂香〕 死者のおもかげを見せるという香。

反魂烟 タバコ ▼【煙草】タバコ 233

15 **反撥** はんぱつ 〔反発〕「親の意見に―する」

16 **反橋** そりはし・もどりばし 姓氏。

又2 **【友】**(4) **ユウ** **とも**

11 **友部** ともべ ①茨城県の旧町。②JR東日本常磐線等の駅。

12 **友達** ともだち 友人。

又6 **【取】**(8) **シュ** **と**る

0 **取っ置き** とっとき 「―のかくし芸」

取り敢えず とりあえず 〔不取敢〕「取るものも―」

4 **取手** とりで ①茨城県の市。②JR東日本常磐線等の駅。

← **取柄** とつか 弓などの手で握る部分。

→ **取柄** とりえ 〔取得〕 長所。

又6 **【受】**(8) **ジュ** **う**ける・**う**かる

14 **受領** ずりょう 平安時代の地方長官。

又6 **【叔】**(8) **シュク**

4 **叔父** おじ 父母の弟。また、叔母の夫。

5 **叔母** おば 父母の妹。また、叔父の妻。

7 **叔伯特** シューベルト オーストリアの作曲家。

9 **叔姪** しゅくてつ おじとめい。

11 **叔曼** シューマン 〔舒曼〕 ドイツの作曲家。

又7 **【叙】**(9) **ジョ**

0 **叙べる** のべる ▼【陳べる】のべる 393

7 **叙利亜** シリア 国名。

又7 **【叛】**(9) **ホン・ハン**

0 **叛く** そむく 背く。

7 **叛乱** はんらん 反乱。

14 **叛旗** はんき 反旗。

又14 **【叡】**(16) **エイ**

8 叡知 えいち 英知。
15 叡慮 えいりょ 天皇のお考え。

又16【叢】(18) ソウ

0 叢 くさむら 〔草叢〕草が群がっている所。
叢る むらがる 〔簇る〕群がる。
8 叢雨 むらさめ☆ ▼【群雨】むらさめ 303
10 叢記 そうき 種々のことを集め記すこと。
叢祠 ほこら ▼【祠】ほこら 272
叢時雨 むらしぐれ ▼【村時雨】むらしぐれ 182
叢書 そうしょ 一群の書物。

【口】〈くち〉〈くちへん〉部

口0【口】(3) コウ・ク くち

0 口 く 刃のある武器などを数える語。
2 口八丁 くちはっちょう 「—手八丁」
4 口分田 くぶんでん 班田収授法による田。
5 口永良部島 くちのえらぶじま 鹿児島県の島。「くちえらぶ」とも。
口号む くちずさむ ▼【口遊む】くちずさむ 59
口占 くちうら 人の言葉を聞いて、それで占うこと。
←口舌 くぜつ 〔口説〕言い争い。
→口舌 こうぜつ 「—の徒」
口伝 くでん☆ 直接口で伝える。
口伝て くちづて 「—に聞く」
7 口角 こうかく 「—泡を飛ばす」
口吟む くちずさむ ▼【口遊む】くちずさむ 59
口吻 こうふん☆ 口先。
8 口受 くじゅ 学問・技術などを口頭で教えられること。
口忠実 くちまめ よくしゃべるさま。
9 口風琴 ハーモニカ 楽器。
11 口許 くちもと 「—がかわいい」
口唱 くそう 阿弥陀の名を唱える。
口惜しい くやしい 悔しい。
12 口腔 こうこう・こうくう 「—外科」
口遊む くちずさむ★〔口吟む・口号む〕「唱歌を—」
14 口誦 こうしょう 声を出して書物などをよむ。
口説 くぜつ ▼【口舌】くぜつ 59
口説く くどく 「言葉たくみに—」
口銭 こうせん 仲介手数料。
口漱 うがい ▼【嗽】うがい 72
16 口頭瘡 あくち 口のまわりのできもの。
22 口籠る くちごもる はっきり言わない。

口2【右】(5) ウ・ユウ みぎ

4 右手 めて☆ ▼【馬手】めて 410
5 右左口 うばぐち ①山梨県の旧村・峠。②姓氏。
7 右近衛府 うこんえふ 古代の役所の一。
12 右筆 ゆうひつ 〔祐筆〕書記。
21 右顧左眄 うこさべん 決断できず迷う。

口2【可】(5) カ

0 可からず べからず 「許可なき者、立ち入る—」
可し べし 「明朝九時に集合す—」
3 可也山 かやさん 福岡県の山。
6 可成り かなり 「—の損害」
7 可児 かに ①岐阜県の郡・市。②JR東海太多線の駅。③姓氏。
可坊 べらぼう ▼【篦棒】べらぼう 286
9 可哀想 かわいそう★〔可哀相〕「—な身の上」
10 可笑しい おかしい★「何度聞いても—話」
可真 かま 岡山県の旧村。
11 可惜 あたら★〔惜〕「—好機を逃した」
可惜身命 あたらしんみょう 体や命を大事にする。
可部 かべ ①広島市の旧町・峠。②JR西日本の路線・駅。
13 可愛い かわいい☆「—子には旅をさせよ」
可愛川 えのかわ 広島県の川。
可愛岳 えのだけ 宮崎県の山。
可辟児 コペルニクス 〔歌白尼〕ポーランドの天文学者。
16 可憐 かれん 「—に咲く花」
可憐しい いじらしい 「涙をこらえる子どもが—」

口2【叺】(5) かます

0 叺 かます わらむしろで作った袋。

口2【叶】(5) キョウ

0 叶う かのう 姓氏。

叶う かなう ☆「念願が―」

11 叶崎 かなえざき 高知県の岬。

口2【句】(5) ク

7 句麦 なでしこ ▼【瞿麦】なでしこ 265

13 句践 こうせん 〔勾践〕中国、春秋時代の王。

14 句読点 くとうてん 文につける句点と読点(とうてん)。

口2【古】(5) コ ふるい・ふるす

0 古 いにしえ☆「―をしのぶ」

3 古女 ごまめ ▼【鱓】ごまめ 421

4 古今東西 ここんとうざい いつでも、どこでも。

古今著聞集 ここんちょもんじゅう 説話集。

古仁屋 こにや 鹿児島県の地名・港。

古井 こび ①岐阜県の旧町。②JR東海高山本線の駅。

古丹別 こたんべつ 北海道の川・地名。

古文書 こもんじょ 古い文書。

5 古加 コカ ▼【古柯】コカ 60

古処山 こしょざん 福岡県の山。

古弗 コッホ ドイツの細菌学者。

古平 ふるびら 北海道の川・郡・町(ちょう)・漁港。

6 古宇利島 こうりじま 沖縄県の島。

古在 こざい 姓氏。

7 古希 こき ▼【古稀】こき 60

古尾谷 ふるおや 姓氏。

古兵 ふるつわもの 〔古強者〕「歴戦の―」

古里 こり ①東京都の旧村。②JR東日本青梅(おうめ)線の駅。

古呂利 コロリ 〔虎狼痢〕コレラの別名。

8 古河 こが ①茨城県の市。②JR東日本東北本線の駅。

古刹 こさつ 由緒ある古寺。

古拙 こせつ 「―な表現」

古波蔵 こはぐら・こばぐら 姓氏。

古武 こたけ 姓氏。

古明地 こめいじ・ふるめじ 姓氏。

古和浦湾 こわうらわん 三重県の湾。

9 古柯 コカ 〔古加〕コカの木。

10 古馬牧 こめまき 群馬県の旧村。

古釜布湾 ふるかまっぷわん 北海道の湾。

古峰原 こぶがはら 栃木県の高原・地名・街道。

古狸 ふるだぬき 年老いたタヌキ。

11 古強者 ふるつわもの ▼【古兵】ふるつわもの 60

古惚ける ふるぼける 古くなって色あせる。

12 古閑 くが・こが 姓氏。

古稀 こき☆〔古希〕七〇歳。

古満目 こまめ 高知県の地名。

13 古新居 こにい 姓氏。

15 古潭 こたん 北海道の地名。

古論武士 コロンブス ▼【閣龍】コロンブス 390

16 古諺 こげん☆ 古くから伝わることわざ。

口2【叩】(5) コウ

0 叩き はたき☆ 掃除用具。

叩く たたく 〔敲く・拍く〕たたく。打つ。

4 叩手 ゆかで 姓氏。

9 叩首 こうしゅ 「叩頭(こうとう)」に同じ。

16 叩頭 こうとう★ 頭を地につけお辞儀する。

叩頭く ぬかずく ▼【額突く】ぬかずく 405

叩頭虫 こめつきむし ▼【米搗虫】こめつきむし 287

口2【号】(5) ゴウ

0 号ぶ さけぶ 大声を発する。

8 号泣 ごうきゅう 「悲報に―する」

口2【司】(5) シ

0 司 つかさ ▼【官】つかさ 101

司る つかさどる 〔掌る〕「政務を―」

10 司馬相如 しばしょうじょ 中国、前漢の詩人。

司馬遷 しばせん 中国、前漢の歴史家。

司馬懿 しばい 中国三国時代の将軍・政治家。

口2【史】(5) シ

← 史 さかん ▼【主典】さかん 13

→史 ふびと ①記録を扱う役人。②姓氏。

口2【只】(5) シ

0 只 ただ 〔徒〕「―で働かされる」

7 只見 ただみ ①福島県の川・町。②JR東日本の路線・駅。

8 只事 ただごと ▼【徒事】ただごと 132

14 只管 ひたすら★ 〔一向〕「―あやまる」

只管打坐 しかんたざ 〔祇管打坐〕ひたすら座禅すること。

口2【叱】(5) シツ

0 叱る しかる 〔呵る〕「子どものいたずらを―」

5 叱叱 しっしっ 「―、あっちへ行け」

叱正 しっせい 「よろしくご―を乞う」

7 叱声 しっせい しかる声。

8 叱咜 しった ▼【叱咤】しった 61

9 叱咤 しった 〔叱咜〕大声でしかる。

11 叱責 しっせき☆ しかりとがめる。

口2【召】(5) ショウ めす

2 召人 めしうど 宮中の歌会始で歌を召された人。

8 召使い めしつかい 女中・下男など、雇われて雑用をする者。

口2【台】(5) ダイ・タイ

0 台 うてな☆ ①姓氏。②▼【萼】うてな 325

8 台東 たいとう 東京都の特別区。

12 台詞 せりふ★ 〔科白〕「―をとちる」

台湾鶩 バリケン カモ科の鳥。

口2【叮】(5) テイ

17 叮嚀 ていねい ▼【丁寧】ていねい 4

口3【各】(6) カク おのおの

11 各務 かかみ・かがみ ①岐阜県の旧郡。②姓氏。

各務ヶ原 かかみがはら ①岐阜県の台地。②JR東海高山本線の駅。

各務原 かかみがはら ①岐阜県の市。②名鉄の路線。

各務支考 かがみしこう 江戸前期の俳人。

口3【吉】(6) キチ・キツ

2 吉丁虫 たまむし 〔金花虫・玉虫〕コウチュウ目の昆虫。

←吉川 よしかわ・きっかわ 姓氏。

→吉川 よかわ 兵庫県の旧町。

4 吉日 きちにち・きちじつ・きつじつ 「大安―」

吉方 えほう☆ 〔兄方・恵方〕めでたい方角。

5 吉左右 きっそう 吉報。

吉四六 きっちょむ とんち話の主人公。

吉旦 きったん よい日。吉日。

吉目木 よめき 姓氏。

吉礼 きれ 和歌山電鉄貴志川線の駅。

6 吉兆 きっちょう よいことが起こる前ぶれ。

7 吉言 よごと ▼【寿詞】よごと 106

吉志部 きしべ 姓氏。

吉坂峠 きっさかとうげ 福井・京都府境の峠。

吉利支丹 キリシタン★ ▼【切支丹】キリシタン 44

吉里吉里 きりきり ①岩手県の港。②JR東日本山田線の駅。

吉良 きら ①愛知県の町。②高知県の川。③姓氏。

吉良義央 きらよしひさ 江戸中期の幕臣。

8 吉事 きちじ・よごと めでたい事がら。

吉舎 きさ ①広島県の旧町。②JR西日本福塩線の駅。

9 吉城 よしき 岐阜県の旧郡。

吉津 よしづ 三重県の旧町。

吉柳 きりゅう 姓氏。

10 吉躬 きみ 姓氏。

吉師部 きしべ 姓氏。

吉祥 きちじょう・きっしょう よい前兆。

吉祥天女 きちじょうてんにょ・きっしょうてんにょ 仏教で、福徳安楽を与え、仏法を守護する女神。「吉祥天」とも。

11 吉都 きっと JR九州の路線。

吉野ヶ里 よしのがり 佐賀県の町。

吉野生 よしのぶ ①愛媛県の旧村。②JR四国予土線の駅。

12 吉賀 よしか 島根県の町。

吉備 きび ①和歌山県の旧町。②岡山県の高原・旧郡・旧町。③JR西日本の路線。

吉備団子 きびだんご☆ ▼【黍団子】きびだんご 430

吉備奈仔 きびなご ▼【黍魚子】きびなご 430

吉備真備 きびのまきび ①奈良時代の廷臣。②井原いばら鉄道井原線の駅。

14 吉報 きっぽう 幸先がいい知らせ。

14 吉隠 よなばり ①奈良県の地名。②姓氏。

15 吉敷 よしき 山口県の旧郡。

口3 【吃】(6) **キツ**

0 吃る どもる 声が滑らかに出ないこと。

4 吃水 きっすい ▼【喫水】きっすい 70

6 吃吃 きつきつ 声に出して笑う。

9 吃逆 しゃっくり・きつぎゃく ★ ▼【噦】しゃっくり 73

15 吃緊 きっきん ▼【喫緊】きっきん 70

22 吃驚 びっくり・きっきょう ★〔喫驚〕「急に名前を呼ばれて―した」

口3 【吸】(6) **キュウ すう**

11 吸殻 すいがら タバコの燃えさし。

14 吸塵 きゅうじん 細かいごみを吸い込む。

口3 【叫】(6) **キョウ さけぶ**

0 叫く わめく・おめく〔喚く〕「酔っ払いが―」

4 叫天 ひばり ▼【雲雀】ひばり 398

叫天子 ひばり ▼【雲雀】ひばり 398

叫天雀 ひばり ▼【雲雀】ひばり 398

12 叫喚 きょうかん 「阿鼻あび―」

口3 【吁】(6) **ク・ウ**

0 吁 ああ ▼【嗚呼】ああ 71

吁く なげく ため息をつく。

口3 【向】(6) **コウ むく・むける・むかう・むこう**

0 向かっ腹 むかっぱら 「―が立つ」

向こう脛 むこうずね すねの前面。

3 向山 さきやま 姓氏。

4 向日 むこう 京都府の市。

向日町 むこうまち ①京都府の丘陵。②JR西日本東海道本線の駅。

向日葵 ひまわり ★〔日輪草〕キク科の大形一年草。

5 向丘 むこうがおか 東京都の地名。

向田 むかだ・むこうだ 姓氏。

7 向坂 さきさか 姓氏。

9 向後 きょうこう・こうご・きょうご 今後。

向津具 むかつく 山口県の半島。

向洋 むかいなだ ①広島県の地名。②JR西日本山陽本線の駅。

12 向象賢 しょうしょうけん 琉球王朝の政治家・学者。

19 向霧立越 むこうきりたちごえ 熊本・宮崎県境の尾根道。

口3 【后】(6) **コウ**

←后 あと 後。

→后 きさき〔妃〕「王様とお―様」

口3 【合】(6) **ゴウ・ガッ・カッ あう・あわす・あわせる**

3 合子草 ごきづる 62 ▼【合器蔓】ごきづる

合川 あいかわ ①秋田県の旧町。②姓氏。

4 合切 がっさい〔合財〕「一切―」

合木 こうき 姓氏。

6 合羽 かっぱ ☆ レインコート。

合気蔓 ごきづる 62 ▼【合器蔓】ごきづる

7 合決り あいじゃくり〔合抉り〕板のはぎ合わせ方の一種。

合抉り あいじゃくり ▼【合決り】あいじゃくり 62

8 合祀 ごうし 一つの神社に合わせまつる。

9 合巻 ごうかん 江戸後期の絵入りの読み物。

合点 がてん・がってん ☆「―がいかない」

10 合財 がっさい ▼【合切】がっさい 62

合従連衡 がっしょうれんこう 利害に応じて団結したり離れたりする政策。

合庭 あいば・あえば 姓氏。

11 合婚槐 ねむのき 62 ▼【合歓木】ねむのき

12 合渡 ごうど 姓氏。

13 合戦 かっせん 「関ケ原の―」

15 合縁奇縁 あいえんきえん〔相縁機縁〕お互いに気心が合うも合わぬも、不思議な縁によるということ。

合歓 ミモザ ギンヨウアカシアの通称。

合歓木 ねむのき ★〔合婚槐・烏農樹・栄花樹・黄昏・交枝樹・佐帰木・睡樹・馬英花・有情樹・棔〕マメ科の落葉高木。

合歓綢繆 ごうかんちゅうびゅう 男女が愛し合うこと。

合器蔓 ごきづる〔合気蔓・合子草・御器蔓〕ウリ科のつる性一年草。

合駒 あいごま ▼【間駒】(あいごま) 389

合標 あいじるし 裁縫などで合わせ目につける印。

口3 **【吋】**(6) スン・トウ

0 **吋** インチ 長さの単位。

口3 **【吊】**(6) チョウ

0 **吊り床** つりどこ ハンモック。

9 **吊虻** つりあぶ 〔長吻虻〕ツリアブ科の昆虫の総称。

口3 **【吐】**(6) ト はく

0 **吐かす** ぬかす 「何を―!」

←**吐く** つく 「ため息を―」

→**吐く** はく 〔嘔く〕「荒い息を―」

5 **吐生** はぶ 姓氏。

10 **吐師** はじ 姓氏。

吐哺捉髪 とほそくはつ 「吐哺握髪」に同じ。

吐哺握髪 とほあくはつ☆ 食事中や洗髪中も面会するほど、人材を得るのに熱心なたとえ。

14 **吐綬鶏** しちめんちょう ▼【七面鳥】(しちめんちょう) 3

15 **吐噶喇** とから 鹿児島県の列島・海峡。

吐魯蕃 トルファン 中国の都市。

口3 **【同】**(6) ドウ おなじ

0 **同い年** おないどし 同年齢。

3 **同工異曲** どうこういきょく 見かけは異なるようでも内容は同じ。

7 **同床異夢** どうしょういむ 行動をともにしながら意見・考えを異にする。

9 **同胞** はらから・どうほう☆ 同じ国民。

10 **同衾** どうきん 一つの寝具の中に一緒に寝る。

口3 **【名】**(6) メイ・ミョウ な

3 **名久井** なくい 青森県の山(―岳(だけ))・旧村。

名川 ながわ 青森県の旧町。

5 **名主** なぬし 村をまとめる長。

←**名代** なだい 「―のそば屋」

→**名代** みょうだい 「父の―として参列する」

名立 なだち ①新潟県の旧町。②JR西日本北陸本線の駅。

6 **名西** みょうざい 徳島県の郡。

名字 みょうじ ▼【苗字】(みょうじ) 319

7 **名谷** みょうだに 神戸市営地下鉄西神・山手(せいしん・やまて)線の駅。

名告り なのり 〔名乗り〕「―を上げる」

名告る なのる 〔名乗る〕「受付で―」

名利 みょうり 名誉と利益。

8 **名東** みょうどう 徳島県の郡。

名和 なわ ①鳥取県の旧町。②JR西日本山陰本線の駅。

9 **名洗** なあらい 千葉県の港。

10 **名残** なごり☆ 〔余波〕「―が尽きない」

11 **名貫川** なぬきがわ 宮崎県の川。

名寄 なよろ ①北海道の川・盆地・市。②JR北海道宗谷(そうや)本線の駅。

名張 なばり ①奈良県の川。②三重県の盆地・市。③近鉄大阪線の駅。

12 **名越** なごせ 水間(みずま)鉄道の駅。

13 **名誉挽回** めいよばんかい 一度傷ついた名誉を取り戻す。

18 **名題** なだい 歌舞伎(かぶき)などの題名。

19 **名瀬** なぜ 鹿児島県の旧市・港。

20 **名護蘭** なごらん 〔仙人指甲蘭〕ラン科の常緑多年草。

口3 **【吏】**(6) リ

14 **吏読** りとう・りと 〔吏道〕古代朝鮮での漢文表記法。

口4 **【吽】**(7) ウン・コウ・ク・ゴウ・グ

13 **吽嗟** ああ ▼【嗚呼】(ああ) 71

口4 **【含】**(7) ガン ふくむ・ふくめる

11 **含羞** がんしゅう はにかみ。

含羞う はじらう 恥ずかしそうにする。

含羞む はにかむ 恥ずかしがる。

←**含羞草** おじぎそう☆ 〔知羞草〕マメ科の多年草。

→**含羞草** ねむりぐさ オジギソウの別名。

13 **含蓄** がんちく 「―のある文章」

14 **含嗽** うがい・がんそう ▼【嗽】(うがい) 72

口4 **【吟】**(7) ギン

0 **吟じる** ぎんじる 「漢詩を―」

8 **吟味** ぎんみ 「食材を―する」

20 **吟醸** ぎんじょう 「―酒」

口4 **【听】**(7) ギン

0 听 ポンド ▼【封】ポンド 106
听く きく 耳にする。

口4 【君】(7) クン きみ
3 君子豹変 くんしひょうへん☆ ①過ちをすみやかに改めること。②態度が急に変わること。
12 君達 きんだち ▼【公達】きんだち 39
15 君遷子 しなのがき カキノキ科の落葉高木。
19 君寵 くんちょう 主君からかわいがられる。

口4 【呉】(7) ゴ
0 呉れる くれる 「連絡を―」
5 呉汁 ごじる すりつぶした大豆の入ったみそ汁。
6 呉竹 くれたけ ハチクの別名。
7 呉呉 くれぐれ 〔懇懇〕「―もよろしく」
8 呉服 くれはとり 姓氏。
呉妹 くれせ 姓氏。
9 呉音 ごおん 漢字の字音の一。
呉茱萸 ごしゅゆ・からはじかみ ミカン科の落葉小高木。
10 呉桃 くるみ ①姓氏。②▼【胡桃】くるみ 308
12 呉越同舟 ごえつどうしゅう 敵味方が居合わすこと。
呉須 ごす 磁器の染め付けに用いる顔料。
18 呉織 くれはとり ①渡来系の織工。②姓氏。
呉藍 くれない ▼【紅】くれない 290

口4 【吾】(7) ゴ
0 吾 われ わたし。
吾が君 あがきみ あなた。
吾が輩 わがはい われ。わし。
←吾子 あこ 幼児の自称。
→吾子 あご わが子。
吾川 あがわ 高知県の郡・旧村。
4 吾木香 われもこう ▼【吾亦紅】われもこう 64
5 吾平 あいら 鹿児島県の旧町。
6 吾亦紅 われもこう ★〔吾木香・我毛香・割木瓜・地楡〕バラ科の多年草。
8 吾河 わかわ 姓氏。
吾国山 わがくにさん 茨城県の山。
←吾妻 あがつま ①群馬県の川・郡・旧町。②JR東日本の路線。
吾妻 あずま ▼【東】あずま 184
→吾妻 あづま ①山形・福島県境にある火山群の総称。②福島県の旧町。③長崎県の旧町。④島原鉄道の駅。
吾妻耶山 あづまやさん 群馬県の山。
吾妻鏡 あずまかがみ 鎌倉幕府が編んだ公的記録。
吾妹 わぎも 男が妻や恋人を呼ぶ語。
10 吾孫 あびこ 姓氏。
11 吾野 あがの ①埼玉県の旧村。②西武池袋線・同秩父線の駅。
17 吾嬬 あずま ▼【東】あずま 184

口4 【吼】(7) コウ・ク
0 吼える ほえる ▼【吠える】ほえる 65

口4 【告】(7) コク つげる
0 告り言 のりごと 〔宣り言・詔〕天皇のおおせ。みことのり。
4 告天 ひばり ▼【雲雀】ひばり 398
告天子 ひばり ▼【雲雀】ひばり 398
告文 こうもん 神仏に願いを伝える文。
10 告朔 こうさく ▼【視告朔】こうさく 348

口4 【吹】(7) スイ ふく
0 吹ヶ峠 ふきがたわ 島根県の峠。
3 吹子 ふいご ▼【鞴】ふいご 402
5 吹田 すいた ①大阪府の市。②JR西日本東海道本線・阪急千里線の駅。
8 吹突岳 ふっきだけ 秋田県の山。
9 吹革 ふいご ▼【鞴】ふいご 402
10 吹浦 ふくら ①山形県の旧村。②JR東日本羽越本線の駅。
11 吹雪 ふぶき ☆「紙―」『桜―』
吹雪く ふぶく 〔乱吹く〕雪を伴って風が激しく吹く。
←吹越 ふきこし 姓氏。
→吹越 ふっこし JR東日本大湊線の駅。
吹越烏帽子 ふっこしえぼし 青森県の山。
13 吹路 ふくろ 群馬県の地名。
17 吹聴 ふいちょう ☆ 言いふらす。「自分の手柄だと―する」
吹螺 ほらがい ▼【法螺貝】ほらがい 213

口4 【呎】(7) セキ

0 呎 フィート　長さの単位。

口4【吮】(7)　**シュン・セン**

0 吮う すう　口で徐々に吸う。

10 吮疽 せんそ　はれもののうみを吸う。

口4【呈】(7)　**テイ**

0 呈する ていする　示す。

5 呈示 ていじ　「身分証を―する」

口4【吶】(7)　**トツ・ドツ**

7 吶吶 とつとつ　▼【訥訥】(とつとつ) 350

12 吶喊 とっかん　ときの声をあげる。

口4【吞】(7)　**トン・ドン**

6 吞気 のんき ☆　▼【暢気】(のんき) 174

吞舟 どんしゅう　「―の魚(うお)」

吞吐 どんと　吞むことと吐くこと。

7 吞兵衛 のんべえ　▼【飲兵衛】(のんべえ) 407

口4【吠】(7)　**ハイ・バイ・ベイ**

0 吠える ほえる　〔吼える・咆える・哮える〕「ライオンが―」

吠え面 ほえづら　大声で泣いている顔。

8 吠舎 バイシャ　インドの四大身分の第三。

吠陀 ベーダ　〔韋陀〕　バラモン教の根本聖典。

17 吠檀多 ベーダーンタ　ベーダ聖典ウパニシャッドの別名。

口4【否】(7)　**ヒ　いな**

0 否 いや　いいえ。

否む いなむ　否定する。

7 否応 いやおう　「―なく決められた」

否否 いやいや　いえいいえ。

12 否然 いなせ　諾否。

15 否諾 いなせ・いなう　諾否。

口4【吻】(7)　**フン・ブン**

6 吻合 ふんごう ☆　ぴったり一致する。

口4【呆】(7)　**タイ・ボウ・ホウ**

←呆ける とぼける　▼【恍ける】(とぼける) 140

呆ける ほうける　▼【惚ける】(ほうける) 142

→呆ける ぼける ☆　▼【惚ける】(ぼける) 142

呆れる あきれる　〔惘れる〕「―ほど気が長い」

6 呆気ない あっけない ☆　「―最期」

呆気者 うつけもの　〔虚者・空け者〕　おろか者。ぼんやり者。

12 呆然 ぼうぜん　〔惘然〕「事態の推移に―とする」

口4【呂】(7)　**リョ・ロ**

4 呂不韋 りょふい　中国、戦国末の秦の宰相。

7 呂宋 ルソン ☆　フィリピンの島。

9 呂律 ろれつ ☆　「―が回らない」

口4【吝】(7)　**リン**

0 吝 けち　〔吝嗇〕「―をつける」

吝い しわい　しみったれだ。

吝か やぶさか ☆　「出席するに―でない」

7 吝坊 けちんぼう・しわんぼう　極端に物惜しみする人。

吝吝 けちけち　物惜しみがひどい。

13 吝嗇 けち・りんしょく　▼【吝】(けち) 65

口5【呵】(8)　**カ**

0 呵る しかる　▼【叱る】(しかる) 61

8 呵呵 かか・からから　大声で笑う。

11 呵責 かしゃく ☆　〔訶責〕「良心の―にたえない」

口5【咎】(8)　**キュウ・ク・コウ**

0 咎 とが　〔科〕　あやまち。罪。

咎める とがめる　過ちを責める。

2 咎人 とがにん　〔科人〕　罪人。

口5【呟】(8)　**ケン**

0 呟く つぶやく　小声で言う。

口5【呼】(8)　**コ　よぶ**

2 呼人 よびと　①北海道の半島。②JR北海道石北本線の駅。

3 呼子 よぶこ　佐賀県の旧町・港。

6 呼吸 いき　「―が合う」

13 呼続 よびつぎ　名鉄名古屋本線の駅。

口5【呷】(8)　**コウ**

0 呷る あおる ★「毒杯を―」

8 呷呷 ぐいぐい　「―と酒を飲む」

口5【呰】(8)　**シ**

3 呰上 あざがみ　姓氏。

7 呰見 あざみ　姓氏。

11 呰部 あざえ　①岡山県の旧町。②姓氏。

口5【呪】(8)　**シュウ・ジュ・シュ・ズ**

0 呪い まじない 「すぐに眠れる―」

呪う のろう 〔詛う〕「わが身の不幸を―」

11 呪術 じゅじゅつ ☆「―師」

12 呪詛 じゅそ 〔呪詛〕 のろう。

13 呪禁 じゅごん・ずごん ☆ まじないで災いをはらう。

口5【呪】(8) シュウ・ジュ・シュ・ズ

12 呪詛 じゅそ ▼【呪詛】じゅそ 66

口5【周】(8) シュウ まわり

0 周く あまねく ▼【遍く】あまねく 372

周る めぐる 歩きまわる。

←周匝 しゅうそう ゆきわたる。

→周匝 すさい 岡山県の地名。

周布 すふ ①島根県の川・地名。②JR西日本山陰本線の駅。③姓氏。

周布政之助 すふまさのすけ 幕末期の長州藩士。

周礼 しゅらい 中国、周代の書。

6 周吉 すき 島根県の旧郡。

7 周防 すおう ①瀬戸内海の海域（―灘すおうなだ）。②山口県の山地。③旧国名。現在の山口県東半分。④姓氏。

周防内侍 すおうのないし 平安後期の女流歌人。

8 周参見 すさみ ①JR西日本紀勢本線の駅。②姓氏。

10 周桑 しゅうそう 愛媛県の旧郡。

11 周章しい あわただしい ▼【慌ただしい】あわただしい 144

周章てる あわてる ☆ ▼【慌てる】あわてる 144

周章狼狽 しゅうしょうろうばい ★ あわてふためくこと。

周船寺 すせんじ ①福岡県の旧村。②JR九州筑肥ちくひ線の駅。

16 周燕 ほととぎす ▼【杜鵑】ほととぎす 182

口5【呻】(8) シン

0 呻く うめく ★「患者の―声」

呻る うなる ▼【唸る】うなる 70

7 呻吟 しんぎん 「句作に―する」

口5【咀】(8) ショ・ソ

0 咀む かむ 細かくかむ。

21 咀嚼 そしゃく ★「論文の内容を―する」

口5【呫】(8) チョウ・ショウ

21 呫囁耳語 しょうしょうじご ひそひそ話すこと。

口5【呶】(8) ド・ドウ

8 呶呶 くどくど ▼【諄諄】くどくど 352

14 呶鳴る どなる ▼【怒鳴る】どなる 139

口5【咄】(8) トツ

0 咄 はなし ▼【噺】はなし 73

咄す はなす 話す。

咄る しかる 大声でしかる。

8 咄咄 とつとつ 舌打ちするさま。

10 咄家 はなしか ▼【噺家】はなしか 73

←咄嗟 あわや 〔感・嗟哉〕「―大惨事だった」

→咄嗟 とっさ ★「―の判断」

口5【咆】(8) ホウ

0 咆える ほえる ▼【吠える】ほえる 65

10 咆哮 ほうこう ☆ ほえる。

口5【味】(8) ミ あじ・あじわう

6 味気無い あじけない 「―生活」

10 味酒 うまさけ 「勝利の―に酔う」

味真野 あじまの 福井県の旧村。

味能 あんじょう ▼【味善う】あんじょう 66

12 味善う あんじょう 〔味能〕 うまく。

14 味漬 あまづけ 〔淡漬〕 甘塩の漬物。

16 味鋺 あじま ①名鉄小牧こまき線の駅。②姓氏。

味蕾 みらい ☆ 舌にある味覚の受容器。

口5【命】(8) メイ・ミョウ いのち

0 命 みこと 〔尊〕 神・貴人の名前につける尊称。

7 命辛辛 いのちからがら やっとのことで。「―逃げ出す」

10 命脈 めいみゃく いのち。生命。

命冥加 いのちみょうが 幸運にも命が助かる。

11 命終 みょうじゅう・めいしゅう 命が終わる。

命婦 みょうぶ 律令制で婦人の称号の一。

口5【和】(8) ワ・オ やわらぐ・やわらげる・なごむ・なごやか

←和 なぎ ▼【凪】なぎ 42

→和 やまと 姓氏。

和う　あまなう　〔諧う・甘なう〕同意する。満足する。

和える　あえる　〔韲える〕「酢みそで―」

和え物　あえもの　〔韲・韲え物〕料理の一。

和ぐ　なぐ　▼【凪ぐ】なぐ 42

和やか　にこやか　うれしそうににこにこする。

3 **和三盆**　わさんぼん　上質の白砂糖。

4 **和手**　にこで　▼【柔手】にこで 187

和水　なごみ　熊本県の町。

和太　にぎた　姓氏。

和方　わだ　姓氏。

和毛　にこげ　やわらかな毛。

5 **和生**　あいお　姓氏。

和白　わじろ　①福岡県の地名。②JR九州香椎線等の駅。

和布　わかめ　☆▼【若布】わかめ 318

和布刈　めかり　①〔海布刈〕海藻を刈ること。②福岡県の景勝地。③姓氏。

和布蕪　めかぶら　めかぶ。

6 **和気**　わけ　①岡山県の郡・町。②JR西日本山陽本線の駅。③愛媛県の旧村。④姓氏。

和気清麻呂　わけのきよまろ　奈良末・平安初期の廷臣。

和気藹藹　わきあいあい　▼【和気靄靄】わきあいあい 67

和気靄靄　わきあいあい　〔和気藹藹〕「―とした茶話会」

和光同塵　わこうどうじん　☆　才能を隠して俗世間に交わる。

和合　わごう　富山県の旧町。

和地関　バチカン　国名。

和同開珎　わどうかいちん　日本最初の銭。

7 **和佐又山**　わさまたやま　奈良県の山。

和束　わづか　京都府の町。

和妙　にきたえ　▼【和栲】にきたえ 67

和良　わら　岐阜県の旧村。

8 **和具**　わぐ　三重県の旧町。

和尚　おしょう　「山寺の―さん」

和尚菜　のぶき　▼【野蕗】のぶき 379

和知　わち　①京都府の旧町。②JR西日本山陰本線の駅。③広島県の地名。

和林　カラコルム　モンゴル帝国の首都。

9 **和和**　にこにこ　▼【欣欣】にこにこ 200

和泉　いずみ　①大阪・和歌山県境の山脈。②大阪府の市。③旧国名。現在の大阪府南部。④福井県の旧村。⑤姓氏。

和泉式部　いずみしきぶ　平安中期の女流歌人。

和美峠　わみとうげ　群馬・長野県境の峠。

10 **和栲**　にきたえ　〔和妙〕細かく織った布。

12 **和寒**　わっさむ　①北海道の町。②JR北海道宗谷本線の駅。

←**和琴**　わこと　北海道の温泉・半島。

→**和琴**　わごん　雅楽などで用いる楽器。

13 **和煦**　わく　春の日が暖かなこと。

和睦　わぼく　仲直り。

14 **和稲**　にきしね　もみを取り除いた稲。

←**和徳**　やまと　姓氏。

→**和徳**　わっとく　青森県の旧村。

15 **和幣**　にきて　〔幣帛〕神に供える麻布。

18 **和邇**　わに　①滋賀県の川・旧村。②JR西日本湖西線の駅。③姓氏。

19 **和蘭**　オランダ　☆　〔和蘭陀・阿蘭陀〕国名。

和蘭陀　オランダ　▼【和蘭】オランダ 67

口6 **【哀】**(9)　**アイ**　**あわれ・あわれむ**

0 **哀しい**　かなしい　悲しい。

9 **哀咽**　あいえつ　悲しみで声がつまる。

11 **哀婉**　あいえん　哀れで美しいさま。

哀悼　あいとう　「―の意を表する」

13 **哀毀骨立**　あいきこつりつ　父母の死の悲しみ。

15 **哀愍**　あいびん・あいみん　▼【哀憫】あいびん 67

哀憫　あいびん・あいみん　〔哀愍〕「―の情」

16 **哀憐**　あいれん　☆　悲しみ哀れむ。

口6 **【咽】**(9)　**イン・エン・エツ**

0 **咽**　のど　▼【喉】のど 71

咽せる　むせる　〔噎せる〕「酒に―」

咽ぶ　むせぶ　★▼【噎ぶ】むせぶ 72

3 **咽下**　えんか・えんげ　▼【嚥下】えんか 73

←**咽喉**　いんこう　咽頭と喉頭。

→**咽喉**　のど　▼【喉】のど 71

口6 **【咳】**(9)　**カイ・ガイ**

3画　口部 6画

0 **咳** せき「―がとまらない」

咳き しわぶき せき。せきばらい。

咳く せく せきをする。

14 **咳嗽** がいそう せき。

口6 **【咯】**(9) **カク**

13 **咯痰** かくたん ▼【喀痰】かくたん 70

口6 **【咸】**(9) **カン・ゲン**

18 **咸臨丸** かんりんまる 江戸幕府の軍艦。

口6 **【咥】**(9) **キ・テツ**

0 **咥える** くわえる ▼【銜える】くわえる 383

口6 **【呱】**(9) **コ**

9 **呱呱** ここ☆ 赤ん坊の泣き声。

口6 **【咬】**(9) **コウ・ゴウ・オウ・ヨウ**

0 **咬む** かむ ▼【嚙む】かむ 73

13 **咬嚠吧** ジャガタラ インドネシアの都市ジャカルタの古称。

口6 **【哄】**(9) **コウ・キョウ**

10 **哄笑** こうしょう ☆「一同思わず―した」

12 **哄然** こうぜん 声をあげてどっと笑う。

口6 **【哈】**(9) **ゴウ・ソウ・ハ**

5 **哈礼孫** ハリソン イギリスの時計技術者。

10 **哈馬哈** オマハ アメリカの都市。

11 **哈得孫** ハドソン イギリスの航海者。

哈密 ハミ 中国新疆(しんきょう)ウイグル自治区の都市。

14 **哈爾浜** ハルビン 中国の都市。

哈蜜爾敦 ハミルトン アイルランドの数学者。

口6 **【哉】**(9) **サイ**

0 **哉** かな 文末に用いて詠嘆・感動の意を表す。「素晴らしき―、わが人生」

口6 **【咲】**(9) **さく**

0 **咲う** わらう 笑う。

咲む えむ にっこりと笑う。

7 **咲花** さきはな ①新潟県の温泉。②姓氏。

咲来 さっくる ①北海道の地名・峠。②JR北海道宗谷(そうや)本線の駅。③姓氏。

13 **咲嘩** さっか 盗人や詐欺(さぎ)師の別名。

口6 **【咫】**(9) **シ**

0 **咫** あた 上代の長さの単位。

4 **咫尺** しせき ①距離がきわめて近いこと。「―の間」②貴人に近付く。

口6 **【品】**(9) **ヒン しな**

5 **品田** ほんだ 姓氏。

6 **品字藻** ひんじも ウキクサ科の多年草。

← **品位** ひんい 品格。

→ **品位** ほんい 律令制の位階。

← **品部** ともべ・しなべ ①古代の技術者集団。②姓氏。

→ **品部** ほんち 姓氏。

16 **品薄** しなうす「―につき、お一人様一個まで」

口7 **【員】**(10) **イン**

0 **員** かず ①物や人の数。②姓氏。

3 **員子** いんつう ▼【銀子】いんつう 383

5 **員弁** いなべ ①三重県の川・旧町。②姓氏。

13 **員数** いんずう 人や物の数。

口7 **【哥】**(10) **カ**

4 **哥天百格** グーテンベルク ▼【谷騰堡】グーテンベルク 355

哥木哈牙 コペンハーゲン デンマークの首都。

7 **哥沢** うたざわ ①三味線音楽の一種目。②姓氏。

8 **哥拉基士** グラックス 古代ローマの政治家。

哥林多 コリント ギリシアの都市。

10 **哥倫比亜** コロンビア 国名。

13 **哥塞牙** コルシカ 地中海の島。

17 **哥薩克** コサック ロシア政府に仕えた騎兵集団。

口7 **【哦】**(10) **ガ**

0 **哦** ガロン 液体の体積の単位。

哦う うたう 吟詠する。

口7 **【唁】**(10) **ゲン**

10 **唁唁** きゃんきゃん 犬の鳴き声。

口7 **【哮】**(10) **コウ・キョウ**

0 **哮える** ほえる ▼【吠える】ほえる 65

哮る たける 高ぶって大声を出す。

口7 **【哭】**(10) **コク**

0 **哭く** なく〔泣く〕「大声で―」

哭す こくす 泣き叫ぶ。

8 **哭泣** こっきゅう 悲しんで、大声で泣く。

口7 **【唆】**(10) **サ そそのかす**

0 **唆す** そそのかす 〔嗾す〕「子どもを—」

口7 **【哨】**(10) **ショウ**

0 **哨** みはり 警戒・防御の部署。

7 **哨戒** しょうかい 敵の攻撃を警戒する。

← **哨吶** さとつ・さない 木管楽器の一。

→ **哨吶** チャルメラ ☆ 木管楽器の一。

口7 **【唇】**(10) **シン くちびる**

12 **唇歯輔車** しんしほしゃ 互いに助け合い補い合う関係。

口7 **【啄】**(10) **タク**

0 **啄ばむ** ついばむ ☆「小鳥が木の実を—」

← **啄木鳥** きつつき ☆〔木突〕キツツキ科の鳥のうち、アカゲラ・ヤマゲラなどアリスイ類以外のものの総称。

→ **啄木鳥** けらつつき キツツキの別名。

口7 **【哲】**(10) **テツ**

5 **哲立科** ジェリコー フランスの画家。

口7 **【唐】**(10) **トウ から**

0 **唐** もろこし ▼【唐土】もろこし 69

唐の原 とうのはる 西鉄貝塚線の駅。

2 **唐人** からうと 姓氏。

3 **唐土** もろこし 〔唐〕中国の呼称。

4 **唐丹** とうに ①岩手県の湾。②三陸鉄道南リアス線の駅。

唐木香 もっこう 〔木香〕キク科の多年草。

7 **唐芥子** とうがらし 〔唐辛・唐辛子・番椒・蕃椒〕ナス科の一年草。

唐辛 とうがらし ▼【唐芥子】とうがらし 69

唐辛子 とうがらし ▼【唐芥子】とうがらし 69

← **唐茄子** かぼちゃ ▼【南瓜】かぼちゃ 54

→ **唐茄子** とうなす 〔蕃南瓜〕カボチャの別名。

唐松 からまつ ▼【落葉松】からまつ 326

9 **唐胡麻** とうごま 〔唐槲・蓖麻〕トウダイグサ科の大形一年草。

唐紅 からくれない ▼【韓紅】からくれない 402

唐変木 とうへんぼく 偏屈な人を言う語。

10 **唐桃** からもも 〔寿星桃〕アンズの古名。

11 **唐菁** すずしろ ▼【蘿蔔】すずしろ 334

← **唐黍** とうきび トウモロコシの別名。

→ **唐黍** もろこし ▼【蜀黍】もろこし 337

唐棣 はねず 〔棠棣〕植物の名。ニワウメの古名とも。

13 **唐楓** とうかえで 〔三角楓〕カエデ科の落葉小高木。

唐蒙 ねなしかずら ▼【根無葛】ねなしかずら 189

15 **唐槲** とうごま ▼【唐胡麻】とうごま 69

唐鋤 からすき 〔犂〕柄が曲がって刃が広い鋤。

16 **唐橘** からたちばな 〔百両金〕ヤブコウジ科の常緑小低木。

18 **唐櫃** からびつ 衣服・文書などを入れる箱。

唐櫃台 からとだい 神戸電鉄有馬(ありま)線の駅。

19 **唐瀬原** からせばる 宮崎県の台地。

口7 **【唄】**(10) **ハイ・バイ**

0 **唄う** うたう 〔謡う・歌う〕「歌を—」

口7 **【哺】**(10) **ホ**

0 **哺む** はぐくむ 〔育む・羽含む〕養い育てる。

8 **哺育** ほいく 保育。

哺乳壜 ほにゅうびん 乳児にミルクを与えるびん。

口7 **【哩】**(10) **リ**

0 **哩** マイル 〔英里〕長さの単位。

口8 **【啞】**(11) **ア・アク**

8 **啞者** あしゃ 言葉を話すことができない人。

11 **啞啞** ああ カラスの鳴き声を表す語。

12 **啞然** あぜん 「—として言葉も出ない」

18 **啞蟬** おしぜみ 鳴かないセミ。

口8 **【啀】**(11) **ガイ**

0 **啀み合う** いがみあう ★「兄弟が—」

口8 **【喝】**(11) **カツ**

0 **喝す** おどす こわがらせる。

8 **喝采** かっさい 「—を博する」「拍手—」

9 **喝食** かっしき 禅寺での食事の作法。

10 **喝破** かっぱ 正しい説を言い切る。

口8 **【喞】**(11) **ガン・カン**

0 **喞える** くわえる ☆ ▼【銜える】くわえる 383

口8 **【啓】**(11) **ケイ**

0 **啓く** ひらく 「悟りを—」

13 **啓蒙** けいもう 「庶民を—する」

17 **啓蟄** けいちつ ★二十四節気の一。

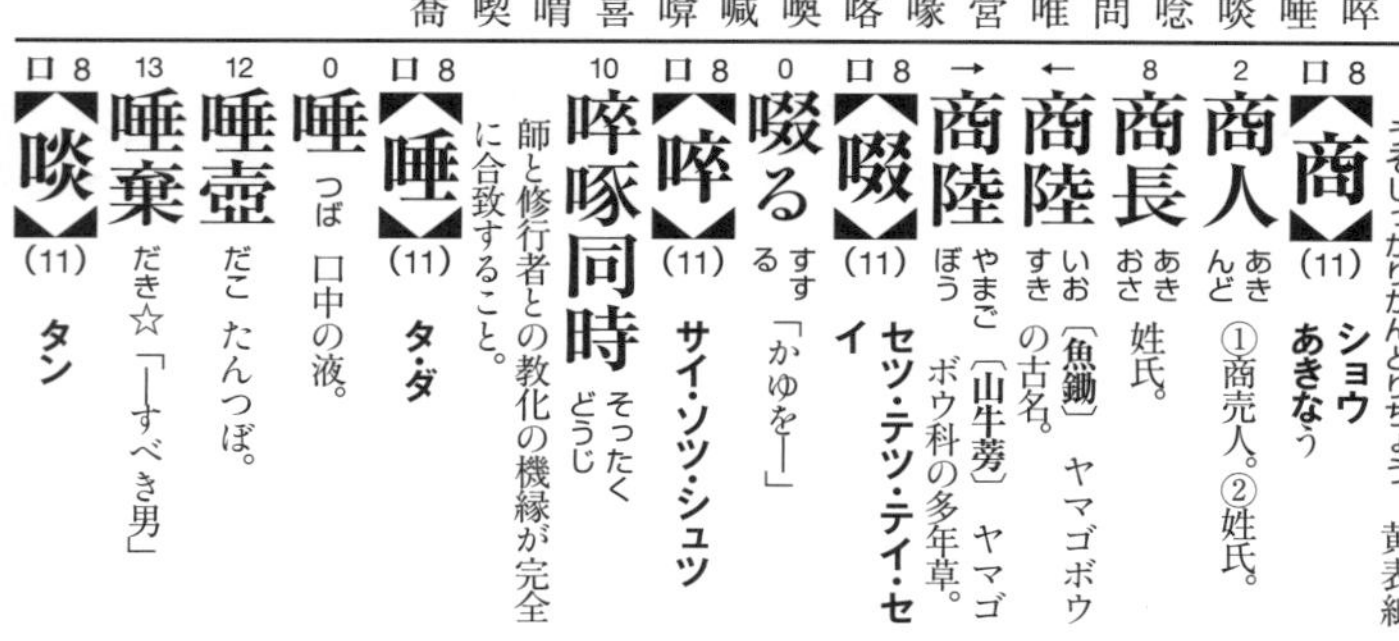

口8【啌】(11) コウ

0 啌 うそ いつわりの言葉。

6 啌多雁取帳 うそしっかりがんとりちょう 黄表紙。

口8【商】(11) ショウ あきなう

2 商人 あきんど ①商売人。②姓氏。

8 商長 あきおさ 姓氏。

←商陸 いおすき 〔魚鋤〕ヤマゴボウの古名。

→商陸 やまごぼう 〔山牛蒡〕ヤマゴボウ科の多年草。

口8【啜】(11) セツ・テツ・テイ・セイ

0 啜る すする 「かゆを―」

口8【啐】(11) サイ・ソツ・シュツ

10 啐啄同時 そったくどうじ 師と修行者との教化の機縁が完全に合致すること。

口8【唾】(11) タ・ダ

0 唾 つば 口中の液。

12 唾壺 だこ たんつぼ。

13 唾棄 だき☆「―すべき男」

口8【啖】(11) タン

0 啖う くらう ▼【喰らう】くらう 71

8 啖呵 たんか 「―を切る」

口8【唸】(11) テン・デン・ネン

0 唸る うなる 〔呻る〕「犬が―」

口8【問】(11) モン とう・とい・とん

5 問叶 とがい 姓氏。

9 問屋 とんや・といや 「―で商品を仕入れる」

問荊 すぎな 〔筆頭草・筆頭菜・接着草〕トクサ目の夏緑性シダ植物。

12 問寒別 といかんべつ ①北海道の地名。②JR北海道宗谷（そう）本線の駅。

口8【唯】(11) ユイ・イ

0 唯 ただ ひたすら。わずか。

11 唯唯諾諾 いいだくだく 言いなりになるさま。

口9【営】(12) エイ いとなむ

10 営倉 えいそう 軍隊で、罪を犯した兵の収容施設。また、そこに入れられる罰。

11 営巣 えいそう 巣を作る。

18 営繕 えいぜん 建築物を新築・増築したり、改築・修繕すること。

口9【喙】(12) カイ

0 喙 くちばし ▼【嘴】くちばし 72

口9【喀】(12) カク

0 喀く はく はき出す。

7 喀来爾 カーライル イギリスの評論家。

12 喀喀 おめおめ 〔阿容阿容〕「今さら―と帰れない」

13 喀痰 かくたん 〔咯痰〕痰をはく。

口9【喚】(12) カン

0 喚く わめく・おめく☆ ▼【叫く】わめく 62

喚ぶ よぶ 呼ぶ。

10 喚起鳥 うぐいす ▼【鶯】うぐいす 425

口9【喊】(12) カン

7 喊声 かんせい ときの声。

口9【喰】(12) ガン

21 喰囈 ねごと 寝言。

口9【喜】(12) キ よろこぶ

2 喜入 きいれ ①鹿児島県の旧町。②JR九州指宿枕崎（いぶすきまくらざき）線の駅。

6 喜多村 きたむら 姓氏。

8 喜茂別 きもべつ 北海道の川・山（―岳（だけ））・町（ちょう）。

9 喜屋武 きやん ①沖縄県の岬・地名。②姓氏。

10 喜馬拉 ヒマラヤ 〔喜馬拉雅〕インド・中国などの国境の山脈。

喜馬拉雅 ヒマラヤ ▼【喜馬拉】ヒマラヤ 70

喜梅 にわざくら ▼【朱桜】にわざくら 181

喜連川 きつれがわ ①栃木県の旧町。②姓氏。

喜連瓜破 きれうりわり 大阪市営地下鉄谷町線の駅。

21 喜懼 きく よろこびとおそれ。

口9【喟】(12) キ

0 喟く なげく ため息をつく。

12 喟然 きぜん 嘆息する。

口9【喫】(12) キツ

4 喫水 きっすい☆ 〔吃水〕船舶が浮かんでいる時、船体の水面下の深さ。

9 喫茶 きっさ 茶を飲む。

15 喫緊 きっきん 〔吃緊〕大切。

22 喫驚 びっくり・きっきょう☆ ▼【吃驚】びっくり 62

口9【喬】(12) キョウ

0 喬い たかい 高い。
←喬木 きょうぼく ☆ 丈の高い木。
→喬木 たかぎ 長野県の村。

口9 **【喧】**(12) **ケン・ゲン**
←喧しい かしましい ▼【姦しい】かしましい 95
喧しい かまびすしい 〔囂しい〕「—話し声」
→喧しい やかましい 「世間が—」
6 喧伝 けんでん ☆「広く—された話」
12 喧喧囂囂 けんけんごうごう 「—たる論議」
13 喧嘩 けんか ☆「—を売る」

口9 **【喉】**(12) **コウ**
0 喉 のど 〔咽・咽喉〕「—がかわく」
16 喉頭 こうとう 「—結核」

口9 **【喰】**(12) **サン**
0 喰う くう 食べる。
喰らう くらう 〔啖う〕「大飯を—」

口9 **【啻】**(12) **シ**
0 啻に ただに ★ 単に。

口9 **【善】**(12) **ゼン よい**
0 善い いい ▼【良い】いい 315
善し悪し よしあし 「すぐに実行するのは—だ」
6 善行 ぜんぎょう ①神奈川県の地名。②小田急江ノ島線の駅。
7 善男善女 ぜんなんぜんにょ 信仰厚い人々。
善那 ジェンナー イギリスの医師。
8 善知鳥 うとう ☆ ①チドリ目ウミスズメ科の海鳥。②長野県の峠。③姓氏。
9 善後策 ぜんごさく 「—を講ずる」
善哉 ぜんざい ★ しるこの一種。
10 善師野 ぜんじの 名鉄広見線の駅。
12 善善 よくよく ▼【能能】よくよく 310
22 善嚢 きくみ 姓氏。

口9 **【喘】**(12) **ゼン・セン**
0 喘く せく せきをする。
喘ぐ あえぐ 「不況に—」

口9 **【喪】**(12) **ソウ も**
0 喪う うしなう 「交通事故で夫を—」

口9 **【喞】**(12) **ソク・ショク**
0 喞つ かこつ ぐちをこぼす。
12 喞喞 しょくしょく ★ 虫などの鳴くさま。
喞筒 ポンプ ☆ 機械の一。

口9 **【喋】**(12) **チョウ・トウ**
0 喋る しゃべる 話す。
12 喋喋 ちょうちょう・べらべら ★ しきりにしゃべる。
喋喋喃喃 ちょうちょうなんなん 男女が楽しそうに語り合う。

口9 **【啼】**(12) **テイ**
0 啼く なく 鳴く。
8 啼泣 ていきゅう 「皆—した」
10 啼哭 ていこく 大声で泣き叫ぶ。

口9 **【喃】**(12) **ダン・ナン**
0 喃 のう 人に呼びかけるときの語。
14 喃語 なんご 男女が仲むつまじくささやきあう。

口9 **【喩】**(12) **ユ**
0 喩え たとえ ▼【譬え】たとえ 355
喩す さとす ▼【諭す】さとす 354

口9 **【喇】**(12) **ラツ・ラ**
5 喇叭 らっぱ 「—ズボン」「—飲み」
14 喇嘛 ラマ チベット仏教の僧侶。
喇嘛教 ラマきょう チベット仏教の俗称。

口9 **【喨】**(12) **リョウ**
12 喨喨 りょうりょう 音のさえわたって響くさま。

口10 **【嗚】**(13) **オ・ウ**
8 嗚呼 ああ ☆ 〔歔・于・吁・吽嗟・嗟・嗟乎・嗟夫・噫・猗嗟〕「—もうだめだ」
9 嗚咽 おえつ ☆ むせび泣き。

口10 **【嗅】**(13) **キュウ**
0 嗅ぐ かぐ 〔齅ぐ〕においを鼻で感じる。
12 嗅覚 きゅうかく においを感じる感覚。

口10 **【嗟】**(13) **シャ・サ**
0 嗟 ああ ▼【嗚呼】ああ 71
4 嗟夫 ああ ▼【嗚呼】ああ 71
5 嗟乎 ああ ▼【嗚呼】ああ 71
9 嗟哉 あわや ▼【咄嗟】あわや 66
13 嗟嘆 さたん 「空しく—するばかり」

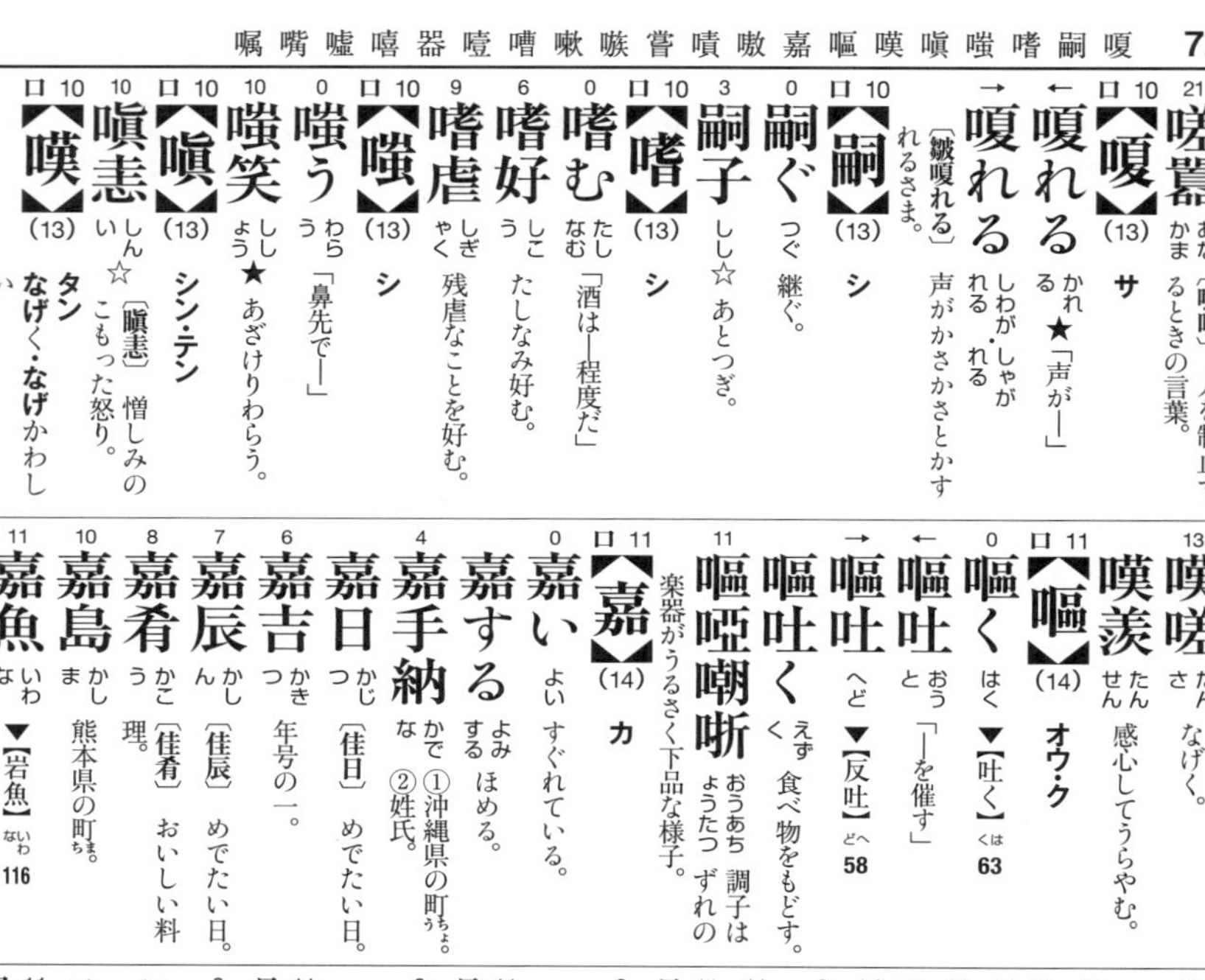

21 嗟嚚（あなかま）〔噫嗟〕 人を制止するときの言葉。

口10【嗄】(13) サ

← 嗄れる（かれる）★「声が—」

→ 嗄れる（しわがれる・しゃがれる）〔皺嗄れる〕 声がかさかさとかすれるさま。

口10【嗣】(13) シ

0 嗣ぐ（つぐ） 継ぐ。

3 嗣子（しし）☆ あとつぎ。

口10【嗜】(13) シ

0 嗜む（たしなむ）「酒は—程度だ」

6 嗜好（しこう） たしなみ好む。

9 嗜虐（しぎゃく） 残虐なことを好む。

口10【嗤】(13) シ

0 嗤う（わらう）「鼻先で—」

10 嗤笑（ししょう）★ あざけりわらう。

口10【嗔】(13) シン・テン

10 嗔恚（しんい）☆〔瞋恚〕 憎しみのこもった怒り。

口10【嘆】(13) タン なげく・なげかわしい

13 嘆嗟（たんさ） なげく。

嘆羨（たんせん） 感心してうらやむ。

口11【嘔】(14) オウ・ク

0 嘔く（はく）▼【吐く】（はく）63

← 嘔吐（おうと）「—を催す」

→ 嘔吐（へど）▼【反吐】（へど）58

嘔吐く（えずく） 食べ物をもどす。

11 嘔啞嘲哳（おうあちょうたつ） 調子はずれの楽器がうるさく下品な様子。

口11【嘉】(14) カ

0 嘉い（よい） すぐれている。

嘉する（よみする） ほめる。

4 嘉手納（かでな） ①沖縄県の町。②姓氏。

嘉日（かじつ）〔佳日〕 めでたい日。

6 嘉吉（かきつ） 年号の一。

7 嘉辰（かしん）〔佳辰〕 めでたい日。

8 嘉肴（かこう）〔佳肴〕 おいしい料理。

10 嘉島（かしま） 熊本県の町。

11 嘉魚（いわな）▼【岩魚】（いわな）116

12 嘉無薩加（カムチヤツカ）▼【堪察加】（カムチャツカ）80

13 嘉瑞（かずい） めでたいしるし。

口11【嗷】(14) ゴウ

12 嗷訴（ごうそ）▼【強訴】（ごうそ）129

口11【嘖】(14) サク

0 嘖む（さいなむ）★▼【苛む】（さいなむ）317

14 嘖嘖（さくさく）★「好評—」

口11【嘗】(14) ショウ・ジョウ

0 嘗て（かつて）★▼【曾て】（かつて）176

嘗める（なめる）〔舐める〕「あめを—」

口11【嗾】(14) ソウ

0 嗾ける（けしかける） そそのかす。

嗾す（そそのかす）▼【唆す】（そそのかす）69

口11【嗽】(14) ソウ・サク・シュウ

0 嗽（うがい）〔含嗽・口漱〕「—の励行」

← 嗽ぐ（くちすすぐ） うがいをする。

→ 嗽ぐ（すすぐ）▼【漱ぐ】（すすぐ）226

口11【嘈】(14) ソウ

14 嘈嘈（そうそう） 音や声が騒がしい。

口12【噎】(15) エツ

0 噎（エーカー）▼【英町】（エーカー）317

噎ぶ（むせぶ）〔咽ぶ〕「煙に—」「感涙に—」

噎せる（むせる）▼【咽せる】（むせる）67

口12【器】(15) キ うつわ

5 器皿（きべい） 杯や皿などの食器類。

口12【嘻】(15) キ

15 嘻嘻（きき）▼【嬉嬉】（きき）97

口12【嘘】(15) キョ・コ

0 嘘（うそ）「真っ赤な—」

6 嘘吐き（うそつき）「—は泥棒の始まり」

口12【嘴】(15) シ

0 嘴（くちばし）★〔喙〕「—をいれる」

3 嘴子（さいし） ノズル。

4 嘴太鴉（はしぶとがらす）☆ カラス科の鳥。

口12【嘱】(15) ショク

5 嘱目（しょくもく） 将来に期待し、目を離さず見守る。

10 嘱託 しょくたく 〔属託〕 仕事を頼んでまかせる。

11 嘱望 しょくぼう 「前途を―される」

口 12 【嘶】 (15) セイ・サイ

0 嘶く いななく ★ 馬が声高くなく。

口 12 【噂】 (15) ソン

0 噂 うわさ ☆ 「―をすれば影がさす」

口 12 【嘲】 (15) トウ・チョウ

0 嘲う あざわらう ▼【嘲笑う】あざわらう 73

嘲る あざける あざわらう。

7 嘲弄 ちょうろう ☆ ばかにしてからかう。

10 嘲笑 ちょうしょう 「―を買う」

← 嘲笑う あざわらう 〔嘲う・冷笑う〕「失敗を―」

→ 嘲笑う せせらわらう 〔冷笑う〕 あざわらう。

口 12 【嘸】 (15) フ・ブ

0 嘸や さぞや ★ さぞかし。さだめし。

口 12 【噴】 (15) フン ふく

4 噴井 ふけい 水が勢いよく噴き出す井戸。

11 噴雪花 ゆきやなぎ 〔雪柳〕 バラ科の落葉低木。

12 噴飯 ふんぱん ばかばかしくて思わずふき出す。

口 13 【噯】 (16) アイ

0 噯 おくび 〔噯気〕 げっぷ。

口 13 【噫】 (16) イ・アイ・ヨク

0 噫 ああ ▼【嗚呼】ああ 71

6 噫気 あいき げっぷ。

12 噫喧 あなかま ▼【嗟囂】あなかま 72

口 13 【噦】 (16) エツ・カイ

0 噦 しゃっくり 〔吃逆〕「―が止まらない」

噦り泣き しゃくりなき しゃくりあげて泣く。

噦る しゃくる しゃっくりをする。

口 13 【噤】 (16) キン

0 噤む つぐむ 〔鉗む〕「固く口を―」

口 13 【嚆】 (16) コウ

5 嚆矢 こうし 物事のはじめ。

口 13 【嘯】 (16) ショウ・シツ

0 嘯 うそふき 口を突き出した狂言面。

嘯く うそぶく 「運が悪かったと―」

口 13 【噬】 (16) セイ・ゼイ

18 噬臍 ぜいせい ほぞをかむ。

口 13 【噪】 (16) ソウ

0 噪ぐ さわぐ 大勢が声をあげる。

4 噪天 ひばり ▼【雲雀】ひばり 398

口 13 【噸】 (16) トン

0 噸 トン ▼【屯】トン 113

口 13 【噺】 (16) はなし

0 噺 はなし ☆ 〔咄〕「人情―」

10 噺家 はなしか 〔咄家〕 落語家。

口 14 【嚇】 (17) カク

0 嚇す おどす ▼【脅す】おどす 309

9 嚇怒 かくど ▼【赫怒】かくど 361

口 14 【嚊】 (17) ヒ

0 嚊 かかあ ☆ 〔嬶〕 妻を親しんで呼ぶ語。

4 嚊天下 かかあでんか 〔嬶天下〕 妻が権力を握っているさま。

口 15 【嚙】 (18) ゴウ・ゲツ

0 嚙む かむ 〔咬む・嚼む〕「ガムを―」

嚙る かじる ▼【齧る】かじる 433

口 15 【嚔】 (18) テイ

0 嚔 くしゃみ ★ 「―が止まらない」

嚔の木 はなひりのき ツツジ科の落葉低木。

口 15 【嚠】 (18) リュウ

12 嚠喨 りゅうりょう 音がさえて明るいさま。

口 16 【嚥】 (19) エン

0 嚥む のむ 飲みこむ。

3 嚥下 えんか・えんげ 〔咽下〕 飲みくだす。

口 16 【嚮】 (19) キョウ・コウ

0 嚮かう むかう 面と向き合う。

15 嚮導 きょうどう 道案内をする。

口 16 【嚬】 (19) ヒン

0 嚬める ひそめる ▼【顰める】ひそめる 406

口 18 【囈】 (21) ゲイ

14 囈語 うわごと 〔譫言〕「インフルエンザの熱にうなされて―を言う」

口 18 【囂】 (21) ゴウ・キョウ

0 囂しい かまびすしい ▼【喧しい】かまびすしい 71

21 **囂囂** ごうごう 「―たる非難」

口18 **【嚼】**(21) **シャク**

0 **嚼む** かむ ▼【嚙む】(むか) 73

口18 **【囁】**(21) **ジョウ**

0 **囁き** ささやき ▼【私語】(ささやき) 275

囁く ささやく 〔私語く・耳語く〕「耳元で―」

口18 **【囃】**(21) **ソウ**

0 **囃** はやし ▼【囃子】(はやし) 74

囃す はやす 大声でからかったりする。

3 **囃子** はやし ☆〔囃〕日本の伝統芸能における伴奏音楽。

口18 **【囀】**(21) **テン**

0 **囀る** さえずる 「スズメが―」

口19 **【囎】**(22) **そ**

11 **囎唹** そお ①鹿児島県の旧地名。②姓氏。

口19 **【囊】**(22) **ドウ・ノウ**

0 **囊** ふくろ 〔袋〕「―の鼠(ねずみ)」

4 **囊中** のうちゅう 袋の中。

8 **囊底** のうてい 財布の底。

【囗】〈くにがまえ〉部

口2 **【四】**(5) **シ よ・よっ・よっつ・よん**

0 **四ツ谷** よつや JR東日本中央線の駅。

四ツ倉 よつくら JR東日本常磐(じょうばん)線の駅。

四ヶ城 しかじょう 長野県の盆地。

←**四十** よそ・しじゅう 四〇。

→**四十** よそじ ▼【四十路】(よそじ) 74

四十九院 つくしいん・つるしいん 姓氏。

四十八願 よいなら 姓氏。

四十八瀬川 しじゅうはっせがわ 神奈川県の川。

四十万 しじま ①北陸鉄道石川線の駅。②姓氏。

四十四 よよし 連歌・俳諧(はいかい)の形式の一。

四十物 あいもの 姓氏。

四十雀 しじゅうから ★ シジュウカラ科の小鳥。

四十路 よそじ 〔四十〕四〇歳。

3 **四川** よかわ 姓氏。

四万 しま 群馬県の温泉。

四万十 しまんと 高知県の川・市・町(ちょう)。

4 **四月一日** わたぬき 姓氏。

四月朔日 わたぬき 姓氏。

四不像 しふぞう 中国に生息するシカの一種。

四分五裂 しぶんごれつ 秩序なく分裂すること。

四方 よも ①東西南北。②姓氏。

四方山話 よもやまばなし 「―に花が咲く」

四方手 しおで ▼【鞖】(しおで) 402

四方指 しほうざし 香川県の山。

四方津 しおつ JR東日本中央本線の駅。

5 **四出** しで ▼【垂】(しで) 78

四辺 あたり 〔辺り〕「この―は静かだ」

7 **四角号碼** しかくごうま 漢字の検索法。

四谷 よつや ①東京都の旧区・地名。②東京地下鉄(東京メトロ)丸ノ内線等の駅。

四条畷 しじょうなわて ①大阪府の市。②JR西日本片町線の駅。

四阪島 しさかじま 愛媛県の島群。

四尾連湖 しびれこ 山梨県の湖。

8 **四阿** あずまや ★〔阿舎・東屋〕庭園などに設けられた休憩用の建物。

四股 しこ ☆「―を踏む」

四股名 しこな ☆ ▼【醜名】(しこな) 377

9 **四面楚歌** しめんそか ☆ 孤立無援。

10 **四時菜** すずな ▼【菘】(すずな) 324

四倉 よつくら 福島県の旧町。

12 **四賀** しが 長野県の旧村。

四街道 よつかいどう ①千葉県の市。②JR東日本総武本線の駅。

四葩 よひら アジサイの別名。

口2 **【囚】**(5) **シュウ**

0 **囚われ** とらわれ 「―の身」

2 **囚人** めしうど とらえられた人。

14 **囚獄** ひとや ▼【獄】(ひとや) 243

口3 **【因】**(6) **イン よる**

0 **因** よすが ▼【縁】(よすが) 297

因って よって 〔依て・由って・仍て〕それゆえ。従って。
因に ちなみに ついでに言えば。
因る よる 〔由る〕「不注意に―ミス」
4 因支 いなき 姓氏。
10 因原 いんばら JR西日本三江(さんこう)線の駅。
因島 いんのしま ①広島県の島。②姓氏。
12 因循姑息 いんじゅんこそく☆「―なやり方」
因循苟且 いんじゅんこうしょ 今までのやり方にとらわれ改良する気がないさま。
13 因業 いんごう「―な仕打ち」
15 因縁 いんねん「浅からぬ―」
因幡 いなば ①旧国名。現在の鳥取県東部。②姓氏。

囗3【回】(6) **カイ・エ** **まわる・まわす**
0 回らす めぐらす 巡らす。
4 回心 えしん 仏道に入る。
6 回回教 フイフイきょう イスラム教。
回向 えこう☆〔廻向〕死者の供養を行う。「親族一同で―する」
8 回青橙 だいだい ▼【橙】だいだい 199
9 回紇 ウイグル・かいこつ 〔回鶻〕トルコ系遊牧民族。

囗3【囱】(6) **シ**
0 囱 ひよめき ▼【顋門】ひよめき 405

囗3【団】(6) **ダン・トン**
3 団子 だんご「花より―」
7 団乱旋 とらでん 雅楽の一。
8 団居 まどい★▼【円居】まどい 40
10 団扇 うちわ★「―であおぐ」
団栗 どんぐり★〔橡子〕クヌギなどブナ科の果実の俗称。
23 団欒 だんらん★「一家―のひととき」

囗4【囲】(7) **イ** **かこむ・かこう**
8 囲炉裏 いろり 室内にある炉。
18 囲繞 いじょう・いにょう★「山々に―された土地」

囗4【囮】(7) **カ・ガ**
0 囮 おとり 〔媒鳥〕「―商品」

囗4【困】(7) **コン** **こまる**
7 困阨 こんやく 困りはてる。
16 困憊 こんぱい★「疲労―」

囗4【図】(7) **ズ・ト** **はかる**
6 図会 ずえ「名所―」
7 図図しい ずうずうしい あつかましい。
図体 ずうたい からだつき。
図抜ける ずぬける なみはずれる。
9 図星 ずぼし ねらったところ。

囗5【固】(8) **コ** **かためる・かたまる・かたい**
0 固より もとより☆〔素より〕「失敗は―覚悟していた」
9 固陋 ころう☆ かたくな。
11 固唾 かたず☆「―をのんで見守る」

囗5【国】(8) **コク** **くに**
3 国上山 くがみやま 新潟県の山。
4 国中 くんなか ①山梨県甲府盆地の呼称。「くになか」とも。②奈良県奈良盆地の呼称。
国木田独歩 くにきだどっぽ 小説家・詩人。
5 国包 くにかね ①兵庫県の地名。②三木鉄道の駅。③姓氏。
国立 くにたち ①東京都の市。②JR東日本中央本線の駅。
6 国字垣 かながき 姓氏。
8 国英 くにふさ JR西日本因美線の駅。
国東 くにさき 大分県の半島・市。
国府 こう ①律令制下の政庁。「こくふ」とも。②愛知県の旧町。③名鉄名古屋本線等の駅。
国府台 こうのだい ①千葉県の高台。②京成本線の駅。
国府寺 こうでら 姓氏。
国府津 こうづ ①神奈川県の旧町。②JR東日本東海道本線等の駅。
国府宮 こうのみや 名鉄名古屋本線の駅。
9 国後 くなしり 北海道の島(―島(とう))・水道・郡。
国香 ふじばかま ▼【藤袴】ふじばかま 332
国風 くにぶり 〔国振り〕その国の風俗・習慣。
10 国造 くにのみやつこ ①古代の地方官。②姓氏。
11 国崎 くざき 三重県の地名。
国巣 くず 姓氏。
12 国場川 こくばがわ 沖縄県の川。

13 **国衙** こくが 律令制下の役所の一。

14 **国領** くにわけ 姓氏。

15 **国樔** くず 奈良県の地名。

16 **国頭** くにがみ 沖縄県の山地・郡・村(そん)。

国縫 くんぬい ①北海道の川・地名。②JR北海道函館本線の駅。

19 **国璽** こくじ 日本国の印章。

囗5 **【囹】**(8) **レイ**

10 **囹圄** れいご／れいぎょ 牢屋(ろうや)。

囗7 **【圃】**(10) **ホ**

12 **圃場** ほじょう 農場。

囗8 **【圊】**(11) **セイ**

0 **圊** かわや ▼【厠】かわや 57

囗9 **【圏】**(12) **ケン**

7 **圏谷** けんこく 氷河によって作られた地形、カールのこと。

9 **圏点** けんてん 「・」「、」など、文字のわきにつける符号。

囗10 **【園】**(13) **エン その**

9 **園城寺** おんじょうじ ①滋賀県の寺。②滋賀県の地名。

【土】〈つち〉〈つちへん〉部

土0 **【土】**(3) **ド・ト つち**

3 **土下座** どげざ 「―してわびる」

土川 ひじかわ 姓氏。

土々呂 ととろ ①宮崎県の地名。②JR九州日豊(にっぽう)本線の駅。

土々呂木 とどろき 姓氏。

4 **土手** どて 土を積み上げた堤。

土井晩翠 つちいばんすい 詩人・英文学者。

土方 ひじかた 姓氏。

土方歳三 ひじかたとしぞう 幕末の新撰組の副長。

5 **土甘** とがみ 姓氏。

土生 はぶ ①広島県の地名。②姓氏。

土生都 はぶつ 姓氏。

土奴魚 さかまた ▼【逆戟】さかまた 369

6 **土芋** ほど ▼【塊芋】ほど 81

土気 とけ JR東日本外房(そとぼう)線の駅。

土圭 とけい ▼【時計】とけい 172

土合 どあい ①茨城県の地名。②JR東日本上越線の駅。

土耳古 トルコ ★国名。

土庄 とのしょう 香川県の町(ちょう)。

土成 どなり 徳島県の旧町。

← **土当帰** うど ▼【独活】うど 241

→ **土当帰** のだけ 〔野竹〕 セリ科の多年草。

土肉 なまこ ▼【海鼠】なまこ 215

土有知 とうち 姓氏。

7 **土岐** とき ①岐阜県の市・旧郡。②姓氏。

土佐 とさ ①高知県の湾・郡・市・町(ちょう)。②愛媛県・高知県の街道。③民営鉄道(―電気鉄道)。④JR四国土讃(どさん)線の駅。⑤旧国名。現在の高知県全域。⑥姓氏。

土呂久 とろく 宮崎県の地名。

8 **土性骨** どしょうぼね 「おれたちの―を見せてやる」

土青木香 うまのすずくさ ▼【馬兜鈴】うまのすずくさ 411

土肥 とい 静岡県の温泉・旧町・港・峠。

土弥尼加 ドミニカ 国名。

9 **土海** はなみ 姓氏。

土荊芥 ありたそう 〔荊芥〕 アカザ科の一年草。

土神 にわ 姓氏。

10 **土原** ひじはら 姓氏。

土庫 とこ 姓氏。

土師 はじ ①埴輪(はにわ)製作などをした人。②鳥取県の地名。③JR西日本因美線の駅。④姓氏。「はにし」とも。

土師川 はぜがわ 京都府の川。

土師器 はじき 古代の素焼き土器の総称。

土時 とき 姓氏。

土通草 つちあけび 〔山珊瑚・土木通〕 ラン科の多年生寄生植物。

土竜 もぐら ★〔土豚・土鼠・鼴・鼹〕 モグラ科の哺乳(ほにゅう)類の総称。

11 **土産** みやげ ☆「出張の―」

土常山 あまちゃ 〔甘茶〕 ユキノシタ科の落葉低木。

土豚 もぐら ▼【土竜】もぐら 76

12 **土御門** つちみかど 第八三代天皇。

土窖 あなぐら ▼【窖】あなぐら 279
土棲蜂 つちすがり ジガバチ科のハチ。
土酥 すずしろ ▼【蘿蔔】すずしろ 334
土筆 つくし ★〔筆頭菜〕 スギナの胞子茎。
13 土塊 つちくれ ★ 土のかたまり。
土鼠 もぐら ▼【土竜】もぐら 76
土蜂 ゆするばち アナバチの古名。
土蛹 ちょろぎ ▼【甘露子】ちょろぎ 248
15 土器 かわらけ ★ 素焼きの陶器。
土器土 すえど 姓氏。
土樽 つちたる ← JR東日本上越線の駅。
土樽 つちだる → 新潟県の地名。
16 土壇場 どたんば ☆ 「―まで追い詰められる」
19 土瀝青 アスファルト 〔地瀝青〕 道路舗装などの材料。

土2 【圧】(5) **アツ**
0 圧える おさえる 力で服従させる。
圧し折る へしおる 「枝を―」
圧す おす 圧倒する。
9 圧巻 あっかん 「―のラストシーン」
圧面 べしみ ☆ ▼【癋見】べしみ 256

土2 【圦】(5) **いり**
0 圦 いり 水門。

土3 【圷】(6) **あくつ・あく**
0 圷 あくつ ①低い土地。②姓氏。

土3 【圭】(6) **ケイ**
9 圭冠 はしはこうぶり・けいかん 烏帽子えぼしに形の似た冠。

土3 【在】(6) **ザイ ある**
0 在す います・まします 〔坐す〕 いらっしゃる。
在り処 ありか ☆ 〔在り所〕 「盗まれた彫刻の―をつきとめる」
在り来り ありきたり 「―のプレゼント」
在り所 ありか 77 ▼【在り処】ありか
9 在狭田 ありさだ 姓氏。
10 在原業平 ありわらのなりひら 平安前期の歌人。
11 在郷 ざいごう 「―軍人」
在得 チャド 国名。

土3 【地】(6) **チ・ジ**
3 地下 じげ 昇殿を許されない官人。
地下足袋 じかたび 〔直足袋〕 ゴム底のついた足袋。
地也保 チャボ ▼【矮鶏】チャボ 267
6 地衣苔 うめのきごけ ▼【梅樹苔】うめのきごけ 190
地瓜児 ちょろぎ 248 ▼【甘露子】ちょろぎ
地血 あかね ▼【茜】あかね 321
地団駄 じだんだ 「―を踏む思い」
地名 じな 大井川鉄道大井川本線の駅。
7 地均し じならし 「交渉はまだ―の段階だ」
地芳峠 じよしとうげ 愛媛・高知県境の峠。
8 地炉 じろ いろり。
9 地革利斯 チグリス 西アジアを流れる川。
地祇 くにつかみ・ちぎ 国土の神。
地神山 じがみやま 山形・新潟県境の山。
地柏 あたごごけ 143 ▼【愛宕苔】あたごごけ
10 地蚕 ちょろぎ ▼【甘露子】ちょろぎ 248
11 地蛍 つちぼたる 〔蛍蛆〕 ホタルの幼虫。
地黄 じおう ゴマノハグサ科の多年草。
12 地梨 くさぼけ ▼【草木瓜】くさぼけ 321
地酥 すずしろ ▼【蘿蔔】すずしろ 334
13 地鉈 じなた 東京都の温泉。
地福 じふく ①山口県の旧村。②JR西日本山口線の駅。
地楡 あやめたむ ← 〔玉鼓・木楡〕 ワレモコウの別名。
地楡 われもこう → 64 ▼【吾亦紅】われもこう
14 地銭 ぜにごけ ▼【銭苔】ぜにごけ 383
15 地震 ない 大地。地震じしん。
地潜 じむぐり 有鱗目の爬虫はちゅう類。
地蔵 じぞう 旅人や子どもを守る菩薩ぼさつ。
16 地錦 つた ▼【蔦】つた 329
19 地瀝青 アスファルト 77 ▼【土瀝青】アスファルト

土4 【坎】(7) **カン**
0 坎 あな くぼみ。

土4 【均】(7) **キン**
0 均しい ひとしい 432 ▼【斉しい】ひとしい
均す ならす ☆ 〔平す〕 たいらにする。平均する。

16 **均霑** きんてん 〔均沾〕 等しく利益にうるおうこと。

土4 **【坑】**(7) **コウ**

0 **坑** あな 穴。

土4 **【坐】**(7) **サ・ザ**

0 **坐す** いまします ▼【在す】います 77

坐に そぞろに すずろに わけもなく。

坐ら いながら その場を動かないで。「―にして世界の情勢を知る」

坐る すわる 座る。

9 **坐臥** ざが ▼【座臥】がざ 126

13 **坐禅** ざぜん 座禅。

17 **坐礁** ざしょう 座礁。

土4 **【址】**(7) **シ**

0 **址** あと 「古い都の―」

土4 **【坍】**(7) **タン**

0 **坍** あず 〔崩崖〕 くずれた岸。

土4 **【坏】**(7) **ハイ**

0 **坏** つき 飲食物用の土器。

7 **坏作** つきつくり 姓氏。

土4 **【坂】**(7) **ハン さか**

4 **坂戸** さかべ 姓氏。

5 **坂出** さかいで ①香川県の市・港。②JR四国予讃(よさん)線の駅。

8 **坂茂** さかもち 姓氏。

9 **坂祝** さかほぎ ①岐阜県の町(ちょう)。②JR東海高山本線の駅。

坂城 さかき ①長野県の町(まち)。②しなの鉄道の駅。

坂寄 さかき 姓氏。

11 **坂部** さかべ 姓氏。

12 **坂越** さこし ①兵庫県の湾・地名。②JR西日本赤穂(あこう)線の駅。③姓氏。

土4 **【坊】**(7) **ボウ・ボッ**

0 **坊っちゃん** ぼっちゃん 「―育ち」

5 **坊主** ぼうず 僧侶の俗称。

8 **坊知峠** ぼうじだわ 広島県の峠。

13 **坊勢島** ぼうぜじま 兵庫県の島。

土5 **【坩】**(8) **カン**

12 **坩堝** るつぼ ①金属を熱する容器。②熱狂した雰囲気に満ちたさま。「興奮の―」

土5 **【坤】**(8) **コン**

0 **坤** ひつじさる ▼【未申】ひつじさる 180

12 **坤軸** こんじく 大地を支えていると想像されている地軸。

17 **坤輿** こんよ 大地。地球。

土5 **【垂】**(8) **スイ たれる・たらす**

0 **垂** しで 〔四出〕 玉串(たまぐし)に下げる紙。

垂り尾 しだりお 長く垂れ下がった尾。

←**垂れる** しだれる 「ヤナギの枝が―」

→**垂れる** だれる ▼【怠れる】だれる 139

垂れ柳 しだれやなぎ ▼【枝垂柳】しだれやなぎ 183

垂れ桜 しだれざくら ▼【枝垂桜】しだれざくら 183

垂んとする なんなんとする★ 「五万人に―大観衆」

4 **垂仁** すいにん 第一一代天皇。

←**垂水** たるみ ①滝。②神戸市の行政区。③JR西日本山陽本線の駅。

→**垂水** たるみず 鹿児島県の市。

垂井 たるい ①岐阜県の町(ちょう)。②JR東海東海道本線の駅。

垂木 たるき ▼【棰】たるき 193

5 **垂玉** たるたま 熊本県の温泉。

垂氷 たるひ ①つらら。②姓氏。

7 **垂見** たるみ 姓氏。

8 **垂乳根** たらちね☆ 〔足乳根〕 母親。

10 **垂涎** すいぜん・すいえん☆ 「―の的」

14 **垂髪** すべらかし 婦人の髪形の一。

土5 **【坦】**(8) **タン**

0 **坦らか** たいらか 地面が平らで広い。

8 **坦坦** たんたん 平らなさま。

土5 **【坪】**(8) **つぼ**

4 **坪内逍遥** つぼうちしょうよう 文人・教育家。

11 **坪菫** つぼすみれ ▼【壺菫】つぼすみれ 83

土6 **【垓】**(9) **ガイ・カイ**

0 **垓** がい 数の単位の一。

土6 **【垣】**(9) **かき**

←**垣内** かいと ①土地の区画の呼び名。②姓氏。

→**垣内** かきうち・かいとう 姓氏。

5 **垣外** かいと 垣の外。

3画 土部 4－6画

6 垣衣 しのぶぐさ 〔忍草・葱草・葱・葱草・瓦松・事無草・海州骨砕補〕 ワスレグサの別名。
7 垣谷 えんや・はんや 姓氏。
9 垣津旗 かきつばた ▼【杜若】かきつばた 182
垣津幡 かきつばた ▼【杜若】かきつばた 182
10 垣通し かきどおし 〔馬蹄草・連銭草〕 シソ科のつる性多年草。
12 垣間見る かいまみる ☆ 「実力の一端を—」
25 垣籬 えんり かき。まがき。

土6【型】(9) **ケイ かた**
16 型録 カタログ☆ 目録。

土6【垢】(9) **コウ・ク**
0 垢 あか 「—を落とす」「湯—」
7 垢抜け あかぬけ☆ 洗練されている。
16 垢膩 こうじ あかや油のよごれ。
18 垢穢 くえ あかで汚れている。
19 垢離 こり 水をあびて身を清める。

土6【垪】(9) **コウ**
8 垪和 かきわ・はが 姓氏。
12 垪賀 はが 姓氏。

土6【城】(9) **ジョウ しろ**
0 城 きつき・たち 姓氏。
← 城山 きやま 香川県の山。
→ 城山 ぐすくやま 沖縄県の山。
4 城戸 きど 姓氏。
← 城辺 ぐすくべ 沖縄県の旧町。
→ 城辺 じょうへん 愛媛県の旧町。
9 城狐社鼠 じょうこしゃそ 君側(くんそく)の奸臣(かんしん)。また、それが除きにくいことのたとえ。
城柵 じょうさく☆ 城にめぐらした柵。
10 城砦 じょうさい 〔城塞〕 城ととりで。
城島 きじま ①大分県の高原。②姓氏。
11 城崎 きのさき 兵庫県の温泉・旧郡・旧町。
12 城間 ぐすくま 姓氏。
13 城塞 じょうさい ▼【城砦】じょうさい 79
14 城端 じょうはな ①富山県の旧町。②JR西日本の路線・駅。③姓氏。
16 城頭 きとう 静岡県の旧村。

土6【垜】(9) **タ・ダ**
0 垜 あずち 〔射垜・堋〕 弓場の的山(まとやま)。

土7【埃】(10) **アイ**
← 埃 あい 数の単位の一。
→ 埃 ほこり 空中に散る細かなごみ。
3 埃及 エジプト★ 国名。
9 埃茸 ほこりたけ 〔馬勃〕 腹菌目のきのこ。

土7【埖】(10) **ごみ**
0 埖渡 ごみわたり 青森県の地名。

土7【埋】(10) **マイ うめる・うまる・うもれる**
0 埋ける いける 「炭を—」
埋け炭 いけずみ うずみ火。
埋み火 うずみび☆ 灰の中にうずめた炭火。
12 埋葬虫 しでむし シデムシ科の甲虫の総称。

土7【埒】(10) **ラチ・ラツ・レツ**
0 埒 らち 「—があかない」
5 埒外 らちがい 範囲外。

土8【基】(11) **キ もと・もとい**
3 基山 きざん 福岡・佐賀県境の山。
11 基隆 キールン 台湾の都市。
13 基督 キリスト☆ キリスト教の開祖。

土8【執】(11) **シツ・シュウ とる**
6 執行 しゅぎょう ①事務を取り扱う。②姓氏。
執成す とりなす 仲裁する。
8 執拗 しつよう☆ しつこいさま。
執拗い しつこい・しつっこい
12 執着 しゅうじゃく・しゅうちゃく 「とかく物事に—する「あまり—と嫌われるよ」たちだ」

土8【埴】(11) **ショク・シ**
0 埴 はに 粘土。
← 埴生 はにゅう 「—の宿」
→ 埴生 はぶ ①山口県の地名。②JR西日本山陽本線の駅。③姓氏。
9 埴科 はにしな 長野県の郡。
10 埴破 はんなり 舞楽の一。
11 埴猪口 へなちょこ 未熟な者。
15 埴輪 はにわ☆ 古代の副葬品。

土8【堆】(11) タイ・ツイ
0 堆い うずたかい ★ 積み重なって高い。
8 堆金積玉 たいきんせききょく 黄金や宝玉を高く積むこと。

土8【培】(11) バイ つちかう
0 培う つちかう 土を根にかけて草木を育てる。

土8【埠】(11) フ・ホ
16 埠頭 ふとう ★ 波止場。

土8【堋】(11) ホウ
0 堋 あずち ▼【垜】あずち 79

土8【堀】(11) ほり
4 堀内 ほりない 三陸鉄道北リアス線の駅。
← 堀田 ほった 姓氏。
→ 堀田 ほりた ①愛知県の地名。②名鉄名古屋本線等の駅。③姓氏。
7 堀杏庵 ほりきょうあん 江戸初期の儒学者・医者。
16 堀頸 ほりくび 生きたまま地中に埋めて首を斬る刑。

土9【堰】(12) エン
0 堰 せき 〔塞〕 堤防。
堰き止める せきとめる 流れなどをさえぎり止める。
堰く せく☆ 〔塞く〕 せき止める。
7 堰杙 いぐい 水をせき止めるために打つくい。
12 堰堤 えんてい 小規模のダム。
13 堰塞 えんそく せき止める。

土9【堪】(12) カン たえる
← 堪える こたえる 「この暑さは—」
→ 堪える こらえる☆ 〔怺える〕「痛みを—」
堪らない たまらない 「空腹で—」
堪り兼ねる たまりかねる しんぼうできない。
7 堪忍 かんにん 「ならぬ—するが—」
10 堪能 たんのう☆ 「おいしい料理を—する」
14 堪察加 カムチャツカ 〔嘉無薩加〕 ロシアの半島。

土9【堅】(12) ケン かたい
3 堅下 かたしも 近鉄大阪線の駅。
5 堅田 かたた ①滋賀県の旧町。②JR西日本湖西(こせい)線の駅。
6 堅気 かたぎ 「—な人」
8 堅物 かたぶつ 融通のきかない人。
11 堅魚 かつお ☆ ▼【鰹】かつお 421
堅魚木 かつおぎ 神社建築にみられる装飾の短材。

土9【場】(12) ジョウ ば
13 場照山地 ばてるさんち 大分・宮崎県境の山地。

土9【堕】(12) ダ
0 堕ちる おちる 堕落する。

土9【塚】(12) つか
5 塚目 つかのめ JR東日本陸羽東(りくうとう)線の駅。
10 塚原卜伝 つかはらぼくでん 戦国時代の剣客。

土9【堤】(12) テイ つつみ
4 堤中納言物語 つつみちゅうなごんものがたり 短編物語集。
13 堤塘 ていとう 堤防。

土9【堵】(12) ト
6 堵列 とれつ 横に並んで立つ。

土9【塔】(12) トウ
0 塔 あららぎ 塔(とう)のいみことば。
3 塔丸 とうのまる 徳島県の山。
7 塔克拉瑪干 タクラマカン 中国の砂漠。
塔里木 タリム 中国の盆地。
11 塔婆 さかたざめ 〔犂頭鯊・坂田鮫〕 エイ目の海魚。
16 塔頭 たっちゅう ☆ わきでら。子院。

土9【塀】(12) ヘイ
8 塀和 はが 姓氏。

土9【堡】(12) ホ・ホウ
10 堡砦 ほうさい ▼【堡塞】ほうさい 80
12 堡塁 ほうるい とりで。
13 堡塞 ほうさい 〔堡砦〕 とりで。

土9【報】(12) ホウ むくいる
0 報える こたえる ▼【応える】こたえる 136
報せる しらせる 知らせる。「急を—」
4 報仇 ほうきゅう 仕返し。

土9【塁】(12) ルイ
0 塁 とりで ▼【砦】とりで 269
塁ねる かさねる 積み上げる。

土 10【塋】(13) **エイ**

11 塋域 えいいき 墓場。

土 10【塩】(13) **エン しお**

0 塩っぱい しょっぱい 「―漬物」

2 塩入 しおいり ①香川県の地名。②JR四国土讃線の駅。

5 塩汁 しょっつる ☆〔醢汁〕調味料の一。

塩生 しおなす 岡山県の地名。

6 塩江 しおのえ 香川県の温泉(―温泉郷)・旧町。

9 塩狩 しおかり ①北海道の地名・峠。②JR北海道宗谷本線の駅。

10 塩浸 しおひたし 鹿児島県の温泉。

塩梅 あんばい ☆「吸い物の―をみる」

塩釜 しおがま ①宮城県の湾・港。②JR東日本東北本線の駅。③栃木県の温泉。

12 塩場菜 しばな シバナ科の多年草。

13 塩飽 しわく 香川県の諸島。

15 塩膚木 ぬるで ▼【白膠木】 ぬるで 258

21 塩竈 しおがま 宮城県の市。

土 10【塊】(13) **カイ かたまり**

0 塊 だま 粉のかたまり。

6 塊芋 ほど 〔土芋〕マメ科のつる性多年草。

土 10【塙】(13) **カク**

0 塙 はなわ ①福島県の町。②姓氏。

7 塙坂 はねさか 姓氏。

9 塙保己一 はなわほきのいち 江戸後期の和学者。

土 10【塒】(13) **シ・ジ**

← 塒 とぐろ 〔蜷局〕「―を巻く」

塒 とや ▼【鳥屋】 とや 422

→ 塒 ねぐら 「―に帰る」

土 10【塑】(13) **ソ**

14 塑像 そぞう 粘土などで作った像。

土 10【塞】(13) **ソク・サイ**

0 塞 せき ▼【堰】 せき 80

塞がる ふさがる 「排水管が―」

塞く せく ▼【堰く】 せく 80

塞の神 さいのかみ ▼【道祖神】 さいのかみ 372

5 塞丙牙 セネガル 国名。

10 塞翁が馬 さいおうがうま ☆「人間(じんかん)万事―」

塞納 セーヌ フランスの川。

塞班 サイパン 西太平洋の島。

土 10【塡】(13) **テン・チン**

0 塡まる はまる ☆ ▼【嵌まる】 はまる 117

← 塡める うずめる 補充する。

→ 塡める はめる ▼【嵌める】 はめる 117

5 塡句 はめく 他人の句の一部を自作にあてはめる。

7 塡足 てんそく 不足を補う。

13 塡塞 てんそく 詰まってふさがる。

土 10【塗】(13) **ト ぬる**

0 塗す まぶす ☆「パン粉を―」

塗れる まみれる 「汗に―」

9 塗炭 とたん ☆「―の苦しみをなめる」

10 塗師 ぬし うるしを塗る人。

12 塗筍 なまこ ▼【海鼠】 なまこ 215

土 10【塘】(13) **トウ**

13 塘蒿 セロリ セリ科の一年草または越年草。

塘路 とうろ ①北海道の湖・地名。②JR北海道釧網(せんもう)本線の駅。

土 10【墓】(13) **ボ はか**

15 墓標 はかじるし・ぼひょう 墓の印に立てる柱。

16 墓薙 はかなぎ 盆に墓を掃除すること。

土 11【境】(14) **キョウ・ケイ さかい**

4 境内 けいだい 「―を散歩する」

8 境明神峠 さかいのみょうじんとうげ 茨城・栃木県境の峠。

11 境域 きょういき 〔疆域〕土地の境目。

土 11【塹】(14) **ザン・セン**

17 塹壕 ざんごう 陣地の周りの溝。

土 11【塵】(14) **チン・ジン**

← 塵 ごみ 〔芥〕物のくず。

塵 じん 数の単位の一。

→ 塵 ちり ごみ。

6 塵虫 ごみむし ▼【塵芥虫】 ごみむし 81

7 塵芥 ちりあくた・じんかい ごみ。

塵芥虫 ごみむし 〔歩行虫・芥虫・塵虫〕オサムシ科の甲虫の一部の総称。

塵劫 じんこう 仏教で、きわめて長い時間。
9 塵垢 じんこう ちりとあか。よごれ。
← 塵埃 じんあい 「―にまみれる」
→ 塵埃 ほこり・ちりほこり 小さいごみや細かいほこり。
15 塵箱 ごみばこ ごみを入れる箱。

土11【増】(14) **ゾウ** **ます・ふえる・ふやす**
3 増子 ましこ 姓氏。
4 増毛 ましけ ①北海道の山地・郡・町・港。②JR北海道留萌本線の駅。③姓氏。
13 増幌 ますぽろ 北海道の地名。

土11【墨】(14) **ボク** **すみ**
6 墨西哥 メキシコ ☆ 国名。
墨肌 すみはだ ▼【澄肌】すみはだ 227
9 墨客 ぼっかく・ぼっきゃく 「文人―」
墨染 すみぞめ ①京都府の地名。②京阪電鉄京阪本線の駅。
墨俣 すのまた ①岐阜県の地名。②姓氏。
11 墨魚 いか ▼【烏賊】いか 231
墨痕淋漓 ぼっこんりんり 筆で書いた文字が黒々と、生き生きとしているさま。

土12【墟】(15) **キョ**
13 墟墓 きょぼ 墓地。

土12【墜】(15) **ツイ**
0 墜す おとす 「コップを床に―」
墜ちる おちる 「屋根から―」
10 墜栗花 ついり 姓氏。

土13【壒】(16) **アイ**
22 壒嚢鈔 あいのうしょう 室町中期の事典。

土13【墺】(16) **オウ・イク**
4 墺太利 オーストリア ☆ 国名。〔墺地利亜〕
墺太剌利亜 オーストラリア ▼【濠太剌利】オーストラリア 228
6 墺地利亜 オーストリア ▼【墺太利】オーストリア 82
12 墺斯陳 オースティン イギリスの作家。

土13【壊】(16) **カイ** **こわす・こわれる**
6 壊死 えし★ 細胞の一部が死ぬ。
7 壊乱 かいらん 秩序を乱す。
10 壊疽 えそ☆ 壊死の悪化したもの。

土13【墾】(16) **コン**
0 墾 あらき 姓氏。
5 墾田 こんでん・はりた 新たに開墾した田。
12 墾道 はりみち 新たに切り開かれた道。

土13【壌】(16) **ジョウ**
3 壌土 じょうど 土壌。

土13【壇】(16) **ダン・タン**
0 壇ノ浦 だんのうら 山口県の地名。

土13【壁】(16) **ヘキ** **かべ**
5 壁生草 いつまでぐさ ▼【何時迄草】いつまでぐさ 26
8 壁虎 やもり ▼【守宮】やもり 101
11 壁宿 なまめぼし・へきしゅく 二十八宿の一。
14 壁銭 ひらぐも 〔平蜘蛛〕 クモの一種。
15 壁蝨 だに☆ ▼【蜱】だに 338
22 壁龕 へきがん 西洋建築で、彫刻などを飾るために壁につくったくぼみ。

土13【壅】(16) **ヨウ**
13 壅塞 ようそく☆ ふさぐこと。

土14【壕】(17) **コウ・ゴウ**
0 壕 ほり ▼【濠】ほり 228

土16【壜】(19) **タン・ドン**
0 壜 びん ▼【瓶】びん 247

土16【壟】(19) **リョウ・ロウ**
11 壟断 ろうだん★ 〔隴断〕 利益をひとりじめにする。

土16【壚】(19) **ロ**
3 壚土 ろど くろつち。

【士】〈さむらい〉部

士0【士】(3) **シ**
0 士 さむらい ▼【侍】さむらい 28
7 士別 しべつ ①北海道の市・峠。②JR北海道宗谷本線の駅。
13 士幌 しほろ 北海道の川・高原・町。
16 士篤恒 ストックホルム スウェーデンの首都。

士1【壬】(4) **ジン・ニン**
0 壬 みずのえ☆ 十干の一。
5 壬生 みぶ ①栃木県の町。②東武宇都宮線の駅。③京都府の地名。④広島県の地名。⑤姓氏。

壬生川 にゅうがわ ①愛媛県の旧町。②JR四国予讃(よさん)線の駅。③姓氏。

壬生忠岑 みぶのただみね 平安中期の歌人・歌学者。

士3 **【壮】** (6) **ソウ**

0 **壮か** そうか おごそか いかめしく、近づきにくい。

壮ん さかん 勇ましい。

2 **壮丁** そうてい 成年に達した男。

10 **壮途** そうと 意気上がる出発。

17 **壮瞥** そうべつ 北海道の温泉・町(ちょう)。

士4 **【壱】** (7) **イチ**

0 **壱** いち 「一」の大字。「金—万円也」

7 **壱岐** いき ①長崎県の島・市・旧郡。②旧国名。現在の長崎県壱岐島と周辺の島嶼(とうしょ)。

12 **壱越** いちこつ 日本音楽の音名。

士4 **【声】** (7) **セイ・ショウ こえ・こわ**

6 **声色** こわいろ 〔仮声〕 声の調子。

8 **声明** しょうみょう 法会(ほうえ)で唱えられる声楽。

9 **声音** こわね 声の様子。

10 **声涙** せいるい ☆「—倶(とも)に下る」

11 **声問** こえとい 北海道の川・岬(—崎)・地名。

士9 **【壺】** (12) **コ**

0 **壺** つぼ 液体を入れる容器。

4 **壺中** こちゅう 小心者。

11 **壺菫** つぼすみれ 〔坪菫・箭頭草・菫菜〕 スミレ科の多年草。

19 **壺鯛** つぼだい カワビシャ科の海魚。

士9 **【壻】** (12) **セイ**

0 **壻** むこ ▼【婿】(むこ) 97

【夂・夊】〈ふゆがしら〉〈すいにょう・なつあし〉部

夂2 **【冬】** (5) **トウ ふゆ**

3 **冬子** どんこ ▼【冬菇】(どんこ) 83

6 **冬安居** ふゆあんご・とうあんご 僧の冬の修行の一。

冬瓜 とうがん ★ ウリ科のつる性一年草。

冬至 とうじ 二十四節気の一。

←**冬青** そよご モチノキ科の常緑低木。

→**冬青** もちのき ▼【黐の木】(もちのき) 430

10 **冬眠鼠** やまね ☆ ▼【山鼠】(やまね) 115

11 **冬菇** どんこ 〔冬子〕 冬季に育ったシイタケ。

12 **冬葱** わけぎ ▼【分葱】(わけぎ) 44

16 **冬燕** ちどり ▼【鵆】(ちどり) 424

夂6 **【変】** (9) **ヘン かわる・かえる**

4 **変化** へんげ 「妖怪—」

8 **変的** へんてこ ▼【変梃】(へんてこ) 83

10 **変倫諾爾** イリノイ アメリカの州。

11 **変梃** へんてこ 〔変的〕 奇妙なさま。

夂7 **【夏】** (10) **カ・ゲ なつ**

6 **夏安居** げあんご 僧の夏の修行。

夏至 げし 二十四節気の一。

7 **夏初月** なつはづき 陰暦四月。

8 **夏油** げとう 岩手県の温泉。

12 **夏越の祓** なごしのはらえ 六月の神社の行事。

夂11 **【夐】** (14) **ケイ・ケン**

0 **夐か** はるか 遠く隔たる。

12 **夐然** けいぜん はるか遠い。

【夕】〈ゆうべ〉〈ゆう〉部

夕0 **【夕】** (3) **セキ ゆう**

4 **夕化粧** おしろいばな ▼【白粉花】(おしろいばな) 258

9 **夕星** ゆうずつ ▼【長庚】(ゆうずつ) 388

11 **夕張** ゆうばり ①北海道の川・山地・山(—岳(だけ))・郡・市。②JR北海道石勝(せきしょう)線の駅。

13 **夕暉** せっき 夕日。

14 **夕貌** ゆうがお ▼【夕顔】(ゆうがお) 83

15 **夕餉** ゆうげ ☆ 夕方の食事。

18 **夕顔** ゆうがお 〔夕貌〕 ウリ科のつる性一年草。

夕2 **【外】** (5) **ガイ・ゲ そと・ほか・はずす・はずれる**

0 **外** よそ ▼【余所】(よそ) 28

外つ国 とつくに 日本以外の国。

3 **外山** とやま・こんぱる 姓氏。

外川 とかわ ①千葉県の地名。「とがわ」とも。②銚子(ちょうし)電鉄の駅。

4 **外反拇趾** がいはんぼし 足の親指が第二指のほうに曲がっている状態。

外方 そっぽ ☆「―を向く」

6 外江 とのえ 鳥取県の地名。

外行 よそゆき・よそいき 外出用の衣服。

外池 とのいけ 姓氏。

7 外村 とのむら 姓氏。

8 外居 ほかい 〔行器〕食物を持ち運ぶ器。

9 外海 そとめ 長崎県の旧町。

外津橋 ほかわづばし 佐賀県の橋。

外面 そとづら 「夫は―だけはいい」

外郎 ういろう ★①菓子の一。②姓氏。

10 外記 げき ①律令制の職名。②姓氏。

外宮 げくう 伊勢神宮の豊受(とようけ)大神宮。

外套 がいとう オーバーコート。

外浦 とのうら ①宮崎県の地名。②姓氏。

外連 けれん ☆はったりやごまかし。

外浪逆浦 そとなさかうら 茨城県の湖。

11 外郭 がいかく 〔外廓〕外側の囲い。

外崎 とのさき 姓氏。

外戚 がいせき 母方の親戚。

12 外間 ほかま 姓氏。

外甥 がいせい おい。姉妹の生んだ男の子。

外道 げどう 仏教以外の教え。

13 外舅 がいきゅう 妻の父。

14 外廓 がいかく ▼【外郭】(がいかく) 84

外障眼 うわひ ▼【上翳】(うわひ) 9

外様 とざま ☆傍流であること。

18 外題 げだい ①冊子などの表紙に書く書名。②歌舞伎(かぶき)などの題名。

19 外離島 そとばなりじま 沖縄県の島。

【夙】(6) 夕3 シュク

0 夙に つとに ☆はやくに。

3 夙川 しゅくがわ ①兵庫県の川。②阪急神戸本線等の駅。

8 夙夜 しゅくや ☆一日中。明け暮れ。

夙夜夢寐 しゅくやむび 朝早くから夜おそくまで。

【多】(6) 夕3 タ おおい

2 多刀魚 たちうお ▼【太刀魚】(たちうお) 89

3 多久 たく ①佐賀県の盆地・市。②JR九州唐津線の駅。

多士済済 たしせいせい・たしさいさい 優れた人材が多いこと。

多々良 たたら ①群馬県の沼。②東武伊勢崎(いせさき)線の駅。③福岡県の地名。

5 多可 たか 兵庫県の郡・町(ちょう)。

多生 たしょう 仏教で、多くの生を生まれ変わること。「―の縁」

6 多気 たき ①三重県の郡・町(ちょう)。②JR東海紀勢本線等の駅。③姓氏。

多米峠 ためとうげ 静岡・愛知県境の峠。

7 多芸 たき 姓氏。

多良 たら ①佐賀県の山(―岳(だけ))・地名。②JR九州長崎本線の駅。

多良木 たらぎ ①熊本県の町(まち)。②くま川鉄道湯前(ゆのまえ)線の駅。

多良見 たらみ 長崎県の旧町。

多良間 たらま 沖縄県の島・村(そん)。

8 多幸湾 たこうわん 東京都の湾。

多治 たじ 姓氏。

多武峰 とうのみね ①奈良県の地名。②姓氏。

9 多度志 たどし 北海道の旧町。

多度津 たどつ ①香川県の町(ちょう)・港。②JR四国予讃(よさん)線等の駅。

10 多島海 たとうかい エーゲかい 地中海東部の海域。

多悩 ドナウ ヨーロッパの川。

多配 たべ 姓氏。

多峯主山 とうのすやま 埼玉県の山。

多倫多 トロント カナダの都市。

11 多寄 たよろ ①北海道の地名。②JR北海道宗谷(そうや)本線の駅。

12 多賀城 たがじょう ①宮城県の市。②JR東日本仙石(せんせき)線の駅。

多景島 たけしま 滋賀県の島。

多葉郁李 にわざくら ▼【朱桜】(にわざくら) 181

14 多聞山 たもんざん 宮城県の丘。

多聞天 たもんてん 毘沙門(びしゃもん)天の別名。

19 多鯰ヶ池 たねがいけ 鳥取県の湖。

多羅波蟹 たらばがに 〔鱈場蟹〕海産のヤドカリの一種。

夕5【夜】(8) ヤ よ・よる

0 夜ノ森 よのもり JR東日本常磐線の駅。
3 夜久野 やくの ①京都・兵庫県境の台地(―原)。②京都府の旧町。
夜叉 やしゃ インドの悪鬼。
夜叉神峠 やしゃじんとうげ 山梨県の峠。
5 夜半 よわ 「―の嵐」
6 夜光 ほたる ▼【蛍】ほたる 336
夜交 よまぜ 姓氏。
夜毎 よごと 毎夜。
7 夜来節 よさこいぶし 民謡の一。
8 夜盲 とりめ ▼【鶏盲】とりめ 425
9 夜食鷹 みみずく ▼【木菟】みみずく 179
夜郎自大 やろうじだい 仲間の中でいばる。
10 夜衾草 よぶすまそう キク科の多年草。
11 夜這い よばい 〔婚〕男が女のもとに通うこと。
12 夜開 やけ 姓氏。
夜間瀬 よませ 長野電鉄長野線の駅。
夜須 やす ①高知県の旧町。②土佐くろしお鉄道ごめん・なはり線の駅。③福岡県の旧町。
13 夜業 よなべ 〔夜鍋〕夜間に仕事をする。
16 夜燕 ちどり ▼【鵆】ちどり 424
17 夜濯ぎ よすすぎ 夜にする洗濯。
夜糞峰榛 よぐそみねばり カバノキ科の落葉高木。
24 夜鷹 よたか 〔怪鴟・蚊母鳥・鵺〕ヨタカ科の鳥。

夕10【夢】(13) ム ゆめ

2 夢卜子 すずしろ ▼【蘿蔔】すずしろ 334
4 夢幻泡影 むげんほうよう 人生は夢・幻・泡・影のようにはかないものであるということ。
9 夢洲 ゆめしま 大阪府の埋立地。
夢前 ゆめさき 兵庫県の川・旧町。
夢前川 ゆめさきがわ 山陽電鉄網干線の駅。
10 夢浮橋 ゆめのうきはし 源氏物語の巻名。
11 夢現 ゆめうつつ 「―で話を聞く」
夢絃峡 むげんきょう 京都府の峡谷。
12 夢寐 むび 眠って夢を見る。

夕11【夥】(14) カ

0 夥しい おびただしい★ 非常に多い。
6 夥多 あまた・かた ▼【数多】あまた 163

【大】〈だい〉部

大0【大】(3) ダイ・タイ おお・おおきい・おおいに

←大人 うし 師を尊敬して言う語。
大人 おとな 「考え方がもう―だ」
→大人 たいじん 人格者。大物。
大刀 たち☆ ▼【太刀】たち 89
大刀洗 たちあらい 福岡県の町。
←大入 おおにゅう ①愛知県の川。②大分県の島。
→大入 だいにゅう JR九州筑肥線の駅。
大八洲 おおやしま 日本国の古称。
3 大下島 おおげじま 愛媛県の島。
大口魚 たら ▼【鱈】たら 421
大山 だいせん 鳥取県の山・町。
大山蓮華 おおやまれんげ 〔天女花〕モクレン科の落葉低木。
大三 おおみつ 近鉄大阪線の駅。
大三東 おおみさき 島原鉄道の駅。
大子 だいご 茨城県の温泉・町。
大川山 だいせんざん 徳島・香川県境の山。
大川内 おおこうち 姓氏。
大凡 おおよそ★ 〔凡そ〕だいたい。およそ。
大万木山 おおよろぎさん 島根・広島県境の山。
4 大乢 おおたわ 姓氏。
大戸川 だいどがわ 滋賀県の川。
大戸瀬崎 おおどせさき 青森県の岬。
大仁 おおひと ①静岡県の旧町。②伊豆箱根鉄道の駅。
大水牛 かみきりむし ▼【天牛】かみきりむし 89
大水萍 ほていあおい ▼【布袋葵】ほていあおい 121
大水無瀬島 おおみなせじま 山口県の島。
大丹生岳 おおにゅうだけ 長野・岐阜県境の山。
大天井岳 おてんしょうだけ

長野県の山。

大内（おおち）　香川県の旧町。

大内蔵（おおくら）　姓氏。

大日子（おおひこ）　姓氏。

大日南（おおひなた）　姓氏。

←大夫（たいふ）☆　律令制で五位の通称。

大夫（だいぶ）　律令制の官名の一。

→大夫（たゆう）　▼【太夫】たゆう 89

大仏（おさらぎ）　姓氏。

大仏次郎（おさらぎじろう）　小説家。

大仏供（だいぶく）　姓氏。

←大分（おおいた）　①九州の県。②大分県の平野・川・市・旧郡。③ＪＲ九州日豊（にっぽう）本線等の駅。

→大分（だいぶ）　「けがは―よくなった」

大方（おおかた）　「仕事は―片付いた」

大友宗麟（おおともそうりん）　戦国大名。

5 大生（おおのぶ）　姓氏。

大石（おおいし）　三重県の旧村。

大石内蔵助（おおいしくらのすけ）　江戸前・中期、赤穂藩浅野家の家老。

大石主税（おおいしちから）　赤穂浪士の一人。

大石峠（おしがとう）　大分県の峠。

大田（おおだ）　島根県の市。

大田見（おたみ）　姓氏。

大白森山（おおじろもりやま）　福島県の山。

大平（おおだい）　ＪＲ東日本津軽線の駅。

6 大因（ダーウィン）　〔達爾文〕　イギリスの博物学者。

大亦（おまた）　姓氏。

大仰（おおぎょう）　〔大形〕　「―なしぐさ」

大江匡房（おおえのまさふさ）　平安後期の学者・歌人。

大弛峠（おおだるみとうげ）　山梨・長野県境の峠。

大字（おおあざ）　町や村の中の一区画の名。

大多喜（おおたき）　①千葉県の町（まち）。②いすみ鉄道の駅。

大多羅（おおだら）　①岡山県の地名。②ＪＲ西日本赤穂（あこう）線の駅。

大宅（おおや）　姓氏。

大弐三位（だいにのさんみ）　平安中期の女流歌人。

大任（おおとう）　①福岡県の町（まち）。②姓氏。

大牟田（おおむた）　①福岡県の市。②ＪＲ九州鹿児島本線等の駅。

7 大芥菜（たかな）　〔菘菜・高菜〕　カラシナの一変種。

大角豆（ささげ）★356　▼【豇豆】ささげ

大角集（おおずめ・おおつめ）　姓氏。

大角鼻（おおすみのはな）　愛媛県の岬。

大形（おおぎょう）　▼【大仰】おおぎょう 86

大更（おおぶけ）　①岩手県の旧村。②ＪＲ東日本花輪線の駅。

大谷（おおや）　①宮城県の地名。②栃木県の地名。

大谷川（だいやがわ）　栃木県の川。

大谷向（だいやむこう）　東武鬼怒川（きぬがわ）線の駅。

大谷地（おおやち）　①北海道の地名。②札幌市営地下鉄東西線の駅。③宮城県の湿地。

大佐（おおさ）　岡山県の旧町。

大佐飛山（おおさびやま）　栃木県の山。

大社（おおこそ）　姓氏。

←大臣（おおおみ・おおまえつぎみ）　大和朝廷の最高官の一。

→大臣（おとど）☆　▼【大殿】おとど 88

大足（おおたり）　姓氏。

大沢蘭（ふじばかま）　▼【藤袴】ふじばかま 332

大杜（おおもり）　姓氏。

大豆（だいず）　マメ科の一年草。

大豆生田（おおまめうだ）　姓氏。

大豆田（まめた）　姓氏。

大豆角（ささげ）　▼【豇豆】ささげ 356

大伯皇女（おおくのひめみこ）　天武天皇の皇女。

大伴坂上郎女（おおとものさかのうえのいらつめ）　奈良前期の女流歌人。

大伴家持（おおとものやかもち）　奈良時代の歌人。

大伴旅人（おおとものたびと）　奈良前期の歌人。

大役（おおえ）　姓氏。

大呂（たいりょ）　中国音楽の音名の一。

8 大阿仁川（おおあにがわ）

秋田県の川。

大阿太 おおあだ ①奈良県の地名。②近鉄吉野線の駅。

←**大河内** おおかわち 兵庫県の旧町。

→**大河内** おおこうち 姓氏。

大河端 おこばた 北陸鉄道浅野川線の駅。

大宜味 おおぎみ 沖縄県の村(そん)。

大幸 おおさき・おおさか 姓氏。

大国町 だいこくちょう ①大阪府の地名。②大阪市営地下鉄御堂筋(みどうすじ)線等の駅。

大治 おおはる 愛知県の町(ちょう)。

大沼 おおの 群馬県の湖。

大垂水峠 おおだるみとうげ 東京・神奈川県境の峠。

大垂髪 おすべらかし ▼【御垂髪】おすべらかし 133

大炊 おおい ①天皇の食事。②姓氏。

大長 おおさ 姓氏。

大迫 おおさこ 姓氏。

大府 おおぶ ①愛知県の市。②JR東海東海道本線等の駅。

大武川 おおむがわ 山梨県の川。

大物 だいもつ ①兵庫県の地名。②阪神本線の駅。

大歩危 おおぼけ ①徳島県の峡谷。②JR四国土讃(どさん)線の駅。

大法 おおのり 姓氏。

大房岬 だいぶさみさき 千葉県の岬。

←**大和** だいわ ①宮城県の町(ちょう)。②島根県の旧村。③広島県の旧町。

→**大和** やまと ①奈良県の川・高原。②旧国名。現在の奈良県全域。③茨城県の旧村。④JR東日本水戸(みと)線の駅。⑤神奈川県の市。⑥新潟県の旧町。⑦山梨県の旧村。⑧岐阜県の旧町。⑨愛知県の地名。⑩和歌山県・奈良県の街道。⑪山口県の旧町。⑫福岡県の旧町。⑬佐賀県の旧町。⑭鹿児島県の村(そん)。⑮姓氏。

大和絵 やまとえ 〔倭絵〕 平安期以降の伝統的な絵画。

大和魂 やまとだましい 日本民族固有の精神。

9 **大衍暦** たいえんれき 中国渡来のこよみ。

大音声 だいおんじょう 「—を上げる」

←**大海** おおあま 姓氏。

→**大海** おおみ ①JR東海飯田(いいだ)線の駅。②山口県の湾。

大海人皇子 おおあまのおうじ 天武天皇の名。

大茴香 アニス セリ科の一年草。

大姦 たいかん 非常な悪だくみをする人。

大胡 おおご ①群馬県の旧町。②上毛電鉄の駅。

大胡蜂 おおすずめばち ▼【雀蜂】すずめばち 395

大柴胡湯 だいさいことう 漢方薬の一。

大柿 おおがき 広島県の旧町。

大室 おおむろ ①山梨県の山。②神奈川・山梨県境の山。③静岡県の山。

大洲 おおず 愛媛県の市。

大津 おおづ 熊本県の町(まち)。

大神 おおが ①JR九州日豊(にっぽう)本線の駅。②姓氏。

大胆不敵 だいたんふてき 「—な行動」

大洞 おおぼら 姓氏。

大栃 おおどち 高知県の地名。

大畑 おこば ①熊本県の地名。②JR九州肥薩(ひさつ)線の駅。

大飛島 おおびしま 岡山県の島。

←**大家** おおや 「—といえば親も同然」

→**大家** たいか 「書道の—」

大蚊 ががんぼ ★ガガンボ科の昆虫の総称。

大原女 おはらめ ★京都大原から物売りに出てくる女性。

大根占 おおねじめ 鹿児島県の旧町。

大根焚 だいこたき 京都了徳寺の十二月の行事。

大座礼山 おおざれやま 高知県の山。

大宰府 だざいふ 律令制下で、九州に置かれた役所。

大財 おおたから 姓氏。

大真名子山 おおまなごさん 栃木県の山。

大庭 おおば 姓氏。

大島 おおじま ①東京都の地名。②都営地下鉄新宿線の駅。

大唐 もろこし 姓氏。

大納言 だいなごん 律令制で太政官の次官にあたる役職。

大旆 たいはい 堂々とした旗印。

大圃 おおはた 姓氏。

大連 おおむらじ 大和朝廷の最高執政官。

11 大袈裟 おおげさ☆「―な飾り」

大晦 おおつごもり☆ おおみそか。

大崖頭山 おおがれあたまやま 山梨県の山。

大菊 なでしこ ▼【瞿麦】なでしこ 265

大渓 おおたに 姓氏。

大菜根 すずしろ ▼【蘿蔔】すずしろ 334

大崎 おおざき 滋賀県の岬。

←大蛇 おおじゃ JR東日本八戸(はちのへ)線の駅。

→大蛇 おろち☆ 〔巨蟒〕 大きなヘビ。

大釈迦 だいしゃか ①青森県の地名。②JR東日本奥羽(おう)本線の駅。

大深山 おおみやま 香川県の山。

大船山 たいせんざん 大分県の山。

大船渡 おおふなと ①岩手県の湾・市。②JR東日本の路線・駅。

大梛 おおなぎ 姓氏。

←大副 おおすけ 姓氏。

→大副 たいふ 律令制の官名の一。

大菩薩 だいぼさつ 山梨県の山（―嶺(れい)）・峠。

大崩山 おおくえやま 宮崎県の山。

大麻績 おおおみ 姓氏。

大理石 なめいし なめらかな石の意。大理石(だいりせき)。

12 大堰川 おおいがわ 京都府の川。

大間々 おおまま ①群馬県の旧町。②わたらせ渓谷鉄道の駅。

大間知 おおまち 姓氏。

大逵 たいき 大通り。

大喜利 おおぎり 寄席(よせ)で最後に大勢で行う演芸。

大給 おぎゅう 姓氏。

大御 おおん 〔御〕 神に関する語に付き敬意を表す。

大隅 おおすみ ①鹿児島県の諸島・海峡・半島・旧町。②旧国名。現在の鹿児島県北東部から大隅半島・種子島(たねがしま)・屋久島・奄美(あまみ)諸島。

大喰岳 おおばみだけ 長野・岐阜県境の山。

大曾根 おおぞね ①愛知県の地名。②JR東海中央本線等の駅。

大湯座 おおゆけ 姓氏。

大童 おおわらわ 「開店準備で―だ」

大飯 おおい ①福井県の郡・旧町。②姓氏。

大無間山 だいむげんざん 静岡県の山。

大雄山 だいゆうざん 伊豆箱根鉄道の路線・駅。

大葉子 おおばこ・おんばこ ▼【車前草】おおばこ 365

大葉藻 あまも ▼【甘藻】あまも 248

大陽胡 おおやこ 姓氏。

大嵐 おおぞれ ①静岡県の地名。②JR東海飯田(いいだ)線の駅。

大椋 おおむく 姓氏。

大隈 おおくま 姓氏。

大隈重信 おおくましげのぶ 政治家。

13 大廈 たいか 大きな家。

大禍時 おおまがどき☆ 〔逢魔が時〕 夕暮れの薄暗い時分。

大楽毛 おたのしけ ①北海道東部の地名。②JR北海道根室(ねむろ)本線の駅。③姓氏。

大賈 たいこ 豪商。

大鼓 おおかわ 能などで使う大型のつづみ。

大盞木 たいさんぼく ▼【泰山木】たいさんぼく 212

大蒜 にんにく★ 〔葫〕 ユリ科の多年草。

大聖寺 だいしょうじ ①石川県の川。②石川県南部の温泉・旧町。③JR西日本北陸本線の駅。

大詫間 おおだくま 佐賀県の旧村。

大殿 おとど 〔大臣〕 貴人の邸宅。

大楠山 おおぐすやま 神奈川県の山。

大豊 おおとよ 高知県の町(ちょう)。

大楊 おおやなぎ 姓氏。

大路池 たいろいけ 東京都の湖。

14 大雑把 おおざっぱ 「―な計画」

大嘗会 だいじょうえ 天皇即位後最初の新嘗祭(にいなめさい)、大嘗祭の節会(せちえ)の宴。

大腿 だいたい もも。

大榑 おおくれ 姓氏。

大輔 たいふ 律令制の官名の一。

大様 おおよう 「―にかまえる」

大領 おおくび 〔衽〕 狩衣(かりぎぬ)などのえりの重なる部分。

15 大槻 おおつき 姓氏。

大穂 おおほ 茨城県の旧町。

大盤 おおいわ　姓氏。

大盤振舞い おおばんぶるまい　「椀飯振舞い(おうばんぶるまい)」に同じ。

16 **大館** おおだて　①秋田県の盆地・市。②JR東日本奥羽(おう)本線等の駅。

大館場島 おおたてばしま　愛媛県の島。

大鋸屑 おがくず★　のこくず。ひきくず。

大凝菜 ところてん　▼【心太】(ところてん) 136

大衡 おおひら　①宮城県の村(むら)。②姓氏。

大樹 たいき　北海道の町(ちょう)。

大膳 おおかしわ　姓氏。

大築島 おおつくしま　熊本県の島。

大頭芥 すずな　▼【菘】(すずな) 324

大蟇島 おおひきしま　長崎県の島。

大魣 おおひょう★　カレイ目の海魚。

17 **大簇** たいそう　〔太簇〕 中国音楽の音名の一。

18 **大甕** おおみか　JR東日本常磐(じょうばん)線の駅。

19 **大瀬崎** おせざき　静岡県の岬。

大蘭 なでしこ　▼【瞿麦】(なでしこ) 265

22 **大饗** おおば　姓氏。

23 **大鷭** おおばん　〔骨頂〕 ツル目クイナ科の水鳥。

24 **大鷹** おおたか　〔蒼鷹〕 タカ科の猛鳥。

大1【太】(4) タイ・タ　ふとい・ふとる

0 **太だ** はなはだ　非常に。

2 **太刀** たち　〔大刀〕 刀剣の一。

太刀洗 たちあらい　甘木(あまぎ)鉄道の駅。

太刀魚 たちうお　〔多刀魚・帯魚・白帯魚・白刀魚・望魚〕 スズキ目の海魚。

3 **太山** みやま　姓氏。

←**太子** おおし　群馬県の地名。

→**太子** たいし　①大阪府の町(ちょう)。②兵庫県の町(ちょう)。③姓氏。

4 **太公望** たいこうぼう　釣り好きの人。

太太しい ふてぶてしい☆　「—面構え」

太夫 たゆう　〔大夫〕 遊郭で最高位の遊女の称。

5 **太占** ふとまに　古代の占いの一種。

太田黒 おおたぐろ　姓氏。

太田道灌 おおたどうかん　室町中期の武将・歌人。

太白 たいはく　①金星。②仙台市の行政区。

6 **太安万侶** おおのやすまろ　奈良時代の文人。

太多 たいた　JR東海の路線。

太地 たいじ　①和歌山県の町(ちょう)。②JR西日本紀勢本線の駅。

7 **太良** たら　佐賀県の町(ちょう)。

8 **太柄** だぼ　▼【駄柄】(だぼ) 411

9 **太海** ふとみ　①千葉県の地名。②JR東日本内房(うちぼう)線の駅。

太皇太后 たいこうたいごう　天皇の祖母。

太城 たしろ　姓氏。

太政官 だじょうかん　明治政府初期の最高官庁。

10 **太宰府** だざいふ　①福岡県の市。②西鉄の路線・駅。

太秦 うずまさ　①京都府の旧村。②JR西日本山陰本線の駅。③姓氏。

12 **太極拳** たいきょくけん　中国起源の拳法。

16 **太凝菜** てんぐさ　136 ▼【心太草】(てんぐさ)

17 **太簇** たいそう　▼【大簇】(たいそう) 89

19 **太藺** ふとい　▼【莞】(ふとい) 322

太櫓 ふとろ　北海道の旧郡。

大1【天】(4) テン　あめ・あま

0 **天の川** あまのがわ　〔天の河・銀河・銀漢・天漢・雲漢〕 「荒海や佐渡に横たふ—」

天の河 あまのがわ　▼【天の川】(あまのがわ) 89

天の邪鬼 あまのじゃく★　ひねくれ者。

天ケ瀬 あまがせ　JR九州久大(きゅうだい)本線の駅。

3 **天下り** あまくだり　〔天降り〕 「—人事」

天下茶屋 てんがちゃや　①大阪府の地名。②南海本線等の駅。

天女花 おおやまれんげ　▼【大山蓮華】(おおやまれんげ) 85

天土 あまと　姓氏。

天万 てま　鳥取県の地名。

4 **天王** てんのう　①秋田県の旧町。②京都府の山(—山(ざん))。

天王寺 てんのうじ　①大阪市の行政区。②JR西日本関西本線等の駅。

天牛 かみきりむし★　〔齧髪虫・八角兎・大水牛・牽牛・髪切虫〕 カミキリムシ科の甲虫の総称。

天手力男命 あまのたぢからおのみこと 記紀神話の神。
←**天井** あまい 姓氏。
→**天井** てんじょう 「—桟敷(さじき)」
天日槍 あまのひぼこ 記紀にみえる新羅(しらぎ)国の王子。
5
天主 デウス 〔天有主・泥烏須〕神。
天生 あもう ①岐阜県の峠。②姓氏。
天仙花 いぬびわ 240 ▼【犬枇杷】いぬびわ
←**天仙果** いちじく 233 ▼【無花果】いちじく
→**天仙果** いぬびわ 240 ▼【犬枇杷】いぬびわ
天仙草 タバコ ▼【煙草】タバコ 233
天田 あまた 京都府の旧郡。
天辺 てっぺん☆ 「頭の—」
天目山 てんもくざん 埼玉・東京都境の山。
←**天羽** あまは 千葉県の地名。
→**天羽** あもう 姓氏。
天瓜 からすうり ▼【烏瓜】からすうり 231
天瓜粉 てんかふん 〔天花粉〕キカラスウリの根から採ったデンプン。

天糸瓜 へちま☆ 290 ▼【糸瓜】へちま
天而 ひばり ▼【雲雀】ひばり 398
天地 あめつち☆ 天と地。
天妃山 てんぴさん 茨城県の山。
天名地鎮 あないち 神代文字の一。
天名精 いのしりぐさ 242 ▼【猪尻草】いのしりぐさ
天有主 デウス ▼【天主】デウス 90
7
天応 てんのう ①広島県の地名。②JR西日本呉(くれ)線の駅。
天児 あまがつ☆ ①〔天倪〕神事に用いた人形。②姓氏。
天社蛾 しゃちほこが 〔鯱蛾〕シャチホコガ科のガ。
天豆 そらまめ ▼【蚕豆】そらまめ 335
天売島 てうりとう 北海道の島。
8
天佑 てんゆう 「—神助」
天狗 てんぐ 「ほめられて—になる」
天竺 てんじく 日本などで、インドの古称。
天竺花 はぎ ▼【萩】はぎ 326
天竺桂 たぶのき ▼【椨】たぶのき 193

天青地白 ちちこぐさ キク科の多年草。
天門冬 くさすぎかずら 321 ▼【草杉蔓】くさすぎかずら
9
天海 あまかい 姓氏。
天皇 すめらぎ 天皇(てんのう)。
天香久山 あまのかぐやま 奈良県の山。
天神地祇 てんじんちぎ☆ 天の神と地の神。
天柱 ちりけ☆ ▼【身柱】ちりけ 365
天南竹 なでしこ ▼【瞿麦】なでしこ 265
10
天倪 あまがつ ▼【天児】あまがつ 90
天降川 あもりがわ 鹿児島県の川。
天蚕 やままゆ ▼【山繭】やままゆ 115
天蚕糸 てぐす★ 釣り糸などに用いる糸。
天秤 てんびん★ 「二種の提案を—にかける」
11
天魚 あまご 〔甘子〕サケ目の淡水魚。
天清 あますが 姓氏。
天探女 あまのさぐめ 記紀神話の神。
天婦羅 テンプラ 91 ▼【天麩羅】テンプラ

天麻 おにのやがら 415 ▼【鬼の矢幹】おにのやがら
天麻裏 あじさい 294 ▼【紫陽花】あじさい
12
天間林 てんまばやし 青森県の旧村。
天翔る あまかける 大空をかけめぐる。
天晴れ あっぱれ★ 〔遖〕「—な行い」
←**天道** あまじ 天への通路。
→**天道** てんとう ①福岡県の地名。②JR九州筑豊(ちくほう)本線の駅。
天道虫 てんとうむし 〔瓢虫・紅娘〕テントウムシ科の昆虫の総称。
天満 てんま ①大阪府の地名・橋。②JR西日本大阪環状線の駅。
13
天塩 てしお ①北海道の川・山地・山(—岳(だけ))・平野・郡・町(ちょう)。②旧国名。現在の北海道北西部。
天蛾 すずめが ▼【雀蛾】すずめが 395
天漢 あまのがわ 89 ▼【天の川】あまのがわ
天資 てんし 「—豊かな人」
天照大神 あまてらすおおみかみ 記紀神話の神。
天鼠矢 くすね 〔薬煉〕松やにに油を加え、熱して練ったもの。

天誅 てんちゅう 「—を加える」
天鈿女命 あまのうずめのみこと 記紀神話の女神。
天稟 てんぴん★ 天から授かった資質。
14 天語 あまがたり 姓氏。
天爾遠波 てにをは ▼【弖爾乎波】てにをは 128
天墨 いれずみ ▼【刺青】いれずみ 46
天網恢恢 てんもうかいかい☆ 「—疎そにして漏もらさず」
15 天麩羅 テンプラ★ 〔天婦羅〕「—そば」
16 天壌無窮 てんじょうむきゅう 天地とともに永遠に続くこと。
18 天鵞絨 ビロード★ パイル織物の一。
天叢雲剣 あまのむらくものつるぎ 三種の神器じんぎの一。
19 天瀬 あまがせ 大分県の旧町。
天霧る あまぎる 雲や霧で空がくもる。
22 天鷚 ひばり ▼【雲雀】ひばり 398
28 天鸙 ひばり ▼【雲雀】ひばり 398

大1 【夫】(4) フ・フウ おっと

0 夫 せ ▼【兄】せ 35
夫れ それ そもそも。いったい。
夫れ夫れ それぞれ ▼【某れ某】それぞれ 187
3 夫子 ふうし 賢者を敬って言う語。
5 夫生 あもう 姓氏。
7 夫役 ぶやく☆ 労働課役のこと。
9 夫食 ぶじき 江戸時代の農民の食糧。
← 夫婦 ふうふ 夫と妻。
→ 夫婦 めおと・みょうと☆ 〔女夫・妻夫〕結婚した男女。
夫婦木 めおとぎ 姓氏。
19 夫羅凌斯 フィレンツェ イタリアの都市。

大1 【夭】(4) ヨウ

4 夭夭 ようよう 若く美しいさま。
10 夭逝 ようせい☆ 「—の詩人」

大2 【央】(5) オウ

0 央ば なかば 中心の部分。

大2 【失】(5) シツ うしなう

0 失せる うせる 「やる気が—」
9 失勃児杜 シーボルト 〔施福多〕ドイツの医者。
11 失敗る しくじる 失敗する。
15 失踪 しっそう 行方ゆくえがわからなくなる。

大3 【夷】(6) イ

0 夷 えびす 〔戎〕①都から離れた土地の人。②姓氏。
6 夷守 ひなもり ①宮崎県の山(—岳だけ)・地名。②姓氏。
7 夷狄 いてき 野蛮人。
12 夷隅 いすみ ①千葉県の川・郡・旧町。②姓氏。
夷蛮戎狄 いばんじゅうてき 野蛮な国の住民。
13 夷隔 いくに・いしに 姓氏。

大4 【夾】(7) コウ・キョウ

0 夾む はさむ 二つの物の間に入れる。
6 夾竹桃 きょうちくとう キョウチクトウ科の常緑大低木。
8 夾侍 きょうじ ▼【脇侍】きょうじ 310
14 夾雑 きょうざつ 「—物」
15 夾撃 きょうげき ▼【挟撃】きょうげき 154
21 夾纈 きょうけち 奈良時代の染色法の一。

大5 【奄】(8) エン

0 奄ち たちまち 突然に。
8 奄奄 えんえん 「気息—」
9 奄美 あまみ ①鹿児島県の諸島・市。②姓氏。
12 奄智 あんち 姓氏。
19 奄羅 あんら ▼【菴羅】あんら 323

大5 【奇】(8) キ

0 奇しい あやしい 不思議な。
奇しくも くしくも 不思議にも。
奇に あやに むしょうに。
4 奇天烈 きてれつ☆ 「奇妙—」
5 奇田 くしだ 姓氏。
8 奇奇怪怪 ききかいかい 「—な出来事」
10 奇特 きとく 行いが感心なさま。
11 奇貨 きか 「—居おくべし」
13 奇禍 きか☆ 「—にあう」
14 奇瑞 きずい 吉兆。
奇稲田姫 くしなだひめ

〔櫛名田比売〕記紀神話の神。

17 奇矯 ききょう 「—な振る舞い」

18 奇蹟 きせき 奇跡。「—の生還」

19 奇譚 きたん 特異な言論・意見。

奇麗 きれい ▼【綺麗】きれい 295

大5 【奈】(8) ダイ・ナイ・ダ・ナ

3 奈女沢 なめざわ 群馬県の温泉。

奈川 ながわ ①長野県の川。②長野県の旧村。

4 奈井江 ないえ ①北海道の町ちょう。②JR北海道函館本線の駅。

5 奈古 なご ①山口県の地名。②JR西日本山陰本線の駅。

奈古谷 なごや 静岡県の温泉。

奈半利 なはり ①高知県の川・町ちょう。②土佐くろしお鉄道ごめん・なはり線の駅。

6 奈辺 なへん ▼【那辺】なへん 374

奈多 なた ①福岡県の地名。②JR九州香椎かしい線の駅。

7 奈何 いかん ▼【如何】いかん 94

奈何に いかに ▼【如何に】いかに 94

奈呉ノ浦 なごのうら 富山県の海岸。

奈判利 なはり 姓氏。

奈良田 ならだ 山梨県の温泉・地名。

8 奈英 なあき 姓氏。

10 奈翁 ナポレオン 〔奈破崙・那破烈翁〕フランス皇帝。

奈破崙 ナポレオン ▼【奈翁】ナポレオン 92

奈留 なる 長崎県の島・瀬戸・旧町。

12 奈街 なまち 姓氏。

奈落 ならく 「—の底に落ちる」

15 奈摩湾 なまわん 長崎県の湾。

大5 【奉】(8) ホウ・ブ たてまつる

5 奉加 ほうが 「—帳」

6 奉行 ぶぎょう 武家時代の職名。

7 奉伺 ほうし 目上の人の機嫌をうかがう。

17 奉戴 ほうたい 「勅旨を—する」

大5 【奔】(8) ホン

0 奔る はしる 逃亡する。「敵国側へ—」

7 奔別 ぽんべつ 北海道の地名。

13 奔幌戸 ぽんぽろと 北海道の地名。

大6 【奕】(9) エキ・ヤク

12 奕葉 えきよう 世を重ねる。

大6 【契】(9) ケイ ちぎる

4 契丹 きったん 狩猟民族の一。

7 契沖 けいちゅう 江戸前期の国学者・歌人。

11 契情 けいせい ▼【傾城】けいせい 33

大6 【奎】(9) ケイ・キ

11 奎宿 とかきぼし・けいしゅく 二十八宿の一。

大6 【奏】(9) ソウ かなでる

0 奏する そうする 「功を—」

14 奏聞 そうもん・そうぶん 天子に申し上げる。

大7 【套】(10) トウ

7 套言 とうげん きまり文句。

14 套語 とうご ありふれたことば。

大9 【奥】(12) オウ おく

2 奥入瀬川 おいらせがわ 青森県の川。

3 奥三面 おくみおもて 新潟県の地名。

4 奥文 オーウエン イギリスの思想家。

6 奥羽 おうう ①東北地方の山脈。②JR東日本の路線(—本線)。

7 奥克蘭 オークランド ニュージーランドの都市。

8 奥武島 おうじま 沖縄県の島。

奥物部 おくものべ 高知県の湖・渓谷。

9 奥津城 おくつき ☆墓。

13 奥義 おうぎ 〔奥儀〕「—をきわめる」

大9 【奢】(12) シャ

0 奢る おごる ★「後輩に夕食を—」

8 奢侈 しゃし 「—に流れる」

大9 【奠】(12) テン・デン

14 奠稲 くましね 神仏にささげる清めた白米。

大10 【奨】(13) ショウ

0 奨める すすめる 〔薦める・侑める〕勧める。

大11 【奪】(14) ダツ うばう

11 奪掠 だつりゃく 〔奪略〕奪いかすめる。

大13 【奮】(16) フン ふるう

0 奮う ふるう 「勇気を—」

奮って ふるって 「—ご参加ください」

【女】〈おんな〉〈おんなへん〉部

女0 **【女】**(3) ジョ・ニョ・ニョウ おんな・め

0 **女** むすめ 「菅原孝標（すがわらのたかすえの）—」

3 **女子** おなご ☆ 女の人。

女丈夫 じょじょうふ 女傑。

女川 おながわ ①宮城県の湾・町（ちょう）。②JR東日本石巻（いしのまき）線の駅。③姓氏。

4 **女王禄** おうろく 宮中の儀式。

女夫 めおと・みょうと ▼【夫婦】めおと 91

女夫淵 めおとぶち 栃木県の温泉。

女方 おやま・おんながた ▼【女形】おやま 93

女木島 めぎじま 香川県の島。

5 **女犯** にょぼん★ 僧が女性と交わること。

6 **女匠桃虫** みそさざい ▼【鷦鷯】みそさざい 426

7 **女形** おやま・おんながた★〔女方〕歌舞伎（かぶき）で女役を演じる男性役者。

女良 めら 姓氏。

8 **女性** にょしょう おんな。

女青 へくそかずら ▼【屁糞葛】へくそかずら 112

女房 にょうぼう 「—の尻に敷かれる」

9 **女屋** おなや 姓氏。

女貞 ねずみもち ▼【鼠黐】ねずみもち 431

女郎花 おみなえし★〔敗醤・女倍芝・佳人部為・美妾・美人部思・姫押・娘子郎四・娘部思〕オミナエシ科の多年草。

女郎蜘 じょろうぐも ▼【女郎蜘蛛】じょろうぐも 93

女郎蜘蛛 じょろうぐも〔女郎蜘・斑蛛・絡新婦〕クモの一種。

10 **女将** おかみ★ 料理屋や宿屋などを切り盛りする女主人。

女島 めしま 長崎県の島。

女倍芝 おみなえし ▼【女郎花】おみなえし 93

女峰山 にょほうさん 栃木県の山。

女留保論 メルボルン オーストラリアの都市。

女連 うなづれ 姓氏。

11 **女菀** ひめじょおん 96 ▼【姫女菀】ひめじょおん

女亀山 めんがめやま 島根・広島県境の山。

女衒 ぜげん★ 女を遊女屋に売る商売。

女宿 うるき・じょしゅく・ぼし 二十八宿の一。

女部田 めぶた 姓氏。

女鹿 めが ①JR東日本羽越（うえつ）本線の駅。②姓氏。

12 **女御** にょうご 女官の一。

女壻 じょせい ▼【女婿】じょせい 93

女婿 じょせい☆〔女壻〕娘のむこ。

女満別 めまんべつ ①北海道の川・台地・旧町。②JR北海道石北本線の駅。③姓氏。

女無天 ミント はっか。

14 **女誑し** おんなたらし 女を誘惑してもてあそぶこと。

15 **女敵** めがたき ▼【妻敵】めがたき 95

16 **女墻** ひめがき〔姫垣〕丈の低い垣根。

22 **女蘿** ねなしかずら 189 ▼【根無葛】ねなしかずら

女2 **【奴】**(5) ド

→**奴** やつ 「あいつはいい—だ」

→**奴** やっこ しもべ。

7 **奴児哈赤** ヌルハチ〔弩爾哈斉〕中国、清朝の創始者。

8 **奴国** なのくに 古代、北九州にあった小国。

10 **奴借屋** いかりや・ぬかりや 姓氏。

11 **奴婢** ぬひ 律令制下の身分の一。

15 **奴輩** やつばら やつら。

女3 **【奸】**(6) カン

4 **奸夫** まおとこ ▼【間男】まおとこ 389

7 **奸囮** つつもたせ 301 ▼【美人局】つつもたせ

奸臣 かんしん〔姦臣〕よこしまな家来。

奸佞 かんねい〔姦佞〕心がねじけている。

9 **奸計** かんけい〔姦計〕「—をめぐらす」

12 **奸詐** かんさ〔姦詐〕わるだくみ。

女3 **【好】**(6) コウ このむ・すく

0 **好い** よい 「腕の—シェフ」

好み よしみ ▼【誼み】よしみ 352

6 **好好爺** こうこうや★ 気のいいおじいさん。

8 **好事家** こうずか☆ 「—の手になる研究」

11 **好悪** こうお 好ききらい。

15 **好誼** こうぎ 友好の情。

好餌 こうじ よいえさ。えじき。

16 好鴟 よしとび 姓氏。

18 好闘雞 シャモ ▼【軍鶏】シャモ 365

好闘鶏 シャモ ▼【軍鶏】シャモ 365

女3 **【如】**(6) **ジョ・ニョ**

0 如かず しかず 〔若かず〕「百聞は一見に—」

← 如く ごとく …のように。

→ 如く しく☆ ▼【及く】しく **14**

如し ごとし 〔若し〕…のようだ。

3 如才 じょさい ▼【如在】じょさい **94**

如才無い じょさいない 「年少ながら—」

如上 じょじょう 上述。

4 如月 きさらぎ★ 〔衣更着・更衣〕陰暦二月。

6 如在 じょさい 〔如才〕気を遣わずにいい加減にすること。

如此 かくのごとし ▼【如斯】かくのごとし **94**

← 如何 いかが★ 「ごきげん—ですか」

如何 いかん 〔何如・奈何・曷若〕事の成り行き。

→ 如何 どう☆ 「もはや—しようもない」

如何で いかで 〔怎で・争で〕どうして。

如何に いかに 〔奈何に・那何に〕どのように。

如何児 いかなご **244** ▼【玉筋魚】いかなご

如何物 いかもの 〔偽物・荒物〕「—あさり」

如何許り いかばかり 「悲しみは—かと…」

如何様 いかさま いんちき。

8 如雨露 じょうろ☆ 植物に水をかける道具。

如彼 ああ 「—言えばこう言う」

9 如是我聞 にょぜがもん 経文の最初の言葉。

12 如斯 かくのごとし 〔如此〕「その結果は—」

17 如儡子 にょらいし 仮名草子作者。

女3 **【妃】**(6) **ヒ**

0 妃 きさき ▼【后】きさき **62**

女3 **【妄】**(6) **モウ・ボウ**

0 妄り みだり★ 〔濫り〕「—に口出しするな」

7 妄言 もうげん ぼうげん でたらめな言葉。

14 妄榧 もみ ▼【樅】もみ **197**

女4 **【妓】**(7) **キ・ギ**

0 妓 うかれめ ▼【浮れ女】うかれめ **218**

3 妓女 うかれめ ▼【浮れ女】うかれめ **218**

4 妓夫 ぎゅう 遊女屋の客引き。

妓夫太郎 ぎゅうたろう 遊女屋の客引き。

13 妓楼 ぎろう 遊女屋。

女4 **【妊】**(7) **ニン**

0 妊む はらむ ▼【孕む】はらむ **98**

妊る みごもる ▼【身籠る】みごもる **365**

女4 **【妨】**(7) **ボウ さまたげる**

13 妨碍 ぼうがい☆ 〔妨礙・妨害〕「通行を—する」

19 妨礙 ぼうがい ▼【妨碍】ぼうがい **94**

女4 **【妙】**(7) **ミョウ**

0 妙 たえ☆ 不思議なほど美しい。

4 妙中 たえなか 姓氏。

7 妙見 よしみ 姓氏。

9 妙泉 よしずみ 姓氏。

女4 **【妖】**(7) **ヨウ**

0 妖かしい なまめかしい あでやかで色っぽい。

妖しい あやしい 「—魔力」

8 妖怪 あやかし ▼【怪士】あやかし **138**

妖怪変化 ようかいへんげ☆ 不思議な化け物。

女5 **【委】**(8) **イ**

0 委しい くわしい **289** ▼【精しい】くわしい

委す まかす 任す。「運を天に—」

委ねる ゆだねる☆ なりゆきにしたがう。

4 委内瑞拉 ベネズエラ 国名。

6 委曲 つばら★ くわしいさま。

11 委蛇 いい うねうねと長く続く。

女5 **【姑】**(8) **コ**

0 姑 しゅうと☆ 夫あるいは妻の母。

姑く しばらく ▼【暫く】しばらく **174**

10 姑娘 クーニャン 少女。

14 姑榔木 たがやさん ▼【鉄刀木】たがやさん **382**

16 姑獲鳥 うぶめ 難産のために死んだ女性の幽霊。うぶめどり。

女5【妻】(8) **サイ** **つま**

0 妻せる めあわせる 〔娶せる・妻合せる〕 嫁入りさせる。

4 妻夫 めおと・みょうと ▼【夫婦】めおと 91

6 妻合せる めあわせる ▼【妻せる】めあわせる 95

7 妻良 めら 静岡県の地名。

8 妻妾 さいしょう 「―同居」

妻沼 めぬま ①埼玉県の旧町。②姓氏。

妻孥 さいど 妻子。家族。

11 妻鳥 めんどり 姓氏。

妻鹿 めが ①兵庫県の地名。②山陽電鉄本線の駅。

13 妻楊子 つまようじ ▼【爪楊枝】つまようじ 236

15 妻敵 めがたき 〔女敵〕 間男(まおとこ)。

22 妻籠 つまご 長野県の地名。

女5【姉】(8) **シ** **あね**

0 姉さん ねえさん 姉を敬って言う語。

14 姉様被 あねさんかぶり 女性の手ぬぐいのかぶり方。

女5【始】(8) **シ** **はじめる・はじまる**

7 始沢 もとざわ 姓氏。

9 始祖鳥 しそちょう 鳥類の祖先とされる化石動物。

11 始終 しじゅう 「一部―を語る」

女5【妾】(8) **ショウ**

← 妾 そばめ ▼【側妻】そばめ 32

妾 めかけ 「―を囲う」

→ 妾 わらわ 女性が自らをへりくだって言う語。

女5【姓】(8) **セイ・ショウ**

0 姓 かばね 古代豪族の称号。

女5【姐】(8) **ソ・シャ・ショ**

0 姐さん ねえさん 飲食店などで働く女性を呼ぶ語。

12 姐御 あねご 姉を敬っていう語。

女5【妬】(8) **ト**

0 妬く やく しっとする。

← 妬む そねむ ▼【嫉む】そねむ 97

→ 妬む ねたむ 〔嫉む〕 「仲間の出世を―」

女5【妹】(8) **マイ** **いもうと**

3 妹川 いもかわ 姓氏。

5 妹兄 いもせ ▼【妹背】いもせ 95

7 妹尾 せのお ①岡山県の地名。②JR西日本宇野線の駅。③姓氏。

9 妹背 いもせ 〔妹兄〕 ①夫婦。②姓氏。

妹背山 いもせやま ①奈良県の山。②和歌山県の山。

妹背牛 もせうし ①北海道の町(ちょう)。②JR北海道函館本線の駅。③姓氏。

女6【威】(9) **イ**

0 威し おどし 「―をかける」

威す おどす ☆ ▼【脅す】おどす 309

3 威丈高 いたけだか 〔居丈高〕 人を威圧するさま。

4 威内斯 ベニス イタリアの都市、ベネチアの別名。

5 威尼斯 ベネチア イタリアの都市。

9 威風凜凜 いふうりんりん 勇ましい。

15 威霊仙 くがいそう ▼【九蓋草】くがいそう 15

17 威嚇 いかく ☆「―射撃」

女6【姨】(9) **イ**

11 姨捨 おばすて ①長野県の地名。②JR東日本篠ノ井(しののい)線の駅。

女6【姻】(9) **イン**

11 姻戚 いんせき 「―関係」

女6【姶】(9) **オウ**

7 姶良 あいら ①鹿児島県の郡・町(ちょう)。②姓氏。

13 姶罷 あいの 姓氏。

女6【姦】(9) **カン**

0 姦しい かしましい ★〔喧しい〕 やかましい。

7 姦臣 かんしん ▼【奸臣】かんしん 93

姦佞 かんねい ▼【奸佞】かんねい 93

9 姦計 かんけい ▼【奸計】かんけい 93

10 姦通 かんつう 不義。密通。

12 姦詐 かんさ ▼【奸詐】かんさ 93

女6【姜】(9) **キョウ**

0 姜 きょう 姓氏。

女6【妍】(9) **ケン・ゲン**

0 妍 けん 「―を競う」

妍しい うつくしい あでやか。

9 妍姿 けんし あでやかな姿。

女6【姮】(9) コウ

10 姮娥 こうが 月の別名。

女6【姿】(9) シ すがた

7 姿形 すがたかたち 容姿。

姿見 すがたみ 大形の鏡。

12 姿絵 すがたえ 美人画。

女6【姪】(9) テツ・チツ

0 姪 めい 自分の兄弟姉妹の生んだ女子。

20 姪鶱 ディケンズ ▼【迭更斯】ディケンズ 368

女6【姥】(9) ボ

0 姥 うば 〔媼〕年をとった女。

5 姥目樫 うばめがし ▼【姥芽樫】うばめがし 96

6 姥百合 うばゆり ユリ科の多年草。

7 姥貝 うばがい 〔雨波貝〕海産の二枚貝。

8 姥芽樫 うばめがし 〔姥目樫・青剛樹〕ブナ科の常緑高木。

10 姥桜 うばざくら 葉が出るより先に開花するサクラ。

女7【娯】(10) ゴ

0 娯しむ たのしむ 楽しむ。

女7【娑】(10) サ・シャ

11 娑婆 しゃば ☆ 現世。

19 娑羅双樹 さらそうじゅ ▼【沙羅双樹】さらそうじゅ 209

女7【娓】(10) ビ

10 娓娓 びび くどいさま。

女7【姫】(10) ひめ

3 姫女苑 ひめじょおん 〔女菀〕キク科の越年草。

7 姫沙羅 ひめしゃら ▼【赤栴檀】ひめしゃら 360

8 姫押 おみなえし ▼【女郎花】おみなえし 93

姫昔艾 ひめむかしよもぎ キク科の越年草。

9 姫垣 ひめがき ▼【女墻】ひめがき 93

10 姫莎草 ひめくぐ カヤツリグサ科の多年草。

13 姫新 きしん JR西日本の路線。

女7【娘】(10) むすめ

3 娘子軍 じょうしぐん 女性だけの軍隊。

娘子郎四 おみなえし ▼【女郎花】おみなえし 93

11 娘部思 おみなえし ▼【女郎花】おみなえし 93

女8【婀】(11) ア

10 婀娜 あだ なまめかしい。

女8【婭】(11) ア

0 婭 あいむこ ▼【相婿】あいむこ 263

女8【婬】(11) イン

19 婬靡 いんび ☆ ▼【淫靡】いんび 219

女8【婉】(11) エン

6 婉曲 えんきょく ☆「—に断る」

12 婉然 えんぜん (女性が)しとやかで美しいさま。しなやかなさま。

19 婉麗 えんれい 「—な文体」

女8【婚】(11) コン

0 婚い よばい ▼【夜這い】よばい 85

9 婚星 よばいぼし 〔夜這い星〕流れ星。

11 婚娶 こんしゅ 夫婦の縁組。

女8【娵】(11) シュ

0 娵 よめ 〔嫁〕「—をもらう」

女8【娶】(11) シュ

0 娶せる めあわせる ▼【妻せる】めあわせる 95

娶る めとる 「妻を—」

3 娶川 めとりかわ 姓氏。

女8【娼】(11) ショウ

7 娼妓 しょうぎ 遊女。

11 娼婦 しょうふ 遊女。

女8【婆】(11) バ

0 婆 ばば 年取った女性。

7 婆伽梵 ばがぼん 〔薄伽梵〕如来一般のこと。

10 婆娑羅 ばさら 鎌倉幕府の滅亡後流行した風潮。

11 婆婆納 いぬふぐり ▼【犬陰嚢】いぬふぐり 240

19 婆羅門 バラモン インドの四大身分の最上位。

婆羅門教 バラモンきょう 古代インドの民族宗教。

女8【婢】(11) ヒ

0 婢 はしため 〔婢女〕他人の家で使われる女性。

14 婢僕 ひぼく 下女と下男。

女8【婦】(11) フ

0 婦 おんな 成人の女性。

9 婦負 ねい ①富山県の旧郡。②姓氏。

19 婦羅理 ふらり 北海道の地名。

女 8【婁】(11) ロウ・ル

11 婁宿 たたらぼし・ろうしゅく 二十八宿の一。

女 9【媛】(12) エン

0 媛 ひめ 姫。

女 9【婿】(12) セイ むこ

0 婿 むこ 〔壻・聟〕 はなむこ。

女 9【媒】(12) バイ

0 媒 なこうど ▼【仲人】なこうど 25

10 媒島 なこうどじま 東京都の島。

11 媒鳥 おとり ▼【囮】おとり 75

女 9【媚】(12) ビ・ミ

0 媚びる こびる 相手に気に入られるように振る舞う。

女 10【媼】(13) オウ

← 媼 うば ▼【姥】うば 96

→ 媼 おうな ▼【嫗】おうな 97

14 媼嫗 おうおう 年老いた女。

女 10【嫁】(13) カ よめ・とつぐ

0 嫁く かたづく 「ようやく娘が―」

嫁ぐ とつぐ 嫁入りする。

嫁する かする 嫁に行く。

8 嫁学鳥 せきれい ▼【鶺鴒】せきれい 426

女 10【嫌】(13) ケン・ゲン きらう・いや

7 嫌忌 けんき ひどくきらう。

8 嫌味 いやみ ▼【厭味】いやみ 57

14 嫌厭 けんえん いやがる。

女 10【媾】(13) コウ

6 媾曳き あいびき 〔逢引き〕 密会。

8 媾和 こうわ 〔講和〕 戦争をやめて平和状態に戻すこと。「敵国と―する」

女 10【嫉】(13) シツ・シチ

← 嫉む そねむ 〔妬む・猜む〕「同僚の昇進を―」

→ 嫉む ねたむ ▼【妬む】ねたむ 95

8 嫉妬 しっと ★「―深い人」

女 10【嫋】(13) ジョウ

0 嫋ぐ そよぐ ゆらゆらと揺れ動く。

嫋やか たおやか 「―な乙女」

10 嫋娜 じょうだ☆ しなやかな。

女 10【嫐】(13) ジョウ

0 嫐 うわなり 歌舞伎十八番の一。

嫐る なぶる ▼【嬲る】なぶる 98

女 10【嫂】(13) ソウ

0 嫂 あによめ☆ 兄の妻。

女 11【嫗】(14) ウ・オウ

← 嫗 おうな 〔媼・老女〕 年をとった女。

→ 嫗 おみな 年をとった女。

女 11【嫣】(14) エン

12 嫣然 えんぜん 〔艶然〕 にっこりとあでやかに笑うさま。美女の微笑にいう。

女 11【嫡】(14) チャク

14 嫡嫡 ちゃきちゃき 「―の江戸っ子」

女 11【嫩】(14) ドン

0 嫩 ふたば 〔双葉・二葉〕 二つの子葉。

嫩い わかい 生まれたばかりでみずみずしい。

8 嫩芽 どんが・わかめ 草や木の若芽。

9 嫩草 わかくさ 〔若草〕「―を摘む」

女 11【嫖】(14) ヒョウ

9 嫖客 ひょうかく 〔飄客〕 遊里にうかれ遊ぶ者。

女 12【嫺】(15) カン

0 嫺う ならう 習熟する。

女 12【嬉】(15) キ

0 嬉しい うれしい 「―悲鳴」

11 嬉野 うれしの ①佐賀県南部の温泉・市。②三重県の旧町。③姓氏。

← 嬉嬉 いそいそ 「―と出かける」

→ 嬉嬉 きき 〔嘻嘻〕 喜び楽しむ。

女 12【嬌】(15) キョウ

7 嬌声 きょうせい 女性のなまめかしい声。

11 嬌羞 きょうしゅう 女性のなまめかしい恥じらい。

女 12【嬋】(15) セン

9 嬋妍 せんけん 〔嬋娟〕 あでやかなさま。

10 嬋娟 せんけん ▼【嬋妍】せんけん 97

女 13【嬢】(16) ジョウ

0 嬢はん いとはん お嬢さん。

女 13【嬖】(16) ヘイ

13 **嬖愛** へいあい 寵愛する。

女 14 **【嬰】**(17) **エイ・ヨウ**

4 **嬰木** わかき 姓氏。

7 **嬰児** みどりご☆ 〔緑児〕 生まれたばかりの赤ん坊。「いとけない—」

女 14 **【嬶】**(17) **かか・かかあ**

0 **嬶** かかあ ▼【嚊】かかあ 73

4 **嬶天下** かかあでんか ▼【嚊天下】かかあでんか 73

女 14 **【嬬】**(17) **ジュ**

10 **嬬恋** つまごい 群馬県の村。

女 14 **【嬲】**(17) **ジョウ**

0 **嬲る** なぶる 〔嫐る〕 おもしろがって弱い者をひどくからかう。「新入部員を—」

女 14 **【嬥】**(17) **チョウ**

14 **嬥歌** かがい☆ 古代の習俗の一。

女 16 **【嬾】**(19) **ラン**

12 **嬾惰** らんだ ▼【懶惰】らんだ 147

女 17 **【孀】**(20) **ソウ**

0 **孀** やもめ ▼【寡婦】やもめ 105

【子】〈こ〉〈こへん〉部

子 0 **【子】**(3) **シ・ス こ**

0 **子** ね☆ 十二支の一。

子ノ口 ねのくち 青森県の地名。

3 **子子子** ねこし 姓氏。

4 **子手柏** このてがしわ ▼【側柏】このてがしわ 32

子丹 おたに 姓氏。

子不知 おやしらず 新潟県の海岸。

5 **子生婦** こんぶ ▼【昆布】こんぶ 170

子母沢 しもざわ 姓氏。

6 **子安貝** こやすがい タカラガイ科の大形巻貝。

子吉 こよし ①秋田県の川・地名。②由利高原鉄道鳥海山ろく線の駅。

9 **子音** しいん 言語音の分類の一。

11 **子規** ほととぎす ▼【杜鵑】ほととぎす 182

子細 しさい ▼【仔細】しさい 22

13 **子煩悩** こぼんのう 「—な父親」

子鈴谷 こすずがや 愛知県の旧町。

16 **子巂** ほととぎす ▼【杜鵑】ほととぎす 182

17 **子癇** しかん 妊娠中毒症の一。

子 0 **【孑】**(3) **ゲツ・ケツ**

3 **孑孒** ぼうふら★ 〔孑孑〕 カの幼虫。

← **孑孑** けつけつ 孤立しているさま。

→ **孑孑** ぼうふら ▼【孑孒】ぼうふら 98

12 **孑然** けつぜん 孤立しているさま。

子 1 **【孔】**(4) **コウ**

0 **孔** あな 〔穴〕 「針の—」

3 **孔大寺山地** こだいじさんち 福岡県の山地。

4 **孔王** あなほ 姓氏。

11 **孔雀** くじゃく★ キジ目キジ科の鳥。

14 **孔徳** コント フランスの思想家。

子 2 **【孕】**(5) **ヨウ**

0 **孕む** はらむ 〔妊む〕 「子を—」

3 **孕女** うぶめ ▼【産女】うぶめ 250

子 3 **【字】**(6) **ジ あざ**

0 **字** あざな 中国で、実名以外の名。

9 **字面** じづら 「—だけを読む」

子 3 **【存】**(6) **ソン・ゾン**

0 **存える** ながらえる★ 〔長らえる・永らえる〕

子 4 **【孝】**(7) **コウ**

3 **孝子** きょうし ①大阪・和歌山県境の峠。②南海本線の駅。③姓氏。

子 4 **【孜】**(7) **シ**

7 **孜孜** しし★ 熱心に励むさま。

子 5 **【学】**(8) **ガク まなぶ**

0 **学び舎** まなびや 学校。

4 **学文路** かむろ ①和歌山県の旧村。②南海高野線の駅。③姓氏。

5 **学田** がくでん JR北海道富良野線の駅。

16 **学樹** くぬぎ ▼【椚】くぬぎ 192

23 **学鰹** まながつお ▼【鯧】まながつお 419

子 5 **【季】**(8) **キ**

0 **季** すえ 一番年下の兄弟。

子 5 **【孟】**(8) **モウ・マン**

3 **孟子** もうし 中国、戦国時代の魯の思想家。

5 **孟母三遷** もうぼさんせん ☆ 教育には環境の影響が大きいというたとえ。

孟母断機 もうぼだんき 学業を中途で放棄することをいましめる教え。

8 **孟宗竹** もうそうちく イネ科の大形のタケ。

10 **孟特爾遜** メンデルスゾーン ドイツの作曲家。

11 **孟得士瓜** モンテスキュー フランスの思想家。〔孟徳斯鳩〕

12 **孟買** ボンベイ インドの都市ムンバイの旧称。

孟禄 モンロー ▼【文老】モンロー 164

14 **孟徳斯鳩** モンテスキュー ▼【孟得士瓜】モンテスキュー 99

子6 **【孩】**(9) **カイ・ガイ**

7 **孩児菊** ふじばかま ▼【藤袴】ふじばかま 332

孩児魚 さんしょううお ▼【山椒魚】さんしょううお 115

子6 **【孤】**(9) **コ**

0 **孤** みなしご 親をなくした子ども。〔孤児〕

7 **孤児** みなしご ▼【孤】みなしご 99

10 **孤衾** こきん ひとり寝。

14 **孤閨** こけい 「―を守る」

子7 **【孫】**(10) **ソン まご**

0 **孫** ひこ まご。

5 **孫主** ひこぬし 姓氏。

子8 **【孰】**(11) **シュク・ジュク**

0 **孰** つらつら ▼【熟】つらつら 235

孰れ いずれ ▼【何れ】いずれ 25

子9 **【孱】**(12) **サン・セン**

10 **孱弱** せんじゃく かよわいこと。

子9 **【孳】**(12) **ジ・シ**

7 **孳尾む** つるむ 20 ▼【交尾む】つるむ

12 **孳孳** じじ 勤勉に励むさま。

子11 **【孵】**(14) **フ**

0 **孵す** かえす 卵を暖めたりして孵化ふかさせる。「親鳥が卵を―」

孵る かえる ★「ひなが―」

4 **孵化** ふか 「人工―」

子16 **【孼】**(19) **ゲツ**

0 **孼い** わざわい 災禍。

【宀】〈うかんむり〉部

宀3 **【安】**(6) **アン やすい**

0 **安んぞ** いずくんぞ 〔焉んぞ〕「燕雀えんじゃく―鴻鵠こうこくの志こころざしを知らんや」

2 **安八** あんぱち 岐阜県の郡・町ちょう。

3 **安下庄** あげのしょう ①山口県の地名。②姓氏。

安土 あづち 滋賀県の町。

安土府 アントワープ ベルギーの都市。

4 **安手** やすで 「―のシャツ」

安心立命 あんじんりつめい・あんしんりゅうみょう 信仰により心を安らかに保つ。

←**安心院** あじみ 姓氏。

→**安心院** あじむ ①大分県の旧町。②姓氏。

安井息軒 やすいそっけん 江戸後期・幕末の儒者。

安比 あっぴ 岩手県の高原・川・温泉。

5 **安主** あみす 姓氏。

安石榴 ざくろ ▼【石榴】ざくろ 268

安代 あしろ 岩手県の旧町。

安田靫彦 やすだゆきひこ 日本画家。

安平 あびら ①北海道の川・盆地・町ちょう。②JR北海道室蘭むろらん本線の駅。

安母尼亜 アンモニア ▼【諳謨尼亜】アンモニア 353

安本丹 あんぽんたん 愚か者。

安立町 あんりゅうまち 阪堺はんかい電気軌道阪堺線の駅。

6 **安安** やすやす 平穏に。

安次富 あしとみ 姓氏。

安宅 あたか ①能の一。②石川県の地名。③姓氏。

7 **安佚** あんいつ ☆「―をむさぼる」

安岐 あき ①大分県の旧町。②姓氏。

←**安芸** あき ①広島県の灘だ・郡・旧町。②広島市の行政区。③旧国名。現在の広島県西部。④高知県の川・半島・郡・市。⑤土佐くろしお鉄道ごめん・なはり線の駅。⑥姓氏。

→**安芸** あげ 三重県の旧郡。

安佐 あさ ①栃木県の地域。「あんさ」とも。②広島県の旧郡。

安車蒲輪 あんしゃほりん

3画 子部 6–16画 宀部 3画

蒲がまで車輪を包み揺れをおさえた馬車。老人を大切にするたとえ。

安足間 あんたろま ①北海道の地名。②JR北海道石北本線の駅。

安来 やすぎ ①島根県の市。②JR西日本山陰本線の駅。

安里 あざと 姓氏。

←安居 あお 姓氏。

→安居 あんご ☆僧の夏の修行。

安居院 あぐい 姓氏。

安居島 あいじま 愛媛県の島。

安国寺恵瓊 あんこくじえけい 安土桃山時代の僧。

安治川 あじがわ 大阪府の川。

安的児孫 アンデルセン ▼【安得仙】アンデルセン 100

安拝 あえ 姓氏。

←安房 あぼう 長野・岐阜県境の山(—山さん)・峠。

安房 あわ ①千葉県の郡。②旧国名。現在の千葉県南部。

→安房 あんぼう 鹿児島県の川・地名。

安和 あわ JR四国土讃どさん線の駅。

9 **安威川** あいがわ 大阪府の川。

安乗崎 あのりざき 三重県の岬。

安食 あじき ①JR東日本成田線の駅。②姓氏。

10 **安家** あっか 岩手県の川・旧村。

安家洞 あっかどう 岩手県の鍾乳洞。

安栖里 あせり JR西日本山陰本線の駅。

安孫子 あびこ 姓氏。

安特堤 アムステルダム オランダの首都。

安倍 あべ 姓氏。

安倍晴明 あべのせいめい 平安時代の陰陽家おんようけ。

11 **安宿** あすかべ 姓氏。

安得仙 アンデルセン 〔安的児孫〕デンマークの作家。

安得烈夫 アンドレーエフ ロシアの作家。

12 **安達** あだち ①福島県の郡・旧町。②JR東日本東北本線の駅。③姓氏。

安達ヶ原 あだちがはら 能の曲名。

安達太良山 あだたらやま 福島県の山。

安堵 あんど ☆「—の胸をなでおろす」

安満岳 やすまんだけ 長崎県の山。

13 **安楽川** あらかわ 和歌山県の地名。

安蒜 あびる 姓氏。

安飾 あんじき 姓氏。

安幕 あまく・あまり 姓氏。

14 **安寧秩序** あんねいちつじょ 平穏であること。

15 **安慶田** あげた 姓氏。

安慶名 あげな 沖縄県の地名。

安質母 アンチモン 元素。

安養浄土 あんにょうじょうど 極楽浄土の別名。

安養野 あやの 姓氏。

16 **安穏** あんのん 「—に暮らす」

安積 あさか ①福島県の旧郡・旧町・山。②姓氏。

安積艮斎 あさかごんさい 江戸後期の儒学者。

安曇 あづみ 長野県の旧村。

安曇川 あどがわ ①滋賀県の旧町。②JR西日本湖西こせい線の駅。③京都府・滋賀県の川。④姓氏。

安曇野 あづみの 長野県の市。

安濃 あの ①三重県の旧郡。②島根県の旧郡。

安蓋 あまか 姓氏。

19 **安蘇** あそ 栃木県の旧郡。

宀3 【宇】(6) ウ

0 **宇** のき 屋根の一番下の部分。

宇ノ気 うのけ 石川県の旧町。

3 **宇久** うく 長崎県の島・旧町。

←宇久井 うくい JR西日本紀勢本線の駅。

→宇久井 うぐい 和歌山県の旧村。

宇久須 うぐす 静岡県の旧村。

宇土 うと ①熊本県の半島・市・旧郡。②JR九州鹿児島本線等の駅。

宇土崎 うどざき 大分・宮崎県境の岬。

4 **宇内** うだい 天下。世界。

宇方形 うぶかた 姓氏。

5 **宇甘** うかい 岡山県の川・渓谷(—渓)。

6 **宇合** うまかい 姓氏。

8 宇陀 うだ　奈良県の川・郡・市。

宇弩 うね　姓氏。

9 宇迦の御魂 うかのみたま　▼【倉稲魂】うかのみたま 31

宇城 うき　熊本県の市。

宇柳貝 ウルグアイ　国名。

10 宇島 うのしま　①福岡県の港。②JR九州日豊本線の駅。

宇納 うなみ　姓氏。

宇連 うれ　愛知県の川・地名。

11 宇宿 うすき　JR九州指宿枕崎線の駅。

宇部 うべ　①山口県の台地・岬・市・港。②JR西日本の路線。③JR西日本山陽本線等の駅。

12 宇曾利山湖 うそりやまこ　青森県の湖。

16 宇樽部 うたるべ　青森県の地名。

宀3 【守】(6)　シュ・ス　まもる・もり

0 守 かみ　▼【長官】かみ 388

6 守成 しゅせい　創業をうけて事業を盛んにする。

8 守実 もりざね　大分県の地名。

守門 すもん　①新潟県の山（—岳）・旧村。②姓氏。

10 守株 しゅしゅ　進歩がないこと。

守株待兎 しゅしゅたいと　融通がきかないこと。

←守宮 いもり　▼【蠑螈】いもり 340

→守宮 やもり　☆〔家守・壁虎〕ヤモリ科の爬虫類の総称。

宀3 【宅】(6)　タク

0 宅 たくら　姓氏。

11 宅部 やかべ　姓氏。

宀4 【完】(7)　カン

0 完うする まっとうする　▼【全うする】まっとうする 25

4 完戸 ししど　姓氏。

15 完膚 かんぷ　「—なきまでやっつける」

18 完璧 かんぺき　「—な出来栄え」

宀4 【宏】(7)　コウ

0 宏い ひろい　〔広い〕「—庭」

3 宏大 こうだい　「—な平原」

宏大無辺 こうだいむへん　広くはてしがない。

17 宏闊 こうかつ　広く大きい。

宀4 【宋】(7)　ソウ・スウ

17 宋襄 そうじょう　「—の仁」

宀4 【宍】(7)　ニク

0 宍 しし　〔肉〕にく。

2 宍人 ししど　姓氏。

4 宍戸 ししど　姓氏。

8 宍咋 ししくい　姓氏。

12 宍喰 ししくい　①徳島県の川・旧町・漁港。②阿佐海岸鉄道阿佐東線の駅。

宍粟 しそう　兵庫県の市・旧郡。

宍道 しんじ　①島根県の湖・旧町。②JR西日本山陰本線等の駅。③姓氏。

宀5 【宛】(8)　エン

←宛 あて　「ひとり—三つ」「会社—に送る」

→宛 ずつ　「二つ—」

宛も あたかも　☆〔恰も〕「—戦場のような光景」

宛ら さながら　☆「本番—に行う」

6 宛行う あてがう　あて「新人向きの仕事を—」

宛行扶持 あてがいぶち　〔充行扶持〕雇っている側の一方的な判断で与える手当。

宛字 あてじ　〔充字〕借字。

12 宛然 えんぜん　☆そっくりである。

宀5 【官】(8)　カン

0 官 つかさ　〔司〕役所。役人。

10 官家 みやけ　大和朝廷の直轄地の一。

13 官衙 かんが　☆役所。

宀5 【宜】(8)　ギ

0 宜 むべ　当然なさま。「—なるかな」

宜う うべなう　承諾する。

宜しい よろしい　〔宜敷い〕ちょうどよい。適当である。

宜しく よろしく　〔宜敷く〕「—お願いします」

7 宜志富 ぎしとみ　姓氏。

10 宜候 ようそろ　〔良候〕操艦時の用語。

11 宜野座 ぎのざ　沖縄県の村。

宜野湾 ぎのわん　沖縄県の市。

15 宜敷い よろしい　▼【宜しい】よろしい 101

宀5 【実】(8) ジツ み・みのる

← 実 さね ▼【核】さね 188

実 まこと ▼【真】まこと 263

→ 実 まめ ▼【忠実】まめ 138

← 実に げに 「―恐ろしきは…」

→ 実に まことに 〔寔に〕「―お世話になりました」

3 実川 さねかわ 新潟県の川。

4 実方 さねかた 姓氏。

5 実布的利亜 ジフテリア 感染症。

9 実矧ぎ さねはぎ 板の接合法の一。

実籾 みもみ ①千葉県の地名。②京成本線の駅。

10 実栗 みくり ▼【三稜草】みくり 7

12 実葛 さねかずら ▼【真葛】さねかずら 264

宀5 【宗】(8) シュウ・ソウ

0 宗 むね 「安全を―とする」

4 宗太鰹 そうだがつお 〔惣太鰹〕 サバ科の海魚。

5 宗右馬 そうま 姓氏。

宗右衛門町 そうえもんちょう 大阪府の地名。

7 宗谷 そうや ①北海道の海峡・岬・湾・丘陵・支庁・郡・旧村。②JR北海道の路線(―本線)。

8 宗岳 そが 姓氏。

9 宗祇 そうぎ 室町後期の連歌師・古典学者。

10 宗峰妙超 しゅうほうみょうちょう 鎌倉末期の僧。

12 宗尊親王 むねたかしんのう 鎌倉幕府第六代将軍。

14 宗像 むなかた ①福岡県の市・旧郡。②姓氏。

15 宗廟 そうびょう 祖先の霊をまつる建物。

宀5 【宙】(8) チュウ

0 宙 そら 大空。

6 宙吊り ちゅうづり 〔宙釣り〕「がけから―になる」

7 宙返り ちゅうがえり とんぼがえり。

宀5 【定】(8) テイ・ジョウ さだめる・さだまる・さだか

0 定 さだん 暦注の十二直の一。

3 定山渓 じょうざんけい 北海道の温泉・地名。

5 定石 じょうせき ☆「―どおり代打を送る」

6 定考 こうじょう 平安期の下級官吏昇進の儀式。

11 定斎屋 じょさいや せんじ薬の行商人。

12 定款 ていかん 社団法人の根本規則。

定朝 じょうちょう 平安中期の仏師。

宀5 【宝】(8) ホウ たから

4 宝木 ほうぎ ①鳥取県の地名。②JR西日本山陰本線の駅。

5 宝示戸 ほうしど 姓氏。

宝立山 ほうりゅうざん 石川県の山。

8 宝物殿 ほうもつでん 宝物をおさめておく建物。

10 宝珠山 ほうしゅやま ①福岡県の地名。②JR九州日田彦山線の駅。

宝珠花 ほうしゅばな 埼玉県の地名。

12 宝達 ほうだつ ①石川・富山県境の丘陵。②石川県の山(―山)。

宝達志水 ほうだつしみず 石川県の町。

宝登山 ほどさん 埼玉県の山。

宝飯 ほい ①愛知県の郡。②姓氏。

13 宝殿 ほうでん ①兵庫県の山。②JR西日本山陽本線の駅。

21 宝鐸 ほうちゃく・ほうたく 堂や塔の四隅につるす大形の鈴。

宀6 【宦】(9) カン

8 宦官 かんがん 宮廷につかえる去勢された男子。

宀6 【客】(9) キャク・カク

0 客 まろうど 〔賓・客人〕 よそから訪れる人。

2 客人 まろうど ▼【客】まろうど 102

6 客気 かっき ものにはやる心。

客死 かくし・きゃくし 「パリで―する」

8 客実 まろうどざね 主となる客。

宀6 【室】(9) シツ むろ

5 室生 むろう ①奈良県の旧村。②姓氏。

室生犀星 むろうさいせい 詩人・小説家。

9 室咲き むろざき 「―のバラ」

11 室宿 はついぼし・しつしゅく 二十八宿の一。

13 室鳩巣 むろきゅうそう 江戸中期の儒学者。

19 室蘭 むろらん ①北海道の市・旧郡・港・街道。②JR北海道の路線(―本線)・駅。

22 室鯵 むろあじ ▼【鰘】むろあじ 420

宀6 【宣】(9) セン

0 宣う のたまう☆ 〔曰う〕「言う」の尊敬語。
宣く のたまわく ▼【曰く】のたまわく 175
宣べる のべる ▼【陳べる】のべる 393
宣り言 のりごと ▼【告り言】のりごと 64
15 宣撫 せんぶ 「―工作」

宀6 【宥】(9) ユウ
0 宥す ゆるす 過失や罪を責めない。
宥める なだめる★ 「はやる部下を―」
8 宥和 ゆうわ 「―政策」
10 宥恕 ゆうじょ 寛大な心で許す。

宀7 【宴】(10) エン
0 宴 うたげ☆ 宴会。

宀7 【家】(10) カ・ケ いえ・や
0 家 うち 〔自家〕自分の家庭・家。
3 家子 かのこ 姓氏。
家子郎等 いえのころうどう いえのころうとう 子分。
5 家司 けいし 鎌倉・室町幕府の職員。
6 家守 やもり ▼【守宮】やもり 101
8 家苞 いえづと 家へのみやげ。
9 家城 いえき ①三重県の地名。②JR東海名松(めいしょう)線の駅。
10 家捜し やさがし 家中をさがす。
11 家船 えぶね 船を住居とした漂泊漁民。
家猪 ぶた ▼【豚】ぶた 356
家豚 ぶた ▼【豚】ぶた 356
13 家禽 かきん 家畜として飼育される鳥。
16 家鴨 あひる 〔鶩・泥鴨〕カモ科の水鳥。
家壁蝨 いえだに ▼【家蟎】いえだに 103
17 家蟎 いえだに 〔家蜱・家壁蝨〕サシダニ科のダニ。

宀7 【害】(10) ガイ
0 害う そこなう 〔損なう〕傷つける。

宀7 【宮】(10) キュウ・グウ・ク みや
4 宮内 ぐうない 北海道の温泉。
宮内庁 くないちょう 内閣府の外局の一。
5 宮司 ぐうじ 神官の職名。
7 宮良 みやら 沖縄県の川・湾・地名。
17 宮簀媛 みやずひめ 日本武尊(やまとたけるのみこと)の妃。

宀7 【宰】(10) サイ
9 宰相 さいしょう 総理大臣。
14 宰領 さいりょう 監督する。

宀7 【宵】(10) ショウ よい
4 宵不知 いざよい ▼【十六夜】いざよい 52
10 宵宮 よみや 〔夜宮〕祭りの日の前夜のこと。

宀7 【宸】(10) シン
16 宸翰 しんかん 天子直筆の文書。
18 宸襟 しんきん 天子の心。

宀7 【容】(10) ヨウ
←容 かたち すがた。
→容 かんばせ ▼【顔】かんばせ 405
容れる いれる 「要求を―」
3 容子 ようす 〔様子〕その場のありさま。
6 容気 かたぎ☆ ▼【気質】かたぎ 206
7 容体 ようだい 〔容態〕病状。
8 容易い たやすい☆ わけなくできる。「口に言うのは―」
12 容喙 ようかい★ 横から口を出す。
14 容態 ようだい ▼【容体】ようだい 103
容貌魁偉 ようぼうかいい☆ 姿かたちがたくましく立派なさま。

宀8 【寅】(11) イン
0 寅 とら 十二支の一。

宀8 【寄】(11) キ よる・よせる
0 寄る方 よるべ 〔寄る辺〕たよりとする所。「―なき身」
4 寄木 よせぎ 「寄せ木細工」の略。
5 寄生木 やどりぎ☆ 〔宿木〕ヤドリギ科の常緑低木。
6 寄合度 よりあいど 長野県の地名。
8 寄居 よりい ①埼玉県の町。②JR東日本八高(はちこう)線等の駅。③姓氏。
←寄居虫 ごうな ヤドカリの別名。
→寄居虫 やどかり 〔宿借〕十脚目の一部の甲殻類の総称。
10 寄席 よせ★ 落語・漫才などの演芸場。
寄島 よりしま 岡山県の旧町。
11 寄魚 しいら ▼【鱰】しいら 421
12 寄越す よこす 〔遣す〕「手紙を―」

寄寓 きぐう 他人の家の一部を借りて生活する。

17 寄磯崎 よりそざき 宮城県の岬。

18 寄贈 きそう・きぞう 「学校に図書を—する」

宀8【寂】(11) ジャク・セキ さび・さびしい・さびれる

←寂 さび 「—のきいた声」

→寂 せき 「—として声なし」

寂か しずか 人がいなくて心細い。

寂れる さびれる 〔荒びれる〕 すたれる。

6 寂地 じゃくち ①島根・山口県境の山(—山さん)。②山口県の峡谷(—峡)。

12 寂然 じゃくねん・せきぜん ひっそりとしてさびしいさま。

13 寂滅 じゃくめつ 死ぬこと。

寂滅為楽 じゃくめついらく 悟りの境地こそが真の楽しみである。

14 寂寥 せきりょう ☆ ものさびしい。

宀8【宿】(11) シュク やど・やどる・やどす

4 宿戸 しゅくのへ JR東日本八戸はちのへ線の駅。

宿木 やどりぎ ▼【寄生木】やどりぎ 103

宿毛 すくも ①高知県の湾・市。②土佐くろしお鉄道の路線・駅。③愛媛・高知県の街道。④姓氏。

宿六 やどろく 「うちの—」

5 宿尼 すくに 姓氏。

8 宿直 とのい 宮中などに宿泊して警戒すること。

9 宿星菜 ぬまとらのお サクラソウ科の多年草。

10 宿借 やどかり ▼【寄居虫】やどかり 103

11 宿酔 ふつかよい ☆ 「—で頭が痛い」

13 宿痾 しゅくあ ☆ 持病。

14 宿徳 しゅうとく 年功を積んだ徳の高い人。

16 宿鮎 さびあゆ ▼【錆鮎】さびあゆ 385

19 宿禰 すくね 古代、人名に添えた敬称。

宀8【密】(11) ミツ

0 密か ひそか ☆ 〔私か・窃か・秘か〕 「—な楽しみ」

3 密士失比 ミシシッピ アメリカの川・州。

4 密夫 まおとこ ▼【間男】まおとこ 389

7 密男 まおとこ ▼【間男】まおとこ 389

11 密執安 ミシガン アメリカの湖・州。

密密 ひそひそ 「—耳もとでささやく」

宀9【寒】(12) カン さむい

←寒川 さむかわ ①神奈川県の町。②JR東日本相模さがみ線の駅。③姓氏。

寒川 さむがわ 千葉県の地名。

→寒川 さんがわ ①香川県の旧町。②愛媛県の地名。③姓氏。

4 寒水 そうず 姓氏。

6 寒瓜 すいか ▼【西瓜】すいか 345

8 寒河 そうご JR西日本赤穂あこう線の駅。

寒河江 さがえ ①山形県の川・市・温泉。②JR東日本左沢あてらさわ線の駅。③姓氏。

寒苺 ふゆいちご 〔冬苺〕 バラ科のつる性常緑低木。

9 寒狭川 かんさがわ 愛知県の川。

寒垢離 かんごり 寒中に冷水を浴び神仏に願うこと。

寒柝 かんたく 冬の夜の拍子木の音。

寒風沢 さぶさわ 宮城県の島・海峡(—水道)。

10 寒晒し かんざらし 〔寒曝し〕 寒中に水や空気にさらすこと。

12 寒葵 かんあおい 〔杜衡・常盤草〕 ウマノスズクサ科の常緑多年草。

寒復習 かんざらい 寒げいこ。

13 寒禽 かんきん 冬を生きる鳥。

15 寒鴉 かんがらす 冬のカラス。

←寒蟬 つくつくぼうし 〔蟪蛄〕 セミの一種。

→寒蟬 ひぐらし ▼【蜩】ひぐらし 338

19 寒曝し かんざらし ▼【寒晒し】かんざらし 104

21 寒露 かんろ 二十四節気の一。

宀9【寓】(12) グウ・グ

8 寓居 ぐうきょ 仮の住まい。

13 寓話 ぐうわ 「イソップの—」

宀9【寔】(12) ショク

0 寔に まことに ☆ ▼【実に】まことに 102

宀9【寐】(12) ビ・ミ

0 寐る ねる 寝る。

宀9【富】(12) フ・フウ とむ・とみ

←富山 とみさん 千葉県の山。

→富山 とやま ①中部地方の県。②富山県の湾・平野・市。③民営鉄道(—地方鉄道)。④JR西日本北陸本線等の駅。

3画 宀部 8–9画

富士ノ折立 ふじのおりたて　富山県の山。

富士根 ふじね　姓氏。

富木 との　JR西日本阪和線の駅。

富加 とみか　岐阜県の町ちょ。②長良川ながら鉄道越美南えつみ線の駅。

富田 とんだ　①和歌山県の川。②大阪府の旧町。③阪急京都本線の駅。④山口県の地名。⑤宮崎都本線の駅。

富田林 とんだばやし　①大阪府の市。②近鉄長野線の駅。③大阪・奈良県の街道。

富合 とみあい　熊本県の町ち。

富足 ふそく　富み足りる。

富来 とぎ　石川県の旧町。

富来田 ふくた　千葉県の地名。

富良野 ふらの　①北海道の川・盆地・山〈岳〉。②JR北海道の路線・駅。

富海 とのみ　山口県の地名。②JR西日本山陽本線の駅。③姓氏。

富津 ふっつ　①千葉県の岬・市・漁港。②姓氏。

富島 まとし　兵庫県の地名。

富魚 とみうお　トゲウオ目の淡水魚。

富郷渓谷 とみさとけいこく　愛媛県の渓谷。

富野荘 とのしょう　近鉄京都線の駅。

富貴 ふうき　「─れる」

富貴 ふき　名鉄河和こう線等の駅。

富貴草 ふっきそう　ツゲ科の常緑小低木。

富満高原 とどまこうげん

富裕 ふゆう　財産がたくさんあること。

富幕山 とんまくやま　静岡・愛知県境の山。

富籤 とみくじ　江戸時代の一種の宝くじ。

寛 [10] カン

寛い ひろい　「心が─」

寛ぐ くつろぐ ★「家族と─ひととき」ゆるやかな空間に余裕がある

寛やか かんやか

寛恕 かんじょ　とがめずに許す。

寝 (13) シン ねる・ねかす

寝入り端 ねいりばな　「─を起こされる」

寝刃 ねたば　切れ味の鈍くなった刃。

寝屋川 ねやがわ　大阪府の川・市。

寝相 ねぞう　寝ているときの姿。

寝覚ノ床 ねざめのとこ　長野県の景勝地。

寝聡い いざとい　目が覚めやすい。

寝腐れる ねくたれる

寝穢い いぎたない☆【貪眠い】　寝て、髪の毛や着衣が乱れる。眠りをむさぼっている。

寡 (14) カ

寡し すこし【些し】　わずか。

寡ない すくない　数量が小さい。▼【寡婦】やもめ 105

寡女 やもめ▼【寡婦】やもめ 105

寡夫 やもお【寡男・鰥】　妻を失った男。「やもお」と

寡言 かげん　口数が少ないさま。

寡作 かさく　「─な小説家」

寡男 やもお▼【寡夫】やもお 105

寡婦 やもめ★【寡・寡女・嬬】　夫

寡聞 かぶん　口数が少ないさま。

寡黙 かもく　口数が少ないさま。

寡頭政治 かとうせいじ　少数者に権力が集中する政治。

察 (14) サツ

察する さっする　推測して了解する。

察察 さっさつ　潔白。

寧 (14) ネイ

寧ろ むしろ★いっそ。

寧波 ニンポー　中国の都市。

寮 (14) リョウ

寮寥 りょうりょう　ものさびしいさま。

審 (15) シン

審らか つまびらか▼【詳らか】つまびらか 351

審 あき　姓氏。

審訊 しんじん　審問。

龕 (19) チョウ

【寸】〈すん部〉

【寸】(3) スン

7 寵児 ちょうじ 「時代の―」
10 寵辱 ちょうじょく 寵愛されることと、恥辱を受けること。
寵姫 ちょうき 君王の寵愛深い女性。
13 寵愛 ちょうあい 上の人が下の者を非常にかわいがること。

【寸】〈すん〉部

寸0 【寸】(3) スン

0 寸 き 古代の長さの単位。
2 寸八寸 かまつか 姓氏。
寸又 すまた 静岡県の川・渓谷(―峡)。
3 寸寸 ずたずた★ 〔寸断寸断〕 「―に切り裂く」
4 寸切 ずんぎり 筒状のものを横にまっすぐに切る。
5 寸半 きなか ▼【半銭】きなか 54
9 寸津 きつ 姓氏。
寸草春暉 すんそうしゅんき 短い草と春の日ざし。
10 寸莎 すさ★ ▼【苆】すさ 317
寸胴 ずんどう 「―な体形」
11 寸毫 すんごう ごくわずか。
寸断寸断 ずたずた ▼【寸寸】ずたずた 106
12 寸喜 すき 姓氏。
13 寸隙 すんげき☆ 寸暇。わずかなすきま。

寸3 【寺】(6) ジ てら

4 寺内正毅 てらうちまさたけ 軍人・政治家。
8 寺泊 てらどまり ①新潟県の旧町。②JR東日本越後線の駅。
10 寺啄 てらつつき キツツキの別名。

寸4 【寿】(7) ジュ ことぶき

0 寿ぎ歌 ほぎうた 〔祝歌〕 祝いの歌。
寿ぐ ことほぐ☆ ▼【言祝ぐ】ことほぐ 349
3 寿山 すやま 姓氏。
5 寿司 すし ▼【鮨】すし 418
6 寿光木 さわぐるみ ▼【沢胡桃】さわぐるみ 209
8 寿府 ジュネーブ スイスの都市。
9 寿限無 じゅげむ 落語の演題。
寿星桃 からもも ▼【唐桃】からもも 69
10 寿留女 するめ ▼【鯣】するめ 418
11 寿基徳 スコット イギリスの探検家。
12 寿詞 よごと 〔吉言〕 祈願の言葉。

寸4 【対】(7) タイ・ツイ

0 対う むかう 対する。
4 対手 あいて 相手。
7 対村 つしむら 姓氏。
9 対峙 たいじ 「両軍が川を挟んで―する」
10 対馬 つしま ①長崎県の島・市。②旧国名。長崎県対馬全域。③姓氏。
12 対雁 ついしかり 北海道の地名。
18 対蹠 たいしょ・たいせき 正反対。

寸6 【専】(9) セン もっぱら

3 専女 とうめ 老女。
5 専占 せんせん 自分一人で占有する。

寸6 【封】(9) フウ・ホウ

0 封 ポンド 〔封度・听・磅〕 質量・通貨の単位。
封ずる ほうずる 領地を与えて支配者とする。
4 封戸 ふこ 律令制下の一種の俸禄(ほうろく)。
7 封豕長蛇 ほうしちょうだ 大きなイノシシと長いヘビ。
9 封度 ポンド☆ ▼【封】ポンド 106
15 封緘 ふうかん 手紙の封をする。

寸7 【射】(10) シャ いる

0 射す さす 「窓から日が―」
射つ うつ 「鳥を―」
←射干 しゃが☆ 〔著莪・胡蝶花・胡蝶草〕 アヤメ科の多年草。
→射干 ひおうぎ ▼【檜扇】ひおうぎ 199
射干玉 ぬばたま☆ 〔烏玉・野干玉〕 黒い珠(たま)。ヒオウギの実といわれる。
4 射手座 いてざ 十二星座の一。
射水 いみず 富山県の川・市・旧郡。
5 射礼 じゃらい 朝廷の年中行事。
6 射向 いむけ よろいの左側。
8 射和 いざわ ①三重県の地名。②姓氏。
9 射屋 いや 姓氏。
射垜 あずち ▼【垜】あずち 79
12 射竦める いすくめる 相手をにらみ、動けないようにする。「鋭い眼光で―」

17 射翳 まぶし 待ち伏せ。

寸7 【将】(10) **ショウ**

0 将 はた また。もしくは。

将に まさ 「―沈もうとする夕日」

2 将又 はたまた☆ それともまた。あるいは。

12 将棊頭山 しょうぎがしらやま 長野県の山。

15 将監 しょうげん ①古代の官職の一。②宮城県の地名。③埼玉・山梨県境の峠。

寸8 【尉】(11) **イ**

0 尉 じょう★ ①能で、老翁。②▼【判官】じょう 45

18 尉繚子 うつりょうし 中国、戦国時代の兵法書。

21 尉鶲 じょうびたき ツグミ科の小鳥。

寸9 【尋】(12) **ジン** **たずねる**

0 尋 ひろ☆ 長さの単位。

4 尋木 ただき 姓氏。

寸9 【尊】(12) **ソン** **たっとい・とうとい・たっとぶ・とうとぶ**

0 尊 みこと ▼【命】みこと 66

寸12 【導】(15) **ドウ** **みちびく**

0 導 しるべ 手引き。案内。

小（⺌）〈しょう〉部

小0 【小】(3) **ショウ** **ちいさい・こ・お**

2 小八賀川 こはちががわ 岐阜県の川。

3 小下里 こさがり 新潟県の温泉。

小巾 こぎん 仕事着の一。

小山 おやま ①栃木県の市。②JR東日本東北本線等の駅。

小山内 おさない 姓氏。

小山桜桃 やまもも ▼【楊梅】やまもも 195

小子 おこ 姓氏。

小女子 こうなご☆ スズキ目の海魚、イカナゴの別名。

小女淵 おなぶち 姓氏。

小川原 こがわら JR東日本東北本線の駅。

小川原湖 おがわらこ 青森県の湖。

小千谷 おぢや ①新潟県の市。②JR東日本上越線の駅。③姓氏。

小大下島 こおげじま 愛媛県の島。

4 小火 ぼや★ 小さな火事。

小牛田 こごた ①宮城県の旧町。②JR東日本東北本線等の駅。

小月 おづき ①山口県の湾・地名。②JR西日本山陽本線の駅。

小手指 こてさし ①埼玉県の旧村。「こですざし」とも。②西武池袋線の駅。

小手毬 こでまり 〔**小手毬花・小粉団・小粉団花・麻葉繡毬**〕バラ科の落葉低木。

小手毬花 こでまり ▼【小手毬】こでまり 107

小水葱 こなぎ 〔**小菜葱・鴨舌草**〕ミズアオイ科の一年草。

小切子 こきりこ 〔**筑子**〕竹製の打楽器。

小天 おあま 姓氏。

小日向 こひなた 東京都の地名。

小比類巻 こひるいまき 姓氏。

小父さん おじさん☆ 「よその―」

小仏 こぼとけ ①東京都の集落。②東京・神奈川県境の峠。

小木 おぎ ①新潟県の半島・旧町。②石川県の地名。

5 小旧 おき 姓氏。

小広峠 こひろとうげ 和歌山県の峠。

小矢部 おやべ 富山県の川・市。

小出 こいで ①新潟県の旧町。②JR東日本上越線等の駅。

小石 さざれいし ▼【細石】さざれいし 293

小石原 こいしわら 福岡県の旧村。

小汀 おばま 姓氏。

小田原 おだわら ①神奈川県の市。②小田急の路線。③JR東日本東海道本線等の駅。

小田越 おだごえ 岩手県の峠。

小白森山 こじろもりやま 岩手・秋田県境の山。

小半 おながら 大分県の地名。

小半ら こなから ▼【二合半】こなから 17

小布施 おぶせ ①長野県の町。②長野電鉄長野線の駅。

小平 おびら 北海道の町。

小平蘂川 おびらしべがわ 北海道の川。

小辺 おたべ 姓氏。

小母さん おばさん ☆「近所の━」

小本 おもと ①岩手県の川・旧村。②三陸鉄道北リアス線の駅。

小立野 こだつの 石川県の台地。

6 **小圷** こあくつ 姓氏。

小安 おやす 秋田県の渓谷(━峡)・山(━岳)。

小灰蝶 しじみちょう 〔蜆蝶〕 シジミチョウ科のチョウの総称。

小刑部 おさかべ 姓氏。

小江 おえ ①JR九州長崎本線の駅。②姓氏。

小向田 おいなた 姓氏。

小合溜井 こあいだめい 東京・埼玉県境の地名。

小此木 おこのぎ 姓氏。

小字 こあざ 町や村の中の一区画の名。

小式ケ台 こしきがだい 高知県の山。

小舌 ひこ のどびこ。

小宅 おやけ 姓氏。

小竹 ささ タケ亜科のうち小形のものの総称。

小竹田 しのだ 姓氏。

小百合 さゆり ユリの別名。

小米花 こごめばな 〔珍珠花・笑靨花〕 シジミバナの別名。

小有珠 こうす 北海道の山。

7 **小貝** こかい ①茨城県の海岸(━浜)。②栃木県の川。③姓氏。

小更 こふけ 姓氏。

小谷 おたり 長野県の村。

小佐々 こさざ 長崎県の旧町。

小作 おざく ①東京都の地名。②JR東日本青梅線の駅。

小児科 しょうにか 医学の一分野。

小児斑 もうこはん ▼【蒙古斑】 328

小車 おぐるま ▼【旋覆花】 168

小助 おたすく 姓氏。

小体 こてい こぢんまりとして質素だ。

小沢 こざわ JR北海道函館本線の駅。

←**小豆** あずき ★〔赤小豆・荅〕 マメ科の一年草。

→**小豆** しょうず 香川県の郡。

小豆沢 あずさわ 姓氏。

小豆島 しょうどしま 香川県の島・町。

小豆粥 あずきがゆ あずきの入ったかゆ。

小把 こたば 姓氏。

小坂 おさか 岐阜県の川・旧町。

小坂井 こざかい ①愛知県の町。②JR東海飯田線の駅。

小阪部 こさかべ 岡山県の川・地名。

小兵 こひょう 体の小さいこと。

小里川 おりがわ 岐阜県の川。

小呂島 おろしま 福岡県の島。

8 **小阿仁川** こあにがわ 秋田県の川。

小河内 おごうち 東京都の旧村。

小径 こみち 幅の狭い道。

←**小姑** こじゅうと ▼【小舅】 109

→**小姑** こじゅうとめ 配偶者の姉妹。

小国 おぐに ①山形県の川・盆地・町・地名。②JR東日本米坂線の駅。③新潟県の旧町。④熊本県の町。

小枝 こえさし 姓氏。

小松帯刀 こまつたてわき 幕末の志士。

小忠実 こまめ まめまめしいさま。「━に面倒をみる」

小波 さざなみ ★▼【漣】 226

小泊 こどまり 青森県の岬・旧村。

小泊瀬 おはせ 姓氏。

小迫 こざこ 姓氏。

小武川 こむがわ 山梨県の川。

小物成 こものなり 江戸時代の雑税。

小歩危 こぼけ ①徳島県の峡谷。②JR四国土讃線の駅。

小夜 さよ 夜。

小夜曲 セレナーデ 組曲の一。

小林 おばやし 阪急今津線の駅。

9 **小屋貝** おやがい 姓氏。

小垣江 おがきえ 名鉄三河線の駅。

小県 ちいさがた 長野県の郡。

小砂川 こさがわ JR東日本羽越本線の駅。

小臭木 こくさぎ 〔常山〕 ミカン科の落葉低木。

小城 おぎ ①佐賀県の市。②JR九州唐津線の駅。③姓氏。

小飛島 こびしま 岡山県の島。

小美玉 おみたま 茨城県の市。

小柄 こづか 刀の鞘(さや)に添える小刀。

小保 こやす 姓氏。

小保内 おぼない 姓氏。

小俣 おばた ①三重県の旧町。②近鉄山田線の駅。

小柳出 おやいで 姓氏。

小柳津 こやいづ 姓氏。

10 **小家** こやけ 姓氏。

小郡 おごおり ①山口県の旧町。②福岡県の市。③甘木(あまぎ)鉄道の駅。

小倅 こせがれ 「―に何がわかる」

小師 こし 姓氏。

小真名子山 こまなごさん 栃木県の山。

小粋 こいき 「―な店」

小啄木 こげら キツツキ科の鳥。

小値賀 おぢか 長崎県の島・町(ちょう)。

←**小島** おしま ①JR四国徳島線の駅。②熊本県の旧町。

小島 おじま 静岡県の旧村。

→**小島** こしま ①愛知県の島。②愛媛県の島。「おしま」とも。③鹿児島県の島。

小島谷 おじまや JR東日本越後(えちご)線の駅。

小馬 おはさま 姓氏。

小浜 おばま ①福井県の湾・市。②JR西日本の路線・駅。③長崎県の温泉・旧町。

小粉団 こでまり ▼【小手毬(こでまり)】107

小粉団花 こでまり ▼【小手毬(こでまり)】107

小圃 おばた 姓氏。

←**小涌谷** こわきだに 箱根登山鉄道の駅。

→**小涌谷** こわくだに 神奈川県の温泉・地名。

小栗 ささぐり 姓氏。

小栗忠順 おぐりただまさ 幕末の幕臣。

小栗栖 おぐるす ①京都府の地名。②姓氏。

小竜仙 しらびそ ▼【白檜曾(しらびそ)】259

小連翹 おとぎりそう ▼【弟切草(おとぎりそう)】128

11 **小魚** いさな 〔細小魚〕 小さな魚のこと。

小郷 そうごう 姓氏。

小逕 しょうけい こみち。

小菜葱 こなぎ ▼【小水葱(こなぎ)】107

小雀 こがら ★〔小陵鳥〕 シジュウカラ科の小鳥。

小船井 おぶない 姓氏。

小巣鳥 すずめのえんどう ▼【雀野豌豆(すずめのえんどう)】395

小鳥 おどり 岐阜県北部の川・峠。

小鳥谷 こずや ①岩手県の旧村。②IGRいわて銀河鉄道いわて銀河鉄道線の駅。

小鳥遊 たかなし 姓氏。

小動ヶ崎 こゆるぎがさき 神奈川県の岬。

小堀鞆音 こぼりともと 日本画家。

小野上 おのがみ ①群馬県の旧村。②JR東日本吾妻(あがつま)線の駅。

小野豆 おまちや 姓氏。

小野妹子 おののいもこ 推古朝の官人。

小野篁 おののたかむら 平安前期の学者・歌人。

小陵鳥 こがら ▼【小雀(こがら)】109

小鹿田 おんた 大分県の地名。

小鹿野 おがの 埼玉県の町。

12 **小蛙** かわず ▼【蛙(かわず)】336

小椅 おばし 姓氏。

小淵沢 こぶちざわ ①山梨県の旧町。②JR東日本中央本線等の駅。

小賀玉の木 おがたまのき 〔黄心樹〕 モクレン科の常緑高木。

小間 おまさま 姓氏。

小須戸 こすど 新潟県の旧町。

小曾木 おそぎ 東京都の旧村。

小筑紫 こづくし 高知県の地名。

小童 ひじ 姓氏。

小無間山 しょうむげんざん 静岡県の山。

小椋 おぐら 姓氏。

小琳 こたま 姓氏。

小禄 おろく ①沖縄県の地名。②沖縄都市モノレールの駅。

13 **小塙** こばな JR東日本烏山(からすやま)線の駅。

小舅 こじゅうと 〔小姑〕 配偶者の兄弟姉妹。

小鉤 こはぜ ★▼【鞐】こはぜ 402
小蛸魚 するめ ▼【鯣】するめ 418
小督 こごう ①能の一。②姓氏。
小楢山 こならやま 山梨県の山。
← 小路 こうじ 「袋―」
→ 小路 しょうじ 大阪市営地下鉄千日前線の駅。
小路頃 おじごろ 姓氏。
14 小綬鶏 こじゅけい キジ科の鳥。
小説家 こごとのや 姓氏。
15 小確り こじっかり 相場用語。
小器用 こきよう 「―に細工する」
小諸 こもろ ①長野県の市。②JR東日本小海こうみ線・しなの鉄道の駅。③姓氏。
小舞子 こまいこ ①石川県の地名。②JR西日本北陸本線の駅。
16 小鴨 おがも 鳥取県の川・旧村。
小凝菜 いぎす ▼【海髪】いぎす 215
小賢しい こざかしい ☆「―口をきく」
小墾田 おばた 姓氏。

小鮒草 こぶなぐさ イネ科の一年草。
小鮑 とこぶし ▼【常節】とこぶし 122
17 小檜山 こびやま 姓氏。
小糠雨 こぬかあめ 非常に細かい雨。
18 小櫃 おびつ ①千葉県の川・旧村。②JR東日本久留里くるり線の駅。
小織 さおり 姓氏。
小藤衣 ことうけ 姓氏。
小藤花 ことうけ 姓氏。
19 小繋 こつなぎ ①岩手県の地名。②IGRいわて銀河鉄道線の駅。
小鶏 チャボ ▼【矮鶏】チャボ 267
小瀬 こせ 長野県の温泉。
小瀬川 おぜがわ 広島県の川。
小疇 こあぜ 姓氏。
20 小競合い こぜりあい 小さな戦闘。
小蘖 めぎ 〔目木〕メギ科の落葉小低木。
21 小鰭 こはだ ★〔江鰶魚〕コノシロの小形のもの。
小躍り こおどり ▼【雀躍り】こおどり 395

22 小籠通 こごめどおり 土佐電気鉄道後免ごめん線の駅。

小1【少】(4) ショウ すくない・すこし

0 少い わかい 年が若い。
3 少女 おとめ ☆▼【乙女】おとめ 15
少女遊 たかなし 姓氏。
6 少壮 しょうそう 若くて元気がよい。
少名子 いなご 姓氏。
11 少頃 しょうけい しばし。
14 少輔 しょう ☆ 律令制で八省の次官。

小3【尖】(6) セン

0 尖い するどい 「―ナイフ」
尖み こすみ 囲碁用語。
尖らす とがらす 「口を―」
15 尖鋭 せんえい 「―な活動家」

小3【当】(6) トウ あたる・あてる

0 当て所 あてど 〔当処〕「―なくさまよう」
当て擦り あてこすり 「―を言う」
当に まさに 「彼こそが―罪を受けるべきだ」
3 当寸法 あてずっぽう 「―に答える」
5 当処 あてど ▼【当て所】あてど 110
7 当別 とうべつ 北海道の川・町ちょう・地名。
8 当門 すずな ▼【菘】すずな 324
9 当限 とうぎり 取引用語。
当信 たきし 姓氏。
← 当麻 たいま ①能の一。「たえま」とも。②姓氏。
→ 当麻 とうま ①北海道の町ちょう。②JR北海道石北本線の駅。③姓氏。
当麻蹴速 たいまのけはや 相撲すもうの祖とされる人。
当野 たきの 姓氏。
14 当銘 とうめ 姓氏。
← 当薬 すいば ▼【酸葉】すいば 377
→ 当薬 せんぶり ▼【千振】せんぶり 53
23 当籤 とうせん くじに当たる。

小5【尚】(8) ショウ

0 尚 なお ▼【猶】なお 243
尚しい ひさしい 久しい。「このようなことは絶えて―」

尚ぶ とうとぶ☆ 尊ぶ。
5 尚生 やはり ▼【矢張り】やはり 266
7 尚更 なおさら 「—悪くなった」
8 尚侍 ないしのかみ 内侍司(ないしのつかさ)の長官。

小 10 【尠】(13) セン
0 尠い すくない わずか。

【尢(兀)〈だいのまげあし〉〈ごつにょう〉部】

尢 1 【尤】(4) ユウ・ウ
0 尤 ゆう 非常にすぐれているさま。
尤める とがめる 責める。
尤も もっとも 「—な言い分」
8 尤物 ゆうぶつ☆ 逸品。

尢 4 【尨】(7) ボウ
3 尨大 ぼうだい ▼【厖大】ぼうだい 57
4 尨犬 むくいぬ むく毛の犬。
尨毛 むくげ 〔毳〕長く垂れ下がった毛。

尢 9 【就】(12) シュウ・ジュ つく・つける
0 就いて ついて 「源氏物語に—語る」
4 就中 なかんずく★ とりわけ。
15 就褥 しゅうじょく 病床につく。

【尸〈しかばね〉部】

尸 0 【尸】(3) シ
0 尸 しかばね ▼【屍】しかばね 113
7 尸位素餐 しいそさん★ 位につきながら責務を果たさず俸禄をもらうこと。
12 尸童 よりまし ▼【憑坐】よりまし 146
16 尸諫 しかん ▼【屍諫】しかん 113

尸 1 【尹】(4) イン
3 尹大納言 いんだいなごん 弾正台の長官と大納言を兼ねる者。

尸 1 【尺】(4) シャク
3 尺寸 せきすん わずかばかり。
5 尺目 さしめ 物差しの寸尺の目。
8 尺取虫 しゃくとりむし ▼【尺蠖】しゃくとりむし 111
10 尺素 せきそ 短い手紙。
←尺蠖 しゃくとりむし 〔枝尺蠖・尺取虫〕シャクガ科のガの幼虫。
→尺蠖 せっかく エダシャクトリムシの異称。
尺牘 せきとく★ 手紙。

尸 2 【尻】(5) コウ
0 尻 しり 「頭隠して—隠さず」
4 尻手 しって ①神奈川県の地名。②JR東日本南武線の駅。③姓氏。
尻内 しりうち 青森県の地名。
5 尻込み しりごみ 〔後込み〕ぐずぐずとためらう。
尻目 しりめ 〔後目〕「他の選手を—に完走する」
6 尻羽岬 しりはみさき 北海道の岬。
7 尻尾 しっぽ☆ 「権力者に—を振る」
9 尻拭い しりぬぐい 「借金の—」
10 尻窄み しりすぼみ 「人気も—になる」
11 尻紮げ しりからげ ▼【尻絡げ】しりからげ 111
12 尻絡げ しりからげ 〔尻紮げ〕しりはしょり。

尸 2 【尼】(5) ニ あま
7 尼亜吉拉 ナイアガラ アメリカ・カナダ国境の滝。
9 尼哇達 ネバダ アメリカの州。
10 尼格来 ニコライ ロシアの皇帝。
尼通 ニュートン ▼【牛頓】ニュートン 238
尼馬 ネロ 古代ローマ帝国の皇帝。
12 尼喀拉瓜 ニカラグア 国名。
19 尼羅 ナイル アフリカの川。
23 尼鷺 あまさぎ 〔黄毛鷺〕サギ科の鳥。

尸 3 【尽】(6) ジン つくす・つきる・つかす
0 尽く ことごとく☆ ▼【悉く】ことごとく 141
尽れる すがれる 〔末枯れる〕枯れはじめる。
4 尽日 じんじつ 一日じゅう。
13 尽瘁 じんすい 全力を尽くす。

尸 4 【局】(7) キョク
0 局 つぼね☆ 「春日(かすが)の—」

尸 4 【尿】(7) ニョウ
0 尿 いばり・ゆばり 小便。
9 尿前 しとまえ 宮城県の地名。
11 尿袋 いばりぶくろ 膀胱(ぼうこう)。

12 尿瓶 しびん ▼【溲瓶】しびん 224
尿壺 ゆばり つぼ 膀胱ぼうこう。
尿筒 しとづつ 竹のしびん。

尸4 【屁】(7) ヒ

0 屁 へ おなら。
屁っ放り腰 へっぴりごし 及び腰。
17 屁糞葛 へくそかずら 〔牛皮凍・女青〕 アカネ科のつる性多年草。

尸4 【尾】(7) ビ お

3 尾久 おぐ 東京都の旧町。
尾之間 おのあいだ 鹿児島県の地名。
尾上 おのえ ①青森県の旧町。②姓氏。
尾上柴舟 おのえさいしゅう 歌人・国文学者・書家。
尾上郷川 おかみごうがわ 岐阜県の川。
5 尾去沢 おさりざわ 秋田県の旧町。
尾白利加川 おしらりかがわ 北海道の川。
尾平 おびら 大分県の地名。
6 尾西 びさい ①愛知県の旧市。②名鉄の路線。
7 尾形光琳 おがたこうりん 江戸中期の画家。
尾形乾山 おがたけんざん 江戸中期の陶工。
8 尾岱沼 おだいとう 北海道の地名。
尾長猿 おながざる 〔禺〕 オナガザル科のサルの総称。
10 尾能 きりのう 〔切能〕 能で、出し物の最後のもの。
11 尾崎放哉 おざきほうさい 俳人。
尾宿 あしたれぼし・びしゅく 二十八宿の一。
12 尾登 おのぼり JR東日本磐越西ばんえつさい線の駅。
尾道 おのみち ①広島県の市。②JR西日本山陽本線の駅。
16 尾頭峠 おがしらとうげ 栃木県の峠。
尾駮沼 おぶちぬま 青森県の沼。
19 尾瀬沼 おぜぬま 群馬・福島県境の沼。
21 尾鰭 おひれ ☆「話に—がつく」
←尾籠 おこ ▼【痴】おこ 256
→尾籠 びろう 「—な話で恐縮ですが…」
尾籠がましい おこがましい ▼【痴がましい】おこがましい 256
23 尾鷲 おわせ ①三重県の湾・市。②JR東海紀勢本線の駅。

尸5 【居】(8) キョ いる

0 居く おく 蓄える。
居る おる 存在する。
3 居士 こじ ★戒名につける語。
居丈高 いたけだか ▼【威丈高】いたけだか 95
4 居心地 いごこち 「—が悪い」
5 居石 すえいし 姓氏。
居辺川 おりべがわ 北海道の川。
居礼 キュリー ▼【居里】キュリー 112
6 居行る いざる ▼【膝行る】いざる 312
居合 いあい 武芸の一。
7 居坐る いすわる 「会長の座に—」
居坐機 いざりばた 手織り機の一。
居抜き いぬき 設備や商品はそのままで、それまでの使用者がいなくなった状態。
居里 キュリー 〔居礼〕 フランスの物理学者夫妻。
9 居待月 いまちづき 陰暦八月一八日の月。
10 居候 いそうろう 〔食客〕 「姉のところに—する」
12 居然 きょぜん 安らかなさま。
13 居勢 こせ 姓氏。
18 居職 いじょく 自宅で仕事をする職人。

尸5 【屈】(8) クツ

0 屈む かがむ 〔踞む〕 しゃがむ。
10 屈狸 くずり イタチ科の哺乳ほにゅう類。
11 屈強 くっきょう 「—な若者」
屈竟 くっきょう ▼【究竟】くっきょう 279
屈斜路湖 くっしゃろこ 北海道の湖。
15 屈撓 くっとう かがみ、たわむ。

尸6 【屋】(9) オク や

5 屋代 やしろ ①長野県の旧町。②長野電鉄の路線。③長野電鉄屋代やしろ線等の駅。
7 屋我地 やがじ 沖縄県の島・旧村。
屋那覇島 やなはじま 沖縄県の島。
10 屋烏 おくう 「—の愛」

11 屋部 やぶ 沖縄県の旧村。
屋梁落月 おくりょうらくげつ 友人を切に思うこと。
14 屋嘉比 やかび 姓氏。
屋嘉比島 やかびじま 沖縄県の島。
15 屋慶名 やけな 沖縄県の地名。
屋舗 やしき 姓氏。

尸6 【屍】(9) シ
0 屍 しかばね 〔尸〕死んだ人のからだ。死骸しがい。「生けるー」
9 屍臭 ししゅう 〔死臭〕死体から発する悪臭。
16 屍諫 しかん 〔尸諫〕命を捨てて主君をいさめる。
18 屍櫃 からひつ ▼【辛櫃】からひつ 367

尸6 【屎】(9) シ・キ
0 屎 くそ ▼【糞】くそ 289
7 屎尿 しにょう 「ー処理場」

尸7 【屐】(10) ゲキ・ケキ
3 屐子 けいし 履物の一。

尸7 【屑】(10) セツ
0 屑 くず 役に立たない小さなかけら。
屑い いさぎよい ▼【潔い】いさぎよい 226
10 屑屑 せつせつ 落ち着かないさま。
22 屑籠 くずかご くず入れ。

尸7 【展】(10) テン
0 展ける ひらける 「視界がー」
展べる のべる 広げる。

尸8 【屏】(11) ヘイ・ビョウ・ヒョウ
0 屏ける しりぞける 遠くへ追いやる。
9 屏風 びょうぶ ☆ 室内用具の一。

尸9 【属】(12) ゾク
←属 うから ▼【親族】うから 348
属 さか・さっか・つかさ 姓氏。
→属 さかん ▼【主典】さかん 13
10 属託 しょくたく ▼【嘱託】しょくたく 73

尸9 【屠】(12) ト
0 屠る ほふる 相手をうち負かす。
10 屠格涅夫 ツルゲーネフ ロシアの作家。
屠殺 とさつ 家畜を殺す。
19 屠蘇 とそ 年始に、一年の邪気をはらい延命を願って飲む薬酒。

尸11 【層】(14) ソウ
15 層霄 そうしょう 天空。

尸11 【屢】(14) ル
0 屢 しばしば 〔屢屢・数数・亟〕たびたび。
6 屢次 るじ しばしば。
8 屢雨 しばあめ 〔繁雨〕むらさめ。
屢述 るじゅつ くり返し述べる。
14 屢屢 しばしば ▼【屢】しばしば 113

尸12 【履】(15) リ はく
0 履 くつ 〔鞋・鞜・沓〕靴くつ。
履む ふむ ▼【蹈む】ふむ 364
4 履中 りちゅう 第一七代天皇。
8 履物 はきもの 「ぬいだーをそろえる」

【屮】〈てつ〉〈くさのめ〉部

屮1 【屯】(4) トン
0 屯 トン 〔瓲・噸〕質量・体積の単位。
屯する たむろする ★ たくさん集まる。「学生がーする店」
5 屯田部 みたべ 姓氏。
10 屯倉 みやけ ☆ 大和朝廷直轄の田畑。
17 屯蹇 ちゅんけん 物事がゆきづまる。

【山】〈やま〉〈やまへん〉部

山0 【山】(3) サン やま
2 山刀伐峠 なたぎりとうげ 山形県の峠。
3 山下奉文 やましたともゆき 陸軍軍人。
山口誓子 やまぐちせいし 俳人。
山之口貘 やまのぐちばく 詩人。
←山女 あけび ▼【通草】あけび 370
→山女 やまめ ☆ 〔山女魚〕サケ目の魚。
山女魚 やまめ ▼【山女】やまめ 113
山小菜 ほたるぶくろ 〔蛍袋〕キキョウ科の多年草。
山上憶良 やまのうえのおくら

奈良前期の官人・歌人。

4
山王 さんのう ①東京都の地名。②福島・栃木県境の峠。③栃木県の峠。④長崎県の山(―山ざん)。

山丹 ひめゆり 〔姫百合〕 ユリ科の多年草。

山片蟠桃 やまがたばんとう 江戸後期の商人・学者。

山毛欅 ぶな★ ▼【橅】なぶ 199

5
山艾 やまよもぎ キク科の多年草。

山古志 やまこし 新潟県の旧村。

山生魚 さんしょううお ▼【山椒魚】さんしょううお 115

山田大路 やまだずち 姓氏。

山田孝雄 やまだよしお 国語学者・国文学者。

山田美妙 やまだびみょう 小説家・詩人・評論家。

山白竹 くまざさ ▼【隈笹】くまざさ 394

山白笹 くまざさ ▼【隈笹】くまざさ 394

山辺 やまのべ 山形県の町。

山北 さんぼく 新潟県の町。

山本五十六 やまもといそろく 海軍軍人。

山本安英 やまもとやすえ 新劇女優。

山本荷兮 やまもとかけい 江戸前・中期の俳人。

6
山字 やまな 姓氏。

山羊 やぎ★ 〔野牛・野羊〕 ウシ科の哺乳ほにゅう類。

山羊蹄 すいば ▼【酸葉】すいば 377

7
山芥菜 いぬがらし ▼【犬芥】いぬがらし 240

山芹菜 なべな 〔続断〕 マツムシソウ科の越年草。

←山谷 さんや 東京都の旧町。

→山谷 やつえ・やまがい 姓氏。

山谷架橋 やまやがわ 姓氏。

山車 だし★ 〔楽車〕 祭礼のときに引く屋台。

山吹 やまぶき 〔款冬・虎鬚・棣棠花〕 バラ科の落葉低木。

山村暮鳥 やまむらぼちょう 詩人。

山杜鵑 やまほととぎす ホトトギスの別名。

8
山於 やまのえ 姓氏。

山阻 やまそば 姓氏。

山東 さんどう 和歌山電鉄貴志川線の駅。

山東京伝 さんとうきょうでん 江戸後期の戯作げさく者・浮世絵師。

←山武 さんぶ 千葉県の郡・旧町。

→山武 さんむ 千葉県の市。

山服 やまはた 姓氏。

山苞 やまづと 山里からの土産。

山門 やまと ①福岡県の旧郡。②姓氏。

9
山栄樹 かんぼく 〔肝木〕 スイカズラ科の落葉低木。

山科 やましな ①京都府の盆地・旧区。②京都市の行政区。③JR西日本東海道本線等の駅。④姓氏。

山科言継 やましなときつぐ 室町末期の廷臣。

山祇 やまつみ 〔山神〕 山の神。山の霊。

山峡 やまかい 山のせまった狭い谷間。

山県 やまがた ①岐阜県の市・旧郡。②広島県の郡。

山県大弐 やまがただいに 江戸中期の尊王論者。

山県有朋 やまがたありとも 軍人・政治家。

山胡桃 くるみ ▼【胡桃】くるみ 308

山荒 やまあらし ▼【豪猪】やまあらし 356

山香 やまが 大分県の旧町。

山査子 さんざし 115 ▼【山樝子】さんざし

山珊瑚 つちあけび ▼【土通草】つちあけび 76

山茱萸 さんしゅゆ ミズキ科の落葉小高木。

山城 やまじょう 三岐さんぎ鉄道の駅。

山神 やまつみ ▼【山祇】やまつみ 114

山前 やまさき 姓氏。

山茶 つばき☆ ▼【椿】つばき 195

山茶花 さざんか★ 〔玉茗華・耐冬華・茶梅・梅紅華〕 ツバキ科の常緑小高木。

山背 やましろ 姓氏。

山背大兄王 やましろのおおえのおう 七世紀前半の皇族。

10
山姥 やまうば・やまんば★ 山に住む女の怪物。

山桜桃 ゆすらうめ 〔桜桃・英桃・梅桃〕 バラ科の落葉低木。

山帰来 さるとりいばら ▼【菝葜】さるとりいばら 324

山原 やんばる 沖縄県の地域名。

山原水鶏　やんばるくいな　ツル目クイナ科の鳥。沖縄島北部の固有種。
山峻　やまさか　姓氏。
山馬蝗　ぬすびとはぎ　▼【盗人萩】261
山梅花　ばいかうつぎ　▼【梅花空木】190
山脈　やまなみ　山の連なり。
11 山陰　やまげ　宮崎県の地名。
山勘　やまかん　「―でこたえる」
山魚狗　やませみ　〔山翡翠〕　カワセミ科の鳥。
山梗葉　さわぎきょう　▼【沢桔梗】209
山梔　くちなし　▼【梔子】191
山梔子　くちなし☆　▼【梔子】191
山雀　やまがら　シジュウカラ科の小鳥。
山鳥薇　やまどりぜんまい　ゼンマイ目の夏緑性シダ植物。
山都　やまと　姓氏。
山部赤人　やまべのあかひと　奈良前期の官人・歌人。
山菉豆　ぬすびとはぎ　▼【盗人萩】261
山鹿　やまが　熊本県の盆地・温泉・市・旧郡。

山鹿素行　やまがそこう　江戸前期の儒学者・兵学者。
12 山颪　やまおろし　山から吹き下ろす風。
山階寺　やましなでら　奈良の興福寺の旧名。
山葵　わさび★　アブラナ科の多年草。
山椒　さんしょう　〔蜀椒・南椒〕　ミカン科の落葉低木。
山椒魚　さんしょううお　〔山生魚・孩児魚・鯢〕　有尾目の一部の両生類の総称。
山葡萄　やまぶどう　ブドウ科のつる性落葉木本。
13 山蒜　のびる　▼【野蒜】379
← 山慈姑　あまな　〔老花弁・老鴉弁・甘菜〕　ユリ科の多年草。
→ 山慈姑　かたくり　〔車前葉〕　ユリ科の多年草。
山鼠　やまね　〔冬眠鼠〕　ヤマネ科の一種。
山廉　やまかど　姓氏。
山楝蛇　やまかがし　▼【赤楝蛇】360
14 山酸醤　やまかがし　▼【赤楝蛇】360
山漆草　さんしちそう　キク科の多年草。
山墅　さんしょ　山小屋。
山翡翠　やませみ☆　▼【山魚狗】115

15 山樝子　さんざし　〔山査子・三査子・柤〕　バラ科の落葉低木。
山賤　やまがつ　(都の人から見て)山の中で生活する猟師やきこりなどの人。
16 山衛　やまが　姓氏。
山薤　やまらっきょう　ユリ科の多年草。
山豬　やまあらし　▼【豪猪】356
18 山繭　やままゆ　〔天蚕〕　ヤママユガ科のガ。
山藤　くまやなぎ　▼【熊柳】234
19 山鵲　さんじゃく　カラス科の鳥。
山顛　さんてん　〔山巓〕　山頂。
← 山蘭　あららぎ　▼【蘭】333
山蘭　ひよどりばな　▼【鵯花】425
→ 山蘭　やまあららぎ　植物コブシの別名。
22 山巓　さんてん　▼【山顛】115
山蘿蔔　まつむしそう　〔松虫草〕　マツムシソウ科の多年草。
山籟　さんらい　山風が樹木を吹き騒がす音。
23 山鷸　やましぎ　シギ科の鳥。

山 1 【乢】(4)　カイ
0 乢　たお・たわ　①山の尾根のくぼんだ所。②姓氏。

山 2 【屶】(5)　なた
14 屶網　なたあみ　姓氏。

山 3 【屹】(6)　キツ・ギツ
5 屹立　きつりつ　そびえ立つ。
9 屹度　きっと　〔急度〕「明日は―晴れる」
12 屹然　きつぜん☆　そびえ立つさま。

山 4 【岐】(7)　キ
0 岐　ちまた　①姓氏。②▼【巷】120
岐れる　わかれる　分岐する。
8 岐波　きわ　JR西日本宇部線の駅。
9 岐南　ぎなん　①岐阜県の町。②名鉄名古屋本線の駅。
11 岐宿　きしく　長崎県の旧町。
岐閇　きのへ　姓氏。
← 岐路　えだみち　枝道。「話が―にそれる」
→ 岐路　きろ　「人生の―に立つ」
17 岐嶷　いこよか　背が高く堂々としているさま。
岐螽　いなご　▼【蝗】338

山4【岌】(7) **キュウ・ギュウ**

5 岌乎 きゅうこ 危ないさま。

7 岌岌 きゅうきゅう 山が高々とそびえたつさま。

山4【岑】(7) **シン・ギン**

7 岑岑 しんしん ずきずき痛むさま。

山5【岳】(8) **ガク たけ**

4 岳父 がくふ・しゅうと 妻の父。

7 岳沢 だけさわ 長野県の川。

11 岳野 たけの 姓氏。

13 岳滅鬼山 がくめきさん 福岡・大分県境の山。

14 岳樺 だけかんば カバノキ科の落葉高木。

山5【岩】(8) **ガン いわ**

7 岩村田 いわむらだ ①長野県の地名。②JR東日本小海(こうみ)線の駅。

8 岩峅寺 いわくらじ 富山地方鉄道立山(たてやま)線等の駅。

岩垂 いわたり 姓氏。

9 岩屋 ごうや 福岡県の地名。

← 岩城 いわき ①秋田県の旧町。②姓氏。

→ 岩城 いわぎ 愛媛県の島・旧村。

10 岩座 いわくら ▼【磐座】いわくら 271

岩倉具視 いわくらともみ 公卿・政治家。

11 岩畔 いわぐろ 姓氏。

岩魚 いわな ☆〔嘉魚〕 サケ目の淡水魚。

岩動 いするぎ 姓氏。

12 岩菲 がんぴ 〔眼皮花・剪夏羅〕 ナデシコ科の多年草。

岩款冬 いわぶき 〔岩蕗〕 ユキノシタの別名。

岩棠子 いわなし 〔岩梨〕 ツツジ科の常緑小低木。

13 岩煙草 いわたばこ 〔苦苣苔〕 イワタバコ科の多年草。

14 岩漱 いわすぎ 姓氏。

16 岩橋 いわせ 和歌山県の地名。

岩蕗 いわぶき ▼【岩款冬】いわぶき 116

17 岩檜葉 いわひば ▼【巻柏】いわひば 120

山5【岸】(8) **ガン きし**

5 岸田国士 きしだくにお 劇作家・小説家。

15 岸駒 がんく 江戸後期の画家。

山5【岡】(8) **コウ**

0 岡 おか 小高い土地。

5 岡目八目 おかめはちもく ▼【傍目八目】おかめはちもく 33

6 岡宅 おいやけ 姓氏。

8 岡阜 こうふ 小高い丘。

9 岡南 こうなん 岡山県の地名。

10 岡原 おかはる 熊本県の旧村。

11 岡惚れ おかぼれ ▼【傍惚れ】おかぼれ 33

13 岡豊山 おこうやま 高知県の山。

19 岡麓 おかふもと 歌人。

山5【岫】(8) **シュウ**

0 岫 くき ①山のほら穴。②姓氏。

山5【岨】(8) **ショ・ソ**

0 岨 そば 断崖(だんがい)絶壁・急斜面などの地形。

7 岨谷峡 そやきょう 秋田県の渓谷。

12 岨道 そばみち・そわみち 〔岨路〕 険しい山道。

13 岨路 そばみち ▼【岨道】そばみち 116

山5【岱】(8) **タイ**

8 岱明 たいめい 熊本県の旧町。

11 岱野 たいの 姓氏。

山5【帕】(8) **ハク**

7 帕尾 さこお 姓氏。

山5【岬】(8) **みさき**

7 岬角 こうかく みさき。

山6【峐】(9) **カイ**

0 峐ノ湯 はげのゆ 熊本県の温泉。

山6【峡】(9) **キョウ**

0 峡 はざま 姓氏。

山6【峙】(9) **チ・ジ**

0 峙つ そばだつ 〔聳つ〕 岩や山などが、周囲よりひときわ高くそびえる。

山6【峠】(9) **とうげ**

← 峠 あくつ 姓氏。

→ 峠 とうげ 「寒さも―を越した」

山7【峨】(10) **ガ**

10 峨峨 がが 険しくそびえるさま。

15 峨蔵越 がぞうごえ 愛媛県の峠。

山 7 【峩】(10) **ガ**

3 峩々 がが 宮城県の温泉。

山 7 【峻】(10) **シュン**

7 峻別 しゅんべつ きびしく区別する。

10 峻峭 しゅんしょう 高く険しいさま。

17 峻厳 しゅんげん いかめしく厳しい。

山 7 【島】(10) **トウ しま**

3 島々 しましま 長野県の地名。

4 島氏永 しまうじなが 名鉄名古屋本線の駅。

8 島居 しますえ 姓氏。

9 島津斉彬 しまづなりあきら 江戸末期の薩摩藩主。

12 島越 しまのこし 三陸鉄道北リアス線の駅。

17 島嶼 とうしょ ★島々。

山 7 【峰】(10) **ホウ みね**

22 峰巒 ほうらん 連なる山々。

山 7 【峪】(10) **ヨク**

0 峪 たに 姓氏。

山 8 【崖】(11) **ガイ**

0 崖 がけ 「—崩れ」

崖っ縁 がけっぷち 絶体絶命の境地。「—に立たされる」

3 崖下 がいか がけの下。

12 崖椒 いぬざんしょう ▼【犬山椒】いぬざんしょう 240

山 8 【崔】(11) **サイ・スイ**

13 崔嵬 さいかい 石や岩がごろごろした高い山。

山 8 【崎】(11) **さき**

5 崎平 さきだいら 大井川鉄道大井川本線の駅。

8 崎枝 さきえだ 沖縄県の湾。

12 崎陽 きよう 長崎の別名。

14 崎嶇 きく 山道がけわしいさま。

山 8 【崇】(11) **スウ**

0 崇める あがめる ☆「師と—」

6 崇光 すこう 北朝第三代天皇。

9 崇神 すじん 第一〇代天皇。

10 崇峻 すしゅん 第三二代天皇。

12 崇敬 すうけい 立派だと思い、心から尊敬する。

14 崇徳 すとく 第七五代天皇。

山 8 【崩】(11) **ホウ くずれる・くずす**

11 崩崖 あず ▼【坍】あず 78

山 9 【嵌】(12) **カン**

0 嵌まる はまる 〔塡まる〕「溝に—」

嵌める はめる 〔塡める〕「指輪を—」

2 嵌入 かんにゅう はめこむ。

10 嵌殺し はめごろし 障子などの作り付け方。

山 9 【嵐】(12) **ラン**

0 嵐 あらし 激しく吹き続ける風。

山 10 【嵬】(13) **ガイ・カイ**

0 嵬い たかい 高大である。

山 10 【嵯】(13) **サ**

10 嵯峨 さが 山の高く険しいさま。

13 嵯嵯 ささ 高く険しいさま。

山 10 【嵩】(13) **スウ・シュウ**

0 嵩 かさ☆ 物の体積や容積。

嵩む かさむ 数量や金額がしだいに大きくなる。「借金が—」

3 嵩山 すせ ①愛知県の地名。②姓氏。

11 嵩張る かさばる☆「荷物が—」

16 嵩豬 やまあらし ▼【豪猪】やまあらし 356

山 11 【嶄】(14) **サン・ザン**

12 嶄然 ざんぜん 他より高くそびえるさま。

山 13 【嶲】(16) **ケイ・スイ**

0 嶲 ほととぎす ▼【杜鵑】ほととぎす 182

8 嶲周 ほととぎす ▼【杜鵑】ほととぎす 182

山 13 【嶮】(16) **ケン**

0 嶮しい けわしい 山などの傾斜が急であるさま。

8 嶮岨 けんそ 地勢がけわしいさま。

嶮岨森 けんそもり 岩手・秋田県境の山。

14 嶮暮帰島 けんぼっきとう 北海道の島。

山 14 【嶽】(17) **ガク**

0 嶽 だけ 青森県の温泉。

5 嶽永 たけなが 姓氏。

山 14 【嶷】(17) **ギョク・ギ**

12 嶷然 ぎょくぜん 高く抜きん出るさま。

山 14 【嶺】(17) **レイ**

0 **嶺** みね 〔峰〕山頂。

12 **嶺颪** ねおろし 峰の上から吹きおろす風。

山17 **【巖】** (20) **ガン**

0 **巖** いわお 大きな石。

4 **巖木** きゅうらぎ 姓氏。

7 **巖谷** いわや 姓氏。

9 **巖美** いつくし 姓氏。

10 **巖桂** きんもくせい ▼【金木犀】きんもくせい 380

巖原 いずはら 姓氏。

巖根 いわね ①千葉県の地名。②JR東日本内房(うちぼう)線の駅。

16 **巖頭** がんとう 岩の上。

山17 **【巉】** (20) **サン・ザン**

20 **巉巖** ざんがん 険しい山の岩。

山18 **【巍】** (21) **ギ**

21 **巍巍** ぎぎ 高く大きいさま。

【巛(川)】〈かわ〉部

巛0 **【川】** (3) **セン かわ**

3 **川上** かおれ 岐阜県の川・山(―岳(だけ))。

川大内 かわおおち 秋田県の地名。

4 **川水流** かわずる 宮崎県の地名。

←**川内** かわち 長崎県の地名。

→**川内** せんだい ①鹿児島県の川・温泉・平野・旧市・港。②JR九州鹿児島本線等の駅。

5 **川尻** かわかめ 姓氏。

川平 かびら ①沖縄県の湾。②姓氏。

川辺 かわなべ 鹿児島県の郡・町(ちょう)。

6 **川合玉堂** かわいぎょくどう 日本画家。

7 **川汲** かっくみ 北海道の温泉・地名・峠。

川床 ゆか 川の上に張り出した桟敷(さじき)。

8 **川底** かわとこ 大分県の温泉。

9 **川面** かわも ☆「―を渡る風」

10 **川原** かわら 〔河原〕川辺の水が枯れて砂や石が多いところ。

川原子 かわらご 茨城県の地名。

川原毛 かわらげ 秋田県の奇景地。

川桁 かわげた JR東日本磐越西(ばんえつさい)線の駅。

川骨 こうほね★ ▼【河骨】こうほね 211

川連 かわつら ①秋田県の地名。②姓氏。

11 **川副** かわそえ 佐賀県の旧町。

12 **川渡** かわたび ①宮城県の温泉。②姓氏。

川渡温泉 かわたびおんせん JR東日本陸羽東(りくうとう)線の駅。

13 **川源** かわもと 姓氏。

川跡 かわと 一畑(いちばた)電車北松江線等の駅。

川楮 かわばた 姓氏。

川楊 かわやなぎ 〔水楊・楊柳・杞〕川辺に生えるヤナギ。

川路聖謨 かわじとしあきら 江戸末期の幕臣。

14 **川蜷** かわにな 〔河蜷・河貝子〕淡水産の巻貝。

17 **川螻蛄** かわげら ▼【積翅】かわげら 345

18 **川蟬** かわせみ ▼【翡翠】かわせみ 304

19 **川獺** かわうそ☆ ▼【獺】かわうそ 243

21 **川鰭** かわはだ 姓氏。

巛3 **【州】** (6) **シュウ す**

10 **州浜** すはま ▼【洲浜】すはま 216

巛3 **【巡】** (6) **ジュン めぐる**

19 **巡邏** じゅんら 市中警備の役人。パトロール。

【工】〈たくみ〉〈こう〉〈たくみへん〉部

工0 **【工】** (3) **コウ・ク**

0 **工** たくみ ▼【匠】たくみ 51

工む たくむ 工夫する。

4 **工手間** くでま 職人などが物を作る手間。

工夫 くふう 〔功夫〕いろいろと考えてよい手段を見いだす。

5 **工石山** くいしやま 高知県の山。

6 **工合** ぐあい☆ 具合。「体の―がおかしい」

9 **工首** たくみ 姓氏。

工面 くめん 「旅費を―する」

15 **工廠** こうしょう 工場。仕事場。

工2 **【巧】** (5) **コウ たくみ**

0 **巧い** うまい ▼【上手い】うまい 8

11 **巧婦鳥** みそさざい ▼【鷦鷯】みそさざい 426

工2 **【左】** (5) **サ ひだり**

3 **左三川** ささがわ 姓氏。
4 **左今次** さくじ 姓氏。
左手 ゆんで ▼【弓手】ゆんで 128
←**左右** そう 左と右。
→**左右** とかく★ ▼【兎角】とかく 36
左右口 うばぐち 姓氏。
左右田 そうだ 姓氏。
左右良 までら 姓氏。
6 **左団扇** ひだりうちわ 「―で暮らす」
7 **左見右見** とみこうみ あちこち見る。
左沢 あてらざわ ①山形県の旧町。②JR東日本の路線・駅。③姓氏。
左良階 さらしな 姓氏。
8 **左雨** さっさ 姓氏。
左京職 さきょうしき 律令制の役所。
9 **左衽** さじん 左まえに衣服を着る。
10 **左袒** さたん 加担する。
12 **左提右挈** さていゆうけつ 協力しあう。
左程 さほど ▼【然程】さほど 233
13 **左義長** さぎちょう 〔三毬杖〕小正月の火祭り。
14 **左様** さよう 〔然様〕「―なことは存じません」
20 **左鐙** さぶみ 島根県の地名。
21 **左顧右眄** さこうべん 他人の思わくを気にしてためらうこと。

工4 **【巫】**(7) **フ・ブ**
0 **巫** かんなぎ・みこ☆ 〔覡〕神に仕える人。
3 **巫山の夢** ふざんのゆめ 男女のかたい契りのたとえ。
巫山戯る ふざける☆ 「―のはやめなさい」
←**巫子** いちこ 〔神巫〕口寄せ。いたこ。
→**巫子** みこ ▼【巫女】みこ 119
巫女 みこ★ 〔巫子・神子〕神に仕える女性。
11 **巫鳥** しとど ▼【鵐】しとど 424
巫部 かんなぎ・こうなぎ 姓氏。
14 **巫覡** ふげき 祈禱や神おろしをする人。

工7 **【差】**(10) **サ さす**
0 **差し支える** さしつかえる 「深酒は明日の仕事に―」
4 **差木地** さしきじ 東京都の地名。
5 **差布** さんぷ 姓氏。
6 **差羽** さしば タカ科の鳥。
10 **差配** さはい 家主にかわって貸家を管理する。
13 **差詰め** さしずめ 結局。要するに。
差損 さそん 売買の間に発生する損失。
14 **差障り** さしさわり 支障。

【己（已・巳）】〈おのれ〉部

己0 **【己】**(3) **コ・キ おのれ**
←**己** おれ ▼【俺】おれ 31
→**己** つちのと☆ 十干の一。
3 **己己己** いえしき 姓氏。
7 **己里木** いりき 姓氏。
10 **己高山** こだかやま 滋賀県の山。
11 **己惚れ** うぬぼれ★ ▼【自惚れ】うぬぼれ 313
12 **己等** おいら☆ 〔俺等・予〕一人称の代名詞。
←**己斐** きひ 姓氏。
→**己斐** こい ①広島県の地名・峠。②姓氏。

已0 **【已】**(3) **イ**
0 **已に** すでに 既に。
已む やむ ▼【止む】やむ 201
已んぬる哉 やんぬるかな もうおしまいだ。今さらどうしようもない。
12 **已然形** いぜんけい 文語の活用形の一。

巳0 **【巳】**(3) **シ**
0 **巳** み 十二支の一。

己1 **【巴】**(4) **ハ**
0 **巴** ともえ☆ 渦巻きのような模様。
3 **巴川** ともえがわ ①茨城県の川。②静岡県の川。③愛知県の川。
5 **巴旦杏** はたんきょう☆ スモモの一品種。
6 **巴西** ブラジル ▼【伯剌西爾】ブラジル 27
7 **巴豆** はず トウダイグサ科の常緑小高木。
巴里 パリ★ フランスの首都。
8 **巴奈馬** パナマ☆ 〔巴奈麻〕国名。
巴奈麻 パナマ ▼【巴奈馬】パナマ 119

巴波川 うずまがわ 栃木県の川。

巴波那 ハバナ キューバの首都。

巴拉圭 パラグアイ 〔巴羅貝〕 国名。

9 巴哈 バッハ ドイツの作曲家。

10 巴格達都 バグダッド イラクの首都。

11 巴基斯担 パキスタン 国名。

巴蛇 うわばみ ▼【蟒蛇】うわばみ 339

巴勒斯旦 パレスチナ 地中海東岸の地域。

12 巴御前 ともえごぜん 平安後期の婦人。

巴斯噶 パスカル フランスの思想家。

巴椒 あさくらざんしょう 〔蜀椒・朝倉山椒〕 サンショウの一変種。

13 巴幹 バルカン ▼【巴爾幹】バルカン 120

14 巴爾札克 バルザック フランスの作家。

巴爾幹 バルカン 〔巴幹〕 ヨーロッパの半島。

19 巴羅貝 パラグアイ ▼【巴拉圭】パラグアイ 120

己4 【巵】(7) シ

0 巵 さかずき ▼【杯】さかずき 185

己6 【巻】(9) カン まく・まき

←巻子 へそ おだまき。

→巻子 まかご ゼンマイの別名。

巻子本 かんすぼん 巻物の形の書物。

4 巻丹 おにゆり ▼【鬼百合】おにゆり 416

6 巻向 まきむく ①奈良県の地名。②JR西日本桜井線の駅。

巻耳 おなもみ ▼【葈耳】おなもみ 326

8 巻帙 かんちつ☆ 書物。

巻服 はらまき 姓氏。

9 巻柏 いわひば 〔豹足・岩檜葉・石韋・千秋・長命草・不死草・万歳・万年松〕 イワヒバ目の常緑性シダ植物。

12 巻舒 けんじょ 巻いたりのばしたりする。

16 巻機山 まきはたやま 群馬・新潟県境の山。

17 巻繊 けんちん 普茶料理の一。

巻繊汁 けんちんじる☆ すまし汁の一。

己6 【巷】(9) コウ・ゴウ

0 巷 ちまた 〔岐〕「―の声を聞く」

11 巷野 こうの 姓氏。

14 巷塵 こうじん 俗世間の汚れ。

巷説 こうせつ 風説。

15 巷談 こうだん 世間のうわさ。

己9 【巽】(12) ソン

0 巽 たつみ 〔辰巳〕 南東の方角。

7 巽位 そんい 東南の方角。たつみ。

【巾】〈はば〉〈はばへん〉部

巾0 【巾】(3) キン

0 巾 はば 幅。「―の広い道」

3 巾子 こじ 冠の頂上にある突起。

巾子形 こじがた 敷居のない門の中央に据え、扉が開くのを防ぐ石。

14 巾幗 きんかく 頭巾と髪かざり。

巾2 【市】(5) シ いち

3 市女笠 いちめがさ すげ笠の一。

4 市井 しせい 「―の人」

7 市邑 しゅうう 都市。

市来 いちき ①鹿児島県の旧町。②JR九州鹿児島本線の駅。

8 市坡 いちは 姓氏。

9 市俄古 シカゴ アメリカの都市。

10 市浦 しうら 青森県の旧村。

13 市塙 いちはな 真岡(もおか)鉄道の駅。

巾2 【布】(5) フ ぬの

0 布く しく★ 「ふとんを―」

3 布巾 ふきん 食器類をふく布。

布川 ふかわ 茨城県の旧町。

4 布引 ぬのびき ①三重県の山地。②兵庫県の地名。

5 布田 ふだ ①東京都の地名。②京王京王線の駅。

布令 ふれ 〔触れ〕 ①広く人々に告げ知らせる。②決まりや命令など。

6 布衣 ほい☆ 狩衣(かりぎぬ)一般のこと。

7 布団 ふとん ▼【蒲団】ふとん 328

布忍 ぬのせ ①近鉄南大阪線の駅。②姓氏。

布良 めら 千葉県の地名。

8 布刺謨茲 ブラームス ドイツの作曲家。

布拉多 プラトン ▼【布剌度】プラトン 121

9 布衍 ふえん ▼【敷衍】ふえん 163

布海苔 ふのり 〔海蘿・鹿角菜〕カクレイト目の海藻。

布施 ふせ ①他人に施し与える。②大阪府の旧市。③近鉄奈良線等の駅。④島根県の旧村。

布施布伎 ふせふき 姓氏。

布施屋 ほしや ①和歌山県の地名。②JR西日本和歌山線の駅。③姓氏。

布津 ふつ 長崎県の旧町。

布刺度 プラトン 〔布拉多・柏拉図〕古代ギリシアの哲学者。

布哇 ハワイ ★アメリカの州。

10 布師田 ぬのしだ ①高知県の地名。②JR四国土讃(どさん)線の駅。

11 布袴 ほうこ 指貫(さしぬき)の別名。

布袋 ほてい ★①七福神の一人。②名鉄犬山線の駅。③姓氏。

布袋葵 ほていあおい 〔大水萍〕ミズアオイ科の多年生水草。

← 布部 ぬのべ ①北海道の地名。②JR北海道根室(ねむろ)本線の駅。

→ 布部 ふべ 島根県の地名。

布野 ふの 広島県の旧村。

12 布達 ふたつ 官庁などが、一般に広く知らせる。

巾 3 **【帆】**(6) **ハン** **ほ**

7 帆足万里 ほあしばんり 江戸後期の儒者・理学者。

巾 4 **【希】**(7) **キ**

0 希 まれ ▼【稀】まれ 277

希う こいねがう ☆〔庶幾う・冀う・覬う〕切望する。

5 希代 けったい ▼【卦体】けったい 55

6 希有 けう☆〔稀有〕まれ。

7 希求 けく 願い求める。

希伯来 ヘブライ イスラエル民族。

13 希傑爾 ヘーゲル 〔黒智爾〕ドイツの哲学者。

17 希覯 きこう 〔稀覯〕めったに見られないものであること。「―本(ぼん)」

19 希臘 ギリシア★ 国名。

巾 5 **【帚】**(8) **ソウ・シュウ**

0 帚 ほうき ▼【箒】ほうき 285

4 帚木 ははきぎ 源氏物語の巻名。

巾 5 **【帙】**(8) **チツ**

0 帙 ちつ 和本を保存するための覆い。

18 帙簀 じす・ちす 経巻などを包む帙(ちつ)。

巾 5 **【帖】**(8) **チョウ・ジョウ**

0 帖 じょう 紙などを数える語。

4 帖木児 チムール チムール帝国の創設者。

10 帖紙 たとうがみ ▼【畳紙】たとうがみ 254

巾 5 **【帛】**(8) **ハク**

0 帛 きぬ 絹織物の総称。

10 帛紗 ふくさ ▼【服紗】ふくさ 177

巾 6 **【帥】**(9) **スイ**

6 帥先 そっせん 〔率先〕先に立って人を導く。

巾 6 **【帝】**(9) **テイ**

0 帝 みかど 〔御門〕天皇の尊称。

11 帝釈 たいしゃく ①福島・栃木県境の山(―山(さん))。②栃木県の山(―山(ざん))・山地。③兵庫県の山(―山(さん))。④広島県の川・峡谷(―峡)・台地(―台)・地名。

帝釈天 たいしゃくてん ☆ 仏法の守護神。

12 帝塚山 てづかやま ①大阪府の地名。②南海高野(こうや)線の駅。

帝揚羽 みかどあげは アゲハチョウ科のチョウ。

14 帝魂 ほととぎす ▼【杜鵑】ほととぎす 182

巾 7 **【帰】**(10) **キ** **かえる・かえす**

4 帰心 きしん 早く家や国へ帰りたいと思う心。「―矢の如(ごと)し」

7 帰忌日 きこにち 旅行などを忌む日。

8 帰依 きえ 「仏道に―する」

10 帰納 きのう 「―法」

16 帰燕 きえん 南方に帰るツバメ。

17 帰趨 きすう ゆきつくところ。

巾 7 **【師】**(10) **シ**

7 師走 しわす☆ 陰暦十二月。

11 師崎 もろざき 愛知県の水道・地名。

12 師勝 しかつ 愛知県の旧町。

師富 もろとみ 姓氏。

師傅 しふ 貴人の子を養育する役目の人。

巾 7 **【席】**(10) **セキ**

0 **席** むしろ ▼【筵】むしろ 284

7 **席労** シラー 劇作家。〔席勒爾〕ドイツの

11 **席捲** せっけん☆ 〔席巻〕「世界を—する」

13 **席勒爾** シラー ▼【席労】シラー 122

巾 7 **【帯】**(10) **タイ おびる・おび**

2 **帯刀** たちはき・たてわき ①太刀を身につける。②姓氏。

3 **帯下** こしけ☆ 〔白帯下〕 おりもの。

4 **帯壬** たちしろ 姓氏。

9 **帯封** おびふう 帯紙。

11 **帯魚** たちうお ▼【太刀魚】たちうお 89

13 **帯解** おびとけ ①奈良県の旧町。②JR西日本桜井線の駅。③姓氏。

巾 8 **【帷】**(11) **イ**

0 **帷** とばり ▼【帳】とばり 122

3 **帷子** かたびら☆ 裏を付けない衣服。

12 **帷幄** いあく☆ 「—上奏」

13 **帷幕** いばく 本陣。

巾 8 **【常】**(11) **ジョウ つね・とこ**

0 **常** とわ ▼【永久】とわ 207

常しえ とこしえ ▼【永久】とこしえ 207

常ならぬ ただならぬ 「—気配」

3 **常山** こくさぎ ▼【小臭木】こくさぎ 108

常山木 くさぎ ▼【臭梧桐】くさぎ 313

5 **常田** ときた 姓氏。

7 **常呂** ところ 北海道の川・郡・旧町。

← **常春藤** いつまでぐさ ▼【何時迄草】いつまでぐさ 26

→ **常春藤** つた ▼【蔦】つた 329

10 **常夏** とこなつ 「—の島」

常套 じょうとう 「—手段」

常浪川 とこなみがわ 新潟県の川。

11 **常陸** ひたち ①茨城県の台地。②旧国名。現在の茨城県のほぼ全域。③姓氏。

12 **常葉** ときわ ①福島県の旧町。②姓氏。

13 **常滑** とこなめ ①愛知県の市。②名鉄の路線。③名鉄常滑線等の駅。④姓氏。

常節 とこぶし 〔小鮑・鰒魚・万年鮑・鮑魚〕 海産の巻貝。

14 **常緑藤** きづた ▼【木蔦】きづた 179

15 **常澄** つねずみ ①茨城県の旧村。②鹿島臨海鉄道大洗鹿島線の駅。

常磐 ときわ ①不変なこと。②姓氏。

常磐津 ときわず 浄瑠璃の一流派。

常磐草 かんあおい ▼【寒葵】かんあおい 104

常盤 ときわ ①青森県の旧町。②山口県の人造湖。③JR西日本宇部線の駅。④姓氏。

17 **常闇** とこやみ 永久にまっ暗である。

19 **常願寺川** じょうがんじがわ 富山県の川。

巾 8 **【帳】**(11) **チョウ**

0 **帳** とばり☆ 〔帷・幄〕「夜の—がおりる」

巾 9 **【幄】**(12) **アク**

← **幄** あげばり 〔揚張・幄幕〕 儀式の参列者のための仮屋。

→ **幄** とばり ▼【帳】とばり 122

8 **幄舎** あくしゃ あげばり。

13 **幄幕** あげばり ▼【幄】あげばり 122

巾 9 **【幅】**(12) **フク はば**

← **幅** の 〔布〕 布のはばを数える単位。

→ **幅** ふく 掛物などを数える語。

10 **幅員** ふくいん 「道路の—」

巾 9 **【幇】**(12) **ホウ**

0 **幇ける** たすける ▼【扶ける】たすける 152

7 **幇助** ほうじょ 「自殺—」

12 **幇間** たいこ・ほうかん★ 男芸者。

巾 9 **【帽】**(12) **ボウ**

← **帽子** ぼうし 「—をかぶる」

→ **帽子** もうす 僧のかぶる頭巾。

← **帽子草** つきくさ ▼【鴨跖草】つきくさ 423

→ **帽子草** つゆくさ ▼【鴨跖草】つゆくさ 423

巾 10 **【幌】**(13) **コウ**

0 **幌** ほろ★ 「荷台に—をかける」

5 **幌加内** ほろかない 北海道の町。

幌尻岳 ぽろしりだけ 北海道の山。

6 **幌向** ほろむい ①北海道の川・地名。②JR北海道函館本線の駅。

8 **幌武意** ほろむい 北海道の地名。

12 **幌達布** ほろたっぷ 北海道の地名。

巾 10 **【幕】**(13) **マク・バク**

← **幕下** ばっか 将軍の陣営。

→幕下 まくした 相撲の地位の一。
12 幕間 まくあい 「—劇」

巾11【幘】(14) サク
0 幘 さく 古代中国の頭巾。

巾11【幔】(14) バン・マン
13 幔幕 まんまく☆ 式場などに長く張りめぐらす、紅白などの幕。

巾12【幟】(15) シ
0 幟 のぼり 旗の一種。
9 幟建 はたたて 姓氏。

巾12【幢】(15) トウ・ドウ
15 幢幢 とうとう ゆらゆらするさま。

巾12【幡】(15) ハン・ホン
0 幡 はた 布で作った旗。
幡ケ谷 はたがや ①東京都の地名。②京王京王線の駅。
5 幡生 はたぶ ①山口県の地名。②JR西日本山陽本線等の駅。③姓氏。
6 幡多 はた 高知県の郡。
7 幡豆 はず ①愛知県の郡・町。②姓氏。
18 幡織田 はとりだ 姓氏。

巾12【幣】(15) ヘイ
0 幣 ぬさ・みてぐら☆ ①神にささげる供え物。②姓氏。
←幣帛 にきて ▼【和幣】にきて 67
幣帛 へいはく 神前に供えるもの。
→幣帛 みてはら 姓氏。
10 幣原 しではら 姓氏。
幣原喜重郎 しではらきじゅうろう 外交官・政治家。

巾12【幞】(15) ホク・ボク
16 幞頭 ぼくとう 律令制で朝服とともに着用する冠。

【干】〈かん〉〈いちじゅう〉部

干0【干】(3) カン ほす・ひる
0 干し飯 ほしいい 〔糒・乾し飯〕 保存用の飯。
干し鰯 ほしか 〔乾し鰯〕 肥料の一。
干す おかす たてつく。
4 干戈 かんか☆ 武器。
干支 えと・かんし★ 十干と十二支とを組み合わせたもの。
5 干犯 かんぱん 「統帥権の—」
8 干物 ひもの ▼【乾物】ひもの 16
9 干城 かんじょう 軍人。
10 干珠島 かんじゅしま 山口県の島。
干捏底格 コネチカット アメリカの州。
11 干菓子 ひがし ▼【乾菓子】ひがし 16
干乾し ひぼし 飢えてやせおとろえる。
干涸びる ひからびる 〔干乾びる・乾涸びる〕 「パンが—」
12 干飯崎 かれいざき 福井県の岬。
干葉 ひば ▼【乾葉】ひば 16
14 干徳 カント ドイツの哲学者。
←干潟 ひかた 千葉県の旧町。
→干潟 ひがた 引潮のとき見える浅瀬。
干魃 かんばつ ▼【旱魃】かんばつ 170
17 干賽斯 カンザス アメリカの州。
干瓢 かんぴょう 〔乾瓢〕 ユウガオの果肉を干した食品。
22 干鱈 ひだら タラの干物。

干2【平】(5) ヘイ・ビョウ たいら・ひら
0 平す ならす ▼【均す】ならす 77
3 平久 たいらく 姓氏。
平土野 へとの 鹿児島県の港。
4 平戸 ひらど 長崎県の島・瀬戸・市・港。
平井 たいらい 姓氏。
平仄 ひょうそく ①漢詩で用いられる声調の区別。②つじつま。「話の—が合わない」
5 平右馬 へいま 姓氏。
平出 ひらいで 長野県の地名。
←平生 ひらお ①山口県の町・港。②姓氏。
→平生 へいぜい ふだん。
平田 へいた 三陸鉄道南リアス線の駅。
平田篤胤 ひらたあつたね 江戸後期の国学者。
平目 ひらめ ▼【鮃】ひらめ 417
←平安名 へあな 姓氏。
→平安名 へんな・ひゃんな 沖縄県の地名。
平安座島 へんざじま 沖縄県の島。

平江帯 ひごたい 〔漏盧〕 キク科の大形多年草。
平伏す ひれふす ☆ 「ついに国王の足もとに―ことになった」
7 平社 ひらこそ 姓氏。
平声 ひょうしょう・ひょうせい 漢字の四声の一。
← 平良 ひら ①沖縄県の旧市・港。②姓氏。
→ 平良 へら・たいら 姓氏。
平良湾 たいらわん 沖縄県の湾。
8 平治岳 ひいじだけ 大分県の山。
平取 びらとり 北海道の町。
平坦 へいたん 土地が平らな様子。
平忠度 たいらのただのり 平安末期の武将。
9 平砂浦 へいざうら 千葉県の海岸。
← 平城 なら 大和国全域の別名。
→ 平城 へいぜい 第五一代天皇。
平城山 ならやま JR西日本関西本線の駅。
平津 へいづ 三岐鉄道三岐線の駅。
平泉寺 へいせんじ 福井県の地名。
10 平郡 ひらくに 姓氏。

平将門 たいらのまさかど 平安中期の武将。
平栗 へぐり 姓氏。
平流 ひらる 姓氏。
11 平産樹 こやすのき トベラ科の常緑低木。
平鹿 ひらか 秋田県の旧郡・旧町。
12 平賀 ひらか ①青森県の旧町。②弘南鉄道弘南線の駅。
平渡 ひらわたり 姓氏。
13 平楽 たいら 姓氏。
平群 へぐり ①奈良県の町。②近鉄生駒線の駅。
平福百穂 ひらふくひゃくすい 日本画家。
14 平維盛 たいらのこれもり 平安末期の武将。
15 平談俗語 へいだんぞくご 日常の会話で話されることば。
平標山 たいらっぴょうやま 群馬・新潟県境の山。
平墳 ひらつか 姓氏。
16 平舘 たいらだて ①青森県の海峡・旧村。②JR東日本花輪線の駅。
18 平題箭 いたつき 練習用の先の丸いやじり。

19 平鯛 へだい スズキ目の海魚。
平犢 ひらうし 姓氏。

干3 【年】(6) **ネン** **とし**

4 年比 としごろ 〔年頃〕 年のころ。
9 年俊魚 はぜ ▼【鯊】418
10 年貢 ねんぐ 「―の納め時」
← 年魚 あゆ ★ ▼【鮎】417
→ 年魚 さけ ▼【鮭】418
年魚市潟 あゆちがた 名古屋市の古地名。
年萌湖 としもいこ 北海道の湖。
14 年増 としま ☆ 娘盛りを過ぎた婦人。
年端 としは 年齢の程度。

干5 【幸】(8) **コウ** **さいわい・さち・しあわせ**

0 幸い さいわい 〔倖い・福い〕 「―あれと祈る」
幸せ しあわせ 〔仕合わせ・倖せ〕 「―な生涯を送る」
4 幸手 さって ①埼玉県の市。②東武日光線の駅。③姓氏。
幸木 さいぎ・さいわいぎ 正月の飾りの一。
幸毛 ゆきげ 姓氏。
5 幸田 こうた ①愛知県の町。②JR東海東海道本線の駅。③姓氏。
幸田露伴 こうだろはん 小説家・随筆家・考証家。
6 幸先 さいさき ☆ 「―のよいスタート」
11 幸崎 さいざき 広島県の地名。
12 幸御魂 さきみたま 幸福を与える神の霊魂。
14 幸徳秋水 こうとくしゅうすい 社会主義者。

干5 【幷】(8) **ヘイ・ヒョウ**

0 幷に ならびに および。また。
4 幷木 なみき 姓氏。

干10 【幹】(13) **カン** **みき**

6 幹竹 からたけ マダケ・ハチクの別名。

【幺】〈いとがしら〉部

幺1 【幻】(4) **ゲン** **まぼろし**

4 幻月 げんげつ 月の左右にできる二つの光点。
幻中 まぼなか 姓氏。

幺2【幼】(5) **ヨウ おさない**

0 **幼い** おさない 〔稚い〕「—子ども」

幼けない いとけない★ 〔稚い〕あどけない。

4 **幼方** うぶかた 姓氏。

6 **幼気** いたいけ★ 幼くていじらしい。「まだ—な子どもたち」

9 **幼発拉的** ユーフラテス 西アジアの川。

幺6【幽】(9) **ユウ**

0 **幽か** かすか☆ 〔微か〕「—な記憶」

9 **幽昧** ゆうまい 奥深く暗い。

18 **幽邃** ゆうすい 景色が静かで奥深いさま。

19 **幽蘭** ふじばかま ▼【藤袴】ふじばかま 332

幺9【幾】(12) **キ いく**

0 **幾** ほとほと ▼【殆】ほとほと 203

幾ど ほとんど ▼【殆ど】ほとんど 203

2 **幾人** いくたり どれくらいの人数。

6 **幾年** いくとせ どれほどの年。

← **幾何** いくばく★ ▼【幾許】いくばく 125

→ **幾何** きか 「—学」

9 **幾重** いくえ 多くの重なり。

幾度 いくたび いくど。

11 **幾許** いくばく☆ 〔幾何〕わずか。少し。

12 **幾須** きす ▼【鱚】きす 421

幾須魚 きす ▼【鱚】きす 421

16 **幾諫** きかん 穏やかにいさめる。

【广】〈まだれ〉部

广2【広】(5) **コウ ひろい・ひろまる・ひろめる・ひろがる・ひろげる**

0 **広** ひろ ①和歌山県の旧町。②広島県の地名。③JR西日本呉線の駅。④姓氏。

6 **広汎** こうはん 〔広範〕「科学全般に関する—な知識に裏打ちされた論説」

7 **広劫** こうごう ▼【曠劫】こうごう 174

8 **広河内岳** ひろごうちだけ 山梨・静岡県境の山。

9 **広神戸** ひろごうど 養老鉄道の駅。

11 **広袤** こうぼう 幅と長さ。広さ。

広陵 ひろおか 姓氏。

广2【庁】(5) **チョウ**

0 **庁** こばなわ 姓氏。

6 **庁守** ちょうかみ 姓氏。

广4【序】(7) **ジョ**

0 **序で** ついで★ 「—があれば伝える」

广4【床】(7) **ショウ とこ・ゆか**

2 **床几** しょうぎ 〔牀几・牀机〕折り畳み式の腰掛け。

3 **床子** しょうじ 腰掛けの一。

6 **床次** とこなみ 姓氏。

8 **床波** とこなみ ①山口県の地名。②JR西日本宇部線の駅。

广4【庇】(7) **ヒ**

0 **庇** ひさし☆ 〔廂〕「—を貸して母屋を取られる」

庇う かばう ▼【庇護う】かばう 125

11 **庇得** ピット イギリスの政治家。

14 **庇蔭** ひいん かばい助ける。

20 **庇護** ひご★ 保護。

庇護う かばう 〔庇う〕おおうように守る。

广5【庚】(8) **コウ**

0 **庚** かのえ 十干の一。

5 **庚申** こうしん・かのえさる☆ 干支の一。

庚申塚 こうしんづか 青面金剛をまつる塚。

11 **庚寅** こういん・かのえとら 干支の一。

广5【底】(8) **テイ そこ**

3 **底土** そこど 東京都の海岸。

4 **底心** そこごころ 心の底。本当の心。

13 **底意地** そこいじ 「—が悪い」

17 **底翳** そこひ☆ ▼【内障】そこひ 40

广5【店】(8) **テン みせ**

0 **店** たな 商店。

3 **店子** たなこ 借家人。

8 **店卸** たなおろし 〔棚卸〕「—資産」

9 **店屋** たなや 姓氏。

店屋物 てんやもの 飲食店から取りよせる食べ物。「昼食を—ですます」

10 **店晒し** たなざらし 「—の案件」

广5【府】(8) **フ**

3画 幺部 2–9画 广部 2–5画

4 府中 こう ①徳島県の地名。②JR四国徳島線の駅。③姓氏。
7 府役 こうまた 姓氏。
10 府島 こうしま 姓氏。

广5【庖】(8) **ホウ**
3 庖川 くりやがわ 姓氏。
12 庖厨 ほうちゅう 台所。

广6【度】(9) **ド・ト・タク たび**
6 度会 わたらい 姓氏。
度有 わたらえ 姓氏。
← 度度 たびたび 「―注意される」
→ 度度 よりより 時々。
10 度島 たくしま ①長崎県の島。②姓氏。

广7【庫】(10) **コ・ク**
0 庫 くら 倉庫。
5 庫田 くらた 姓氏。
8 庫命 クーロン フランスの物理学者。
12 庫裡 くり ▼【庫裏】くり 126
13 庫裏 くり 〔庫裡〕 寺院の台所の建物。

广7【座】(10) **ザ すわる**
5 座右 ざゆう 座っているところのそば。
座主 ざす 最高位の僧。
9 座臥 ざが 〔坐臥〕 起居。日常。
11 座視 ざし だまって見ているだけで手出しをしない。「―するに忍びない」
12 座間味 ざまみ 沖縄県の島・村(そん)。
15 座敷童 ざしきわらし 妖怪の一。
16 座興 ざきょう その場の興をそえるための遊戯。
座頭 ざがしら 座長。

广7【庭】(10) **テイ にわ**
5 庭叩き にわたたき 〔鶺鴒〕 セキレイの別名。
10 庭訓 ていきん 家庭での子への教え。
11 庭常 にわとこ 〔接骨木〕 スイカズラ科の落葉低木。

广8【庵】(11) **アン**
0 庵 いおり 〔菴・廬〕 「―を結ぶ」
5 庵主 あんじゅ 僧庵の主人。
8 庵治 あじ 香川県の旧町。
庵治川 あじかわ 姓氏。
9 庵室 あんしつ・あんじつ いおり。
10 庵原 いはら ①静岡県の郡・旧村。②姓氏。

广8【康】(11) **コウ**
15 康熙帝 こうきてい 中国、清朝の第四代皇帝。

广8【庶】(11) **ショ**
8 庶妹 ままいも 〔継妹〕 腹違いの妹。
11 庶野 しょや 北海道の地名。
12 庶幾う こいねがう ▼【希う】こいねがう 121
13 庶路 しょろ ①北海道の地名。②JR北海道根室(ねむろ)本線の駅。

广8【庸】(11) **ヨウ**
0 庸 よう 律令制の租税の一。

广9【廂】(12) **ショウ・ソウ**
0 廂 ひさし ▼【庇】ひさし 125
12 廂間 ひあわい 路地。

广9【廃】(12) **ハイ すたれる・すたる**
0 廃る すたる 顧みられなくなる。
14 廃嫡 はいちゃく 旧民法の用語。
16 廃頽 はいたい 〔廃退〕 すたれおとろえる。

广10【廉】(13) **レン**
0 廉 かど★ 「謀反(むほん)の―で捕らえる」
廉い やすい 〔安い〕 安価。
7 廉沢 やすざわ 姓氏。
9 廉屋 かどや 姓氏。
13 廉廉 かどかど それぞれの部分。

广11【廓】(14) **カク**
0 廓 くるわ☆ ▼【郭】くるわ 375
4 廓内 なか・かくない くるわの内側。

广12【廚】(15) **チュウ・ズ**
0 廚 くりや ▼【厨】くりや 57
3 廚川 くりやがわ 姓氏。

广12【廟】(15) **ビョウ・ミョウ**
11 廟堂 びょうどう 朝廷の古語的表現。
20 廟議 びょうぎ 朝廷での議論。

广16【廬】(19) **リョ・ル・ロ**
0 廬 いおり ▼【庵】いおり 126
4 廬井 いおい 姓氏。

【廴】〈えんにょう〉部

廴5 【延】(8) エン のびる・のべる・のばす

0 延いては ひいては さらには。

延う はう ▼【這う】(はう) 369

延く ひく 招き寄せる。

4 延方 のぶかた JR東日本鹿島線の駅。

8 延延 のびのび 「開催が―になる」

9 延胡索 えんごさく ケシ科の多年草の総称。

11 延袤 えんぼう 連なり続く。

14 延暦 えんりゃく 年号。

15 延縄 はえなわ ☆「―漁業」

18 延繞 えんにょう 漢字の部首の一。

廴6 【廻】(9) カイ・エ

← 廻る まわる 円を描くように動く。

→ 廻る めぐる 巡る。「季節が―」

6 廻向 えこう ★ ▼【回向】(えこう) 75

廴6 【建】(9) ケン・コン たてる・たつ

0 建 たける 姓氏。

4 建王部 たけるべ 姓氏。

建水 みずこぼし ▼【水翻】(みずこぼし) 207

5 建立 こんりゅう 寺院、堂塔などを建てる。

8 建坪 たてつぼ その建物が占める建築面積を坪(つぼ)単位で表したもの。

10 建桁 たけた 姓氏。

← 建部 たけべ ①岡山県の旧町。②JR西日本津山線の駅。③姓氏。

→ 建部 たけるべ 大和朝廷時代の部民(べみん)の一。

14 建端 たっぱ ▼【立端】(たっぱ) 280

15 建蔽率 けんぺいりつ ☆ 建築面積の敷地面積に対する割合。

廴6 【廼】(9) ダイ・ナイ

0 廼 の 〔迺〕「曾我―家(そがのや)」

廼ち すなわち ▼【則ち】(すなわち) 46

【廾】〈にじゅうあし〉〈こまぬき〉部

廾1 【廿】(4) ジュウ・ニュウ・ネン

← 廿 にじゅう 二〇。

→ 廿 はた ▼【二十歳】(はたち) 17

3 廿山 つづやま 姓氏。

4 廿日 はつか ▼【二十日】(はつか) 16

廿日市 はつかいち ①広島県の市。②JR西日本山陽本線の駅。③姓氏。

8 廿枝 はたち 姓氏。

10 廿浦 つづうら 姓氏。

13 廿楽 つりずら・つずら 姓氏。

廾2 【弁】(5) ベン

0 弁える わきまえる ★〔辨える〕「善悪を―」

4 弁内侍 べんのないし 鎌倉中期の歌人。

7 弁別 わいだめ 区別。

9 弁柄 ベンガラ ☆ ▼【紅殻】(ベンガラ) 291

14 弁端 ベンサム ▼【鞭撒武】(ベンサム) 402

廾4 【弄】(7) ロウ

0 弄う いらう さわる。

弄ぶ もてあそぶ 〔玩ぶ・翫ぶ〕「政治を―」

← 弄る いじる ☆ もてあそぶ。

→ 弄る まさぐる 「ポケットを―」

廾12 【弊】(15) ヘイ

6 弊衣破帽 へいいはぼう ぼろぼろの服と破れた帽子。

20 弊竇 へいとう 弊害のある点。

【弋】〈しきがまえ〉部

弋0 【弋】(3) ヨク

0 弋 いぐるみ ▼【矰繳】(いぐるみ) 267

弋3 【式】(6) シキ

3 式子内親王 しょくしないしんのう・しきしないしんのう 鎌倉期の女流歌人。

5 式目 しきもく 中世の法令・規則。

11 式部省 しきぶしょう 律令制の八省の一。

弋3 【弐】(6) ニ

← 弐 すけ ▼【次官】(すけ) 200

→ 弐 に 「二」の大字。「金―万円也」

7 弐志 じし 謀反を起こそうとする考え。

弋9 【弑】(12) シイ・シ

0 弑す しいす 目上の人を殺す。弑逆(しいぎゃく)。

9 **弑逆** しいぎゃく・しぎゃく　主君や親など目上の人を殺す。弑(しい)す。

【弓】〈ゆみ〉〈ゆみへん〉部

弓0 **【弓】**(3)　**キュウ　ゆみ**

3 **弓丈** ゆんだけ　弓の長さ。

4 **弓手** ゆんで　〔左手〕　左の手。

7 **弓形** ゆみなり　「体を―にそらす」

弓杖 ゆみづえ　弓を杖の代用にしてもたれる。

8 **弓弦** ゆづる　弓のつる。

9 **弓削** ゆげ　①岡山県の旧町。②JR西日本津山線の駅。③愛媛県の島・旧町。④姓氏。

弓削道鏡 ゆげのどうきょう　奈良時代の僧。

10 **弓納** ゆのう　姓氏。

弓納持 みなもち　姓氏。

12 **弓筈** ゆはず　弓で弦(つる)をかけるところ。

13 **弓勢** ゆんぜい　弓を引き張る力。

15 **弓箭** きゅうせん☆　弓矢。武士。

20 **弓懸** ゆがけ　弓を射るときの革製の手袋。

弓1 **【引】**(4)　**イン　ひく・ひける**

0 **引き攣る** ひきつる　「足が―」

引け際 ひけぎわ　ひけどき。

引っ敷き ひっしき　腰当て。

5 **引艾** ひきよもぎ　〔陰行草・鬼油麻〕　ゴマノハグサ科の半寄生一年草。

引田 ひけた　①香川県の旧町。②JR四国高徳線の駅。

引目鉤鼻 ひきめかぎばな　人物描写の一。

6 **引地川** ひきじがわ　神奈川県の川。

7 **引両** ひきりょう　家紋の一。

引佐 いなさ　①静岡県の旧郡・旧町。②姓氏。

8 **引板** ひた　鳴子(なるこ)。

10 **引致** いんち　無理に連れていく。

引馬野 ひくまの　愛知県の地名。

引剝 ひはぎ　おいはぎ。

11 **引接** いんじょう　〔引摂〕　仏が極楽へ導く。

12 **引喩** いんゆ　比喩法の一。

13 **引摂** いんじょう　▼【引接】いんじょう 128

弓1 **【弖】**(4)　**て**

7 **弖良** てら　姓氏。

10 **弖秦** てはだ　姓氏。

14 **弖爾乎波** てにをは☆　〔天爾遠波〕　「―が合わない」

弓2 **【弘】**(5)　**コウ・グ・グウ**

0 **弘める** ひろめる　広める。「キリスト教の教えを―」

5 **弘布** ぐふ　仏法を広める。

8 **弘法** ぐほう　仏法を広める。

弘明寺 ぐみょうじ　①横浜市の地名。②京急本線等の駅。③姓氏。

9 **弘前** ひろさき　①青森県の市。②JR東日本東北本線等の駅。③姓氏。

14 **弘誓** ぐぜい☆　広大なる誓い。

15 **弘毅** こうき　度量が大きく意志が強い。

17 **弘徽殿** こきでん　平安京の宮中内の建物。

弓2 **【弗】**(5)　**フツ・ホチ・ホツ**

0 **弗** ドル☆　通貨単位。

19 **弗蘭哥林** フランクリン　〔仏蘭克林〕　アメリカの政治家。

弓3 **【弛】**(6)　**シ・チ**

0 **弛まず** たゆまず☆　「倦(う)まず―」

弛む たるむ☆　「電線が―」

弛める ゆるめる　締まっていたものをゆったりさせる。

11 **弛張** しちょう　寛大にすることと厳格にすること。

15 **弛緩** しかん　「筋肉が―する」

弓4 **【弟】**(7)　**テイ・ダイ・デ　おとうと**

0 **弟** おと　▼【乙】おと 14

← **弟子** おとご　▼【乙子】おとご 14

→ **弟子** でし　特定の師について教えを受ける人。

弟子屈 てしかが　①北海道の町(ちょう)。②姓氏。

4 **弟月** おとづき　陰暦十二月。

弟切草 おとぎりそう　〔小連翹〕　オトギリソウ科の多年草。

5 **弟矢** おとや　二本射る矢のうち二本目の矢。

10 **弟姫** おとひめ　▼【乙姫】おとひめ 15

16 **弟橘媛** おとたちばなひめ　日本武尊(やまとたけるのみこと)の妃(きさき)。

24 **弟鷹** だい　めすのタカ。

弓5 **【弦】**(8)　**ゲン　つる**

9 **弦巻** つるまき ①東京都の地名。②姓氏。
14 **弦歌** げんか ▼【絃歌】げんか 292

弓5 **【弩】**(8) **ド**
0 **弩** いしゆみ 古代の武器の一。
14 **弩爾哈斉** ヌルハチ ▼【奴児哈赤】ヌルハチ 93

弓5 **【弥】**(8) **ビ・ミ**
← **弥** いや ますます。
→ **弥** いよいよ ▼【愈愈】いよいよ 144
弥が上に いやがうえに★ ますます。
弥の明後日 やのあさって あさっての翌日。また、あさっての翌々日。
弥る わたる 広い範囲に及ぶ。
2 **弥刀** みと 近鉄大阪線の駅。
3 **弥山** みせん ①奈良県の山。②広島県の山。
5 **弥永** いやなが 姓氏。
弥四 やし ▼【香具師】やし 409
弥生 やよい☆ 陰暦三月。
弥立つ よだつ・いよだつ・たつ☆ ぞっとする。身の毛が立つ。
6 **弥次** やじ ▼【野次】やじ 378
弥次郎 やじろう 宮城県の地名。
弥次馬 やじうま ▼【野次馬】やじうま 378
弥列 ミレー フランスの画家。
7 **弥谷山** いやだにやま 香川県の山。
弥児頓 ミルトン ▼【米爾頓】ミルトン 287
8 **弥弥** いよいよ ▼【愈愈】いよいよ 144
弥拉波 ミラボー ▼【美良房】ミラボー 302
← **弥栄** いやさか☆ いよいよ栄える。
→ **弥栄** やさか ①京都府の旧町。②島根県の旧村。③姓氏。
11 **弥美** みみ 姓氏。
弥終 いやはて 最終。
弥麻名 みまな 姓氏。
弥勒菩薩 みろくぼさつ この世に出現して人々を救う菩薩。
12 **弥富** やとみ ①愛知県の市。②JR西日本関西本線等の駅。③姓氏。
14 **弥増す** いやます ますます多くなる。「子を思う親の心が—」
弥漫 びまん 一面に広がる。
15 **弥撒** ミサ☆ 教会の儀式。
16 **弥縫** びほう とりつくろう。

弓6 **【弧】**(9) **コ**
0 **弧** ゆみ 弓。
7 **弧状** こじょう 弓なりの曲線のような形。

弓6 **【弭】**(9) **ビ**
0 **弭** はず ▼【筈】はず 283
5 **弭田** はった 姓氏。
12 **弭間** はずま 姓氏。

弓7 **【弱】**(10) **ジャク** **よわい・よわる・よわまる・よわめる**
6 **弱竹** なよたけ 〔萎竹〕しなやかな竹。
8 **弱法師** よろぼし 能の一。
17 **弱檜** さわら ▼【椹】さわら 195

弓8 **【強】**(11) **キョウ・ゴウ** **つよい・つよまる・つよめる・しいる**
0 **強い** こわい 「—飯」
強か したたか★ 〔健か〕「—な相手」「転んで—膝を打ちつけた」
強ち あながち☆ 〔穴勝〕「—うそとは言えない」
2 **強力** ごうりき ▼【剛力】ごうりき 46
強力粉 きょうりきこ 小麦粉の一。
3 **強口** こわぐち 姓氏。
8 **強弩** きょうど 力の強いいしゆみ。
強突く張り ごうつくばり ▼【業突く張り】ごうつくばり 194
9 **強姦** ごうかん 「—罪」
強持 こわもて 「—のする人」
強面 こわもて☆ 「—に交渉する」
11 **強強** ごわごわ 「のりで—のゆかた」
強清水高原 こわしみずこうげん 長野県の高原。
強盗 がんどう 強盗(ごうとう)のこと。
強欲 ごうよく 「—な男」
12 **強靱** きょうじん★ 「—な神経」
強訴 ごうそ 〔嗷訴〕僧らが徒党を組んで訴える。
強飯 こわいい・こわめし 粘り気がなく、かたいめし。おこわ。
15 **強請** ゆすり☆ 〔強談〕「—たかり」

←**強請る** ねだる 「指輪を―」
→**強請る** ゆする おどしたり弱みにつけ込んで、金品を巻き上げる。
強談 ゆすり ▼【強請】ゆすり 129
19 **強羅** ごうら ①神奈川県の温泉。②箱根登山鉄道の駅。③姓氏。

弓 8 **【張】**(11) **チョウ** **はる**
3 **張三李四** ちょうさんりし ★ 平凡な人物。
7 **張谷** はりがい 姓氏。
張作霖 ちょうさくりん 中国の軍人・政治家。
張伯倫 チェンバレン イギリスの政治家。
11 **張宿** ちりこぼし・ちょうしゅく 二十八宿の一。
13 **張碓** はりうす 北海道の地名。

弓 9 **【弾】**(12) **ダン** **ひく・はずむ・たま**
0 **弾く** ひく 「ピアノを―」
弾ける はじける 「笑い声が―」
11 **弾崎** はじきざき 新潟県の岬。
16 **弾機** ばね ▼【発条】ねば 257

弓 9 **【弼】**(12) **ヒツ**
0 **弼ける** たすける ▼【輔ける】たすける 366

弓 19 **【彎】**(22) **ワン**
6 **彎曲** わんきょく ▼【湾曲】わんきょく 224
8 **彎屈** わんくつ ▼【湾屈】わんくつ 224

【ヨ(彑・⺕)】〈けいがしら〉部

ヨ 8 **【彗】**(11) **スイ・ケイ**
9 **彗星** すいせい ほうき星。

ヨ 10 **【彙】**(13) **イ**
12 **彙報** いほう 種類別に集めた報告。
18 **彙類** いるい 同類。

ヨ 15 **【彝】**(18) **イ**
10 **彝倫** いりん 人として守るべき不変の道理。
15 **彝器** いき 古代中国の青銅器の総称。

【彡】〈さんづくり〉〈かみかざり〉部

彡 4 **【形】**(7) **ケイ・ギョウ** **かた・かたち**
0 **形** なり 〔態〕 服装。人の姿。
5 **形代** かたしろ 祭事に神霊のかわりにすえるもの。
6 **形而上** けいじじょう 「―学」
9 **形姿** なり・なりかたち 身なり。
形相 ぎょうそう 「必死の―」
11 **形許り** かたちばかり しるしばかり。
16 **形骸** けいがい 「民主主義の―化」

彡 6 **【彦】**(9) **ゲン**
0 **彦** ひこ 男子の美称。
10 **彦根** ひこね ①滋賀県の市。②JR西日本等の駅。③姓氏。

彡 8 **【彩】**(11) **サイ** **いろどる**
0 **彩なす** あやなす 〔綾なす〕「もみじが―山々」
12 **彩絵** だみえ ▼【濃絵】だみえ 228
彩釉 さいゆう 表面にうわぐすりを施す。

彡 8 **【彫】**(11) **チョウ** **ほる**
4 **彫心鏤骨** ちょうしんるこつ 苦心して作り上げる。
6 **彫虫篆刻** ちょうちゅうてんこく 末節ばかりを飾り立てる小技。
11 **彫琢** ちょうたく 宝石などを刻んでみがく。
12 **彫落** ちょうらく ▼【凋落】ちょうらく 42

彡 8 **【彬】**(11) **ヒン**
11 **彬彬** ひんぴん 文物が盛んにおこるさま。

彡 9 **【彭】**(12) **ホウ**
9 **彭城** いばらぎ・さかき 姓氏。
12 **彭湃** ほうはい ★ 〔澎湃〕 物事が勢いよく起こるさま。「―として起こる」
彭彭 ほうほう 多いさま。

彡 11 **【彰】**(14) **ショウ**
0 **彰す** あらわす ▼【顕す】あらわす 405

彡 12 **【影】**(15) **エイ** **かげ**
8 **影供** えいぐ 神仏の像に供物をする。
影青 いんちん 中国の磁器の一。

【彳】〈ぎょうにんべん〉部

彳 0 **【彳】**(3) **テキ**
0 **彳む** たたずむ ▼【佇む】たたずむ 27
3 **彳亍** てきちょく 少し歩いては止まる。
5 **彳立** てきりつ たたずむ。

【彷】 彳4 (7) **ホウ**
0 彷う さまよう ▼【彷徨う】さまよう 131
8 彷彿 ほうふつ★ 〔髣髴〕「亡父を―とさせる」
12 彷徨 ほうこう さまよい歩く。
彷徨う さまよう☆ 〔彷う・徘徊う〕「生死の境を―」
彷徨く うろつく☆ 〔徘徊く〕「怪しい男が―」

【役】 彳4 (7) **ヤク・エキ**
0 役 えん・おおせ 姓氏。
3 役小角 えんのおづの 七、八世紀ころの呪術者。
4 役内川 やくないがわ 秋田県の川。
6 役行者 えんのぎょうじゃ 「役小角」に同じ。

【往】 彳5 (8) **オウ**
0 往き来 いきき 「人の―がとだえる」
往く ゆく・いく 行く。「パリへ―」
往なす いなす☆ 〔去なす〕「適当に―」
5 往生 おうじょう 極楽に生まれ変わる。
往生際 おうじょうぎわ 「―が悪い」
7 往住 とこすみ・とこなみ 姓氏。
8 往昔 おうせき・おうじゃく 遠い昔。

【径】 彳5 (8) **ケイ**
0 径 みち ▼【路】みち 363
3 径山寺味噌 きんざんじみそ なめ味噌の一種。

【征】 彳5 (8) **セイ**
0 征 しちょう 囲碁用語。
征く ゆく 遠くまで行く。
5 征矢 そや 〔征箭〕①戦闘用の矢。②姓氏。
15 征箭 そや ▼【征矢】そや 131

【彽】 彳5 (8) **テイ**
9 彽徊 ていかい ▼【低回】ていかい 27

【彼】 彳5 (8) **ヒ** **かれ・かの**
0 彼 あれ 「―は三年前のことだ」
彼の あの 「―店に入ろう」
3 彼女 かのじょ 「―ができる」
4 彼方 あなた・かなた 「山の―」
彼方此方 あちこち 「―歩き回る」
5 彼処 あそこ 〔彼所〕あの場所。
彼奴 あいつ・きゃつ 代名詞の一。
←彼此 あれこれ ▼【彼是】あれこれ 131
→彼此 ひし あれとこれと。
彼式 あれしき 「―のことでは驚かないぞ」
7 彼我 ひが 「―の勢力は伯仲(はくちゅう)している」
8 彼岸 ひがん 「暑さ寒さも―まで」
彼所 あそこ ▼【彼処】あそこ 131
彼杵 そのぎ ①長崎県の旧郡・旧町。②JR九州大村線の駅。③姓氏。
9 彼是 あれこれ 〔彼此〕「―思いをめぐらす」
15 彼誰時 かわたれどき 夜明け時のまだ薄暗い時分。

【後】 彳6 (9) **ゴ・コウ** **のち・うしろ・あと・おくれる**
0 後 しり・しりえ 〔後方〕うしろ。
後れ馳せ おくればせ 「―にやって来る」
後ろ楯 うしろだて 「―を失う」
3 後川 しずかわ・しっかわ 姓氏。
4 後月 しつき ①岡山県の旧郡。②姓氏。
後手 ごて 「―を引く」
後方 しり・しりえ ▼【後】しり 131
後厄 あとやく 厄年(やくどし)の次の年。
5 後込み しりごみ ▼【尻込み】しりごみ 111
←後世 こうせい 「―に名を残す」
→後世 ごせ 死後の世界。
←後生 こうせい あとから生まれてくる人。
→後生 ごしょう 「―だから教えてください」
後生大事 ごしょうだいじ とても大切にすること。
後生掛 ごしょうがけ 秋田県の温泉。
後払い あとばらい 代金・料金を後で支払うこと。
後目 しりめ ▼【尻目】しりめ 111
7 後志 しりべし ①北海道の支庁。②旧国名。現在の北海道西部、積丹(しゃこたん)半島と渡島(おしま)半島の日本海岸。
8 後河 しずか 姓氏。
後妻 うわなり 〔次妻〕あとに迎えた妻。
後始末 あとしまつ 〔跡始末〕「宴会の―」
後免 ごめん ①高知県の旧村。②JR四国土讃(どさん)線等の駅。

9 後退り あとずさり 「用心しながら―する」
10 後宮 うしろく 姓氏。
後挙歌 しらげうた 上代の歌曲。
後高山 しりたかやま 石川県の山。
12 後朝 きぬぎぬ ★〔衣衣〕 暁の別れ。
13 後嗣 こうし あとつぎ。
14 後塵 こうじん 「―を拝する」
15 後輪 しずわ 鞍くらの一部分。

彳6 **【待】**(9) **タイ まつ**
3 待女花 ふじばかま ▼【藤袴】ふじばかま 332
8 待乳山 まつちやま 東京都の丘。
10 待兼山 まちかねやま 大阪府の山。
待宵草 まつよいぐさ マツヨイグサ属植物の総称。

彳6 **【律】**(9) **リツ・リチ**
9 律草 ホップ ▼【忽布】ホップ 138
律律しい りりしい ▼【凛凛しい】りりしい 42
13 律義 りちぎ 〔律儀〕「―者の子沢山」
15 律儀 りちぎ ▼【律義】りちぎ 132

彳7 **【従】**(10) **ジュウ・ショウ・ジュ したがう・したがえる**
0 従 じゅ 「―三位」
5 従兄 いとこ 「いとこ」のうち、年上の男。
従兄弟 いとこ ☆ 「いとこ」のうち、男。
7 従弟 いとこ 「いとこ」のうち、年下の男。
8 従姉 いとこ 「いとこ」のうち、年上の女。
従姉妹 いとこ 「いとこ」のうち、女。
従者 ずさ・じゅうしゃ お供の者。
従妹 いとこ 「いとこ」のうち、年下の女。
10 従容 しょうよう 「―として死につく」

彳7 **【徐】**(10) **ジョ**
0 徐に おもむろに ★「―口を開く」
徐ら やおら おもむろに。
10 徐徐 そろそろ・しずしず ゆっくり物事をする。

彳7 **【徒】**(10) **ト**
←徒 あだ 〔空〕「親切のつもりが―となる」
徒 かち ▼【徒歩】かち 132
徒 ただ ▼【只】ただ 61
→徒 むだ 無駄。「―を省く」
徒に いたずらに 無駄に。
徒や疎か あだやおろそか いいかげん。「―にはできない」
2 徒人 あだびと 浮気な人。
3 徒口 むだぐち 「―をたたく」
徒士 かち 武士の身分の一。
4 徒手空拳 としゅくうけん ☆「―でアメリカに渡る」
5 徒矢 すや 目標をはずれた矢。
6 徒気 あだけ 浮気心。
徒名 あだな 〔仇名〕浮き名。
7 徒花 あだばな ▼【狂花】あだばな 240
←徒事 あだごと 無駄なこと。
→徒事 ただごと 〔只事〕「この騒動は―ではない」
徒歩 かち 〔徒・歩行〕足で歩いて行く。
10 徒骨 むだぼね 〔無駄骨〕「結局調停工作は―に終わった」
11 徒情 あだなさけ 〔仇情〕無駄な情け。
徒野 あだしの ①〔**阿太師野・化野・仇野**〕墓地。②姓氏。
12 徒然 つれづれ ☆ 退屈である。

彳8 **【得】**(11) **トク える・うる**
7 得体 えたい 〔為体〕「―の知れない男」
8 得居 どい 姓氏。
得茂別湖 うるもんべつこ 北海道の湖。
15 得撒 テキサス アメリカの州。
19 得隴望蜀 とくろうぼうしょく 欲望に限りのないたとえ。

彳8 **【徘】**(11) **ハイ**
9 徘徊 はいかい うろうろする。
徘徊う さまよう ▼【彷徨う】さまよう 131
徘徊く うろつく ▼【彷徨く】うろつく 131

彳9 **【御】**(12) **ギョ・ゴ おん**
0 御 おおん ▼【大御】おおん 88
御し易い ぎょしやすい 「―相手」
3 御下り おさがり 「兄の―の服」
御子 みこ ▼【皇子】みこ 260
御上 おかみ 天皇を敬って言う語。
御大 おんたい 「いよいよ―のお出ましだ」

4 **御火浦** みほのうら 兵庫県の海岸。
御火焼 おひたき ▼【御火焚】おひたき 133
御火焚 おひたき 〔御火焼〕 神事の一。
御五神島 おいつかみじま 愛媛県の島。
←**御手洗** みたらい ①広島県の地名。②姓氏。
→**御手洗** みたらし ☆ 神社の施設。
御手許 おてもと 箸(はし)。
御手塩 おてしょ 浅い小皿。
御井 みい ①福岡県の旧郡・旧町。②JR九州久大(きゅうだい)本線の駅。
御天道様 おてんとうさま 「―と米の飯はついてまわる」
御内儀 おかみ ☆〔内儀〕 他人の妻の敬称。
御不浄 ごふじょう 便所。
御父様 おもうさま 父を敬って言う語。
御木本幸吉 みきもとこうきち 実業家。
5 **御汁** おつけ おつゆ。
御出座 おでまし 「開会式に―になる」
御召 おめし 「陛下(へいか)の―がある」

御正体山 みしょうたいさん 山梨県の山。
御代 みよ 「明治の―」
御代ヶ池 みよがいけ 東京都の湖。
御代田 みよた ①長野県の町(まち)。②しなの鉄道の駅。
御代志 みよし 熊本電気鉄道菊池線の駅。
御田 おでん 煮込み料理の一。
御母衣湖 みぼろこ 岐阜県の人造湖。
御母様 おたあさま 母を敬って言う語。
御目出度う おめでとう 「結婚―」
御目見得 おめみえ 「新車が―する」
御用達 ごようたし 「宮内庁―」
6 **御衣** おんぞ・みぞ お召し物。
御血脈 おけちみゃく 落語の演題。
御在所 ございしょ ①岩手県の温泉。②三重・滋賀県境の山。
御庄 みしょう 錦川(にしきがわ)鉄道錦川清流線の駅。
御池 おいけ 宮崎県の湖。

御名御璽 ぎょめいぎょじ 天皇の名前と天皇の公印。
7 **御伽噺** おとぎばなし 子どもに聞かせる昔話。
御局 おつぼね 宮中で個室を持つ女官。
御形 ごぎょう ハハコグサの別名。
御見逸れ おみそれ 「これは―しました」
御杖 みつえ 奈良県の村(むら)。
御身 おんみ 「―お大切に」
御身拭 おみぬぐい 京都清涼寺の行事。
御坂 みさか 山梨県の山地・山・旧町・峠。
御巫 みかなぎ 姓氏。
御坊 ごぼう ①和歌山県の市。②JR西日本紀勢本線の駅。
御来光 ごらいこう 「山頂で―を拝む」
御来迎 ごらいごう 光学現象の一。
御来屋 みくりや ①鳥取県の地名。②JR西日本山陰本線の駅。③姓氏。
御利益 ごりやく 「天神様の―」
←**御岳** おんたけ ①長野県の湖・高原。②鹿児島県の山。
→**御岳** みたけ 東京都の山(―山(さん))・集落。

御居処 おいど 尻。
御虎子 おまる ☆ 便器。
御幸 みゆき 上皇・法皇・女院の外出。
御者 ぎょしゃ 〔馭者〕 馬車に乗って馬を操る人。
御取越 おとりこし 浄土真宗の行事。
御所 ごせ ①奈良県の市。②近鉄の路線。③JR西日本和歌山線の駅。
御所柿 ごしょがき 〔紅柿・五所柿〕 カキの品種の一。
御垂髪 おすべらかし 〔大垂髪〕 婦人の髪形の一。
御炊 みかしき 姓氏。
御佩 みはかし 姓氏。
御物 ぎょぶつ 天子の所有物。
御法度 ごはっと 「社内で喫煙は―」
御味御汁 おみおつけ ▼【御御御付】おみおつけ 134
御門 みかど ▼【帝】みかど 121
御門違い おかどちがい 見当ちがいのさま。「―もはなはだしい」
御油 ごゆ ①愛知県の地名。②名鉄名古屋本線の駅。

9
御為倒し おためごかし 「—の助言」
御俠 おきゃん☆ おてんば。
御香香 おこうこう・おこうこ 漬物。
御室 おむろ 京都府の地名。
御室仁和寺 おむろにんなじ 京福電気鉄道北野線の駅。
御食 みけ 〔御饌〕 天皇の食事の材料。
←御津 みつ ①兵庫県の旧町。②岡山県の旧郡・旧町。
→御津 みと ①愛知県の町。②姓氏。
御神酒 おみき 神前に供える酒。
御神渡り おみわたり 諏訪湖で見られる氷の亀裂現象。
御神楽岳 みかぐらだけ 新潟県の山。
御神籤 おみくじ 〔御御籤〕 神仏に祈って吉凶を占うためのくじ。
御前 ごぜ・ごぜん 貴人に対する敬称。
御前崎 おまえざき 静岡県の岬・砂丘・市・港。岬は「おんまえざき」とも。
御祖父さん おじいさん 祖父を親しんで言う語。
御祖母さん おばあさん 祖母を親しんで言う語。
御荘 みしょう 愛媛県の湾・旧町。
御勅使川 みだいがわ 山梨県の川。
御亭 ごて ご主人。
御負け おまけ 「—の商品」

10
御荷鉾山 みかぼやま 群馬県の山。
御降り おさがり 正月三が日に降る雨や雪。
御高祖頭巾 おこそずきん 婦人用頭巾の一。
御座 おまし 姓氏。
御座す おわす いらっしゃる。
御射鹿池 みさかいけ 長野県の池。
御酒 みき ▼【神酒】 きみ 273
御浚い おさらい 「英語を—する」
御浸し おひたし 「ほうれん草の—」
御倉 おぐら 青森県の半島・山。
御息所 みやすどころ・みやすんどころ 天皇の寝所に侍する宮女。
御託 ごたく 「—を並べる」
御徒町 おかちまち ①東京都の地名。②JR東日本山手線等の駅。③姓氏。
御納戸色 おなんどいろ 灰緑色を帯びた藍色。
御破算 ごはさん 「約束を—にする」
御馬 おんま 愛知県の地名。
御姫様 おひいさま おひめさま。
御浜 みはま 和歌山県の町。
御祓 おはらい 「社頭で—を受ける」

11
御殻 おから ▼【雪花菜】 おから 398
御許 おもと 貴人の座所を敬っていう語。
御強 おこわ こわめし。赤飯。
御菜 おかず 〔御数〕 食事の副食物。
御崎 みさき 兵庫県の岬・地名。
御厠 おかわ 〔清器〕 おまる。
御宿 おんじゅく ①千葉県の町。②JR東日本外房線の駅。
御深井焼 おふけやき 尾張徳川家の御庭焼き。
御船 みふね ①佐賀県の山。②熊本県の町。
御曹司 おんぞうし 〔御曹子〕 「社長の—」
御巣鷹山 おすたかやま 群馬県の山。
御転婆 おてんば 〔於転婆〕 「—な女の子」
御堂 みどう IGRいわて銀河鉄道いわて銀河鉄道線の駅。
御堂筋 みどうすじ 大阪市営地下鉄の路線。
御婆さん おばあさん 老年の女性を親しんで言う語。
御陵 みささぎ 京都市営地下鉄東西線等の駅。

12
御御御付 おみおつけ 〔御味御汁〕 味噌汁の丁寧な言い方。
御御籤 おみくじ ▼【御神籤】 おみくじ 134
御湿 おしめ ▼【襁褓】 おしめ 345
御粧し おめかし 「—して出かける」
御畳瀬 みませ ①高知県の地名。②姓氏。
御弾き おはじき 女児の遊戯の一。
御厨 みくりや ①神の食物を調理する場所。②長崎県の地名。③松浦鉄道西九州線の駅。④姓氏。

御無沙汰（ごぶさた）「長らく―いたしております」
13 御辞儀（おじぎ）「ていねいに―する」
御触書（おふれがき） 江戸時代の公文書の一。

御嵩（みたけ） ①岐阜県の町（ちょう）。②名鉄広見線の駅。

御数（おかず） ▼【御菜（おかず）】134
御節（おせち）「―料理」

御馳走（ごちそう）「―にあずかる」

御殿場（ごてんば） ①静岡県の市。②JR東海の路線・駅。③三重県の海岸（―浜）。

御爺さん（おじいさん） 老年の男性を親しんで言う語。

御稜威（みいつ）〔御厳〕天皇や神の御威光。

御零れ（おこぼれ）「―にあずかる」
14 御髪（おぐし）☆「きれいな―ですね」
御鼻部山（おはなべやま） 青森・秋田県境の山。
15 御影（みかげ） ①兵庫県の地名。②阪神本線・阪急神戸本線の駅。
御影石（みかげいし） 石材の一。

御影供（みえいく） 真言宗の行事。

御器所（ごきそ） ①名古屋市営地下鉄鶴舞線等の駅。②姓氏。
御器蔓（ごきづる） ▼【合器蔓（ごきづる）】62
御器噛（ごきぶり） ▼【蜚蠊（ごきぶり）】338
御蔵島（みくらじま） 東京都の島。
御蔵跡町（おくらあとまち） 大阪府の地名。
御調（みつぎ） 広島県の川・旧郡・旧町。
御幣担ぎ（ごへいかつぎ） 縁起かつぎ。
御諚（ごじょう） 貴人や主人の仰せ。
16 御館（みたち） 貴人のやかた。領主。
御薄（おうす） 薄茶（うすちゃ）。
17 御嶽（みたけ） JR東日本青梅（おうめ）線の駅。
御嶽山（おんたけさん） 長野・岐阜県境の山。
御厳（みいつ） ▼【御稜威（みいつ）】135
御輿（みこし）〔神輿〕「―をかつぐ」
御覧じる（ごろうじる） ごらんになる。
18 御櫃（おひつ） 炊いたご飯を入れておく容器。
御襁褓（おむつ） おしめ。
19 御璽（ぎょじ） 天皇の印。

御簾（みす）☆ 神前・宮殿などにかけるすだれ。
21 御饌（みけ） ▼【御食（みけ）】134
22 御籠り（おこもり） 祈願のため社寺にこもる。
29 御爨どん（おさんどん） 台所仕事。

彳9【循】(12) ジュン
循う（したがう） 守り行う。
循る（めぐる） ぐるっと一回りする。
17 循環る（めぐる） 循環する。

彳9【復】(12) フク
0 復（また） ▼【又（また）】58
復る（かえる） 当初の状態に戻る。
11 復習う（さらう）☆ おさらいをする。
12 復復（またまた）〔又又〕「―ご冗談（じょうだん）を」
23 復讐（ふくしゅう）☆ 報復。

彳10【傒】(13) ケイ
6 傒后阪（きみまちざか） 秋田県の景勝地。

彳10【微】(13) ビ
0 微か（かすか）☆ ▼【幽か（かすか）】125
9 微風（そよかぜ）☆「春の―」
10 微笑み（ほほえみ）〔頬笑み〕ほほえむこと。
微笑む（ほほえむ）☆〔頬笑む〕わずかににっこりと笑う。

微恙（びよう） 軽い病気。
11 微酔い（ほろよい） いい程度に酒に酔う。
12 微温い（ぬるい） ▼【温い（ぬるい）】221
←微温湯（ぬるまゆ）☆ ぬるい湯。
→微温湯（ぬるゆ） 福島県の温泉。
13 微瑕（びか） 少しのきず。
微睡む（まどろむ）☆「木陰で―」

微微（びび） 取るに足りないさま。
14 微塵（みじん） 細かいちり。
微塵子（みじんこ）〔水蚤〕枝角目の節足動物。
18 微軀（びく） つまらぬ身。
21 微醺（びくん） ほろ酔い。

彳11【徴】(14) チョウ
0 徴（しるし） ▼【験（しるし）】412
10 徴候（ちょうこう） ▼【兆候（ちょうこう）】36

彳11 **【徳】**(14) トク

2 **徳力** とくりき ①福岡県の地名。②北九州高速鉄道(北九州モノレール)の駅。

3 **徳川光圀** とくがわみつくに 江戸前期の水戸藩主。

徳川斉昭 とくがわなりあき 江戸末期の水戸藩主。

徳川家斉 とくがわいえなり 江戸幕府第一一代将軍。

徳川家茂 とくがわいえもち 江戸幕府第一四代将軍。

徳川家宣 とくがわいえのぶ 江戸幕府第六代将軍。

徳川慶喜 とくがわよしのぶ 江戸幕府第一五代将軍。

5 **徳永直** とくながすなお 小説家。

徳本峠 とくごうとうげ 長野県の峠。

6 **徳地** とくじ 山口県の旧町。

8 **徳拉克洛亜** ドラクロア フランスの画家。

12 **徳富川** とっぷがわ 北海道の川。

徳富蘇峰 とくとみそほう 評論家。

徳富蘆花 とくとみろか 小説家。

彳12 **【徹】**(15) テツ

0 **徹る** とおる 「よく—声」

8 **徹夜** てつや 一晩寝ずに過ごす。

10 **徹宵** よっぴて・てっしょう 仕事などを夜通しする。

彳14 **【徽】**(17) キ

0 **徽** しるし 標識。

11 **徽章** きしょう★ 身分・資格などを表すバッジ。

【心(忄・⺗)】〈こころ〉〈りっしんべん〉〈したごころ〉部

心0 **【心】**(4) シン こころ

4 **心太** ところてん★ 〔心天・凝海菜・凝海藻・凝菜・石花・石花菜・大凝菜・瓊脂〕 テングサなどを使った食品。

心太草 てんぐさ 〔石花菜・石太草・太凝菜・瓊脂・天草〕 テングサ目の海藻。

心中 しんじゅう 「無理—」

心天 ところてん ▼【心太】ところてん 136

5 **心付け** こころづけ チップ。

6 **心地** ここち 「生きた—がしない」☆

8 **心延え** こころばえ 気だて。

9 **心神耗弱** しんしんこうじゃく☆ 精神機能障害の状態の一。

11 **心悸** しんき 心臓の鼓動。

心許無い こころもとない 不安だ。

心宿 なかごぼし・しんしゅく 二十八宿の一。

心得顔 こころえがお 「—に言う」

心淋しい うらさびしい 〔心寂しい〕「—場末の町並み」

12 **心悲しい** うらがなしい 何となく悲しい。

13 **心遣り** こころやり 気晴らし。

14 **心窩** しんわ・しんか みぞおち。

心算 つもり★ 「驚かす—はなかった」

心1 **【必】**(5) ヒツ かならず

7 **必里尼斯** ピレネー ヨーロッパの山脈。

心2 **【忉】**(5) トウ

7 **忉利天** とうりてん 六欲天の下から二番目の天。

心3 **【応】**(7) オウ

0 **応え** いらえ 〔答え〕 返事。

応える こたえる 〔報える〕 応じる。「期待に—」

応に まさに 「—取るべき手段」

心3 **【忌】**(7) キ いむ・いまわしい

0 **忌** いみ 〔斎〕 汚れを避け謹慎する。

3 **忌寸** いみき 姓氏。

6 **忌地** いやじ 連作で収穫不良になる。

←**忌忌しい** いまいましい☆ 悔しく腹立たしい。

→**忌忌しい** ゆゆしい ▼【由由しい】ゆゆしい 252

8 **忌明け** いみあけ・きあけ 服喪の期間が終わる。

9 **忌瓮** いわいべ ▼【斎瓮】いわいべ 432

11 **忌部** いんべ 姓氏。

12 **忌詞** いみことば 使用を避ける言葉。

13 **忌嫌う** いみきらう ひどくいやがる。

15 **忌憚** きたん★ 「—のない意見」

17 **忌諱** きき 忌み嫌う。

心3 **【志】**(7) シ こころざす・こころざし

←志 さかん ▼【主典】さかん 13

→志 シリング 〔時令〕 もと、イギリスの通貨単位。

3 志々伎 しじき 長崎県の岬(―崎)・湾・旧村。

4 志戸平 しどたいら 岩手県の温泉。

志戸坂峠 しとざかとうげ 鳥取・岡山県境の峠。

志太 しだ ①静岡県の郡。②姓氏。

志太野坡 しだやば 江戸中期の俳人。

志比堺 しいざかい えちぜん鉄道勝山永平寺（かつやまえいへいじ）線の駅。

志方 しかた 兵庫県の旧町。

志木 しき ①埼玉県の市。②東武東上線の駅。③東京都・埼玉県の街道。

5 志布志 しぶし ①鹿児島県の湾・市・港。②JR九州日南線の駅。

7 志志目 しじめ 姓氏。

志豆機 しずはた 姓氏。

8 志長鳥 しながどり ▼【息長鳥】しながどり 140

志波姫 しわひめ 宮城県の旧町。

志免 しめ 福岡県の町（まち）。

志和 しわ 広島県の地名。

志和地 しわち ①広島県の地名。②JR西日本芸備線の駅。

9 志紀 しき ①大阪府の旧郡・旧町。②JR西日本関西本線の駅。

志津 しづ ①千葉県の地名。②京成本線の駅。

志津川 しづがわ ①宮城県の湾・旧町。②JR東日本気仙沼（けせんぬま）線の駅。

志染 しじみ ①兵庫県の川・旧村。②神戸電鉄粟生（あお）線の駅。

志段味 しだみ 姓氏。

志度 しど ①香川県の湾・旧町。②高松琴平（ことひら）電気鉄道の路線。③JR四国高徳線の駅。

志発 しぼつ 北海道の島(―島（とう）)・海峡(―水道)。

志美宇丹 しびうたん 北海道の地名。

10 志高湖 しだかこ 大分県の湖。

11 志深 しじみ 姓氏。

志張ノ湯 しばりのゆ 秋田県の温泉。

志都美 しずみ JR西日本和歌山線の駅。

12 志賀 しか 石川県の町（まち）。

志賀高穴穂宮 しがのたかあなほのみや 景行・成務・仲哀天皇の皇居。

志賀島 しかのしま 福岡県の陸繋島。

志筑 しづき ①兵庫県の地名。②姓氏。

志道 しじ・ししじ 姓氏。

志雄 しお 石川県の旧町。

13 志楽 しがらき 姓氏。

15 志摩 しま 旧国名。現在の三重県志摩半島先端部。

16 志操堅固 しそうけんご 堅く守って変えない主義。

心3【忖】(6) **ソン**

0 忖る はかる 心の内を推量する。

9 忖度 そんたく ★他人の気持ちを推し量る。「上司の真意を―する」

心3【忍】(7) **ニン** **しのぶ・しのばせる**

0 忍 おし 姓氏。

5 忍冬 すいかずら ★〔忍冬〕 スイカズラ科のつる性半常緑木本。

7 忍坂 おさか・おしさか 姓氏。

8 忍岡 しのぶがおか 大阪府の丘。

9 忍海 おしみ ①近鉄御所（ごせ）線の駅。②姓氏。

忍峡 おしお 姓氏。

←忍草 しのぶぐさ ▼【垣衣】しのぶぐさ 79

→忍草 しぼくさ 山梨県の地名。

10 忍原峡 おしばらきょう 島根県の峡谷。

忍辱 にんにく 耐え忍ぶ。

11 忍野 おしの 山梨県の盆地・村（むら）。

←忍路 おしょろ ①北海道の半島・湾・旧郡。②姓氏。

→忍路 おしろ 姓氏。

16 忍壁 おしかべ 姓氏。

心3【忘】(7) **ボウ** **わすれる**

15 忘憂草 かんぞう ▼【萱草】かんぞう 325

心3【忙】(6) **ボウ** **いそがしい**

0 忙しい せわしい 「―年末」

心4【快】(7) **カイ** **こころよい**

9 快哉 かいさい ★胸がすっとするように痛快なこと。「―を叫ぶ」

11 快捷 かいしょう すばやい。

17 快闊 かいかつ 心が広い。

心4【忽】(8) **コツ・コチ**

0 **忽** こつ 数の単位の一。
忽せ ゆるがせ★「教えを—にしない」
忽ち たちまち またたく間。
4 **忽比烈** フビライ〔忽必烈〕モンゴル帝国の皇帝。
5 **忽必烈** フビライ ▼【忽比烈】フビライ 138
忽布 ホップ〔律草・葎穂〕クワ科のつる性多年草。
7 **忽那** くつな 姓氏。
忽那諸島 くつなしょとう 愛媛県の諸島。
8 **忽忽** こつこつ 速やかなさま。
11 **忽焉** こつえん☆ 突然。たちまち。
12 **忽然** こつぜん★「—と姿を消す」

心4 **【忸】**(7) **ジク・ジュウ**
8 **忸怩** じくじ★「内心—たる思いだった」

心4 **【忠】**(8) **チュウ**
0 **忠** じょう ▼【判官】じょう 45
8 **忠実** まめ☆〔実〕「—な人」「—に暮らす」
9 **忠海** ただのうみ ①広島県の地名。②JR西日本呉線の駅。
12 **忠隅** ただくま 姓氏。

心4 **【忡】**(7) **チュウ**
7 **忡忡** ちゅうちゅう 憂い悩むさま。

心4 **【忝】**(8) **テン**
0 **忝い** かたじけない★〔辱い〕「—言葉」

心4 **【念】**(8) **ネン**
0 **念う** おもう ▼【惟う】おもう 142
10 **念珠** ねんじゅ 数珠じゅず。
12 **念場原** ねんばがはら 山梨県の高原。

心4 **【忿】**(8) **フン**
0 **忿る** いかる 腹をたてる。
9 **忿怒** ふんぬ・ふんど☆〔憤怒〕大いに怒ること。「—の形相ぎょうそう」
18 **忿懣** ふんまん ▼【憤懣】ふんまん 146

心5 **【怡】**(8) **イ**
0 **怡ぶ** よろこぶ ▼【慶ぶ】よろこぶ 145
3 **怡土** いど 姓氏。
8 **怡怡** いい・いそいそ 喜び楽しむさま。
13 **怡楽** いらく 喜び楽しむこと。

心5 **【怨】**(9) **エン・オン**
0 **怨む** うらむ〔恨む〕「世間を—」
7 **怨言** えんげん うらみごと。
8 **怨念** おんねん★「—を晴らす」
9 **怨恨** えんこん☆「—による殺人」
11 **怨鳥** ほととぎす ▼【杜鵑】ほととぎす 182
13 **怨嗟** えんさ「—の声」
15 **怨霊** おんりょう たたりをなす霊。
23 **怨讐** おんしゅう うらみ。

心5 **【怏】**(8) **ヨウ・オウ**
8 **怏怏** おうおう・くさくさ 気が晴れない。

心5 **【怪】**(8) **カイ あやしい・あやしむ**
0 **怪しからん** けしからん「こんなに待たせるとは—」
3 **怪士** あやかし〔妖怪・魔魅〕妖怪ようかい。
7 **怪我** けが★「—の功名」
11 **怪訝** けげん☆「—な顔をする」
12 **怪無山** けなしやま 長野県の山。
14 **怪態** けったい ▼【卦体】けったい 55
16 **怪鴟** よたか ▼【夜鷹】よたか 85

心5 **【急】**(9) **キュウ いそぐ**
0 **急き立てる** せきたてる 早くやるように強く促す。
急く せく 早くしようとあせる。
6 **急先鋒** きゅうせんぽう☆「改革派の—」
9 **急拵え** きゅうごしらえ「—の屋台」
急度 きっと ▼【屹度】きっと 115
10 **急峻** きゅうしゅん「—な岩場」
急逝 きゅうせい 急死。
12 **急須** きゅうす 茶をいれる道具。
急就草 つわぶき ▼【橐吾】つわぶき 196
急焼 きびしょ「急須きゅうす」のこと。
17 **急遽** きゅうきょ「—帰国する」

心5 **【怯】**(8) **キョウ・コウ**
0 **怯える** おびえる〔脅える〕「不安に—日々」
怯ず怯ず おずおず ▼【怖ず怖ず】おずおず 139
4 **怯む** ひるむ☆ 気持ちがくじける。
怯夫 きょうふ おくびょうな男。

6 **怯気** おじけ 〔怖気〕 こわがる気持ち。「―づく」

17 **怯懦** きょうだ☆ おくびょう。

心5 **【怙】** (8) **コ・ゴ**

0 **怙む** たのむ 頼る。

9 **怙恃** こじ たより。たのみ。

心5 **【怺】** (8) **こらえる**

0 **怺える** こらえる★ ▼【堪える】こらえる 80

心5 **【思】** (9) **シ** **おもう**

0 **思しい** おぼしい 「犯人と―男」

思し召し おぼしめし 「神様の―」

3 **思川** おもいがわ JR東日本両毛線の駅。

11 **思惟** しい☆ 考えること。

思惟る おもんみる ▼【惟る】おもんみる 142

12 **思惑** おもわく 「―がはずれる」

心5 **【怎】** (9) **シン・ソ**

0 **怎で** いかで ▼【如何で】いかで 94

心5 **【性】** (8) **セイ・ショウ**

→**性** さが 〔相〕 生まれもった性質。

→**性** たち 「涙もろい―」

←**性根** しょうこん 根性。

→**性根** しょうね 「―がくさっている」

心5 **【怱】** (9) **ソウ**

6 **怱忙** そうぼう☆ いそがしいこと。

9 **怱怱** そうそう ▼【匆匆】そうそう 50

心5 **【怠】** (9) **タイ** **おこたる・なまける**

0 **怠い** だるい 〔倦怠い・懈い〕「体が―」

怠れる だれる 〔垂れる〕「気分が―」「生活が―」

8 **怠武林** ダブリン アイルランドの首都。

心5 **【怒】** (9) **ド** **いかる・おこる**

0 **怒り肩** いかりがた 角ばった肩。

8 **怒和島** ぬわじま 愛媛県の島。

14 **怒鳴る** どなる 〔呶鳴る〕 大声でしかる。

15 **怒罵** どば いかりののしる。

17 **怒濤** どとう☆ 「―のごとき進軍」

心5 **【怕】** (8) **ハ・ハク**

0 **怕れる** おそれる 胸が騒ぐ。

20 **怕癢華** さるすべり ▼【百日紅】さるすべり 259

心5 **【怖】** (8) **フ** **こわい**

0 **怖い** こわい 〔恐い〕「―もの知らず」

怖ず怖ず おずおず 〔怯ず怯ず・懼ず懼ず〕 おそるおそる。

怖めず憶せず おめずおくせず 少しも気おくれすることなく。「―意見を述べる」

怖れる おそれる 「野獣は火を―」

6 **怖気** おじけ ▼【怯気】おじけ 139

←**怖怖** おどおど おずおず。

→**怖怖** こわごわ 〔恐恐〕「古井戸を―のぞく」

心5 **【怜】** (8) **レイ・レン**

10 **怜悧** れいり 〔伶俐〕 利口なさま。

心6 **【恁】** (10) **イン・ジン・ニン**

0 **恁く** かく このように。

14 **恁麼** いんも どのような。

心6 **【恩】** (10) **オン**

4 **恩方** おんがた 東京都の旧村。

7 **恩沢** おんたく 「―に浴する」

8 **恩刻** エンケ ドイツの天文学者。

9 **恩恤** おんじゅつ 恵みや哀れみを与える。

10 **恩格斯** エンゲルス 〔恩格爾〕 ドイツの思想家。

恩納 おんな ①沖縄県の山(―岳)・村。②姓氏。

12 **恩智** おんぢ ①大阪府の用水路・地名。②近鉄大阪線の駅。

15 **恩誼** おんぎ☆ 「―に報いる」

恩賜 おんし 「―の刀」

23 **恩讐** おんしゅう 恩とあだ。

心6 **【悔】** (9) **カイ** **くいる・くやむ・くやしい**

9 **悔恨** かいこん 「―の情」

10 **悔悟** かいご 後悔すること。

心6 **【恢】** (9) **カイ**

5 **恢弘** かいこう おしひろめる。

9 **恢恢** かいかい☆ 大きくて広いさま。「天網―疎にして漏らさず」

12 **恢復** かいふく☆ 〔回復〕「天候が―する」

心6 **【恠】** (9) **カイ**

24 **恠鷹** みみずく ▼【木菟】みみずく 179

心6 【恐】(10) **キョウ** **おそれる・おそろしい**

0 恐い こわい ▼【怖い】こわい 139

10 恐恐 こわごわ ▼【怖怖】こわごわ 139

11 恐喝 きょうかつ ゆすり。「スキャンダルを種に—する」

12 恐慌 きょうこう 「金融—」

恐惶 あなかしこ ▼【穴賢】あなかしこ 279

恐惶謹言 きょうこうきんげん 手紙の結びに使う言葉。

19 恐羅漢山 おそらかんざん 島根・広島県境の山。

21 恐懼 きょうく かしこまる。

心6 【恭】(10) **キョウ** **うやうやしい**

4 恭仁 くに 姓氏。

11 恭菜 ふだんそう 〔不断草〕アカザ科の一年草。

心6 【恟】(9) **キョウ**

9 恟恟 きょうきょう・はらはら・びくびく おそれおののく。

心6 【恵】(10) **ケイ・エ** **めぐむ**

3 恵山 えさん 北海道の山・岬・旧町。

4 恵比寿 えびす ①東京都の地名。②JR東日本山手（やまのて）線等の駅。③ ▼【恵比須】えびす 140

恵比須 えびす ①〔恵比寿・蛭子〕七福神の一。商売繁盛・福の神。②神戸電鉄粟生（あお）線の駅。

恵方 えほう ▼【吉方】えほう 61

7 恵那 えな ①岐阜・長野県境の山（—山（さん））・市。②JR東海中央本線等の駅。

8 恵岱岳 えたいだけ 北海道の山。

9 恵胡海苔 えごのり 〔荏胡海苔〕イギス目の海藻。

恵美押勝 えみのおしかつ 藤原仲麻呂（なかまろ）の別名。

10 恵庭 えにわ 北海道の山（—岳（だけ））・市。

恵特曼 ホイットマン アメリカの詩人。

恵馬遜 エマーソン アメリカの思想家。

16 恵曇 えとも 島根県の旧町。

心6 【恒】(9) **コウ**

0 恒 つね いつも変わらない。

6 恒任 つねとう 姓氏。

8 恒河 ガンジス インドの川。

恒河沙 ごうがしゃ ①数がきわめて多いたとえ。②数の単位の一。

心6 【恰】(9) **コウ・カツ**

0 恰も あたかも★ ▼【宛も】あたかも 101

6 恰好 かっこう 〔格好〕「—のいいことを言う」

9 恰度 ちょうど 〔丁度〕まるで。さながら。

12 恰幅 かっぷく★ 「堂々たる—の紳士」

心6 【恍】(9) **コウ**

0 恍ける とぼける☆ 〔惚ける・恍惚ける・呆ける〕しらばくれる。

恍れる ほれる ▼【惚れる】ほれる 142

11 恍惚 こうこつ 心が奪われてうっとりするさま。

恍惚ける とぼける ▼【恍ける】とぼける 140

心6 【恨】(9) **コン** **うらむ・うらめしい**

0 恨み辛み うらみつらみ 「—を並べる」

心6 【恣】(10) **シ**

0 恣 ほしいまま★ ▼【縦】ほしいまま 298

13 恣意 しい 〔肆意〕「—的判断」

心6 【恃】(9) **シ・ジ**

0 恃む たのむ 〔頼む〕あてにする。「一家の柱と—人」

心6 【恤】(9) **ジュツ・シュツ・シュチ**

0 恤む めぐむ 恵む。「少しばかりの金を—」

心6 【恂】(9) **ジュン・シュン**

9 恂恂 じゅんじゅん 慎み深くうやうやしい。

心6 【恕】(10) **ジョ・ショ**

0 恕す ゆるす あわれんで大目に見る。

恕する じょする☆ 許す。

心6 【息】(10) **ソク** **いき**

0 息う いこう ▼【憩う】いこう 146

息む やすむ 休む。

3 息子 むすこ☆ 「放蕩（ほうとう）—」

7 息吹 いぶき☆ 〔気吹〕呼吸。

8 息長 おきなが 姓氏。

息長鳥 しながどり 〔志長鳥・水長鳥〕カイツブリの古名。

9 息急き切って いきせききって 「—かけつける」

13 息遣い いきづかい 「—が荒い」

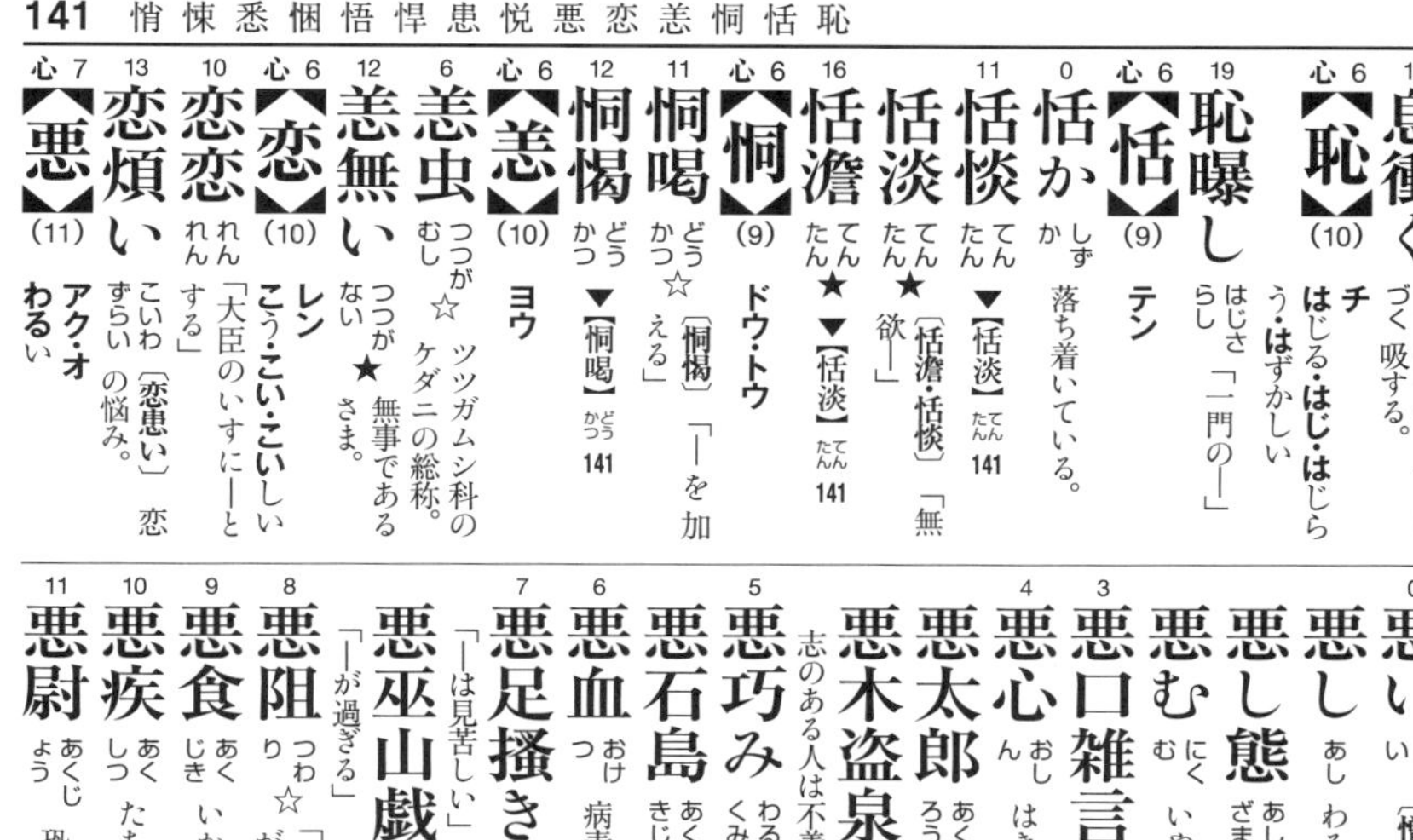

15 息衝く いきづく 〔気息衝く〕 呼吸する。

心6【恥】(10) チ はじる・はじ・はじらう・はずかしい

19 恥曝し はじさらし 「一門の―」

心6【恬】(9) テン

0 恬か しずか 落ち着いている。

11 恬惔 てんたん ▼【恬淡】てんたん 141

恬淡 てんたん★ 〔恬澹・恬惔〕「無欲―」

16 恬澹 てんたん★ ▼【恬淡】てんたん 141

心6【恫】(9) ドウ・トウ

11 恫喝 どうかつ☆ 〔恫愒〕「―を加える」

12 恫愒 どうかつ ▼【恫喝】どうかつ 141

心6【恙】(10) ヨウ

6 恙虫 つつがむし☆ ツツガムシ科のケダニの総称。

12 恙無い つつがない★ 無事であるさま。

心6【恋】(10) レン こう・こい・こいしい

10 恋恋 れんれん 「大臣のいすに―とする」

13 恋煩い こいわずらい 〔恋患い〕 恋の悩み。

心7【悪】(11) アク・オ わるい

0 悪い にくい 〔憎い〕「―男」

悪し あし わるい。

悪し態 あしざま 〔悪し様〕「人を―に言う」

悪む にくむ いやがる。

3 悪口雑言 あっこうぞうごん ののしること。

4 悪心 おしん はきけがする。

悪太郎 あくたろう 乱暴者。

悪木盗泉 あくぼくとうせん 志のある人は不義をしない。

5 悪巧み わるだくみ 「―にひっかかる」

悪石島 あくせきじま 鹿児島県の島。

6 悪血 おけつ 病毒の混じった血。

7 悪足搔き わるあがき 「―は見苦しい」

悪巫山戯 わるふざけ 「―が過ぎる」

8 悪阻 つわり☆ 「一人めの時は―がひどかった」

9 悪食 あくじき いかもの食い。

10 悪疾 あくしつ たちの悪い病気。

11 悪尉 あくじょう 恐ろしい顔の能面。

13 悪業 あくごう 悪い行い。

14 悪態 あくたい 「―をつく」

悪辣 あくらつ☆ あくどい。

15 悪戯 いたずら☆ 「汚れなき―」

悪罵 あくば 「―を浴びせる」

悪霊 あくりょう 「―のたたり」

心7【悦】(10) エツ

0 悦ぶ よろこぶ ▼【慶ぶ】よろこぶ 145

5 悦加的俚拿 エカテリーナ ロシアの女帝。

心7【患】(11) カン わずらう

0 患う わずらう 「胸を―」

患える うれえる☆ 憂える。「病身を―」

心7【悍】(10) カン

0 悍しい おぞましい☆ 「―話」

悍る たける 勇ましい。

10 悍馬 かんば ▼【駻馬】かんば 412

心7【悟】(10) ゴ さとる

11 悟得 ごとく 悟りを開き真実を会得する。

心7【悃】(10) コン

10 悃悃 こんこん ▼【懇懇】こんこん 146

心7【悉】(11) シツ・シチ

0 悉く ことごとく 〔尽く〕 すべて。

悉に つぶさに 細かくすべてに及ぶ。

9 悉皆 しっかい 残らず。全部。

悉茗耶 ジャスミン ▼【素馨】ジャスミン 292

12 悉達多 しったるた 釈迦(しゃか)の出家前の名前。

16 悉曇 しったん 梵字(ぼん)の字母とそれが表す音声の総称。

心7【悚】(10) ショウ・シュ

10 悚悚 しょうしょう おそろしい。

12 悚然 しょうぜん 〔竦然〕 おそれ立ちすくむさま。

心7【悄】(10) ショウ

0 悄れる しおれる しょんぼりする。

6 悄気る しょげる☆ 「しかられて―」

← 悄悄 しおしお 〔萎萎〕 しょんぼり。

悄悄 しょうしょう 元気がない。

→ 悄悄 すごすご 「断られて―と帰る」

4画 心部 6―7画

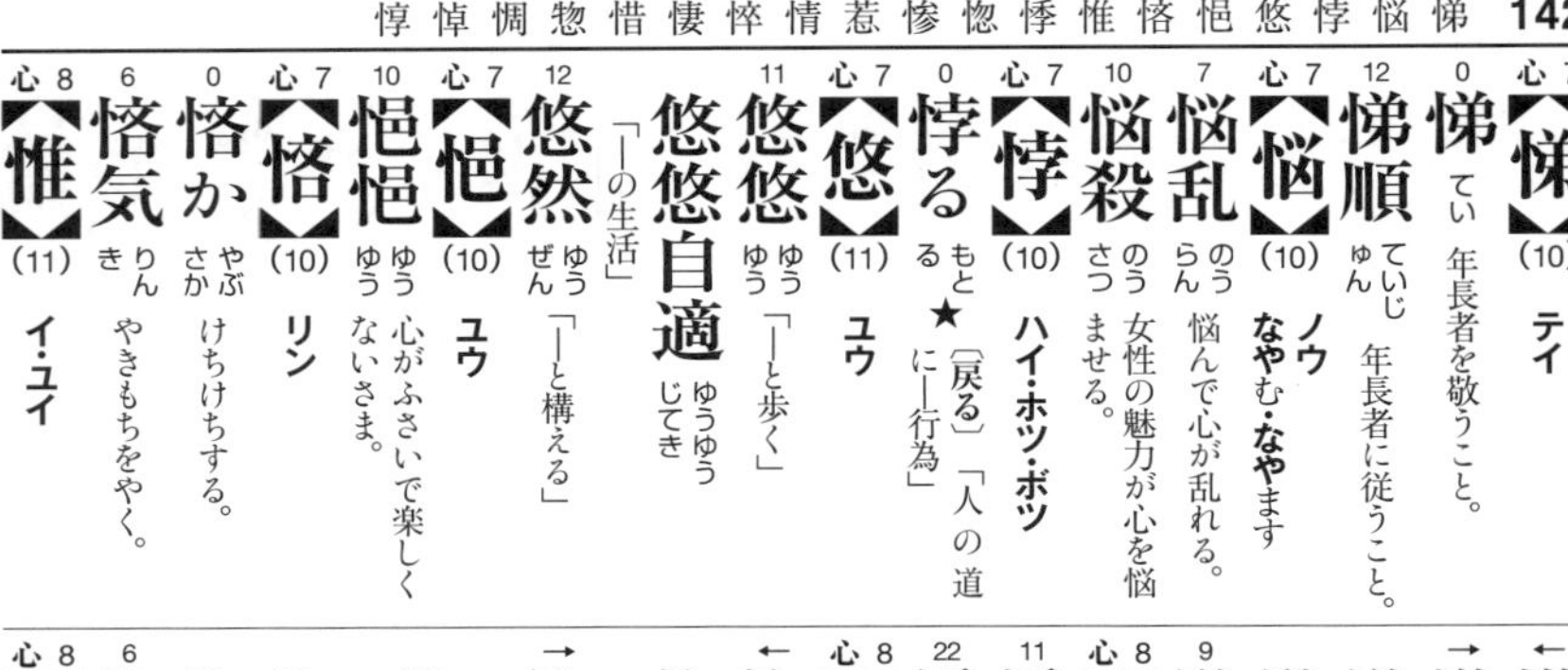

心7 **【悌】**(10) **テイ**

0 **悌** てい 年長者を敬うこと。

12 **悌順** ていじゅん 年長者に従うこと。

心7 **【悩】**(10) **ノウ なやむ・なやます**

7 **悩乱** のうらん 悩んで心が乱れる。

10 **悩殺** のうさつ 女性の魅力が心を悩ませる。

心7 **【悖】**(10) **ハイ・ホツ・ボツ**

0 **悖る** もとる★ 〔戻る〕「人の道に―行為」

心7 **【悠】**(11) **ユウ**

11 **悠悠** ゆうゆう 「―と歩く」

悠悠自適 ゆうゆうじてき 「―の生活」

12 **悠然** ゆうぜん 「―と構える」

心7 **【悒】**(10) **ユウ**

10 **悒悒** ゆうゆう 心がふさいで楽しくないさま。

心7 **【悋】**(10) **リン**

0 **悋か** やぶさか けちけちする。

6 **悋気** りんき やきもちをやく。

心8 **【惟】**(11) **イ・ユイ**

←**惟** これ 「人間は―本来無一物である」

→**惟** ただ 「―一つだけ願いがある」

惟う おもう★ 〔憶う・想う・念う・意う〕 思う。

惟る おもんみる★ 〔思惟る〕「つらつら―に」

9 **惟神** かむながら・かんながら ▼【随神】かむながら 394

心8 **【悸】**(11) **キ**

11 **悸悸** きき 驚き恐れ胸騒ぎがするさま。

22 **悸驚** ききょう おそれおどろく。

心8 **【惚】**(11) **コツ**

←**惚ける** とぼける ▼【恍ける】とぼける 140

惚ける ほうける 〔耄ける・呆ける〕 ぼんやりする。

→**惚ける** ぼける☆ 〔呆ける・耄ける〕「まだ―年ではない」

惚け茄子 ぼけなす 反応のにぶい人をあざける語。

惚れる ほれる 〔恍れる〕 恋をする。心酔する。

惚れ惚れ ほれぼれ 「―とする歌声」

6 **惚気** のろけ☆ 「―を聞かされる」

心8 **【惨】**(11) **サン・ザン みじめ**

0 **惨い** むごい☆ 〔酷い〕「―仕打ち」

惨ましい いたましい 見るにたえないほどひどいさま。

16 **惨憺** さんたん 〔惨澹〕「―たる結果に終わる」

心8 **【惹】**(12) **ジャク・ジャ**

0 **惹く** ひく 「関心を―」

5 **惹句** じゃっく キャッチフレーズ。

6 **惹耳日亜** ジョージア アメリカの州。

9 **惹迷斯** ジェームズ イングランドの国王。

10 **惹起** じゃっき★ 「国境紛争を―する」

心8 **【情】**(11) **ジョウ・セイ なさけ**

0 **情** こころ ▼【意】こころ 143

2 **情人** いろ 恋人。

4 **情夫** いろ 夫以外の恋人。

8 **情事** いろごと 「―にふける」

11 **情婦** いろ 妻以外の恋人。

14 **情緒** じょうちょ・じょうしょ 「異国―」

情緒纏綿 じょうちょてんめん☆ 情緒がこまやかなこと。

心8 **【悴】**(11) **スイ**

0 **悴** せがれ ▼【倅】せがれ 31

悴む かじかむ★ 「手が―」

心8 **【悽】**(11) **セイ**

13 **悽愴** せいそう 〔凄愴〕 いたましいさま。

心8 **【惜】**(11) **セキ おしい・おしむ**

0 **惜** あたら ▼【可惜】あたら 59

8 **惜命** しゃくみょう・せきめい 命を惜しみ、健康に注意する。

心8 **【惣】**(12) **ソウ**

4 **惣太鰹** そうだがつお ▼【宗太鰹】そうだがつお 102

7 **惣社** そうじゃ ▼【総社】そうじゃ 296

11 **惣菜** そうざい☆ 〔総菜〕 ふだんのおかず。

心8 **【惆】**(11) **チュウ**

11 **惆悵** ちゅうちょう いたみ悲しむ。

心8 **【悼】**(11) **トウ いたむ**

0 **悼む** いたむ 〔惻む〕「親友の死を―」

心8 **【惇】**(11) **トン・シュン・ジュン**

6 **惇朴** じゅんぼく ▼【醇朴】じゅんぼく 377

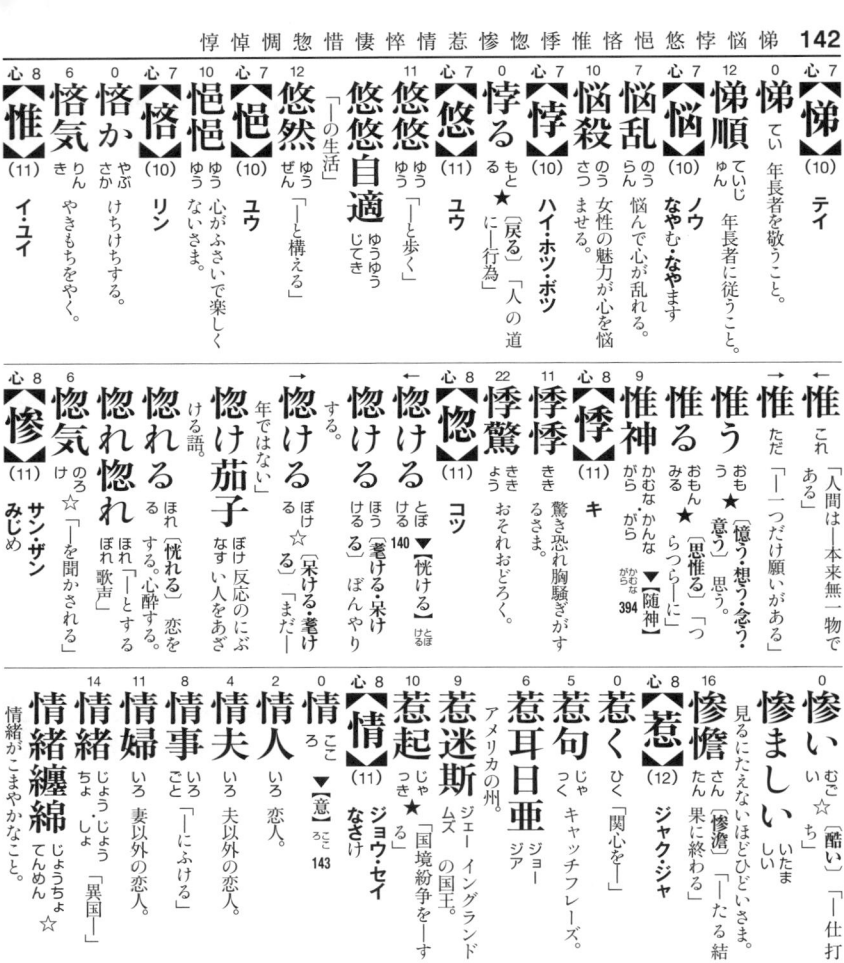

心8 **【悲】**(12) **ヒ** **かなしい・かなしむ**

12 **悲喜交交** ひきこもごも 「—至る」

心8 **【惘】**(11) **ボウ・モウ**

0 **惘れる** あきれる ▼【呆れる】(あきれる) 65

12 **惘然** ぼうぜん ▼【呆然】(ぼうぜん) 65

心8 **【悶】**(12) **ボン・モン**

0 **悶える** もだえる 「激痛に—」

12 **悶悶** もんもん 「日夜—とする」

心8 **【惑】**(12) **ワク** **まどう**

9 **惑星** わくせい 太陽の周囲を公転する天体。

13 **惑溺** わくでき 夢中になって正常な判断ができない。「酒色に—する」

心9 **【愛】**(13) **アイ**

0 **愛い** うい☆ かわいい。

←**愛しい** いとしい かわいい。したわしい。

→**愛しい** かなしい 身にしみていとしい。

←**愛しむ** いつくしむ 慈しむ。「わが子のように—」

→**愛しむ** おしむ いとおしむ。

愛でる めでる ★ ▼【賞でる】(めでる) 359

3 **愛子** あやし ①宮城県の地名。②JR東日本仙山線の駅。③姓氏。

5 **愛甲** あいこう 神奈川県の郡。

6 **愛因斯坦** アインシュタイン ドイツ出身の物理学者。

7 **愛弟子** まなでし 期待をかけ、かわいがっている弟子。

8 **愛玩** あいがん 〔愛翫〕 大切にしてかわいがる。

愛妾 あいしょう 気に入りのめかけ。

愛知 えち 滋賀県中東部の郡。

愛知川 えちがわ ①滋賀県の川・旧町。②近江(おうみ)鉄道本線の駅。

愛知御津 あいちみと JR東海東海道本線の駅。

愛迪生 エジソン アメリカの発明家。

愛宕山 あたごやま ①京都府の山。②東京都の高台。③茨城県の山。④千葉県の山。

愛宕苔 あたごごけ 〔地柏〕 クラマゴケの別名。

9 **愛冠岬** あいかっぷみさき 北海道の岬。

愛染明王 あいぜんみょうおう 恋愛成就の神。

愛荘 あいしょう 滋賀県の町(ちょう)。

愛発 あらち ①福井県の山・旧村。②姓氏。

愛発関 あらちのせき 三関の一。

10 **愛娘** まなむすめ 最愛の娘。

11 **愛著** あいじゃく ▼【愛着】(あいじゃく) 143

愛猫 あいびょう かわいがっているネコ。

愛媛 えひめ 四国地方の県。

12 **愛敬** あいきょう ▼【愛嬌】(あいきょう) 143

愛着 あいじゃく 〔愛著〕 対象を追い求めること。

13 **愛想** あいそ 「—をつかす」

14 **愛誦** あいしょう 詩文を好んで口ずさむ。

15 **愛翫** あいがん ▼【愛玩】(あいがん) 143

愛嬌 あいきょう 〔愛敬〕 好感を与え、親しみを誘う物腰。「—を振りまく」

愛撒倫 アイスランド 〔氷州〕 国名。

愛撫 あいぶ☆ 「やさしく—する」

愛慾 あいよく 〔愛欲〕 「—におぼれる」

16 **愛憐** あいれん いつくしみ、あわれむ。

19 **愛蘭** アイルランド ▼【愛蘭土】(アイルランド) 143

愛蘭土 アイルランド 〔愛蘭〕 国名。

24 **愛鷹山** あしたかやま 静岡県の山。

心9 **【意】**(13) **イ**

0 **意** こころ 〔情〕 思い。

意う おもう ▼【惟う】(おもう) 142

4 **意太** おた 姓氏。

6 **意気地** いくじ 「—のないやつ」

意気沮喪 いきそそう 〔意気阻喪〕 意気込みがくじける。

意気軒昂 いきけんこう 意気盛ん。

意気銷沈 いきしょうちん 〔意気消沈〕 「失敗して—する」

8 **意固地** いこじ ▼【依怙地】(いこじ) 28

10 **意馬心猿** いばしんえん 心が乱れるさま。

15 **意趣** いしゅ 「—を晴らす」

19 **意嚮** いこう 〔意向〕 「相手の—をくみとる」

心9 **【愕】**(12) **ガク**

0 **愕く** おどろく 〔駭く〕 意外さにあわてる。

12 **愕愕** がくがく 正しいと思うことを述べたてるさま。

愕然 がくぜん 「—たる思い」

心9【感】(13) カン

0 感 あわや ▼【咄嗟】あわや 66

7 感作 かんさ 抗原に対して感じやすくする。

8 感泣 かんきゅう 感激のあまり泣く。

9 感染る うつる 感染する。

9 感染れる かぶれる 強く影響される。

心9【愚】(13) グ **おろか**

7 愚図 ぐず 「—なやつ」

9 愚昧 ぐまい★ 愚かで道理にくらいさま。

← 愚鈍 うすのろ ▼【薄鈍】うすのろ 331

→ 愚鈍 ぐどん のろま。

13 愚痴 ぐち 「—をこぼす」

心9【愆】(13) ケン

0 愆る あやまる★ まちがえる。

7 愆戻 けんれい あやまち。罪。

心9【慌】(12) コウ **あわてる・あわただしい**

0 慌ただしい あわただしい 〔遽しい・周章しい〕「—一日」

慌てる あわてる 〔周章てる・狼狽てる〕「うそがばれて—」

慌て者 あわてもの 〔狼狽者〕 そそっかしい人。

心9【慈】(13) ジ **いつくしむ**

8 慈姑 くわい★ 〔烏芋・茨菰〕 オモダカ科の多年草。

11 慈眼 じげん 姓氏。

心9【愁】(13) シュウ **うれえる・うれい**

0 愁い うれい 憂い。「—に沈む」

4 愁文 うれえぶみ 嘆願書。

13 愁傷 しゅうしょう☆ 「このたびはまことに御—さまです」

心9【想】(13) ソウ・ソ

0 想う おもう ▼【惟う】おもう 142

4 想夫恋 そうふれん ▼【相府蓮】そうふれん 262

想夫憐 そうふれん ▼【相府蓮】そうふれん 262

12 想菰 まいたけ ▼【舞茸】まいたけ 314

心9【惻】(12) ソク・ショク・シク

0 惻む いたむ ▼【悼む】いたむ 142

12 惻惻 そくそく ひしひしと胸に迫るさま。

14 惻隠 そくいん☆ かわいそうだと同情すること。「—の情を催す」

心9【惰】(12) ダ

6 惰気 だき 緊張を欠く心の状態。

8 惰性 だせい 「—に流される」

10 惰弱 だじゃく 〔懦弱〕 いくじがないさま。

10 惰眠 だみん 「—をむさぼる」

心9【愉】(12) ユ

0 愉しい たのしい 楽しい。

7 愉快 ゆかい 「—な人」

10 愉悦 ゆえつ 心から愉快に思うこと。

心9【愈】(13) ユ

0 愈 いよいよ ▼【愈愈】いよいよ 144

愈る まさる すぐれる。

13 愈愈 いよいよ 〔愈・弥・弥弥〕「—決戦だ」

心10【慇】(14) イン・オン

17 慇懃 いんぎん 「—無礼」

心10【慍】(13) ウン・オン

← 慍る いかる 怒る。

→ 慍る いきどおる ▼【憤る】いきどおる 146

心10【慨】(13) ガイ

0 慨く なげく 怒り悲しむ。

5 慨世 がいせい 世を嘆く。

15 慨歎 がいたん 嘆き憤る。

心10【愨】(14) カク

0 愨む つつしむ 度をわきまえ、ひかえめにする。

心10【愧】(13) キ

0 愧じる はじる 情けなく思う。

6 愧死 きし 恥じて死ぬ。

12 愧赧 きたん 恥じて顔を赤らめる。

心10【慊】(13) ケン・キョウ

0 慊らない あきたらない 満足できない。

11 慊焉 けんえん 不満に思う。

心10【慎】(13) シン **つつしむ**

0 慎ましい つつましい 遠慮深い。

心10【愴】(13) ソウ

12 愴惶 そうこう あわただしい。
13 愴愴 そうそう いたみ悲しむさま。

心 10 【態】(14) タイ
←態 ざま ▼【様】(ざま) 197
→態 なり ▼【形】(なり) 130
態と わざと ★〔故意と〕「— 試合に負ける」
14 態態 わざわざ 〔故故〕「—見舞いに来なくてもいいのに」

心 10 【慕】(14) ボ したう
0 慕ぶ しのぶ ▼【偲ぶ】(しのぶ) 32
10 慕帰絵詞 ぼきえことば 絵巻物の一。
11 慕情 ぼじょう したう気持ち。

心 10 【慄】(13) リツ・リチ
0 慄く おののく☆ ▼【戦く】(おののく) 148
12 慄然 りつぜん 恐れおののき背筋が寒くなるさま。

心 11 【慰】(15) イ なぐさめる・なぐさむ
15 慰撫 いぶ 「人心を—する」
17 慰藉 いしゃ 同情して慰める。
慰藉料 いしゃりょう 〔慰謝料〕損害賠償の一。

心 11 【慣】(14) カン なれる・ならす
0 慣れる なれる 「都会生活に—」
慣わし ならわし 決まりごと。

心 11 【慶】(15) ケイ
0 慶ぶ よろこぶ 〔悦ぶ・歓ぶ・怡ぶ〕「無事な出産を—」
6 慶伊瀬島 けいせじま 沖縄県の島。
7 慶良間 けらま 沖縄県の海峡・諸島。
10 慶留間島 げるまじま 沖縄県の島。
12 慶滋保胤 よししげのやすたね 平安中期の文人。

心 11 【慧】(15) ケイ・エ
10 慧敏 けいびん 賢い。
←慧眼 えげん 仏教で真理を悟る目。
→慧眼 けいがん☆ 鋭い洞察力。
13 慧解 えげ 知恵で物事を理解する。

心 11 【慷】(14) コウ
13 慷慨 こうがい☆ 世の中の不正を憤る。

心 11 【慙】(15) サン・ザン
0 慙じる はじる 面目が失われ情けなく思う。
6 慙死 ざんし ▼【慚死】(ざんし) 145
13 慙愧 ざんき ★▼【慚愧】(ざんき) 145

心 11 【慚】(14) サン・ザン
6 慚死 ざんし 〔慙死〕深く恥じて死ぬ。
13 慚愧 ざんき 〔慙愧〕「—に堪えない」

心 11 【慫】(15) ショウ
14 慫慂 しょうよう ★ そうするように仕向ける。

心 11 【慴】(14) ショウ
0 慴れる おそれる 恐れ、おののく。
6 慴伏 しょうふく 〔懾伏・懾服〕恐れ、ひれ伏す。

心 11 【憎】(14) ゾウ にくむ・にくい・にくらしい・にくしみ
7 憎体 にくてい いかにも憎らしい感じ。
11 憎悪 ぞうお 「激しい—を燃やす」

心 11 【慥】(14) ゾウ・ソウ
0 慥か たしか 確実に。
9 慥柄湾 たしからわん 三重県の湾。

心 11 【慟】(14) トウ・ドウ
10 慟哭 どうこく ★「友の死に—する」

心 11 【慢】(14) マン
0 慢る あなどる ▼【侮る】(あなどる) 29
15 慢罵 まんば あなどりののしる。

心 11 【憂】(15) ユウ うれえる・うれい・うい
0 憂き名 うきな 悪い評判。
憂き身 うきみ 「—をやつす」
5 憂世 うきよ 「—の荒波」
11 憂患 ゆうかん 大きな心配事。
憂惧 ゆうぐ ▼【憂虞】(ゆうぐ) 145
13 憂虞 ゆうぐ 〔憂惧〕心配しおそれる。

心 11 【慮】(15) リョ
0 慮る おもんぱかる ★ 思い巡らす。
5 慮外 りょがい 「—の出来事」

心 12 【慳】(15) カン・ケン
7 慳吝 けんりん ▼【倹吝】(けんりん) 31
9 慳勃爾土 フンボルト

ドイツの地理学者。

11 慳貪 けんどん 〔倹飩〕 愛想がないさま。

心 12 【憖】(16) **ギン・キン**

0 憖 なまじ ★ 中途半端なさま。「―口を出したのが良くなかった」

心 12 【憩】(16) **ケイ いこい・いこう**

0 憩い いこい 「市民の―の場」

憩う いこう 〔息う〕「水辺に―」

心 12 【憬】(15) **ケイ**

0 憬れ あこがれ ▼【憧れ】あこがれ 146

憬れる あこがれる ▼【憧れる】あこがれる 146

心 12 【憔】(15) **ショウ**

0 憔れる やつれる 疲れはてる。

11 憔悴 しょうすい やつれる。

心 12 【憚】(15) **タン**

0 憚り はばかり 「公言するには―がある」

憚り乍ら はばかりながら 恐れ多いことですが。

憚る はばかる 「人目を―」

心 12 【憧】(15) **ドウ・ショウ・トウ**

0 憧れ あこがれ 〔憬れ〕「―のまと」

憧れる あこがれる 〔憬れる〕 強く心がひかれる。

15 憧憬 しょうけい・どうけい あこがれ。

心 12 【憑】(16) **ヒョウ**

0 憑き物 つきもの 「―が落ちる」

憑く つく 「キツネが―」

憑る よる 頼る。

3 憑子 たのもし ▼【頼母子】たのもし 405

5 憑代 よりしろ 〔依り代〕 神霊が宿るもの。

7 憑坐 よりまし 〔尸童〕 神霊がよりつく人間。

心 12 【憫】(15) **ビン・ミン**

0 憫れむ あわれむ 同情する。

9 憫恤 びんじゅつ 哀れみいつくしむ。

15 憫諒 びんりょう あわれみ。

心 12 【憮】(15) **ブ**

12 憮然 ぶぜん 「―たる面持ち」

心 12 【憤】(15) **フン いきどおる**

0 憤り いきどおり 「―を覚える」

←憤る いきどおる 〔慍る〕「世の不正を―」

→憤る むずかる 「赤ん坊が―」

9 憤怒 ふんぬ・ふんど ▼【忿怒】ふんぬ 138

15 憤憤 ぷりぷり 怒って不機嫌なさま。

18 憤懣 ふんまん 〔忿懣〕 腹が立ってがまんできないこと。「―やる方がない」

心 13 【懌】(16) **エキ**

0 懌ぶ よろこぶ ゆかいに思う。

心 13 【懊】(16) **オウ**

10 懊悩 おうのう 悩みもだえる。

心 13 【憶】(16) **オク**

0 憶う おもう ▼【惟う】おもう 142

憶える おぼえる 忘れずに覚えている。

12 憶測 おくそく ▼【臆測】おくそく 312

心 13 【懐】(16) **カイ ふところ・なつかしい・なつかしむ・なつく・なつける**

←懐く いだく 「不安を―」

→懐く なつく 「人によく―小鳥」

4 懐手 ふところで 和服で腕をそでに通さない着方。

5 懐石 かいせき 「―料理」

懐孕 かいよう 妊娠する。

7 懐良親王 かねながしんのう 後醍醐天皇の皇子。「かねよし」とも。

9 懐柔 かいじゅう 「―策」

12 懐裡 かいり ふところ。

心 13 【懈】(16) **カイ・ケ**

0 懈い だるい ▼【怠い】だるい 139

懈る おこたる だらける。

9 懈怠 かいたい・けたい なまける。

心 13 【憾】(16) **カン**

0 憾む うらむ ★ 残念に思う。

心 13 【懇】(17) **コン ねんごろ**

0 懇ろに ねんごろに 「―とむらう」

←懇懇 くれぐれ ▼【呉呉】くれぐれ 64

→懇懇 こんこん 〔悃悃〕「道理を―と説明する」

心 13 【憐】(16) **レン**

0 憐れ あわれ 「―な声で泣く」

憐れむ あわれむ 哀れむ。「人を―まなざし」

13 **憐愍** れんびん 〔憐憫〕 かわいそうに思う。
15 **憐憫** れんびん ▼【憐愍】 147

心 14 **【懦】**(17) **ジュ・ダ**
10 **懦弱** だじゃく ▼【惰弱】 144

心 14 **【懲】**(18) **チョウ** **こりる・こらす・こらしめる**
0 **懲りる** こりる 「失敗に―」
懲り懲り こりごり 「保証人はもう―」

心 16 **【懸】**(20) **ケン・ケ** **かける・かかる**
5 **懸田** あがた 姓氏。
8 **懸河** けんが 「―の弁」
懸念 けねん 「事の成り行きを―する」
10 **懸案** けんあん 「―事項」
11 **懸崖** けんがい☆ 切り立ったがけ。
懸魚 げぎょ・げんぎょ 屋根の破風(はふ)に付ける装飾。
懸巣 かけす 〔樫鳥・橿鳥〕 スズメ目カラス科の鳥。
12 **懸猴** くもざる ▼【蜘蛛猿】 338
懸詞 かけことば ▼【掛詞】 156
懸絶 けんぜつ 他とかけ離れる。
懸腕直筆 けんわんちょくひつ 書道で筆の使い方の一。
13 **懸鉤子** きいちご ▼【木苺】 179
懸想 けそう 恋い慕う。
15 **懸樋** かけひ ▼【筧】 284
16 **懸橋** かけはし ▼【梯】 191

心 16 **【懶】**(19) **ラン・ライ**
0 **懶** ものぐさ 〔物臭〕 ぶしょう。
懶い ものうい ▼【物憂い】 239
懶ける なまける 怠ける。「学校を―」
12 **懶惰** らんだ★ 〔嬾惰〕 なまけるさま。

心 17 **【懺】**(20) **ザン・サン・セン**
9 **懺悔** ざんげ☆ あやまちを悔いて告白する。

心 18 **【懿】**(22) **イ**
0 **懿しい** うるわしい 風格がある。
6 **懿旨** いし 太皇太后・皇太后・皇后の命令。
10 **懿訓** いくん 立派な教訓。
14 **懿徳** いとく 麗しい立派な徳。

心 18 **【懼】**(21) **ク・グ**
0 **懼ず懼ず** おずおず ▼【怖ず怖ず】 139
懼れる おそれる 心配する。

心 18 **【懾】**(21) **ショウ**
6 **懾伏** しょうふく ▼【慴伏】 145
8 **懾服** しょうふく ▼【慴伏】 145

【戈】〈ほこがまえ〉〈ほこづくり〉部

戈 0 **【戈】**(4) **カ**
戈 ほこ 〔矛・鉾・鋒〕 武器の一。
16 **戈壁** ゴビ 中国北部からモンゴル南部にかけて広がる砂漠。

戈 1 **【戊】**(5) **ボ・ム**
0 **戊** つちのえ 十干の一。
6 **戊戌** ぼじゅつ・つちのえいぬ 干支の一。
7 **戊辰** ぼしん・つちのえたつ 干支の一。

戈 2 **【戍】**(6) **ジュ・シュ**
0 **戍る** まもる 辺境を防衛する。
8 **戍卒** じゅそつ 国境・辺境の守備兵。

戈 2 **【戎】**(6) **ジュウ**
0 **戎** えびす ▼【夷】 91
7 **戎克** ジャンク 中国で発達した木造帆船。
10 **戎馬** じゅうば 戦争に使う馬。

戈 2 **【戌】**(6) **ジュツ・シュツ・シュチ**
0 **戌** いぬ 十二支の一。
6 **戌亥** いぬい ▼【乾】 16

戈 2 **【成】**(6) **セイ・ジョウ** **なる・なす**
0 **成る丈** なるたけ できるだけ。
4 **成仏** じょうぶつ 悟りを開いて仏となる。
5 **成生岬** なりゅうざき 京都府の岬。
6 **成羽** なりわ ①広島県の川。②岡山県の旧町。
成吉思汗 ジンギスカン モンゴル帝国の創始者。
8 **成岩** ならわ ①愛知県の地名。②名鉄河和(こうわ)線の駅。
成東 なるとう ①千葉県の旧町。②JR東日本総武本線等の駅。③姓氏。
12 **成就** じょうじゅ 願っていたことが実現する。「大願―」
14 **成増** なります ①東京都の地名。②東武東上線の駅。

戈 3 **【我】**(7) **ガ** **われ・わ**

0 **我が儘** わがまま☆「—な性格」

4 **我毛香** われもこう ▼【吾亦紅】われもこう 64

5 **我他彼此** がたひし 我と他を対立的に見る。

我田引水 がでんいんすい「—の評論」

7 **我利我利亡者** がりがりもうじゃ「—になりさがる」

我利勉 がりべん がむしゃらに勉強する。

8 **我拝師山** がはいしざん 香川県の山。

我武者羅 がむしゃら「—に働く」

9 **我彦** あびこ 姓氏。

10 **我孫子** あびこ ①千葉県の市。②JR東日本常磐じょうばん線等の駅。③大阪府の地名。④大阪市営地下鉄御堂筋みどうすじ線の駅。⑤姓氏。

11 **我執** がしゅう「—にとらわれる」

13 **我楽多** がらくた〔瓦落多〕「—道具」

我義的 ゲーテ ▼【瓜得】ゲーテ 347

戈3 【戒】(7) カイ いましめる

0 **戒める** いましめる〔禁める・警める・誡める〕注意する。とがめる。

6 **戒名** かいみょう 僧が死者につける名前。

13 **戒飭** かいちょく 人をいましめること。

戈4 【或】(8) コク・ワク・ヨク

0 **或いは** あるいは または。もしかすると。

或る ある「—日、—所で…」

4 **或水** わくみず 姓氏。

11 **或問** わくもん☆ 文章形式の一。

戈7 【戛】(11) カツ

11 **戛戛** かつかつ★ 堅い物の触れる音を表す語。

12 **戛然** かつぜん 堅い物の触れる音のさま。

戈7 【戚】(11) セキ・シク・シャク

0 **戚む** いたむ 悲しみ憂えるさま。

11 **戚戚** せきせき 思い悩んで悲しむさま。

戈8 【戟】(12) ゲキ・ケキ・キャク

0 **戟** げき 古代中国の武器の一。

戈9 【戡】(13) カン

0 **戡つ** かつ 相手を負かす。

8 **戡定** かんてい★ 平定。

戈9 【戦】(13) セン いくさ・たたかう

0 **戦** いくさ〔軍〕たたかい。

← **戦く** おののく★〔戦慄く・慄く〕「恐怖に—」

→ **戦く** わななく ▼【戦慄く】わななく 148

戦ぐ そよぐ★「風に—」

11 **戦捷木** なつめやし ▼【棗椰子】なつめやし 193

← **戦戦** そよそよ〔習習〕「木の葉が—とゆれる」

→ **戦戦** わなわな「—と震える」

戦戦兢兢 せんせんきょうきょう〔戦戦恐恐〕恐れてびくびくするさま。

戦慄 せんりつ「視聴者を—させた映像」

← **戦慄く** おののく ▼【戦く】おののく 148

→ **戦慄く** わななく☆〔戦く〕「恐怖に—」

戈10 【截】(14) セツ・セチ・サイ

0 **截つ** たつ ▼【裁つ】たつ 344

截る きる「大根を—」「敵兵を—」

12 **截然** せつぜん・さいぜん 区別がはっきりしているさま。「—たる格差」

戈11 【戯】(15) ギ たわむれる

0 **戯え** そばえ ▼【日照雨】そばえ 169

戯ける おどける・たわける☆ ふざける。

戯け者 たわけもの おろか者。

戯しい あじゃらしい ふざけている。

戯れる じゃれる「イヌが飼い主に—」

戯れ言 ざれごと 冗談。

戯れ歌 ざれうた こっけいみのある和歌。

7 **戯言** たわごと☆ でたらめな言葉。

戯作 げさく たわむれの作品。

戈11 【戮】(15) リク・ロク

2 **戮力同心** りくりょくどうしん 力を合わせて心を同じくする。

戈13 【戴】(17) タイ

0 **戴く** いただく「白雪を—山々」

12 **戴勝** やつがしら ヤツガシラ科の鳥。

【戸(戸)】〈と〉〈とかんむり〉〈とだれ〉部

戸0 【戸】(4) コ と

0 **戸の札** へのふだ 古代の良民の戸籍。
戸ヶ里 とがり 佐賀県の地名。
3 **戸下** とした 熊本県の温泉。
4 **戸手** とで ①広島県の地名。②JR西日本福塩線の駅。
5 **戸叶** とがの 姓氏。
戸出 といで ①富山県の旧町。②JR西日本城端(じょうはな)線の駅。
←**戸田** とだ ①埼玉県の市。②姓氏。
戸田 へた ①山口県の地名。②JR西日本山陽本線の駅。
→**戸田** へだ 静岡県の旧村。
6 **戸次** へつぎ ①大分県の地名。②姓氏。
7 **戸坂** へさか ①広島県の地名。②JR西日本芸備線の駅。
戸来岳 へらいだけ 青森県の山。
8 **戸河内** とごうち 広島県の旧町。
10 **戸倉** とぐら ①長野県の旧町。②しなの鉄道線の駅。
11 **戸張** とばり 姓氏。
戸閉蜘蛛 とたてぐも トタテグモ科とカネコトタテグモ科に属するクモの総称。
12 **戸越** とごし ①東京都の地名。②都営地下鉄浅草線の駅。
戸惑う とまどう 〔途惑う〕 まごつく。
13 **戸隙** こげき 戸のすき間。
戸馳島 とばせじま 熊本県の島。
14 **戸隠** とがくし ①長野県の高原・山・旧村。②姓氏。
戸隠升麻 とがくししょうま メギ科の多年草。
戸蔦別 とったべつ 北海道の川・山(―岳(だけ))。
16 **戸閾** とじきみ 現在の敷居。
18 **戸襖** とぶすま 紙・布を張った板戸。

戸3 **【戻】**(7) **レイ もどす・もどる**
0 **戻る** もどる ▼【悖る】もとる 142

戸4 **【所】**(8) **ショ ところ**
5 **所以** ゆえん☆ 理由。
6 **所有** あらゆる 〔凡ゆる〕 「―手段を講じる」 振る舞い。身のこなし。
7 **所作** しょさ 振る舞い。身のこなし。
9 **所為** せい☆ 「失敗したのは君の―だ」
13 **所詮** しょせん☆ 「―負けは負けだ」
15 **所縁** ゆかり ▼【縁】ゆかり 297
16 **所謂** いわゆる☆ 世によくいわれる。「―秀才の枠に収まらない」

戸4 **【房】**(8) **ボウ ふさ**
8 **房事** ぼうじ ねやごと。
房房 ふさふさ 「―とした髪」
11 **房宿** そいぼし・ぼうしゅく 二十八宿の一。
19 **房藻** ふさも アリノトウグサ科の多年生水草。

戸5 **【扁】**(9) **ヘン**
6 **扁虫** ひらむし 〔平虫〕 体が平たい虫の総称。
9 **扁柏** ひのき ▼【檜】ひのき 199
10 **扁桃** アーモンド バラ科の落葉高木。
17 **扁螺** きさご ▼【細螺】きさご 293
18 **扁額** へんがく 横に長い額。
扁鯊 かすざめ ▼【糟鮫】かすざめ 289

戸6 **【扇】**(10) **セン おうぎ**
0 **扇ガ谷** おうぎがやつ 神奈川県の地名。
扇ぐ あおぐ 〔煽ぐ〕 「うちわで―」
3 **扇子** せんす おうぎ。
10 **扇骨木** かなめもち ▼【要黐】かなめもち 346

戸7 **【扈】**(11) **コ**
10 **扈従** こじゅう・こしょう★ おとも。

戸8 **【扉】**(12) **ヒ とびら**
12 **扉絵** とびらえ 厨子(ずし)や書物などの扉に描いた絵画。

【手(扌)】〈て〉〈てへん〉部

手0 **【手】**(4) **シュ て・た**
0 **手っ甲** てっこう☆ 手の甲を覆うもの。
3 **手巾** ハンケチ・ハンカチ ▼【半巾】ハンカチ 53
手子摺る てこずる 〔梃子摺る〕 解決に手間取る。
4 **手水** ちょうず★ 手や顔を洗うための水。
6 **手向** とうげ ①山形県の地名。②姓氏。
手向け たむけ☆ 〔手酬〕 「―の花」
手伝う てつだう 人の仕事を助ける。
7 **手見禁** てみきん 待ったなし。
8 **手帖** てちょう 携帯用の小形の帳面。
手枕 たまくら 腕を枕にする。

手帛 ハンケチ・ハンカチ ▼【半巾】ハンカチ 53
手斧 ちょうな★ 大工道具の一。
9 手柑 シトロン ミカン科の常緑低木。
手風琴 アコーディオン 楽器。
10 手疵 てきず ▼【手創】てきず 150
手桎 てかせ 〔手械〕「—足かせ」
手弱女 たおやめ・たわやめ★ やさしい女。
手流 てる 姓氏。
11 手械 てかせ ▼【手桎】てかせ 150
手毬 てまり ▼【手鞠】てまり 150
←手結 てい ①高知県の岬・地名。②姓氏。
→手結 てつがい 〔手番〕 手順。
手創 てきず 〔手疵〕「—を負う」
手番 てつがい ▼【手結】てつがい 150
手焙 てあぶり 小形の火鉢。
手遊び てすさび 手慰み。
13 手解き てほどき 「友人に柔道を—する」
手酬 たむけ ▼【手向け】たむけ 149

手数入り でずいり☆ 横綱の土俵入り。
14 手綱 たづな 「—を引く」
手爾波 てには 「弖爾乎波（てにをは）」に同じ。
手摺り てすり 「—におつかまりください」
手綴 てすき 姓氏。
手稲 ていね ①北海道の山。②札幌市の行政区。③JR北海道函館本線の駅。
手榴弾 しゅりゅうだん・てりゅうだん 手投げ弾。
手練 てだれ☆ 「二刀流の—」
15 手緩い てぬるい 「—取り締まり」
16 手懐ける てなずける☆ 「部下を—」
手翰 しゅかん 手紙。
手薬煉 てぐすね 「—ひいて待ち構える」
17 手鞠 てまり 〔手毬〕 手でついて遊ぶまり。
手輿 たごし 輿の一。
18 手繦 たすき ①姓氏。②▼【襷】たすき 345
19 手繰る たぐる 「釣り糸を—」
22 手籠め てごめ 強姦。

手0【才】(3) サイ
0 才 ざえ 学問。教養。
才かに わずかに やっとのことで。
6 才伎 てひと 姓氏。
7 才男 せいのお・せいのう 古舞の一。
12 才媛 さいえん★ 才女。
13 才幹 さいかん 知恵や働き。
14 才槌 さいづち 〔木椎〕 小型の木のつち。
15 才器 さいき 才能と器量。

手2【打】(5) ダ うつ
0 打 ダース☆ 〔打臣〕 数量の単位。
打た瀬網 うたせあみ 引き網の一。
打ち毀す うちこわす 「土蔵を—」
打つ ぶつ 〔撲つ〕「頭を—」
打っ遣る うっちゃる 〔打っ捨る・打っ棄る〕 捨てる。ほったらかす。
4 打井川 うついがわ JR四国予土線の駅。
5 打它 うだ 姓氏。
打打発止 ちょうちょうはっし ▼【丁丁】ちょうちょう 3 ▼【丁丁発止】ちょうちょうはっし 4
打田 うちた ①和歌山県の旧町。②JR西日本和歌山線の駅。
6 打衣 うちぎぬ 砧（きぬた）で打って光沢を出した衣。
打宅 うた 姓氏。
7 打坐 だざ 座禅。
打臣 ダース ▼【打】ダース 150
打扮 いでたち ▼【出で立ち】いでたち 43
打乱筥 うちみだりのはこ 女性用の調度。
12 打越 うごし 姓氏。
14 打聞集 うちぎきしゅう 仏教説話集。
18 打擲 ちょうちゃく☆ なぐる。

手2【払】(5) フッ はらう
3 払子 ほっす☆ 法具の一。
9 払拭 ふっしょく ぬぐいさる。「不信感を—しきれない」
12 払暁 ふつぎょう・あけがた 明け方。
14 払塵 はたき 「パタパタと—をかける」

手3【扱】(6) **あつかう**

0 **扱き下ろす** こきおろす 「他人の説を—」

扱き使う こきつかう 遠慮なしに人を激しく使う。

←**扱く** こく 「稲を—」

→**扱く** しごく ★「後輩を—」

10 **扱帯** しごき 着物をはしょるのに用いる帯。

手3【扞】(6) **カン**

10 **扞格** かんかく 〔**捍格**〕 二者が互いに相手を受け入れないこと。

手3【扣】(6) **コウ**

0 **扣える** ひかえる 抑制する。

3 **扣土** たたき ▼【三和土】たたき **6**

手3【扛】(6) **コウ**

0 **扛げる** あげる 持ち上げる。

10 **扛秤** ちぎり ▼【杠秤】ちぎり **181**

手3【扠】(6) **サ・シャ・タイ**

0 **扠** さて 〔**扨・偖**〕「—本題に入ります」

9 **扠首** さす ☆ 棟木（むなぎ）を支える合掌形に組んだ材。

手3【扨】(6) **さて**

0 **扨** さて ▼【扠】さて **151**

11 **扨措** さておき ☆「それは—」

手3【托】(6) **タク**

0 **托する** たくする ▼【託する】たくする **350**

9 **托洛斯基** トロツキー 〔特洛次啓〕 ソ連の革命家。

13 **托鉢** たくはつ ☆「—の僧」

14 **托爾斯泰** トルストイ ▼【杜翁】トルストイ **182**

手4【技】(7) **ギ** **わざ**

10 **技倆** ぎりょう 技量。「すぐれた—を見せる」

20 **技癢** ぎよう 自分の腕前を示したくてむずむずすること。

手4【抉】(7) **ケツ**

0 **抉じる** こじる 強くねじる。

抉じ開ける こじあける 「ビンのふたを—」

←**抉る** えぐる 〔**刳る・剔る**〕「現代の世相を鋭く—作品」

→**抉る** しゃくる ▼【決る】しゃくる **209**

10 **抉剔** けってき 選び出す。

手4【抗】(7) **コウ**

0 **抗う** あらがう ☆ 〔**争う・諍う**〕「権力に—」

手4【抒】(7) **ショ・ジョ**

11 **抒情** じょじょう 〔**叙情**〕 感情を述べ表す。

手4【承】(8) **ショウ** **うけたまわる**

0 **承ける** うける 「条件を—」

手4【抄】(7) **ショウ**

0 **抄う** すくう ▼【掬う】すくう **156**

抄く すく ☆ ▼【漉く】すく **226**

手4【折】(7) **セツ** **おる・おり・おれる**

0 **折ぐ** へぐ ▼【剝ぐ】へぐ **47**

3 **折口信夫** おりくちしのぶ 国文学者・民俗学者・歌人。

5 **折生迫** おりゅうざこ ①宮崎県の地名。②JR九州日南線の駅。

6 **折伏** しゃくぶく ☆ 仏教で、邪道を打破し、教えに帰服させる教化法。

8 **折和甫** チェーホフ ロシアの作家。

12 **折渡** おりわたり JR東日本羽越（うえつ）本線の駅。

13 **折傷木** むくろじ ▼【無患子】むくろじ **233**

15 **折衝** せっしょう ★「事務当局間で何度も—を重ねる」

折敷 おしき ☆ 角盆の一。

折敷瀬 おりふせ 姓氏。

手4【抓】(7) **ソウ**

0 **抓く** かく ▼【搔く】かく **159**

←**抓む** つまむ ▼【撮む】つまむ **160**

→**抓む** つむ 摘む。「茶を—」

抓る つねる ★「ほおを—」

2 **抓入** つみれ ▼【摘入】つみれ **159**

手4【択】(7) **タク**

0 **択ぶ** えらぶ 選ぶ。「委員を—」

択る よる ▼【選る】よる **374**

10 **択捉** えとろふ 北海道の島（—島（とう））・海峡・郡。

手4【投】(7) **トウ** **なげる**

3 **投子** さいころ ▼【賽子】さいころ **359**

5 **投石峠** なげいしとうげ 群馬県の峠。

8 **投函** とうかん 郵便物をポストに入れる。

14 **投網** とあみ ☆かぶせ網の一。

16 **投錨** とうびょう ☆ いかりを下ろして停泊する。

18 **投擲** とうてき 投げうつ。

手 4 **【把】**(7) **ハ**

0 **把る** とる 手でしっかりと握って持つ。

4 **把手** とって ☆「鍋なべの—」

10 **把捉** はそく 意味や内容などをしっかり理解する。

手 4 **【抜】**(7) **バツ** **ぬく・ぬける・ぬかす・ぬかる**

0 **抜き衣紋** ぬきえもん 着物で、首筋を現す着方。

4 **抜戸岳** ぬけどだけ 岐阜県の山。

7 **抜里** ぬくり 大井川鉄道大井川本線の駅。

9 **抜海** ばっかい ①北海道の岬。②JR北海道宗谷そうや本線の駅。③姓氏。

16 **抜錨** ばつびょう いかりを上げて出帆する。

17 **抜擢** ばってき ☆「部長に—する」

手 4 **【批】**(7) **ヒ**

0 **批つ** うつ たたく。▼【拍つ】うつ **153**

5 **批正** ひせい 「御—を請う」

10 **批准** ひじゅん 「講和条約を—する」

手 4 **【扶】**(7) **フ**

0 **扶ける** たすける 〔幇ける・賛ける〕 助力する。

7 **扶芳藤** つるまさき ▼【蔓柾】つるまさき **329**

9 **扶持** ふち 武士の給与の一。

10 **扶桑** ふそう ①〔榑桑〕 日本の別名。②愛知県の町ちょう。③名鉄犬山線の駅。

手 4 **【扮】**(7) **フン・ハン**

0 **扮する** ふんする ☆「王様に—」

12 **扮装** ふんそう よそおい。

13 **扮飾** ふんしょく かざる。

手 4 **【抃】**(7) **ヘン・ベン**

15 **抃舞** べんぶ 喜びをあらわす。

21 **抃躍** べんやく 手をたたいて舞い踊る。

手 4 **【抔】**(7) **ホウ**

0 **抔** など ▼【等】など **283**

10 **抔恩** ベルン スイスの首都。

手 4 **【扼】**(7) **アク・ヤク**

10 **扼殺** やくさつ 絞殺。

12 **扼腕** やくわん 腕をにぎりしめて残念がる。

手 4 **【抑】**(7) **ヨク** **おさえる**

0 **抑** そもそも 〔抑抑〕「—の始まり」

7 **抑抑** そもそも ▼【抑】そもそも **152**

手 5 **【押】**(8) **オウ** **おす・おさえる**

0 **押し並べて** おしなべて 概して。

押し競饅頭 おしくらまんじゅう 子どもの遊戯の一。

押ヶ峠 おしがたお 広島県の地名。

3 **押上** おしあげ ①東京都の地名。②京成の路線。③京成押上線等の駅。

4 **押水** おしみず 石川県の旧町。

5 **押圧す** おっぺす おしつぶす。

押加部 おさかべ 姓氏。

7 **押角峠** おしかどとうげ 岩手県の峠。

9 **押柄** おうへい ▼【横柄】おうへい **197**

10 **押書** あっしょ・おうしょ 鎌倉時代の訴訟における契約状。

11 **押捺** おうなつ 「署名の上—すること」

12 **押登岬** おしとみさき 兵庫県の岬。

手 5 **【拐】**(8) **カイ**

0 **拐かす** かどわかす ☆ ▼【勾引かす】かどわかす **50**

拐る かたる ▼【騙る】かたる **412**

10 **拐帯** かいたい ☆「公金を—する」

手 5 **【拡】**(8) **カク**

0 **拡げる** ひろげる 広げる。「道路を—」

手 5 **【拒】**(8) **キョ** **こばむ**

0 **拒ぐ** ふせぐ ▼【禦ぐ】ふせぐ **275**

手 5 **【拠】**(8) **キョ・コ**

0 **拠り所** よりどころ 「心の—」

拠る よる 「法律の定めるところに—」

8 **拠所無い** よんどころない ☆「—事情」

手 5 **【拘】**(8) **コウ**

0 **拘う** かかずらう ▼【係う】かかずらう **29**

拘らず かかわらず 〔拘泥る〕「御多忙にも—」

拘る こだわる ☆「金に—」

拘わる かかわる **29** ▼【係わる】かかわる

4 **拘引** こういん ▼【勾引】こういん **50**

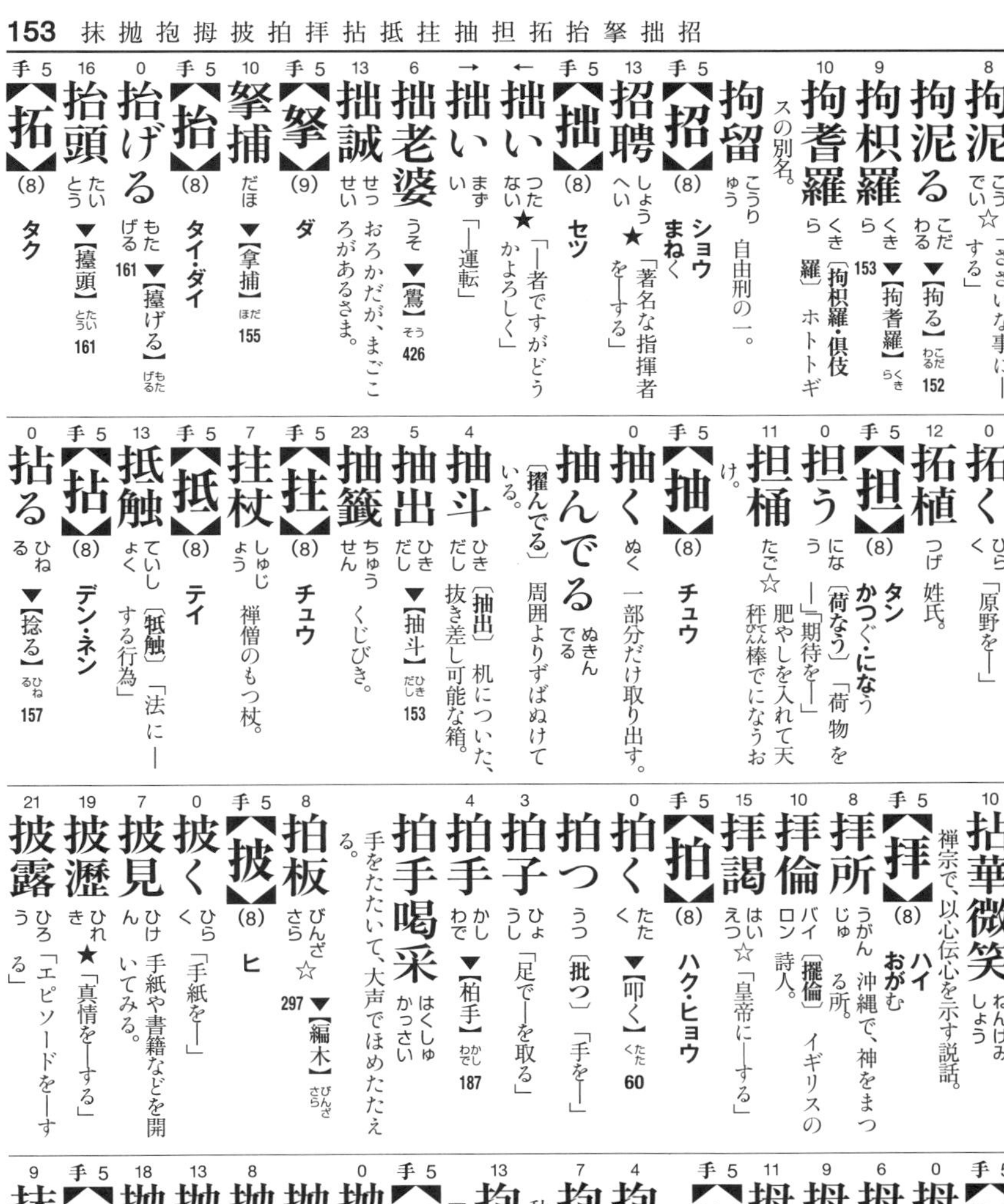

8 拘泥 こうでい☆「ささいな事に―する」

拘泥る こだわる ▼【拘る】(こだわる) 152

9 拘枳羅 くきら ▼【拘耆羅】(くきら) 153

10 拘耆羅 くきら 〔拘枳羅・倶伎羅〕 ホトトギスの別名。

拘留 こうりゅう 自由刑の一。

手5【招】(8) ショウ まねく

13 招聘 しょうへい★「著名な指揮者を―する」

手5【拙】(8) セツ

← 拙い つたない★「―者ですがどうかよろしく」

→ 拙い まずい「―運転」

6 拙老婆 うそ ▼【鷽】(うそ) 426

13 拙誠 せっせい おろかだが、まごころがあるさま。

手5【拏】(9) ダ

10 拏捕 だほ ▼【拿捕】(だほ) 155

手5【抬】(8) タイ・ダイ

0 抬げる もたげる 161 ▼【擡げる】(もたげる)

16 抬頭 たいとう ▼【擡頭】(たいとう) 161

手5【拓】(8) タク

0 拓く ひらく「原野を―」

12 拓植 つげ 姓氏。

手5【担】(8) タン かつぐ・になう

0 担う になう 〔荷なう〕「荷物を―」『期待を―』

11 担桶 たご☆ 肥やしを入れて天秤棒でになうおけ。

手5【抽】(8) チュウ

0 抽く ぬく 一部分だけ取り出す。

抽んでる ぬきんでる 〔擢んでる〕 周囲よりずばぬけている。

4 抽斗 ひきだし 〔抽出〕 机についた、抜き差し可能な箱。

5 抽出 ひきだし ▼【抽斗】(ひきだし) 153

23 抽籤 ちゅうせん くじびき。

手5【拄】(8) チュウ

7 拄杖 しゅじょう 禅僧のもつ杖。

手5【抵】(8) テイ

13 抵触 ていしょく 〔牴触〕「法に―する行為」

手5【拈】(8) デン・ネン

0 拈る ひねる ▼【捻る】(ひねる) 157

10 拈華微笑 ねんげみしょう 禅宗で、以心伝心を示す説話。

手5【拝】(8) ハイ おがむ

8 拝所 うがんじゅ 沖縄で、神をまつる所。

10 拝倫 バイロン 〔擺倫〕 イギリスの詩人。

15 拝謁 はいえつ☆「皇帝に―する」

手5【拍】(8) ハク・ヒョウ

0 拍く たたく ▼【叩く】(たたく) 60

拍つ うつ 〔拊つ〕「手を―」

3 拍子 ひょうし「足で―を取る」

4 拍手 かしわで ▼【柏手】(かしわで) 187

拍手喝采 はくしゅかっさい 手をたたいて、大声でほめたたえる。

8 拍板 びんざさら☆ 297 ▼【編木】(びんざさら)

手5【披】(8) ヒ

0 披く ひらく「手紙を―」

7 披見 ひけん 手紙や書籍などを開いてみる。

19 披瀝 ひれき★「真情を―する」

21 披露 ひろう「エピソードを―する」

手5【拇】(8) ボ

0 拇 おやゆび 親指。

6 拇印 ぼいん 親指の先で押す印。

9 拇指 おやゆび・ぼし 手足の第一指。

11 拇趾 ぼし・おやゆび 足の第一指。

手5【抱】(8) ホウ だく・いだく・かかえる

4 抱井 かかい 姓氏。

7 抱返渓谷 だきがえりけいこく 秋田県の渓谷。

13 抱腹絶倒 ほうふくぜっとう 〔捧腹絶倒〕 大笑いする。

手5【抛】(8) ホウ

0 抛つ なげうつ 〔擲つ〕「全財産を―」

抛る ほうる 放る。「ボールを―」

8 抛物線 ほうぶつせん 放物線。

13 抛棄 ほうき 放棄。「権利を―する」

18 抛擲 ほうてき★ ▼【放擲】(ほうてき) 162

手5【抹】(8) マツ

9 抹香鯨 まっこうくじら クジラの一種。

抹茶 まっちゃ ひき茶。

手5【拗】(8) オウ・ヨウ

0 拗ける ねじける 素直でない。

拗ねる すねる ☆「世を—」

←拗れる こじれる☆「交渉が—」

→拗れる ねじれる 156 ▼【捩れる】ねじれる

手5【拉】(8) ラツ・ロウ・ラ

0 拉ぐ ひしぐ ☆ 押してつぶす。

2 拉丁 ラテン 〔羅甸〕「—アメリカ」

4 拉巴拉他 ラプラタ 南アメリカの川。

5 拉白礼 ラブレー フランスの作家。

10 拉致 らち「—監禁される」

17 拉薩 ラサ 中国の都市。

20 拉麺 ラーメン 〔老麺・柳麺〕中華料理の一。

手6【按】(9) アン

4 按分 あんぶん「—比例」

7 按状翼 こうもり ▼【蝙蝠】こうもり 339

10 按針 あんじん 航海士。

按配 あんばい ▼【按排】あんばい 154

11 按排 あんばい 〔按配〕「天気の—もいいね」

14 按察 あぜち 姓氏。

按察使 あぜち 古代の行政監察官。

15 按摩 あんま ☆ もみ療治。

手6【挂】(9) カ・カイ・ケイ

0 挂ける かける 高い所にぶら下げる。

9 挂冠 けいかん 官職を辞する。

手6【括】(9) カツ

0 括る くくる ゆわえる。

括れる くびれる★ 中ほどがしまる。

9 括弧 かっこ「—でくくる」

手6【拮】(9) キツ・ケツ・カツ

7 拮抗 きっこう 〔頡頏〕力に優劣がない。

9 拮拮 きつきつ てきぱきと働く。

手6【拳】(10) キョ あげる・あがる

0 拳って こぞって☆ 残らず。

5 拳句 あげく 〔揚句〕「さんざん苦労した—がこのざまだ」

挙母 ころも ①愛知県豊田市の旧称。②姓氏。

7 挙足 あげあし 〔揚足〕「—をとる」

挙尾虫 しりあげむし シリアゲムシ科の昆虫。

11 挙措 きょそ 行い。

挙措進退 きょそしんたい 日常の立ち居振る舞い。

手6【挟】(9) キョウ はさむ・はさまる

0 挟む さしはさむ 〔挿む〕「口を—」

6 挟虫 はさみむし ▼【鋏虫】はさみむし 384

15 挟撃 きょうげき 〔夾撃〕はさみうち。

手6【拱】(9) キョウ・ク

0 拱く こまねく・こまぬく「手を—」

4 拱手傍観 きょうしゅぼうかん 手をこまねいて何もしないこと。

手6【拳】(10) ケン・ゲン

0 拳 こぶし にぎりこぶし。

8 拳固 げんこ げんこつ。

拳参 いぶきとらのお ▼【伊吹虎尾】いぶきとらのお 23

10 拳拳服膺 けんけんふくよう 銘記して忘れないこと。

拳骨 げんこつ「—でなぐる」

17 拳螺 さざえ ▼【栄螺】さざえ 185

手6【拷】(9) ゴウ

11 拷問 ごうもん「—を受ける」

手6【拶】(9) サツ

4 拶双魚 さっぱ ▼【鯯】さっぱ 419

手6【指】(9) シ ゆび・さす

3 指叉 さすまた ▼【刺股】さすまた 46

4 指月山 しづきやま 山口県の山。

指手 さして 将棋の用語。

5 指艾 さしもぐさ ▼【指焼草】さしもぐさ 155

8 指呼 しこ 呼べば答が返るほどの近い距離。

指物 さしもの 武士が用いた、目印の旗や飾り物。

10 指矩 さしがね 大工道具の一。

指扇 さしおうぎ ①埼玉県の旧村。②JR東日本川越線の駅。

指値 さしね「—で買う」

←指貫 さしぬき はかまの一。

→指貫 ゆびぬき 裁縫時に指にはめるもの。

指袴 さしこ くくりのない袴(はかま)。

指宿 いぶすき ①鹿児島県の市。②JR九州指宿枕崎(いぶすきまくらざき)線の駅。③姓氏。

12 指焼草 さしもぐさ 〔挿艾・指艾〕ヨモギ。

14 指嗾 しそう ▼【使嗾】(しそう) 28

17 指環 ゆびわ 〔指輪〕「婚約—」

手 6 【持】(9) **ジ** **もつ**

0 持て栄す もてはやす ほめそやす。〔持て囃す〕

持て囃す もてはやす ▼【持て栄す】(もてはやす) 155

5 持世寺 じせいじ 山口県の温泉。

9 持是 ちせ 姓氏。

手 6 【拾】(9) **シュウ・ジュウ** **ひろう**

0 拾 じゅう 「十」の大字。「金—万円也」

11 拾得 じっとく 唐僧の名。

手 6 【拯】(9) **ショウ・ジョウ**

0 拯う すくう 救助する。

手 6 【拭】(9) **ショク・シキ**

0 拭う ぬぐう 取り去る。

拭く ふく ★「タオルで手を—」

手 6 【拵】(9) **ソン**

0 拵える こしらえる ★作り上げる。

手 6 【拿】(10) **ダ**

8 拿林雀 カナリア ▼【金糸雀】(カナリア) 380

10 拿捕 だほ 〔拏捕〕「領海を侵犯した不審船を—する」

手 6 【挑】(9) **チョウ** **いどむ**

6 挑灯 ちょうちん ▼【提灯】(ちょうちん) 158

手 6 【拼】(9) **ヘイ・ヒョウ・ピン**

9 拼音 ピンイン 中国語をローマ字で表音化したもの。

手 6 【挘】(9) **むしる**

0 挘る むしる ▼【毟る】(むしる) 205

手 7 【挨】(10) **アイ**

9 挨拶 あいさつ 「初対面の—」

手 7 【捍】(10) **カン**

10 捍格 かんかく ▼【扞格】(かんかく) 151

手 7 【挫】(10) **サ・ザ**

0 挫ける くじける 「勇気が—」

7 挫折 ざせつ ☆「事業が—する」

13 挫傷 ざしょう 「脳—」

手 7 【振】(10) **シン** **ふる・ふるう**

0 振るう ふるう 〔揮う〕「熱弁を—」

9 振草 ふりくさ 愛知県の旧村。

14 振鉾 えんぶ ▼【厭舞】(えんぶ) 57

16 振橋 ゆるぎばし 姓氏。

17 振盪 しんとう ▼【震盪】(しんとう) 399

手 7 【捜】(10) **ソウ** **さがす**

7 捜夾子 はさみむし ▼【鋏虫】(はさみむし) 384

手 7 【挿】(10) **ソウ** **さす**

0 挿げる すげる ☆〔箝げる〕はめこむ。

← 挿む さしはさむ ▼【挟む】(さしはさむ) 154

→ 挿む はさむ 挟む。「本を小脇に—」

4 挿木 さしき 「バラを—する」

16 挿頭 かざし 髪や冠にさした花や枝。

挿頭す かざす 「花を髪に—」

挿頭丘 かざしがおか 高松琴平(ことひら)電鉄琴平線の駅。

手 7 【捉】(10) **ソク・サク**

0 捉える とらえる 「若者の心を—」

捉まえる つかまえる 「犯人を—」

手 7 【捗】(10) **チョク**

0 捗 はか 〔計・果・量〕「—がゆく」

捗る はかどる 「仕事が—」

10 捗捗しい はかばかしい 〔果果しい〕「—返事がない」

手 7 【挺】(10) **テイ・チョウ**

7 挺身 ていしん 「—隊」

手 7 【捏】(10) **ネツ・デツ**

0 捏ち上げ でっちあげ ☆「その容疑は—だ」

捏ね つくね ひき肉やすり身を練りゆでた食べ物。

← 捏ねる こねる ★「小麦粉を—」

→ 捏ねる つくねる こねてまるめる。

捏ね薯 つくねいも 〔捏ね芋・仏掌薯〕ナガイモの一。

4 捏巴爾 ネパール ▼【泥婆羅】(ネパール) 212

10 捏造 ねつぞう 「記事を—する」

手7【捌】(10) **ハツ**

0 **捌** はち 「八」の大字。「金―万円也」

捌く さばく 「手綱を巧みに―」★

捌ける はける ①水などが滞らずに流れる。②よく売れる。

捌け口 はけぐち 「不満の―」

手7【挽】(10) **バン・ベン・メン**

0 **挽き肉** ひきにく 細かくひいた食肉。

挽く ひく 「のこぎりで丸太を―」

9 **挽茶** ひきちゃ ▼【碾茶】ひきちゃ 271

13 **挽碓** ひきうす ▼【碾き臼】ひきうす 271

14 **挽歌** ばんか ☆〔輓歌〕哀悼歌。

手7【捕】(10) **ホ** **とらえる・とらわれる・とる・つかまえる・つかまる**

8 **捕物** とりもの 「―帳」

10 **捕捉** ほそく つかまえる。

16 **捕縛** ほばく 犯人を捕らえ縛る。

手7【捩】(10) **レツ・レイ**

← **捩る** ねじる ひねる。

捩る もじる 「古歌を―」

→ **捩る** よじる ねじる。

捩れる ねじれる 〔捻れる・拗れる〕「前後の文脈が―」

3 **捩子** ねじ ▼【螺子】ねじ 339

7 **捩花** ねじばな ラン科の多年草。

11 **捩菖蒲** ねじあやめ アヤメ科の多年草。

14 **捩摺** もじずり ネジバナの別名。

手7【挵】(10) **ロウ**

0 **挵る** せせる 「歯を―」

15 **挵蝶** せせりちょう セセリチョウ科の小形のチョウの総称。

手8【掖】(11) **エキ**

0 **掖** わき ▼【腋】わき 311

3 **掖上** わきがみ ①奈良県の旧村。②JR西日本和歌山線の駅。③姓氏。

8 **掖門** えきもん 宮殿正門の脇にある門。

手8【掩】(11) **エン**

0 **掩う** おおう ▼【蔽う】おおう 330

13 **掩蓋** えんがい 物の上をおおう物。

14 **掩網** かぶせあみ 〔被せ網〕魚網の一。

15 **掩蔽** えんぺい 「事実を―する」

20 **掩護** えんご 援護。「―射撃」

手8【掛】(11) **かける・かかる・かかり**

6 **掛合** かけや 島根県の旧町。

8 **掛念** けねん 懸念。「先行きが―される」

9 **掛矧ぎ** かけはぎ ▼【掛接ぎ】かけはぎ 156

11 **掛接ぎ** かけはぎ 〔掛矧ぎ〕布の破れた所をはぎ合わせる。

12 **掛詞** かけことば 〔懸詞〕修辞上の技法。

掛絡 から 略式の袈裟(けさ)。

16 **掛錫** かしゃく 僧が他寺に滞在する。

掛頭山 かけずやま 広島県の山。

手8【掬】(11) **キク**

0 **掬う** すくう 〔抄う〕「泉の水を両手で―」

掬ぶ むすぶ 水をすくう。

手8【掘】(11) **クツ** **ほる**

28 **掘鑿** くっさく 〔掘削〕穴を開ける。

手8【掲】(11) **ケイ** **かかげる**

11 **掲焉** けちえん・けつえん 明らかなさま。

手8【捲】(11) **ケン**

0 **捲く** まく 巻く。「首にマフラーを―」

捲し立てる まくしたてる 「日ごろの不満を―」

捲る めくる 「ページを―」

3 **捲土重来** けんどちょうらい・けんどじゅうらい★「―を期す」

手8【控】(11) **コウ** **ひかえる**

10 **控除** こうじょ 「扶養―」

12 **控訴** こうそ 「―棄却(ききゃく)」

手8【採】(11) **サイ** **とる**

7 **採択** さいたく いいものとしてそれを受け入れる。

19 **採蘇羅** さそら 香道に使用される香木の一。

手8【捨】(11) **シャ** **すてる**

8 **捨命** しゃみょう 悟りのために命を捨てる。

12 **捨象** しゃしょう 論ずる際に本質的でない部分を無視する。

手8【授】(11) **ジュ** **さずける・さずかる**

7 **授戒** じゅかい 仏門に入る人に戒律をさずける。

17 授爵 じゅしゃく 爵位を授ける。

手8 **【掌】**(12) **ショウ**

0 掌 たなごころ・てのひら 「―をかえす」

掌る つかさどる ★ 60 ▼【司る】つかさどる

10 掌酒 さかびと 神酒みきをつくる人。

手8 **【捷】**(11) **ショウ**

0 捷い はしこい 〔敏捷い〕動作がすばやい。

8 捷径 しょうけい ☆ 近道。手っ取り早い方法。「合格への―」

手8 **【推】**(11) **スイ おす**

0 推す おす 「委員長に―」

14 推敲 すいこう 「原稿を―する」

17 推戴 すいたい ☆「総裁に―する」

手8 **【据】**(11) **すえる・すわる**

0 据える すえる 「庭に庭石を―」

手8 **【掣】**(12) **セイ**

7 掣肘 せいちゅう ☆ 干渉して束縛する。

手8 **【接】**(11) **セツ つぐ**

0 接ぎ目 はぎめ はぎ合わせの部分。

接ぎ合せる はぎあわせる 「布ぎれを―」

接ぐ はぐ 〔綴ぐ〕二つの物をつぎ合わせる。

4 接木 つぎき 植物を殖やす方法の一。

7 接吻 せっぷん キス。

接余 なぎ ▼【水葱】なぎ 207

8 接岨峡 せっそきょう 静岡県の渓谷。

10 接骨木 にわとこ ★ 126 ▼【庭常】にわとこ

12 接着草 すぎな ▼【問荊】すぎな 70

手8 **【措】**(11) **ソ**

0 措いて おいて 「彼女を―適任者はいない」

措く おく 「費用の検討はひとまず―」

13 措置 そち 処置。

手8 **【掃】**(11) **ソウ はく**

0 掃う はらう 無用な物を取り除く。

掃き溜め はきだめ 「―に鶴つる」

8 掃苔 そうたい 墓参り。

10 掃除 そうじ 「―機」

掃討 そうとう 〔掃蕩〕「残敵を―する」

11 掃部 かもん ①律令制の役所。②姓氏。

14 掃墨 はいずみ ごま油などの油煙。

15 掃蕩 そうとう ▼【掃討】そうとう 157

手8 **【探】**(11) **タン さぐる・さがす**

12 探湯 くかたち 〔盟神探湯・誓湯〕神明裁判の一。

手8 **【掉】**(11) **チョウ・トウ**

0 掉る ふる 大きく揺り動かす。

7 掉尾 ちょうび・とうび ★「今期の―を飾る熱戦」

手8 **【掟】**(11) **テイ**

0 掟 おきて 規定。

手8 **【掬】**(11) **トウ**

0 掬る する ☆「財布さいふを―」

7 掬児 すり ▼【掬摸】すり 157

13 掬摸 すり ★〔掬児・攫徒〕身につけている金品を盗む。

手8 **【捺】**(11) **ダツ・ナツ**

0 捺く つく 「判を―」

捺す おす ☆「印鑑を―」

6 捺印 なついん ☆「署名―する」

手8 **【捻】**(11) **ジョウ・ネン**

0 捻る ひねる 〔撚る・拈る〕「蛇口を―」

捻れる ねじれる 156 ▼【捩れる】ねじれる

3 捻子 ねじ ☆ ▼【螺子】ねじ 339

10 捻挫 ねんざ ★「手首を―する」

手8 **【排】**(11) **ハイ**

8 排泄 はいせつ 「尿にょうとして―する」

15 排撃 はいげき 不要のものとして強くおしのける。

手8 **【描】**(11) **ビョウ えがく**

0 描く かく 「絵を―」

手8 **【捧】**(11) **ホウ**

0 捧げる ささげる 「賞状を―」

捧げ銃 ささげつつ 軍隊の敬礼の一。

13 捧腹絶倒 ほうふくぜっとう ▼【抱腹絶倒】ほうふくぜっとう 153

14 捧読 ほうどく 大事な文書をつつしんで読む。

手8 **【掠】**(11) **リャク・リョウ**

0 掠う さらう ☆ ▼【攫う】さらう 162

掠める かすめる 「上役の目を―」

14 掠る かする 〔擦る〕「車が電柱を―」
掠奪 りゃくだつ 「財宝を―する」

手 8 【捥】(11) ワン
0 捥ぐ もぐ ねじってちぎり取る。
捥れる もぎれる ねじれて取れる。

手 9 【握】(12) アク にぎる
12 握握 にぎにぎ わいろを受け取ること。「役人の子は―をよく覚え」

手 9 【援】(12) エン
0 援ける たすける 〔祐ける〕 助ける。
14 援輔 えんぽ 手助けする。

手 9 【掾】(12) エン
0 掾 じょう ▼【判官】じょう 45

手 9 【揩】(12) カイ
0 揩う ぬぐう こする。
13 揩鼓 すりつづみ 〔揩鼓〕 雅楽の古楽器の一。

手 9 【換】(12) カン かえる・かわる
10 換骨奪胎 かんこつだったい 古人の詩文を元に、独自の作品を作る。

手 9 【揮】(12) キ
0 揮う ふるう ▼【振るう】ふるう 155
5 揮田 ふきた 姓氏。
11 揮毫 きごう ★「色紙しきしに―する」

手 9 【揣】(12) スイ・シ
0 揣る はかる 高さを測定する。
15 揣摩臆測 しまおくそく☆ 〔揣摩憶測〕 当て推量。

手 9 【揉】(12) ジュウ
0 揉む もむ 「肩を―」
揉める ためる ▼【矯める】ためる 267

手 9 【揃】(12) セン
0 揃い そろい 「―のゆかた」
揃う そろう☆「足並みが―」
揃える そろえる「資料を―」

手 9 【提】(12) テイ さげる
0 提 ひさげ 〔提子〕 酒などを温めたりする器。
3 提子 ひさげ ▼【提】ひさげ 158
6 提灯 ちょうちん ★〔挑灯〕「―に釣り鐘がね」
11 提婆達多 だいばだった 釈迦しゃかのいとこ。
12 提琴 バイオリン 弦楽器の一。
15 提撕 ていせい 教え導く。

手 9 【搭】(12) トウ
0 搭ずる とうずる 搭乗する。
13 搭載 とうさい 装備する。

手 9 【揶】(12) ヤ
12 揶揄 やゆ☆ 〔邪揄〕 からかう。
揶揄う からかう 「大人を―な」

手 9 【揖】(12) ユウ・シュウ
9 揖屋 いや ①島根県の地名。②JR西日本山陰本線の駅。
揖保 いぼ ①兵庫県の川・郡。②姓氏。
11 揖宿 いぶすき ①鹿児島県の郡。②姓氏。
12 揖斐 いび ①岐阜・三重県の川。②岐阜県の峡谷(―峡)・郡。③養老鉄道の駅。④姓氏。

手 9 【揚】(12) ヨウ あげる・あがる
5 揚句 あげく ▼【挙句】あげく 154
6 揚羽蝶 あげはちょう 〔鳳蝶・揚葉蝶〕 アゲハチョウ科のチョウの総称。
7 揚足 あげあし ▼【挙足】あげあし 154
9 揚巻 あげまき ▼【総角】あげまき 296
10 揚座敷 あがりざしき 牢座敷の一。
11 揚張 あげばり ▼【幄】あげばり 122
12 揚雲雀 あげひばり 空高く舞うヒバリ。
揚葉蝶 あげはちょう ▼【揚羽蝶】あげはちょう 158
17 揚簀戸 あげすど 茶室の露地門の一。
19 揚繰網 あぐりあみ 巻き網の一。

手 9 【揺】(12) ヨウ ゆれる・ゆる・ゆらぐ・ゆるぐ・ゆする・ゆさぶる・ゆすぶる
6 揺曳 ようえい ゆれ動く。
10 揺蚊 ゆすりか ユスリカ科の昆虫の総称。
揺振る ゆさぶる 「政府を―スキャンダル」
15 揺蕩う たゆたう☆ ゆらゆらと動いている。
21 揺籃 ゆりかご ▼【揺籠】ゆりかご 158
22 揺籠 ゆりかご 〔揺籃〕「―から墓場まで」

手 10 【携】(13) ケイ たずさえる・たずさわる
9 携持 けいじ 身につけて持つ。

13 携隙 けいげき 仲たがいする。

手10【搾】(13) サク しぼる

0 搾め滓 しめかす 大豆や魚などから油をしぼったかす。

8 搾取 さくしゅ 「中間—」

搾乳 さくにゅう 乳をしぼる。

11 搾菜 ザーサイ 中国の漬物。

手10【搦】(13) ジャク・ダク・ニャク

0 搦む からむ ▼【絡む】からむ 295

搦め手 からめて 「—から論破する」

手10【摂】(13) セツ

0 摂る とる 「食事を—」

9 摂津 せっつ ①大阪府の峡谷(—峡)・市。②旧国名。現在の大阪府北部と兵庫県南東部。③姓氏。

摂政 せっしょう 君主に代わって政務を行う。

手10【搔】(13) ソウ

0 搔い潜る かいくぐる 「弾丸の下を—」

搔き毟る かきむしる 「髪の毛を—」

搔く かく☆〔掻く〕「かゆいところを—」

3 搔上の笥 かかげのはこ 髪結いの道具を入れる箱。

8 搔爬 そうは 子宮内膜の除去。

9 搔巻 かいまき 綿入れの夜着。

11 搔痒 そうよう かゆいところをかく。「隔靴かっか—の感が募る」

14 搔練 かいねり 砧きぬたで打って柔らかくした絹。

15 搔敷 かいしき 食べ物と器の間に敷く木の葉。

搔餅 かきもち ▼【欠き餅】かきもち 200

手10【搗】(13) トウ

0 搗く つく 〔舂く〕「もちを—」

搗ち合う かちあう★ 「商談が二つ—」

搗ち栗 かちぐり 押し栗。

5 搗布 かじめ ☆ コンブ目の海藻。

6 搗色 かちいろ 黒く見えるほどの濃い藍色。

搗米部 つきしねべ 姓氏。

手10【搨】(13) トウ

5 搨本 とうほん 拓本。

手10【搏】(13) ハク

0 搏つ うつ 「羽虫が水を—」

9 搏風 はふ ▼【破風】はふ 269

手10【搬】(13) ハン

0 搬ぶ はこぶ 物を移動させる。

手10【摹】(14) ボ・モ

5 摹本 もほん 〔模本〕手本。

手11【摑】(14) カク

0 摑む つかむ 〔攫む〕「腕を—」

手11【撃】(15) ゲキ うつ

0 撃つ うつ 「鉄砲を—」

9 撃柝 げきたく 拍子木を打ち鳴らす。

20 撃攘 げきじょう 撃退。

手11【摧】(14) サイ・ザイ・サ

0 摧く くだく 粉々にする。

10 摧破 さいは 破砕。

手11【摺】(14) ショウ・ロウ

0 摺り子木 すりこぎ ▼【擂り粉木】すりこぎ 161

摺り足 すりあし 「—で歩く」

摺る する☆ 刷る。「版画を—」

5 摺古木山 すりこぎやま 長野県の山。

8 摺宜 すげ 姓氏。

13 摺鼓 すりつづみ ▼【揩鼓】すりつづみ 158

手11【摘】(14) テキ つむ

0 摘まみ つまみ 〔撮み〕「塩をひと—加える」

摘まむ つまむ ▼【撮む】つまむ 160

2 摘入 つみれ ☆〔抓入〕魚肉のすり身料理。

手11【摩】(15) マ

0 摩でる なでる ▼【撫でる】なでる 160

摩り寄る すりよる すれ合うくらいに近寄る。

←摩る こする ▼【擦る】こする 161

摩る さする 〔擦る〕「病妻の腰を—」

→摩る する ▼【擦る】する 161

4 摩文仁 まぶに ①沖縄県の地名。②姓氏。

5 摩尼山 まにさん 鳥取県の山。

6 摩西 モーゼ ▼【美瑟】モーゼ 302

9 **摩哈麦** マホメット ▼【馬哈黙】マホメット 411
摩哈墨 マホメット ▼【馬哈黙】マホメット 411
摩耶山 まやさん ①兵庫県の山。②山形県の山。
摩洛哥 モロッコ 国名。
10 **摩納哥** モナコ 国名。
15 **摩摩** すれすれ ▼【擦擦】すれすれ 161

手 12 **【撮】**(15) **サツ** **とる**
0 **撮み** つまみ ▼【摘まみ】つまみ 159
撮む つまむ ☆〔抓む・摘まむ〕「ピンセットで―」
15 **撮影る** とる 〔撮る・取る〕撮影する。

手 12 **【撒】**(15) **サン・サツ**
0 **撒き餌** まきえ 寄せ餌。
撒く まく☆「水を―」
4 **撒水** さっすい 水をまく。
撒水車 さんすいしゃ 〔散水車〕水をまく車。
7 **撒児沙** サルサ 〔撒爾沙〕ユリ科のつる性落葉低木。
9 **撒哈拉** サハラ 〔薩哈剌〕アフリカの砂漠。
14 **撒爾沙** サルサ ▼【撒児沙】サルサ 160
15 **撒播** さっぱ・さんぱ 「牧草の種を―する」

手 12 **【撰】**(15) **サン・セン**
0 **撰ぶ** えらぶ 「歌集を―」
撰り銭 えりぜに 良銭だけを選びとる。
8 **撰者** せんじゃ 編者。

手 12 **【撤】**(15) **テツ**
0 **撤する** てっする 取り払う。
9 **撤退** てったい 「前線から―する」

手 12 **【撞】**(15) **トウ・ドウ・シュ**
0 **撞く** つく 「鐘(かね)を―」
4 **撞木** しゅもく 鐘などを打ち鳴らす仏具。
撞木鮫 しゅもくざめ 〔双髻鯊・犁頭魚〕シュモクザメ科の海魚の総称。

手 12 **【撓】**(15) **ドウ・ニョウ**
← **撓** しおり 俳諧の理念の一。
→ **撓** たわわ 枝や茎がしなうほどに実をつけたさま。
撓う しなう 「枝が―」
撓む たわむ ☆「棚が―」
← **撓める** いためる 牛皮を槌(つち)で打ちかためる。
→ **撓める** ためる ▼【矯める】ためる 267
撓やか しなやか 柔軟で弾力に富んださま。「―な指」
8 **撓垂れる** しなだれる 力なさそうに寄りかかる。
13 **撓塩** いためじお やきしお。

手 12 **【撚】**(15) **デン・ネン**
0 **撚り糸** よりいと よりをかけた糸。
← **撚る** ひねる ▼【捻る】ひねる 157
→ **撚る** よる ▼【縒る】よる 298

手 12 **【播】**(15) **ハ・ハン・バン**
0 **播く** まく ▼【蒔く】まく 327
16 **播磨** はりま ①瀬戸内海の灘(なだ)。②兵庫県の平野・町(ちょう)。③旧国名。現在の兵庫県南西部。④姓氏。
播磨徳久 はりまとくさ JR西日本姫新(きしん)線の駅。

手 12 **【撥】**(15) **ハツ・バチ**
0 **撥** ばち 弦をはじいて鳴らす道具。
撥ねる はねる 「車が泥水を―」
7 **撥条** ぜんまい ▼【発条】ぜんまい 257
撥尾魚 いな ▼【鯔】いな 419

手 12 **【撫】**(15) **フ・ブ**
0 **撫す** ぶす 手でなでまわす。
撫でる なでる 〔摩でる〕「子どもの頭を―」
3 **撫子** なでしこ ★▼【瞿麦】なでしこ 265
4 **撫牛子** ないじょうし JR東日本奥羽(おう)本線の駅。
9 **撫恤** ぶじゅつ いつくしんで哀れむ。
15 **撫養** むや ①徳島県の水路(―ノ瀬戸)・港・旧町・街道。②JR四国鳴門(なると)線の駅。③姓氏。

手 12 **【撲】**(15) **ボク**
0 **撲つ** ぶつ ▼【打つ】ぶつ 150
撲る なぐる 〔擲る・殴る〕「頭を―」

手 12 **【撩】**(15) **リョウ**
7 **撩乱** りょうらん ▼【繚乱】りょうらん 299

手 13 **【擅】**(16) **セン**
0 **擅** ほしいまま ☆▼【縦】ほしいまま 298

手 13 **【操】**(16) **ソウ** **みさお・あやつる**
0 **操る** あやどる ▼【綾取る】あやどる 297

4画 手部 12－13画

手 13 【撻】(16) タツ・ダツ
0 撻つ むちうつ むちや棒で打つ。

手 13 【擘】(17) ハク
0 擘く つんざく ▼【劈く】つんざく 47

手 13 【擁】(16) ヨウ
11 擁剱 がざみ ▼【蝤蛑】がざみ 338
擁剱蟹 がざみ ▼【蝤蛑】がざみ 338

手 13 【擂】(16) ライ
0 擂り粉木 すりこぎ★ 〔摺り子木〕 物をすりつぶす棒。
擂り餌 すりえ 小鳥の飼料。
擂る する ▼【擦る】する 161

手 14 【擱】(17) カク
0 擱く おく 「長編小説の筆を―」
7 擱坐 かくざ 〔擱座〕 座礁。
12 擱筆 かくひつ☆ 「連載小説を―する」

手 14 【擬】(17) ギ
← 擬い まがい ▼【紛い】まがい 292
→ 擬き もどき★ 〔牴牾〕「芝居―のせりふ」
擬える なぞらえる ▼【準える】なぞらえる 225
8 擬物 まがいもの 本物によく似せて作ったもの。
擬宝珠 ぎぼし☆ 〔玉簪花・紫萼〕 ネギの花。
擬宝珠山 ぎぼしゅがせん 鳥取・岡山県境の山。
15 擬餌 ぎじ 生き餌に似せて作ったもの。
17 擬瓢虫 てんとうむしだまし ▼【偽瓢虫】てんとうむしだまし 32

手 14 【擤】(17) コウ
0 擤む かむ 「鼻を―」

手 14 【擦】(17) サツ する・すれる
0 擦り剥く すりむく 「うっかり転んでひざを―」
← 擦る かする ▼【掠る】かする 158
擦る こする 〔摩る〕「眠たい目を―」
擦る さする ▼【摩る】さする 159
擦る する 〔摩る・磨る・擂る〕「マッチを―」「やすりで―」「ごまを―」
→ 擦る なする 責任を他人に負わせる。
擦れる すれる 「足が靴で―」
12 擦過 さっか 「―傷」
17 擦擦 すれすれ 〔摩摩〕「海面―に飛行機が飛ぶ」

手 14 【擠】(17) セイ・サイ
10 擠陥 せいかん 人を罪におとしいれる。

手 14 【擡】(17) タイ・ダイ
0 擡げる もたげる★ 〔抬げる〕 持ち上がる。
16 擡頭 たいとう 〔抬頭・台頭〕「新興勢力が―する」

手 14 【擢】(17) テキ・タク
0 擢んでる ぬきんでる☆ ▼【抽んでる】ぬきんでる 153

手 14 【擯】(17) ヒン
0 擯ける しりぞける 追い払う。
5 擯斥 ひんせき 排斥。

手 15 【擾】(18) ジョウ・ニョウ
0 擾み なつみ 姓氏。
擾れる みだれる 混乱して騒がしくなる。
7 擾乱 じょうらん★ 騒乱。

手 15 【擲】(18) テキ・ジャク
0 擲つ なげうつ ▼【抛つ】なげうつ 153
擲り書き なぐりがき 乱暴に書く。
擲る なぐる ▼【撲る】なぐる 160
5 擲石 いしなご ▼【石子】いしなご 267

手 15 【擺】(18) ハイ
10 擺倫 バイロン ▼【拝倫】バイロン 153

手 15 【攀】(19) ハン・ヘン
0 攀じる よじる すがりつくように登る。
攀じ登る よじのぼる 〔攀じ上る〕「がけを―」

手 15 【擽】(18) リャク・ラク
0 擽り くすぐり ことさらに笑いをとる。
擽る くすぐる★ 「わきの下を―」

手 17 【攘】(20) ジョウ・ドウ
0 攘う はらう 排除する。
6 攘夷 じょうい 外敵の侵入を追い払う。

手 19 【攢】(22) サン
0 攢める あつめる 集める。

手 19 【攣】(23) レン
0 攣る つる 〔痙る〕「ふくらはぎが―」

手20 **【攪】**(23) **カク・コウ**

4 **攪水虫** みずすまし ▼【水澄】みずすまし 207

7 **攪乱** かくらん・こうらん 「秩序を―する」

8 **攪拌** かくはん・こうはん 「たまごを―する」

手20 **【攫】**(23) **カク**

0 **攫う** さらう★ 〔掠う〕「子どもを―」

攫む つかむ ▼【摑む】つかむ 159

10 **攫徒** すり ▼【掏摸】すり 157

手20 **【攤】**(23) **トウ・コウ・オウ**

14 **攤網** たもあみ・たも 魚をすくいとるための小型の網。

【支】〈し〉〈しにょう〉部

支0 **【支】**(4) **シ** **ささえる**

0 **支う** かう☆ 「つっかい棒を―」

支える つかえる 〔閊える〕「あとが―」

9 **支度** したく 〔仕度〕「食事の―をする」

10 **支笏湖** しこつこ 北海道の湖。

支倉常長 はせくらつねなが 江戸初期の仙台藩士。

19 **支離滅裂** しりめつれつ 「―な話」

支8 **【敧】**(12) **キ**

0 **敧** ああ ▼【嗚呼】ああ 71

敧てる そばだてる 〔欹てる〕「耳を―」

【攴(攵)】〈ぼくづくり〉〈ぼくにょう〉〈のぶん〉部

支3 **【改】**(7) **カイ** **あらためる・あらたまる**

10 **改悟** かいご 「前非を―する」

15 **改鋳** かいちゅう 「貨幣を―する」

18 **改竄** かいざん★ 「帳簿を―する」

19 **改羅** カイロ エジプトの首都。

支3 **【攻】**(7) **コウ** **せめる**

0 **攻める** おさめる 学問を修める。

支4 **【放】**(8) **ホウ** **はなす・はなつ・はなれる**

0 **放く** こく 「屁を―」

放る ひる 「屁を―」

放れる たれる 「屁を―」

3 **放下す** ほかす 〔放す〕 捨てる。

5 **放出** はなてん ①大阪府の地名。②JR西日本片町線の駅。

放生会 ほうじょうえ☆ 供養のための神事の一。

放生津潟 ほうじょうづがた 富山県の湖。

6 **放光** ほたる ▼【蛍】ほたる 336

放伐 ほうばつ 中国の易姓革命観。

7 **放屁虫** へひりむし 〔行夜・気虫〕 触ると異臭を出す昆虫の総称。

9 **放春花** ぼけ ▼【木瓜】ぼけ 178

10 **放恣** ほうし 〔放肆〕 勝手気まま。

放埒 ほうらつ☆ 「―な生活」

13 **放肆** ほうし ▼【放恣】ほうし 162

15 **放蕩** ほうとう★ 「―息子」

18 **放擲** ほうてき☆ 〔抛擲〕 うちすてる。

支5 **【故】**(9) **コ** **ゆえ**

←**故** ことさら ▼【殊更】ことさら 203

→**故** もと 以前。

故い ふるい ▼【旧い】ふるい 169

4 **故木** もとき 姓氏。

7 **故里** ふるさと ▼【故郷】ふるさと 162

9 **故故** わざわざ ▼【態態】わざわざ 145

故後 こご 姓氏。

11 **故郷** ふるさと 〔故里・古里〕「心の―」

12 **故買** こばい☆ 盗品を買う。

13 **故意と** わざと ▼【態と】わざと 145

19 **故轍** こてつ 昔ながらのやり方。

支5 **【政】**(9) **セイ・ショウ** **まつりごと**

0 **政** まつりごと 政治。

8 **政所** まんどころ ①鎌倉・室町幕府の政治機関。②滋賀県の地名。③姓氏。

支6 **【敏】**(10) **ビン**

0 **敏い** さとい ▼【聡い】さとい 306

10 **敏馬浜** みぬめはま 兵庫県の海浜。

11 **敏魚** あら ▼【鯇】あら 419

敏捷 びんしょう☆ 「―な動作」

←**敏捷い** すばやい 「―動きを見せる」

→**敏捷い** はしこい ▼【捷い】はしこい 157

12 **敏達** びだつ 第三〇代天皇。

支7 **【救】**（11） **キュウ** **すくう**

5 **救世観音** くせかんのん 菩薩ぼさつの一。

救民 くたみ 姓氏。

9 **救荒** きゅうこう 「—作物」

救恤 きゅうじゅつ 困っている人に金品を与え救う。

支7 **【教】**（11） **キョウ** **おし**える・**おそ**わる

3 **教川** のりかわ 姓氏。

7 **教来石** きょうらいし 山梨県の地名。

10 **教唆** きょうさ ☆「—扇動」

18 **教鞭** きょうべん ☆「—をとる」

支7 **【敗】**（11） **ハイ** **やぶ**れる

10 **敗荷** やれはす ▼【破れ蓮】やれはす 269

敗衄 はいじく 戦いに敗れること。

← **敗醬** おとこえし ▼【男郎花】おとこえし 252

→ **敗醬** おみなえし ▼【女郎花】おみなえし 93

支8 **【敢】**（12） **カン**

0 **敢えて** あえて ☆〔肯えて〕「—危険をおかす」

支8 **【敬】**（12） **ケイ** **うやま**う

0 **敬う** うやまう あがめる。

3 **敬川** うやがわ ①島根県の地名。②JR西日本山陰本線の駅。③姓氏。

10 **敬虔** けいけん ★「—な祈り」

支8 **【散】**（12） **サン** **ち**る・**ち**らす・**ち**らかす・**ち**らかる

0 **散り蓮華** ちりれんげ 陶製のさじ。

4 **散切り** ざんぎり 明治初期の男の髪形。

5 **散布** ちりっぷ 北海道の山・地名。

6 **散伎** さぬき 姓氏。

7 **散佚** さんいつ 〔散逸〕「資料が—する」

散花 ちばな 姓氏。

散売り ばらうり ばらばらに分けて売る。

10 **散華** さんげ ☆「南海に—した若者」

12 **散散** さんざん 「英語の試験は—だった」

散弾 ばらだま 「散弾さんだん」のこと。

13 **散蒔く** ばらまく 「金を—」

14 **散漫** さんまん 「注意—」

17 **散鮨** ばらずし 散らし鮨。

支8 **【敦】**（12） **トン・ドン・タイ・タン・チョウ**

12 **敦賀** つるが ①福井県の半島・平野・湾・市・旧郡・港。②JR西日本北陸本線等の駅。

支8 **【敝】**（12） **ヘイ**

0 **敝れる** やぶれる ぼろぼろになる。

6 **敝衣** へいい 〔弊衣〕ぼろぼろの服。

15 **敝履** へいり 〔弊履〕破れたくつ。

支9 **【数】**（13） **スウ・ス** **かず**・**かぞ**える

6 **数多** あまた ☆〔許多・夥多〕たくさん。

8 **数河高原** すごうこうげん 岐阜県の高原。

数奇 すき ▼【数寄】すき 163

数奇屋 すきや ▼【数寄屋】すきや 163

10 **数珠** じゅず・ずず ☆〔珠数〕玉を糸で貫いて輪形にした仏具。

11 **数寄** すき 〔数奇〕風流の道。

数寄屋 すきや 〔数奇屋〕庭園に建てた茶室。

12 **数間** すあい ▼【牙儈】すあい 238

13 **数数** しばしば ▼【屢】しばしば 113

支10 **【敲】**（14） **コウ**

0 **敲き** たたき 江戸時代の刑罰の一。

敲く たたく ▼【叩く】たたく 60

3 **敲土** たたき ▼【三和土】たたき 6

支11 **【敵】**（15） **テキ** **かたき**

0 **敵う** かなう 匹敵する。

11 **敵娼** あいかた ☆ 客の相手の遊女。

13 **敵愾** てきがい ★「—心をもやす」

支11 **【敷】**（15） **フ** **し**く

8 **敷延** ふえん ▼【敷衍】ふえん 163

9 **敷衍** ふえん 〔敷延・布衍〕「師の説を—する」

11 **敷設** ふせつ 「鉄道を—する」

支12 **【整】**（16） **セイ** **ととの**える・**ととの**う

8 **整斉** せいせい 整いそろえる。

支13 **【厳】**（17） **ゲン・ゴン** **おごそ**か・**きび**しい

0 **厳か** おごそか 〔儼か〕「—に儀式をとり行う」

厳つい いかつい 「—顔」

厳めしい いかめしい ☆「—警戒」

3 **厳山** いずやま　姓氏。

4 **厳木** きゅうらぎ　①佐賀県の旧町。②JR九州唐津線の駅。③姓氏。

9 **厳美** いずみ　姓氏。

厳美渓 げんびけい　岩手県の渓谷。

10 **厳原** いづはら　①長崎県の旧町。②姓氏。

厳島 いつくしま　①広島県の島。②姓氏。

文14 **【斃】**(18)　ヘイ

0 **斃す** たおす　「一刀のもとに―」

斃れる たおれる　「凶弾に―」

6 **斃死** へいし　★　野垂れ死に。

【文】〈ぶん〉〈ぶんにょう〉部

文0 **【文】**(4)　ブン・モン　ふみ

← **文** あや　〔綾〕「文章の―」

→ **文** もん　貨幣の単位。

文る かざる　美しく施す。

2 **文七元結** ぶんしちもっとい　落語の演題。

3 **文三** ぶんざ　姓氏。

4 **文月** ふづき　☆　陰暦七月。

文反古 ふみほうご　読み終えて不用の手紙。

5 **文旦** ぼんたん　〔文橙〕　ザボンの別名。

文目 あやめ　〔文理〕　模様、色合い。

文目鳥 あやめどり　▼【菖蒲鳥】あやめどり 324

6 **文机** ふづくえ　読書のとき書物をのせる机。

文色 あいろ　様子。区別。

文老 モンロー　〔孟禄〕　アメリカの政治家。

7 **文身** いれずみ　★　▼【刺青】いれずみ 46

8 **文披月** ふみひろげづき　陰暦七月。

文武 もんむ　第四二代天皇。

9 **文屋康秀** ふんやのやすひで　平安前期の歌人。

文挟 ふばさみ　姓氏。

文室綿麻呂 ふんやのわたまろ　平安初期の廷臣。

10 **文挾** ふばさみ　①栃木県の地名。②JR東日本日光線の駅。

文庫 ふみくら　姓氏。

文珠蘭 はまゆう　▼【浜木綿】はまゆう 217

11 **文理** あやめ　▼【文目】あやめ 164

12 **文蛤** はまぐり　▼【蛤】はまぐり 336

15 **文箭** ふみや　姓氏。

文箱 ふばこ　☆　書状を入れる箱。

16 **文橙** ぼんたん　▼【文旦】ぼんたん 164

20 **文籍** もんじゃく　書物。

21 **文鰩魚** とびうお　▼【鯱】とびうお 420

文8 **【斑】**(12)　ハン

← **斑** はだれ　〔斑雪〕　うっすら降った雪。

斑 ふ・ぶち　☆　まだら。

斑 まだら　「壁が―にはげる」

→ **斑** むら　「成績に―がある」

6 **斑気** むらき　気が変わりやすい。

7 **斑杖** まむしぐさ　▼【蝮草】まむしぐさ 338

斑尾山 まだらおやま　長野・新潟県境の山。

8 **斑枝花** パンヤ　〔木綿〕　パンヤ科の落葉高木、パンヤノキの別名。

10 **斑馬** しまうま　〔縞馬〕　ウマ科の哺乳類。

11 **斑黄牛** あめまだら　▼【飴斑】あめまだら 408

斑菜 なずな　▼【薺】なずな 332

斑雪 はだれ　▼【斑】はだれ 164

斑猫 はんみょう　☆　〔斑蝥〕　ハンミョウ科の昆虫の総称。

12 **斑蛛** じょろうぐも　▼【女郎蜘蛛】じょろうぐも 93

斑葉 いさは　まだらや筋の生じた葉。

← **斑鳩** いかる　〔鵤〕　スズメ目アトリ科の小鳥。

→ **斑鳩** いかるが　①〔鵤・青雀・蠟觜雀〕アトリ科の小鳥、イカルの古名。②奈良県の町。

斑節蝦 くるまえび　▼【車海老】くるまえび 365

15 **斑蝥** はんみょう　▼【斑猫】はんみょう 164

16 **斑濃** むらご　〔村濃〕　染色方法の一。

文8 **【斐】**(12)　ヒ

3 **斐川** ひかわ　①島根県の町。②姓氏。

6 **斐伊川** ひいかわ　島根県の川。

7 **斐希特** フィヒテ　ドイツの哲学者。

文8 **【斌】**(12)　ヒン

12 **斌斌** ひんぴん　〔彬彬〕　文章の外形と実質が兼備しているさま。「文質―」

【斗】〈と〉〈ます〉部

斗0 【斗】(4) ト

0 斗 ます ▼【枡】ます 185

7 斗形 とがた 升のような四角い形。

斗折蛇行 とせつだこう 北斗星のように折れ曲がり、蛇のようにうねりまがる。

11 斗宿 ひきつぼし・ひつきぼし・としゅく 二十八宿の一。

斗組 ますぐみ☆ 〔枡組〕障子などの骨を四角に組むこと。

12 斗賀野 とがの ①高知県の地名。②JR四国土讃線の駅。

13 斗筲 としょう 量が少ないことのたとえ。

斗6 【料】(10) リョウ

← 料る はかる 見当をつける。

→ 料る りょうる 料理をつくる。

18 料簡 りょうけん☆ 〔了簡〕「―が狭い」

斗7 【斛】(11) コク

0 斛 こく ▼【石】こく 267

斗7 【斜】(11) シャ ななめ

0 斜 はす ななめ。

3 斜子 ななこ ▼【魚子】ななこ 416

6 斜交い はすかい ななめ。

斗9 【斟】(13) シン

10 斟酌 しんしゃく★「相手の立場を―する」

斗10 【斡】(14) アツ・ワツ・カン

11 斡旋 あっせん★「就職を―する」

【斤】〈おの〉〈おのづくり〉部

斤0 【斤】(4) キン

0 斤 おの 木を切る道具。

斤1 【斥】(5) セキ

0 斥ける しりぞける 遠ざけてうしろへ下がらせる。

← 斥候 うかみ ▼【窺見】うかみ 280

→ 斥候 せっこう 「―兵」

斤4 【斧】(8) フ

0 斧 おの 木を切る道具。

4 斧斤 ふきん おのとまさかり。

5 斧正 ふせい 人に詩文の添削をしてもらうこと。「―を乞う」

10 斧旁 おのづくり 漢字のつくりの一。

13 斧鉞 ふえつ おのとまさかり。

斤5 【斫】(9) シャク

11 斫断 しゃくだん 斧でたたききる。

斤7 【斬】(11) ザン・サン

0 斬る きる 人をきる。

11 斬捨御免 きりすてごめん ▼【切捨御免】きりすてごめん 44

13 斬新 ざんしん★「―なアイデア」

斬新奇抜 ざんしんきばつ ぬきんでて新しいさま。

斤7 【断】(11) ダン たつ・ことわる

8 断念る あきらめる 断念する。

9 断食 だんじき 食べ物を断つ。

11 断魚渓 だんぎょけい 島根県の渓谷。

断章取義 だんしょうしゅぎ 詩文の一部をぬいて自分に都合よく解釈して使う。

13 断腸花 しゅうかいどう ▼【秋海棠】しゅうかいどう 276

18 断簡零墨 だんかんれいぼく きれぎれの文書。

斤8 【斯】(12) シ

0 斯う こう このように。

斯かる かかる 「―事態になるとは」

斯く かく☆ 〔是く〕「―のごとき惨状を見て」

斯の この ▼【此の】この 201

3 斯大林 スターリン ソ連の政治家。

8 斯波 しば 姓氏。

9 斯界 しかい 「―の権威」

10 斯通達爾 スタンダール フランスの作家。

11 斯密乃雑 スピノザ オランダの哲学者。

12 斯達林 スターリン ▼【斯大林】スターリン 165

斯道 しどう その道。「―に名を知られた人」

14 斯維弗的 スウィフト アイルランドの作家。

斯様 かよう 「―なありさまでは…」

斤9 【新】(13) シン あたらしい・あらた・にい

0 新ノ口 にのくち 近鉄橿原(かしはら)線の駅。
2 新十津川 しんとつかわ ①北海道の町(ちょう)。②JR北海道札沼(さっしょう)線の駅。
3 新三田 しんさんだ JR西日本福知山線の駅。
新川 にっかわ 上毛電鉄の駅。
4 新井 にい JR西日本播但(ばんたん)線の駅。
新井口 しんいのくち JR西日本山陽本線の駅。
新井田川 にいだがわ 岩手県の川。
新井郷川 にいごうがわ 新潟県の川。
新仏 あらぼとけ 新盆(にいぼん)の死者の霊。
5 新甲子 しんかっし 福島県の温泉。
新田 にった 姓氏。
新田川 にいだがわ 福島県の川。
←新田原 しんでんばる ①福岡県の台地。②JR九州日豊(にっぽう)本線の駅。
→新田原 にゅうたばる 宮崎県の台地。
6 新印 しいん 姓氏。
新寺 にいでら 姓氏。

新西蘭 ニュージーランド ▼【新西蘭土】ニュージーランド
166 新西蘭土 ニュージーランド 〔新西蘭〕国名。
新地 さらち ▼【更地】さらち 175
7 新見 にいみ ①岡山県の盆地・市。②JR西日本伯備線等の駅。
←新谷 あらや 新潟県の川・地名。
→新谷 にいや ①愛媛県の旧村。②JR四国内子(うちこ)線等の駅。
新走り あらばしり 新酒。
新村出 しんむらいずる 言語学者・国語学者。
新甫 しんぽ 取引用語。
新利根 しんとね 茨城県の川・旧町。
←新里 にいさと ①岩手県の旧村。②群馬県の旧村。③上毛電鉄の駅。
→新里 にさと 弘南(こうなん)鉄道弘南線の駅。
8 新河岸 しんがし ①埼玉県の川。②東武東上線の駅。
新居 にい 伊賀(いが)鉄道伊賀線の駅。
新居浜 にいはま ①愛媛県の平野・市・港。②JR四国予讃(よさん)線の駅。

新京極 しんきょうごく 京都府の地名。
←新治 にいはり ①茨城県の旧郡・旧村。②JR東日本水戸(みと)線の駅。
新治 にいばり 〔新墾〕新しく田を開墾する。
→新治 にいはる 群馬県の旧村。
新所原 しんじょはら ①静岡県の地名。②JR東海東海道本線等の駅。
新府 しんぷ ①山梨県の地名。②JR東日本中央本線の駅。
9 新巻 あらまき 姓氏。
新冠 にいかっぷ ①北海道の川・郡・町(ちょう)。②JR北海道日高本線の駅。③姓氏。
新香 しんこ つけ物。おしんこ。
←新城 あらき・あらぐすく ☆ 姓氏。
→新城 しんしろ ①愛知県の市。②JR東海飯田(いいだ)線の駅。③姓氏。
新信砂川 しんのぶしゃがわ 北海道の川。
新荘 しんじょう 高知県の川・地名。
新発田 しばた ①新潟県の市(し)。②JR東日本羽越(うえつ)本線等の駅。③姓氏。
新発意 しんぼち・しんぼっち ☆ 僧になったばかりの者。

新盆 にいぼん・あらぼん 初盆。
10 新家 しんげ ①大阪府の地名。②JR西日本阪和(はんわ)線の駅。
新宮 しんぐう ①和歌山県の市。②JR西日本・JR東海紀勢本線の駅。③兵庫県の旧町。④愛媛県の旧村。⑤福岡県の町。
新原 しんばる JR九州香椎(かしい)線の駅。
←新座 にいくら 姓氏。
→新座 にいざ ①埼玉県の市。②JR東日本武蔵野(むさしの)線の駅。
←新島 しんしま 千葉県の地名。
新島 しんじま 鹿児島県の島。
→新島 にいじま 東京都の島・村(むら)。
新島々 しんしまじま 松本電鉄上高地(かみこうち)線の駅。
新馬場 しんばんば 京急本線の駅。
11 新規 あらき 姓氏。
新魚目 しんうおのめ 長崎県の旧町。
新郷 しんごう 青森県の村(むら)。
新陳代謝 しんちんたいしゃ 「新旧選手の—がうまくいく」
新野 あらたの JR四国牟岐(むぎ)線の駅。

新鹿 あたしか ①三重県の旧村。②JR東海紀勢本線の駅。
12 新開 あらき ▼【新墾】あらき 167
新開田 あらきだ ▼【新墾田】あらきだ 167
新検見川 しんけみがわ ①千葉県の地名。②JR東日本総武本線の駅。
新渡戸 にとべ 姓氏。
新渡戸稲造 にとべいなぞう 思想家・教育者。
新湯 さらゆ 〔更湯〕沸かしたてで誰も入浴していない風呂。
新道野越 しんどうのごえ 福井・滋賀県境の峠。
13 新瑞橋 あらたまばし 名古屋市営地下鉄名城線等の駅。
新鉢 あらばち 処女。
14 新嘉坡 シンガポール 〔星港〕国名。
新嘗祭 にいなめさい・しんじょうさい☆ 宮中の儀式の一。
新墨是可 ニューメキシコ アメリカの州。
15 新穂 にいぼ 新潟県の旧村。

←新墾 あらき 〔新開・荒開〕新しく開墾する。
→新墾 にいばり ▼【新治】にいばり 166
新墾田 あらきだ 〔新開田〕新たに開墾した田。
新燃岳 しんもえだけ 宮崎・鹿児島県境の山。
新澪池 しんみょういけ 東京都の池。
17 新禧 しんき☆ 新年の祝い。
19 新羅 しらぎ・しんら・しら・シルラ 古代朝鮮の王朝。

【方】〈ほう〉〈ほうへん〉〈かたへん〉部

方0 **【方】**(4) ホウ かた
0 方に まさに ちょうど今。
5 方目 ばん ▼【鷭】ばん 426
方立 ほうだて 建具を取り付けるための角材。
6 方舟 はこぶね☆ 〔箱舟〕「ノアの—」
7 方谷 ほうこく JR西日本伯備線の駅。
9 方便 たずき・たつき☆ 〔活計〕生活の手段。
11 方済各 ザビエル ▼【雑未耶】ザビエル 396
12 方結 かたい 姓氏。
13 方違え かたたがえ 陰陽道に基づく風習。
←方頭魚 あまだい 〔甘鯛〕アマダイ科の海魚の総称。
→方頭魚 かながしら ▼【鉄頭】かながしら 383

方4 **【於】**(8) ヨ・オ・ウ
0 於いて おいて 「総会は仙台に—行う」
於ける おける 「在学中に—成績」
5 於古発山 おこばちやま 北海道の山。
6 於多福 おたふく ▼【阿多福】おたふく 391
8 於岡次 おおかじ 姓氏。
於茂登岳 おもとだけ 沖縄県の山。
9 於胡 おご オゴノリのこと。
11 於転婆 おてんば ▼【御転婆】おてんば 134
12 於期海苔 おごのり ▼【海髪】おごのり 215
於期菜 おごのり ▼【海髪】おごのり 215
於曾 おぞ 山梨県の地名。
13 於福 おふく JR西日本美祢線の駅。

方5 **【施】**(9) シ・セ ほどこす
13 施福多 シーボルト ▼【失勃児杜】シーボルト 91
15 施餓鬼 せがき 仏教行事の一。

方6 **【旁】**(10) ホウ・ボウ
←旁 かたがた☆ 〔旁旁〕「遊び—練習する」
→旁 つくり 漢字の構成部分の一。
旁ら かたわら ▼【傍ら】かたわら 33
10 旁旁 かたがた ▼【旁】かたがた 167

方6 **【旅】**(10) リョ たび
6 旅伏 たぶし 一畑電車北松江線の駅。
22 旅籠 はたご☆ 江戸時代の旅館。

方7 **【旌】**(11) セイ
13 旌節花 きぶし ▼【木五倍子】きぶし 178
14 旌旗巻舒 せいきけんじょ のぼりを巻いたりのばしたりする。

方7 **【旋】**(11) セン
0 旋る めぐる 円を描いて回る。
4 旋毛 つむじ☆ 「—を曲げる」
7 旋花 ひるがお 〔鼓子花・昼顔〕ヒルガオ科の多年草。
9 旋風 つむじかぜ★ 渦を巻いて吹く強風。

14 **旋網** まきあみ 魚網の一。

16 **旋頭歌** せどうか 和歌の一形式。

18 **旋覆花** おぐるま 〔旋覆草・金銭花・金沸草・滴滴金・小車〕キク科の多年草。

旋覆草 おぐるま ▼【旋覆花】おぐるま 168

方7【族】(11) ゾク

←**族** うから ▼【親族】うから 348

→**族** やから☆ ▼【輩】やから 366

方10【旗】(14) キ はた

11 **旗魚** かじき☆ 〔羽魚〕マカジキ科・メカジキ科の海魚の総称。

15 **旗幟** きし☆「―を鮮明にする」

【无（旡・旡）】〈むにょう〉部

无5【既】(10) キ すでに

0 **既** すんで「―のところで乗り遅れるところだった」

11 **既望** きぼう 陰暦十六日夜の月。いざよい。

【日】〈ひ〉〈ひへん〉部

日0【日】(4) ニチ・ジツ ひ・か

0 **日ノ御埼** ひのみさき 和歌山県の岬。

3 **日下** くさか ①大阪府の地名。②高知県の平野・地名。③JR四国土讃線の駅。④姓氏。

日下部 くさかべ 姓氏。

日下開山 ひのしたかいざん 天下無双の強豪。

日女 ひるめ ▼【日霊】ひるめ 169

日川 にっかわ 山梨県の川。

←**日月** じつげつ 年月。月日。

→**日月** たちもり 姓氏。

日中 にっちゅう 福島県の温泉。

日内 うつい・ひうち 姓氏。

日日 たちごり・たちもり 姓氏。

日比 ひび 岡山県の地名。

日巴拉太 ジブラルタル イギリスの植民地。

日比谷 ひびや ①東京都の地名。②東京地下鉄(東京メトロ)の路線。③東京地下鉄日比谷線等の駅。

日方岬 ひかたみさき 北海道の岬。

5 **日外** あぐい 姓氏。

←**日出** ひい 愛知県の地名。

→**日出** ひじ ①大分県の町。②JR九州日豊本線の駅。③姓氏。

日出ヶ岳 ひのでがだけ 三重・奈良県境の山。

日出生台 ひじゅうだい 大分県の台地。

日出石 ひじや 姓氏。

日出谷 ひでや JR東日本磐越西線の駅。

日疋 ひびき 姓氏。

日生 ひなせ ①岡山県の諸島・旧町・港。②JR西日本赤穂線の駅。③姓氏。

日代 ひしろ JR九州日豊本線の駅。

日田 ひた ①大分県の温泉・市・盆地。②JR九州久大本線の駅。

日田彦山 ひたひこさん JR九州の路線。

日本武尊 やまとたけるのみこと 〔倭建命〕景行天皇の皇子。

日本霊異記 にほんりょういき 説話集。

日立木 にったき JR東日本常磐線の駅。

6 **日羽** ひわ JR西日本伯備線の駅。

←**日吉** ひえ 日枝神社の別名。

→**日吉** ひよし ①神奈川県の地名。②東急東横線・横浜市営地下鉄グリーンラインの駅。

日吉津 ひえづ 鳥取県の村。

←**日向** ひなた☆ ①日の当たっている所。②群馬県の地名。③山梨県の山。④三重県の島。⑤姓氏。

→**日向** ひゅうが ①宮崎県の沖合一帯(―灘)。②宮崎県の市。③旧国名。現在の宮崎県全域と鹿児島県の一部。

日向川 にっこうがわ 山形県の川。

日向神峡 ひゅうがみきょう 福岡県の峡谷。

日向野 ひがの・ひなたの 姓氏。

日向湖 ひるがこ 福井県の湖。

←**日次** ひがら 〔日柄〕「本日は―も良く」

→**日次** ひなみ 日々の記録。

日当 ひなた 樽見鉄道の駅。

日当山 ひなたやま JR九州肥薩線の駅。

日毎 ひごと 一日一日。

日名子 ひなご 姓氏。

日名倉山 ひなくらさん 兵庫・岡山県境の山。
7 日見峠 ひみとうげ 長崎県の峠。
日坂 にっさか 静岡県の旧村。
8 日奈久 ひなぐ 熊本県の温泉。
日歩 ひぶ 一日を単位とした利率。
日奉 ひまつり 姓氏。
日和 ひより ★空模様。
日和る ひよる 妥協する。
日和山 ひよりやま 兵庫県の地名。
日和田 ひわだ ①福島県の地名。②JR東日本東北本線の駅。
日和佐 ひわさ ①徳島県の旧町。②JR四国牟岐線の駅。
9 日計 ひばかり 〔熇尾蛇・竹根蛇・火斗〕小形のヘビ。
日前 ひくま ①山口県の地名。②姓氏。
日前宮 にちぜんぐう 和歌山電鉄貴志川線の駅。
日南田 ひなた 姓氏。
日柄 ひがら ▼【日次】ひがら 168
日柳 くさなぎ 姓氏。

10 日夏 ひなつ 姓氏。
←日原 にちはら ①島根県の旧町。②JR西日本山口線の駅。
→日原 にっぱら 東京都の川・地名。
日高 ひだか ①北海道の山脈・支庁・郡・町・峠。②JR北海道の路線(―本線)。③旧国名。現在の北海道南部。④埼玉県の市。⑤兵庫県の旧町。⑥和歌山県の川・平野・郡・町。⑦高知県の村。
日根野 ひねの ①大阪府の旧村。②JR西日本阪和線等の駅。
日除け ひよけ 日光を避けるおおい。
日振島 ひぶりしま 愛媛県の島。
日島 ひのしま 長崎県の島。
日馬 くさま 姓氏。
11 日捲り ひめくり ひめくりごよみ。
日済し ひなし 借金を毎日返すこと。
日雀 ひがら シジュウカラ科の小鳥。
12 日開谷 ひかいだに 徳島県の地名。
日間賀島 ひまかじま 愛知県の島。
日晷 にっき ひかげ。

日御子 ひのみこ 北陸鉄道石川線の駅。
日御碕 ひのみさき 島根県の岬。
日景 ひかげ ①秋田県の温泉。②姓氏。
日勝峠 にっしょうとうげ 北海道の峠。
日登 ひのぼり ①島根県の地名。②JR西日本木次線の駅。
13 日暈 にちうん・ひがさ 太陽の周りにできる光の輪。
日照 あきてる 姓氏。
←日照雨 ひでりあめ 日が照っているのに降る雨。きつねのよめいり。
→日照雨 そばえ 〔戯え〕ある所だけに降っている雨。かたしぐれ。
←日置 ひおき ①兵庫県の地名。②鹿児島県の市・旧郡。③姓氏。
日置 ひき ①和歌山県の川・旧町。②姓氏。
→日置 へき ①山口県の旧町。②姓氏。
日置荘 ひきしょう 大阪府の旧町。
日豊 にっぽう JR九州の路線(―本線)。
14 日暮里 にっぽり ①東京都の地名。②JR東日本常磐線等の駅。
15 日輪草 ひまわり ▼【向日葵】ひまわり 62

日霊 ひるめ 〔日女〕天照大神の別名。
16 日橋 にっぱし 福島県の川・旧村。

日1 【旧】(5) キュウ
0 旧い ふるい 〔故い〕古い。「―建物」
10 旧套 きゅうとう 古い様式。
15 旧弊 きゅうへい 「―を改める」
19 旧臘 きゅうろう 新年からみて前年の十二月。

日1 【旦】(5) タン
0 旦 あした ▼【朝】あした 177
3 旦夕 たんせき 朝と晩。
7 旦那 だんな ★〔檀那〕「店の大
旦来 あさく 姓氏。

日2 【旭】(6) キョク
旭 あさひ 朝のぼる太陽。
4 旭爪 ひのつめ 姓氏。
4 旭日昇天 きょくじつしょうてん 「―の勢い」
7 旭志 きょくし 熊本県の旧村。
10 旭時 あかつき ▼【暁】あかつき 173

日2 **【旨】**(6) **シ むね**

0 **旨い** うまい 〔甘い・美味い〕「—料理」

12 **旨煮** うまに 〔甘煮〕 煮物の一。

日2 **【旬】**(6) **ジュン**

0 **旬** しゅん ☆「—の野菜」

日2 **【早】**(6) **ソウ・サッ はやい・はやまる・はやめる**

1 **早乙女** さおとめ ①〔早少女〕田植えをする少女。②姓氏。

3 **早山** さやま 姓氏。

4 **早月** さつき ▼【皐月】さつき 260

早少女 さおとめ ▼【早乙女】さおとめ 170

5 **早矢** はや ▼【甲矢】はや 251

早矢仕有的 はやしゆうてき 実業家。

← **早生** はやなり 姓氏。

→ **早生** わせ★ 早く成熟する農作物。

早田 わさだ 姓氏。

6 **早池峰山** はやちねさん 岩手県の山。

7 **早岐** はいき ①長崎県の海峡(—瀬戸)・地名。②JR九州佐世保(させぼ)線等の駅。

早来 はやきた ①北海道の旧町。②JR北海道室蘭(むろらん)本線の駅。

早良 さわら ①福岡県の旧郡・旧町。②福岡市の行政区。③姓氏。

8 **早苗** さなえ ☆〔秧〕イネの若い苗。

早苗饗 さなぶり 田植えを終えた祝い。

早明浦湖 さめうらこ 高知県の人造湖。

9 **早急** さっきゅう・そうきゅう 至急。

10 **早速** さっそく すぐさま。

早桃 さもも 早生(わせ)のスモモの古名。

早馬 はやま 姓氏。

14 **早稲** わせ 結実が早いイネの品種。

早稲田 わせだ ①東京都の地名。②東京地下鉄(東京メトロ)東西線の駅。③都電荒川線の停留所。

早鞆瀬戸 はやとものせと 山口・福岡県の水路。

15 **早蕨** さわらび★ 芽を出したばかりのワラビ。

16 **早鮓** はやずし ▼【早鮨】はやずし 170

17 **早鮨** はやずし 〔早鮓〕「熟(な)れ鮨」に対する言葉。

日3 **【旱】**(7) **カン**

0 **旱** ひでり 〔日照り〕 晴天続きで雨が降らない。

4 **旱天** かんてん 〔干天〕 日照り。

7 **旱芹** パセリ 〔旱芹菜〕 セリ科の二年草。

旱芹菜 パセリ ▼【旱芹】パセリ 170

15 **旱魃** かんばつ★ 〔干魃〕 日照り。

日4 **【易】**(8) **エキ・イ やさしい**

0 **易い** やすい 「風邪をひき—」

易える かえる 交換する。

易わる かわる 改まる。

2 **易卜生** イプセン ノルウェーの劇作家。

5 **易占** えきせん 算木(さんぎ)などを用いる占い。

6 **易行** いぎょう おこないやすい修行。

易老岳 いろうだけ 長野・静岡県境の山。

7 **易利薩伯** エリザベス ▼【以利沙伯】エリザベス 22

8 **易易** やすやす 「障害物を—と越す」

日4 **【旺】**(8) **オウ**

0 **旺んに** さかんに 物事が非常に興隆する。

11 **旺盛** おうせい 「—な好奇心」

日4 **【昂】**(8) **コウ・ゴウ**

0 **昂がる** あがる 高くなる。

昂じる こうじる 「病が—」

昂ぶる たかぶる 「気持ちが—」

11 **昂進** こうしん ▼【亢進】こうしん 19

12 **昂然** こうぜん 自信をもち、他を恐れない様子。

昂揚 こうよう 「感情が—する」

20 **昂騰** こうとう 「地価の—」

日4 **【昊】**(8) **コウ**

4 **昊天** こうてん 夏の空。

日4 **【昆】**(8) **コン**

5 **昆布** こんぶ 〔子生婦〕 コンブ属とその近縁の海藻の総称。

昆布野 こぶや 姓氏。

12 **昆陽** こや 兵庫県伊丹市内の古地名。

日4 **【昏】**(8) **コン**

0 **昏い** くらい ▼【闇い】くらい 390

← **昏昏** うとうと 「—と眠る」

→昏昏 こんこん 「―と眠り続ける」
9 昏迷 こんめい★「―する政局」
10 昏倒 こんとう☆「殴られて―する」
昏冥 こんめい くらやみ。
11 昏酔 こんすい 酔って意識を失う。

日4【昇】(8) **ショウ** **のぼる**
7 昇汞 しょうこう 塩化水銀の別名。
10 昇華 しょうか 「古典的な美に―された作品」

日4【昌】(8) **ショウ**
5 昌平黌 しょうへいこう 江戸幕府の学問所。

日4【昔】(8) **セキ・シャク** **むかし**
4 昔方 むかしえ いにしえ。
6 昔気質 むかしかたぎ 「―の職人技」

日4【旻】(8) **ビン**
4 旻天 びんてん 秋の空。

日4【明】(8) **メイ・ミョウ** **あかり・あかるい・あかるむ・あからむ・あきらか・あける・あく・あくる・あかす**
0 明か さやか☆ 〔清か〕 はっきりしている。
4 明太 メンタイ スケトウダラのこと。
明太子 めんたいこ スケトウダラの卵巣。
明日 あした・あす 今日の次の日。
明日香 あすか ①奈良県の村。②姓氏。
明日葉 あしたば ▼【鹹草】あしたば 427
5 明石 あかし ①兵庫県の海峡・市・旧郡。②JR西日本山陽本線の駅。
明白 あからさま ▼【白地】あからさま 258
明白地 あからさま ▼【白地】あからさま 258
6 明衣 あかは 神事用の衣服。
明自 あかし 姓氏。
7 明見 みやけ 姓氏。
8 明明後日 しあさって あさっての翌日。また、あさっての翌々日。
9 明科 あかしな ①長野県の旧町。②JR東日本篠ノ井(しののい)線の駅。
明後日 あさって あすの次の日。
明津神 あきつかみ ▼【現つ神】あきつかみ 245
←明星 あかぼし ①明け方の金星。②姓氏。
→明星 みょうじょう 「明けの―」
10 明烏 あけがらす 落語の演題。
明荷 あけに 旅行用のつづら。
明恵 みょうえ 鎌倉初期の僧。
明哲保身 めいてつほしん 賢明な人はうまく身を守ることができること。
明浜 あけはま 愛媛県の旧町。
11 明眸皓歯 めいぼうこうし 美人を形容するたとえ。
明野 あけの ①茨城県の旧町。②山梨県の旧村。③大分県の地名。
12 明智 あけち ①岐阜県の旧町。②明知(あけち)鉄道等の駅。③姓氏。
14 明障子 あかりしょうじ 片面が白紙の障子。
17 明檜 あすなろ ▼【翌檜】あすなろ 304
明瞭 めいりょう あいまいな点が感じられない。
20 明鐘岬 みょうがねみさき 千葉県の岬。

日5【映】(9) **エイ** **うつる・うつす・はえる**
3 映山紅 つつじ ▼【躑躅】つつじ 364
4 映日果 いちじく★ ▼【無花果】いちじく 233

日5【昨】(9) **サク**
3 昨夕 ゆうべ ▼【昨夜】ゆうべ 171
4 昨今 さっこん 「―の情勢」
昨日 きのう 今日の一日前の日。
8 昨夜 ゆうべ 昨日の夜。
12 昨葉荷草 つめれんげ ▼【爪蓮華】つめれんげ 236

日5【昵】(9) **ジツ**
0 昵む なじむ ▼【馴染む】なじむ 411
17 昵懇 じっこん★ 〔入魂・昵懇〕 「―の間柄」

日5【春】(9) **シュン** **はる**
3 春女菀 はるじょおん ハルジオンの別名。
4 春日 かすが ①東京都の地名。②都営地下鉄三田線等の駅。③岐阜県の旧村。④兵庫県の旧町。⑤奈良県の山・台地(―野)。⑥香川県の川。⑦福岡県の市。⑧姓氏。
春日井 かすがい ①愛知県の市。②JR東海中央本線の駅。③姓氏。
春日原 かすがばる 西鉄天神大牟田(おおむた)線の駅。
春日部 かすかべ ①埼玉県の市。②東武伊勢崎(いせさき)線等の駅。③姓氏。
5 春立 はるたち JR北海道日高本線の駅。

←春告鳥 うぐいす ▼【鶯】うぐいす 425
→春告鳥 はるつげどり ウグイスの別名。
8 春雨 はるさめ ①静かに降る春の雨。②でんぷんから作る麺状の食品。
9 春風駘蕩 しゅんぷうたいとう 春風がのどかに吹くさま。
10 春夏秋冬 ひととせ 姓氏。
春宮 とうぐう☆〔東宮〕 皇太子。
春蚕 はるご 春から初夏にかけて飼うカイコ。
春疾風 はるはやて 春先の強風。
春洒 はるのや 姓氏。
11 春採 はるとり 北海道の湖・地名。
春部 かすべ 姓氏。
12 春蛙秋蟬 しゅんあしゅうせん 春のカエルと秋のセミ。
春紫菀 はるじおん キク科の二年草。
13 春照 すいじょう 滋賀県の地名。
16 春霖 しゅんりん 春の長雨。

日5【昭】(9) **ショウ**
10 昭島 あきしま ①東京都の市。②姓氏。

日5【是】(9) **ゼ**
0 是 これ ▼【此れ】これ 201
是く かく ▼【斯く】かく 165
是に ここに〔爰に・茲に〕 この時。この時点で。
9 是是 これこれ ▼【此れ此れ】これこれ 201
是政 これまさ ①東京都の地名。②西武多摩川線の駅。
11 是許 こればかり 「なにも―のことで騒ぎ立てる必要はない」

日5【星】(9) **セイ・ショウ ほし**
5 星生 ほっしょう 大分県の山(―山ざん)・温泉。
星目 せいもく ▼【井目】せいもく 18
8 星居山 ほしのこやま 広島県の山。
11 星宿 ほとおりぼし・せいしゅく 二十八宿の一。
12 星港 シンガポール ▼【新嘉坡】シンガポール 167

日5【昼】(9) **チュウ ひる**
9 昼神 ひるがみ 長野県の温泉。
15 昼餉 ひるげ ひるめし。

日5【昴】(9) **ボウ**
0 昴 すばる プレアデス星団の和名。
11 昴宿 すばる・ぼうしゅく 二十八宿の一。

日5【昧】(9) **バイ・マイ**
0 昧い くらい 「法律に―」

日6【晏】(10) **アン**
0 晏い おそい 遅れている。
3 晏子春秋 あんししゅんじゅう 中国の古典。
6 晏如 あんじょ 落ち着いているさま。
17 晏嬰 あんえい 中国、春秋時代の政治家。

日6【晃】(10) **コウ**
10 晃晃 きらきら きらめくさま。

日6【晒】(10) **サイ**
0 晒す さらす〔曝す〕「日に―」
5 晒布 さらし 日光で白くした木綿。
9 晒首 さらしくび〔曝首〕 江戸時代、獄門にさらされた首。
17 晒餡 さらしあん 生あんを粉末にしたもの。

日6【時】(10) **ジ とき**
2 時又 ときまた ①長野県の地名。②JR東海飯田いい線の駅。
3 時下 じか このごろ。
4 時化 しけ☆ 風雨で海が荒れる。
5 時世時節 ときよじせつ その時々のめぐりあわせ。
時令 シリング ▼【志】シリング 137
7 時花 はやり ▼【流行り】はやり 218
時辰鵲 カナリア ▼【金糸雀】カナリア 380
時戻雀 カナリア ▼【金糸雀】カナリア 380
8 時雨 しぐれ★〔九月雨〕 初冬のころの雨。
時枝誠記 ときえだもとき 国語学者。
9 時計 とけい〔土圭〕 時間や時刻を示す機械。
時津 とぎつ 長崎県の町ちょう。
11 時鳥 ほととぎす ▼【杜鵑】ほととぎす 182
時鳥草 ほととぎす ▼【杜鵑草】ほととぎす 182

日6【晋】(10) **シン**
10 晋書 しんじょ 中国、二十四史の一。

日7【晦】(11) **カイ**
0 晦 つごもり☆〔晦日〕 月の末の日。
晦い くらい 暗くなる。

晦ます くらます★「行くえを―」「ひとの目を―」
←晦日 つごもり ▼【晦】つごもり 172
→晦日 みそか☆〔三十日〕毎月の最後の日。
10 晦冥 かいめい☆ くらやみ。
11 晦晦 かいかい 日光がおおわれて暗いさま。

日 7【晨】(11) シン
0 晨 あした ▼【朝】あした 177
12 晨朝 しんちょう 早朝。
19 晨鶏 しんけい 夜明けを告げるニワトリ。

日 8【暁】(12) ギョウ あかつき
0 暁 あかつき〔鶏明・旭時〕夜明け。
3 暁夕 ぎょうせき 朝夕。
4 暁方 あけがた 夜明け方。

日 8【景】(12) ケイ
0 景 かげ 太陽によってできた影。
4 景天 べんけいそう〔弁慶草〕ベンケイソウ科の多年草。
6 景色 けしき 風景。
9 景信山 かげのぶやま 東京都の山。
10 景迹 きょうじゃく 人の行い。
11 景清洞 かげきよどう 山口県の鍾乳洞。
21 景鶴山 けいづるやま 群馬・新潟県境の山。

日 8【暑】(12) ショ あつい
6 暑気 あつけ・しょき〔中暑〕夏の暑さ。
12 暑寒別 しょかんべつ 北海道の川・山(―岳だけ)。

日 8【晶】(12) ショウ
12 晶晶 しょうしょう きらめくさま。

日 8【晴】(12) セイ はれる・はらす
9 晴海 はるみ ①東京都の地名。②姓氏。
10 晴耕雨読 せいこううどく 悠々自適の暮らし。
12 晴嵐 せいらん 青々とした山の気。

日 8【智】(12) チ
7 智利 チリ 国名。
10 智恵文 ちえぶん JR北海道宗谷そうや本線の駅。
15 智慧 ちえ 知恵。
16 智積院 ちしゃくいん 京都府の寺。
智頭 ちず ①鳥取県の川・町ちょう・旧郡・街道。②民営鉄道(―急行)・路線。③JR西日本因美線等の駅。④姓氏。

日 8【晩】(12) バン
0 晩い おそい 遅い。「もう―から、続きは明日にしよう」
5 晩生 おくて 遅く実が成熟する草木。
晩生内 おそきない ①JR北海道札沼さっしょう線の駅。②姓氏。
9 晩香坡 バンクーバー カナダの都市。
14 晩稲 おくて 遅く成熟する稲。
16 晩餐 ばんさん☆「―会」
18 晩蟬 ばんぜん 季節遅れのセミ。

日 8【普】(12) フ
0 普く あまねく★ ▼【遍く】あまねく 372
4 普化 ふけ 中国唐代の禅僧。
普天間 ふてんま 沖縄県の地名。
5 普代 ふだい ①岩手県の村むら。②三陸鉄道北リアス線の駅。
8 普陀落 ふだらく 観音が住んだという山。
15 普請 ふしん「母屋おもやを―する」
普魯西 プロシア☆ 北ヨーロッパの地域。
16 普賢岳 ふげんだけ 長崎県の山。

日 9【暗】(13) アン くらい
0 暗れ惑う くれまどう 途方に暮れる。
4 暗中模索 あんちゅうもさく「新しい研究で―する」
9 暗峠 くらがりとうげ 大阪・奈良県境の峠。
12 暗渠 あんきょ 覆いのある水路。
13 暗暗裡 あんあんり〔暗暗裏〕人に知られないよう。「―に認める」
14 暗誦 あんしょう〔諳誦〕「詩を―する」
16 暗澹 あんたん★〔黯澹〕「―たる思い」
17 暗翳 あんえい「前途に―を投げかける」
暗礁 あんしょう「―に乗り上げる」
18 暗闘 だんまり 歌舞伎かぶきの演出方法の一。
29 暗鬱 あんうつ☆「―な表情」

日 9【暈】(13) ウン
←暈 かさ「月に―がかかる」
→暈 くま 目の周囲の黒ずみ。
暈す ぼかす「重要な点を―」

暈る ぼける 「ピントが―」

8 **暈取り** くまどり ▼【隈取り】くまどり 394

日 9 **【暇】**(13) **カ** **ひま**

0 **暇** いとま 〔遑〕「応接に―がない」

3 **暇乞い** いとまごい 別れを告げる。

日 9 **【暉】**(13) **キ**

10 **暉峻** てるおか 姓氏。

13 **暉暉** きき 日光が照り輝くさま。

日 9 **【暖】**(13) **ダン** **あたたか・あたたかい・あたたまる・あたためる**

6 **暖気** のんき ▼【暢気】のんき 174

19 **暖簾** のれん ★「―に腕押し」

日 9 **【暘】**(13) **ヨウ**

7 **暘谷** ようこく JR九州日豊(にっぽう)本線の駅。

日 10 **【暢】**(14) **チョウ**

0 **暢びる** のびる のべひろがる。

6 **暢気** のんき☆ 〔呑気・暖気〕のんびりしているさま。「―な性分」

8 **暢茂** ちょうも 草木がよくのびて茂る。

12 **暢達** ちょうたつ のびのびとしているさま。

14 **暢暢** のびのび 「―とした性格」

日 10 **【暮】**(14) **ボ** **くれる・くらす**

0 **暮れ泥む** くれなずむ 「―春の空」

6 **暮色蒼然** ぼしょくそうぜん 夕暮れ時の薄暗いさま。

21 **暮露** ぼろ ▼【梵論】ぼろ 192

24 **暮靄** ぼあい もや。

日 10 **【暦】**(14) **レキ** **こよみ**

10 **暦家** れきか 天文学者。

12 **暦象** れきしょう 天文の現象。

日 11 **【暫】**(15) **ザン**

0 **暫く** しばらく 〔暫時・姑く・頃く〕「―お待ちください」

暫し しばし 「―の別れ」

8 **暫定** ざんてい 「―予算」

← **暫時** ざんじ しばらく。

→ **暫時** しばらく ▼【暫く】しばらく 174

日 11 **【暴】**(15) **ボウ・バク** **あばく・あばれる**

0 **暴かに** にわかに 突然。

7 **暴戻** ぼうれい★ 荒々しく道理にそむいていること。

8 **暴虎馮河** ぼうこひょうが★ 血気にはやり、向こうみずなこと。

9 **暴風** あかしまかぜ 暴風(ぼうふう)。

21 **暴露** ばくろ 〔曝露〕「秘密を―する」

日 12 **【曁】**(16) **キ**

0 **曁ぶ** およぶ 至る。

日 12 **【暹】**(16) **セン**

19 **暹羅** シャム 〔沙室〕タイの旧称。

暹羅鶏 シャモ ▼【軍鶏】シャモ 365

日 12 **【曇】**(16) **ドン** **くもる**

4 **曇天** どんてん くもり空。

10 **曇華** どんげ カンナ科の多年草。

曇華一現 どんげいちげん 非常に珍しいことのたとえ。

14 **曇徴** どんちょう 高句麗(こうくり)の僧。

日 13 **【曖】**(17) **アイ**

9 **曖昧** あいまい☆ 物事の内容や意味が明確でないさま。「態度が―だ」

曖昧屋 あいまいや 他の商売を装う売春宿。

曖昧模糊 あいまいもこ☆ 「―とした表現」

17 **曖曖** あいあい 薄暗いさま。

日 13 **【曙】**(17) **ショ**

0 **曙** あけぼの 夜が明け始めるころ。

6 **曙光** しょこう 明け方の光。

日 14 **【曜】**(18) **ヨウ**

9 **曜変** ようへん 中国で作られた茶碗の一。

日 15 **【曠】**(19) **コウ**

7 **曠劫** こうごう 〔広劫〕きわめて長い年月。

11 **曠埜** あらの ▼【荒野】あらの 320

← **曠野** あらの 荒れた野。

曠野 あらの ▼【荒野】あらの 320

→ **曠野** こうや 〔広野〕ひろびろとした野原。

日 15 **【曝】**(19) **バク・ホク**

0 **曝す** さらす★ ▼【晒す】さらす 172

10 **曝書** ばくしょ★ 書物の虫干し。

21 **曝露** ばくろ ▼【暴露】ばくろ 174

日 17 **【曩】**(21) **ドウ・ノウ**

0 曩 さき 過去。

9 曩祖 のうそ 祖先。

【曰】〈いわく〉〈ひらび〉部

曰0 【曰】(4) エツ・ワチ

←曰う いう ▼【謂う】いう 353

→曰う のたまう ▼【宣う】のたまう 103

←曰く いわく 「何か―ありげだ」

→曰く のたまわく 〔宣く〕「子し―」

7 曰佐 おさ 姓氏。

11 曰理 わたり 姓氏。

曰2 【曳】(6) エイ

0 曳き網 ひきあみ 魚網の一。

曳く ひく 「地引網を―」

10 曳航 えいこう ☆「豪華船を―する」

11 曳船 えいせん・ひきふね 船を引いていく。

曰2 【曲】(6) キョク まがる・まげる

4 曲尺 かねじゃく ★〔矩尺〕金属製の物差し。曲がり金がね。

曲水 ごくすい 曲がりくねって流れる水。

5 曲玉 まがたま ★▼【勾玉】まがたま 50

曲田 まがた 姓氏。

6 曲曲しい まがまがしい ▼【禍禍しい】まがまがしい 274

7 曲見 しゃくみ ★ 中年女性を表す能面。

8 曲学阿世 きょくがくあせい☆「―の徒」

曲者 くせもの ★〔癖者〕あやしい者。

曲直瀬 まなせ 姓氏。

曲突徙薪 きょくとつししん 災いを未然に防ぐたとえ。

曲物 わげもの ▼【綰物】わげもの 297

9 曲垣 まがき 姓氏。

曲独楽 きょくごま こま回しの曲芸。

15 曲輪 くるわ ☆▼【郭】くるわ 375

曰3 【更】(7) コウ さら・ふける・ふかす

0 更える かえる 「衣服を―」

更ける ふける ▼【深ける】ふける 220

更める あらためる 更新する。

←更衣 きさらぎ☆▼【如月】きさらぎ 94

→更衣 ころもがえ・こうい 〔衣更〕衣服をかえる。

更地 さらち 〔新地〕家が建てられる空き地。

更米 ふけまい 〔腐化米〕傷んでしまった米。

7 更更 さらさら 決して。

更沙 サラサ ▼【更紗】サラサ 175

更別 さらべつ 北海道の村むら。

9 更科 さらしな 姓氏。

更級 さらしな ①長野県の旧郡。②姓氏。

更待月 ふけまちづき 陰暦二〇日の夜の月。

10 更格廬 カンガルー 〔袋鼠・長尾驢〕カンガルー科の哺乳ほにゅう類の総称。

更紗 サラサ 〔更沙〕室町末期より輸入された綿布。

11 更埴 こうしょく 長野県の旧市。

12 更湯 さらゆ ▼【新湯】さらゆ 167

曰5 【曷】(9) カツ

0 曷くんぞ いずくんぞ どうして。

曷ぞ なんぞ どうして。

8 曷若 いかん ▼【如何】いかん 94

曰6 【書】(10) ショ かく

0 書 ふみ 〔文〕手紙。

2 書入れ時 かきいれどき☆「クリスマスは―だ」

5 書写山 しょしゃざん 兵庫県の山。

13 書肆 しょし ★書店。

曰7 【曽】(11) ソ・ソウ・ゾ・ゾウ

8 曽波神 そばのかみ JR東日本石巻いしのまき線の駅。

曰7 【曹】(11) ソウ

0 曹 ともがら ▼【輩】ともがら 366

5 曹以 そい フサカサゴ科の海魚の総称。

曹白魚 ひら ニシン目の海魚。

12 曹達 ソーダ 炭酸ナトリウムの俗称。

曹達水 ソーダすい 清涼飲料水の一。

曰7 【曼】(11) バン・マン

8 曼陀羅 まんだら 〔曼荼羅〕仏教の世界を描いた図絵。

10 曼珠沙華 まんじゅしゃげ☆〔石蒜〕ヒガンバナの別名。

曼荼羅 まんだら ▼【曼陀羅】まんだら 175

日8 【最】(12) サイ もっとも

0 **最** いと 〔甚〕 非常に。大変。
3 **最上** もがみ ①山形県の川・峡谷（—峡）・郡・町。②JR東日本陸羽東線の駅。③姓氏。
←**最中** さなか・さいちゅう ☆「激戦の—」
→**最中** もなか ★ 和菓子の一。
6 **最合い** もやい ▼【催合い】 34
最合う もやう ▼【催合う】 34
最早 もはや 「—これまで」
8 **最果て** さいはて 「—の町」
9 **最後っ屁** さいごっぺ 「いたちの—」
10 **最高値** さいたかね 取引用語。
11 **最寄り** もより 「—のコンビニ」
12 **最期** さいご 「友人の—に立ち会う」

日8 【曾】(12) ソ・ソウ・ゾ・ゾウ

0 **曾て** かつて ☆ 〔嘗て〕 「この絵は—どこかで見たことがある」
3 **曾々木海岸** そそぎかいがん 石川県の海岸。
4 **曾方布** そほう 姓氏。
7 **曾良** かつら 姓氏。
8 **曾於** そお 鹿児島県の丘陵・郡・市。
9 **曾祖父** ひいじじ ひい祖父または祖母の父。
曾祖母 ひいばば ひい祖父または祖母の母。
10 **曾孫** ひまご 孫の子。
11 **曾崎** そねざき 姓氏。
12 **曾遊** そうゆう 以前訪れていること。
14 **曾爾** そに 奈良県の村。
19 **曾禰** そね 姓氏。

日8 【替】(12) タイ かえる・かわる

5 **替玉** かえだま 代わりの人。

【月（月・月）〈つき〉〈つきへん〉部】

月0 【月】(4) ゲツ・ガツ つき

3 **月下氷人** げっかひょうじん 仲人。
月下部 かすかべ 姓氏。
月山 がっさん ①山形県の山。②島根県の山。
4 **月不見月** つきみずづき 陰暦五月。
5 **月出** ひたち 姓氏。
月出里 すだち・ぬだち 姓氏。
月代 さかやき ★ 男性の髪形で頭髪をそった部分。
月旦 げったん 月のはじめの日。
6 **月光菩薩** がっこうぼさつ 菩薩の一。
月次 つきなみ ☆ 「—な質問ですが…」
7 **月見山** やまなし 姓氏。
月見星 やまなし 姓氏。
8 **月性** げっしょう 幕末の僧。
10 **月朔** げっさく 月のはじめの日。
12 **月寒** つきさむ 北海道の丘陵・地名。
月極 つきぎめ 「—で駐車場を借りる」
13 **月鈴子** すずむし ▼【鈴虫】 383
15 **月餅** げっぺい 中国風の焼き菓子。
25 **月鼈** げつべつ 月とすっぽん。

月2 【有】(6) ユウ・ウ ある

4 **有心** うしん 分別がある。
5 **有功** いさお 姓氏。
有田 ありだ 和歌山県の川・郡・市。
有平隈 あるへいぐま 歌舞伎の隈取りの一。
有平糖 あるへいとう 砂糖菓子の一。
6 **有年** うね ①兵庫県の旧村。②JR西日本山陽本線の駅。③姓氏。
7 **有体** ありてい 「—に言うと…」
有余涅槃 うよねはん 仏教のことば。
8 **有卦** うけ ★ 好調。
有知 うち 岐阜県の地名。
9 **有為転変** ういてんぺん 「—の世の中」
有待 うだい 仏教語。はかない存在としての人間。
有度 うど 静岡県の山（—山）・旧郡・旧村。
有耶無耶 うやむや ☆ 「責任の所在を—にする」
←**有家** ありえ 長崎県の旧町。
→**有家** うげ JR東日本八戸線の駅。
有珠 うす ①北海道の山（—山）・郡・地名。②JR北海道室蘭本線の駅。

有島武郎 ありしまたけお 小説家・評論家。
11 有情 うじょう 「天地―」
有情樹 ねむのき ▼【合歓木】ねむのき 62
有頂天 うちょうてん 大喜び。
有頂天外 うちょうてんがい 夢中になってわれを忘れるさま。
有動 うどう 姓氏。
12 有間皇子 ありまのみこ 七世紀中葉の皇族・歌人。
有象無象 うぞうむぞう 雑多なつまらぬ者たち。
有無 うむ 「―を言わせず…」
13 有漢 うかん ①岡山県の川・旧町。②姓氏。
14 有徳 うとく 徳がある。
有髪 うはつ 仏門に入っても髪をそらないこと。
有銘 ありめ 姓氏。
有漏 うろ 欲望や迷いをもっている。
15 有縁 うえん 仏に会い教えを聞く縁がある。
18 有職故実 ゆうそくこじつ 学問の一分野。

有難う ありがとう 感謝の言葉。
19 有繋 さすが ▼【流石】さすが 218

【服】 月4 (8) フク
0 服 はとり 姓氏。
10 服紗 ふくさ 〔帛紗・袱紗〕儀礼のための方形の絹布。
11 服部 はっとり ①大阪府の地名。②阪急宝塚本線の駅。③岡山県の地名。④JR西日本吉備びき線の駅。⑤姓氏。
17 服膺 ふくよう 常に心にとどめて忘れないようにすること。「拳拳けんけん―する」
18 服織 はとり 姓氏。

【朋】 月4 (8) ホウ・ボウ
0 朋 とも ともだち。
4 朋友 ほうゆう ともだち。
10 朋党 ほうとう 中国で官僚が結んだ政治上の党派。
15 朋輩 ほうばい 〔傍輩〕同僚。仲間。

【朏】 月5 (9) ヒ・ハイ
0 朏 みかづき 姓氏。

【朔】 月6 (10) サク
0 朔 ついたち★ 〔朔日・一日〕月の第一日。
4 朔月 さくげつ 新月。
朔日 ついたち☆ ▼【朔】ついたち 177
5 朔旦 さくたん ついたちの朝。
9 朔風 さくふう 北風。

【朗】 月6 (10) ロウ ほがらか
10 朗朗 ほのぼの 「―とした友情」

【望】 月7 (11) ボウ・モウ のぞむ
4 望月 もちづき☆ ①〔三五月〕陰暦一五日の月。②長野県の旧町。
6 望江明 せんだいはぎ ▼【千代萩】せんだいはぎ 53
望江南 せんだいはぎ ▼【千代萩】せんだいはぎ 53
望多 もうた 姓氏。
11 望魚 たちうお ▼【太刀魚】たちうお 89
15 望潮 しおまねき☆ 〔潮招〕海産のカニ。
望潮魚 いいだこ ▼【飯蛸】いいだこ 407

【期】 月8 (12) キ・ゴ
←期する きする 決意する。
→期する ごする 覚悟して待つ。

【朝】 月8 (12) チョウ あさ
0 朝 あした 〔晨・旦〕あさ。
4 朝月夜 あさづくよ 有明ありあけの月。
5 朝永 ともなが 姓氏。
朝永振一郎 ともながしんいちろう 理論物理学者。
朝未明 あさまだき 早朝。
6 朝夷 あさひな 姓氏。
朝地 あさじ 大分県の旧町。
7 朝臣 あそん☆ 敬称の一。
←朝来 あさご ①兵庫県の川・市。②姓氏。
→朝来 あっそ ①和歌山県の旧村。②JR西日本紀勢本線の駅。
8 朝明 あさけ ①夜明け。②三重県の川・旧郡。③姓氏。
9 朝発 あさびらき 朝の船出。
10 朝倉山椒 あさくらざんしょう ▼【巴椒】あさくらざんしょう 120
朝朗 あさぼらけ あけぼの。
12 朝勤 あさじ 毎朝の読経どきょう。
朝朝 あさなさな 毎朝。
13 朝催 あさもよい 朝食のしたく。

朝寝 あさい　朝寝坊。

14 朝暮 ちょうぼ　朝夕。

朝熊 あさま　①三重県の山(—ヶ岳(がたけ))・地名。②近鉄鳥羽(とば)線の駅。③姓氏。

←朝餉 あさがれい　天皇の朝食。

→朝餉 あさげ　あさめし。

16 朝暾 ちょうとん　朝日。

17 朝霞 あさか　埼玉県の市。

18 朝顔 あさがお　〔牽牛花・牽牛子・蕣・蕣花〕　ヒルガオ科のつる性の一年草。

朝覲 ちょうきん　朝廷で天子にまみえること。

月 13 **【朦】**(17)　**モウ・ム**

17 朦朦 もうもう　▼【濛濛】もうもう 228

20 朦朧 もうろう　ぼんやりとしてはっきりしないさま。「—とした意識」

月 16 **【朧】**(20)　**ロウ**

0 朧 おぼろ　「—にかすむ春の宵(よい)」

朧げ おぼろげ　「—な記憶」

4 朧月 おぼろづき　ほのかにかすんだ月。

朧月夜 おぼろづくよ　源氏物語の作中人物。

20 朧朧 ろうろう　ぼんやりとかすむさま。

【木】〈き〉〈きへん〉部

木 0 **【木】**(4)　**ボク・モク　き・こ**

0 木ノ本 きのもと　JR西日本北陸本線の駅。

木の葉木菟 このはずく　〔木の葉梟・木葉角鴟・鴟鵂〕　フクロウ科の鳥。

木の葉梟 このはずく　▼【木の葉木菟】このはずく 178

2 木乃伊 ミイラ★　「—とりが—になる」

3 木下 きおろし　①千葉県の地名・街道。②JR東日本成田線の駅。

木下闇 こしたやみ　樹下がほの暗い。

←木工 こたくみ　姓氏。

→木工 こだくみ　①〔木匠〕　大工。②姓氏。

木之本 きのもと　滋賀県の町(ちょう)。

木上 きのえ　くま川鉄道湯前(ゆのまえ)線の駅。

4 木戸孝允 きどたかよし　政治家。

木五倍子 きぶし　〔通条花・旌節花〕　キブシ科の落葉小高木。

木尺 きがね　〔木矩〕　工具の一。

木天蓼 またたび★　マタタビ科のつる性落葉木本。

5 木古内 きこない　①北海道の町(ちょう)。②JR北海道江差線等の駅。

木叩 きたたき　キツツキ科の鳥。

木石 ぼくせき　木と石。「人、—にあらねば…」

木田 きた　香川県の郡。

木皮 こはだ　木の皮。

木末 こぬれ　こずえ。

木目 きめ　▼【肌理】きめ 307

木立 こだち　むらがって生えている木。

←木瓜 かりん　▼【花櫚】かりん 316

木瓜 きゅうり　▼【胡瓜】きゅうり 308

木瓜 ぼけ★　〔放春花・鉄脚梨〕　バラ科の落葉低木。

木瓜 マルメロ　▼【榲桲】マルメロ 195

→木瓜 もっこう　家紋の一。

木江 きのえ　広島県の旧町。

木次 きすき　①島根県の旧町。②JR西日本の路線・駅。③姓氏。

木耳 きくらげ★　〔木茸〕　キクラゲ目のきのこ。中華料理の食材の一。

木芍薬 ぼたん　▼【牡丹】ぼたん 238

木匠 こだくみ　▼【木工】こだくみ 178

木全 きまた　姓氏。

木地山 きじやま　秋田県の高原。

7 木花開耶姫 このはなのさくやびめ　記紀神話の神。

木更津 きさらづ　①千葉県の市・港。②JR東日本内房(うちぼう)線等の駅。

木住野 きしの　姓氏。

木対 きつい　姓氏。

木兎鳥 つくとり　ミミズクの別名。

木尾 こんの　長良川(ながらがわ)鉄道越美南(えつみなん)線の駅。

木防己 あおつづらふじ　▼【青葛藤】あおつづらふじ 400

8 木阿弥 もくあみ　「元の—」

木虱 だに　▼【蜱】だに 338

木知原 こちぼら　樽見(たるみ)鉄道の駅。

木沓 きぐつ　〔木履〕　木をくりぬいたくつ。

木突 きつつき　▼【啄木鳥】きつつき 69

木苺 きいちご 〔懸鉤子〕 バラ科キイチゴ属の植物の総称。

9 **木枯らし** こがらし ▼【凩】こがらし 42

木城 きじょう 宮崎県の町ちょう。

木茸 きくらげ ▼【木耳】きくらげ 178

木津 きづ ①京都府の旧町。②JR西日本関西本線等の駅。

木津川 きづがわ ①京都府の川・市。②大阪府の川。

木染月 こぞめづき 〔濃染月〕 陰暦八月。

10 **木矩** きがね ▼【木尺】きがね 178

木原山 きばるやま 大分県の山。

木豇豆 きささげ ノウゼンカズラ科の落葉高木。

木殺風 こがらし ▼【凩】こがらし 42

木屑 こけら ▼【柿】こけら 185

木造 きづくり ①青森県の旧町。②JR東日本五能線の駅。

木通 あけび ★▼【通草】あけび 370

木挽き こびき 木を切って用材にする。また、その職業の人。

木挽町 こびきちょう 東京都の地名。

木連子 むくろじ ▼【無患子】むくろじ 233

11 **木陰** こかげ 「—に憩う」

木患子 むくろじ ▼【無患子】むくろじ 233

木偶の坊 でくのぼう ☆ 役立たず。

木斛 もっこく 〔厚皮香〕 ツバキ科の常緑高木。

木訥 ぼくとつ ▼【朴訥】ぼくとつ 181

木部 きべ 滋賀県の地名。

木部市 きべいち 山口県の地名。

12 **木勝** きのすぐり 姓氏。

木場茶屋 こばんちゃや JR九州鹿児島本線の駅。

木犀 もくせい ★ モクセイ科の一部の常緑小高木の総称。

木椎 さいづち ▼【才槌】さいづち 150

←**木菟** ずく ミミズクの別名。

→**木菟** みみずく ★ 〔角鴟・鴟鵂・老兎・夜食鷹・恠鷹〕 フクロウ科の一部の鳥の通称。

木筆 こぶし ▼【辛夷】こぶし 367

木葉 このは ①熊本県の旧村。②JR九州鹿児島本線の駅。

木葉角鴟 このはずく ▼【木の葉木菟】このはずく 178

13 **木賊** とくさ ★ ①〔砥草〕 トクサ目の常緑性シダ植物。②福島県の温泉。③山梨県の峠。④姓氏。

木楡 あやめたむ ▼【地楡】あやめたむ 77

←**木蓮** いたび ▼【木蓮子】いたび 179

→**木蓮** もくれん 〔木蘭〕 モクレン科の落葉低木。

木蓮子 いたび 〔木蓮〕 イヌビワの別名。

14 **木精** こだま ▼【木霊】こだま 179

木端 こっ・こば 木の切れ端。

木端微塵 こっぱみじん こなごなに砕けること。

木蔦 きづた 〔常緑藤〕 ウコギ科の常緑つる性木本。

←**木綿** こわた 姓氏。

木綿 パンヤ ▼【斑枝花】パンヤ 164

木綿 もめん ★ 「—のハンカチ」

→**木綿** ゆう コウゾの繊維でつくった糸。

木綿四手 ゆうしで ▼【木綿垂】ゆうしで 179

木綿垂 ゆうしで 〔木綿四手〕 木綿ゆうで作った四手しで(＝しめ縄などに下げる細長い布)。

木綿鬘 ゆうかずら 木綿ゆうで作ったかずら。

←**木槵子** むくろじ ▼【無患子】むくろじ 233

→**木槵子** もくげんじ 〔欒樹〕 ムクロジ科の落葉小高木。

木槿 むくげ ★ 〔槿〕 アオイ科の落葉低木。

←**木幡** こはた ①京都府の地名。②JR西日本奈良線の駅。③姓氏。

→**木幡** こわた ①京阪けいはん電鉄宇治線の駅。②姓氏。

←**木履** きぐつ ▼【木沓】きぐつ 178

→**木履** ぽっくり ★ 駒下駄こまげたの一種。

木霊 こだま ★ 〔木精・谺〕 木の精。山びこ。

16 **木頭** きとう 徳島県の旧村。

17 **木螺子** もくねじ らせんの切ってある釘。

19 **木蘭** もくれん ▼【木蓮】もくれん 179

21 **木鐸** ぼくたく ☆ 「社会の—」

22 **木鵯** びんずい 〔便追〕 セキレイ科の小鳥。

23 **木欒子** もくれんじ モクゲンジの別名。

木欒子 むくろじ ▼【無患子】むくろじ 233

24 **木蠹虫** きくいむし 〔木食虫〕 キクイムシ科の甲虫の総称。

木1 **【札】**(5) **サツ ふだ**

0 **札** さね 甲冑(かっちゅう)の材料となる小板。うろこのように数多くとじ合わせる。

4 **札内** さつない ①北海道の川・山(━岳(だけ))・地名。②JR北海道根室本線の駅。

札比内 さっぴない JR北海道札沼(さっしょう)線の駅。

札片 さつびら 「━を切る」

7 **札苅** さつかり ①北海道の地名。②JR北海道江差線の駅。

8 **札弦** さっつる JR北海道釧網(せんもう)本線の駅。

札沼 さっしょう JR北海道の路線。

札的 さってき JR北海道札沼(さっしょう)線の駅。

13 **札幌** さっぽろ ①北海道の山(━岳(だけ))・市。②JR北海道函館本線の駅。

木1 **【朮】**(5) **チュツ・シュツ・ジュツ**

0 **朮** おけら ★ 〔蒼朮・白朮〕キク科の多年草。

8 **朮参り** おけらまいり ▼【白朮参り(おけらまいり)】257

木1 **【本】**(5) **ホン もと**

6 **本吉** もとよし ①宮城県の郡・町(ちょう)・街道。②JR東日本気仙沼(けせんぬま)線の駅。

本江 ほんごう 姓氏。

本合海 もとあいかい 山形県の地名。

本地垂迹説 ほんじすいじゃくせつ 仏と神との関係についての学説。

8 **本卦還り** ほんけがえり 還暦のこと。

本居 もとおり 姓氏。

本居宣長 もとおりのりなが 江戸中期の国学者。

本牧 ほんもく 神奈川県の地名。

9 **本津川** ほんづがわ 香川県の川。

本耶馬渓 ほんやばけい 大分県の渓谷・旧町。

10 **本真** ほんま 本当。

本栖湖 もとすこ 山梨県の湖。

本梅 ほんめ 京都府の地名。

本浪 ほなみ 姓氏。

11 **本巣** もとす ①岐阜県の郡・市・旧町。②樽見(たるみ)鉄道の駅。

本部 もとぶ 沖縄県の半島・町(ちょう)。

12 **本集** もとつめ 姓氏。

本渡 ほんど 熊本県の温泉・港・瀬戸・旧市。

13 **本意** ほい・ほんい ☆ ほんとうの考え。

20 **本懸魚** おもげぎょ 屋根の破風(はふ)の装飾の一。

木1 **【末】**(5) **マツ・バツ すえ**

4 **末木** うらき 樹木の先端。

5 **末世** まっせ・まっせい 仏教で、道徳や政治がおとろえて混乱した世。

6 **末次** すえよし 姓氏。

末成り うらなり 〔末生り〕つるの先の方になった実。

7 **末呉庭** くすくれば 姓氏。

←**末枯れる** うらがれる 草木の枝先や葉先が枯れる。

→**末枯れる** すがれる ▼【尽れる(すがれる)】111

11 **末黒野** すぐろの 草を焼いた野原。

末梢 まっしょう ☆「━神経」

12 **末期** まつご 「━の水」

末葉 うらば 枝の先端の葉。

13 **末裔** まつえい・ばつえい ★「源氏の━」

16 **末濃** すそご ▼【裾濃(すそご)】344

木1 **【未】**(5) **ミ**

0 **未** ひつじ ☆ 十二支の一。

未だ いまだ 今でもまだ。

5 **未央柳** びょうやなぎ 〔金糸柳〕オトギリソウ科の半落葉低木。

未申 ひつじさる 〔坤〕南西の方角。

未草 ひつじぐさ スイレン科の多年生水草。

10 **未通女** おぼこ ☆ 処女。

12 **未曾有** みぞう ★「━の大事故」

19 **未蘭** ミラノ イタリアの都市。

木2 **【杁】**(6) **いり・いれ**

3 **杁山** いりやま 姓氏。

木2 **【机】**(6) **キ つくえ**

3 **机下** きか 〔几下〕手紙に用いる用語。

木2 **【朽】**(6) **キュウ くちる**

←**朽木** くちき 枯れてくさった木。

→**朽木** くつき ①滋賀県の渓谷・旧村。②姓氏。

7 **朽折** つぎしょ 姓氏。

14 **朽網** くさみ JR九州日豊(にっぽう)本線の駅。

木2 **【朿】**(6) **シ**

0 **束** とげ ▼【刺】とげ 45

木2【朱】(6) **シュ**

0 **朱** あけ〔緋〕「―に染まる」
朱い あかい やや黄色みを帯びた赤。
4 **朱太川** しゅぶとがわ 北海道の川。
6 **朱竹** せんねんぼく〔朱蕉・鉄樹〕リュウゼツラン科の常緑低木。
10 **朱桜** にわざくら〔多葉郁李・喜梅・玉梅・桜桃・庭梅〕バラ科の落葉低木。
11 **朱雀** すざく ①京都府の地名。②姓氏。
13 **朱楽** あけら 姓氏。
14 **朱爾** ジュール〔焦爾〕イギリスの物理学者。
15 **朱嘴鸛** しゅばしこう コウノトリ目の鳥。
朱蕉 せんねんぼく ▼【朱竹】せんねんぼく 181
16 **朱熹** しゅき 中国、南宋の儒学者。
朱樹 いちい ▼【紫松】いちい 294
17 **朱鞠内** しゅまりない 北海道の人造湖・地名。
19 **朱蘭** しらん ▼【紫蘭】しらん 294
23 **朱欒** ザボン★〔香欒〕ミカン科の常緑小高木。文旦ぶんたん。
朱鷺 とき★ ▼【鴇】とき 423

木2【朶】(6) **ダ・タ**

15 **朶頤** だい 欲しがる。

木2【朳】(6) **ハツ**

0 **朳** えぶり 農具の名。歯のないくわ。
10 **朳差岳** えぶりさしだけ 新潟県の山。

木2【朴】(6) **ボク**

←**朴** えのき ▼【榎】えのき 196
→**朴** ほお〔厚朴〕ホオノキの別名。
朴の木 ほおのき〔厚朴〕モクレン科の落葉高木。
11 **朴訥** ぼくとつ〔木訥・樸訥〕飾り気がなく話し下手なさま。「―とした話しぶり」
16 **朴樹** えのき ▼【榎】えのき 196

木2【朸】(6) **リョク**

0 **朸** おうご てんびん棒。

木3【杏】(7) **コウ・キョウ・アン**

0 **杏** あんず ▼【杏子】あんず 181
3 **杏子** あんず☆〔杏〕バラ科の落葉高木。
4 **杏仁** きょうにん・あんにん アンズ類の種子。
杏仁豆腐 あんにんどうふ 料理の一。
8 **杏林** きょうりん☆ 医者の美称。

木3【杞】(7) **キ・コ**

0 **杞** かわやなぎ ▼【川楊】かわやなぎ 118
15 **杞憂** きゆう 取り越し苦労。

木3【杠】(7) **コウ**

0 **杠** ゆずりは ▼【譲葉】ゆずりは 355
8 **杠板帰** いしみかわ ▼【石見川】いしみかわ 267
10 **杠秤** ちぎり〔扛秤〕大型のさおばかり。
12 **杠葉** ゆずりは ①姓氏。②▼【譲葉】ゆずりは 355

木3【杓】(7) **ヒョウ・シャク**

0 **杓** ひしゃく ▼【柄杓】ひしゃく 187
杓う しゃくう 「網で金魚を―」
3 **杓子** しゃくし ①富山・長野県境の山（―岳だけ）。②山梨県の山。③姓氏。
杓子貝 いたやがい ▼【板屋貝】いたやがい 185
杓子定規 しゃくしじょうぎ☆「法を―に適用する」
4 **杓文字** しゃもじ★ 飯や汁をすくう道具。

木3【条】(7) **ジョウ**

←**条** くだり☆〔件〕文章などのある部分。
→**条** すじ〔筋〕「それは―の通った話だ」
6 **条虫** さなだむし ▼【真田虫】さなだむし 263
11 **条黒白蝶** すじぐろしろちょう シロチョウ科のチョウ。

木3【杖】(7) **チョウ・ジョウ**

0 **杖** つえ〔丈〕「転ばぬ先の―」
5 **杖立** つえたて 熊本県の川・温泉・地名。
杖立権現越 つえたてごんげんごえ 徳島県の峠。
8 **杖突蝦** てながえび ▼【草蝦】てながえび 321

木3【杉】(7) **すぎ**

0 **杉が乢** すぎがたわ 岡山県の峠。
3 **杉山杉風** すぎやまさんぷう 江戸中期の俳人。
4 **杉天牛** すぎかみきり カミキリ科の甲虫。
8 **杉妻** すぎのめ 姓氏。
13 **杉塘** すぎども 熊本市電上熊本線の停留所。
20 **杉蘚** すぎごけ スギゴケ亜綱のコケ植物の総称。

木3【束】(7) ソク たば

0 束 つか 長さの単位。

束の間 つかのま 「—の栄華」

3 束子 たわし★ 器物の汚れを洗ったりみがいたりする用具。

14 束稲山 たばしねやま 岩手県の山。

木3【杣】(7) そま

0 杣 そま 木材を切り出す人。

8 杣河 そまかわ 姓氏。

木3【村】(7) ソン むら

3 村女 そうとめ 姓氏。

4 村夫子 そんぷうし・そんぷし 田舎の学者。

5 村主 すぐり 姓氏。

7 村社 むらこそ 姓氏。

8 村雨 むらさめ☆ ▼【群雨】むらさめ 303

村所 むらしょ 宮崎県の地名。

10 村挙 そけ 姓氏。

村時雨 むらしぐれ 〔叢時雨〕 激しく降ったりやんだりする雨。

16 村濃 むらご ▼【斑濃】むらご 164

木3【杜】(7) ト・ズ・ド

← 杜 かりん ▼【花櫚】かりん 316

→ 杜 もり 森。「—の都」

4 杜氏 とうじ・とじ★ 酒造りの職人。

杜父魚 かじか ▼【鰍】かじか 420

6 杜宇 ほととぎす ▼【杜鵑】ほととぎす 182

8 杜若 かきつばた★ 〔燕子花・垣津旗・垣津幡・紫羅蘭・貌佳花・貌佳草〕 アヤメ科の多年草。

杜松 ねず・としょう☆ ヒノキ科の常緑小高木。

10 杜翁 トルストイ 〔托爾斯泰〕 ロシアの作家。

杜馬 デュマ フランスの作家。

12 杜絶える とだえる ▼【途絶える】とだえる 370

13 杜蒙 つくばねそう 〔衝羽根草〕 ユリ科の多年草。

14 杜漏 ずろう☆ いいかげんなさま。

15 杜撰 ずさん☆ 「—な工事」

杜魄 ほととぎす ▼【杜鵑】ほととぎす 182

16 杜衡 かんあおい ▼【寒葵】かんあおい 104

18 杜鵑 ほととぎす 〔巂・巂周・怨鳥・郭公・沓乞・沓公・沓手鳥・催帰・子巂・子規・時鳥・周燕・帝魂・田鵑・杜宇・杜魄・不如帰・陽雀・蜀魂・霍公鳥・鵙〕 ホトトギス科の鳥。

杜鵑花 さつき ▼【皐月】さつき 260

杜鵑草 ほととぎす 〔油点草・郭公花・時鳥草〕 ユリ科の多年草。

木3【杤】(7) とち

0 杤 とちのき ▼【橡】とちのき 198

木3【杢】(7) もく

0 杢 もく 大工。

木3【杙】(7) ヨク

0 杙 くい☆ ▼【杭】くい 183

19 杙瀬 くいせ 姓氏。

木3【来】(7) ライ くる・きたる・きたす

0 来し方 こしかた 「—行く末」

5 来生 きすぎ 姓氏。

7 来迎 らいごう 死に際して仏が迎えにくる。

来迎寺 らいこうじ JR東日本信越本線の駅。

来見 くすみ 姓氏。

来住 くるす 姓氏。

来住野 きしの 姓氏。

8 来服 すずしろ ▼【蘿蔔】すずしろ 334

9 来待 きまち ①島根県の地名。②JR西日本山陰本線の駅。③姓氏。

10 来宮 きのみや ①静岡県の地名。②JR東日本伊東線の駅。

来栖 くるす 姓氏。

来島 くるしま ①愛媛県の島・海峡。②姓氏。

来特兄弟 ライトきょうだい アメリカの航空技術者。

来馬岳 らいばだけ 北海道の山。

12 来間島 くりまじま 沖縄県の島。

13 来路花 サルビア ▼【撒爾維亜】サルビア 299

木3【李】(7) リ

0 李 すもも☆ 〔李子・黄吉〕 バラ科の落葉高木。

3 李下 りか 「—に冠を正さず」

李子 すもも ▼【李】すもも 182

8 李並士敦 リビングストン ▼【栗賓廣斯頓】リビングストン 190

4画 木部 3画

12 李斯特 リスト ハンガリーの作曲家。

13 李頓 リットン イギリスの作家。

17 李鴻章 りこうしょう 中国、清末の政治家。

木4【枉】(8) オウ

0 枉げて まげて 是が非でも。「この件―ご承知ください」

枉げる まげる 曲げる。「自説を―」

8 枉枉しい まがまがしい ▼【禍禍しい】まがまがしい 274

15 枉駕来臨 おうがらいりん 人の来訪に対する敬語。

木4【果】(8) カ はたす・はてる・はて

0 果 はか ▼【捗】はか 155

果せる おおせる ▼【遂せる】おおせる 371

4 果戈里 ゴーゴリ ロシアの作家。

8 果果しい はかばかしい ▼【捗捗しい】はかばかしい 155

果物 くだもの 食べられる果実。

12 果敢 かかん 「勇猛―」

果敢無い はかない☆〔儚い〕「人生は―」

果無む はかなむ 〔儚む〕はかないものと思う。「世を―」

果無山脈 はてなしさんみゃく 奈良・和歌山県境の山脈。

14 果蜜 シロップ 香料入りの砂糖液。

木4【杭】(8) コウ

0 杭 くい 〔杙〕「出る―は打たれる」

6 杭全 くまた ①大阪府の地名。②姓氏。

木4【杲】(8) コウ

8 杲杲 こうこう 日光が明るく照るさま。

木4【枝】(8) シ えだ

4 枝尺蠖 しゃくとりむし ▼【尺蠖】しゃくとりむし 111

枝手久島 えだてくじま 鹿児島県の島。

7 枝折 しおり ▼【栞】しおり 188

枝折峠 しおりとうげ 新潟県の峠。

8 枝幸 えさし 北海道の郡・町(ちょう)。

枝垂柳 しだれやなぎ 〔垂れ柳〕ヤナギ科の落葉高木。

枝垂桜 しだれざくら 〔垂れ桜〕バラ科の落葉高木。

12 枝葉末節 しようまっせつ 主要でない細かい部分。「―にとらわれる」

木4【杵】(8) ショ

0 杵 きね 穀物をつく道具。

9 杵柄 きねづか☆「昔取った―」

10 杵島 きしま ①佐賀県の山・郡。②熊本県の山(―岳(だけ))。③姓氏。

16 杵築 きつき ①大分県の市。②JR九州日豊(にっぽう)本線の駅。③姓氏。

木4【松】(8) ショウ まつ

2 松七五三 まつしめ 姓氏。

←松代 まつしろ ①長野県の旧町。②長野電鉄屋代(やしろ)線の駅。

→松代 まつだい 新潟県の旧町。

松平容保 まつだいらかたもり 江戸末期の会津藩主。

6 松江魚 すずき ▼【鱸】すずき 422

松任 まつとう ①石川県の旧市。②JR西日本北陸本線の駅。③姓氏。

松任谷 まつとうや 姓氏。

松伏 まつぶし 埼玉県の町(まち)。

7 松尾寺 まつのおでら JR西日本小浜(おばま)線の駅。

8 松毟鳥 まつむしり ウグイス科の小鳥、キクイタダキの別名。

松明 たいまつ☆〔炬・炬火・続松・苣〕マツやタケでできた照明道具。

9 松茸 まつたけ ハラタケ目のきのこ。

松前 まさき ①愛媛県の町(ちょう)。②伊予(いよ)鉄道郡中(ぐんちゅう)線の駅。

10 松脂 まつやに 松から分泌される天然樹脂。

松浦佐用姫 まつらさよひめ 伝説上の女性。

11 松陰嚢 まつふぐり 松かさ。

松毬 まつかさ・まつぼっくり 松の木の実。

松魚 かつお☆ ▼【鰹】かつお 421

13 松楊 ちしゃ ▼【萵苣】ちしゃ 326

15 松蝟 きりぎりす ▼【螽斯】きりぎりす 339

16 松橋 まつばせ ①熊本県の旧町。②JR九州鹿児島本線の駅。

←松濤 しょうとう 松に吹く風の音。

→松濤 まつなみ 姓氏。

19 松藻虫 まつもむし カメムシ目の水生昆虫。

22 **松蘿** さるおがせ ▼【猿麻桛】さるおがせ 243
松籟 しょうらい　松に吹く風の音。
木4 **【枢】**(8) **スウ**
枢 くる　扉の開閉のための仕掛け。
→**枢** とぼそ　梁と敷居とにある小さい穴。
4 **枢戸** くるるど　回転軸で開閉する戸。
16 **枢機卿** すうきけい　ローマ法王に次ぐ高位聖職者。
木4 **【枘】**(8) **ゼイ**
0 **枘** ほぞ　木材を接合するときの突起。
木4 **【析】**(8) **セキ**
5 **析出** せきしゅつ　液体・気体から結晶が生成すること。
木4 **【杼】**(8) **ショ・ジョ・チョ**
←**杼** くぬぎ ▼【椚】くぬぎ 192
→**杼** ひ 〔梭〕織機の部品の一。
木4 **【枕】**(8) **チン・シン**
0 **枕** まくら　頭を支える道具。
9 **枕草子** まくらのそうし　随筆の一。
10 **枕席** ちんせき　寝床。

11 **枕許** まくらもと　まくらのそば。
枕崎 まくらざき　鹿児島県の市。
16 **枕頭** ちんとう★　まくらもと。
木4 **【東】**(8) **トウ ひがし**
0 **東** あずま 〔吾嬬・吾妻・東国〕関東地方や鎌倉・江戸など、都の東方にある地方。
3 **東下条** ひがしげじょう　JR東日本磐越西線の駅。
東山 とうせん　鳥取県の山。
東大更 ひがしおおぶけ　JR東日本花輪線の駅。
5 **東市来** ひがしいちき　①鹿児島県の旧町。②JR九州鹿児島本線の駅。
東生 ひがしなり　姓氏。
東田平 ひがしたびら　松浦鉄道西九州線の駅。
東平 とうなる　愛媛県の地名。
東平安名崎 ひがしへんなざき　沖縄県の岬。
6 **東庄** とうのしょう　千葉県の町。
東成 ひがしなり　①大阪府の旧郡。②大阪市の行政区。
東成岩 ひがしならわ　①愛知県の地名。②JR東海武豊線の駅。

東牟婁 ひがしむろ　和歌山県の郡。
東名 とうな　①宮城県の地名。②JR東日本仙石線の駅。
7 **東串良** ひがしくしら　鹿児島県の町。
8 **東金** とうがね　①千葉県の市・街道。②JR東日本の路線・駅。③姓氏。
東国 あずま ▼【東】あずま 184
東国東 ひがしくにさき　大分県の郡。
東国原 ひがしこくばる　姓氏。
東彼杵 ひがしそのぎ　長崎県の郡・町。
東沸湖 とうふつこ　北海道の湖。
東明 しのあき　姓氏。
9 **東屋** あずまや ▼【四阿】あずまや 74
東海林 しょうじ　姓氏。
東海美人 いがいい ▼【貽貝】いがい 358
東南風 いなさ 〔巽風〕東南の風。
東風 こち☆　春、東から吹く風。
東風平 こちんだ　①沖縄県の旧町。②姓氏。
←**東風菜** しらやまぎく 〔白山菊〕キク科の多年草。

→**東風菜** なずな ▼【薺】なずな 332
10 **東員** とういん　①三重県の町。②三岐鉄道北勢線の駅。
東家 とけ　姓氏。
東宮 とうぐう ▼【春宮】とうぐう 172
東郡家 ひがしこおげ　JR西日本因美線の駅。
東浪見 とらみ　JR東日本外房線の駅。
11 **東都農** ひがしつの　JR九州日豊本線の駅。
12 **東雲** しののめ☆　①夜明け方。②東京都の地名。③東京臨海高速鉄道の駅。④北近畿タンゴ鉄道宮津線の駅。⑤姓氏。
東御 とうみ　長野県の市。
東觜崎 ひがしはしさき　JR西日本姫新線の駅。
東道 あずまじ　姓氏。
13 **東蒲原** ひがしかんばら　新潟県の郡。
14 **東歌** あずまうた　上代、東国地方でよまれた和歌。
東頚城 ひがしくびき　新潟県の丘陵・旧郡。
東総元 ひがしふさもと　いすみ鉄道の駅。
東鳳翩山 ひがしほうべんざん　山口県の山。

15 **東諸県** ひがしもろかた 宮崎県の郡。

東幡豆 ひがしはず 名鉄蒲郡（がまごおり）線の駅。

東磐井 ひがしいわい 岩手県の郡。

19 **東瀛** とうえい 東方の海。東海。

東藻琴 ひがしもこと 北海道の旧村。

東礪波 ひがしとなみ 富山県の旧郡。

24 **東鷹栖** ひがしたかす 北海道の地名。

木4 **【杷】**（8） **ハ**

4 **杷木** はき 福岡県の旧町。

木4 **【杯】**（8） **ハイ さかずき**

0 **杯** さかずき 〔盃・盃盞・卮・巵・榼子・盞・盞盃・觚・觴・觳・桮・巹〕酒を飲む小さな器。

7 **杯作** きつつき・くりくり 姓氏。

木4 **【柿】**（8） **ハイ**

0 **柿** こけら 〔木屑〕材木を削ったときにできるくず。

12 **柿落とし** こけらおとし 新築・改築した劇場でのはじめての興行。

木4 **【板】**（8） **ハン・バン いた**

3 **板山葵** いたわさ かまぼこにわさびを添えた料理。

板子 いたご 「―一枚下は地獄」

6 **板西** ばんざい 徳島県の地名。

板全 いたまた 姓氏。

板列 いたなみ 姓氏。

7 **板決り** いたじゃくり 建築技術の一。

8 **板茂** いたもち 姓氏。

9 **板屋貝** いたやがい 〔半辺蚶・杓子貝・花蛤・魁蛤〕海産の二枚貝。

10 **板荷** いたが 東武日光線の駅。

木4 **【枇】**（8） **ヒ・ビ**

8 **枇杷** びわ☆ バラ科の常緑高木。

枇杷島 びわじま ①愛知県の地名。②JR東海東海道本線等の駅。

14 **枇榔島** びろうじま ①宮崎県の島。②鹿児島県の島。

木4 **【杪】**（8） **ビョウ**

← **杪** こずえ ▼【梢】こずえ 191

→ **杪** すわえ 〔楚〕細くまっすぐな枝。

23 **杪欏** へご ▼【杪欏】へご 191

木4 **【枌】**（8） **フン**

0 **枌** そぎ 木を薄くそいだ板。

7 **枌谷** そげだに 姓氏。

13 **枌楡** ふんゆ ニレの木。

木4 **【枋】**（8） **ホウ・ヘイ**

0 **枋** いかだ ▼【筏】いかだ 284

木4 **【枚】**（8） **マイ**

0 **枚** ひら ▼【片】ひら 237

4 **枚方** ひらかた ①大阪府の台地・市。②姓氏。

8 **枚岡** ひらおか ①大阪府の旧市。②近鉄奈良線の駅。③姓氏。

木4 **【枡】**（8） **ます**

0 **枡** ます 〔桝・斗〕計量器具の一。

11 **枡組** ますぐみ ▼【斗組】ますぐみ 165

木4 **【杳】**（8） **ヨウ**

0 **杳か** はるか ▼【遥か】はるか 372

杳として ようとして 事情がわからず、見当もつかないさま。「行方は―知れない」

8 **杳杳** ようよう ほのかなさま。

12 **杳渺** ようびょう はるかに遠くてかすかなさま。

木4 **【林】**（8） **リン はやし**

3 **林子平** はやししへい 江戸中期の経世家。

8 **林肯** リンカーン 〔琳閣倫〕アメリカの政治家。

11 **林彪** りんぴょう 中国の軍人。

17 **林檎** りんご★ 〔苹果〕バラ科の落葉高木。

木4 **【枦】**（8） **ロ**

0 **枦** はぜ ▼【櫨】はぜ 200

3 **枦山** はしやま 姓氏。

木4 **【枠】**（8） **わく**

4 **枠井** わくい 四角に枠を組んだ井戸。

12 **枠順** わくじゅん 競馬で、出走馬のゲート番号。

木5 **【栄】**（9） **エイ さかえる・はえ・はえる**

5 **栄生** さこう 名鉄名古屋本線の駅。

7 **栄花樹** ねむのき ▼【合歓木】ねむのき 62

8 **栄岩** はえいわ 姓氏。

9 **栄枯盛衰** えいこせいすい 「―は世の常」

17 **栄螺** さざえ★ 〔栄螺子・拳螺・細螺・蜷・螺〕海産の巻貝。

栄螺子 さざえ ▼【栄螺】さざえ 185

←栄蘭 えらん 植物アダンの別名。

→栄蘭 たこのき ▼【蛸の木】たこのき 337

20 栄耀栄華 えいようえいが・えようえいが 「—を尽くす」

木5 【架】(9) **カ** かける・かかる

8 架空 かくう 「—の人物」

11 架設 かせつ 「橋梁(きょうりょう)の—工事」

木5 【枷】(9) **カ**

0 枷 かせ 「情が—となる」

木5 【柯】(9) **カ**

16 柯樹 しい ▼【椎】しい 193

木5 【柑】(9) **カン・ケン**

3 柑子 こうじ ミカンの一種。

16 柑橘類 かんきつるい ★ミカンの類。

木5 【柬】(9) **カン**

13 柬蒲塞 カンボジア 国名。

木5 【柾】(9) **キュウ**

←柾 まさ 木目が平行なもの。

→柾 まさき ★ニシキギ科の常緑低木。

4 柾木 まさき 姓氏。

5 柾目 まさめ 〔正目〕縦にまっすぐな木目。

木5 【枢】(9) **キュウ**

0 枢 ひつぎ ☆ ▼【棺】ひつぎ 192

木5 【枸】(9) **ク・コウ**

7 枸杞 くこ 〔枸棘・茍〕ナス科の落葉低木。

10 枸骨 ひいらぎ ▼【柊】ひいらぎ 187

12 枸棘 くこ ▼【枸杞】くこ 186

16 枸橘 からたち ☆ ▼【枳殻】からたち 187

←枸櫞 かぶち ダイダイの一種。

→枸櫞 くえん 広く柑橘(かんきつ)類のこと。

木5 【枯】(9) **コ** かれる・からす

3 枯山水 かれさんすい・こせんすい 水を用いない庭園様式。

7 枯尾花 かれおばな 「幽霊の正体見たり—」

11 枯淡 こたん 「—な味わい」

14 枯槁 ここう 草木が枯れる。

21 枯露柿 ころがき 〔転柿・白柿〕干し柿の一。

木5 【査】(9) **サ**

8 査其遜 ジャクソン アメリカの政治家。

9 査科布森 ヤコブセン デンマークの作家。

木5 【柤】(9) **サ**

0 柤 さんざし ▼【山樝子】さんざし 115

木5 【柴】(9) **サイ・シ**

0 柴 しば 「—刈り」

4 柴木川 しわきがわ 広島県の川。

5 柴可夫斯基 チャイコフスキー ロシアの作曲家。

柴田鳩翁 しばたきゅうおう 江戸後期の心学者。

6 柴芝 まんねんたけ ▼【霊芝】まんねんたけ 399

10 柴島 くにじま ①大阪市の中州。②阪急千里線の駅。

11 柴笛 してき 姓氏。

12 柴湖 さいこ 解熱剤となる生薬。

柴棍 サイゴン ▼【西貢】サイゴン 346

柴扉 さいひ ★しばの扉。

14 柴漬 ふしづけ 魚を捕らえる道具。

木5 【柵】(9) **サク・セキ**

←柵 さく 「—をめぐらす」

→柵 しがらみ ☆ まとわりついて、関係を絶ちがたいもの。「浮き世の—」

4 柵木 ませき 姓氏。

10 柵原 やなはら ①岡山県の旧町。②姓氏。

木5 【柞】(9) **サク**

←柞 いすのき 〔蚊母樹〕マンサク科の常緑高木。

柞 なら ①姓氏。②▼【楢】なら 195

→柞 ははそ コナラ属の植物の別名。

←柞木 くぬぎ ▼【椚】くぬぎ 192

→柞木 つげ ▼【黄楊】つげ 429

5 柞田 いすだ 姓氏。

柞田川 くにたがわ 香川県の川。

10 柞蚕 さくさん ヤママユガ科のガ。

木5 【柿】(9) **シ**

0 柿 かき カキノキ科の落葉高木。

12 柿歯 しば 姓氏。

木5 【枳】(9) **シ・キ**

0 **枳** からたち ▼【枳殻】からたち 187

7 **枳豆志** きつし 姓氏。

← **枳殻** からたち☆〔枳・枸橘〕ミカン科の落葉低木。

→ **枳殻** きこく カラタチの別名。

12 **枳棘** ききょく カラタチといばら。

木5 **【枲】**(9) **シ**

0 **枲** からむし ▼【苧】からむし 319

木5 **【柘】**(9) **シャ**

12 **柘植** つげ☆ ①三重県の旧町。②JR西日本関西本線等の駅。③姓氏。④▼【黄楊】つげ 429

14 **柘榴** ざくろ☆ ①姓氏。②▼【石榴】ざくろ 268

柘榴草 ざくろそう 〔粟米草〕ザクロソウ科の一年草。

木5 **【柊】**(9) **シュウ**

0 **柊** ひいらぎ☆ 〔枸骨・紅谷樹〕モクセイ科の常緑小高木。

9 **柊南天** ひいらぎなんてん 〔十大功労〕メギ科の常緑低木。

木5 **【柔】**(9) **ジュウ・ニュウ やわらか・やわらかい**

← **柔** やわ 「—な神経ではつとまらない」

→ **柔** やわら 柔道。

4 **柔手** にこで 〔和手〕やわらかな手。

6 **柔肌** やわはだ やわらかな肌。

← **柔魚** いか ▼【烏賊】いか 231

→ **柔魚** するめいか 418 ▼【鯣烏賊】するめいか

12 **柔順しい** おとなしい 柔順であるさま。

木5 **【染】**(9) **セン そめる・そまる・しみる・しみ**

4 **染木綿** そめゆう・しめゆう 染めた木綿織物。

9 **染染** しみじみ 〔沁沁〕「—と語り合う」

木5 **【柝】**(9) **タク**

0 **柝** き 芝居などで開幕・会場に用いる拍子木。

木5 **【柱】**(9) **チュウ はしら**

5 **柱石** ちゅうせき 組織などを支える重要な人。

12 **柱廊** ちゅうろう 屋根とそれを支える柱がある壁のない廊下。

17 **柱聯** ちゅうれん 柱かけ。

木5 **【栃】**(9) **とち**

← **栃** とち トチノキの別名。

→ **栃** とちのき ▼【橡】とちのき 198

← **栃木** とちぎ ①関東地方の県。②栃木県の市。③JR東日本両毛線・東武日光線の駅。

→ **栃木** とちのき 熊本県の温泉。

7 **栃沢** とちざわ 姓氏。

15 **栃餅** とちもち トチの実を混ぜてついた餅。

木5 **【栂】**(9) **バイ**

← **栂** つが・とが★ マツ科の常緑高木。

→ **栂** とが 姓氏。

6 **栂池高原** つがいけこうげん 長野県の高原。

7 **栂尾** とがのお 姓氏。

木5 **【柏】**(9) **ハク・ヒャク**

0 **柏** かしわ 〔栢・槲・檞〕ブナ科の落葉高木。

4 **柏手** かしわで 〔拍手〕神をおがむときの作法。

8 **柏拉図** プラトン 121 ▼【布剌度】プラトン

← **柏原** かいばら ①兵庫県の旧町。②JR西日本福知山線の駅。③姓氏。

→ **柏原** かしわら ①大阪府の市。②JR西日本関西本線等の駅。③姓氏。

12 **柏森** かやもり 姓氏。

14 **柏槙** びゃくしん イブキの別名。

木5 **【枹】**(9) **フ**

← **枹** なら ▼【楢】なら 195

→ **枹** ばち 〔桴〕太鼓などを打ち鳴らす棒。

木5 **【柄】**(9) **ヘイ がら・え**

0 **柄** つか 刀剣の、手で握る部分。

4 **柄井川柳** からいせんりゅう 江戸中期の前句付け点者。

7 **柄杓** ひしゃく☆ 〔杓〕水をくみ取る道具。

柄沢 からさわ 姓氏。

8 **柄長** えなが 〔韈雀〕スズメ目エナガ科の小鳥。

16 **柄樽** えだる 祝儀(しゅうぎ)用の酒樽。

木5 **【某】**(9) **ボウ**

← **某** それがし わたくし。

→ **某** なにがし☆ 〔何某〕「—かの金を用意する」「—とかいう村」

某れ某れ それぞれ 〔夫れ夫れ〕「—が十分注意すること」

木5 **【柚】**(9) **ユウ・ユ・チク・ジク**

0 **柚** ゆず☆ 〔柚子〕ミカン科の常緑小高木。

3 **柚子** ゆず ★ ▼【柚】ずゆ 187

7 **柚利** ゆり 姓氏。

9 **柚垣** ゆずがき 姓氏。

柚柑 ゆこう ミカン科の常緑小高木。

15 **柚餅子** ゆべし ★ 餅(もち)菓子の一。

木5 **【柳】**(9) **リュウ やなぎ**

0 **柳ヶ瀬** やながせ ①岐阜県の地名。②滋賀県の地名・峠。

3 **柳川** やながわ ①福岡県の温泉・市。②岡山電気軌道東山本線等の停留所。③姓氏。

4 **柳井** やない ①山口県の市・港。②JR西日本山陽本線の駅。③姓氏。

5 **柳生** やぎゅう ①奈良県の地名・街道。②東武日光線の駅。③姓氏。

柳生宗矩 やぎゅうむねのり 江戸初期の剣術家。

7 **柳谷** やなだに 愛媛県の旧村。

9 **柳津** やないづ ①宮城県の地名。②JR東日本気仙沼(けせんぬま)線の駅。③福島県の温泉・町(まち)。④名鉄竹鼻線の駅。

11 **柳宿** ぬりこぼし・りゅうしゅく 二十八宿の一。

12 **柳絮** りゅうじょ ★ 白い綿毛をもったヤナギの種子。

柳葉魚 シシャモ ★ サケ目の海魚。

柳葉菜 あかばな 〔赤花〕 アカバナ科の多年草。

13 **柳楽** やぎら 姓氏。

柳筥 やないばこ ヤナギで作った箱。

17 **柳鮠** やなぎはえ ヤナギの葉に似た川魚の呼称。

19 **柳瀬** やなせ 姓氏。

20 **柳麺** ラーメン ▼【拉麺】ラーメン 154

木6 **【案】**(10) **アン**

0 **案** つくえ 物を置く台。

3 **案山子** かかし ☆ 〔鹿驚〕 田畑にたてる人形。

4 **案内** あない・あんない 「―を請う」

木6 **【桜】**(10) **オウ さくら**

7 **桜花爛漫** おうからんまん 桜が咲き乱れる。

8 **桜府** サクラメント アメリカの都市。

9 **桜海老** さくらえび 〔桜蝦・十脚〕 海産のエビ。

桜草 さくらそう 〔蓮馨花〕 サクラソウ科の多年草。

← **桜桃** さくらんぼ・おうとう セイヨウミザクラの果実。

桜桃 にわざくら ▼【朱桜】にわざくら 181

→ **桜桃** ゆすらうめ ▼【山桜桃】ゆすらうめ 114

14 **桜蓼** さくらたで 〔蚕繭草〕 タデ科の多年草。

15 **桜蝦** さくらえび 188 ▼【桜海老】さくらえび

18 **桜鰄** さくらうぐい 桜の季節にとれるウグイ。

19 **桜蘭** さくららん 〔毬蘭・玉蝶梅〕 ガガイモ科の常緑つる性小低木。

木6 **【格】**(10) **カク・コウ**

3 **格子** こうし 「―窓」

4 **格天井** ごうてんじょう ☆ 角材を格子に組んだ天井。

6 **格式** きゃくしき 基本法典である律令(りつりょう)を補助する法や規則。

9 **格狭間** こうざま 壇などの装飾的なくり形。

10 **格朗空** クロムウェル イギリスの政治家。

19 **格蘭徳** グラント アメリカの政治家。

木6 **【核】**(10) **カク**

0 **核** さね 〔実〕 果実の種。

4 **核太棗** さねぶとなつめ ▼【酸棗】さねぶとなつめ 377

木6 **【桛】**(10) **かせ**

0 **桛** かせ 〔綛〕 つむいだ糸を巻き取る道具。

木6 **【株】**(10) **かぶ**

← **株** くいぜ 木のきりかぶ。

→ **株** しゅ 立木を数える語。

木6 **【栞】**(10) **カン**

0 **栞** しおり 〔枝折〕 案内書。手引き。

木6 **【桓】**(10) **カン**

8 **桓武** かんむ 第五〇代天皇。

木6 **【桔】**(10) **ケツ・キツ**

11 **桔梗** ききょう ☆ ①キキョウ科の多年草。②北海道の地名。③JR北海道函館本線の駅。

木6 **【框】**(10) **キョウ**

0 **框** かまち 窓、障子の横木。

木6 **【栩】**(10) **ク**

4 **栩木** とちぎ 姓氏。

9 **栩秋** とちあき 姓氏。

11 **栩野** くぬぎの 姓氏。

木6 **【桂】**(10) **ケイ**

0 **桂** かつら ☆ カツラ科の落葉高木。

3 **桂川** けいせん ①福岡県の町(まち)。②JR九州筑豊(ちくほう)本線等の駅。

9 **桂冠** けいかん 月桂樹の枝葉で作った冠。
10 **桂馬** けいま 将棋の駒の一。
桂剝き かつらむき 野菜の切り方の一。
11 **桂庵玄樹** けいあんげんじゅ 室町時代の僧。

木6 **【校】**(10) **コウ**
6 **校合** きょうごう 二種以上の書物を照合して異同を調べ訂正する。
10 **校倉** あぜくら★ 〔甲蔵・叉倉〕倉の形式の一。

木6 **【桁】**(10) **コウ**
0 **桁** けた☆ 数の位。

木6 **【栲】**(10) **コウ**
← **栲** たえ 藤などで織った布。
→ **栲** たく コウゾの古名。

木6 **【桄】**(10) **コウ**
14 **桄榔** くろつぐ 〔桄榔子〕ヤシ科の常緑低木。
桄榔子 くろつぐ ▼【桄榔】くろつぐ 189
桄榔樹 たがやさん ▼【鉄刀木】たがやさん 382

木6 **【根】**(10) **コン ね**
3 **根上** ねあがり 石川県の旧町。
4 **根太** ねだ 床板を支える横木。
5 **根占** ねじめ 鹿児島県の旧町。
根北峠 こんぽくとうげ 北海道東部の峠。
6 **根羽** ねば 長野県の村(むら)。
根曳峠 ねびきとうげ 高知県の峠。
7 **根来** ねごろ ①和歌山県の地名。②大阪府・和歌山県の街道。③姓氏。
8 **根雨** ねう ①鳥取県の地名。②JR西日本伯備線の駅。
根刮ぎ ねこそぎ 「敵を―にする」
根府川 ねぶかわ ①神奈川県の地名。②JR東日本東海道本線の駅。
9 **根室** ねむろ ①北海道の海峡・原野・半島・湾・支庁・市・港。②JR北海道の路線・駅。
11 **根釧台地** こんせんだいち 北海道東部の台地。
12 **根場** ねんば 山梨県の地名。
根葱 ねぎ ▼【葱】ねぎ 326
根無葛 ねなしかずら 〔菟糸子・玉女・金腺草・女蘿・赤綱・唐蒙・野狐糸〕ヒルガオ科の一年生寄生植物。

木6 **【栽】**(10) **サイ**
0 **栽える** うえる 植える。
11 **栽培** さいばい 草木・農作物を植え育てる。

木6 **【桟】**(10) **サン**
0 **桟** えつり 壁の下地材。
4 **桟手** さで 木材を運搬する装置。
10 **桟俵法師** さんだらぼっち 米俵の両端にあてる円いふた。
桟留 サントメ インド南東部の地域名。
15 **桟敷** さじき☆ 「天井(てんじょう)―」
16 **桟橋** さんばし 港で、船を横づけするための構造物。

木6 **【桎】**(10) **シツ**
0 **桎** あしかせ ▼【足枷】あしかせ 362
11 **桎梏** しっこく 束縛。

木6 **【栖】**(10) **セイ**
0 **栖** すみか ▼【住み処】すみか 27
栖む すむ 一定の家で生活する。
5 **栖田** すだ 姓氏。
栖本 すもと ①熊本県の旧町。②姓氏。
10 **栖栖** せいせい ▼【棲棲】せいせい 193
栖息 せいそく ▼【棲息】せいそく 193

木6 **【栓】**(10) **セン**
0 **栓** せん 「ビールの―」
4 **栓木** せんのき ウコギ科の落葉高木。

木6 **【栴】**(10) **セン**
17 **栴檀** せんだん★ 〔楝〕センダン科の落葉高木。
栴檀草 せんだんぐさ 〔鬼鍼草〕キク科の一年草。

木6 **【桑】**(10) **ソウ くわ**
7 **桑折** こおり ①福島県の町(まち)。②JR東日本東北本線の駅。③姓氏。
10 **桑蚕** くわご・くわこ ▼【野蚕】くわご 379
11 **桑梓** そうし 父母を思う。
12 **桑港** サンフランシスコ★ アメリカの都市。

木6 **【桃】**(10) **トウ もも**
3 **桃川** もものかわ JR九州筑肥(ちくひ)線の駅。
4 **桃仁** とうにん モモの種子。
5 **桃生** ものう 宮城県の旧郡・旧町。
7 **桃花心木** マホガニー

センダン科の常緑大高木。

桃花染 あらぞめ ▼【粗染】あらぞめ 288

←桃花鳥 つぐみ ▼【鶫】つぐみ 425

→桃花鳥 とき ▼【鴇】とき 423

桃李成蹊 とうりせいけい 徳を慕っておのずと人が集まる。

10 桃原 とうばる ①沖縄県の地名。②姓氏。

12 桃葉衛矛 まゆみ ▼【檀】まゆみ 199

16 桃頭島 とがしらじま 三重県の島。

木 6【桐】(10) **トウ・ドウ**

0 桐 きり ゴマノハグサ科の落葉高木。

5 桐生 きりゅう ①群馬県の市。②東武の路線。③JR東日本両毛線等の駅。④姓氏。

8 桐油 とうゆ アブラギリの種からしぼった油。

12 桐壺 きりつぼ 源氏物語の巻名。

木 6【梅】(10) **バイ うめ**

0 梅ケ峠 うめがとう JR西日本山陰本線の駅。

7 梅花皮 かいらぎ☆ ▼【鰄】かいらぎ 419

梅花空木 ばいかうつぎ 〔山梅花〕ユキノシタ科の落葉低木。

梅里美 メリメ フランスの作家。

8 梅雨 つゆ 〔黴雨〕「―が明ける」

梅雨寒 つゆざむ つゆ時の季節はずれの寒さ。

梅枝 うめがえ 源氏物語の巻名。

梅迫 うめざこ ①京都府の地名。②JR西日本舞鶴(まいづる)線の駅。

9 梅紅華 さざんか ▼【山茶花】さざんか 114

梅香家 うめがえ 姓氏。

梅津寺 ばいしんじ ①愛媛県の地名。②伊予(いよ)鉄道高浜線の駅。

10 梅桃 ゆすらうめ☆ ▼【山桜桃】ゆすらうめ 114

梅特林克 メーテルリンク ベルギーの詩人。

11 梅渓 うめたに 姓氏。

15 梅蕙草 ばいけいそう 〔蒜藜蘆〕ユリ科の大形多年草。

16 梅樹苔 うめのきごけ 〔地衣苔〕ウメノキゴケ科の葉状または樹枝状地衣植物。

17 梅擬 うめもどき 〔落霜紅〕モチノキ科の落葉低木。

18 梅醤 うめびしお 梅干しをすりつぶして練ったもの。

木 6【栢】(10) **ハク・ヒャク**

0 栢 かしわ ▼【柏】かしわ 187

木 6【栗】(10) **リツ・レツ**

0 栗 くり☆ ブナ科の落葉高木。

5 栗生 くりゅう 姓氏。

栗田 くんだ ①京都府の旧村。②北近畿(きたきんき)タンゴ鉄道宮津(みやづ)線の駅。

8 栗東 りっとう ①滋賀県の市。②JR西日本東海道本線の駅。

栗林 りつりん JR四国高徳線の駅。

11 栗毬 いが ▼【毬】いが 205

13 栗鼠 りす★ リス科の一部の哺乳(ほにゅう)類。

15 栗賓虞斯頓 リビングストン 〔李並士敦〕イギリスの探検家。

木 7【械】(11) **カイ**

0 械 かせ 刑具の一。

木 7【桷】(11) **カク**

←桷 ずみ 〔棠梨・酸実〕バラ科の落葉小高木。

→桷 たるき ▼【棰】たるき 193

木 7【梟】(11) **キョウ**

0 梟 ふくろう☆ 〔鴞・鵂・鵩・猫頭鳥・母食鳥〕フクロウ科の鳥の総称。

梟す さらす はねた首を人々に見せる。

9 梟首 きょうしゅ さらし首。

11 梟悪 きょうあく 極悪な行いをなす。

12 梟雄 きょうゆう★ 残忍で強い人。

木 7【梘】(11) **ケン**

4 梘水 かんすい 〔乾水・漢水〕中華そばの麵を練る時に加える液。

木 7【梧】(11) **ゴ**

0 梧 あおぎり ▼【梧桐】あおぎり 190

10 梧桐 あおぎり 〔梧・梧桐子・青梧桐・青桐〕アオギリ科の落葉高木。

梧桐子 あおぎり ▼【梧桐】あおぎり 190

木 7【梗】(11) **コウ**

13 梗塞 こうそく 「心筋―」

14 梗概 こうがい☆ あらまし。

木 7【梱】(11) **コン**

0 梱 こり ひもなどをかけた荷物。

5 梱包 こんぽう☆ 「荷物を―する」

木 7【梭】(11) **サ**

4画 木部 6—7画

0 **梭** ひ ▼【杼】ひ 184

3 **梭子魚** かます ★ ▼【魳】かます 417

6 **梭虫** おさむし ▼【歩行虫】おさむし 202

7 **梭貝** ひがい 海産の巻貝。

梭尾貝 ほらがい 213 ▼【法螺貝】ほらがい

梭尾螺 ほらがい 213 ▼【法螺貝】ほらがい

11 **梭魚** かます ☆ ▼【魳】かます 417

梭魚子 いかなご 244 ▼【玉筋魚】いかなご

木7 **【桫】**(11) **サ**

23 **桫欏** へご 〔桫欏〕ヘゴ科の常緑性木生シダ植物。

木7 **【梓】**(11) **シ**

0 **梓** あずさ カバノキ科の落葉高木。

3 **梓弓** あずさゆみ 梓の木で作った弓。

7 **梓巫女** あずさみこ あずさ 神降ろしをする女性。

木7 **【梔】**(11) **シ**

3 **梔子** くちなし ★ 〔山梔・山梔子・巵子〕アカネ科の常緑低木。

木7 **【梻】**(11) **しきみ**

0 **梻** しきみ ☆ 〔樒・櫁〕モクレン科の常緑小高木。

木7 **【梢】**(11) **ソウ・ショウ**

0 **梢** こずえ 〔杪〕幹や枝の先端。

5 **梢付き塔婆** うれつきとうば 最後の年忌供養の際に立てる、葉のついている塔婆。

木7 **【梣】**(11) **シン**

0 **梣** とねりこ 〔秦皮〕モクセイ科の落葉高木。

木7 **【梳】**(11) **ソ**

0 **梳** くし ▼【櫛】くし 200

梳かす とかす 髪を整える。

梳き毛 すきげ 整髪用の毛の束。

梳く すく 「髪を—」

梳り櫛 けずりぐし くしで髪をとかす。

梳る くしけずる ▼【櫛る】くしけずる 200

4 **梳毛** そもう 羊毛などをすいた毛。

木7 **【巣】**(11) **ソウ す**

3 **巣子** すご IGRいわて銀河鉄道いわて銀河鉄道線の駅。

9 **巣南** すなみ 岐阜県の旧町。

11 **巣菜** すずめのえんどう ▼【雀野豌豆】すずめのえんどう 395

13 **巣窟** そうくつ ★ 「密売人の—」

木7 **【梲】**(11) **タツ・セツ・エイ**

0 **梲** うだつ ★ 「—があがらない」

木7 **【梯】**(11) **テイ**

← **梯** かけはし 〔懸橋〕「友好の—」

→ **梯** はしご ▼【梯子】はしご 191

3 **梯子** はしご ☆ 〔梯・階子〕「—をはずされる」

梯川 かけはしがわ 石川県の川。

8 **梯姑** でいご ▼【梯梧】でいご 191

11 **梯梧** でいご・でいこ 〔梯姑〕マメ科の落葉高木。

木7 **【梃】**(11) **テイ・チョウ**

← **梃** ちょう 銃などを数える語。

→ **梃** てこ ▼【梃子】てこ 191

3 **梃子** てこ 〔梃〕「一度言ったら—でも動かぬ」

梃子摺る てこずる ▼【手子摺る】てこずる 149

木7 **【桶】**(11) **トウ**

0 **桶** おけ 木製の器。

9 **桶狭間** おけはざま 愛知県の地名。

木7 **【梛】**(11) **ダ・ナ**

0 **梛** なぎ 〔竹柏〕マキ科の常緑高木。

12 **梛筏** なぎいかだ ユリ科の常緑小低木。

木7 **【桮】**(11) **ハイ**

0 **桮** さかずき ▼【杯】さかずき 185

木7 **【梶】**(11) **ビ**

0 **梶** かじ ▼【舵】かじ 314

8 **梶取崎** かんどりざき 和歌山県の岬。

17 **梶鞠** かじまり 七夕（たなばた）の行事。

木7 **【桴】**(11) **フウ・フ**

← **桴** いかだ ▼【筏】いかだ 284

→ **桴** ばち ▼【枹】ばち 187

7 **桴谷** いかだや 姓氏。

木7 **【梺】**(11) **ふもと**

0 **梺** ふもと ★ ▼【麓】ふもと 428

木7 **【梵】**(11) **ハン・ボン**

10 **梵珠山** ぼんじゅさん 青森県の山。

梵唄 ぼんばい ★ 僧が節をつけて唱える「声明（しょうみょう）」の別名。

15 **梵論** ぼろ 〔暮露〕①有髪の修行者。②虚無僧こむそうの別名。

梵論子 ぼろんじ 「梵論ぼろ」に同じ。

木7 **【桝】**(11) **ます**

0 **桝** ます ▼【枡】ます 185

木7 **【椛】**(11) **もみじ・かば**

← **椛** かば ①カバノキ科の落葉高木。②姓氏。

→ **椛** もみじ ▼【紅葉】もみじ 291

10 **椛島** かばしま 姓氏。

木7 **【梨】**(11) **リ**

0 **梨** なし 〔梨子〕バラ科の落葉高木。

3 **梨子** なし ▼【梨】なし 192

梨子地 なしじ 蒔絵まきえの技法の一。

11 **梨郷** りんごう 山形鉄道フラワー長井線の駅。

13 **梨園** りえん 歌舞伎かぶき俳優の社会。

木7 **【梁】**(11) **リョウ**

← **梁** はし 橋。

梁 はり 屋根を支えるための横木。

→ **梁** やな 〔簗〕魚を捕らえる仕掛け。

3 **梁川** やながわ ①福島県の旧町。②阿武隈あぶくま急行阿武隈急行線の駅。③JR東日本中央本線の駅。④姓氏。

梁川星巌 やながわせいがん 江戸末期の漢詩人。

19 **梁瀬** やなせ ①兵庫県の地名。②JR西日本山陰本線の駅。③姓氏。

木8 **【椅】**(12) **イ**

0 **椅** いいぎり ▼【飯桐】いいぎり 407

3 **椅子** いす☆ 〔倚子〕腰かけ。

木8 **【棺】**(12) **カン**

0 **棺** ひつぎ 〔柩〕かんおけ。

木8 **【棋】**(12) **キ**

19 **棋羅** きら 碁石を並べたように連なり並ぶこと。

木8 **【棊】**(12) **キ**

0 **棊** ご 囲碁。

3 **棊子麺** きしめん 〔碁子麺〕平たく作ったうどん。名古屋の名産。

木8 **【椈】**(12) **キク**

0 **椈** ぶな ▼【橅】ぶな 199

12 **椈森** ぶなもり 秋田県の山。

木8 **【極】**(12) **キョク・ゴク きわめる・きわまる・きわみ**

0 **極める** きめる 決める。

極り悪い きまりわるい 気恥ずかしい。

4 **極月** ごくげつ 一二月の別名。

6 **極印** ごくいん 「―を打つ」

10 **極原** ひはら 姓氏。

11 **極彩色** ごくさいしき 派手ないろどり。

極細 ごくぼそ 「―の筆」

12 **極道** ごくどう 「―の限りを尽くす」

13 **極意** ごくい 学問・芸道などの深い境地。

木8 **【棘】**(12) **キョク・コク**

← **棘** いばら ▼【茨】いばら 320

棘 おどろ 〔荊棘〕草木が乱れ茂っている所。

→ **棘** とげ ▼【刺】とげ 45

← **棘魚** いとよ ▼【糸魚】いとよ 290

→ **棘魚** とげうお 〔棘鰭魚〕トゲウオ科の魚類の総称。

19 **棘蟹** いばらがに タラバガニ科のカニ。

← **棘鰭魚** いとよ ▼【糸魚】いとよ 290

→ **棘鰭魚** とげうお ▼【棘魚】とげうお 192

木8 **【椚】**(12) **くぬぎ**

0 **椚** くぬぎ☆ 〔櫟・櫪・橡・椡・椪・杼・歴木・柞木・椚木・学樹・釣樟〕ブナ科の落葉高木。

木8 **【椡】**(12) **くぬぎ**

0 **椡** くぬぎ ▼【椚】くぬぎ 192

木8 **【検】**(12) **ケン**

0 **検べる** しらべる 詳しく確かめる。

検める あらためる 「服装を―」

7 **検見** けみ 年貢額の査定方法。

検見川 けみがわ ①千葉県の旧町。②京成千葉線の駅。

8 **検非違使** けびいし☆ 平安期の官職の一。

10 **検校** けんぎょう 盲官の一。

木8 **【棍】**(12) **コン**

12 **棍棒** こんぼう☆ 「―でなぐる」

木8 **【棔】**(12) **コン**

0 **棔** ねむのき ▼【合歓木】ねむのき 62

木8 **【楉】**(12) **ジャク**

0 楉 しもと ▼【菱】しもと 326

木8【椒】(12) **ショウ**

0 椒 はじかみ サンショウの古名。

11 椒魚 はじかみいお サンショウウオの古名。

木8【植】(12) **ショク うえる・うわる**

6 植字 ちょくじ・しょくじ 活版印刷の一工程。

木8【森】(12) **シン もり**

3 森小路 もりしょうじ ①大阪府の地名。②京阪(けいはん)電鉄京阪本線の駅。

6 森有礼 もりありのり 政治家。

19 森羅 しんら 多く並びつらなること。

森羅万象 しんらばんしょう 宇宙に存在するすべてのもの。「—を網羅する」

木8【棰】(12) **スイ**

0 棰 たるき 〔垂木・椽・桷〕屋根を支える長い材。

木8【椙】(12) **すぎ**

0 椙 すぎ☆ 〔杉〕スギ科の常緑高木。

木8【棲】(12) **セイ**

0 棲む すむ 住む。

10 棲息 せいそく 〔栖息〕「カモシカが—する地域」

12 棲棲 せいせい 〔栖栖〕忙しいさま。

木8【棗】(12) **ソウ**

0 棗 なつめ☆ ナツメ属の一群の落葉小高木。

11 棗脩 そうしゅう ナツメと干し肉。

13 棗椰子 なつめやし 〔波斯棗・戦捷木〕ヤシ科の常緑高木。

木8【棕】(12) **ソウ・シュ・シュウ**

11 棕梠 しゅろ ▼【棕櫚】しゅろ 193

19 棕櫚 しゅろ 〔棕梠・椶櫚・蒲葵〕ヤシ科の常緑高木。

木8【棚】(12) **たな**

7 棚牡丹 たなぼた 努力もせずに幸運にあう。

10 棚倉 たなぐら 福島県の町(まち)。

16 棚機 たなばた ▼【七夕】たなばた 3

木8【椨】(12) **たぶ**

0 椨 たぶのき 〔天竺桂〕クスノキ科の常緑高木。

木8【椎】(12) **ツイ・ズイ・スイ**

0 椎 しい 〔柯樹〕ブナ科の常緑高木。

5 椎本 しいがもと 源氏物語の巻名。

7 椎谷峠 しいだにだお 広島県の峠。

9 椎柴 しいしば ①千葉県の地名。②JR東日本成田線の駅。

椎茸 しいたけ 〔香蕈〕ハラタケ目のきのこ。

12 椎間板 ついかんばん 「—ヘルニア」

木8【棣】(12) **テイ**

12 棣棠花 やまぶき ▼【山吹】やまぶき 114

木8【棟】(12) **トウ むね・むな**

4 棟方志功 むなかたしこう 版画家。

棟木 むなぎ 屋根の棟に使う木。

8 棟居 むねすえ 姓氏。

11 棟梁 とうりょう 「大工の—」

木8【棹】(12) **トウ**

0 棹 さお 舟をこぐ道具。

8 棹物 さおもの ようかんなど細長い和菓子。

14 棹歌 とうか 舟歌。

木8【棠】(12) **トウ・ドウ**

0 棠 かいどう ▼【海棠】かいどう 215

11 棠梨 ずみ ▼【桷】ずみ 190

12 棠棣 はねず ▼【唐棣】はねず 69

木8【棒】(12) **ボウ**

4 棒手振り ぼてふり・ぼうてふり てんびん棒でかついだ行商人。

7 棒杙 ぼうぐい 丸太のくい。

8 棒受網 ぼうけあみ 小型の浮き敷き網。

木8【椪】(12) **ポン**

0 椪 くぬぎ ▼【椚】くぬぎ 192

9 椪柑 ポンかん 〔凸柑〕ミカン科の常緑小高木。

木8【棉】(12) **メン**

0 棉 わた ワタ属の植物の総称。

7 棉花 めんか 〔綿花〕ワタの種子を包む繊維。

木8【椋】(12) **リョウ**

0 椋 むく ①ムクノキ。②姓氏。

4 椋木 むくのき 〔樸樹〕ニレ科の落葉高木。

11 椋鳥 むくどり 〔白頭翁〕ムクドリ科の鳥の総称。

11 椋野 むくの 錦川(にしきがわ)鉄道錦川清流線の駅。

12 椋無川 むくながわ 広島県の川。

木8【椀】(12) **ワン**

椀 まり ▼【鋺】りま 384

→椀 わん 〔碗〕 飲食物を盛る器。

3 椀子 まりこ 姓氏。

椀子蕎麦 わんこそば そばのもてなし方の一。

12 椀飯振舞い おうばんぶるまい 盛大にもてなすこと。

木9【楽】(13) **ガク・ラク たのしい・たのしむ**

3 楽山焼 ぎょうざんやき 陶器の一。

5 楽古岳 らっこだけ 北海道の山。

楽世 なら 姓氏。

楽田 がくでん 名鉄小牧(こまき)線の駅。

←楽車 だし ▼【山車】しだ 114

→楽車 だんじり ▼【檀尻】だんじり 199

8 楽府 がふ 漢詩の形式の一。

木9【棄】(13) **キ**

0 棄てる すてる 無用のものとして手放す。

棄て子 すてご 〔捨子〕 捨てられた子。

10 棄捐令 きえんれい 江戸幕府の出した旗本・御家人救済のための法令の一。

木9【業】(13) **ギョウ・ゴウ わざ**

←業 ごう 「—を煮やす」

→業 なり 生業。

4 業火 ごうか 罪人を焼く地獄の火。

5 業平竹 なりひらだけ イネ科のタケササ類。

業平橋 なりひらばし 東武伊勢崎(いせさき)線の駅。

業本 なりもと 姓氏。

6 業列互利 グレゴリー ローマ法王。

8 業苦 ごうく 仏教で現世で受ける苦しみ。

業突く張り ごうつくばり 〔強突く張り〕 欲深く意地汚いこと。「—な奴」

10 業師 わざし 「政界の—」

13 業腹 ごうはら 非常に腹の立つさま。

木9【楂】(13) **サ**

5 楂古聿 チョコレート 菓子の一。

←楂魚 うきぎ ▼【翻車魚】うきぎ 304

→楂魚 まんぼう ▼【翻車魚】まんぼう 304

木9【椶】(13) **ソウ・シュ・シュウ**

19 椶櫚 しゅろ ▼【棕櫚】しゅろ 193

木9【楸】(13) **シュウ**

0 楸 ひさぎ ①アカメガシワまたはキササゲの古名。②姓氏。

木9【楫】(13) **シュウ・ショウ**

0 楫 かじ ▼【舵】かじ 314

8 楫取 かとり 姓氏。

木9【楯】(13) **シュン・ジュン**

0 楯 たて ▼【盾】たて 262

2 楯又 たてぬき 姓氏。

8 楯突く たてつく 「上司に—」

木9【楔】(13) **セツ・カツ**

0 楔 くさび 〔轄〕 「—を打ち込む」

7 楔形文字 くさびがたもじ 古代の文字。

木9【楚】(13) **ソ**

0 楚 すわえ ▼【杪】すわえ 185

11 楚雀 うぐいす ▼【鶯】うぐいす 425

楚菘 すずしろ ▼【蘿蔔】すずしろ 334

12 楚割 すわやり 〔魚条〕 サケなどの魚肉を使った保存食。

13 楚楚 そそ 「—とした美女」

木9【楤】(13) **ソウ**

0 楤の木 たらのき 〔[木荒]・独活擬〕 ウコギ科の落葉低木。

木9【楕】(13) **タ・ダ**

4 楕円 だえん ☆〔橢円〕 「—形」「—銀河」

木9【[木荒]】(13) **たらのき**

0 [木荒] たらのき ▼【楤の木】たらのき 194

木9【椴】(13) **タン・ダン**

3 椴川 とどかわ 北海道の地名。

8 椴松 とどまつ マツ科の常緑高木。

椴法華 とどほっけ 北海道の旧村。

木9【楮】(13) **チョ**

0 楮 こうぞ クワ科の落葉低木。

木9【楪】(13) **チョウ・チャ**

0 楪 ゆずりは ①姓氏。②▼【譲葉】ゆずりは 355

3 楪子 ちゃつ 漆器の名。

12 楪葉 ゆずりは ▼【譲葉】ゆずりは 355

木9【椿】(13) **チン・チュン**

0 **椿** つばき ①〔山茶・海石榴〕ツバキ科の常緑低木ないし高木。②秋田県の地名。③宮城県の島。④三重県の渓谷。⑤JR西日本紀勢本線の駅。⑥徳島県の半島。

5 **椿市** つばいち ▼【海柘榴市】つばいち 214

6 **椿虫** かめむし ▼【椿象】かめむし 195

7 **椿寿** ちんじゅ 長寿。長生き。

8 **椿事** ちんじ 思いがけない出来事。

9 **椿紅** つばに 姓氏。

10 **椿桃** つばいもも 〔光桃・油桃〕モモの一変種。

12 **椿象** かめむし☆ 〔椿虫〕カメムシ科の昆虫の総称。

13 **椿椿山** つばきちんざん 江戸末期の南画家。

14 **椿説** ちんせつ 〔珍説〕めずらしい話。

木 9 **【椹】**(13) **チン・シン・ジン**

0 **椹** さわら 〔弱檜・花柏〕ヒノキ科の常緑高木。

4 **椹木** さわらぎ 姓氏。

木 9 **【椽】**(13) **テン**

0 **椽** たるき ▼【棰】たるき 193

木 9 **【楠】**(13) **ダン・ナン**

← **楠** くす ①三重県の旧町。②近鉄名古屋線の駅。③姓氏。

→ **楠** くすのき ①山口県の旧町。②姓氏。③▼【樟】くすのき 197

4 **楠木正行** くすのきまさつら 南北朝時代の武将。

楠木正成 くすのきまさしげ 南北朝時代の武将。

9 **楠後** くすじり 姓氏。

12 **楠葉** くずは ①大阪府の地名。②姓氏。

木 9 **【楳】**(13) **バイ**

0 **楳** うめ 梅。バラ科の落葉高木。

7 **楳図** うめず 姓氏。

8 **楳茂都流** うめもとりゅう 上方舞(かみがたまい)の一流派。

木 9 **【楾】**(13) **はんぞう**

0 **楾** はんぞう・はそう ▼【[illegible]】はんぞう 248

木 9 **【楣】**(13) **ビ**

0 **楣** まぐさ 門や窓の上の水平材。

木 9 **【榀】**(13) **ヒン**

0 **榀** こまい たるきの先にわたす細長い木材。

榀の木 しなのき ▼【科木】しなのき 276

木 9 **【楓】**(13) **フウ**

0 **楓** かえで☆ 〔槭・槭樹・蛙手・鶏冠木〕カエデ属の植物の総称。

13 **楓蛾** しらがたろう ▼【白髪太郎】しらがたろう 258

木 9 **【椰】**(13) **ヤ**

3 **椰子** やし ココヤシの別名。

木 9 **【楡】**(13) **ユ**

0 **楡** にれ☆ ニレ属の植物の総称。

4 **楡木** にれぎ ①栃木県の地名。②東武日光線の駅。③姓氏。

木 9 **【楢】**(13) **ユウ**

0 **楢** なら 〔柞・枹〕植物コナラ・ミズナラ類などの総称。

9 **楢峠** ならとうげ 岐阜県の峠。

楢柏 ならかしわ ▼【楢槲】ならかしわ 195

12 **楢葉** ならは 福島県の町・旧郡。

15 **楢槲** ならかしわ 〔楢柏〕ブナ科の落葉高木。

木 9 **【楊】**(13) **ヨウ**

0 **楊** やなぎ 〔柳・楊柳〕ヤナギ属の落葉樹の総称。

3 **楊子** ようじ 〔楊枝〕歯の間にはさまったものをとるための用具。

8 **楊枝** ようじ★ ▼【楊子】ようじ 195

9 **楊炯** ようけい 中国、初唐の詩人。

← **楊柳** かわやなぎ ▼【川楊】かわやなぎ 118

→ **楊柳** やなぎ ▼【楊】やなぎ 195

10 **楊原** やなぎはら 姓氏。

楊桃 やまもも ▼【楊梅】やまもも 195

楊桐 さかき ▼【榊】さかき 196

楊梅 やまもも 〔楊桃・小山桜桃・白桃子・黒桜子・山桃〕ヤマモモ科の常緑高木。樹皮を染料に用いる。

楊梅皮 ももかわ ヤマモモの樹皮を乾燥させたもの。

16 **楊盧木** うつぎ ▼【空木】うつぎ 279

木 9 **【楝】**(13) **レン**

← **楝** おうち 〔樗〕センダンの古名。

→ **楝** せんだん ▼【栴檀】せんだん 189

木 9 **【楼】**(13) **ロウ**

0 **楼** たかどの 二階建て以上の建築物。

木 10 **【榲】**(14) **オツ・オン・イン**

11 **榲桲** マルメロ 〔木瓜〕バラ科の落葉高木。

木 10 **【樺】**(14) **カ**

0 **樺** かば ①カバノキ科の植物の総称。②桜の樹皮。

3 **樺山資紀** かばやま すけのり 軍人・政治家。

4 **樺太** からふと ロシアの島サハリンの日本名。

木 10 **【榎】**(14) **カ**

0 **榎** えのき 〔朴・朴樹・加条木〕 ニレ科の落葉高木。

4 **榎戸** えのと 姓氏。

4 **榎井** えない 高松琴平（ことひら）電鉄琴平線の駅。

5 **榎本武揚** えのもと たけあき 政治家。

9 **榎茸** えのきだけ 食用キノコの一。

10 **榎原** よわら JR九州日南線の駅。

木 10 **【槐】**(14) **カイ**

0 **槐** えんじゅ☆ 〔槐樹・黄藤〕 マメ科の落葉高木。

12 **槐葉蘋** さんしょうも 〔山椒藻〕 サンショウモ目の水生シダ植物。

16 **槐樹** えんじゅ ▼【槐】えんじゅ 196

木 10 **【概】**(14) **ガイ**

0 **概して** がいして 全体的に。

0 **概ね** おおむね☆ 〔率ね〕 ほぼ。

9 **概括** がいかつ 内容の大体を一つにまとめる。「—的な報告」

木 10 **【構】**(14) **コウ** **かまえる・かまう**

0 **構の木** かじのき 〔梶の木〕 クワ科の落葉高木。

木 10 **【槁】**(14) **コウ**

0 **槁** けやき ▼【欅】けやき 200

0 **槁れる** かれる 干からびてしぼむ。

木 10 **【槓】**(14) **コウ**

11 **槓桿** こうかん てこ。

木 10 **【榼】**(14) **コウ**

0 **榼** さかだる ▼【樽】さかだる 200

木 10 **【榾】**(14) **コツ**

0 **榾** ほた たきぎ。木の切れ端。

4 **榾火** ほたび たきび。

9 **榾柮** ほたほだ 木の切り株。

木 10 **【槎】**(14) **サ**

0 **槎** いかだ ▼【筏】いかだ 284

木 10 **【榊】**(14) **さかき**

0 **榊** さかき★ 〔賢木・楊桐〕 ツバキ科の常緑小高木。

9 **榊巻** さかまき 姓氏。

木 10 **【槊】**(14) **サク**

0 **槊** ほこ 武器の一。

木 10 **【榺】**(14) **ショウ**

0 **榺** ちきり 織機の部品の一。

木 10 **【榛】**(14) **シン**

0 **榛** はしばみ 〔榛子・蓁栗〕 カバノキ科の落葉低木。

0 **榛の木** はんのき 〔赤楊〕 カバノキ科の落葉高木。

3 **榛子** はしばみ ▼【榛】はしばみ 196

6 **榛名** はるな ①群馬県の山（—山（さん））・湖・旧町。②姓氏。

7 **榛村** はりむら 姓氏。

7 **榛沢** はんざわ 姓氏。

8 **榛東** しんとう 群馬県の村（むら）。

10 **榛原** はいばら ①静岡県の旧町。②奈良県の旧町。③近鉄大阪線の駅。④姓氏。

木 10 **【槖】**(14) **タク**

7 **槖吾** つわぶき 〔急就草・馬蹄急就草・石蕗〕 キク科の常緑多年草。

木 10 **【槙】**(14) **テン・シン**

0 **槙** まき 〔槇〕 イヌマキなどの別名。

5 **槙皮** まいはだ マキの幹の内皮を砕いたもの。

9 **槙柏** しんぱく ヒノキ科の常緑低木。

木 10 **【槍】**(14) **ソウ**

0 **槍** やり 〔鑓・鎗〕 「雨が降っても—が降っても絶対に行く」

9 **槍柔魚** やりいか ▼【槍烏賊】やりいか 196

10 **槍烏賊** やりいか 〔槍柔魚〕 イカの一種。

木 10 **【槌】**(14) **ツイ**

0 **槌** つち 〔鎚〕 工具の一。

木 10 **【槇】**(14) **テン・シン**

0 **槇** まき ▼【槙】まき 196

木 10 **【槃】**(14) **ハン・バン**

10 **槃特** はんどく 釈迦（しゃか）の弟子の一人。

木 10 **【榧】**(14) **ヒ**

0 **榧** かや イチイ科の常緑針葉樹。

木 10 **【榑】**(14) **フ**

0 **榑** くれ ①建築用の板材。②姓氏。

5 **榑田** くれた 姓氏。

10 **榑桑** ふそう ▼【扶桑】ふそう 152

木 10 **【榠】**(14) メイ

15 **榠樝** かりん ▼【花櫚】かりん 316

木 10 **【模】**(14) モ・ボ

0 **模る** かたどる ▼【象る】かたどる 356

15 **模糊** もこ 「曖昧(あいまい)―」

木 10 **【様】**(14) ヨウ さま

← **様** ざま 〔態〕「―を見ろ」

→ **様** ためし ▼【例】ためし 29

7 **様似** さまに ①北海道の郡・町(ちょう)・漁港。②JR北海道日高本線の駅。

木 10 **【榕】**(14) ヨウ

0 **榕** あこう 〔榕樹・雀榕・赤秀〕 クワ科の亜熱帯性高木。

← **榕樹** あこう ▼【榕】あこう 197

→ **榕樹** がじゅまる クワ科の常緑高木。

木 10 **【榴】**(14) リュウ

0 **榴ケ岡** つつじがおか JR東日本仙石(せんせき)線の駅。

12 **榴弾** りゅうだん 砲弾の一。

20 **榴霰弾** りゅうさんだん 砲弾の一。

木 10 **【榔】**(14) ロウ

13 **榔榆** あきにれ ▼【秋楡】あきにれ 276

木 11 **【横】**(15) オウ よこ

3 **横川越** よこごし 島根・広島県境の峠。

8 **横披** おうひ 書の表装形式の一。

9 **横臥** おうが 体を横たえる。

横柄 おうへい 〔押柄〕「―な口のきき方」

13 **横溢** おういつ 〔汪溢〕 みなぎる。

19 **横瀬** よこぜ ①埼玉県の川・町(まち)。②西武秩父(ちちぶ)線の駅。

木 11 **【槨】**(15) カク

0 **槨** かく 棺を収める外箱。

木 11 **【樫】**(15) かし

0 **樫** かし☆ 〔橿・櫧〕 コナラ属の常緑高木の総称。

4 **樫井川** かしいがわ 和歌山県の川。

5 **樫立** かしだて 東京都の地名。

11 **樫鳥** かけす ▼【懸巣】かけす 147

木 11 **【槻】**(15) キ

← **槻** けやき ▼【欅】けやき 200

→ **槻** つき ケヤキの古名。

3 **槻川** つきがわ 埼玉県の川。

4 **槻木** つきのき ①JR東日本東北本線等の駅。②姓氏。

16 **槻館** つきだて 姓氏。

木 11 **【槿】**(15) キン

0 **槿** むくげ ▼【木槿】むくげ 179

7 **槿花** きんか☆「―一日(いちじつ)の栄(えい)」

木 11 **【権】**(15) ケン・ゴン

4 **権化** ごんげ 「悪の―」

5 **権田山** ごんだやま 徳島県の山。

権田原 ごんだわら 東京都の地名。

6 **権次入峠** ごんじりとうげ 埼玉・東京都境の峠。

7 **権兵衛峠** ごんべえとうげ 長野県の峠。

10 **権高** けんだか 〔見高〕 傲慢なさま。

11 **権現** ごんげん ①仏が仮の姿でこの世に現れる。②山梨県の山。③山梨・長野県境の山(―岳(だけ))。④山口県の山。

権萃 ごんずい 〔野鴉椿〕 ミツバウツギ科の落葉小高木。

13 **権瑞** ごんずい ナマズ目の海魚。

16 **権衡** けんこう ①はかりのおもりとはかりざお。②つりあい。「―を保つ」

木 11 **【槲】**(15) コク

0 **槲** かしわ ▼【柏】かしわ 187

木 11 **【槭】**(15) セキ・シュク・サク

0 **槭** かえで ▼【楓】かえで 195

16 **槭樹** かえで ▼【楓】かえで 195

木 11 **【樟】**(15) ショウ

0 **樟** くすのき ①〔楠〕 クスノキ科の常緑高木。②姓氏。

5 **樟本** くすもと 姓氏。

11 **樟脳** しょうのう 防虫剤の一。

12 **樟葉** くずは 京阪(けいはん)電鉄京阪本線の駅。

木 11 **【樅】**(15) ショウ

0 **樅** もみ 〔妄樅〕 マツ科の常緑高木。

4 **樅木山** もみのきやま 大分県の山。

木 11 **【槽】**(15) ソウ

0 **槽** おけ 液体を入れる容器。

20 **槽櫪** そうれき 馬のかいばおけ。

木11 **【樗】**(15) **チョ**

0 **樗** おうち ▼【楝】おうち 195

7 **樗材** ちょざい 役に立たない材木。

13 **樗蒲** かりうち ばくちの一。

樗蒲一 ちょぼいち ばくちの一。

木11 **【樢】**(15) **チョウ**

0 **樢** つた ▼【蔦】つた 329

木11 **【樋】**(15) **トウ**

← **樋** とい 屋根の雨水を流すもの。

→ **樋** ひ 水を送る管。

5 **樋田** とだ 姓氏。

10 **樋島** ひのしま 熊本県の島。

木11 **【標】**(15) **ヒョウ**

0 **標** しるし マーク。

標す しるす しるしをつける。

9 **標津** しべつ 北海道の川・山(―岳(だけ))・郡・町(ちょう)。

標茶 しべちゃ ①北海道の町(ちょう)。②JR北海道釧網(せんもう)本線の駅。

12 **標葉** しば 姓氏。

13 **標飾り** しめかざり ▼【注連飾り】しめかざり 212

15 **標縄** しめなわ☆ ▼【注連縄】しめなわ 212

木11 **【樒】**(15) **ビツ・ミチ・ミツ**

0 **樒** しきみ☆ ①姓氏。②▼【梻】しきみ 191

木11 **【樏】**(15) **ルイ**

← **樏** かんじき 〔橇〕雪のときに用いる道具。

→ **樏** わりご ▼【破り子】わりご 269

木12 **【樾】**(16) **エツ**

0 **樾** なみき ▼【並樹】なみき 11

木12 **【橄】**(16) **カン**

← **橄欖** オリーブ ▼【阿利布】オリーブ 391

→ **橄欖** かんらん カンラン科の常緑高木。

木12 **【機】**(16) **キ** **はた**

8 **機宜** きぎ ある事をするのに適した機会。「―を得た処置」

13 **機嫌** きげん 「―が悪い」

14 **機関** からくり☆ 〔絡繰り〕「時計の―」

18 **機織** はたおり 機(はた)で布を織る。

木12 **【橘】**(16) **キツ**

0 **橘** たちばな ①ミカン科の常緑小高木。②神奈川県の地名。③山口県の旧町。④徳島県の湾・港・旧町。⑤長崎県の湾。⑥姓氏。

3 **橘川** きっかわ 姓氏。

11 **橘逸勢** たちばなのはやなり 平安初期の官僚・書家。

16 **橘樹** たちばな ①神奈川県の旧郡。②姓氏。

17 **橘曙覧** たちばなあけみ 江戸末期の国学者・歌人。

木12 **【橋】**(16) **キョウ** **はし**

7 **橋作** くらほね 姓氏。

11 **橋梁** きょうりょう 橋。

16 **橋頭堡** きょうとうほ 川や海などを隔てた敵地に造る攻撃拠点。

木12 **【橇】**(16) **キョウ**

← **橇** かんじき ▼【樏】かんじき 198

→ **橇** そり 〔雪舟〕雪上の乗り物。

木12 **【樹】**(16) **ジュ**

0 **樹** き 植物の木。

樹える うえる 草木を栽培する。

樹てる たてる 「新記録を―」

4 **樹木** うえき 姓氏。

9 **樹神** こだま 姓氏。

12 **樹蛤** あまがえる ▼【蛙黽】あまがえる 336

13 **樹蜂** きばち 〔独脚蜂〕キバチ科のハチの総称。

19 **樹懶** なまけもの ★ナマケモノ科の哺乳(ほにゅう)動物。

木12 **【樵】**(16) **ショウ・ジョウ**

0 **樵** きこり ▼【樵夫】きこり 198

4 **樵夫** きこり 〔樵〕樹木伐採を業とする人。

木12 **【橡】**(16) **ショウ**

← **橡** くぬぎ ▼【椚】くぬぎ 192

橡 つるばみ クヌギの古名。

→ **橡** とちのき 〔栃・杤・七葉樹〕トチノキ科の落葉高木。

7 **橡尾山** とちおやま 愛媛・高知県境の山。

木12 **【樽】**(16) **ソン**

0 **樽** たる 「漬物の―」

7 **樽見** たるみ ①民営鉄道(―鉄道)。②姓氏。

9 **樽俎折衝** そんそせっしょう 外交上のかけひき。

木12 **【橢】**(16) **タ・ダ**

4 楕円 だえん ▼【楕円】だえん 194

木 12【橙】(16) トウ

0 橙 だいだい 〔回青橙〕ミカン科の常緑小高木。

木 12【樸】(16) ボク・ハク・ホク

11 樸訥 ぼくとつ ▼【朴訥】ぼくとつ 181

16 樸樹 むくのき ▼【椋木】むくのき 193

木 12【橅】(16) モ・ボ

0 橅 ぶな 〔山毛欅・椈〕ブナ科の落葉高木。

木 13【檐】(17) エン・タン

3 檐下 のきした 〔軒下〕軒の下。

4 檐不帰 タバコ ▼【煙草】タバコ 233

14 檐端 のきば ▼【軒端】のきば 365

木 13【檍】(17) オク・ヨク

0 檍 もちのき ▼【黐の木】もちのき 430

木 13【檜】(17) カイ

0 檜 ひのき★ 〔扁柏〕ヒノキ科の常緑針葉高木。建築・家具・彫刻などに重用される。

3 檜山 ひやま ①北海道の支庁・郡。②姓氏。

5 檜皮峠 ひわだとうげ 愛媛県の峠。

4 檜皮葺 ひわだぶき ヒノキの皮で屋根を葺ふく。

8 檜枝岐 ひのえまた 福島県の川・村むら。

9 檜垣 ひがき ▼【菱垣】ひがき 325

檜洞丸 ひのきぼらまる 神奈川県の山。

檜柏 いぶき ▼【伊吹】いぶき 23

←檜原 ひのはら 東京都の村むら。

→檜原 ひばら ①福島県の川・湖・旧村。②福島・山形県境の峠。

檜扇 ひおうぎ 〔射干〕アヤメ科の多年草。

12 檜葉 ひば ヒノキの葉。

木 13【檞】(17) カイ

0 檞 かしわ ▼【柏】かしわ 187

4 檞木 くぬぎ ▼【椚】くぬぎ 192

木 13【橿】(17) キョウ

0 橿 かし ▼【樫】かし 197

10 橿原 かしはら ①奈良県の市。②近鉄の路線。③姓氏。

木 13【檄】(17) ゲキ・ケキ

0 檄 げき☆ 「—を飛ばす」

4 檄文 げきぶん 檄を書いた文章。

木 13【檣】(17) ショウ

0 檣 ほばしら 帆船で帆をかけるマスト。

13 檣楼 しょうろう 船のマストにある物見台。

木 13【檀】(17) タン・ダン

0 檀 まゆみ 〔桃葉衛矛〕ニシキギ科の落葉小高木。

5 檀尻 だんじり 〔楽車・車楽〕山車だし。

7 檀那 だんな ▼【旦那】だんな 169

8 檀林 だんりん 〔談林〕僧徒の道場。

檀林皇后 だんりんこうごう 嵯峨天皇の皇后。

9 檀香 びゃくだん ▼【白檀】びゃくだん 259

10 檀特 だんどく カンナ科の多年草。

木 13【檗】(17) ハク

0 檗 きはだ ▼【黄蘗】きはだ 430

木 13【檬】(17) モウ

8 檬果 マンゴー ▼【芒果】マンゴー 315

木 14【櫃】(18) キ

0 櫃 ひつ ふたが上に開く大形の箱。

5 櫃石島 ひついしじま 香川県の島。

木 14【檮】(18) トウ

4 檮木 うつぎ 姓氏。

10 檮原 ゆすはら ①高知県の川・町ちょう。②姓氏。

木 14【櫂】(18) トウ

0 櫂 かい 船具の一。

木 14【檸】(18) ネイ・ドウ

17 檸檬 レモン☆ ミカン科の常緑低木。

木 14【檳】(18) ビン・ヒン

←檳榔 びろう ▼【蒲葵】びろう 328

→檳榔 びんろう 檳榔樹の別名。

檳榔樹 びんろうじゅ ヤシ科の常緑高木。

木 14【櫁】(18) ビツ・ミチ・ミツ

0 櫁 しきみ ▼【樒】しきみ 191

木 15【檻】(19) カン

0 檻 おり 囲い。

9 檻穽 かんせい 檻や落とし穴。

13 檻猿籠鳥 かんえんろうちょう 思い通りに生きられないたとえ。

木 15【櫛】(19) シツ

0 **櫛** くし 〔梳〕 髪の毛をとかすときに使う道具。

櫛る くしけずる 〔梳る〕 髪をとかす。

4 **櫛比** しっぴ ★ すき間なく並んでいる。

6 **櫛名田比売** くしなだひめ ▼【奇稲田姫】くしなだひめ 91

9 **櫛風沐雨** しっぷうもくう ★ 事業のために苦労すること。

11 **櫛笥** くしげ ①結髪用の道具箱。②姓氏。

木 15 **【櫑】**(19) ライ

0 **櫑** さかだる 〔罍・榼・卣・罇・酒樽〕 酒を入れておくたる。

3 **櫑子** さかずき ▼【杯】さかずき 185

9 **櫑茶** るいざ ひき茶用の小さなつぼ。

木 15 **【櫟】**(19) レキ・ヤク

← **櫟** いちい ▼【紫松】いちい 294

→ **櫟** くぬぎ ▼【椚】くぬぎ 192

3 **櫟子** いちい ▼【紫松】いちい 294

5 **櫟本** いちのもと ①奈良県の旧町。②JR西日本桜井線の駅。③姓氏。

木 15 **【櫓】**(19) ロ

← **櫓** やぐら ★ 物見のための高楼。

→ **櫓** ろ 「—をこぐ」

7 **櫓投げ** やぐらなげ 相撲(すもう)用語。

12 **櫓葱** やぐらねぎ ネギの変種。

木 15 **【櫚】**(19) リョ・ロ

0 **櫚** かりん ▼【花櫚】かりん 316

木 16 **【櫧】**(20) ショ

0 **櫧** かし ▼【樫】かし 197

3 **櫧子** どんぐり ▼【団栗】どんぐり 75

11 **櫧鳥** かけす ▼【懸巣】かけす 147

木 16 **【欄】**(20) ラン

0 **欄** おばしま 手すり。

12 **欄間** らんま 鴨居(かもい)と天井との間の開口部。

木 16 **【櫪】**(20) レキ

0 **櫪** くぬぎ ▼【椚】くぬぎ 192

木 16 **【櫨】**(20) ロ

0 **櫨** はぜ・はぜのき 〔黄櫨・黄櫨漆・枦〕 ウルシ科の落葉高木。

3 **櫨川** はぜかわ 姓氏。

木 17 **【櫺】**(21) レイ

3 **櫺子窓** れんじまど 〔連子窓〕 木や竹を縦横に一定の間隔で取り付けたもの(櫺子)がついている窓。

木 18 **【欅】**(22) キョ

0 **欅** けやき ☆ 〔槻・樻〕 ニレ科の落葉大高木。

木 19 **【欒】**(23) ラン

12 **欒琴** レントゲン ドイツの物理学者。

16 **欒樹** もくげんじ ▼【木槵子】もくげんじ 179

【欠】〈あくび〉〈けんづくり〉部

欠 0 **【欠】**(4) ケツ かける・かく

0 **欠** あくび ▼【欠伸】あくび 200

欠き餅 かきもち 〔掻餅〕 薄く切り乾かした餅。

4 **欠片** かけら ☆ 「ガラスの—」

7 **欠伸** あくび ★ 〔欠〕 「—をかみ殺す」

10 **欠缺** けんけつ ある要件が欠けている。

欠唇 いぐち ▼【兎唇】いぐち 36

欠 2 **【次】**(6) ジ・シ つぐ・つぎ

8 **次官** すけ ☆ 〔輔・佐・介・副・弐〕 律令制四等官の第二位。

次妻 うわなり ▼【後妻】うわなり 131

欠 4 **【欧】**(8) オウ

8 **欧姆** オーム ドイツの物理学者。

19 **欧羅巴** ヨーロッパ ★ 六大州の一。

欠 4 **【欣】**(8) キン・コン・ゴン

0 **欣ぶ** よろこぶ うれしく思う。

7 **欣快** きんかい ☆ 非常にうれしいさま。

欣求浄土 ごんぐじょうど 極楽浄土への往生を願う。

8 **欣欣** にこにこ 〔和和〕 にっこりとする。

12 **欣喜雀躍** きんきじゃくやく ★ おどりあがって大喜びする。

欠 7 **【欸】**(11) アイ

2 **欸乃** あいだい・あいあい 舟歌。

欠 7 **【欷】**(11) キ

16 **欷歔** ききょ すすり泣く。

欷歔く すすりなく 〔歔欷く〕 声をおさえて泣く。

欠 7 **【欲】**(11) ヨク ほっする・ほしい

11 **欲得尽く** よくとくずく ☆

打算的なこと。

欠 8 【款】(12) カン

0 款 かん 親しみ。

←款冬 ふき ▼【蕗】きふ 331

→款冬 やまぶき ▼【山吹】ぶやまき 114

9 款待す もてなす ▼【饗す】なもてす 409

14 款語 かんご うちとけて話し合う。

欠 8 【欹】(12) イ・キ

0 欹てる そばだてる ▼【攲てる】そばだてる 162

欠 8 【欺】(12) ギ あざむく

0 欺す だます ▼【騙す】すだま 412

8 欺罔 きもう・きぼう あざむく。

16 欺瞞 ぎまん ☆「—に満ちた言動」

欠 8 【欽】(12) キン

14 欽慕 きんぼ 敬慕。

欠 9 【歇】(13) ケツ・カチ

0 歇める やめる 中止する。

12 歇斯的里 ヒステリー 〔歇私的里〕わずかなことでもすぐ興奮して、感情を表すこと。

欠 10 【歌】(14) カ うた・うたう

5 歌白尼 コペルニクス ▼【可辟児】コペルニクス 59

7 歌志内 うたしない 北海道の市。

10 歌唄 かばい 仏教儀式の一。

歌病 かへい 和歌の修辞的欠陥。

歌留多 カルタ 〔骨牌・加留多〕遊戯に使う札。

11 歌祭文 うたざいもん 江戸時代の俗謡の一。

13 歌棄 うたすつ 北海道の旧郡。

14 歌徳 ゲーテ ▼【瓜得】テゲー 347

15 歌舞伎 かぶき 〔歌舞妓〕日本の代表的な演劇の一。

歌舞妓 かぶき ▼【歌舞伎】きかぶ 201

欠 11 【歓】(15) カン

0 歓ぶ よろこぶ ▼【慶ぶ】こよろぶ 145

9 歓待す もてなす ▼【饗す】なもてす 409

欠 11 【歎】(15) タン

0 歎く なげく 嘆く。「身の不幸を—」

13 歎傷 たんしょう なげき悲しむ。

19 歎願 たんがん ☆ 嘆願。「助命を—する」

欠 12 【歔】(16) キョ

11 歔欷 きょき ☆ すすり泣く。

歔欷く すすりなく ▼【欷歔く】すすりなく 200

【止】〈とめる〉〈とめへん〉部

止 0 【止】(4) シ とまる・とめる

0 止す よす やめる。

←止まる とどまる 〔留まる・停まる・住まる〕「現場に—」

→止まる とまる 〔留まる・停まる〕「赤信号で—」

止む やむ 〔罷む・已む〕「騒ぎが—」

止め処 とめど ☆〔留め処〕「—なく話し続ける」

止ん事無い やんごとない ☆「—身分」

4 止比乎 とびうお ▼【𩹉】うおとび 420

7 止別 やむべつ JR北海道釧網（せんもう）本線の駅。

18 止瀉薬 ししゃやく 下痢（げり）どめの薬。

止 1 【正】(5) セイ・ショウ ただしい・ただす・まさ

0 正 かみ ▼【長官】みか 388

3 正丸 しょうまる ①埼玉県の峠。②西武秩父（ちちぶ）線の駅。

5 正目 まさめ ▼【柾目】めまさ 186

8 正宗白鳥 まさむねはくちょう 小説家・劇作家・評論家。

正法 しょうぼう 仏教で、三時の一。

9 正面 まとも ▼【真面】もまと 264

11 正雀 しょうじゃく 阪急京都本線の駅。

12 正覚坊 しょうがくぼう アオウミガメの別名。

13 正蓮寺 しょうれんじ ①大阪府の川。②高知県の高原。

15 正麩 しょうふ 小麦のでんぷん。

16 正親町 おおぎまち 第一〇六代天皇。

18 正鵠 せいこく・せいこう ★「—を射る」

止 2 【此】(6) シ

0 此の この 〔斯の〕「—リンゴをください」

此れ これ 〔是・之〕「—にサインを願います」

此れ此れ これこれ 〔是是〕「—の理由で欠席します」

←此方 こちら ☆「—を向いてください」

4画 欠部 8–12画 止部 0–2画

此方 こっち 「―へ来い」

→此方 こなた こちら。

此方人等 こちとら ①おれ。②われわれ。おれたち。

5 此処 ここ★〔此所・茲〕「―で会ったが百年目」

此処彼処 ここかしこ あちらこちら。

此奴 こいつ 「―が犯人です」

此辺 ここら このあたり。

7 此花 このはな 大阪市の行政区。

8 此所 ここ☆ ▼【此処】ここ 202

9 此度 このたび 今回。

10 此畜生 こんちくしょう 「―だましたな」

12 此間 こないだ 〔過日〕先ごろ。

14 此様 こんな 「―ことは初めてだ」

止4【武】(8) ブ・ム

3 武士 もののふ 〔武夫〕武人。

武川 むかわ 山梨県の旧村。

4 武内宿禰 たけのうちのすくね 記紀所伝の人物。

武夫 もののふ ▼【武士】もののふ 202

5 武市 たけち 姓氏。

武生 たけふ ①福井県の盆地・旧市。②JR西日本北陸本線の駅。③姓氏。

武石 たけし ①長野県の山(―峰)・旧村・峠。②姓氏。

7 武芸川 むげがわ 岐阜県の旧町。

武佐竜胆 むしゃりんどう シソ科の多年草。

武社 むさ 姓氏。

武杖 いたどり ▼【虎杖】いたどり 334

武来徳 ブライト イギリスの政治家。

武利 むり 北海道の川・山(―岳だけ)。

武良 たけなが 姓氏。

8 武者小路実篤 むしゃのこうじさねあつ 小説家。

10 武華山 むかやま 北海道の山。

武庫 むこ 兵庫県の川・峡谷(―峡)・平野・旧郡。

武庫川 むこがわ 阪神の路線。

12 武尊山 ほたかやま 群馬県の山。

13 武節 ぶせつ 愛知県の地名。

15 武儀 むぎ 岐阜県の川・旧郡・旧町。

武蔵 むさし ①旧国名。現在の東京都・埼玉県・神奈川県北東部。②姓氏。

19 武鯛 ぶだい ▼【不鯛】ぶだい 10

止4【歩】(8) ホ・ブ・フ あるく・あゆむ

←歩 ふ 将棋の駒の一。

→歩 ぶ 土地面積の単位。

5 歩古丹 あゆみこたん 北海道の地名。

6 歩行 かち ▼【徒歩】かち 132

歩行く あるく 歩行する。

←歩行虫 おさむし 〔梭虫・筬虫〕オサムシ科の甲虫。

→歩行虫 ごみむし ▼【塵芥虫】ごみむし 81

10 歩射 かちゆみ・ぶしゃ 徒歩で弓を射る。

歩哨 ほしょう 警戒にあたる兵士。

止5【歪】(9) ワイ

←歪 いびつ★〔飯櫃〕形がゆがんでいる。

→歪み ひずみ ゆがみ。

←歪む ひずむ 「高音が―スピーカー」

→歪む ゆがむ 「ネクタイが―」

6 歪曲 わいきょく 「事実を―する」

止9【歳】(13) サイ・セイ

0 歳 とし 「亀の甲より―の劫こう」

14 歳徳神 としとくじん 福徳をつかさどる神。

歳暮 せいぼ 年の暮れ。

止10【歴】(14) レキ

0 歴と れっきと 「―した証拠がある」

歴る へる 通り過ぎる。

4 歴木 くぬぎ ▼【椚】くぬぎ 192

6 歴舟川 れきふねがわ 北海道の川。

14 歴歴 ありあり 「当時の光景が―と浮かぶ」

【歹(歺)】〈がつ〉〈がつへん〉〈かばねへん〉部

歹2【死】(6) シ しぬ

0 死に体 しにたい (相撲すもうで)体勢を自力で回復できない状態。「あの会社はすでに―だ」

死に際 しにぎわ 臨終の時。

5 死出 しで 「―の門出かどで」

4画 止部 4―10画 歹部 2画

9 死屍 しし 死体。
死屍累累 ししるいるい 「—の戦場」
10 死骨崎 しこつざき 岩手県の岬。
15 死霊 しりょう 死者の霊魂。

歹4【歿】(8) **ボツ・モツ**
0 歿する ぼっする 死ぬ。
6 歿年 ぼつねん 没年。

歹5【殆】(9) **タイ・ダイ**
0 殆 ほとほと★ 〔幾〕「—困り果てた」
殆うい あやうい 危険や滅亡がせまっている。
殆ど ほとんど★ 〔幾ど〕「準備は—終わった」

歹5【殄】(9) **テン**
0 殄きる つきる 消滅する。
13 殄滅 てんめつ 滅び絶える。

歹6【残】(10) **ザン のこる・のこす**
8 残波岬 ざんぱみさき 沖縄県の岬。
12 残渣 ざんさ 残りかす。
13 残滓 ざんし 残りかす。
16 残骸 ざんがい 「事故機の—」

歹6【殊】(10) **シュ こと**
7 殊更 ことさら 〔故〕わざわざ。とりたてて。
12 殊勝 しゅしょう 「—な心がけ」
殊勝しい しおらしい けなげである。

歹6【殉】(10) **ジュン**
0 殉う したがう ある目的のために身を投げ出す。

歹8【殖】(12) **ショク ふえる・ふやす**
5 殖民 しょくみん 植民。「南米に—する」

歹12【殪】(16) **エイ**
0 殪す たおす ▼【仆す】たおす **22**

歹14【殯】(18) **ヒン**
←殯 あらき 〔荒城〕遺体を仮に納める。
→殯 もがり 「殯(あらき)」に同じ。

歹17【殲】(21) **セン**
13 殲滅 せんめつ★ 「敵の部隊を—する」

【殳】〈るまた〉〈ほこづくり〉部

殳0【殳】(4) **シュ**
0 殳 ほこ 武器の一。

殳4【殴】(8) **オウ なぐる**
5 殴打 おうだ なぐる。
10 殴殺 おうさつ なぐり殺す。

殳5【段】(9) **ダン**
0 段 たん 〔反〕地積の単位。
3 段山町 だにやままち 熊本市電上熊本線の停留所。
4 段戸山 だんどさん 愛知県の山。
5 段半 きだなか 田地一段(たん)の半分。
8 段物 たんもの ▼【反物】たんもの **58**
9 段段 ぎざぎざ ▼【刻刻】ぎざぎざ **45**

殳6【殷】(10) **イン・オン・アン・エン**
0 殷ん さかん 盛んなさま。
10 殷殷 いんいん 音がとどろくさま。
14 殷賑 いんしん★ にぎやかなさま。
15 殷墟文字 いんきょもじ 甲骨文字。
23 殷鑑 いんかん☆ 戒めとすべき前例。

殳6【殺】(10) **サツ・サイ・セツ ころす**
0 殺ぐ そぐ☆ 「興趣を—」
殺める あやめる☆ ▼【危める】あやめる **56**
5 殺生 せっしょう 「そんな—な」
6 殺伐 さつばつ 「—とした世相」
10 殺陣 たて★ 立ち回りの演技。
15 殺戮 さつりく 残忍な方法で多くの人を殺す。

殳7【殻】(11) **カク から**
7 殻麦 からむぎ からのついた大麦。

殳9【毀】(13) **キ**
0 毀す こわす 「雰囲気を—す」
毀つ こぼつ こわす。
毀れる こぼれる 「刀の刃が—」
13 毀傷 きしょう☆ 傷つけこわす。
毀損 きそん 〔棄損〕「名誉—」
毀誉褒貶 きよほうへん 悪口を言うこととほめること。

殳9【殿】(13) **デン・テン との・どの**
0 殿 しんがり★ 「全軍の—をつとめる」

3 **殿上人** てんじょうびと 昇殿を許された者。

殳 11 **【毅】**(15) キ・ギ

0 **毅い** つよい きっぱりしている。

12 **毅然** きぜん 「―とした態度で臨む」

【毋(母)】〈なかれ〉部

母 1 **【母】**(5) ボ はは

3 **母子里** もしり 北海道の地名。

6 **母衣** ほろ★ 〔袰〕①よろいの背につける幅広の布。②姓氏。

母成峠 ぼなりとうげ 福島県の峠。

←**母屋** おもや★ 〔母家・主家〕屋敷の中心となる建物。

→**母屋** もや 〔身屋〕寝殿造りの家屋の中心部分。

母食鳥 ふくろう ▼【梟】ふくろう 190

母畑 ぼばた 福島県の温泉。

10 **母家** おもや ▼【母屋】おもや 204

母島 もしま 高知県の地名。

母恋 ぼこい ①北海道の地名。②JR北海道室蘭本線の駅。

11 **母野** はんの 長良川鉄道越美南線の駅。

12 **母智丘** もちお 宮崎県の丘陵。

母 2 **【毎】**(6) マイ

0 **毎** ごと 「お買い上げ―に」

母 4 **【毒】**(8) ドク

4 **毒牙** どくが 「―にかかる」

8 **毒味** どくみ 〔毒見〕飲食物の毒の有無をためす。「前もって―する」

【比】〈ならびひ〉〈くらべる〉〈ひ〉部

比 0 **【比】**(4) ヒ くらべる

0 **比い** たぐい ▼【類い】たぐい 406

比べる ならべる ▼【併べる】ならべる 29

5 **比丘** びく 出家して正式な僧となった男子。

比丘尼 びくに☆ 出家して正式な僧となった女子。

比田勝 ひたかつ 長崎県の地名。

比布 ぴっぷ ①北海道の山(―岳)。②JR北海道宗谷本線の駅。

←**比目魚** かれい ▼【鰈】かれい 420

→**比目魚** ひらめ★ ▼【鮃】ひらめ 417

比立内 ひたちない ①秋田県の地名。②秋田内陸縦貫鉄道秋田内陸線の駅。

6 **比企** ひき ①埼玉県の丘陵・郡。②姓氏。

比地川 ひじがわ 沖縄県の川。

7 **比良** ひら ①滋賀県・京都府の山地。②滋賀県の山(―山)・地名。③JR西日本湖西線の駅。

8 **比延** ひえ ①兵庫県の地名。②JR西日本加古川線の駅。③姓氏。

比肩 ひけん 肩を並べる。

比治山 ひじやま 広島県の山。

比和 ひわ 広島県の旧町。

9 **比律悉** ブリュッセル ベルギーの首都。

比律賓 フィリピン★ 国名。

11 **比婆** ひば 広島県の山地・山・旧郡。

比婆里 ひばり ▼【雲雀】ひばり 398

12 **比斯馬児克** ビスマルク 〔俾斯麦〕ドイツの政治家。

比喩 ひゆ 〔譬喩〕たとえ。

14 **比察** ピサ イタリアの都市。

15 **比撒羅** ピサロ スペインの探検家。

16 **比叡山** ひえいざん 京都・滋賀県境の山。

17 **比擬** ひぎ なぞらえる。

比謝川 ひじゃがわ 沖縄県の川。

19 **比羅夫** ひらふ ①北海道の温泉・地名。②JR北海道函館本線の駅。

比 5 **【毘】**(9) ヒ・ビ

7 **毘沙門天** びしゃもんてん 七福神の一。

【毛】〈け〉部

毛 0 **【毛】**(4) モウ け

2 **毛乃** けない 姓氏。

5 **毛生** みぶ 姓氏。

7 **毛角** とさか ▼【鶏冠】とさか 425

毛利 もうり 姓氏。

毛利元就 もうりもとなり 戦国時代の武将。

毛呂 もろ ①JR東日本八高線の駅。②姓氏。

毛呂山 もろやま 埼玉県の町。

9 **毛冠** とさか ▼【鶏冠】とさか 425
10 **毛蚕** けご☆ かえったばかりのカイコ。
毛馬内 けまない 秋田県の旧町。
毛馬町 けまちょう 大阪府の地名。
← **毛莨** うまのあしがた 〔馬の足形〕キンポウゲ科の多年草。
→ **毛莨** きんぽうげ 〔金鳳花〕キンポウゲ科の双子葉植物の総称。
11 **毛毬** いが ▼【毬】いが 205
12 **毛越寺** もうつうじ 岩手県の寺。
毛斯綸 モスリン☆ 梳毛(そもう)織物の一。
毛勝山 けかちやま 富山県の山。
毛無山 けなしがせん 鳥取・岡山県境の山。
13 **毛蓮菜** こうぞりな 〔髪剃菜〕キク科の越年草。
15 **毛輪花** ジャスミン ▼【素馨】ジャスミン 292
17 **毛氈苔** もうせんごけ モウセンゴケ科の多年生食虫植物。

毛 4 **【毟】**(8) **むしる**
0 **毟る** むしる★ 〔捞る・挘る〕「毛を―」

毛 7 **【毬】**(11) **キュウ**
← **毬** いが 〔毛毬・栗毬〕クリなどの外皮。
毬 かさ マツなどの実のから。
→ **毬** まり★ ▼【鞠】まり 402
5 **毬打** ぎっちょう☆ 〔毬杖〕毬(まり)を打つ槌。
7 **毬杖** ぎっちょう ▼【毬打】ぎっちょう 205
8 **毬果** きゅうか 針葉樹の果実。
10 **毬栗** いがぐり★ いがに包まれたままのクリ。
19 **毬藻** まりも シオグサ目の淡水藻。
毬蘭 さくららん ▼【桜蘭】さくららん 188

毛 7 **【毫】**(11) **コウ・ゴウ**
0 **毫** ごう 長さ・重さの単位。
毫も ごうも☆ 少しも。
4 **毫毛斧柯** ごうもうふか 災いは小さなうちに取り除くべき。
18 **毫釐** ごうり ごくわずか。ほんの少し。

毛 7 **【挘】**(11) **むしる**
0 **挘る** むしる ▼【毟る】むしる 205

毛 8 **【毳】**(12) **セイ・ゼイ・セツ**
← **毳** けば 〔毛羽〕「―が立つ」
→ **毳** むくげ ▼【尨毛】むくげ 111
12 **毳毳** けばけば 「―ができる」
毳毳しい けばけばしい 「―化粧」

毛 13 **【氈】**(17) **セン**
6 **氈瓜** かもうり トウガンの別名。
11 **氈鹿** かもしか ▼【羚羊】かもしか 302

【氏】〈うじ〉部

氏 0 **【氏】**(4) **シ うじ**
3 **氏子** うじこ 「―総代」
9 **氏神** うじがみ 祖先神。
10 **氏素性** うじすじょう 〔氏素姓〕家系。
11 **氏産土** うじうぶすな 氏神と産土神(うぶすながみ)。

氏 1 **【氐】**(5) **テイ**
11 **氐宿** ともぼし・ていしゅく 二十八宿の一。

氏 1 **【民】**(5) **ミン たみ**
9 **民草** たみくさ ①人民。②姓氏。
11 **民部** かきべ ▼【部曲】かきべ 376

【气】〈きがまえ〉部

气 2 **【気】**(6) **キ・ケ**
4 **気比** けひ 福井県の松原(―の松原)・地名。
5 **気圧される** けおされる 気分的に圧倒される。
気仙 けせん 岩手県の川・郡・旧町。
気仙沼 けせんぬま ①宮城県の湾・市・漁港。②JR東日本の路線。③JR東日本大船渡(おおふなと)線等の駅。
気田 けた 静岡県の川・旧村。
6 **気宇** きう 「―壮大」
← **気色** きしょく・きそく 顔色。
→ **気色** けしき☆ 機嫌。
気色ばむ けしきばむ 怒りを表す。
気虫 へひりむし 162 ▼【放屁虫】へひりむし
気忙しい きぜわしい☆ 「―年の暮れ」
7 **気吹** いぶき ▼【息吹】いぶき 140
8 **気取られる** けどられる 「思惑を―」

4画 毛部 4―13画 氏部 0―1画 气部 2画

気忠実　きまめ　心のまめなこと。

9 気後れ　きおくれ　「大観衆を前に―する」

気怠い　けだるい☆　「―夏の昼下がり」

気風　きっぷ★　気だて。

10 気高　けたか　鳥取県の旧郡・旧町。

気高い　けだかい　崇高だ。

←気骨　きこつ☆　「―のある青年」

→気骨　きぼね　「―が折れる」

気振り　けぶり　けはい。そぶり。

気息奄奄　きそくえんえん★　息も絶え絶えであるさま。

気息衝く　いきづく▼【息衝く】いきづく 141

気紛れ　きまぐれ　「―な天気」

気脈　きみゃく　「―を通ずる」

12 気疎い　けうとい　いとわしい。

13 気触れる　かぶれる★「漆に―」

気褄　きづま　機嫌。

14 気概　きがい　「―を示す」

気障　きざ★「―なせりふ」

15 気駕　きが・けが　姓氏。

気質　かたぎ★〔容気〕ある人たちに特有の性質。「職人―」「昔―」「江戸っ子―」

【水（氵・氺）】〈みず〉〈さんずい〉〈したみず〉部

水 0 【水】(4)　スイ　みず

3 水口　みなくち　①滋賀県の丘陵・旧町。②近江鉄道本線の駅。③姓氏。

水上　みなかみ　①群馬県の温泉・旧町。②JR東日本上越線の駅。③姓氏。

4 水戸　みと　①茨城県の市。②東京都・茨城県の街道。③JR東日本の路線。④JR東日本常磐線等の駅。⑤姓氏。

水手　かこ▼【水夫】かこ 206

水中り　みずあたり　水が原因の下痢。

水夫　かこ☆〔水手〕船を操る人。

水分り　みくまり　分水嶺。

5 水史鳥　ちどり▼【鵆】ちどり 424

水母　くらげ★〔海月・海舌〕腔腸動物で浮遊生活を送る類。

6 水瓜　すいか▼【西瓜】すいか 345

水団　すいとん☆　小麦粉の団子を野菜などと煮た食べ物。

水竹葉　いぼくさ▼【疣草】いぼくさ 255

水虫　あめんぼ▼【水黽】あめんぼ 207

水凪鳥　みずなぎどり▼【水薙鳥】みずなぎどり 207

水羊羹　みずようかん　和菓子の一。

7 水芹　せり▼【芹】せり 316

水呑　みのみ　①広島県の地名。②姓氏。

水尾崎　みおがさき　滋賀県の湖岸。

8 水押　みよし・みおし〔舳・船首〕船のへさき。

水虎　かっぱ▼【河童】かっぱ 211

水虎尾　みずとらのお　シソ科の多年草。

水狗　かわせみ▼【翡翠】かわせみ 304

水取　もんど・もいとり▼【主水】もんど 13

←水松　いちい▼【紫松】いちい 294

→水松　みる★▼【海松】みる 214

水松貝　みるがい▼【海松貝】みるがい 214

水松樹　いちい▼【紫松】いちい 294

水長鳥　しながどり▼【息長鳥】しながどり 140

水底　みなそこ　水の底。

水爬虫　たがめ★▼【田鼈】たがめ 251

水泡　みなわ〔水沫〕水のあわ。

←水沫　すいまつ　水のあわ。

→水沫　みなわ☆▼【水泡】みなわ 206

水門　みと　海水の出入りする所。

9 水洟　みずばな　「―をすする」

水海道　みつかいどう　①茨城県の旧市。②関東鉄道常総線の駅。③姓氏。

水垢離　みずごり☆　水を浴びて心身を清める。

水香稜　はなすげ▼【花菅】はなすげ 316

水城　みずき　①大宰府防衛のための土塁。②福岡県の旧村。③JR九州鹿児島本線の駅。

水神森　すいじんのもり　東京都の地名。

水飛沫　みずしぶき　勢いよく飛び散る水。

水俣　みなまた　①熊本県の川・市・港。②肥薩おれんじ鉄道の駅。

水面　みなも・みのも☆「―にうつる影」

10 水原　すいばら　①新潟県の旧町。②JR東日本羽越本線の駅。

水原秋桜子 みずはらしゅうおうし 俳人。
水針魚 さより ▼【鱵】さより 421
水蚤 みじんこ☆ ▼【微塵子】みじんこ 135
水納島 みんなじま 沖縄県の島。
水馬 あめんぼ ▼【水黽】あめんぼ 207
水捌け みずはけ☆ 「―の悪い土地」
水豹 あざらし ▼【海豹】あざらし 215
水脈 みお ▼【澪】みお 228
水恋鳥 あかしょうびん ▼【赤翡翠】あかしょうびん 360
11 **水亀** いしがめ 〔石亀〕 淡水産のカメ。
水渋 みしぶ 水面に浮いているさびのようなもの。
水渚 みぎわ 姓氏。
水鳥 みどり 樽見たるみ鉄道の駅。
水瓶 すいびょう 水を入れる細首のびん。
水萍 うきくさ・すいひょう ▼【萍】うきくさ 324
12 **水雲** もずく★ 〔海雲・海蘊〕 ナガマツモ目の海藻。
水葵 みずあおい 397 ▼【雨久花】みずあおい
水晶蘭 ぎんりょうそう ▼【銀竜草】ぎんりょうそう 383

水葱 なぎ 〔菜葱・蔛栄・蔛菜・接余・浮薔〕 ミズアオイの別名。
水無月 みなづき★ 陰暦六月。
水無瀬 みなせ ①大阪府の地名。②阪急京都本線の駅。③姓氏。
13 **水禽** すいきん 水鳥。
水搔き みずかき 〔蹼〕 水鳥などの指の間にある膜。
水黽 あめんぼ★ 〔水馬・水虫・飴坊〕 アメンボ科の昆虫の総称。
水楊 かわやなぎ ▼【川楊】かわやなぎ 118
水零し みずこぼし ▼【水翻】みずこぼし 207
14 **水際** みぎわ ▼【汀】みぎわ 208
水蜥蜴 いもり ▼【蠑螈】いもり 340
水蜘蛛 みずすまし ▼【水澄】みずすまし 207
水漬く みづく 「―屍かばね」
水蔓青 ひめとらのお 〔姫虎尾〕 ゴマノハグサ科の多年草。
水綿 あおみどろ 〔青味泥〕 ホシミドロ目の淡水藻。
水窪 みさくぼ ①静岡県の川・旧町。②JR東海飯田いい線の駅。③姓氏。

15 **水縄山地** みのうさんち 福岡県の山地。
水澄 みずすまし 〔鼓虫・鼓豆虫・攪水虫・水蜘蛛〕 水生の甲虫。
16 **水薦** みこも 〔水菰〕 水中に生えているマコモ。
水薙鳥 みずなぎどり 〔水凪鳥〕 ミズナギドリ科の海鳥の総称。
水蕗 みずぶき オニバスの別名。
←**水蠆** やご★ トンボの幼虫。
→**水蠆** やまめ ヤゴの別名。
水覆 みずこぼし ▼【水翻】みずこぼし 207
水翻 みずこぼし☆ 〔水覆・建水・水零し〕 茶道具の一。
19 **水鶏** くいな☆ 〔秧鶏〕 ツル目クイナ科の鳥の総称。
水獺 かわうそ ▼【獺】かわうそ 243
21 **水蠟蛾** いぼたが イボタガ科の大形のガ。
水蠟樹 いぼたのき 〔疣取木〕 モクセイ科の落葉低木。
水蠟樹蠟虫 いぼたろうむし カタカイガラムシの一種。
25 **水鼈** とちかがみ☆ トチカガミ科の水生多年草。

水 1
【永】 (5) **エイ** **ながい**

←**永久** とこしえ☆ 〔常しえ・長・鎮〕 「―の眠りにつく」
→**永久** とわ 〔常〕 永遠。
4 **永犬丸** えいのまる 筑豊ちくほう電気鉄道の駅。
5 **永代** えいたい 長い年月。
7 **永劫** えいごう☆ 「未来―忘れはしない」
永牢 えいろう 江戸時代の刑罰の一。
11 **永訣** えいけつ 死別。
12 **永覚** えかく 愛知環状鉄道の駅。
18 **永観** ようかん 平安後期の僧。

水 1
【氷】 (5) **ヒョウ** **こおり・ひ**

0 **氷ノ山** ひょうのせん 兵庫・鳥取県境の山・峠(―越ごえ)。
氷の様の奏 ひのためしのそう 宮中儀式の一。
3 **氷下魚** こまい★ 208 ▼【氷魚】こまい
氷上 ひかみ ①兵庫県の旧郡・旧町。②姓氏。
氷川 ひかわ ①東京都の地名。②熊本県の川・町ちょう。③姓氏。
6 **氷州** アイスランド 143 ▼【愛撒倫】アイスランド
氷肌玉骨 ひょうきぎょっこつ 美女。

4画 水部 1画

7 **氷見** ひみ　①富山県の市・旧郡・街道。②JR西日本の路線・駅。③愛媛県の旧町。④姓氏。

8 **氷雨** ひさめ　☆　ひょう。あられ。

9 **氷室** ひむろ　①天然の氷の保存小屋。②姓氏。

氷室山 ひむろやま　栃木・群馬県境の山。

氷柱 つらら　★　棒状に垂れ下がった氷。

氷面 ひも　氷の張った表面。

← **氷魚** こまい　〔氷下魚〕　タラ目の海魚。

→ **氷魚** ひうお・ひお　★　〔銀魚〕　アユの稚魚。

氷魚縅 ひおどし　▼【緋縅】ひおどし 296

12 **氷軽米** ひのかるめ　姓氏。

16 **氷頭** ひず　サケなどの頭部の軟骨。

水 2 **【求】**(7)　**キュウ　もとめる**

6 **求名** ぐみょう　①JR東日本東金(とうがね)線の駅。②姓氏。

8 **求肥** ぎゅうひ　★　〔牛皮〕　菓子の一。

求法 ぐほう　仏法を求める。

9 **求食場** あさりば　連歌・俳諧で、付句の順序を交代する場。

11 **求菩提山** くぼてさん　福岡県の山。

求野 くの　姓氏。

水 2 **【汁】**(5)　**ジュウ　しる**

0 **汁** つゆ　〔液〕　「お―を吸う」

10 **汁粉** しるこ　小豆あんを用いた甘い食品。

水 2 **【汀】**(5)　**テイ**

← **汀** なぎさ　①姓氏。②▼【渚】なぎさ 220

→ **汀** みぎわ　〔水際〕　水ぎわ。

11 **汀渚** ていしょ　波打ち際。

水 2 **【氾】**(5)　**ハン**

18 **氾濫** はんらん　★　河川の水が堤防からあふれでる。

水 3 **【汚】**(6)　**オ　けがす・けがれる・けがらわしい・よごす・よごれる・きたない**

10 **汚辱** おじょく　はずかしめ。

16 **汚濁** おじょく　よごれる。

18 **汚瀆** おとく　けがす。

汚穢 おわい　★　大小便。

水 3 **【汗】**(6)　**カン　あせ**

4 **汗水漬く** あせみずく　あせみどろ。

8 **汗衫** かざみ　★　汗取りのための麻の衣。

9 **汗疣** あせも　▼【汗疹】あせも 208

10 **汗疹** あせも　★　〔汗疣・汗瘡〕　汗による水泡性湿疹(しっしん)。

汗袗 あせとり　汗を吸い取らせる下着。

12 **汗湿む** あせばむ　「―ような陽気」

15 **汗瘡** あせも　▼【汗疹】あせも 208

水 3 **【江】**(6)　**コウ　え**

0 **江の川** ごうのかわ　中国地方を流れる川。

3 **江与味** えよみ　岡山県の旧村。

← **江古田** えこだ　西武池袋線の駅。

→ **江古田** えごた　東京都の地名。

江田島 えたじま　広島県の市。

6 **江吉良** えぎら　名鉄竹鼻線等の駅。

江合川 えあいがわ　宮城県の川。

7 **江迎** えむかえ　長崎県の町(ちょう)。

江尾 えび　①鳥取県の地名。②JR西日本伯備線の駅。

江良 えら　北海道の地名。

8 **江沼** えぬま　姓氏。

9 **江津** ごうつ　①島根県の市。②JR西日本山陰本線等の駅。

10 **江家次第** ごうけしだい　有職故実(ゆうそくこじつ)の書。

江島 えじま　姓氏。

江馬 えま　姓氏。

江浦草 つくも　〔九十九〕　水草フトイの古名。

11 **江御** えのみ・えみ　姓氏。

江釣子 えづりこ　①岩手県の旧村。②JR東日本北上線の駅。

江豚 いるか　▼【海豚】いるか 215

江部乙 えべおつ　①北海道の旧町。②JR北海道函館本線の駅。

江副 えぞえ　姓氏。

17 **江鮭** あめのうお　▼【鯇】あめのうお 418

22 **江鰶魚** こはだ　▼【小鰭】こはだ 110

25 **江籬** おごのり　▼【海髪】おごのり 215

水 3 **【汞】**(7)　**コウ**

8 **汞和金** アマルガム　水銀との合金の総称。

水 3 **【汝】**(6)　**ジョ・ニョ**

4画　水部　2−3画

← **汝** うぬ おまえ。

→ **汝** なんじ 〔爾〕「―の隣人を愛せよ」

12 **汝等** うぬら おまえら。

水3 **【汐】**(6) **セキ**

← **汐** うしお ▼【潮】うしお 227

→ **汐** しお 海の干満現象。

3 **汐干狩** しおひがり ▼【潮干狩】しおひがり 227

10 **汐留** しおどめ ①東京都の地名。②都営地下鉄大江戸線等の駅。

水3 **【池】**(6) **チ いけ**

3 **池大雅** いけのたいが 江戸中期の南画家。

4 **池木屋山** いけごややま 三重・奈良県境の山。

5 **池尻** いけじり 東京都の地名。

13 **池溝** うなて 田に水を引く溝。

水3 **【汎】**(6) **ハン・ボン**

0 **汎い** ひろい 広い。

5 **汎用** はんよう☆ 多方面に広く用いること。「―コンピューター」

6 **汎汎** はんぱん 〔泛泛〕 水に浮かび流れただようさま。

10 **汎称** はんしょう 〔泛称〕 総称。

水4 **【汪】**(7) **オウ**

7 **汪汪** おうおう 水が広く深い。

13 **汪溢** おういつ ▼【横溢】おういつ 197

水4 **【汽】**(7) **キ**

4 **汽水** きすい 海水と淡水が混じり合った水。

水4 **【汲】**(7) **キュウ**

0 **汲む** くむ 「水を―」

7 **汲汲** きゅうきゅう☆ 「―として働く」

水4 **【決】**(7) **ケツ きめる・きまる**

0 **決り食み** さくりばみ 木材の接合方法。

← **決る** さくる 地面に溝などを掘る。

→ **決る** しゃくる 〔刳る・抉る〕 中をえぐる。

15 **決潰** けっかい 決壊。「堤防が―する」

水4 **【沙】**(7) **サ・シャ**

← **沙** いさご ①姓氏。②▼【砂】いさご 269

→ **沙** すな 砂。「―をかむような生活」

3 **沙子** いさご ▼【砂】いさご 269

4 **沙中偶語** さちゅうぐうご 臣下が陰謀の相談をする。

5 **沙市** シアトル ▼【舎路】シアトル 29

沙石集 しゃせきしゅう 仏教説話集。

沙皮 さめがわ ▼【鮫皮】さめがわ 418

6 **沙虫** いさごむし ▼【石蚕】いさごむし 268

7 **沙汰** さた☆ 「地獄の―も金次第」

8 **沙弥** しゃみ・さみ 修行僧の一。

沙弥島 しゃみじま 香川県の地名。

9 **沙室** シャム ▼【暹羅】シャム 174

10 **沙翁** シェークスピア 〔莎士比亜〕 イギリスの劇作家。

沙蚕 ごかい☆ 〔砂蚕〕 ゴカイ科の環形動物の総称。

沙流 さる 北海道の川・郡。

沙留 さるる 北海道の地名。

11 **沙魚** はぜ☆ ▼【鯊】はぜ 418

13 **沙蒜** なまこ ▼【海鼠】なまこ 215

沙漠 さばく 砂漠。「サハラ―」

14 **沙穀** サゴ サゴヤシのでんぷん。

沙穀椰子 サゴやし サゴヤシ科の常緑高木。

15 **沙噀** なまこ ▼【海鼠】なまこ 215

19 **沙羅双樹** さらそうじゅ 〔娑羅双樹〕「―の花の色、盛者必衰の理(ことわり)をあらわす」

水4 **【沚】**(7) **シ**

0 **沚** なぎさ ▼【渚】なぎさ 220

水4 **【沁】**(7) **シン**

0 **沁みる** しみる 「寒さが身に―」

7 **沁沁** しみじみ ▼【染染】しみじみ 187

水4 **【沢】**(7) **タク さわ**

2 **沢入** そうり ①わたらせ渓谷鉄道の駅。②姓氏。

3 **沢小車** さわおぐるま 〔狗舌草〕 キク科の多年草。

9 **沢胡桃** さわぐるみ 〔寿光木〕 クルミ科の落葉高木。

10 **沢桔梗** さわぎきょう 〔山梗菜〕 キキョウ科の多年草。

11 **沢庵** たくあん 大根を用いた漬物。

12 **沢渡** さわたり 群馬県の温泉・地名。

13 **沢蒜** ねびる 〔根蒜〕 ノビルの別名。

18 **沢鵟** ちゅうひ タカ科の鳥。

沢瀉 おもだか ★ ①〔面高・野茨菰〕オモダカ科の多年草。②姓氏。
19 沢鶴 さわひよどり キク科の多年草。
沢蘭 さわあららぎ サワヒヨドリの古名。

水4【沖】(7) **チュウ** **おき**
5 沖永良部島 おきのえらぶじま 鹿児島県の島。
10 沖家室島 おきかむろじま 山口県の島。
11 沖魚汁 おきなじる とれたての魚介を使う汁。
17 沖膾 おきなます とった魚を船中でなますにしたもの。
18 沖醤蝦 おきあみ オキアミ目の節足動物の総称。
22 沖鰺 はたはた ▼【鰰】はたはた 420

水4【沈】(7) **チン** **しずむ・しずめる**
2 沈丁花 じんちょうげ ★〔瑞香〕ジンチョウゲ科の常緑低木。
7 沈沈 しんしん 〔深深〕夜が静かにふけるさま。
9 沈香 じんこう ☆ ジンチョウゲ科の常緑高木。
11 沈魚落雁 ちんぎょらくがん 美人を形容する語。
沈菜 キムチ 朝鮮の漬物。
沈淪 ちんりん 深く沈む。
12 沈湎 ちんめん ☆ 飲酒におぼれる。
13 沈鳧 たかべ コガモの古名。

水4【沓】(8) **トウ**
0 沓 くつ ▼【履】くつ 113
3 沓乞 ほととぎす ▼【杜鵑】ほととぎす 182
4 沓公 ほととぎす ▼【杜鵑】ほととぎす 182
沓手鳥 ほととぎす ▼【杜鵑】ほととぎす 182
5 沓石 くついし 柱などの下にすえる土台石。
7 沓形 くつがた 北海道の岬・旧町。
9 沓冠 くつかぶり 折句(おり)の一種。
11 沓掛 くつかけ ①長野県の温泉。②姓氏。
沓脱ぎ くつぬぎ 家の上がり口など履物を脱ぐ所。
沓野 くつの 長野県の温泉。

水4【沛】(7) **ハイ**
12 沛然 はいぜん 「―たる豪雨」

水4【泛】(7) **ハン・ボン・ホウ**
0 泛かぶ うかぶ 浮かぶ。「白雲が―」
3 泛子 うき ▼【浮き】うき 218
4 泛木 うき ▼【浮き】うき 218
7 泛泛 はんぱん ▼【汎汎】はんぱん 209
10 泛称 はんしょう ▼【汎称】はんしょう 209

水4【汾】(7) **フン**
9 汾草 かんぞう ▼【甘草】かんぞう 248

水4【没】(7) **ボツ**
4 没分暁漢 わからずや 「あの―には閉口だ」
← 没食子 ふし 18 ▼【五倍子】ふし
→ 没食子 もっしょくし 虫こぶの一。
10 没骨 もっこつ 中国の絵画の技法の一。
13 没義道 もぎどう ★〔莫義道〕むごい。

水4【沐】(7) **ボク・モク**
10 沐浴 もくよく ☆ 「斎戒―」
12 沐猴 もっこう サルの類。

水4【沃】(7) **ヨク**
3 沃土 よくど よく肥えた土地。
9 沃度 ヨード ヨウ素。
沃度丁幾 ヨードチンキ 消毒用薬品。
11 沃野 よくや 肥えた田野。
20 沃懸地 いかけじ まき絵の技法の一。

水5【沿】(8) **エン** **そう**
12 沿階草 じゃのひげ ▼【蛇の鬚】じゃのひげ 336

水5【河】(8) **カ** **かわ**
4 河太郎 がたろ カッパの別名。
← 河内 かわち ①大阪府の旧郡・旧市。②旧国名。現在の大阪府東部。③栃木県の郡・旧町。④茨城県の町(まち)。⑤石川県の旧村。⑥熊本県の温泉・旧町。⑦姓氏。
河内 こうち ①広島県の旧町。②JR西日本山陽本線の駅。③山口県の峠。④姓氏。
→ 河内 ハノイ ベトナムの首都。
河内長野 かわちながの ①大阪府の市。②近鉄長野線・南海高野(こうや)線の駅。
河匂 かわわ 姓氏。
5 河辺 かべ ①東京都の地名。②JR東日本青梅(おうめ)線の駅。
河本 こうもと 姓氏。
6 河曲 かわの JR東海関西本線の駅。

河合乙州 かわいおとくに 江戸前・中期の俳人。
河合曾良 かわいそら 江戸前期の俳人。
河西 かさい 北海道の郡。
河竹黙阿弥 かわたけもくあみ 歌舞伎脚本作者。
←河貝子 かわにな ▼【川蜷】かわにな 118
→河貝子 にな ▼【蜷】にな 337
河芸 かわげ ①三重県の旧郡・旧町。②伊勢鉄道の駅。
河邨 かわむら 姓氏。
8 河岸 かし☆ 川岸にある市場。
河東碧梧桐 かわひがしへきごとう 俳人。
河和 こうわ ①愛知県の地名。②名鉄の路線・駅。
河和田 かわだ 福井県の旧村。
9 河津 かわづ ①静岡県の滝(―七滝(ななだる))・町(ちょう)。②伊豆急行伊豆急行線の駅。
10 河原 かわら ▼【川原】かわら 118
河骨 こうほね☆ 〔川骨・骨蓬・萍蓬草〕 スイレン科の多年草。
河馬 かば カバ科の哺乳(ほにゅう)類。

河畔 かはん 川のほとり。
11 河豚 ふぐ☆ 〔鰒・鯸鮧魚〕フグ科の海魚の総称。
河堀口 こぼれぐち 近鉄南大阪線の駅。
河野 こうの 姓氏。
河鹿 かじか 〔金襖子〕 無尾目の両生類。
12 河童 かっぱ☆ 〔水虎〕 想像上の動物。
河飯 かわい 姓氏。
14 河蜷 かわにな ▼【川蜷】かわにな 118

水5 【泔】(8) **カン**
7 泔坏 ゆするつき 洗髪用の水を入れる器。

水5 【泣】(8) **キュウ なく**
0 泣き噦る なきじゃくる 激しく泣く。
7 泣言 なきごと 「―を並べる」

水5 【況】(8) **キョウ**
0 況して まして☆ なおさら。
況んや いわんや★ なおさら。

水5 【沽】(8) **コ**
0 沽る うる 売る。
7 沽却 こきゃく 売却。
←沽券 うりけん 〔売券〕 売り渡し証文。
→沽券 こけん 面目。体面。

水5 【泗】(8) **シ**
0 泗 なみだ ▼【涕】なみだ 217
4 泗水 しすい ①熊本県の旧町。②姓氏。

水5 【治】(8) **ジ・チ おさめる・おさまる・なおる・なおす**
7 治乱興亡 ちらんこうぼう 世の中が治まることと、乱れること。
11 治部坂峠 じぶさかとうげ 長野県の峠。
18 治癒 ちゆ 「自然―」
22 治聾酒 じろうしゅ 春の社日に飲む酒。

水5 【沼】(8) **ショウ ぬま**
5 沼田 ぬた 泥深い田。
沼田川 ぬたがわ 広島県の川。
7 沼沢 しょうたく 沼と沢。
9 沼津 ぬまづ ①静岡県の市。②JR東海東海道本線等の駅。
沼前 ぬまさき 姓氏。
沼前岬 のなまいみさき 北海道の岬。
沼南 しょうなん 千葉県の旧町。
10 沼島 ぬしま 兵庫県の島。
12 沼間 ぬま 姓氏。
15 沼縄 ぬなわ ▼【蓴】ぬなわ 328

水5 【泄】(8) **セツ・エイ**
0 泄らす もらす 漏らす。「軍の機密を―」「不平を―」

水5 【泉】(9) **セン いずみ**
←泉海魚 うきぎ 304 ▼【翻車魚】うきぎ
泉海魚 うなぎ ▼【鰻】うなぎ 421
→泉海魚 まんぼう 304 ▼【翻車魚】まんぼう
泉津 せんづ 東京都の地名。
10 泉原 いずはら 姓氏。

水5 【泝】(8) **ソ**
0 泝る さかのぼる ▼【遡る】さかのぼる 373

水5 【沮】(8) **ショ・ソ**
0 沮む はばむ 阻む。「行く手を―」

12 **沮喪** そそう ☆ 気力がくじける。

水5【泰】(10) タイ

0 **泰** タイ 国名。

泰らか やすらか 動揺がなく静か。

3 **泰山木** たいさんぼく 〔大盞木・洋玉蘭〕モクレン科の常緑高木。

泰山鴻毛 たいざんこうもう 二者の差が甚だしい。

4 **泰斗** たいと ☆「政治学の―」

6 **泰西** たいせい 西洋諸国。

8 **泰阜** やすおか ①長野県の村(むら)。②姓氏。

12 **泰然自若** たいぜんじじゃく 物事に動じないさま。

水5【注】(8) チュウ そそぐ

0 **注ぐ** つぐ 「お茶を―」

注ける つける くっつける。

注す さす 〔点す〕「目薬を―」

10 **注連貰い** しめもらい 正月の行事の一。

注連飾り しめかざり 〔七五三飾り・標飾り〕注連縄をはって飾る。

注連縄 しめなわ ☆〔七五三縄・標縄〕出入り禁止を示す、張りまわされた縄。

水5【泥】(8) デイ どろ

0 **泥む** なずむ ★〔滞む〕「暮れ―」

5 **泥仕合** どろじあい 「―を演じる」

10 **泥烏須** デウス ▼【天主】(デウス) 90

11 **泥亀** すっぽん ▼【鼈】(すっぽん) 431

泥婆羅 ネパール 〔捏巴爾〕国名。

泥梨 ないり 〔泥犂〕地獄。

12 **泥湖菜** きつねあざみ ▼【狐薊】(きつねあざみ) 241

泥犂 ないり ▼【泥梨】(ないり) 212

13 **泥塗れ** どろまみれ 泥でひどく汚れる。

14 **泥障** あおり ▼【障泥】(あおり) 395

泥障烏賊 あおりいか ▼【障泥烏賊】(あおりいか) 395

16 **泥鴨** あひる ▼【家鴨】(あひる) 103

17 **泥濘** ぬかるみ 「―にはまる」

泥濘る ぬかる ☆ 道がどろどろになる。

20 **泥鰌** どじょう ☆〔鯲・鰌〕ドジョウ科の淡水魚の総称。

泥鰍 うなぎ ▼【鰻】(うなぎ) 421

水5【波】(8) ハ なみ

2 **波入** はにゅう 姓氏。

3 **波久礼** はぐれ ①埼玉県の地名。②秩父(ちちぶ)鉄道の駅。

波士敦 ボストン アメリカの都市。

波子 はし ①島根県の地名。②JR西日本山陰本線の駅。

波川 はかわ JR四国土讃(どさん)線の駅。

4 **波介** はけ 姓氏。

波戸岬 はどのみさき 佐賀県の岬。

波止浜 はしはま ①愛媛県の旧町・港。②JR四国予讃線の駅。

波止場 はとば 埠頭(ふとう)。

波切 なきり ①三重県の旧町・漁港。②姓氏。

波方 なみかた ①愛媛県の旧町。②JR四国予讃(よさん)線の駅。

波木井 はきい 山梨県の地名。

5 **波田** はた ①長野県の町(まち)。②松本電鉄上高地(かみこうち)線の駅。

波白 はしろ 姓氏。

波布 はぶ ☆〔飯匙倩〕ヘビの一種。

7 **波佐見** はさみ 長崎県の町(ちょう)。

8 **波波泊部** ははかべ 姓氏。

10 **波哥達** ボゴタ コロンビアの首都。

波高島 はだかじま ①山梨県の地名。②JR東海身延(みのぶ)線の駅。

波根 はね ①島根県の地名。②JR西日本山陰本線の駅。

波浮港 はぶみなと 東京都の地名。

11 **波野原** なみのばる 熊本県の原野。

12 **波斯** ペルシア ☆ イランの旧称。

波斯草 ほうれんそう ▼【菠薐草】(ほうれんそう) 324

波斯棗 なつめやし ▼【棗椰子】(なつめやし) 193

波勝岬 はがちざき 静岡県の岬。

波渡崎 はとざき 山形県の岬。

13 **波照間島** はてるまじま 沖縄県の島。

14 **波爾多** ボルドー フランスの都市。

波爾勃亜 バルボア スペインの探検家。

17 **波濤** はとう ☆ 大波。

19 **波蘭** ポーランド ☆ 国名。

20 **波瀾** はらん 「―含みの政局」

波瀾万丈 はらんばんじょう 「―の人生」

水5 **【泊】**(8) **ハク** **とまる・とめる**

6 **泊地** はくち 船がとまる所。

水5 **【泌】**(8) **ヒツ・ヒ**

7 **泌尿器** ひにょうき 尿の排出を行う器官。

水5 **【沸】**(8) **フツ** **わく・わかす**

0 **沸** にえ 〔錵〕日本刀の重要な見所の一。

水5 **【法】**(8) **ホウ・ハッ・ホッ**

←**法** のり 〔矩・則〕規則。道理。方式。

→**法** フラン ☆ 〔仏〕フランスの旧通貨単位。

法る のっとる ▼【則る】のっとる 46

4 **法夫満** ホフマン ドイツの作家。

5 **法主** ほっす 一宗派の長。

6 **法会** ほうえ 仏事や供養のための集まり。

7 **法花寺** ほっけじ 姓氏。

法花津湾 ほけづわん 愛媛県の湾。

8 **法事** のりごと 死者供養の行事。

9 **法度** はっと 「門限破りは御―だ」

法面 のりめん 土を削ったりしてできた斜面。

10 **法華津峠** ほけづとうげ 愛媛県の峠。

法華経 ほけきょう 大乗経の一。

法被 はっぴ ☆ 〔半被〕長着の上に羽織る衣服。

12 **法勝寺** ほっしょうじ 鳥取県の川・地名。

17 **法螺** ほら★ でたらめ。

法螺貝 ほらがい 〔吹螺・梭尾貝・梭尾螺〕海産の巻貝。

水5 **【泡】**(8) **ホウ** **あわ**

0 **泡** あぶく あわ。

7 **泡吹虫** あわふきむし アワフキムシ科の昆虫の総称。

←**泡沫** うたかた ☆ 「―の恋」

→**泡沫** ほうまつ 「―候補」

泡沫夢幻 ほうまつむげん 水の泡と夢とまぼろし。

11 **泡盛** あわもり 沖縄の焼酎しょうちゅう。

泡雪 あわゆき 〔沫雪〕泡のようにとけやすい雪。

14 **泡銭** あぶくぜに 不正な方法でもうけた金。

水5 **【沫】**(8) **バツ・マチ・マツ**

0 **沫** あわ 泡。「―を吹かせる」

11 **沫雪** あわゆき ▼【泡雪】あわゆき 213

水5 **【油】**(8) **ユ** **あぶら**

4 **油井** ゆせい 石油を採取するための井戸。

油木 ゆき 広島県の高原・旧町。

5 **油田** あぶらでん JR西日本城端じょうはな線の駅。

6 **油団** ゆとん 夏の敷物の一。

油凪 あぶらなぎ 海面が平らなさま。

7 **油谷** ゆや ①山口県の湾・旧町。②姓氏。

油身魚 いたちうお ▼【鼬魚】いたちうお 432

8 **油茅** あぶらがや 〔油萱・黄茅〕カヤツリグサ科の大形多年草。

油油 ゆうゆう つやつやしているさま。

9 **油胡蘆** えんまこおろぎ ▼【閻魔蟋蟀】えんまこおろぎ 390

油点草 ほととぎす ▼【杜鵑草】ほととぎす 182

10 **油桃** つばいもも ▼【椿桃】つばいもも 195

油桐 あぶらぎり ▼【罌子桐】あぶらぎり 300

11 **油清汁** あぶらすまし しょうゆ、赤みそに、ごま油を加えた煮汁。

12 **油萱** あぶらがや ▼【油茅】あぶらがや 213

油須原 ゆすばる ①福岡県の地名。②平成筑豊ちくほう鉄道田川線の駅。

油然 ゆうぜん 盛んにわき起こるさま。

油揚 あぶらげ あぶらあげ。

13 **油照** あぶらでり 蒸し暑い夏の天候。

17 **油糟** あぶらかす 大豆・菜種などから油分をとったかす。

水5 **【泪】**(8) **ルイ・レイ**

0 **泪** なみだ ▼【涕】なみだ 217

16 **泪橋** なみだばし 東京都の地名。

水6 **【洟】**(9) **イ・テイ**

0 **洟** はな 「―をたらす」

水6 **【洩】**(9) **セツ・エイ**

0 **洩らす** もらす 「秘密を―」

洩れる もれる 「燃料が―」

水6 **【海】**(9) **カイ** **うみ**

0
海ノ口 うみのくち ①長野県の地名。②JR東日本大糸線の駅。

2
海人 あま 漁師。〔蜑・白水郎・海士〕

海人草 まくり☆ 〔海仁草・鷓鴣菜〕イギス目の海藻。

3
海山 みやま 三重県の旧町。

海山道 みやまど 近鉄名古屋線の駅。

海士 あま ①島根県の町(ちょう)・旧郡。②姓氏。③▼【海人】(あま) 214

海女 あま★ 海に潜って貝などをとる女性。

海上 うなかみ ①千葉県の旧町。②姓氏。

4
海牙 ハーグ オランダの都市。

←**海牛** あめふらし ▼【雨虎】(あめふらし) 397

→**海牛** うみうし 腹足綱の軟体動物の総称。

海月 くらげ ▼【水母】(くらげ) 206

海仁草 まくり☆ ▼【海人草】(まくり) 214

海内 かいだい 「—無双」

5
海市 かいし しんきろう。

海石 いくり 〔礁・涅〕海中の岩。

海石榴 つばき ▼【椿】(つばき) 195

海田 かいた 広島県の町(ちょう)。

海田市 かいたいち JR西日本山陽本線等の駅。

海布 め 食用にする海藻の総称。

海布刈 めかり ▼【和布刈】(めかり) 67

6
海気 かいき ▼【甲斐絹】(かいき) 252

海江 あえ 姓氏。

海江田 かいえだ 姓氏。

海州骨砕補 しのぶぐさ ▼【垣衣】(しのぶぐさ) 79

海州常山 くさぎ ▼【臭梧桐】(くさぎ) 313

海舌 くらげ ▼【水母】(くらげ) 206

海地 ハイチ 国名。

海老 えび☆ 〔蝦・鰕〕甲殻綱十脚目長尾類の節足動物の総称。

海老根 えびね 〔蝦根〕ラン科の多年草。

7
海見山 かいけんざん 広島県の山。

海沢 うなざわ 東京都の川。

海男子 なまこ ▼【海鼠】(なまこ) 215

海兎 あめふらし ▼【雨虎】(あめふらし) 397

海禿 あしか ▼【海驢】(あしか) 215

海別岳 うなべつだけ 北海道の山。

海防 ハイフォン ベトナムの都市。

8
海金砂 かにくさ ▼【蟹草】(かにくさ) 340

海狗 おっとせい ▼【膃肭臍】(おっとせい) 311

←**海参** いりこ★ 〔煎海鼠・熬海鼠〕ほしなまこ。

→**海参** なまこ ▼【海鼠】(なまこ) 215

海若 わたつみ ▼【海神】(わたつみ) 214

海松 みる 〔水松〕ミル目の海藻。

海松貝 みるがい 〔水松貝〕ミルクイの市場名。

海松食 みるくい 海産の二枚貝。

海苔 のり☆ 食用とする紅藻類などの総称。

海苔菜 あおのり ▼【乾苔】(あおのり) 16

海底撈月 かいていろうげつ 水中の月をすくう。むだなことのたとえ。

9
海紅 かいどう ▼【海棠】(かいどう) 215

海柘榴市 つばいち 〔椿市〕古代の市(いち)。

海津 かいづ ①岐阜県の市・旧郡。②滋賀県の旧村。③姓氏。

海神 わたつみ 〔海若〕海の神。

海星 ひとで☆ 〔海盤車・人手〕ヒトデ綱の棘皮(きょくひ)動物の総称。

海胆 うに☆ 〔海栗・霊蠃子・霊螺子〕ウニ綱の棘皮(きょくひ)動物の総称。

海保 かいほ 姓氏。

10
海原 うなばら 「大—」

海索麺 うみぞうめん 紅藻類ウミゾウメン目の海藻。

海笋 うみたけ ▼【海筍】(うみたけ) 215

海恕 かいじょ 相手を許す。

海扇 ほたてがい☆ 〔帆立貝〕扇形の貝殻を持つ海産の二枚貝。

海桐 とべら 〔海桐花〕トベラ科の常緑低木。

海桐花 とべら ▼【海桐】(とべら) 214

海涅 ハイネ ドイツの詩人。

←**海馬** あしか ▼【海驢】(あしか) 215

海馬 じゅごん ▼【儒艮】(じゅごん) 34

海馬 セイウチ ▼【海象】(セイウチ) 215

海馬 たつのおとしご 〔竜の落し子〕ヨウジウオ目の海魚。

→海馬 とど☆ ▼【胡獱】どと 309
海豹 あざらし★ 〔水豹〕 アザラシ科の海獣の総称。
海狸 かいり ビーバーの別名。
海栗 うに ▼【海胆】にう 214
11 海蛍 うみほたる 介形目の海産節足動物。
海蛆 ふなむし ▼【船虫】むしふな 314
海豚 いるか★ 〔江豚〕 小型ハクジラ類の総称。
←海部 あま ①愛知県の郡。②姓氏。
→海部 かいふ ①徳島県の川・山地・郡・旧町。②四国南東部の灘。③JR四国牟岐線等の駅。④姓氏。
海獺 ラッコ ▼【獺虎】コラッ 242
海鹿 あめふらし ▼【雨虎】あめふらし 397
海鹿島 あしかじま ①千葉県の地名。②銚子電鉄の駅。
12 海雲 もずく ▼【水雲】くもず 207
海蛤 うむき ハマグリの類の古名。
海筍 うみたけ 〔海笋〕 海産の二枚貝。
海象 セイウチ★ 〔海馬〕 セイウチ科の海獣。
海棠 かいどう☆ 〔棠・花仙・海紅〕 バラ科の落葉低木。

13 海鼠 なまこ★ 〔海参・海男子・沙噀・沙蒜・生子・塗筍・土肉〕 ナマコ綱の棘皮動物の総称。
海鼠子 このこ ナマコの卵巣。
海鼠腸 このわた☆ ナマコの塩辛。
海頓 ハイドン オーストリアの作曲家。
海路 うなじ 航路。
14 海酸漿 うみほおずき 〔竜葵〕 海産の巻貝の卵嚢。
←海髪 いぎす 〔小凝菜・髪菜〕 イギス目の海藻。
→海髪 おごのり☆ 〔海髪菜・於期海苔・於期菜・江籬・頭髪菜〕 スギノリ目の海藻。
海髪菜 おごのり ▼【海髪】おごのり 215
15 海潟 かいがた 鹿児島県の温泉・地名。
海潮 うしお 姓氏。
海盤車 ひとで ▼【海星】でひと 214
16 海鞘 ほや☆ 〔老海鼠〕 海鞘綱の原索動物の総称。
海嘯 つなみ ▼【津波】みつな 216
17 海糠 あみ ▼【醤蝦】みあ 378
海糠魚 あみ ▼【醤蝦】みあ 378

←海螺 つぶ ▼【螺】ぶつ 339
→海螺 ばい ▼【蛽】いば 337
18 海鮹子 たこ ▼【蛸】こた 337
19 海蘊 もずく ▼【水雲】くもず 207
海鏡 つきひがい 〔月日貝〕 海産の二枚貝。
海鶏魚 えい ▼【鱝】いえ 421
←海獺 あしか ▼【海驢】かあし 215
→海獺 ラッコ ▼【獺虎】コラッ 242
海蠃 ばい ▼【蛽】いば 337
海蠃独楽 べいごま ▼【貝独楽】ごまべい 357
20 海鯽 ちぬ ▼【茅渟】ぬち 319
21 海鷂魚 えい ▼【鱝】いえ 421
22 海鰻 あなご ▼【穴子】ごあな 278
海蘿 ふのり ▼【布海苔】りふの 121
海鰤 ぶり ▼【鰤】りぶ 420
←海驢 あしか★ 〔葦鹿・海禿・海馬・海獺〕 アシカ・トド・オットセイなど、アシカ科の海獣の総称。
→海驢 とど ▼【胡獱】どと 309

海驢島 とどしま 北海道の島。

水6【活】(9) カツ

0 活かす いかす 「経験を―」
活け作り いけづくり 〔生け作り〕 姿作り。
5 活写し いきうつし ▼【生写し】いきうつし 249
7 活花 いけばな 〔生け花〕 日本の伝統芸術。
9 活活 いきいき 元気なさま。
活計 たずき・たつき ▼【方便】きたず 167
11 活惚れ かっぽれ 俗謡の一。
15 活嘴 カラン 水道の蛇口。

水6【泊】(9) キ

4 泊夫藍 サフラン 〔泊夫蘭・泊芙蘭・番紅花・蕃紅花〕 アヤメ科の多年草。
泊夫蘭 サフラン 215 ▼【泊夫藍】ラサフン
7 泊芙蘭 サフラン 215 ▼【泊夫藍】ラサフン

水6【洪】(9) コウ

4 洪牙利 ハンガリー☆ 〔匈牙利〕 国名。
洪水 こうずい おおみず。

10 洪恩 こうおん ▼【鴻恩】こうおん 424

11 洪都拉斯 ホンジュラス 国名。

水6【洽】(9) コウ・ゴウ

0 洽し あまねし 広くゆきわたる。

水6【洒】(9) サイ・シャ・セイ・セン・ソン

←洒ぐ すすぐ 水で汚れを落とす。

→洒ぐ そそぐ 液体をふりかける。

9 洒洒 しゃあしゃあ あつかましい。

11 洒脱 しゃだつ ☆「軽妙—」

12 洒落 しゃれ ★ 人を笑わせる文句。

洒落臭い しゃらくさい 生意気である。

水6【洲】(9) シュウ

←洲 しま 周囲が水に囲まれた陸地。

→洲 す 川の中の陸地。

10 洲浜 すはま 〔州浜〕水際が出入りしている砂浜。

11 洲崎 すのさき 千葉県の岬。

洲鳥 すどり ▼【渚鳥】すどり 220

水6【洵】(9) シュン

9 洵美 じゅんび まことに美しいこと。

水6【浄】(9) ジョウ

0 浄い きよい 汚れがなくきれいであるさま。

浄める きよめる 汚れやけがれを除く。

7 浄村 きよむら 姓氏。

8 浄法寺 じょうぼうじ 岩手県の旧町。

9 浄玻璃 じょうはり くもりのない水晶。

10 浄財 じょうざい 「—を募る」

14 浄瑠璃 じょうるり 語り物の一。

水6【津】(9) シン つ

3 津久井 つくい 神奈川県の湖・旧郡・旧町。

津久見 つくみ ①大分県の湾・市・港。②JR九州日豊(にっぽう)本線の駅。

津々良ケ岳 つづらがたけ 山口県の山。

5 津田左右吉 つだそうきち 歴史学者。

7 津谷 つや 宮城県の地名。

8 津居山 ついやま 兵庫県の地名。

津奈木 つなぎ ①熊本県の町(まち)。②肥薩(ひさつ)おれんじ鉄道の駅。

津波 つなみ 〔津浪・海嘯〕海底地震などによる大波。

津免多貝 つめたがい 〔蚜螺・玉螺〕海産の巻貝。

9 津津 しんしん 「興味—」

津南 つなん ①新潟県の町(まち)。②JR東日本飯山(いいやま)線の駅。

12 津堅島 つけんじま 沖縄県の島。

津道 つじ 姓氏。

水6【浅】(9) セン あさい

4 浅水 あそうず 福井鉄道福武線の駅。

浅井 あざい 滋賀県の旧町。

6 浅羽 あさば 静岡県の旧町。

浅瓜 しろうり 〔越瓜・白瓜〕ウリ科のつる性一年草。

7 浅利 あさり 姓氏。

8 浅茅 あさじ たけの低いチガヤ。

浅茅湾 あそうわん 長崎県の湾。

9 浅科 あさしな 長野県の旧村。

浅海 あさなみ JR四国予讃(よさん)線の駅。

浅海井 あざむい JR九州日豊(にっぽう)本線の駅。

11 浅黄 あさぎ 薄い黄色。

浅野長矩 あさのながのり 江戸前期の大名。

←浅葱 あさぎ ★〔淡縹〕薄い青色。

→浅葱 あさつき ★▼【胡葱】あさつき 309

13 浅猿しい あさましい 〔浅間敷い〕卑しくて品がない。

浅傷 あさで 〔浅手〕軽いけが。

浅墓 あさはか 「—な考え」

浅蜊 あさり 〔蛤仔・鯏〕海産の二枚貝。

18 浅甕 さらけ 浅底のかめ。

19 浅瀬石川 あせいしがわ 青森県の川。

水6【洗】(9) セン あらう

0 洗い晒し あらいざらし 「—のシャツ」

洗い浚い あらいざらい 「—うちあける」

7 洗足池 せんぞくいけ 東京都の池。

8 洗波 せば 姓氏。

10 洗馬 せば ①長野県の地名。②JR東海中央本線の駅。

4画 水部 6画

11 **洗魚** あらい ▼【洗膾(あらい)】217

12 **洗湯** せんとう ▼【銭湯(せんとう)】383

14 **洗滌** せんじょう・せんでき 洗ってきれいにする。「傷口を―する」

洗熊 あらいぐま 〔浣熊〕食肉目の哺乳類(ほにゅうるい)。

17 **洗膾** あらい ☆〔洗魚・洗い〕「コイの―」

水 6 **【洞】**(9) **ドウ ほら**

0 **洞** うろ ▼【虚(うろ)】334

洞ケ峠 ほらがとうげ ☆「―を決め込む」

3 **洞川** どろがわ 奈良県の地名。

9 **洞洞** とうとう 穴の中のように、深くて暗いさま。

13 **洞窟** どうくつ 山などの斜面にあいた横穴。

洞爺 とうや ①北海道の湖・温泉・町(ちょう)(―湖町)。②北海道の旧村。③JR北海道室蘭(むろらん)本線の駅。

水 6 **【派】**(9) **ハ**

0 **派する** はする 派遣する。

4 **派手** はで 「―に動きまわる」

水 6 **【洋】**(9) **ヨウ**

5 **洋玉蘭** たいさんぼく ▼【泰山木(たいさんぼく)】212

6 **洋灯** ランプ 石油などを燃料とする灯火具。

7 **洋杖** ステッキ 西洋風の杖。

8 **洋妾** らしゃめん 西洋人の妾(めかけ)になった日本女性を卑しめていう語。

洋杯 コップ 〔玻璃杯〕ガラス製の食器。

11 **洋袴** ズボン ズボン。

洋野 ひろの 岩手県の町(ちょう)。

12 **洋琴** ピアノ 楽器。

洋傘 こうもり こうもり傘。

17 **洋燧** マッチ ▼【燐寸(マッチ)】236

水 6 **【洛】**(9) **ラク**

洛陽花 せきちく ▼【瞿麦(せきちく)】265

水 7 **【浣】**(10) **カン・ガン**

13 **浣腸** かんちょう 〔灌腸〕「―薬」

14 **浣熊** あらいぐま ▼【洗熊(あらいぐま)】217

水 7 **【涓】**(10) **ケン**

10 **涓涓** けんけん 水が細くちょろちょろと流れる。

14 **涓滴** けんてき ☆「―岩をうがつ」

水 7 **【浩】**(10) **コウ**

12 **浩然** こうぜん 心がゆったりしているさま。

15 **浩歎** こうたん 大いに嘆く。

19 **浩瀚** こうかん 書籍の巻数やページ数が多い。

水 7 **【浚】**(10) **シュン**

0 **浚う** さらう 〔渫う〕「どぶを―」

12 **浚渫** しゅんせつ 土砂をさらう。

水 7 **【消】**(10) **ショウ きえる・けす**

8 **消長** しょうちょう 「国運が―する」

水 7 **【浹】**(10) **ショウ・コウ**

0 **浹し** あまねし 広くゆきわたるさま。

水 7 **【浸】**(10) **シン ひたす・ひたる**

0 **浸かる** つかる 液体の中に入る。

浸みる しみる 〔染みる・滲みる〕「インクが―」

浸る ひたる 〔漬る〕「肩まで湯に―」

10 **浸針** かしばり 漁法の一。

15 **浸潤** しんじゅん 「雨水が―する」

水 7 **【浙】**(10) **セツ**

6 **浙江** せっこう 中国の省名。

水 7 **【涎】**(10) **セン・ゼン**

0 **涎** よだれ ☆「―をたらす」

水 7 **【涕】**(10) **テイ**

0 **涕** なみだ 〔泪・泗〕涙。「―を流す」

涕く なく 泣く。

8 **涕泣** ていきゅう 涙を流して泣く。

10 **涕涙** ているい 流れ落ちる涙。

水 7 **【涅】**(10) **デツ・ネチ・ネツ・ネ**

0 **涅** いくり ▼【海石(いくり)】214

涅する でっする 黒い色で染める。

6 **涅色** くりいろ 染め色の名。

14 **涅槃** ねはん ★煩悩(ぼんのう)が消えた安らぎの境地。

水 7 **【浜】**(10) **ヒン はま**

3 **浜口雄幸** はまぐちおさち 政治家。

浜万年青 はまおもと ハマユウ。

4 **浜木綿** はまゆう ☆〔文珠蘭〕ヒガンバナ科の常緑多年草。

5 **浜払子** はまぼっす サクラソウ科の越年草。

7 **浜芹** はまぜり 〔蛇牀木〕セリ科の越年草。

8 **浜河内** はまごうち JR西日本小野田線の駅。

浜茄子 はまなす バラ科の落葉低木。

10 **浜鬼志別** はまおにしべつ 北海道の地名。

11 **浜菅** はますげ 〔莎草〕 カヤツリグサ科の多年草。

浜旋花 はまひるがお 〔浜昼顔〕 ヒルガオ科の多年草。

13 **浜畷** はまなわて 姓氏。

浜頓別 はまとんべつ 北海道の町(ちょう)。

15 **浜豌豆** はまえんどう 〔野豌豆〕 マメ科の多年草。

23 **浜鷸** はましぎ シギ科の鳥。

水 7 **【浮】**(10) **フ** **うく・うかれる・うかぶ・うかべる**

0 **浮き** うき 〔浮子・泛子・泛木〕 釣り具の一。

浮き蓴 うきぬなわ ジュンサイの別名。

浮き嚢 うきぶくろ 浮き袋。

浮つく うわつく うきうきして落ち着かなくなる。

浮れ女 うかれめ 〔妓・妓女・浮君・遊女〕 遊女(ゆうじょ)。

← **浮子** あば 魚網につけるうき。

→ **浮子** うき☆ ▼【浮き】(うき) 218

4 **浮孔** うきあな 近鉄南大阪線の駅。

5 **浮矢幹** うきやがら カヤツリグサ科の多年草。

浮石糖 カルメラ 菓子の一。

6 **浮羽** うきは 福岡県の旧郡・旧町。

← **浮気** うわき 「—がばれる」

→ **浮気** ふけ 姓氏。

浮池 ふけ 姓氏。

7 **浮君** うかれめ ▼【浮れ女】(うかれめ) 218

浮吾里 うきごり ▼【浮鮴】(うきごり) 218

浮沈 ふちん 浮き沈み。

9 **浮垢** きら 水面の油などが光って見えるもの。

浮草 うきくさ ▼【萍】(うきくさ) 324

10 **浮原島** うきばるしま 沖縄県の島。

浮島 うかしま 山口県の島。

11 **浮萍** うきくさ ▼【萍】(うきくさ) 324

12 **浮雲い** あぶない 危ない。

浮間 うきま 東京都の地名。

浮間舟渡 うきまふなど JR東日本埼京(さいきょう)線の駅。

13 **浮腫** むくみ 「足に—がくる」

浮腫む むくむ 「顔が—」

← **浮塵子** うんか☆ 〔白蠟虫〕 ウンカ科などの昆虫の総称。

→ **浮塵子** ぬかか ▼【糠蚊】(ぬかか) 289

← **浮標** うき 水流を測るために浮かべるもの。

→ **浮標** ブイ 水面に浮かべる目印。

← **浮薔** なぎ ▼【水葱】(なぎ) 207

→ **浮薔** みずあおい ▼【雨久花】(みずあおい) 397

17 **浮鮴** うきごり 〔浮吾里〕 スズキ目の淡水魚。

18 **浮鞭** うきぶち 土佐くろしお鉄道中村線の駅。

水 7 **【浦】**(10) **ホ** **うら**

6 **浦曲** うらわ 海岸の入り込んだ所。

12 **浦富** うらどめ 鳥取県の旧町。

13 **浦塩斯徳** ウラジオストク ロシアの都市。

浦幌 うらほろ ①北海道の川・町(ちょう)。②JR北海道根室(ねむろ)本線の駅。

水 7 **【浡】**(10) **ホツ・ボツ**

8 **浡泥** ボルネオ 東南アジアの島。

水 7 **【涌】**(10) **ヨウ・ユ・ユウ**

0 **涌く** わく ▼【湧く】(わく) 224

5 **涌出** ゆうしゅつ ▼【湧出】(ゆうしゅつ) 224

7 **涌沢** ゆざわ 姓氏。

水 7 **【浴】**(10) **ヨク** **あびる・あびせる**

6 **浴衣** ゆかた★ 木綿のひとえの着物。

水 7 **【浬】**(10) **リ**

← **浬** かいり 〔海里〕 海上・航海距離の単位。

→ **浬** ノット ▼【節】(ノット) 284

水 7 **【流】**(10) **リュウ・ル** **ながれる・ながす**

5 **流石** さすが☆ 〔遉・了得・有繫〕 「—本場の味だ」「—の名投手も年齢には勝てない」

流布 るふ 「巷間(こうかん)に—する」

6 **流行り** はやり 〔時花〕 「—の水着」

流行る はやる 「悪いかぜが—」

10 **流流** りゅうりゅう 「細工は—」

11 **流転** るてん 「万物は—」

13 **流罪** るざい 島流し。

18 **流謫** るたく・りゅうたく☆ 島流し。

4画 水部 7画

19 **流鏑馬** やぶさめ ★ 騎射の一。
流離 さすらい 流浪。
流離う さすらう ☆「草原を―」

水7 **【涙】**(10) **ルイ なみだ**
7 **涙含む** なみだぐむ 涙がわいてくる。
8 **涙雨** なみだあめ 悲しみの涙が化して降る雨。
涙金 なみだきん わずかなお金。
10 **涙脆い** なみだもろい ちょっとしたことで涙が出る性質。

水7 **【浪】**(10) **ロウ**
0 **浪** なみ 〔濤〕 波。「―が荒い」
6 **浪合** なみあい 長野県の旧村。
← **浪花** なにわ ▼【難波】397
→ **浪花** なみはな ①千葉県の旧村。②JR東日本外房線の駅。
9 **浪逆浦** なさかうら 茨城県の湖。
10 **浪華** なにわ ▼【難波】397
浪速 なにわ ①大阪市の行政区。②姓氏。③▼【難波】397
12 **浪越** なごし 姓氏。
14 **浪漫** ロマン 「男の―」
浪漫斯 ロマンス 冒険や甘美な夢を描いた物語。「世紀の大―」

水8 **【淫】**(11) **イン**
0 **淫ら** みだら 〔猥ら〕「―な関係」
6 **淫行** いんこう みだらな行為。
淫羊藿 いかりそう ▼【碇草】270
7 **淫佚** いんいつ みだら。
淫売 いんばい 売春。
8 **淫雨** いんう 〔霪雨〕 長雨。
淫祀 いんし いかがわしいものを神としてまつる。
10 **淫祠** いんし いかがわしい神をまつるほこら。
12 **淫猥** いんわい みだら。
15 **淫蕩** いんとう 酒色におぼれる。
19 **淫靡** いんび 〔婬靡〕 節度がなくてみだらなさま。

水8 **【液】**(11) **エキ**
0 **液** つゆ ▼【汁】208

水8 **【淹】**(11) **エン・アン**
0 **淹れる** いれる 「お茶を―」
12 **淹博** えんぱく 学問・知識が広くて深い。

水8 **【渕】**(11) **エン**
0 **渕** ふち ▼【淵】221
8 **渕東** えんどう 松本電鉄上高地線の駅。

水8 **【涯】**(11) **ガイ**
0 **涯** はて 最後のところ。
14 **涯際** がいさい 物事の終わるところ。

水8 **【渇】**(11) **カツ かわく**
0 **渇する** かっする ひどく欲しがる。
6 **渇仰** かつごう・かつぎょう 深く仏を信仰する。強くあこがれ慕う。

水8 **【涵】**(11) **カン**
0 **涵す** ひたす 液体の中に入れる。
15 **涵養** かんよう 恩恵を施し養う。

水8 **【淦】**(11) **カン**
0 **淦** あか 船底にたまった水。

水8 **【渓】**(11) **ケイ**
0 **渓** たに 山と山との間のくぼんだ所。
13 **渓蓀** あやめ ▼【菖蒲】324

水8 **【涸】**(11) **カク・コ**
0 **涸れる** かれる 「涙も―」
7 **涸沢** からさわ 長野県の谷・山(―岳)。
8 **涸沼** ひぬま ①茨城県の湖。②鹿島臨海鉄道大洗鹿島線の駅。
11 **涸渇** こかつ ☆「水源が―する」

水8 **【混】**(11) **コン まじる・まざる・まぜる**
7 **混沌** こんとん 〔渾沌〕「勝敗の行方は―としている」
11 **混淆** こんこう 〔混交〕「玉石―」
16 **混凝土** コンクリート ☆ 土木建築用材。

水8 **【済】**(11) **サイ すむ・すます**
0 **済う** すくう 救う。
済し崩し なしくずし ☆ 物事を少しずつ片づけていく。
済す なす 借りたものを返す。
11 **済済** せいせい 「多士―」
13 **済慈** キーツ イギリスの詩人。

水8 **【渋】**(11) **ジュウ しぶ・しぶい・しぶる**
7 **渋谷** しぶや ①東京都の川・特別区・地名。②JR東日本山手(やまのて)線等の駅。③神奈川県の地名。④姓氏。

16 渋鮎 さびあゆ ▼【錆鮎】385

水8 **【淑】**(11) **シュク**

0 **淑やか** しとやか ☆ 上品で、落ち着いているさま。

12 **淑景舎** しげいさ しげいしゃ 平安京内裏(だいり)五舎の一。

水8 **【淳】**(11) **シュン・ジュン**

5 **淳本** あつもと 姓氏。

6 **淳朴** じゅんぼく ▼【醇朴】377

水8 **【渚】**(11) **ショ**

0 **渚** なぎさ 〔汀・沚・磯辺〕 波うちぎわ。

11 **渚鳥** すどり 〔洲鳥・州鳥〕 中州(なかす)にいる鳥。

13 **渚滑** しょこつ 北海道の川・山(―岳(だけ))・旧村。

水8 **【渉】**(11) **ショウ**

0 **渉る** わたる ★「浅瀬を―」

11 **渉猟** しょうりょう 書物を広く読みあさる。

水8 **【深】**(11) **シン** **ふかい・ふかまる・ふかめる**

0 **深ける** ふける 〔更ける〕「夜が―」

2 **深入山** しんにゅうざん 広島県の山。

3 **深山** みやま ①奥深い山。②姓氏。

深川 ふかわ ①広島県の地名。②山口県の湾。

4 **深心** じんしん 仏教で、妙理・善道を求める心。

深日 ふけ 大阪府の海岸(―浦(うら))・地名・港。

深日町 ふけちょう 南海多奈川(たながわ)線の駅。

深日港 ふけこう 南海多奈川(たながわ)線の駅。

7 **深作** みづくり 姓氏。

9 **深海** ふかみ 熊本県の漁港。

深紅 しんく 〔真紅〕「―の花びら」

深耶馬渓 しんやばけい 大分県の渓谷。

11 **深郷田** ふこうだ 津軽鉄道の駅。

深深 しんしん ▼【沈沈】210

深雪 みゆき 雪の美称。

12 **深淵** しんえん 深い淵(ふち)。

深奥 しんおう 「―をきわめる」

深須 みす 姓氏。

13 **深傷** ふかで ☆ 〔深手〕「―を負う」

水8 **【清】**(11) **セイ・ショウ** **きよい・きよまる・きよめる**

0 **清か** さやか ☆ ▼【明か】171

清し汁 すましじる 〔澄まし汁〕 透明な吸い物。

清む すむ 「水が―」

←**清水** きよみず ①京都府にある寺。②京都府の地名。

→**清水** しみず ①地面からわきでる澄んだ水。②静岡県の旧市。③静岡市の行政区。④姓氏。

清水浜 しずはま JR東日本気仙沼(ぬま)線(せん)の駅。

清内路 せいないじ 長野県の村(むら)・峠。

5 **清白** すずしろ ☆ ▼【蘿蔔】334

7 **清児** せちご 水間(みずま)鉄道の駅。

8 **清和井** せかい 姓氏。

9 **清音** きよね ①岡山県の旧村。②JR西日本伯備線・井原鉄道井原線の駅。

清荒神 きよしこうじん 阪急宝塚本線の駅。

清拭 せいしき 病人の体などをふいてきれいにすること。

10 **清原元輔** きよはらのもとすけ 平安中期の歌人。

清原宣賢 きよはらのぶかた 戦国時代の儒者。

清原深養父 きよはらのふかやぶ 平安前期の歌人。

11 **清清** せいせい 気分がすっきりする。

清清しい すがすがしい ☆ さわやかで気持ちがいい。

13 **清楚** せいそ 「―な装い」

清掻 すががき 和琴(わごん)の奏法の型の一。

15 **清器** おかわ ▼【御厠】134

清澄 せいちょう 澄み切った様子。

16 **清穆** せいぼく 清らかでなごやかなこと。

水8 **【淡】**(11) **タン** **あわい**

0 **淡い** うすい 色が白に近い。

淡す あわす 〔醂す〕 渋柿の渋を抜く。

6 **淡竹** はちく 大形のタケ。

7 **淡芭菰** タバコ ▼【煙草】233

8 **淡河** おうご 兵庫県の川・旧村。

淡杷菰 タバコ ▼【煙草】233

9 **淡海三船** おうみのみふね 奈良時代の漢学者。

11 **淡菜** いがい ▼【貽貝】358

4画 水部 8画

淡雪 あわゆき うっすらと降り積もった消えやすい春の雪。

淡淡 たんたん 〔澹澹〕「—と語る」

淡婆姑 タバコ ▼【煙草】タバコ 233

12 淡紫 うすむらさき 薄い紫色。

13 淡塩 あまじお ▼【甘塩】あまじお 248

14 淡漬 あまづけ ▼【味漬】あまづけ 66

15 淡醃 あまじお ▼【甘塩】あまじお 248

淡輪 たんのわ 南海本線の駅。

17 淡縹 あさぎ ▼【浅葱】あさぎ 216

24 淡靄 たんあい 薄いかすみ。

水8 **【添】**(11) **テン** **そえる・そう**

4 添水 そうず ししおどし。

8 添乳 そえぢ 子供に添い寝して乳を飲ませる。

9 添削 てんさく 「作文を—する」

水8 **【淀】**(11) **テン・デン**

0 淀む よどむ 〔澱む〕「言葉が—」

淀川 よどがわ 関西地方を流れる川。

水8 **【淘】**(11) **トウ**

0 淘げる よなげる 水の中で揺り動かし良い物を選ぶ。

7 淘汰 とうた ★「自然—」

8 淘金 ゆりがね 砂金を選び取る。

14 淘綾丘陵 ゆるぎきゅうりょう 神奈川県の丘陵。

水8 **【淼】**(12) **ビョウ**

12 淼淼 びょうびょう 水面が果てしなく広く続く。

水8 **【涼】**(11) **リョウ** **すずしい・すずむ**

0 涼み すずみ 「夕—」

9 涼風 すずかぜ・りょうふう すずしい風。

水8 **【淋】**(11) **リン**

0 淋しい さびしい 寂しい。「ふところが—」

4 淋巴 リンパ リンパ管系を流れる液体。

淋巴腺 リンパせん リンパ管のふくらみ。

5 淋代 さびしろ ①青森県の海岸・台地(—平たい)・地名。②姓氏。

10 淋病 りんびょう 性病の一。

水8 **【淮】**(11) **ワイ・カイ・エ**

9 淮南子 えなんじ 中国、前漢の思想書。

水9 **【渥】**(12) **アク**

0 渥い あつい 濃い。

9 渥美 あつみ ①愛知県の半島・湾・旧郡・旧町。②豊橋鉄道の路線。③姓氏。

水9 **【渭】**(12) **イ**

8 渭東 いとう 徳島県の地名。

9 渭南 いなん 高知県の山地・半島。

水9 **【湮】**(12) **エン・イン**

13 湮滅 いんめつ 「証拠—」

水9 **【淵】**(12) **エン**

0 淵 ふち 〔渕・潭〕水の深い所。

11 淵釣 どぶづり アユの漁法の一。

13 淵源 えんげん☆ 物事のはじめ。

18 淵藪 えんそう 〔淵叢〕物事の集まる所。

淵叢 えんそう☆ ▼【淵藪】えんそう 221

水9 **【温】**(12) **オン** **あたたか・あたたかい・あたたまる・あたためる**

←温い ぬくい あたたかい。

→温い ぬるい 〔微温い〕「お茶が—」

温む ぬるむ 「水—ころ」

温もり ぬくもり 「肌の—」

3 温川 ぬるかわ ①青森県の温泉。②群馬県の温泉。

4 温水 ぬくみず 姓氏。

5 温石 おんじゃく 暖をとるための道具。

6 温気 うんき 蒸し暑い空気。

温州蜜柑 うんしゅうみかん☆ ミカンの一品種。

7 温灸 おんきゅう 灸のすえ方の一。

温見峠 ぬくみとうげ 福井・岐阜県境の峠。

8 温突 オンドル☆ 暖房装置の一。

温明殿 うんめいでん 宮中の建物の一。

温和しい おとなしい 〔温柔しい〕落ち着いて静か。

9 温海 あつみ ①山形県の旧町。②姓氏。

温故知新 おんこちしん ふるきをたずねて新しきを知る。

温柔しい おとなしい ▼【温和しい】おとなしい 221

温泉津 ゆのつ ①島根県の温泉・旧町。②JR西日本山陰本線の駅。

10 **温根沼** おんねとう 北海道の湖沼。

11 **温菘** すずしろ ▼【蘿蔔】すずしろ 334

12 **温温** ぬくぬく 心地よく温かい。

温湯 ぬるゆ ①青森県の温泉。②宮城県の温泉。

13 **温罨法** おんあんぽう 患部を温める治療法。

17 **温糟粥** うんぞうがゆ 〔紅糟粥〕禅寺で食べる独特のかゆ。

水 9 **【渦】**(12) **カ うず**

4 **渦中** かちゅう 「騒動の—」

15 **渦潮** うずしお 渦を巻いて流れる海水。

水 9 **【渙】**(12) **カン**

9 **渙発** かんぱつ 詔勅(しょうちょく)を発布する。

水 9 **【渠】**(12) **キョ・コ**

← **渠** かれ 〔彼〕あの男。

→ **渠** みぞ 水路。

3 **渠口** みぞぐち 姓氏。

5 **渠奴** きゃつ ▼【彼奴】きゃつ 131

10 **渠荷** はす ▼【蓮】はす 328

14 **渠魁** きょかい☆ ▼【巨魁】きょかい 12

水 9 **【減】**(12) **ゲン へる・へらす**

0 **減り込む** めりこむ 「ぬかるみに—」

減り張り めりはり☆ ▼【乙張り】めりはり 15

3 **減上** めりかり 〔乙甲〕音を微妙に上げ下げする。

水 9 **【湖】**(12) **コ みずうみ**

6 **湖西** こせい JR西日本の路線。

水 9 **【港】**(12) **コウ みなと**

4 **港元** つもと 姓氏。

9 **港津** こうしん みなと。

11 **港崎** みおさき 姓氏。

水 9 **【渾】**(12) **コン**

0 **渾て** すべて ▼【凡て】すべて 42

3 **渾川** すべかわ 姓氏。

6 **渾名** あだな☆ 〔綽号・綽名・諢名〕ニックネーム。

7 **渾身** こんしん 「—の力をふりしぼる」

渾沌 こんとん☆ ▼【混沌】こんとん 219

12 **渾渾** こんこん ▼【滾滾】こんこん 225

水 9 **【渣】**(12) **サ**

0 **渣** かす 無用な部分。

13 **渣滓** さし 沈殿物。

水 9 **【滋】**(12) **ジ**

0 **滋る** しげる 茂る。

11 **滋野** しげの 姓氏。

12 **滋賀** しが ①近畿地方の県。②滋賀県の地名・旧郡。③姓氏。

21 **滋籐** しげどう 〔重籐〕弓の一。

水 9 **【湿】**(12) **シツ しめる・しめす**

0 **湿う** うるおう 水気を含んだ状態になる。

湿っぽい しめっぽい 湿り気を帯びているさま。

湿る しとる しめる。

6 **湿気る** しける 湿り気を帯びる。

湿地 しめじ 〔占地・王茸・玉蕈〕ハラタケ目のきのこの総称。

12 **湿湿** じめじめ 「—とした気候」

水 9 **【湑】**(12) **ショ**

0 **湑む** したむ 〔釃む〕液をしたたらせる。

10 **湑酒** したみざけ 升などからあふれてたまった酒。

水 9 **【湘】**(12) **ショウ**

9 **湘南** しょうなん 神奈川県南部の地域。

水 9 **【湶】**(12) **セン**

0 **湶** いずみ 水が地中からわき出る所。

水 9 **【湊】**(12) **ソウ**

0 **湊** みなと 船が停泊するための施設。

湊まる あつまる 多く集まる。

6 **湊合** そうごう 一つに集まる。

水 9 **【測】**(12) **ソク はかる**

12 **測距儀** そっきょぎ 距離を測定する機器。

13 **測鉛** そくえん 水深を測る器具。

水 9 **【湛】**(12) **タン・チン・ジン・セン**

0 **湛える** たたえる★ 液体をいっぱいにみたす。「目に涙を—」

12 **湛湛** たんたん 水がたたえられているさま。

13 **湛溺** たんでき ▼【耽溺】たんでき 306

水 9 **【渫】**(12) **セツ・チョウ・トウ**

0 **渫う** さらう★ ▼【浚う】さらう 217

水 9 **【渡】**(12) **ト わたる・わたす**

3 渡久地 とぐち 沖縄県の港。
6 渡会 とかい・わたらい 姓氏。
渡名喜 となき 沖縄県の島・村(そん)。
7 渡来 わたく・わたらい 姓氏。
渡良瀬川 わたらせがわ 栃木県・群馬県の川。
8 渡波 わたのは ①宮城県の旧町。②JR東日本石巻(いしのまき)線の駅。
9 渡津 としん 渡し場。
10 渡座 わたまし 〔移徙〕貴人の転居。
渡島 おしま ①北海道の山地・半島・支庁。②旧国名。現在の北海道南西部。③姓氏。
渡島砂原 おしまさわら JR北海道函館本線の駅。
11 渡鹿野島 わたかのじま 三重県の島。
12 渡御 とぎょ みこしのお出まし。
14 渡嘉敷 とかしき ①沖縄県の島・村(そん)。②姓氏。
19 渡蟹 わたりがに ガザミの別名。
渡瀬 わたらせ 東武佐野線の駅。

水9 【湯】 (12) トウ ゆ

0 湯ノ児 ゆのこ 熊本県の温泉・地名。
湯ノ岱 ゆのたい ①北海道の温泉。②JR北海道江差線の駅。③秋田県の温泉。
湯ノ峠 ゆのとう JR西日本美祢(みね)線の駅。
3 湯川 ゆのかわ 北海道の温泉。
4 湯中り ゆあたり 長湯で気分が悪くなる。
5 湯布院 ゆふいん 大分県の温泉・旧町。
湯平 ゆのひら ①大分県の温泉・高原。②JR九州久大(きゅうだい)本線の駅。
湯本 ゆのもと 長崎県の温泉。
7 湯岐 ゆじまた 福島県の温泉。
湯谷 ゆだに 富山県の温泉。
湯沢 ゆのさわ 青森県の温泉。
湯来 ゆき 広島県の温泉・旧町。
8 湯河原 ゆがわら ①神奈川県の温泉・町(まち)。②JR東日本東海道本線の駅。
湯沸岬 とうぶつみさき 北海道の岬。
9 湯津上 ゆづかみ 栃木県の旧村。
湯泉地 とうせんじ 奈良県の温泉。
湯浅 ゆあさ 姓氏。
10 湯浦 ゆのうら 熊本県の川・温泉・旧町。
湯浴み ゆあみ 入浴。
11 湯郷 ゆのごう 岡山県の温泉。
←湯桶 ゆおけ 入浴のときに用いるおけ。
→湯桶 ゆとう 湯を入れる木製の器。
湯桶読み ゆとうよみ 「湯桶(ゆとう)」のように、漢字二字の語で一字目を訓、二字目を音で読むこと。
12 湯湯婆 ゆたんぽ☆ 暖房器具の一。
湯涌 ゆわく 石川県の温泉。
湯葉 ゆば 〔豆腐皮〕豆乳から作る食品。
湯湾岳 ゆわんだけ 鹿児島県の山。
13 湯掻く ゆがく 食材を軽くゆでる。
15 湯熨斗 ゆのし 〔湯熨〕湯気で布のしわを伸ばす。
湯槽 ゆぶね 〔湯船〕浴槽。
17 湯檜曽 ゆびそ ①群馬県の温泉。②JR東日本上越線の駅。
19 湯瀬 ゆぜ 秋田県の温泉。
20 湯灌 ゆかん 死体を湯で清める。
湯麺 タンメン 中華そばの一。

水9 【渺】 (12) ビョウ

9 渺茫 びょうぼう 果てしなく広いさま。
12 渺渺 びょうびょう 広野などが広々として果てしないさま。
14 渺漫 びょうまん 限りなく広い。

水9 【満】 (12) マン みちる・みたす

4 満天下 まんてんか 世界じゅう。
←満天星 どうだん ドウダンツツジの略。
満天星 どうだんつつじ★ 〔灯台躑躅〕ツツジ科の落葉低木。
→満天星 はくちょうげ ▼【白丁花(はくちょうげ)】257
9 満剌加 マラッカ ①マレーシアの都市。②東南アジアの海峡。
10 満俺 マンガン 元素の名。
11 満堂紅 さるすべり ▼【百日紅(さるすべり)】259
12 満腔 まんこう☆ 体じゅうに満ちていること。

水9 【渝】 (12) ユ

0 渝わる かわる 改変する。そむく。

水9 【游】 (12) ユウ

0 **游ぐ** およぐ 水に浮かぶ。
游ぶ あそぶ 出歩く。

水 9 **【湧】**(12) **ヨウ・ユ・ユウ**

0 **湧く** わく 〔涌く〕「泉が—」
5 **湧出** ゆうしゅつ・ようしゅつ 〔涌出〕地中からわきでる。
7 **湧谷** わくや ①宮城県の町。②JR東日本石巻線の駅。
湧別 ゆうべつ 北海道の川・町。
9 **湧洞沼** ゆうどうぬま 北海道の潟湖。
11 **湧魚** わきな 魚の群れが密集して浮遊してくること。
13 **湧蓋山** わいたさん 大分・熊本県境の山。

水 9 **【湾】**(12) **ワン**

6 **湾曲** わんきょく 〔彎曲〕弓形に大きく曲がっていること。
8 **湾屈** わんくつ 〔彎屈〕曲がり、かがまること。

水 10 **【溢】**(13) **イツ・イチ**

← **溢す** あぶす 〔遺す〕余す。
→ **溢す** こぼす ▼【零す】こぼす 399
← **溢れる** あふれる「涙が—」
→ **溢れる** あぶれる「仕事に—」
4 **溢水** いっすい 水があふれ出る。

水 10 **【滑】**(13) **カツ すべる・なめらか**

0 **滑り** ぬめり「里芋の—をとる」
3 **滑子** なめこ ハラタケ目のきのこ。
← **滑川** なめかわ ①山形県の温泉。②姓氏。
滑川 なめがわ ①千葉県の旧町。②埼玉県の町。③姓氏。
→ **滑川** なめりかわ ①富山県の市。②JR西日本北陸本線等の駅。③姓氏。
5 **滑石** なめし 長崎県の地名。
7 **滑床渓谷** なめとこけいこく 愛媛県の渓谷。
8 **滑河** なめがわ JR東日本成田線の駅。
滑河豚 なめらふぐ マフグの別名。
9 **滑海菜** あらめ ▼【荒布】あらめ 320
滑津 なめづ JR東日本小海線の駅。
10 **滑莧** すべりひゆ 〔滑歯莧・馬歯莧〕スベリヒユ科の一年草。
11 **滑菜** あらめ ▼【荒布】あらめ 320
12 **滑歯莧** すべりひゆ ▼【滑莧】すべりひゆ 224
13 **滑滑** ぬらぬら「風呂場が—する」
15 **滑稽** こっけい★ おどけていて面白い。「何とも—なしぐさ」
17 **滑瓢** ぬらりひょん 架空の化け物。
19 **滑藻** あらめ ▼【荒布】あらめ 320

水 10 **【漢】**(13) **カン**

← **漢** あや 姓氏。
→ **漢** から 〔韓〕中国や朝鮮。
2 **漢人** あやんど 姓氏。
4 **漢氏** あやうじ 古代の有力渡来氏族。
6 **漢竹** からたけ 中国渡来の竹。
7 **漢見** あやみ 姓氏。
12 **漢堡** ハンブルク ドイツの都市。
18 **漢織** あやはとり 中国渡来の機織りの職人。

水 10 **【源】**(13) **ゲン みなもと**

9 **源栄** もとさか 姓氏。
12 **源間** もとま 姓氏。
源順 みなもとのしたごう 平安中期の学者・歌人。
16 **源融** みなもとのとおる 平安初期の廷臣。

水 10 **【溝】**(13) **コウ みぞ**

0 **溝** こう 数の単位の一。
3 **溝三歳** みそさざい ▼【鷦鷯】みそさざい 426
7 **溝貝** からすがい ▼【蚌貝】からすがい 335
10 **溝浚え** みぞさらえ どぶさらえ。
13 **溝鼠** どぶねずみ ネズミ科の哺乳類。
23 **溝鷦鷯** みそさざい ▼【鷦鷯】みそさざい 426

水 10 **【溘】**(13) **コウ**

11 **溘焉** こうえん にわかなさま。

水 10 **【溷】**(13) **コン**

0 **溷る** にごる 濁る。
16 **溷濁** こんだく 混濁。「意識が—する」

水 10 **【滓】**(13) **サイ・シ**

← **滓** おり 液体中の沈殿物。
→ **滓** かす☆「人間の—」

水 10 **【溲】**(13) **シュウ・シュ**

11 **溲瓶** しびん★ 〔尿瓶〕簡易便器。
12 **溲疏** うつぎ ▼【空木】うつぎ 279

水 10 **【準】**(13) **ジュン**

0 **準える** なぞらえる ☆〔准える・擬える〕「人生を旅に―」

水 10 **【溯】**(13) **ソ**

0 **溯る** さかのぼる ▼【遡る】さかのぼる 373

6 **溯行** そこう ▼【遡行】そこう 373

13 **溯源** そげん ▼【遡源】そげん 373

水 10 **【滄】**(13) **ソウ**

10 **滄桑の変** そうそうのへん 世の中の移り変わりが激しい。

水 10 **【滞】**(13) **タイ とどこおる**

0 **滞む** なずむ ▼【泥む】なずむ 212

水 10 **【滝】**(13) **たき**

7 **滝沢馬琴** たきざわばきん 江戸後期の戯作者(げさくしゃ)。

13 **滝廉太郎** たきれんたろう 作曲家。

18 **滝観洞** ろうかんどう 岩手県の鍾乳洞(しょうにゅうどう)。

水 10 **【溺】**(13) **デキ・ジョウ・ニョウ**

0 **溺れる** おぼれる 水底に沈む。

6 **溺死** できし ☆おぼれ死に。

13 **溺愛** できあい ☆「孫を―する」

水 10 **【滔】**(13) **トウ**

0 **滔る** はびこる あふれ、いきわたる。

13 **滔滔** とうとう 「―とまくしたてる」

水 10 **【漠】**(13) **バク**

0 **漠とした** ばくとした ぼんやりとした。

12 **漠然** ばくぜん 「―とした話」

水 10 **【溥】**(13) **ホ・フ・ハク**

15 **溥儀** ふぎ 中国、清の第一二代皇帝。後、満州国皇帝。

水 10 **【滅】**(13) **メツ ほろびる・ほろぼす**

2 **滅入る** めいる 「気が―」

8 **滅金** めっき ▼【鍍金】めっき 386

9 **滅相** めっそう 「私が委員長なんて―もない」

12 **滅紫** けしむらさき やや黒味を帯びた紫色。

水 10 **【溶】**(13) **ヨウ とける・とかす・とく**

13 **溶滓** ようさい 金属製錬の際に出るかす。

水 10 **【溜】**(13) **リュウ**

0 **溜まる** たまる 「雨水が―」

溜める ためる 「水を―」

5 **溜込** たらしこみ 日本画の彩色技法の一。

12 **溜飲** りゅういん ☆「―が下がる」

水 11 **【潁】**(15) **エイ**

10 **潁原退蔵** えばらたいぞう 国文学者。

水 11 **【演】**(14) **エン**

8 **演物** だしもの 〔出し物〕演目。

19 **演繹** えんえき 結論の導き方の一。

水 11 **【漁】**(14) **ギョ・リョウ**

0 **漁** すなどり 姓氏。

← **漁る** あさる ☆ ▼【餮る】あさる 408

漁る いさる・いざる 漁をする。

→ **漁る** すなどる ☆ 魚や貝をとる。

3 **漁川** いざりがわ 北海道の川。

4 **漁火** いさりび ☆ 魚をさそう、かがり火。

6 **漁色** ぎょしょく 「―にふける」

水 11 **【滾】**(14) **コン**

0 **滾る** たぎる 〔激る〕「血が―」

14 **滾滾** こんこん 〔渾渾〕「―とわき出る泉」

水 11 **【漆】**(14) **シツ うるし**

0 **漆** しち 「七」の大字。「金―万円也」

3 **漆土** ぬりど 姓氏。

5 **漆生** うるしお 福岡県の地名。

11 **漆部** ぬりべ 古代、漆塗りに携わった技術者。

12 **漆喰** しっくい 壁塗り材料の一。

13 **漆掻き** うるしかき 漆の樹液を採集する。

15 **漆瘡** うるしかぶれ 漆による皮膚炎。

水 11 **【滲】**(14) **シン**

0 **滲みる** しみる 217 ▼【浸みる】しみる

滲む にじむ 「涙でネオンが―」

5 **滲出** しんしゅつ 液体などが容器や血管の外ににじみ出る。

10 **滲透** しんとう 浸透。「自由の気風が―する」

14 **滲漏** しんろう しみだす。

水 11 **【漸】**(14) **ゼン**

0 **漸** やや ▼【稍】やや 277

漸う ようよう 〔漸漸〕だんだん。

漸く ようやく★「—試験が終わった」
6 漸次 ぜんじ だんだん。
14 漸漸 ようよう ▼【漸う】(ようよう) 225
漸増 ぜんぞう「交通事故が—する」

水 11 【漱】(14) ソウ・シュウ
0 漱ぐ すすぐ〔嗽ぐ〕「口を—」

水 11 【漕】(14) ソウ
0 漕ぐ こぐ☆「舟を—」
5 漕代 こいしろ 近鉄山田線の駅。
13 漕艇 そうてい ボートをこぐ。

水 11 【漲】(14) チョウ
0 漲る みなぎる★ 力や意志などがみちあふれる。「闘志が—」

水 11 【漬】(14) つける・つかる
0 漬る ひたる ▼【浸る】(ひたる) 217

水 11 【滴】(14) テキ しずく・したたる
0 滴 しずく ▼【雫】(しずく) 398
滴れる たれる「水が—」
3 滴下 てきか しずくがしたたる。
14 滴滴 たらたら「—と流れる汗」
滴滴金 おぐるま ▼【旋覆花】(おぐるま) 168
21 滴露 ちょろぎ ▼【甘露子】(ちょろぎ) 248

水 11 【滌】(14) デキ・ジョウ・テキ
0 滌う あらう 汚れを落とす。

水 11 【漂】(14) ヒョウ ただよう
4 漂木 ひるぎ〔蛭木〕ヒルギ科の常緑樹の総称。
5 漂白粉 さらしこ 漂白剤の一。

水 11 【漫】(14) マン
0 漫り みだり 考えもなしに物事をする。
漫ろ そぞろ☆「気も—」
漫ろ言 そぞろごと とりとめのない話。
15 漫罵 まんば やたらにののしる。「衆人環視の中で—される」
19 漫識特 マンチェスター イギリスの都市。

水 11 【漾】(14) ヨウ
0 漾う ただよう ゆれ動く。
14 漾漾 ようよう 水が揺れ動くさま。

水 11 【漣】(14) レン
0 漣 さざなみ〔細波・小波〕「—が立つ」
14 漣漣 れんれん 涙がとめどなく流れるさま。

水 11 【滷】(14) ロ・リョ
5 滷汁 にがり ▼【苦汁】(にがり) 318

水 11 【漏】(14) ロウ もる・もれる・もらす
4 漏斗 じょうご・ろうと★ 液体を注ぐときの道具。
8 漏泄 ろうえい ▼【漏洩】(ろうえい) 226
9 漏洩 ろうえい☆〔漏泄〕「秘密が—する」
16 漏盧 ひごたい ▼【平江帯】(ひごたい) 124

水 11 【漉】(14) ロク
0 漉く すく〔抄く〕「紙を—」
漉し餡 こしあん 小豆を煮たものをこして作ったあん。
漉す こす ▼【濾す】(こす) 228

水 12 【潰】(15) カイ
0 潰える ついえる★「夢が—」
潰す つぶす「空き缶を—」
潰れる つぶれる「建物が—」
7 潰乱 かいらん〔壊乱〕乱す。
13 潰滅 かいめつ 壊滅。「—的な打撃」
14 潰瘍 かいよう「胃—」

水 12 【潟】(15) かた
3 潟上 かたがみ 秋田県の市。
12 潟湖 せきこ☆ 外海から切り離されてできた湖沼。ラグーン。

水 12 【澗】(15) カン・ケン
0 澗 かん 数の単位の一。
5 澗主 まぬし 船着場の所有者。
7 澗谷 かんこく 谷。
8 澗岡 たにおか 姓氏。
15 澗潟 まがた 姓氏。

水 12 【澆】(15) ギョウ・キョウ
0 澆ぐ そそぐ 水などを上からかける。
8 澆季 ぎょうき 道徳や風俗が誠実でなくなった末の世。

水 12 【潔】(15) ケツ いさぎよい
0 潔い いさぎよい〔屑い〕悪びれない。
9 潔浄 けつじょう 清らかでけがれのないこと。
11 潔斎 けっさい ものいみ。

4画 水部 11—12画

水12 【潺】(15) サン・セン
15 潺潺 せんせん 浅瀬を水がさらさらと流れるさま。

水12 【潸】(15) サン
12 潸然 さんぜん 涙を流すさま。
15 潸潸 さんさん 涙を流すさま。

水12 【澌】(15) シ
6 澌尽灰滅 しじんかいめつ 滅び去る。

水12 【潤】(15) ジュン うるおう・うるおす・うるむ
5 潤目鰯 うるめいわし ニシン目の海魚。
9 潤香 うるか ▼【鱁鮧】うるか 421
12 潤間 うるま 姓氏。
潤筆 じゅんぴつ 書画や文章をかく。

水12 【潜】(15) セン ひそむ・もぐる
0 潜る くぐる 「法の網を―」
4 潜戸鼻 くけどはな 島根県の岬。

水12 【潭】(15) タン・シン・ジン
0 潭 ふち ▼【淵】ふち 221
4 潭月 たんげつ 深い水に映った月。

水12 【潮】(15) チョウ しお
0 潮 うしお 〔汐〕 海水。潮流。
3 潮干狩 しおひがり 〔汐干狩〕 「春の―」
5 潮汁 うしおじる 魚介のすまし汁。
6 潮汐 ちょうせき 潮の干満。
7 潮来 いたこ ①茨城県の市。②JR東日本鹿島線の駅。③姓氏。
8 潮招 しおまねき ▼【望潮】しおまねき 177
潮岬 しおのみさき 和歌山県の岬・旧村。
9 潮前河豚 しょうさいふぐ フグ目の海魚。
18 潮騒 しおさい☆ 寄せ来る波が立てる音。

水12 【澄】(15) チョウ すむ・すます
0 澄まし汁 すましじる ▼【清し汁】すましじる 220
6 澄肌 すみはだ 〔墨肌〕 刀身に見える斑点。
8 澄明 ちょうめい 「―な大気」

水12 【潑】(15) ハツ
9 潑剌 はつらつ 〔潑溂〕 「元気―」
12 潑溂 はつらつ ▼【潑剌】はつらつ 227
14 潑墨 はつぼく 水墨画の技法。

水12 【澎】(15) ホウ
12 澎然 ほうぜん 「―たる朝鮮古工芸の全貌」
澎湃 ほうはい ▼【彭湃】ほうはい 130

水13 【澳】(16) イク・オウ
0 澳 おき 沖。「―に出る」
8 澳門 マカオ 中国の地域。

水13 【澣】(16) カン
17 澣濯 かんたく 洗いすすぐ。

水13 【激】(16) ゲキ はげしい
0 激る たぎる ▼【滾る】たぎる 225
8 激昂 げっこう 〔激高〕 「―して退席する」
9 激甚 げきじん 「―災害」
10 激浪 げきろう 舟の進行を妨げる波。
15 激賞 げきしょう 盛んにほめる。

水13 【濁】(16) ダク にごる・にごす
← 濁川 にごりかわ ①北海道の温泉・盆地・地名。②長野県の温泉。
→ 濁川 にごりがわ 福島県の川。
5 濁世 じょくせ 濁り汚れた世。
7 濁声 だみごえ 〔訛声〕 低く不快な声。
8 濁河 にごりご 岐阜県の川・温泉。
10 濁酒 どぶろく 〔濁醪・酴・酴醾酴〕 にごりざけ。
11 濁悪 じょくあく 人心が乱れて罪悪がはびこる。
18 濁醪 どぶろく ▼【濁酒】どぶろく 227

水13 【澹】(16) タン・セン
16 澹澹 たんたん ▼【淡淡】たんたん 221

水13 【澱】(16) テン・デン
0 澱 おり★ 沈殿物。
澱む よどむ ▼【淀む】よどむ 221
10 澱粉 でんぷん 多糖類の一。

水13 【濃】(16) ノウ こい
0 濃 こく 「―のある酒」
濃き色 こきいろ 濃い紫色。
濃やか こまやか★ 〔細やか〕 「―な心づかい」
9 濃染月 こぞめづき ▼【木染月】こぞめづき 179
濃昼 ごきびる 北海道の地名。

12 濃絵 だみえ 〔彩絵〕 濃い彩色の絵。
15 濃漿 こくしょう 魚などを煮つめた汁。
濃餅 のっぺい ▼【能平】のっぺい 310
濃餅汁 のっぺいじる☆ 野菜などを煮込み、とろみをつけた料理。

水 13 **【濛】**(16) モウ
9 濛昧 もうまい 霧などがたちこめて薄暗い。
16 濛濛 もうもう 〔朦朦〕「―と土煙が舞い上がる」

水 13 **【澪】**(16) レイ
0 澪 みお 〔水脈〕 小舟の航路となる水路。
15 澪標 みおつくし・みおじるし 航路を示すために立てられた杭くい。

水 14 **【濠】**(17) コウ・ゴウ
0 濠 ほり☆ 〔壕〕「お城の―」
4 濠太剌利 オーストラリア☆ 〔墺太剌利亜〕 国名。

水 14 **【濡】**(17) ジュ
0 濡らす ぬらす 濡れるようにする。
濡れ衣 ぬれぎぬ 無実の罪。

水 14 **【濬】**(17) シュン
0 濬う さらう 流れを通す。

水 14 **【濯】**(17) タク
0 濯ぐ すすぐ☆「茶碗を―」

水 14 **【濤】**(17) トウ・チュウ
0 濤 なみ ▼【浪】なみ 219
3 濤川 なみかわ 姓氏。
7 濤声 とうせい 大波の音。
8 濤沸湖 とうふつこ 北海道の湖。
11 濤釣沼 とうつるとう 北海道の湖。

水 15 **【瀉】**(18) シャ
0 瀉ぐ そそぐ 水が下に向かって流れおちる。
瀉る くだる「おなかが―」
3 瀉下 しゃか☆ 下痢げり。
6 瀉血 しゃけつ 治療のため、静脈血の一部を除去すること。
13 瀉腹 くだりばら 〔下り腹〕 下痢げりをしていること。

水 15 **【瀆】**(18) トク・トウ
0 瀆す けがす ▼【穢す】けがす 278
9 瀆神 とくしん 神をけがす。
18 瀆職 とくしょく☆ 職をけがす。

水 15 **【瀑】**(18) バク・ホク・ホウ
0 瀑 たき 滝。
5 瀑布 ばくふ「ナイアガラ―」

水 15 **【濫】**(18) ラン
0 濫り みだり☆ ▼【妄り】みだり 94
濫れる みだれる 節度を失う。
10 濫造 らんぞう 〔乱造〕「粗製―」
18 濫觴 らんしょう★ 物事の始まり。

水 15 **【濾】**(18) リョ・ロ
0 濾す こす 〔漉す〕「にごった水を布で―」
12 濾過 ろか「雨水を―する」

水 16 **【瀟】**(19) ショウ
9 瀟洒 しょうしゃ☆ 〔瀟灑〕「―な住宅」
12 瀟湘 しょうしょう「―八景」
22 瀟灑 しょうしゃ ▼【瀟洒】しょうしゃ 228

水 16 **【瀬】**(19) せ
3 瀬上 せのうえ ①福島県の地名。②阿武隈あぶくま急行阿武隈急行線の駅。
7 瀬谷 せや ①横浜市の行政区。②相模さがみ鉄道本線の駅。
8 瀬居島 せいじま 香川県の地名。

水 16 **【瀞】**(19) セイ・ジョウ
0 瀞 とろ☆ ①川の流れの緩やかな所。②姓氏。
9 瀞峡 どろきょう 和歌山・三重・奈良県の峡谷。

水 16 **【瀦】**(19) チョ
13 瀦溜 ちょりゅう 〔貯留〕 水などがたまる。

水 16 **【瀕】**(19) ヒン
0 瀕する ひんする「絶滅の危機に―」
6 瀕死 ひんし☆「―の重傷」

水 16 **【瀝】**(19) レキ
0 瀝り したたり 水のしずく。
瀝る したたる「岩の割れ目から水が―」
8 瀝青 チャン 天然に産する炭化水素類の総称。

水 17 **【灌】**(20) カン
0 灌ぐ そそぐ 注ぐ。「田に水を―」
4 灌仏会 かんぶつえ 四月八日の花祭り。
灌木 かんぼく☆ 低木。

11 **灌頂** かんじょう ①仏教の儀式で水を注ぐこと。②芸事で、秘事などを伝授すること。
灌頂ヶ浜 かんちょうがはま 高知県の海岸。
13 **灌腸** かんちょう ▼【浣腸】かんちょう 217
15 **灌漑** かんがい 「畑を—する」

水 17 **【瀰】** (20) **ビ**
12 **瀰散** びさん 広がり散る。
14 **瀰漫** びまん ★▼【弥漫】びまん 129

水 17 **【瀾】** (20) **ラン**
14 **瀾漫** らんまん あふれしたたるさま。

水 19 **【灘】** (22) **タン・ダン**
0 **灘** なだ 「玄界—」
8 **灘波** なわ 姓氏。
20 **灘響** だんきょう 急流の響き。

【火（灬）】〈ひ〉〈ひへん〉〈れんが〉〈れっか〉部

火 0 **【火】** (4) **カ ひ・ほ**
3 **火口** ほくち 点火する所。
4 **火斗** ひばかり ▼【日計】ひばかり 169
6 **火光** かげろう ▼【陽炎】かげろう 394
7 **火坑** かきょう 地獄の火の燃えさかる穴。
火床 ほど いろりの中心の火をたく所。
8 **火炙り** ひあぶり 「—の刑」
9 **火屋** ほや ガス灯の火をおおう筒。
火点し ひともし 火をともすこと。
10 **火除け** ひよけ 「—のお守り」
11 **火魚** かながしら ▼【鉄頭】かながしら 383
火匙 こじ 〔火箸〕ひばし。
12 **火野葦平** ひのあしへい 小説家。
火散布沼 ひちりっぷぬま 北海道の湖。
火焼 ひたき ▼【鶲】ひたき 425
火達磨 ひだるま 「全身—になる」
火筒 ほづつ 鉄砲の旧称。
13 **火蓋** ひぶた 「反撃の—を切る」
火傷 やけど ★熱による皮膚の損傷。
火照る ほてる ▼【熱る】ほてる 235
火遁 かとん 「—の術」
15 **火熨斗** ひのし 布のしわを伸ばす器具。
火影 ほかげ 〔灯影〕灯火の光。
火箭 かせん・ひや 火をつけて射た矢。
火箸 ひばし 炭火をはさむ金属製の箸。
火踏子 こたつ ▼【炬燵】こたつ 230
火撫 ほなで 姓氏。
17 **火燵** こたつ ★▼【炬燵】こたつ 230
火糞 ほくそ ろうそくの燃えがら。
23 **火襷** ひだすき 陶器の不規則な線条。
27 **火鑽り** ひきり 火をおこす道具。

火 2 **【灰】** (6) **カイ はい**
5 **灰汁** あく★「スープの—をとる」
灰白 かいはく 灰色がかった白色。
7 **灰均し** はいならし 火鉢の灰をならす道具。
灰身滅智 けしんめっち 煩悩(ぼんのう)を断って心身を無に帰す。
9 **灰神楽** はいかぐら 「—が立つ」
10 **灰酒** あくざけ あくを加えた酒。
灰被ぎ はいかつぎ 天目茶碗の一種。
11 **灰陶** かいとう 中国の陶質土器。
12 **灰釉** かいゆう 植物の灰を用いたうわぐすり。
14 **灰塵** かいじん 灰と、ちり。
18 **灰燼** かいじん 「—に帰(き)す」

火 2 **【灯】** (6) **トウ ひ**
←**灯** あかし 〔灯火〕ともしび。
灯 あかり 「—をともす」
→**灯** ともしび ▼【灯火】ともしび 229
灯る ともる ▼【点る】ともる 231
←**灯火** あかし ▼【灯】あかし 229
→**灯火** ともしび 〔灯〕「風前の—」
灯心草 いぐさ ▼【藺草】いぐさ 333
5 **灯台木** みずき 〔水木〕ミズキ科の落葉高木。
灯台躑躅 どうだんつつじ ▼【満天星】どうだんつつじ 223
8 **灯明** とうみょう 「—をあげる」
15 **灯影** ほかげ ▼【火影】ほかげ 229
22 **灯籠** とうろう 灯火をともす器具。

火3【灸】(7) キュウ

0 灸 やいと・きゅう 漢方医術の一。

7 灸花 やいとばな ヘクソカズラの別名。

17 灸鍼 きゅうしん 灸やはりを用いる漢方医術。

火3【災】(7) サイ わざわい

4 災厄 さいやく 不幸な出来事。

13 災禍 さいか 「—をこうむる」

14 災厲 さいれい 災害と疫病。

火3【灼】(7) シャク

0 灼 いやちこ ▼【灼然】いやちこ 230

灼か あらたか☆〔灼然〕神仏の霊験(れいげん)が著しいさま。

灼く やく 「海水浴で肌を—」

7 灼灼 しゃくしゃく 輝き照りはえるさま。

←灼然 あらたか ▼【灼か】あらたか 230

灼然 いやちこ 〔灼〕霊験あらたか。

→灼然 しゃくぜん あきらかなさま。

15 灼熱 しゃくねつ☆「—の恋」

火4【炎】(8) エン ほのお

0 炎 ほむら ほのお。

8 炎炎 えんえん 火が勢いよく燃えるさま。

火4【炙】(8) セキ・シャク・シャ

0 炙る あぶる 〔焙る〕「イカの干物を—」

火4【炊】(8) スイ たく

0 炊ぐ かしぐ 〔爨ぐ〕飯をたく。

6 炊江 かしえ 姓氏。

29 炊爨 すいさん☆ 飯をたく。

火4【炒】(8) ソウ・ショウ

0 炒める いためる 〔煠める〕「野菜を—」

炒り子 いりこ ▼【熬り子】いりこ 235

炒り豆 いりまめ 「—に花」

炒る いる ▼【煎る】いる 234

12 炒飯 チャーハン 焼きめし。

火4【炉】(8) ロ

5 炉辺 ろばた ▼【炉端】ろばた 230

13 炉塞ぎ ろふさぎ 茶道で、冬の間使っていた炉の使用をやめること。

14 炉端 ろばた 〔炉辺〕炉のそば。

火5【為】(9) イ

0 為 ため 「—になる本」

為す なす 〔作す〕する。

為る する 「勉強を—」

為ん方無い せんかたない ▼【詮方無い】せんかたない 351

2 為人 ひととなり☆ 生まれつきの性質。

4 為手 して 〔仕手〕何かをする人。

5 為永春水 ためながしゅんすい 江戸後期の戯作者(げさくしゃ)。

為出来す しでかす 〔仕出来す〕「何を—かわからない」

←為体 えたい ▼【得体】えたい 132

→為体 ていたらく☆〔体態〕ありさま。「さんざんの—だ」

為来り しきたり 〔仕来り〕ならわし。

8 為果せる しおおせる やり遂げる。

10 為兼ねる しかねる やることが難しい。

為書き ためがき 書画に誰のため何のための作品かを書く。

為栗 してぐり ①長野県の地名。②JR東海飯田(いいだ)線の駅。

為留める しとめる 「クマを—」

12 為替 かわせ☆ 決済の方法の一。

13 為業 しわざ ▼【仕業】しわざ 22

為損なう しそこなう 失敗する。

14 為種 しぐさ ▼【仕種】しぐさ 22

火5【炬】(9) キョ・コ

0 炬 たいまつ ▼【松明】たいまつ 183

4 炬火 たいまつ・こか ▼【松明】たいまつ 183

17 炬燵 こたつ☆〔火燵・火踏子〕暖房器具の一。

火5【烔】(9) ケイ

9 烔烔 けいけい 眼光が鋭い。

11 烔眼 けいがん 〔烱眼〕眼光。

火5【炸】(9) サク・ソウ

12 炸裂 さくれつ 「砲弾が—する」

16 炸薬 さくやく 砲弾などを爆発させる火薬。

火5【炷】(9) シュ

0 炷く たく 〔薫く〕「香を—」

火5【炭】(9) タン すみ

4 炭太祇 たんたいぎ 江戸中期の俳人。

炭斗 すみとり 炭入れ。

6 炭団 たどん ★ 固形燃料の一。

10 炭疽 たんそ 草食獣の感染症の一。

火5【点】(9) テン

0 点で なかで 〔中手〕 囲碁用語。

点く つく 「部屋に明かりが—」

点す さす ▼【注す】212

点てる たてる 「茶を—」

点る ともる 〔灯る〕「明かりが—」

9 点前 てまえ 茶道の作法の一。

点点 ぽちぽち 「—始めようか」

14 点綴 てんてい・てんてつ・てんせつ☆ 物がほどよく散らばるさま。

16 点頭く うなずく ▼【頷く】404

火5【炮】(9) ホウ

10 炮烙 ほうろく ▼【焙烙】233

火6【烟】(10) エン

0 烟る けむる 煙る。「春の雨に—山々」

3 烟山 けむりやま 姓氏。

7 烟花 タバコ ▼【煙草】233

9 烟草 タバコ ▼【煙草】233

14 烟管 キセル ▼【煙管】233

15 烟蕃草 タバコ ▼【煙草】233

17 烟霞 えんか かすんだ風景。

火6【烏】(10) オ・ウ

0 烏 からす 〔鴉・鵶・慈烏〕 カラス科の大型で黒色の鳥。

烏くんぞ いずくんぞ どうして。

烏ヶ山 からすがせん 鳥取県の山。

3 烏丸 からすま ①京都市営地下鉄の路線。②阪急京都本線の駅。

烏丸御池 からすまおいけ 京都市営地下鉄烏丸線等の駅。

←烏文木 うぶんぼく コクタンの別名。

→烏文木 こくたん ▼【黒檀】430

烏木 こくたん ▼【黒檀】430

5 烏玉 ぬばたま ▼【射干玉】106

6 烏衣 つばめ ▼【燕】235

烏芋 くわい ▼【慈姑】144

烏瓜 からすうり 〔王瓜・天瓜・老鴉瓜〕 ウリ科のつる性多年草。

烏臼 なんきんはぜ ▼【南京黄櫨】54

烏合の衆 うごうのしゅう 規律もなく集まる人々。

烏竹 くろちく 〔紫竹〕 ハチクの栽培変種。

烏有 うゆう 「—に帰す」

7 烏貝 からすがい ▼【蚌貝】335

烏兎匆匆 うとそうそう 月日のたつのが早いこと。

烏豆 くろまめ 〔雄豆〕 ダイズの一種。

烏麦 からすむぎ 〔燕麦〕 イネ科の越年草。

8 烏拉児 ウラル アジアとヨーロッパの境界を走る山脈名。

9 烏柿 あまぼし 〔甘干〕 しぶ柿をむいて干したもの。

烏草樹 さしぶ シャシャンボの古名。

10 烏骨鶏 うこっけい 〔絹羽鶏・絹糸鶏〕 ニワトリの一品種。

烏竜茶 ウーロンちゃ 中国茶の一。

11 烏焉 うえん 文字の誤り。

12 烏賀 うが 姓氏。

烏喙骨 うかいこつ 胸部を形成する骨の一。

烏森 かすもり 近鉄名古屋線の駅。

烏犀角 うさいかく 解熱薬にするサイの角。

烏帽子 えぼし ★ 男子の冠物。

13 烏盞 うさん 天目茶碗(てんもくちゃわん)の一。

烏賊 いか☆ 〔烏賊魚・柔魚・墨魚・鰾蛸魚〕 十腕目の軟体動物の総称。

烏農樹 ねむのき ▼【合歓木】62

14 烏滸 おこ ▼【痴】256

烏滸がましい おこがましい☆ ▼【痴がましい】256

15 烏樟 くろもじ 〔鉤樟〕 クスノキ科の落葉低木。

烏魯木斉 ウルムチ 中国の都市。

16 烏頬魚 くろだい スズキ目の海魚。

烏頭 うず トリカブトの根。

烏薬 うやく クスノキ科の常緑低木。

23 烏鷺 うろ 「—の争い」

火6【烙】(10) ラク

6 烙印 らくいん 「―を押される」
火6【烈】(10) レツ
0 烈しい はげしい 〔劇しい・激しい〕「風雨が―」
9 烈風 れっぷう 強く吹く風。
火7【焉】(11) エン
0 焉ち すなわち ▼【則ち】すなわち 46
0 焉んぞ いずくんぞ ▼【安んぞ】いずくんぞ 99
火7【烱】(11) ケイ
11 烱眼 けいがん ▼【炯眼】けいがん 230
火7【烹】(11) ホウ
0 烹る にる★ 調理して煮る。
8 烹炊 ほうすい 煮炊にたき。
13 烹煎 ほうせん 煮詰める。
火7【烽】(11) ホウ・フ・フウ
4 烽火 のろし ☆ ▼【狼煙】のろし 242
火8【焰】(12) エン
0 焰 ほのお 炎。「恋の―に身をこがす」
火8【焜】(12) コン

8 焜炉 こんろ 持ち運びできる小型の炉。
火8【焠】(12) サイ
0 焠す なます 焼いた鉄を冷やす。
7 焠児 マッチ ▼【燐寸】マッチ 236
火8【煮】(12) シャ にる・にえる・にやす
0 煮え滾る にえたぎる 「湯が―」
8 煮沸 しゃふつ 「―消毒」
9 煮染む にじむ 「血が―」
煮染め にしめ 煮物の一。
12 煮焚き にたき 炊事。
13 煮零す にこぼす 途中でいったん煮汁を捨てる。
16 煮凝り にこごり ☆ 魚の煮汁が凝固したもの。
20 煮麵 にゅうめん 〔入麵〕 そうめんを出し汁で煮た料理。
火8【焼】(12) ショウ やく・やける
0 焼き鈍し やきなまし 金属・ガラスの加工法の一。
焼け木杭 やけぼっくい ▼【焼け棒杭】やけぼっくい 232
焼け棒杭 やけぼっくい 〔焼け木杭〕「―に火が付く」
焼べる くべる ☆ 火の中に燃えるものを入れる。「薪まきを―」
4 焼火山 たくひやま 島根県の山。
5 焼尻 やぎしり 北海道の島(―島とう)・地名・港。
6 焼夷弾 しょういだん 砲弾・爆弾の一。
7 焼売 シューマイ 中国料理の点心の一。
焼坂峠 やけざかとうげ 高知県の峠。
9 焼津 やいづ ①静岡県の市・港。②JR東海東海道本線の駅。
10 焼酎 しょうちゅう 蒸留酒の一。
17 焼燬 しょうき 焼き払う。
火8【焦】(12) ショウ こげる・こがす・こがれる・あせる
0 焦れる じれる★ 〔焦慮る〕もどかしく感じる。
4 焦心る あせる 232 ▼【焦躁る】あせる
9 焦臭い きなくさい こげくさい。
焦眉 しょうび 「―の急」
14 焦爾 ジュール ▼【朱爾】ジュール 181
15 焦慮る じれる 232 ▼【焦れる】じれる

17 焦燥る あせる 232 ▼【焦躁る】あせる
20 焦躁 しょうそう 〔焦燥〕「―感」
焦躁る あせる 〔焦心る・焦燥る〕 焦る。「勝ちを―」
火8【然】(12) ゼン・ネン
0 然し しかし 〔併し〕 けれども。
然して さして 「―困っているわけではない」
然して しかして 〔而して〕 そうして。
然して そして 「―誰だれもいなくなった」
然すれば さすれば そうであるから。
然も しかも 〔而も〕 そのうえに。
然も無くば さもなくば そのようでなかったら。
然り しかり そのとおり。
然り気無い さりげない 「―気づかい」
然る さる 「―筋からの要請」
然れど されど しかし。
7 然迄 さまで それほどまでには。
然別 しかりべつ ①北海道の川・峡谷(―峡)・湖。②J

4画 火部 6−8画

R北海道函館本線の駅。

12 **然然** しかじか 〔云云〕 これこれ。

然程 さほど 〔左程〕 それほど。

14 **然様** さよう ▼【左様】さよう 119

火8 **【焚】**(12) **フン・ボン**

←**焚く** たく 「かがり火を―」

→**焚く** やく 物を燃やす。

6 **焚刑** ふんけい☆ 火あぶりの刑。

10 **焚書坑儒** ふんしょこうじゅ 中国、秦しんの始皇帝が行った思想弾圧。

12 **焚琴煮鶴** ふんきんしゃかく 殺風景なこと。

火8 **【焙】**(12) **ホウ・ハイ・バイ・ホイ**

0 **焙ずる** ほうずる 「茶を―」

焙る あぶる ▼【炙る】あぶる 230

8 **焙炉** ほいろ 茶葉をあぶる道具。

10 **焙烙** ほうろく・ほうらく★ 〔炮烙〕 素焼きの浅い土鍋となべ。

13 **焙煎** ばいせん 「炭火で―する」

火8 **【無】**(12) **ム・ブ** ない

1 **無一文** むいちもん 「株で失敗して―になる」

無一物 むいちもつ 「破産して―になる」

3 **無下** むげ 「人の好意を―にできない」

5 **無礼** ぶれい 礼儀にはずれること。

無礼講 ぶれいこう 「忘年会は―でいこう」

7 **無花果** いちじく★ 〔映日果・一熟・天仙果〕 クワ科の落葉小高木。

無言 しじま ▼【黙】しじま 431

無体 むたい 「無理―」

8 **無価** むげ 非常に貴重だ。

無明 むみょう 真理に暗い。

9 **無音** ぶいん しばらく連絡がない。

無垢 むく☆ 「純真―」

無品 むほん 親王で位階を持たないこと。

10 **無射** ぶえき 中国音楽の音名の一。

無粋 ぶすい 「―な男」

11 **無患子** むくろじ☆ 〔無槵子・無婁樹・木患子・木槵子・折傷木・木欒子・木連子〕 ムクロジ科の落葉高木。

無惨 むざん 無残。「夢は―にもついえた」

無聊 ぶりょう★ 「―をかこつ」

無婁樹 むくろじ ▼【無患子】むくろじ 233

12 **無間** むげん 「―地獄」

無辜 むこ★ 罪がない。

13 **無意根山** むいねやま 北海道の山。

無碍 むげ 〔無礙〕 「融通―」

無勢 ぶぜい 「多勢に―」

14 **無慚** むざん 「破戒―」

無精 ぶしょう 〔不精〕 「―を決め込む」

無様 ぶざま 〔不様〕 「―な負け方」

無漏 むろ 迷いや欲望のない状態。

15 **無槵子** むくろじ ▼【無患子】むくろじ 233

無窮 むきゅう 永遠。

無憂華 むうげ 無憂樹むうじゅの花。

無憂樹 むうじゅ その下で釈迦しゃかが生まれたという木。

16 **無躾** ぶしつけ ▼【不躾】ぶしつけ 10

←**無頼** ごろつき ▼【破落戸】ごろつき 269

→**無頼** ぶらい 「―の徒」

18 **無謬** むびゅう 誤りがない。

19 **無礙** むげ ▼【無碍】むげ 233

火9 **【煙】**(13) **エン けむる・けむり・けむい**

3 **煙山** けむやま 姓氏。

煙上 たばがみ 姓氏。

4 **煙火** はなび 花火。「仕掛け―」

6 **煙艸** タバコ ▼【煙草】タバコ 233

9 **煙草** タバコ☆ 〔煙艸・莨・莨菪・莨蔫・相思草・淡杷菰・淡婆姑・淡芭菰・天仙草・反魂烟・檐不帰・烟花・烟草・烟蕃草〕 ナス科の多年草。

14 **煙管** キセル☆ 〔烟管〕 刻みタバコを吸う道具。

火9 **【煥】**(13) **カン**

9 **煥発** かんぱつ 「才気―」

火9 **【煦】**(13) **ク**

13 **煦煦** くく やわらいで恵みの深いさま。

火9 **【煌】**(13) **コウ**

0 **煌めく** きらめく 〔燦めく〕 光りかがやく。「星が―」

9 **煌星** きらぼし ▼【綺羅星】きらぼし 295

4画 火部 8−9画

13 **煌煌** こうこう 「電灯が―と輝く」

火9 **【照】**(13) **ショウ** **てる・てらす・てれる**

12 **照葉狂言** てるはきょうげん・てりはきょうげん 狂言を基にした演芸の一。

17 **照覧** しょうらん 神仏がご覧になること。

火9 **【煎】**(13) **セン**

0 **煎じる** せんじる 「薬を―」

煎じ薬 せんじぐすり 煎じて飲む薬。

煎る いる 〔炒る・熬る〕「豆を―」

9 **煎海鼠** いりこ ▼【海参】いりこ 214

煎茶 せんちゃ 緑茶の一。

15 **煎熬** せんごう 食物を汁のなくなるまで煮つめる。

煎餅 せんべい☆ 干菓子の一。

火9 **【煠】**(13) **ソウ・ヨウ**

0 **煠める** いためる ▼【炒める】いためる 230

火9 **【煖】**(13) **ダン・ナン**

0 **煖か** あたたか 温暖なさま。

煖める あたためる 暖める。

8 **煖炉** だんろ 暖炉。

火9 **【煤】**(13) **バイ**

0 **煤** すす★ 煙とほこりが一緒になったもの。

10 **煤埃** すすぼこり くすぶってたまったほこり。

13 **煤煙** ばいえん☆ 石炭などから出る煙とすす。

火9 **【煩】**(13) **ハン・ボン** **わずらう・わずらわす**

0 **煩い** うるさい☆ ▼【五月蠅い】うるさい 18

煩う わずらう 心配する。

4 **煩冗い** うるさい ▼【五月蠅い】うるさい 18

9 **煩型** うるさがた 「町内一の―」

10 **煩悩** ぼんのう☆ 「子―」

12 **煩悶** はんもん☆ 苦しみ悩む。

14 **煩瑣** はんさ 「―な手続き」

煩瑣い うるさい ▼【五月蠅い】うるさい 18

火9 **【煬】**(13) **ヨウ**

9 **煬帝** ようだい 中国、隋の第二代皇帝。

火9 **【煉】**(13) **レン**

0 **煉る** ねる 物をこねて固める。

5 **煉瓦** れんが★ 建築材料の一。

14 **煉獄** れんごく カトリックで、霊魂が浄化される場所。

火10 **【熅】**(14) **ウン**

0 **熅れ** いきれ 〔熱れ・蒸熱・熱蒸〕「人―」

火10 **【熇】**(14) **カク**

7 **熇尾蛇** ひばかり ▼【日計】ひばかり 169

火10 **【煽】**(14) **セン**

0 **煽ぐ** あおぐ ▼【扇ぐ】あおぐ 149

煽てる おだてる☆ ほめて、いい気にさせる。

煽る あおる☆ 「憎しみを―」

11 **煽動** せんどう 扇動。「大衆を―する」

火10 **【熊】**(14) **ユウ**

0 **熊** くま クマ科の哺乳類。

熊の胆 くまのい クマの乾燥胆のう。

3 **熊川** こもがい 高麗茶碗の一。

4 **熊手** くまで ①竹製の道具。②姓氏。

← **熊谷** くまがい 姓氏。

→ **熊谷** くまがや ①埼玉県の市。②JR東日本高崎線等の駅。③姓氏。

熊谷草 くまがいそう ラン科の多年草。

熊沢 くまざわ 姓氏。

8 **熊居** くまい 岡山県の峠。

9 **熊柳** くまやなぎ 〔熊楊・山藤・蛇藤〕クロウメモドキ科のつる性落葉木本。

10 **熊啄木鳥** くまげら キツツキ科の鳥。

11 **熊猫** パンダ ジャイアント・パンダのこと。

熊野 ゆや 姓氏。

熊野権現 ゆやごんげん 熊野三山の祭神。

12 **熊葛** くまつづら 〔馬鞭草〕クマツヅラ科の多年草。

熊掌 ゆうしょう 熊の前足の裏。

13 **熊蜂** くまばち コシブトハナバチ科のハチ。くまんばち。

熊楊 くまやなぎ ▼【熊柳】くまやなぎ 234

18 **熊蟬** くまぜみ 〔蚱蟬〕セミの一種。

19 **熊羆** ゆうひ 勇猛な者のたとえ。

22 **熊襲** くまそ 古代、南九州を根拠地とした集団。

24 **熊鷹** くまたか 〔角鷹〕タカ科の鳥。

火10 **【熔】**(14) **ヨウ**

13 **熔鉱炉** ようこうろ 〔溶鉱炉・鎔鉱炉〕鉄などの精錬に用いる炉。

火 11 **【熨】**(15) **ウツ・イ**

0 **熨** のし ▼【熨斗】しの 235

熨す のす 「しわを―」

4 **熨斗** のし☆ 〔熨〕「―をつける」

火 11 **【熙】**(15) **キ**

15 **熙熙** きき やわらぎ楽しむさま。

火 11 **【熬】**(15) **ゴウ**

0 **熬り子** いりこ 〔炒り子〕煮干し。

熬る いる ▼【煎る】るい 234

9 **熬海鼠** いりこ ▼【海参】こいり 214

火 11 **【熟】**(15) **ジュク うれる**

0 **熟** つらつら☆ 〔倩倩・孰〕「―考えるに…」

熟す こなす 「たんたんと仕事を―」

熟む うむ うれる。

←**熟れる** こなれる☆ 「食べ物が―」

→**熟れる** なれる 熟成する。

熟れ鮨 なれずし☆ 〔馴れ酢〕酢(す)を用いない鮨。

5 **熟田** にいた ①栃木県の旧村。②姓氏。

熟田津 にきたつ 愛媛県の道後温泉付近にあった浜辺。

6 **熟瓜** ほぞち 熟したマクワウリ。

9 **熟柿** じゅくし よく熟した柿。

11 **熟視る** みつめる・みまもる 熟視する。

13 **熟寝** うまい ぐっすり寝る。

15 **熟蝦夷** にきえみし 朝廷に従順な蝦夷(えみし)。

←**熟熟** しげしげ 「横顔を―と見る」

→**熟熟** つくづく 「―自分がいやになった」

火 11 **【熱】**(15) **ネツ あつい**

0 **熱り** ほとぼり☆ 〔余熱〕「―が冷める」

熱り立つ いきりたつ 怒りを抑えきれずに興奮する。

熱る ほてる☆ 〔火照る〕「顔が―」

熱れ いきれ ▼【熅れ】れいき 234

3 **熱川** あたがわ ①静岡県の温泉。②姓氏。

9 **熱海** あたみ ①福島県の旧町。②静岡県の港・峠・市。③JR東海東海道本線等の駅。

10 **熱郛** ねっぷ JR北海道函館本線の駅。

13 **熱塩** あつしお 福島県の旧村。

熱蒸 いきれ ▼【熅れ】れいき 234

15 **熱鬧** ねっとう 込み合って騒がしいこと。

16 **熱燗** あつかん 「―で一杯」

火 12 **【燕】**(16) **エン**

←**燕** つばくろ ▼【乙鳥】ろくばつ 15

→**燕** つばめ☆ 〔乙鳥・玄鳥・烏衣・鳦〕①ツバメ科の小鳥の総称。②新潟県の温泉・市。③JR東日本弥彦(やひこ)線の駅。④姓氏。

3 **燕子花** かきつばた☆ ▼【杜若】たばつきか 182

5 **燕去月** つばめさりづき 陰暦八月。

←**燕麦** えんばく イネ科の作物。

→**燕麦** からすむぎ ▼【烏麦】ぎむすらか 231

燕尾服 えんびふく 男性の、夜間用の正式な礼服。

燕尾香 ふじばかま ▼【藤袴】まかばじふ 332

8 **燕岳** つばくろだけ 長野県の山。

11 **燕雀** えんじゃく ツバメとスズメ。

燕巣山 つばくろすやま 栃木・群馬県境の山。

14 **燕窩** えんか ツバメの巣。

16 **燕頷投筆** えんがんとうひつ 文事を捨てて武事に就くたとえ。

燕頷虎頸 えんがんこけい 将来、遠国で諸侯となる相。

火 12 **【熾】**(16) **シ**

0 **熾** おき 火力の強い状態になった炭火。

熾る おこる 「火鉢の火が―」

熾ん さかん 火が勢いよく燃える。

4 **熾火** おきび 赤々とよくおこった炭火。

10 **熾烈** しれつ 「―な戦い」

火 12 **【燃】**(16) **ネン もえる・もやす・もす**

9 **燃眉** ねんび 事態の切迫しているたとえ。

12 **燃犀** ねんさい 頭の働きが鋭く即座に判断できるさま。

火 12 **【燔】**(16) **ハン**

0 **燔く** やく 焼く。

10 **燔書** はんしょ 書物を焼く。

火 12 **【燗】**(16) **ラン**

0 **燗** かん 「―をつける」

7 **燗冷まし** かんざまし 燗をしてのち冷えた酒。

火 12 【燎】(16) リョウ
0 燎く やく 火がついて燃え広がる。
10 燎原 りょうげん 「―の火」

火 13 【燦】(17) サン
0 燦として さんとして あでやかなさま。
燦めく きらめく ▼【煌めく】きらめく 233
12 燦然 さんぜん 「―と輝く王冠」
17 燦燦 さんさん 〔粲粲〕「太陽の光が―とふりそそぐ」
21 燦爛 さんらん 鮮やかに輝くさま。

火 13 【燮】(17) ショウ
0 燮げる やわらげる 調和させる。
11 燮理 しょうり やわらげ、ととのえて国を治める。

火 13 【燭】(17) ショク・ソク
8 燭夜 ほたる ▼【蛍】ほたる 336
11 燭魚 はたはた★ ▼【鰰】はたはた 420

火 13 【燧】(17) スイ
0 燧 ひうち ①火をおこすための道具。②姓氏。
燧ケ岳 ひうちがたけ 福島県の山。
4 燧火 すいか 切り火。のろし。
5 燧石 ひうちいし 〔火打ち石〕石英の一種。
22 燧灘 ひうちなだ 瀬戸内海の海域。

火 13 【燥】(17) ソウ
0 燥く かわく 乾く。
燥ぐ はしゃぐ 陽気に騒ぐ。
7 燥吻 そうふん 詩文の佳句が浮かび出ないさま。

火 13 【燐】(17) リン
3 燐寸 マッチ 〔洋燧・焠児〕発火具の一。
4 燐火 りんか ひとだま。

火 14 【燻】(18) クン
0 燻し銀 いぶしぎん 「―の魅力」
燻す いぶす☆「松葉を―」
燻べる ふすべる「松葉を―」
燻らす くゆらす☆〔薫らす〕「葉巻きを―」
燻る くすぶる☆「生乾きの枝が―」
13 燻蒸 くんじょう☆ いぶす。
14 燻製 くんせい 〔薫製〕魚肉などをいぶして乾燥させた食品。

火 14 【燼】(18) シン・ジン
6 燼灰 じんかい 燃え残りのかすと灰。

火 14 【燿】(18) ヨウ
0 燿く かがやく 光り輝く。

火 15 【爆】(19) バク
0 爆ぜる はぜる☆ はじける。
6 爆米 はぜ ▼【粶】はぜ 289

火 17 【爛】(21) ラン
0 爛れる ただれる★ 形がくずれる。
14 爛漫 らんまん 「天真―」
15 爛熟 らんじゅく 「―した文化」
16 爛壊 らんえ ただれて腐る。
17 爛燦 らんさん 鮮やかに輝くさま。
21 爛爛 らんらん 光り輝くさま。

火 25 【爨】(29) サン
0 爨ぐ かしぐ ▼【炊ぐ】かしぐ 230
8 爨炊 さんすい 飯を炊く。
9 爨室 さんしつ 飯を炊く部屋。

【爪（⺥・⺤）】〈つめ〉〈つめかんむり〉部

爪 0 【爪】(4) ソウ
0 爪 つめ 「―でひっかく」
4 爪牙 そうが☆ つめと、きば。
5 爪立つ つまだつ 足の指で立つ。
9 爪哇 ジャワ☆〔闍婆〕インドネシアの島。
11 爪痕 つめあと 「戦火の―」
12 爪弾き つまはじき 「仲間から―にされる」
爪弾く つまびく 「ウクレレを―」
13 爪楊枝 つまようじ 〔妻楊子〕「食後に―を使う」
爪蓮華 つめれんげ 〔仏甲草・昨葉荷草〕ベンケイソウ科の多年草。
22 爪籠 つまご わらぐつの一種。

爪 4 【采】(8) サイ
0 采 さい 〔賽〕さいころ。
采る とる 手に入れる。
3 采女 うねめ☆ ①宮中の女官の一。②姓氏。

4画 火部12―25画 爪部0―4画

7 **采沢** うねさわ 姓氏。

10 **采配** さいはい 「―を振る」

爪4 **【爬】**(8) ハ

0 **爬う** はう 地に伏して進む。

6 **爬虫類** はちゅうるい 動物分類の一。

13 **爬掻** はそう つめでひっかく。

19 **爬羅剔抉** はらてっけつ 隠れた人材を発掘する。

爪5 **【爰】**(9) エン

0 **爰に** ここに ☆ ▼【是に】ここに 172

爪13 **【爵】**(17) シャク

9 **爵封** しゃくほう 身分と領地。

12 **爵禄** しゃくろく 爵位と俸禄。

【父】〈ちち〉部

父0 **【父】**(4) フ ちち

0 **父さん** とうさん ☆ 父親を敬って言う語。

5 **父母** かぞいろは 両親。

16 **父親** てておや 父。

爻9 **【爺】**(13) ヤ

0 **爺** じじ・じじい 男性の老人。

10 **爺娘** やじょう 父母の俗称。

13 **爺爺岳** ちゃちゃだけ 北海道の山。

【爻(乂)】〈こう〉部

爻0 **【爻】**(4) コウ

0 **爻** こう 易の卦(け)を組み立てる横画。

爻7 **【爽】**(11) ソウ

0 **爽か** さやか さわやか。

爽やか さわやか ☆「―な笑顔」

9 **爽昧** そうまい 夜明け。

22 **爽籟** そうらい さわやかな秋風のひびき。

爻10 **【爾】**(14) ジ・ニ

← **爾** なんじ ▼【汝】なんじ 209

→ **爾** のみ 限定などを表す語。

爾り しかり そのように。

4 **爾今** じこん 〔自今〕 この後。

7 **爾見** しかみ 姓氏。

爾志 にし 北海道の郡。

爾来 じらい ☆ それ以来。「―長らくその地方を支配してきた」

9 **爾後** じご それ以来。

【爿(丬)】〈しょうへん〉部

爿4 **【牀】**(8) ソウ・ショウ・ジョウ

2 **牀几** しょうぎ ▼【床几】しょうぎ 125

4 **牀井** とこい 姓氏。

6 **牀机** しょうぎ ▼【床几】しょうぎ 125

爿13 **【牆】**(17) ショウ

0 **牆** かき 家の囲い。

25 **牆籬** しょうり かきね。

【片】〈かた〉〈かたへん〉部

片0 **【片】**(4) ヘン かた

← **片** きれ 小さなかけら。

片 ひら 〔枚〕 花びら・葉などを数える語。

→ **片** ペンス ペニーの複数形。

3 **片口鰯** かたくちいわし ニシン目の海魚。

片山津 かたやまづ 石川県の温泉。

片上 かたかみ 岡山県の湾・地名。

4 **片片** へんぺん 切れ切れなさま。

片木 へぎ 薄くはいだもの。

5 **片尼** ペニー 〔便尼〕 イギリス・アイルランドの旧補助通貨単位。

7 **片貝** かたかい ①千葉県の地名。②富山県の川。③新潟県の地名。

片言隻句 へんげんせきく ほんのちょっとした言葉。

片秀 かたほ ▼【偏】かたほ 33

片男波 かたおなみ 和歌山県の砂嘴(し)。

10 **片栗** かたくり ユリ科の多年草。

24 **片鱗** へんりん 一枚のうろこ。

片4 **【版】**(8) ハン

5 **版本** はんぽん 版木で印刷した書物。

7 **版図** はんと 領土。

9 **版面** はんづら 印刷版の表面。

片8 【牌】(12) ハイ

0 牌 パイ マージャンの駒。

片9 【牒】(13) チョウ・ジョウ

7 牒状 ちょうじょう まわしぶみ。

【牙(牙)】〈きば〉〈きばへん〉部

牙0 【牙】(4) ガ・ゲ

0 牙 きば 「オオカミが—をむく」

11 牙彫 げちょう・げぼり 象牙を材料とする細工物。

12 牙歯草 ひるむしろ ▼【蛭蓆】ひるむしろ 337

牙買加 ジャマイカ 国名。

15 牙儈 すあい 〔牙婆・数間〕 物品売買の仲介業者。

20 牙籌 がちゅう 象牙でつくった計算用の棒。

【牛(牜)】〈うし〉〈うしへん〉部

牛0 【牛】(4) ギュウ うし

3 牛久 うしく ①茨城県の沼・市。②JR東日本常磐線の駅。③千葉県の地名。

4 牛王 ごおう 厄除けの護符。

牛王院平 ごおういんだいら 山梨・埼玉県境の草原。

5 牛皮 ぎゅうひ ▼【求肥】ぎゅうひ 208

牛皮消 いけま ▼【生馬】いけま 249

牛皮凍 へくそかずら ▼【屁糞葛】へくそかずら 112

6 牛耳る ぎゅうじる 「党の活動を—」

牛朱別川 うししゅべつがわ 北海道の川。

牛舌魚 うしのした ウシノシタ科とササウシノシタ科の海魚の総称。

7 牛角 ごかく 互角。「両者の力量はまったく—と見ていい」

牛車 ぎっしゃ★ 昔の貴人用の乗り物。

牛麦 なでしこ ▼【瞿麦】なでしこ 265

牛尾魚 こち★ ▼【鯒】こち 418

牛尾菜 しおで☆ ユリ科のつる性多年草。

9 牛首別川 うししゅべつがわ 北海道の川。

牛津 オックスフォード☆ イギリスの都市。

←牛島 うしのしま JR四国徳島線の駅。

→牛島 うしま 山口県の島。

11 牛黄 ごおう 牛の胆のうにできる結石。

牛宿 いなみぼし・ぎゅうしゅく 二十八宿の一。

牛深 うしぶか 熊本県の旧市。

12 牛飲馬食 ぎゅういんばしょく 大いに飲み食いする。

牛筋草 おひしば ▼【雄日芝】おひしば 396

13 牛頓 ニュートン 〔尼通・紐頓〕 イギリスの物理学者。

牛蒡 ごぼう★ キク科の大形二年草。

牛酪 バター 食品の一。

15 牛膝 いのこずち★ ヒユ科の多年草。

牛蝨 だに ▼【蜱】だに 338

16 牛頭馬頭 ごずめず 地獄の獄卒。

牛2 【牝】(6) ヒン

0 牝 めす ▼【雌】めす 397

7 牝牡 ひんぼ めすと、おす。

10 牝馬 ひんば めすの馬。

牛2 【牟】(6) ボウ・ム

5 牟礼 むれ ①東京都の地名。②長野県の旧村。③JR東日本信越本線の駅。④香川県の旧町。⑤姓氏。

7 牟岐 むぎ ①徳島県の町・漁港。②JR四国の路線・駅。③姓氏。

11 牟婁 むろ 姓氏。

牛3 【牡】(7) ボ

0 牡 おす ▼【雄】おす 396

4 牡牛 こというし ▼【特牛】こというし 239

牡丹 ぼたん☆ 〔二十日草・鹿韭・木芍薬・花王〕 ボタン科の落葉小低木。

牡丹餅 ぼたもち★ 「棚から—」

5 牡瓦 おがわら 丸瓦。

6 牡羊座 おひつじざ 十二星座の一。

10 牡馬 ぼば おすのウマ。

←牡鹿 おしか ①宮城県の諸島・半島・郡・旧町。②姓氏。

→牡鹿 おじか ①おすのシカ。②姓氏。

12 牡蛤 かき ▼【牡蠣】かき 238

19 牡鶏 おんどり おすのニワトリ。

20 牡蠣 かき★ 〔牡蛤・蠔・蛎・蠇・蠣蛤〕 イタボガキ科の二枚貝の総称。

牡蠣島 かきじま 北海道の島。

牛3 【牢】(7) ロウ

0 **牢い** かたい しっかりしている。

9 **牢牲** いけにえ ▼【犠牲】いけにえ 239

14 **牢獄** ひとや ▼【獄】ひとや 243

牛4【物】(8) ブツ・モツ もの

0 **物の怪** もののけ 妖怪（ようかい）。

7 **物見遊山** ものみゆさん 見物して回る。

8 **物怪** もっけ 〔勿怪〕「―の幸い」

物怖じ ものおじ 「―せぬ性格」

9 **物臭** ものぐさ ▼【懶】ものぐさ 147

物洗貝 ものあらがい 淡水産の巻貝。

物相 もっそう 〔盛相〕飯を盛って量をはかる器。

←**物部** もののふ 姓氏。

物部 もののべ 大和政権の軍事をつかさどった氏族。

→**物部** ものべ ①高知県の川・旧村。②姓氏。

物部尾輿 もののべのおこし 欽明天皇の大連（おおむらじ）。

物部麁鹿火 もののべのあらかび 武烈天皇の大連（おおむらじ）。

物理 もとろい 姓氏。

12 **物集** もずめ 姓氏。

物集女 もずめ 姓氏。

13 **物数奇** ものずき 「―にも程がある」

15 **物憂い** ものうい 〔懶い〕「―夏の午後」

牛5【牲】(9) セイ

0 **牲** にえ 貢ぎ物。

牛5【牴】(9) テイ・タイ

11 **牴牾** もどき ▼【擬】もどき 161

牴牾しい もどかしい はがゆい。

13 **牴触** ていしょく ▼【抵触】ていしょく 153

牛6【特】(10) トク

←**特牛** こっとい ①山口県の地名。②JR西日本山陰本線の駅。

→**特牛** こというし・ことい・こっとい 〔牡牛〕強く大きな雄の牛。

9 **特洛次啓** トロツキー ▼【托洛斯基】トロツキー 151

13 **特雷新** ドロイゼン ドイツの歴史学者。

16 **特輯** とくしゅう 特集。「外交問題についての―」

牛7【牽】(11) ケン

0 **牽く** ひく 「荷車を―」

4 **牽引** けんいん☆ 「業界の―役」

←**牽牛** かみきりむし ▼【天牛】かみきりむし 89

→**牽牛** けんぎゅう ひこ星。

牽牛子 あさがお ▼【朝顔】あさがお 178

牽牛花 あさがお ▼【朝顔】あさがお 178

牽牛星 ひこぼし 鷲（わし）座のアルファ星アルタイル。

8 **牽制** けんせい 「互いに―し合う」

11 **牽強附会** けんきょうふかい 「―の説をなす」

23 **牽攣乖隔** けんれんかいかく 心は互いに引き合いながら遠く離れ隔たっている。

牛7【犁】(11) レイ・リ・リュウ

0 **犁** すき ▼【鋤】すき 384

16 **犁頭魚** しゅもくざめ ▼【撞木鮫】しゅもくざめ 160

牛8【犀】(12) セイ・サイ

0 **犀** さい サイ科の哺乳（ほにゅう）類の総称。

3 **犀川** さいがわ・さいかわ ①石川県の川。「さいかわ」とも。②長野県の川。③長野県の丘陵地（―丘陵）。④福岡県の旧町。⑤平成筑豊（ちくほう）鉄道田川線の駅。⑥姓氏。

7 **犀利** さいり ★「明敏―」

牛8【犇】(12) ホン

0 **犇と** ひしと 〔緊と〕「―だきしめる」

犇めく ひしめく 「参拝者が―境内（けいだい）」

12 **犇犇** ひしひし 〔緊緊〕「寒さが―と身に迫る」

牛8【犂】(12) レイ・リ・リュウ

←**犂** からすき ▼【唐鋤】からすき 69

→**犂** すき ▼【鋤】すき 384

16 **犂頭鯊** さかたざめ ▼【塔婆】さかたざめ 80

牛10【犒】(14) コウ

0 **犒う** ねぎらう★ ▼【労う】ねぎらう 49

牛11【犛】(15) ボウ・ミョウ・リ

4 **犛牛** ヤク ウシ科の哺乳（ほにゅう）類。

牛13【犠】(17) ギ

0 **犠** いけにえ ▼【犠牲】いけにえ 239

5 **犠打** ぎだ 野球用語。

9 **犠牲** いけにえ☆ 〔犠・生け贄・牢牲〕「―をささげる」

牛15【犢】(19) トク

0 **犢** こうし 牛の子。

14 **犢鼻褌** ふんどし★ ▼【褌】ふんどし 344

16 **犢橋** こてはし 千葉県の地名。

【犬（犭）】（いぬ）（けものへん）部

犬 0 **【犬】**(4) ケン いぬ

3 **犬山椒** いぬざんしょう 〔崖椒〕 ミカン科の落葉低木。

犬子 えのこ・えのころ イヌの子。〔犬児・狗・狗児〕

犬上御田鍬 いぬかみのみたすき 飛鳥時代の官人。

4 **犬牙** こまつなぎ ▼【駒繋ぎ】こまつなぎ 412

7 **犬芥** いぬがらし 〔山芥菜〕 アブラナ科の多年草。

犬児 えのこ・えのころ ▼【犬子】えのこ 240

犬吠埼 いぬぼうさき 千葉県の岬。

8 **犬枇杷** いぬびわ 〔天仙果・天仙花〕 クワ科の落葉低木。

9 **犬追物** いぬおうもの 武芸の一。

10 **犬挟峠** いぬばさりとうげ 鳥取・岡山県境の峠。

犬馬の労 けんばのろう 「―をいとわず」

11 **犬陰嚢** いぬふぐり 〔犬睾丸・婆婆納〕 ゴマノハグサ科の二年草。イヌノフグリ。

犬黄楊 いぬつげ モチノキ科の常緑低木。

13 **犬猿** けんえん 「―の仲」

14 **犬睾丸** いぬふぐり ▼【犬陰嚢】いぬふぐり 240

犬酸漿 いぬほおずき 〔竜葵〕 ナス科の一年草。

犬槙 いぬまき 〔羅漢松〕 マキ科の常緑高木。

犬榧 いぬがや 〔粗榧〕 イヌガヤ科の常緑低木。

犬蓼 いぬたで 〔蘢・紅草〕 タデ科の一年草。

15 **犬樟** いぬぐす タブノキの別名。

犬養毅 いぬかいつよし 政治家。

16 **犬橅** いぬぶな 〔仙毛欅〕 ブナ科の落葉高木。

犬 2 **【犯】**(5) ハン おかす

3 **犯土日** つちび 陰陽おんよう道で土木工事を忌いむ期間。

7 **犯戒** ぼんかい 仏の戒めを破る。

犬 3 **【状】**(7) ジョウ

0 **状** かたち 物事の様子。

10 **状差し** じょうさし 書状を入れておくもの。

15 **状箱** じょうばこ 手紙を入れておく箱。

犬 4 **【狂】**(7) キョウ くるう・くるおしい

0 **狂れる** ふれる 「気が―」

4 **狂公子** ハムレット 〔班列多〕 戯曲の登場人物。

7 **狂花** あだばな 〔徒花〕 「せっかくのヒットも―になる」

狂言綺語 きょうげんきご・きょうげんきぎょ 道理に合わない言葉と飾った言葉。

8 **狂奔** きょうほん 「売り上げ増加に―する」

10 **狂狷** きょうけん 理想に走ってかたくななさま。

20 **狂瀾怒濤** きょうらんどとう 荒れ狂う大波。

犬 4 **【狆】**(7) チュウ

0 **狆** ちん☆ イヌの一品種。

犬 5 **【狗】**(8) コウ・ク

←**狗** いぬ 犬。

→**狗** えのこ ▼【犬子】えのこ 240

5 **狗母魚** えそ☆ ▼【鱛】えそ 421

6 **狗舌草** さわおぐるま ▼【沢小車】さわおぐるま 209

7 **狗児** えのころ ▼【犬子】えのころ 240

狗尾草 えのころぐさ イネ科の一年草。

10 **狗留孫** くるそん ①山口県の山（―山さん）。②宮崎県の峡谷（―峡）。

12 **狗筋蔓** なんばんはこべ ▼【南蛮繁縷】なんばんはこべ 55

犬 5 **【狎】**(8) コウ・ギョウ

0 **狎れる** なれる なれなれしくなる。

8 **狎狎しい** なれなれしい ▼【馴馴しい】なれなれしい 411

9 **狎昵** こうじつ なれなれしくする。

犬 5 **【狙】**(8) ソ・ショ

0 **狙い** ねらい 目標。意図。

15 **狙撃** そげき 「―兵」

犬 5 **【狛】**(8) ハク

0 **狛** こま 高句麗こうくり、また、朝鮮半島のこと。

2 **狛人** こまうど 姓氏。

4 **狛犬** こまいぬ★ 社寺の庭にある獅子ししに似た像。

6 **狛江** こまえ ①東京都の市。②小田急小田原線の駅。

10 **狛島** こまじま 姓氏。

11 **狛笛** こまぶえ ▼【高麗笛】こまぶえ 414

犬5 **【狒】**(8) **ヒ**

8 **狒狒** ひひ オナガザル科の一部の哺乳(ほにゅう)類の総称。

犬6 **【狭】**(9) **キョウ** **せまい・せばめる・せばまる**

3 **狭山** さやま ①東京・埼玉県境の台地(—丘陵)。②埼玉県の人造湖・市。③西武の路線。④大阪府の人造池。⑤姓氏。

6 **狭衣** さごろも 着物。

11 **狭匙** せっかい☆〔切匙〕すりばちの内側についたものを落とすのに使う道具。

←**狭間** さま 細いすき間。

→**狭間** はざま☆①〔迫間〕あいだ。「生と死の—」②谷あい。谷間。③京王高尾線の駅。④姓氏。

狭量 きょうりょう「—な考え」

13 **狭隘** きょうあい☆「—な谷間」

狭隘しい せせこましい 窮屈でせまくるしい。

19 **狭霧** さぎり☆霧。

犬6 **【狐】**(9) **コ**

0 **狐** きつね★イヌ科の哺乳(ほにゅう)類。

8 **狐狗狸** こっくり★憑依(ひょうい)による占いの一種。

9 **狐臭** わきが☆▼【腋臭】わきが 311

10 **狐狸** こり キツネとタヌキ。

16 **狐薊** きつねあざみ〔泥湖菜〕キク科の越年草。

狐憑き きつねつき 異常な精神状態。

犬6 **【狡】**(9) **コウ・キョウ**

←**狡い** こすい 利にさとくずるい。

→**狡い** ずるい〔狡猾い〕「—男」

狡っ辛い こすっからい ずるくて勘定高い。

13 **狡猾** こうかつ★〔狡黠〕ずるくて悪賢いさま。

狡猾い ずるい ▼【狡い】ずるい 241

16 **狡獪** こうかい 狡猾(こうかつ)。

18 **狡黠** こうかつ ▼【狡猾】こうかつ 241

犬6 **【狩】**(9) **シュ** **かる・かり**

2 **狩人** かりゅうど・かりうど〔猟人〕猟師。

5 **狩生** かりう ①大分県の地名。②JR九州日豊(にっぽう)本線の駅。

6 **狩衣** かりぎぬ 公家(くげ)の略服。

10 **狩留家** かるが ①広島県の地名。②JR西日本芸備線の駅。

狩留賀浜 かるがはま 広島県の海岸。

11 **狩野** かのう・かの 姓氏。

狩野川 かのがわ 静岡県の川。

狩野芳崖 かのうほうがい 日本画家。

狩野探幽 かのうたんゆう 江戸初期の画家。

12 **狩勝峠** かりかちとうげ 北海道の峠。

犬6 **【倏】**(10) **シュク**

0 **倏ち** たちまち すみやかに。突然に。

8 **倏忽** しゅっこつ たちまち。

犬6 **【独】**(9) **ドク** **ひとり**

0 **独り法師** ひとりぼっち ▼【一人法師】ひとりぼっち 1

1 **独乙** ドイツ ▼【独逸】ドイツ 241

7 **独角仙** かぶとむし ▼【兜虫】かぶとむし 36

8 **独参湯** どくじんとう 漢方薬の一。

9 **独活** うど★〔土当帰・独揺草〕ウコギ科の多年草。

独活擬 たらのき 194 ▼【楤の木】たらのき

11 **独逸** ドイツ★〔独乙〕国名。

独脚蜂 きばち ▼【樹蜂】きばち 198

12 **独揺草** うど ▼【独活】うど 241

13 **独楽** こま★おもちゃの一。

独楽鼠 こまねずみ ▼【高麗鼠】こまねずみ 414

16 **独擅場** どくせんじょう ひとり舞台。

犬6 **【狢】**(9) **バク・カク**

0 **狢** むじな〔貉〕アナグマの別名。

犬7 **【狷】**(10) **ケン**

4 **狷介** けんかい★「—孤高」

犬7 **【狸】**(10) **リ・バイ・マイ**

0 **狸** たぬき イヌ科の哺乳(ほにゅう)類。

5 **狸穴** まみあな 東京都の地名。

犬7 **【狼】**(10) **ロウ**

0 **狼** おおかみ イヌ科の哺乳(ほにゅう)類。

4 **狼牙** こまつなぎ 412 ▼【駒繋ぎ】こまつなぎ

7 **狼尾草** ちからしば イネ科の多年草。

10 **狼狽** ろうばい あわてふためく。

狼狽える うろたえる☆「突然の地震に—」

狼狽てる あわてる ▼【慌てる】あわてる 144
13 狼狽者 あわてもの ▼【慌て者】あわてもの 144
13 狼煙 のろし ★〔烽火〕「―をあげる」
15 狼瘡 ろうそう 皮膚の病気の一。
17 狼藉 ろうぜき 「乱暴―をふるう」
狼藉日 ろうじゃくにち 陰陽（おんよう）道で万事が凶の日。

犬8【猗】(11) イ・ア
13 猗違 いい どっちつかず。
猗嗟 ああ ▼【嗚呼】ああ 71

犬8【猊】(11) ゲイ
3 猊下 げいか 高僧の敬称。
14 猊鼻渓 げいびけい ①岩手県の渓谷。②JR東日本大船渡（おおふなと）線の駅。

犬8【猜】(11) サイ
0 猜む そねむ ▼【嫉む】そねむ 97
7 猜忌 さいき ねたみきらう。
14 猜疑心 さいぎしん ☆ 疑いねたむ気持ち。

犬8【猪】(11) チョ
←猪 い・いの しし イノシシ科の哺乳（ほにゅう）類。
→猪 しし ▼【獣】しし 243
2 猪八戒 ちょはっかい 西遊記の登場人物。
3 猪口 ちょく・ちょこ ★ 日本酒を飲むときの食器。
猪口才 ちょこざい 小生意気なこと。「―なことを言うな」
4 猪牙 ちょき 「猪牙舟」の略。
猪牙舟 ちょきぶね 江戸時代の和船の一。
5 猪甘 いかい ①姓氏。②▼【猪養】いかい 242
猪尻草 いのしりぐさ 〔天名精〕ヤブタバコの別名。
猪田道 いだみち 伊賀鉄道の駅。
6 猪名寺 いなでら JR西日本福知山線の駅。
8 猪突猛進 ちょとつもうしん ☆「若さにまかせて―する」
猪苗代 いなわしろ ①福島県の湖・盆地・町（まち）。②JR東日本磐越西（ばんえつさい）線の駅。③姓氏。
9 猪首 いくび 〔猪頸〕「―の男」
猪俣 いのまた 姓氏。
13 猪飼 いかい ①姓氏。②▼【猪養】いかい 242
猪飼野 いかいの 大阪府の旧地名。
15 猪養 いかい 〔猪飼・猪甘〕古代、職としてイノシシを飼った人。
16 猪頸 いくび ▼【猪首】いくび 242
22 猪籠草 うつぼかずら ▼【靫蔓】うつぼかずら 401

犬8【猫】(11) ビョウ ねこ
10 猫被り ねこかぶり おとなしそうな振りをする。
12 猫越峠 ねっことうげ 静岡県の峠。
13 猫跨ぎ ねこまたぎ まずい食べ物。
15 猫撫で声 ねこなでごえ こびを含んだ甘ったるい声。
16 猫頭鳥 ふくろう ▼【梟】ふくろう 190
17 猫糞 ねこばば ★「財布を―する」

犬8【猛】(11) モウ
0 猛し たけし 勇ましくて強い。
8 猛者 もさ ☆ 荒々しい人。
10 猛烈 もうれつ 「―社員」
11 猛猛しい たけだけしい ★ ものすごい。
13 猛禽 もうきん ワシ・タカなど肉食の鳥。

犬8【猟】(11) リョウ
0 猟る かる 狩る。
2 猟人 かりゅうど ▼【狩人】かりゅうど 241
4 猟夫 さつお 猟師。
8 猟虎 ラッコ ☆〔海猟・海獺・獺虎・獺猢・臘虎〕イタチ科の哺乳（ほにゅう）類。

犬9【献】(13) ケン・コン
0 献 こん 杯をさす度数を数える語。
献げる ささげる 「自著を恩師に―」
5 献立 こんだて メニュー。
8 献物 けんもつ 献上品。
13 献歳菊 ふくじゅそう ▼【福寿草】ふくじゅそう 275
献酬 けんしゅう 酒杯をやりとりする。

犬9【猴】(12) コウ
0 猴 さる 小形の猿。
8 猴刺脱 さるすべり ▼【百日紅】さるすべり 259

犬9【猩】(12) セイ・ショウ
9 猩紅熱 しょうこうねつ 感染症の一。
12 猩猩 しょうじょう オランウータン。

4画 犬部 8–9画

猩猩蠅 しょうじょうばえ ショウジョウバエ科のハエの総称。

犬9 **【猯】**(12) **タン**

0 **猯** まみ ▼【貒】まみ 357

犬9 **【猶】**(12) **ユウ**

0 **猶** なお★ 〔尚・仍〕「今も―美しい」

4 **猶太** ユダヤ 現在のパレスチナ南部の地域。

12 **猶猶** なおなお 〔尚尚〕ますます。

犬9 **【猥】**(12) **ワイ**

0 **猥ら** みだら☆ ▼【淫ら】みだら 219

17 **猥褻** わいせつ☆ 「―な図画」

犬10 **【猿】**(13) **エン さる**

0 **猿** ましら サルの別名。

3 **猿山** さやま・さるやま 姓氏。

猿女 あつめ・さるめ 姓氏。

猿子 ましこ サルの別名。

4 **猿公** えてこう サルを擬人化した言い方。

6 **猿羽根峠** さばねとうげ 山形県の峠。

猿曳 さるひき 猿回し。

7 **猿投** さなげ ①愛知県の山・地名。②名鉄三河線の駅。③姓氏。

8 **猿股** さるまた 男性用和風下着。

猿取茨 さるとりいばら ▼【菝葜】さるとりいばら 324

10 **猿島** さしま ①茨城県の郡・旧町。②姓氏。

猿留川 さるるがわ 北海道の川。

11 **猿麻桛** さるおがせ 〔松蘿〕サルオガセ属の樹枝状地衣植物の総称。

猿野 ましの 姓氏。

12 **猿猴** えんこう サル類の総称。

猿猴捉月 えんこうそくげつ 身の程知らずのたとえ。

猿喰山 さるまみやま 広島県の山。

猿渡 さわたり・さるわたり 姓氏。

13 **猿楽** さるがく 〔申楽〕能楽の旧称。

猿滑 さるすべり ▼【百日紅】さるすべり 259

猿滑樹 さるすべり ▼【百日紅】さるすべり 259

猿腰掛 さるのこしかけ ▼【胡孫眼】さるのこしかけ 308

17 **猿臂** えんぴ サルのように長いひじ。

22 **猿轡** さるぐつわ 「―をかます」

犬10 **【獅】**(13) **シ**

3 **獅子** しし☆ 「―身中の虫」

獅子吼高原 ししくこうげん 石川県の高原。

獅子奮迅 ししふんじん☆ 「―の活躍を見せる」

10 **獅控** シーザー ▼【該撒】シーザー 351

犬10 **【獏】**(13) **バク・ミャク**

0 **獏** ばく☆ ▼【貘】ばく 357

犬11 **【獄】**(14) **ゴク**

0 **獄** ひとや 〔牢獄・囚獄〕囚人をとじこめておく建物。

8 **獄門** ごくもん さらし首。

犬11 **【獐】**(14) **ショウ**

0 **獐** のろ ▼【麞】のろ 428

犬12 **【獦】**(15) **カツ・リョウ**

3 **獦子鳥** あとり 〔𪀚鵲・花鶏・集鳥〕アトリ科の小鳥。

犬12 **【獣】**(16) **ジュウ けもの**

←**獣** けだもの けもの。

→**獣** しし 〔猪〕肉を食用にするけもの。

犬13 **【獲】**(16) **カク える**

0 **獲る** とる 「スズメを―」

24 **獲麟** かくりん☆ 絶筆。

犬14 **【獰】**(17) **ドウ**

11 **獰猛** どうもう★ 「―な犬」

犬14 **【獱】**(17) **ヒン**

0 **獱** とど ▼【胡獱】とど 309

犬16 **【獺】**(19) **ダツ・タツ**

0 **獺** かわうそ☆ 〔川獺・水獺〕イタチ科の哺乳(ほにゅう)類。

8 **獺虎** ラッコ ▼【猟虎】ラッコ 242

11 **獺祭忌** だっさいき 正岡子規の忌日。

12 **獺猢** ラッコ ▼【猟虎】ラッコ 242

【玄】(げん)部

玄0 **【玄】**(5) **ゲン**

0 **玄い** くろい 炭のような色。

2 **玄人** くろうと★ 専門家。

玄人跣 くろうとはだし 「趣味の料理でも―の腕」

7 玄身 くろみ 姓氏。
8 玄岳 くろたけ 静岡県の山。
玄参 ごまのはぐさ ▼【胡麻の葉草】ごまのはぐさ 309
玄昉 げんぼう 奈良時代の僧。
10 玄翁 げんのう 〔玄能〕 金づちの一。
玄奘 げんじょう 中国、唐代初期の僧。
玄倉川 くろくらがわ 神奈川県の川。
玄孫 やしゃご☆ 孫の孫。
玄能 げんのう ▼【玄翁】げんのう 244
玄圃梨 けんぽなし クロウメモドキ科の落葉高木。
11 玄鳥 つばめ ▼【燕】つばめ 235

玄 6【率】(11) ソツ・リツ ひきいる

0 率う したがう 相手の意向に添う。
率ね おおむね ▼【概ね】おおむね 196
3 率土の浜 そっとのひん 国土のすべて。
12 率塔婆 そとば 54 ▼【卒塔婆】そとば
14 率爾 そつじ ▼【卒爾】そつじ 54

【玉(王・𤣩)】〈たま〉〈たまへん〉部

玉 0【玉】(5) ギョク たま

0 玉の輿 たまのこし 貴人の乗る立派なこし。「―に乗る」
3 玉女 ねなしかずら 189 ▼【根無葛】ねなしかずら
玉女萎 あまどころ 248 ▼【甘野老】あまどころ
4 玉今西 おくにし 姓氏。
5 玉生 たまにゅう 姓氏。
玉本 すずしろ ▼【蘿蔔】すずしろ 334
7 玉串 たまぐし 「―をささげる」
玉匣 ぎょくこう 立派な箱。
玉来 たまらい JR九州豊肥(ほうひ)本線の駅。
玉里 たまり 茨城県の旧村。
←玉城 たまき ①三重県の町(ちょう)。②姓氏。
→玉城 たまぐすく ①沖縄県の旧村。②姓氏。
玉祖 たまのや 姓氏。
玉柏 まんねんすぎ 〔万年杉〕 ヒカゲノカズラ目の常緑性シダ植物。
玉茗華 さざんか 114 ▼【山茶花】さざんか
10 玉真 たまき 姓氏。
玉梅 にわざくら ▼【朱桜】にわざくら 181
玉珧 たいらぎ☆ 海産の二枚貝。
11 玉梓 たまずさ 〔玉章〕 手紙・便りの美称。
玉章 たまずさ☆ ▼【玉梓】たまずさ 244
12 玉葛 たまかずら つる性草本の美称。
玉筋魚 いかなご★〔鮊子・如何児・梭魚子〕 スズキ目の海魚。
玉葱 たまねぎ ユリ科の多年草。
13 玉鼓 あやめたむ ▼【地楡】あやめたむ 77
玉盞 たまうき 玉で作った杯。
玉蜀黍 とうもろこし★〔蛮黍〕 イネ科の一年草。
玉置 たまき 姓氏。
玉楮 たまかじ 姓氏。
玉椿 ねずみもち ▼【鼠黐】ねずみもち 431
玉鈴花 はくうんぼく 〔白雲木〕 エゴノキ科の落葉高木。
15 玉蕈 しめじ ▼【湿地】しめじ 222
玉蝶梅 さくららん 188 ▼【桜蘭】さくららん
玉調 たまつき 姓氏。
17 玉環菜 ちょろぎ 248 ▼【甘露子】ちょろぎ
玉螺 つめたがい 216 ▼【津免多貝】つめたがい
18 玉顔 ぎょくがん 天皇の顔。
玉蟬花 はなしょうぶ 316 ▼【花菖蒲】はなしょうぶ
19 玉璽 ぎょくじ 天子の印。
玉蟾 ぎょくせん 月の別名。
玉蘭 はくもくれん 257 ▼【白木蓮】はくもくれん
玉簾 ぎょくれん 玉で飾ったすだれ。
20 玉響 たまゆら★ ほんの少しの間。
玉簪花 ぎぼし 161 ▼【擬宝珠】ぎぼし
21 玉鬘 たまかずら 古代の装身具。

玉 0【王】(4) オウ

0 王 きみ 国の支配者。
3 王子保 おうしお JR西日本北陸本線の駅。
4 王仁 わに 古代の渡来人。
王不留行 どうかんそう ▼【道灌草】どうかんそう 372

6 王瓜 からすうり ▼【烏瓜】(からすうり) 231

7 王余魚 かれい ▼【鰈】(かれい) 420

8 王者香 ふじばかま ▼【藤袴】(ふじばかま) 332

9 王茸 しめじ ▼【湿地】(しめじ) 222

10 王宮西 おくにし 姓氏。

11 王貫峠 おうぬきだわ 島根・広島県境の峠。

17 王鮪 しび ▼【鮪】(しび) 418

玉3【玖】(7) キュウ

←玖 きゅう 「九」の大字。「金—万円也」

→玖 く 広島県の地名。

8 玖波 くば ①広島県の地名。②JR西日本山陽本線の駅。③姓氏。

9 玖珂 くが ①山口県の盆地・郡・旧町。②JR西日本岩徳(がんとく)線の駅。③姓氏。

10 玖珠 くす 大分県の川・盆地・郡・町(まち)。

10 玖馬 キューバ☆ 国名。

玉4【玩】(8) ガン

0 玩ぶ もてあそぶ ▼【弄ぶ】(もてあそぶ) 127

7 玩弄 がんろう☆ 〔翫弄〕 おもちゃにしてもてあそび、慰みものにすること。

8 玩具 おもちゃ・がんぐ 遊び道具。

玩物喪志 がんぶつそうし☆ 珍奇なものにおぼれて大切な志を失うこと。

玩味 がんみ 〔翫味〕「熟読—する」

玉5【珈】(9) カ

12 珈琲 コーヒー 〔豆茶〕 飲料の一。

玉5【珊】(9) サン

0 珊 サンチ センチメートル。

9 珊珊 さんさん きらきらと輝く。

13 珊瑚 さんご サンゴ科の腔腸(こうちょう)動物の総称。

珊瑚礁 さんごしょう サンゴ虫の遺骸などから成る石灰質の岩礁。

14 珊瑠 さんる 北海道の地名。

玉5【玳】(9) タイ

13 玳瑁 たいまい 〔瑇瑁〕 海産のカメ。

玉5【珍】(9) チン めずらしい

3 珍丸 めでまる 姓氏。

9 珍重 ちんちょう 「舶来物として—される」

10 珍珠花 こごめばな ▼【小米花】(こごめばな) 108

珍珠菜 とらのお 〔虎尾草・虎の尾〕 オカトラノオの別名。

珍紛漢紛 ちんぷんかんぷん 「フランス語は全く—だ」

12 珍無類 ちんむるい この上なく珍しいこと。「—の発言」

玉5【玻】(9) ハ

7 玻里非 ボリビア 国名。

←玻璃 はり ガラスの別名。

→玻璃 ビードロ ①ガラス。②フラスコ状のおもちゃ。

玻璃杯 コップ ▼【洋杯】(コップ) 217

玉5【玲】(9) レイ・リョウ

20 玲瓏 れいろう☆ 美しい音で鳴るさま。

玉6【珪】(10) ケイ

10 珪素 けいそ 元素の一。

玉6【珠】(10) シュ

0 珠 たま 丸くて高価な鉱物。

5 珠母 あこやがい ▼【阿古屋貝】(あこやがい) 391

珠目 まだらめ 姓氏。

7 珠貝 あこやがい ▼【阿古屋貝】(あこやがい) 391

9 珠洲 すず ①石川県の岬・温泉・旧郡・市。②姓氏。

13 珠数 じゅず ▼【数珠】(じゅず) 163

15 珠盤 そろばん ▼【算盤】(そろばん) 284

16 珠穆朗瑪 チョモランマ エベレストのチベット語名。

19 珠鶏 ほろほろちょう☆ キジ科の鳥。

玉6【珮】(10) ハイ

5 珮用 はいよう ▼【佩用】(はいよう) 29

玉6【班】(10) ハン

10 班烈多 ハムレット ▼【狂公子】(ハムレット) 240

玉7【球】(11) キュウ たま

16 球磨 くま ①熊本県の川・郡・村(むら)。②姓氏。

玉7【現】(11) ゲン あらわれる・あらわす

0 現 うつつ 〔顕〕 現実。正気。

現つ神 あきつかみ 〔明津神〕 天皇の尊称。あらひとがみ。

現の証拠 げんのしょうこ 〔験の証拠〕 フウロソウ科の多年草。

2 現人 うつせみ ▼【空蝉】(うつせみ) 279

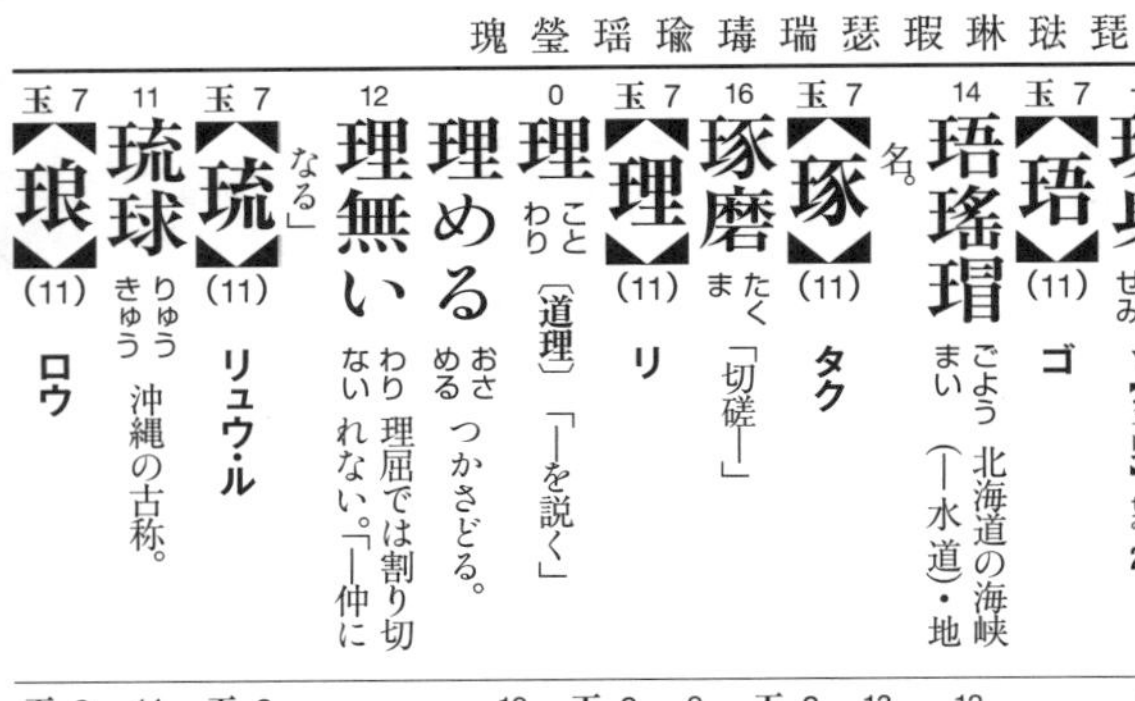

現人神 あらひとがみ 〔荒人神〕 この世に人の姿で現れた神。天皇の尊称。

3 **現川** うつつがわ JR九州長崎本線の駅。

5 **現世** うつしよ ☆ この世。

現生 げんなま 現金。

← **現身** うつしみ この世に生きている身。

→ **現身** うつせみ ▼【空蟬】うつせみ 279

玉7 **【珸】**(11) **ゴ**

14 **珸瑤瑁** ごようまい 北海道の海峡(—水道)・地名。

玉7 **【琢】**(11) **タク**

16 **琢磨** たくま 「切磋—」

玉7 **【理】**(11) **リ**

0 **理** ことわり 〔道理〕「—を説く」

理める おさめる つかさどる。

12 **理無い** わりない 理屈では割り切れない。「—仲になる」

玉7 **【琉】**(11) **リュウ・ル**

11 **琉球** りゅうきゅう 沖縄の古称。

玉7 **【琅】**(11) **ロウ**

11 **琅琅** ろうろう 鳥のさえずるさま。

玉8 **【琴】**(12) **キン こと**

5 **琴平** ことひら ①香川県の山・町(ちょう)。②香川県琴平町への街道。③高松琴平電気鉄道の路線。④JR四国土讃(どさん)線の駅。

7 **琴似** ことに ①札幌市の地名。②JR北海道函館本線等の駅。

9 **琴柱** ことじ ☆〔箏柱〕琴の弦を支える具。

琴南 ことなみ 香川県の旧町。

12 **琴弾山** ことびきやま 香川県の島。

13 **琴瑟** きんしつ ★ 夫婦仲がむつまじいことのたとえ。

玉8 **【琥】**(12) **コ・ク**

9 **琥珀** こはく 植物の樹脂の化石。

玉8 **【琵】**(12) **ヒ・ビ**

12 **琵琶** びわ 東洋の撥弦(はつげん)楽器。

琵琶魚 あんこう ▼【鮟鱇】あんこう 418

琵琶笛 びやぼん 口琴(こうきん)の一種。

玉8 **【珐】**(12) **ホウ**

14 **珐瑯** ほうろう 「—引き」

玉8 **【琳】**(12) **リン**

11 **琳琅** りんろう 美しい玉。

14 **琳閣倫** リンカーン ▼【林肯】リンカーン 185

玉9 **【瑕】**(13) **カ・ケ**

0 **瑕** きず 〔創・疵〕きず。

10 **瑕疵** かし きず。欠点。

15 **瑕瑾** かきん きず。欠点。

玉9 **【瑟】**(13) **シツ・シチ**

13 **瑟瑟** しつしつ 風が寂しく吹くさま。

玉9 **【瑞】**(13) **スイ・ズイ**

4 **瑞木** みずき ①みずみずしい若木。②姓氏。

6 **瑞江** みずえ ①東京都の地名。②都営地下鉄新宿線の駅。

瑞西 スイス ☆ 国名。

7 **瑞花** ずいか 豊年の前兆となる花。

8 **瑞岡** みずおか 姓氏。

瑞典 スウェーデン ★ 国名。

9 **瑞垣** みずがき 〔瑞籬〕たまがき。

瑞香 じんちょうげ ▼【沈丁花】じんちょうげ 210

10 **瑞浪** みずなみ ①岐阜県の市。②JR東海中央本線の駅。

13 **瑞瑞しい** みずみずしい ☆ 生気があって新鮮なさま。

15 **瑞穂** みずほ ①イネの穂。②東京都の町(まち)。③名古屋市の行政区。④岐阜県の市。⑤JR北海道宗谷(そうや)本線の駅。⑥京都府の旧町。⑦島根県の旧町。⑧長崎県の旧町。⑨姓氏。

16 **瑞龍山** ずいりゅうさん 茨城県の山。

17 **瑞牆山** みずがきやま 山梨県の山。

25 **瑞籬** みずがき ▼【瑞垣】みずがき 246

玉9 **【瑇】**(13) **タイ**

13 **瑇瑁** たいまい ★ ▼【玳瑁】たいまい 245

玉9 **【瑜】**(13) **ユ**

7 **瑜伽** ゆが 仏教の修行法の一。

瑜伽山 ゆがさん 岡山県の山。

玉9 **【瑶】**(13) **ヨウ**

0 **瑶** たま 美しく輝く白い石。

玉10 **【瑩】**(15) **エイ・ヨウ**

0 **瑩らか** あきらか 輝き透き通るさま。

15 **瑩徹** えいてつ 明らかで透き通っているさま。

玉10 **【瑰】**(14) **カイ・エ**

19 瑰麗 かいれい 優れていてきれいなさま。

玉 10【瑣】(14) **サ**

5 瑣末 さまつ 〔些末〕 とるにたりないこと。

8 瑣事 さじ 〔些事〕 「―にこだわる」

10 瑣格剌底 ソクラテス ▼【蘇格拉底】ソクラテス 333

11 瑣細 ささい ★ ▼【些細】ささい 19

14 瑣瑣 ささ こまかいさま。

玉 10【瑪】(14) **バ・メ**

7 瑪利亜 マリア イエスの母。

11 瑪理花 あじさい ▼【紫陽花】あじさい 294

13 瑪瑙 めのう 石英の結晶体の一。

14 瑪爾哥波羅 マルコポーロ ▼【馬可波羅】マルコポーロ 410

玉 10【瑠】(14) **リュウ・ル**

5 瑠辺蘂 るべしべ 北海道の地名。

13 瑠椽川 るろちがわ 北海道の川。

15 瑠璃 るり★ 光沢のある青い宝石。

瑠璃鳥 るりちょう 〔竹林鳥〕 オオルリなどの俗称。

瑠璃鶲 るりびたき ツグミ科の小鳥。

玉 11【璃】(15) **リ**

11 璃球児 リキュール 混成酒の一。

玉 12【璞】(16) **ハク**

0 璞 あらたま 〔荒玉・粗玉〕 磨いていない玉。

玉 13【環】(17) **カン**

←環 たまき ①古代の装身具の一。②姓氏。

→環 わ 輪。「土星の―」

環る めぐる 周囲を回る。

玉 13【璧】(18) **ヘキ・ヒャク**

0 璧 たま 丸い美しい宝石。

玉 14【瓊】(18) **ケイ**

←瓊脂 てんぐさ ▼【心太草】てんぐさ 136

→瓊脂 ところてん ▼【心太】ところてん 136

12 瓊葩 けいは 玉のようにうるわしい花。

18 瓊瓊杵尊 ににぎのみこと 記紀神話の神。

玉 14【璽】(19) **ジ**

0 璽 しるし 官印。印綬。

玉 17【瓔】(21) **エイ・ヨウ**

10 瓔珞 ようらく☆ 仏像や天蓋(てんがい)にかける貴金属に糸を通した装身具。

【瓦】〈かわら〉部

瓦 0【瓦】(5) **ガ**

←瓦 かわら 屋根をふく粘土製の材料。

→瓦 グラム ☆ 〔瓦蘭姆〕 重さの単位。

6 瓦灯 かとう 灯火をともす陶製の用具。

8 瓦松 しのぶぐさ ▼【垣衣】しのぶぐさ 79

瓦的 ワット 〔瓦徳〕 イギリスの機械技術者。

10 瓦格納 ワグナー ドイツの作曲家。

12 瓦斯 ガス★ 「排気―」

瓦落 がら 相場の暴落。

瓦落多 がらくた ▼【我楽多】がらくた 148

14 瓦徳 ワット ▼【瓦的】ワット 247

19 瓦蘭姆 グラム ▼【瓦】グラム 247

20 瓦礫 がれき ☆ 「―の山」

瓦 2【瓧】(7) **デカグラム**

0 瓧 デカグラム 重さの単位。

瓦 3【瓩】(8) **キログラム**

0 瓩 キログラム ★ 重さの単位。

瓦 4【瓰】(9) **デシグラム**

0 瓰 デシグラム 重さの単位。

瓦 4【瓲】(9) **トン**

0 瓲 トン★ ▼【屯】トン 113

瓦 4【瓱】(9) **ミリグラム**

0 瓱 ミリグラム ★ 重さの単位。

瓦 6【瓷】(11) **シ・ジ**

15 瓷器 じき 堅い陶磁器。

瓦 6【瓶】(11) **ビン**

←瓶 かめ 〔甕〕 大形の壺(つぼ)。

→瓶 びん 〔罎〕 液体を入れる容器。

瓶ケ森 かめがもり 愛媛・高知県境の山。

3 瓶子 へいじ・へいし 酒を入れて注ぐのに用いる器。徳利。

7 瓶尾 かみじり 姓氏。

10 瓶原 みかのはら 京都府の地名。

12 瓶割峠 かめわり とうげ 静岡・愛知県境の峠。

14 瓶爾小草 はなやすり ▼【花鑢】はなやすり 316

瓦6【瓸】(11) ヘクトグラム

0 瓸 ヘクトグラム 重さの単位。

瓦9【甄】(14) シン・ケン

7 甄別 けんべつ はっきり見分ける。

瓦9【甃】(14) シュウ

← 甃 いしだたみ 〔石畳〕 石を敷き詰めた所。

→ 甃 しきがわら 〔敷瓦〕 土間や地面に敷き並べる瓦。

瓦9【甅】(14) センチグラム

0 甅 センチグラム 重さの単位。

瓦9【𤭖】(14) はんぞう

0 𤭖 はんぞう・はそう 〔半挿・楾〕 湯水を注ぐのに用いる器。

瓦10【甍】(15) ボウ

0 甍 いらか ☆ ①「—を争う」②姓氏。

瓦12【甑】(17) ショウ・ソウ

0 甑 こしき ★ ①古代の豆などを蒸す道具。②姓氏。

10 甑島 こしきじま 鹿児島県の列島・旧郡。

瓦13【甕】(18) オウ

← 甕 かめ ▼【瓶】かめ 247

甕 みか 大きなかめ。

→ 甕 もたい 姓氏。

10 甕原 みかのはら 姓氏。

11 甕菜 ようさい ヒルガオ科の多年草。

12 甕棺 かめかん 埋葬用の大形土器。

15 甕調 みかつき 姓氏。

【甘】〈あまい〉部

甘0【甘】(5) カン あまい・あまえる・あまやかす

0 甘い うまい ▼【旨い】うまい 170

甘なう あまなう ▼【和う】あまなう 67

3 甘干 あまぼし ▼【烏柿】あまぼし 231

甘子 あまご ▼【天魚】あまご 90

4 甘木 あまぎ ①福岡県の旧市。②民営鉄道(—鉄道)。③西鉄の路線・駅。④甘木鉄道の駅。

6 甘名宇 あまのう 姓氏。

7 甘良 から 姓氏。

8 甘松 かのこそう ▼【鹿子草】かのこそう 427

9 甘海苔 あまのり 〔紫菜・神仙菜〕 ウシケノリ目の海藻。

甘草 かんぞう 〔汾草〕 マメ科の多年草。

甘茶蔓 あまちゃづる 〔絞股藍〕 ウリ科のつる性多年草。

甘南備 かんなび 姓氏。

11 甘庶 さとうきび ▼【砂糖黍】さとうきび 269

甘萆薢 あまどころ ▼【甘野老】あまどころ 248

甘野老 あまどころ 〔萎蕤・萎女王・甘萆薢・玉女萎〕 ユリ科の多年草。

12 甘葛 あまずら ツタの古名。

甘煮 うまに ☆ ▼【旨煮】うまに 170

13 甘塩 あまじお 〔淡塩・淡醃〕「—のサケ」

甘楽 かんら ①群馬県の郡・町。②姓氏。

← 甘蔗 かん・かんしゃ・しょ サトウキビの別名。

甘蔗 さとう 姓氏。

→ 甘蔗 さとうきび ▼【砂糖黍】さとうきび 269

15 甘蕉 バナナ ☆ 〔芭子・芭蕉実〕 果実を食用にするバショウ属の大形多年草。

17 甘薯 かんしょ ▼【甘藷】かんしょ 248

← 甘藍 かんらん キャベツの別名。

甘藍 キャベツ アブラナ科の一年草または越年草。

→ 甘藍 はぼたん 〔葉牡丹〕 アブラナ科の越年草。

← 甘藷 かんしょ 〔甘薯〕 サツマイモの漢名。

→ 甘藷 さつまいも ▼【薩摩芋】さつまいも 331

甘藻 あまも 〔大葉藻〕 ヒルムシロ科の沈水性多年草。

21 甘露 かんろ 非常においしいこと。

甘露子 ちょろぎ 〔甘露木・甘露石・玉環菜・草石蚕・地瓜児・地蚕・滴露・土蛹〕 シソ科の多年草。

甘露木 ちょろぎ ▼【甘露子】ちょろぎ 248

甘露石 ちょろぎ ▼【甘露子】ちょろぎ 248

甘露梅 こけもも ▼【苔桃】こけもも 319

甘4【甚】(9) ジン はなはだ・はなはだしい

0 甚 いと ▼【最】いと 176

甚く いたく 非常に。

5 甚句 じんく 「相撲すもう—」

甚目寺 じもくじ ①愛知県の町ちょう。②名鉄津島線の駅。
6 **甚吉森** じんきちもり 徳島・高知県境の山。
7 **甚兵衛鮫** じんべえざめ ネズミザメ目の海魚。
8 **甚雨** ひさめ 大雨。
10 **甚振る** いたぶる いじめる。
14 **甚麼** なに・いかに・どんな どのような。

甘6 **【甜】**(11) **テン**

←**甜瓜** まくわうり **264** ▼**【真桑瓜】**まくわうり
→**甜瓜** メロン マスクメロン。
7 **甜言蜜語** てんげんみつご ★ 蜜のように甘い言葉。
11 **甜菜** てんさい・さとうだいこん アカザ科の二年草。ビート。
16 **甜橙** オレンジ みかん・ネーブルなどの総称。

【生】〈うまれる〉部

生0 **【生】**(5) **セイ・ショウ** **いきる・いかす・いける・うまれる・うむ・おう・はえる・はやす・き・なま**

←**生** うぶ 生まれたまま。
→**生** き 「ウイスキーを―で飲む」
生け作り いけづくり ▼**【活け作り】**いけづくり **215**
生け簀 いけす ☆〔籞〕魚を飼いおく所。
生け贄 いけにえ ▼**【犠牲】**いけにえ **239**
生さぬ仲 なさぬなか 血のつながらない親子関係。
←**生す** なす 「子を―」
→**生す** むす 「苔の―まで」
生る なる 「実が―」
1 **生一本** きいっぽん 純粋でまじりけがないこと。
3 **生口** おうぐち 姓氏。
生山 しょうやま ①鳥取県の地名。②JR西日本伯備線の駅。
生子 なまこ ▼**【海鼠】**なまこ **215**
4 **生欠** なまあくび 〔**生欠伸**〕「―をかみ殺す」
生欠伸 なまあくび ▼**【生欠】**なまあくび **249**
生月 いきつき 長崎県の島・旧町。
生井 なまい 姓氏。
生天目 なまため・なばため 姓氏。
生方 うぶかた 姓氏。
5 **生写し** いきうつし 〔**活写し**〕「母親に―」
生世話 きぜわ 歌舞伎かぶきの世話物の一。
生石 おいし ①和歌山県の高原。②兵庫県の岬(―崎)。③姓氏。
←**生田** いくた ①神戸市の旧行政区。②小田急小田原線の駅。③姓氏。
→**生田** しょうでん JR東日本田沢湖線の駅。
生田原 いくたはら ①北海道の旧町。②JR北海道石北本線の駅。
生半 なまなか 徹底しない。
6 **生夷** いくい・いくひな 姓氏。
生血 のり まだ乾かない血。
生成 きなり 漂白していない糸、生地の色。
生地 いくじ ①富山県の岬(―鼻はな)。②JR西日本北陸本線の駅。
生池 なち 姓氏。
生名 いきな 愛媛県の島・旧村。
7 **生花苗沼** おいかまなえぬま 北海道の沼。
生形 おおがた 姓氏。
生見 ぬくみ JR九州指宿枕崎いぶすきまくらざき線の駅。
生身魂 いきみたま 仏事の一。
生呑 せいどん 他人の作品を盗用する。
生麦 なまむぎ ①神奈川県の地名。②京急本線の駅。
生坂 いくさか 長野県の村むら。
←**生姜** しょうが ★〔**生薑・薑**〕ショウガ科の多年草。
→**生姜** しょうきょう 〔**生薑**〕生薬の一。
生計 たつき・くらし 暮らすための手段。
生保内 おぼない 秋田県の旧町。
10 **生原** はいばら 姓氏。
生振 おやふる 北海道の地名。
生粋 きっすい ★「―の江戸っ子」
生島 いくしま ①兵庫県の島。②香川県の地名。
生馬 いけま 〔**牛皮消・白兎藿**〕ガガイモ科のつる性多年草。
生剥げ なまはげ 小正月の行事の一つ。
生娘 きむすめ うぶな娘。
11 **生渋** きしぶ 混ぜ物のない柿の渋。

生野 いくの ①大阪市の行政区。②兵庫県の旧町。③広島県の島。④姓氏。

12 **生雲川** いくもがわ 山口県の川。

生温い なまぬるい 「—水」

生間 うるま 姓氏。

生飯 さば 〔三飯・散飯〕仏教で餓鬼(がき)に供する飯。

13 **生業** なりわい★ 生計をたてるための職業。

生絹 きぎぬ・すずし 絹織物の一。

生節 なまぶし☆ 半乾燥のかつお節。

14 **生憎** あいにく★ 「—の雨にもかかわらず」

生稲 いくいね・いくいな・いなだ 姓氏。

15 **生蕎麦** きそば そば粉だけを用いたそば。

生駒 いこま ①大阪・奈良県境の山。②奈良県の郡・市。③姓氏。

生麩 しょうふ 加熱・乾燥させていない麩。

←**生霊** いきすだま ▼【生魑魅】(いきすだま) 250

→**生霊** いきりょう 生きている人の恨みが霊になったもの。

←**生薑** しょうが ▼【生姜】(しょうが) 249

→**生薑** しょうきょう ▼【生姜】(しょうきょう) 249

生擒 いけどり 生きたまま捕らえる。

17 **生牆** いけがき ▼【生籬】(いけがき) 250

18 **生藤山** しょうとうさん 東京・神奈川県境の山。

19 **生瀬** なまぜ ①兵庫県の地名。②JR西日本福知山線の駅。

生瀬富士 なませふじ 茨城県の山。

21 **生魑魅** いきすだま 〔窮鬼・生霊・精霊〕生きている人の怨霊(おんりょう)。いきりょう。

25 **生籬** いけがき 〔生牆〕垣根の一。

生6 【産】(11) サン うむ・うまれる・うぶ

3 **産山** うぶやま 熊本県の村(むら)。

産女 うぶめ 〔孕女〕妊婦。産婦。

産土 うぶすな 人の生まれた土地。

6 **産衣** うぶぎ 〔産着〕赤ん坊に初めて着せる着物。

9 **産屋** うぶや 出産のための家。

11 **産婦木** うぶめぎ 姓氏。

14 **産寧坂** さんねいざか 京都府の急坂。

15 **産褥** さんじょく 出産時に使う寝床。

産養 うぶやしない 赤ん坊の健康を祈る風習。

産瘤 さんりゅう 出産時に胎児にできるこぶ。

産霊の神 むすひのかみ 天地万物を生み出す神。

生7 【甥】(12) セイ

0 **甥** おい 自分の兄弟・姉妹の息子。

生7 【甦】(12) ソ

0 **甦る** よみがえる 生き返る。

5 **甦生** そせい ▼【蘇生】(そせい) 333

【用】〈もちいる〉部

用0 【用】(5) ヨウ もちいる

0 **用** たから 姓氏。

用て もって によって。

8 **用宗** もちむね ①静岡県の地名。②JR東海東海道本線の駅。

12 **用達** ようたし 〔用足し〕用事をすませる。

19 **用瀬** もちがせ ①鳥取県の旧町。②JR西日本因美線の駅。③姓氏。

用2 【甫】(7) ホ・フ

0 **甫めて** はじめて ようやく。

3 **甫与志岳** ほよしだけ 鹿児島県の山。

12 **甫喜山** ほきやま 姓氏。

17 **甫嶺** ほれい 三陸鉄道南リアス線の駅。

【田】〈た〉〈たへん〉部

田0 【田】(5) デン た

0 **田ノ原** たのはる 熊本県の温泉。

2 **田人** たうど 農夫。

3 **田山花袋** たやまかたい 小説家。

←**田子** たご 静岡県の地名。

→**田子** たっこ 青森県の町(まち)。

田子の浦 たごのうら 静岡県の海岸。

田子倉 たごくら ①福島県の湖・地名。②JR東日本只見(ただみ)線の駅。

田上 たがみ ①新潟県の町(まち)。②JR東日本信越本線の駅。

田上山 たなかみやま 滋賀県の山。

4 **田公** たのきみ 姓氏。

5 **田主丸** たぬしまる ①福岡県の旧町。②JR九州久大(きゅうだい)本線の駅。

田代平 たしろたい ①青森県の高原。②岩手県の高原。
田布施 たぶせ ①山口県の町(ちょう)。②JR西日本山陽本線の駅。
田平 たびら 長崎県の旧町。
←**田平子** たなご ▼【鱮】(たなご) 421
→**田平子** たびらこ キク科の越年草。
田辺 たなべ 姓氏。
田母 たも 姓氏。
田母神 たのかみ・たもがみ 姓氏。
田立 ただち ①長野県の旧村。②JR東海中央本線の駅。
6 **田光沼** たっぴぬま 青森県の湖。
田老 たろう ①岩手県の海岸・旧町。②三陸鉄道北リアス線の駅。
7 **田作** ごまめ ▼【鱓】(ごまめ) 421
田助 たすけ 長崎県の地名。
田麦 たもん 姓氏。
8 **田舎** いなか ☆「—に帰る」
田沼意次 たぬまおきつぐ 江戸中期の幕臣。

田長鳥 たおさどり ホトトギスの別名。
9 **田計里** たげり 〔田鳧〕チドリ科の鳥。
田染 たしぶ 大分県の旧村。
田使 たえ 姓氏。
田保 たぼ・たんぼ 姓氏。
田面木沼 たもきぬま 青森県の湖。
10 **田原本** たわらもと ①奈良県の町(ちょう)。②近鉄の路線。③近鉄橿原(かしはら)線の駅。
田原坂 たばるざか ①熊本県の坂。②JR九州鹿児島本線の駅。
田能村 たのむら 姓氏。
田圃 たんぼ ☆田地。
田浦 たのうら 熊本県の旧村。
11 **田貫湖** たぬきこ 静岡県の人造湖。
田部 たなべ 姓氏。
田野畑 たのはた ①岩手県の村(むら)。②三陸鉄道北リアス線の駅。
12 **田葛** くず ▼【葛】(くず) 325
13 **田鳧** たげり ▼【田計里】(たげり) 251
田爺 でんや いなかの老農夫。

14 **田総** たぶさ 姓氏。
田端 たばた ①東京都の地名。②JR東日本京浜(けいひん)東北線等の駅。
15 **田麩** でんぶ 白身の魚を用いた食品。
17 **田螺** たにし ☆タニシ科の淡水産巻貝。
18 **田鵑** ほととぎす ▼【杜鵑】(ほととぎす) 182
21 **田鶴** たず★〔鶴〕ツルをいう歌語。「—鳴き渡る」
田鶴浜 たつるはま ①石川県の旧町。②のと鉄道七尾線の駅。
25 **田鼈** たがめ ☆〔水爬虫〕カメムシ目の大形水生昆虫。

田 0 **【甲】** (5) **コウ・カン**

←**甲** かぶと ▼【兜】(かぶと) 36
甲 きのえ ☆十干の一。
→**甲** よろい ▼【鎧】(よろい) 386
1 **甲乙** かるめる ▼【上下】(かるめる) 7
3 **甲山** かぶとやま 兵庫県の山。
甲子 かっし ①岩手県の川・旧村。②福島県の温泉・高原・山(—山(さん))・峠。
甲川 きのえがわ 鳥取県の川。

4 **甲木** かぶらぎ・かつき 姓氏。
5 **甲矢** はや 〔兄矢・早矢〕二本の矢を射るとき、初めに射る矢。
甲申 こうしん 干支(えと)の一。
甲奴 こうぬ ①広島県の旧郡・旧町。②JR西日本福塩線の駅。
甲必丹 カピタン ☆〔加比丹〕オランダ商館長。
6 **甲西** こうせい ①滋賀県の旧町。②JR西日本草津線の駅。
甲虫 かぶとむし ▼【兜虫】(かぶとむし) 36
7 **甲走る** かんばしる 〔疳走る〕声が高く鋭く響く。
甲良 こうら ①滋賀県の町(ちょう)。②姓氏。
8 **甲突川** こうつきがわ 鹿児島県の川。
甲板 かんぱん・こうはん 「—員」
甲武信ヶ岳 こぶしがたけ 埼玉・山梨・長野県境の山。
9 **甲津原** こうづばら 滋賀県の地名。
甲冑 かっちゅう ★身体を保護する道具。
10 **甲高** こうだか 足の甲の高いさま。
甲高い かんだかい 〔疳高い〕「—声」

甲能 このう　姓氏。

甲浦 かんのうら　①高知県の地名。②阿佐(あさ)海岸鉄道阿佐東(あさとう)線の駅。

11 **甲袋** こうぶくろ　福岡県の地名。

12 **甲越** こうごえ　広島県の峠。

甲賀 こうか　①滋賀県の市・旧郡。②JR西日本草津線の駅。

甲斐 かい★　①〔詮〕「苦労の—がない」②山梨県の市。③旧国名。現在の山梨県全域。

甲斐甲斐しい かいがいしい　「—働きぶりだ」

甲斐性 かいしょう★　生活能力。

甲斐絹 かいき★　〔海気〕平織りの絹布。

15 **甲蔵** あぜくら　▼【校倉】あぜくら 189

甲論乙駁 こうろんおつばく☆　議論がまとまらない。

16 **甲頭** かぶと　姓氏。

19 **甲贏** かせ　〔石陰子〕ウニの古名。

田 0 **【申】**(5)　**シン　もう**す

0 **申** さる☆　十二支の一。

13 **申楽** さるがく☆　▼【猿楽】さるがく 243

田 0 **【由】**(5)　**ユ・ユウ・ユイ　よし**

0 **由って** よって　▼【因って】よって 75

由る よる　▼【因る】よる 75

4 **由仁** ゆに　①北海道の町(ちょう)。②JR北海道室蘭(むろらん)本線の駅。

由比 ゆい　①静岡県の町。②JR東海東海道本線の駅。③姓氏。

由比ケ浜 ゆいがはま　①神奈川県の海岸。②江ノ島電鉄の駅。

5 **由田** よしだ　姓氏。

由布 ゆふ　大分県の川・山(—岳(だけ))・市。

由布院 ゆふいん　①大分県の盆地・温泉・地名。②JR九州久大(きゅうだい)本線の駅。

由由しい ゆゆしい　〔忌忌しい〕「—事態」

6 **由宇** ゆう　①山口県の温泉・旧町。②JR西日本山陽本線の駅。

7 **由岐** ゆき　①徳島県の旧町。②JR四国牟岐(むぎ)線の駅。

由良 ゆら　①山形県の地名。②京都府の川・地名。③兵庫県の地名。④和歌山県の町(ちょう)。⑤鳥取県の地名。⑥JR西日本山陰本線の駅。⑦愛媛県の半島・岬(—岬(のはな))。⑧姓氏。

14 **由緒** ゆいしょ　物事の起こりとその来歴。「—ある家柄」「—正しい」

15 **由縁** ゆえん　ゆかり。

田 2 **【男】**(7)　**ダン・ナン　おとこ**

3 **男女川** みなのがわ　①茨城県の川。②姓氏。

男川 おとがわ　①愛知県の川。②名鉄名古屋本線の駅。

4 **男木島** おぎじま　香川県の島。

6 **男伊達** おとこだて　〔男達・侠客〕強きをくじき弱きを助ける。

7 **男体山** なんたいさん　①茨城県の山。②栃木県の山。

男男しい おおしい　▼【雄雄しい】おおしい 396

9 **男郎花** おとこえし　〔敗醤〕オミナエシ科の多年草。

10 **男衾** おぶすま　姓氏。

男島 おしま　長崎県の島。

← **男鹿** おが　①秋田県の半島・市。②JR東日本の路線・駅。③姓氏。

→ **男鹿** おじか　①栃木・福島県境の山(—岳(だけ))。②栃木県の川。③姓氏。

男鹿島 たんがしま　兵庫県の島。

12 **男達** おとこだて　▼【男伊達】おとこだて 252

21 **男鰥** おとこやもめ　「—に蛆(うじ)がわき…」

田 2 **【町】**(7)　**チョウ　まち**

8 **町歩** ちょうぶ　面積の単位。

12 **町筋** まちすじ　町の道筋。

田 3 **【画】**(8)　**ガ・カク**

0 **画** え　絵画。

画く えがく　描く。「水彩で花を—」

画する かくする　〔劃する〕「一線を—」

10 **画韋** えがわ　文様を染めつけた革。

画師 えし　絵かき。画家。

画舫 ゴンドラ　ベネチア特有の船。

画竜点睛 がりょうてんせい　「—を欠く」

11 **画部** えがきべ　姓氏。

15 **画鋲** がびょう　「—をふんづける」

画餅 がべい　「—に帰す」

田 4 **【畏】**(9)　**イ**

0 **畏まる** かしこまる　つつしんだ態度をとる。

畏れ おそれ　はばかり。

5画　田部　0–4画

畏れる おそれる 「神を—」

4 **畏友** いゆう 尊敬している友人。

8 **畏怖** いふ 大いにおそれる。

12 **畏敬** いけい 相手を心からおそれ敬うこと。「—の念を抱く」

15 **畏憚** いたん おそれはばかる。

21 **畏懼** いく はばかりおそれる。

田 4 **【界】**（9） **カイ**

0 **界** さかい 境界。

4 **界木峠** さかいぎとうげ 岩手県の峠。

12 **界隈** かいわい 「銀座—」

田 4 **【畊】**（9） **コウ**

11 **畊野** こうの 姓氏。

田 4 **【畑】**（9） **はた・はたけ**

3 **畑下** はたおり 栃木県の温泉。

4 **畑毛** はたけ 静岡県の温泉。

10 **畑栗鼠** はたりす リスの一種。

田 5 **【畝】**（10） **せ・うね**

0 **畝** せ 面積の単位。

3 **畝川** あぜかわ 姓氏。

7 **畝尾** うねび 姓氏。

8 **畝迫** せさこ 姓氏。

12 **畝傍** うねび ①奈良県の山・地名。②JR西日本桜井線の駅。③姓氏。

田 5 **【畜】**（10） **チク**

5 **畜生** ちくしょう 仏教で、鳥獣虫魚の総称。

田 5 **【畠】**（10） **はた・はたけ**

0 **畠** はたけ 畑。

8 **畠物** はたもの 畑でできるもの。

田 5 **【畔】**（10） **ハン**

← **畔** あぜ ▼【畦】あぜ 253

畔 くろ あぜ。

→ **畔** ほとり ▼【辺】ほとり 368

5 **畔田** くろだ 姓氏。

9 **畔柳** くろやなぎ 姓氏。

13 **畔蒜** あびる 姓氏。

田 5 **【畚】**（10） **ホン**

← **畚** いしみ ▼【笥】いしみ 282

→ **畚** もっこ・ふご 石や土を運ぶ道具。

8 **畚岳** もっこだけ 岩手・秋田県境の山。

11 **畚部** ふごっぺ 北海道の岬・地名。

畚野 ふごの 姓氏。

田 5 **【留】**（10） **リュウ・ル** とめる・とまる

0 **留** ルーブル ロシアの通貨単位。

← **留まる** とどまる ▼【止まる】とどまる 201

→ **留まる** とまる ▼【止まる】とまる 201

留める とどめる 「記憶に—」

留め処 とめど ▼【止め処】とめど 201

4 **留比** ルビー ▼【紅玉】ルビー 290

5 **留辺志部川** るべしべがわ 北海道の川。

留辺蘂 るべしべ ①北海道の旧町。②JR北海道石北本線の駅。

留目 とめ 姓氏。

6 **留守** るす 「—を預かる」「サッカーに夢中で勉強がお—になる」

7 **留寿都** るすつ 北海道の村。

留別 るべつ 北海道の村。

8 **留夜別** るよべつ 北海道の村。

9 **留紅草** るこうそう ▼【縷紅草】るこうそう 299

10 **留袖** とめそで 既婚女性の礼装用着物。

11 **留萌** るもい ①北海道の川・支庁・郡・市・港。②JR北海道の路線（—本線）・駅。

田 6 **【異】**（11） **イ** **こと**

3 **異口同音** いくどうおん 「—に答える」

7 **異形** いぎょう 「—の者」

9 **異風** いなさ ▼【東南風】いなさ 184

田 6 **【畦】**（11） **ケイ**

← **畦** あぜ 〔畔〕田と田の境。

→ **畦** うね 畑で土を盛り上げた所。

5 **畦目** うなめ 甲冑（かっちゅう）の飾りの一。

8 **畦放** あはなち 上代の不法行為の一。

10 **畦倉** あぜくら 姓氏。

11 **畦崎** うねざき 姓氏。

畦野 うねの 能勢（のせ）電鉄妙見（みょうけん）線の駅。

12 **畦道** あぜみち 田と田の間の道。

13 **畦塗** あぜぬり 畦を泥で塗り固める。

田6 【畢】(11) ヒツ・ヒチ
0 畢わる おわる ▼【了わる】おわる 16
5 畢生 ひっせい☆「—の大事業」
11 畢竟 ひっきょう★ 結局。
畢宿 あめふり・ひっしゅく 二十八宿の一。

田6 【略】(11) リャク
0 略 ほぼ☆ ▼【粗】ほぼ 288

田7 【畳】(12) ジョウ たたむ・たたみ
0 畳 もたい 姓氏。
畳ねる かさねる 同じものを繰り返す。
10 畳紙 たとうがみ〔帖紙〕懐紙。

田7 【番】(12) バン
0 番 つがい「—のおしどり」
4 番木鼈 マチン〔馬銭〕フジウツギ科の落葉性高木。
5 番田 ばんでん えちぜん鉄道三国芦原線の駅。
6 番匠川 ばんじょうがわ 大分県の川。
7 番町 はせ 姓氏。
8 番長 はお 姓氏。
9 番紅花 サフラン ▼【泊夫藍】サフラン 215
12 番椒 とうがらし ▼【唐芥子】とうがらし 69
19 番瀝青 ペンキ「—を塗る」

田8 【畸】(13) キ
2 畸人 きじん 奇人。

田8 【畷】(13) テツ・テイ
0 畷 なわて〔縄手〕あぜ道。

田8 【當】(13) トウ
11 當麻 たいま 奈良県の旧町。

田10 【畿】(15) キ
4 畿内 きない 王城の周辺の地。

田14 【疆】(19) キョウ・コウ
11 疆域 きょういき ▼【境域】きょういき 81

田14 【疇】(19) チュウ
0 疇 うね 畑の境界。
9 疇津 あぜつ 姓氏。

疋0 【疋】(5) ショ・ソ・ヒツ
0 疋 ひき 織物の単位。
5 疋田 ひきた 姓氏。
疋田絞り ひったしぼり 絞り染めの一。
疋布 ひきぬの 二反分の布地。
17 疋檀 ひきた 姓氏。

疋7 【疎】(12) ソ うとい・うとむ
0 疎い うとい〔疏い〕「世事に—」
←疎か おろか「人は—イヌさえ通らない田舎道」
→疎か おろそか「勉強を—にする」
疎ましい うとましい「見るのも—」
疎ら まばら☆〔疏ら〕「—な拍手」
7 疎抜く おろぬく 農作物を間引く。
9 疎食 そし〔疏食〕粗末な食事。
11 疎組み あまぐみ〔亜麻組み〕日本建築の工法の一。
12 疎覚え うろおぼえ「—の話」
14 疎漏 そろう〔粗漏〕手落ちのあること。

疋7 【疏】(12) ソ・ショ
0 疏い うとい ▼【疎い】うとい 254
疏ら まばら ▼【疎ら】まばら 254
疏る とおる 水流が通る。
4 疏水 そすい☆ 給水などのために開いた水路。
7 疏状 そじょう 弁明書。
9 疏食 そし ▼【疎食】そし 254

疋9 【疑】(14) ギ うたがう
0 疑る うたぐる うたがう。
6 疑団 ぎだん 胸につかえている疑い。
21 疑懼 ぎぐ 疑い恐れる。

【疒】〈やまいだれ〉部

疒3 【疚】(8) キュウ
0 疚しい やましい〔疾しい〕うしろめたい。「—ところはない」

疒3 【疝】(8) サン・セン
6 疝気 せんき 下腹部が痛む病気。
21 疝癪 せんしゃく さしこみ。

疒4 【疫】(9) エキ・ヤク

5画 田部6−14画 疋部0−9画 疒部3−4画

9 **疫草** えやみぐさ 〔瘧草〕リンドウの古名。
10 **疫病** えやみ・えきびょう 流行病。
疫病神 やくびょうがみ 「―が来たから帰ろう」
12 **疫痢** えきり 赤痢せきりのうち重症のもの。
17 **疫癘** えきれい 流行病。

疒4 **【疥】** (9) **カイ・ケ**
0 **疥** はたけ 皮膚病の一。
← **疥癬** かいせん☆ 伝染性の皮膚病。
→ **疥癬** ひぜん 大分県の温泉(―湯)。

疒4 **【疣】** (9) **ユウ**
0 **疣** いぼ☆ 皮膚の小さな突起。
8 **疣取木** いぼたのき ▼【水蠟樹】いぼたのき 207
疣取蠟 いぼたろう ▼【虫白蠟】いぼたろう 335
疣毟 いぼむしり カマキリの古名。
9 **疣草** いぼくさ 〔水竹葉〕ツユクサ科の一年草。
11 **疣痔** いぼじ 痔核じかくの俗称。
18 **疣贅** ゆうぜい いぼ。

疒5 **【痂】** (10) **カ**
0 **痂** かさぶた ▼【瘡蓋】かさぶた 256
5 **痂皮** かひ かさぶた。

疒5 **【疳】** (10) **カン**
0 **疳** かん ▼【癇】かん 256
8 **疳性** かんしょう ▼【癇性】かんしょう 256
10 **疳高い** かんだかい ▼【甲高い】かんだかい 251
21 **疳癪** かんしゃく ▼【癇癪】かんしゃく 256

疒5 **【痀】** (10) **ク**
16 **痀瘻病** くるびょう ▼【佝僂病】くるびょう 26

疒5 **【疵】** (10) **シ**
0 **疵** きず ▼【瑕】きず 246
11 **疵痕** きずあと ▼【傷痕】きずあと 34
13 **疵瑕** しか 欠点。あやまち。

疒5 **【疾】** (10) **シツ**
0 **疾** やまい 病気やけが。
疾い はやい 速い。
疾うに とうに 「用意は―できている」
疾しい やましい★ ▼【疚しい】やましい 254
疾っくに とっくに 「―売り切れた」
疾む やむ 病気を患う。
8 **疾呼** しっこ 早く息をはく。
疾妬 しっと ねたみそねむ。
9 **疾風** はやて☆ 「―の如く去り行く」
10 **疾病** しっぺい 病気。

疒5 **【疼】** (10) **トウ**
0 **疼く** うずく★ 「古傷が―」
疼む いたむ けがなどで体が苦しい。

疒5 **【疲】** (10) **ヒ** **つかれる・つからす**
7 **疲労困憊** ひろうこんぱい 疲れ果てて苦しむ。
15 **疲弊** ひへい☆ 「―した国力」

疒5 **【病】** (10) **ビョウ・ヘイ** **やむ・やまい**
0 **病き** いたずき ▼【労き】いたずき 49
4 **病犬** やまいぬ 悪いくせのある犬。
8 **病牀** びょうしょう 病の床。
12 **病葉** わくらば☆ 病気で枯れた葉。

疒5 **【疱】** (10) **ホウ**
10 **疱疹** ほうしん ヘルペス。
15 **疱瘡** ほうそう・もがさ・いもがさ 天然痘てんねんとうの古称。

疒6 **【痕】** (11) **コン**
0 **痕** あと 「手術の―」
13 **痕跡** こんせき☆ 「―をとどめる」

疒6 **【痔】** (11) **チ・ジ**
0 **痔** じ 肛門の病気の一。
16 **痔瘻** じろう☆ 痔の一。

疒6 **【痒】** (11) **ヨウ**
0 **痒い** かゆい 〔癢い〕「―所に手が届く」

疒7 **【痙】** (12) **ケイ**
0 **痙る** つる ▼【攣る】つる 161
23 **痙攣** けいれん ひきつる。
痙攣る ひきつる 筋肉が発作的に収縮する。

疒7 **【痣】** (12) **シ**
0 **痣** あざ☆ 〔黶〕皮膚の異常変色。

疒7 **【痛】** (12) **ツウ** **いたい・いたむ・いためる**

0 痛める やめる 〔病める〕 痛む。
10 痛哭 つうこく 激しく泣き叫ぶ。
11 痛痒 つうよう 「何らの—を与えない」
15 痛罵 つうば ★「—を浴びせる」

疒7 【痘】(12) トウ
11 痘痕 あばた 「—もえくぼ」
15 痘瘡 とうそう いも・いもがさ・ 天然痘。また、そのあと。もがさ。

疒7 【痞】(12) ヒ
0 痞え つかえ 胸や腹がふくらみ、ふさがる。

疒8 【痿】(13) イ・ワイ
0 痿える なえる ▼【萎える】なえる 323

疒8 【瘀】(13) ヨ・オ
6 瘀血 おけつ とどこおった血。

疒8 【痼】(13) コ
0 痼り しこり ▼【凝り】しこり 42

疒8 【痰】(13) タン・ダン
9 痰咳 たんがい・たんせき たんと、せき。

疒8 【痴】(13) チ
0 痴 おこ 〔烏滸・尾籠〕 愚かなさま。
痴か おろか 愚か。
痴がましい おこがましい ☆ 〔烏滸がましい・尾籠がましい〕 さしでがましい。ばかばかしい。
痴れ者 しれもの ☆ 愚かな者。

疒8 【痺】(13) ヒ
0 痺れる しびれる 「足が—」
23 痺鱏 しびれえい ▼【痺鱝】しびれえい 256
痺鱝 しびれえい 〔痺鱏・麻魚・痲鱏〕 エイ目の海魚。発電器を有する。

疒8 【痱】(13) ヒ
0 痱る しびる 大・小便を少しもらす。

疒8 【痲】(13) バ・マ
10 痲疹 はしか・ましん ▼【麻疹】はしか 429
23 痲鱏 しびれえい ▼【痺鱝】しびれえい 256

疒9 【瘋】(14) フウ
24 瘋癲 ふうてん 定職もなくぶらぶらしている人。

疒10 【瘧】(15) ギャク
0 瘧 おこり 熱病の一。
9 瘧草 えやみぐさ ▼【疫草】えやみぐさ 255

疒10 【瘠】(15) セキ
0 瘠せる やせる ▼【痩せる】やせる 256
6 瘠地 せきち やせている土地。

疒10 【瘦】(15) ソウ・シュウ・シュ
0 瘦ける こける 「ほおが—」
瘦せる やせる 〔瘠せる〕「病気で—」
瘦せ我慢 やせがまん 「—するにもほどがある」
18 瘦軀 そうく ☆ 瘦せたからだ。

疒10 【瘡】(15) ソウ・ショウ
0 瘡 かさ・くさ できもの。
13 瘡蓋 かさぶた 〔痂〕 傷口からの分泌物が乾いた皮膜。

疒10 【瘜】(15) ショク・ソク
0 瘜 あまじし 〔瘜肉・余肉〕 いぼなど余分な肉。
6 瘜肉 あまじし ▼【瘜】あまじし 256

疒10 【瘤】(15) リュウ
0 瘤 こぶ 「目の上の—」

疒11 【瘴】(16) ショウ
6 瘴気 しょうき 山川の毒気。

疒11 【瘭】(16) ヒョウ
10 瘭疽 ひょうそ ☆ 指先の化膿性炎症。

疒12 【癋】(17) カク
7 癋見 べしみ 〔圧面〕 能面の一。

疒12 【癇】(17) カン・ケン
0 癇 かん 〔癎〕 「—の強い子」
7 癇走る かんばしる ▼【甲走る】かんばしる 251
8 癇性 かんしょう 〔癎性〕 激しやすい性質。
18 癇癖 かんぺき 過度に怒りっぽい性質。
21 癇癪 かんしゃく 〔癎癪〕 「—を起こす」

疒12 【癌】(17) ガン
0 癌 がん 悪性腫瘍(しゅよう)。
13 癌腫 がんしゅ 表皮・粘膜などにできるがん。

疒12 【療】(17) リョウ
8 療治 りょうじ 「荒—」

疒12 【癆】(17) ロウ
9 癆咳 ろうがい ▼【労咳】ろうがい 49

疒13 【癜】(18) デン・テン

0 癜(なまず) 〔癜風〕皮膚病の一。

← 癜風(でんぷう) 皮膚病の一。

→ 癜風(なまず) ▼【癜(なまず)】257

疒13 【癖】(18) ヘキ くせ

4 癖毛(くせげ) まっすぐでない髪。

8 癖者(くせもの) ▼【曲者(くせもの)】175

疒13 【癒】(18) ユ

0 癒える(いえる) 「傷が―」

癒やす(いやす) 〔医す〕「温泉で傷を―」「心を―調べ」

疒15 【癤】(20) セツ

0 癤(せつ) 化膿性炎症の一。

疒15 【癢】(20) ヨウ

0 癢い(かゆい) ▼【痒い(かゆい)】255

疒16 【癪】(21) しゃく

0 癪(しゃく) 「―にさわる」

疒17 【癭】(22) エイ

13 癭蜂(たまばち) タマバチ科のハチの総称。

19 癭蠅(たまばえ) タマバエ科の昆虫の総称。

疒18 【癰】(23) ヨウ・オウ

0 癰(よう) 化膿性炎症の一。

10 癰疽(ようそ) 危険なできもの。

疒19 【癲】(24) テン

17 癲癇(てんかん) 脳の疾患の一。

癶〈はつがしら〉部

癶4 【癸】(9) キ

0 癸(みずのと) 十干の一。

癶4 【発】(9) ハツ・ホツ

0 発く(あばく) 暴く。「不正を―」

発つ(たつ) 「明日パリに―」

4 発心山(ほっしんざん) 福岡県の山。

5 発句(ほっく) 和歌の第一句。

発石(はねいし) 姓氏。

← 発条(ぜんまい) 〔撥条〕鋼(はがね)を渦巻状に巻いたばね。「―仕掛け」

→ 発条(ばね) 〔弾機〕スプリング。

10 発荷峠(はっかとうげ) 秋田県の峠。

発起(ほっき) 「―人集会」

発疹(はっしん・ほっしん) 吹き出物。

発破(はっぱ) 爆薬で破壊する。

発哺(ほっぽ) 長野県の温泉。

12 発寒(はっさむ) ①北海道の川・地名。②JR北海道函館本線の駅。

癶7 【登】(12) トウ・ト のぼる

← 登戸(のぶと) 千葉県の地名。

→ 登戸(のぼりと) ①神奈川県の地名。②埼玉県の地名。③JR東日本南武線等の駅。

6 登米(とめ) ①宮城県の市・旧郡。②宮城県の街道。③姓氏。

9 登美丘(とみおか) 大阪府の地名。

10 登竜峠(のぼりょうとうげ) 東京都の峠。

19 登攀(とうはん) 「アイガー北壁を―する」

白〈しろ〉〈しろへん〉部

白0 【白】(5) ハク・ビャク しろ・しら・しろい

0 白ける(しらける) 「座が―」

白す(もうす) 申し上げる。

白む(しらむ) 「空が―」

2 白丁花(はくちょうげ) 〔満天星・六月雪〕アカネ科の常緑低木。

白刀魚(たちうお) ▼【太刀魚(たちうお)】89

3 白及(しらん) ▼【紫蘭(しらん)】294

白女(あそびめ) 遊女(ゆうじょ)。〔遊行女児・遊び女〕

白土(しらと・しらに) 姓氏。

4 白水郎(あま) ①姓氏。②▼【海人(あま)】214

白内障(しろそこひ・はくないしょう) 眼病の一。

白木蓮(はくもくれん) 〔玉蘭〕モクレン科の落葉小高木。

← 白朮(おけら) ▼【朮(おけら)】180

→ 白朮(びゃくじゅつ) オケラの根茎の生薬。

白朮参り(おけらまいり) 〔朮参り〕京都八坂神社の行事。

白布高湯(しらぶたかゆ) 山形県の温泉。

白令(ベーリング) 太平洋北部の海域。

6 白芋(はすいも) 〔蓮芋〕サトイモ科の多年草。栽培品種。

白糸草(しらいとそう) ▼【鴉葱(しらいとそう)】423

白耳義 ベルギー ★国名。

白地 あからさま ☆〔明白・明白地・偸閑〕「—に不満を述べる」

白灯蛾 しろひとり ☆ ヒトリガ科の昆虫。

白米 しらよね 石川県の地名。

白老 しらおい ①北海道の川・山(—岳だけ)・郡・町ちょう。②JR北海道室蘭むろらん本線の駅。

7

白花菜 ふうちょうそう 〔風蝶草〕 フウチョウソウ科の一年草。

白谷峠 しらやとうげ 茨城県の峠。

白芷 びゃくし ヨロイグサの漢名。

白辛樹 あさがら ☆ エゴノキ科の落葉高木。

白兎藿 いけま ▼【生馬】いけま 249

白禿瘡 しらくも ▼【白癬】しらくも 259

白妙 しろたえ ▼【白栲】しろたえ 258

8

白雨 ゆうだち 〔夕立〕 夏の午後のどしゃぶり雨。

白金 しろかね 東京都の地名。

白茅 ちがや ▼【茅】ちがや 319

白和え しらあえ 〔白韲え〕 豆腐料理の一。

9

白虹 はっこう 霧のときに見える白い虹。

白砂 しらす 火山灰が積もってできた土。

白柿 ころがき ▼【枯露柿】ころがき 186

白洲 しらす 〔白州〕 白い砂の州。

白前 すずめのおごけ ▼【雀の苧小笥】すずめのおごけ 395

白南風 しらはえ ☆ つゆ明けの南風。

白眉 はくび ☆「歴史小説の—」

白面 しらふ ▼【素面】しらふ 292

10

白栲 しろたえ 〔白妙〕 白い布。

白帯下 こしけ ☆ ▼【帯下】こしけ 122

白帯魚 たちうお ▼【太刀魚】たちうお 89

白島 はくしま ①広島電鉄の路線・停留所。②広島高速交通アストラムラインの駅。

白桃子 やまもも ▼【楊梅】やまもも 195

白馬山脈 しらまさんみゃく 和歌山県の山脈。

白馬節会 あおうまのせちえ 朝廷の年中行事の一。

白剥山 しらはげやま 山梨・静岡県境の山。

白粉 おしろい ★ 肌の色を整える化粧品。

白粉花 おしろいばな 〔夕化粧・紫茉莉〕 オシロイバナ科の多年草。

白竜仙 しらびそ ▼【白檜曾】しらびそ 259

11

白堊 はくあ ☆〔白亜〕「—の殿堂」

白乾児 パイカル 中国の焼酎しょうちゅう。

白眼 さめ 毛の白い牛や馬。

←白魚 しみ ▼【紙魚】しみ 291

白魚 しらうお 〔銀魚・膾残魚〕 サケ目の魚。

→白魚 にごい ▼【似鯉】にごい 27

白魚蟫 しみ ▼【紙魚】しみ 291

白梨樹 うらじろのき バラ科の落葉高木。

白鹿岳 しらがだけ 鹿児島県の山。

12

白紫池 びゃくしいけ 宮崎県の湖。

白須賀 しらすか 静岡県の旧町。

白湯 さゆ ★〔素湯〕 何も入れない湯。

13

白詰草 しろつめくさ マメ科の多年草。

白皙 はくせき ☆ 肌の色が白い。

←白痴 たわけ ふざけた言動。

→白痴 はくち 精神遅滞の一。

白雉 はくち 白色のキジ。

白楡 あきにれ ▼【秋楡】あきにれ 276

←白楊 どろのき 〔泥の木〕 ドロヤナギの別名。

→白楊 はこやなぎ 〔箱柳〕 ヤマナラシの別名。

白楊樹 ポプラ ヤナギ科の落葉高木。

14

白樺 しらかば カバノキ科の落葉高木。

白槐 ふじき 〔藤木〕 マメ科の落葉高木。

白銀 しろがね ①青森県の丘陵(—平たい)・岬(—崎)。②JR東日本八戸はちのへ線の駅。③▼【銀】しろがね 383

白髪 しらが ☆ 白くなった髪。

白髪山 しらひげやま 宮城・山形県境の山。

白髪太郎 しらがたろう 〔楓蛾〕 ガの一種、クスサンの幼虫。

白髪岳 しらがだけ 熊本県の山。

白熊 はぐま ヤクの尾の毛。

15

白蝦 しばえび ▼【芝海老】しばえび 315

白樫 しらかし 〔白橿・麪櫧〕 ブナ科の常緑高木。

白駒 はっく 毛の白い馬。

白膠木 ぬるで ★〔塩膚木・勝軍木〕 ウルシ科の落葉小高木。

5画 白部 0画

← 白頭翁 おきなぐさ ▼【翁草】おきなぐさ 303

→ 白頭翁 むくどり ▼【椋鳥】むくどり 193

白頭鳥 ひよどり ▼【鵯】ひよどり 425

白薇 ふなばらそう 〔百古草・舟腹草〕 ガガイモ科の多年草。

白壁 しらかべ 「—造りの建物」

17 白檜 しらびそ ▼【白檜曾】しらびそ 259

白檜曾 しらびそ 〔白檜・小竜仙・白竜仙〕 マツ科の常緑高木。

白橿 しらかし ▼【白樫】しらかし 258

白糠 しらぬか ①北海道の丘陵・郡・町。②JR北海道根室本線の駅。

白檀 びゃくだん 〔檀香〕 ビャクダン科の常緑高木。

18 白鵠 くぐい ▼【鵠】くぐい 424

白藜 しろざ アカザ科の一年草。

19 白韲え しらあえ ▼【白和え】しらあえ 258

20 白蘞 びゃくれん ブドウ科のつる性植物。

21 白鶺鴒 はくせきれい セキレイ科のきれいな鳥。

白癩 しらはたけ 皮膚の色素障害。

白露 はくろ しらつゆ。

白露鶏 しちめんちょう ▼【七面鳥】しちめんちょう 3

白蠟虫 うんか ▼【浮塵子】うんか 218

22 白鬚橋 しらひげばし 東京都の橋。

← 白癬 しらくも☆ 〔白禿瘡〕 皮膚病の一。

→ 白癬 はくせん 皮膚病の一。

23 白鷺洲 さぎす 姓氏。

白1【百】(6) ヒャク

0 百 もも 数の名。

3 百川 ももかわ 落語の演題。

百千鳥 ももちどり 多くの小鳥。

百々米木 とどめき 姓氏。

4 百尺竿頭 ひゃくしゃくかんとう・ひゃくせきかんとう 「—に一歩を進む」

百日紅 さるすべり★ 〔猿滑・猿滑樹・紫薇・満堂紅・怕癢華・猴刺脱〕 ミソハギ科の落葉高木。

5 百石 ももいし 青森県の旧町。

百田 ももた 姓氏。

百目木 どうどめき・どめき 姓氏。

百目鬼 どうめき・どめき 姓氏。

6 百吉草 ふなばらそう ▼【白薇】ふなばらそう 259

百合 ゆり☆ ユリ科の一部の多年草。

百舌 もず★ 〔百舌鳥・伯労・鴃・鵙・鶪・祝鳩・反舌〕 モズ科の鳥の総称。

百舌鳥 もず ①大阪府の地名。②JR西日本阪和線の駅。③姓氏。④ ▼【百舌】もず 259

百百 とど 姓氏。

百両金 からたちばな ▼【唐橘】からたちばな 69

7 百花繚乱 ひゃっかりょうらん 花が咲き乱れる。

百足 むかで★ 〔蜈蚣〕 節足動物のうちゲジ類以外の総称。

百沢 ひゃくざわ 青森県の温泉。

8 百歩蛇 ひゃっぽだ ヘビの一種。

9 百草 もぐさ 東京都の地名。

10 百島 ももしま 広島県の島。

百脈根 みやこぐさ 〔都草〕 マメ科の多年草。

11 百済 くだら☆ ①〔伯楽〕古代、朝鮮半島にあった国。「ひゃくさい」とも。②奈良県の地名。③姓氏。

12 百道 ももち 福岡県の地名。

15 百敷 ももしき☆ 〔百磯城〕 宮中。

17 百磯城 ももしき ▼【百敷】ももしき 259

白2【皁】(7) ソウ

6 皁色 くりいろ 褐色がかった黒。

10 皁莢 さいかち★ 〔西海子・皁角〕 マメ科の落葉高木。

白3【的】(8) テキ まと

3 的山 あずち ①長崎県の地名。②姓氏。

8 的波里 トリポリ リビアの首都。

12 的場 まとば 姓氏。

19 的鯛 まとうだい マトウダイ目の海魚。

20 的皪 てきれき 明らかなさま。

白4【皆】(9) カイ みな

5 皆生 かいけ ①鳥取県の温泉・地名。②姓氏。

8 皆河 みなか 姓氏。

11 皆野 みなの ①埼玉県の町。②秩父鉄道の駅。

19 皆瀬 かいぜ ①長崎県の地名。②松浦鉄道の駅。

白4【皇】(9) コウ・オウ

0 **皇** すめらぎ・すめら 天皇。
3 **皇子** みこ 〔皇女・御子・親王〕天皇の子供を敬っていう語。
皇子代 みこしろ 姓氏。
皇女 みこ ▼【皇子】みこ 260
4 **皇太后** こうたいごう 先代の天皇のきさき。
9 **皇海山** すかいさん 栃木・群馬県境の山。
10 **皇座山** おうざさん 山口県の山。
皇祚 こうそ 皇位。
18 **皇儲** こうちょ 天皇のあとつぎ。

白 6 **【皎】**(11) **コウ・キョウ**
0 **皎い** しろい 白い。
11 **皎皎** こうこう ▼【皓皓】こうこう 260

白 6 **【皐】**(11) **コウ**
0 **皐** さつき ▼【皐月】さつき 260
4 **皐月** さつき ①〔早月・五月〕陰暦五月。②〔皐・五月・五月躑躅・杜鵑花〕ツツジ科の常緑低木。

白 7 **【皓】**(12) **コウ・ゴウ**
0 **皓い** しろい 白い。
12 **皓皓** こうこう 〔皎皎〕「―たる白壁」
皓歯 こうし 美しい白い歯。

白 10 **【皚】**(15) **ガイ**
15 **皚皚** がいがい 霜・雪が一面に白く見えるさま。「―たる銀世界」

【皮】〈けがわ〉部

皮 0 **【皮】**(5) **ヒ かわ**
6 **皮衣** かわごろも ▼【裘】かわごろも 344
9 **皮茸** こうたけ 〔革茸・茅茸〕ヒダナシタケ目のきのこ。
10 **皮剝** かわはぎ フグ目の海魚。
11 **皮蛋** ピータン★ アヒルの卵を使った食材。
22 **皮籠** かわご 〔革籠〕皮を張ったかご。

皮 7 **【皴】**(12) **シュン**
← **皴** あかぎれ ▼【皸】あかぎれ 260
→ **皴** しわ ▼【皺】しわ 260

皮 9 **【皸】**(14) **クン**
← **皸** あかぎれ 〔皹・皴・胝・胼・胼胝〕皮膚にできるひび。
→ **皸** ひび 〔皹・胼〕「―が切れる」
12 **皸裂** くんれつ あかぎれ。

皮 9 **【皹】**(14) **クン**
← **皹** あかぎれ ▼【皸】あかぎれ 260
→ **皹** ひび ▼【皸】ひび 260

皮 10 **【皺】**(15) **シュウ・シュ**
← **皺** しぼ 〔縐〕織物の表面の凹凸。
→ **皺** しわ 〔皴〕「ズボンが―になる」
13 **皺嗄れる** しわがれる・しゃがれる ▼【嗄れる】しわがれる 72
19 **皺襞** しゅうへき 〔褶襞〕しわ。ひだ。

【皿】〈さら〉部

皿 0 **【皿】**(5) **さら**
13 **皿鉢** さはち☆ 〔砂鉢〕浅い大きな磁器の鉢。

皿 3 **【盂】**(8) **ウ**
19 **盂蘭盆** うらぼん☆ 仏事の一。

皿 4 **【盈】**(9) **エイ・ヨウ**
0 **盈ちる** みちる ▼【充ちる】みちる 35
盈ち欠け みちかけ 満ちることと、欠けること。
4 **盈月** えいげつ 満月。
9 **盈盈** なみなみ 「酒を―とつぐ」
11 **盈虚** えいきょ 月の満ち欠け。
17 **盈虧** えいき 月の満ち欠け。

皿 4 **【盃】**(9) **ハイ**
0 **盃** さかずき ▼【杯】さかずき 185
13 **盃盞** さかずき ▼【杯】さかずき 185

皿 4 **【盆】**(9) **ボン**
10 **盆栽** ぼんさい 観賞用に育てた鉢植えの草木。
13 **盆暗** ぼんくら まぬけ。

皿 5 **【益】**(10) **エキ・ヤク**
0 **益** ますます ▼【益益】ますます 261
益す ます 増す。「食欲が―」
3 **益子** ましこ ①栃木県の町。②真岡鉄道の駅。
5 **益田** ました 岐阜県の旧郡。
益母草 やくもそう メハジキの別名。
7 **益体** やくたい 「―もない」
9 **益荒男** ますらお★ 〔丈夫〕雄々しい男。

益城 まし き ①熊本県の町(まち)。②姓氏。
10 益益 ますます 〔益〕「―元気です」
12 益無し ようなし 無益である。

皿6 **【盒】**(11) **コウ・ゴウ**
0 盒 ごう ふたつきの容器。

皿6 **【盛】**(11) **セイ・ジョウ もる・さかる・さかん**
0 盛 さかり ①岩手県の地名。②JR東日本大船渡(おおふなと)線等の駅。
盛っ切り もっきり 器に盛っただけでお代わりのないこと。
1 盛一 もりもと 姓氏。
8 盛者必衰 じょうしゃひっすい 「―の理(ことわり)をあらわす」
9 盛相 もっそう ▼【物相】もっそう 239

皿6 **【盗】**(11) **トウ ぬすむ**
0 盗る とる 「だまして土地を―」
2 盗人萩 ぬすびとはぎ 〔山黍豆・山馬蝗〕 マメ科の多年草。
6 盗汗 ねあせ 〔寝汗〕 寝ているとき出る汗。
9 盗泉 とうせん 中国山東省の泉。「渇(かっ)しても―の水を飲まず」

皿8 **【盞】**(13) **サン・セン**
0 盞 さかずき ▼【杯】さかずき 185
9 盞盃 さかずき ▼【杯】さかずき 185

皿8 **【盟】**(13) **メイ**
0 盟う ちかう 誓いを立てる。
9 盟神探湯 くかたち ▼【探湯】くかたち 157

皿10 **【監】**(15) **カン**
0 監 じょう ▼【判官】じょう 45

皿10 **【盤】**(15) **バン**
5 盤石 ばんじゃく ▼【磐石】ばんじゃく 271
7 盤谷 バンコク タイの首都。
10 盤秤 さらばかり 物をのせる皿のあるはかり。
14 盤領 あげくび 狩衣(かりぎぬ)などの着方。
15 盤踞 ばんきょ 〔蟠踞〕 根をはって動かないこと。

皿11 **【盥】**(16) **カン**
0 盥 たらい 水や湯を入れる平たい器。
14 盥漱 かんそう★ 手を洗い口をすすぐ。

皿11 **【盧】**(16) **ロ・ル**
11 盧梭 ルソー フランスの画家。
12 盧森堡 ルクセンブルク 国名。

皿12 **【盪】**(17) **トウ**
0 盪く うごく 左右に揺れる。
盪ける とろける 330 ▼【蕩ける】とろける

【目(罒)】〈め〉〈めへん〉部

目0 **【目】**(5) **モク・ボク め・ま**
0 目 さかん 13 ①姓氏。②▼【主典】さかん
目の当り まのあたり 「被災地を―に見る」
4 目井津 めいつ 宮崎県の地名。
目木川 めきがわ 岡山県の川。
5 目出度い めでたい ▼【芽出度い】めでたい 317
目処 めど★ 「仕事の―が立つ」
目白 めじろ 〔繍眼児〕 メジロ科の小鳥の総称。
6 目交い まなかい 〔眼間〕 目の前。
目合 まぐわい 目で愛情を交わし合うこと。
7 目庇 まびさし ▼【眉庇】まびさし 263
目利安 メリヤス 323 ▼【莫大小】メリヤス
9 目映い まばゆい ▼【眩い】まばゆい 263
目映しい まぶしい ▼【眩しい】まぶしい 263
目前 まさか ▼【真逆】まさか 264
10 目眩 めまい☆ ▼【眩暈】めまい 263
目眩く めくるめく☆ 〔眩めく〕「―快楽の日々」
目差し まなざし 264 ▼【眼差し】まなざし
目脂 めやに 目から出る粘液が固まったもの。
目時 めとき 青い森鉄道青い森鉄道線等の駅。
目敏い めざとい 見つけるのがすばやい。
目紛しい めまぐるしい 「―世の中」
11 目深 まぶか 〔眉深〕「帽子を―にかぶる」
12 目弾 めはじき シソ科の二年草。
13 目溢し めこぼし☆ 「お―願います」
目蓋 まぶた☆ ▼【瞼】まぶた 265
14 目睫 もくしょう きわめて近いさま。
目睹 もくと 目で実際に見る。
15 目撥 めばち ▼【眼撥】めばち 264

目論見　もくろみ　☆　くわだて。

17 目翳　ひ　眼病の一。

18 目鯉部　まりべ　姓氏。

目3 **【直】**(8)　**チョク・ジキ**　**ただちに・なおす・なおる**

← 直に　じかに　「地面に―置く」

→ 直に　すぐに・ただちに・じきに　「―帰る」

2 直入　なおいり　①大分県の旧郡・旧町。②姓氏。

← 直下　じきげ　すぐ下。

→ 直下　のうげ　姓氏。

4 直方　のおがた　①福岡県の平野・市。②JR九州筑豊(ちくほう)本線等の駅。③姓氏。

直木三十五　なおきさんじゅうご　小説家。

5 直世　ただよ　姓氏。

6 直衣　のうし　貴族の平常の服。

直会　なおらい　☆　神事のあとの宴会。

直向き　ひたむき　「―な努力」

7 直足袋　じかたび　▼【地下足袋】じかたび　77

8 直垂　ひたたれ　武士の衣服の一。

← 直直　じきじき　「総理―に…」

→ 直直　すぐすぐ　「―育つ」

10 直流　すぐる　姓氏。

14 直隠し　ひたかくし　ひたすら隠す。

直截　ちょくせつ　★　まわりくどくない。

直篦　すぐの　姓氏。

直様　すぐさま　ただちに。

目4 **【看】**(9)　**カン**

0 看る　みる　「親の面倒を―」

1 看一　ちょっと　▼【一寸】ちょっと　1

7 看麦娘　すずめのてっぽう　〔雀の鉄砲〕　イネ科の一、二年草。

8 看取る　みとる　「最期を―」

11 看経　かんきん　☆　禅宗で声を出さずに経文を読む。

看做す　みなす　▼【見做す】みなす　347

13 看話禅　かんなぜん　禅の修行法。

20 看護る　みとる　病人の世話をする。

目4 **【県】**(9)　**ケン**

0 県　あがた　①大和朝廷の直轄領。②東武伊勢崎(いせさき)線の駅。

3 県川　かけがわ　姓氏。

4 県犬養　あがたいぬかい　姓氏。

5 県主　あがたぬし　①古代の地方組織の長。②姓氏。

目4 **【盾】**(9)　**ジュン**　**たて**

0 盾　たて　〔楯〕「証文を―に居座る」

目4 **【省】**(9)　**セイ・ショウ**　**かえりみる・はぶく**

0 省みる　かえりみる　反省する。

8 省沽油　みつばうつぎ　〔三葉空木〕　ミツバウツギ科の落葉低木。

目4 **【相】**(9)　**ソウ・ショウ**　**あい**

0 相　さが　▼【性】さが　139

5 相可　おうか　①三重県の旧町。②JR東海紀勢本線の駅。

相去　あいさり　岩手県の旧村。

相生　あいおい　①一つの根元から二つの幹が分かれ出る。②兵庫県の湾・市。③徳島県の旧町。④北海道の地名。⑤姓氏。

6 相好　そうごう　「―を崩す」

相合傘　あいあいがさ　男女二人が一本の傘に入る。

7 相応しい　ふさわしい　☆　ぴったりである。

相身互い　あいみたがい　助け合うこと。「武士は―」

相対死　あいたいじに　心中(しんじゅう)。

相対済令　あいたいすましれい　江戸時代の法令。

相坂　おうさか　①青森県の地名。②姓氏。

相良　さがら　①静岡県の旧町。②熊本県の村(むら)。③姓氏。

相良藩願成寺　さがらはんがんじょうじ　くま川鉄道湯前(ゆのまえ)線の駅。

8 相知　おうち　①佐賀県の旧町。②JR九州唐津線の駅。③姓氏。

相府蓮　そうふれん　〔想夫恋・想夫憐〕　雅楽の一。

9 相剋　そうこく　☆　〔相克〕「愛と憎悪が―する」

相思草　タバコ　▼【煙草】タバコ　233

相俟って　あいまって　互いに作用し合って。「両々―」

相乗　あいのり　青森県の温泉。

10 相殺　そうさい　「現金で―する」

相馬　そうま　①福島県の郡・市・港。②JR東日本常磐(じょうばん)線の駅。③青森県の旧村。④姓氏。

12 **相賀** あいが ①三重県の旧町。②JR東海紀勢本線の駅。③姓氏。

相婿 あいむこ 〔相聟・婭〕 妻が姉妹の関係にある夫どうし。

←**相楽** さがら 姓氏。

→**相楽** そうらく 京都府の郡。

14 **相嘗魚** あいなめ ▼【鮎魚女】あいなめ 417

相聟 あいむこ ▼【相婿】あいむこ 263

相槌 あいづち☆ 〔相鎚〕「―をうつ」

相聞 そうもん 万葉集の部立ての一。

相貌 そうぼう 顔かたち。

相模 さがみ ①神奈川県の湖・湾。②山梨・神奈川県の川。③民営鉄道(―鉄道)。④JR東日本の路線。⑤旧国名。現在の神奈川県のほぼ全域。⑥姓氏。

15 **相槻** あいつき 姓氏。

相撲 すもう☆ 〔角力〕 日本の国技。

18 **相鎚** あいづち ▼【相槌】あいづち 263

20 **相懸り** あいがかり 将棋用語。

目4 **【眈】**(9) **タン**

9 **眈眈** たんたん 「虎視こし―」

目4 **【眉】**(9) **ビ・ミ**

0 **眉** まゆ 目の上に生えた毛。

5 **眉目** びもく 眉と目。

眉目秀麗 びもくしゅうれい☆ 男性の容貌が端正であるさま。

6 **眉宇** びう まゆの辺り。

眉尖刀 なぎなた ▼【長刀】なぎなた 387

7 **眉児豆** いんげんまめ ▼【隠元豆】いんげんまめ 394

眉庇 まびさし 〔目庇〕 かぶとの額のひさし。

11 **眉深** まぶか ▼【目深】まぶか 261

眉唾物 まゆつばもの 信用できないこと。

12 **眉間** みけん 「―にしわを寄せる」

14 **眉墨** まゆずみ 〔黛〕 化粧品の一。

目4 **【眇】**(9) **ビョウ・ミョウ**

0 **眇めつ** すがめつ 片目を細めて。「矯ためつ―」

5 **眇田** すがめた 姓氏。

目4 **【冒】**(9) **ボウ おかす**

0 **冒す** おかす 「危険を―」

18 **冒瀆** ぼうとく☆ 「神を―する」

目5 **【眩】**(10) **ケン・ゲン**

0 **眩い** まばゆい☆ 〔目映い〕「―夏の太陽」

眩く くるめく 目がくらくらする。

眩しい まぶしい 〔目映しい〕「部屋の照明が―」

眩む くらむ 「ヘッドライトに目が―」

眩めく めくるめく ▼【目眩く】めくるめく 261

眩れる くれる 「欲望に目が―」

←**眩暈** げんうん めまい。

→**眩暈** めまい☆ 〔目眩〕 目がくらむ。

目5 **【眥】**(10) **シ・セイ・サイ**

0 **眥** まなじり ▼【眦】まなじり 263

目5 **【眦】**(10) **シ・セイ・サイ**

0 **眦** まなじり 〔眥・睚〕「―を決して立ち向かう」

目5 **【眤】**(10) **ジツ**

4 **眤月** むつき ▼【睦月】むつき 265

17 **眤懇** じっこん ▼【昵懇】じっこん 171

目5 **【真】**(10) **シン ま**

0 **真** まこと 〔実・信・誠〕 本当。

真っ向 まっこう 真っ正面。

真っ当 まっとう まともなさま。

真っ赤 まっか 「―なうそ」

真っ青 まっさお 全く青いさま。

真っ暗 まっくら 「先行きが―だ」

真っ新 まっさら まったく未使用で新しい。

3 **真山** まやま 姓氏。

真土 まつち JR四国予土よど線の駅。

4 **真水** まみず 塩分のまじらない水。

真方 さねかた 姓氏。

真木柱 まきばしら 源氏物語の巻名。

5 **真申** まさる 松浦鉄道西九州線の駅。

真正 しんせい 岐阜県の旧町。

真田 さなだ ①長野県の旧町。②大阪府の丘(―山)。③姓氏。

真田虫 さなだむし 〔条虫・絛虫〕 ジョウチュウの別名。

真田紐 さなだひも 太い木綿糸で平たく厚く編んだ組紐。

真布 まっぷ JR北海道留萌るもい本線の駅。

真平 まっぴら 「—ごめん」
6 真向 まとも ▼【真面】264
真字 まな ▼【真名】264
真名 まな 〔真字〕 漢字。
真名川 まながわ 福井県の川。
真名鶴 まなづる 〔真鶴〕 ツル科の鳥。
7 真似 まね 模倣。
真似男ヶ峠 まねおがとうげ 岡山県の峠。
8 真金 まかね 岡山県の地名。
真岡 もおか ①栃木県の市。②民営鉄道(—鉄道)。③真岡鉄道の駅。④姓氏。
真幸 まさき ①宮崎県の旧町。②JR九州肥薩線の駅。
真底 しんそこ 「—から君を愛す」
9 真栄田岬 まえだみさき 沖縄県の岬。
真逆 まさか 〔目前・豈夫〕「—そんなはずはない」
真紅 しんく ▼【深紅】220
真砂 まさご ☆「浜の—」
真室川 まむろがわ 山形県の川・町。
真狩 まっかり 北海道の村。
真祝 まいわい 〔間祝・万祝〕 大漁時の祝宴。
真面 まとも 〔真向・正面〕「—な商売」
←真面目 しんめ しんめんぼく しんもく 「—を示す」
→真面目 まじめ 「—な男」
10 真桑瓜 まくわうり 〔甜瓜〕 ウリ科のつる性一年草。
11 真魚 まな 食膳に供する魚。
真魚板 まないた ▼【俎板】30
真魚鰹 まながつお ▼【鯧】419
真章魚 まだこ 〔真蛸〕 タコの一種。
真麻 まお 〔苧麻〕 カラムシの別名。
12 真賀 まが 岡山県の温泉。
真葛 さねかずら 〔実葛・五味・五味子・南五味子〕 マツブサ科のつる性常緑低木。
真菰 まこも ☆〔真薦〕 イネ科の大形多年草。
13 真蛸 まだこ ▼【真章魚】264
14 真際 まぎわ ▼【間際】389
15 真駒内 まこまない ①北海道の地名。②札幌市営地下鉄南北線の駅。
真摯 しんし まじめでひたむきなさま。
16 真薦 まこも ▼【真菰】264
17 真鍮 しんちゅう ☆ 銅と亜鉛との合金。
18 真蹟 しんせき その人のまことの筆跡。
19 真贋 しんがん ★「—の鑑定」
21 真鶴 まなづる ①神奈川県の半島・町。②JR東日本東海道本線の駅。③▼【真名鶴】264

目5【眠】(10) **ミン ねむる・ねむい**
10 眠蚕 いこ 眠りに入ったカイコ。

目6【眼】(11) **ガン・ゲン まなこ**
0 眼 まなこ 目玉。ひとみ。
3 眼子菜 ひるむしろ ▼【蛭蓆】337
4 眼仁奈 めじな スズキ目の海魚。
5 眼皮花 がんぴ ▼【岩菲】116
8 眼奈太 めなだ ▼【赤目魚】360
10 眼高手低 がんこうしゅてい 実力が理想に伴わないこと。
眼差し まなざし 〔目差し〕「あたたかい—を向ける」
11 眼梶木 めかじき ▼【眼旗魚】264
眼張 めばる ☆〔鮴〕 カサゴ目の海魚。
12 眼間 まなかい ▼【目交い】261
14 眼旗魚 めかじき 〔眼梶木〕 スズキ目の海魚。
15 眼撥 めばち 〔目撥〕 スズキ目の海魚。
18 眼瞼 まぶた ☆ ▼【瞼】265
19 眼鏡 めがね 「—にかなう」

目6【眷】(11) **ケン**
0 眷みる かえりみる 顧みる。
11 眷族 けんぞく ▼【眷属】264
12 眷属 けんぞく 〔眷族〕 一族。親族。
21 眷顧 けんこ 目をかけてかわいがる。

目6【眴】(11) **シュン・ケン**
0 眴 めくばせ 〔目配せ〕 目で合図する。

目6【眺】(11) **チョウ ながめる**
11 眺望 ちょうぼう みはらし。

目6【眸】(11) **ボウ**
0 眸 ひとみ ▼【瞳】265

3 眸子 ぼうし ☆ ひとみ。

目8【睚】(13) ガイ

0 睚 まなじり ▼【眦】まなじり 263

10 睚眥 がいさい 少しにらむ。

目8【睨】(13) ゲイ

0 睨む にらむ こわい目で見すえる。

睨める ねめる にらむ。

睨め回す ねめまわす にらみながら見回す。

目8【睫】(13) ショウ

0 睫 まつげ ★〔睫毛〕「つけ―」「さかさ―」

4 睫毛 まつげ ★▼【睫】まつげ 265

目8【睡】(13) スイ

0 睡い ねむい 眠い。

睡る ねむる 眠る。

7 睡余 すいよ ねざめ。

11 睡菜 みつがしわ ▼【三槲】みつがしわ 7

13 睡蓮 すいれん スイレン属の多年生水草。

16 睡樹 ねむのき ▼【合歓木】ねむのき 62

目8【督】(13) トク

0 督 かみ ▼【長官】かみ 388

9 督促 とくそく 催促する。

目8【睥】(13) ヘイ

13 睥睨 へいげい 〔俾倪〕「辺りを―する」

目8【睦】(13) ボク・モク

0 睦まじい むつまじい 「仲―夫婦」

4 睦月 むつき ☆〔睍月〕陰暦一月。

睦月島 むづきじま 愛媛県の島。

6 睦好 むつよし 姓氏。

7 睦沢 むつざわ 千葉県の町(まち)。

目9【睾】(14) コウ

3 睾丸 こうがん 精巣。

目10【瞋】(15) シン

0 瞋る いかる 腹を立てる。

10 瞋恚 しんい ☆〔嗔恚〕憎しみのこもった怒り。

目10【瞑】(15) メイ・ミョウ・ベン・ミン・メン

0 瞑る つぶる・つむる ☆「目を―」

13 瞑想 めいそう 「―にふける」

目11【瞠】(16) ドウ・トウ

0 瞠る みはる 「目を―」

5 瞠目 どうもく 驚いたり感心して目をみはる。「―すべき事実」

8 瞠若 どうじゃく 驚いて目をみはる。

目11【瞞】(16) バン・マン・ボン・モン

0 瞞す だます ▼【騙す】だます 412

12 瞞着 まんちゃく ごまかす。

目12【瞰】(17) カン

3 瞰下 かんか 見おろす。

瞰下す みおろす 見おろす。

目12【瞳】(17) トウ・ドウ

0 瞳 ひとみ 〔眸〕「つぶらな―」

4 瞳孔 どうこう 「―が開く」

17 瞳瞳 とうとう 朝日のきらめくさま。

目12【瞥】(17) ベツ・ヘツ

7 瞥見 べっけん ★ ちらりと見る。

目12【瞭】(17) リョウ

0 瞭らか あきらか 明らか。

12 瞭然 りょうぜん はっきりして明らかなさま。

目13【瞿】(18) ク・グ

← 瞿麦 せきちく 〔洛陽花・石竹〕ナデシコ科の多年草。

→ 瞿麦 なでしこ ☆〔撫子・表句蕾・南蘭・大菊・石竹・石菊・句麦・錦竹・巨句麦・牛麦・蘧麦・繍竹〕ナデシコ科の多年草。

12 瞿然 くぜん おどろいてきょろきょろするさま。

16 瞿曇 くどん 姓氏。

目13【瞼】(18) ケン

0 瞼 まぶた ☆〔目蓋・眼瞼〕眼球の表面をおおう皮膚。

目13【瞽】(18) コ

3 瞽女 ごぜ ☆ 盲目の女芸人。

目13【瞬】(18) シュン またたく

0 瞬き まばたき 「せわしく―する」

瞬く間 またたくま 「―の出来事」

瞬ぐ まじろぐ ☆ まばたきをする。

10 瞬息 しゅんそく またたきや一呼吸の間。

目13【瞻】(18) セン

0 **瞻る** みる 遠くを眺める。

11 **瞻望咨嗟** せんぼうしさ あおぎ望み、嘆息する。

目15 **【矍】**(20) キャク・カク

23 **矍鑠** かくしゃく ★「祖父は—としている」

【矛】〈ほこ〉〈ほこへん〉部

矛0 **【矛】**(5) ム ほこ

9 **矛盾撞着** むじゅんどうちゃく ☆ つじつまが合わないこと。

12 **矛戟** ぼうげき ほこ。

矛4 **【矜】**(9) キョウ・コウ・キン・ギン・カン

0 **矜る** ほこる 誇る。「権勢を—」

9 **矜持** きょうじ ★ 自信と誇り。プライド。「学生としての—をもつ」

矛8 **【矠】**(13) サク

0 **矠** やす ▼【簎】やす 286

【矢】〈や〉〈やへん〉部

矢0 **【矢】**(5) シ や

3 **矢巾** やはば 岩手県の町。

矢口渡 やぐちのわたし 東急多摩川線の駅。

←**矢切** やきり 千葉県の地名。

→**矢切** やぎり 北総鉄道の駅。

矢内原 やないはら 姓氏。

5 **矢田** やた ①愛知県の川。②奈良県の丘陵・地名。

6 **矢合** やわせ 愛知県の地名。

7 **矢作** やはぎ ①〔矢矧〕矢を作ること。②JR東日本弥彦線の駅。③中部地方の川。④愛知県の地名。⑤姓氏。

矢走 やばせ 姓氏。

矢尾峠 やびとうげ 島根県の峠。

矢来 やらい 竹で作った垣根。

9 **矢狭間** やざま 矢を射るための穴。

矢矧 やはぎ ▼【矢作】やはぎ 266

11 **矢掛** やかげ ①岡山県の町。②井原鉄道井原線の駅。

矢張り やはり〔尚生〕「—彼が犯人だ」

矢部 やべ ①福岡県の川・村。②熊本県の旧町。③姓氏。

12 **矢筈ヶ山** やはずがせん 鳥取県の山。

矢筈山 やはずやま ①徳島県の山。②香川県の山。

矢筈岳 やはずだけ ①熊本県の山。②熊本・鹿児島県境の山。

矢筈草 やはずそう〔鶏眼草〕マメ科の一年草。

矢筈峠 やはずとうげ 高知県の峠。

矢筈崎 やはずざき 鹿児島県の岬。

矢場 やにわ〔矢庭〕矢を射ている場所。

矢落川 やおちがわ 愛媛県の川。

13 **矢幹** やがら 矢の幹。

15 **矢鋪** やしき 姓氏。

16 **矢橋** やばせ ①滋賀県の地名。②姓氏。

矢頭山 やずさん 三重県の山。

矢3 **【知】**(8) チ しる

0 **知る辺** しるべ 知り合い。

2 **知人岬** しれとみさき 北海道の岬。

3 **知己** ちき 「多くの—を得る」

知也保 チャボ ▼【矮鶏】チャボ 267

4 **知内** しりうち ①北海道の川・温泉・町。②JR北海道海峡線の駅。

知夫 ちぶ 島根県の村・旧郡。

知父 ちち 姓氏。

5 **知母** はなすげ ▼【花菅】はなすげ 316

知立 ちりゅう ①愛知県の市。②名鉄名古屋本線等の駅。③姓氏。

6 **知行** ちぎょう 任された職務を行う。

知名 ちな 鹿児島県の町。

7 **知更鳥** こまどり ▼【駒鳥】こまどり 412

知床 しれとこ 北海道の湖(—五湖)・山(—岳)・半島・岬。

知床斜里 しれとこしゃり JR北海道釧網本線の駅。

知来乙 ちらいおつ JR北海道札沼線の駅。

知利別 ちりべつ 北海道の地名。

知里真志保 ちりましほ 言語学者。

8 **知林ヶ島** ちりんがしま 鹿児島県の島。

9 **知客** しか 禅寺で客を接待する僧。

11 **知悉** ちしつ ★ 知り尽くす。

知羞草 おじぎそう ▼【含羞草】おじぎそう 63

5画 目部15画 矛部0–8画 矢部0–3画

矢4 【矧】(9) シン

0 矧ぐ はぐ★ 弓に矢をつがえる。

矧んや いわんや まして。

矢5 【矩】(10) ク

←矩 かね ①「矩尺(かねじゃく)」に同じ。②姓氏。

→矩 のり ▼【法】(のり) 213

4 矩尺 かねじゃく ☆ 175 ▼【曲尺】(かねじゃく)

7 矩形 くけい 長方形。

矢7 【短】(12) タン みじかい

4 短尺 たんざく 〔短籍・短冊〕 字などをかく細長い紙。

18 短軀 たんく 背の低い体。

20 短籍 たんざく ▼【短尺】(たんざく) 267

矢8 【矮】(13) ワイ・アイ

3 矮小 わいしょう ★ 「問題を―化する」

9 矮柏 はいびゃくしん ▼【這柏槙】(はいびゃくしん) 369

17 矮檜 はいびゃくしん ▼【這柏槙】(はいびゃくしん) 369

19 矮鶏 チャボ ★ 〔小鶏・知也保・地也保〕 ニワトリの一品種。

矢12 【矯】(17) キョウ ためる

0 矯めつ眇めつ ためつすがめつ 「―掛け軸を見る」

矯める ためる 〔撓める・揉める〕 「枝を―」

5 矯正 きょうせい 「歯列―」

13 矯飾 きょうしょく うわべだけのみせかけの飾り。

16 矯激 きょうげき 言動が極端に過激なこと。

矢12 【矰】(17) ソウ

0 矰 いぐるみ ▼【矰繳】(いぐるみ) 267

19 矰繳 いぐるみ 〔繒・矰・繳・弋〕 狩猟道具の一。

【石】〈いし〉〈いしへん〉部

石0 【石】(5) セキ・シャク・コク いし

0 石 こく☆ 〔斛〕 米などをはかる体積の単位。

2 石刁柏 アスパラガス 〔竜髭菜〕 ユリ科の多年草。

石刀 いわと 名鉄名古屋本線の駅。

3 石下 いしげ ①茨城県の旧町。②関東鉄道常総線の駅。

石工 いしく 石大工。

石子 いしなご 〔石投・石擲・擲石〕 女児の遊戯の一。

石女 うまずめ 〔石婦〕 子供を産めない女。

石上 いそのかみ ①奈良県の地名。②姓氏。

石川郎女 いしかわのいらつめ 万葉歌人。

4 石太草 てんぐさ 136 ▼【心太草】(てんぐさ)

石文 いしぶみ ▼【碑】(いしぶみ) 270

5 石叩き いしたたき 〔石敲き〕 セキレイの別名。

石生 いそう ①兵庫県の地名。②JR西日本福知山線の駅。

石母田 いしもだ 姓氏。

←石竹 せきちく ▼【瞿麦】(せきちく) 265

→石竹 なでしこ ▼【瞿麦】(なでしこ) 265

←石伏魚 かじか ▼【鰍】(かじか) 420

→石伏魚 ごり ▼【鮴】(ごり) 418

石老山 せきろうざん 神奈川県の山。

7 石位 いわくら ▼【磐座】(いわくら) 271

←石花 せ・せい ▼【石蜐】(せ) 268

→石花 ところてん ▼【心太】(ところてん) 136

石花海 せのうみ 静岡県の堆(たい)。

←石花菜 てんぐさ 136 ▼【心太草】(てんぐさ)

→石花菜 ところてん ▼【心太】(ところてん) 136

石決明 あわび☆ ▼【鮑】(あわび) 417

石見 いわみ ①島根・山口県の高原。②島根県の旧町。③旧国名。現在の島根県西半部。④姓氏。

石見川 いしみかわ 〔杠板帰〕 タデ科の一年草。

←石投 いしなぎ スズキ目の海魚。

→石投 いしなご ▼【石子】(いしなご) 267

8 石松 ひかげのかずら ヒカゲノカズラ科の常緑多年生シダ植物。

石長生 はこねそう 〔鳳尾生・鳳尾草・箱根草〕 ハコネシダの別名。

石門 いわと ▼【磐戸】(いわと) 271

石和 いさわ ①山梨県の旧町。②姓氏。

9 石屋 いわや ▼【窟】(いわや) 280

石巻 いしのまき ①宮城県の湾・市・港。②JR東日本の路線。③JR東日本石巻線等の駅。

石胡荽 ちどめぐさ 〔石胡萎・血止草〕 セリ科の常緑多年草。

石胡萎 ちどめぐさ ▼【石胡荽】(ちどめぐさ) 267

石持 いしもち ▼【石首魚】(いしもち) 268

石室 いわむろ いわや。

石首 にべ ▼【鮸】にべ 418

←石首魚 いしもち ☆ 〔石持〕 スズキ目の海魚。

→石首魚 にべ ▼【鮸】にべ 418

←石城 いしき 〔石槨〕 ひつぎを納める部屋。

→石城 いわき ①福島県の旧郡。②山口県の山(―山さん)。

石茸 いわたけ イワタケ科の地衣植物の総称。

石神井 しゃくじい ①東京都の川・池・地名。②姓氏。

石南 しゃくなげ 268 ▼【石南花】しゃくなげ

石南花 しゃくなげ ★ 〔石楠花・石楠・石南・卯月花〕 ツツジ科の常緑低木。

10

石韋 いわひば ▼【巻柏】いわひば 120

石桂魚 さけ ▼【鮭】さけ 418

石原 いさ JR西日本山陰本線の駅。

石高 こくだか 米穀の数量。

←石蚕 いさごむし 〔沙虫〕 トビケラの幼虫。

→石蚕 とびけら ▼【飛螻蛄】とびけら 407

石竜子 とかげ ★ 338 ▼【蜥蜴】とかげ

石竜牙草 いしもちそう 〔茅膏菜・石持草〕 モウセンゴケ科の多年草。

11

石竜胆 こけりんどう ▼【苔竜胆】こけりんどう 319

石陰子 かせ ▼【甲蠃】かせ 252

石亀 いしがめ ▼【水亀】いしがめ 207

石菊 なでしこ ▼【瞿麦】なでしこ 265

石斛 せっこく ラン科の常緑多年草。

石菖 せきしょう サトイモ科の常緑多年草。

石菖藻 せきしょうも 〔苦草・若草〕 トチカガミ科の沈水性多年草。

石清水 いわしみず 石清水八幡宮の別名。

石清尾山 いわせおやま 香川県の山。

石鳥谷 いしどりや ①岩手県の旧町。②JR東日本東北本線の駅。

石動 いするぎ ①富山県の旧町。②JR西日本北陸本線の駅。③姓氏。

石婦 うまずめ ▼【石女】うまずめ 267

12

石越 いしこし 宮城県の旧町。

石敢当 いしがんとう・せきかんとう 南九州から南西諸島に見られる魔よけの石。

石筍 せきじゅん 鍾乳洞の筍たけのこ状の突起物。

←石斑魚 いぐい ▼【鯎】いぐい 418

石斑魚 いしぶし カジカなどの別名。

石斑魚 うぐい ★ ▼【鯎】うぐい 418

→石斑魚 はた ▼【羽太】はた 303

石裂山 おざくさん 栃木県の山。

石廊崎 いろうざき 静岡県の岬。

13

石塩木 たがやさん ▼【鉄刀木】たがやさん 382

石塊 いしくれ 小石。

←石蜐 かめのて 蔓脚まんきゃく目の甲殻類。

→石蜐 せ・せい 〔石花〕 カメノテの古称。

←石蒜 ひがんばな 〔彼岸花〕 ヒガンバナ科の多年草。

→石蒜 まんじゅしゃげ ▼【曼珠沙華】まんじゅしゃげ 175

石腸 いしわた 姓氏。

石搨り いしずり 〔石摺り〕 拓本。

石楠 しゃくなげ 268 ▼【石南花】しゃくなげ

石楠花 しゃくなげ ★ ▼【石南花】しゃくなげ 268

石楠越 しゃくなんごし 熊本県の峠。

14

石敲 せきれい ▼【鶺鴒】せきれい 426

石敲き いしたたき ▼【石叩き】いしたたき 267

石蓴 あおさ ★ アオサ属の海藻の総称。

石摺り いしずり 268 ▼【石搨り】いしずり

石髪 あおのり ▼【乾苔】あおのり 16

石榴 ざくろ ★ 〔柘榴・安石榴〕 ザクロ科の落葉小高木。

15

石槨 いしき ▼【石城】いしき 268

石蕊 はなごけ ▼【花苔】はなごけ 316

石徹白 いとしろ ①岐阜県の川・地名。②姓氏。

16

石橋湛山 いしばしたんざん 政治家。

石薄荷 いぶきじゃこうそう ▼【伊吹麝香草】いぶきじゃこうそう 23

石蕗 つわぶき ☆ ▼【橐吾】つわぶき 196

18

石擲 いしなご ▼【石子】いしなご 267

19

石蟹 いしが ①JR西日本伯備線の駅。②姓氏。

石鏡 いじか 三重県の地名。

石鹸 せっけん 「―で手を洗う」

石蘂 はなごけ ▼【花苔】はなごけ 316

20

石櫧 いちい ▼【紫松】いちい 294

石鯽 ころだい ▼【胡盧鯛】ころだい 309

石礬魚 うぐい ▼【鯎】うぐい 418

石4【研】(9) ケン とぐ

0 研く みがく 「腕を―」

11 研野 とぎの 姓氏。

27 研鑽 けんさん 「―を積む」

石4【砂】(9) サ・シャ すな

0 砂 いさご 〔沙・沙子・砂子〕すな。細かい石。

3 砂子 いさご ①姓氏。②▼【砂】いさご 269

7 砂利 じゃり 小石。

8 砂金 すなご 姓氏。

9 砂洲 さす 海岸・湖岸にできた砂堤。

10 砂埃 すなぼこり 「―が立つ」

砂原 さわら 北海道の山(―岳だけ)・旧町。

砂蚕 ごかい ▼【沙蚕】ごかい 209

砂被り すなかぶり 相撲すもうで、土俵際どひょうぎわの見物席。

11 砂張 さはり ▼【響銅】さはり 403

13 砂滑 すなめり☆ ハクジラの一種。

砂鉢 さはち ▼【皿鉢】さはち 260

15 砂嘴 さし 砂堤状の地形。

16 砂糖黍 さとうきび 〔甘蔗・甘庶〕 イネ科の多年草。

石4【砕】(9) サイ くだく・くだける

6 砕米菜 げんげ 294 ▼【紫雲英】げんげ

10 砕屑 さいせつ 粉々になったくず。

石4【砌】(9) セイ

0 砌 みぎり ★「向寒の―」

3 砌下 せいか 手紙の脇付わきづけの一。

石4【砒】(9) ヘイ・ヒ

10 砒素 ひそ 元素の一。

石5【砿】(10) コウ

13 砿業 こうぎょう 主に鉱石から金属を抽出する産業。

石5【砦】(10) サイ

0 砦 とりで 〔塁〕要塞。

4 砦木 さいき 姓氏。

9 砦柵 さいさく 城の周りの竹の柵。

石5【砥】(10) シ・テイ

5 砥石 といし 刃物をとぐための石。

砥用 ともち 熊本県の旧町。

9 砥草 とくさ ▼【木賊】とくさ 179

砥茶 とのちゃ 〔礪茶〕 赤黒い茶色。

11 砥部 とべ 愛媛県の町ちょう。

砥堀 とほり JR西日本播但ばんたん線の駅。

19 砥礪 しれい☆ 砥石といし。

石5【砧】(10) チン

0 砧 きぬた ★①〔碪〕槌つちで布を打つための台。②東京都の地名。

4 砧木 だいぎ 〔台木〕 つぎ木で根のある方の木。

石5【破】(10) ハ やぶる・やぶれる

0 破り子 わりご 〔破り籠・樏〕 薄板で作った容器。

破り籠 わりご☆ ▼【破り子】わりご 269

破れ芭蕉 やればしょう 葉の破れたバショウ。

破れ蓮 やれはす 〔敗荷〕 葉の破れたハス。

破れ鍋 われなべ 〔割れ鍋〕「―に綴とじ蓋ぶた」

破れ鐘 われがね★ ひびの入った鐘。

4 破手 はで 三味線組歌の分類の一。

破天荒 はてんこう☆ 「―な大事業」

5 破目 はめ ▼【羽目】はめ 303

破礼句 ばれく みだらな内容の川柳。

6 破瓜 はか 女性の思春期。

9 破屋 あばらや ▼【荒ら屋】あばらや 320

破風 はふ☆ 〔搏風〕 切妻屋根にある装飾板。「千鳥―」

破風山 はふさん 埼玉・山梨県境の山。

12 破間川 あぶるまがわ 新潟県の川。

破落戸 ごろつき☆ 〔無頼〕 悪者。ならず者。

13 破毀 はき 破棄。「契約を―する」

14 破綻 はたん★「経営―」

15 破潰 はかい こわれくずれる。

16 破壊 はえ こわすこと。こわれること。

19 破鏡 はきょう こわれた鏡。

石5【砲】(10) ホウ

8 砲金 ほうきん 青銅の一種。

13 砲煙弾雨 ほうえんだんう

戦いの激しいさま。

石5 【砺】(10) レイ

8 砺波 となみ ①富山県の山・平野・市。②JR西日本城端(じょうはな)線の駅。

石7 【硴】(12) かき

0 硴 かき ▼【牡蠣】かき 238

3 硴久 かきひさ 姓氏。

11 硴崎 かきざき 姓氏。

石7 【硯】(12) ケン・ゲン

0 硯 すずり 墨をするための道具。

14 硯滴 けんてき 硯(すずり)に水を注ぐ水さし。

石7 【硬】(12) コウ かたい

10 硬骨漢 こうこつかん 気骨のある男。

石7 【硨】(12) シャ

17 硨磲 しゃこ シャコガイ科の二枚貝の総称。貝類中で最も大形。

石7 【硝】(12) ショウ

3 硝子 ガラス ☆「窓―」

13 硝煙 しょうえん 火薬の爆発による煙。

石7 【硲】(12) ヨク

0 硲 はざま 山と山の間。

石7 【硫】(12) リュウ

11 硫黄 いおう 酸素族元素の一。

硫黄草 くされだま ▼【黄連花】くされだま 429

石8 【碍】(13) ガイ・ゲ

0 碍げる さまたげる 制止する。

3 碍子 がいし 導体と支持物を絶縁する器具。

石8 【碁】(13) ゴ

3 碁子麺 きしめん ▼【棊子麺】きしめん 192

5 碁石 ごいし 囲碁に用いる黒白二種の石。

9 碁点 ごてん 山形県の温泉。

11 碁笥 ごけ 碁石を入れる器。

15 碁盤 ごばん 碁をうつ盤。

石8 【碓】(13) タイ

0 碓 うす ▼【臼】うす 313

4 碓井 うすい ①福岡県の旧町。②姓氏。

5 碓氷 うすい ①群馬・長野県境の峠。②群馬県の川・旧郡。

石8 【碇】(13) テイ

0 碇 いかり ▼【錨】いかり 385

碇ケ関 いかりがせき ①青森県の旧村。②JR東日本奥羽(おうう)本線の駅。

8 碇泊 ていはく ☆「港に―する客船」

9 碇星 いかりぼし 〔錨星〕カシオペア座の和名。山形星。

碇草 いかりそう 〔仙虚・淫羊藿〕メギ科の多年草。

石8 【碌】(13) ロク・リョク

0 碌でなし ろくでなし 「この―め」

碌に ろくに 「―に休む暇もない」

13 碌碌 ろくろく ▼【陸陸】ろくろく 393

石8 【碗】(13) ワン

0 碗 わん ▼【椀】わん 194

石9 【碣】(14) ケツ

0 碣 いしぶみ ▼【碑】いしぶみ 270

石9 【磁】(14) ジ

5 磁石 じしゃく 「永久―」

石9 【碩】(14) セキ

8 碩学 せきがく★ 学問が広く深いこと。

13 碩鼠 けら ▼【螻蛄】けら 340

16 碩儒 せきじゅ 学問の広く深い学者。

石9 【碪】(14) チン

0 碪 きぬた ①姓氏。②▼【砧】きぬた 269

石9 【碑】(14) ヒ

0 碑 いしぶみ★ 〔碣・石文〕石碑。

4 碑文谷 ひもんや ①東京都の地名。②姓氏。

石9 【碧】(14) ヘキ

← 碧 あお 青色。

→ 碧 みどり 緑色。

3 碧川 みどりかわ 姓氏。

8 碧空 へきくう 青空。

← 碧海 あおみ 姓氏。

→ 碧海 へきかい 愛知県の旧郡。

碧南 へきなん ①愛知県の市。②名鉄三河線の駅。

11 碧魚 しび ▼【鮪】しび 418

碧梧 へきご アオギリの別名。

15 碧潭 へきたん 青々とした水を満々とたたえた、深いふち。

5画 石部 5―9画

石 10 【確】(15) **カク** **たしか・たしかめる**

0 確と しかと☆ 〔聢と〕「―心得た」

確り しっかり☆ 〔聢り〕「気を―もて」

石 10 【碾】(15) **テン・デン**

0 碾き臼 ひきうす 〔挽臼〕 穀物を粉にする道具。

碾く ひく 「石うすでそばの実を―」

9 碾茶 ひきちゃ 〔挽茶〕 抹茶まっちゃ。

石 10 【磐】(15) **ハン・バン**

0 磐 いわ 岩石。

4 磐戸 いわと 〔岩戸・石門〕 岩穴の入り口。

5 磐司岩 ばんじいわ 宮城県の景勝地。

磐石 ばんじゃく☆ 〔盤石〕「―の構え」

磐田 いわた ①静岡県の市・旧郡。②姓氏。

6 磐舟柵 いわふねのさく 古代のとりでの一。

7 磐余 いわれ ①奈良県の古地名。②姓氏。

9 磐城 いわき ①福島県の旧市。②旧国名。現在の福島県東部と宮城県南部。③姓氏。

10 磐座 いわくら 〔石位・岩座〕 神の御座所。

石 10 【磅】(15) **ホウ**

0 磅 ポンド ▼【封】ポンド 106

21 磅礴 ほうはく 混じり合って一つになること。

石 10 【碼】(15) **マ・バ・メ**

0 碼 ヤード 長さの単位。

石 10 【磊】(15) **ライ**

3 磊々峡 らいらいきょう 宮城県の渓谷。

12 磊落 らいらく 「豪放―」

15 磊磊 らいらい 石が多く積み重なっているさま。

磊磊落落 らいらいらくらく 心が広く、小事にこだわらないさま。

石 11 【磚】(16) **セン**

0 磚 せん 中国の灰黒色のれんが。

3 磚子苗 いぬくぐ 〔関子苗・莎草〕 カヤツリグサ科の多年草。

9 磚茶 たんちゃ 茶葉を固めた下級品の茶。

石 11 【磔】(16) **タク**

0 磔 はりつけ 刑罰の一。

6 磔刑 たっけい はりつけの刑。

石 11 【磨】(16) **マ** **みがく**

0 磨ぐ とぐ 「米を―」

磨り臼 すりうす 穀物をする臼。

磨り硝子 すりガラス 不透明にしたガラス。

磨る する ▼【擦る】する 161

3 磨上原 すりあげはら 福島県の高原。

4 磨井 うすい 姓氏。

9 磨穿鉄硯 ませんてっけん 猛烈に勉強する。

11 磨崖仏 まがいぶつ 岩壁の壁面に彫刻してある仏像。

19 磨礪 まれい 鍛練して励む。

石 12 【磯】(17) **キ**

0 磯 いそ 〔礒〕「―のあわびの片思い」

3 磯巾着 いそぎんちゃく ▼【菟葵】いそぎんちゃく 326

5 磯辺 なぎさ ▼【渚】なぎさ 220

磯目 いそめ ▼【磯蚯蚓】いそめ 271

7 磯谷 いそがい 姓氏。

9 磯城 しき ①奈良県の郡。②姓氏。

磯城島 しきしま 大和国磯城しき郡の古地名。

11 磯蚯蚓 いそめ☆ 〔磯目〕 イソメ科の環形動物の総称。

13 磯馴れ そなれ 波風に傾いて樹木が成長する。

19 磯鶏 そけい JR東日本山田線の駅。

石 12 【礁】(17) **ショウ**

0 礁 いくり ▼【海石】いくり 214

石 13 【礒】(18) **ギ**

0 礒 いそ ▼【磯】いそ 271

7 礒貝 いそがい 姓氏。

石 13 【礎】(18) **ソ** **いしずえ**

0 礎 いしずえ 「事業の―を築く」

石 13 【礑】(18) **トウ**

0 礑と はたと 物が軽く当たる音。

石 14 【礪】(19) **レイ**

0 礪く みがく 励む。

8 礪波 となみ 姓氏。

9 礪茶 とのちゃ ▼【砥茶】とのちゃ 269

石 15 【礬】(20) **バン・ハン**

4 礬水 どうさ 〔礬砂・陶砂〕 絵の具のにじみ止め液。

石15 【礫】(20) レキ・リャク

←礫 こいし 小石。

→礫 つぶて ☆〔飛礫〕「梨なしの―」

【示(ネ)】〈しめす〉〈しめすへん〉部

示0 【示】(5) ジ・シ しめす

9 示威 じい 「―行進」

10 示唆 しさ 「―に富む」

11 示現流 じげんりゅう 剣術の一派。

15 示談 じだん 裁判にかけず話し合いで解決する。「―に持ち込む」

示1 【礼】(5) レイ・ライ

4 礼文 れぶん ①北海道の島(―島とう)・海峡(―水道)・山(―岳だけ)・郡・町ちょう。②JR北海道室蘭むろらん本線の駅。

礼文華 れぶんげ 北海道の地名。

8 礼受 れうけ JR北海道留萌るもい本線の駅。

礼拝 らいはい JR東日本越後えちご線の駅。

10 礼記 らいき 儒家の経典の一。

11 礼陰 ライン ヨーロッパの川。

示3 【祁】(8) キ・ギ

12 祁寒 きかん 厳寒。酷寒。

示3 【祁】(7) キ・ギ

12 祁答院 けどういん 鹿児島県の旧町。

示3 【祀】(8) シ

0 祀る まつる 〔祠る〕 祭る。「戦死者の霊を―」

示3 【社】(7) シャ やしろ

0 社 やしろ ①神社。②兵庫県の旧町。③JR西日本加古川線の駅。④姓氏。

10 社家 しゃけ ①神職を世襲する家柄。②姓氏。

15 社稷 しゃしょく ☆ 土地の神と五穀の神。

示4 【祈】(8) キ いのる

0 祈 うけい 〔誓〕 古代の占いの一。

祈ぎ事 ねぎごと 願い事。

6 祈年祭 としごいのまつり 豊作などを願う祭り。

8 祈雨 あまごい 〔雨乞い〕 雨が降るように祈る。

9 祈狩り うけいがり 吉凶を占う狩り。

19 祈禱 きとう ★ 神仏に加護を求めて祈る。

示4 【祇】(9) キ・ギ・シ

8 祇苗島 ただなえじま 東京都の島。

13 祇園 ぎおん ①釈迦しゃかのために建てられた寺のこと。②京都市の地名。

祇園精舎 ぎおんしょうじゃ 「―の鐘の声、諸行無常の響きあり」

示4 【祆】(9) ケン

11 祆教 けんきょう ゾロアスター教で、南北朝時代の中国に伝わったもの。拝火教。

示5 【祠】(10) シ

0 祠 ほこら ★〔叢祠〕 小さいやしろ。

祠る まつる ▼【祀る】まつる 272

示5 【祗】(10) シ

10 祗候 しこう ▼【伺候】しこう 27

14 祗管打坐 しかんたざ ▼【只管打坐】しかんたざ 61

示5 【祝】(9) シュク・シュウ いわう

0 祝 はふり ①神に仕える者。②姓氏。

3 祝子川 ほうりがわ 宮崎県の川。

7 祝言 しゅうげん 「―を挙げる」

11 祝瓶山 いわいがめやま 山形県の山。

祝部 はふり 姓氏。

12 祝詞 のりと ☆ 神事に神前で唱える言葉。

13 祝園 ほうその JR西日本片町線の駅。

祝鳩 もず ▼【百舌】もず 259

14 祝歌 ほぎうた ▼【寿ぎ歌】ほぎうた 106

15 祝儀 しゅうぎ 「―をはずむ」

示5 【神】(9) シン・ジン かみ・かん・こう

1 神一 こうかず 姓氏。

2 神人 じんじ・じんにん 神社に仕え、雑役に従事していた人。

3 神山 こうやま 京都府の山。

神子 みこ ▼【巫女】みこ 119

神子元島 みこもとじま 静岡県の島。

神子畑 みこばた 兵庫県の地名。

神之池 ごうのいけ 茨城県の湖。

←神戸 かんど 島根県東部の川・旧郡。

神戸 かんべ ①三重県の地名。②姓氏。

神戸 ごうど ①わたらせ渓谷鉄道の駅。②岐阜県の町ちょう。

→**神戸** こうべ ①兵庫県の市・港。②民営鉄道(―電鉄)。③阪急の路線(―本線)。④JR西日本東海道本線等の駅。⑤姓氏。

神戸原 ごうどはら 長野県の扇状地。

神水橋 くわみずばし 熊本市電健軍線の停留所。

5 **神功皇后** じんぐうこうごう 記紀所伝の仲哀天皇の皇后。

神司 かんづかさ ▼【神官】かんづかさ 273

神主 かんぬし 神官。

神石 じんせき 広島県の高原・郡・旧町。

神仙菜 あまのり ▼【甘海苔】あまのり 248

←**神代** くましろ 姓氏。

神代 こうじろ ①山口県の旧村。②JR西日本山陽本線の駅。③姓氏。

→**神代** じんだい ①秋田県の地名。②JR東日本田沢湖線の駅。③東京都の地名。

神代町 こうじろまち 島原鉄道の駅。

神田 かんだ ①東京都の川・旧区・地名。②JR東日本京浜(けいひん)東北線等の駅。③山口県の岬。

神辺 かんなべ ①広島県の旧町。②JR西日本福塩線等の駅。

神母木 いげのき 高知県の地名。

神目 こうめ ①JR西日本津山線の駅。②姓氏。

神立 かんだつ JR東日本常磐(じょうばん)線の駅。

6 **神在月** かみありづき 〔神有月〕(出雲(いずも)の国で)陰暦十月。

神西 じんざい 島根県の湖。

7 **神足** こうたり 京都府の地名。

神坂峠 みさかとうげ 長野・岐阜県境の峠。

神巫 いちこ ▼【巫子】いちこ 119

8 **神官** かんづかさ 〔神司〕 神に仕える人。

神事 かみわざ 〔神業〕 神にしかできないような技。「まさに―だ」

神実 かんざね 〔主神〕 神体。

神奈川 かながわ ①関東地方の県。②横浜市の行政区。

神門 ごうと 姓氏。

←**神威** かむい 北海道の山(―岳(だけ))・岬・海岸(―古潭(こたん))。

→**神威** かもい ①北海道の地名。②姓氏。

神海 こうみ 樽見(たるみ)鉄道の駅。

神祇 じんぎ ☆ 天の神と地の神。

神室山 かむろさん 秋田・山形県境の山。

神津島 こうづしま 東京都の島・村(むら)。

神神しい こうごうしい 「―神社のたたずまい」

←**神前** かみざき 三重県の湾。

→**神前** かんざき JR四国高徳線の駅。

神草 にんじん ▼【人参】にんじん 20

神畑 かばたけ 上田電鉄別所線の駅。

神保町 じんぼうちょう ①東京都の地名。②都営地下鉄三田線等の駅。

神俣 かんまた JR東日本磐越東(ばんえつとう)線の駅。

10 **神恵内** かもえない 北海道の村(むら)。

神原峠 かんばらとうげ 岐阜県の峠。

神酒 みき 〔御酒〕 神に供える酒。

神栖 かみす 茨城県の市。

神通 じんづう 岐阜県の川・峡谷(―峡)・地名。

神島 こうのしま 岡山県の島。

←**神馬藻** なのりそ ▼【莫告藻】なのりそ 323

→**神馬藻** ほんだわら ☆ 〔馬尾藻〕ヒバマタ目の海藻。

神浦 こうのうら 長崎県の地名。

神峰山 かみねさん 茨城県の山。

神流 かんな 群馬県の川・町(まち)。

11 **神埼** かんざき ①佐賀県の郡・市。②JR九州長崎本線の駅。

神郷 しんごう 岡山県の旧町。

神崎 こうざき ①千葉県の町(まち)。②長崎県の岬。

神野山 こうのやま 奈良県の山。

神野瀬川 かんのせがわ 広島県の川。

神鹿 しんろく 神社で飼っているシカ。

12 **神集島** かしわじま 佐賀県の島。

←**神湊** かみなと 東京都の港。

→**神湊** こうのみなと 福岡県の地名。

神着 かみつき 東京都の地名。

神道 しんとう 日本民族固有の信仰。

神無月 かんなづき 陰暦十月。

13 **神楽** かぐら ☆ ①神をまつるための歌舞。②北海道の旧町。③姓氏。

神楽月 かぐらづき 陰暦十一月。

神楽坂 かぐらざか ①東京都の坂・地名。②東京地下鉄(東京メトロ)東西線の駅。
神滝 みたき 宮城県の温泉。
神農原 かのはら 上信電鉄の駅。
14 神嘗祭 かんなめさい 皇室の大祭の一。
神領 じんりょう ①愛知県の地名。②JR東海中央本線の駅。
17 神鍋山 かんなべやま 兵庫県の山。
神輿 みこし・しんよ ▼【御輿】みこし 135
19 神韻縹渺 しんいんひょうびょう 芸術作品のすぐれたさま。
22 神籠石 こうごいし 古代の山城の遺跡の一。
23 神籤 みくじ 運勢を占うくじ。
25 神籬 ひもろぎ☆ 神事で神を招請するための榊(さかき)。

示5 **【祟】**(10) **スイ**
0 祟り たたり☆ 神仏や霊のとがめ。
祟る たたる 「無理が―」

示5 **【祖】**(9) **ソ**
0 祖 おや 先祖。
4 祖父 じい 父母の父を呼ぶ称。
祖父江 そぶえ ①愛知県の旧町。②姓氏。
5 祖母井 うばがい ①栃木県の旧町。②姓氏。
祖母谷 ばばだに 富山県の温泉。
祖母島 うばしま JR東日本吾妻(あがつま)線の駅。
7 祖谷 いや ①徳島県の川・地名。②姓氏。
祖谷口 いやぐち JR四国土讃(どさん)線の駅。
10 祖師谷 そしがや 東京都の地名。

示5 **【祓】**(10) **フツ**
0 祓う はらう 「悪霊を―」
祓え はらえ 災いをとりのぞく儀式。また、その祈りの言葉。
3 祓川 はらいがわ ①福岡県の川。②姓氏。

示5 **【祐】**(9) **ユウ**
0 祐ける たすける ▼【援ける】たすける 158
12 祐筆 ゆうひつ ▼【右筆】ゆうひつ 59

示6 **【祭】**(11) **サイ まつる・まつり**
4 祭文 さいもん 神霊に告げる文。
8 祭祀 さいし 祭典。まつり。

示6 **【祥】**(10) **ショウ**
0 祥 さが 前兆。
12 祥雲 さくも 姓氏。
←祥瑞 しょうずい 吉兆。
→祥瑞 しょんずい 染め付け磁器の一。

示8 **【禁】**(13) **キン**
0 禁むる とどむる 制止する。
禁める いましめる ▼【戒める】いましめる 148
6 禁色 きんじき 着用を禁じられた服色。
8 禁物 きんもつ 「過信は―」
11 禁野 しめの 姓氏。
13 禁遏 きんあつ 抑えてやめさせる。
禁裏 きんり 皇居。
18 禁闕 きんけつ 皇居の門。

示8 **【禄】**(12) **ロク**
10 禄剛崎 ろっこうざき 石川県の岬。

示9 **【禍】**(13) **カ**
0 禍 わざわい 「口は―のもと」
7 禍言 まがごと 不吉な言葉。
8 禍事 まがごと 凶事。
10 禍根 かこん 「将来に―を残す」
13 禍禍しい まがまがしい 〔曲曲しい・枉枉しい〕 不吉。

示9 **【禊】**(14) **ケイ**
0 禊 みそぎ☆ ①罪やけがれを洗い流す。②姓氏。
12 禊萩 みそはぎ 〔千屈菜〕ミソハギ科の多年草。

示9 **【禅】**(13) **ゼン**
0 禅 ゆずり 姓氏。
8 禅定 ぜんじょう ①宗教的な状態に入る。②山の頂上。絶頂。
20 禅譲 ぜんじょう☆ 天子が位を有徳の者に譲る。

示9 **【禎】**(13) **テイ**
13 禎瑞 ていずい 愛媛県の地名。

示9 **【福】**(13) **フク**
0 福い さいわい ▼【幸い】さいわい 124
5 福生 ふっさ ①東京都の市。②JR東日本青梅(おうめ)線の駅。③姓氏。
福田 ふくで 静岡県の旧町。
6 福地 ふくじ ①岐阜県の温泉。②沖縄県の川。

7 福寿草 ふくじゅそう〔献歳菊・側金盞花・元日草〕キンポウゲ科の多年草。
福住 ふくすみ 兵庫県の地名。
福良 ふくら ①兵庫県の地名・港。②姓氏。
福良雀 ふくらすずめ〔脹雀〕女性の髪の結い方の一。
9 福栄 ふくえ 山口県の旧村。
福音 ふくいん 喜ばしい知らせ。
10 福島鳥 カナリア ▼【金糸雀】カナリア 380
福浦 ふくら ①青森県の岬(―崎)。②石川県の地名。
11 福部 ふくべ ①鳥取県の砂丘・旧村。②JR西日本山陰本線の駅。
12 福渡 ふくわた 栃木県の温泉。

示11 **【禦】**(16) **ギョ**
0 禦ぐ ふせぐ ☆〔拒ぐ〕防ぐ。

示14 **【禰】**(19) **デイ・ネイ**
8 禰宜 ねぎ★ 神職の総称の一。

示14 **【禱】**(19) **トウ**
0 禱る いのる 祈る。「神に―」
8 禱祀 とうし いのりまつる。

【内】〈ぐうのあし〉部

内4 **【禹】**(9) **ウ**
6 禹行舜趨 うこうしゅんすう 徳が伴わないさま。

内4 **【禺】**(9) **グウ・グ**
0 禺 おながざる ▼【尾長猿】おながざる 112

内8 **【禽】**(13) **キン・ゴン**
0 禽 とり 鳥。
16 禽獣 きんじゅう ☆ 鳥とけだもの。

【禾】〈のぎ〉〈のぎへん〉部

禾0 **【禾】**(5) **カ**
0 禾 のぎ 細長く切った金箔(きんぱく)・銀箔。
5 禾生 かせい 富士急行大月線の駅。
禾本科 かほんか イネ科の旧称。
8 禾果 かか 稲や果物。
11 禾菁 すずな ▼【菘】すずな 324
14 禾穀 かこく 穀物の総称。
15 禾稼 かか 穀物。
禾穂 かすい 稲の穂。

禾2 **【私】**(7) **シ わたくし**
0 私 きさい 姓氏。
私か ひそか ☆ ▼【密か】ひそか 104
←私市 きさい 姓氏。
→私市 きさいち ①大阪府の地名。②京阪(けいはん)電鉄交野(かたの)線の駅。
6 私曲 しきょく 自分の利益になるようにする。
11 私都 きさい 姓氏。
←私語 ささめ・ささめき・ささめごと
→私語 ささやき〔細語・囁き〕「愛の―」ひそひそ話。
私語く ささやく ▼【囁く】ささやく 74

禾2 **【秀】**(7) **シュウ ひいでる**
0 秀でる ひいでる 他が及ばないほどすぐれる。「語学に―」
8 秀枝 ほつえ ▼【上枝】ほつえ 8
秀実 ほずみ 姓氏。
10 秀真 ほつま 姓氏。

禾2 **【禿】**(7) **トク**
←禿 かむろ・かぶろ ①子供の髪型。②姓氏。
→禿 はげ 頭に毛がない。
禿げる はげる 「頭が―」
禿げ頭 はげあたま〔鬼舐頭〕頭髪の抜けた頭。
禿びる ちびる 「鉛筆が―」
12 禿筆 とくひつ・ちびふで★ 先がすりきれた筆。
16 禿頭 とくとう〔兀頭〕頭髪の抜けた頭。
24 禿鷹 はげたか ハゲワシ・コンドル類の俗称。

禾3 **【秉】**(8) **ヘイ・ヒョウ**
0 秉る とる 手に持つ。
5 秉払 ひんぽつ 仏教で、住持が高弟に代理で説法をさせること。
17 秉燭 へいしょく 夕刻。

禾4 **【科】**(9) **カ**
←科 しぐさ 演劇での動作。
科 しな 人に備わる好ましい様子。
→科 とが★ ▼【咎】とが 65
2 科人 とがにん ▼【咎人】とがにん 65

4 **科木** しなのき 〔榀の木・級木〕 シナノキ科の落葉高木。
5 **科白** せりふ ☆ ▼【台詞】せりふ 61
9 **科威都** クウェート 国名。
10 **科料** かりょう・とがりょう 軽犯罪に科す財産刑。
11 **科野** しなの 長野県の旧村。

禾4 **【秋】**(9) **シュウ** **あき**

0 **秋** とき 「決戦の━」
2 **秋丁字** あきちょうじ 〔香茶菜〕 シソ科の多年草。
秋刀魚 さんま ☆ 〔青串魚・三摩〕 ダツ目の海魚。
秋入梅 あきついり 〔秋黴雨〕 秋の長雨。
7 **秋沙** あいさ カモ科アイサ族の総称。
9 **秋海棠** しゅうかいどう 〔断腸花〕 シュウカイドウ科の多年草。
秋津洲 あきつしま 日本国の異称。
秋保 あきう ①宮城県の温泉・旧町。②姓氏。
秋勇留島 あきゆりとう 北海道の島。
10 **秋桜** コスモス☆ キク科の一年草。
秋唐松 あきからまつ キンポウゲ科の多年草。
秋留 あきる 東京都の地域。
11 **秋鹿** あいか 姓氏。
12 **秋葵** とろろあおい ▼【黄蜀葵】とろろあおい 429
秋葉 あきは ①静岡県の山(━山さん)。②新潟市の行政区。
秋葉原 あきはばら ①東京都の地名。②JR東日本山手やまのて線等の駅。
13 **秋楡** あきにれ 〔榔楡・白楡〕 ニレ科の落葉高木。
15 **秋穂** あいお 山口県の湾・旧町。
16 **秋霖** しゅうりん 初秋の長雨。
18 **秋蟬** あきぜみ・しゅうせん 秋に鳴くセミ。
19 **秋蘭** ふじばかま ▼【藤袴】ふじばかま 332
23 **秋黴雨** あきついり ▼【秋入梅】あきついり 276

禾4 **【秕】**(9) **ヒ**

0 **秕** しいな ▼【粃】しいな 287

禾5 **【秧】**(10) **ヨウ・オウ**

0 **秧** さなえ ▼【早苗】さなえ 170
5 **秧田** なわしろ ▼【苗代】なわしろ 319
19 **秧鶏** くいな ★ ▼【水鶏】くいな 207

禾5 **【秭】**(10) **シ**

0 **秭** し 数の単位の一。

禾5 **【称】**(10) **ショウ**

← **称える** たたえる 〔讃える・賛える〕 「栄誉を━」
→ **称える** となえる その名で呼ぶ。
6 **称名** しょうみょう 仏の名を唱える。

禾5 **【秤】**(10) **ヒョウ・ビン・ショウ**

0 **秤** はかり 物の重さをはかるもの。
12 **秤量** しょうりょう・ひょうりょう ☆ はかりで重さをはかる。

禾5 **【秦】**(10) **シン**

← **秦** はた 姓氏。
→ **秦** はだ 岡山県の地名。
5 **秦皮** とねりこ ▼【梣】とねりこ 191
← **秦吉了** いんこ ▼【鸚哥】いんこ 427
→ **秦吉了** きゅうかんちょう 〔九官鳥〕 ムクドリ科の鳥。
9 **秦荘** はたしょう 滋賀県の旧町。
11 **秦菘** すずしろ ▼【蘿蔔】すずしろ 334
秦野 はだの ①神奈川県の盆地・市・峠。②小田急小田原線の駅。③姓氏。

禾5 **【秩】**(10) **チツ**

4 **秩父** ちちぶ ①埼玉県の湖・盆地・山地・郡・市。②民営鉄道(━鉄道)。③秩父鉄道の駅。④姓氏。
秩父別 ちっぷべつ ①北海道の原野・町ちょう。②JR北海道留萌るもい本線の駅。

禾5 **【秘】**(10) **ヒ** **ひめる**

0 **秘か** ひそか ▼【密か】ひそか 104
秘す かくす 隠す。
11 **秘訣** ひけつ ★ 「上達の━」
12 **秘奥** ひおう 物事の奥底。
21 **秘露** ペルー 国名。
25 **秘鑰** ひやく ☆ 秘密の鍵かぎ。神秘を明らかにする手がかり。

禾5 **【秣】**(10) **バツ・マツ**

0 **秣** まぐさ 〔馬草〕 かいば。
8 **秣岳** まぐさだけ 秋田県の山。

禾6 **【移】**(11) **イ** **うつる・うつす**

9 **移封** いほう 国替え。

11 **移菊** うつろいぎく 男女ともに秋に用いた襲(かさね)の色目の名。

移徙 わたまし ▼【渡座】わたまし 223

禾7 **【稀】**(12) **キ・ケ**

0 **稀** まれ 〔希・罕〕「たぐい―な才能」

4 **稀少** きしょう 〔希少〕「―価値」

← **稀代** きだい☆ 〔希代〕「―の大悪人」

→ **稀代** けったい ▼【卦体】けったい 55

6 **稀有** けう☆ ▼【希有】けう 121

8 **稀者** まれもの 優れている人。

← **稀府** まれっぷ JR北海道室蘭(むろらん)本線の駅。

→ **稀府** まれふ 北海道の地名。

9 **稀音家** きねや 姓氏。

17 **稀覯** きこう ▼【希覯】きこう 121

禾7 **【稍】**(12) **ソウ・ショウ**

← **稍** かなえ 姓氏。

→ **稍** やや 〔稍稍・漸〕わずか。しばらく。

12 **稍寒** ややさむ 肌寒い。

稍稍 やや ▼【稍】やや 277

禾7 **【税】**(12) **ゼイ**

0 **税** ちから ①上納されるみつぎもの。②姓氏。

8 **税所** さいしょ 姓氏。

禾7 **【程】**(12) **テイ ほど**

12 **程程** ほどほど 「ふざけるのも―にしろ」

禾8 **【稔】**(13) **ネン・ジン**

0 **稔る** みのる 実る。

禾8 **【稚】**(13) **チ**

← **稚い** いとけない☆ ▼【幼けない】いとけない 125

→ **稚い** おさない ▼【幼い】おさない 125

4 **稚内** わっかない ①北海道の市・港。②JR北海道宗谷(そうや)本線の駅。③姓氏。

7 **稚児** ちご 祭礼で天童に扮する男女児。

稚児車 ちんぐるま 白い花をつける高山植物。

9 **稚海藻** わかめ ▼【若布】わかめ 318

稚咲内 わっかさかない 北海道の地名。

21 **稚鰤** わらさ ブリの幼魚。

禾8 **【稠】**(13) **チュウ・チョウ**

11 **稠密** ちゅうみつ 人口などがこみあうこと。

禾8 **【稙】**(13) **チョク・ショク**

5 **稙田** わさだ ①大分県の旧地名。②姓氏。

禾8 **【稗】**(13) **ハイ**

0 **稗** ひえ 〔穇〕イネ科の一年草。

3 **稗己屋山** ひえごややま 高知県の山。

5 **稗史** はいし☆ 歴史小説。

稗田 ひえだ ①奈良県の地名。②姓氏。

稗田阿礼 ひえだのあれ 天武天皇の舎人(とねり)。

11 **稗貫** ひえぬき 岩手県の旧郡。

禾8 **【稟】**(13) **ヒン・ホン・リン**

0 **稟ける** うける 受ける。

15 **稟質** ひんしつ☆ 生まれつきの性質。

20 **稟議** りんぎ 案を関係者に回し、承認を得ること。「―書を提出する」

禾8 **【稜】**(13) **リョウ・ロウ**

← **稜** かど 角。

→ **稜** そば 物のかど。

9 **稜威** いつ・みいつ 神聖であること。

13 **稜稜** りょうりょう 角立つさま。

禾9 **【稭】**(14) **カイ・カツ**

0 **稭** しべ 稲穂のしん。

禾9 **【穀】**(14) **コク**

11 **穀菽** こくしゅく 穀物と豆類。

12 **穀象虫** こくぞうむし オサゾウムシ科の甲虫。

15 **穀潰し** ごくつぶし 飯を食うだけで、毎日を無為に過ごしている人。

禾9 **【種】**(14) **シュ たね**

0 **種える** うえる 植える。

3 **種山** くさやま 姓氏。

種子 たね 「けんかの―」

種子島 たねがしま ①鹿児島県の島・海峡。②姓氏。

5 **種田** おいだ・たねだ 姓氏。

種田山頭火 たねださんとうか 俳人。

8 **種姓** すじょう ▼【素性】すじょう 291

種苧原 たなすはら 新潟県の地名。

9 **種籾** たねもみ 種としてまくために選んだ籾。

10 種差 たねさし 青森県の海岸・地名。
14 種種 くさぐさ・しゅじゅ・さまざま・いろいろ 種類が多いさま。

禾9 【稲】(14) **トウ** **いね・いな**

3 稲子 いなご ▼【蝗】いなご 338
5 稲生 いのう 姓氏。
6 稲扱き いねこき 脱穀。
7 稲作 いなさく 「今年の—は平年並みだ」
8 稲茎 いながら ▼【稲幹】いながら 278
9 稲架 はさ☆ 稲をかけて乾かす設備。
稲城 いなぎ ①東京都の市。②京王相模原線の駅。③姓氏。
10 稲荷 いなり☆ ①穀物の神をまつった神社。②キツネ。③油揚げ。「—ずし」
11 稲梓 いなずさ 伊豆急行伊豆急行線の駅。
稲舂虫 いねつきむし ショウリョウバッタの別名。
13 稲幹 いながら 〔稲茎〕 稲の茎。
稲置 いなぎ 姓氏。
14 稲魂 うかのみたま ▼【倉稲魂】うかのみたま 31
稲魂女 うかのめ 食物の神。
15 稲穂 いなほ イネの穂。
稲熱病 いもちびょう イネの病害。
稲敷 いなしき 茨城県の郡・市。
16 稲積 にお わら塚。
稲築 いなつき 福岡県の旧町。
18 稲叢 いなむら 稲を積み重ねたもの。

禾10 【稼】(15) **カ** **かせぐ**

18 稼穡 かしょく 種まきと収穫。

禾10 【稽】(15) **ケイ・ケ**

5 稽古 けいこ 「ピアノの—」

禾10 【稿】(15) **コウ**

0 稿する こうする 原稿を書く。

禾10 【稷】(15) **ショク・ソク**

0 稷 きび ▼【黍】きび 430

禾10 【穂】(15) **スイ** **ほ**

12 穂集 ほづめ 姓氏。
16 穂積 ほづみ 姓氏。

禾11 【穎】(16) **エイ**

3 穎才 えいさい 〔英才〕 すぐれた才能。
穎川 えがわ 姓氏。
8 穎果 えいか 乾果の一種。
9 穎娃 えい 姓氏。
10 穎悟 えいご 賢いこと。
11 穎脱 えいだつ★ 才能が抜群なこと。

禾11 【穏】(16) **オン** **おだやか**

6 穏地 おち 島根県の旧郡。
12 穏斯 オンス 重さ・体積の単位。

禾11 【穇】(16) **サン**

0 穇 ひえ ▼【稗】ひえ 277

禾11 【積】(16) **セキ** **つむ・つもる**

0 積ん読 つんどく 本を買い、読まずに積んでおく。
4 積丹 しゃこたん ①北海道の半島・岬・山(—岳だけ)・郡・町ちょう。②姓氏。
14 積翠寺 せきすいじ 山梨県の温泉。

禾13 【穫】(18) **カク**

0 穫る とる 「きのこを—」

禾13 【穣】(18) **ジョウ**

0 穣 じょう 数の単位の一。
18 穣穣 じょうじょう 穀物がよく実っているさま。

禾13 【穢】(18) **ワイ・エ・アイ**

0 穢す けがす 〔瀆す〕「聖域を—」
穢れる けがれる 美しさが損われる。「身も心も—」
3 穢土 えど 煩悩ぼんのうのある世界。

禾15 【穭】(20) **リョ**

0 穭 ひつじ ひこばえ。

【穴】〈あな〉〈あなかんむり〉部

穴0 【穴】(5) **ケツ** **あな**

3 穴子 あなご 〔海鰻〕 アナゴ科の海魚の総称。
4 穴太 あのう ①滋賀県の地名。②京阪けいはん電鉄石山坂本いしやまさかもと線の駅。③三岐さんぎ鉄道北勢線の駅。④姓氏。
5 穴生 あのお 筑豊ちくほう電気鉄道の駅。
穴布 あなめ コンブ目の海藻。
12 穴勝 あながち ▼【強ち】あながち 129
穴惑い あなまどい 冬眠しないへび。

14 穴熊 あなぐま 〔貛〕 イタチ科の哺乳(ほにゅう)類。

15 穴蔵 あなぐら ▼【窖】あなぐら 279

16 穴賢 あなかしこ 〔恐惶〕 書状を結ぶ語。

穴縢り あなかがり 穴の縁をかがり縫う。

17 穴磯 あなし 姓氏。

穴2 **【究】**(7) **キュウ きわめる**

←究竟 きゅうきょう 物事を極限まで突き詰める。

究竟 くきょう 仏教で、悟りを究めた無上の境地。

→究竟 くっきょう ☆〔屈竟〕 結局。

穴3 **【穹】**(8) **キュウ**

17 穹窿 きゅうりゅう 大空。

穴3 **【空】**(8) **クウ そら・あく・あける・から**

←空 あだ ▼【徒】あだ 132

→空 うろ ▼【虚】うろ 334

空く すく 「腹が―」

空け者 うつけもの ▼【呆気者】うつけもの 65

空しい むなしい 〔虚しい〕 「―生活」

空ろ うつろ 〔虚ろ〕 「―なひとみ」

4 空五倍子 うつぶし 〔空柴〕「五倍子(ふし)」のこと。

空木 うつぎ ☆〔卯木・楊櫨木・溲疏〕 ユキノシタ科の落葉低木。

空木岳 うつぎだけ 長野県の山。

5 空穴 からけつ 財布に金がない。

7 空身 からみ 荷物を持たない。

8 空知 そらち 北海道の川・山地・支庁・郡。

9 空柴 うつぶし ▼【空五倍子】うつぶし 279

空柱 うつおばしら 雨どい用の中空の柱。

10 空梅雨 からつゆ 雨の少ないつゆ。

11 空勘文 うつぼかもん 古代の上申書。

空惚ける そらとぼける わざと知らないふりをする。

空堀 からぼり 大阪府の地名。

14 空閨 くうけい 「―をかこつ」

15 空穂 うつぼ ▼【靫】うつぼ 401

18 空蟬 うつせみ 〔虚蟬・現身・現人〕 この世の人。現世。

23 空籤 からくじ 「―なし」

穴3 **【突】**(8) **トツ つく**

0 突っ支い つっかい 物が倒れないように支えるもの。

突っ慳貪 つっけんどん 「―な口調」

3 突兀 とっこつ 石などが高く突き出ているさま。

5 突尼斯 チュニス チュニジアの首都。

6 突如 とつじょ 「―変心する」

8 突拍子もない とっぴょうしもない とほうもない。

穴4 **【窃】**(9) **セツ**

0 窃か ひそか ☆▼【密か】ひそか 104

窃む ぬすむ ▼【偸む】ぬすむ 33

←窃衣 すなびきそう 〔砂引草〕 ムラサキ科の多年草。

→窃衣 やぶじらみ ▼【藪虱】やぶじらみ 332

9 窃窃 こそこそ 「―と逃げ出す」

穴4 **【穿】**(9) **セン**

0 穿く はく 「ズボンを―」

穿つ うがつ ★〔鑿つ〕 「岩を―」

穿る ほじくる 「重箱の隅を―」

3 穿山甲 せんざんこう 有鱗目の哺乳(ほにゅう)類の総称。

28 穿鑿 せんさく 「私生活を―する」

穴5 **【窄】**(10) **サク**

0 窄む すぼむ ★ ちぢむ。

穴5 **【窈】**(10) **ヨウ**

11 窈窕 ようちょう 上品でたおやかなさま。

穴6 **【窓】**(11) **ソウ まど**

10 窓紗 そうさ カーテン。

穴6 **【窒】**(11) **チツ**

7 窒扶斯 チフス 感染症の一。

穴7 **【窘】**(12) **キン**

0 窘しめる くるしめる 困難にあう。

窘める たしなめる ★ 穏やかに注意して叱る。

穴7 **【窖】**(12) **コウ**

0 窖 あなぐら 〔穴蔵・土窖〕 地下の貯蔵所。

15 窖窯 あながま かまの形式の一。

穴7 **【窗】**(12) **ソウ**

0 窗 まど 窓。「ガラス―」

穴8 **【窠】**(13) **カ**

4 窠文 かもん 有職(ゆうそく)文様の一。

穴8 【窟】(13) コツ・クツ

← 窟 あな 洞穴。

→ 窟 いわや ①〔石屋〕岩壁にできた洞穴。②姓氏。

穴9 【窩】(14) カ・ワ

5 窩主買い けいずかい 盗品を売買すること。

17 窩闊台 オゴタイ モンゴル帝国第二代皇帝。

穴9 【窪】(14) ワ

0 窪 くぼ・くぼみ 周囲より低いところ。

窪む くぼむ☆ ▼【凹む】くぼむ 43

6 窪地 くぼち ▼【凹地】くぼち 43

穴10 【窮】(15) キュウ きわめる・きわまる

8 窮屈 きゅうくつ 「―な服」

10 窮鬼 いきすだま ▼【生魑魅】いきすだま 250

11 窮措大 きゅうそだい 貧乏な学者や書生。

13 窮鳥 きゅうちょう 追い詰められ、逃げ場を失った鳥。

窮鼠 きゅうそ 「―猫をかむ」

穴10 【窯】(15) ヨウ かま

13 窯業 ようぎょう 窯(かま)を用いて陶磁器を造る工業。

穴11 【窺】(16) キ

0 窺う うかがう★ 〔覗う・覘う〕「家の中を―」

窺く のぞく すき間や穴などを通してみる。

7 窺見 うかみ 〔間諜・候・斥候〕見張り。ものみ。

穴11 【窶】(16) ク

0 窶す やつす ▼【俏す】やつす 30

窶れる やつれる 苦労などのためにやせる。

穴13 【竄】(18) ザン・サン

0 竄れる かくれる 身をくらます。

穴16 【竈】(21) ソウ

0 竈 かま・へど・へっつい 鍋などをかけて煮炊きする調理設備。

3 竈山 かまやま 和歌山電鉄貴志川線の駅。

6 竈虫 こおろぎ ▼【蟋蟀】こおろぎ 339

8 竈門 かまど 姓氏。

9 竈神 かまがみ かまどの守護神。

10 竈馬 かまどうま・いいぎり カマドウマ科の昆虫。

13 竈煙 そうえん かまどの煙。

14 竈墨 へすみ・へすび かまどに積もったすす。

【立】〈たつ〉〈たつへん〉部

立0 【立】(5) リツ・リュウ たつ・たてる

0 立 リットル☆ 体積の単位。

立ち退く たちのく☆ 今いる場所をはなれる。

立ろに たちどころに その場ですぐに。

3 立久恵峡 たちくえきょう 島根県の渓谷。

立山 たてやま ①富山県の温泉・山・町(まち)・街道。②富山地方鉄道の路線・駅。

立川下名 たじかわしもみょう 高知県の地名。

4 立木 ついき 姓氏。

5 立礼 りゅうれい 茶道の作法の一。

立石 たていし ①福井県の岬。②三重県南部の岬(―崎)。③大分県の旧町。④JR九州日豊(にっぽう)本線の駅。

立田 たつた 愛知県の旧村。

立付 たっつけ ▼【裁着】たっつけ 344

立目崎 たつめざき 鹿児島県の岬。

7 立谷川 たちやがわ 山形県の川。

立売堀 いたちぼり ①大阪府の川・地名。②姓氏。

8 立杭 たちくい 兵庫県の地名。

立版古 たてばんこ 子どもの遊具の一。

9 立科 たてしな 長野県の町(まち)。

立待月 たちまちづき 陰暦一七日の月。

立待岬 たちまちみさき 北海道の岬。

10 立涌 たてわく 有職(ゆうそく)文様の一。

12 立葵 たちあおい 〔蜀葵〕アオイ科の越年草。

14 立端 たっぱ 〔建端〕人の身長。

16 立錐 りっすい☆ 「―の余地もない」

23 立纓 りゅうえい 冠の纓(えい)が上方に立っているもの。

立2 【竍】(7) デカリットル

0 竍 デカリットル 体積の単位。

立3 【竏】(8) キロリットル

0 竏 キロリットル★ 体積の単位。

立4 【竕】(9) デシリットル

0 竕 デシリットル 体積の単位。

立4 **【瓱】**(9) **ミリリットル**

0 **瓱** ミリリットル 体積の単位。

立6 **【竟】**(11) **ケイ・キョウ**

0 **竟に** ついに ▼【終に】ついに 293

竟わる おわる ▼【了わる】おわる 16

立6 **【章】**(11) **ショウ**

0 **章らか** あきらか 明らか。

7 **章花魚** いいだこ ▼【飯蛸】いいだこ 407

11 **章魚** たこ☆ ▼【蛸】たこ 337

章断ち しとだち 出棺後、門戸に注連縄(しめなわ)を引き渡すこと。

立6 **【竡】**(11) **ヘクトリットル**

0 **竡** ヘクトリットル 体積の単位。

立7 **【竣】**(12) **シュン**

6 **竣成** しゅんせい 建築物などができあがる。

立7 **【竦】**(12) **ショウ**

0 **竦む** すくむ 恐れで動けなくなる。

竦める すくめる 「首を―」

竦れる おそれる 恐れる。

12 **竦然** しょうぜん☆ 141 ▼【悚然】しょうぜん

立7 **【童】**(12) **ドウ わらべ**

← **童** わらし 「座敷―」

→ **童** わらわ 幼い子ども。

7 **童男** おぐな 男の子。

16 **童謡** わざうた 〔謡歌〕上代歌謡の一。政治上の風刺や社会的事件を予言した。

立8 **【竪】**(13) **シュ・ジュ**

0 **竪** たて ▼【経】たて 292

竪つ たつ 直立する。

3 **竪子** じゅし 子ども。童子。

竪川 たてかわ ①東京都の水路。②姓氏。

10 **竪破山** たつわれさん 茨城県の山。

12 **竪琴** たてごと 弦楽器の一。

立9 **【竭】**(14) **ケツ・ケチ・カツ**

0 **竭きる** つきる 尽きる。

竭くす つくす 尽くす。

立9 **【竰】**(14) **センチリットル**

0 **竰** センチリットル 体積の単位。

立9 **【端】**(14) **タン はし・は・はた**

← **端** つま 物のはし。

→ **端** はな 物事の最初。

4 **端午** たんご 五月五日の節句。

5 **端出場** はでば 愛媛県の集落。

端辺原野 はたべげんや 熊本県の原野。

7 **端折る** はしょる 「話を―」

9 **端海野** たんかいの 熊本県の高原。

端食み はしばみ 板の切り口に縁取りとしてつけた木。

10 **端倪** たんげい★ おしはかる。「―すべからざる事態だ」

端島 はしま ①山口県の島。②長崎県の島。

端唄 はうた 小歌曲。

12 **端間** はたま 西鉄天神大牟田(てんじんおおむた)線の駅。

14 **端境期** はざかいき 農産物の新旧交替期。

端緒 たんしょ・たんちょ 「紛争解決の―となる」

← **端端** つまづま すみずみ。

→ **端端** はしばし 「言葉の―」

立15 **【競】**(20) **キョウ・ケイ きそう・せる**

0 **競** せり☆ 〔糶り〕「―にかける」

競う きおう 張り合う。

競べる くらべる ▼【較べる】くらべる 366

競る せる 勝とうとして争う。

7 **競売** けいばい 競売(きょうばい)の法律用語。

8 **競取り** せどり 〔糶取り〕売買の仲介手数料を取る。

14 **競漕** きょうそう ボートレース。

【竹】〈たけ〉〈たけかんむり〉部

竹0 **【竹】**(6) **チク たけ**

2 **竹刀** しない★ 竹製の刀。

4 **竹内栖鳳** たけうちせいほう 日本画家。

5 **竹生島** ちくぶしま 滋賀県の島。

竹田 たけた 大分県の盆地・市。

竹田津 たけたづ 大分県の地名。

6 **竹光** たけみつ☆ 竹で作った刀身。

7
竹床几 たけしょうぎ 竹製の簡単な腰掛け。
竹麦魚 ほうぼう☆ ▼【魴鮄】ほうぼう 417
8
竹帛 ちくはく 史書。
竹林鳥 るりちょう ▼【瑠璃鳥】るりちょう 247
9
竹瓮 たっぺ 竹製の漁具。
竹柏 なぎ ▼【梛】なぎ 191
10
竹根蛇 ひばかり ▼【日計】ひばかり 169
竹席 たかむしろ ▼【簟】たかむしろ 286
11
竹魚 はぜ ▼【鯊】はぜ 418
12
竹筍 たけのこ ▼【筍】たけのこ 283
竹筒 ささえ 携帯用の竹づつ。
13
竹節虫 ななふし 虫。ナナフシ科の昆虫。
15
竹輪 ちくわ 魚肉のすり身を用いた食品。
16
竹篦 しっぺい 禅宗で、修行者を打つ道具。
竹篦返し しっぺがえし・しっぺいがえし 「—をくらう」
18
竹叢 たかむら ▼【篁】たかむら 285
19
竹鶏 てっけい コジュケイの一亜種。
23
竹籤 たけひご 竹を細く割って削ったもの。

竹 2 【竺】(8) **チク・ジク・トク**
3 竺土 じくど インドの古称。
7 竺志 つくし 姓氏。

竹 3 【竿】(9) **カン**
0 竿 さお 枝葉を取り去った竹の棒。
5 竿代 さおしろ 姓氏。
6 竿灯 かんとう 七夕(たなばた)の行事。

竹 4 【笈】(10) **キュウ・ギュウ**
0 笈 おい 竹製の背負い箱。
笈ヶ岳 おいずるがだけ 富山・石川・岐阜県境の山。
3 笈川 おいかわ 姓氏。

竹 4 【笄】(10) **ケイ**
0 笄 こうがい 女性の髪飾り。

竹 4 【笏】(10) **コツ**
0 笏 しゃく 束帯着用時に持つ板。
11 笏菁 すずな ▼【菘】すずな 324

竹 4 【笋】(10) **ジュン・シュン**
0 笋 たけのこ ▼【筍】たけのこ 283

竹 4 【笑】(10) **ショウ** **わらう・えむ**
4 笑内 おかしない 秋田内陸縦貫鉄道秋田内陸線の駅。
9 笑面夜叉 しょうめんやしゃ いんけんな人。
14 笑窪 えくぼ ▼【靨】えくぼ 401
18 笑顔 えがお 「—で接客する」
23 笑靨花 こごめばな ▼【小米花】こごめばな 108

竹 4 【笊】(10) **ソウ**
0 笊 ざる 竹の編んだ入れ物。
笊ヶ岳 ざるがたけ 山梨・静岡県境の山。
11 笊笥 そうけ ざる。
12 笊森山 ざるもりやま 岩手・秋田県境の山。
15 笊蕎麦 ざるそば ざるに盛った盛り蕎麦。
25 笊籬 いかき ざる。

竹 4 【笆】(10) **ハ**
0 笆 まがき 姓氏。
12 笆棒 ませぼう 〔馬塞棒〕馬の出入りを防ぐ横木。

竹 5 【笳】(11) **カ**
0 笳 あしぶえ 管楽器の一。

竹 5 【笹】(11) **ささ**
0 笹ヶ平 ささがなる 鳥取県の高原。
3 笹子 じねご 秋田県の旧村。
5 笹生川 さそうがわ 福井県の川。
7 笹身 ささみ ニワトリの胸部の肉。
10 笹原 ささばる ①佐賀県の峠。②JR九州鹿児島本線の駅。
13 笹掻 ささがき 野菜の切り方の一。「—牛蒡(ごぼう)」

竹 5 【笥】(11) **シ・ス**
← 笥 いしみ 〔畚〕竹で編んだかご。
笥 け 食物を盛る容器。
→ 笥 はこ 箱。
4 笥内 はこうち 姓氏。
22 笥籠 けご・けこ 食物を盛る器。

竹 5 【笙】(11) **セイ・ショウ**
0 笙 しょう 雅楽の管楽器の一。

竹 5 【第】(11) **ダイ**
6 第宅 ていたく 邸宅。

竹 5 【笞】(11) **チ**

0 箚 むち ▼【鞭】ちむ 402

箚つ むちうつ むちで人をたたく。

16 箚撻 ちたつ むち打つ。

竹5【笛】(11) テキ ふえ

5 笛卡児 デカルト フランスの哲学者。

竹5【符】(11) フ

13 符節 ふせつ 割り符。

竹5【笨】(11) ホン

0 笨い あらい 粗雑であるさま。

竹5【笠】(11) リュウ

←笠 かさ 〔傘〕雨雪・日光を防ぐために頭に直接かぶるもの。

→笠 りゅう 姓氏。

3 笠子 かさご フサカサゴ科の海魚の総称。

笠女郎 かさのいらつめ 万葉歌人。

笠上黒生 かさがみくろはえ 銚子(ちょうし)電鉄の駅。

4 笠戸 かさど 山口県の島・湾。

5 笠田 かせだ ①和歌山県の地名。②JR西日本和歌山線の駅。

6 笠合 かさい 姓氏。

7 笠沙 かささ 鹿児島県の旧町。

13 笠置 かさぎ ①岐阜県の山。②京都府の山・町(ちょう)。③JR西日本関西本線の駅。④京都府・奈良県の街道。⑤奈良・京都・三重・滋賀の山地。⑥姓氏。

20 笠懸 かさかけ 群馬県東部の扇状地(―野)・旧町。

竹6【筈】(12) カツ

0 筈 はず 〔弭〕弓の両端の弦をかけるところ。

竹6【筐】(12) キョウ

←筐 かたみ 竹製のかご。

→筐 はこ ▼【函】こは 43

8 筐底 きょうてい 〔篋底〕箱の底。

竹6【筋】(12) キン すじ

4 筋斗 とんぼ きんと 「とんぼ返り」のこと。地を踏んでする宙返り。

6 筋交い すじかい 〔筋違い〕斜めに交差すること。

13 筋腫 きんしゅ 「子宮―」

竹6【筕】(12) コウ

16 筕篖 アンペラ カヤツリグサ科の多年草。また、その茎で編んだむしろ。

竹6【策】(12) サク

0 策 むち ▼【鞭】ちむ 402

竹6【筍】(12) ジュン・シュン

0 筍 たけのこ 〔笋・竹筍〕タケの地下茎から生じた若芽。

竹6【筬】(12) セイ

0 筬 おさ☆ 織機の付属用具の一。

6 筬虫 おさむし ▼【歩行虫】おさむし 202

10 筬島 おさしま JR北海道宗谷(そうや)本線の駅。

竹6【筌】(12) セン

0 筌 うけ・うえ★ 魚具の一。

筌ノ口 うけのくち 大分県の温泉。

7 筌尾 うえお 姓氏。

竹6【筑】(12) チク

3 筑子 こきりこ ▼【小切子】こきりこ 107

筑上 ちくじょう 福岡県の郡・町(まち)。

6 筑西 ちくせい 茨城県の市。

8 筑波 つくば ①茨城県の山(―山(さん))・山地・旧郡・旧町。

9 筑後 ちくご ①福岡県の市・平野。②筑後平野を流れる川。③旧国名。現在の福岡県南西部。

筑前 ちくぜん ①福岡県の町(まち)。②旧国名。現在の福岡県北部。

筑前垣生 ちくぜんはぶ JR九州筑豊(ちくほう)本線の駅。

←筑紫 ちくし ①福岡県の郡。②姓氏。

→筑紫 つくし ①福岡県・佐賀県の山地・平野。②九州北部の旧称。③姓氏。

筑紫野 ちくしの 福岡県の市。

15 筑摩地 つかまち 姓氏。

竹6【答】(12) トウ こたえる・こたえ

0 答え いらえ ▼【応え】いらえ 136

10 答島 こたじま 徳島県の地名。

12 答満林度 タマリンド マメ科の常緑高木。

13 答鉢 たぼ 姓氏。

竹6【等】(12) トウ ひとしい

0 等 など 〔抔〕「雨や風―の被害」

3 等々力 とどろき ①東京都の地名。②東急大井町線の駅。③姓氏。

12 等閑 なおざり★ 「日々の練習を―にする」

竹6【筒】(12) トウ つつ

3 **筒上山** つつじょうざん 愛媛・高知県境の山。

4 **筒元** どうもと 〔胴元〕 賭博とばくなどの親。

竹6 **【筏】**(12) **バツ・ハツ**

0 **筏** いかだ 〔桴・槎・枋・艜〕「—に組む」

竹6 **【筆】**(12) **ヒツ ふで**

2 **筆力扛鼎** ひつりょくこうてい 文章の力強さをいう。

8 **筆忠実** ふでまめ 文章を書くのを面倒がらない。

9 **筆削褒貶** ひっさくほうへん 孔子の春秋の筆法。

10 **筆耕硯田** ひっこうけんでん 文字や文章を書いて生活する。

11 **筆規** ぶんまわし ▼【規】ぶんまわし 348

13 **筆禍** ひっか 「—をこうむる」

筆誅 ひっちゅう 欠点や罪悪などを書きたてる。

16 **筆頭草** すぎな ▼【問荊】すぎな 70

← **筆頭菜** すぎな ▼【問荊】すぎな 70

→ **筆頭菜** つくし ▼【土筆】つくし 77

竹7 **【筵】**(13) **エン**

0 **筵** むしろ 〔席・蓆〕 わらむしろ。

10 **筵席** えんせき 座席。

14 **筵旗** むしろばた むしろを旗としたもの。

竹7 **【筥】**(13) **キョ**

0 **筥** はこ ▼【函】はこ 43

8 **筥迫** はこせこ 〔筥狭子〕 紙入れ。

9 **筥狭子** はこせこ ▼【筥迫】はこせこ 284

11 **筥崎** はこざき ①福岡市にある神社。②姓氏。

竹7 **【筧】**(13) **ケン**

0 **筧** かけい・かけひ 〔懸樋〕 ①水を引く装置の一。②姓氏。

5 **筧田** かけいだ 姓氏。

竹7 **【筮】**(13) **セイ・ゼイ**

0 **筮** めどぎ 易占に用いる棒。

6 **筮竹** ぜいちく 「筮めどぎ」に同じ。

竹7 **【節】**(13) **セツ・セチ ふし**

← **節** ノット 〔浬〕 船舶などの速さの単位。

→ **節** よ タケなどのふしとふしの間。

2 **節刀ケ岳** せっとうがたけ 山梨県の山。

6 **節会** せちえ 儀式のある日の宮中での宴会。

7 **節折** よおり 宮中の儀式の一。

8 **節季候** せきぞろ 門付かどづけの一。

節供 せっく 〔節句〕「桃の—」

11 **節婦** せっぷ ①北海道の地名。②JR北海道日高本線の駅。

14 **節榑立つ** ふしくれだつ 節が多くごつごつしている。

竹8 **【箇】**(14) **カ**

5 **箇失密** カシミール インド・パキスタンの山岳地域。

8 **箇所** かしょ ▼【個所】かしょ 31

竹8 **【管】**(14) **カン くだ**

← **管見** かんけん 自分の知識・意見をへりくだっていう語。

→ **管見** つつみ 姓氏。

14 **管領** かんれい 室町幕府の官職。

竹8 **【箝】**(14) **カン・ケン**

0 **箝げる** すげる ▼【挿げる】すげる 155

3 **箝口** かんこう 〔鉗口〕「—令」

竹8 **【箕】**(14) **キ**

0 **箕** み 穀類をふるう農具。

5 **箕田** みだ 近鉄名古屋線の駅。

7 **箕坐** あぐら ▼【胡坐】あぐら 308

箕作 みつくり 姓氏。

8 **箕帚** きしゅう・きそう ちりとりとほうき。

← **箕面** みのお ①大阪府の山・市。②阪急の路線・駅。

→ **箕面** みのも 姓氏。

10 **箕島** みのしま ①和歌山県の地名。②JR西日本紀勢本線の駅。③長崎県の島。

11 **箕郷** みさと 群馬県の旧町。

箕宿 みぼし・きしゅく 二十八宿の一。

15 **箕輪** みのわ 長野県の町まち。

竹8 **【箍】**(14) **コ**

0 **箍** たが★ 「—が緩む」

竹8 **【箜】**(14) **コウ・ク**

15 **箜篌** くご 古代の東アジアの弦楽器。

竹8 **【算】**(14) **サン**

0 **算** かず 「—が合わない」

算える かぞえる 「数を—」

15 **算盤** そろばん☆ 〔十露盤・珠盤〕「—が合わない」

竹8 【箋】(14) セン

8 箋注 せんちゅう 〔箋註〕 注釈。

竹8 【箒】(14) ソウ・シュウ

0 箒 ほうき 〔帚〕 ごみを掃く道具。

竹8 【箏】(14) ソウ

0 箏 こと・そう 弦楽器の一。

9 箏柱 ことじ ▼【琴柱】ことじ 246

竹8 【箚】(14) トウ・サツ

10 箚記 さっき 随想録。

竹8 【箔】(14) ハク

0 箔 はく ①金属をたたいて薄く平たくのばしたもの。「―を押す」②値打ち。「―が付く」

竹8 【箙】(14) フク

0 箙 えびら ①矢を入れる武具。②姓氏。

3 箙子 すずしろ ▼【蘿蔔】すずしろ 334

竹9 【篋】(15) キョウ

0 篋 はこ 箱。

8 篋底 きょうてい ▼【筐底】きょうてい 283

竹9 【篁】(15) コウ

0 篁 たかむら ①〔竹叢〕 竹やぶ。②姓氏。

7 篁村 たけむら 姓氏。

竹9 【箴】(15) シン

7 箴言 しんげん 格言。

竹9 【箭】(15) セン

0 箭 や 〔矢〕 武具・狩猟具の一。

5 箭田 やた 岡山県の地名。

6 箭竹 やだけ 〔矢竹〕 矢の棒の部分。

11 箭魚 えそ ▼【鱛】えそ 421

16 箭頭草 つぼすみれ ▼【壺菫】つぼすみれ 83

竹9 【箸】(15) チョ

0 箸 はし☆ 「―にも棒にもかからない」

6 箸竹 くまざさ ▼【隈笹】くまざさ 394

7 箸尾 はしお ①奈良県の地名。②近鉄田原本(たわらもと)線の駅。

箸別 はしべつ ①北海道の地名。②JR北海道留萌(るもい)本線の駅。

竹9 【篆】(15) テン

8 篆刻 てんこく 印材に文字を彫り印をつくる。

10 篆書 てんしょ 漢字の書体の一。

竹9 【箱】(15) はこ

10 箱根空木 はこねうつぎ 〔錦帯花・錦帯草・箱根溲疏〕 スイカズラ科の落葉低木。

箱根溲疏 はこねうつぎ ▼【箱根空木】はこねうつぎ 285

竹9 【範】(15) ハン

0 範 のり 手本。

19 範疇 はんちゅう★ カテゴリー。

竹9 【篇】(15) ヘン

4 篇什 へんじゅう 詩歌を集めたもの。

8 篇帙 へんちつ 書物。

竹9 【箯】(15) ヘン

0 箯 あんだ ▼【箯輿】あんだ 285

17 箯輿 あんだ 〔箯〕 屋根のないかご。

竹10 【篝】(16) コウ

0 篝 かがり 警護に用いる明かり。

4 篝火 かがりび★ 「篝(かがり)」に同じ。

竹10 【簑】(16) サ・サイ

0 簑 みの ▼【蓑】みの 327

竹10 【篩】(16) シ・サイ

0 篩 ふるい 「―にかける」

篩う ふるう 「小麦粉を―」

10 篩骨 しこつ 頭蓋(ずがい)骨の一部。

竹10 【築】(16) チク きずく

3 築山 つきやま 庭園の小高い山。

6 築地塀 ついじべい 土をつき固めた塀。

8 築泥 ついひじ・ついじ 土を固めて作った垣。

9 築城 ついき ①福岡県の旧郡・旧町。②JR九州日豊(にっぽう)本線の駅。③姓氏。

16 築館 つきだて 宮城県の旧町。

竹10 【篤】(16) トク

0 篤い あつい☆ 「―病」

篤と とくと 「―考えてみる」

竹10 【篦】(16) ヘイ・ヒ

0 篦 へら 折り目などをつける道具。

8 篦岳 ののだけ 宮城県の丘陵・山。

11 篦麻 ひま トウゴマの別名。

篦鹿 へらじか 大形のシカ。

12 篦棒 べらぼう☆ 〔便乱坊・可坊〕ばかげていること。「―な値段」

16 篦鮒 へらぶな ゲンゴロウブナの別名。

23 篦鷺 へらさぎ トキ科の鳥。

竹 10 【篗】(16) **ワク**

0 篗 わく 糸を巻き取る道具。

竹 11 【簀】(17) **サク**

← 簀 さく すのこ。

→ 簀 す 割竹やアシを糸で粗く編んだもの。

3 簀子 すのこ 割った竹をすだれのように編んだ物。

4 簀戸 すど ▼【簾戸】どす 286

竹 11 【簎】(17) **サク・シャク・セキ**

0 簎 やす 〔矠・魚叉・魚扠〕 漁具の一。

竹 11 【簓】(17) **ささら**

0 簓 ささら★ 獅子舞(ししまい)などに用いる楽器。

7 簓貝 ささらがい 巻貝アマオブネの別名。

竹 11 【簒】(17) **サン**

12 簒弑 さんし・さんしい 君主を殺して位を奪う。

14 簒奪 さんだつ 帝位を奪い取る。

竹 11 【簁】(17) **シ・サイ**

0 簁 とおし 目の粗いふるい。

竹 11 【篠】(17) **ショウ**

篠 しの 「―をつく雨」

篠の子 すずのこ スズタケのたけのこ。

3 篠山 ささやま ①兵庫県の川・盆地・市。②京都府・兵庫県の街道。③愛媛・高知県境の山。

5 篠生 しのぶ 姓氏。

← 篠竹 ささたけ 〔笹竹〕 小さい竹。

→ 篠竹 すずたけ ササの一種。

8 篠突く しのつく 細く激しく降る。

10 篠栗 ささぐり ①福岡県の町(まち)。②JR九州の路線・駅。

13 篠路 しのろ ①北海道の旧村。②JR北海道札沼線(さっしょう)の駅。

20 篠懸 すずかけ 〔鈴懸〕 スズカケノキ科の落葉高木、スズカケノキのこと。

竹 11 【簇】(17) **ゾク・ソク・ソウ**

0 簇る むらがる ▼【叢る】むらがる 59

← 簇簇 そうそう 群がって集まる。

→ 簇簇 むらむら 「―と怒りがこみ上げる」

竹 11 【篳】(17) **ヒツ・ヒチ**

16 篳篥 ひちりき 雅楽の管楽器の一。

竹 11 【簗】(17) **やな**

0 簗 やな★ ▼【梁】やな 192

12 簗場 やなば ①長野県の地名。②JR東日本大糸線の駅。

19 簗瀬 やなせ 姓氏。

竹 12 【簡】(18) **カン**

0 簡 ふだ 〔札〕「本日休業の―」

竹 12 【簣】(18) **キ**

0 簣 あじか 竹などで作ったざる。

竹 12 【簞】(18) **タン**

9 簞食瓢飲 たんしひょういん 清貧に甘んじるたとえ。

11 簞笥 たんす★ 衣類などを入れる、引出しのついた箱形の家具。

竹 12 【簟】(18) **テン**

0 簟 たかむしろ 〔竹席〕 竹で編んだ敷物。

竹 13 【簷】(19) **エン**

5 簷瓦 えんが のき瓦。

14 簷端 えんたん 屋根のはし。

16 簷頭 えんとう のきのほとり。

竹 13 【簸】(19) **ハ**

0 簸る ひる 箕(み)で穀物をふるって、風でくずを取り除く。

3 簸川 ひかわ ①島根県の郡。②姓氏。

竹 13 【簾】(19) **レン**

0 簾 すだれ 日除けや目隠しとしてたらすもの。

4 簾戸 すど 〔簀戸〕 よしずを張った戸。

竹 14 【簪】(20) **サン・シン**

0 簪 かんざし 髪にさす飾りの一。

竹 14 【籍】(20) **セキ**

9 籍甚 せきじん 評判のはなはだ高くなること。

竹 14 【籌】(20) **チュウ**

0 籌 はかりごと ▼【謀】はかりごと 354

籌る はかる 計画する。

12 籌策 ちゅうさく 計略をねる。

竹 15 【籐】(21) **トウ**

13 **籐筵** とうむしろ 籐で編んだむしろ。

竹16 **【籞】**(22) **ギョ**

0 **籞** いけす ▼【生け簀】いけす 249

竹16 **【籡】**(22) **しんし**

0 **籡** しんし 〔伸子〕洗い張りに用いる細い竹のひご。

竹16 **【籟】**(22) **ライ**

22 **籟籟** らいらい かすかに物音がひびくさま。

竹16 **【籠】**(22) **ロウ**

0 **籠** かご 入れ物の一。

籠ノ登山 かごのとやま 群馬・長野県境の山。

籠める こめる 詰める。

籠る こもる 〔隠る〕「自分の部屋に—」

4 **籠手** こて☆ 剣道の防具。

5 **籠句** ロック 〔老科〕イギリスの哲学者。

籠田 こもだ 姓氏。

籠目 かごめ かごの編み目。

7 **籠坊** かごのぼう 兵庫県の温泉。

9 **籠城** ろうじょう☆「—策をとる」

11 **籠球** ろうきゅう バスケットボール 球技の一。

12 **籠絡** ろうらく まるめこむ。

竹17 **【籤】**(23) **セン**

←**籤** くじ 〔籖〕「—を引く」

→**籤** ひご 竹ひご。

竹19 **【籬】**(25) **リ**

0 **籬** まがき ①姓氏。②籬垣(ませがき)のこと。

9 **籬垣** ませがき 柴・竹などを粗く組んで作った垣。

【米】〈こめ〉〈こめへん〉部

米0 **【米】**(6) **ベイ・マイ こめ**

←**米** メートル☆〔米突〕長さの単位。

→**米** よね イネの実。

3 **米子** よなご ①鳥取県の平野・市・港。②JR西日本山陰本線等の駅。③姓氏。

4 **米水津** よのうづ 大分県の旧村。

米内 よない 姓氏。

米内光政 よないみつまさ 軍人・政治家。

5 **米加田** めかた 姓氏。

米本 よなもと 千葉県の地名。

7 **米谷** まいや 宮城県の地名。

米利堅 メリケン☆ アメリカのこと。

米利堅粉 メリケンこ 小麦粉の俗称。

米良 めら 姓氏。

8 **米突** メートル ▼【米】メートル 287

9 **米栂** こめつが マツ科の常緑高木。

10 **米原** まいばら ①滋賀県の市。②JR西日本東海道本線等の駅。③姓氏。

米淅 こめかし 米をとぐ。

米粉 ビーフン★ 中国の麺(めん)。

11 **米細勒** ミシュレ フランスの歴史家。

12 **米集** よねつめ 姓氏。

13 **米搗虫** こめつきむし 〔叩頭虫〕コメツキムシ科の甲虫の総称。

14 **米爾頓** ミルトン 〔弥児頓〕イギリスの詩人。

18 **米櫃** こめびつ 米を入れておく箱。

19 **米蘇利** ミズーリ アメリカの州・川。

米2 **【籵】**(8) **デカメートル**

0 **籵** デカメートル 長さの単位。

米3 **【粁】**(9) **キロメートル**

0 **粁** キロメートル 長さの単位。

米3 **【粂】**(9) **くめ**

2 **粂八** くめはち 愛知県の地名。

3 **粂川** くめかわ 姓氏。

米3 **【籾】**(9) **もみ**

0 **籾** もみ★ 脱穀していない米。

米4 **【粋】**(10) **スイ**

0 **粋** いき「—な格好」

2 **粋人** すいじん 風流好みの人。

米4 **【粃】**(10) **ヒ**

0 **粃** しいな 〔秕〕十分に実っていないもみ。

米4 **【粉】**(10) **フン こ・こな**

6 **粉灰** こっぱい 〔骨灰〕粉々に打ち砕く。

8 **粉河** こかわ ①和歌山県の旧町。②JR西日本和歌山線の駅。③大阪・和歌山県の街道。

10 **粉骨砕身** ふんこつさいしん

「—職務につとめる」

粉浜 こはま 南海本線の駅。

13 粉微塵 こなみじん 「—にくだける」

16 粉黛 ふんたい 白粉(おしろい)とまゆずみ。

米4 **【粍】** (10) **ミリメートル**

0 粍 ミリメートル 長さの単位。

米5 **【粔】** (11) **キョ**

9 粔籹 おこし ☆ ▼【興し】おこし 313

米5 **【粗】** (11) **ソ あらい**

←粗 あら 「—をさがす」

→粗 ほぼ★ 〔略〕「事件は—解決した」

粗い あらい 「目の—網」

4 粗方 あらかた 〔荒方〕 たいてい。

5 粗玉 あらたま ▼【璞】あらたま 247

粗目 ざらめ ☆ 結晶粒のあらい砂糖。

6 粗扱 あらしこ ▼【粗鉋】あらしこ 288

7 粗朶 そだ 切りとった木の枝。

8 粗金 あらがね ▼【鉱】あらがね 382

粗忽 そこつ 「—な人」

粗苧 あらそ ▼【粗麻】あらそ 288

9 粗染 あらぞめ 〔退紅・桃花染〕 紅花で染めた薄い紅色。

粗相 そそう 「—のないように」

10 粗莚 あらむしろ 粗末なむしろ。

粗栲 あらたえ ▼【荒栲】あらたえ 320

粗砥 あらと 目のあらい砥石(といし)。

粗捜し あらさがし 「人の—ばかりする」

11 粗笨 そほん 〔麁笨〕 大雑把でぞんざい。

粗麻 あらそ 〔粗苧・荒麻〕 麻の繊維の一。

12 粗煮 あらに 魚類のあらを煮つけた料理。

13 粗鉋 あらしこ 〔荒仕子・粗扱・粗鉋子〕 かんなの一種。

粗鉋子 あらしこ ▼【粗鉋】あらしこ 288

14 粗製濫造 そせいらんぞう 〔粗製乱造〕 雑な作り方で多くを作る。

粗榧 いぬがや ▼【犬榧】いぬがや 240

粗漏 そろう ▼【疎漏】そろう 254

16 粗薦 あらこも 編み目のあらいむしろ。

米5 **【粘】** (11) **ネン ねばる**

12 粘葉装 でっちょうそう 和本の綴じ方の一。

米5 **【粕】** (11) **ハク**

0 粕 かす ▼【糟】かす 289

5 粕汁 かすじる 〔糟汁〕 酒粕を加えたみそ汁。

9 粕屋 かすや ①福岡県の町(まち)。②姓氏。

12 粕淵 かすぶち ①島根県の地名。②JR西日本三江(さんこう)線の駅。

米5 **【粒】** (11) **リュウ つぶ**

11 粒粒辛苦 りゅうりゅうしんく 細かいところまで苦心すること。

15 粒選り つぶより 「—のエリートたち」

米6 **【粥】** (12) **シュク・イク**

0 粥 かゆ 米をやわらかく煮たもの。

粥ぐ ひさぐ ▼【鬻ぐ】ひさぐ 415

9 粥柱 かゆばしら 正月十五日の粥に入れる餅(もち)。

13 粥新田峠 かゆにたとうげ 埼玉県の峠。

米6 **【粢】** (12) **シ**

0 粢 しとぎ 神前に供える餅(もち)。

米6 **【粧】** (12) **ショウ**

0 粧う よそおう 装う。

粧す めかす おしゃれをする。

米6 **【粭】** (12) **すくも**

10 粭島 すくもじま 山口県の島。

米6 **【粟】** (12) **ショク・ゾク**

0 粟 あわ 五穀の一。

5 粟生 あお ①神戸電鉄の路線。②JR西日本加古川線等の駅。

粟生津 あおうづ JR東日本越後(えちご)線の駅。

粟立つ あわだつ 「寒さで皮膚が—」

6 粟米草 ざくろそう ▼【柘榴草】ざくろそう 187

8 粟国 あぐに ①沖縄県の島・村(そん)。②姓氏。

11 粟粒 ぞくりゅう アワの実の粒。

12 粟散辺地 ぞくさんへんち 辺鄙(へんぴ)なところにある小国。また、日本。

米6 **【粨】** (12) **ヘクトメートル**

0 粨 ヘクトメートル 長さの単位。

米7 **【粳】** (13) **コウ**

0 粳 うるち 粘り気の少ない米。

12 粳間 うるま 姓氏。

14 粳稲 うるしね うるちの米。
15 粳餅 うるもち もち米にうるちを混ぜた餅。

米7 **【糀】**(13) **こうじ**
0 糀 こうじ ▼【麹】こうじ 428
7 糀谷 こうじや ①東京都の地名。②京急空港線の駅。③姓氏。

米7 **【粲】**(13) **サン**
13 粲粲 さんさん ▼【燦燦】さんさん 236

米7 **【粱】**(13) **リョウ**
0 粱 おおあわ アワの一品種。

米7 **【粮】**(13) **リョウ・ロウ**
0 粮 かて 〔糧〕食物。

米8 **【精】**(14) **セイ・ショウ**
0 精げる しらげる 穀物をついて白くする。
0 精しい くわしい★ 〔委しい〕詳しい。「―調査を行う」
7 精励恪勤 せいれいかっきん☆ 非常に熱心に仕事にはげむ。
11 精進 しょうじん 「芸道に―する」
11 精進湖 しょうじこ 山梨県の湖。
14 精精 せいぜい できるだけ。
←精霊 いきすだま ▼【生魑魅】いきすだま 250
→精霊 しょうりょう・せいれい 〔聖霊〕霊魂。

米8 **【粽】**(14) **ソウ**
0 粽 ちまき★ 〔粽子・角黍・茅巻〕もち菓子の一。
3 粽子 ちまき ▼【粽】ちまき 289

米8 **【粶】**(14) **ロク**
0 粶 はぜ 〔爆米〕もち米を使った菓子。

米9 **【糊】**(15) **コ・ゴ**
0 糊 のり☆ 接着剤の一。
3 糊口 ここう 〔餬口〕「―をしのぐ」
5 糊代 のりしろ 糊をつける部分。
13 糊塗 こと ごまかし。

米9 **【糅】**(15) **ジュウ**
0 糅てて加えて かてててくわえて その上さらに。
12 糅飯 かてめし 米に野菜・麦を加えて炊いた飯。

米9 **【糂】**(15) **ジン・サン**
10 糂粏 じんだ 〔糝粏〕ぬかみそ。

米9 **【糎】**(15) **センチメートル**
0 糎 センチメートル 長さの単位。

米10 **【糗】**(16) **キュウ**
0 糗 はったい 〔麨〕麦こがし。

米10 **【糒】**(16) **ヒ・ビ**
←糒 ほしい 平成筑豊鉄道伊田線の駅。
→糒 ほしいい・ほしい ▼【干し飯】ほしいい 123

米11 **【糠】**(17) **コウ**
0 糠 ぬか 穀物を精白するときに出る粉。
5 糠平 ぬかびら 北海道の湖・温泉・地名。
8 糠雨 ぬかあめ 音もなく降る雨。
8 糠味噌 ぬかみそ ぬか漬物の漬け床の一。
10 糠蚊 ぬかか 〔蠓・浮塵子・蚋子〕ヌカカ科の昆虫の総称。
10 糠粃 こうび 粗末な食事。
12 糠喜び ぬかよろこび 「―に終わる」
14 糠漬け ぬかづけ 糠味噌で漬ける。
15 糠蝦 あみ ▼【醤蝦】あみ 378

米11 **【糝】**(17) **ジン・サン**
10 糝粉 しんこ うるち米から作る粉。
10 糝粏 じんだ ▼【糂粏】じんだ 289
17 糝薯 しんじょ 魚などのすり身。

米11 **【糟】**(17) **ソウ**
0 糟 かす 〔粕〕酒かす。
5 糟汁 かすじる ▼【粕汁】かすじる 288
9 糟屋 かすや ①福岡県の郡。②姓氏。
11 糟粕 そうはく☆ 酒のしぼりかす。「古人の―を嘗める」
17 糟鮫 かすざめ 〔扁鯊〕ツノザメ目の海魚。
17 糟糠 そうこう 「―の妻」

米11 **【糜】**(17) **ビ・ミ**
0 糜れる ただれる くずれる。
21 糜爛 びらん ただれくずれること。

米11 **【糞】**(17) **フン**
0 糞 くそ☆ 〔屎〕「―の役にも立たない」
11 糞掃衣 ふんぞうえ 僧の衣。

米12 **【糧】**(18) **リョウ・ロウ かて**
9 糧垣 かすがき 姓氏。

10 糧秣 りょうまつ 兵士の食糧と軍馬のまぐさ。

米14【糯】(20) ダ

0 糯 もち 炊いたときに粘りけの強い穀物の種類。

6 糯米 もちごめ 粘りけの強い米。

米16【糵】(22) ゲツ

0 糵 もやし 〔萌やし〕 穀類を水に浸し、光を当てずに発芽させたもの。

米16【糴】(22) テキ

0 糴 かいよね 米を買い入れること。

米19【糶】(25) チョウ

0 糶 うりよね 米を売り出すこと。

糶り せり ▼【競】りせ 281

糶る せる 競り売りできそって高値をつける。

8 糶取り せどり ▼【競取り】せどり 281

22 糶糴売買 せりばいばい 価格競争をして売買価格を決定する方法。

【糸】〈いと〉〈いとへん〉部

糸0【糸】(6) シ いと

6 糸瓜 へちま ★〔天糸瓜〕 ウリ科のつる性一年草。

8 糸雨 いとさめ 糸のように降る細かな雨。

9 糸巻鱝 いとまきえい エイ目の海魚。

10 糸桜 いとざくら 〔軟条海棠〕 シダレザクラの別名。

糸娘 いととんぼ 290 ▼【糸蜻蛉】いととんぼ

← 糸魚 いとよ ★〔棘魚・棘鰭魚〕 トゲウオ目の魚。

→ 糸魚 いとよりだい 290 ▼【糸縒鯛】いとよりだい

糸魚川 いといがわ ①新潟県の市。②JR西日本北陸本線等の駅。③姓氏。

糸魚沢 いといざわ ①北海道の地名。②JR北海道根室本線の駅。

糸毫 しごう 非常にわずかであるさま。

12 糸割符 いとわっぷ 江戸時代の生糸輸入の方式。

糸葱 あさつき ★▼【胡葱】あさつき 309

糸満 いとまん ①沖縄県の市。②姓氏。

← 糸遊 いとゆう 空中にクモの糸が浮遊する現象。

→ 糸遊 かげろう ▼【陽炎】かげろう 394

14 糸蜻蛉 いととんぼ 〔糸娘・豆娘〕 イトトンボ亜目のトンボの総称。

16 糸鋸 いとのこ のこぎりの一。

糸縒鯛 いとよりだい 〔金糸魚・金線魚〕 スズキ目の海魚。

17 糸鮪 いとしび キハダマグロの別名。

糸1【糺】(7) キュウ

0 糺う あざなう ▼【糾う】あざなう 290

糺す ただす ▼【糾す】ただす 290

糺ノ森 ただすのもり 京都府の森。

6 糺合 きゅうごう ▼【糾合】きゅうごう 290

12 糺弾 きゅうだん ▼【糾弾】きゅうだん 290

糸1【系】(7) ケイ

19 系譜 けいふ 「—をたどる」

糸3【紆】(9) ウ

7 紆余曲折 うよきょくせつ 「—を経て解決する」

糸3【紀】(9) キ

6 紀伊日置 きいひき JR西日本紀勢本線の駅。

11 紀貫之 きのつらゆき 平安前期の歌人・歌学者。

紀淑望 きのよしもち 平安前期の文人。

糸3【級】(9) キュウ

4 級木 しなのき ▼【科木】しなのき 276

糸3【糾】(9) キュウ

0 糾う あざなう 〔糺う〕 より合わせる。

糾す ただす 〔糺す〕 「罪を—」

6 糾合 きゅうごう 〔鳩合・糺合〕 「同志を—する」

12 糾弾 きゅうだん 〔糺弾〕 「汚職を—する」

糸3【紅】(9) コウ・ク べに・くれない

← 紅 くれない 〔呉藍〕 「—に染まる」

→ 紅 もみ ▼【紅絹】もみ 291

紅い あかい 〔赭い〕 「—夕日」

5 紅玉 ルビー 〔留比〕 宝石の一。

紅白粉 べにおしろい 紅とおしろい。

7 紅谷樹 ひいらぎ ▼【柊】ひいらぎ 187

9 紅型 びんがた ★ 沖縄で発達した型染め。

紅柿 ごしょがき ▼【御所柿】ごしょがき 133

紅茸 べにたけ 〔紅菰〕 ハラタケ目のきのこの総称。

紅草 いぬたで ①姓氏。②▼【犬蓼】いぬたで 240

← 紅南瓜 あこだうり ▼【阿古陀瓜】あこだうり 391

→ **紅南瓜** きんとうが　カボチャの一品種。

10 **紅娘** てんとうむし 90 ▼【天道虫】てんとうむし

紅涙 こうるい ☆「―をしぼる」

11 **紅殻** ベンガラ ☆〔弁柄〕赤色顔料の一。

← **紅魚** あかえい ▼【赤鱏】あかえい 361

→ **紅魚** いとよりだい 290 ▼【糸縒鯛】いとよりだい

紅菜 とさかのり ▼【鶏冠海苔】とさかのり 425

12 **紅菰** べにたけ ▼【紅茸】べにたけ 290

紅葉 もみじ〔黄葉・椛〕色づいた葉。

紅葉狩 もみじがり　紅葉を見に出かけること。

紅葉賀 もみじのが　源氏物語の巻名。

13 **紅絹** もみ ☆〔紅〕紅色に染めた絹地。

紅蓮 ぐれん ★「―地獄」

14 **紅綬褒章** こうじゅほうしょう　褒章の一。

15 **紅蝦** いせえび ▼【伊勢海老】いせえび 24

紅潮 こうちょう　顔に赤みがさす。

16 **紅樹** おひるぎ ▼【雄蛭木】おひるぎ 396

17 **紅霞** こうか　紅色の霞。

紅糟粥 うんぞうがゆ ▼【温糟粥】うんぞうがゆ 222

18 **紅顔少女** あからおとめ　赤みを帯びて肌の美しい少女。

紅藍花 べにばな〔紅花〕キク科の越年草。

21 **紅鶴** とき ▼【鴇】とき 423

紅鶸 べにひわ　アトリ科の鳥。

糸 3 **【約】**(9) **ヤク**

0 **約しい** つましい 31 ▼【倹しい】つましい

約める つづめる ☆短く縮める。

約やか つづまやか　つつましいさま。

8 **約定** やくじょう　約束を取り交わす。

16 **約翰** ヨハネ　十二使徒の一人。

糸 4 **【紗】**(10) **サ・シャ**

7 **紗那** しゃな　北海道の湾・郡・村。

14 **紗綾** さや　絹織物の一。

糸 4 **【索】**(10) **サク**

0 **索める** もとめる　手に入れようと探す。

3 **索子** ソーズ　マージャン用語。

4 **索引** さくいん「音訓(おんくん)―」「総画(そうかく)―」

10 **索莫** さくばく ★〔索寞・索漠〕さびしく荒涼としたさま。「―とした風景」

13 **索寞** さくばく ▼【索莫】さくばく 291

20 **索麺** そうめん ☆ ▼【素麺】そうめん 292

糸 4 **【紙】**(10) **シ　かみ**

2 **紙八手** かみやつで　ウコギ科の常緑低木。

5 **紙凧** たこ ▼【凧】たこ 42

6 **紙衣** かみこ　紙で仕立てた衣服。

紙灯 あんどん ▼【行灯】あんどん 341

9 **紙屋紙** こうやがみ　上質の紙の一。

紙背 しはい「眼光―に徹す」

11 **紙魚** しみ ☆〔衣魚・蟫・蛃魚・白魚・白魚蟫・蠹・蠹魚〕シミ科の昆虫の総称。

紙袋 かんぶくろ　紙で作った袋。

紙捻 こより ▼【紙撚】こより 291

12 **紙幅** しふく「―が尽きる」

← **紙鳶** いか・いかのぼり ☆〔紙鴟・凧〕凧のこと。

→ **紙鳶** たこ ▼【凧】たこ 42

15 **紙撚** こより〔紙縒・紙捻〕和紙を糸のようによったもの。

16 **紙縒** こより ▼【紙撚】こより 291

紙鴟 いか・いかのぼり ▼【紙鳶】いか 291

17 **紙燭** しそく〔脂燭〕小形の照明具。

20 **紙礫** かみつぶて　紙を固く丸めて投げつけるもの。

糸 4 **【純】**(10) **ジュン**

11 **純情可憐** じゅんじょうかれん　すなおでいじらしく、かわいらしいさま。

糸 4 **【素】**(10) **ソ・ス**

0 **素** もと　元。

素っ破抜く すっぱぬく「内幕を―」

素より もとより 75 ▼【固より】もとより

2 **素人** しろうと　そのことを専門としない人。

6 **素地** きじ　生まれつきの性質。

7 **素見** ひやかし「―の客」

素見す ひやかす「縁日の夜店を―」

8 **素性** すじょう〔種姓〕「―が知れない」

素戔嗚尊 すさのおのみこと〔須佐之男命〕記紀神話で出雲系神統の祖とされる神。

素波里峡谷 すばりきょうこく 秋田県の峡谷。
9 素面 しらふ ☆〔白面〕 酒を飲んでいない状態。
10 素袍 すおう ▼【素襖】すおう 292
11 素魚 しろうお スズキ目の海魚。
12 素寒貧 すかんぴん 無一文で貧しいさま。
素湯 さゆ ▼【白湯】さゆ 258
18 素襖 すおう 〔素袍〕 直垂(ひたたれ)の一種。
← 素馨 ジャスミン 〔悉茗耶・芙梨華・毛輪花・茉莉花・鬘華・耶悉茗〕 オウバイ属の植物の総称。
→ 素馨 そけい モクセイ科の常緑低木。
素麺 そうめん ★〔索麺〕「―流し」

糸4 **【紐】**(10) **チュウ・ジュウ**
0 紐 ひも 物をしばる細長いもの。
8 紐育 ニューヨーク ★ アメリカの都市。
10 紐帯 ちゅうたい・じゅうたい ★ 人と人とを結びつけるもの。
13 紐頓 ニュートン ▼【牛頓】ニュートン 238

糸4 **【納】**(10) **ノウ・ナッ・ナ・ナン・トウ おさめる・おさまる**
0 納れる いれる ★「家賃を―」
4 納戸 なんど 屋内の物置部屋。
納内 おさむない JR北海道函館本線の駅。
6 納衣 のうえ ▼【衲衣】のうえ 343
7 納言 なごん 律令制の官職。
納沙布岬 のさっぷみさき 北海道の岬。
納豆 なっとう 食品の一。
8 納所 なっしょ 寺院で金銭出納を扱う場所。
9 納屋 なや 物置用の小屋。
10 納島 のうしま 長崎県の島。
11 納得 なっとく「―がいかない」
12 納斯欽 ラスキン イギリスの評論家。
14 納爾孫 ネルソン イギリスの提督。

糸4 **【紕】**(10) **ヒ**
0 紕う まよう 迷う。

糸4 **【紊】**(10) **ビン・ブン**
0 紊れる みだれる 乱れる。
7 紊乱 びんらん「風紀を―する」

糸4 **【紛】**(10) **フン まぎれる・まぎらわす・まぎらす・まぎらわしい**
0 紛い まがい 〔擬〕 にせもの。
紛う まがう「雪と―花吹雪」
紛れ中り まぐれあたり 偶然うまくいく。
10 紛紛 ふんぷん「諸説―」
18 紛擾 ふんじょう 乱れてもめる。

糸4 **【紡】**(10) **ボウ つむぐ**
16 紡錘 ぼうすい・つむ「―形」

糸4 **【紋】**(10) **モン**
5 紋甲烏賊 もんごういか カミナリイカの別名。
紋白蝶 もんしろちょう シロチョウ科のチョウ。
15 紋穂内 もんぽない ①北海道の地名。②JR北海道宗谷(そうや)本線の駅。

糸5 **【経】**(11) **ケイ・キョウ へる**
← 経 たて 〔竪・縦〕「―線を引く」
→ 経 たていと ▼【経糸】たていと 292
経つ たつ「時間が―」
4 経文 きょうもん 仏教の経典(きょうてん)。
5 経世 けいせい 世を治める。
経田 きょうでん ①富山県の旧村。②富山地方鉄道本線の駅。
6 経回る へめぐる あちこちをめぐり歩く。
経糸 たていと 〔経〕 織物の縦方向の糸。
8 経国 けいこく 国を治める。
← 経典 きょうてん 仏教で、信仰の規範が記された本。
→ 経典 けいてん 聖人・賢人の教えを書いた本。
10 経師屋 きょうじや 表具屋。
11 経帷子 きょうかたびら 死者に着せる着物。
14 経綸 けいりん「国家の―を論ずる」
← 経緯 いきさつ ★ 事の成り行き。
→ 経緯 たてぬき たてと横。

糸5 **【絃】**(11) **ケン・ゲン**
0 絃 いと・げん 楽器に張る糸。
14 絃歌 げんか 〔弦歌〕 三味線をひいて歌う歌。

糸5 **【紺】**(11) **コン**
8 紺青 こんじょう 鮮やかな明るい藍色(あいいろ)。

9 紺屋 こうや ★布地染色の職人。

14 紺綬褒章 こんじゅほうしょう 褒章の一。

紺碧 こんぺき ★「—の空」

糸5【細】(11) **サイ** **ほそい・ほそる・こま**か・**こま**かい

←細やか こまやか「—な配慮」

→細やか ささやか☆「—な贈り物」

3 細小魚 いさな ▼【小魚】いさな 109

5 細石 さざれいし☆【小石】小さい石。

細布 さいみ 目の粗い麻織物。

8 細枝 しもと ▼【葼】しもと 326

細波 さざなみ☆▼【漣】さざなみ 226

9 細瓮 ささべ 小さい壺つぼ。

10 細流 せせらぎ「小川の—」

11 細魚 さより☆▼【鱵】さより 421

←細細 こまごま「—した用件を片付ける」

→細細 ほそぼそ「—と暮らす」

細細里 シシリー イタリアの島。

細雪 ささめゆき★こまかに降る雪。

14 細蜷 さざえ ▼【栄螺】さざえ 185

細語 ささやき ▼【私語】ささやき 275

17 細謹 さいきん ささいな礼儀作法。

細螺 きさご☆【扁螺】海産の巻貝。

19 細蟹 ささがに クモ。

24 細鱗魚 あゆ ▼【鮎】あゆ 417

糸5【絜】(11) **サツ**

0 絜げる からげる★▼【絡げる】からげる 295

糸5【絁】(11) **シ**

0 絁 あしぎぬ 平織りの絹布。

糸5【終】(11) **シュウ** **おわる・おえる**

0 終う しまう【仕舞う・了う・蔵う】「店を—」

終に ついに☆【遂に・竟に】とうとう。

終の栖 ついのすみか 死ぬまで住む所。「これがまあ—か雪五尺」

4 終日 ひねもす「春の海—のたりのたりかな」

8 終夜 よもすがら「—友と語らう」

11 終焉 しゅうえん「—の地」

14 終熄 しゅうそく【終息】「インフレの—」

糸5【紹】(11) **ショウ**

16 紹興酒 しょうこうしゅ 中国の醸造酒の一。

22 紹鷗棚 じょうおうだな 茶道で用いる棚。

糸5【紳】(11) **シン**

3 紳士 しんし「—協定」

糸5【紲】(11) **セツ**

0 紲 きずな ▼【絆】きずな 293

糸5【組】(11) **ソ** **くむ・くみ**

0 組んず解れつ くんずほぐれつ「—もみ合う」

8 組版 くみはん 活字を並べて版を作ること。

10 組紐 くみひも「—文様」

糸5【紿】(11) **タイ**

0 紿く あざむく【詒く・謾く】欺く。

糸5【紬】(11) **チュウ**

0 紬 つむぎ 絹織物の一。

糸5【絆】(11) **バン・ハン**

←絆 きずな【紲】「夫婦の—」

→絆 ほだし つなぎとめるもの。

絆す ほだす★自由を束縛する。

12 絆創膏 ばんそうこう 粘着剤を塗った布。

21 絆纏 はんてん ▼【半纏】はんてん 54

糸5【累】(11) **ルイ**

0 累ねる かさねる☆「努力を—」

11 累累 るいるい「死屍しし—」

糸6【絵】(12) **カイ・エ**

6 絵合 えあわせ 源氏物語の巻名。

8 絵空事 えそらごと ありえないようなきれいごと。「—を並べる」

10 絵馬 えま 社寺に奉納する板絵。

12 絵詞 えことば 絵を説明した文章。

13 絵解き えとき 絵を使って説明を補うこと。

14 絵鞆 えとも 北海道の半島・岬。

糸6【絓】(12) **カイ**

0 絓 しけ 繭の上皮。

16 絓縫 すがぬい 日本刺繍の縫い方の一。

糸6【給】(12) **キュウ**

0 給わる たまわる ▼【賜る】たまわる 358

5 給仕 きゅうじ 食事の席で世話をする人。

給田 たもだ 姓氏。

15 給餌 きゅうじ 餌を与える。

糸6 **【結】**(12) **ケツ** **むすぶ・ゆう・ゆわえる**

9 結城 ゆうき ①茨城県の台地・郡・市。②JR東日本水戸線の駅。③姓氏。

10 結納 ゆいのう ☆「―を交わす」

11 結黄 みつまた ▼【三叉】5

結紮 けっさつ 血管などを縛って結ぶ。

12 結跏趺坐 けっかふざ 仏教で、坐法の一。

14 結綿 ゆいわた 真綿を中央で結んだもの。

15 結縁 けちえん・けつえん 関係をもつこと。

結黎 きいれ 姓氏。

18 結繒 ゆはた ▼【纈】300

糸6 **【絢】**(12) **ケン**

0 絢 あや いろどり。

21 絢爛 けんらん ☆「―豪華」

糸6 **【絞】**(12) **コウ** **しぼる・しめる・しまる**

8 絞股藍 あまちゃづる ▼【甘茶蔓】248

糸6 **【絖】**(12) **コウ**

0 絖 ぬめ 光沢のある絹布。

糸6 **【絎】**(12) **コウ**

0 絎ける くける 縫い目が表に出ないように縫う。

16 絎縫い くけぬい 裁縫の縫い方の一。

糸6 **【紫】**(12) **シ** **むらさき**

2 紫丁香花 むらさきはしどい ライラック。

5 紫田 しだ・ゆうだ 姓氏。

6 紫衣 しえ 紫色の法衣。

7 紫竹 くろちく ▼【烏竹】231

紫花地丁 すみれ ▼【菫】324

紫花菘 すずしろ ▼【蘿蔔】334

紫尾 しび 鹿児島県の温泉・山(―山)・地名。

8 紫苑 しおん 〔紫菀〕キク科の多年草。

紫金牛 やぶこうじ ▼【藪柑子】332

紫参 あきのたむらそう 〔鼠尾草・秋田村草〕シソ科の多年草。

紫松 いちい 〔朱樹・水松・水松樹・石櫧・赤檮・櫟・櫟子〕イチイ科の常緑高木。

紫波 しわ 岩手県の郡・町。

紫茉莉 おしろいばな ▼【白粉花】258

9 紫荊 はなずおう ▼【花蘇芳】316

紫香楽宮 しがらきのみや 奈良時代、聖武天皇の離宮。

10 紫華鬘 むらさきけまん ケシ科の越年草。

紫宸殿 ししんでん 宮中の建物の一。

11 紫菀 しおん ▼【紫苑】294

紫萁 ぜんまい ▼【薇】331

紫菊 ふじばかま ▼【藤袴】332

紫菜 あまのり ▼【甘海苔】248

紫菘 あかな 〔赤菜〕アブラナの変種。

12 紫葳 のうぜんかずら ▼【凌霄花】42

紫雲古津 しうんこつ 北海道の地名。

紫雲出山 しうんでやま 香川県の山。

←紫雲英 げんげ ★〔翹揺・砕米菜〕マメ科の越年草。

→紫雲英 れんげそう ▼【蓮華草】328

紫萱 かんぞう ▼【萱草】325

紫陽花 あじさい ★〔紫繡鞠・紫繡毬・紫陽草・天麻裏・八仙花・瑪理花〕ユキノシタ科の落葉低木。

紫陽草 あじさい ▼【紫陽花】294

13 紫電一閃 しでんいっせん 刀を一振りするときの鋭い光。

14 紫綬褒章 しじゅほうしょう 褒章の一。

15 紫蓴 ぎぼし ▼【擬宝珠】161

16 紫薇 さるすべり ▼【百日紅】259

17 紫檀 したん ★マメ科の常緑小高木。

19 紫繡毬 あじさい ▼【紫陽花】294

紫繡鞠 あじさい ▼【紫陽花】294

紫蘇 しそ シソ科の一年草。

紫羅傘 いちはつ ▼【鳶尾】422

紫羅蘭 かきつばた ▼【杜若】182

紫羅欄花 あらせいとう アブラナ科の多年草。

←紫蘭 しらん 〔朱蘭・白及〕ラン科の多年草。

→紫蘭 はらん ▼【葉蘭】326

20 紫鰮魚 すずき ▼【鱸】すずき 422

糸6【絨】(12) ジュウ

12 絨毯 じゅうたん 〔絨緞・絨氈〕厚い毛織物の総称。

15 絨緞 じゅうたん ★▼【絨毯】じゅうたん 295

17 絨氈 じゅうたん ▼【絨毯】じゅうたん 295

糸6【絮】(12) ショ・ジョ

0 絮 わた 真綿まわた。

11 絮雪 じょせつ 雪のように飛ぶ柳のわた。

糸6【絶】(12) ゼツ たえる・たやす・たつ

8 絶佳 ぜっか 景色などが非常にすぐれている。

9 絶海中津 ぜっかいちゅうしん 室町初期の僧。

19 絶巓 ぜってん 高い山のいただき。

糸6【統】(12) トウ すべる

0 統べる すべる 〔総べる〕支配する。統率する。

糸6【絣】(12) ホウ・ヘイ

0 絣 かすり 〔飛白・綛〕かすったような模様の織物。

糸6【絡】(12) ラク からむ・からまる

0 絡う まとう 身につける。

絡げる からげる 〔紮げる〕「尻しりを―」

絡む からむ 〔搦む〕「金銭問題が―」

9 絡垜 たたり かせ糸のもつれを防ぐ道具。

13 絡新婦 じょろうぐも ▼【女郎蜘蛛】じょろうぐも 93

19 絡繰り からくり ▼【機関】からくり 198

糸7【綛】(13) かせ

← 綛 かすり ところどころ筆でかすったような模様柄。

→ 綛 かせ ▼【桛】かせ 188

糸7【継】(13) ケイ つぐ

0 継ぎ接ぎ つぎはぎ つぎ「―だらけの着物」

3 継子 ままこ 実子でない子。

5 継母 ままはは 血のつながりのない母。

8 継妹 ままいも ▼【庶妹】ままいも 126

16 継親 ままおや 血縁関係のない親。

糸7【絹】(13) ケン きぬ

6 絹羽鶏 うこっけい ▼【烏骨鶏】うこっけい 231

絹糸 けんし まゆからとった糸。

絹糸鶏 うこっけい ▼【烏骨鶏】うこっけい 231

11 絹紬 けんちゅう 〔絹綢・繭紬〕薄地の平織物の一。

14 絹綢 けんちゅう ▼【絹紬】けんちゅう 295

絹漉し きぬごし 豆腐の種類の一。

糸7【絛】(13) ジョウ・トウ

6 絛虫 さなだむし ▼【真田虫】さなだむし 263

糸7【続】(13) ゾク つづく・つづける

8 続松 たいまつ ▼【松明】たいまつ 183

続命縷 くすだま ▼【薬玉】くすだま 331

11 続断 なべな ▼【山芹菜】なべな 114

12 続貂 ぞくちょう 仕事の引き継ぎを謙遜けんそんしていう語。

続飯 そくい ☆飯粒で作った糊のり。

糸7【絽】(13) リョ・ロ

0 絽 ろ からみ織りの一種。

17 絽縮緬 ろちりめん 夏用衣料の一。

糸8【維】(14) イ

0 維 つな 綱。

3 維也納 ウィーン ▼【維納】ウィーン 295

6 維多利亜 ヴィクトリア イギリスの女王。

10 維納 ウィーン ★〔維也納〕オーストリアの首都。

13 維廉底爾 ウィリアムテル スイスの伝説的英雄。

14 維管束 いかんそく 植物の組織の一。

15 維摩経 ゆいまぎょう 大乗経典の一。

糸8【綺】(14) キ

0 綺 かんはた 日本古代の織物。

19 綺羅星 きらぼし 〔煌星〕「有名俳優が―のごとく並ぶ」

綺麗 きれい 〔奇麗〕「―な景色」

糸8【綱】(14) コウ つな

11 綱麻 つなそ 〔黄麻〕シナノキ科の一年草。

糸8【緇】(14) シ

3 緇川 くろかわ 姓氏。

6 緇衣 しえ 墨染め衣。

8 緇門 しもん 僧侶の一門。

糸8【綽】(14) シャク

5 綽号 あだな ▼【渾名】あだな 222

6 綽名 あだな ★▼【渾名】あだな 222

9 **綽約** しゃくやく　たおやかなさま。

14 **綽綽** しゃくしゃく　「余裕―」

糸8 **【綬】**(14)　**シュウ・ジュ**

0 **綬** おぶさ　▼【緒総】(おぶさ) 296

19 **綬鶏** じゅけい　キジ科の鳥。

糸8 **【緒】**(14)　**ショ・チョ　お**

← **緒** いとぐち★　手がかり。

→ **緒** ちょ　「プロジェクトは―についたばかりだ」

3 **緒川** おがわ　茨城県の旧村。

4 **緒方洪庵** おがたこうあん　江戸後期の蘭学者・医者・教育者。

14 **緒総** おぶさ　〔綬〕　飾りの紐。

糸8 **【緌】**(14)　**ズイ**

0 **緌** おいかけ　冠の左右につける飾り。

糸8 **【総】**(14)　**ソウ**

0 **総** ふさ　〔房〕「ブドウの―」

総て すべて☆　▼【凡て】(すべて) 42

総べる すべる　▼【統べる】(すべる) 295

4 **総元** ふさもと　いすみ鉄道の駅。

7 **総花** そうばな　「―的な予算」

← **総角** あげまき☆　〔揚巻・卯角〕　古代の少年の髪形。

→ **総角** チョンガー　独り者。

総社 そうじゃ　①〔惣社〕　数社の祭神をまつる神社。②群馬県の地名。③岡山県の市。④JR西日本伯備線等の駅。

9 **総帥** そうすい　全軍を指揮する人。

10 **総桜** ふさざくら　〔雲葉〕　フサザクラ科の落葉高木。

総島 ふさじま　姓氏。

11 **総捲り** そうまくり☆　すべてを明らかにすること。

14 **総総** ふさふさ　〔房房・繚繚〕「―した髪」

糸8 **【綜】**(14)　**ソウ**

0 **綜** あぜ　織機の部品の一。

糸8 **【綻】**(14)　**タン**

0 **綻ぶ** ほころぶ☆　「梅のつぼみが―」

糸8 **【綴】**(14)　**テイ・テツ**

0 **綴** つづき　姓氏。

綴ぐ はぐ　▼【接ぐ】(はぐ) 157

綴じる とじる★　「半紙を―」

綴り方 つづりかた　「―教室」

綴る つづる　つなぎ合わせる。

綴れ織り つづれおり　平織りの一種。

4 **綴文** ていぶん　文章をつづる。

12 **綴喜** つづき　京都府の郡。

糸8 **【綯】**(14)　**トウ**

0 **綯い交ぜ** ないまぜ　「うそとまことが―になった話」

綯う なう　縄などを作る。

糸8 **【緋】**(14)　**ヒ**

0 **緋** あけ　▼【朱】(あけ) 181

4 **緋牛内** ひうしない　JR北海道石北本線の駅。

緋水鶏 ひくいな　〔緋秧鶏〕　クイナ科の鳥。

6 **緋衣** あけのころも　あけごろも。

10 **緋秧鶏** ひくいな 296　▼【緋水鶏】(ひくいな)

緋袍 あけごろも　赤い色の袍(ほう)。

緋連雀 ひれんじゃく　レンジャク科の鳥。

15 **緋縅** ひおどし　〔氷魚縅〕　よろいのおどしの一。

17 **緋縮緬** ひぢりめん　緋色の縮緬(ちりめん)。

18 **緋鯉** ひごい　体色の基調が赤か白のコイ。

糸8 **【綿】**(14)　**メン　わた**

6 **綿向山** わたむきやま　滋賀県の山。

18 **綿噛** わたがみ　▼【肩上】(わたがみ) 308

綿邈 めんばく　はるかに遠いこと。

糸8 **【網】**(14)　**モウ　あみ**

3 **網干** あぼし　①兵庫県の地名。②山陽電鉄の路線。③JR山陽本線の駅。④姓氏。

網子 あご　網をひく人。

5 **網代** あじろ☆　①魚をとる設備。②千葉県の湾。③静岡県の湾・旧町。④JR東日本伊東線の駅。⑤鳥取県の地名。⑥姓氏。

網田 おうだ　①熊本県の地名。②JR九州三角(みすみ)線の駅。

6 **網地島** あじしま　宮城県の島。

7 **網走** あばしり　①北海道の湖・川・郡・市。②JR北海道石北本線等の駅。③姓氏。

11 **網麻** あみそ　網をすくのに用いる麻。

12 **網結** あみすき　網をつくる人。

14 **網端** あば　魚網の端。

糸8 **【綾】**(14)　**リョウ・リン**

6画　糸部　8画

0 綾なす あやなす 織物の模様の一。▼【彩なす】あやなす 130
3 綾子 りんず ▼【綸子】りんず 297
7 綾里 りょうり ①岩手県の旧村。②三陸鉄道南リアス線の駅。
8 綾取る あやどる 〔操る〕 美しくいろどる。
9 綾南 りょうなん 香川県の旧町。
11 綾部 あやべ ①京都府の市。②JR西日本山陰本線等の駅。③姓氏。
19 綾羅木 あやらぎ JR西日本山陰本線の駅。
綾羅錦繍 りょうらきんしゅう 美しい衣服。

糸8 【緑】(14) リョク・ロク みどり
7 緑児 みどりご ▼【嬰児】みどりご 98
8 緑青 ろくしょう 銅に生じるさび。
緑苔 あおのり ▼【乾苔】あおのり 16
10 緑啄木鳥 あおげら キツツキ科の鳥。
12 緑萼梅 あおじく 〔青軸〕 ウメの一品種。
13 緑鳩 あおばと 〔青鳩〕 ハト科の鳥。
14 緑綬褒章 りょくじゅほうしょう 褒章の一。

糸8 【綸】(14) リン・カン
0 綸 いと より合わせた太い糸。
3 綸子 りんず ☆〔綾子〕 絹織物の一。
7 綸言 りんげん 「―汗の如し」

糸8 【練】(14) レン ねる
10 練馬 ねりま ①東京都の特別区・地名。②西武池袋線等の駅。
13 練絹 ねりぎぬ 織ったあと精練した絹布。

糸8 【綰】(14) ワン
0 綰ねる わがねる 丸くする。
8 綰物 わげもの 〔曲物〕 材をまげて作る木製容器。

糸9 【縁】(15) エン ふち
←縁 えにし 関係。つながり。
縁 へり 「畳の―」
縁 ゆかり ☆〔所縁〕 「縁も―もない人」
→縁 よすが 〔因・便〕 よりどころ。手がかり。
11 縁戚 えんせき 親戚。親類。

糸9 【緘】(15) おどし
0 緘 おどし よろいの札をつづる糸。
緘す おどす よろいの札をつづる。

糸9 【緩】(15) カン ゆるい・ゆるやか・ゆるむ・ゆるめる
0 緩り ゆっくり 「―立ち上がる」
9 緩急自在 かんきゅうじざい 「―の投球」
14 緩褌 ゆるふん 気持ちがたるんでいるたとえ。
15 緩緩 ゆるゆる 「―のズボン」
緩衝 かんしょう 「―地帯」

糸9 【緘】(15) カン
3 緘口 かんこう ものを言わない。
15 緘黙 かんもく 口を閉じてものを言わない。

糸9 【緊】(15) キン
0 緊い かたい ゆとりがない。
緊と ひしと ▼【犇と】ひしと 239
緊める しめる 自由に動けなくする。
14 緊褌一番 きんこんいちばん★ 決意を新たに物事にとりくむさま。「―事にあたる」
15 緊緊 ひしひし ▼【犇犇】ひしひし 239

糸9 【縄】(15) ジョウ なわ
10 縄矩 じょうく 規準。
11 縄梯子 なわばしご 縄で作ったはしご。

糸9 【線】(15) セン
6 線虫 はりがねむし 〔針金虫〕 ハリガネムシ目の袋形動物の総称。
15 線蝦 あみ ▼【醤蝦】あみ 378

糸9 【緞】(15) タン・ダン・ドン
3 緞子 どんす 「金襴―の帯」
10 緞通 だんつう 〔段通〕 敷物に用いる厚手の織物。
11 緞帳 どんちょう 劇場で、舞台と客席を仕切る幕。

糸9 【締】(15) テイ しまる・しめる
0 締め括り しめくくり 総括。
締め括る しめくくる 「演説を―」
締め鯖 しめさば 〔〆鯖〕 鯖を酢に浸したもの。

糸9 【編】(15) ヘン あむ
4 編木 びんざさら 〔拍板〕 打楽器の一。
11 編笠一蓋 あみがさいっかい 無一物の身。
14 編綴 へんてつ 文章をまとめつづる。
16 編輯 へんしゅう 〔編集〕 「雑誌を―する」

20 **編纂** へんさん 辞典や年鑑などを編集する。「国史を—する」

糸9 **【緬】**(15) **ベン・メン**

6 **緬羊** めんよう 〔綿羊〕 ヒツジの別名。

7 **緬甸** ビルマ めん・でん ミャンマーの旧称。

糸10 **【緯】**(16) **イ**

0 **緯** よこいと 織物の横方向に通る糸。

5 **緯白** ぬきしろ 白い緯糸(ぬきいと)で織った織物。

6 **緯糸** ぬきいと 織物の横糸。

糸10 **【縊】**(16) **イ**

0 **縊る** くくる 「首を—」

縊れる くびれる 首をくくって死ぬ。

6 **縊死** いし★ 首くくり。

糸10 **【縕】**(16) **ウン**

10 **縕袍** どてら ▼【縕袍】どてら 345

糸10 **【縑】**(16) **ケン**

0 **縑** かとり 合わせた糸で固く織った織物。

糸10 **【縞】**(16) **コウ**

0 **縞** しま 「—模様のシャツ」

9 **縞枯山** しまがれやま 長野県の山。

10 **縞啄木鳥** しまげら しまキツツキ類の総称。

縞馬 しまうま ▼【斑馬】しまうま 164

15 **縞蝦** いせえび ▼【伊勢海老】いせえび 24

22 **縞鰺** しまあじ スズキ目の海魚。

糸10 **【縒】**(16) **シ・サク**

0 **縒る** よる 〔撚る〕「糸を—」

糸10 **【縦】**(16) **ジュウ たて**

←**縦** たとい・たとえ ▼【仮令】たとい 24

縦 ほしいまま★ 〔恣・擅〕 自分の思うとおりに行うこと。「政治を—にする」

→**縦** よし たとえ。

縦んば よしんば かりに。

5 **縦令** たとい・たとえ★ ▼【仮令】たとい 24

8 **縦使** たとい・たとえ ▼【仮令】たとい 24

12 **縦然** たとい・たとえ ▼【仮令】たとい 24

糸10 **【縉】**(16) **シン**

11 **縉紳** しんしん 官位・身分の高い人。

糸10 **【縐】**(16) **スウ・シュウ**

0 **縐** しぼ ▼【皺】しぼ 260

糸10 **【緻】**(16) **チ**

11 **緻密** ちみつ 「—な仕事」

糸10 **【縋】**(16) **ツイ**

0 **縋る** すがる★ 「仏の慈悲に—」

糸10 **【縢】**(16) **トウ**

0 **縢る** かがる★ 「裁ち目を—」

糸10 **【縛】**(16) **バク しばる**

0 **縛める** いましめる しばる。

4 **縛日羅** ばさら 〔伐折羅・跋折羅〕 金剛。

糸10 **【繁】**(16) **ハン**

0 **繁く** しげく 「足—通う」

繁し しげし 何度も繰り返している。

4 **繁文縟礼** はんぶんじょくれい 規則や礼儀がわずらわしいさま。

5 **繁田** しげた・はんだ 姓氏。

7 **繁吹** しぶき 〔飛沫〕「波の—をあびる」

繁吹く しぶく ▼【重吹く】しぶく 378

8 **繁雨** しばあめ ▼【屢雨】しばあめ 113

繁昌 はんじょう ▼【繁盛】はんじょう 298

10 **繁桟** こみざん 細い桟をたくさん入れてあること。

11 **繁盛** はんじょう 〔繁昌〕「店が—する」

16 **繁繁** しげしげ たびたび。

17 **繁縷** はこべ☆ 〔蘩蔞・鶏腸草〕 ナデシコ科の越年草。

糸10 **【縫】**(16) **ホウ ぬう**

0 **縫い包み** ぬいぐるみ 「パンダの—」

12 **縫腋** ほうえき 両わきを縫いつけた服。

20 **縫懸鞘** ぬいかけざや 革などで縫い込めた刀剣のさや。

糸11 **【縮】**(17) **シュク ちぢむ・ちぢまる・ちぢめる・ちぢれる・ちぢらす**

15 **縮緬** ちりめん★ 細かなしぼのある絹織物。

16 **縮縫** いせ 縫い方の一。

19 **縮羅** しじら 表面にしぼを表した織物。

糸11 **【績】**(17) **セキ**

0 **績む** うむ 麻などの繊維をよってつなぐ。

8 **績苧** うみそ・おうみ ▼【績麻】おうみ 299

11 績麻 うみうみ・おそ 〔績苧〕 つむいだ麻糸。

糸11 【繊】(17) セン

0 繊い ほそい 細い。

4 繊六本 せんろっぽん 〔千六本〕 細長く刻む。

10 繊弱 ひわず ひよわなさま。

糸11 【縹】(17) ヒョウ

0 縹 はなだ 薄い藍色。

12 縹渺 ひょうびょう☆ 果てしなく広いさま。

16 縹緻 きりょう 顔立ち。みめ。

糸11 【繃】(17) ホウ

10 繃帯 ほうたい 〔包帯〕 傷口を保護するガーゼなど。

15 繃標烏 ポンペイウス 古代ローマの政治家。

糸11 【縷】(17) ル

7 縷言 るげん くわしく述べる。

9 縷紅草 るこうそう 〔留紅草〕 ヒルガオ科のつる性一年草。

17 縷縷 るる★ 「―説明する」

糸11 【縲】(17) ルイ

11 縲紲 るいせつ 罪人をしばる縄。

糸11 【縺】(17) レン

0 縺れる もつれる★ 「髪の毛が―」「足が―」「話が―」

糸12 【繧】(18) ウン

18 繧繝 うんげん 同じ色を濃淡の段をつけて染めたり織ったりする方法。

繧繝錦 うんげんにしき 織物の一。

糸12 【繦】(18) キョウ

14 繦褓 むつき ▼【襁褓】むつき 345

糸12 【繭】(18) ケン まゆ

6 繭糸 けんし まゆと糸。

11 繭紬 けんちゅう ▼【絹紬】けんちゅう 295

糸12 【繖】(18) サン

14 繖爾維亜 サルビア 〔来路花〕 シソ科の多年草。

糸12 【織】(18) ショク・シキ おる

0 織 はとり 姓氏。

3 織女 たなばた ▼【七夕】たなばた 3

5 織田 おだ 姓氏。

11 織部焼 おりべやき 陶器の一。

糸12 【繕】(18) ゼン つくろう

0 繕い草 つくろいぐさ ヨモギの別名。

5 繕写 ぜんしゃ 誤りを正して写し直す。

糸12 【繒】(18) ソウ

0 繒 いぐるみ ▼【矰繳】いぐるみ 267

糸12 【繙】(18) ハン・ホン

0 繙く ひもとく★ 「史書を―」

糸12 【繚】(18) リョウ

7 繚乱 りょうらん 〔撩乱〕 花などが一面に咲き乱れること。「百花―」

18 繚繞 りょうじょう 絡みつくさま。

繚繚 ふさふさ ▼【総総】ふさふさ 296

糸13 【繳】(19) キョウ・シャク

0 繳 いぐるみ ▼【矰繳】いぐるみ 267

糸13 【繰】(19) くる

7 繰言 くりごと 「老いの―」

糸13 【繫】(19) ケイ・ケ

0 繫 つなぎ 岩手県の温泉。

繫ぐ つなぐ☆ 「犬を鎖で―」

繫る かかる 関連性がある。

4 繫爪 かけづめ 琴を弾くときの用具。

10 繫留 けいりゅう★ 「―された船」

11 繫累 けいるい 心身を束縛するもの。

15 繫駕 けいが 車に馬をつなぐ。

糸13 【繡】(19) シュウ

0 繡 ぬいとり 刺繡。

6 繡竹 なでしこ ▼【瞿麦】なでしこ 265

11 繡眼児 めじろ ▼【目白】めじろ 261

15 繡線 しもつけそう ▼【繡線菊】しもつけそう 299

繡線菊 しもつけそう 〔繡線・下野草〕 バラ科の多年草。

糸14 【纃】(20) かすり

0 纃 かすり ▼【絣】かすり 295

糸14 【纂】(20) サン

16 纂輯 さんしゅう 編纂する。

糸14 【繻】(20) シュ・ジュ

3 繻子 しゅす☆ サテン。

9 繻珍 しゅちん 〔七糸緞〕 しゅす織りの一種。

糸 14 【繽】(20) ヒン

10 繽紛 ひんぷん 入り乱れるさま。

糸 14 【辮】(20) ヘン・ベン

14 辮髪 べんぱつ 〔弁髪〕 北アジアの髪形。

糸 15 【纈】(21) ケツ

0 纈 ゆはた 〔結繒〕 しぼり染め。

9 纈草 かのこそう ▼【鹿子草】かのこそう 427

糸 15 【纐】(21) コウ

21 纐纈 こうけち・こうけつ ①絞り染めの名。②姓氏。

糸 15 【纏】(21) テン・デン

0 纏 まとい 馬印の一。

纏う まとう 体を覆うようにして着ける。

纏める まとめる 集めて一つにする。

←纏る まつる 「ズボンのすそを―」

→纏る まつわる 「海藻が足に―」

6 纏向 まきむく ①奈良県の山・地名。②姓氏。

14 纏綿 てんめん まとわりつくさま。情愛のこまやかなさま。「情緒―」

16 纏頭 はな 心づけ。

糸 17 【纓】(23) エイ・ヨウ

0 纓 えい 冠の付属具。

糸 17 【纔】(23) サン・サイ

0 纔か わずか ▼【僅か】わずか 33

【缶】〈ほとぎ〉部

缶 0 【缶】(6) カン

←缶 かま☆ ▼【罐】かま 300

缶 かん 「ドラム―」

→缶 ほとぎ 胴が太く口が小さい土器。

12 缶焚き かまたき かまの火をたく。

缶 11 【罅】(17) カ

0 罅 ひび 「友情に―が入る」

缶 12 【罇】(18) ソン

0 罇 さかだる ▼【樽】さかだる 200

缶 14 【罌】(20) オウ

3 罌子桐 あぶらぎり 〔油桐〕 トウダイグサ科の落葉高木。

12 罌粟 けし★ ▼【芥子】けし 316

缶 15 【罍】(21) ライ

0 罍 さかだる ▼【樽】さかだる 200

缶 17 【罐】(23) カン

0 罐 かま 〔缶〕 ボイラー。

【网（罒・円・⺳）】〈あみがしら〉部

网 3 【罕】(7) カン

0 罕 まれ ▼【稀】まれ 277

11 罕得爾 ヘンデル イギリスの作曲家。

网 3 【罔】(8) ボウ・モウ・ム

0 罔 あみ 網。

罔いる しいる 欺く。

网 5 【罠】(10) ビン

0 罠 わな 「―をしかける」

网 8 【罨】(13) アン・エン

8 罨法 あんぽう 炎症などの治療法。

网 8 【罫】(13) カイ・ケイ

0 罫 けい 「―を引く」

10 罫紙 けいし 罫を引いた紙。

网 8 【罪】(13) ザイ つみ

9 罪科 つみとが 罪悪。

13 罪業 ざいごう 「―の深さにおののく」

网 8 【署】(13) ショ

0 署する しょする 署名する。

网 8 【置】(13) チ おく

4 置戸 おけと 北海道の町。

←置賜 おいたま ①JR東日本奥羽本線の駅。②姓氏。

→置賜 おきたま ①山形県の地方。②姓氏。

网 9 【罰】(14) バツ・バチ

0 罰 ばち 「―があたる」

网 10 【罵】(15) バ・メ

0 罵る ののしる 大声で非難する。

9 罵城 とき・まき 姓氏。

12 罵詈 ばり ののしり。

罵詈雑言 ばりぞうごん 口汚くののしること。

网 10 【罷】(15) ヒ

0 **罷む** やむ ▼【止む】むや 201
罷める やめる 辞める。「会社を―」
罷り通る まかりとおる ☆「無法が―」
13 **罷業** ひぎょう ストライキ。

罒 11 **【罹】**(16) **リ**
0 **罹る** かかる ☆ 病気になる。
7 **罹災** りさい 被災。
11 **罹患** りかん ☆ 病気にかかる。

罒 14 **【羆】**(19) **ヒ**
0 **羆** ひぐま ☆ 大形のクマ。

罒 14 **【羅】**(19) **ラ**
0 **羅** うすもの 薄く織った織物。
6 **羅宇** らお キセルの、竹の管の部分。
羅宇屋 らおや キセルの部品を交換する人。
羅臼 らうす 北海道の温泉・山(―岳だけ)・町ちょう・漁港。
羅西尼 ロッシーニ イタリアの作曲家。
7 **羅甸** ラテン ▼【拉丁】ラテン 154
羅利骨灰 らりこっぱい ▼【乱離骨灰】らりこっぱい 15
8 **羅刹** らせつ 人肉を食う悪鬼。
羅府 ロサンゼルス アメリカの都市。
10 **羅紗** ラシャ 毛織物の一。
羅拿 ルノアール 〔雷諾阿〕 フランスの画家。
羅馬 ローマ ★ イタリアの首都。
羅馬尼亜 ルーマニア 国名。
羅凌士 ローレンス イギリスの作家。
12 **羅斯福** ルーズベルト アメリカの政治家。
← **羅漢松** あすなろ ▼【翌檜】あすなろ 304
→ **羅漢松** いぬまき ▼【犬槙】いぬまき 240
羅漢柏 あすなろ ▼【翌檜】あすなろ 304
19 **羅蘭** ロラン フランスの作家。

罒 17 **【羇】**(22) **キ**
12 **羇寓** きぐう 旅住まい。

罒 19 **【羈】**(24) **キ**
0 **羈** おもがい ▼【面繋】おもがい 401
11 **羈絆** きはん きずな。
17 **羈縻** きび つなぎとめる。

【羊(⺶)】〈ひつじ〉〈ひつじへん〉部

羊 0 **【羊】**(6) **ヨウ ひつじ**
8 **羊乳** つるにんじん ▼【蔓人参】つるにんじん 329
10 **羊栖菜** ひじき ☆ 〔鹿尾菜・鹿角菜〕 ヒバマタ目の海藻。
羊桃 いらくさ ▼【刺草】いらくさ 46
11 **羊麻草** どくだみ ▼【蕺草】どくだみ 330
12 **羊歯** しだ ★ 〔歯朶〕 シダ植物の一綱。
14 **羊駄** アルパカ ラクダ科の家畜。
15 **羊質虎皮** ようしつこひ 見かけ倒しで内容のないたとえ。
羊駝 ラマ ☆ ラクダ科の一種。
16 **羊蹄** ぎしぎし ★ 〔羊蹄菜〕 タデ科の多年草。
羊蹄山 ようていざん 北海道の山。
羊蹄菜 ぎしぎし ▼【羊蹄】ぎしぎし 301
19 **羊羹** ようかん ☆ 和菓子の一。
22 **羊躑躅** もちつつじ ▼【黐躑躅】もちつつじ 430

羊 3 **【美】**(9) **ビ うつくしい**
0 **美い** よい 良い。
美しい うるわしい 〔麗しい〕「みめ―少女」
美し国 うましくに 美しい国。
2 **美人局** つつもたせ ★ 〔奸囮〕 情婦などを使って男から金品をゆすりとること。
美人草 ひなげし ▼【雛罌粟】ひなげし 397
美人部思 おみなえし ▼【女郎花】おみなえし 93
3 **美山** みやま ①福井県の旧町。②JR西日本越美北えつみほく線の駅。③岐阜県の旧町。④京都府の旧町。⑤和歌山県の旧村。
美女桜 バーベナ クマツヅラ科の多年草。
美土代町 みとしろちょう 東京都の地名。
美土里 みどり 広島県の旧町。
美々津 みみつ ①宮崎県の地名。②JR九州日豊にっぽう本線の駅。
4 **美方** みかた 兵庫県の郡・旧町。
5 **美甘** みかも ①岡山県の旧村。②姓氏。
美田園 みたぞの 仙台空港鉄道仙台空港線の駅。
6 **美江寺** みえじ ①岐阜県の地名。②樽見たるみ鉄道の駅。

美合 みあい 名鉄名古屋本線の駅。
7 美作 みまさか ①岡山県の市。②旧国名。現在の岡山県北部。③姓氏。
美杉 みすぎ 三重県の旧町。
美努 みの 姓氏。
美豆良 みずら ▼【角髪】みずら 349
美利可 ぴりか 北海道の温泉・地名。
美里 みさと ①宮城県の町。②埼玉県の町。③熊本県の町。
美里別川 びりべつがわ 北海道の川。
美良布 びらふ 高知県の地名。
美良房 ミラボー 〔弥拉波〕フランスの政治家。
8 美事 みごと ▼【見事】みごと 347
美妾 おみなえし ▼【女郎花】おみなえし 93
美東 みとう 山口県の町。
美波 みなみ 徳島県の町。
美並 みなみ 岐阜県の旧村。
美並苅安 みなみかりやす 長良川鉄道越美南線の駅。
美味い うまい ▼【旨い】うまい 170

美味しい おいしい 「魚の―店」
9 美咲 みさき 岡山県の町。
美津島 みつしま 長崎県の旧町。
美星 びせい 岡山県の旧町。
美祢 みね ①山口県の郡・市。②JR西日本の路線・駅。
美保関 みほのせき 島根県の旧町。
10 美原 みはら ①大阪府の旧町。②堺市の行政区。
美馬 みま 徳島県の郡・市。
美唄 びばい ①北海道の川・市。②JR北海道函館本線の駅。
美浦 みほ 茨城県の村。
美流渡 みると 北海道の地名。
美留和 びるわ JR北海道釧網本線の駅。
11 美郷 みさと ①秋田県の町。②島根県の町。③宮崎県の町。
美深 びふか ①北海道の町。②JR北海道宗谷本線の駅。
美袋 みなぎ ①岡山県の地名。②JR西日本伯備線の駅。③姓氏。
美都 みと 島根県の旧町。

美麻 みあさ 長野県の旧村。
美野里 みのり 茨城県の旧町。
12 美瑛 びえい ①北海道の川・山(―岳)・盆地・町。②JR北海道富良野線の駅。
13 美幌 びほろ ①北海道の川・町・峠。②JR北海道石北本線の駅。
美辞麗句 びじれいく うわべだけを飾りたてた文句。「―を並べる」
美瑟 モーゼ 〔摩西〕古代イスラエル民族の伝説的指導者。
美鈴湖 みすずこ 長野県の人造湖。
15 美髯 びぜん 美しく立派なほおひげ。
美談 みだみ 一畑電車北松江線の駅。
16 美濃 みの ①岐阜県の高原・市。②旧国名。現在の岐阜県中・南部。③福井県・岐阜県の街道。④島根県の旧郡。
22 美嚢 みのう 兵庫県の川・旧郡。

羊4 **【羌】**(10) **キョウ**

0 羌 キョン 中国東部、台湾に生息する小形のシカ。
14 羌精 すずしろ ▼【蘿蔔】すずしろ 334

羊4 **【羔】**(10) **コウ**

0 羔 こひつじ ヒツジの子。

羊5 **【羞】**(11) **シュウ**

0 羞 はじ ▼【辱】はじ 367
羞じる はじる 恥じる。「不明を―」
羞ずかしい はずかしい 恥ずかしい。
10 羞恥 しゅうち 「―心」

羊5 **【羚】**(11) **レイ**

6 羚羊 かもしか☆ 〔羚鹿・氈鹿〕カモシカ属の哺乳類の総称。
11 羚鹿 かもしか ▼【羚羊】かもしか 302

羊6 **【着】**(12) **チャク・ジャク** **きる・きせる・つく・つける**

6 着衣始め きそはじめ 江戸時代、新しい服を初めて着る儀式。
11 着袴 ちゃっこ はかまを着ける。

羊7 **【義】**(13) **ギ**

4 義太夫 ぎだゆう 浄瑠璃節の一。
9 義侠心 ぎきょうしん☆ 「―の強い男」
10 義捐金 ぎえんきん 〔義援金〕「―を募る」

6画 羊部 4―7画

12 **義塚** ぎちょう 無縁墓。
13 **義解** ぎげ 語義や文義の解説。
義義 ぎぎ 〔**黄顙・黄顙魚**〕 ナマズ目の淡水魚。
義蜂 ぎばち ギギ科の淡水魚。

羊7 **【群】**(13) **グン** **むれる・むれ・むら**
0 **群がる** むらがる 「ミツバチが花に―」「売り場に―人々」
3 **群千鳥** むらちどり 群れている千鳥。
7 **群来** くき 魚が大挙して沿岸に来ること。
8 **群雨** むらさめ 〔**叢雨・村雨**〕 にわか雨。
群青 ぐんじょう 青色の無機顔料の一。
← **群雀** むらすずめ 群れをなしているスズメ。
→ **群雀** むれすずめ マメ科の落葉低木。

羊7 **【羨】**(13) **セン・エン**
0 **羨む** うらやむ ★「人も―仲」
11 **羨望** せんぼう 「―の的」

羊9 **【羯】**(15) **カツ・ケツ**
13 **羯鼓** かっこ 雅楽に用いる太鼓の一。
16 **羯磨** かつま 仏教で、業(ごう)。

羊13 **【羹】**(19) **コウ・カン**
0 **羹** あつもの 吸い物。

羊13 **【羶】**(19) **セン**
6 **羶肉** せんにく 羊の肉。

羊13 **【羸】**(19) **ルイ**
10 **羸弱** るいじゃく からだが弱い。
羸弱い かよわい いかにも弱い感じである。
15 **羸痩** るいそう 極端にやせる。

羽(羽)〈はね〉部

羽0 **【羽】**(6) **ウ** **は・はね**
2 **羽二重** はぶたえ ☆ 絹織物の一。
← **羽子** はご うはね。
→ **羽子** はね 〔**羽根**〕 「―を突く」
羽子板 はごいた 遊戯の羽根突きの羽根を突く用具。
4 **羽化登仙** うかとうせん 酒に酔って気分のよいたとえ。
羽犬塚 はいぬづか ①福岡県の地名。②JR九州鹿児島本線の駅。
羽太 はた 〔**石斑魚**〕 ハタ科のマハタ属などの海魚の総称。
← **羽生** はにゅう ①埼玉県の市。②東武伊勢崎(いせさき)線等の駅。③姓氏。
→ **羽生** はぶ 姓氏。
羽生田 はにゅうだ JR東日本信越本線の駅。
羽目 はめ 〔**破目**〕 「―をはずす」
6 **羽衣** はごろも ①天人が着る、霊力のある衣。②大阪府の地名。③南海本線等の駅。
羽曳野 はびきの ①大阪府の市。②姓氏。
羽交い はがい 鳥のはね。
羽合 はわい 鳥取県の温泉・旧町。
7 **羽含む** はぐくむ ▼**【哺む】**はぐくむ **69**
羽豆岬 はずみさき 愛知県の岬。
8 **羽咋** はくい ①石川県の郡・市。②JR西日本七尾線の駅。③姓氏。
羽茂 はもち 新潟県の旧町。
9 **羽計** はばかり 姓氏。
羽後 うご ①秋田県の町(まち)。②旧国名。現在の秋田県全域と山形県北部。
羽前 うぜん 旧国名。現在の山形県。
10 **羽振り** はぶり 「―をきかせる」
11 **羽魚** かじき ▼**【旗魚】**かじき **168**
羽鳥湖 はとりこ 福島県の人造湖。
12 **羽間** はざま 高松琴平(ことひら)電鉄琴平線の駅。
羽須美 はすみ 島根県の旧村。
羽斑蚊 はまだらか 〔**翅斑蚊**〕 ハマダラカ亜科のカの総称。
13 **羽幌** はぼろ 北海道の川・町(ちょう)・港。
羽搏く はばたく ▼**【羽撃く】**はばたく **303**
14 **羽隠虫** はねかくし ☆ 〔**隠翅虫**〕 ハネカクシ科の甲虫の総称。
15 **羽撃く** はばたく ★ 〔**羽搏く**〕 「大空に―鳥」
16 **羽鮒丘陵** はぶなきゅうりょう 静岡県の丘陵。
19 **羽蟻** はあり 〔**飛蟻**〕 はねあり。

羽4 **【翁】**(10) **オウ**
0 **翁** おきな ★「竹取の―」
9 **翁草** おきなぐさ 〔**白頭翁**〕 キンポウゲ科の多年草。
← **翁島** おきなしま JR東日本磐越西(ばんえつさい)線の駅。
→ **翁島** おきなじま 福島県の島・旧村。

羽 4 **【翅】**（10） **シ**

翅 つばさ 翼。

←**翅** はね 昆虫の飛ぶための器官。

→**翅斑蚊** 12 はまだらか ▼【羽斑蚊】はまだらか 303

羽 5 **【習】**（11） **シュウ** **ならう**

習わし 0 ならわし 昔からのしきたり。

習志野 7 ならしの ①千葉県の市。②新京成電鉄新京成線の駅。

習宜 8 すげ 姓氏。

習習 11 そよそよ ▼【戦戦】そよそよ 148

羽 5 **【翌】**（11） **ヨク**

翌檜 17 あすなろ★〔雁翅檜・明檜・羅漢松・羅漢柏〕ヒノキ科の常緑高木。

羽 6 **【翕】**（12） **キュウ**

翕然 12 きゅうぜん 多くのものが集まるさま。

羽 6 **【翔】**（12） **ショウ・ジョウ**

翔る 0 かける 「大空を—ワシ」

羽 8 **【翠】**（14） **スイ**

翠 0 みどり 「—の季節」

翠川 3 みどりかわ 姓氏。

翠波峰 8 すいはみね 愛媛県の山。

翠菊 11 えぞぎく ▼【蝦夷菊】えぞぎく 338

翠嵐 12 すいらん 山にたちこめるみどりの気。

翠微 13 すいび 山の中腹、八合目あたり。

翠簾内 19 みすうち 垂れ下げたみすの中。

翠巒 22 すいらん みどりの山。

羽 8 **【翡】**（14） **ヒ**

←**翡翠** かわせみ★〔魚狗・魚虎・水狗・鴗・川蟬〕カワセミ科の鳥の総称。

→**翡翠** ひすい 緑色をした宝石。

羽 9 **【翫】**（15） **ガン**

翫ぶ 0 もてあそぶ ▼【弄ぶ】もてあそぶ 127

翫弄 7 がんろう ▼【玩弄】がんろう 245

翫味 8 がんみ ▼【玩味】がんみ 245

羽 9 **【翩】**（15） **ヘン**

翩翩 15 へんぺん 軽やかにひるがえるさま。

翩翻 18 へんぽん 「旗が—とひるがえる」

羽 10 **【翰】**（16） **カン**

翰林 8 かんりん 学者仲間。

翰林院 かんりんいん アカデミー 学士院。

羽 11 **【翳】**（17） **エイ**

←**翳** かげ☆「なにかしら—のある人」

→**翳** さしば 貴人の顔を隠す、うちわ形の道具。

翳す かざす★「ストーブに手を—」

翳み目 かすみめ かすんだ目。

翳む かすむ 「目が—」

翳る かげる 「悲報に表情が—」

羽 11 **【翼】**（17） **ヨク** **つばさ**

翼下 3 よくか 支配力の及ぶ範囲内。

翼宿 11 たすきぼし・よくしゅく 二十八宿の一。

羽 12 **【翹】**（18） **キョウ・ギョウ**

翹望 11 ぎょうぼう☆ 切望。

翹揺 12 げんげ ▼【紫雲英】げんげ 294

翹楚 13 ぎょうそ ぬきんでて優れていること。

羽 12 **【翻】**（18） **ホン** **ひるがえる・ひるがえす**

翻れる 0 こぼれる あふれたり漏れたりして外に出る。

←**翻車魚** うきぎ〔楂魚・泉海魚〕マンボウの別名。

→**翻車魚** まんぼう☆〔楂魚・泉海魚〕フグ目の海魚。

翻弄 ほんろう☆「時代に—される」

翻筋斗 12 もんどり★「—を打つ」

羽 14 **【耀】**（20） **ヨウ**

耀く 0 かがやく 照り輝く。

【老（耂）】〈おいがしら〉〈おいのかんむり〉部

老 0 **【老】**（6） **ロウ** **おいる・ふける**

老女 3 おうな ▼【嫗】おうな 97

老少年 4 はげいとう ▼【雁来紅】はげいとう 395

老母草 5 おもと ▼【万年青】おもと 9

老成 6 ませ 大人びている。

老花弁 7 あまな ▼【山慈姑】あまな 115

老杉 ろうさん スギの古木。

老兎 みみずく ▼【木菟】みみずく 179

老若 8 ろうにゃく・ろうじゃく 老人と若者。

老弥児 ミル イギリスの経済学者。

9 老科 ロック ▼【籠句】クロック 287

老海鼠 ほや ▼【海鞘】ほや 215

10 老酒 ラオチュー ☆ 中国の醸造酒の総称。

老圃 ろうほ 畑仕事に熟練した農夫。

老耄 ろうもう おいぼれること。

11 老措大 ろうそだい 年をとった書生。

老萊斑衣 ろうらいはんい 親孝行のたとえ。

13 老媼 ろうおう 年をとった女。

老楽 おいらく 老後の楽しみ。

老爺 ろうや 年をとった男。

15 老鴉弁 あまな ▼【山慈姑】あまな 115

老鴉瓜 からすうり ▼【烏瓜】からすうり 231

老舗 しにせ ★「創業百年の―」

16 老獪 ろうかい ★「―な政治家」

老頭児 ロートル ☆ 老人。

19 老蘇 おいそ 滋賀県の旧村。

20 老麺 ラーメン ▼【拉麺】ラーメン 154

21 老鶯 ろうおう 春すぎて鳴く鶯。

26 老驥伏櫪 ろうきふくれき 年老いて馬屋の横木につながれた駿馬。

老 2 【考】(6) **コウ** **かんがえる**

6 考老母 コロンボ スリランカの都市。

考老来桂 コロラド アメリカのコロラド川・州。

7 考妣 こうひ 亡くなった父母。

19 考覈 こうかく 考え調べる。

老 4 【耆】(10) **キ・ギ・シ**

7 耆那教 ジャイナきょう インドの宗教の一。

11 耆宿 きしゅく ☆ 経験豊かな老大家。

耆婆扁鵲 ぎばへんじゃく 世にもまれな名医。

老 4 【者】(8) **シャ** **もの**

6 者共 ものども 「―、続け」

10 者流 しゃりゅう 連中。

老 4 【耄】(10) **ボウ・モウ**

←耄ける ほうける ▼【惚ける】ほうける 142

→耄ける ぼける ▼【惚ける】ぼける 142

10 耄耄 もうもう 老いぼれたさま。

13 耄碌 もうろく 老いぼれる。

【而】〈しこうして〉部

而 0 【而】(6) **ジ・ニ・ドウ・ノウ**

←而して しかして ▼【然して】しかして 232

→而して しこうして しかして。そうして。

而も しかも ☆ ▼【然も】しかも 232

而る しかる 「三たび思いて―後行う」

3 而已 のみ 「学歴―がはばをきかせている」

5 而立 じりつ 三〇歳の別名。

而 3 【耐】(9) **タイ** **たえる**

5 耐冬華 さざんか ▼【山茶花】さざんか 114

【耒(耒)】〈らいすき〉〈すきへん〉部

耒 0 【耒】(6) **ライ**

0 耒 すき 農具の一。

11 耒耜 らいし 鋤(すき)。

耒 4 【耘】(10) **ウン**

0 耘る くさぎる ★ 除草する。

10 耘耕 うんこう 除草する。

耒 4 【耕】(10) **コウ** **たがやす**

10 耕耘 こううん 「―機」

15 耕鋤 こうじょ 農事をする。

耒 4 【耗】(10) **モウ・コウ**

0 耗り高 へりだか 減少した数量。

耗る へる 減る。

13 耗損 こうそん 使いへらす。

耒 9 【耦】(15) **ゴウ・グ・グウ**

14 耦語 ぐうご 向かいあってひそひそと話す。

【耳】〈みみ〉〈みみへん〉部

耳 0 【耳】(6) **ジ** **みみ**

5 耳巧者 みみごうしゃ 耳学問で知っていること。

6 耳成 みみなし ①奈良県の山・地名。②近鉄大阪線の駅。

耳朶 みみたぶ ★〔耳埵〕 耳の下部に垂れ下がった柔らかい部分。

11 **耳埵** みみたぶ ▼【耳朶】みみたぶ 305

12 **耳順** じじゅん 六〇歳の別名。

13 **耳塞ぎ** みみふたぎ 耳につけて飾りとする珠玉。

14 **耳語** みみこすり ひそひそ話。

耳語く ささやく ▼【囁く】ささやく 74

耳障り みみざわり 耳触り。「—な音」

耳聡い みみざとい 早耳である。

18 **耳蟬** みみずく ミミズク科の昆虫の総称。

耳3 **【耶】**(9) ヤ

4 **耶父華** エホバ 旧約聖書の神。

10 **耶馬台国** やまたいこく ▼【邪馬台国】やまたいこく 375

耶馬渓 やばけい ①大分県の渓谷。②大分県の旧町。

11 **耶悉茗** ジャスミン ▼【素馨】ジャスミン 292

耶麻 やま 福島県の郡。

19 **耶蘇** やそ イエス・キリスト。

耳4 **【耿】**(10) コウ

10 **耿耿** こうこう 不安なさま。

12 **耿然** こうぜん 明るく光るさま。

耳4 **【耽】**(10) タン

0 **耽る** ふける 「物思いに—」

13 **耽溺** たんでき 〔湛溺〕「酒色に—する」

14 **耽読** たんどく 読みふける。

耳5 **【聊】**(11) リョウ

0 **聊か** いささか ★▼【些か】いささか 19

← **聊爾** かりそめ ▼【仮初め】かりそめ 24

→ **聊爾** りょうじ 失礼。

耳7 **【聖】**(13) セイ

← **聖** セント 「—フランチェスコ」

→ **聖** ひじり ①高徳の僧。②長野県の山・高原。

2 **聖人** しょうにん ▼【上人】しょうにん 7

5 **聖目** せいもく ▼【井目】せいもく 18

8 **聖林** ハリウッド ★アメリカの地名。

11 **聖教** しょうぎょう 仏典や経文。

13 **聖意勒納** セントヘレナ 南大西洋の島。

聖路易 セントルイス アメリカの都市。

← **聖霊** しょうりょう ▼【精霊】しょうりょう 289

→ **聖霊** せいれい キリスト教で、三位一体さんみいったいの一。

18 **聖観音** しょうかんのん 本来の姿の観音。

20 **聖護院** しょうごいん 京都府の地名。

22 **聖籠** せいろう 新潟県の町まち。

耳7 **【聘】**(13) ヘイ

0 **聘する** へいする 礼を尽くして人を迎える。

耳8 **【聢】**(14) しかと

0 **聢と** しかと ★▼【確と】しかと 271

聢り しっかり ▼【確り】しっかり 271

耳8 **【聚】**(14) シュウ・ジュ

0 **聚まる** あつまる 集合する。

聚める あつめる 集合させる。

耳8 **【聟】**(14) セイ

0 **聟** むこ ▼【婿】むこ 97

耳8 **【聡】**(14) ソウ

0 **聡い** さとい 〔敏い〕理解力・判断力にすぐれたさま。「利に—」

8 **聡明** そうめい ★「—な君主」

15 **聡慧** そうけい 聡明で才知がある。

耳8 **【聞】**(14) ブン・モン きく・きこえる

9 **聞香** もんこう 香をかぎ分ける。

10 **聞酒** ききざけ ▼【利酒】ききざけ 45

12 **聞道** きくならく ▼【聞説】きくならく 306

14 **聞説** きくならく 〔聞道〕聞くところによると。

耳11 **【聳】**(17) ショウ

0 **聳える** そびえる 「眼前に—アルプス」

聳つ そばだつ ①高くそびえ立つ。②▼【峙つ】そばだつ 116

聳やかす そびやかす 〔脅かす〕「肩を—」

聳り立つ そそりたつ

11 **聳動** しょうどう ☆「世間の耳目を—する」「—摩天楼まてんろう」

耳11 **【聴】**(17) チョウ きく

0 **聴す** ゆるす 許す。

耳11 **【聯】**(17) レン

0 **聯なる** つらなる 連なる。

6 **聯亘** れんこう 連なりわたること。

7 **聯邦** れんぽう 連邦。

耳12 **【職】**(18) ショク

職 しき 律令制の役所の一。

耳16【聾】(22) **ロウ・リュウ・リョウ**

0 聾する ろうする☆ 聞こえなくさせる。「耳を―爆音」

【聿】〈ふでづくり〉部

聿0【聿】(6) **イツ・イチ**

0 聿 ふで 筆。

聿5【肅】(11) **シュク**

11 肅肅 しゅくしゅく 「―と進む」

13 肅愼 しゅくしん・みしはせ 中国古代の北方民族。

聿7【肄】(13) **イ**

0 肄う ならう 学習する。

13 肄業 いぎょう わざを習う。

聿7【肆】(13) **シ**

← 肆 し 「四」の大字。「金―万円也」

→ 肆 みせ 店。

5 肆矢 よつや 姓氏。

8 肆店 してん 〔肆廛〕 商店。

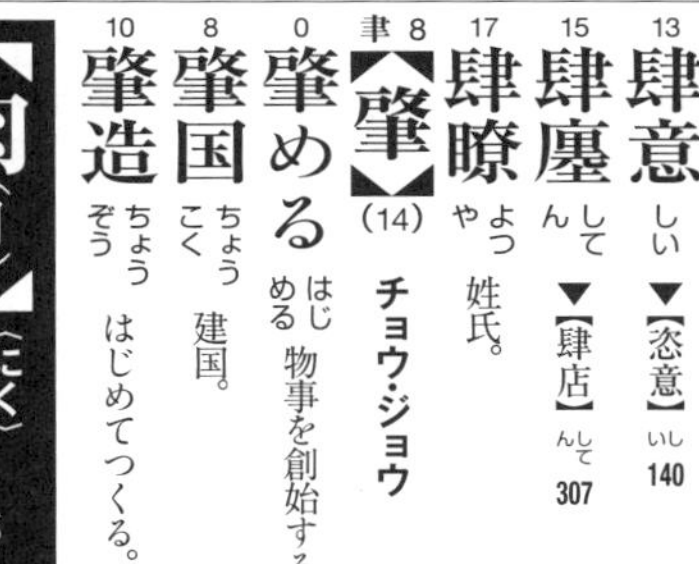

13 肆意 しい ▼【恣意】いし 140

15 肆廛 してん ▼【肆店】してん 307

17 肆瞭 よつや 姓氏。

聿8【肇】(14) **チョウ・ジョウ**

0 肇める はじめる 物事を創始する。

8 肇国 ちょうこく 建国。

10 肇造 ちょうぞう はじめてつくる。

【肉(月)】〈にく〉〈にくづき〉部

肉0【肉】(6) **ニク**

0 肉 しし ▼【宍】しし 101

3 肉叉 フォーク 〔肉刺〕 フォーク。

肉山脯林 にくさんほりん ぜいたくな生活のたとえ。

5 肉汁 スープ 西洋料理の汁物。

7 肉豆蔲 にくずく☆ ニクズク科の常緑高木。

← 肉刺 フォーク ▼【肉叉】フォーク 307

→ 肉刺 まめ★ 手足にできる水ぶくれ。

10 肉桂 にっけい クスノキ科の常緑高木。

14 肉蓯蓉 にくじょうよう 植物オニクの漢方での名。

16 肉髻 にっけい☆ 仏像の頭頂のもとどりに似たもの。

肉2【肌】(6) **はだ**

11 肌理 きめ★ 〔木目〕「―が細かい」

13 肌勢 はたせ 姓氏。

15 肌膚 きふ 皮膚。

肉2【肋】(6) **ロク**

0 肋 あばら 胸部を形作る骨。

4 肋木 ろくぼく 器械体操の用具。

6 肋肉 ばらにく☆ 牛・豚の腹側の肉。

10 肋骨 あばらぼね・ろっこつ 「―を二本折る」

肉3【肝】(7) **カン きも**

4 肝心 かんじん 〔肝腎〕「基本が―だ」

5 肝付 きもつき ①鹿児島県の町ちょう。②姓氏。

8 肝所 かんどころ 〔勘所〕「―を押さえる」

9 肝胆 かんたん 「―相照らす」

12 肝属 きもつき ①鹿児島県の川・山地・平野・郡。②姓氏。

肝斑 しみ 顔面の色素斑。

13 肝腎 かんじん ▼【肝心】かんじん 307

肝煎 きもいり ①世話や骨折り。②名主や庄屋の別名。

肉3【肛】(7) **コウ**

8 肛門 こうもん 尻のあな。

肉3【肖】(7) **ショウ**

0 肖る あやかる★ 「幸運に―」

7 肖似 しょうじ よく似ているさま。

8 肖者 あえもの 手本とするもの。

肉3【肘】(7) **チュウ**

0 肘 ひじ☆ ▼【肱】ひじ 308

7 肘折 ひじおり 山形県の温泉。

肉3【肚】(7) **ト**

0 肚 はら 腹。

14 肚構え はらがまえ 〔腹構え〕 決心。

肉4【育】(8) **イク そだつ・そだてる**

0 育む はぐくむ☆ ▼【哺む】はぐくむ 69

肉4【肩】(8) **ケン かた**

3 肩巾 ひれ 〔領巾〕 薄く細長い布。

肩上 わたがみ 〔綿噛〕鎧(よろい)の部分名。
5 肩甲骨 けんこうこつ 〔肩胛骨〕背中の逆三角形の骨。
7 肩肘 かたひじ ☆「―を張る」
9 肩胛骨 けんこうこつ ▼【肩甲骨】けんこうこつ 308
10 肩透かし かたすかし 相撲(すもう)の技の一。
11 肩章 けんしょう・かたじるし 制服などの肩につける飾章。
15 肩衝 かたつき 茶入れの形の一。
肩摩轂撃 けんまこくげき 人や車で往来が混雑するさま。
18 肩癖 けんぺき 肩こり。

肉 4【股】(8) コ
股 また ←〔叉〕「―を広げてすわる」
股 もも →▼【腿】もも 312
4 股引 ももひき 男子用下着。
股分 こぶん 持ち分。
8 股肱 ここう ★「―の臣」
10 股座 またぐら 〔胯座〕両ももの間。
股旅 またたび 「―物」
11 股脛巾 ももはばき 「股引(ももひき)」のこと。
12 股間 こかん 〔胯間〕またぐら。

肉 4【肯】(8) コウ
肯う うけがう ←☆〔諾う〕承知する。
肯う うべなう →▼【諾う】うべなう 353
肯えて あえて ▼【敢えて】あえて 163
肯んずる がえんずる ☆ 承諾する。
14 肯綮 こうけい ★ 急所。

肉 4【肱】(8) コウ
肱 かいな ←▼【腕】かいな 311
肱 ひじ →〔肘・臂〕「―を食わせる」
3 肱川 ひじかわ 愛媛県の川・旧町。

肉 4【肴】(8) コウ・ゴウ
0 肴 さかな 酒に添える食べ物。
10 肴核 こうかく 料理。

肉 4【肢】(8) シ
7 肢体 したい 「すらりとした―」

肉 4【肥】(8) ヒ こえる・こえ・こやす・こやし
0 肥る ふとる 「食べすぎで―」
7 肥沃 ひよく ★「―な土地」
9 肥後 ひご 旧国名。現在の熊本県。
肥前 ひぜん ①九州の半島。②旧国名。現在の佐賀県・長崎県。
17 肥薩 ひさつ ①民営鉄道(―おれんじ鉄道)。②JR九州の路線。

肉 5【胃】(9) イ
5 胃加答児 いカタル 胃炎の別名。
11 胃宿 えきえぼし・いしゅく 二十八宿の一。
17 胃癌 いがん 胃の悪性腫瘍(しゅよう)。

肉 5【胤】(9) イン
0 胤 たね 子孫。
13 胤裔 いんえい 血のつながった子孫。

肉 5【胡】(9) コ・ゴ・ウ
0 胡 えびす ①異民族。②姓氏。
胡ぞ なんぞ どうして。
3 胡弓 こきゅう 〔鼓弓〕擦弦(さつげん)楽器の一。
6 胡瓜 きゅうり ★〔黄瓜・木瓜〕ウリ科のつる性一年草。
7 胡坐 あぐら ☆〔胡床・趺坐・箕坐〕「権力の上に―をかく」
胡床 あぐら ▼【胡坐】あぐら 308
胡町 えびすちょう 広島電鉄本線の停留所。
胡狄 こてき 古く中国で辺境の異民族。
胡豆 いわふじ ニワフジの別名。
胡乱 うろん ★ 疑わしいさま。
8 胡枝子 はぎ ▼【萩】はぎ 326
9 胡臭 わきが ▼【腋臭】わきが 311
10 胡鬼板 こぎいた 羽子板。
胡荽 コエンドロ セリ科の一年草。
胡孫眼 さるのこしかけ 〔猿腰掛〕サルノコシカケ亜目の一部のきのこの総称。
胡桃 くるみ ☆〔呉桃・山胡桃〕クルミ属の落葉高木または低木の総称。
胡桃沢 くるみざわ 姓氏。
胡馬北風 こばほくふう 故郷をなつかしむ。
胡粉 ごふん 白色の顔料。

11 胡笳 こか 中国の楽器。
胡菫菜 えぞすみれ ▼【蝦夷菫】338
胡黄蓮 せんぶり ▼【千振】53
胡麻 ごま ゴマ科の一年草。
胡麻の葉草 ごまのはぐさ 〔玄参・黒参〕ゴマノハグサ科の多年草。
胡麻化す ごまかす ▼【誤魔化す】351
12 胡散臭い うさんくさい 疑わしい。
胡掌島 ごましま 姓氏。
胡椒 こしょう コショウ科のつる性常緑低木。
胡葱 あさつき 〔糸葱・浅葱・麦葱〕ユリ科の多年草。
13 胡蜂 すずめばち ▼【雀蜂】395
14 胡銅器 さはり ▼【響銅】403
15 胡蝶 こちょう☆ 源氏物語の巻名。
←胡蝶花 くさあじさい ユキノシタ科の多年草。
→胡蝶花 しゃが ▼【射干】106
胡蝶草 しゃが ▼【射干】106
胡蝶樹 やぶでまり ▼【藪手毬】332

胡蝶蘭 こちょうらん ラン科の常緑多年草。
16 胡燕子 あまつばめ アマツバメ科の鳥の総称。
胡頽子 ぐみ★ ▼【茱萸】321
胡盧鯛 ころだい 〔石鯽〕スズキ目の海魚。
17 胡獱 とど☆ 〔獱・海馬・海驢・魹〕アシカ科の哺乳類。
19 胡簶 やなぐい★ 武具の一。
22 胡蘿蔔 にんじん ▼【人参】20

肉5 【胎】(9) タイ
12 胎斑 あめまだら ▼【飴斑】408

肉5 【胆】(9) タン
←胆 い 胆のう。
→胆 きも 肝臓。
7 胆沢 いさわ ①岩手県の川・郡・旧町。②姓氏。
10 胆振 いぶり ①北海道の支庁。②旧国名。現在の北海道西部。③姓氏。

肉5 【胝】(9) チ
←胝 あかぎれ ▼【皸】260
→胝 たこ ▼【胼胝】310

肉5 【背】(9) ハイ せ・せい・そむく・そむける
4 背戸 せど 裏門。
背中炙山 せなかあぶりやま 福島県の山。
6 背向 そがい 背後。
9 背美鯨 せみくじら ヒゲクジラの一種。
背負う しょう 「かごを―」
10 背振 せふり ①福岡・佐賀県境の山地・山(―山さん)。②佐賀県の旧村。
11 背黄青鸚哥 せきせいいんこ インコ科の飼い鳥。
13 背馳 はいち★ 理にそむく。
背腸 せわた エビの腸。
背蒲団 せなぶとん 背中に負う小さなふとん。

肉5 【肺】(9) ハイ
12 肺腑 はいふ 「―を衝っく」

肉5 【胚】(9) ハイ
9 胚胎 はいたい 原因を含みもつ。

肉5 【胞】(9) ホウ
6 胞衣 えな★ 胎児を包む膜や胎盤たいばん。

肉6 【胸】(10) キョウ むね・むな
4 胸毛 むなげ 胸のあたりに生える毛。
8 胸板 むないた 「―が厚い」
10 胸座 むなぐら 〔胸倉〕「―をつかむ」
11 胸黒 むなぐろ チドリ科の鳥。
18 胸騒ぎ むなさわぎ 「―をおぼえる」
19 胸繋 むながい 〔胸懸・鞅〕馬具の一。
20 胸懸 むながい ▼【胸繋】309

肉6 【脅】(10) キョウ おびやかす・おどす・おどかす
0 脅える おびえる ▼【怯える】138
←脅かす おびやかす 〔劫す〕「安全を―」
→脅かす そびやかす ▼【聳やかす】306
脅す おどす 〔威す・嚇す〕「銃で―」

肉6 【脇】(10) キョウ
←脇 かたわら ▼【傍ら】33
→脇 わき ▼【腋】311
5 脇目 わきめ わきみ。
7 脇見 わきみ 〔傍見〕「―運転」

脇役 わきやく 〔傍役〕「名―」
8 脇侍 きょうじ 〔夾侍〕本尊の周囲に控える仏。
10 脇差 わきざし 小型の刀。
脇息 きょうそく ひじかけ。

肉 6 **【胯】**(10) **コ・カ**
10 胯座 またぐら ▼【股座】またぐら 308
12 胯間 こかん ▼【股間】こかん 308

肉 6 **【脂】**(10) **シ あぶら**
0 脂 やに 〔膠〕樹脂。
3 脂下がる やにさがる いい気になる。
6 脂汗 あぶらあせ 「―を流す」
17 脂燭 しそく ▼【紙燭】しそく 291

肉 6 **【脆】**(10) **セイ・ゼイ**
0 脆い もろい ★「情に―」
10 脆弱 ぜいじゃく ★ もろくて弱いさま。

肉 6 **【脊】**(10) **セキ**
0 脊 せ 背骨。
5 脊令 せきれい ▼【鶺鴒】せきれい 426
12 脊椎 せきつい ☆「―動物」

肉 6 **【胴】**(10) **ドウ**
7 胴乱 どうらん 植物採集用の入れ物。
11 胴欲 どうよく ☆ 非常に欲が深いさま。

肉 6 **【能】**(10) **ノウ**
0 能う あたう ★「―限り援助する」
能く よく 「―効く」
5 能古島 のこのしま 福岡県の島。
能生 のう ①新潟県の旧町。②JR西日本北陸本線の駅。
能代 のしろ ①秋田県の平野・市・港。②JR東日本五能線の駅。
能平 のっぺい 〔濃餅〕野菜などを煮込み、とろみをつけた料理。
7 能見台 のうけんだい 京急本線の駅。
8 能事 のうじ なすべきこと。
能取 のとろ 北海道の湖・岬・地名。
←能美 のうみ 広島県の島・旧町。
→能美 のみ 石川県の郡・市。
10 能書き のうがき 効能書き。
能能 よくよく 〔善善〕「―考えてみれば…」
11 能都 のと 石川県の旧町。
12 能登 のと ①石川県の島・半島・町(ちょう)。②旧国名。現在の石川県北部。
13 能義 のぎ 島根県の旧郡。
能勢 のせ ①大阪府の町(ちょう)・旧郡。②大阪・兵庫県の街道。③民営鉄道(―電鉄)。
15 能褒野 のぼの 三重県の台地。

肉 6 **【胼】**(10) **ヘン**
0 胼 ひび ▼【皸】ひび 260
←胼胝 あかぎれ ▼【皸】あかぎれ 260
→胼胝 たこ ☆〔胝・馬脊瘡〕「耳に―ができる」

肉 6 **【脈】**(10) **ミャク**
13 脈窠 すかり 鉱脈内にできた空洞。

肉 7 **【脚】**(11) **キャク・キャ あし**
3 脚巾 はばき ▼【脛巾】はばき 310
5 脚半 きゃはん ▼【脚絆】きゃはん 310
脚立 きゃたつ 〔脚榻〕はしごを二つ八の字形に組み合わせ、上に踏み板をつけた台。
6 脚気 かっけ ☆ 栄養失調症の一。
10 脚帯 あゆい ▼【脚結】あゆい 310
11 脚魚 すっぽん ▼【鼈】すっぽん 431
脚絆 きゃはん 〔脚半〕すねにまとう布。
12 脚結 あゆい 〔脚帯・足結〕上代、正装時に足に結んだひも。
14 脚榻 きゃたつ ▼【脚立】きゃたつ 310

肉 7 **【脛】**(11) **ケイ**
0 脛 すね・はぎ 〔臑〕足の膝(ひざ)からくるぶしまで。
3 脛巾 はばき 〔行纏・脚巾〕歩行時の脚を保護するもの。
13 脛楯 はいだて ▼【佩楯】はいだて 29

肉 7 **【脱】**(11) **ダツ ぬぐ・ぬげる**
0 脱ける ぬける 抜ける。
脱る とる 「めがねを―」
6 脱臼 だっきゅう ★ 骨の関節がはずれる。
7 脱兎 だっと 「―の勢い」
15 脱稿 だっこう 原稿を書き終える。

肉 7 **【脳】**(11) **ノウ**
10 脳振盪 のうしんとう 〔脳震盪〕頭を強く打って一時的に意識不明になること。

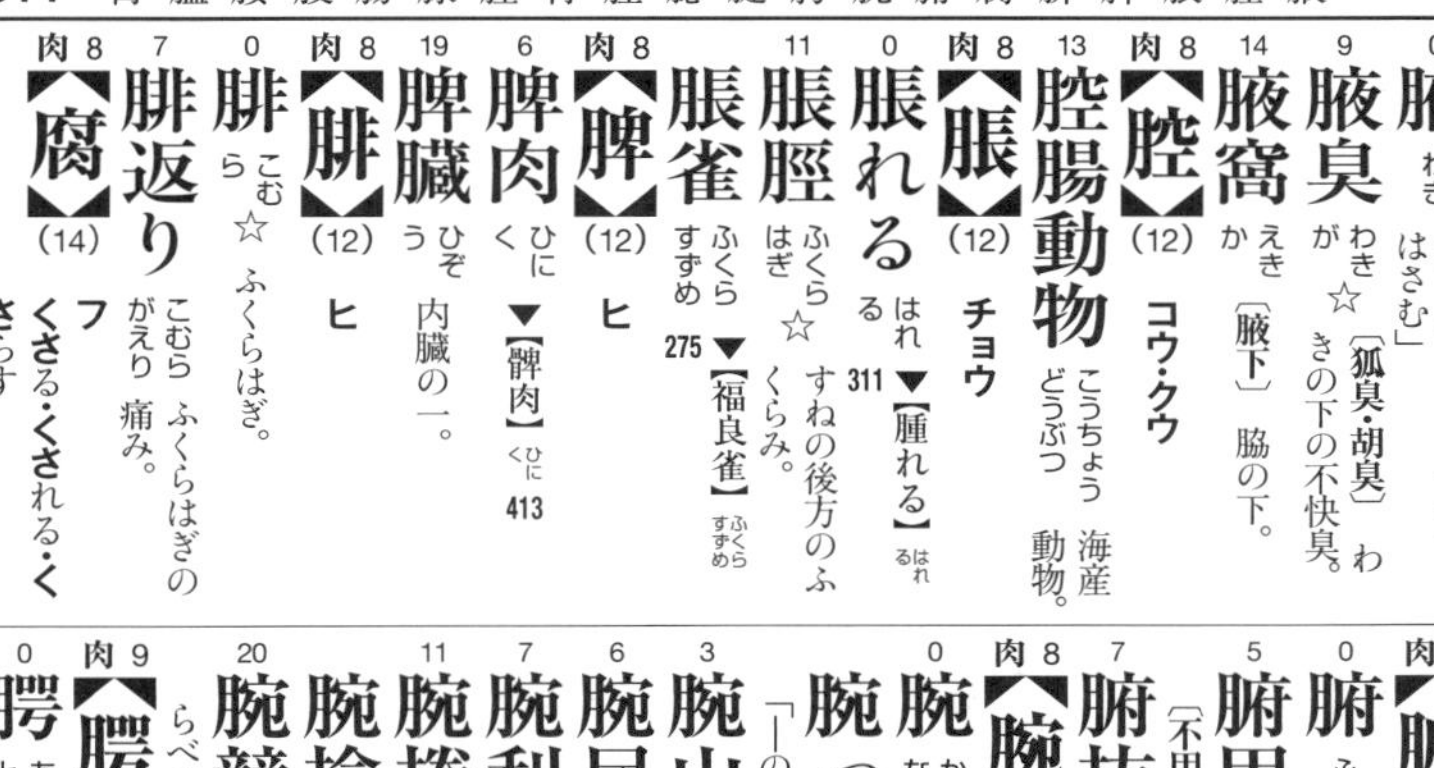

11 **脳梗塞** のうこうそく 脳の血行障害。

肉8 **【腋】**(12) **エキ**

0 **腋** わき 〔掖・脇〕「—に体温計をはさむ」

9 **腋臭** わきが ☆〔狐臭・胡臭〕わきの下の不快臭。

14 **腋窩** えきか 〔腋下〕脇の下。

肉8 **【腔】**(12) **コウ・クウ**

13 **腔腸動物** こうちょうどうぶつ 海産動物。

肉8 **【脹】**(12) **チョウ**

0 **脹れる** はれる 311 ▼【腫れる】はれる

11 **脹脛** ふくらはぎ ☆ すねの後方のふくらみ。

脹雀 ふくらすずめ 275 ▼【福良雀】ふくらすずめ

肉8 **【脾】**(12) **ヒ**

6 **脾肉** ひにく ▼【髀肉】ひにく 413

19 **脾臓** ひぞう 内臓の一。

肉8 **【腓】**(12) **ヒ**

0 **腓** こむら ☆ ふくらはぎ。

7 **腓返り** こむらがえり ふくらはぎの痛み。

肉8 **【腐】**(14) **フ** **くさる・くされる・くさらす**

15 **腐蝕** ふしょく 「金属が—する」

21 **腐爛** ふらん 「—した死体」

肉8 **【腑】**(12) **フ**

0 **腑** ふ 「どうも—に落ちない」

5 **腑甲斐無い** ふがいない 〔不甲斐無い〕「われながら—」

7 **腑抜け** ふぬけ 「—者」

肉8 **【腕】**(12) **ワン** **うで**

0 **腕** かいな ☆〔肱〕うで。

腕っ扱き うでっこき 「—の刑事」

3 **腕山** かいなやま 徳島県の山。

6 **腕尽く** うでずく 「—で取り上げる」

7 **腕利き** うできき 「—の職人」

11 **腕捲り** うでまくり 「—してがんばる」

腕捻り かいなひねり 相撲の決まり手。

20 **腕競べ** うでくらべ 〔腕比べ〕腕前や腕力をくらべること。

肉9 **【腭】**(13) **ガク**

0 **腭** あぎと ▼【顎門】あぎと 405

肉9 **【腱】**(13) **ケン**

0 **腱** けん 筋肉を骨に結合する組織。

16 **腱鞘** けんしょう 「—炎」

肉9 **【腮】**(13) **サイ**

←**腮** あぎと ▼【顎門】あぎと 405

腮 あご ▼【顎】あご 405

→**腮** えら ▼【鰓】えら 419

肉9 **【腫】**(13) **ショウ・シュ**

0 **腫れる** はれる ★〔脹れる〕「顔が—」

12 **腫脹** しゅちょう ☆ はれ。

14 **腫瘍** しゅよう 「良性—」

肉9 **【腎】**(13) **シン・ジン**

8 **腎盂** じんう 腎臓の一部。

19 **腎臓** じんぞう ☆「—結石」

肉9 **【腥】**(13) **セイ・ショウ**

0 **腥い** なまぐさい 〔生臭い〕「—におい」「—うわさが絶えない」

肉9 **【腺】**(13) **セン**

10 **腺病質** せんびょうしつ 子どもの体質の一。

肉9 **【腸】**(13) **チョウ**

0 **腸** はらわた ☆「—が煮えくり返る」

9 **腸香** わたか 〔黄鯝魚〕コイ目の淡水魚。

肉9 **【腹】**(13) **フク** **はら**

7 **腹赤** はらか ▼【鰚】はらか 420

9 **腹拵え** はらごしらえ 「—して出かける」

10 **腹帯** はらたい JR東日本山田線の駅。

11 **腹這い** はらばい 「—になる」

15 **腹蔵** ふくぞう 「—なく意見を言う」

18 **腹癒せ** はらいせ ☆「—にいやがらせする」

肉9 **【腰】**(13) **ヨウ** **こし**

3 **腰巾着** こしぎんちゃく 子分。

11 **腰細蜂** じがばち 27 ▼【似我蜂】じがばち

12 **腰越** こしごえ ①神奈川県の旧町。②江ノ島電鉄の駅。

肉10 **【膃】**(14) **オツ**

8 **膃肭獣** おっとせい 311 ▼【膃肭臍】おっとせい

膃肭臍 おっとせい ☆〔膃肭獣・海狗〕アシカ科の哺乳類。

肉10 **【膏】**(14) **コウ**

0 膏ら あぶら 肉のあぶら。

膏える こえる 肥える。

6 膏血 こうけつ 「—をしぼる政策」

7 膏肓 こうこう からだの奥深く、治療の難しい所。「病(やまい)—に入(い)る」

膏沢 こうたく めぐみ。うるおい。

膏沃 こうよく 土地が肥えていること。

13 膏腴 こうゆ ★ 土地が肥えているさま。

16 膏薬 こうやく ☆ あぶらで固めた外用薬。

肉 10 **【腿】**(14) **タイ**

0 腿 もも 〔股〕 大腿(だいたい)。

肉 10 **【膀】**(14) **ホウ・ボウ**

10 膀胱 ぼうこう 内臓の一。

肉 10 **【膜】**(14) **マク**

8 膜拝 もはい 両手をあげ、地にひれ伏して拝する礼。

肉 10 **【膂】**(14) **リョ**

2 膂力 りょりょく ☆ 筋肉の力。

肉 11 **【膕】**(15) **カク**

0 膕 ひかがみ 膝(ひざ)の後ろのくぼんでいる所。

肉 11 **【膠】**(15) **コウ**

←膠 にかわ 接着剤の一種。

→膠 やに ▼【脂】(やに) **310**

8 膠泥 こうでい モルタル。

12 膠着 こうちゃく ★ 「—状態」

肉 11 **【膝】**(15) **シツ・シチ**

0 膝 ひざ 「—を打つ」「—小僧」

3 膝下 ひざもと 〔膝許・膝元〕 すぐ近く。

5 膝甲 はいだて ▼【佩楯】(はいだて) **29**

6 膝行 しっこう 神前や貴人の前でひざまずいたまま進退する。

膝行る いざる 〔居行る〕 座ったまま移動する。

11 膝許 ひざもと ▼【膝下】(ひざもと) **312**

肉 11 **【膵】**(15) **スイ**

19 膵臓 すいぞう 内臓の一。

肉 11 **【膣】**(15) **チツ**

0 膣 ちつ 哺乳(ほにゅう)類の雌性生殖器の一。

肉 11 **【膚】**(15) **フ**

0 膚 はだ・はだえ 〔肌〕 皮膚。

肉 12 **【膳】**(16) **セン・ゼン**

0 膳 かしわで 〔膳夫〕 宮中の料理人。

4 膳夫 かしわで ▼【膳】(かしわで) **312**

8 膳所 ぜぜ ①滋賀県の地名。②JR西日本東海道本線の駅。

肉 12 **【膨】**(16) **ボウ ふくらむ・ふくれる**

3 膨大 ぼうだい ▼【厖大】(ぼうだい) **57**

肉 13 **【臆】**(17) **ヨク・オク**

0 臆する おくする 気後れする。

臆る おしはかる 推測する。

9 臆度 おくたく おしはかる。

臆面 おくめん ☆ 「—もなく出しゃばる」

10 臆病 おくびょう ☆ 「—風に吹かれる」

12 臆測 おくそく 〔憶測〕 「—でものを言う」

肉 13 **【膾】**(17) **カイ・エ**

0 膾 なます ☆ 〔鱠〕 「羹(あつもの)にこりて—を吹く」

8 膾炙 かいしゃ ★ 「人口に—する」

10 膾残魚 しらうお ▼【白魚】(しらうお) **258**

肉 13 **【臀】**(17) **デン・トン**

←臀 いさらい 尻(しり)。

→臀 しり 「—に敷く」

11 臀部 でんぶ しりの部分。

肉 13 **【膿】**(17) **ドウ・ノウ**

0 膿 うみ 「市政の—を出す」

膿む うむ 「傷口が—」

肉 13 **【臂】**(17) **ヒ**

0 臂 ひじ ▼【肱】(ひじ) **308**

肉 14 **【臑】**(18) **ドウ・ジュ・ジ**

0 臑 すね ▼【脛】(すね) **310**

肉 14 **【臍】**(18) **セイ・サイ**

←臍 へそ 「—の緒(お)」

→臍 ほぞ ☆ 「—をかむ」

3 臍下丹田 せいかたんでん ★ 「—に力を入れる」

10 臍帯 さいたい へその緒。

12 臍落 ほぞち へその緒がとれる。

19 臍繰 へそくり 「—貯金」

肉 15 **【臓】**(19) **ゾウ**

12 **臓腑** ぞうふ はらわた。

肉 15 **【臘】**(19) **ロウ**

2 **臘八会** ろうはちえ 禅寺の行事の一。

4 **臘月** ろうげつ 陰暦十二月の別名。

6 **臘次** らっし ▼【臈次】らっし 331

8 **臘虎** ラッコ ▼【猟虎】ラッコ 242

肉 16 **【臙】**(20) **エン**

10 **臙脂** えんじ ★ 色の名。

臙脂菜 あかざ ▼【藜】あかざ 332

【自】〈みずから〉部

自 0 **【自】**(6) **ジ・シ みずから**

0 **自ら** おのずから ひとりでに。

7 **自来也** じらいや ▼【児雷也】じらいや 36

10 **自家** うち ▼【家】うち 103

自家撞着 じかどうちゃく 「—に陥る」

11 **自惚れ** うぬぼれ ★ 〔己惚れ〕「—が強い」

12 **自然薯** じねんじょ ★ ヤマノイモの別名。

13 **自棄** やけ ★ 「—のやんぱち」

14 **自鳴琴** オルゴール ☆ 楽器。

16 **自彊** じきょう 自ら励む。

自凝島 おのころじま 兵庫県の丘。

18 **自瀆** じとく マスターベーション。

自 3 **【臭】**(9) **シュウ くさい**

0 **臭い** におい 「いやな—」

臭う におう ▼【匂う】におう 50

7 **臭牡丹樹** くさぎ ▼【臭梧桐】くさぎ 313

11 **臭梧桐** くさぎ 〔臭牡丹樹・海州常山・常山木〕 クマツヅラ科の落葉小高木。

16 **臭橙** かぶす ダイダイの一種。

【至】〈いたる〉〈いたるへん〉部

至 0 **【至】**(6) **シ いたる**

4 **至仏山** しぶつさん 群馬県の山。

12 **至極** しごく 「迷惑—だ」

至 4 **【致】**(10) **チ いたす**

5 **致仕** ちし 辞職する。

【臼(臼)】〈うす〉部

臼 0 **【臼】**(6) **キュウ**

0 **臼** うす 〔碓・舂〕 もちをつくときの、円筒形の道具。

8 **臼杵** うすき ①大分県東部の湾・市。②JR九州日豊(にっぽう)本線の駅。

10 **臼砲** きゅうほう 火砲の一。

13 **臼碆崎** うすばえざき 高知県の岬。

臼 3 **【舁】**(9) **ヨ**

0 **舁く** かく 「かごを—」

臼 5 **【舂】**(11) **ショウ**

0 **舂** うす ▼【臼】うす 313

舂く つく ▼【搗く】つく 159

6 **舂米** つくよね 鳥取県の地名。

臼 7 **【舅】**(13) **キュウ**

0 **舅** しゅうと ☆ 夫あるいは妻の父。

8 **舅姑** きゅうこ 夫の父母。

臼 10 **【興】**(16) **コウ・キョウ おこる・おこす**

0 **興** おこし 〔粔籹〕 米などを蒸して乾かし、水あめや砂糖で固めた菓子。

興じる きょうじる 夢中になる。

8 **興居島** ごごしま 愛媛県の島。

興味津津 きょうみしんしん 興味がつきないさま。

9 **興津** おきつ ①千葉県の地名。②静岡県の川・旧町。③JR東海東海道本線の駅。④高知県の岬(—崎)。

11 **興部** おこっぺ 北海道の川・町(ちょう)。

興梠 こうろぎ・こうろき 姓氏。

15 **興趣** きょうしゅ 「—が尽きない」

16 **興醒め** きょうざめ 「なんとも—な話だ」

【舌】〈した〉部

舌 0 **【舌】**(6) **ゼツ した**

5 **舌代** ぜつだい・しただい 口上書き。

15 **舌鋒** ぜっぽう ☆ 「—鋭く攻撃する」

16 **舌鮃** したびらめ 〔舌平目・鞋底魚〕 カレイ目の一部の海魚の総称。

舌 4 **【舐】**(10) **シ**

0 **舐める** なめる ▼【嘗める】なめる 72

舐る ねぶる ☆「あめを―」

舌6 **【舒】**(12) **ショ・ジョ**

0 **舒べる** のべる 伸ばす。

8 **舒明** じょめい 第三四代天皇。

11 **舒曼** シューマン ▼【叔曼】シューマン 58

【舛(舛)】〈ます〉〈まいあし〉部

舛8 **【舞】**(15) **ブ まう・まい**

4 **舞木** もうぎ JR東日本磐越東線（ばんえつとうせん）の駅。

7 **舞妓** まいこ ★〔舞子〕舞を舞って酒宴に興を添える少女。

9 **舞茸** まいたけ 〔想菰〕ヒダナシタケ目のきのこ。

15 **舞舞** まいまい ミズスマシの別名。

舞舞被 まいまいかぶり ▼【蝸牛被】まいまいかぶり 338

舞舞螺 まいまいつぶり カタツムリの別名。

【舟】〈ふね〉〈ふねへん〉部

舟0 **【舟】**(6) **シュウ ふね・ふな**

10 **舟浮** ふなうき 沖縄県の湾・地名。

11 **舟宿** ふなやど 釣り舟などを仕立てる家。

12 **舟遊び** ふなあそび 〔船遊び〕船で楽しむこと。

13 **舟楫** しゅうしゅう 船と、かじ。

14 **舟歌** ふなうた 〔舟唄・船歌〕船をこぎながら歌う歌。

舟4 **【舡】**(10) **かわら**

0 **舡** かわら 〔航・竜骨〕和船の船底材。

舟4 **【航】**(10) **コウ**

0 **航** かわら ▼【舡】かわら 314

舟4 **【般】**(10) **ハン**

8 **般若** はんにゃ☆ 能面の一。

般若湯 はんにゃとう 酒の隠語。

舟4 **【舫】**(10) **ホウ**

0 **舫う** もやう 船をつなぎとめる。

舟5 **【舷】**(11) **ゲン**

0 **舷** ふなべり・ふなばた 船のへり。

舟5 **【舳】**(11) **チク・ジク**

← **舳** とも 船尾。

舳 へさき 〔舳先〕船首。

→ **舳** みよし ▼【水押】みよし 206

6 **舳先** へさき ▼【舳】へさき 314

10 **舳倉島** へぐらじま 石川県の島。

22 **舳艫千里** じくろせんり 多くの船が連なって進む。

舟5 **【船】**(11) **セン ふね・ふな**

6 **船虫** ふなむし 〔触虫・海蛆〕甲殻綱等脚目の節足動物。

9 **船首** みよし・みおし ▼【水押】みよし 206

10 **船通山** せんつうざん 鳥取・島根県境の山。

船旅 ふなたび 船に乗ってする旅行。

11 **船舶** せんぱく 船の漢語的表現。

12 **船渠** せんきょ・ドック 艦船の修理施設。

船場 せんば 大阪府の地名。

13 **船賃** ふなちん 船に乗る対価。

船腹草 ふなばらそう ▼【白薇】ふなばらそう 259

15 **船縁** ふなべり ふなばた。

船穂 ふなお 岡山県の旧町。

舟5 **【舵】**(11) **タ・ダ**

0 **舵** かじ 〔梶・楫〕船の装置の一。

舟5 **【舶】**(11) **ハク**

7 **舶来** はくらい 「―品」

舟7 **【艀】**(13) **フウ・フ**

0 **艀** はしけ 波止場と本船を往復する小舟。

舟12 **【艠】**(18) **いかだ**

0 **艠** いかだ ▼【筏】いかだ 284

舟13 **【艨】**(19) **モウ**

18 **艨艟** もうどう 戦闘用の船。

舟15 **【艦】**(21) **カン**

13 **艦艇** かんてい 大小各種の軍艦の総称。

舟16 **【艫】**(22) **ロ**

← **艫** とも 船尾。

→ **艫** へさき 船首。

7 **艫作** へなし ①青森県の岬(―崎)。②JR東日本五能線の駅。

【艮】〈こんづくり〉部

艮0 **【艮】**(6) **ゴン・コン**

0 **艮** うしとら☆ 〔丑寅〕北東の方角。

良 1 【良】(7) リョウ よい

0 良い いい 〔善い〕よい。

2 良人 おっと 夫。

5 良弁 ろうべん 奈良時代の僧。

8 良知 らち 姓氏。

10 良候 ようそろ ▼【宜候】ようそろ 101

艮 11 【艱】(17) カン

18 艱難 かんなん☆ さまざまな困難や苦労。

【色】〈いろ〉部

色 0 【色】(6) ショク・シキ いろ

4 色丹 しこたん 北海道の海峡(―水道)・島(―島(とう))・郡・村(むら)。

6 色好い いろよい 「―返事」

色色縅 いろいろおどし よろいのおどしの一。

9 色香 いろか 「―にまどう」

10 色益 しかま・しかや 姓氏。

11 色麻 しかま 宮城県の町(ちょう)。

12 色街 いろまち 遊里。

色釉 いろぐすり 陶磁器の上絵用の釉(うわぐすり)。

19 色艶 いろつや 「―がいい」

色 13 【艶】(19) エン

0 艶く なまめく 女性が色っぽく見える。

← 艶やか あでやか 〔豔やか〕「―な振袖姿」

→ 艶やか つややか 「―な肌」

7 艶冶 えんや☆ なまめかしい。

9 艶姿 あですがた 「晴れ着を着た女性の―」

12 艶然 えんぜん ▼【嫣然】えんぜん 97

13 艶福家 えんぷくか 女性にもてる男性。

14 艶聞 えんぶん 情事のうわさ。

【艸】(艹・艹)〈くさ〉〈くさかんむり〉部

艸 0 【艸】(6) ソウ

9 艸冠 くさかんむり 部首の一。

艸 2 【艾】(5) ガイ・ゲ

← 艾 もぐさ☆ 灸(きゅう)に使うヨモギの葉。

→ 艾 よもぎ ▼【蓬】よもぎ 329

艸 3 【芋】(6) いも

0 芋 いも 〔薯・藷〕「―の煮えたも御存じない」

4 芋毛 いくも 姓氏。

6 芋虫 いもむし 毛のないチョウなどの幼虫。

← 芋茎 いもがら ▼【芋幹】いもがら 315

→ 芋茎 ずいき★ サトイモの茎。

12 芋粥 いもがゆ 〔藷粥〕イモを加えたかゆ。

13 芋幹 いもがら☆ 〔芋茎〕サトイモの葉柄。

14 芋蔓式 いもづるしき 「共犯者が―に逮捕された」

16 芋頭 いもがしら 〔魁芋・蹲鴟〕サトイモの親芋。

艸 3 【芝】(6) しば

5 芝生 しばふ 芝が生えている所。

9 芝海老 しばえび 〔芝蝦・白蝦・青蝦〕海産の小形のエビ。

15 芝蝦 しばえび ▼【芝海老】しばえび 315

19 芝蘭 しらん すぐれたものや人のたとえ。

芝蘭玉樹 しらんぎょくじゅ すぐれた人材。

艸 3 【芍】(6) シャク

16 芍薬 しゃくやく☆ 〔貌佳草〕ボタン科の多年草。

艸 3 【芒】(6) ボウ・モウ・コウ

← 芒 すすき☆ ▼【薄】すすき 331

→ 芒 のぎ 麦などの実の外殻にある毛。

8 芒果 マンゴー 〔檬果〕ウルシ科の常緑高木。

11 芒彫 はしかぼり 彫漆(ちょうしつ)の一。

14 芒種 ぼうしゅ 二十四節気の一。

艸 4 【花】(7) カ はな

3 花山 かざん 京都府の地名。

花川戸 はなかわど 東京都の地名。

4 花王 ぼたん ▼【牡丹】ぼたん 238

花片 はなびら ▼【花弁】はなびら 315

5 花卉 かき★ 花の咲く草。

花仙 かいどう ▼【海棠】かいどう 215

花弁 はなびら 〔花片〕花を形づくる一枚一枚。

花卯木 はなうつぎ 〔花空木〕花の咲いたウツギ。

6 花牟礼山 はなむれさん 大分県の山。

7 花車 きゃしゃ ▼【華奢】きゃしゃ 322

花折峠 はなおれとうげ 滋賀県の峠。

花抜峠 はなぬきとうげ 三重県の峠。

8 花押 かおう 〔華押〕 古文書の署名。

花苔 はなごけ 〔石蕊・石蘂・馴鹿苔〕 ハナゴケ属の地衣植物の総称。

花知ヶ仙 はなちがせん 岡山県の山。

花林糖 かりんとう 菓子の一。

9 花城 はなぐすく 姓氏。

花柏 さわら ▼【椹】さわら 195

花柳 かりゅう 遊里。

10 花宴 はなのえん 源氏物語の巻名。

花原市 けばらいち JR東日本山田線の駅。

花莫蓙 はなござ 〔花蓙・花藺筵・佳文席〕 花模様などを織り出したござ。

花畔 ばんなぐろ 北海道の地名。

花圃 かほ 花畑。

11 花菅 はなすげ 〔知母・水香棱〕 ユリ科の多年草。

花貫川 はなぬきがわ 茨城県の川。

花崗岩 かこうがん 火成岩の一。

花菖蒲 はなしょうぶ 〔玉蟬花〕 アヤメ科の多年草。

花堂 はなんどう 福井鉄道福武線の駅。

←花瓶 かびん 「—に花をいける」

→花瓶 けびょう 〔華瓶〕 花を供えるのに用いる壺。

花梨 かりん ☆ ▼【花櫚】かりん 316

12 花筐 はながたみ 花を摘んで入れるかご。

花蛤 いたやがい ▼【板屋貝】いたやがい 185

花散里 はなちるさと 源氏物語の巻名。

花登筐 はなとこばこ 放送作家・小説家。

花筏 はないかだ ①〔青莢葉〕 ミズキ科の落葉低木。②散った桜の花びらが水面を流れていくこと。

13 花蓙 はなござ ▼【花莫蓙】はなござ 316

花楸樹 ななかまど ▼【七竈】ななかまど 3

14 花魁 おいらん ★ 位の高い女郎。

花魁草 おいらんそう クサキョウチクトウの別名。

花瑠瑠 ホノルル アメリカの都市。

15 花蕨 はなわらび 〔陰地蕨〕 フユノハナワラビの別名。

花蕊 かずい 花のおしべ・めしべの総称。

花潜 はなむぐり ハナムグリ亜科の甲虫の総称。

16 花薄 はなすすき 花の開いたススキ。

17 花厳 かざり・はなかざり 姓氏。

花氈 かせん 花模様のあるもうせん。

19 花鶏 あとり ☆ ▼【獦子鳥】あとり 243

花蘇芳 はなずおう 〔花蘇枋・紫荊〕 マメ科の落葉低木。

花鯡 むつ ▼【鯥】むつ 419

花櫚 かりん 〔花梨・櫚・鹿梨・杜・木瓜・榠樝〕 マメ科の高木。

花藺筵 はなござ ▼【花莫蓙】はなござ 316

22 花籠 けこ 〔華筥〕 花を入れる仏具。

23 花鑢 はなやすり 〔瓶爾小草〕 ハナヤスリ目の常緑性シダ植物。

艸4【芥】(7) カイ・ケ

←芥 あくた ごみ。ちり。

→芥 ごみ ▼【塵】ごみ 81

←芥子 からし ☆ 〔辛子〕 香辛料の一つ。

→芥子 けし ☆ 〔罌粟〕 ケシ科の大形二年草。

芥川也寸志 あくたがわやすし 作曲家。

6 芥虫 ごみむし ▼【塵芥虫】ごみむし 81

9 芥屋 けや 福岡県の地名。

艸4【苅】(7) ガイ

5 苅田 かんだ ①福岡県の町。②JR九州日豊本線の駅。③姓氏。

艸4【芹】(7) キン

0 芹 せり 〔芹子・水芹〕 セリ科の多年草。

7 芹谷野 せりだんの 富山県の台地。

9 芹草越 せりこし 姓氏。

艸4【芸】(7) ゲイ

0 芸える うえる 栽培する。

6 芸西 げいせい 高知県の村。

7 芸妓 げいぎ・げいこ 〔芸子〕 芸者。

芸防弥栄峡 げいぼうやさかきょう 広島・山口県境の峡谷。

9 芸香 うんこう ミカン科の香草ヘンルーダのこと。

艸4【芯】(7) シン

13 芯鉄 しんがね 刀剣を鍛えるとき芯に入れる鉄材。

艸4【苆】(7) すさ

0 **苆** すさ 〔寸莎〕 壁の補強のために壁土に混ぜ込む藁わらくずなど。

艸4 **【芭】**(7) ハ・バ

3 **芭子** バナナ ▼【甘蕉】バナナ 248

8 **芭茅** すすき ▼【薄】すすき 331

15 **芭蕉** ばしょう バショウ科の大形多年草。

芭蕉実 バナナ ▼【甘蕉】バナナ 248

艸4 **【芙】**(7) フ

11 **芙梨華** ジャスミン ▼【素馨】ジャスミン 292

12 **芙渠** はす ▼【蓮】はす 328

← **芙蓉** はす ▼【蓮】はす 328

→ **芙蓉** ふよう アオイ科の落葉低木。

芙蓉峰 ふようほう 富士山の美称。

艸4 **【苿】**(7) フ・フウ

8 **苿苡** おおばこ ▼【車前草】おおばこ 365

艸4 **【芬】**(7) フン

4 **芬木** おうき 姓氏。

7 **芬芬** ふんぷん 香りの強いさま。

19 **芬蘭** フィンランド★ 国名。

艸4 **【芳】**(7) ホウ かんばしい

← **芳しい** かぐわしい ▼【香しい】かぐわしい 409

→ **芳しい** かんばしい ☆〔香しい・馨しい〕「―梅の花の香り」

芳ばしい こうばしい 〔香ばしい〕「―ほうじ茶の香り」

7 **芳谷** はがや 姓氏。

9 **芳香** ほうか 姓氏。

芳美 はみ 姓氏。

12 **芳賀** はが ①栃木県の郡・町まち。②姓氏。

15 **芳養** はや ①和歌山県の地名。②JR西日本紀勢本線の駅。③姓氏。

20 **芳馨** ほうけい よい香り。

艸4 **【芦】**(7) ロ

0 **芦** あし・よし ▼【葦】あし 326

5 **芦田均** あしだひとし 政治家。

10 **芦原** あわら 福井県の温泉・旧町。

艸5 **【英】**(8) エイ

0 **英** はなぶさ ①花が房状に咲いているもの。②姓氏。

1 **英一蝶** はなぶさいっちょう 江戸中期の画家。

4 **英比** あぐい 姓氏。

5 **英田** あいだ 岡山県の郡・旧町。

6 **英吉利** イギリス★ 国名。

英多 あいた 姓氏。

7 **英町** エーカー 〔噎〕 土地面積の単位。

英里 マイル ▼【哩】マイル 69

9 **英彦山** ひこさん 福岡・大分県境の山。

英保 あお 姓氏。

10 **英原** やわら 姓氏。

英桃 ゆすらうめ ▼【山桜桃】ゆすらうめ 114

英倫 イングランド ▼【英蘭】イングランド 317

12 **英賀** あか 姓氏。

英賀保 あがほ ①兵庫県の地名。②JR西日本山陽本線の駅。

13 **英虞湾** あごわん 三重県南東部の湾。

英雋 えいしゅん 傑出した人物。

16 **英邁** えいまい 「―な君主」

18 **英蠻安納** インディアナ アメリカの州。

19 **英蘭** イングランド 〔英蘭土・英倫〕 国名。

英蘭土 イングランド ▼【英蘭】イングランド 317

艸5 **【苑】**(8) エン・オン・ウツ・ウン

0 **苑** その 〔園〕 庭園。

5 **苑田** そのだ 姓氏。

艸5 **【茄】**(8) カ

3 **茄子** なす★ ナス科の一年草。

艸5 **【苛】**(8) カ

0 **苛む** さいなむ★ 〔嘖む〕 苦しめる。

苛める いじめる 〔虐める〕「子どもを―」

5 **苛立つ** いらだつ 〔刺刺〕「神経が―」

8 **苛苛** いらいら 「―がつのる」

苛性曹達 かせいソーダ 水酸化ナトリウム。

17 **苛斂誅求** かれんちゅうきゅう 税を厳しく取り立てること。

艸5 **【芽】**(8) ガ め

3 **芽子** はぎ ▼【萩】はぎ 326

5 **芽出度い** めでたい 〔目出度い〕「社長のおぼえが―」

芽生 かやふ 姓氏。

6 **芽先** めんざい 米の精白後にでる粉米や胚芽はい。

9 **芽室** めむろ ①北海道の山(―岳だけ)・町ちょう。②JR北海道根室ねむろ本線の駅。

12 **芽登** めとう 北海道の温泉。

艸5 **【苣】**(8) **キョ**

←**苣** たいまつ ▼【松明】たいまつ 183

苣 ちさ 姓氏。

→**苣** ちしゃ ▼【萵苣】ちしゃ 326

艸5 **【苦】**(8) **ク くるしい・くるしむ・くるしめる・にがい・にがる**

2 **苦力** クーリー 下層労働者。

4 **苦爪楽髪** くづめらくがみ 苦労のときは爪が早く伸び、楽しくしていると髪が早くのびるということ。

5 **苦艾** にがよもぎ キク科の多年草または半低木。

←**苦汁** くじゅう 「―をなめる」

→**苦汁** にがり★ 〔苦塩・鹵塩・鹵汁・鹵水・滷汁〕 海水から食塩をとったあとの液。

←**苦竹** にがたけ マダケ・メダケの別名。

→**苦竹** まだけ 〔真竹〕 タケの一種。

7 **苦役** くえき 「―を課す」

8 **苦苣苔** いわたばこ ▼【岩煙草】いわたばこ 116

苦苦しい にがにがしい 「―顔つき」

苦参 くらら マメ科の多年草。

苦林野 くるしの 姓氏。

9 **苦草** せきしょうも ▼【石菖藻】せきしょうも 268

苦衷 くちゅう 「―を察する」

苦刺部 クラブ ▼【倶楽部】クラブ 31

←**苦菜** にがな ▼【黄瓜菜】にがな 429

→**苦菜** のげし ▼【野芥子】のげし 379

13 **苦塩** にがり ▼【苦汁】にがり 318

苦楚 くそ 苦しみ。

苦楝樹 にがき 〔苦木〕 ニガキ科の落葉高木。

艸5 **【茎】**(8) **ケイ くき**

0 **茎** なかご 刀剣の、つかの内部に入る部分。

艸5 **【苟】**(8) **コウ・ク**

0 **苟も** いやしくも★ かりにも。

5 **苟且** かりそめ☆ ▼【仮初め】かりそめ 24

6 **苟合** こうごう 迎合する。

艸5 **【若】**(8) **ジャク・ニャク わかい・もしくは**

0 **若かず** しかず ▼【如かず】しかず 94

若く しく ▼【及く】しく 14

若し ごとし ▼【如し】ごとし 94

若しも もしも 「―の事」

2 **若人** わこうど☆ 若者。

3 **若干** そこばく いくつか。いくらか。

4 **若王子** わかおうじ 姓氏。

若木立 わかこだち 秋田県の温泉。

5 **若布** わかめ☆ 〔稚海藻・和布・裙蔕菜〕 コンブ目の海藻。

6 **若気** にやけ 男色の相手。

8 **若舎** わかさ 姓氏。

9 **若狭** わかさ ①福井県・京都府の湾。②福井県の町ちょう。③福井県・京都府の街道。④旧国名。現在の福井県南西部。⑤姓氏。

若草 せきしょうも ▼【石菖藻】せきしょうも 268

若美 わかみ 秋田県の旧村。

10 **若桜** わかさ ①鳥取県の町ちょう。②民営鉄道(―鉄道)。③若桜鉄道の駅。④鳥取県・兵庫県の街道。⑤姓氏。

若帯 わかたらし 姓氏。

11 **若魚子** わかなご ブリの別名。

若麻績 わかおみ 姓氏。

12 **若湯座** わかゆえ 姓氏。

15 **若槻** わかつき 姓氏。

23 **若鷺** わかさぎ ▼【鰙】わかさぎ 419

艸5 **【苫】**(8) **セン**

3 **苫小牧** とまこまい ①北海道の市・港。②JR北海道室蘭むろらん本線等の駅。

4 **苫戸地** とまち 姓氏。

5 **苫田** とまた ①岡山県の郡。②姓氏。

6 **苫米地** とまべち ①青い森鉄道青い森鉄道線の駅。②姓氏。

7 **苫庇** とまびさし 苫でふいたひさし。

9 **苫前** とままえ 北海道の郡・町ちょう。

艸5 **【苔】**(8) **タイ**

0 **苔** こけ 〔蘚〕 地衣類・緑藻などの総称。

5 **苔生す** こけむす こけ 長い年月を経て、こけが生えること。

7 **苔忍** こけしのぶ コケシノブ科の小さい常緑性シダ植物。

10 **苔桃** こけもも 〔越橘・甘露梅〕ツツジ科の常緑小低木。

苔竜胆 こけりんどう 〔石竜胆〕リンドウ科の越年草。

13 **苔筵** こけむしろ わびしい寝床。

艸5 **【苧】** (8) **チョ**

0 **苧** からむし 〔苧麻・苧殻・葈・枲〕イラクサ科の多年草。

苧ケ瀬 おがせ 名鉄各務原(かかみがはら)線の駅。

←**苧殻** おがら ▼【麻幹】おがら 429

→**苧殻** からむし ▼【苧】からむし 319

←**苧麻** からむし ▼【苧】からむし 319

苧麻 ちょま カラムシの別名。

→**苧麻** まお ▼【真麻】まお 264

13 **苧幹** おがら ▼【麻幹】おがら 429

17 **苧環** おだまき★ キンポウゲ科の多年草。

苧績 おうみ 青麻(あお)を糸にすること。

艸5 **【苕】** (8) **チョウ**

0 **苕** のうぜんかずら ▼【凌霄花】のうぜんかずら 42

艸5 **【苳】** (8) **トウ**

0 **苳** ふき ▼【蕗】ふき 331

艸5 **【苺】** (8) **バイ・マイ**

0 **苺** いちご 〔覆盆子〕バラ科の草本または小低木。

艸5 **【苗】** (8) **ビョウ なえ・なわ**

4 **苗木** なえぎ 移し植える目的で育てた、小さな木。

5 **苗代** なわしろ 〔秧田〕稲の種をまいて苗を育てる所。

6 **苗字** みょうじ 〔名字〕姓。

11 **苗鹿** のうか 姓氏。

艸5 **【苹】** (8) **ヒョウ・ヘイ**

8 **苹果** りんご ▼【林檎】りんご 185

艸5 **【苞】** (8) **ホウ**

←**苞** つと 〔苞苴〕わらづと。

→**苞** ほう 芽やつぼみを包む小形の葉。

←**苞苴** あらまき ▼【荒巻】あらまき 320

苞苴 つと ▼【苞】つと 319

→**苞苴** ほうしょ 包み草と敷き草。転じて贈答品。また、わいろのこと。

艸5 **【茅】** (8) **ボウ**

←**茅** かや 〔萱〕ススキ・ヨシ・チガヤ・スゲなど、屋根をふく草の総称。

→**茅** ちがや 〔茅萱・茅針・白茅〕イネ科の多年草。

茅の輪 ちのわ 茅(ちがや)を束ねて大きな輪としたもの。「―くぐり」

茅ケ崎 ちがさき ①神奈川県の市。②JR東日本東海道本線等の駅。

5 **茅代** ちしろ 姓氏。

茅台酒 マオタイしゅ 中国酒の一。

7 **茅花** つばな チガヤの花穂。

9 **茅屋** ぼうや 鹿児島県の漁港。

茅屋采椽 ぼうおくさいてん 質素な建築物。

茅巻 ちまき ▼【粽】ちまき 289

茅茸 こうたけ ▼【皮茸】こうたけ 260

10 **茅根** ちのね 姓氏。

茅針 ちがや ▼【茅】ちがや 319

11 **茅野** ちの ①長野県の市。②JR東日本中央本線の駅。

12 **茅萱** ちがや ▼【茅】ちがや 319

茅葺き かやぶき 〔萱葺き〕「―屋根」

茅渟 ちぬ 〔海鯽〕クロダイの別名。

茅渟鯛 ちぬだい 〔黒鯛〕クロダイの別名。

14 **茅膏菜** いしもちそう ▼【石竜牙草】いしもちそう 268

茅蜩 ひぐらし ▼【蜩】ひぐらし 338

15 **茅潜** かやくぐり 〔草潜〕イワヒバリ科の小鳥。

17 **茅螽蟖** かやきり キリギリスの一種。

艸5 **【茆】** (8) **ボウ**

0 **茆** じゅんさい ▼【蓴菜】じゅんさい 328

艸5 **【茉】** (8) **マツ・バツ**

10 **茉莉花** ジャスミン・まつりか ▼【素馨】ジャスミン 292

艸5 **【茂】** (8) **モ しげる**

4 **茂木** もてぎ ①栃木県の町。②真岡(もおか)鉄道の駅。

5 **茂田井** もたい 姓氏。

茂辺地 もへじ ①北海道の地名。②JR北海道江差線の駅。

7 **茂住** もずみ ①岐阜県の地名。②富山・岐阜県境の峠。

9 **茂津多岬** もったみさき 北海道の岬。

10 **茂原** もばら ①千葉県の市。②JR東日本外房(そとぼう)線の駅。

茂師海岸 もしかいがん 岩手県の海岸。
11 茂理 もたり・もり 姓氏。

艸5【苜】(8) **ボク・モク**

14 苜蓿 うまごやし 〔**連枝草・馬肥やし**〕 マメ科の越年草。

艸5【苓】(8) **レイ・リョウ・レン**

5 苓北 れいほく 熊本県の町(まち)。

艸6【茵】(9) **イン**

0 茵 しとね 〔褥〕 敷物。
14 茵蔯蒿 いんちんこう 生薬の一。

艸6【茴】(9) **カイ・ウイ**

9 茴香 ういきょう セリ科の多年草。

艸6【茖】(9) **カク**

12 茖葱 ぎょうじゃにんにく ▼【行者葫】(ぎょうじゃにんにく) 341

艸6【荊】(9) **ケイ・キョウ**

0 荊 いばら ★ ▼【茨】(いばら) 320
← 荊芥 ありたそう ▼【土荊芥】(ありたそう) 76
→ 荊芥 けいがい シソ科の一年草。
荊尾 いばらお・たからお 姓氏。
8 荊妻 けいさい 愚妻。
荊妻豚児 けいさいとんじ 愚妻と愚息。
9 荊冠 けいかん イバラの冠。
荊茨 さるとりいばら ▼【菝葜】(さるとりいばら) 324
← 荊棘 いばら ▼【茨】(いばら) 320
荊棘 おどろ ▼【棘】(おどろ) 192
荊棘 けいきょく ★ イバラなどの低木。
→ 荊棘 ばら イバラ。

艸6【荒】(9) **コウ** **あらい・あれる・あら**す

← 荒びれる さびれる ▼【寂れる】(さびれる) 104
→ 荒び すさび ▼【遊び】(すさび) 372
荒む すさむ ☆「心が―」
荒ら屋 あばらや 〔亭舎・破屋〕 廃屋。
4 荒方 あらかた ▼【粗方】(あらかた) 288
5 荒布 あらめ 〔**滑海菜・滑菜・滑藻・荒和布**〕 コンブ目の海藻。
6 荒夷 あらえびす 東国の人をさげすんで呼んだ語。
7 荒妙 あらたえ ▼【荒栲】(あらたえ) 320
8 荒事 あらごと 歌舞伎(かぶき)の出し物の類型。
荒物 いかもの ▼【如何物】(いかもの) 94
荒和布 あらめ ▼【荒布】(あらめ) 320
9 荒巻 あらまき 〔新巻・苞苴〕 甘塩にした鮭(さけ)。
荒荒 あらら 姓氏。
荒城 あらき ▼【殯】(あらき) 203
荒神谷 こうじんだに 島根県の遺跡。
10 荒栲 あらたえ 〔**荒妙・粗栲・麁栲**〕 織り目のあらい布。
荒唐無稽 こうとうむけい ☆「―な計画」
11 荒麻 あらそ ▼【粗麻】(あらそ) 288
荒埜 あらのら ▼【荒野】(あらの) 320
荒野 あらのら 〔**荒埜・曠埜・曠野**〕 荒れた野。
12 荒開 あらき ▼【新墾】(あらき) 167
荒御魂 あらみたま 荒々しい神霊。
13 荒塊 あらくれ 大きな土の塊。
荒業 あらわざ 力仕事。
荒蒔 あらまき 姓氏。
14 荒稲 あらしね もみのついたままの米。
荒寥 こうりょう ☆「―たる原野」
15 荒蕪 こうぶ ★ 土地が荒れて雑草の生い茂るさま。
16 荒鮎 さびあゆ ▼【錆鮎】(さびあゆ) 385
17 荒磯 ありそ 波の荒い磯(いそ)。
25 荒籬 あらがき 目のあらい垣根。

艸6【荇】(9) **コウ**

0 荇 あさざ ▼【莕菜】(あさざ) 322
11 荇菜 あさざ ▼【莕菜】(あさざ) 322

艸6【茨】(9) **シ**

0 茨 いばら・うばら 〔**茨棘・棘・荊・荊棘・薔薇**〕 とげのある低木の総称。
4 茨戸 ばらと 北海道の湖・地名。
5 茨田 まんだ ①大阪府の旧郡。②姓氏。
12 茨棘 いばら ▼【茨】(いばら) 320
茨菰 くわい ▼【慈姑】(くわい) 144

艸6【茲】(9) **ジ・シ**

0 茲 ここ ▼【此処】(ここ) 202
茲に ここに ▼【是に】(ここに) 172
8 茲岡 しげおか 姓氏。

11 茲鳥 からす ▼【烏】(からす) 231

艸6【茱】(9) シュ

12 茱萸 ぐみ 〔胡頽子〕グミ属の植物の総称。

艸6【荀】(9) ジュン・シュン

3 荀子 じゅんし 中国古代の思想家。

艸6【茹】(9) ジョ

0 茹でる ゆでる・うでる 「ジャガイモを—」

艸6【茸】(9) ジョウ

0 茸 きのこ 〔菌・蕈〕担子菌類などの作る大きな子実体の通称。

9 茸狩 たけがり きのこ採(と)り。

艸6【荏】(9) ジン

8 荏苒 じんぜん★ 何もせぬままに時が過ぎ行くさま。

9 荏胡海苔 えごのり ▼【恵胡海苔】(えごのり) 140

荏胡麻 えごま シソ科の一年草。

10 荏原 えばら ①東京都の地名。②姓氏。

艸6【茜】(9) セン

0 茜 あかね★ 〔茜草・赤根・地血〕アカネ科の多年草。

9 茜草 あかね ▼【茜】(あかね) 321

艸6【草】(9) ソウ くさ

3 草子 そうし ▼【冊子】(そうし) 41

4 草木瓜 くさぼけ 〔地梨〕バラ科の落葉小低木。

5 草生す くさむす 「山行かば—屍(かばね)」

草石蚕 ちょろぎ☆ ▼【甘露子】(ちょろぎ) 248

草本威霊仙 くがいそう ▼【九蓋草】(くがいそう) 15

7 草杉蔓 くさすぎかずら 〔天門冬・顛蕀〕ユリ科のつる性多年草。

8 草枕 くさまくら 旅。

草苺 くさいちご バラ科の小低木。

草苗 さなえ 姓氏。

9 草臥れる くたびれる☆ 〔足労れる〕疲れる。

草峠 くさんだわ 島根・広島県境の峠。

草莽 そうもう★ 「—の臣(しん)」

10 草烏頭 とりかぶと ▼【鳥兜】(とりかぶと) 422

草連玉 くされだま ▼【黄連花】(くされだま) 429

12 草雲雀 くさひばり クサヒバリ科のコオロギ。

草満囹圄 そうまんれいご 国がよく治まっているさま。

15 草鞋 わらじ☆ わらで編んだ履物。

草鞋虫 わらじむし 等脚目の節足動物。

草蝦 てながえび 〔杖突蝦・手長蝦〕淡水産のエビ。

草潜 かやくぐり ▼【茅潜】(かやくぐり) 319

草熱れ くさいきれ 夏の草むらからたちのぼる熱気。

草履 ぞうり 鼻緒のある平底の履物。

16 草薙 くさなぎ ①静岡県の地名。②JR東海東海道本線等の駅。③姓氏。

17 草螽 くびきりばった ▼【首切飛蝗】(くびきりばった) 409

18 草叢 くさむら ▼【叢】(くさむら) 59

19 草廬 そうろ 小さな家。

艸6【荘】(9) ソウ

←荘子 そうし 中国古代の思想家。

→荘子 そうじ 荘子(そうし)とその後人の著した思想書。

13 荘園 しょうえん 貴族や社寺の私有領地。

17 荘厳 そうごん 「—な楽の音」

艸6【茶】(9) チャ・サ

4 茶化す ちゃかす からかう。

6 茶臼原 ちゃうすばる 宮崎県の台地。

茶托 ちゃたく 茶碗(ちゃわん)を載せる台。

8 茶所 ちゃじょ 名鉄名古屋本線の駅。

9 茶柱虫 ちゃたてむし チャタテムシ目の昆虫。

10 茶梅 さざんか ▼【山茶花】(さざんか) 114

12 茶筌 ちゃせん ▼【茶筅】(ちゃせん) 321

茶筅 ちゃせん 〔茶筌〕茶道具の一。

茶道 さどう・ちゃどう 茶の湯の道。

茶飯事 さはんじ 「日常—」

13 茶話 さわ・ちゃわ 茶飲み話。

←茶頭 さじゅう・ちゃじゅう 禅寺で、茶事をつかさどる僧。

→茶頭 さどう 〔茶堂・茶道〕茶事をつかさどる師匠。

艸6【荅】(9) トウ

0 荅 あずき ▼【小豆】(あずき) 108

艸6【茫】(9) ボウ

8 茫刺 とげ ▼【刺】(とげ) 45

9 茫茫 ぼうぼう 果てしないさま。

10 茫栗 マンゴスチン オトギリソウ科の常緑高木。

12 **茫然** ぼうぜん ぼんやりとしたさま。

艸6 **【茗】**(9) **メイ**

10 **茗荷** みょうが☆ ショウガ科の多年草。

茗荷谷 みょうがだに ①東京都の地名。②東京地下鉄(東京メトロ)丸ノ内線の駅。

艸6 **【荔】**(9) **レイ**

8 **荔枝** れいし☆ ムクロジ科の常緑高木。

艸7 **【莛】**(10) **エン**

0 **莛** むしろ わら、竹などで編んだ敷物。

艸7 **【荷】**(10) **カ に**

0 **荷なう** になう ▼【担う】になう 153

5 **荷田春満** かだのあずままろ 江戸中期の国学者・歌人。

7 **荷見** はすみ 姓氏。

荷坂峠 にざかとうげ 三重県の峠。

8 **荷担** かたん 〔加担〕「陰謀に―する」

12 **荷葉岳** かようだけ 秋田県の山。

荷葉座 かしょうざ 仏像の台座。

14 **荷稲** かいな ①高知県の地名。②土佐くろしお鉄道中村線の駅。

15 **荷鞍山** にぐらやま 群馬県の山。

艸7 **【華】**(10) **カ・ケ はな**

0 **華やか** はなやか 「―に着飾る」

3 **華山** げさん 山口県の山。

4 **華氏** かし 「―一二二度」

5 **華甲** かこう 数え年六一歳の称。

8 **華押** かおう ▼【花押】かおう 316

華岡 はなおか 姓氏。

華府 ワシントン ▼【華盛頓】ワシントン 322

9 **華茲華司** ワーズワース イギリスの詩人。

華胥 かしょ 昼寝。

10 **華華しい** はなばなしい 「―活躍」

11 **華盛頓** ワシントン 〔華府〕アメリカの首都。

華瓶 けびょう ▼【花瓶】けびょう 316

12 **華奢** きゃしゃ★ 〔花車〕「―な体つき」

13 **華筥** けこ ▼【花籠】けこ 316

華摂林 ワセリン 炭化水素の混合物。

17 **華厳** けごん 「華厳(けごん)経」の略。

華燭 かしょく☆ 「―の典(てん)」

18 **華臍魚** あんこう ▼【鮟鱇】あんこう 418

21 **華鬘草** けまんそう 〔魚児牡丹〕ケシ科の多年草。

艸7 **【莞】**(10) **カン**

← **莞** いぐさ ▼【藺草】いぐさ 333

→ **莞** ふとい 〔太藺〕カヤツリグサ科の多年草。

14 **莞爾** かんじ★ にっこりとほほえむさま。

艸7 **【萏】**(10) **カン**

0 **萏** つぼみ ①姓氏。②▼【蕾】つぼみ 331

艸7 **【莧】**(10) **カン・ケン**

0 **莧** ひゆ ヒユ科の一年草。

9 **莧草** かるかや ▼【刈萱】かるかや 44

艸7 **【莢】**(10) **キョウ**

0 **莢** さや マメ科植物の種子の入っている殻。

14 **莢隠元** さやいんげん 未熟ないんげん豆。

15 **莢豌豆** さやえんどう 絹さや。

艸7 **【茣】**(10) **ゴ**

13 **茣蓙** ござ 〔蓙〕敷物の一。

艸7 **【莕】**(10) **コウ**

0 **莕** あさざ ▼【莕菜】あさざ 322

11 **莕菜** あさざ 〔莕・荇・荇菜・鳧葵〕リンドウ科の多年生水草。

艸7 **【莎】**(10) **サ**

3 **莎士比亜** シェークスピア ▼【沙翁】シェークスピア 209

← **莎草** いぬくぐ ▼【磚子苗】いぬくぐ 271

莎草 かやつりぐさ 〔連銭草・蚊帳吊草〕カヤツリグサ属の草本の総称。

莎草 ささめ チガヤに似たしなやかな草。蓑(みの)・蓆(むしろ)などを作った。

→ **莎草** はますげ ▼【浜菅】はますげ 218

19 **莎鶏** きりぎりす ▼【螽斯】きりぎりす 339

艸7 **【莇】**(10) **ショ・ジョ**

← **莇** あざみ ①姓氏。②▼【薊】あざみ 330

→ **莇** くこ ▼【枸杞】くこ 186

艸7 **【荻】**(10) **テキ**

0 **荻** おぎ★ イネ科の多年草。

5 **荻生徂徠** おぎゅうそらい 江戸中期の儒学者。

荻布 おぎの 万葉線高岡軌道線の停留所。
14 荻窪 おぎくぼ ①東京都の地名。②JR東日本中央本線・東京地下鉄(東京メトロ)丸ノ内線の駅。

艸7 【荼】(10) ト・ショ・タ・ダ
9 荼毘 だび☆ 〔荼毗〕 火葬。
荼毗 だび ▼【荼毘】だび 323

艸7 【荵】(10) ジン・ニン
0 荵 しのぶ 「荵草しのぶぐさ」のこと。
5 荵冬 すいかずら ▼【忍冬】すいかずら 137
9 荵草 しのぶぐさ ▼【垣衣】しのぶぐさ 79

艸7 【莫】(10) バク・マク・ボ
0 莫し なし ない。
莫れ なかれ ▼【勿れ】なかれ 50
3 莫三鼻給 モザンビーク 国名。
莫大 ばくだい☆ 「—な財産」
莫大小 メリヤス★ 〔目利安〕 布地の一。
4 莫太 あいた・まくた 姓氏。
7 莫告藻 なのりそ 〔神馬藻・莫鳴菜・勿告藻〕 海藻アカモクなどの古名。
8 莫里哀 モリエール フランスの劇作家。
莫奈 モネ フランスの画家。
莫泊三 モーパッサン ▼【莫泊桑】モーパッサン 323
莫泊桑 モーパッサン 〔莫泊三〕 フランスの作家。
9 莫迦 ばか☆ 〔馬鹿〕 「—も休み休み言え」
←莫臥児 モール インド由来の織物。
→莫臥児 モンゴル 国名。
莫逆 ばくぎゃく 「—の友」
10 莫根 はくね 姓氏。
莫差特 モーツァルト オーストリアの作曲家。
莫連 ばくれん すれっからし。
12 莫斯科 モスクワ ロシアの首都。
13 莫義道 もぎどう 210 ▼【没義道】もぎどう
14 莫鳴菜 なのりそ 323 ▼【莫告藻】なのりそ

艸7 【莔】(10) モウ・ケイ
11 莔麻 いちび 〔黄麻〕 アオイ科の一年草。

艸7 【莠】(10) ユウ
0 莠 はぐさ イネ科の一年草。

艸7 【莅】(10) リ
0 莅む のぞむ 場にいたる。
4 莅戸 のぞき 姓氏。

艸7 【莨】(10) ロウ
←莨 タバコ☆ ▼【煙草】タバコ 233
→莨 はしりどころ ▼【走野老】はしりどころ 361
←莨菪 タバコ ▼【煙草】タバコ 233
→莨菪 はしりどころ 361 ▼【走野老】はしりどころ
14 莨蔫 タバコ ▼【煙草】タバコ 233

艸8 【菴】(11) アン
0 菴 いおり ▼【庵】いおり 126
19 菴羅 あんら 〔奄羅〕 マンゴーのこと。

艸8 【萎】(11) イ
0 萎える なえる 〔痿える〕 「足が—」「気力が—」
萎びる しなびる 水気がなくしぼむ。
萎む しぼむ★ 〔凋む〕 「花が—」
萎れる しおれる☆ 「花が—」
3 萎女王 あまどころ ▼【甘野老】あまどころ 248
6 萎竹 なよたけ ▼【弱竹】なよたけ 129
11 萎萎 しおしお ▼【悄悄】しおしお 141
15 萎蕤 あまどころ 248 ▼【甘野老】あまどころ
17 萎縮 いしゅく 「気持ちが—する」
19 萎靡 いび ぐったりする。

艸8 【葛】(11) カツ
6 葛西 かさい ①東京都の地名。②姓氏。
9 葛城 かつらぎ 奈良県の市。

艸8 【菅】(11) カン
←菅 すが 姓氏。
→菅 すげ スゲ属の草本の総称。
4 菅公 かんこう 菅原道真すがわらのみちざねの敬称。
5 菅生沼 すがおぬま 茨城県の湖。
6 菅江真澄 すがえますみ 江戸後期の国学者・旅行家。
9 菅茶山 かんちゃざん 江戸後期の漢詩人。
10 菅家文草 かんけぶんそう 菅原道真すがわらのみちざねの作の漢詩文集。
菅原 すがわら・かんばら 姓氏。

菅原孝標女 すがわらのたかすえのむすめ　平安中期の歌人。

菅原道真 すがわらのみちざね　平安前期の学者・政治家。

艸8 **【菊】**(11) **キク**

6 **菊吸天牛** きくすいかみきり　コウチュウ目の昆虫。

17 **菊戴** きくいただき　ウグイス科の小鳥。

艸8 **【菌】**(11) **キン**

0 **菌** きのこ　▼【茸】きのこ 321

5 **菌田** たけだ　姓氏。

艸8 **【菫】**(11) **キン**

0 **菫** すみれ ☆〔紫花地丁・一葉草・一夜草〕　スミレ属の植物の総称。

11 **菫菜** つぼすみれ　▼【壺菫】つぼすみれ 83

13 **菫櫻** たがやさん 382 ▼【鉄刀木】たがやさん

艸8 **【菎】**(11) **コン**

13 **菎蒻** こんにゃく　▼【蒟蒻】こんにゃく 327

艸8 **【菜】**(11) **サイ な**

5 **菜生** なま　姓氏。

7 **菜豆** いんげんまめ 394 ▼【隠元豆】いんげんまめ

8 **菜服** すずしろ　▼【蘿蔔】すずしろ 334

9 **菜単** メニュー〔食単〕　献立表。

11 **菜亀虫** ながめ 324 ▼【菜椿象】ながめ

12 **菜葱** なぎ　▼【水葱】なぎ 207

13 **菜椿象** ながめ〔菜亀虫〕　カメムシの一種。

14 **菜種** なたね　アブラナの種。

15 **菜箸** さいばし ☆ 料理をつくったり取り分けたりするときに用いる長い箸。

16 **菜蕗** ふき　▼【蕗】ふき 331

艸8 **【莿】**(11) **シ**

0 **莿** いらくさ　▼【莿草】いらくさ 46

4 **莿木** いばらぎ　姓氏。

艸8 **【菽】**(11) **シク・シュク**

0 **菽** まめ　豆。

7 **菽麦** しゅくばく　豆と麦。

艸8 **【菖】**(11) **ショウ**

→**菖蒲** あやめ ☆〔谿蓀・渓蓀〕　アヤメ科の多年草。

→**菖蒲** しょうぶ　①サトイモ科の常緑多年草。②埼玉県の町。

菖蒲鳥 あやめどり〔文目鳥〕　ホトトギスの別名。

艸8 **【萃】**(11) **スイ**

0 **萃まる** あつまる　草が群れて生える。

艸8 **【菘】**(11) **シュウ・スウ**

0 **菘** すずな〔菁・葑菜・禾菁・会最・四時菜・諸葛菜・大頭芥・当門・蕪菁・蔓菁・冥精・芴菁〕　カブの別名。

11 **菘菜** たかな　▼【大芥菜】たかな 86

艸8 **【萋】**(11) **セイ**

11 **萋萋** せいせい　草木の盛んに茂ったさま。

艸8 **【菁】**(11) **セイ**

0 **菁** すずな　▼【菘】すずな 324

10 **菁莪** せいが　人材を育てる。

艸8 **【著】**(11) **チョ　あらわす・いちじるしい**

0 **著く** つく　着く。「席に―」

著る きる　着る。「服を―」

10 **著莪** しゃが　▼【射干】しゃが 106

著座 きませ　姓氏。

艸8 **【菠】**(11) **ハ・ホウ**

11 **菠菜** ほうれんそう 324 ▼【菠薐草】ほうれんそう

16 **菠薐草** ほうれんそう ☆〔菠薐・菠菜・菠薐菜・波斯草・赤根草〕　アカザ科の一・二年草。

菠薐菜 ほうれんそう　▼【菠薐草】ほうれんそう 324

艸8 **【菝】**(11) **ハツ・バツ**

12 **菝葜** さるとりいばら〔猿取茨・荊茨・山帰来〕　ユリ科のつる性落葉低木。

艸8 **【萍】**(11) **ヘイ**

0 **萍** うきくさ〔水萍・浮草・浮萍〕　水面に浮かぶ水草の総称。

艸8 **【萆】**(11) **ヘイ・ヒ・ヘキ**

16 **萆薢** ところ　▼【野老】ところ 378

艸8 **【菩】**(11) **ホ・ボ・ハイ・バイ**

12 **菩提** ぼだい ★「―を弔とむらう」

菩提樹 ぼだいじゅ　シナノキ科の落葉高木。

17 **菩薩** ぼさつ　修行に励む人。

艸8 **【萌】**(11) **ボウ・モウ・ホウ**

0 **萌える** もえる「若草が―」

萌す きざす　▼【兆す】きざす 36

萌む　めぐむ　★「ヤナギが―季節」
萌やし　もやし　☆　▼【糵】　290
8 萌芽　ほうが　☆　芽生え。きざし。
11 萌黄　もえぎ　▼【萌葱】　325
12 萌葱　もえぎ　★　〔萌黄〕　黄色みを帯びた緑色。

艸8【萊】(11)　ライ

0 萊　あかざ　▼【藜】　332
8 萊府　ライプチヒ　ドイツの都市。
14 萊箙　だいこん　▼【蘿蔔】　334

艸8【菱】(11)　リョウ

0 菱　ひし　ヒシ科の一年生水草。
3 菱川師宣　ひしかわもろのぶ　江戸前期の浮世絵師。
4 菱刈　ひしかり　鹿児島県の町。
5 菱田春草　ひしだしゅんそう　日本画家。
9 菱科　ひしな　姓氏。
菱垣　ひがき　〔檜垣〕　ヒノキの薄板で組んで作った垣。
菱食　ひしくい　〔鴻〕　カモ科の水鳥。
15 菱餅　ひしもち　三月の節句に飾るひし形の餅。

艸9【葭】(12)　カ

0 葭　あし・よし　▼【葦】　326
4 葭切　よしきり　▼【葦切】　326
6 葭池温泉前　よしいけおんせんまえ　富士急行大月線の駅。
7 葭村　よしむら　姓氏。
17 葭簀　よしず　▼【葦簀】　327

艸9【萼】(12)　ガク

←萼　うてな　〔台〕　花のがく。
→萼　がく　花の最も外側の器官。

艸9【葛】(12)　カツ

←葛　かずら　☆　〔蔓・蘰〕　つる性植物の総称。
葛　くず　☆　①〔田葛〕　マメ科の大形つる性多年草。②長野県の温泉。③奈良県の地名。④近鉄吉野線の駅。⑤香川県の島。
→葛　つづら　つる性植物。
3 葛下川　かつげがわ　奈良県の川。
葛山　かずらやま　姓氏。
4 葛切り　くずきり　菓子の一。
5 葛生　くずう　①栃木県の旧町。②東武佐野線の駅。
6 葛江　くずえ・ふじえ　姓氏。
葛西　かさい　①東京都の地名。②東京地下鉄(東京メトロ)東西線の駅。③姓氏。
葛老山　かつろうさん　栃木県の山。
7 葛折　つづらおり　〔九十九折〕　曲がりくねった山道。
葛尾　かつらお　福島県の村。
8 葛拉徳士吞　グラッドストン　イギリスの政治家。
9 葛巻　くずまき　岩手県の町。
葛城　かつらぎ　①奈良県の川。②奈良・大阪府境の山(―山)。③大阪・和歌山県境の山(―山)。④姓氏。
10 葛原　くずはら　姓氏。
葛根湯　かっこんとう　漢方薬の一。
葛粉　くずこ　クズの根のデンプン。
11 葛袴　ふじばかま　▼【藤袴】　332
葛野　かどの　京都府の旧郡。
12 葛湯　くずゆ　病人食の一。
葛登支岬　かっとしみさき　北海道の岬。
葛葉川　くずはがわ　神奈川県の川。
13 葛飾　かつしか　東京都の特別区。
葛飾北斎　かつしかほくさい　江戸後期の浮世絵師。
15 葛餅　くずもち　葛粉を練って固め、のし餅のようにした食べ物。
17 葛餡　くずあん　くず粉を用いた汁。
←葛藤　かっとう　☆「心の―」
→葛藤　つづらふじ　〔防已〕　ツヅラフジ科のつる性落葉木本。
20 葛饅頭　くずまんじゅう　和菓子の一。
22 葛籠　つづら　★　ツヅラフジのつるで編んだかご。
葛籠尾崎　つづらおざき　滋賀県の岬。

艸9【葵】(12)　キ

0 葵　あおい　☆　①源氏物語の巻名。②静岡市の行政区。

艸9【萱】(12)　ケン

0 萱　かや　▼【茅】　319
←萱草　かんぞう　〔紫萱・忘憂草〕　ユリ科の多年草。
→萱草　わすれぐさ　〔忘れ草〕　ヤブカンゾウの別名。
11 萱堂　けんどう　母の雅称。
萱野　すがの　姓氏。

12 **萱葺き** かやぶき 319 ▼【茅葺き】かやぶき

艸9 **【菰】**(12) **コ**

0 **菰** こも ▼【薦】こも 331

11 **菰野** こもの ①三重県の町(ちょう)。②近鉄湯の山線の駅。

艸9 **【葫】**(12) **コ**

← **葫** にんにく ▼【大蒜】にんにく 88

→ **葫** ひる ▼【蒜】ひる 327

艸9 **【葈】**(12) **シ**

0 **葈** からむし ▼【苧】からむし 319

6 **葈耳** おなもみ 〔巻耳〕 キク科の一年草。

艸9 **【萩】**(12) **シュウ**

0 **萩** はぎ ①〔蕭・芽子・胡枝子・鹿鳴草・随軍茶・天竺花〕 マメ科ハギ属の植物。②山口県の市。

艸9 **【葺】**(12) **シュウ**

0 **葺き石** ふきいし 古墳の外装の石。

葺く ふく☆ 「かわらで屋根を―」

艸9 **【葬】**(12) **ソウ ほうむる**

15 **葬儀** そうぎ 葬式。

艸9 **【葱】**(12) **ソウ**

0 **葱** ねぎ★ 〔青葱・根葱〕 ユリ科の多年草。

9 **葱草** しのぶぐさ ▼【垣衣】しのぶぐさ 79

17 **葱鮪** ねぎま ネギとマグロを用いた料理。

艸9 **【萋】**(12) **ソウ**

0 **萋** しもと 〔楉・細枝〕 枝の茂った若い木立。

艸9 **【菟】**(12) **ト**

6 **菟糸子** とししし マメダオシの種子。

← **菟葵** いそぎんちゃく 〔菟葵帯・磯巾着〕 イソギンチャク目の腔腸(こうちょう)動物の総称。

→ **菟葵** せつぶんそう 〔節分草〕 キンポウゲ科の多年草。

菟葵帯 いそぎんちゃく ▼【菟葵】いそぎんちゃく 326

艸9 **【葡】**(12) **ホ・ブ**

11 **葡萄** ぶどう 〔蒲萄〕 ブドウ科のつる性落葉木本。

葡萄牙 ポルトガル★ 国名。

葡萄茶 えびちゃ★ 色の名。

葡萄蔓 えびかずら エビヅルなどの古名。

艸9 **【葍】**(12) **フク**

0 **葍** だいこん ▼【蘿蔔】だいこん 334

10 **葍根** だいこん ▼【蘿蔔】だいこん 334

艸9 **【葑】**(12) **ホウ**

11 **葑菜** すずな ▼【菘】すずな 324

艸9 **【葉】**(12) **ヨウ は**

4 **葉月** はづき 陰暦八月。

5 **葉皮休緑斯** エピクロス ギリシアの哲学者。

10 **葉栗** はぐり 愛知県の旧郡。

11 **葉鹿** はじか 栃木県の旧町。

19 **葉鶏頭** はげいとう ヒユ科の一年草。

葉蘭 はらん 〔紫蘭〕 ユリ科の常緑多年草。

艸9 **【落】**(12) **ラク おちる・おとす**

0 **落し胤** おとしだね★ 正妻以外に生ませた子。

2 **落人** おちゅうど・おちうど 「―伝説」

5 **落石** おちいし ①北海道の岬・地名。②JR北海道根室(ねむろ)本線の駅。

11 **落部** おとしべ ①北海道の地名。②JR北海道函館本線の駅。

12 **落款** らっかん 書画に見られる作者の署名・押印。

落雁 らくがん 干菓子の一。

落雁沈魚 らくがんちんぎょ 美人のたとえ。

落葵 つるむらさき ▼【蔓紫】つるむらさき 329

落葉松 からまつ 〔唐松〕 マツ科の落葉高木。

13 **落飾** らくしょく 貴人が落髪すること。

15 **落魄** らくはく☆ おちぶれる。

落魄れる おちぶれる☆ ▼【零落れる】おちぶれる 399

17 **落霜紅** うめもどき ▼【梅擬】うめもどき 190

18 **落藜** あかざ ▼【藜】あかざ 332

20 **落籍す** ひかす 身請けする。

艸9 **【葎】**(12) **リツ**

0 **葎** むぐら 野原に繁茂する雑草。

15 **葎穂** ホップ ▼【忽布】ホップ 138

艸9 **【萵】**(12) **ワ**

8 **萵苣** ちしゃ☆ 〔苣・松楊〕 キク科の一年草。

艸10 **【葦】**(13) **イ**

0 **葦** あし・よし☆ 〔葭・蘆・芦〕 イネ科の多年草。

4 **葦牙** あしかび アシの若芽。

葦切 よしきり 〔葭切・葦雀〕 ウグイス科の鳥、オオヨシキリ・コヨシキリの総称。

葦毛 あしげ 〔驄〕 馬の毛色の名。

11 葦雀 よしきり ▼【葦切】よしきり 326

葦鹿 あしか ▼【海驢】あしか 215

16 葦鴨 よしがも カモ科の水鳥。

17 葦簀 よしず 〔葭簀〕 よしすだれ。

艸10 【蓋】 (13) **カイ・ガイ・コウ**

←蓋 がい 笠などを数える語。

蓋 きぬがさ ▼【衣笠】きぬがさ 342

→蓋 ふた 容器の口をふさぐもの。

蓋う おおう ▼【蔽う】おおう 330

蓋し けだし☆ たぶん。

5 蓋世 がいせい☆ 才能や気力が大きくすぐれていること。

12 蓋然 がいぜん ある程度確実であること。

艸10 【蒿】 (13) **コウ**

0 蒿 よもぎ ▼【蓬】よもぎ 329

11 蒿雀 あおじ 〔青鵐〕 ホオジロ科の鳥。

艸10 【蓙】 (13) **ござ**

0 蓙 ござ★ ▼【茣蓙】ござ 322

艸10 【蒟】 (13) **コン・ク**

13 蒟蒻 こんにゃく☆ 〔菎蒻〕 サトイモ科の多年草。

艸10 【蓑】 (13) **サ・サイ**

0 蓑 みの 〔簑〕 雨具の一。

6 蓑虫 みのむし ミノガ科のガの幼虫。

10 蓑島 みのしま 福岡県の島。

11 蓑笠 みのかさ カヤ、スゲなどを編んでつくった雨具。

艸10 【蒴】 (13) **サク**

17 蒴藋 そくず スイカズラ科の多年草。

艸10 【蒜】 (13) **サン**

0 蒜 ひる 〔葫〕 ニンニク・ネギなどの古名。

3 蒜山 ひるぜん ①鳥取・岡山県境の山群。②岡山県の高原(—原ばら)・盆地。

18 蒜藜蘆 ばいけいそう ▼【梅蕙草】ばいけいそう 190

艸10 【蒔】 (13) **シ・ジ**

0 蒔く まく☆ 〔播く〕 「種を—」

5 蒔田 まいた 横浜市営地下鉄ブルーラインの駅。

12 蒔絵 まきえ 漆工芸の一。

艸10 【蓍】 (13) **シ**

0 蓍 めどぎ 占いの道具。

12 蓍萩 めどはぎ 〔鉄掃帚〕 マメ科の小低木状の多年草。

艸10 【蒐】 (13) **シュウ**

0 蒐める あつめる 収集する。

12 蒐集 しゅうしゅう★ 「切手の—」

艸10 【蒸】 (13) **ジョウ むす・むれる・むらす**

0 蒸かす ふかす 「いもを—」

蒸ノ湯 ふけのゆ 秋田県の温泉。

15 蒸熱 いきれ ▼【熅れ】いきれ 234

22 蒸籠 せいろう・せいろ★ もちごめやまんじゅうなどを蒸す器具。

艸10 【蓁】 (13) **シン**

10 蓁栗 はしばみ ▼【榛】はしばみ 196

13 蓁蓁 しんしん 草木が盛んに茂るさま。

艸10 【蓆】 (13) **セキ**

0 蓆 むしろ ▼【筵】むしろ 284

艸10 【蒼】 (13) **ソウ**

0 蒼 あお 色の名。

蒼い あおい 「顔が—」

5 蒼朮 おけら・そうじゅつ ▼【朮】おけら 180

蒼白 そうはく★ 顔色が青ざめてみえる様子。

8 蒼穹 そうきゅう☆ 青空。

蒼庚 うぐいす ▼【鶯】うぐいす 425

蒼氓 そうぼう☆ 人民。

15 蒼頡 そうけつ 中国古代、伝説上の人物。鳥の足跡を見て漢字を作った。

24 蒼鶻 たか ▼【鷹】たか 426

蒼鷹 おおたか ▼【大鷹】おおたか 89

艸10 【蓄】 (13) **チク たくわえる**

10 蓄財 ちくざい 財産をたくわえる。

艸10 【蓚】 (13) **チョウ**

3 蓚山大黄 すいば ▼【酸葉】すいば 377

艸10 【蓦】 (13) **トク**

15 蓦魯馬 すずしろ ▼【蘿蔔】すずしろ 334

艸10 【蓜】 (13) **はい**

10 蓜島 はいじま 姓氏。

艸10 【蓖】 (13) **ヒ・ヘイ**

11 蓖麻 とうごま ▼【唐胡麻】とうごま 69

蓖麻子油 ひましゅ トウゴマの種子のあぶら。

艸10 **【蒲】**(13) **ホ・ブ・フ**

0 **蒲** がま・かば 〔香蒲〕ガマ科の多年草。

4 **蒲戸崎** かまどざき 大分県の岬。

蒲公英 たんぽぽ★ 〔蒲公草〕タンポポ属の多年草の総称。

←**蒲生** かもう 鹿児島県の町(ちょう)。

→**蒲生** がもう ①宮城県の地名。②滋賀県の台地・郡・旧町。③兵庫・鳥取県境の峠。④姓氏。

蒲生氏郷 がもううじさと 安土桃山時代の武将。

蒲生田岬 がもうだみさき 徳島県の岬。

蒲生野 こもうの 京都府の高原。

←**蒲田** かまた ①東京都の地名。②JR東日本京浜東北線等の駅。

→**蒲田** がまだ 岐阜県の温泉。

6 **蒲団** ふとん 〔布団〕寝具の一。

9 **蒲柳の質** ほりゅうのしつ☆ 病気になりやすい体質。

10 **蒲郡** がまごおり ①愛知県の市。②名鉄の路線・駅。③JR東海東海道本線の駅。

蒲原 かんばら ①新潟県の平野・旧郡。②静岡県の地名。③JR東海東海道本線の駅。

蒲桃 ふともも フトモモ科の常緑小高木。

11 **蒲魚** かまとと 「―ぶるのはよせ」

蒲萄 ぶどう ①新潟県の山地・地名・峠。②▼【葡萄】ぶどう 326

←**蒲葵** しゅろ ▼【棕櫚】しゅろ 193

→**蒲葵** びろう 〔檳榔〕ヤシ科の常緑高木。

蒲葵島 びろうじま 高知県の島。

蒲焼 かばやき 「うなぎの―」

14 **蒲鉾** かまぼこ☆ 「―板」

艸10 **【蒙】**(13) **モウ・ム・ムウ**

0 **蒙る** こうむる 〔被る〕「恩恵を―」

5 **蒙古** もうこ モンゴルのこと。

蒙古斑 もうこはん 〔小児斑〕乳幼児の尻にある青いあざ。

蒙旦 モンテーニュ フランスの思想家。

7 **蒙求** もうぎゅう 中国、唐の教科書。

10 **蒙娜麗莎** モナリザ 肖像画の題名。

13 **蒙鳩** みそさざい ▼【鷦鷯】みそさざい 426

艸10 **【蓮】**(13) **レン** 〔藕・渠荷・芙蕖・芙蓉〕

←**蓮** はす スイレン科の多年生水草。

→**蓮** はちす☆ ①ハスの別名。②JR東日本飯山(いいやま)線の駅。

蓮っ葉 はすっぱ 品がないさま。

7 **蓮花寺** れんげじ 三岐(さんぎ)鉄道北勢線の駅。

10 **蓮華** れんげ ①ハスの花。②料理や食事に使う陶製のさじ。③新潟県の温泉。④富山・長野県境の山(―岳(だけ))。

蓮華草 れんげそう 〔紫雲英〕ゲンゲの別名。

蓮根 れんこん ハスの地下茎。

12 **蓮葉葛** はすのはかずら 〔千金藤〕ツヅラフジ科のつる性草本。

20 **蓮馨花** さくらそう ▼【桜草】さくらそう 188

艸11 **【蔭】**(14) **イン・オン**

7 **蔭位** おんい 律令制の位階制度の一。

艸11 **【蔚】**(14) **ウツ・イ**

3 **蔚山町** うるさんまち 熊本市電上熊本線の停留所。

14 **蔚蔚** うつうつ 盛んなさま。

艸11 **【蔛】**(14) **コク**

9 **蔛栄** なぎ ▼【水葱】なぎ 207

11 **蔛菜** なぎ ▼【水葱】なぎ 207

艸11 **【蔡】**(14) **サイ・サツ**

10 **蔡倫** さいりん 中国、後漢中期の宦官(かんがん)。

12 **蔡温** さいおん 琉球王国の政治家。

艸11 **【蕁】**(14) **シュン・ジュン**

0 **蕁** ぬなわ 〔沼縄〕ジュンサイの別名。

11 **蕁菜** じゅんさい 〔蓴〕スイレン科の多年生水草。

蕁菜沼 じゅんさいぬま 北海道の湖。

19 **蕁羹鱸膾** じゅんこうろかい 故郷を懐かしく思うこと。

艸11 **【蔣】**(14) **ショウ**

4 **蔣介石** しょうかいせき 中国の政治家。

6 **蔣池** こもいけ 姓氏。

12 **蔣淵** こもぶち 愛媛県の湾・半島・旧村。

艸11 **【蔟】**(14) **ソク・ソウ**

0 **蔟** まぶし 〔蚕簿〕カイコにまゆをつくらせる仕掛け。

艸11 **【蔕】**(14) **テイ・タイ**

←**蔕** へた☆ 実についている萼(がく)。

→**蔕** ほぞ 果実のへた。

艸11 **【蔦】**(14) **チョウ**

0 **蔦** つた ①〔**槐・地錦・常春藤**〕ブドウ科のつる性落葉木本。②青森県の温泉・沼・地名。③香川県の島。

12 **蔦葛** つたかずら ▼【蔦蔓】つたかずら 329

14 **蔦漆** つたうるし 〔**野葛**〕ウルシ科のつる性落葉木本。

蔦蔓 つたかずら 〔**蔦葛・蔦蘿・蘿蔦・蘿蔓・蘿薜**〕つるくさの総称。

20 **蔦蘿** つたかずら ▼【蔦蔓】つたかずら 329

艸11 **【蓪】**(14) **トウ・ツウ**

0 **蓪** あけび ▼【通草】あけび 370

艸11 **【蔑】**(14) **ベツ・メチ・メツ**

0 **蔑む** さげすむ★〔**貶む**〕見くだす。

蔑ろ ないがしろ★「親を―にする」

6 **蔑如** べつじょ さげすむ。

11 **蔑視** べっし あなどること。

艸11 **【蔀】**(14) **ホウ**

0 **蔀** しとみ ①格子をつけた板戸。②姓氏。

艸11 **【蓬】**(14) **ホウ・ブ・ブウ**

0 **蓬** よもぎ☆〔**艾・蒿**〕キク科の多年草。

5 **蓬田** よもぎた ①青森県の村。②JR東日本津軽線の駅。

10 **蓬原** ふつはら 鹿児島県の台地。

11 **蓬莱** ほうらい 想像上の仙境。

14 **蓬髪** ほうはつ 伸びて乱れた髪。

蓬蓬 ほうほう 風が強く吹くさま。

艸11 **【蔓】**(14) **マン**

← **蔓** かずら☆ ▼【葛】かずら 325

→ **蔓** つる 「アサガオの―」

2 **蔓人参** つるにんじん 〔**蔓人蔘・羊乳**〕キキョウ科のつる性多年草。

蔓人蔘 つるにんじん ▼【蔓人参】つるにんじん 329

8 **蔓延** まんえん 「風邪かぜが―する」

蔓延る はびこる☆「雑草が―」

9 **蔓柾** つるまさき 〔**扶芳藤**〕ニシキギ科のつる性常緑低木。

蔓荊 はまごう クマツヅラ科の落葉低木。

10 **蔓梅擬** つるうめもどき ニシキギ科のつる性落葉低木。

11 **蔓菜** つるな ツルナ科の多年草。

蔓菁 すずな ▼【菘】すずな 324

12 **蔓紫** つるむらさき 〔**落葵**〕ツルムラサキ科のつる性一年草。

16 **蔓蕺** つるどくだみ 〔**蔓蕺菜・何首烏**〕タデ科のつる性多年草。

艸11 **【蓼】**(14) **リョウ・リク・ロウ**

0 **蓼** たで☆ タデ属に属する植物の総称。

← **蓼ノ海** たてのうみ 長野県の池。

→ **蓼ノ海** たでのうみ 栃木県の湖。

9 **蓼科** たてしな 長野県の温泉・湖・高原・山・地名。

18 **蓼藍** たであい ▼【藍】あい 332

艸12 **【蕓】**(15) **ウン**

17 **蕓薹** あぶらな 〔**薹・油菜**〕アブラナ科の越年草。

艸12 **【蕑】**(15) **カン・ケン**

0 **蕑** ふじばかま ▼【藤袴】ふじばかま 332

艸12 **【蕎】**(15) **キョウ**

7 **蕎麦** そば★ タデ科の一年生作物。

← **蕎麦粒山** そばつぶやま 埼玉・東京都境の山。

→ **蕎麦粒山** そむぎやま 岐阜県の山。

蕎麦葉貝母 うばゆり ▼【姥百合】うばゆり 96

蕎麦掻き そばがき そば粉の食品。

艸12 **【蕙】**(15) **ケイ**

0 **蕙** ふじばかま ▼【藤袴】ふじばかま 332

艸12 **【蕨】**(15) **ケツ**

0 **蕨** わらび ①イノモトソウ科の常緑性シダ植物。②埼玉県の山・市。③JR東日本京浜東北線の駅。

8 **蕨岱** わらびたい JR北海道函館本線の駅。

艸12 **【蕣】**(15) **シュン**

0 **蕣** あさがお ▼【朝顔】あさがお 178

7 **蕣花** あさがお ▼【朝顔】あさがお 178

艸12 **【蕉】**(15) **ショウ**

9 **蕉風** しょうふう 松尾芭蕉ばしょうとその流派の俳風。

10 **蕉翁** しょうおう 松尾芭蕉ばしょうの敬称。

艸12 **【蕈】**(15) **シン**

0 **蕈** きのこ ▼【茸】きのこ 321

艸12 **【蕁】**(15) **タン・シン・ジン**

11 **蕁麻** いらくさ☆ ▼【刺草】いらくさ 46

蕁麻疹 じんましん★ 皮膚の疾患の一。

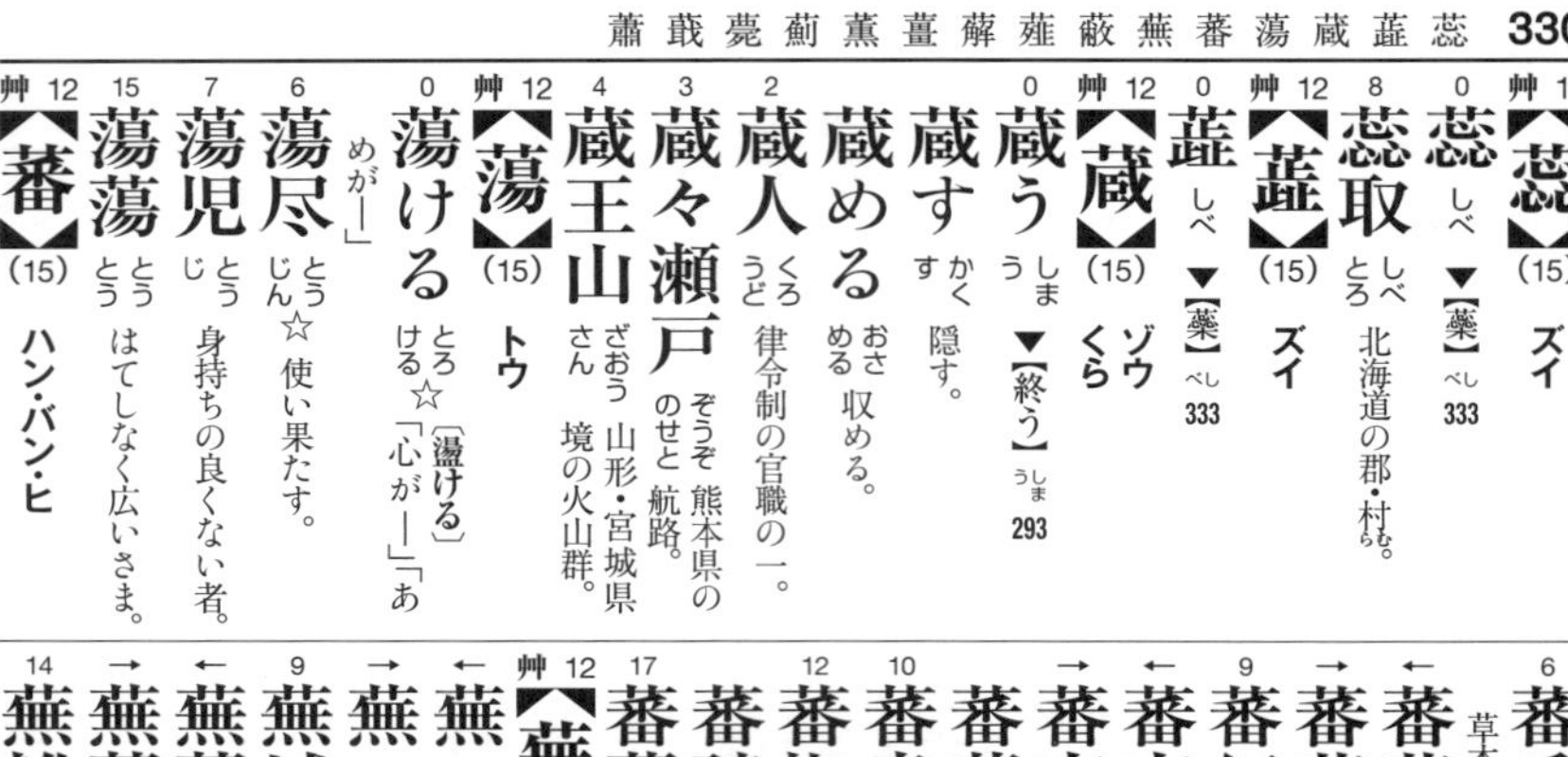

艸12 **【蕊】**(15) ズイ

0 **蕊** しべ ▼【蘂】しべ 333

8 **蕊取** しべとろ 北海道の郡・村(むら)。

艸12 **【蕋】**(15) ズイ

0 **蕋** しべ ▼【蘂】しべ 333

艸12 **【蔵】**(15) ゾウ くら

0 **蔵う** しまう ▼【終う】しまう 293

蔵す かくす 隠す。

蔵める おさめる 収める。

2 **蔵人** くろうど 律令制の官職の一。

3 **蔵々瀬戸** ぞうぞのせと 熊本県の航路。

4 **蔵王山** ざおうさん 山形・宮城県境の火山群。

艸12 **【蕩】**(15) トウ

0 **蕩ける** とろける☆ 〔盪ける〕「心が―」「あめが―」

6 **蕩尽** とうじん☆ 使い果たす。

7 **蕩児** とうじ 身持ちの良くない者。

15 **蕩蕩** とうとう はてしなく広いさま。

艸12 **【蕃】**(15) ハン・バン・ヒ

6 **蕃瓜樹** パパイア 〔万寿果〕 パパイア科の常緑の草本状小高木。

← **蕃茄** あかなす ▼【赤茄子】あかなす 360

→ **蕃茄** トマト 〔赤茄子〕 ナス科の一年生作物。

9 **蕃紅花** サフラン ▼【泊夫藍】サフラン 215

← **蕃南瓜** かぼちゃ ▼【南瓜】かぼちゃ 54

→ **蕃南瓜** とうなす ▼【唐茄子】とうなす 69

蕃茘子 ばんれいし バンレイシ科の半落葉低木。

10 **蕃書** ばんしょ 欧米の文書の総称。

12 **蕃椒** とうがらし ▼【唐芥子】とうがらし 69

蕃殖 はんしょく★ 繁殖。

17 **蕃薯** さつまいも ▼【薩摩芋】さつまいも 331

艸12 **【蕪】**(15) ブ・ム

← **蕪** かぶ アブラナ科の越年草。

→ **蕪** かぶら 〔蕪菁〕 カブの別名。

9 **蕪城** かぶらぎ 姓氏。

← **蕪菁** かぶら ▼【蕪】かぶら 330

→ **蕪菁** すずな ▼【菘】すずな 324

14 **蕪雑** ぶざつ☆ 雑然としていること。

艸12 **【蔽】**(15) ヘイ

0 **蔽う** おおう 〔掩う・蓋う・被う〕 覆う。

艸13 **【薤】**(16) カイ

← **薤** にら ▼【韮】にら 403

→ **薤** らっきょう ▼【辣韮】らっきょう 367

3 **薤山** にらやま 姓氏。

21 **薤露蒿里** かいろこうり★ 葬式で歌う挽歌。

艸13 **【薢】**(16) カイ

0 **薢** ところ ▼【野老】ところ 378

艸13 **【薑】**(16) キョウ

← **薑** しょうが ▼【生姜】しょうが 249

→ **薑** はじかみ ショウガの別名。

艸13 **【薫】**(16) クン かおる

0 **薫く** たく ▼【炷く】たく 230

薫らす くゆらす 236 ▼【燻らす】くゆらす

6 **薫衣香** くのえこう 衣服にたきしめるための香。

8 **薫炉** くんろ 香をたく器。

9 **薫香** くんこう 「―が満ちる」

薫風 くんぷう 初夏のさわやかな南風。

11 **薫陶** くんとう 「よき―を受ける」

14 **薫製** くんせい ▼【燻製】くんせい 236

15 **薫蕕** くんゆう よい香りの草と悪いにおいの草。善と悪のたとえ。

艸13 **【薊】**(16) ケイ

0 **薊** あざみ★ 〔葪〕 アザミ属の植物の総称。

11 **薊野** あぞうの ①高知県の地名。②JR四国土讃(どさん)線の駅。

艸13 **【薨】**(16) コウ

0 **薨る** みまかる 死ぬ。

5 **薨去** こうきょ★ 親王または三位以上の人の死。

艸13 **【蕺】**(16) シュウ

0 **蕺** どくだみ ▼【蕺草】どくだみ 330

9 **蕺草** どくだみ 〔蕺・蕺薬・蕺菜・十薬・羊麻草〕 ドクダミ科の多年草。十薬(じゅうやく)。

16 **蕺薬** どくだみ ▼【蕺草】どくだみ 330

艸13 **【蕭】**(16) ショウ

0 **蕭** はぎ ▼【萩】はぎ 326

5 **蕭本浩** ショーペンハウアー ドイツの哲学者。

7 蕭条 しょうじょう もの寂しいさま。

蕭邦 ショパン ▼【勺旁】ショパン 50

12 蕭然 しょうぜん がらんとしてもの寂しいさま。

14 蕭寥 しょうりょう もの寂しいさま。

17 蕭牆 しょうしょう 内輪。国内。

艸13 **【薔】**(16) **ショク・ソウ・ショウ**

←薔薇 いばら ▼【茨】いばら 320

→薔薇 ばら★ バラ科の低木。

艸13 **【薪】**(16) **シン たきぎ**

0 薪 たきぎ・まき 燃料にする木材。

艸13 **【薦】**(16) **セン すすめる**

0 薦 こも☆ 〔菰〕マコモやわらのむしろ。

薦める すすめる ▼【奨める】すすめる 92

10 薦被り こもかぶり 薦(こも)で包んだ四斗入りの酒樽。

艸13 **【薙】**(16) **テイ・チ**

0 薙ぐ なぐ 横に払って切る。

2 薙刀 なぎなた☆ ▼【長刀】なぎなた 387

14 薙髪 ちはつ 髪をそり仏門に入る。

艸13 **【薄】**(16) **ハク うすい・うすめる・うすまる・うすらぐ・うすれる**

0 薄 すすき☆ 〔芒・芭茅〕イネ科の大形多年草。

薄ら氷 うすらひ 薄く張った氷。

5 薄田泣菫 すすきだきゅうきん 詩人・随筆家。

7 薄伽梵 ばがぼん ▼【婆伽梵】ばがぼん 96

8 薄幸 はっこう ふしあわせ。

10 薄荷 はっか ハッカ属の植物の総称。

薄羽蜉蝣 うすばかげろう 〔蚊蜻蛉〕アミメカゲロウ科の昆虫。

11 薄野 すすきの 北海道の地名。

12 薄粧 うすけわい 薄化粧。

←薄鈍 うすにび 染め色の名。

→薄鈍 うすのろ 〔愚鈍〕動作や反応が遅いさま。

15 薄縁 うすべり 布の縁が付いたむしろ。

艸13 **【薇】**(16) **ビ**

0 薇 ぜんまい☆ 〔紫萁〕ゼンマイ科のシダ植物。

艸13 **【薬】**(16) **ヤク くすり**

0 薬 くすし 姓氏。

5 薬玉 くすだま☆ 〔続命縷〕香料を詰めた飾り物。

9 薬研 やげん☆ ①漢方で用いる器具。②青森県の温泉。

10 薬莢 やっきょう 銃砲の発射薬を詰める筒。

11 薬萊山 やくらいざん 宮城県の山。

13 薬煉 くすね ▼【天鼠矢】くすね 90

23 薬罐 やかん★ 〔薬缶〕湯をわかす容器。

艸13 **【薏】**(16) **ヨク・イ**

8 薏苡 はとむぎ イネ科の一年草。

薏苡仁 よくいにん ハトムギの種子。

艸13 **【蕾】**(16) **ライ**

0 蕾 つぼみ 〔莟〕「花の—がふくらむ」

艸13 **【蕗】**(16) **ロ**

0 蕗 ふき 〔苳・菜蕗・款冬〕キク科の多年草。

蕗の薹 ふきのとう 蕗の若い花茎(かけい)。

7 蕗谷 ふきや 姓氏。

艸13 **【﨟】**(16) **ロウ**

6 﨟次 らっし 〔臘次〕出家後の年数。

8 﨟長ける ろうたける 優美であるさま。

21 﨟纈 ろうけち 染色法の一。

﨟纈染め ろうけつぞめ 〔蠟纈染め〕染色法の一。

艸14 **【藁】**(17) **コウ**

0 藁 わら 「—にもすがる思い」

8 藁沓 わらぐつ わらで編んだ靴。

9 藁科川 わらしながわ 静岡県の川。

12 藁葺き わらぶき 「—の屋根」

13 藁蓋 わろうだ 〔円座〕渦巻き状に編んだ敷物。

艸14 **【薩】**(17) **サツ・サチ**

9 薩哈剌 サハラ ▼【撒哈拉】サハラ 160

11 薩埵峠 さったとうげ 静岡県の峠。

15 薩摩 さつま ①鹿児島県の湖・半島・郡。②旧国名。現在の鹿児島県西半部。

薩摩川内 さつませんだい 鹿児島県の市。

薩摩芋 さつまいも 〔甘藷・蕃薯〕ヒルガオ科のつる性多年草。

薩摩高城 さつまたき 肥薩(ひさつ)おれんじ鉄道の駅。

艸14 **【藉】**(17) シャ・セキ・ジャク

0 **藉く** しく 下に敷く。

藉す かす 貸す。

藉る かる 借りる。

3 **藉口** しゃこう あることを口実にすること。

艸14 **【薯】**(17) ショ・ジョ

0 **薯** いも ▼【芋】いも 315

←**薯蕷** とろろ とろろ汁。

薯蕷 ながいも ▼【長芋】ながいも 388

→**薯蕷** やまのいも 〔野山薬・山の芋〕ヤマノイモ科のつる性多年草。

艸14 **【薺】**(17) セイ・シ

0 **薺** なずな☆ 〔薺菜・薺菜児・公薺菜・東風菜・那耳・斑菜〕アブラナ科の越年草。春の七草の一。

11 **薺菜** なずな ▼【薺】なずな 332

薺菜児 なずな ▼【薺】なずな 332

12 **薺粥** なずながゆ ナズナをいれたおかゆ。

13 **薺蒿** うわぎ ヨメナの古名。

艸14 **【薹】**(17) タイ・ダイ

←**薹** あぶらな ▼【蕓薹】あぶらな 329

→**薹** とう☆ アブラナ・フキなどの花茎。

艸14 **【藐】**(17) ビョウ・ミョウ・バク・ミャク

8 **藐姑射の山** はこやのやま 中国で仙人が住む伝説上の山。

艸15 **【藕】**(18) グウ・ゴウ

0 **藕** はす ▼【蓮】はす 328

艸15 **【藪】**(18) ソウ

0 **藪** やぶ 草が茂ったところ。

4 **藪手毬** やぶでまり 〔胡蝶樹〕スイカズラ科の落葉低木。

8 **藪虱** やぶじらみ 〔窃衣〕セリ科の二年草。

藪林 そうりん やぶや林。

9 **藪柑子** やぶこうじ 〔紫金牛〕ヤブコウジ科の常緑小低木。

藪枯 やぶがらし 〔五爪籠〕ブドウ科のつる性多年草。

10 **藪蚊** やぶか 〔豹蚊・豹脚・豹脚蚊〕ヤブカ属の蚊の総称。

12 **藪塚** やぶづか 東武桐生(きりゅう)線の駅。

13 **藪鉄蕉** やぶそてつ ▼【藪蘇鉄】やぶそてつ 332

19 **藪蘇鉄** やぶそてつ 〔藪鉄蕉・貫衆〕オシダ科の常緑性シダ植物。

艸15 **【藤】**(18) トウ・ドウ

0 **藤** ふじ マメ科のつる性落葉木。

5 **藤生** ふじゅう JR西日本山陽本線の駅。

8 **藤空木** ふじうつぎ 〔酔魚草〕フジウツギ科の落葉低木。

9 **藤咲** ふじさこ 姓氏。

10 **藤原公任** ふじわらのきんとう 平安中期の歌人・歌学者。

藤原不比等 ふじわらのふひと 奈良初期の廷臣。

藤原秀郷 ふじわらのひでさと 平安中期の武将。

藤原秀衡 ふじわらのひでひら 平安末期の豪族。

藤原惺窩 ふじわらせいか 江戸初期の儒学者。

藤原彰子 ふじわらのしょうし 一条天皇の中宮。

11 **藤袴** ふじばかま 〔燕尾香・香水蘭・香蘭・王者香・国香・秋蘭・大沢蘭・幽蘭・紫菊・孩児菊・待女花・蕳・蘭・蘭沢・蘭草・蕙・葛袴〕キク科の多年草。

12 **藤森** ふじのもり 京阪(けいはん)電鉄京阪本線の駅。

13 **藤裏葉** ふじのうらば 源氏物語の巻名。

艸15 **【藩】**(18) ハン

11 **藩屏** はんぺい 守り防ぐための垣根。

艸15 **【藍】**(18) ラン

0 **藍** あい 〔蓼藍〕タデ科の一年草。

3 **藍子** あいご スズキ目の海魚。

7 **藍住** あいずみ 徳島県の町(ちょう)。

藍辛 ラシーヌ フランスの劇作家。

11 **藍菊** えぞぎく ▼【蝦夷菊】えぞぎく 338

14 **藍綬褒章** らんじゅほうしょう☆ 褒章の一。

17 **藍鮫** あいざめ 〔青沙魚〕ツノザメ科アイザメ属の海魚の総称。

艸15 **【藜】**(18) レイ

0 **藜** あかざ 〔莱・鶴頂草・落藜・臙脂菜〕アカザ科の一年草。

艸16 **【藹】**(19) アイ

19 **藹藹** あいあい なごやかなさま。

艸16 **【蘊】**(19) ウン

12 **蘊奥** うんのう 学問・技芸の奥深いところ。「芸の—をきわめる」

13 **蘊蓄** うんちく ★「―を傾ける」

17 **蘊藉** うんしゃ ★ 心が広くておだやか。

艸16 **【蘐】**(19) ケン

13 **蘐園学派** けんえんがくは 儒学の一派。

艸16 **【藷】**(19) ショ・ジョ

0 **藷** いも ▼【芋】いも 315

12 **藷粥** いもがゆ ▼【芋粥】いもがゆ 315

艸16 **【蘂】**(19) ズイ

0 **蘂** しべ 〔蕊・蕋〕花の生殖器官。

艸16 **【蘇】**(19) ソ

0 **蘇る** よみがえる 「死者が―」「記憶が―」

3 **蘇士** スエズ 〔蘇西〕エジプトの都市。

4 **蘇丹** スーダン 国名。

蘇方 すおう ▼【蘇芳】すおう 333

5 **蘇生** そせい ★〔甦生〕「人工呼吸で―する」

6 **蘇西** スエズ ▼【蘇士】スエズ 333

7 **蘇我** そが ①千葉県の地名。②JR東日本京葉線等の駅。③姓氏。

蘇我入鹿 そがのいるか 蘇我蝦夷の子。

蘇我蝦夷 そがのえみし 推古・舒明・皇極三朝の大臣。

蘇芳 すおう ☆〔蘇方・蘇枋〕マメ科の落葉小高木。

8 **蘇枋** すおう ▼【蘇芳】すおう 333

蘇門答剌 スマトラ インドネシアの島。

9 **蘇洞門** そとも 福井県の海食崖。

10 **蘇格拉底** ソクラテス 〔瑣格剌底〕ギリシアの哲学者。

蘇格蘭 スコットランド 国名。

12 **蘇葉** そよう チリメンジソの葉の生薬。

13 **蘇軾** そしょく 中国、北宋の詩人・文学者。

蘇鉄 そてつ 〔鉄樹・鉄蕉・鳳尾松・鳳尾蕉〕ソテツ科の常緑低木。

艸16 **【藻】**(19) ソウ も

10 **藻屑** もくず 「海の―となる」

12 **藻琴** もこと ①北海道の山・湖・地名。②JR北海道釧網本線の駅。

13 **藻掻く** もがく ▼【踠く】もがく 363

艸16 **【蘭】**(19) ラン

← **蘭** あららぎ 〔山蘭・蘭蒿〕植物のイチイの別名。

蘭 ふじばかま ▼【藤袴】ふじばかま 332

→ **蘭** らん ラン科植物の総称。

7 **蘭沢** ふじばかま ▼【藤袴】ふじばかま 332

8 **蘭波** ランボー フランスの詩人。

9 **蘭草** ふじばかま ▼【藤袴】ふじばかま 332

10 **蘭貢** ラングーン ミャンマーの都市ヤンゴンの旧称。

蘭留 らんる JR北海道宗谷本線の駅。

12 **蘭越** らんこし ①北海道の町。②JR北海道函館本線の駅。

12 **蘭奢待** らんじゃたい 正倉院におさめられた中国渡来の名香。

蘭葱 ぎょうじゃにんにく ▼【行者葫】ぎょうじゃにんにく 341

13 **蘭蒿** あららぎ ▼【蘭】あららぎ 333

14 **蘭摧玉折** らんさいぎょくせつ 美人が魅力を発揮せぬまま死ぬ。

15 **蘭鋳** らんちゅう ☆ 金魚の品種の一。

21 **蘭麝** らんじゃ 蘭と麝香の香り。

艸16 **【藺】**(19) リン

← **藺** い イグサ科の多年草。

→ **藺** いぐさ ▼【藺草】いぐさ 333

9 **藺相如** りんしょうじょ 「完璧」の故事で知られる中国古代の政治家。

藺草 いぐさ 〔藺・灯心草・莞〕植物のイ(藺)の別名。

艸16 **【蘆】**(19) ロ

0 **蘆** あし・よし ▼【葦】あし 326

艸16 **【蘢】**(19) ロウ

0 **蘢** いぬたで ▼【犬蓼】いぬたで 240

艸17 **【蘡】**(20) エイ

16 **蘡薁** えびづる 〔蝦蔓〕ブドウ科のつる性落葉低木。

艸17 **【蘰】**(20) かずら

0 **蘰** かずら ▼【葛】かずら 325

艸17 **【蘧】**(20) キョ

7 **蘧麦** なでしこ ▼【瞿麦】なでしこ 265

艸17 **【蘗】**(20) ゲツ

0 **蘗** ひこばえ 切り株から群がり生える若芽。

4 **蘗木** きはだ ▼【黄蘗】きはだ 430

艸17 **【蘚】**(20) セン

0 **蘚** こけ ☆ ▼【苔】こけ 318

艸17 **【蘖】**(20) ハク

0 蘗 きはだ ▼【黄蘗】きはだ 430

艸17 【蘗】(20) ハン

14 蘗蔞 はこべ ▼【繁縷】はこべ 298

艸17 【蘞】(20) レン

0 蘞い えぐい 〔刳い・醶い〕えがらっぽい。

7 蘞辛っぽい えがらっぽい 「風邪かぜでのどが—」

艸19 【蘿】(22) ラ

5 蘿白 すずしろ ▼【蘿蔔】すずしろ 334

14 蘿蔦 つたかずら ▼【蔦蔓】つたかずら 329

蘿箙 すずしろ ▼【蘿蔔】すずしろ 334

←蘿蔔 すずしろ 〔清白・羌精・蔿魯馬・温菘・玉本・菜服・紫花菘・秦菘・楚菘・大菜根・地酥・土酥・唐菁・夢卜子・来服・箙子・蘿白・蘿箙〕ダイコンの別名。

→蘿蔔 だいこん 〔莱箙・葍・葍根・大根〕アブラナ科の越年生植物。

蘿蔓 つたかずら ▼【蔦蔓】つたかずら 329

16 蘿薜 つたかずら ▼【蔦蔓】つたかずら 329

【虍】〈とらがしら〉部

虍2 【虎】(8) コ

0 虎 とら ネコ科の哺乳ほにゅう類。

3 虎口 ここう きわめて危険な状態。

虎子 まる 持ち運びのできる便器。

6 虎耳草 ゆきのした 〔鴨脚草・雪の下〕ユキノシタ科の多年草。

虎列刺 コレラ ★〔虎疫・虎烈刺〕感染症の一。

7 虎克 フック イギリスの科学者。

虎杖 いたどり ☆〔武杖・虎杖枝〕タデ科の多年草。

虎杖枝 いたどり ▼【虎杖】いたどり 334

虎杖浜 こじょうはま ①北海道の地名。②JR北海道室蘭むろらん本線の駅。

虎尾草 とらのお ▼【珍珠菜】とらのお 245

虎尾蘭 ちとせらん 〔千歳蘭〕リュウゼツラン科の多年草。

8 虎茄 はしりどころ ▼【走野老】はしりどころ 361

虎刺 ありどおし ☆〔蟻通〕アカネ科の常緑小低木。

9 虎疫 コレラ ▼【虎列刺】コレラ 334

10 虎烈刺 コレラ ▼【虎列刺】コレラ 334

虎狼 ころう 貪欲・残忍な人のたとえ。

虎狼痢 コロリ ▼【古呂利】コロリ 60

11 虎眼 トラホーム 目の疾患。

虎魚 おこぜ ☆▼【鰧】おこぜ 420

虎視眈眈 こしたんたん 「—と王の座をねらう」

12 虎掌 うらしまそう サトイモ科の多年草。

虎斑木菟 とらふずく フクロウ科の鳥。

虎落 もがり ☆ 竹を組み合わせた柵や垣根。

虎落笛 もがりぶえ 強い北風の音。

20 虎鶫 とらつぐみ ツグミ科の鳥。

←虎鬚 こしゅ トラのひげ。

→虎鬚 やまぶき ▼【山吹】やまぶき 114

虍3 【虐】(9) ギャク しいたげる

0 虐げる しいたげる 「動物を—」

虐める いじめる ▼【苛める】いじめる 317

虍5 【虚】(11) キョ・コ

←虚 うろ 〔空・洞〕空洞。

→虚 から 「—の財布」

虚しい むなしい ▼【空しい】むなしい 279

虚ろ うつろ ▼【空ろ】うつろ 279

4 虚心坦懐 きょしんたんかい ☆「—に話し合う」

6 虚仮 こけ 「人を—にする」

虚仮威し こけおどし 底の見え透いたおどし。

7 虚貝 うつせがい 〔虚背貝〕貝殻。

虚抜く うろぬく 間引く。

8 虚空 こくう 「—を見つめる」

虚空蔵 こくうぞう ①無限の知恵・慈悲を持った菩薩ぼさつ。②長野県の山(—山さん)。③高知県の山(—山さん)。④宮崎県の島。

虚実 きょじつ うそとまこと。

虚者 うつけもの ▼【呆気者】うつけもの 65

9 虚背貝 うつせがい ▼【虚貝】うつせがい 334

11 虚虚 うかうか 不注意なさま。

虚虚実実 きょきょじつじつ 「—のかけひき」

虚宿 とみてぼし きょしゅく 二十八宿の一。

12 虚無僧 こむそう 有髪の僧。

18 **虚蟬** うつせみ ▼【空蟬】うつせみ 279

虍7 **【虞】**(13) **おそれ**

5 **虞犯** ぐはん ★「―少年」

虞礼 グレー イギリスの詩人。

7 **虞利設林** グリセリン アルコールの一。

虞良舎漢 グレシャム イギリスの貿易商。

9 **虞美人草** ひなげし ぐびじんそう ▼【雛罌粟】ひなげし 397

虍7 **【虜】**(13) **リョ**

0 **虜** とりこ 〔俘・俘虜〕捕虜。

5 **虜囚** りょしゅう 捕虜。

11 **虜掠** りょりゃく 人をとらえ、財物を略奪する。

虍11 **【虧】**(17) **キ**

0 **虧ける** かける ものの一部が欠ける。損する。

9 **虧盈** きえい みちかけ。

【虫】〈むし〉〈むしへん〉部

虫0 **【虫】**(6) **チュウ むし**

5 **虫白蠟** いぼたろう 〔疣取蠟〕イボタロウカタカイガラムシの雄の幼虫が分泌する蠟。

9 **虫食む** むしばむ ▼【蝕む】むしばむ 338

11 **虫唾** むしず ☆〔虫酸〕口に逆流してくるすっぱい液。「―が走る」

14 **虫酸** むしず ▼【虫唾】むしず 335

虫2 **【虱】**(8) **シツ**

0 **虱** しらみ ☆〔蝨・半風子〕シラミ目の昆虫の総称。

虫3 **【虹】**(9) **コウ・ク・クウ**

0 **虹** にじ 〔霓・蜺〕「朝の―は雨が降る」

14 **虹蜺** こうげい ▼【虹霓】こうげい 335

16 **虹霓** こうげい 〔虹蜺〕にじ。

23 **虹鱒** にじます サケ目の魚。

虫3 **【虵】**(9) **ジャ・ダ**

7 **虵医** いもり ▼【蠑螈】いもり 340

虫3 **【虻】**(9) **ボウ**

0 **虻** あぶ 〔蝱〕アブ科の昆虫の総称。

13 **虻蜂** あぶはち アブとハチ。

虫4 **【蚊】**(10) **か**

0 **蚊** か カ科の昆虫の総称。

4 **蚊爪** かがつめ 北陸鉄道浅野川線の駅。

5 **蚊母鳥** よたか ▼【夜鷹】よたか 85

蚊母樹 いすのき ▼【柞】いすのき 186

9 **蚊虻** ぶんぼう カとアブ。

11 **蚊帳** かや ☆「―をつる」

蚊帳吊草 かやつりぐさ ▼【莎草】かやつりぐさ 322

14 **蚊蜻蛉** うすばかげろう ▼【薄羽蜉蝣】うすばかげろう 331

虫4 **【蚕】**(10) **サン かいこ**

0 **蚕** かいこ カイコガ科の蛾。

7 **蚕豆** そらまめ ☆〔天豆・空豆〕マメ科の一年草または越年草。

9 **蚕屋** こや カイコを飼う家。

蚕食 さんしょく 他の領域を侵していくこと。

10 **蚕桑** こぐわ 山形鉄道フラワー長井線の駅。

13 **蚕飼い** こがい カイコを飼うこと。

18 **蚕繭草** さくらたで ▼【桜蓼】さくらたで 188

19 **蚕簿** まぶし ▼【蔟】まぶし 328

虫4 **【蚩】**(10) **シ**

10 **蚩蚩** しし おろかなさま。

虫4 **【蚋】**(10) **ゼイ・ネイ**

0 **蚋** ぶゆ・ぶと 〔蟆子〕ブユ科の昆虫の総称。

3 **蚋子** ぬかか ▼【糠蚊】ぬかか 289

虫4 **【蚤】**(10) **ソウ**

0 **蚤** のみ ★ ノミ目の昆虫の総称。

9 **蚤飛蝗** のみばった バッタ目の昆虫。

虫4 **【蚌】**(10) **ホウ・ボウ**

← **蚌** からすがい ▼【蚌貝】からすがい 335

→ **蚌** はまぐり ▼【蛤】はまぐり 336

7 **蚌貝** からすがい 〔蚌・烏貝・溝貝〕淡水産の二枚貝。

虫5 **【蚜】**(11) **カ**

← **蚜虫** あぶらむし 〔油虫〕カメムシ目の一部の昆虫の総称。

→ **蚜虫** ありまき 〔蟻巻〕アブラムシの別名。

17 **蚜螺** つめたがい ▼【津免多貝】つめたがい 216

虫5 **【蚯】**(11) **キュウ**

10 **蚯蚓** みみず 貧毛綱の環形動物の総称。

虫5【蛍】(11) ケイ ほたる

0 蛍 ほたる 〔丹鳥・丹良・黄鳥・燭夜・夜光・放光〕 ホタル科の甲虫の総称。

10 蛍烏賊 ほたるいか イカの一種。

11 蛍蛆 つちぼたる ▼【地蛍】つちぼたる 77

蛍雪 けいせつ 「―の功」

虫5【蚱】(11) サク・シャク・サ・シャ

← 蚱蟬 くまぜみ ▼【熊蟬】くまぜみ 234

→ 蚱蟬 なわせみ めすのセミ。

虫5【蛇】(11) ジャ・ダ へび

0 蛇 くちなわ ヘビの別名。

蛇の目 じゃのめ 文様の一。

蛇の鬚 じゃのひげ 〔沿階草〕 ユリ科の多年草。

5 蛇田 みた 姓氏。

7 蛇足 だそく 不要のもの。

蛇尾 くもひとで ▼【蜘蛛海星】くもひとで 338

蛇尾川 さびがわ 栃木県の川。

8 蛇牀木 はまぜり ▼【浜芹】はまぜり 217

蛇苺 へびいちご バラ科の多年草。

11 蛇眼草 いわがねそう ▼【了鳳草】いわがねそう 16

蛇麻 からはなそう クワ科のつる性多年草。

12 蛇結茨 じゃけついばら 〔雲実〕 マメ科の落葉低木。

13 蛇葡萄 のぶどう ▼【野葡萄】のぶどう 379

蛇舅母 かなへび カナヘビ科のトカゲの総称。

蛇腹 じゃばら 蛇の腹のような伸縮するもの。

蛇滅草 はぶそう マメ科の一年草。

15 蛇蝎 だかつ 〔蛇蠍〕 ヘビとサソリ。人が忌み嫌うもののたとえにいう。「―の如く嫌われる」

16 蛇頭魚 ぼら ▼【鯔】ぼら 419

18 蛇藤 くまやなぎ ▼【熊柳】くまやなぎ 234

19 蛇蠍 だかつ☆ ▼【蛇蝎】だかつ 336

虫5【蛆】(11) ショ

0 蛆 うじ☆ ハエなどの幼虫。

虫5【蛋】(11) タン

5 蛋白質 たんぱくしつ☆ プロテイン。

虫5【蛁】(11) チョウ

18 蛁蟟 みんみんぜみ セミの一種。

虫5【蛃】(11) ヘイ

11 蛃魚 しみ ▼【紙魚】しみ 291

虫5【蚫】(11) ホウ

0 蚫 あわび ▼【鮑】あわび 417

虫5【蚰】(11) ユウ・ユ

9 蚰衍 げじげじ ▼【蚰蜒】げじげじ 336

← 蚰蜒 げじ ゲジ目の節足動物の総称。

蚰蜒 げじげじ☆ 〔蛩・蚰衍〕 ゲジの俗称。

→ 蚰蜒 なめくじ ▼【蛞蝓】なめくじ 336

虫6【蛙】(12) ア・ワ

← 蛙 かえる 無尾目の両生類の総称。

→ 蛙 かわず 〔小蛙〕 カエルの別名。

4 蛙手 かえで ▼【楓】かえで 195

7 蛙声 あせい カエルの鳴く声。

9 蛙茶番 かわずちゃばん 落語の演題。

13 蛙黽 あまがえる 〔雨蛙・雨蛤・樹蛤〕 小形のカエル。

14 蛙鳴蟬噪 あめいせんそう つまらない議論。

虫6【蛯】(12) えび

10 蛯原 えびはら 姓氏。

虫6【蛔】(12) カイ

6 蛔虫 かいちゅう 〔蚘虫〕 人体寄生虫の一。

虫6【蛞】(12) カツ

15 蛞蝓 なめくじ★ 〔蚰蜒・蝓〕 ナメクジ科などの陸生巻貝の総称。

虫6【蛬】(12) キョウ

0 蛬 いなご ▼【蝗】いなご 338

虫6【蛩】(12) キョウ

← 蛩 げじげじ ▼【蚰蜒】げじげじ 336

→ 蛩 こおろぎ ▼【蟋蟀】こおろぎ 339

虫6【蛤】(12) コウ

0 蛤 はまぐり☆ 〔蚌・文蛤〕 海産の二枚貝。

5 蛤仔 あさり ▼【浅蜊】あさり 216

虫6【蛭】(12) シツ・テツ

0 蛭 ひる★ ヒル綱の環形動物の総称。

蛭ケ小島 ひるがこじま 静岡県の史跡。

3 蛭子 えびす ▼【恵比須】えびす 140

4 蛭木 ひるぎ ▼【漂木】ひるぎ 226

13 蛭蓆 ひるむしろ 〔眼子菜・牙歯草〕 ヒルムシロ科の多年生水草。

虫6 【蛛】(12) チュウ・チュ

14 蛛網 い ▼【蜘糸】い 338

虫6 【蛮】(12) バン

6 蛮夷 ばんい 未開の異民族。

12 蛮黍 とうもろこし ▼【玉蜀黍】とうもろこし 244

虫7 【蜓】(13) エン

13 蜓蜓 えんえん ▼【蜿蜒】えんえん 337

虫7 【蛾】(13) ガ・ギ

0 蛾 が チョウ目のチョウを除く昆虫。

蛾ケ岳 ひるがたけ 山梨県の山。

虫7 【蛽】(13) ハイ・バイ

0 蛽 ばい 〔貝・海嬴・海螺〕 海産の巻貝。貝殻を使ってべいごまを作った。

虫7 【蛺】(13) キョウ

15 蛺蝶 たてはちょう 〔立羽蝶〕 タテハチョウ科のチョウの総称。

虫7 【蜆】(13) ケン

0 蜆 しじみ ☆ シジミ科の二枚貝の総称。

7 蜆花 しじみばな バラ科の落葉低木。

15 蜆蝶 しじみちょう ▼【小灰蝶】しじみちょう 108

虫7 【蜈】(13) ゴ

10 蜈蚣 むかで ▼【百足】むかで 259

虫7 【蜱】(13) シャ

0 蜱 こおろぎ ▼【蟋蟀】こおろぎ 339

虫7 【蛸】(13) ソウ・ショウ

0 蛸 たこ 〔鮹・章魚・海鮹子・鱆〕 頭足綱八腕目の軟体動物の総称。

蛸の木 たこのき 〔栄蘭・露兜樹〕 タコノキ科の常緑高木。

10 蛸島 たこじま 石川県の地名。

虫7 【蜀】(13) ショク

12 蜀葵 たちあおい・からあおい ▼【立葵】たちあおい 280

蜀黍 もろこし 〔唐黍〕 イネ科の一年草。

← 蜀椒 あさくらざんしょう ▼【巴椒】あさくらざんしょう 120

→ 蜀椒 さんしょう ▼【山椒】さんしょう 115

14 蜀魂 ほととぎす ▼【杜鵑】ほととぎす 182

虫7 【蜃】(13) シン

6 蜃気楼 しんきろう ☆ 気象現象の一。

13 蜃楼 かいやぐら 〔貝櫓〕 しんきろう。

虫7 【蛻】(13) タイ・ゼイ・セイ

0 蛻の殻 もぬけのから 「アジトはすでに―だ」

虫7 【蜑】(13) タン

0 蜑 あま ▼【海人】あま 214

3 蜑子 あまこ 姓氏。

虫7 【蜉】(13) フ

15 蜉蝣 かげろう 〔蜻蛉・蜻蜓〕 カゲロウ目の昆虫の総称。

虫7 【蜂】(13) ホウ

0 蜂 はち ハチ目のうちアリを除く昆虫の総称。

10 蜂起 ほうき 「反乱軍が各地で―する」

12 蜂須賀 はちすか 姓氏。

14 蜂蜜 はちみつ ミツバチが各種の花から集めた甘みの強い液体。

18 蜂蠆 ほうたい ハチとサソリ。

虫7 【蛹】(13) ヨウ

0 蛹 さなぎ 幼虫期と成虫期の間の段階。

虫8 【蜿】(14) ワン・エン・オン

13 蜿蜒 えんえん 〔蜒蜒・蜿蜿〕 「会場の入り口はすでに―長蛇(ちょうだ)の列だった」

14 蜿蜿 えんえん ▼【蜿蜒】えんえん 337

蜿る うねる・のたくる 曲がりくねる。

虫8 【蜾】(14) カ

← 蜾蠃 じがばち ▼【似我蜂】じがばち 27

→ 蜾蠃 すがる ジガバチのこと。

虫8 【蜺】(14) ゲイ

0 蜺 にじ ▼【虹】にじ 335

虫8 【蜷】(14) ケン

0 蜷 にな 〔蝸螺・河貝子〕 カワニナの別名。

3 蜷川 にながわ 姓氏。

7 蜷局 とぐろ ▼【塒】とぐろ 81

虫8 【蜻】(14) セイ

← 蜻蛉 あきつ トンボの古名。

蜻蛉 かげろう ▼【蜉蝣】かげろう 337

→ 蜻蛉 とんぼ ★ 〔蜻蜓〕 トンボ目の昆虫の総称。

← 蜻蜓 かげろう ▼【蜉蝣】かげろう 337

蜻蜓 とんぼ ▼【蜻蛉】とんぼ 337

→蜻蜓 やんま ★ ヤンマ科のトンボの総称。

【蜥】虫8 (14) セキ

14 蜥蜴 とかげ ☆ 〔蝘蜓・石竜子〕 トカゲ亜目の爬虫(はちゅう)類の総称。

【蜘】虫8 (14) チ

6 蜘糸 くもいと 〔蛛網〕 クモの糸。クモの巣。

←蜘蛛 くも 〔蜘蟵〕 クモ形綱真正クモ目の節足動物の総称。

→蜘蛛 ちちゅう クモのこと。

蜘蛛海星 くもひとで 〔蛇尾・陽遂足〕 クモヒトデ科の棘皮(きょくひ)動物の総称。

蜘蛛猿 くもざる 〔懸猴〕 オマキザル科の哺乳(ほにゅう)類。

18 蜘蟵 くも ▼【蜘蛛】くも 338

【蜩】虫8 (14) チョウ

0 蜩 ひぐらし 〔蟬晩・茅蜩・寒蟬〕 セミの一種。

【蜚】虫8 (14) ヒ

14 蜚語 ひご 〔飛語〕 根拠のない無責任なうわさ。「流言—」

19 蜚蠊 ごきぶり 〔御器嚙〕 ゴキブリ目に属する昆虫の総称。

【蜱】虫8 (14) ヒ

0 蜱 だに 〔壁蝨・蟎・牛蝨・木虱〕 ダニ目の節足動物の総称。

【蜜】虫8 (14) ビツ・ミチ・ミツ

0 蜜 みつ 「花の—」

4 蜜月 みつげつ ハネムーン。「—旅行」「—時代」

9 蜜柑 みかん ウンシュウミカンなど柑橘(かんきつ)類の総称。

13 蜜蜂 みつばち 「—の巣」

21 蜜蠟 みつろう ミツバチの巣から作る蠟(ろう)。

【蝟】虫9 (15) イ

0 蝟 はりねずみ ▼【針鼠】はりねずみ 381

12 蝟集 いしゅう ★ 一時に群がること。

【蝘】虫9 (15) エン

13 蝘蜓 とかげ ▼【蜥蜴】とかげ 338

【蝦】虫9 (15) カ・ガ

0 蝦 えび ☆ ▼【海老】えび 214

6 蝦夷 えぞ・えみし 古代、北関東以北に住み朝廷に服属しなかった人々。

蝦夷菊 えぞぎく 〔翠菊・藍菊〕 キク科の一年草。

蝦夷菫 えぞすみれ 〔胡菫菜〕 エイザンスミレの別名。

8 蝦虎魚 はぜ ▼【鯊】はぜ 418

10 蝦根 えびね ▼【海老根】えびね 214

11 蝦蛄 しゃこ ☆ 〔青竜蝦・車渠〕 シャコ科の甲殻類。

14 蝦蔓 えびづる ▼【蘡薁】えびづる 333

16 蝦蟇 がま・がまがえる ☆ 〔蝦蟆・蟇〕 ヒキガエルの俗称。

蝦蟇口 がまぐち 〔蟇口〕 小銭入れ。

蝦蟆 がま ▼【蝦蟇】がま 338

19 蝦蟹 えびがに ザリガニ類の俗称。

【蝸】虫9 (15) カ

4 蝸牛 かたつむり・でんでんむし 軟体動物腹足綱のうち陸上にすむ貝類の総称。

蝸牛被 まいまいかぶり 〔舞舞被〕 オサムシ科の甲虫。

17 蝸螺 にな ▼【蜷】にな 337

【蝌】虫9 (15) カ

10 蝌蚪 かと オタマジャクシの別名。

【蝗】虫9 (15) コウ

←蝗 いなご 〔蝗子・岐螽・蚱・螟・螽・稲子〕 イナゴ属のバッタの総称。

→蝗 ばった ▼【飛蝗】ばった 407

3 蝗子 いなご ▼【蝗】いなご 338

6 蝗虫 ばった ▼【飛蝗】ばった 407

【蝨】虫9 (15) シツ

0 蝨 しらみ ▼【虱】しらみ 335

【蝤】虫9 (15) シュウ

12 蝤蛑 がざみ 〔擁剣・擁剣蟹〕 海産のカニ。

20 蝤蠐 すくもむし ▼【蠐螬】すくもむし 340

【蝕】虫9 (15) ショク

0 蝕む むしばむ ★ 〔虫食む〕 「心を—」

9 蝕甚 しょくじん 〔食尽〕 日食または月食で最も欠けた状態。

【蝶】虫9 (15) チョウ

0 蝶 ちょう チョウ目の昆虫の一部の総称。

12 蝶番 ちょうつがい ★ 開き戸の開閉のための金具。

17 蝶鮫 ちょうざめ 〔鱘魚〕 チョウザメ科の魚の総称。

【蝮】虫9 (15) フク

0 蝮 まむし クサリヘビ科の毒蛇の総称。

9 蝮草 まむしぐさ 〔斑杖〕 サトイモ科の多年草。

虫 9 **【蝙】**(15) **ヘン**

15 **蝙蝠** こうもり☆〔伏翼・按状翼・仙鼠〕翼手目に属する動物の総称。自由に飛ぶことのできる唯一の哺乳(ほにゅう)類。

虫 9 **【蟒】**(15) **ボウ・モウ**

0 **蟒** うわばみ ▼【蟒蛇】うわばみ 339

11 **蟒蛇** うわばみ★〔蟒・巴蛇〕大蛇。

虫 9 **【蝱】**(15) **ボウ**

0 **蝱** あぶ ▼【虻】あぶ 335

虫 9 **【蝓】**(15) **ユ**

0 **蝓** なめくじ ▼【蛞蝓】なめくじ 336

虫 9 **【蝲】**(15) **ラツ**

11 **蝲蛄** ざりがに★淡水産のエビ。

虫 10 **【螠】**(16) **イ**

0 **螠** ゆむし ユムシ綱の環形動物の総称。

6 **螠虫** おきくむし〔阿菊虫〕ジャコウアゲハのさなぎの俗称。

虫 10 **【螇】**(16) **ケイ**

← **螇蚸** はたはた バッタの別名。

→ **螇蚸** ばったた ▼【飛蝗】ばったた 407

螇鹿 にいにいぜみ ▼【蟪蛄】にいにいぜみ 340

虫 10 **【螜】**(16) **コク**

0 **螜** すくもむし ▼【蠐螬】すくもむし 340

虫 10 **【蟇】**(16) **バ・マ・ハク**

← **蟇** がま・がまがえる☆ ▼【蝦蟇】がま 338

蟇 ひき〔蟾〕ヒキガエルの別名。

→ **蟇** ひきがえる〔蟾蜍・蟇蛙〕ヒキガエル科の両生類の総称。大形のカエル。

3 **蟇口** がまぐち ▼【蝦蟇口】がまぐち 338

5 **蟇田** ひきた 姓氏。

蟇目 ひきめ JR東日本山田線の駅。

8 **蟇股** かえるまた 社寺建築に特有の部材の一。

12 **蟇蛙** ひきがえる ▼【蟇】ひきがえる 339

虫 10 **【蟆】**(16) **バ・マ・ハク**

3 **蟆子** ぶゆ ▼【蚋】ぶゆ 335

虫 10 **【螟】**(16) **メイ**

0 **螟** いなご ▼【蝗】いなご 338

6 **螟虫** ずいむし〔髄虫〕ニカメイガの幼虫。

11 **螟蛉** あおむし〔蠋・青虫・青螟蛉〕チョウやガの幼虫。

虫 10 **【融】**(16) **ユウ**

0 **融ける** とける 溶解する。

10 **融通** ゆうずう 金などをやりくりして貸し借りする。

融通無碍 ゆうずうむげ★「―な対応」

虫 11 **【螯】**(17) **ゴウ**

0 **螯** はさみ〔鉗〕「カニの―」

虫 11 **【蟋】**(17) **シツ**

← **蟋蟀** きりぎりす ▼【螽斯】きりぎりす 339

→ **蟋蟀** こおろぎ〔蛼・竈虫・蛩〕コオロギ科の昆虫の総称。

18 **蟋蟖** ころぎす コロギス科の昆虫。

虫 11 **【螽】**(17) **シュウ**

0 **螽** いなご ▼【蝗】いなご 338

12 **螽斯** きりぎりす★〔螽蟖・蟋蟀・莎鶏・松蝑〕キリギリス科の昆虫。

18 **螽蟖** きりぎりす ▼【螽斯】きりぎりす 339

虫 11 **【蟀】**(17) **シュツ**

7 **蟀谷** こめかみ☆ ▼【顳顬】こめかみ 406

虫 11 **【螫】**(17) **セキ**

19 **螫蠅** さしばえ サシバエ科のハエ。

虫 11 **【蟄】**(17) **チツ・チュウ**

0 **蟄する** ちっする 虫が冬になって地中に隠れる。

8 **蟄居** ちっきょ ①家の中にとじこもる。②江戸時代の刑罰の一。「―を申しつける」

虫 11 **【螳】**(17) **トウ**

← **螳螂** かまきり〔蟷螂・鎌切〕カマキリ科の昆虫。

→ **螳螂** とうろう〔蟷螂〕カマキリのこと。

虫 11 **【蟎】**(17) **マン**

0 **蟎** だに ▼【蜱】だに 338

虫 11 **【螺】**(17) **ラ**

← **螺** さざえ ▼【栄螺】さざえ 185

→ **螺** つぶ〔海螺〕食用の巻き貝。

3 **螺子** ねじ☆〔捻子・捩子・螺旋〕「―を巻く」

4 **螺木** ほうき 姓氏。

6 **螺江** にしえ 姓氏。

7 **螺良** つぶら 姓氏。

← **螺旋** ねじ ▼【螺子】ねじ 339

→ **螺旋** らせん「―階段」

14 **螺髪** らほつ・らはつ☆仏の三十二相の一。

虫11【螻】(17) ロウ
0 螻 けら ▼【螻蛄】けら 340
← 螻蛄 おけら★ 昆虫ケラの通称。
→ 螻蛄 けら 〔螻・螻蛭・碩鼠〕ケラ科の昆虫。
12 螻蛭 けら ▼【螻蛄】けら 340
19 螻蟻潰堤 ろうぎかいてい 小事が大事の原因になる。

虫12【蟯】(18) ギョウ・ジョウ
6 蟯虫 ぎょうちゅう 線虫綱の寄生虫。

虫12【蟪】(18) ケイ
← 蟪蛄 つくつくぼうし ▼【寒蟬】つくつくぼうし 104
→ 蟪蛄 にいにいぜみ 〔螇鹿〕小形のセミ。

虫12【蟬】(18) セン・ゼン
0 蟬 せみ☆ セミ科の昆虫の総称。
9 蟬茸 せみたけ バッカク菌目のきのこ。
10 蟬時雨 せみしぐれ 多くのセミが鳴くさま。
12 蟬晩 ひぐらし ▼【蜩】ひぐらし 338
13 蟬蛻 せんぜい セミのぬけがら。

虫12【蟫】(18) イン・タン・シン
0 蟫 しみ ▼【紙魚】しみ 291

虫12【蟠】(18) ハン・バン
0 蟠る わだかまる★「不満が―」
11 蟠渓 ばんけい 北海道の温泉。
15 蟠踞 ばんきょ ▼【盤踞】ばんきょ 261

虫13【蟹】(19) カイ
0 蟹 かに★ 十脚目のうち尾の短い節足動物。
6 蟹江 かにえ ①愛知県の町。②JR西日本関西本線の駅。③姓氏。
蟹行 かいこう 横に歩く。
9 蟹草 かにくさ 〔海金砂〕カニクサ科の夏緑性シダ植物。
12 蟹場 かにば 秋田県の温泉。

虫13【蠍】(19) カツ・ケツ
0 蠍 さそり サソリ目の節足動物の総称。

虫13【蟻】(19) ギ
0 蟻 あり★ アリ科の昆虫。
6 蟻地獄 ありじごく ウスバカゲロウの幼虫。
9 蟻巻 ありまき ▼【蚜虫】ありまき 335
蟻食 ありくい 〔食蟻獣〕アリクイ科の哺乳類の総称。
10 蟻通 ありどおし ▼【虎刺】ありどおし 334
17 蟻擬 ありもどき カッコウムシ科の昆虫の総称。

虫13【蠁】(19) キョウ
3 蠁子 さし ショウジョウバエの幼虫。

虫13【蠋】(19) ショク・ゾク
0 蠋 あおむし ▼【螟蛉】あおむし 339

虫13【蟾】(19) セン
0 蟾 ひき ▼【蟇】ひき 339
12 蟾酥 せんそ ヒキガエルなどの分泌物の生薬。
← 蟾蜍 せんじょ 月にすむというヒキガエル。
→ 蟾蜍 ひきがえる ▼【蟇】ひきがえる 339

虫13【蟶】(19) テイ
0 蟶 まて 〔[illegible]〕海産の二枚貝、マテガイのこと。
7 蟶貝 まてがい ▼【馬蛤貝】まてがい 411

虫13【蟷】(19) トウ
← 蟷螂 かまきり☆ ▼【螳螂】かまきり 339
→ 蟷螂 とうろう ▼【螳螂】とうろう 339

虫13【蠓】(19) ボウ・モウ・ム
0 蠓 ぬかか ▼【糠蚊】ぬかか 289

虫13【蠅】(19) ヨウ
0 蠅 はえ 短角亜目ハエ群の昆虫の総称。
8 蠅虎 はえとりぐも ▼【蠅取蜘蛛】はえとりぐも 340
蠅取蜘蛛 はえとりぐも 〔蠅虎〕ハエトリグモ科のクモの総称。
11 蠅帳 はいちょう★ 蠅が入らないようにした戸棚。
16 蠅頭 ようとう きわめて小さいもの。

虫14【蠑】(20) エイ
0 蠑 いもり ▼【蠑螈】いもり 340
11 蠑蛇 いもり ▼【蠑螈】いもり 340
16 蠑螈 いもり 〔蠑・蠑蛇・蚖医・守宮・水蜥蜴・竜子・井守〕有尾目の両生類。

虫14【蠔】(20) コウ・ゴウ
0 蠔 かき ▼【牡蠣】かき 238

虫14【蠕】(20) ジュ・ゼン・ネン
11 蠕動 ぜんどう★ うごめく。

虫14【蠐】(20) セイ
17 蠐螬 すくもむし 〔蝤蠐・螜〕地虫じむし。

6画 虫部 11―14画

虫14 【蠣】(20) レイ

0 蠣 かき ▼【牡蠣】かき 238

10 蠣浦島 かきのうらじま 長崎県の島。

11 蠣殻町 かきがらちょう 東京都の地名。

蠣崎波響 かきざきはきょう 江戸後期の画家・詩人。

12 蠣蛤 かき ▼【牡蠣】かき 238

虫15 【蠢】(21) シュン

0 蠢く うごめく もぞもぞ動く。

虫15 【蠟】(21) ロウ

6 蠟色塗 ろいろぬり 〔蝋色塗〕うるし塗りの技法の一。

10 蠟梅 ろうばい ロウバイ科の落葉低木。

12 蠟觜雀 いかるが ▼【斑鳩】いかるが 164

15 蠟嘴 しめ ▼【鴲】しめ 424

17 蠟燭 ろうそく ★「—立て」

21 蠟纈染め ろうけつぞめ ▼【臈纈染め】ろうけつぞめ 331

虫17 【蠱】(23) コ

12 蠱惑 こわく ★ 人の心をまどわす。

虫18 【蠹】(24) ト

0 蠹 しみ ▼【紙魚】しみ 291

8 蠹毒 とどく シミが衣服や書物を食い破る害。

11 蠹魚 しみ ▼【紙魚】しみ 291

虫20 【蠼】(26) キャク・ク

16 蠼螋 はさみむし ▼【鋏虫】はさみむし 384

【血】〈ち〉〈ちへん〉部

血0 【血】(6) ケツ ち

6 血汐 ちしお ▼【血潮】ちしお 341

8 血沼 ちぬ 姓氏。

10 血脈 けちみゃく ①血統。ちすじ。②仏教で、師から弟子へと伝えられてゆく系譜。

11 血眼 ちまなこ 「—になってさがす」

13 血腥い ちなまぐさい 「—事件」

血痰 けったん 血がまじった痰。

血塗れ ちまみれ☆「—の体」

血塗ろ ちみどろ 血まみれ。

15 血糊 ちのり 「—の付いたナイフ」

血潮 ちしお 〔血汐〕「—に染まる」

血6 【衆】(12) シュウ・シュ

5 衆生 しゅじょう 「縁なき—は度し難し」

14 衆寡 しゅうか 「—敵せず」

【行】〈ぎょうがまえ〉〈ゆきがまえ〉部

行0 【行】(6) コウ・ギョウ・アン いく・ゆく・おこなう

0 行 くだり 文章の行を数える語。

行る やる 行かせる。

4 行火 あんか 手足用の暖房器具。

行天 ぎょうてん 姓氏。

←行方 なめがた ①茨城県の市・旧郡。②姓氏。

→行方 ゆくえ☆「—がわからない」

行木 なみき・なめき 姓氏。

←行田 ぎょうだ 埼玉県の市。

→行田 なめた 姓氏。

6 行行子 ぎょうぎょうし 〔仰仰子〕ヨシキリの別名。

行在所 あんざいしょ 天皇外出の際の仮の御所。

行当岬 ぎょうどざき 高知県の岬。

行灯 あんどん★〔紙灯〕火をともす道具。

行年 ぎょうねん 死んだときの年齢。

7 行住坐臥 ぎょうじゅうざが 日常の立ち居振る舞い。

行状 ぎょうじょう 「—を改める」

行李 こうり 竹などで編んだふた付きの入れ物。

8 行幸 みゆき 天皇の外出。

行者大蒜 ぎょうじゃにんにく ▼【行者葫】ぎょうじゃにんにく 341

行者忍辱 ぎょうじゃにんにく ▼【行者葫】ぎょうじゃにんにく 341

行者葫 ぎょうじゃにんにく 〔行者大蒜・行者忍辱・蘭葱・茖葱〕ユリ科の多年草。

行波 ゆかば 錦川(にしきがわ)鉄道錦川清流線の駅。

行夜 へひりむし ▼【放屁虫】へひりむし 162

10 行宮 あんぐう 天皇外出の際の仮の御所。行在所(あんざいしょ)。

11 行基 ぎょうき 奈良時代の僧。

行脚 あんぎゃ☆「全国—」

12 行雲流水 こううんりゅうすい

成り行きにまかせる。「—の生活」

13 **行跡** ぎょうせき 日ごろの行い。

15 **行器** ほかい ▼【外居】ほかい 84

行履 あんり 禅宗で、日常の一切のこと。

16 **行橋** ゆくはし ①福岡県の市。②JR九州日豊(にっぽう)本線等の駅。

行樹 なみき ▼【並樹】なみき 11

行縢 むかばき★ ①〔行騰〕脚を覆う布・革。②宮崎県の山地・山(—山(さん))。

20 **行騰** むかばき ▼【行縢】むかばき 342

21 **行纏** はばき ▼【脛巾】はばき 310

行 3 **【衍】**(9) **エン**

6 **衍字** えんじ★ 文章中の余計な文字。

13 **衍義** えんぎ 意味を推し広めて説く。

行 5 **【衒】**(11) **ケン・ゲン**

0 **衒う** てらう 「奇を—」

6 **衒気** げんき☆ てらい。

8 **衒学** げんがく 学識をひけらかす。

行 5 **【術】**(11) **ジュツ**

0 **術** すべ 「もはやなす—がない」

行 6 **【街】**(12) **ガイ・カイ まち**

0 **街** ちまた まち。

12 **街道** かいどう 「人生の裏—」

24 **街衢** がいく★ ちまた。まち。

行 7 **【衙】**(13) **ガ・ギョ**

8 **衙府** がふ 役所。

行 9 **【衝】**(15) **ショウ**

0 **衝く** つく 「背中をどんと—」

5 **衝立** ついたて☆ 室内に立てて部屋の仕切りなどに使う家具。

6 **衝羽根** つくばね ビャクダン科の落葉低木。

行 10 **【衛】**(16) **エイ**

0 **衛る** まもる ▼【護る】まもる 355

3 **衛士** えじ 律令制で宮中警護をつとめた兵士。

5 **衛矛** にしきぎ ▼【錦木】にしきぎ 385

6 **衛戍** えいじゅ 駐留。駐屯。

8 **衛府** えふ 古代、宮中警備を担当した役所。

行 10 **【衡】**(16) **コウ**

0 **衡** くびき ▼【軛】くびき 366

6画 行部 3—10画 衣部 0—3画

【衣(衤)】〈ころも〉〈ころもへん〉部

衣 0 **【衣】**(6) **イ ころも**

0 **衣** きぬ ころも。

衣る きる 〔被る〕着る。

3 **衣川** ころもがわ 岩手県の地名。

6 **衣衣** きぬぎぬ ▼【後朝】きぬぎぬ 132

7 **衣更** ころもがえ ▼【更衣】ころもがえ 175

衣更着 きさらぎ☆ 94 ▼【如月】きさらぎ

8 **衣奈** えな 和歌山県の旧村。

10 **衣桁** いこう えこう 着物を掛ける家具。

衣通姫 そとおりひめ 記紀に登場する伝説上の女性。

← **衣被** きぬかずき 女性が顔を隠すためにかぶったころも。

→ **衣被** きぬかつぎ☆ 皮付きのサトイモ料理。

衣浦 きぬうら 愛知県の湾・港。

衣紋掛け えもんかけ 衣服を掛けておく用具。

11 **衣魚** しみ★ ▼【紙魚】しみ 291

衣笠 きぬがさ ①〔蓋〕貴人にさしかけた、絹を張った柄の長い傘。②神奈川県の山・旧村。③JR東日本横須賀(よこすか)線の駅。④京都府の山・旧村。⑤姓氏。

12 **衣裓** えこく 仏前に置く花かご。

衣斐 えび 姓氏。

13 **衣蛾** いが ヒロズコガ科のガ。

衣鉢 いはつ 「—を継ぐ」

14 **衣裳** いしょう 〔衣装〕「花嫁—」

衣裳櫃 いしょうびつ 大形の衣装箱。

17 **衣擦れ** きぬずれ 「—の音」

18 **衣繖** きぬがさ 姓氏。

衣 2 **【表】**(8) **ヒョウ おもて・あらわす・あらわれる**

4 **表六玉** ひょうろくだま 〔兵六玉〕まぬけな人をあざける語。

5 **表句薑** なでしこ ▼【瞿麦】なでしこ 265

6 **表衣** うえのきぬ 〔袍〕略装のときの直衣(のうし)。

8 **表具足** うわぐそく 腹巻の上につける具足。

12 **表着** うわぎ ▼【上衣】うわぎ 8

衣 3 **【衷】**(9) **チュウ**

16 衷懐 ちゅうかい まごころ。

衣4 【袁】(10) エン

5 袁世凱 えんせいがい 中国の政治家。

衣4 【衿】(9) キン

0 衿 えり☆ 〔襟・領〕「―を正す」

8 衿刳 えりぐり ネックライン。

衣4 【衾】(10) キン

0 衾 ふすま 〔被〕身体の上にかける寝具。

衣4 【衵】(9) ジツ

0 衵 あこめ 装束用の衣服。

衣4 【衽】(9) ジン

← 衽 おおくび ▼【大領】(おおくび) 88

→ 衽 おくみ 〔袵〕和服で、前身ごろに縫いつける布。

6 衽先 ありさき 直衣(のうし)などの部分。

衣4 【衰】(10) スイ おとろえる

13 衰微 すいび 昔の勢いが跡形もなく失われようとすること。

衣4 【衲】(9) ドウ・ノウ

6 衲衣 のうえ 〔納衣〕法衣の一。

衣4 【袂】(9) ベイ

0 袂 たもと 「―を分かつ」

7 袂別 べいべつ 交際を絶つ。

衣5 【袈】(11) カ・ケ

13 袈裟 けさ★ 仏教者の着る衣の一。

袈裟丸山 けさまるやま 栃木・群馬県境の山。

袈裟懸 けさがけ 「―に斬(き)る」

衣5 【袞】(11) コン

10 袞竜 こんりゅう 天子。

衣5 【袖】(10) シュウ

0 袖 そで 「―振り合うも多生の縁」

袖ケ浦 そでがうら ①千葉県の地名・市。②JR東日本内房(うちぼう)線の駅。③神奈川県の海岸。

9 袖珍本 しゅうちんぼん☆ 袖やポケットに入れて持ち歩きできる小型の本。

10 袖師 そでし 静岡県の地名。

衣5 【袋】(11) タイ ふくろ

0 袋 たい 袋に入れた物を数える語。

3 袋小路 ふくろこうじ 行き止まり。

5 袋布 たふ 姓氏。

13 袋鼠 カンガルー ▼【更格廬】(カンガルー) 175

衣5 【袒】(10) タン・ダン

13 袒裼裸裎 たんせきらてい★ 衣服を脱ぎ裸になる。

衣5 【袢】(10) ハン

21 袢纏 はんてん ▼【半纏】(はんてん) 54

衣5 【被】(10) ヒ こうむる

0 被 ふすま ▼【衾】(ふすま) 343

被う おおう ▼【蔽う】(おおう) 330

← 被る かぶる 〔冠る〕「帽子を―」

→ 被る きる ▼【衣る】(きる) 342

6 被衣 かずき☆ 頭にかぶること。

被仰る おっしゃる 言われる。おおせられる。「―通りです」

9 被風 ひふ 防寒用の外衣。

14 被髪纓冠 ひはつえいかん 非常に急いでいることのたとえ。

衣5 【袍】(10) ホウ

← 袍 うえのきぬ ▼【表衣】(うえのきぬ) 342

→ 袍 ほう 束帯(そくたい)の上着。

衣5 【袰】(11) ほろ

0 袰 ほろ ▼【母衣】(ほろ) 204

4 袰月海岸 ほろづきかいがん 青森県の海岸。

16 袰錦 ほろわた 姓氏。

衣6 【裃】(11) かみしも

0 裃 かみしも 江戸時代の武士の公服。

衣6 【袿】(11) ケイ

0 袿 うちき 女房装束の一。

衣6 【袴】(11) コ

0 袴 はかま☆ 和装で腰から下を覆う衣服。

3 袴下 こした ズボン下。

8 袴岳 はかまだけ 新潟・長野県境の山。

9 袴狭 はかざ 姓氏。

12 袴着 はかまぎ 幼児の成長を祝う儀式。

13 袴腰 はかまごし ①青森県の山(―岳(だけ))。②鹿児島県の丘。

衣6 【袷】(11) コウ・キョウ

0 **袷** あわせ ★〔袷布〕裏の付いた和服。単衣ひとえ・綿入れに対していう。

5 **袷布** あわせ ▼【袷】あわせ 344

衣6 **【裁】**(12) **サイ たつ・さばく**

0 **裁つ** たつ 〔截つ〕「布地を―」

12 **裁着** たっつけ 〔立付〕はかまの一種。

衣6 **【衽】**(11) **ジン**

0 **衽** おくみ ▼【衽】おくみ 343

衣6 **【装】**(12) **ソウ・ショウ よそおう**

0 **装う** よそう 「ごはんを―」

2 **装丁** そうてい ▼【装幀】そうてい 344

7 **装束峠** しょうぞくとうげ 高知県の峠。

10 **装釘** そうてい ▼【装幀】そうてい 344

12 **装幀** そうてい 〔装丁・装釘〕装本。

衣6 **【袱】**(11) **フク**

10 **袱紗** ふくさ ▼【服紗】ふくさ 177

衣6 **【裄】**(11) **ゆき**

0 **裄** ゆき 衣服の背縫いから袖口までの長さ。

衣6 **【裂】**(12) **レツ さく・さける**

0 **裂れ痔** きれじ 〔切れ痔〕肛門の病気の一。

18 **裂織り** さっこり・さきおり 厚手の織物の一。

衣7 **【裔】**(13) **エイ**

0 **裔** すえ 子孫。

9 **裔神** えだがみ 〔枝神〕末社の祭神。

衣7 **【裘】**(13) **キュウ**

0 **裘** かわごろも 〔皮衣〕毛皮製の防寒用衣。

衣7 **【裙】**(12) **クン**

0 **裙** チマ ▼【裳】チマ 344

10 **裙帯菜** わかめ ▼【若布】わかめ 318

衣7 **【裊】**(13) **ジョウ**

13 **裊裊** じょうじょう しなやかなさま。

衣7 **【裑】**(12) **シン**

0 **裑** みごろ 衣服の、胴を覆う部分。

衣7 **【補】**(12) **ホ おぎなう**

12 **補弼** ほひつ ▼【輔弼】ほひつ 366

14 **補綴** ほてい ①破れや不足を補う。②字句をつづり合わせ詩文を作る。

衣7 **【裕】**(12) **ユウ**

0 **裕か** ゆたか 豊か。

衣7 **【裏】**(13) **リ うら**

0 **裏** うち 内側。

8 **裏店** うらだな 裏通りに面した家。

9 **裏海** カスピかい 湖の名。

14 **裏漉し** うらごし 「ゆでたイモを―する」

衣8 **【裹】**(14) **カ**

0 **裹む** つつむ ★「箱を風呂敷に―」

16 **裹頭** かとう 僧の装いの一。

衣8 **【褐】**(13) **カツ**

6 **褐衣** かちえ 狩衣かりぎぬに似た衣服。

衣8 **【裾】**(13) **キョ**

0 **裾** すそ 衣服の一番下の縁の部分。

7 **裾花** すそばな 長野県の川・渓谷(―峡)。

16 **裾濃** すそご 〔末濃〕上を淡く下を濃くする、衣服の染め方。

衣8 **【裳】**(14) **ショウ**

← **裳** チマ 〔裙〕朝鮮民族の民族服の一。

裳 も 腰から下にまとう衣服。

→ **裳** もすそ スカートのように筒状に作られた衣服。

12 **裳階** もこし ▼【裳層】もこし 344

14 **裳層** もこし 〔裳階〕仏堂などで、屋根の下につけた差しかけの屋根。

衣8 **【製】**(14) **セイ**

12 **製絨** せいじゅう 毛織物をつくる。

衣8 **【褄】**(13) **つま**

0 **褄** つま 着物のすその左右両端。

衣8 **【裴】**(14) **ハイ**

5 **裴世清** はいせいせい 中国、隋の官人。

衣8 **【裨】**(13) **ヒ**

10 **裨益** ひえき ★役に立つ。

衣8 **【裸】**(13) **ラ はだか**

7 **裸足** はだし ☆〔跣・跣足〕素足。

衣8 **【裲】**(13) **リョウ**

18 **裲襠** うちかけ ★丈の長い小袖。

衣9 **【褌】**(14) **コン**

0 **褌** ふんどし 〔犢鼻褌〕「―を締めてかかる」

衣9 **【複】**(14) **フク**

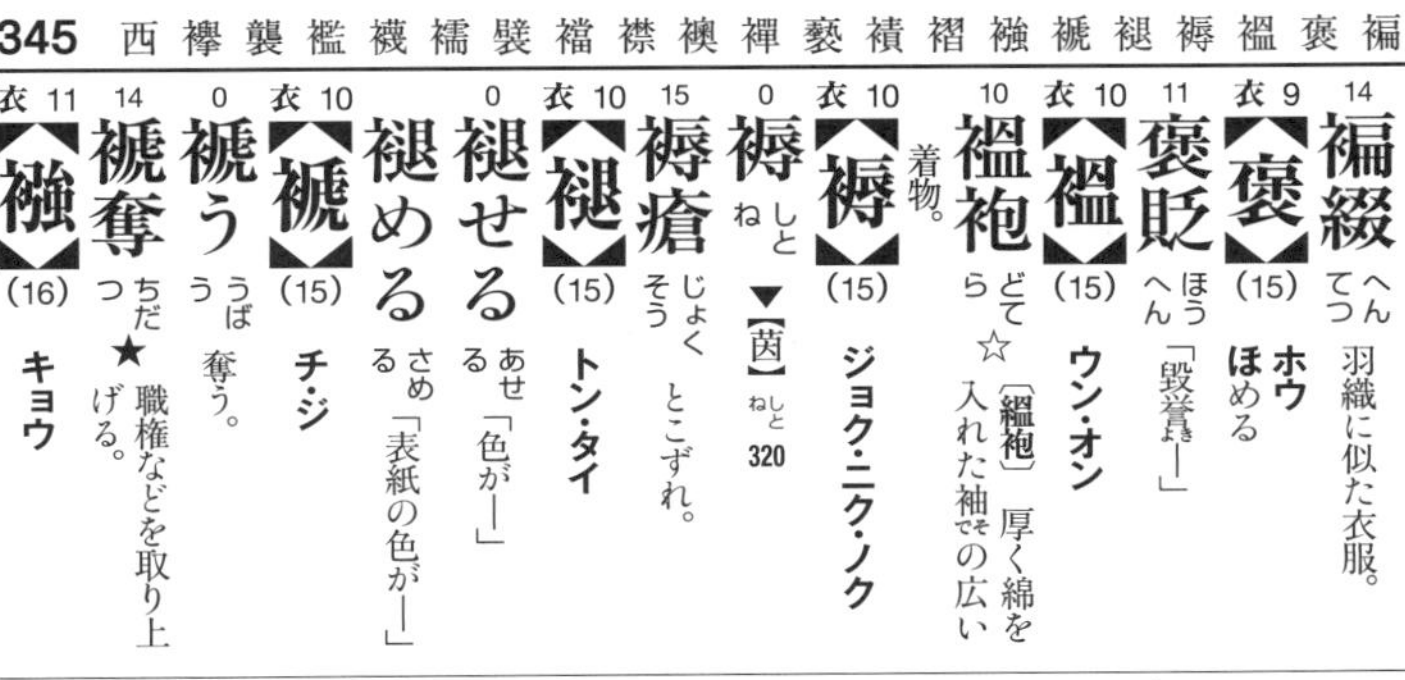

3 **複子** ふくす 禅宗で、僧の用いるふくさ。

衣9 **【褊】**(14) **ヘン**

8 **褊衫** へんさん ▼【偏衫】へんさん 33

14 **褊綴** へんてつ 羽織に似た衣服。

衣9 **【褒】**(15) **ホウ** **ほめる**

11 **褒貶** ほうへん 「毀誉(きよ)―」

衣10 **【褞】**(15) **ウン・オン**

10 **褞袍** どてら ☆〔縕袍〕厚く綿を入れた袖(そで)の広い着物。

衣10 **【褥】**(15) **ジョク・ニク・ノク**

0 **褥** しとね ▼【茵】しとね 320

15 **褥瘡** じょくそう とこずれ。

衣10 **【褪】**(15) **トン・タイ**

0 **褪せる** あせる 「色が―」

褪める さめる 「表紙の色が―」

衣10 **【褫】**(15) **チ・ジ**

0 **褫う** うばう 奪う。

14 **褫奪** ちだつ ★ 職権などを取り上げる。

衣11 **【襁】**(16) **キョウ**

← **襁褓** おしめ 〔御湿〕股にあてて大小便を受ける布。

→ **襁褓** むつき 〔繦褓〕 おしめ。

衣11 **【褶】**(16) **チョウ・シュウ・ショウ**

0 **褶** ひだ ▼【襞】ひだ 345

19 **褶襞** しゅうへき ▼【皺襞】しゅうへき 260

衣11 **【襀】**(16) **セキ**

10 **襀翅** かわげら 〔川螻蛄〕カワゲラ目に属する昆虫の総称。

衣11 **【褻】**(17) **セツ**

0 **褻** け★ 日常。

衣12 **【襌】**(17) **タン**

0 **襌** ひとえ ▼【単】ひとえ 54

衣13 **【襖】**(18) **オウ**

← **襖** あお 武官の朝服。

→ **襖** ふすま ☆ 和室用の建具の一。

11 **襖袴** あおばかま 「狩袴(かりばかま)」の別名。

衣13 **【襟】**(18) **キン** **えり**

9 **襟首** えりくび 〔領頸〕「―を押さえる」

14 **襟裳** えりも 北海道の岬・港。

衣13 **【襠】**(18) **トウ**

0 **襠** まち☆ 衣服に用いる、幅や厚みを補う布。

衣13 **【襞】**(19) **ヘキ**

0 **襞** ひだ 〔褶〕「山の―」「心の―にふれる」

衣14 **【襦】**(19) **ジュ**

0 **襦** チョゴリ 〔赤古里〕朝鮮民族の民族服の一。

10 **襦袢** ジバン・ジュバン ☆ 和装用の下着。

衣14 **【襪】**(19) **ベツ・バツ**

0 **襪** しとうず 〔韈〕足袋(たび)に似たはきもの。

11 **襪雀** みそさざい ▼【鷦鷯】みそさざい 426

衣15 **【襤】**(20) **ラン**

16 **襤褸** ぼろ 「―の自転車」「あまりしゃべると―が出る」

衣16 **【襲】**(22) **シュウ** **おそう**

← **襲** おすい 古代の衣服の一。

→ **襲** かさね 衣服を重ねるときの色の組み合わせ。

襲ねる かさねる 重ね着する。

6 **襲名** しゅうめい 「―披露」

衣18 **【襷】**(23) **たすき**

0 **襷** たすき 〔手繦〕「―をかける」

【襾(覀・西)】(にし)部

襾0 **【西】**(6) **セイ・サイ** **にし**

0 **西ノ湖** さいのこ 栃木県の湖。

西ヶ方 にしがほう JR四国予土線(よどせん)の駅。

3 **西之表** にしのおもて 鹿児島県の市・港。

西大巓 にしだいてん 山形・福島県境の山。

4 **西戸崎** さいとざき ①福岡県の地名。②JR九州香椎(かしい)線の駅。

西比利亜 シベリア ☆ アジア大陸北部の地域。

西方浄土 さいほうじょうど 西方にある極楽世界。

西予 せいよ 愛媛県の市。

5 **西仙北** にしせんぼく 秋田県の旧町。

西北風 あなじ ▼【乾風】あなじ 16

西目屋 にしめや 青森県の村(むら)。

6 **西瓜** すいか ★〔寒瓜・水瓜〕ウリ科のつる性一年草。

西向 にしむかい 和歌山県の旧町。

西向日　にしむこう　阪急京都本線の駅。
西合志　にしごうし　熊本県の旧町。
西成　にしなり　大阪市の行政区。
西米良　にしめら　宮崎県の村(そん)。
西牟婁　にしむろ　和歌山県の郡。
西有家　にしありえ　長崎県の旧町。
7 西条八十　さいじょうやそ　詩人。
西邨　にしむら　姓氏。
8 西阿知　にしあち　①岡山県の地名。②JR西日本山陽本線の駅。
西岸　さいがん　姓氏。
西金　さいがね　JR東日本水郡(すいぐん)線の駅。
西周　にしあまね　明治時代の思想家。
西奈　シナイ　西アジアの半島。
西東　さいとう　姓氏。
西彼杵　にしそのぎ　長崎県の半島・郡。
西表　いりおもて　①沖縄県の島(—島(じま))。②姓氏。
西牧　さいもく　①群馬県の川。②姓氏。
9 西海　さもち　姓氏。

西海子　さいかち　▼【皁莢】(さいかち)　259
西垣内　にしがいと　姓氏。
西浅井　にしあざい　滋賀県の町(ちょう)・旧郡。
西祖谷山　にしいややま　徳島県の旧村。
←西院　さい　京福(けいふく)電気鉄道嵐山(あらしやま)本線の駅。
→西院　さいいん　①京都府の地名。②阪急京都本線の駅。
西宮　にしのみや　①兵庫県の市・港。②JR西日本東海道本線等の駅。
西貢　サイゴン☆〔柴棍〕　ホーチミン市の旧称。
西馬音内　にしもない　①秋田県の旧町。②姓氏。
西班牙　スペイン★　国名。
西浜　ようすな　岡山県の地名。
西浦岬　にしのうらみさき　福岡県の岬。
←西郷　さいごう　姓氏。
→西郷　にしごう　福島県の村(むら)。
西郷従道　さいごうつぐみち　軍人・政治家。
西淡　せいだん　兵庫県の旧町。
西都　さいと　宮崎県の台地(—原(ばる))・市。

西麻植　にしおえ　JR四国徳島線の駅。
12 西達布　にしたっぷ　北海道の地名。
西登戸　にしのぶと　京成千葉線の駅。
13 西園寺公望　さいおんじきんもち　政治家。
西飾磨　にししかま　山陽電鉄網干(あぼし)線の駅。
西新　にしじん　①福岡県の地名。②福岡市地下鉄空港線の駅。
西置賜　にしおきたま　山形県の郡。
西蒲　にしかん　新潟市の行政区。
西蒲原　にしかんばら　新潟県の郡。
14 西総　にしふさ　姓氏。
西銘　にしめ　①沖縄県の山(—岳(だけ))。②姓氏。
15 西諸県　にしもろかた　宮崎県の郡。
西蔵　チベット☆　中国南西部の高原・自治区。
西幡豆　にしはず　名鉄蒲郡(がまごおり)線の駅。
西磐井　にしいわい　岩手県の郡。
16 西頴娃　にしえい　JR九州指宿枕崎(いぶすきまくらざき)線の駅。
西頸城　にしくびき　新潟県の丘陵・旧郡。

西興部　にしおこっぺ　北海道の村(むら)。
19 西礪波　にしとなみ　富山県の旧郡。

3画【要】(9)　**ヨウ**　**いる**

0 要　かなめ　「肝心—のところ」
要める　もとめる　要求する。
5 要目　かなめ　青森県の温泉。
9 要垣内　ようかいち　姓氏。
要津　ようしん☆　重要な港。
10 要高　こしだか　姓氏。
16 要諦　ようてい・ようたい☆　物事の肝心なところ。
23 要黐　かなめもち　〔金目黐・扇骨木〕　バラ科の常緑小高木。

12画【覆】(18)　**フク**　**おおう・くつがえす・くつがえる**

6 覆舟　ふくしゅう　難破すること。
9 覆盆子　いちご　▼【苺】(いちご)　319

13画【覇】(19)　**ハ**

4 覇王樹　サボテン　▼【仙人掌】(サボテン)　22
6 覇気　はき　「若者らしい—に欠ける」

【瓜】〈うり〉部

瓜0 【瓜】(6) カ

0 **瓜** うり ウリ科の植物の総称。
5 **瓜生** うりゅう 姓氏。
瓜田 かでん ☆ ウリ畑。
瓜田李下 かでんりか 人に疑われるようなことはするな、ということ。
7 **瓜呂根** かろこん キカラスウリの根。
8 **瓜実** うりざね 〔瓜核〕 ウリの種。
瓜実顔 うりざねがお 〔瓜核顔〕 美人の顔の一。
瓜姆 グアム 西太平洋にある島。
9 **瓜哇芋** じゃがいも 〔二度芋・馬鈴薯・陽芋〕 ナス科の多年草。
10 **瓜核** うりざね ▼【瓜実】うりざね 347
瓜核顔 うりざねがお ▼【瓜実顔】うりざねがお 347
瓜破 うりわり ①大阪府の旧村。②姓氏。
瓜連 うりづら ①茨城県の旧町。②JR東日本水郡(すいぐん)線の駅。③姓氏。
11 **瓜得** ゲーテ 〔歌徳・我義的〕 ドイツの作家。

瓜6 【瓠】(12) コ・カク

←**瓠** ひさご ▼【瓢】ひさご 347
→**瓠** ふくべ 〔瓢〕 ヒョウタンの実。

瓜11 【瓢】(17) ヒョウ

←**瓢** ひさご 〔匏・瓠〕 ヒョウタン・ユウガオなどの果実の総称。
→**瓢** ふくべ ▼【瓠】ふくべ 347
瓢の実 ひょんのみ イスノキの葉にできる虫こぶ。
6 **瓢虫** てんとうむし ▼【天道虫】てんとうむし 90
12 **瓢湖** ひょうこ 新潟県の溜(た)め池。
18 **瓢簞** ひょうたん 「―から駒が出る」

【見】〈みる〉部

見0 【見】(7) ケン みる・みえる・みせる

0 **見える** まみえる お目にかかる。
見せ消ち みせけち 写本の字句訂正方法。
見て呉れ みてくれ 外観。
見ノ越 みのこし 徳島県の峠。
見れる あらわれる 出現する。
5 **見巧者** みごうしゃ 見方のじょうずなこと。
見市 けんいち 北海道の温泉・山(―岳(だけ))。
見世 みせ 店。
見目麗しい みめうるわしい 「―女性」
見立 みたて 宮崎県の地名。
6 **見老津** みろづ ①和歌山県の地名。②JR西日本紀勢本線の駅。
7 **見応え** みごたえ 「―のある映画」
見初める みそめる 「パーティで―」
8 **見咎める** みとがめる 怪しいと思い問いただす。
見参 けんざん 拝謁(はいえつ)。
見事 みごと 〔美事〕 「―な出来ばえ」
見奈良 みなら 伊予(いよ)鉄道横河原線の駅。
9 **見栄** みえ 「―でピアノを買う」
見恍れる みとれる ▼【見蕩れる】みとれる 347
見砂 みさご 姓氏。
10 **見高** けんだか ▼【権高】けんだか 197
見窄らしい みすぼらしい 貧弱で粗末なさま。「―身なり」
見残 みのこし 高知県の景勝地。
見能林 みのばやし ①徳島県の旧村。②JR四国牟岐(むぎ)線の駅。
見紛う みまがう 「雪と―花吹雪(ふぶき)」
見倣う みならう 「先輩を―」
11 **見惚れる** みとれる ▼【見蕩れる】みとれる 347
見做す みなす 〔看做す〕 「抵抗する者は敵と―」
見得 みえ 「―をきる」
12 **見雲** みくま 姓氏。
見場 みば 「―は悪いが味はいい」
13 **見損なう** みそこなう 評価を誤る。
14 **見境** みさかい 「善悪の―がつかない」
見様見真似 みようみまね 他人のしていることを見てまねること。
15 **見蕩れる** みとれる 〔見恍れる・見惚れる〕 「美しさに―」
16 **見縊る** みくびる あなどる。
18 **見繕う** みつくろう 「夕食のおかずを―」

22 **見霽かす** みはるかす 〔見晴るかす〕 見はらす。

見 4 **【規】**(11) **キ**

←規 のり 法律と制度。

→規 ぶんまわし 〔筆規〕 コンパス。

5 **規尼涅** キニーネ 解熱薬・健胃薬。

7 **規那** キナ キナノキの樹皮を乾燥したもの。

10 **規矩準縄** きくじゅんじょう★ コンパスとさしがね、水準器とすみなわ。法則や規則のこと。

見 4 **【視】**(11) **シ**

0 **視る** みる 「じっと手を―」

7 **視告朔** こうさく 〔告朔〕 古代の儀式の一。

見 5 **【覚】**(12) **カク おぼえる・さます・さめる**

0 **覚す** さとす おしえる。

覚る さとる 「死期を―」

4 **覚井** かくい 姓氏。

7 **覚束無い** おぼつかない 「足もとが―」

9 **覚美** かがみ 姓氏。

16 **覚醒** かくせい ①目をさます。目がさめる。②過ちや迷いに気づく。

見 5 **【覗】**(12) **シ**

0 **覗う** うかがう☆ ▼【窺う】(うかがう) 280

覗く のぞく 〔覘く〕 「かぎ穴から中を―」

見 5 **【覘】**(12) **テン**

0 **覘う** うかがう ▼【窺う】(うかがう) 280

覘く のぞく☆ ▼【覗く】(のぞく) 348

11 **覘望** てんぼう 遠くから様子をうかがい望む。

見 7 **【覡】**(14) **ゲキ・ケキ**

0 **覡** かんなぎ・みこ ▼【巫】(かんなぎ) 119

見 9 **【親】**(16) **シン おや・したしい・したしむ**

0 **親しい** ちかしい 親密。

親ら みずから 自分で。

4 **親王** みこ ▼【皇子】(みこ) 260

親仁 おやじ ▼【親父】(おやじ) 348

親不知 おやしらず ①新潟県の海岸。②JR西日本北陸本線の駅。

親父 おやじ 〔親仁・親爺〕 「うちの―」

8 **親狎** しんこう なれなれしくするさま。

11 **親族** うから 〔属・族〕 血族。しんぞく。

13 **親爺** おやじ ▼【親父】(おやじ) 348

30 **親鸞** しんらん 鎌倉初期の僧。

見 10 **【覬】**(17) **キ**

0 **覬う** こいねがう ▼【希う】(こいねがう) 121

覬む のぞむ 分に過ぎたことを願う。

16 **覬覦** きゆ 身分不相応な希望や計画。

見 10 **【覧】**(17) **ラン**

0 **覧る** みる 見る。

見 11 **【観】**(18) **カン**

0 **観る** みる 「映画を―」

3 **観山** みやま 姓氏。

5 **観世** かんぜ 姓氏。

9 **観音** かんのん 菩薩(ぼさつ)の一。

観音寺 かんおんじ ①香川県の市。②JR四国予讃(よさん)線の駅。

見 15 **【覿】**(22) **テキ**

9 **覿面** てきめん★ 「天罰―」

【角】〈つの〉〈つのへん〉部

角 0 **【角】**(7) **カク かど・つの**

0 **角** すみ 〔隅〕 かど。

2 **角力** すもう☆ ▼【相撲】(すもう) 263

角力灘 すもうなだ 長崎県の海域。

3 **角子** みずら ▼【角髪】(みずら) 349

4 **角水** すみず 大工道具の一。

5 **角田** かくだ ①宮城県の盆地・市。②阿武隈(あぶくま)急行阿武隈急行線の駅。③新潟県の岬・海岸・地名。

6 **角行** かくぎょう 将棋の駒の一。

8 **角茂谷** かくもだに ①高知県の地名。②JR四国土讃(どさん)線の駅。

9 **角南** すなみ 姓氏。

10 **角倉了以** すみのくらりょうい 安土桃山時代から江戸初期の豪商。

角逐 かくちく☆ 互いに競い、せり合う。「三大勢力が―する」

11 **角宿** すぼし・かくしゅく 二十八宿の一。

12 **角筈** つのはず 東京都の地名。

角間 かくま ①長野県の温泉・川・渓谷・地名。②群馬・長野県境の峠。
角黍 ちまき ▼【粽】ちまき 289
14 角髪 みずら 〔角子・美豆良・鬟・髻〕男子の髪の結い方。
16 角館 かくのだて ①秋田県の旧町。②JR東日本田沢湖線等の駅。
角鴟 みみずく☆ ▼【木菟】みみずく 179
18 角藤 すどう 姓氏。
24 角鷹 くまたか ▼【熊鷹】くまたか 234

角 5 **【觜】**(12) **シ**
0 觜 はし くちばし。
5 觜本 はしもと 姓氏。
11 觜宿 とろきぼし・ししゅく 二十八宿の一。

角 6 **【解】**(13) **カイ・ゲ** **と**く・**と**かす・**と**ける
0 解く ほどく 「縄を—」
解す ほぐす 「緊張を—」
解せない げせない 「なんとも—ない話だ」
解る わかる 〔判る〕分かる。
解れる ほぐれる 「気持ちが—」
→ 解れる ほつれる 「そで口が—」
5 解由 げゆ 奈良・平安期、官僚が事務引き継ぎをすること。
7 解良 けら 姓氏。
8 解毒 げどく 「—剤」
10 解夏 げげ 夏の修行を解くこと。
11 解脱 げだつ 「煩悩(ぼんのう)を—する」
15 解熱 げねつ 病的に上昇した体温を下げる。
28 解纜 かいらん★ ともづなを解いて船出する。

角 6 **【觚】**(13) **コ**
← 觚 こ 中国古代の酒器。
→ 觚 さかずき ▼【杯】さかずき 185

角 6 **【触】**(13) **ショク** **ふ**れる・**さわ**る
0 触り さわり 見どころ。聞かせどころ。
6 触虫 ふなむし ▼【船虫】ふなむし 314

角 10 **【轂】**(17) **コク・カク**
0 轂 さかずき ▼【杯】さかずき 185

角 11 **【觴】**(18) **ショウ**
0 觴 さかずき ▼【杯】さかずき 185

【言】〈げん〉〈ごんべん〉部

言 0 **【言】**(7) **ゲン・ゴン** **い**う・**こと**
0 言い包める いいくるめる 「黒を白と—」
5 言出しっ屁 いいだしっぺ 何かをしようと言い出した人。
6 言伝 ことづて 伝言。
7 言寿ぐ ことほぐ ▼【言祝ぐ】ことほぐ 349
9 言祝ぐ ことほぐ 〔言寿ぐ・寿ぐ〕「新春を—」
言草 いいぐさ ▼【言種】いいぐさ 349
10 言託 ことづけ 伝言。
11 言問橋 こといばし 東京都の橋。
言訳 いいわけ 〔分疏〕弁解。
14 言語道断 ごんごどうだん とんでもないこと。
言種 いいぐさ 〔言草〕「—が気に入らない」
15 言質 げんち 「—をとる」
言霊 ことだま 言葉に宿る呪力。

言 2 **【計】**(9) **ケイ** **はか**る・**はか**らう
0 計 はか ▼【捗】はか 155
計える かぞえる 計算する。
計り ばかり ▼【許り】ばかり 350
7 計里 けり ▼【鳧】けり 422
計良 けら 姓氏。
10 計根別 けねべつ 北海道の地名。

言 2 **【訂】**(9) **テイ**
0 訂する ていする 訂正する。

言 2 **【訃】**(9) **フ**
9 訃音 ふいん・ふおん 訃報(ふほう)。
12 訃報 ふほう 死亡の知らせ。

言 3 **【記】**(10) **キ** **しる**す
0 記し しるし 〔誌〕書きつけた記録。
4 記月魚 あゆ ▼【鮎】あゆ 417
9 記紀 きき 古事記と日本書紀のこと。「—歌謡」「—神話」

言 3 **【訖】**(10) **キツ・コチ・コツ**
0 訖わる おわる ▼【了わる】おわる 16

言 3 **【訓】**(10) **クン**

0 **訓える** おしえる 教え導く。
訓む よむ 漢字を訓で読む。
3 **訓子府** くんねっぷ 北海道の町(ちょう)。
12 **訓詁** くんこ 古典の字句の解釈。

言3 **【訐】**(10) **ケツ**
0 **訐く** あばく 人の欠点を攻撃する。

言3 **【訌】**(10) **コウ**
6 **訌争** こうそう 内紛。

言3 **【訊】**(10) **シン・ジン**
0 **訊く** きく「名前を―」
訊ねる たずねる 質問する。
11 **訊問** じんもん「捕虜を―する」

言3 **【託】**(10) **タク**
0 **託する** たくする〔托する〕頼んでまかせる。
託つける かこつける★ ほかの事がらのせいにする。
11 **託麻** たくま 熊本県の扇状地(―原(ばる))・地名。

言3 **【討】**(10) **トウ** **うつ**
0 **討っ手** うって「―をさしむける」
2 **討入り** うちいり「四十七士の―」

言4 **【訛】**(11) **ガ・カ**
0 **訛り** なまり☆「―は国の手形」
訛る なまる 標準語・共通語とは異なる言い方や発音をする。
7 **訛言** かげん なまった言葉。
訛声 だみごえ ▼【濁声】(だみごえ) 227

言4 **【訝】**(11) **ガ・ゲ・ゲン**
0 **訝しい** いぶかしい 疑わしい。
訝る いぶかる☆ 不審に思う。

言4 **【許】**(11) **キョ** **ゆるす**
0 **許** もと「恩師の―を訪ねる」
許り ばかり〔計り〕「いつも怒って―いる」
6 **許多** あまた ▼【数多】(あまた) 163
11 **許婚** いいなずけ〔許嫁・云号〕婚約者。
12 **許斐** このみ 姓氏。
13 **許嫁** いいなずけ☆ ▼【許婚】(いいなずけ) 350

言4 **【訣】**(11) **ケツ**
7 **訣別** けつべつ 再び会うことのない別れ。

言4 **【訟】**(11) **ショウ**
14 **訟獄** しょうごく 訴訟。

言4 **【設】**(11) **セツ** **もうける**
0 **設える** しつらえる★「客間に飾り棚を―」
13 **設楽** したら ①愛知県の町(ちょう)。②姓氏。

言4 **【訥】**(11) **トツ・ドツ**
5 **訥弁** とつべん なめらかでないしゃべり方。
11 **訥訥** とつとつ〔吶吶〕「―と語る」

言4 **【訪】**(11) **ホウ** **おとずれる・たずねる**
0 **訪う** とう 訪問する。

言4 **【訳】**(11) **ヤク** **わけ**
8 **訳知り** わけしり 事情に通じていること。

言5 **【詠】**(12) **エイ** **よむ**
0 **詠う** うたう「愛の美しさを―長詩」
詠む よむ「和歌を―」

言5 **【訶】**(12) **カ**
11 **訶責** かしゃく ▼【呵責】(かしゃく) 65

言5 **【詐】**(12) **サ**
0 **詐る** いつわる 偽る。
8 **詐取** さしゅ 金品をだまし取る。「巧妙な手口で年金を―される」
10 **詐称** さしょう「経歴―」
12 **詐欺** さぎ「振り込め―」

言5 **【詞】**(12) **シ**
0 **詞** ことば〔辞・語〕言語。
10 **詞書** ことばがき 和歌の前書き。
19 **詞藻** しそう 文章の修辞。

言5 **【証】**(12) **ショウ**
0 **証** あかし「愛の―」

言5 **【詔】**(12) **ショウ** **みことのり**
←**詔** のりごと ▼【告り言】(のりごと) 64
→**詔** みことのり〔勅〕天皇の言葉。
9 **詔勅** しょうちょく 天皇の発する公式文書。

言5 **【診】**(12) **シン** **みる**
0 **診る** みる 診察する。

言5 **【訴】**(12) **ソ** **うったえる**
7 **訴求** そきゅう「消費者に―する」

言5 **【詛】**(12) **ソ・ショ**

0 **詛う** のろう ▼【呪う】のろう 66

言5 **【詒】**(12) **イ・タイ**

0 **詒く** あざむく ▼【紿く】あざむく 293

言5 **【註】**(12) **チュウ**

11 **註釈** ちゅうしゃく 注釈。

言5 **【評】**(12) **ヒョウ**

0 **評する** ひょうする 批評する。

8 **評定** ひょうじょう 評議して決定する。

言6 **【該】**(13) **ガイ**

7 **該里酒** シェリーしゅ スペイン・アンダルシア地方特産の白ワイン。

15 **該撒** シーザー 〔獅揸〕古代ローマの政治家。

言6 **【詰】**(13) **キツ** **つめる・つまる・つむ**

0 **詰る** なじる ★詰問する。

8 **詰屈** きっくつ ▼【佶屈】きっくつ 28

言6 **【詣】**(13) **ケイ・ゲイ**

0 **詣でる** もうでる ☆「神社に—」

8 **詣拝** けいはい 神社や寺に行って拝む。

言6 **【誇】**(13) **コ** **ほこる**

9 **誇負** こふ 誇り自慢する。

言6 **【詬】**(13) **コウ**

0 **詬める** はずかしめる ▼【僇める】はずかしめる 34

言6 **【詩】**(13) **シ**

14 **詩歌** しいか 和歌・俳句・詩などの総称。

言6 **【試】**(13) **シ** **こころみる・ためす**

10 **試馬** あてうま 〔当て馬〕「—候補」

11 **試毫** しごう かきぞめ。

言6 **【詳】**(13) **ショウ** **くわしい**

0 **詳らか** つまびらか ★〔審らか〕「事件の真相を—にする」

言6 **【誠】**(13) **セイ** **まこと**

10 **誠恐** せいきょう 「—謹言」

言6 **【詮】**(13) **セン**

0 **詮** かい ▼【甲斐】かい 252

4 **詮方無い** せんかたない 〔為ん方無い〕しかたがない。「今さら—が」

10 **詮索** せんさく 調べ求める。

12 **詮無い** せんない しかたがない。

20 **詮議** せんぎ 「厳しく罪人を—する」

言6 **【詫】**(13) **タ**

0 **詫びる** わびる 謝罪する。

12 **詫間** たくま ①香川県の旧町。②JR四国予讃線の駅。

言6 **【誅】**(13) **チュウ**

6 **誅伐** ちゅうばつ 罪ある者を攻め討つ。

言6 **【誂】**(13) **チョウ**

0 **誂える** あつらえる ☆「スーツを—」

言6 **【誉】**(13) **ヨ** **ほまれ**

0 **誉める** ほめる 〔賞める・讃める〕褒める。

5 **誉田** ほんだ JR東日本外房線の駅。

言6 **【誄】**(13) **ルイ**

12 **誄詞** るいし 死者を祭る文。

言6 **【話】**(13) **ワ** **はなす・はなし**

9 **話柄** わへい 話題。

言7 **【誡】**(14) **カイ**

0 **誡める** いましめる ▼【戒める】いましめる 148

言7 **【誑】**(14) **キョウ**

0 **誑かす** たぶらかす 「言葉たくみに—」

誑し込む たらしこむ 「うぶな娘を—」

12 **誑惑** きょうわく だましまどわす。

言7 **【語】**(14) **ゴ** **かたる・かたらう**

0 **語** ことば ▼【詞】ことば 350

語り種 かたりぐさ 話題。

7 **語呂** ごろ 「—が悪い」

11 **語部** かたりべ 「沖縄戦の—」

13 **語彙** ごい ★「彼女は—が豊富だ」

言7 **【誤】**(14) **ゴ** **あやまる**

18 **誤謬** ごびゅう ☆まちがい。

21 **誤魔化す** ごまかす 〔胡麻化す〕「年を—」「笑って—」

言7 **【誌】**(14) **シ**

0 **誌** しるし ▼【記】しるし 349

誌す しるす ☆〔識す〕記す。

言7 **【誦】**(14) **ショウ・ジュ・ジュウ・ズ**

0 **誦える** となえる 声に出して言う。

11 誦経　ずきょう　読経どきょう。

言7【誓】(14)　セイ　ちかう

0 誓い　うけい　▼【祈】うけい 272

← 誓湯　うけいゆ　「探湯くかたち」のこと。

→ 誓湯　くかたち　▼【探湯】くかたち 157

言7【説】(14)　セツ・ゼイ　とく

0 説ぶ　よろこぶ　喜ぶ。

8 説苑　ぜいえん　中国、前漢の説話集。

12 説道　いうならく　人の言うことには。

言7【読】(14)　ドク・トク・トウ　よむ

5 読本　とくほん　教科書。

7 読谷　よみたん　沖縄県の村そん。

9 読点　とうてん　文中に施す「、」の符号。

11 読経　どきょう★　声をあげて経を読む。

言7【認】(14)　ニン　みとめる

0 認める　したためる★　文章を書く。「紹介状を—」

言7【誣】(14)　フ・ブ・ム

0 誣いる　しいる　事実を曲げて言う。

7 誣告　ぶこく・ふこく★　故意に事実をいつわって告げる。

14 誣説　ふせつ　事実をゆがめたうわさ。

言7【誘】(14)　ユウ　さそう

0 誘う　いざなう☆　「夢の国へ—」

誘き出す　おびきだす☆　「敵を—」

11 誘掖　ゆうえき　導き助ける。

言8【謁】(15)　エツ

0 謁する　えっする　「陛下に—」

言8【誼】(15)　ギ

0 誼み　よしみ　〔好み〕「友人の—で協力する」

言8【諏】(15)　シュ・ス

11 諏訪　すわ　①長野県の湖・盆地・郡・市。②姓氏。

言8【諄】(15)　ジュン・シュン

0 諄い　くどい　話がしつこい。

15 諄諄　くどくど　〔呶呶〕しつこいさま。

言8【諸】(15)　ショ

0 諸　もろもろ　▼【諸諸】もろもろ 352

3 諸口　しょくち　いろいろな事項・項目。

諸子　もろこ　コイ科の一部の淡水魚の総称。

諸刃　もろは　〔両刃〕「—の剣つるぎ」

4 諸手　もろて　〔双手〕「—をあげて賛成する」

5 諸白　もろはく　上等の酒。

6 諸向き　もろむき　ウラジロの別名。

8 諸味　もろみ　▼【醪】もろみ 378

9 諸点　もろてん　和歌の評点で左右両方の肩に打つ点。

10 諸浦島　しょうらじま　鹿児島県の島。

11 諸寄　もろよせ　①兵庫県の地名。②JR西日本山陰本線の駅。

諸訳　しょわけ　いろいろな事情。

12 諸葛　もろくず　姓氏。

諸葛亮　しょかつりょう　中国、三国蜀しょくの政治家。

諸葛菜　すずな　▼【菘】すずな 324

15 諸諸　もろもろ　〔諸〕「—の説がある」

16 諸橋轍次　もろはしてつじ　漢学者。

17 諸檜岳　もろびだけ　岩手・秋田県境の山。

言8【誰】(15)　スイ

← 誰　た　「—がために鐘は鳴る」

誰　たれ　「—か故郷を思わざる」

→ 誰　だれ　「—の目にも明らか」

誰が袖　たがそで　匂い袋の名。

7 誰何　すいか★　呼び止めて名を問う。

8 誰彼　たそがれ　▼【黄昏】たそがれ 429

9 誰某　たれがし・だれそれ　名をあげないで人をさしたり、名のわからない人をさし示す語。

言8【請】(15)　セイ・シン　こう・うける

4 請戸川　うけどがわ　福島県の川。

7 請売り　うけうり　「他人の話を—する」

請来　しょうらい　「奈良時代に—した像」

9 請負　うけおい　「—仕事」「偽装—」

10 請島　うけしま　鹿児島県の島。

言8【諍】(15)　ソウ・ショウ

0 諍い　いさかい☆　言い争う。

← 諍う　あらがう　▼【抗う】あらがう 151

→ 諍う　あらそう　言い争う。

諍める　いさめる　▼【諫める】いさめる 353

7 諍乱 じょうらん あらそいみだれる。

言8【諾】(15) **ダク**

← 諾う あまなう ▼【和う】あまなう 67

諾う うけがう ▼【肯う】うけがう 308

→ 諾う うべなう ★〔肯う〕同意する。

7 諾貝爾 ノーベル スウェーデンの化学者。

9 諾威 ノルウェー ★〔那威〕国名。

言8【誕】(15) **タン**

7 誕辰 たんしん 誕生日。

言8【談】(15) **ダン**

0 談る かたる 話す。

言8【調】(15) **チョウ しらべる・ととのう・ととのえる**

← 調 つき 姓氏。

→ 調 みつぎ ▼【貢】みつぎ 357

3 調川 つきのかわ ①長崎県の旧町。②松浦鉄道西九州線の駅。③姓氏。

6 調伏 ちょうぶく ①仏教で、悪を打ち破ること。②まじないで人をのろい殺す。

8 調使 つぎかい 姓氏。

調所 ずしょ 姓氏。

言8【諂】(15) **テン**

0 諂う へつらう 〔諛う〕「上役に―」

15 諂諛 てんゆ こびへつらう。

言8【誹】(15) **ヒ**

0 誹り そしり ▼【謗り】そしり 354

誹る そしる ▼【謗る】そしる 354

9 誹風 はいふう 〔俳風〕俳諧はいかい・俳句の作風。

13 誹毀 ひき 悪口を言う。

16 誹諧 はいかい 〔俳諧〕文芸形式の一。

17 誹謗 ひぼう 「―中傷する」

言8【諛】(15) **ユ**

0 諛う へつらう ▼【諂う】へつらう 353

言8【諒】(15) **リョウ**

0 諒とする りょうとする 「その意向を―」

14 諒察 りょうさつ 相手の身になって考える。

言8【論】(15) **ロン**

0 論う あげつらう ★「失敗を―」

6 論攷 ろんこう 論じ、考察すること。また、その論文。

14 論駁 ろんばく 反論。

15 論鋒 ろんぽう 議論の勢い。

言9【諳】(16) **アン**

0 諳んじる そらんじる 「詩文を―」「全文を―」

10 諳記 あんき 暗記。「丸―」

12 諳喀剌 アンゴラ 国名。

14 諳誦 あんしょう ▼【暗誦】あんしょう 173

17 諳謨尼亜 アンモニア 〔安母尼亜〕強い臭いをもつ気体。

言9【謂】(16) **イ**

← 謂 いい ☆ いわれ。わけ。意味。

→ 謂 いわれ ☆ 理由。来歴。

謂う いう 〔云う・曰う〕言う。

謂えらく おもえらく ▼【以為らく】おもえらく 22

謂ば いわば いってみれば。

8 謂例 いれ 姓氏。

言9【諧】(16) **カイ**

0 諧う かなう 調和する。

16 諧謔 かいぎゃく ★ ユーモア。

言9【諤】(16) **ガク**

16 諤諤 がくがく 「侃侃かんかん―」

言9【諫】(16) **カン**

0 諫める いさめる ★〔諍める〕「主君を―」

3 諫山 いさやま 姓氏。

4 諫止 かんし ☆ いさめてやめさせる。

6 諫早 いさはや ①長崎県の湾・平野・市。②JR九州長崎本線等の駅。

7 諫言 かんげん ★「主君に―する」

言9【諠】(16) **ケン**

15 諠鬧 けんどう かまびすしいさま。

18 諠擾 けんじょう さわぎ乱れること。

言9【諺】(16) **ゲン**

0 諺 ことわざ 教訓などを含んだ言葉。

4 諺文 オンモン ハングルの旧称。

言9【諢】(16) **コン・ゴン**

6 諢名 あだな ▼【渾名】あだな 222

言9 **【諮】**(16) **シ** **はかる**

11 **諮問** しもん 「委員会に—する」

13 **諮詢** しじゅん 意見をきく。

言9 **【謚】**(16) **シ**

0 **謚** おくりな 死後に贈る称号。諡号しごう。

5 **謚号** しごう 「謚おくりな」に同じ。

言9 **【諜】**(16) **チョウ**

12 **諜報** ちょうほう 「—機関」

言9 **【諦】**(16) **テイ・タイ**

0 **諦める** あきらめる ☆ 断念する。

18 **諦観** ていかん ☆ 悟りあきらめる。

言9 **【諷】**(16) **フウ・フ**

8 **諷刺** ふうし 〔風刺〕「世相を—する」

14 **諷歌** そえうた 古今集の和歌六義りくぎの一。

言9 **【謀】**(16) **ボウ・ム** **はかる**

0 **謀** はかりごと ☆ 〔籌〕「—をめぐらす」

4 **謀る** たばかる だます。

4 **謀反** むほん 〔謀叛〕国家や主君にそむいて事を起こすこと。

9 **謀叛** むほん ▼【謀反】むほん 354

言9 **【諭】**(16) **ユ** **さと**す

0 **諭す** さとす 〔喩す〕「心得違いを—」

6 **諭旨** ゆし 言い聞かせる。

言9 **【謡】**(16) **ヨウ** **うたい・うた**う

7 **謡初** うたいぞめ 年中行事の一。

14 **謡歌** わざうた ▼【童謡】わざうた 281

言10 **【諱】**(17) **キ**

0 **諱** いみな ☆ ①死後に贈る称号。謚おくりな。②身分の高い人の実名。

言10 **【謹】**(17) **キン** **つつし**む

13 **謹飭** きんちょく 〔謹勅〕つつしみ深いさま。

言10 **【謙】**(17) **ケン**

0 **謙る** へりくだる ★ ▼【遜る】へりくだる 373

14 **謙遜** けんそん 「—した言い方」

言10 **【講】**(17) **コウ**

13 **講筵** こうえん 講義の席。

言10 **【謝】**(17) **シャ** **あやまる**

0 **謝る** ことわる ▼【辞る】ことわる 367

7 **謝花昇** じゃはなのぼる 自由民権運動家。

言10 **【謄】**(17) **トウ**

5 **謄写版** とうしゃばん がり版。

謄本 とうほん 「戸籍—」

言10 **【謗】**(17) **ホウ・ボウ**

0 **謗り** そしり 〔誹り・譏り〕 非難。

謗る そしる 〔誹る・譏る・刺る〕「陰で—」

7 **謗言** ぼうげん 悪口。

13 **謗毀** ぼうき そしる。

言10 **【謎】**(17) **ベイ・メイ**

0 **謎** なぞ 「—が—を呼ぶ」

言11 **【謳】**(18) **オウ**

0 **謳い文句** うたいもんく キャッチフレーズ。

謳う うたう 「効能書に—」

14 **謳歌** おうか 「青春を—する」

言11 **【謦】**(18) **ケイ・キョウ**

9 **謦咳** けいがい ★ せきばらい。

言11 **【謬】**(18) **ビュウ**

0 **謬る** あやまる 誤る。「選択を—」

14 **謬説** びゅうせつ 間違った考えや説明。

言11 **【謾】**(18) **バン・マン**

0 **謾く** あざむく ▼【紿く】あざむく 293

言12 **【譏】**(19) **キ**

0 **譏り** そしり ▼【謗り】そしり 354

譏る そしる ▼【謗る】そしる 354

言12 **【警】**(19) **ケイ**

0 **警め** いましめ 「師の—を守る」

警める いましめる ▼【戒める】いましめる 148

12 **警策** きょうさく 禅宗で用いる棒。

23 **警邏** けいら 「—中の巡査」

言12 **【譎】**(19) **ケツ**

13 **譎詭** けっき 怪しくてでたらめなさま。

言12 **【識】**(19) **シキ**

0 **識す** しるす ▼【誌す】しるす 351

識る しる 「一を聞いて十を—」

言12 **【譚】**(19) **タン・ダン**

14 **譚歌** たんか　バラード。

言12 **【譜】**(19) **フ**

5 **譜代** ふだい　「―大名」

言13 **【議】**(20) **ギ**

0 **議る** はかる　相談する。

言13 **【護】**(20) **ゴ**

0 **護る** まもる　〔衛る〕守る。

5 **護田鳥** うすべ　ゴイサギの古名。

7 **護良** もりなが　姓氏。

15 **護摩** ごま　密教で、ヌルデの木などを燃やして仏に祈る儀式。「―をたく」

護摩壇山 ごまだんざん　奈良・和歌山県境の山。

17 **護謨** ゴム☆「天然―」

言13 **【譲】**(20) **ジョウ** **ゆずる**

12 **譲葉** ゆずりは　〔交譲木・青榕・杠・杠葉・楪・楪葉〕ユズリハ科の常緑高木。

言13 **【譫】**(20) **セン**

7 **譫言** うわごと　▼【囈語】(うわごと) 73

言13 **【譬】**(20) **ヒ**

0 **譬え** たとえ　〔喩え・例え〕「―を引く」「―話(ばなし)」

12 **譬喩** ひゆ　▼【比喩】(ひゆ) 204

言14 **【譴】**(21) **ケン**

0 **譴める** せめる・とがめる　罰する。

11 **譴責** けんせき★　不正などをとがめしかる。

言15 **【讃】**(22) **サン**

0 **讃える** たたえる　▼【称える】(たたえる) 276

讃める ほめる　▼【誉める】(ほめる) 351

5 **讃母** さのも　姓氏。

7 **讃岐** さぬき　①香川・徳島県境の山脈。②香川県の平野。③四国北東部の半島。④旧国名。現在の香川県全域。

言16 **【讐】**(23) **シュウ**

0 **讐** あだ　▼【仇】(あだ) 20

言17 **【讒】**(24) **サン・ザン**

7 **讒言** ざんげん　事実を曲げて中傷する。

17 **讒謗** ざんぼう☆　ありもしないことを言い、人を悪く言う。

【谷】〈たに〉部

谷0 **【谷】**(7) **コク** **たに**

0 **谷まる** きわまる　「進退―」

3 **谷干城** たにたてき　軍人・政治家。

谷川 やつかわ　姓氏。

4 **谷文晁** たにぶんちょう　江戸後期の画家。

5 **谷田峠** たんだわ　鳥取・岡山県境の峠。

6 **谷行** たにこう　修験者峰入りのときの掟(おきて)の一。

谷在家 やざいけ　東京都交通局日暮里(にっぽり)・舎人(とねり)ライナーの駅。

谷全 たにまた　姓氏。

谷地 やち　①青森県の温泉。②山形県の旧町。

7 **谷汲** たにぐみ　岐阜県の旧村。

谷谷 やつがや　姓氏。

8 **谷和原** やわら　茨城県の旧村。

9 **谷津** やつ　①千葉県の地名。②京成本線の駅。③静岡県の温泉。

谷茶 たんちゃ　沖縄県の地名。

谷保 やほ　①東京都の地名。②JR東日本南武線の駅。

10 **谷峨** やが　JR東海御殿場(ごてんば)線の駅。

11 **谷梯** たにはし　姓氏。

20 **谷騰堡** グーテンベルク　〔哥天百格〕ドイツの発明家。

谷5 **【谺】**(12) **カ**

0 **谺** こだま　▼【木霊】(こだま) 179

谷10 **【豁】**(17) **カツ**

12 **豁然** かつぜん　急にひらけるさま。

谷10 **【谿】**(17) **ケイ**

13 **谿蓀** あやめ　▼【菖蒲】(あやめ) 324

【豆】〈まめ〉〈まめへん〉部

豆0 **【豆】**(7) **トウ・ズ** **まめ**

5 **豆汁** ご　〔豆油〕とうふなどの原料。

豆田 つだ　姓氏。

8 **豆油** ご　▼【豆汁】(ご) 355

9 **豆茶** コーヒー　▼【珈琲】(コーヒー) 245

10 **豆娘** いととんぼ　▼【糸蜻蛉】(いととんぼ) 290

11 **豆酘** つつ　長崎県の地名。

13 **豆滓汁** からじる　▼【雪花菜汁】(からじる) 398

14 **豆蔻木** ずく ホルトノキの別名。

豆腐皮 ゆば ▼【湯葉】223

豆 3 **【豈】**(10) **キ・ガイ・カイ**

0 **豈** あに★ 「—図らんや、生きて再び会おうとは」

4 **豈夫** まさか ▼【真逆】264

豆 3 **【豇】**(10) **コウ**

0 **豇** ささげ ▼【豇豆】356

7 **豇豆** ささげ☆ 〔豇・大角豆・大豆角〕マメ科の一年草。

豆 6 **【豊】**(13) **ホウ** **ゆたか**

5 **豊四季** とよしき ①千葉県の地名。②東武野田線の駅。

豊平 とよひら ①北海道の川。②札幌市の行政区。③広島県の旧町。

7 **豊平峡** ほうへいきょう 北海道の峡谷。

豊見城 とみぐすく 沖縄県の市。

豊臣 とよとみ 姓氏。

8 **豊受** とゆけ 姓氏。

豊服 とよはとり 姓氏。

豊明 とよあけ ①愛知県の市。②名鉄名古屋本線の駅。

9 **豊栄** とよさか ①新潟県の旧市。②JR東日本白新線の駅。③広島県の旧町。

豊科 とよしな ①長野県の旧町。②JR東日本大糸線の駅。

豊後 ぶんご ①九州と四国の海峡(—水道)。②旧国名。現在の大分県のほぼ全域。

豊前 ぶぜん ①福岡県・大分県の平野。②福岡県の市。③旧国名。現在の福岡県東部と大分県北部。

←**豊島** てしま 香川県の島。

→**豊島** としま ①東京都の特別区・旧郡。②西武の路線。③姓氏。

豊能 とよの 大阪府の郡・町(ちょう)。

豊浦 とゆら 奈良県の古地名。

11 **豊頃** とよころ ①北海道の町(ちょう)。②JR北海道根室(ねむろ)本線の駅。

13 **豊葦原** とよあしはら 日本国の美称。

16 **豊頬** ほうきょう☆ ふっくらとしたほお。

18 **豊穣** ほうじょう 「五穀—」

21 **豊饒** ほうじょう 「—な土地」

豆 8 **【豌】**(15) **エン・ワン**

7 **豌豆** えんどう☆ マメ科の二年草。

豆 8 **【豎】**(15) **シュ・ジュ**

3 **豎子** じゅし 未熟者。

豆 21 **【豔】**(28) **エン**

0 **豔やか** あでやか ▼【艶やか】315

【豕】〈いのこ〉〈いのこへん〉部

豕 0 **【豕】**(7) **シ**

←**豕** いのこ イノシシ。

→**豕** ぶた ▼【豚】356

11 **豕偏** いのこへん 漢字の偏の一。

豕 4 **【豚】**(11) **トン** **ぶた**

0 **豚** ぶた 〔家猪・家豚・豕〕偶蹄(ぐうてい)目のけもの。

豕 5 **【象】**(12) **ショウ・ゾウ**

0 **象** かたち 形状。

象る かたどる★ 〔模る〕形に似せて、そのような形につくる。

4 **象牙** ぞうげ 「—の塔」

12 **象嵌** ぞうがん 工芸品の加飾法の一。

15 **象潟** きさかた 秋田県の景勝地・旧町。

豕 7 **【豪】**(14) **ゴウ**

0 **豪い** えらい 偉い。

8 **豪宕** ごうとう 奔放で小事にこだわらないさま。

豪物 えらぶつ・えらもの ▼【偉物】33

豪放磊落 ごうほうらいらく☆ 快活で小さなことにこだわらないさま。

10 **豪家** こうけ ▼【高家】414

11 **豪猪** やまあらし★ 〔鸞猪・嵩猪・山荒〕齧歯(げっし)目の一部の哺乳(ほにゅう)類の総称。

13 **豪賈** ごうこ 大商人。

【豸】〈むじな〉〈むじなへん〉部

豸 3 **【豺】**(10) **サイ**

0 **豺** やまいぬ 〔山犬〕ニホンオオカミの別名。

10 **豺狼** さいろう★ ヤマイヌとオオカミ。

豸 3 **【豹】**(10) **ホウ・ヒョウ**

0 **豹** ひょう ネコ科の哺乳(ほにゅう)類。

7 **豹足** いわひば ▼【巻柏】120

10 **豹蚊** やぶか ▼【藪蚊】332

豹紋蝶 ひょうもんちょう ヒョウモンチョウ亜科のチョウの総称。
11 豹脚 やぶか ▼【藪蚊】やぶか 332
豹脚蚊 やぶか ▼【藪蚊】やぶか 332

豸5【貂】(12) **チョウ**
0 貂 てん☆ 〔黄貂・黄鼬・雷獣〕イタチ科の一種。
13 貂裘 ちょうきゅう テンの毛皮でつくった皮衣。

豸6【貉】(13) **バク・カク**
0 貉 むじな ▼【狢】むじな 241

豸7【貌】(14) **ボウ・ミョウ・バク・ミャク**
0 貌 かたち 顔つき。
8 貌佳花 かきつばた ▼【杜若】かきつばた 182
←貌佳草 かおよぐさ シャクヤクの別名。
貌佳草 かきつばた ▼【杜若】かきつばた 182
→貌佳草 しゃくやく ▼【芍薬】しゃくやく 315

豸9【貒】(16) **タン**
0 貒 まみ 〔猯〕アナグマ。タヌキ。

豸10【貘】(17) **バク・ミャク**
0 貘 ばく 〔獏・駮〕中国の想像上の動物。

豸17【貛】(24) **カン**
0 貛 あなぐま ▼【穴熊】あなぐま 279

【貝】〈かい〉〈かいへん〉部

貝0【貝】(7) **かい**
0 貝 ばい ▼【蛽】ばい 337
5 貝加爾 バイカル ロシアの湖。
貝母 ばいも アミガサユリの漢名。
6 貝回し ばいまわし ばいごまを使う遊び。
貝多芬 ベートーベン ドイツの作曲家。
9 貝独楽 べいごま・ばいごま☆ 〔海贏独楽〕巻貝バイを用いたこま。
19 貝櫓 かいやぐら ▼【蜃楼】かいやぐら 337

貝2【貞】(9) **テイ**
5 貞包 さだかね 姓氏。

貝2【負】(9) **フ** **まける・まかす・おう**
0 負く そむく 裏切る。
負げる めげる 「寒さに―」
負んぶ おんぶ 「―にだっこ」
5 負目 おいめ 「彼には―がある」
9 負荊 ふけい 深く謝罪する。

貝3【貢】(10) **コウ・ク** **みつぐ**
0 貢 みつぎ 〔調〕租税。

貝3【財】(10) **ザイ・サイ**
0 財 たから 財産。
←財田 さいた 香川県の川・旧町。
→財田 さいでん 岡山県の旧町。
財布 さいふ 「―の底をはたく」
11 財部 たからべ ①鹿児島県の旧町。②JR九州日豊本線の駅。③姓氏。
財部彪 たからべたけし 軍人。

貝4【貫】(11) **カン** **つらぬく**
0 貫 ぬき 柱と柱をつなぐ横木。
4 貫井 ぬくい 東京都の地名。
貫木 かんぬき ▼【閂】かんぬき 389
5 貫主 かんじゅ・かんしゅ ▼【貫首】かんじゅ 357
9 貫首 かんじゅ・かんしゅ 〔貫主〕最上位の人。
12 貫衆 やぶそてつ ▼【藪蘇鉄】やぶそてつ 332

貝4【責】(11) **セキ** **せめる**
5 責付く せっつく しきりに催促する。

貝4【貪】(11) **タン・トン・ドン**
0 貪る むさぼる 「暴利を―」
6 貪色 たんしょく 女色をむさぼる。
10 貪眠い いぎたない ▼【寝穢い】いぎたない 105
11 貪欲 どんよく 「―な知識欲」
貪婪 どんらん・たんらん★ 「―な金銭欲」
12 貪着 とんじゃく 執着する。

貝4【販】(11) **ハン**
0 販ぐ ひさぐ ▼【鬻ぐ】ひさぐ 415

貝4【貧】(11) **ヒン・ビン** **まずしい**
5 貧田丸 ひんでんまる 徳島・高知県境の山。
15 貧窮 ひんきゅう 貧乏で生活に困る。
貧賤 ひんせん 貧しくて身分が低いさま。

貝4【貶】(11) **ヘン**
0 貶す けなす くさす。
貶とす おとす 下げる。

貶む　さげすむ　▼【蔑む】さげすむ 329

貶める　おとしめる　「人を―発言」

貝5【貽】(12)　イ

0 貽す　のこす　後にのこす。

貽る　おくる　贈る。

7 貽貝　いがい　〔淡菜・東海美人〕海産の二枚貝。

10 貽訓　いくん　先祖が子孫に残した教訓。

貝5【賀】(12)　ガ

5 賀田　かた　①三重県の湾・地名。②JR東海紀勢本線の駅。

6 賀名生　あのう　奈良県の旧村。

7 賀来　かく　①大分県の地名。②JR九州久大(きゅうだい)本線の駅。

8 賀茂　かも　①京都府の川・地名。②静岡県の郡・旧村。③広島県の旧郡。

賀茂別雷神社　かもわけいかずちじんじゃ　京都の上賀茂(かみがも)神社の正式名称。

賀茂真淵　かものまぶち　江戸中期の国学者・歌人。

賀茂御祖神社　かもみおやじんじゃ　京都の下鴨(しもがも)神社の正式名称。

12 賀集　かしゅう　①兵庫県の旧村。②姓氏。

賀陽　かよう　岡山県の旧町。

賀陽宮　かやのみや　旧宮家。

13 賀筵　がえん　祝いの宴席。

21 賀露　かろ　鳥取県の地名。

貝5【貴】(12)　キ　たっとい・とうとい・たっとぶ・とうとぶ

0 貴やか　あてやか　高貴なさま。

2 貴人　あてびと　身分の高い人。

3 貴下　あなた　▼【貴方】あなた 358

貴女　あなた　親しい女性を呼ぶ語。

4 貴方　あなた　〔貴下〕「―の意見に賛成です」

5 貴生川　きぶかわ　①滋賀県の旧町。②JR西日本草津線等の駅。

7 貴男　あなた　親しい男性を呼ぶ語。

10 貴宮　あてみや　宇津保物語の作中人物。

11 貴船　きぶね　京都府の山・地名。

貝5【貰】(12)　セイ

0 貰う　もらう　★「手紙を―」

貝5【貸】(12)　タイ　かす

0 貸す　いらす　貸す。

貝5【貯】(12)　チョ

0 貯える　たくわえる　備えてしまっておく。

貯める　ためる　「小金を―」

貝5【貼】(12)　テン・チョウ

0 貼　ちょう　包んだ薬などを数える語。

5 貼付　ちょうふ・てんぷ　☆　はりつける。「履歴書は写真―のこと」

貝5【買】(12)　バイ　かう

9 買春　ばいしゅん・かいしゅん　売春婦を買う。

貝5【費】(12)　ヒ　ついやす・ついえる

0 費え　ついえ　費用。

8 費府　フィラデルフィア　アメリカの都市。

貝6【賈】(13)　コ・カ

10 賈島　かとう　中国、中唐の詩人。

貝6【資】(13)　シ

0 資　もとで　「からだが―だ」

13 資稟　しひん　生まれつきの性質。

貝6【賊】(13)　ゾク

10 賊匪　ぞくひ　徒党を組んだ盗賊。

貝6【賃】(13)　チン

8 賃金　ちんぎん　〔賃銀〕給料。

貝6【賂】(13)　ロ

0 賂　まいない　〔賄〕わいろ。

貝6【賄】(13)　ワイ　まかなう

0 賄　まいない　▼【賂】まいない 358

13 賄賂　わいろ　★「―政治の世」

貝7【賑】(14)　シン

0 賑やか　にぎやか　★　人出が多くて活気があるさま。

9 賑恤　しんじゅつ　金品を施すこと。

貝8【賛】(15)　サン

0 賛える　たたえる　▼【称える】たたえる 276

賛ける　たすける　▼【扶ける】たすける 152

貝8【賜】(15)　シ　たまわる

0 賜　たまもの　☆　〔賜物〕「努力の―」

賜る　たまわる　〔給わる〕いただく。

7画　貝部　5−8画

8 賜物 たまもの ▼【賜】たまもの 358

貝 8 【質】(15) シツ・シチ・チ
0 質 たち☆「—の悪いいたずら」
質す ただす★「真意を—」

貝 8 【賞】(15) ショウ
0 賞でる めでる〔愛でる〕「花を—心」
賞める ほめる ▼【誉める】ほめる 351
12 賞牌 しょうはい☆ 功績をたたえて与えるメダルなど。
15 賞翫 しょうがん☆〔賞玩〕味わい楽しむ。

貝 8 【賤】(15) セン
0 賤しい いやしい「酒に—」
賤しむ いやしむ 見下げる。
賤ケ岳 しずがたけ 滋賀県の山。
12 賤間 しずま 姓氏。
16 賤機山 しずはたやま 静岡県の山。

貝 8 【賓】(15) ヒン
0 賓 まろうど ▼【客】まろうど 102
16 賓頭盧 びんずる 十六羅漢らかんの第一。

貝 8 【賦】(15) フ
7 賦役 ふえき 労働の形で支払われる地代。
12 賦詠 ふえい 詩歌をつくる。

貝 9 【賢】(16) ケン かしこい
0 賢しら さかしら 利口ぶる。
4 賢木 さかき ▼【榊】さかき 196
8 賢所 かしこどころ 宮中三殿の一。
10 賢島 かしこじま ①三重県の島。②近鉄志摩線の駅。

貝 9 【賭】(16) ト
0 賭け かけ☆「—将棋」
賭す とす 失敗や犠牲を覚悟して物事にあたる。
3 賭弓 のりゆみ 平安期の年中行事の一。
12 賭博 とばく ばくち。

貝 10 【購】(17) コウ
0 購う あがなう★ 買い求める。

貝 10 【賽】(17) サイ
0 賽 さい ▼【采】さい 236
賽の河原 さいのかわら 冥土めいどへの途中にある河原。
3 賽子 さいころ☆〔骰子・投子〕「—を振る」

貝 10 【賺】(17) タン
0 賺す すかす★「泣く子をなだめ—」

貝 10 【賻】(17) フ
0 賻る おくる 人の葬儀を助けるため、金品を贈る。
15 賻儀 ふぎ 香典。

貝 11 【贄】(18) シ
0 贄 にえ 目上の人に初めて会う際に持参する手みやげ。
3 贄川 にえかわ ①JR東海中央本線の駅。②姓氏。

貝 11 【贅】(18) ゼイ・セイ
0 贅 こえ 姓氏。
4 贅六 ぜいろく・ぜえろく 江戸の者が上方かみがたの者をあざけって言った語。
6 贅肉 ぜいにく「—が付く」
7 贅沢 ぜいたく「—三昧ざんまい」
9 贅疣 ぜいゆう こぶやいぼのような無用の肉。

貝 11 【贈】(18) ゾウ・ソウ おくる
13 贈賄 ぞうわい 賄賂わいろを贈ること。

貝 12 【贋】(19) ガン
0 贋 にせ「—のルビー」
7 贋作 がんさく「ゴッホの—」
10 贋造 がんぞう「—紙幣」

貝 12 【贉】(19) タン
0 贉す あきさす 前金を払う。

貝 13 【贏】(20) エイ
0 贏る あまる 余分に残る。
16 贏輸 えいしゅ・えいゆ 勝敗。

貝 14 【贐】(21) シン・ジン
0 贐 はなむけ ▼【餞】はなむけ 408

貝 14 【贓】(21) ゾウ・ソウ
8 贓物 ぞうもつ・ぞうぶつ 不法に得た財物。
9 贓品 ぞうひん 盗品。

貝 14 【贔】(21) ヒ
9 贔負 ひいき ▼【贔屓】ひいき 359
10 贔屓 ひいき〔贔負〕「—の引き倒し」「ご—に挨拶あいさつ回りする」

貝 15 【贖】(22) ショク
0 贖う あがなう★ つぐなう。

7 **贖児** あがちご 人形(ひとがた)の一。

8 **贖物** あがもの 形代(かたしろ)。

13 **贖罪** しょくざい ☆ 善行を積むなどして罪をつぐなう。

【赤】〈あか〉〈あかへん〉部

赤 0 **【赤】**(7) **セキ・シャク あか・あかい・あからむ・あからめる**

3 **赤久縄山** あかぐなやま 群馬県の山。

赤口 しゃっく・しゃっこう 六曜の一。

赤子 あかご 赤ん坊。

赤小豆 あずき ▼【小豆】あずき 108

赤土 あかはに 姓氏。

5 **赤古里** チョゴリ ▼【襦】チョゴリ 345

赤四手 あかしで 360 ▼【赤垂柳】あかしで

赤出汁 あかだし みそ汁の一。

赤白橡 あかしらつるばみ 染め色の一。

赤平 あかびら 北海道の市。

赤目 あかんべ 子供どうしがするしぐさ。

赤目魚 めなだ 〔眼奈太〕 スズキ目の海魚。

7 **赤秀** あこう ▼【榕】あこう 197

赤来 あかぎ 島根県の旧町。

赤良木峠 あからぎとうげ 高知県の峠。

8 **赤茄** あかなす ▼【赤茄子】あかなす 360

←**赤茄子** あかなす 〔赤茄・蕃茄〕 トマトの別名。

→**赤茄子** トマト ▼【蕃茄】トマト 330

赤垂柳 あかしで 〔赤四手〕 カバノキ科の落葉高木。

赤卒 あかとんぼ 360 ▼【赤蜻蛉】あかとんぼ

赤苧 あかそ ▼【赤麻】あかそ 360

9 **赤郁李** にわうめ ▼【郁李】にわうめ 375

赤荒峠 あかあれとうげ 高知県の峠。

赤城 あかぎ 群馬県の山・旧村。

赤染衛門 あかぞめえもん 平安中期の女流歌人。

10 **赤根** あかね ▼【茜】あかね 321

赤根草 ほうれんそう ▼【菠薐草】ほうれんそう 324

赤畝 あかぜ 姓氏。

赤栴檀 ひめしゃら 〔姫沙羅〕 ツバキ科の落葉高木。

赤孫 あかひこ 姓氏。

赤啄木鳥 あかげら キツツキ科の鳥。

赤剝け あかむけ 皮膚がすりむけて赤くなること。

11 **赤魚鯛** あこうだい 〔阿候鯛〕 カサゴ目の海魚。

赤菜 とさかのり ▼【鶏冠海苔】とさかのり 425

赤埴 あかはに 姓氏。

赤符 あかじるし 姓氏。

赤麻 あかそ 〔赤苧〕 イラクサ科の多年草。

12 **赤間** あかま ①福岡県の旧町。②JR九州鹿児島本線の駅。

赤酢塊 あかすぐり ユキノシタ科の落葉小低木。

赤棣樹 にわうめ ▼【郁李】にわうめ 375

赤飯 あかのまんま イヌタデの別名。

赤帽子山 あかぼしやま 徳島県の山。

13 **赤蛺蝶** あかたては タテハチョウ科のチョウ。

赤楊 はんのき ▼【榛の木】はんのき 196

赤楝蛇 やまかがし ☆ 〔山酸醬・山楝蛇〕 ヘビの一種。

14 **赤綱** ねなしかずら 189 ▼【根無葛】ねなしかずら

赤酸漿 あかかがち ホオズキの古名。

赤蜻蛉 あかとんぼ 〔赤卒・赤蜻蜓〕 アカトンボ属のトンボの総称。

赤蜻蜓 あかとんぼ ▼【赤蜻蛉】あかとんぼ 360

赤銅 しゃくどう・あかがね 合金の一。

赤翡翠 あかしょうびん 〔水恋鳥〕 カワセミ科の鳥。

赤熊 しゃぐま 〔赭熊〕 赤く染めた、ヤクの尾の毛。

15 **赤樫** あかがし ブナ科の常緑高木。

赤穂 あこう ①兵庫県の郡・市。②JR西日本の路線。

赤箭 おにのやがら ▼【鬼の矢幹】おにのやがら 415

赤熱 しゃくねつ 真っ赤に熱すること。

赤磐 あかいわ 岡山県の市・旧郡。

赤摩木古山 あかまっこやま 石川・富山県境の山。

17 **赤螺** あかにし 海産の巻貝。

18 **赤檮** いちい ▼【紫松】いちい 294

赤藤 しゃくどう 姓氏。

23 **赤鱛** あかえそ ハダカイワシ目の海魚。

赤鱏 あかえい 〔紅魚〕 エイ目の海魚。

赤 4 **【赦】**(11) **シャ**

0 **赦す** ゆるす 「罪を—」

8 **赦免** しゃめん 罪を許す。

赤 5 **【赧】**(12) **タン・ダン**

0 **赧める** あからめる 「顔を—」

18 **赧顔** たんがん 恥じて顔を赤らめる。

赤 7 **【赫】**(14) **カク**

6 **赫芝** ヘルツ ドイツの物理学者。

7 **赫灼** かくしゃく ☆ 光り輝くさま。

9 **赫奕** かくえき・かくやく 光り輝くさま。

赫怒 かくど ☆ 〔嚇怒〕 激しくおこること。

12 **赫然** かくぜん 輝くさま。

14 **赫赫** かっかく 「—たる戦果」

15 **赫黎斯** ハリス アメリカの外交官。

赤 9 **【赭】**(16) **シャ**

0 **赭い** あかい ▼【紅い】あかい 290

赭ら顔 あからがお 〔赤ら顔〕 「—の酔っ払い」

14 **赭髯** しゃぜん あかいほおひげ。

赭熊 しゃぐま ▼【赤熊】しゃぐま 360

【走】〈はしる〉〈そうにょう〉部

走 0 **【走】**(7) **ソウ** **はしる**

4 **走水** はしりみず 神奈川県の地名。

走井 はしりい 滋賀県の地名。

5 **走古丹** はしりこたん 北海道の地名。

8 **走狗** そうく 「権力の—」

10 **走島** はしりじま 広島県の島。

11 **走部** はせべ 姓氏。

走野老 はしりどころ 〔虎茄・莨・莨菪〕 ナス科の多年草。

走 2 **【赴】**(9) **フ** **おもむく**

12 **赴援** ふえん 援助におもむくこと。

走 3 **【起】**(10) **キ** **おきる・おこる・おこす**

0 **起し** おこし ①愛知県の旧町。②姓氏。

起き上り小法師 おきあがりこぼし 〔不倒翁〕 人形の一。

起ち居 たちい 〔立ち居〕 「—が不自由だ」

起つ たつ 「祖国のために—」

9 **起臥** きが 寝起き。

15 **起請文** きしょうもん 誓詞。

走 5 **【越】**(12) **エツ** **こす・こえる**

0 **越** こし 〔高志〕 北陸地方の古称。

4 **越戸** おっと 愛知県の地名。

越天楽 えてんらく 〔越殿楽〕 雅楽の曲名。

5 **越生** おごせ ①埼玉県の町(まち)。②東武の路線。③JR東日本八高(はちこう)線等の駅。④姓氏。

越辺川 おっぺがわ 埼玉県の川。

6 **越瓜** しろうり ▼【浅瓜】しろうり 216

越年 えつねん・おつねん 年を越す。

越百山 こすもやま 長野県の山。

越名 こえな 栃木県の地名。

7 **越谷** こしがや ①埼玉県の市。②東武伊勢崎(いせさき)線の駅。

越沢 こいざわ 東京都の沢。

8 **越河** こすごう ①宮城県の旧村。②JR東日本東北本線の駅。

越知 おち ①福井県の山(—山(さん))。②高知県の町(ちょう)。

9 **越後寒川** えちごかんがわ JR東日本羽越(うえつ)本線の駅。

越廼 こしの 福井県の旧村。

越度 おちど 失敗。

越南 ベトナム ★国名。

12 **越幾斯** エキス 本質。エッセンス。

越喜来 おっきらい 岩手県の湾・地名。

越智 おち ①愛媛県の平野・郡。②姓氏。

越道峠 こいどとうげ 岐阜県の峠。

13 **越殿楽** えてんらく ▼【越天楽】えてんらく 361

越路 こしじ ①新潟県の旧町。②石川県の旧町。

16 **越橘** こけもも ▼【苔桃】こけもも 319

走 5 **【超】**(12) **チョウ** **こえる・こす**

3 **超凡** ちょうぼん 非凡。

走 8 **【趣】**(15) **シュ** **おもむき**

3 **趣山** こしやま 姓氏。

走 10 **【趨】**(17) **スウ・シュ・ショク・ソク**

0 **趨く** おもむく 〔趣く・赴く〕 「任地へ—」

趨る はしる 走る。

6 **趨向** すうこう 物事の成り行きがある方向に動きつつあること。

13 **趨勢** すうせい 成り行き。

【足(⻊)】〈あし〉〈あしへん〉部

足 0 **【足】**(7) ソク あし・たりる・たる・たす

足下 あしもと ▼【足許】あしもと 362

→**足下** そっか あなた。

4 **足手纏い** あしでまとい 行動の自由をさまたげるもの。

5 **足占** あうら 古代の占い。

足代 あじろ 姓氏。

足尼 すくね 姓氏。

足半 あしなか かかとのない草履(ぞうり)。

足末 あなすえ 足の先。

←**足立** あしだち JR西日本伯備線の駅。

→**足立** あだち 東京都の特別区。

6 **足羽** あすわ ①福井県の川・山・旧郡・旧町。②JR西日本越美北(えつみ)線の駅。③姓氏。

7 **足助** あすけ ①愛知県の川・旧町。②姓氏。

足利 あしかが ①栃木県の市・旧郡。②JR東日本両毛線の駅。③姓氏。

足利尊氏 あしかがたかうじ 室町幕府の初代将軍。

足利義詮 あしかがよしあきら 室町幕府の二代将軍。

足労れる くたびれる ▼【草臥れる】くたびれる 321

8 **足国** えくに 姓氏。

足忠実 あしまめ 「—に通う」

9 **足枷** あしかせ 〔桎〕 自由を束縛するもの。

足柄 あしがら ①神奈川・静岡県境の山・峠。②神奈川県の旧町。③静岡県の旧村。④JR東海御殿場(ごてんば)線等の駅。

10 **足速** あばや 速力が大きいこと。

11 **足寄** あしょろ 北海道の川・郡・町。

足許 あしもと 〔足下〕「—がふらつく」

足組む あぐむ 〔趺む・踞む〕 あぐらをかく。

足袋 たび 〔単皮〕 足に履く袋状の衣料。

足偏 あしへん 漢字の偏の一。

12 **足結** あゆい ▼【脚結】あゆい 310

足達 あだち 姓氏。

足焙り あしあぶり 足を暖める器具。

13 **足搦** あしがらみ・あしがら 足を相手の足にからめて倒す技。

足掻き あがき 「最後の—」

足掻く あがく 〔跑く・蹀く〕 じたばたする。

15 **足駐** あしだまり 行動を起こす根拠地。

19 **足蹶** あしげ ▼【足蹴】あしげ 362

足蹴 あしげ 〔足蹶〕「人を—にする」

足 4 **【趾】**(11) シ

0 **趾** あし 足。

10 **趾骨** しこつ 足の指の骨。

足 4 **【趺】**(11) フ

0 **趺む** あぐむ ▼【足組む】あぐむ 362

7 **趺坐** あぐら ▼【胡坐】あぐら 308

足 5 **【跏】**(12) カ

11 **跏趺** かふ 「結跏趺坐(けっかふざ)」の略。

足 5 **【距】**(12) キョ

0 **距** けづめ 〔蹴爪〕 キジ科の鳥の足の後ろにある突起物。

距てる へだてる 離れる。

足 5 **【跌】**(12) テツ・テチ

0 **跌** あなひら ▼【跗】あなひら 362

跌く つまずく ▼【躓く】つまずく 364

足 5 **【跛】**(12) ハ・ヒ

0 **跛** あしなえ ▼【蹇】あしなえ 363

6 **跛行** はこう ☆ 不釣り合いのまま物事が進行する。

足 5 **【跋】**(12) ハツ・バチ・バツ

4 **跋文** ばつぶん あとがき。

7 **跋折羅** ばさら ▼【縛日羅】ばさら 298

11 **跋扈** ばっこ ★ 「悪徳業者が—する」

足 5 **【跗】**(12) フ

←**跗** あなうら 足の裏。

→**跗** あなひら 〔趺〕 足の甲。

足 5 **【跑】**(12) ホウ

0 **跑く** あがく ▼【足掻く】あがく 362

7 **跑足** だくあし 馬術で、やや足早に歩くこと。

足 6 **【跪】**(13) **キ**

0 **跪く** ひざまずく 「神前に—」

足 6 **【跫】**(13) **キョウ**

0 **跫** あしおと 〔跫音〕足音。「—を忍ばせる」

9 **跫音** あしおと・きょうおん ▼【跫】あしおと 363

足 6 **【跨】**(13) **コ・カ**

0 **跨がる** またがる 「馬に—」

跨ぐ またぐ ★「溝を—」

足 6 **【跡】**(13) **セキ あと**

4 **跡切れる** とぎれる 「会話が—」

5 **跡目** あとめ 「—相続」

7 **跡形** あとかた 「—もない」

8 **跡始末** あとしまつ ▼【後始末】あとしまつ 131

12 **跡絶える** とだえる ▼【途絶える】とだえる 370

足 6 **【践】**(13) **セン**

0 **践む** ふむ ▼【踏む】ふむ 364

足 6 **【跣】**(13) **セン**

0 **跣** はだし ▼【裸足】はだし 344

7 **跣足** はだし ▼【裸足】はだし 344

足 6 **【跳】**(13) **チョウ はねる・とぶ**

← **跳馬** あがりうま 〔騂馬〕はねる癖のある馬。

→ **跳馬** ちょうば 体操競技種目の一。

11 **跳梁** ちょうりょう のさばる。

足 6 **【路】**(13) **ロ じ**

← **路** おうち 姓氏。

路 みち 〔途・径〕「—が込む」

→ **路** ルター ▼【路得】ルター 363

5 **路加** ルカ 新約聖書の登場人物。

8 **路肩** ろかた 「—に停める」

11 **路得** ルター 〔路〕ドイツの宗教改革者。

13 **路照** ロッテルダム 427 ▼【鹿特担】ロッテルダム

足 7 **【跼】**(14) **キョク**

0 **跼む** かがむ ▼【屈む】かがむ 112

← **跼る** うずくまる ▼【蹲る】うずくまる 364

→ **跼る** せぐくまる・くぐまる☆ 背をまるめてかがむ。

4 **跼天蹐地** きょくてんせきち 肩身の狭い思いで暮らすこと。

17 **跼蹐** きょくせき ちぢこまる。

足 7 **【踊】**(14) **ヨウ おどる・おどり**

21 **踊躍** ようやく おどりあがる。

足 8 **【踠】**(15) **エン**

0 **踠く** もがく 〔藻掻く〕「水におぼれて—」

足 8 **【踝】**(15) **カ**

0 **踝** くるぶし☆ 足首の、骨が盛り上がっている部分。

足 8 **【踞】**(15) **キョ・コ**

0 **踞む** あぐむ ▼【足組む】あぐむ 362

踞る うずくまる ▼【蹲る】うずくまる 364

7 **踞尾** つくお 姓氏。

足 8 **【踪】**(15) **ショウ・ソウ**

13 **踪跡** そうせき 行方(ゆくえ)。

足 8 **【踏】**(15) **トウ ふむ・ふまえる**

0 **踏み躙る** ふみにじる 「好意を—」

踏ん反り返る ふんぞりかえる 「ソファーに—」

19 **踏鞴** たたら★ 〔蹈鞴〕足で踏む大きなふいご。

足 9 **【蹂】**(16) **ジュウ**

23 **蹂躙** じゅうりん★ 踏みつけて荒らす。

足 9 **【踵】**(16) **ショウ**

0 **踵** くびす・きびす・かかと☆ かかと。

足 9 **【蹀】**(16) **チョウ**

0 **蹀く** あがく ▼【足掻く】あがく 362

足 9 **【蹄】**(16) **テイ**

0 **蹄** ひづめ 馬などの硬い爪。

13 **蹄鉄** ていてつ 馬具の一。

足 9 **【踰】**(16) **ユ・ヨウ**

0 **踰** こし 姓氏。

踰える こえる のりこえる。

足 10 **【蹇】**(17) **ケン**

0 **蹇** あしなえ 〔跛・躄〕歩行が不自由なこと。

蹇む なやむ 困窮しているさま。

17 **蹇蹇匪躬** けんけんひきゅう☆ 主君に忠義を尽くすこと。

足 10 **【蹉】**(17) **サ・シャ**

0 **蹉く** つまずく ▼【躓く】つまずく 364

12 **蹉跎** さだ つまずく。

蹉跌 さてつ つまずく。

足10 【蹌】(17) ショウ・ソウ

14 蹌踉 そうろう よろめくさま。

蹌踉く よろめく 〔蹣跚く〕「階段で―」

蹌踉ける よろける 〔蹣跚ける〕「酒に酔って―」

17 蹌蹌 そうそう よろめくさま。

足10 【蹈】(17) トウ・ドウ

0 蹈む ふむ 〔践む・履む〕 踏む。

19 蹈鞴 たたら ★▼【踏鞴】たたら 363

足11 【蹠】(18) セキ

0 蹠 あしうら 〔足裏〕 足のうら。

足11 【蹣】(18) ハン・バン

12 蹣跚 まんさん よろめき歩くさま。

蹣跚く よろめく 364 ▼【蹌踉く】よろめく

蹣跚ける よろける ▼【蹌踉ける】よろける 364

足12 【蹶】(19) ケツ・ケイ

0 蹶く つまずく ▼【躓く】つまずく 364

10 蹶起 けっき 決起。

足12 【蹴】(19) シュウ・シク・シュク

0 蹴る ける 「ボールを―」

3 蹴上 けあげ ①京都府の地名。②京都市営地下鉄東西線の駅。

4 蹴爪 けづめ ▼【距】けづめ 362

5 蹴出し けだし 女性の和服用の下着の一。

9 蹴飛ばす けとばす 強くける。

11 蹴球 しゅうきゅう フットボール。球技の一。

12 蹴散らす けちらす 追い散らす。

蹴落とす けおとす 「ライバルを―」

17 蹴鞠 けまり 公家の遊びの一。

22 蹴躓く けつまずく 「敷居に―」

足12 【蹲】(19) ソン・シュン

0 蹲 つくばい 〔蹲踞〕 手洗い用の水をいれる鉢。

蹲る うずくまる ★〔踞る・跼る〕「道端に―」

8 蹲居 そんきょ うずくまる。

← 蹲踞 そんきょ 相撲や剣道の基本姿勢。

→ 蹲踞 つくばい ▼【蹲】つくばい 364

16 蹲鴟 いもがしら ▼【芋頭】いもがしら 315

足12 【蹼】(19) ホク

0 蹼 みずかき☆ ▼【水搔き】みずかき 207

足13 【躁】(20) ソウ

29 躁鬱 そううつ さわぐこととふさぐこと。

足13 【躄】(20) ヘキ・ヒャク

0 躄 あしなえ ▼【蹇】あしなえ 363

11 躄魚 いざりうお アンコウ目の海魚。

足14 【躋】(21) セイ・サイ

0 躋る のぼる 登る。

19 躋攀 せいはん よじ登る。

足14 【躊】(21) チュウ

19 躊躇 ちゅうちょ ためらう。

躊躇う ためらう どうしたらよいか迷い、すぐ行動しない。「行くべきかどうか―」

足14 【躍】(21) ヤク おどる

6 躍如 やくじょ 「面目―」

足15 【躓】(22) チ

0 躓く つまずく 〔蹉く・跌く・蹶く〕 よろける。

足15 【躑】(22) テキ

← 躑躅 つつじ ★〔映山紅〕 ツツジ属の植物の総称。

→ 躑躅 てきちょく ツツジの漢名。

足16 【躙】(23) リン

0 躙る にじる 膝で少しずつ動く。

足18 【躡】(25) ジョウ

0 躡む ふむ 踏む。

【身】〈み〉〈みへん〉部

身0 【身】(7) シン み

0 身 むくろ ▼【軀】むくろ 365

← 身上 しんしょう 財産。

→ 身上 しんじょう ①持ち味。②身の上。

← 身代 しんだい 財産。

→ 身代 みのしろ 「―金」

身包み みぐるみ 「―はがれる」

7 身形 みなり 服装。

身体 からだ ▼【軀】からだ 365

8 身延 みのぶ ①山梨県の山地・山(―山)・町。②JR東海の路線・駅。

7画 足部 10―18画 身部 0画

9 身屋 もや ▼【母屋】もや 204
身拭 みのごい 身体をぬぐうもの。
身拵え みごしらえ みじたく。
身柱 ちりけ 〔天柱〕 灸点の一。
11 身動ぎ みじろぎ☆ 「じっと—もせず話に聞き入る」
15 身熟し みごなし 動作。
22 身籠る みごもる 〔妊る〕 「初めての子を—」

身 3 【躬】(10) **キュウ・ク・クウ**
6 躬行 きゅうこう 実践する。

身 4 【躮】(11) **せがれ**
0 躮れ せがれ ▼【倅】せがれ 31

身 5 【躰】(12) **テイ・タイ**
0 躰 からだ ▼【軀】からだ 365

身 6 【躱】(13) **タ**
0 躱す かわす 避ける。そらす。

身 9 【躾】(16) **しつけ**
0 躾 しつけ 礼儀を身につけさせること。

身 11 【軀】(18) **ク**
← 軀 からだ 〔身体・躰〕 「—の弱い人」
→ 軀 むくろ 〔骸・身〕 身体。なきがら。

身 12 【軅】(19) **たか**
9 軅飛 たかとぶ 福島県の旧地名。

身 17 【軈】(24) **やがて**
0 軈て やがて そのうち。

【車】〈くるま〉〈くるまへん〉部

車 0 【車】(7) **シャ くるま**
3 車下李 にわうめ ▼【郁李】にわうめ 375
7 車折神社 くるまざきじんじゃ 京福(けいふく)電気鉄道嵐山(あらしやま)本線の駅。
9 車海老 くるまえび 〔車蝦・斑節蝦〕 海産のエビの一種。
車前 おおばこ ▼【車前草】おおばこ 365
車前草 おおばこ☆ 〔車前・芣苡・大葉子〕 オオバコ科の多年草。
車前葉 かたくり 115 ▼【山慈姑】かたくり
12 車渠 しゃこ ▼【蝦蛄】しゃこ 338
13 車楽 だんじり ▼【檀尻】だんじり 199
車載斗量 しゃさいとりょう 数の多いたとえ。
15 車蝦 くるまえび 365 ▼【車海老】くるまえび

車 1 【軋】(8) **アツ**
0 軋む きしむ こすれ合う。
軋る きしる 〔轢る〕 こすれ合う。
22 軋轢 あつれき 不和。

車 2 【軌】(9) **キ**
7 軌条 きじょう 線路。
19 軌轍 きてつ わだち。

車 2 【軍】(9) **グン**
0 軍 いくさ ▼【戦】いくさ 148
3 軍川 いくさがわ 北海道の地名。
7 軍谷峠 いくさだにとうげ 宮崎県の峠。
軍沢岳 いくさざわだけ 秋田・山形県境の山。
9 軍畑 いくさばた ①東京都の地名。②JR東日本青梅(おうめ)線の駅。
19 軍鶏 シャモ★ 〔好闘雞・好闘鶏・闘鶏〕 ニワトリの一品種。

車 3 【軒】(10) **ケン のき**
7 軒忍 のきしのぶ ウラボシ科の常緑性シダ植物。
8 軒昂 けんこう 「意気—」
12 軒廊 こんろう 寝殿造りで、屋根のある渡り廊下。
13 軒輊 けんち ものの高低・軽重・優劣。
14 軒端 のきば 〔檐端〕 軒のはし。

車 4 【転】(11) **テン ころがる・ころげる・ころがす・ころぶ**
← 転 うたた★ ますます。
→ 転 ころ 重いものを移動させる丸棒。
転く くるめく 物がくるくる回る。
転ける こける 〔倒ける〕 ころぶ。
9 転柿 ころがき ▼【枯露柿】ころがき 186
← 転寝 うたたね ▼【仮寝】うたたね 24
→ 転寝 ごろね 「こたつで—する」

車 4 【軟】(11) **ナン やわらか・やわらかい**
7 軟条海棠 いとざくら ▼【糸桜】いとざくら 290
9 軟派 なんぱ 「—な学生」「かわいい子を—する」
14 軟膏 なんこう 外用薬。

軟障 ぜじょう 装飾を兼ねた仕切り用の垂れ幕。

車4 **【軛】**(11) **アク・ヤク**

0 **軛** くびき★ 〔衡・頸木〕 自由を束縛するもの。

車5 **【軼】**(12) **イツ・テツ**

8 **軼事** いつじ 〔逸事〕 世に知られない事柄。

車5 **【軽】**(12) **ケイ かるい・かろやか**

5 **軽目焼** かるめやき 菓子の一。

6 **軽米** かるまい 岩手県の町。

8 **軽忽** きょうこつ☆ 〔軽骨〕 軽率。

軽衫 カルサン☆ 袴の一。

軽佻浮薄 けいちょうふはく☆ 軽はずみでうわついていること。

9 **軽便** けいべん 手軽で便利なさま。

10 **軽骨** きょうこつ ▼【軽忽】 366

← **軽軽** きょうきょう 軽率。

→ **軽軽** けいけい 「―に判断してはいけない」

13 **軽業** かるわざ 曲芸。

14 **軽蔑** けいべつ ばかにすること。

16 **軽鴨** かるがも カモ科の水鳥。

19 **軽羹** かるかん 菓子の一。

20 **軽躁** けいそう 落ち着きがなくそうぞうしい。

車5 **【軸】**(12) **ジク**

8 **軸物** じくもの 掛け軸。

車5 **【軫】**(12) **シン**

11 **軫宿** みつかけぼし・しんしゅく 二十八宿の一。

車6 **【較】**(13) **カク**

0 **較べる** くらべる 〔競べる〕「背の高さを―」

10 **較差** かくさ・こうさ 物事を比較したときの差。

12 **較量** こうりょう・きょうりょう 物事を推し量る。

車6 **【載】**(13) **サイ のせる・のる**

0 **載** さい 数の単位の一。

車7 **【輒】**(14) **チョウ**

0 **輒ち** すなわち ▼【則ち】 46

車7 **【輓】**(14) **バン**

0 **輓く** ひく 前方に引っ張る。

6 **輓曳競馬** ばんえいけいば 輓馬による競馬。

7 **輓近** ばんきん★ 近ごろ。

10 **輓馬** ばんば 車などをひかせる馬。

14 **輓歌** ばんか ▼【挽歌】 156

車7 **【輔】**(14) **ホ・フ**

0 **輔** すけ ▼【次官】 200

輔ける たすける 〔弼ける・佐ける・佑ける〕 補佐する。

12 **輔弼** ほひつ 〔補弼〕 天子の政治をたすけること。

車8 **【輜】**(15) **シ**

9 **輜重** しちょう☆ 荷物。

車8 **【輙】**(15) **チョウ**

0 **輙ち** すなわち ▼【則ち】 46

車8 **【輩】**(15) **ハイ**

← **輩** ともがら☆ 〔曹・儕・儔〕 仲間。

→ **輩** やから☆ 〔族〕 仲間。同類。

車8 **【輪】**(15) **リン わ**

3 **輪子** りゅうご ▼【輪鼓】 366

9 **輪廻** りんね☆ 「―転生」

13 **輪鼓** りゅうご 〔輪子〕 中央がくびれた形の物。

車8 **【輦】**(15) **レン**

← **輦** てぐるま 人が引っぱる車。

→ **輦** れん 人がかついで運ぶ輿。

17 **輦轂** れんこく 皇帝の乗り物。

車9 **【輯】**(16) **シュウ**

0 **輯める** あつめる 数多く集める。

車9 **【輻】**(16) **フク**

10 **輻射** ふくしゃ 放射。

12 **輻湊** ふくそう ▼【輻輳】 366

16 **輻輳** ふくそう★ 〔輻湊〕 一か所に集まりこみあう。「事務が―する」

車9 **【輸】**(16) **ユ**

0 **輸ける** まける 敗れる。

20 **輸贏** しゅえい・ゆえい 勝負。

21 **輸鶴羽** ゆづるは 兵庫県の山地・山(―山)。

車10 **【轅】**(17) **エン**

0 **轅** ながえ☆ 馬車などの前に長く出た二本の棒。

車10 **【轄】**(17) **カツ**

0 **轄** くさび ▼【楔】 194

車10 **【轂】**(17) **コク**

0 **轂** こしき 牛車(ぎっしゃ)の車輪で車軸の通っている部分。

車10 **【輾】**(17) **テン・デン**

10 **輾展** てんてん ころがる。

車10 **【輿】**(17) **ヨ**

0 **輿** こし☆ 屋形と轅(ながえ)の付いた乗り物。

4 **輿水** こしみず 姓氏。

11 **輿望** よぼう☆ 世間の人々からの期待。

15 **輿論** よろん 〔世論〕 世間一般の意見。

車11 **【轆】**(18) **ロク**

23 **轆轤** ろくろ★ 陶磁器を成形するために回転させて使う台。

車12 **【轍】**(19) **テツ・テチ**

0 **轍** わだち★ 車輪のあと。

車13 **【轗】**(20) **カン**

12 **轗軻** かんか 道が平らでないさま。

車14 **【轟】**(21) **コウ・ゴウ**

←**轟** とどろき 宮城県の温泉。

→**轟** どめき えちぜん鉄道勝山永平寺(かつやまえいへいじ)線の駅。

轟く とどろく★「雷鳴が―」

7 **轟沈** ごうちん「敵艦を―する」

車15 **【轡】**(22) **ヒ**

0 **轡** くつわ・くつばみ★ 〔銜〕 馬の口にくわえさせる金具。

6 **轡虫** くつわむし キリギリス科の昆虫。

車15 **【轢】**(22) **レキ**

0 **轢く** ひく「車が歩行者を―」

轢る きしる ▼【軋る】きしる 365

6 **轢死** れきし☆ 車輪にひかれて死ぬこと。

11 **轢断** れきだん「―死体」

【辛】〈からい〉〈しん〉部

辛0 **【辛】**(7) **シン からい**

0 **辛** かのと☆ 十干の一。

辛い つらい「―別れ」

3 **辛子** からし ▼【芥子】からし 316

辛巳 かのとみ・しんし 干支(えと)の一。

6 **辛夷** こぶし★ 〔迎春花・木筆〕 モクレン科の落葉高木。

7 **辛辛** からがら「命―逃げ帰る」

辛酉 かのととり・しんゆう 干支(えと)の一。

辛良 から 姓氏。

9 **辛香峠** からこうとうげ 岡山県の峠。

14 **辛辣** しんらつ 表現が手厳しい。

17 **辛鍛** からかぬち 姓氏。

18 **辛櫃** からひつ 〔屍櫃〕 棺(ひつ)。

辛6 **【辞】**(13) **ジ やめる**

0 **辞** ことば ▼【詞】ことば 350

辞む いなむ 辞退する。

辞る ことわる 〔謝る〕 断る。

5 **辞世** じせい この世を去る。

辛6 **【辟】**(13) **ヘキ・ビャク・ヒ・ヘイ**

0 **辟く** つんざく ▼【劈く】つんざく 47

辟ける さける のがれる。

辟す めす 呼び寄せる。

8 **辟易** へきえき★ ①ひきさがってしまう。②うんざりする。

辛7 **【辣】**(14) **ラツ**

0 **辣い** からい 辛い。

8 **辣油** ラーユ ごま油を用いた調味料の一。

12 **辣韮** らっきょう☆ 〔薤・辣韭〕 ユリ科の多年草。

辣腕 らつわん「―の弁護士」

辛9 **【辨】**(16) **ヘン・ベン・ハン**

0 **辨える** わきまえる ▼【弁える】わきまえる 127

【辰】〈しんのたつ〉部

辰0 **【辰】**(7) **シン**

0 **辰** たつ 十二支の一。

3 **辰巳** たつみ ▼【巽】たつみ 120

9 **辰砂** しんしゃ 鉱物の一。

辰星 しんせい 星のこと。

10 **辰馬** たつま 姓氏。

11 **辰野** たつの 姓氏。

辰3 **【辱】**(10) **ジョク はずかしめる**

0 **辱** はじ 〔羞〕 恥。「―の上塗り」

辱い かたじけない★ ▼【忝い】かたじけない 138

8 **辱知** じょくち 知り合いであることをへりくだって言う語。

10 **辱涙** かたじけなみだ ありがたなみだ。

辰6 **【農】**(13) **ノウ**

5 **農奴** のうど 封建社会の農民。

11 **農鳥岳** のうとりだけ 山梨・静岡県境の山。

【辵（⻌・⻍）】〈しんにょう〉〈しんにゅう〉部

辵0 **【辵】**(7) **チャク**

0 **辵** しんにょう しんにゅう ▼【之繞】しんにょう 12

辵1 **【辷】**(5) **すべる**

0 **辷る** すべる 「雪道で―」

辵2 **【込】**(5) **こむ・こめる**

2 **込入る** こみいる 複雑に組み合う。

3 **込上げる** こみあげる わき上がる。

7 **込谷** こみや 姓氏。

辵2 **【辻】**(6) **つじ**

5 **辻占** つじうら 吉凶を示す文句を書いた紙片。

11 **辻斬り** つじぎり 江戸時代、武士が夜間、通行人を斬り捨てたこと。

辻堂 つじどう ①神奈川県の地名。②JR東日本東海道本線の駅。

13 **辻褄** つじつま 「―を合わせる」

辵2 **【辺】**(5) **ヘン あたり・べ**

0 **辺** ほとり 〔畔〕「川の―」

3 **辺土名** へんとな 沖縄県の地名。

4 **辺戸岬** へどみさき 沖縄県の岬。

辺方 おいわけ 姓氏。

7 **辺見** へみ・へんみ 姓氏。

12 **辺寒辺牛** べかんべうし 北海道の川・湿原。

14 **辺鄙** へんぴ 都から遠く離れて不便なこと。

辵3 **【迂】**(7) **ウ**

6 **迂回** うかい 遠回り。

迂曲 うきょく 曲がりくねること。

13 **迂遠** うえん ☆ まわりくどい。

迂路 うろ 回り道。

17 **迂闊** うかつ ☆ 不注意。

辵3 **【迄】**(7) **キツ**

0 **迄** まで 「山頂―あとどのくらい？」

辵3 **【迅】**(6) **ジン**

13 **迅雷** じんらい 「疾風―」

辵3 **【辿】**(7) **テン**

0 **辿る** たどる ★「足跡を―」

辵4 **【近】**(7) **キン ちかい**

4 **近文** ちかぶみ ①北海道の地名。②JR北海道函館本線の駅。

近木川 こぎがわ 大阪府の川。

6 **近江** おうみ ①滋賀県の盆地・旧町。②民営鉄道(―鉄道)・路線(―本線)。③旧国名。現在の滋賀県全域。

11 **近習** きんじゅ・きんじゅう 主君の近くに仕える者。

16 **近衛** このえ 姓氏。

辵4 **【迎】**(7) **ゲイ むかえる**

5 **迎田** むこうだ 姓氏。

6 **迎合** あど 狂言で主役に対する相手役。

9 **迎春花** こぶし ▼【辛夷】こぶし 367

15 **迎賓館** げいひんかん 外国の要人を迎える建物。

辵4 **【迚】**(8) **とても・とて**

0 **迚も** とても ★ 非常に。

辵4 **【返】**(7) **ヘン かえす・かえる**

7 **返戻** へんれい 返し戻すこと。

14 **返魂香** はんごんこう ▼【反魂香】はんごんこう 58

辵5 **【迦】**(9) **カ・キャ・カイ**

11 **迦陵頻伽** かりょうびんが 想像上の鳥。

12 **迦葉山** かしょうざん 群馬県の山。

迦葉仏 かしょうぶつ 過去七仏かこしちぶつの第六。

辵5 **【述】**(8) **ジュツ のべる**

16 **述懐** じゅっかい しみじみと思い出を述べる。

辵5 **【迢】**(9) **チョウ**

9 **迢迢** ちょうちょう 遠くへだたるさま。

辵5 **【迭】**(8) **テツ**

7 **迭更斯** ディケンズ 〔姪騫〕イギリスの作家。

辵5 **【迫】**(8) **ハク せまる**

0 **迫** せり 舞台装置の一。

← **迫** はさま 宮城県の川・旧町。

→ **迫** はざま 姓氏。

迫り出し せりだし せり舞台装置の一。

迫る せる 少しずつ動く。
3 迫川 はざかわ ①岡山県の地名。②JR西日本宇野線の駅。
5 迫田 せりた 姓氏。
12 迫間 はざま ☆ ▼【狭間】はざま 241

辵6【逆】(9) **ギャク** **さか・さからう**
3 逆上せる のぼせる ☆〔上気せる〕「長湯をして—」「女に—」
4 逆手 さかて 「相手の主張を—にとる」
逆井 さかさい 東武野田線の駅。
7 逆児 さかご 「—で生まれる」
8 逆茂木 さかもぎ 〔鹿砦〕敵の侵入を防ぐための垣。
10 逆旅 げきりょ 旅館。やどや。
逆捩じ さかねじ 「—を食わせる」
12 逆戟 さかまた 〔魚虎・土奴魚・鯱魚〕シャチの別名。
13 逆鉤 あぐ ▼【鐖】あぐ 387
逆夢 さかゆめ 事実とは逆の夢。
14 逆睹 ぎゃくと ★〔逆覩〕将来を予測すること。
逆様 さかさま 「絵を—に掛ける」
15 逆撫で さかなで ☆「神経を—する」
16 逆鞘 ぎゃくざや 「—解消に努める」
16 逆覩 ぎゃくと ▼【逆睹】ぎゃくと 369
21 逆艪 さかろ 艪を船の前部に取り付けること。
24 逆鱗 げきりん ☆「—に触れる」

辵6【迹】(10) **セキ・シャク**
0 迹 あと 「足の—が残る」
7 迹見 あとみ 姓氏。

辵6【退】(9) **タイ** **しりぞく・しりぞける**
←退く どく・のく わきへ移動する。
→退く ひく 「実業界から身を—」
退っ引き のっぴき 「—ならない事態」
退る しさる・しざる・すさる 後ろへさがる。
9 退紅 あらぞめ ▼【粗染】あらぞめ 288
17 退嬰 たいえい ★ 新しいものを取り入れようとしない。

辵6【迺】(10) **ダイ・ナイ**
0 迺 の ▼【廼】の 127
迺ち すなわち ▼【則ち】すなわち 46

辵6【追】(9) **ツイ** **おう**
4 追分 おいわけ 道が二つに分かれる所。
6 追羽子 おいばね 〔追羽根〕羽根つき。
追而 おって 近いうちに物事が行われるさま。
追而書き おってがき 手紙の本文のあとに添える文。
7 追良瀬 おいらせ 地名。①青森県の川・②JR東日本五能線の駅。
8 追河 おいかわ コイ目の淡水魚。
追波 おっぱ 宮城県の川・湾。
9 追風 おいて ☆ 順風。
10 追従 ついしょう ★「お—を言う」
追浜 おっぱま ①神奈川県の地名。②京急本線の駅。
←追儺 おにやらい ▼【鬼遣】おにやらい 416
→追儺 ついな おおみそかの年中行事「おにやらい」。

辵6【逃】(9) **トウ** **にげる・にがす・のがす・のがれる**
12 逃散 ちょうさん 農民の闘争手段の一。

辵6【迸】(10) **ホウ・ヒョウ**
0 迸り とばっちり ▼【迸り】とばっちり 371
迸る ほとばしる ★ ▼【迸る】ほとばしる 371

辵6【迷】(9) **メイ** **まよう**
3 迷子 まいご はぐれたり道に迷ったりした子ども。

辵7【逧】(11) **さこ**
0 逧 さこ 小さい谷。

辵7【這】(11) **ゲン・シャ**
0 這い這い はいはい 「赤ん坊が—を始めた」
這い蹲う はいつくばう ★「地面に—」
這う はう 〔匍う・延う〕「赤ん坊が—」
2 這入る はいる はい入る。「部屋に—」
3 這子 ほうこ 子どものお守りの一。
5 這田 ほうた 姓氏。
8 這松 はいまつ 〔偃松〕マツ科の常緑低木。
9 這柏槙 はいびゃくしん 〔矮柏・矮檜〕ヒノキ科の常緑低木。
10 這般 しゃはん ★ このたび。「—の事情により」
11 這這 ほうほう 「—の体(てい)で逃げ帰る」

辵7【逡】(11) **シュン**

6 **逡巡** しゅんじゅん ☆ 決断をためらう。

逡巡う ためらう 迷う。

辶7 **【逍】**(11) **ショウ**

12 **逍遥** しょうよう そぞろ歩き。

逍遥く ぶらつく 歩き回る。

辶7 **【造】**(10) **ゾウ つくる**

0 **造** みやつこ 古代の姓(かばね)の一。

6 **造次顛沛** ぞうじてんぱい わずかの間のたとえ。

7 **造作** ぞうさ 〔雑作〕「なんの―もない」

10 **造酒司** みきのつかさ 〔酒司〕律令制で、醸造をつかさどる役所。

造酒児 さかつこ 神に供える酒を造る少女。

13 **造詣** ぞうけい ★「文楽に―が深い」

辶7 **【速】**(10) **ソク はやい・はやめる・すみやか**

4 **速水御舟** はやみぎょしゅう 日本画家。

速日の峰 はやひのみね 宮崎県の山。

7 **速見** はやみ 大分県の郡。

8 **速雨** はやさめ にわか雨。

18 **速贄** はやにえ 初物の供え物。

辶7 **【逐】**(10) **チク**

0 **逐う** おう 追っかける。

8 **逐沼** おいぬま 姓氏。

11 **逐鹿** ちくろく 帝位を争うこと。

辶7 **【通】**(10) **ツウ・ツ とおる・とおす・かよう**

5 **通生** かよう 岡山県の地名。

7 **通条花** きぶし ▼【木五倍子】きぶし 178

8 **通夜** つや 死者とともに夜を過ごす。

9 **通津** つづ ①山口県の地名。②JR西日本山陽本線の駅。③姓氏。

通泉草 さぎごけ ▼【鷺苔】さぎごけ 426

通草 あけび ☆〔木通・蓪・山女・丁翁〕アケビ科のつる性落葉低木。

10 **通宵** つうしょう ひと晩じゅう。

通途 つうず ▼【通塗】つうず 370

12 **通暁** つうぎょう ☆ 熟知していること。

通詞 つうじ 〔通事・通辞〕通訳。

13 **通牒** つうちょう ☆ 書面での通知。

通塗 つうず 〔通途〕普通なこと。

辶7 **【逓】**(10) **テイ**

9 **逓信** ていしん 郵便・電信などを順次送り伝えて届けること。

辶7 **【逞】**(11) **テイ**

0 **逞しい** たくましい ★「筋骨―力士」

辶7 **【途】**(10) **ト**

0 **途** みち ▼【路】みち 363

12 **途絶える** とだえる 〔杜絶える・跡絶える〕「人通りが―」

途惑う とまどう ▼【戸惑う】とまどう 149

19 **途轍もない** とてつもない ☆ とほうもない。

辶7 **【透】**(10) **トウ すく・すかす・すける**

0 **透す** とおす つきぬける。

透る とおる 通りぬける。

8 **透波** すっぱ 戦国時代のスパイ。

9 **透垣** すいがい 間を透かして作った垣根。

14 **透綾** すきや 非常に薄い絹織物。

辶7 **【逗】**(11) **トウ・ズ**

3 **逗子** ずし ①神奈川県の市。②京急の路線。③JR東日本横須賀線の駅。

10 **逗留** とうりゅう ☆「秘湯の宿に―する」

辶7 **【逢】**(11) **ホウ・ブ**

0 **逢う** あう「客に―」

逢魔が時 おうまがとき 夕方の薄暗いころ。

4 **逢引き** あいびき ▼【媾曳き】あいびき 97

7 **逢坂** おうさか ①滋賀県の山・地名。②三重県の峠。

逢阪峠 おうさかとうげ 和歌山県の峠。

12 **逢着** ほうちゃく ☆ でくわす。

19 **逢瀬** おうせ ☆「月に一度の―を楽しむ」

辶7 **【連】**(10) **レン つらなる・つらねる・つれる**

0 **連** むらじ 古代の姓(かばね)の一。

連べ打ち つるべうち 〔釣瓶打ち〕銃や砲を続けざまに撃つ。

連む つるむ ☆ 行動をともにする。

連りに しきりに たびたび。

3 **連子窓** れんじまど ▼【櫺子窓】れんじまど 200

5 連玉 レダマ マメ科の落葉低木。
8 連枝草 うまごやし ▼【苜蓿】うまごやし 320
10 連島 つらじま 岡山県の地名。
11 連雀 れんじゃく レンジャク属の鳥の総称。
14 連歌 れんが 古典詩歌の一。
← 連銭草 かきどおし ▼【垣通し】かきどおし 79
→ 連銭草 かやつりぐさ ▼【莎草】かやつりぐさ 322
18 連翹 れんぎょう モクセイ科の落葉低木。

辵8【逶】(12) **イ**
9 逶迤 いい うねうねと長く続くさま。

辵8【逸】(11) **イツ**
0 逸る はやる ★「血気に―」
← 逸れる そびれる 「言い―」
逸れる それる 「投球が―」
→ 逸れる はぐれる 「親から―」
6 逸早く いちはやく ★〔逸速く〕「―駆けつける」
7 逸見 へみ 京急本線の駅。
8 逸物 いちもつ すぐれたもの。

辵8【逵】(12) **キ**
4 逵井 つじい 姓氏。
7 逵邑 つじむら 姓氏。

辵8【進】(11) **シン すすむ・すすめる**
0 進 じょう ▼【判官】じょう 45
4 進木 すすき 姓氏。
7 進来 すずき 姓氏。
10 進捗 しんちょく ★「―状況を報告する」

辵8【逮】(11) **タイ**
0 逮ぶ およぶ 追いつく。

辵8【迸】(12) **ホウ・ヒョウ**
0 迸り とばっちり 〔迸り〕まきぞえ。そばづえ。「―を受ける」
迸る ほとばしる 〔迸る〕飛び散る。

辵9【適】(13) **あっぱれ**
0 適 あっぱれ ▼【天晴れ】あっぱれ 90

辵9【運】(12) **ウン はこぶ**
0 運る めぐる まわる。
4 運戸 はこびと 姓氏。
5 運玉森 うんたまもり 沖縄県の山。
7 運否天賦 うんぷてんぷ ☆ 運にまかせる。
12 運鈍根 うんどんこん 三つの成功の秘訣(ひけつ)。幸運とねばり強さと根気。

辵9【過】(12) **カ すぎる・すごす・あやまつ・あやまち**
0 過る よぎる 「不安が脳裏を―」
4 過日 こないだ ▼【此間】こないだ 202
7 過言 かごん 言いすぎ。
9 過客 かかく 旅人。
10 過料 かりょう・あやまちりょう 金銭罰の一。
12 過疎 かそ 人口が少ない様子。

辵9【遐】(13) **カ**
11 遐陬 かすう 辺境の地。

辵9【遇】(12) **グウ**
0 遇う あう ▼【遭う】あう 373

辵9【遑】(13) **コウ・オウ**
0 遑 いとま ▼【暇】いとま 174
13 遑遑 こうこう あわただしいさま。

辵9【遒】(13) **シュウ**
0 遒い つよい 力強い。
9 遒勁 しゅうけい ☆ 書画で筆の運びが力強いこと。

辵9【遂】(12) **スイ とげる**
0 遂せる おおせる 〔果せる〕「なんとか逃げ―」
遂に ついに ▼【終に】つい 293
7 遂佐 とさ 姓氏。
12 遂遂 とうとう ついに。

辵9【達】(12) **タツ**
0 達 たち 「子ども―の広場」
達て たって 「―の願い」
4 達引き たてひき 義理や意地を通すこと。
5 達古武沼 たっこぶとう 北海道の湖。
7 達芬奇 ダビンチ イタリアの芸術家。
12 達斯馬尼 タスマニア オーストラリアの島。
14 達爾文 ダーウィン ▼【大因】ダーウィン 86
16 達磨 だるま ★ 中国禅宗の祖。

達磨山 だるまやま 静岡県の山。
達頼喇嘛 ダライラマ チベットの最高支配者の称号。

辶9 **【遅】**(12) **チ** **おくれる・おくらす・おそい**

←遅遅 ぐずぐず のろのろしているさま。
→遅遅 ちち 「—として進まない」
13 遅蒔き おそまき 「—の麦」
14 遅疑 ちぎ★ 決断せず、ぐずぐずしているさま。

辶9 **【遉】**(13) **テイ**

0 遉 さすが☆ ▼【流石】さすが 218

辶9 **【道】**(12) **ドウ・トウ** **みち**

0 道う いう かたる。
3 道上 みちのうえ JR西日本福塩線の駅。
6 道守 ちもり 姓氏。
7 道形 みちなり 「—に進む」
8 道志 どうし 山梨県の川・山地・村。
道果 みちはか 〔道捗〕 旅程の進み具合。
道明寺 どうみょうじ ①大阪府の地名。②近鉄の路線。③近鉄南大阪線等の駅。

9 道祖土 さいど ①埼玉県の地名。②姓氏。
道祖土焼 さいとやき 道祖神の火祭り。
道祖神 さえのかみ・さいのかみ・どうそじん 〔障の神・塞の神〕 旅の安全を守る神。
10 道修町 どしょうまち 大阪府の地名。
11 道捗 みちはか ▼【道果】みちはか 372
道産子 どさんこ☆ 北海道生まれの人。
12 道理 ことわり ▼【理】ことわり 246
道程 みちのり・どうてい 目的地までの距離。
13 道戦峠 どうせんとうげ 広島県の峠。
道頓堀 どうとんぼり 大阪府の地名。
14 道爾 ドイル イギリスの作家。
15 道導 みちしるべ ▼【道標】みちしるべ 372
道標 みちしるべ 〔道導〕「会社経営の—」
20 道灌山 どうかんやま 東京都の台地。
道灌草 どうかんそう 〔王不留行〕 ナデシコ科の一年草。
22 道饗祭 みちあえのまつり 昔の京都の祭事。

辶9 **【遁】**(13) **トン・シュン**

0 遁げる にげる 逃げる。
遁れる のがれる☆ 〔遯れる〕 逃れる。
7 遁走 とんそう 逃げ去る。

辶9 **【逼】**(13) **ヒョク・ヒチ・ヒツ**

0 逼る せまる 迫る。
8 逼迫 ひっぱく☆ 「—した財政」
13 逼塞 ひっそく★ 姿を隠してひきこもる。

辶9 **【遍】**(12) **ヘン**

0 遍く あまねく☆ 〔普く・周く〕 すみずみまで。「—知れ渡る」
9 遍昭 へんじょう 〔遍照〕 平安前期の僧・歌人。
19 遍羅 べら☆ 〔倍良〕 ベラ科の海魚の総称。

辶9 **【遊】**(12) **ユウ・ユ** **あそぶ**

0 遊び すさび☆ 〔荒び〕 慰み。「筆の—」
遊び女 あそびめ ▼【白女】あそびめ 257
3 遊山 ゆさん 「物見—」
遊女 うかれめ ▼【浮れ女】うかれめ 218
遊上 ゆがみ 姓氏。
遊弋 ゆうよく☆ 艦船が敵に備えて動き回る。
6 遊行女児 あそびめ ▼【白女】あそびめ 257
遊糸 かげろう ▼【陽炎】かげろう 394
遊牝む つるむ ▼【交尾む】つるむ 20
←遊佐 ゆさ 姓氏。
→遊佐 ゆざ ①山形県の町。②JR東日本羽越本線の駅。
遊冶郎 ゆうやろう 道楽者。
10 遊馬 あすま ①埼玉県の地名。②姓氏。
13 遊楽部 ゆうらっぷ 北海道の川・山(—岳)。
14 遊説 ゆうぜい 「全国を—して歩く」
15 遊戯 ゆうぎ 遊びたわむれること。

辶9 **【遥】**(12) **ヨウ**

0 遥か はるか 〔杳か〕 非常に遠い。
12 遥遥 はるばる☆ 「—訪ねて来た」

辶10 **【違】**(13) **イ** **ちがう・ちがえる**

0 違う たがう 背く。
違える たがえる 「約束を—」
9 違背 いはい 命令、法律などにそむく。

辶10 **【遠】**(13) **エン・オン** **とおい**

4 遠刈田 とおがった 宮城県の温泉。
遠方 おちかた・えんぽう 遠くの所。
5 遠田 とおだ 宮城県の郡。
6 遠江 とおとうみ 旧国名。現在の静岡県西部。
遠地 おち 姓氏。
7 遠近 おちこち あちらこちら。
遠阪峠 とおざかとうげ 兵庫県の峠。
遠別 えんべつ 北海道の川・町。
8 遠妹 とおせ 姓氏。
9 遠音別岳 おんねべつだけ 北海道の山。
←遠浅 とあさ ①北海道の地名。②JR室蘭本線の駅。
→遠浅 とおあさ 「—の海岸」
遠退く とおのく 「危険が—」
10 遠流 おんる 刑罰の一。
11 遠笠山 とおがさやま 静岡県の山。
12 遠賀 おんが ①福岡県の川。②福岡県の郡・町。
遠軽 えんがる ①北海道の町。②JR北海道石北本線の駅。

15 遠敷 おにゅう ①福井県の地名・旧郡。②姓氏。
19 遠離る とおざかる 遠くはなれる。

辶10【遣】(13) ケン つかう・つかわす
0 遣す よこす ▼【寄越す】よこす 103
遣り羽子 やりはね 羽根つき。
遣り繰り やりくり 「家計の—」
遣る やる 「子どもを学校に—」
遣る方 やるかた 「—のない怒り」
遣る瀬無い やるせない つらく悲しい。

辶10【遡】(14) ソ
0 遡る さかのぼる ★〔溯る・泝る〕「川を—」
3 遡上 そじょう 〔溯上〕川上に向かってさかのぼって行く。
6 遡行 そこう 〔溯行〕川をさかのぼる。
10 遡航 そこう 〔溯航〕船で流れをさかのぼる。
13 遡源 そげん 〔溯源〕源にさかのぼる。

辶10【遜】(14) ソン
←遜る へりくだる ★〔謙る〕相手を敬って自分を低くする。
→遜る ゆずる 譲る。
6 遜色 そんしょく ☆ 見劣り。

辶10【遙】(14) ヨウ
12 遙堪 ようかん 一畑電車大社線の駅。
13 遙照山 ようしょうざん 岡山県の山。

辶11【遮】(14) シャ さえぎる
2 遮二無二 しゃにむに 「—突進する」
10 遮莫 さもあらばあれ どうともなれ。ままよ。
11 遮断 しゃだん 流れをそこでぴたっととめること。
15 遮蔽 しゃへい ☆ 他から見えないようにする。

辶11【遭】(14) ソウ あう
0 遭う あう 〔遇う〕「事故に—」
12 遭遇 そうぐう 思いがけない人や物事に出会うこと。

辶11【適】(14) テキ
0 適う かなう ★「理屈に—」
適く ゆく 行く。
適さか たまさか ▼【偶さか】たまさか 32
14 適適 たまたま ▼【偶】たまたま 32

辶11【遯】(15) トン
0 遯れる のがれる ▼【遁れる】のがれる 372
4 遯月 とんげつ 陰暦六月。
18 遯竄 とんざん 逃げ隠れる。

辶12【遺】(15) イ・ユイ
←遺す あぶす ▼【溢す】あぶす 224
→遺す のこす 「財産を—」
7 遺言 いごん・ゆいごん 「—状」
14 遺誡 いかい 子孫に残すいましめ。
16 遺骸 いがい 遺体。
遺憾千万 いかんせんばん はなはだ残念。
遺賢 いけん 官職に登用されず民間にいる有能な人物。
18 遺蹟 いせき 遺跡。
19 遺孽 いげつ 子孫。

辶12【遵】(15) ジュン
0 遵う したがう 〔順う〕「法に—」
8 遵奉 じゅんぽう 法律や教義を守る。

辶12【選】(15) セン えらぶ

0 選り好み えりごのみ・よりごのみ 「—が激しい」
選り抜き えりぬき・よりぬき 「—の選手」
←選る すぐる 「精鋭を—」
→選る よる 〔択る〕「傷のない桃を—」
7 選択 せんじゃく・せんちゃく 仏教で、すぐれたものを選びとる。

辵12【遷】(15) セン
0 遷す うつす 「都を—」

辵12【邁】(16) バイ・マイ
8 邁往 まいおう 恐れずに進む。
11 邁進 まいしん 「勇往—」

辵12【遼】(15) リョウ
13 遼遠 りょうえん 「前途—」

辵13【邂】(17) カイ
10 邂逅 かいこう めぐりあい。

辵13【還】(16) カン
0 還た また ふたたび。
還る かえる 戻る。
9 還城楽 げんじょうらく 雅楽の舞楽。
還俗 げんぞく ★ 僧が俗人に戻る。

辵13【遽】(17) キョ
0 遽しい あわただしい ☆ ▼【慌ただしい】あわただしい 144
遽に にわかに 急に。

辵13【避】(16) ヒ
0 避ける さける よける 〔除ける〕「自動車を—」
7 避役 カメレオン カメレオン科のトカゲの総称。

辵13【邀】(17) ヨウ
0 邀える むかえる 待ち受ける。
15 邀撃 ようげき 迎撃。

辵14【邇】(18) ジ・ニ
0 邇い ちかい 近い。
8 邇宗 ちかむね 姓氏。
15 邇摩 にま 島根県の旧郡。
16 邇磨 にま 姓氏。

辵14【邃】(18) スイ
0 邃い ふかい 深い。

辵14【邈】(18) バク・マク
18 邈邈 ばくばく 遠いさま。

辵19【邏】(23) ラ
8 邏卒 らそつ ☆ 巡査の旧称。

邑0【邑】(7) ユウ・オウ
0 邑 むら 人が集まって住むところ。
3 邑久 おく ①岡山県の旧郡・旧町。②JR西日本赤穂（あこう）線の駅。③姓氏。
4 邑犬群吠 ゆうけんぐんばい 有象無象が騒ぎたてる。
5 邑代 いいしろ 姓氏。
邑田 むらた 姓氏。
8 邑知 おうち 石川県の旧町。
9 邑南 おおなん 島根県の町（ちょう）。
12 邑智 おおち 島根県の旧町。
13 邑楽 おうら 群馬県の郡・町（まち）。

邑4【邨】(7) ソン
8 邨岡 むらおか 姓氏。

邑4【那】(7) ダ・ナ
5 那古船形 なこふなかた ①千葉県の地名。②JR東日本内房（うちぼう）線の駅。
那辺 なへん 〔奈辺〕どこ。
那由他 なゆた 数の単位の一。
6 那次川 なすかわ 姓氏。
那耳 なずな ▼【薺】なずな 332
7 那何に いかに ▼【如何に】いかに 94
那岐 なぎ ①鳥取・岡山県境の山（—山（さん））。②JR西日本因美線の駅。
那沙美瀬戸 なさみのせと 広島県の瀬戸。
8 那波里 ナポリ イタリアの都市。
9 那威 ノルウェー ▼【諾威】ノルウェー 353
那珂 なか ①福岡県の川。②福岡県の旧町。③姓氏。
10 那破烈翁 ナポレオン ▼【奈翁】ナポレオン 92
12 那賀 なか ①島根県の旧郡。②徳島県の川・郡・町（ちょう）。
那須 なす ①栃木県の郡・町（まち）。②姓氏。

那須与一 なすのよいち 鎌倉初期の武将。
15 那縁 なより 姓氏。

邑4 【邦】(7) ホウ
0 邦 くに 国家。国土。

邑5 【邯】(8) カン
15 邯鄲 かんたん ①カンタン科の昆虫。②中国の都市。

邑5 【邪】(8) ジャ
0 邪 よこしま☆「―な考え」
6 邪気 じゃき 「―を払う」
7 邪佞 じゃねい 心がよこしまで人にへつらうこと。
10 邪馬台国 やまたいこく 古代の国。〔耶馬台国〕
12 邪揄 やゆ ▼【揶揄】やゆ 158
13 邪蒿 いぶきぼうふう ▼【伊吹防風】いぶきぼうふう 23

邑5 【邸】(8) テイ
0 邸 やしき りっぱな家。

邑6 【郁】(9) イク
3 郁子 むべ☆〔野木瓜〕アケビ科の常緑つる性低木。
7 郁李 にわうめ 〔車下李・赤郁李・赤棣樹・庭梅〕バラ科の落葉低木。
9 郁郁 いくいく 香気の盛んなさま。

邑6 【郎】(9) ロウ
3 郎子 いらつこ 古代、若い男子。
郎女 いらつめ 古代、若い女子。
12 郎等 ろうどう 「一族―」

邑7 【郢】(10) エイ
6 郢曲 えいきょく 俗曲。
10 郢書燕説 えいしょえんせつ 道理にあわないことをこじつけあわせる。

邑7 【郡】(10) グン
0 郡 こおり かつての行政区画。
3 郡上 ぐじょう 岐阜県の市。
郡上八幡 ぐじょうはちまん 長良川ながら鉄道越美南えつみなん線の駅。
4 郡戸 ぐうこ 姓氏。
5 郡可 ぐうか 姓氏。
7 郡里 こおざと 徳島県の旧町。
9 郡津 こうづ 京阪けいはん電鉄交野かたの線の駅。
← 郡家 ぐんげ 兵庫県の地名。
→ 郡家 こおげ ①鳥取県の旧町。②JR西日本因美線等の駅。
12 郡場 こりば 姓氏。

邑8 【郭】(11) カク
0 郭 くるわ 〔曲輪・廓〕遊郭。遊里。
← 郭公 かっこう カッコウ科の鳥。
→ 郭公 ほととぎす ▼【杜鵑】ほととぎす 182
郭公花 ほととぎす ▼【杜鵑草】ほととぎす 182
8 郭沫若 かくまつじゃく 中国の文学者・歴史家。

邑8 【郷】(11) キョウ・ゴウ
← 郷 ごう 「―に入っては―に従え」
→ 郷 さと 人里。ふるさと。
郷ノ浦 ごうのうら 長崎県の旧町・港。
3 郷士 ごうし 江戸時代、農村に居住した武士。
郷川 ほんがわ 姓氏。
4 郷内 ごうない 岡山県の旧村。
7 郷里 くに 自分の生まれ育った所。
14 郷緑 ごうろく 岡山県の温泉。

邑8 【都】(11) ト・ツ みやこ
0 都て すべて 完全に。
3 都万 つま 島根県の旧村。
6 都光 くにてる 姓氏。
7 都志 つし 兵庫県の地名。
都住 つずみ 姓氏。
都邑 とゆう☆ 町と村。
都良香 みやこのよしか 平安前期の漢学者・漢詩人。
8 都於郡 とのこおり 宮崎県の地名。
都祁 つげ 奈良県の旧村。
都茂 つも 島根県の地名。
9 都城 みやこのじょう ①宮崎県の盆地・市。②JR九州日豊にっぽう本線等の駅。
10 都留 つる 山梨県の市。
11 都都逸 どどいつ★〔都都一〕俗曲の一。
都野津 つのづ ①島根県の地名。②JR山陰本線の駅。
12 都賀 つが 栃木県の町まち。
都幾川 ときがわ 埼玉県の旧村。

都筑 つづき ①神奈川県の旧郡。②横浜市の行政区。③天竜浜名湖鉄道天竜浜名湖線の駅。

13 **都雅** とが 上品で優美。

都農 つの ①宮崎県の町。②JR九州日豊本線の駅。

16 **都濃** つの 姓氏。

邑 8 **【部】** (11) **ブ**

3 **部子山** へこさん 福井県の山。

6 **部曲** かきべ 〔民部〕古代、豪族の私有民。

7 **部坂** へさか 姓氏。

9 **部屋** へや 座敷。室。

11 **部崎** へさき 福岡県の岬。

14 **部領** ことり 古代、一部族の長。

邑 9 **【鄂】** (12) **ガク**

10 **鄂哥都加** オホーツク 太平洋北部の海域。

14 **鄂爾多斯** オルドス 中国、内モンゴル自治区の地域。

邑 11 **【鄙】** (14) **ヒ**

0 **鄙** ひな いなか。

鄙しい いやしい 卑しい。

鄙びる ひなびる いなかびる。

9 **鄙俗** ひぞく いやしく、俗っぽい。

鄙陋 ひろう 下品なさま。

12 **鄙猥** ひわい ▼【卑猥】ひわい 55

邑 12 **【鄭】** (15) **テイ・ジョウ**

5 **鄭玄** じょうげん・ていげん 中国、後漢の学者。

6 **鄭成功** ていせいこう 中国、明朝復興運動の中心人物。

7 **鄭声** ていせい 鄭の国の音楽。みだらな音楽とされた。

9 **鄭重** ていちょう ☆〔丁重〕「―にお断りする」

【酉】〈ひよみのとり〉〈とりへん〉部

酉 0 **【酉】** (7) **ユウ**

0 **酉** とり 十二支の一。

7 **酉谷山** とりだにやま 東京・埼玉県境の山。

酉村 とりむら 姓氏。

酉 2 **【酋】** (9) **シュウ**

8 **酋長** しゅうちょう 部族のかしら。

酉 3 **【酌】** (10) **シャク くむ**

0 **酌** しゃく 酒をつぐこと。

酌む くむ 「意のあるところを―」

酉 3 **【酒】** (10) **シュ さけ・さか**

0 **酒** ささ さけ。

3 **酒々井** しすい ①千葉県の町。②JR東日本成田線の駅。

4 **酒手** さかて 〔酒代〕酒の代金。

酒匂 さかわ ①静岡・神奈川県の川。②神奈川県の渓谷・地名。

5 **酒司** みきのつかさ ▼【造酒司】みきのつかさ 370

酒代 さかて ▼【酒手】さかて 376

7 **酒卮** しゅし さかずき。

酒折 さかおり ①山梨県の地名。②JR東日本中央本線の駅。

酒呑童子 しゅてんどうじ 丹波の大江山に住んでいたとされる鬼神。

8 **酒肴** しゅこう・さかな ★「―を供する」

9 **酒屋** さかや 酒類を小売する店。

酒面雁 さかつらがん カモ科の水鳥。

10 **酒浸り** さけびたり 「―の生活」

11 **酒盛り** さかもり 酒を飲んで楽しむ。

酒盗 しゅとう カツオの内臓の塩辛。

12 **酒場** さかば 「大衆―」

13 **酒肆** しゅし 酒屋。

酒殿 さかど JR九州香椎線の駅。

14 **酒精** アルコール 〔亜爾箇保児〕化合物。

16 **酒頰** さかつら 酒で赤くなった顔。

酒樽 さかだる ▼【櫑】さかだる 200

酉 4 **【酔】** (11) **スイ よう**

7 **酔余** すいよ 酒に酔ったあげく。

9 **酔臥** すいが 酒に酔ってねころぶ。

11 **酔魚草** ふじうつぎ ▼【藤空木】ふじうつぎ 332

酉 4 **【酖】** (11) **チン・タン**

0 **酖** ちん ▼【鴆】ちん 423

酉 4 **【酘】** (11) **トウ**

0 **酘** つつ 姓氏。

酉 5 **【酣】** (12) **カン**

0 酣 たけなわ 〔闌〕最盛時。

酉 5 【酢】(12) サク す

15 酢漿 かたばみ ▼【酢漿草】かたばみ 377

酢漿草 かたばみ 〔酢漿・鳩酸草〕カタバミ科の多年草。

16 酢橘 すだち 〔酸橘〕ミカン科の常緑小高木。

酉 6 【酬】(13) シュウ

0 酬いる むくいる 報いる。

酉 6 【酩】(13) メイ

9 酩酊 めいてい☆ ひどく酒に酔う。

酉 6 【酪】(13) ラク

15 酪漿 らくしょう 牛などの乳汁。

酉 7 【酵】(14) コウ

5 酵母 こうぼ イースト。

酉 7 【酷】(14) コク

→酷い ひどい☆ 〔非道い〕「―扱い」

←酷い むごい ▼【惨い】むごい 142

酷しい きびしい 「―生活」

酷たらしい むごたらしい 〔惨たらしい〕「焼け跡の―死体」

酷だしい はなはだしい 「時代錯誤も―」

酉 7 【酸】(14) サン すい

0 酸ケ湯 すかゆ 青森県の温泉。

5 酸母 すいば ▼【酸葉】すいば 377

8 酸茎 すぐき スグキナのつけもの。

酸実 ずみ ▼【桷】ずみ 190

12 酸棗 さねぶとなつめ 〔核太棗〕ナツメの一変種。

酸葉 すいば 〔酸模・酸母・山羊蹄・当薬・蓚山大黄〕タデ科の多年草。

13 酸塊 すぐり☆ ユキノシタ科の落葉低木。

14 酸鼻 さんび 「―をきわめる」

→酸模 すいば ▼【酸葉】すいば 377

←酸模 すかんぽ★ スイバの別名。

15 酸漿 ほおずき★ 〔鬼灯〕ナス科の多年草。

16 酸橘 すだち☆ ▼【酢橘】すだち 377

酉 7 【酴】(14) ト・ズ・ド

0 酴 どぶろく ▼【濁酒】どぶろく 227

26 酴醾醁 どぶろく ▼【濁酒】どぶろく 227

酉 8 【醋】(15) サク

0 醋 す 〔酢〕液体調味料の一。

14 醋酸 さくさん エタン酸。

酉 8 【醇】(15) シュン・ジュン

0 醇い あつい 純真なさま。

4 醇化 じゅんか 純粋なものにする。

6 醇朴 じゅんぼく★ 〔淳朴・惇朴〕飾り気のないこと。

9 醇風美俗 じゅんぷうびぞく★ 人々の人情があつい風俗。

酉 8 【醂】(15) リン・ラン

0 醂し柿 さわしがき・あわしがき 渋を抜いた柿。

→醂す あわす ▼【淡す】あわす 220

←醂す さわす 柿の渋を抜く。

酉 9 【醒】(16) セイ・ショウ

0 醒ます さます 「酔いを―」

醒める さめる 「夢から―」

醒ケ井 さめがい JR東海東海道本線の駅。

4 醒井 さめがい ①滋賀県の旧村。②姓氏。

酉 9 【醍】(16) テイ・ダイ

16 醍醐 だいご ①京都府の地名。②京都市営地下鉄東西線の駅。③秋田県の旧村。④JR東日本奥羽本線の駅。

醍醐味 だいごみ★ 本当のおもしろさ。「スキーの―を味わう」

酉 10 【醞】(17) ウン

0 醞す かもす ▼【醸す】かもす 378

20 醞醸 うんじょう 醸造。

酉 10 【醢】(17) カイ

0 醢 ひしお・ししびしお 塩漬けの肉や塩から。

5 醢汁 しょっつる ▼【塩汁】しょっつる 81

酉 10 【醜】(17) シュウ みにくい

3 醜女 しこめ・ぶおんな 容貌のみにくい女。

6 醜名 しこな 〔四股名〕力士の名乗り。

7 醜男 しこお・ぶおとこ☆ 容貌のみにくい男。

14 醜聞 しゅうぶん スキャンダル。

酉 11 【醤】(18) ショウ

0 醤 ひしお なめ味噌の一。

8 醤油 しょうゆ 調味料の一。

15 **醬蝦** あみ☆〔海糠・海糠魚・線蝦・糠蝦〕 エビに似た節足動物の総称。

酉 11 **【醪】**(18) **ロウ**

0 **醪** もろみ 〔諸味〕 醬油しょうゆなどの醸造で漉こす前のもの。

酉 12 **【醱】**(19) **ハツ**

14 **醱酵** はっこう 発酵。「―作用」

酉 13 **【醶】**(20) **サン・カン・ゲン**

0 **醶い** えぐい ▼【蘞い】えぐい 334

酉 13 **【醵】**(20) **キョ**

8 **醵金** きょきん☆ 目的のために金を出し合うこと。

酉 13 **【釀】**(20) **ジョウ かもす**

0 **釀す** かもす 〔醞す〕「酒を―」「物議を―」

酉 13 **【醴】**(20) **レイ**

0 **醴** れい あまざけ。

酉 18 **【釁】**(25) **キン・ギン**

13 **釁隙** きんげき すきま。

14 **釁端** きんたん 争いの起こるきっかけ。

酉 19 **【釃】**(26) **シ・リ**

0 **釃む** したむ ▼【湑む】したむ 222

【釆】〈のごめ〉〈のごめへん〉部

釆 4 **【釈】**(11) **シャク**

0 **釈く** とく 解く。

釈ける とける 溶ける。

釈す ゆるす 解放する。

9 **釈迦** しゃか★「―に説法」

12 **釈奠** せきてん 孔子をまつる儀式。

釆 5 **【釉】**(12) **ユウ**

0 **釉** うわぐすり☆〔釉薬・上薬〕 陶磁器の表面にかける物質。

16 **釉薬** うわぐすり☆ ▼【釉】うわぐすり 378

【里】〈さと〉〈さとへん〉部

里 0 **【里】**(7) **リ さと**

6 **里曲** さとわ 里のあたり。

7 **里見弴** さとみとん 小説家。

8 **里昂** リヨン フランスの都市。

里味陂 リバプール イギリスの都市。

12 **里斯本** リスボン ポルトガルの首都。

里 2 **【重】**(9) **ジュウ・チョウ え・おもい・かさねる・かさなる**

5 **重石** おもし 「漬物の―」

7 **重吹く** しぶく 〔繁吹く〕「波が―」

重阪峠 へいさかとうげ 奈良県の峠。

8 **重宝** ちょうほう 「このペンは―している」

重茂 おもえ ①岩手県の半島。②姓氏。

11 **重野安繹** しげのやすつぐ 歴史学者。

12 **重畳** ちょうじょう きわめて満足なこと。

重陽 ちょうよう 陰暦九月九日の節会せちえ。

21 **重籐** しげどう ▼【滋籐】しげどう 222

里 4 **【野】**(11) **ヤ の**

3 **野干玉** ぬばたま ▼【射干玉】ぬばたま 106

野山薬 やまのいも ▼【薯蕷】やまのいも 332

野与 のより 姓氏。

4 **野牛** やぎ ▼【山羊】やぎ 114

野井倉原 のいくらばる 鹿児島県の台地。

野太鼓 のだいこ ▼【野幇間】のだいこ 379

野反湖 のぞりこ 群馬県の湖。

野分 のわき☆ 秋の暴風。

野方 のがた 東京都の地名。

野木瓜 むべ ▼【郁子】むべ 375

5 **野艾蒿** ひめよもぎ キク科の多年草。

野史 やし 在野の人が編んだ歴史書。

野田生 のだおい JR北海道函館本線の駅。

野付 のつけ 北海道の海峡(―水道)・湾・砂嘴さし(―崎)・郡。

野辺地 のへじ ①青森県の湾・町ちょう・港。②JR東日本東北本線等の駅。

野母 のも 長崎県の岬(―崎)・海岸(―浦)・地名。

6 **野次** やじ 〔弥次〕「―を飛ばす」

野次馬 やじうま 〔弥次馬〕「―が集まる」

野芝麻 おどりこそう 〔踊子草〕 シソ科の多年草。

野地 のじ 福島県の温泉。

野羊 やぎ ▼【山羊】やぎ 114

野老 ところ☆〔萆薢・薢・黄独〕 ヤマノイモ科のつる性多年草。

7

野花南 のかなん ①北海道の地名。②JR北海道根室本線の駅。

野芥子 のげし 〔苦菜〕 キク科の越年草。

野決明 せんだいはぎ ▼【千代萩】53

野見宿禰 のみのすくね 垂仁天皇のころの廷臣。

野村胡堂 のむらこどう 小説家。

野甫島 のほじま 沖縄県の島。

野呂松 のろま ▼【鈍間】382

野良 のら 野原。野。

野良犬 のらいぬ 飼い主のない犬。

8

野於 ののえ 姓氏。

野岩鉄道 やがんてつどう 鉄道会社の一。

野忽那島 のぐつなじま 愛媛県の島。

野長瀬 のながせ 姓氏。

野迫川 のせがわ ①奈良県の村。②姓氏。

野放図 のほうず 勝手きままに振る舞う。

野茂 のも 姓氏。

9

野栄 のさか 千葉県の旧町。

野狐 こんこん キツネのこと。

野狐糸 ねなしかずら ▼【根無葛】189

野胡桃 のぐるみ 〔化香樹・兜櫨樹〕 クルミ科の落葉高木。

野茨菰 おもだか ▼【沢瀉】210

野洲 やす ①滋賀県の川・市。②JR西日本東海道本線の駅。③姓氏。

野津原 のつはる 大分県の旧町。

野点 のだて☆ 野外で茶をたてること。

野面 のもせ 野のおもて。

10

野衾 ももんが ▼【鼯鼠】432

野蚕 くわご・くわこ 〔桑蚕〕 カイコガ科の昆虫。

野師 やし ▼【香具師】409

野庭 のば 神奈川県の地名。

野馬 かげろう ▼【陽炎】394

11

野紺菊 のこんぎく 〔馬蘭〕 キク科の多年草。

野鹿池山 のかのいけやま 徳島・高知県境の山。

12

野葛 つたうるし ▼【蔦漆】329

野寒布岬 のしゃっぷみさき 北海道の岬。「ノサップ岬」とも。

野雁 のがん ▼【鴇】423

野菰 なんばんぎせる ▼【南蛮煙管】55

野葡萄 のぶどう 〔蛇葡萄〕 ブドウ科のつる性多年草。

野幇間 のだいこ 〔野太鼓〕 無芸な幇間をいやしめていう語。

13

野禽 やきん 野鳥。

野幌 のっぽろ ①北海道の丘陵・地名。②JR北海道函館本線の駅。

野蒜 のびる ①〔山蒜〕 ユリ科の多年草。②宮城県の地名。③JR東日本仙石線の駅。

野蜀葵 みつば ▼【三葉】7

野雉 きじ ▼【雉】396

野馳 のち JR西日本芸備線の駅。

野路子 のじこ ▼【野鵐】379

14

野槐 ななかまど ▼【七竈】3

15

野鴉椿 ごんずい ▼【権萃】197

野豌豆 はまえんどう ▼【浜豌豆】218

野趣 やしゅ 自然のままの素朴な味わい。

16

野篦坊 のっぺらぼう 目も鼻も口もない化け物。

野蕗 のぶき 〔和尚菜〕 キク科の多年草。

18

野鵐 のじこ 〔野路子〕 ホオジロ科の小鳥。

19

野鶏 きじ ▼【雉】396

野鶏頭 のげいとう 〔青葙〕 ヒユ科の一年草。

里5 【量】(12) リョウ はかる

0 **量** はかる ▼【捗】155

5 **量目** りょうめ 量った品の目方。

里11 【釐】(18) リ・キ

5 **釐正** りせい 誤りを修正する。

10 **釐剔** りてき 削り去る。

【臣】〈しん〉部

臣0 【臣】(7) シン・ジン

← **臣** おみ 家来。

→ **臣** おんのこ 姓氏。

臣2 【臥】(9) ガ

0 **臥す** ふす☆ 「床に―」「病に―」

7 **臥亜** ゴア インドの州。

臥児狼徳 グリーンランド デンマーク領の島。
8 臥床 ふしど ▼【臥所】ふしど 380
臥所 ふしど 〔臥床〕 夜寝るところ。
9 臥待月 ふしまちづき 陰暦一九日の夜の月。
10 臥竜 がりょう 世に隠れた大人物。
臥竜梅 がりょうばい ウメの一。
11 臥梁 がりょう 壁の頂部の水平のはり。
15 臥褥 がじょく 病気で寝床について寝る。
16 臥機 くつびき 〔沓引き〕 織機の付属具。
臥薪嘗胆 がしんしょうたん★ 目的を達するため苦労を重ねる。

臣11 【臨】(18) リン のぞむ
0 臨く のぞく 目の前にする。
12 臨淵羨魚 りんえんせんぎょ 空しい望みを抱く。
14 臨摹 りんぼ・りんも 手本を見ながら書くこと。

【金】〈かね〉〈かねへん〉部

金0 【金】(8) キン・コン かね・かな
0 金 こがね ▼【黄金】こがね 429
2 金刀比羅宮 ことひらぐう 香川県の神社。
3 金子 きんす 金銭。
金子峠 きんすとうげ 山梨県の峠。
金子雀 カナリア 380 ▼【金糸雀】カナリア
4 金牛児 こがねむし 429 ▼【黄金虫】こがねむし
金手 かねんて JR東海身延(みのぶ)線の駅。
金木 かなぎ ①青森県の旧町。②津軽鉄道の駅。
金木犀 きんもくせい 〔巌桂〕 モクセイ科の常緑小高木。
5 金生川 きんせいがわ 愛媛県の川。
金石 かないわ 石川県の地名。
金田 かなだ ①福岡県の旧町。②平成筑豊(ちくほう)鉄道伊田(いた)線の駅。
金田一 きんだいち 姓氏。
金平糖 こんぺいとう☆ 菓子の一。
金辺峠 きべとうげ 福岡県の峠。
金目黐 かなめもち 346 ▼【要黐】かなめもち
6 金衣公子 うぐいす 425 ▼【鶯】うぐいす
金光 こんこう ①岡山県の旧町。②JR西日本山陽本線の駅。
金合歓 アカシア 〔刺槐〕 アカシア属の植物の総称。
金糸柳 びようやなぎ 180 ▼【未央柳】びようやなぎ
金糸魚 いとよりだい 290 ▼【糸縒鯛】いとよりだい
金糸雀 カナリア☆ 〔金子雀・金雀・加奈利亜・加拿林雀・時辰鵲・時戻雀・福島鳥・拿林雀〕 スズメ目アトリ科の小鳥。
金成 かんなり 宮城県の旧町。
金団 きんとん☆ さつま芋や豆を用いた料理。
7 金花 きびたき 430 ▼【黄鶲】きびたき
←金花虫 たまむし 61 ▼【吉丁虫】たまむし
→金花虫 はむし ハムシ科の昆虫の総称。
金谷 かなや ①千葉県の地名。②静岡県の旧町。③JR東海東海道本線等の駅。
金声玉振 きんせいぎょくしん 知徳が総合大成されたたとえ。
金杜香 じゃこうそう 428 ▼【麝香草】じゃこうそう
金余 かなまり 姓氏。
8 金英草 はなびしそう 〔花菱草〕 ケシ科の多年草。
金具 かなぐ 器具の金属製の部分。
金参 きんこ 380 ▼【金海鼠】きんこ
金松 こうやまき 33 ▼【傘松】こうやまき
金泥 こんでい 金粉をにかわの液でといたもの。
金武 きん 沖縄県の岬・湾・町(ちょう)。
金沸草 おぐるま 168 ▼【旋覆花】おぐるま
金物 かなもの 「—屋」
金門峡 ゴールデンゲート 〔金門〕 アメリカの海峡。
9 金海鼠 きんこ 〔金参・光参〕 ナマコの一種。
金柑 きんかん 381 ▼【金橘】きんかん
金砂 きんしゃ 金色の砂。
金砂郷 かなさごう 茨城県の旧町。
金指 かなさし ①静岡県の地名。②天竜浜名湖鉄道天竜浜名湖線の駅。
金持 かなじ 姓氏。
金春流 こんぱるりゅう 能の流派。
金春禅竹 こんぱるぜんちく 室町中期の能役者・能作者。
←金城 かなぎ 島根県の旧町。

→**金城** きんじょう・かねしろ・かなぐすく 姓氏。

金津 かなづ ①青森県の山。②福井県の旧町。

10 **金烏玉兎** きんうぎょくと 太陽と月のこと。

金桜子 なにわいばら ▼【難波薔薇(なにわいばら)】397

金剛 こんごう ①新潟県の山(―山(さん))。②奈良県の山(―山(さん))。③高知県の山(―山(さん))。

金剛力 こんごうりき 非常に強い力。

金剛草 こまつなぎ ▼【駒繋ぎ(こまつなぎ)】412

金剛纂 やつで ▼【八手(やつで)】37

金紗 きんしゃ 絹織物の一。

金翅雀 ひわ ▼【鶸(ひわ)】426

金翅鳥 こんじちょう インド神話の想像上の鳥。

金釘流 かなくぎりゅう 下手な字をあざける語。

金蚕 かなぶん コガネムシ科の甲虫。

金浦 このうら ①秋田県の旧町。②JR東日本羽越(うえつ)本線の駅。

←**金峰** きんぽう ①山形県の山(―山(さん))。②熊本県の山(―山(さん))。③鹿児島県の山(―山(さん))・旧町。

→**金峰** みたけ 山口県の山・地名・峠。

金峰山 きんぷさん ①山梨・長野県境の山。②奈良県の山。

11 **金眼鯛** きんめだい 〔金目鯛〕キンメダイ目の海魚。

金亀子 こがねむし ▼【黄金虫(こがねむし)】429

金亀虫 こがねむし ▼【黄金虫(こがねむし)】429

金雀 カナリア ▼【金糸雀(カナリア)】380

金雀枝 えにしだ ▼【金雀児(えにしだ)】381

金雀児 えにしだ☆ 〔金雀枝〕マメ科の落葉低木。

金堂 こんどう 寺院で、本尊を安置した本殿。

12 **金斯黎** キングズリー イギリスの著述家。

金集 かねずめ 姓氏。

金無垢 きんむく 純金。

金椀 かなまり 〔鋺〕金属製の椀(わん)。

13 **金盞花** きんせんか キク科の越年草。

金腺草 ねなしかずら ▼【根無葛(ねなしかずら)】189

金殿玉楼 きんでんぎょくろう 立派で美しい建物。

金蓮花 のうぜんはれん ▼【凌霄葉蓮(のうぜんはれん)】42

14 **金銀蓮花** ががぶた リンドウ科の多年生水草。

金漆 こしあぶら ウコギ科の落葉高木。

金精 こんせい 栃木・群馬県境の山(―山(さん))・峠。

金銭花 おぐるま ▼【旋覆花(おぐるま)】168

金箔 きんぱく 金を紙のように薄くのばしたもの。

金鳳花 きんぽうげ ▼【毛茛(きんぽうげ)】205

金蔓 かねづる☆ 「―つかむ」

15 **金線魚** いとよりだい ▼【糸縒鯛(いとよりだい)】290

金瘡小草 きらんそう シソ科の多年草。

金蔵寺 こんぞうじ ①香川県の地名。②JR四国土讃(どさん)線の駅。

金輪島 かなわじま 広島県の島。

金輪際 こんりんざい 「―口をきかない」

16 **金甌無欠** きんおうむけつ☆ 物事が堅固で欠点のないこと。

金橘 きんかん 〔金柑〕ミカン科の常緑低木。

金頭 かながしら ▼【鉄頭(かながしら)】383

金縛り かなしばり 身動きができなくなること。

17 **金鍔** きんつば☆ ▼【金鐔(きんつば)】381

金鵄 きんし 「―勲章」

18 **金襖子** かじか ▼【河鹿(かじか)】211

金鎗魚 まぐろ ▼【鮪(まぐろ)】418

19 **金鏤細工** きんるざいく 貴金属製品の細工の一方法。

20 **金簪** きんかん 金で作ったかんざし。

金鐘虫 すずむし ▼【鈴虫(すずむし)】383

金鐘児 すずむし ▼【鈴虫(すずむし)】383

金鐔 きんつば 〔金鍔〕薄くのばした小麦粉で餡を包み、鉄板上で刀の鍔形に焼いた菓子。

24 **金鱗魚** にべ ▼【鮸(にべ)】418

金2 【針】 (10) シン はり

4 **針孔** めど 針の糸を通すあな。

5 **針用** はりよう 姓氏。

7 **針灸** しんきゅう ▼【鍼灸(しんきゅう)】386

←**針魚** さより ▼【鱵(さより)】421

→**針魚** はりよ トゲウオ目の淡水魚。

13 **針鼠** はりねずみ 〔蝟〕食虫目の哺乳(ほにゅう)類。

金2 【釘】 (10) テイ

0 釘 くぎ☆「五寸―」

金2 【釜】(10) フ

0 釜 かま☆ 火にかけて加熱する器具。

4 釜中 ふちゅう かまの中。

9 釜茹で かまゆで「―の刑」

金3 【釦】(11) コウ

0 釦 ボタン〔鈕〕「―をかけちがえる」

金3 【釵】(11) サイ・サ

0 釵 かんざし 女性の髪飾り。

3 釵子 さいし 女官の正装時の髪飾り。

金3 【釧】(11) セン

0 釧 くしろ 古代の腕輪。

5 釧北峠 せんぽくとうげ 北海道の峠。

13 釧路 くしろ ①北海道の川・湿原・平野・支庁・郡・市・町(ちょう)・港。②JR北海道根室(ねむろ)本線の駅。③旧国名。現在の北海道東部。

14 釧網 せんもう JR北海道の路線(―本線)。

金3 【釣】(11) チョウ つる

8 釣果 ちょうか 魚釣りの成果。

10 釣島 つるしま 愛媛県の島。

11 釣瓶 つるべ☆ 井戸水をくむおけ。

釣瓶打ち つるべうち ▼【連べ打ち】(つるべうち) 370

15 釣樟 くぬぎ ▼【椚】(くぬぎ) 192

20 釣鐘 つりがね 寺院などにつってある大きな鐘。

金4 【釿】(12) キン・ギン

0 釿 ちょうな 木材の荒削りに使う工具。

金4 【鈔】(12) ソウ・ショウ

0 鈔す うつす かきうつす。

金4 【鈕】(12) チュウ・ジュウ

0 鈕 ボタン ▼【釦】(ボタン) 382

金4 【鈍】(12) ドン にぶい・にぶる

0 鈍い のろい「仕事が―」

鈍ましい おぞましい ばからしい。

鈍ら なまくら☆「―刀(がたな)」

鈍る なまる「腕が―」

6 鈍色 にびいろ★ 染め色の名の一。

12 鈍間 のろま〔野呂松〕 動作や頭のはたらきが鈍い。

鈍鈍 のろのろ「―運転」

金4 【鈑】(12) ハン

8 鈑金 ばんきん 板金。「―工」

金4 【鈩】(12) ロ

0 鈩 たたら 姓氏。

金5 【鉞】(13) エツ

0 鉞 まさかり☆「―かついだ金太郎」

金5 【鉛】(13) エン なまり

15 鉛槧 えんざん 詩文を書くこと。

金5 【鉗】(13) カン・ケン

0 鉗 はさみ ▼【螯】(はさみ) 339

鉗む つぐむ ▼【噤む】(つぐむ) 73

3 鉗口 かんこう ▼【箝口】(かんこう) 284

鉗子 かんし 主に外科手術に用いる、はさみに似た医療器具。

金5 【鉱】(13) コウ

0 鉱 あらがね〔粗金〕 精錬しない金属。

金5 【鉤】(13) コウ

← 鉤 かぎ 物をかけたりする器具。

→ 鉤 はり つり針。

10 鉤素 はりす 釣り針に結ぶ釣り糸。

12 鉤裂き かぎざき 衣服がL字形にさけること。

15 鉤樟 くろもじ ▼【烏樟】(くろもじ) 231

鉤縄規矩 こうじょうきく 物事の法則や基準。

金5 【鉈】(13) シ・イ

0 鉈 なた「―を振るう」

7 鉈豆 なたまめ〔刀豆〕 マメ科のつる性一年草。

金5 【鉦】(13) セイ・ショウ

0 鉦 かね☆ 撞木(しゅもく)でたたく仏具。

4 鉦内 たちうち 姓氏。

金5 【鉄】(13) テツ

0 鉄 くろがね 鉄の古称。

2 鉄刀木 たがやさん〔鉄刀樹・鉄木・鉄樹・石塩木・姑榔木・桄榔樹・菫櫻・麪木〕 マメ科の常緑高木。

3 鉄工 くろがね 姓氏。

4 鉄木 たがやさん ▼【鉄刀木】(たがやさん) 382

7 鉄床 かなとこ 鋳鉄製の作業台。

11 **鉄脚梨** ぼけ ▼【木瓜】(ぼけ) 178

鉄掃帚 てっとう めどはぎ ▼【蓍萩】(めどはぎ) 327

鉄桶 てっとう 「—水を漏らさず」

12 **鉄傘** てっさん 鉄骨建築の円屋根。

鉄葉 ブリキ ▼【錻力】(ブリキ) 385

14 **鉄槌** てっつい 「—を下す」

15 **鉄嘴** ピンセット 物をつまむ道具。

鉄漿 おはぐろ☆ 〔御歯黒〕 歯を黒く染めること。かねつけ。

鉄蕉 そてつ ▼【蘇鉄】(そてつ) 333

鉄線蓮 てっせん 〔鉄線花〕 キンポウゲ科のつる性の木質多年草。

鉄輪 かんなわ 大分県の温泉。

← **鉄樹** せんねんぼく ▼【朱竹】(せんねんぼく) 181

鉄樹 そてつ ▼【蘇鉄】(そてつ) 333

→ **鉄樹** たがやさん 382 ▼【鉄刀木】(たがやさん)

鉄頭 かながしら 〔鉄頭魚・六角魚・方頭魚・銅頭魚・金頭・火魚〕 カサゴ目の海魚。

18 **鉄鎚** かなづち 金属製のつち。

金5【鉢】(13) ハチ・ハツ

6 **鉢地峠** はっちとうげ 愛知県の峠。

鉢伏 はちぶせ ①長野県の高原・山。②兵庫県の山。③鳥取県の山。④高知県の山。

金5【鉧】(13) ボ

0 **鉧** けら 日本古来の製鋼法による粗鋼。

金5【鉋】(13) ホウ

0 **鉋** かんな 大工道具の一。

金5【鈴】(13) レイ・リン すず

3 **鈴子香** じゃこうそう ▼【麝香草】(じゃこうそう) 428

6 **鈴虫** すずむし 〔金鐘児・金鐘虫・月鈴子〕 コオロギ科の昆虫。

7 **鈴谷峠** りんたんとうげ 島根県の峠。

19 **鈴蘭** すずらん ユリ科の多年草。

20 **鈴懸** すずかけ ▼【篠懸】(すずかけ) 286

金6【銜】(14) ガン・カン

0 **銜** くつわ・くつばみ★ ▼【轡】(くつわ) 367

銜える くわえる 〔咥える・啣える〕 「犬がくつを—」

銜める くくめる 言い含める。

金6【銀】(14) ギン

0 **銀** しろがね 〔白銀〕 銀(ぎん)。

3 **銀口魚** あゆ ▼【鮎】(あゆ) 417

銀山町 かなやまちょう 広島電鉄本線の停留所。

銀子 いんつう 〔員子〕 金銭。

6 **銀名** ギニア 国名。

← **銀杏** いちょう☆ ▼【公孫樹】(いちょう) 39

→ **銀杏** ぎんなん イチョウの種子。

8 **銀河** あまのがわ 89 ▼【天の川】(あまのがわ)

銀宝 ぎんぽ スズキ目の海魚。

10 **銀屑** ぎんせつ 銀のこな。

銀竜草 ぎんりょうそう 〔水晶蘭〕 イチヤクソウ科の腐生植物。

← **銀魚** しらうお ▼【白魚】(しらうお) 258

→ **銀魚** ひうお・ひお ▼【氷魚】(ひうお) 208

13 **銀漢** あまのがわ 89 ▼【天の川】(あまのがわ)

15 **銀髯** ぎんぜん 真っ白で美しいほおひげ。

19 **銀鏡** しろみ 宮崎県の地名。

金6【鉸】(14) コウ

8 **鉸具** かこ 革帯などに用いたバックル。

金6【銖】(14) シュ

0 **銖** しゅ 目方・貨幣の単位。

金6【銭】(14) セン ぜに

5 **銭司** ぜず 京都府の地名。

8 **銭函** ぜにばこ ①北海道の地名。②JR北海道函館本線の駅。

銭苔 ぜにごけ 〔地銭〕 ゼニゴケ科のコケ植物。

銭葵 ぜにあおい 〔錦葵〕 アオイ科の越年草。

12 **銭湯** せんとう 〔洗湯〕 風呂屋。

18 **銭儲け** ぜにもうけ かねもうけ。

金6【銑】(14) セン

0 **銑** ずく 銑鉄(せんてつ)。

金6【銛】(14) セン

0 **銛** もり 漁具の一。

金6【銚】(14) ヨウ・チョウ

← **銚子** さしなべ 柄とつぎ口のついた鍋(なべ)。

→ **銚子** ちょうし ①徳利。②千葉県の市。③JR東日本総武本線・銚子電鉄の駅。

18 **銚釐** ちろり 銅や真鍮(しんちゅう)などでできた、酒の燗(かん)をする容器。

金6 【銅】(14) ドウ

0 銅 あかがね 〔銅鉄〕銅(どう)。

4 銅公事 あかがねくじ 中世の賦課の一。

9 銅前 かねさき 姓氏。

12 銅壺 どうこ ☆ 銅や鋳鉄で作った湯沸かし器。

13 銅鉄 あかがね ▼【銅】(あかがね) 384

16 銅頭魚 かながしら ▼【鉄頭】(かながしら) 383

17 銅鍋 あかなべ 銅製の鍋(なべ)。

銅牆鉄壁 どうしょうてっぺき 堅固なかまえ。

27 銅鑼 どら☆ 金属製の打楽器。

銅鑼焼 どらやき 和菓子の一。

金6 【鉾】(14) ボウ・ム

0 鉾 ほこ ▼【戈】(ほこ) 147

3 鉾久 むく 姓氏。

6 鉾尖岳 ほこさきだけ 奈良・和歌山県境の山。

金6 【鋩】(14) ボウ

3 鋩子 ぼうし 刀剣の切っ先。

金6 【銘】(14) メイ

0 銘す しるす 刻む。

4 銘刈 めかり 姓氏。

14 銘銘 めいめい それぞれ。おのおの。

銘銘皿 めいめいざら 料理を各自に取り分けるための皿。

金7 【鋭】(15) エイ するどい

15 鋭鋒 えいほう 鋭いほこ先。

金7 【錺】(15) かざり

0 錺 かざり 金属製の装身具。

錺り職 かざりしょく☆ 金属の細工物を作る職人。

7 錺谷 かざりや 姓氏。

16 錺磨 しかま 姓氏。

金7 【鋏】(15) キョウ

0 鋏 はさみ 〔剪刀〕物を切る道具。

鋏む はさむ 〔剪む〕はさみで切る。

6 鋏虫 はさみむし 〔蠼螋・挟虫・捜夾子〕ハサミムシ目の昆虫の総称。

金7 【銹】(15) シュウ

0 銹 さび☆ ▼【錆】(さび) 385

金7 【鋤】(15) ショ・ジョ

0 鋤 すき★ 〔犂・犁〕土を掘り起こす農具。

鋤く すく 「田を—」

金7 【銷】(15) ショウ

0 銷す けす 消す。

10 銷夏 しょうか 〔消夏〕暑さしのぎ。

金7 【鋳】(15) チュウ いる

8 鋳物 いもの 金属を鋳型に流し込んでつくった器物。

9 鋳型 いがた 「—にはめる」

11 鋳掛 いかけ 〔鐦〕はんだなどで、金属製器具を修繕すること。

14 鋳銭司 すぜんじ ①山口県の地名。②姓氏。

19 鋳繰り いぐり 鋳金の技法の一。

金7 【錵】(15) にえ

0 錵 にえ ▼【沸】(にえ) 213

金7 【鋲】(15) びょう

0 鋲 びょう 押しピン。

金7 【鋪】(15) ホ・フ

12 鋪装 ほそう ▼【舗装】(ほそう) 34

金7 【鋒】(15) ホウ

← 鋒 きっさき 「—が鈍る」

鋒 ほこ ▼【戈】(ほこ) 147

→ 鋒 ほこさき ▼【鋒先】(ほこさき) 384

3 鋒山 とがりやま 姓氏。

6 鋒先 ほこさき 〔鉾〕矛先(ほこさき)。「批判の—を転じる」

14 鋒鋩 ほうぼう 刃物の切っ先。

金8 【錏】(16) ア

0 錏 しころ 〔錣・⿰革毎〕かぶとの左右・後ろに付けて首筋を防御するもの。

金8 【鋺】(16) エン・ワン

0 鋺 まり 〔椀〕酒や水を盛る器。

10 鋺師 まりし 姓氏。

金8 【鋸】(16) キョ・コ

0 鋸 のこぎり☆ 木材・石材などを切る工具。

9 鋸南 きょなん 千葉県の町(まち)。

金8 【錦】(16) キン

0 錦 にしき 「故郷に—を飾る」

3 錦上 きんじょう 美しい物の上。「—花を添える」

4 **錦心繡口** きんしんしゅうこう 優れた詩文の才能。

錦木 にしきぎ 〔鬼箭木・衛矛〕ニシキギ科の落葉低木。

6 **錦竹** なでしこ ▼【瞿麦】なでしこ 265

10 **錦帯花** はこねうつぎ ▼【箱根空木】はこねうつぎ 285

錦帯草 はこねうつぎ ▼【箱根空木】はこねうつぎ 285

錦被花 ひなげし ▼【雛罌粟】ひなげし 397

12 **錦葵** ぜにあおい ▼【銭葵】ぜにあおい 383

15 **錦熱黄楊** つげ ▼【黄楊】つげ 429

18 **錦織** にしきおり・にしこり 姓氏。

19 **錦繡** きんしゅう 錦にしきと刺繡ししゅうをした織物。

金8 **【錮】**(16) **コ**

0 **錮** いかけ ▼【鋳掛】いかけ 384

金8 **【鋼】**(16) **コウ はがね**

10 **鋼索** こうさく ワイヤロープ。

金8 **【錯】**(16) **サク**

14 **錯綜** さくそう☆「情報が―する」

金8 **【錙】**(16) **シ**

14 **錙銖** ししゅ わずかなこと。

金8 **【錫】**(16) **セキ・シャク**

0 **錫** すず 金属元素の一。

7 **錫杖** しゃくじょう・さくじょう★ 修験者しゅげんじゃの持つ杖つえ。

錫杖岳 しゃくじょうだけ 岐阜県の山。

19 **錫蘭** セイロン スリランカの旧称。

金8 **【錠】**(16) **ジョウ**

10 **錠剤** じょうざい 丸くて平たい形の薬剤。

金8 **【錘】**(16) **スイ つむ**

0 **錘** おもり・すい はかりに用いる分銅。

金8 **【錐】**(16) **スイ**

0 **錐** きり 〔鑽〕穴をあける工具。

12 **錐揉み** きりもみ 飛行機が回転しながら失速状態で降下すること。

金8 **【錆】**(16) **セイ・ショウ**

0 **錆** さび☆ 〔銹・鏽〕「身から出た―」

錆びる さびる さびが生じる。

13 **錆鼠** さびねず 染め色の一。

16 **錆鮎** さびあゆ 〔荒鮎・渋鮎・宿鮎〕赤みを帯びた秋の産卵期の鮎。

金8 **【錆】**(16) **セイ・ショウ**

11 **錆崎** さぶさき 東京都の温泉。

金8 **【錚】**(16) **ソウ**

16 **錚錚** そうそう「―たるメンバー」

金8 **【錣】**(16) **テイ**

0 **錣** しころ ▼【錏】しころ 384

金8 **【錨】**(16) **ビョウ**

0 **錨** いかり 〔碇〕船を停泊させるための道具。

9 **錨星** いかりぼし ▼【碇星】いかりぼし 270

金8 **【錻】**(16) **ぶ**

0 **錻** ブリキ ▼【錻力】ブリキ 385

2 **錻力** ブリキ 〔錻・鉄葉〕スズをめっきした、薄い鉄板。

金8 **【錬】**(16) **レン**

0 **錬る** ねる「粘土を―」「構想を―」

金8 **【録】**(16) **ロク**

0 **録** さかん ▼【主典】さかん 13

録る とる「野鳥の声をテープに―」

金9 **【鍋】**(17) **カ**

0 **鍋** なべ 調理具の一。

10 **鍋原** なべら 樽見たるみ鉄道の駅。

鍋破 なべわり 〔黄精葉鉤物〕ビャクブ科の多年草。

11 **鍋掛** なべかけ 栃木県の地名。

金9 **【鍔】**(17) **ガク**

0 **鍔** つば 〔鐔〕「―の広い帽子」

金9 **【鍵】**(17) **ケン・ゲン**

0 **鍵** かぎ「―をかける」

15 **鍵盤** けんばん☆「ピアノの―」

金9 **【鍬】**(17) **シュウ・ショウ**

0 **鍬** くわ★ 田畑を耕す農具。

7 **鍬形** くわがた クワガタムシ。

金9 **【鍾】**(17) **ショウ・シュ・シュウ**

0 **鍾める** あつめる 数多く集める。

8 **鍾乳洞** しょうにゅうどう 石灰岩が地下水によって溶食されてできた地下の洞窟どうくつ。

9 **鍾美** しょうび 美を集める。

11 **鍾馗** しょうき 中国の疫病をふせぐ鬼神。

金9 **【鍼】**(17) **シン**

0 **鍼** はり 医療器具の一。
7 **鍼灸** しんきゅう 〔針灸〕 はりと灸。

金 9【**鍛**】(17) **タン きたえる**
7 **鍛冶** かじ☆ 金属をきたえて器物を作る。
鍛冶屋 かじや 金属製の器物を作る職人。
鍛冶橋 かじばし 東京都の地名。

金 9【**鍍**】(17) **ト**
8 **鍍金** めっき☆ 〔滅金〕「―がはげる」

金 10【**鎧**】(18) **カイ・ガイ**
0 **鎧** よろい ①〔甲〕戦闘用の防具。②新潟県の湖(―潟)。③三重県の岬(―崎)。④兵庫県の地名。⑤JR西日本山陰本線の駅。
9 **鎧草** よろいぐさ セリ科の多年草。
鎧冑 がいちゅう よろいと、かぶと。
10 **鎧袖一触** がいしゅういっしょく 簡単に敵を打ち負かすこと。

金 10【**鎹**】(18) **かすがい**
0 **鎹** かすがい★「子は―」

金 10【**鎬**】(18) **コウ**
0 **鎬** しのぎ☆「―を削る」

金 10【**鎖**】(18) **サ くさり**
0 **鎖す** とざす「国を―」
9 **鎖峠** くさりだお 山口県の峠。
25 **鎖鑰** さやく 錠と鍵(かぎ)。

金 10【**鎗**】(18) **ショウ・ソウ**
0 **鎗** やり ▼【槍】(やり) 196
8 **鎗居** やりすえ 姓氏。

金 10【**鎮**】(18) **チン しずめる・しずまる**
0 **鎮** とこしえ ▼【永久】(とこしえ) 207
6 **鎮守** ちんじゅ ①軍隊を駐在させ、その土地を守る。②その地域を守る神。
鎮西 ちんぜい 九州の称。
14 **鎮魂** たましずめ 魂をしずめる祭儀。
15 **鎮撫** ちんぶ 乱をしずめ人心を安定させる。

金 10【**鎚**】(18) **ツイ**
0 **鎚** つち ▼【槌】(つち) 196

金 10【**鎺**】(18) **はばき**
0 **鎺** はばき☆ 刀剣に付ける金具。

金 10【**鎔**】(18) **ヨウ・ユウ**
0 **鎔ける** とける「溶鉱炉の中で鉱石が―」
13 **鎔鉱炉** ようこうろ ▼【熔鉱炉】(ようこうろ) 234

金 10【**鎌**】(18) **レン**
0 **鎌** かま 草などを刈るのに用いる刃物。
4 **鎌切** かまきり ▼【螳螂】(かまきり) 339
8 **鎌苑** かまくさ 姓氏。
9 **鎌柄** かまつか バラ科の落葉小高木。
10 **鎌原** かんばら ①群馬県の地名。②姓氏。
18 **鎌鼬** かまいたち☆ 何も触れていないのに皮膚が裂かれる現象。

金 11【**鏖**】(19) **オウ**
0 **鏖** みなごろし すべて殺すこと。
10 **鏖殺** おうさつ☆ 皆殺し。

金 11【**鏡**】(19) **キョウ かがみ**
0 **鏡ケ成** かがみがなる 鳥取県の高原。
8 **鏡味** かがみ 姓氏。

金 11【**鏗**】(19) **コウ**
16 **鏗錚** こうそう 金属などがぶつかりあう音。
19 **鏗鏗** こうこう 明るく大きな音。

金 11【**鏨**】(19) **サン・ザン**
0 **鏨** たがね 金属を加工する工具。

金 11【**鏘**】(19) **ショウ・ソウ**
19 **鏘鏘** そうそう 金属などが音をたてるさま。

金 11【**鏃**】(19) **ソク・ゾク**
0 **鏃** やじり★ 矢の先の、突き刺さる部分。

金 11【**鏑**】(19) **テキ**
0 **鏑** かぶら 矢につけるもの。
3 **鏑川** かぶらがわ 群馬県の川。
4 **鏑木清方** かぶらぎきよかた 日本画家。
5 **鏑矢** かぶらや☆ 音の出る矢。

金 11【**鏝**】(19) **バン・マン**
0 **鏝** こて☆ セメントなどを塗る道具。

金 11【**鏤**】(19) **ロウ・ル**
0 **鏤める** ちりばめる「王冠にダイヤを―」
鏤る える 彫刻する。
8 **鏤刻** るこく・ろうこく☆ 金属に彫り刻む。
10 **鏤骨** るこつ 骨身を刻むほどの苦心。

8画 金部 9−11画

金12【鐚】(20) ア
0 鐚 びた 粗悪な銭。
1 鐚一文 びたいちもん ★ 少額の金銭。「―出す気はない」

金12【鐖】(20) キ
0 鐖 あぐ 〔逆鉤〕釣り針に付いている突起。

金12【鐘】(20) ショウ かね
0 鐘ケ淵 かねがふち 東京都の地名。

金12【鐏】(20) ソン
0 鐏 いしづき 〔鐓・石突き〕長刀なぎなたなどの柄えの端。

金12【鐓】(20) タイ・トン
0 鐓 いしづき ▼【鐏】いしづき 387

金12【鐔】(20) シン・タン
0 鐔 つば ▼【鍔】つば 385

金12【鐙】(20) トウ
0 鐙 あぶみ ★ 馬具の一。
9 鐙冠 つぼこうぶり 壺つぼのような形をした冠。

金12【鐃】(20) ドウ・ニョウ
13 鐃鈸 にようはち 法会ほうえのときなどに用いる楽器。

金13【鏽】(21) シュウ
0 鏽 さび ▼【銹】さび 385

金13【鐫】(21) セン
← 鐫る える 彫刻する。
→ 鐫る ほる 穴をあける。
16 鐫録 せんろく 深く心に刻みつけて記憶する。

金13【鐸】(21) タク・ダク
4 鐸木 すずき 姓氏。
13 鐸鈴 たくれい 中国古代の鈴。

金13【鐺】(21) トウ・ソウ
0 鐺 こじり 刀剣のさやの末端。

金14【鑓】(22) やり
0 鑓 やり ▼【槍】やり 196
鑓ケ岳 やりがたけ 富山・長野県境の山。
7 鑓見内 やりみない JR東日本田沢湖線の駅。

金15【鑑】(23) カン
0 鑑 かがみ ☆ 手本。模範。
鑑みる かんがみる ★ 〔鑒みる〕「過去の失敗に―」
10 鑑真 がんじん 奈良時代に渡来した唐僧。

金15【鑒】(23) カン
0 鑒みる かんがみる ▼【鑑みる】かんがみる 387

金15【鑢】(23) リョ
0 鑢 やすり ★ 工作物の表面を平らにする工具。

金16【鑪】(24) ロ
3 鑪山 たたらやま 姓氏。

金17【鑵】(25) カン
3 鑵子 かんす 湯釜ゆがま。

金17【鑰】(25) ヤク
0 鑰 かぎ 鍵かぎ。
3 鑰山 かぎやま 姓氏。

金19【鑽】(27) サン
0 鑽 きり ▼【錐】きり 385
鑽る きる「火を―」

金20【鑿】(28) サク・ジャク・ソウ・ゾウ・シャク
0 鑿 のみ 工具の一。
鑿つ うがつ ☆ ▼【穿つ】うがつ 279
4 鑿井 さくせい ☆ 石油などを採取する井戸を掘る。
16 鑿壁偸光 さくへきとうこう 苦学することのたとえ。

【長】〈ながい〉部

長0【長】(8) チョウ ながい
← 長 おさ 集団を統率する人。
長 たけ ▼【丈】たけ 9
→ 長 とこしえ ▼【永久】とこしえ 207
長ける たける ☆ すぐれている。
長っ尻 ながっちり 「―の客」
2 長刀 なぎなた ☆ 〔薙刀・眉尖刀〕柄えの長い刀剣。
3 長久手 ながくて 愛知県の町ちょう。
長万部 おしゃまんべ ①北海道の町ちょう。②JR北海道函館本線等の駅。
長与 ながよ 姓氏。
4 長月 ながつき 陰暦九月。
長井雅楽 ながいうた 幕末の長州藩直目付。
長太ノ浦 なごのうら

8画 金部12―20画 長部0画

①三重県の海岸。②近鉄名古屋線の駅。

長内 おさない　①岩手県の川・旧町。②姓氏。

5 **長央** ながお　姓氏。

長広舌 ちょうこうぜつ　ながながとしゃべりたてること。「―をふるう」

長生 ちょうせい　千葉県の郡・村(むら)。

長汀曲浦 ちょうていきょくほ　まがりくねって長く続く海浜。

長田 おさだ　姓氏。

6 **長芋** ながいも　〔長薯・薯蕷〕ヤマノイモ科のつる性多年草。

長合 ながかい　姓氏。

7 **長谷** はせ　①神奈川県の地名。②江ノ島電鉄の駅。③長野県の旧村。④姓氏。

長谷川 はせがわ　姓氏。

長谷河 はせがわ　姓氏。

長谷場 はせば　姓氏。

長沙 ながす　姓氏。

長寿花 きずいせん　▼【黄水仙】きずいせん 429

長住 ながずみ　福岡県の地名。

長身痩軀 ちょうしんそうく　背丈が高くてやせているからだ。☆

長束 なつか　姓氏。

長坂部 おさかべ　姓氏。

長尾驢 カンガルー　▼【更格廬】カンガルー 175

長吻虻 つりあぶ　▼【吊虻】つりあぶ 63

長良川 ながらがわ　①岐阜・三重県の川。②民営鉄道(―鉄道)。

8 **長押** なげし★　和風建築で柱と柱をつなぐ横材。

長官 かみ　〔卿・督・守・頭・正〕律令制四等官の最高位。

長庚 ゆうずつ　〔夕星〕金星。

←**長者原** ちょうじゃがはら　鳥取県の台地。

→**長者原** ちょうじゃばる　大分県の草原・温泉。

長宗我部元親 ちょうそかべもとちか　戦国大名。

長知 なごう　姓氏。

長命草 いわひば　▼【巻柏】いわひば 120

長門 ながと　①山口県の山地・市。②旧国名。現在の山口県西部。③長野県の旧町。

9 **長峡** ながさ　①福岡県の川。②姓氏。

長狭 ながさ　①千葉県の平野・旧郡・旧町。②姓氏。

長津田 ながつた　①神奈川県の地名。②JR東日本横浜線等の駅。

長柄 ながら　①千葉県の町(まち)。②大阪府の地名。③JR西日本桜井線の駅。

10 **長面浦** ながつらうら　宮城県の湖。

長流川 おさるがわ　北海道の川。

11 **長船** おさふね　①岡山県の旧町。②JR西日本赤穂(あこう)線の駅。

長船長光 おさふねながみつ　鎌倉時代の備前の刀工。

長都 おさつ　①北海道の地名。②JR北海道千歳(ちとせ)線の駅。

12 **長閑** のどか☆　〔閑〕「―な春の日」

長曾我部 ちょうそかべ　姓氏。

長塚節 ながつかたかし　歌人・小説家。

長等山 ながらやま　滋賀県の山。

13 **長節湖** ちょうぶしこ　北海道の湖。

16 **長嘯** ちょうしょう　大声で叫ぶ。

長壁 おさかべ　姓氏。

17 **長薯** ながいも　▼【長芋】ながいも 388

長篠 ながしの　愛知県の地名。

長螺 ながにし　〔香螺〕海産の巻貝。

19 **長髄彦** ながすねひこ　記紀神話の人物。

長瀞 ながとろ　①埼玉県の渓谷・町(まち)。②秩父(ちちぶ)鉄道の駅。③山形県の地名。

【門】〈もん〉〈もんがまえ〉部

門 0 **【門】**(8)　モン　かど

3 **門川** かどがわ　①宮崎県の町(ちょう)。②JR九州日豊(にっぽう)本線の駅。

門土里留 モントリオール　カナダの都市。

4 **門戸** もんこ　「―開放」

門戸厄神 もんどやくじん　阪急今津線の駅。

5 **門可** とが　姓氏。

門司 もじ　①北九州市の行政区・港。②JR九州鹿児島本線の駅。③姓氏。

門出 かどで　〔首途〕「人生の―を祝う」

8 **門河** もかわ　姓氏。

9 **門前雀羅** もんぜんじゃくら

「—を張る」
10 門真 かどま ①大阪府の市。②姓氏。
11 門崎 とざき 兵庫県の岬。
門得尓 メンデル オーストリアの生物学者。
12 門扉 もんぴ ☆ 門のとびら。
14 門静 もんしず ①北海道の地名。②JR北海道根室(ねむろ)本線の駅。

門 1 **【門】**(9) **サン**
0 閂 かんぬき 〔貫木〕門戸の横木。

門 2 **【閃】**(10) **セン**
0 閃き ひらめき 「—のある文章」
閃く ひらめく ①きらめく。②脳裏をかすめる。
13 閃電 せんでん ひらめくいなずま。

門 3 **【閊】**(11) **つかえる**
0 閊える つかえる ★ ▼【支える】つかえる 162

門 3 **【閉】**(11) **ヘイ** **とじる・とざす・しめる・しまる**
0 閉てる たてる 「雨戸を—」
6 閉伊 へい 岩手県の川・岬(—崎)・旧郡・街道。

門 4 **【開】**(12) **カイ** **ひらく・ひらける・あく・あける**
0 開き ひらき 西鉄天神大牟田(てんじんおおむた)線の駅。
開かる はだかる 「行く手—難問」
開ける はだける 「着物の前を—」
開け閉て あけたて 戸などのあけたてけしめ。
5 開立 かいりゅう ある数の立方根を求める。
8 開披 かいひ ☆ 開封。
9 開発 かいほつ 富山地方鉄道上滝(かみだき)線の駅。
11 開眼 かいげん 「—供養」
12 開扉 かいひ とびらをあける。
14 開聞 かいもん ①鹿児島県の温泉・岬(—崎)・山(—岳(だけ))・旧町。②JR九州指宿枕崎(いぶすきまくらざき)線の駅。
18 開襟 かいきん 「—シャツ」
開闔 かいこう あけることと、閉じること。
21 開闢 かいびゃく ★ 「—以来の大珍事」

門 4 **【間】**(12) **カン・ケン** **あいだ・ま**
←間 あわい 物と物のあいだ。
間 けん 長さの単位。
→間 はざま 姓氏。
間ノ岳 あいのだけ 山梨・静岡県境の山。
間の手 あいのて 〔合の手・相の手〕「—を入れる」
2 間人 たいざ ①京都府の地名。②姓氏。
間八 かんぱち スズキ目の海魚。
3 間々下 ままにした 東京都の景勝地・温泉。
間々田 ままだ ①栃木県の地名。②JR東日本東北本線の駅。
4 間夫 まぶ 情夫。間男。
7 間狂言 あいきょうげん 能一曲で狂言方の受け持つ部分。
間男 まおとこ 〔密男・密夫・奸夫〕浮気の相手の男。
8 間直し まんなおし 縁起直し。
間服 あいふく ★ 〔合服〕穏やかな季節に着る服。
11 間部 まなべ 姓氏。
12 間間 まま 「忘れることも—ある」
間着 あいぎ 〔合着〕上着と下着の間の衣服。
13 間歇 かんけつ 「—泉(せん)」
14 間際 まぎわ 〔真際〕「—になって中止する」
間遮 あいしゃ 「間駒(あいごま)」に同じ。
15 間駒 あいごま 〔合駒〕将棋用語。
16 間鴨 あいがも 〔合鴨〕アオクビアヒルとマガモの交配種。
←間諜 うかみ ▼【窺見】うかみ 280
→間諜 かんちょう スパイ。

門 4 **【閑】**(12) **カン**
←閑 のどか ▼【長閑】のどか 388
→閑 ひま 暇。「—を持て余す」
閑か しずか 静か。
5 閑古鳥 かんこどり 「—が鳴く店」
7 閑吟 かんぎん 静かに吟じる。
閑谷 しずたに ①岡山県の地名。②姓氏。
8 閑妻 しずま 姓氏。
13 閑話休題 かんわきゅうだい それはさておき。それた話を本筋に戻すときに用いる語。

門 4 **【閖】**(12) **ゆり**
3 閖上 ゆりあげ ①宮城県の旧町。②姓氏。

門 5 **【閘】**(13) **オウ・コウ**
8 閘門 こうもん 水量を調節する水門。

門6【閣】(14) カク

16 閣龍 コロンブス 〔古論武士〕 イタリア生まれの探検家。

門6【関】(14) カン せき

0 関わる かかわる 29 ▼【係わる】かかわる

3 関下有知 せきしもうち 長良川ながらがわ鉄道越美南えつみなん線の駅。

関子苗 いぬくぐ 271 ▼【磚子苗】いぬくぐ

5 関平 せきびら 鹿児島県の温泉。

7 関伽井 かきがい 姓氏。

8 関東煮き かんとうだき 煮込み風のおでん。

10 関脇 せきわけ 力士の地位の一。

門6【閨】(14) ケイ

0 閨 ねや 寝室。

7 閨秀 けいしゅう 学問・芸術にすぐれた女性。

門6【閤】(14) コウ

8 閤門 こうもん 宮中の内郭の諸門。

門6【閥】(14) バツ

11 閥族 ばつぞく 閥を作っている一族。

門7【閲】(15) エツ

0 閲する けみする ★ 検査する。

門8【閼】(16) ア・アツ・エン

5 閼加井嶽 あかいだけ 福島県の山。

7 閼伽 あか☆ 仏に供える水。

閼伽流山 あがるさん 長野県の山。

門8【閾】(16) キョク・ヨク・イキ

0 閾 しきい・しきみ 敷居。

3 閾下 いきか 無意識の状態。

門8【閻】(16) エン

10 閻浮提 えんぶだい 仏教で、諸仏が出現するという島。

21 閻魔 えんま 地獄の王。

閻魔蟋蟀 えんまこおろぎ 〔油胡蘆〕 コオロギの一種。

門9【闇】(17) アン・オン

0 闇い くらい 〔昏い〕 暗い。

闇がり くらがり 暗がり。

5 闇市 やみいち 「焼け跡―派」

7 闇苅渓谷 くらがりけいこく 愛知県の渓谷。

8 闇夜 やみよ・あんや 暗い夜。

10 闇討ち やみうち 「―をくわせる」

12 闇雲 やみくも 「―に信じ込む」

門9【闊】(17) カツ

0 闊い ひろい 広く大きい。

8 闊歩 かっぽ 大またにゆっくり歩く。

12 闊達 かったつ 「自由―に振る舞う」

門9【闃】(17) ケキ

0 闃として げきとして ★ 静寂なさま。

門9【闍】(17) ト・シャ・ジャ

11 闍婆 ジャワ ▼【爪哇】ジャワ 236

門9【闌】(17) ラン

0 闌 たけなわ ▼【酣】たけなわ 377

闌ける たける たけなわの状態・時期になる。「秋―」

門10【闕】(18) ケツ

0 闕く かく 欠く。「皿のふちを―」

3 闕下 けっか 天子。

門10【闔】(18) コウ

8 闔国 こうこく 全国。挙国。

門10【闖】(18) チン

2 闖入 ちんにゅう ★ 「不審者が―する」

門10【闘】(18) トウ たたかう

← 闘鶏 シャモ ▼【軍鶏】シャモ 365

→ 闘鶏 つげ 姓氏。

門12【闡】(20) セン

8 闡明 せんめい☆ 不明瞭なことをはっきりさせる。

【阜(阝(左))】〈こざと〉〈こざとへん〉部

阜0【阜】(8) フウ・フ

12 阜斯 ばった ▼【飛蝗】ばった 407

阜3【阡】(6) セン

0 阡 せん 「千」の大字。「金―万円也」

9 阡陌 せんぱく 姓氏。

阜4【阪】(7) ハン

0 **阪** さか 坂。
5 **阪本** さかもと 姓氏。
6 **阪合部** さかいべ 姓氏。
8 **阪東** ばんどう 姓氏。

阜4 **【防】** (7) **ボウ** **ふせぐ**

2 **防人** さきもり 古代の北九州の守備兵。
3 **防已** つづらふじ ▼【葛藤】つづらふじ 325
8 **防府** ほうふ ①山口県の平野・市。②JR西日本山陽本線の駅。
13 **防路峠** ぼうじがたお 島根・広島県境の峠。
16 **防諜** ぼうちょう ☆ 秘密が漏れるのを防ぐこと。

阜5 **【阿】** (8) **ア**

0 **阿** くま 折れまがって入りくんだ所。
阿る おもねる☆ 〔佞る〕「上役に―」
2 **阿刀** あと 姓氏。
3 **阿久比** あぐい ①愛知県の町(ちょう)。②名鉄河和(こうわ)線の駅。
阿久津 あくつ 姓氏。
阿女鱒岳 あめますだけ 北海道の山。

阿川 くまがわ 姓氏。
阿万 あま 兵庫県の地名。
4 **阿支奈** あきな 姓氏。
阿仁 あに 秋田県の旧町。
阿仁合 あにあい 秋田内陸縦貫鉄道秋田内陸線の駅。
阿太師野 あだしの ▼【徒野】あだしの 132
阿天坊 あてお 姓氏。
阿仏尼 あぶつに 鎌倉中期の女流歌人。
阿片 あへん 〔鴉片〕 麻薬の一。
5 **阿古陀瓜** あこだうり 〔紅南瓜〕 金冬瓜(きんとうが)の一種。
阿古屋貝 あこやがい 〔珠貝・珠母〕 海産の二枚貝。
阿弗利加 アフリカ☆ 〔亜弗利加〕 六大州の一。
6 **阿曲** あくま 姓氏。
阿多田島 あたたじま 広島県の島。
阿多福 おたふく 〔於多福〕「―風邪(かぜ)」
阿伏兎岬 あぶとみさき 広島県の岬。

阿列布 オリーブ ▼【阿利布】オリーブ 391
阿列襪 オリーブ ▼【阿利布】オリーブ 391
阿老神 あおかみ 姓氏。
7 **阿吽** あうん ★ 〔阿呍〕「―の呼吸」
阿呍 あうん ▼【阿吽】あうん 391
阿含経 あごんきょう 仏教経典の一。
阿克来 アークライト イギリスの発明家。
阿坐上 あざかみ 姓氏。
阿児 あご 三重県の旧町。
阿呆 あほう 〔阿房〕 愚かな人。
阿利布 オリーブ 〔阿利襪・阿列布・阿列襪・橄欖〕 モクセイ科の常緑高木。
8 **阿里蘇那** アリゾナ アメリカの州。
阿育王 アショカおう 〔阿輸迦王〕 インドの王。
阿呼 あこや 姓氏。
阿舎 あずまや ▼【四阿】あずまや 74
阿知使主 あちのおみ 古代の渡来人。
阿知須 あじす ①山口県の旧町。②JR西日本宇部(うべ)線の駅。

阿波 あわ ①徳島県の市。②旧国名。現在の徳島県全域。
阿波纈 あわしじら 徳島県の綿織物。
阿弥陀 あみだ 浄土宗の本尊。
阿附迎合 あふげいごう へつらい従う。
阿房 あほう ▼【阿呆】あほう 391
阿房鳥 あほうどり ▼【信天翁】あほうどり 30
阿免谷 あめたに 姓氏。
阿拉巴麻 アラバマ アメリカの州名。
阿拉斯加 アラスカ アメリカの州名。
9 **阿海阿** オハイオ アメリカの州名。
阿食 あじき 姓氏。
阿段 アダム ▼【亜当】アダム 19
阿茶羅漬 あちゃらづけ 野菜の漬物。
阿南惟幾 あなみこれちか 第二次大戦終戦時の陸軍大臣。
阿毘羅吽欠 あびらうんけん 仏教の祈りの言葉の一。
阿保 あぼ 姓氏。

阿刺吉 アラキ 蒸留酒の一。

10 阿候鯛 あこうだい ▼【赤魚鯛】あこうだい 360

阿修羅 あしゅら 〔阿須倫・阿素洛〕インドの鬼神。

阿素洛 あしゅら ▼【阿修羅】あしゅら 392

阿孫 あびこ 姓氏。

阿倍 あべ 姓氏。

阿倍野 あべの 大阪市の行政区。

阿容阿容 おめおめ ▼【喀喀】おめおめ 70

11 阿亀 おかめ おたふくの仮面。

阿菊虫 おきくむし ▼【螠虫】おきくむし 339

阿曹沼 あそぬま 姓氏。

阿婆擦れ あばずれ すれっからし。

阿閉 あずみ 姓氏。

12 阿寒 あかん 北海道の湖・川・郡・旧町。

阿間 あんま 姓氏。

阿須倫 あしゅら ▼【阿修羅】あしゅら 392

阿曾 あそ ①三重県の温泉・地名。②JR東海紀勢本線の駅。

阿遅鴨 あじがも トモエガモの別名。

阿堵 あと 金銭。

13 阿僧祇 あそうぎ 数の単位。

阿夢森 アムンゼン ノルウェーの探検家。

阿爾及 アルジェリア 国名。

14 阿閦仏 あしゅくぶつ 仏の名。

阿漕 あこぎ ★ ①無情で強欲なさま。②JR東海紀勢本線の駅。

阿漕ヶ浦 あこぎがうら 三重県の景勝地。「阿漕浦」とも。

阿鼻叫喚 あびきょうかん ★ 非常にむごたらしいようす。

15 阿慶田 あげた 姓氏。

阿膠 あきょう 中国産のにかわの一。

阿諛 あゆ おべっか。

阿諛迎合 あゆげいごう おもねり、へつらう。

阿諛追従 あゆついしょう ☆ おもねり、へつらう。

16 阿積 あさか 姓氏。

阿耨達池 あのくだっち ヒマラヤの北にあるとされる想像上の池。

阿耨観音 あのくかんのん 三十三観音の一。

阿輸迦王 アショカおう ▼【阿育王】アショカおう 391

阿頼耶識 あらやしき 仏教の用語。

17 阿闍梨 あじゃり 僧に対する敬称。

阿闍羅山 あじゃらやま 青森県の山。

18 阿魏 あぎ セリ科の多年草。

阿難陀 あなんだ 釈迦十大弟子の一人。

19 阿蘇 あそ ①九州の火山(―山さん)。②熊本県の市。

阿羅 あら ▼【𩺊】あら 419

阿羅漢 あらかん 仏のこと。

阿蘭陀 オランダ ▼【和蘭】オランダ 67

阜5【阻】(8) ソ はばむ

13 阻碍 そがい じゃまをして物事を進行させない。

阜5【陀】(8) タ・ダ

19 陀羅尼 だらに 梵語(ぼんご)のまま唱える長い呪文。

阜5【附】(8) フ

0 附く つく 付く。

3 附子 ぶし ▼【付子】ぶし 23

14 附箋 ふせん ▼【付箋】ふせん 23

阜6【限】(9) ゲン かぎる

0 限り限り ぎりぎり 「時間―で間に合う」

阜6【陌】(9) バク・ハク

0 陌 ひゃく 「百」の大字。「金―万円也」

阜6【陋】(9) ロウ・ル

0 陋しい いやしい 卑しい。

8 陋居 ろうきょ むさくるしい家。

阜7【院】(10) イン

3 院下島 いんげしま 兵庫県の島。

6 院庄 いんのしょう ①岡山県の地名。②JR西日本姫新線の駅。

9 院宣 いんぜん 上皇・法皇の命令。

阜7【陥】(10) カン おちいる・おとしいれる

9 陥穽 かんせい 落とし穴。

阜7【降】(10) コウ おりる・おろす・ふる

0 降す くだす 相手を負かす。

降る くだる ★「軍門に—」
15 降冪 こうべき 多項式で要素の並べ方。
21 降魔 ごうま・がま★ 仏法の力で悪魔を倒す。
23 降鑒 こうかん 神が人間界を見守る。

阜7【除】(10) **ジョ・ジ のぞく**
0 除ける よける ▼【避ける】よける 374
除け者 のけもの 仲間はずれ。
5 除目 じもく 平安時代におこなわれた大臣以外の官の任官の儀式。

阜7【陞】(10) **ショウ**
0 陞る のぼる 昇進する。

阜7【陛】(10) **ヘイ**
0 陛 きざはし 宮殿の階段。

阜8【陰】(11) **イン かげ・かげる**
0 陰 ほと 女性の陰部。
4 陰日向 かげひなた 「—なく働く」
6 陰行草 ひきよもぎ ▼【引艾】ひきよもぎ 128
12 陰地蕨 はなわらび ▼【花蕨】はなわらび 316
12 陰陽 おんみょう 陰と陽。
陰陽道 おんようどう・おんみょうどう・いんようどう★ 陰陽いんよう五行説に基づく方術。
17 陰翳 いんえい 〔陰影〕「—に富んだ描写」
22 陰嚢 ふぐり 睾丸こうがん。
29 陰鬱 いんうつ 「—な気分」

阜8【険】(11) **ケン けわしい**
7 険呑 けんのん ▼【剣呑】けんのん 46
8 険阻 けんそ 地勢がけわしいさま。
10 険峻 けんしゅん 高くけわしいさま。
13 険隘 けんあい けわしく狭いこと。
18 険難 けんのん☆ ▼【剣呑】けんのん 46

阜8【陬】(11) **スウ**
4 陬月 すうげつ 陰暦一月。

阜8【陳】(11) **チン**
← 陳ねる つらねる 並べる。
→ 陳ねる ひねる 大人びている。
陳べる のべる 〔叙べる・宣べる〕述べる。
4 陳内 じんない 姓氏。
5 陳生姜 ひねしょうが ショウガの古い根茎。
陳皮 ちんぴ ミカンの果皮。
8 陳者 のぶれば 手紙で本文の前に置く語。
陳和卿 ちんなけい 南宋の工匠。
10 陳套 ちんとう☆ 古臭くて変化や進歩がないこと。
14 陳腐 ちんぷ☆ 「—な発想」

阜8【陶】(11) **トウ**
0 陶 すえ ①焼き物。陶器。②岐阜県の地名。③山口県の地名。④高松琴平ことひら電鉄琴平線の駅。⑤姓氏。
3 陶山 すやま・すえやま 姓氏。
7 陶冶 とうや★ 性質や才能をきたえる。
8 陶東 すどう 姓氏。
9 陶砂 どうさ ▼【礬水】どうさ 271
11 陶部 すえつくりべ 古代の技術者集団。
12 陶晴賢 すえはるかた 室町末期の武将。
15 陶器 すき 姓氏。

阜8【陪】(11) **バイ**
10 陪冢 ばいちょう ▼【陪塚】ばいちょう 393
12 陪塚 ばいちょう 〔陪冢〕大型古墳に近接する小規模古墳。

阜8【陸】(11) **リク**
← 陸 おか 「—にあがった河童かっぱ」
陸 くが ①土地。②姓氏。
→ 陸 ろく 「六」の大字。「金—万円也」
8 陸門 むつかど 姓氏。
9 陸屋根 ろくやね☆ 水平に近い屋根。
11 陸陸 ろくろく 〔碌碌〕「—勉強もしない」
← 陸奥 みちのく 陸前など奥州五国の古名。
→ 陸奥 むつ ①青森県の湾。②旧国名。現在の福島県・宮城県・岩手県・青森県と秋田県の一部。③姓氏。
陸奥山 みちのくやま 宮城県の山。
陸奥宗光 むつむねみつ 政治家。
13 陸蒸気 おかじょうき 汽車。
14 陸稲 おかぼ・りくとう☆ 畑に栽培される稲。
15 陸羯南 くがかつなん 新聞記者。

阜8【隆】(11) **リュウ**
0 隆い たかい 高い。
8 隆昌 りゅうしょう 大いに栄える。

11 隆隆 りゅうりゅう 「—とした筋肉」

阜 8 【陵】(11) **リョウ** **みささぎ**

8 陵苕 のうぜんかずら ▼【凌霄花】(のうぜんかずら) 42

阜 9 【階】(12) **カイ**

0 階 きざはし ①階段。②姓氏。

3 階子 はしご ▼【梯子】(はしご) 191

階上 はしかみ ①青森・岩手県境の山(—岳(だけ))。②青森県の町(ちょう)。③JR東日本八戸(はちのへ)線の駅。

4 階戸 しなと 姓氏。

7 階見 しなみ 姓氏。

11 階梯 かいてい☆ 学問・芸能の手引き。

阜 9 【隅】(12) **グウ** **すみ**

← 隅田 すだ JR西日本和歌山線の駅。

→ 隅田 すみだ 東京都の川。

9 隅垣内 すがうち 姓氏。

阜 9 【随】(12) **ズイ**

0 随える したがえる★ 従える。「部下を大勢—」

随に まにまに 〔随意に〕「波の—に漂う」

随ら ながら ▼【乍ら】(ながら) 14

5 随田 ままた 姓氏。

7 随身 ずいじん・ずいしん おとも。

9 随軍茶 はぎ ▼【萩】(はぎ) 326

随神 かむながら・かんながら 〔惟神〕 神として。

13 随意に まにまに ▼【随に】(まにまに) 394

阜 9 【隋】(12) **スイ・ズイ・タ・ダ**

0 隋 ずい 中国の王朝。

阜 9 【隊】(12) **タイ**

6 隊伍 たいご☆ 「—を組んで行進する」

阜 9 【陽】(12) **ヨウ**

← 陽 ひ 「—が昇る」

→ 陽 みなみ 姓氏。

5 陽田 ひなた 姓氏。

6 陽芋 じゃがいも ▼【瓜哇芋】(じゃがいも) 347

陽成 ようぜい 第五七代天皇。

8 陽炎 かげろう★ 〔火光・糸遊・野馬・遊糸〕 晴れた日にみえる、色のないゆらめき。

11 陽雀 ほととぎす ▼【杜鵑】(ほととぎす) 182

12 陽遂足 くもひとで ▼【蜘蛛海星】(くもひとで) 338

阜 9 【隈】(12) **ワイ**

8 隈取り くまどり 〔暈取り〕「目のまわりを—する」

隈府 わいふ 熊本県の旧町。

11 隈笹 くまざさ 〔箬竹・山白笹・山白竹〕 ササの一種。

12 隈無く くまなく 「—捜す」

阜 10 【隘】(13) **アイ・アク・ヤク**

13 隘路 あいろ 支障。

阜 10 【隕】(13) **イン**

0 隕ちる おちる 落ちる。

隕とす おとす 落とす。

5 隕石 いんせき 地球に落ちた流星の燃え残り。

阜 10 【隗】(13) **カイ・ガイ**

0 隗 かい 「まず—より始めよ」

阜 10 【隔】(13) **カク** **へだてる・へだたる**

5 隔世 かくせい 時代がへだたること。

13 隔靴掻痒 かっかそうよう★ 思いどおりにいかなくてもどかしいさま。

阜 10 【隙】(13) **ケキ・ゲキ**

0 隙 すき・ひま すき間。

12 隙間 すきま 〔透き間〕「—風」

阜 11 【隠】(14) **イン** **かくす・かくれる**

0 隠る こもる ▼【籠る】(こもる) 287

4 隠元大角豆 いんげんまめ ▼【隠元豆】(いんげんまめ) 394

隠元豆 いんげんまめ 〔隠元大角豆・菜豆・眉児豆〕 マメ科の一年生作物。

隠井 かくらい 姓氏。

7 隠岐 おき ①島根県の諸島・海峡・郡。②旧国名。隠岐諸島からなる。

隠忍自重 いんにんじちょう じっとがまんをして軽々しい振る舞いを慎む。

10 隠翅虫 はねかくし ▼【羽隠虫】(はねかくし) 303

隠栖 いんせい ▼【隠棲】(いんせい) 394

隠匿 いんとく 「—物質」

11 隠密 おんみつ 「—行動」

12 隠棲 いんせい 〔隠栖〕「山中に—する」

13 隠遁 いんとん 「—生活」

15 **隠蔽** いんぺい 「証拠を—する」

阜11 **【際】**(14) **サイ** **きわ**

5 **際立つ** きわだつ 「対照が—」

8 **際物** きわもの 限られた時季にだけ売る品物。

10 **際疾い** きわどい 「—ところで助かる」

阜11 **【障】**(14) **ショウ** **さわる**

0 **障の神** さえのかみ・さいのかみ ▼【道祖神】さえのかみ 372

障り さわり さまたげ。

3 **障子ケ岳** しょうじがたけ 山形県の山。

8 **障泥** あおり 〔泥障〕 泥よけの馬具。

障泥烏賊 あおりいか 〔泥障烏賊〕 イカの一種。

11 **障屏画** しょうへいが☆ 障壁画と屏風(びょうぶ)絵。

13 **障碍** しょうがい 障害。

阜13 **【隧】**(16) **スイ・ズイ・ツイ**

12 **隧道** すいどう・ずいどう・ついどう トンネル。

阜13 **【隣】**(16) **リン** **となる・となり**

9 **隣保** りんぽ となり近所。

阜16 **【隴】**(19) **ロウ・リュウ**

11 **隴断** ろうだん ▼【壟断】ろうだん 82

【隶】〈たい〉〈れいづくり〉部

隶8 **【隷】**(16) **レイ**

10 **隷書** れいしょ 漢字の書体の一。

12 **隷属** れいぞく 言いなりになる。

【隹】〈ふるとり〉部

隹2 **【隼】**(10) **シュン・ジュン**

0 **隼** はやぶさ☆ 〔鶻〕 ハヤブサ科に属する鳥の総称。

2 **隼人** はやと ①古代、九州南部に居住した人々。②鹿児島県の旧町。③JR九州日豊(にっぽう)本線等の駅。

隹2 **【隻】**(10) **セキ**

5 **隻句** せきく・せっく 「片言—」

11 **隻眼** せきがん ①片目。②すぐれた見識。「—を備える」

隹3 **【雀】**(11) **ジャク・シャク・サク**

0 **雀** すずめ ハタオリドリ科の小鳥。

雀の苧小筥 すずめのおごけ 〔雀苧樋・雀苧桶・白前〕 イヨカズラの別名。

8 **雀苧桶** すずめのおごけ ▼【雀の苧小筥】すずめのおごけ 395

雀苧樋 すずめのおごけ ▼【雀の苧小筥】すずめのおごけ 395

雀盲 とりめ ▼【鶏盲】とりめ 425

11 **雀部** ささきべ・ささべ 姓氏。

雀野豌豆 すずめのえんどう 〔小巣鳥・巣菜〕 マメ科の越年草。

12 **雀斑** そばかす★ 顔にできる褐色の小斑点(はんてん)。

13 **雀蛾** すずめが 〔天蛾〕 スズメガ科のガの総称。

雀蜂 すずめばち 〔胡蜂・大胡蜂〕 スズメバチ科のハチの総称。

14 **雀榕** あこう ▼【榕】あこう 197

17 **雀⿰鳥戌** えっさい タカ目の鳥、ツミの雄の呼称。

21 **雀躍** じゃくやく こおどりして喜ぶ。

雀躍り こおどり 〔小躍り〕 躍り上がらんばかりに喜ぶ。「—して喜ぶ」

雀鷂 つみ 〔雀鷹〕 タカ科の鳥。

24 **雀鷹** つみ ▼【雀鷂】つみ 395

隹4 **【雁】**(12) **ガン**

0 **雁** がん・かり・かりがね 〔鴈〕 カモ科の鳥のうち、大形の鳥の総称。

雁が音 かりがね ガンの鳴き声。

雁ノ巣 がんのす JR九州香椎(かしい)線の駅。

雁ケ腹摺山 がんがはらすりやま 山梨県の山。

3 **雁子岬** がんこみさき 兵庫県の岬。

4 **雁木** がんぎ 群れて飛ぶガンの列の形をしたもの。

5 **雁皮** がんぴ ジンチョウゲ科の落葉低木。

雁皮紙 がんぴし 和紙の一。

6 **雁字搦め** がんじがらめ 身動きできないさま。

7 **雁坂** かりさか ①埼玉・山梨県境の山(—嶺(れい))。②埼玉・山梨県境の峠。

雁来紅 はげいとう 〔老少年・葉鶏頭〕 ヒユ科の一年草。

8 **雁金** かりがね 姓氏。

9 **雁首** がんくび 「—をそろえる」

雁点 かりがねてん 漢文訓読の返り点の一。

10 **雁翅檜** あすなろ ▼【翌檜】あすなろ 304

8画 阜部11－16画 隶部8画 隹部2－4画

雁書 がんしょ 手紙。
17 雁擬き がんもどき ☆ とうふを用いた揚げ物。

隹4 **【雇】**(12) **コ** **やとう**
13 雇傭 こよう ☆ 雇用。「終身―」

隹4 **【集】**(12) **シュウ** **あつまる・あつめる・つどう**
0 集く すだく ☆ 虫が集まって鳴く。
集る たかる ★「ハエが―」
7 集貝 すがい 姓氏。
11 集鳥 あとり ▼【獦子鳥】あとり 243
13 集解 しっかい・しゅうげ ある書物に対する解釈集。
16 集輯 しゅうしゅう とりあつめて編集する。

隹4 **【雄】**(12) **ユウ** **お・おす**
0 雄 おす 〔牡〕「―のイヌ」
4 雄日芝 おひしば 〔牛筋草・馬唐〕イネ科の多年草。
5 雄冬 おふゆ 北海道の岬・山・地名。
6 雄叫び おたけび ☆ 勇ましい叫び声。
7 雄豆 くろまめ ▼【烏豆】くろまめ 231
8 雄武 おうむ 北海道の町(ちょう)。
雄物川 おものがわ 秋田県の川・旧町。
9 雄信内 おのっぷない JR北海道宗谷(そうや)本線の駅。
11 雄鳥 おんどり 雄のにわとり。
12 雄琴 おごと 滋賀県の旧村。
雄渾 ゆうこん ☆「―な筆致」
雄蛭木 おひるぎ 〔紅樹〕ヒルギ科の常緑高木。
←雄勝 おがち ①秋田県の郡・旧町。②秋田・山形県境の峠。
→雄勝 おがつ 宮城県の半島・湾・旧町。
雄雄しい おおしい 〔男男しい〕男らしくて勇ましい。
15 雄蕊 おしべ・ゆうずい 種子植物の器官。

隹5 **【雅】**(13) **ガ**
0 雅び みやび ★「王朝の―」
8 雅典 アテネ ギリシアの首都。
10 雅致 がち 風流な味わい。
13 雅楽 ががく 日本の宮廷音楽として栄えたもの。
雅楽川 うたがわ 姓氏。

隹5 **【雎】**(13) **ショ**
13 雎鳩 みさご ▼【鶚】みさご 425

隹5 **【雋】**(13) **セン・シュン・シン**
0 雋れる すぐれる 才能が傑出しているさま。

隹5 **【雉】**(13) **チ**
0 雉 きじ 〔雉子・野鶏・野雉〕キジ科の鳥。
←雉子 きぎす キジの古名。
→雉子 きじ ▼【雉】きじ 396
13 雉蓆 きじむしろ バラ科の多年草。

隹5 **【雍】**(13) **ヨウ**
5 雍正帝 ようせいてい 中国、清の第五代皇帝。

隹6 **【雑】**(14) **ザツ・ゾウ**
0 雑じる まじる 「雑穀の―ごはん」
3 雑巾 ぞうきん 「―をしぼる」
4 雑太 さわた 姓氏。
雑毛 ぞうげ 姓氏。
5 雑司ケ谷 ぞうしがや 東京都の地名。
雑司町 ぞうしちょう 奈良県の地名。
雑田 くさだ 姓氏。
雑末耶 ザビエル 〔方済各〕スペイン出身のキリスト教宣教師。
6 雑色 ぞうしき 京急本線の駅。
7 雑言 ぞうごん 「悪口(あっこう)―」
雑作 ぞうさ ▼【造作】ぞうさ 370
雑兵 ぞうひょう ☆ 身分の低い兵士。
8 雑居 さわい 姓氏。
雑炊 ぞうすい 「カニ―」
雑沓 ざっとう 雑踏。「―にまぎれる」
9 雑砕 チャプスイ 中国料理の一。
11 雑魚 ざこ 〔雑喉〕小魚。
←雑賀 さいか 和歌山県の地名。
→雑賀 さいが 姓氏。
雑賀崎 さいかざき ①姓氏。②和歌山県の岬。
雑喉 ざこ ▼【雑魚】ざこ 396
雑煮 ぞうに もちを入れた汁。
13 雑楽 したら 姓氏。
雑徭 ぞうよう 律令制下の労役の一。
14 雑歌 ぞうか 和歌の分類の一。

雑駁 ざっぱく 粗雑。
15 雑餉隈 ざっしょのくま ①福岡県の地名。②西鉄天神大牟田（てんじんおおむた）線の駅。

隹 6 **【雌】**(14) **シ め・めす**
0 **雌** めす 〔牝〕「—のイヌ」
4 **雌日芝** めひしば イネ科の一年草。
6 **雌伏** しふく 「—して時を待つ」
11 **雌鳥** めんどり 雌のにわとり。
12 **雌雄** しゆう 「—を決する」
雌雄島 しおじま 香川県の旧村。
15 **雌蕊** めしべ・しずい 種子植物の器官。
18 **雌鯒** めごち カサゴ目の海魚。

隹 8 **【雕】**(16) **チョウ**
0 **雕る** える 彫刻する。
11 **雕琢** ちょうたく 何度も手を入れ、文章や詩を直す。

隹 9 **【雖】**(17) **スイ**
0 **雖も** いえども 「老いたりと—」

隹 10 **【雞】**(18) **ケイ**
0 **雞** にわとり ▼【鶏】にわとり 425

隹 10 **【雛】**(18) **スウ**
0 **雛** ひな ひよこ。
7 **雛妓** おしゃく 一人前にならない芸者。
雛豆 ひよこまめ マメ科の一年草。
20 **雛罌粟** ひなげし 〔虞美人草・美人草・錦被花・麗春花〕ケシ科の越年草。
雛霰 ひなあられ 雛祭りに供えるあられ。
21 **雛鶴峠** ひなづるとうげ 山梨県の峠。

隹 10 **【難】**(18) **ナン かたい・むずかしい**
0 **難い** にくい 「読み—本」
5 **難台山** なんたいさん 茨城県の山。
難平 なんぴん 取引用語。
6 **難有い** ありがたい 「—お経」
← **難波** なにわ 〔浪速・浪花・浪華〕大阪のこと。
→ **難波** なんば ①大阪府の地名。②近鉄の路線。③南海本線等の駅。
難波江 なにわえ 姓氏。
難波薔薇 なにわいばら 〔金桜子〕バラ科のつる性常緑低木。

隹 11 **【離】**(19) **リ はなれる・はなす**
0 **離る** さかる ある地点からはなれる。
離れ離れ かれがれ 交際が途絶えがちなさま。
9 **離叛** りはん 離反。
17 **離礁** りしょう 船が、のりあげた暗礁から離れる。

【雨】〈あめ〉〈あめかんむり〉部

雨 0 **【雨】**(8) **ウ あめ・あま**
3 **雨下石** しずいし 姓氏。
雨乞い あまごい ▼【祈雨】あまごい 272
雨久花 みずあおい 〔浮薔・水葵〕ミズアオイ科の一年草。
4 **雨月** うげつ 陰暦五月の別名。
雨戸 あまど 風雨を防ぐための戸。
6 **雨合羽** あまがっぱ 雨具の一。
8 **雨果** ユゴー 〔飛豪〕フランスの作家。
雨具 あまぐ 雨を防ぐための衣類や道具。
雨虎 あめふらし ☆〔雨降・海兎・海牛・海鹿〕腹足綱の軟体動物。
雨波貝 うばがい ▼【姥貝】うばがい 96
10 **雨降** あめふらし ▼【雨虎】あめふらし 397
雨除け あまよけ ▼【雨避け】あまよけ 397
12 **雨蛙** あまがえる ▼【蛙黽】あまがえる 336
雨雲 あまぐも 雨を降らせる雲。
雨間 あまあい 雨が一時やんでいる間。
雨蛤 あまがえる ▼【蛙黽】あまがえる 336
雨晴 あまはらし ①富山県の地名。②JR西日本氷見（ひみ）線の駅。
13 **雨煙別** うえんべつ 北海道の地名。
雨催い あまもよい 雨もよう。
14 **雨滴** あまだれ 〔雨垂れ〕雨のしずく。
16 **雨避け** あまよけ 〔雨除け〕「—のひさし」
17 **雨厳** あまかざり 姓氏。
19 **雨曝し** あまざらし 「—の自転車」
21 **雨露** うろ 「—をしのぐ」

雨 3 **【雩】**(11) **ウ**
0 **雩** あまひき 雨ごい。

雨 3 **【雪】**(11) **セツ ゆき**
0 **雪ぐ** すすぐ・そそぐ 「汚名を—」

5 雪母谷 うばがたに 姓氏。
6 雪気 ゆきげ 雪模様。
雪舟 そり ▼【橇】 198
←雪花菜 おから ☆〔御殻〕 大豆のしぼりかす。
→雪花菜 きらず おから。
雪花菜汁 からじる 〔豆滓汁〕 おからを入れたみそ汁。
雪谷 ゆきがや 東京都の地名。
雪吹 いぶき 姓氏。
8 雪姑 せきれい ▼【鶺鴒】 426
9 雪客 さぎ ▼【鷺】 426
雪彦山 せっぴこさん 兵庫県の山。
雪洞 ぼんぼり ★紙張りのおおいのある小形のあんどん。
10 雪消 ゆきげ ▼【雪解】 398
雪消月 ゆききえづき 陰暦二月。
雪特尼 シドニー オーストラリアの都市。
11 雪魚 たら ▼【鱈】 421
雪袴 もんぺ 労働用のはかま。

雪崩 なだれ 〔雪頽・傾れ〕 「—を打って逃げる」
12 雪達磨 ゆきだるま 「—式に借金がふえる」
13 雪解 ゆきげ 〔雪消〕 雪どけ。
14 雪隠 せっちん ★便所。
雪隠金亀子 せんちこがね センチコガネ科の昆虫。
雪踏 せった ▼【雪駄】 398
雪駄 せった 〔雪踏〕 履物の一。
16 雪頽 なだれ ▼【雪崩】 398
雪融け ゆきどけ 〔雪解け〕 降り積もった雪がとけること。
20 雪礫 ゆきつぶて こぶし大の雪の塊。
27 雪鱸 たら ▼【鱈】 421

雨 3 【雫】(11) ダ
0 雫 しずく ①〔滴〕 したたり落ちる水。②姓氏。
5 雫石 しずくいし ①岩手県の川・盆地・町。②JR東日本田沢湖線等の駅。③姓氏。

雨 4 【雲】(12) ウン くも
3 雲上人 うんじょうびと 貴人。皇族。
4 雲井原 くもいがはら 北海道の台地。
雲丹 うに ☆ウニの卵巣食品。
5 雲出川 くもずがわ 三重県の川。
雲仙 うんぜん 長崎県の山(—岳)・市。
←雲母 きら 新潟県の温泉。
→雲母 きらら・うんも 「—色」
6 雲早山 くもそうやま 徳島県の山。
7 雲谷峠 もやとうげ 青森県の峠。
雲呑 ワンタン ☆〔餛飩〕 中華料理の一。
8 雲実 じゃけついばら ▼【蛇結茨】 336
雲泥 うんでい 「—の差」
雲泥万里 うんでいばんり 天と地のように大きな差異があること。
雲林院 うじい ①三重県の地名。②姓氏。
10 雲煙過眼 うんえんかがん 物事に執着しない。
雲脂 ふけ ☆〔頭垢〕 頭皮にできる白いもの。
雲珠 うず 馬具の一。
11 雲雀 ひばり 〔叫天・叫天子・叫天雀・告天・告天子・比婆里・天鸙・天而・天鷚・鷚・噪天・鶬鶊〕 ヒバリ科の鳥。
雲頂魚 たら ▼【鱈】 421
←雲梯 うなて 奈良県の地名。
→雲梯 うんてい 遊戯用具の一。
12 雲散霧消 うんさんむしょう 跡形もなくなる。
雲集霧散 うんしゅううむさん 多くの者が霧や雲のように集まったり散ったりするたとえ。
雲葉 ふさざくら ▼【総桜】 296
13 雲漢 あまのがわ ▼【天の川】 89
雲蒸竜変 うんじょうりょうへん 英雄豪傑が機会を得て立ち上がること。
16 雲霓 うんげい 雲と虹。
17 雲霞 うんか 「—のごとき敵の大軍」
24 雲鬢 うんびん ☆美しい女性。

雨 4 【雰】(12) フン
7 雰囲気 ふんいき 「なごやかな—」

雨 5 【電】(13) デン
0 電 いなずま 〔稲妻〕 いなびかり。

雨 5 【雹】(13) ハク・バク・ホウ

0 雹 ひょう ☆ 空から降る氷の粒。

雨5 **【雷】**(13) **ライ** **かみなり**

0 雷 いかずち ☆ かみなり。

11 雷粔籹 かみなりおこし 菓子の一。

雷魚 はたはた ▼【鰰】はたはた 420

15 雷諾阿 ルノアール ▼【羅拿】ルノアール 301

16 雷獣 てん ▼【貂】てん 357

雨5 **【零】**(13) **レイ**

0 零す こぼす 〔溢す〕「コーヒーを―」

7 零余子 むかご ☆ ヤマノイモなどの葉のつけねの球状の芽。

12 零落れる おちぶれる ☆ 〔落魄れる〕 身分・財産を失ってみじめになる。

雨6 **【需】**(14) **ジュ**

0 需める もとめる 必要とする。

雨7 **【霄】**(15) **ショウ**

16 霄壌 しょうじょう 天と地。

雨7 **【震】**(15) **シン** **ふるう・ふるえる**

14 震慴 しんしょう 震え上がって恐れる。

16 震駭 しんがい ★ 非常に驚き、おそれる。

震撼 しんかん ☆「世界を―させた事件」

17 震盪 しんとう 〔振盪〕 激しく揺れ動く。

雨7 **【霈】**(15) **ハイ**

12 霈然 はいぜん 雨が強く降るさま。

雨7 **【霊】**(15) **レイ・リョウ** **たま**

0 霊 たましい 霊魂。

3 霊山 りょうぜん 福島県の山・旧町。

5 霊仙山 りょうぜんざん 滋賀県の山。

6 霊芝 まんねんたけ 〔柴芝・万年茸〕 ヒダナシタケ目のきのこ。

11 霊猫 じゃこうねこ ▼【麝香猫】じゃこうねこ 428

12 霊棚 たまだな 先祖霊の安置棚。

15 霊鞍 たまくら 姓氏。

17 霊螺子 うに ▼【海胆】うに 214

18 霊験 れいげん 「―あらたかな観音様」

19 霊羸子 うに ▼【海胆】うに 214

雨8 **【霙】**(16) **エイ**

0 霙 みぞれ ☆ 雨まじりの雪。

雨8 **【霍】**(16) **カク**

4 霍公鳥 ほととぎす ▼【杜鵑】ほととぎす 182

5 霍去病 かくきょへい 中国、前漢の武将。

7 霍乱 かくらん ★「鬼の―」

雨8 **【霓】**(16) **ゲイ**

0 霓 にじ ▼【虹】にじ 335

14 霓裳羽衣 げいしょううい 天人などの美しい衣。

雨8 **【霎】**(16) **ソウ・ショウ**

10 霎時 しょうじ 一瞬の。しばしの。

雨8 **【霑】**(16) **テン**

0 霑う うるおう 湿る。

雨8 **【霏】**(16) **ヒ**

16 霏霏 ひひ 雨などが降りしきるさま。

雨8 **【霖】**(16) **リン**

8 霖雨蒼生 りんうそうせい 恵みをあたえる。

雨9 **【霞】**(17) **カ**

0 霞 かすみ 「―がたなびく」

霞む かすむ 「山が―」

雨9 **【霜】**(17) **ソウ** **しも**

4 霜月 しもつき 陰暦十一月。

10 霜降 そうこう 二十四節気の一。

雨10 **【霤】**(18) **リュウ**

0 霤 あまだれ 屋根から流れおちる雨水。

雨11 **【霪】**(19) **イン**

8 霪雨 いんう ▼【淫雨】いんう 219

雨11 **【霧】**(19) **ム** **きり**

6 霧多布 きりたっぷ 北海道の湿原・半島・地名。

8 霧雨 きりさめ 霧のように細かな雨。

雨12 **【霰】**(20) **サン・セン**

0 霰 あられ ☆ 雪と雹(ひょう)の中間のもの。

雨13 **【霹】**(21) **ヘキ**

24 霹靂 へきれき かみなり。

霹靂神 はたたがみ 激しい雷。

霹靂閃電 へきれきせんでん 雷鳴といなずま。

雨13 **【露】**(21) **ロ・ロウ** **つゆ**

0 **露** あらわ 〔顕〕 むき出しなさま。
露す あらわす 「正体を―」
6 **露西亜** ロシア ☆〔魯西亜〕 国名。
11 **露兜樹** たこのき 337 ▼【蛸の木】たこのき

雨 14 **【霽】** (22) **セイ**
0 **霽れる** はれる 晴れる。「気分が―」

雨 14 **【霾】** (22) **バイ・マイ**
0 **霾る** つちふる 黄砂が降る。

雨 16 **【靄】** (24) **アイ**
0 **靄** もや★ 遠くがかすんで見える現象。
24 **靄靄** あいあい 雲がたなびくさま。

雨 17 **【靉】** (25) **アイ**
24 **靉靆** あいたい 陰気なさま。

【青（青）】〈あお〉部

青 0 **【青】** (8) **セイ・ショウ** **あお・あおい**
3 **青女子** あおなお 姓氏。
青大将 あおだいしょう 〔青色蛇・黄色蛇・黄頷蛇〕 ヘビの一種。

4 **青水無月** あおみなづき 陰暦六月の別名。
青木 おおぎ 阪神本線の駅。
青木昆陽 あおきこんよう 江戸中期の儒者・蘭学者。
5 **青玉** サファイア 宝石の一。
6 **青芋** さといも 〔里芋〕 サトイモ科の多年草。
青色蛇 あおだいしょう ▼【青大将】あおだいしょう 400
7 **青花魚** さば☆ ▼【鯖】さば 419
青串魚 さんま 276 ▼【秋刀魚】さんま
青谷 あおや ①鳥取県の旧町。②JR西日本山陰本線の駅。
青沙魚 あいざめ ▼【藍鮫】あいざめ 332
8 **青苧** あおそ ▼【青麻】あおそ 400
青底翳 あおそこひ 緑内障。
青茅 かりやす 〔黄草・刈安〕 イネ科の多年草。
青味泥 あおみどろ ▼【水綿】あおみどろ 207
9 **青海** おうみ ①新潟県の旧町。②JR西日本北陸本線の駅。③山口県の湖・島。
青海苔 あおのり ▼【乾苔】あおのり 16
青海波 せいがいは 雅楽の一。

青柚 あおゆ 未熟なユズ。
青柳 あおやぎ 青々と茂ったヤナギ。
10 **青莢葉** はないかだ ▼【花筏】はないかだ 316
青剛樹 うばめがし ▼【姥芽樫】うばめがし 96
青差 あおざし ▼【青緡】あおざし 401
青島 チンタオ 中国の都市。
青桐 あおぎり ▼【梧桐】あおぎり 190
青梅 おうめ ①東京都の市。②JR東日本の路線・駅。
青竜蝦 しゃこ ▼【蝦蛄】しゃこ 338
←**青魚** さば ▼【鯖】さば 419
→**青魚** にしん ▼【鰊】にしん 420
青梧桐 あおぎり ▼【梧桐】あおぎり 190
青梗菜 チンゲンサイ アブラナ科の一年草。
青瓷 あおじ 〔青磁〕 平安時代に焼かれた陶器。
青雀 いかるが ▼【斑鳩】いかるが 164
青鳥 うぐいす ▼【鶯】うぐいす 425
青萍 あおうきくさ ウキクサ科の多年草。
青麻 あおそ 〔青苧〕 カラムシで作った繊維。

青鹿 あおじし カモシカの別名。
12 **青葛藤** あおつづらふじ 〔木防己〕 ツヅラフジ科の落葉つる性低木。
青軸 あおじく ▼【緑萼梅】あおじく 297
青葙 のげいとう 379 ▼【野鶏頭】のげいとう
青葱 ねぎ ▼【葱】ねぎ 326
青鈍 あおにび 青みを含んだ灰色。
青葉木菟 あおばずく 〔青葉梟〕 フクロウ科の鳥。
青葉梟 あおばずく ▼【青葉木菟】あおばずく 400
13 **青鳩** あおばと ▼【緑鳩】あおばと 297
14 **青榕** ゆずりは ▼【譲葉】ゆずりは 355
15 **青蝦** しばえび ▼【芝海老】しばえび 315
青箭魚 さごし サワラの幼魚。
青緡 あおざし ▼【青緡】あおざし 401
16 **青薙山** あおなぎやま 山梨・静岡県境の山。
青頭菌 はつたけ ハラタケ目のきのこ。
青螟蛉 あおむし ▼【螟蛉】あおむし 339
17 **青瓢** あおふくべ 未熟なヒョウタン。

青瓢簞 あおびょうたん あおふくべ。

18 **青緡** あおざし 〔青緡・青差〕 銭の穴に縄を通し結び連ねたもの。

青鵐 あおじ ▼【蒿雀】あおじ 327

19 **青簾** あおすだれ 青竹のすだれ。

23 **青鷺** あおさぎ サギ科の鳥。

青 5 **【靖】** (13) **セイ**

8 **靖国神社** やすくにじんじゃ 東京都にある神社。

青 6 **【静】** (14) **セイ・ジョウ** **しず・しずか・しずまる・しずめる**

4 **静内** しずない ①北海道の川・旧郡・旧町。②JR北海道日高本線の駅。

9 **静狩** しずかり ①北海道の平野(—原野)・地名。②JR北海道室蘭(むろらん)本線の駅。

10 **静浦** しずうら 静岡県の旧村・漁港。

静脈 じょうみゃく 血液を心臓に環流させる血管。

11 **静寂** しじま 「夜の—」

12 **静間** しずま ①島根県の川・旧村。②JR西日本山陰本線の駅。

17 **静謐** せいひつ★ 静かでおだやかなさま。

【非】〈あらず〉部

非 0 **【非】** (8) **ヒ**

0 **非ず** あらず☆ そうではない。

7 **非伯林** ツェッペリン ドイツの軍人・飛行船開発者。

12 **非道い** ひどい☆ ▼【酷い】ひどい 377

13 **非業** ひごう 「—の死をとげる」

非 7 **【靠】** (15) **コウ**

0 **靠る** よる よりかかる。

靠れる もたれる ▼【凭れる】もたれる 43

非 11 **【靡】** (19) **ビ・ミ・バ・マ**

0 **靡く** なびく★ 「煙が—」

12 **靡然** びぜん なびくさま。

【面】〈めん〉部

面 0 **【面】** (9) **メン** **おも・おもて・つら**

← **面子** めんこ 遊戯用具の一。

→ **面子** メンツ 顔。体面。

5 **面白い** おもしろい 楽しい。愉快だ。

面目 めんぼく・めんもく 「—丸つぶれ」

7 **面折廷諍** めんせつていそう 天子の面前で天子の誤りをいさめる。

面疔 めんちょう 顔面にできる化膿性炎症。

面妖 めんよう☆ 奇妙なこと。

8 **面河** おもご 愛媛県の山(—山(さん))・川・渓谷(—渓)・旧村。

9 **面映い** おもはゆい☆ てれくさい。

10 **面高** おもだか ▼【沢瀉】おもだか 210

面皰 にきび・めんぽう★ 吹き出物の一。

11 **面舵** おもかじ 船首を右へ向ける。

15 **面影** おもかげ 〔俤〕 「明治の—を残す町」

面罵 めんば 面と向かってののしる。

19 **面繋** おもがい 〔羈〕 馬具の一。

面 14 **【靨】** (23) **ヨウ**

0 **靨** えくぼ★ 〔笑窪〕 笑うと、ほおにできるくぼみ。

【革】〈つくりがわ〉〈かわへん〉部

革 0 **【革】** (9) **カク** **かわ**

0 **革める** あらためる 「悪習を—」

9 **革茸** こうたけ ▼【皮茸】こうたけ 260

22 **革籠** かわご ▼【皮籠】かわご 260

革籠崎 こうござき 広島県の岬。

革 3 **【靫】** (12) **サイ・サ**

← **靫** うつぼ 〔空穂〕 矢を入れて腰につける筒状の容器。

→ **靫** ゆぎ 〔靭〕 矢を入れて背負う筒状の道具。

5 **靫瓦** うつぼがわら 瓦の一。

7 **靫貝** うつぼがい ツメタガイの別名。

12 **靫葛** うつぼかずら ▼【靫蔓】うつぼかずら 401

14 **靫蔓** うつぼかずら 〔靫葛・猪籠草〕 ウツボカズラ科の常緑つる性食虫植物。

革 3 **【靭】** (12) **ジン**

← **靭** うつぼ 大阪府の地名。

→ **靭** ゆぎ ▼【靫】ゆぎ 401

5 **靭皮** じんぴ 植物の組織の一。

8 **靭性** じんせい 材料の粘り強さ。

9 **靭負** ゆげい 大和政権の武力集団。

革 4 **【靴】** (13) **カ** **くつ**

16 靴篦 くつべら 靴をはくときに用いる道具。

革5【鞅】(14) オウ

0 鞅 むながい ▼【胸繋】むながい 309

12 鞅掌 おうしょう 仕事が忙しくて暇がない。

革5【鞆】(14) とも

0 鞆 とも☆ ①弓を射るとき手につける道具。②広島県の地名。

12 鞆奥 ともおく 徳島県の地名。

革5【鞄】(14) ホウ

0 鞄 かばん 物を入れる携帯用具。

革6【鞋】(15) アイ・カイ

0 鞋 くつ ▼【履】くつ 113

8 鞋底魚 したびらめ ▼【舌鮃】したびらめ 313

革6【鞍】(15) アン

0 鞍 くら 乗馬の際に馬につける道具。

4 鞍手 くらて ①福岡県の郡・町。②JR九州筑豊本線の駅。

5 鞍瓦 くらぼね ▼【鞍橋】くらぼね 402

7 鞍作止利 くらつくりのとり 〔鞍作鳥〕 飛鳥時代の仏師。

8 鞍岳 くらだけ 熊本県の山。

← 鞍馬 あんば 体操器具の一。

→ 鞍馬 くらま ①京都市の山・地名。②叡山電鉄の路線・駅。

11 鞍掛 くらかけ ①山梨県の山。②三重・滋賀県境の峠。③宮崎県の岬(―鼻)。

12 鞍替え くらがえ☆ 商売・所属などを別のものにかえる。

16 鞍橋 くらぼね 〔鞍骨・鞍瓦〕 鞍の骨組みをなす部分。

革6【鞏】(15) キョウ

8 鞏固 きょうこ 強固。「―な意志」

革6【鞐】(15) こはぜ

0 鞐 こはぜ★ 〔小鉤〕 足袋などの止め具。

革7【鞖】(16) サイ

0 鞖 しおで 〔四方手〕 馬具の一。

革7【䩦】(16) しころ

0 䩦 しころ ▼【錏】しころ 384

革7【鞘】(16) ショウ・ソウ

0 鞘 さや☆ 刀身を入れる筒。

8 鞘味泥 さやみどろ サヤミドロ目の淡水藻。

革8【鞠】(17) キク

0 鞠 まり 〔毬〕 ボール。

10 鞠躬如 きっきゅうじょ 目上の人を前に、かしこまって身をかがめているさま。

革8【鞜】(17) トウ

0 鞜 くつ ▼【履】くつ 113

革9【鞦】(18) シュウ

0 鞦 しりがい 馬具の一。

24 鞦韆 しゅうせん ぶらんこ 遊具の一。

革9【鞣】(18) ジュウ

0 鞣す なめす 動物の皮をなめす。

9 鞣革 なめしがわ なめした革。

革9【鞭】(18) ヘン・ベン

0 鞭 むち 〔策・笞〕 「―をあてる」「愛の―」

鞭つ むちうつ 〔鞭撻つ〕 鞭で打つ。励ます。

4 鞭毛 べんもう 細胞の器官の一。

15 鞭撒武 ベンサム 〔弁端〕 イギリスの法学者。

16 鞭撻 べんたつ 強く励ます。

鞭撻つ むちうつ ▼【鞭つ】むちうつ 402

革10【鞴】(19) ヒ・ホ

0 鞴 ふいご 〔韛・吹子・吹革〕 火をおこす送風器。

革14【韈】(23) ベツ・バツ

0 韈 しとうず ▼【襪】しとうず 345

11 韈雀 えなが ▼【柄長】えなが 187

【韋(韋)】(なめしがわ)部

韋0【韋】(10) イ

5 韋白斯特 ウェブスター アメリカの編集者。

8 韋陀 ベーダ ▼【吠陀】ベーダ 65

9 韋柏 ウェーバー ドイツの作曲家。

14 韋駄天 いだてん 足の速い人。

15 韋編三絶 いへんさんぜつ 熟読すること。

韋8【韓】(18) カン

0 韓 から ▼【漢】から 224

8 韓国岳 からくにだけ 宮崎・鹿児島県境の山。

韓非 かんぴ 中国、戦国時代の思想家。

9 韓紅 からくれない☆ 〔唐紅〕 濃い赤色。

13 **韓愈** かんゆ 中国、中唐の儒者・文人。

韋10 **【韜】**(20) トウ

0 **韜む** つつむ 包む。

11 **韜晦** とうかい★ 自分の才能・身分などをつつみかくす。

韋10 **【韛】**(20) ハイ・フク

0 **韛** ふいご ▼【鞴】ふいご 402

【韭】〈にら〉部

韭0 **【韭】**(9) キュウ

0 **韭** にら ▼【韮】にら 403

韭3 **【韮】**(12) キュウ

0 **韮** にら 〔薤・韭〕 ユリ科の多年草。

3 **韮山** にらやま ①静岡県の温泉・旧町。②伊豆箱根鉄道の駅。

7 **韮沢** にらさわ 姓氏。

11 **韮崎** にらさき ①山梨県の市。②JR東日本中央本線の駅。

12 **韮葱** リーキ ユリ科の二年草。

韭10 **【韲】**(19) セイ

0 **韲** あえもの ▼【和え物】あえもの 67

韲える あえる ▼【和える】あえる 67

韲え物 あえもの ▼【和え物】あえもの 67

【音】〈おと〉〈おとへん〉部

音0 **【音】**(9) オン・イン おと・ね

3 **音叉** おんさ 楽器の調律などに用いる道具。

4 **音戸** おんど 広島県の島・水路(―瀬戸)・旧町。

音水湖 おんずいこ 兵庫県の湖。

6 **音羽** おとわ ①東京都の地名。②愛知県の町(ちょう)。③京都・滋賀県境の山。

7 **音更** おとふけ 北海道の川・山・町(ちょう)。

音沙汰 おとさた 「最近―がない」

音別 おんべつ ①北海道の旧町。②JR北海道根室(ねむろ)本線の駅。

8 **音呼** いんこ ▼【鸚哥】いんこ 427

音物 いんもつ・いんぶつ 好意を得るためまた、賄賂(わいろ)に贈与する物品。

9 **音威子府** おといねっぷ ①北海道の村。②JR北海道宗谷(そうや)本線の駅。

音信不通 いんしんふつう・おんしんふつう 連絡のないこと。

15 **音標** おとしべ 北海道の地名。

16 **音頭** おんど 「乾杯の―をとる」

音10 **【韻】**(19) イン

9 **韻律** いんりつ 韻文の音楽的な調子。

音11 **【響】**(20) キョウ ひびく

0 **響めく** どよめく 〔響動く〕「観客が―」

7 **響尾蛇** がらがらへび マムシ亜科に属する毒蛇の一群。

11 **響動く** どよめく ▼【響めく】どよめく 403

14 **響銅** さはり 〔砂張・胡銅器〕 銅・スズ・鉛の合金。また、それを用いた器物。

【頁】〈おおがい〉部

頁0 **【頁】**(9) ケツ・ケチ・ヨウ

0 **頁** ページ 「今日は三〇―読んだ」

8 **頁岩** けつがん★ 泥板岩。

頁2 **【頃】**(11) ケイ・キョウ・キ

0 **頃** ころ 「幼い―の思い出」

頃く しばらく ▼【暫く】しばらく 174

4 **頃日** けいじつ 近ごろ。

頁2 **【頂】**(11) チョウ いただく・いただき

8 **頂門** ちょうもん 「―の一針」

9 **頂相** ちんぞう 禅宗で、師や高僧の肖像画。

頁3 **【項】**(12) コウ

0 **項** うなじ★ えりくび。

6 **項羽** こうう 中国、秦末の武将。

8 **項垂れる** うなだれる☆ 〔俛首れる〕 首を前に垂れる。「悲しみに―」

項突く うなずく ▼【頷く】うなずく 404

頁3 **【須】**(12) シュ・ス

0 **須いる** もちいる 必要とする。

須く すべからく☆ 「学生は―勉強すべし」

須つ まつ 待ちうける。

3 **須々万** すすま 山口県の高原・地名。

7 **須佐之男命** すさのおのみこと ▼【素戔嗚尊】すさのおのみこと 291

須走 すばしり 静岡県の旧村。

8 須知（しゅうち） 京都府の地名。
須弥山（しゅみせん・すみせん） 仏教で、世界の中央にそびえる山。
9 須津（すど） 岳南鉄道の駅。
須美寿島（すみすとう） 東京都の島。
須臾（しゅゆ・すゆ）★ 少しの間。
10 須恵（すえ） ①福岡県の町（まち）。②熊本県の地名。
11 須都（すっつ） 北海道の湾・郡・町（ちょう）。
12 須賀川（すかがわ） ①福島県の市。②JR東日本東北本線の駅。
16 須築（すっき） 北海道の地名。
須磨（すま） ①兵庫県の地名。②源氏物語の巻名。

【順】（12） 頁3 **ジュン**
0 順う（したがう） ▼【遵う（したがう）】 373

【頑】（13） 頁4 **ガン**
0 頑な（かたくな）★ 「—な態度」
9 頑是ない（がんぜない） まだ幼くて聞き分けがない。
頑陋（がんろう） がんこで下劣なこと。
22 頑癬（たむし） 白癬（はくせん）の一種。

【頌】（13） 頁4 **ショウ・ジュ・ジュウ・ヨウ**
9 頌春（しょうしゅん） 新年をたたえる。
11 頌偈（じゅげ） 経文で徳をたたえる「偈（げ）」のこと。
14 頌歌（しょうか） ほめたたえる歌。

【頓】（13） 頁4 **トン・トツ**
0 頓（ひたぶる） 〔一向〕 いちず。ひたすら。
頓に（とみに）☆ 急に。
5 頓田（とみた） 姓氏。
7 頓別（とんべつ） 北海道の川・平野。
9 頓首再拝（とんしゅさいはい） 書簡文の末尾に用いる語。
頓珍漢（とんちんかん） つじつまが合わないこと。「—な会話」
10 頓宮（とみや・はみや） 姓氏。
頓原（とんばら） 島根県の川・旧町。
頓挫（とんざ） 「不況で事業が—する」
12 頓着（とんちゃく・とんじゃく）★ 「物事に—しない性格」

【頒】（13） 頁4 **ハン**
0 頒ける（わける） 配る。
頒つ（わかつ） 配る。
5 頒布（はんぷ） 「冊子を—する」

【預】（13） 頁4 **ヨ** **あずける・あずかる**
0 預め（あらかじめ） ▼【予め（あらかじめ）】 16
6 預合い（あずけあい） 株式発行の際に、払い込みがあったかのように装うこと。

【頗】（14） 頁5 **ハ**
0 頗る（すこぶる）★ 非常に。

【領】（14） 頁5 **リョウ**
0 領（えり） ▼【衿（えり）】 343
3 領巾（ひれ） ▼【肩巾（ひれ）】 307
10 領家川（りょうけがわ） 岡山県の川。
領袖（りょうしゅう）☆ 「派閥の—」
16 領頸（えりくび） ▼【襟首（えりくび）】 345

【頞】（15） 頁6 **ア・アン・アツ**
10 頞浮陀（あぶだ） 八寒地獄の一。

【頤】（15） 頁6 **イ**
← 頤（あご） ▼【顎（あご）】 405
→ 頤（おとがい） 下あご。
8 頤使（いし）☆ 〔頤指〕 思いのままに人を使う。
頤和園（いわえん） 中国、清朝の大庭園。
9 頤指（いし） ▼【頤使（いし）】 404

【頡】（15） 頁6 **キツ・ケツ・カツ**
13 頡頏（きっこう） ▼【拮抗（きっこう）】 154

【頴】（16） 頁7 **エイ**
5 頴田（かいた） 福岡県の旧町。
9 頴娃（えい） ①鹿児島県の旧町。②JR九州指宿枕崎（いぶすきまくらざき）線の駅。

【頷】（16） 頁7 **カン・ガン**
0 頷く（うなずく） 〔首肯く・項突く・点頭く〕 「いちいち—」

【頬】（16） 頁7 **キョウ**
0 頬（ほお） 「—を染める」
頬っ辺（ほっぺた） 「—が落ちる」
5 頬白（ほおじろ） ホオジロ科の鳥。
7 頬杖（ほおづえ） 「—をつく」
10 頬骨（きょうこつ） ほおぼね。
頬笑む（ほほえむ） ▼【微笑む（ほほえむ）】 135

頬被り ほおかむり・ほおかぶり 知らぬふりをする。

11 **頬張る** ほおばる 「すしを―」

17 **頬擦り** ほおずり 「子どもに―する」

頁7 **【頸】**(16) **ケイ・キョウ**

0 **頸** くび 首。

4 **頸木** くびき ▼【軛】くびき 366

9 **頸枷** くびかせ ▼【首枷】くびかせ 409

頸城 くびき ①新潟県の砂丘・旧村。②姓氏。

頁7 **【頽】**(16) **タイ**

← **頽れる** くずおれる ☆ くずれるように倒れる。

頽れる くずれる 倒れる。

→ **頽れる** すたれる☆ 廃れる。「流行語はすぐ―」

12 **頽廃** たいはい 「―した風紀」

頁7 **【頭】**(16) **トウ・ズ・ト あたま・かしら**

← **頭** かみ ▼【長官】かみ 388

頭 こうべ ▼【首】こうべ 409

→ **頭** ず 「―が高い、控えよ」

3 **頭巾** ずきん 頭部をおおう袋状の布。

頭巾薔薇 ときんいばら バラ科の小低木。

頭山 とうやま 姓氏。

8 **頭陀袋** ずだぶくろ 布製の袋。

9 **頭垢** ふけ☆ ▼【雲脂】ふけ 398

12 **頭椎の大刀** かぶつちのたち 古墳時代の刀剣の一。

13 **頭蓋骨** ずがいこつ・とうがいこつ★ 頭の骨の総称。

14 **頭髪菜** おごのり ▼【海髪】おごのり 215

頁7 **【頼】**(16) **ライ たのむ・たのもしい・たよる**

3 **頼山陽** らいさんよう 江戸後期の儒学者。

5 **頼母子** たのもし 〔憑子〕「頼母子講たのもしこう」に同じ。

頼母子講 たのもしこう 金銭に関する相互扶助組織。

頁8 **【顆】**(17) **カ**

0 **顆** か 粒になったものを数える語。

頁8 **【頻】**(17) **ヒン**

0 **頻りに** しきりに★ 「雪が―降っている」

17 **頻頻** ひんぴん 「―と事故が起こる」

頁9 **【額】**(18) **ガク ひたい**

4 **額戸** こうた 姓氏。

額井岳 ぬかいだけ 奈良県の山。

5 **額田** ぬかた ①愛知県の郡・旧町。②近鉄奈良線の駅。

額田王 ぬかたのおおきみ 七世紀後半の万葉歌人。

額平川 ぬかびらがわ 北海道の川。

7 **額住宅前** ぬかじゅうたくまえ 北陸鉄道石川線の駅。

8 **額取山** ひたいとりやま 福島県の山。

額突く ぬかずく☆ 〔叩頭く〕「神前に―」

頁9 **【顎】**(18) **ガク**

← **顎** あぎと ▼【顎門】あぎと 405

→ **顎** あご 〔頤・顋・腮〕「人を―で使う」

8 **顎門** あぎと 〔腭・顎・顋・鰓・腮〕あご。

頁9 **【顔】**(18) **ガン かお**

0 **顔** かんばせ 〔顔容・容〕顔つき。

4 **顔戸** ごうど 名鉄広見線の駅。

7 **顔見世** かおみせ 一座の役者が総出演する芝居。

10 **顔振峠** かあぶりとうげ 埼玉県の峠。

顔真卿 がんしんけい 中国、唐の政治家・書家。

顔容 かんばせ ▼【顔】かんばせ 405

14 **顔貌** かおかたち 顔のつくり。

19 **顔繫ぎ** かおつなぎ 「―に出席する」

頁9 **【顕】**(18) **ケン**

← **顕** あらわ ▼【露】あらわ 400

→ **顕** うつつ ▼【現】うつつ 245

顕す あらわす 〔彰す〕「功績を世に―」

7 **顕谷** あらや 姓氏。

頁9 **【顋】**(18) **サイ**

← **顋** あぎと ▼【顎門】あぎと 405

顋 あご ▼【顎】あご 405

→ **顋** えら ▼【鰓】えら 419

8 **顋門** ひよめき 〔囟・顖門〕乳児の頭がい骨の未縫合部分。

頁9 **【題】**(18) **ダイ**

12 **題跋** だいばつ 序文とあとがき。

19 **題簽** だいせん 和漢書で書名を印して表紙にはった紙。

頁9 **【類】**(18) **ルイ**

0 類い たぐい 〔比い〕 同類。仲間。
類える たぐえる くらべる。

頁10【願】(19) ガン ねがう
4 願文 がんもん 神仏への願意を書いた文。

頁10【顖】(19) シン
8 顖門 ひよめき ▼【顋門】ひよめき 405

頁10【顛】(19) テン
5 顛末 てんまつ☆ 「事の―を語る」
10 顛倒 てんとう 転倒。「本末―」
12 顛落 てんらく 転落。「―の道をたどる」
15 顛蕀 くさすぎかずら ▼【草杉蔓】くさすぎかずら 321
19 顛蹶 てんけつ つまずくこと。

頁13【顫】(22) セン
0 顫える ふるえる 小刻みに揺れ動く。

頁15【顰】(24) ヒン
0 顰 ひそみ 眉をよせて顔をしかめること。「―に倣(なら)う」
→顰める しかめる 「顔を―」
→顰める ひそめる 〔嚬める〕「眉(まゆ)を―」
18 顰蹙 ひんしゅく 「―を買う」

頁18【顳】(27) ショウ・ジョウ
23 顳顬 こめかみ☆ 〔蟀谷〕 目のわきの部分。

【風】〈かぜ〉部

風0【風】(9) フウ・フ かぜ・かざ
0 風 ふり 〔振り〕「知らない―をする」
3 風上 かざかみ 風の吹いてくる方向。
4 風太郎 ぷうたろう 定職につかずぶらぶらしている人。
風不死岳 ふっぷしだけ 北海道の山。
6 風合瀬 かそせ JR東日本五能線の駅。
風早 かざはや ①広島県の地名。②JR西日本呉線の駅。③愛媛県の平野・旧郡。
7 風見草 ヒヤシンス ▼【風信子】ヒヤシンス 406
風車 かざぐるま 子どもの玩具の一。
風声鶴唳 ふうせいかくれい☆ おじけづいた人がわずかのことでも驚くたとえ。
風呂 ふろ 「―をわかす」
8 風刺 ふうし ▼【諷刺】ふうし 354
風邪 かぜ☆ 呼吸器系の炎症性の病気。
風炉 ふろ 茶道で釜(かま)を掛ける炉。
9 風巻 しまき☆ 激しく吹く風。
風信子 ヒヤシンス 〔風見草・風信草〕 ユリ科の多年草。
10 風配 かざはや 佐賀県の高原。
11 風情 ふぜい 「―ある眺め」
12 風越 かざこし ①長野県の山。②福島県の峠。
風間浦 かざまうら 青森県の村(むら)。
風琴 オルガン 楽器の一。
15 風蝶草 ふうちょうそう ▼【白花菜】ふうちょうそう 258
16 風餐露宿 ふうさんろしゅく 風にさらされ露にぬれて野宿すること。
19 風靡 ふうび☆ 「一世を―する」

風3【凬】(12) おろし
0 凬 おろし★ 〔下風〕 山からの強風。

風5【颯】(14) サツ・ソウ
11 颯爽 さっそう☆ 「―とデビューする」
14 颯颯 さっさつ 風の吹くさま。

風5【颱】(14) タイ
9 颱風 たいふう 「―一過」

風8【颶】(17) ク・グ
9 颶風 ぐふう 強く激しく吹く風。

風11【飄】(20) ヒョウ
9 飄客 ひょうかく ▼【嫖客】ひょうかく 97
20 飄飄 ひょうひょう 「―とした好人物」

風12【飆】(21) ヒョウ
21 飆飆 ひょうひょう 激しく風が吹くさま。

【飛】〈とぶ〉部

飛0【飛】(9) ヒ とぶ・とばす
5 飛生虫 かぶとむし ▼【兜虫】かぶとむし 36
飛田給 とびたきゅう ①東京都の地名。②京王京王線の駅。
8 飛白 かすり★ ▼【絣】かすり 295
飛沫 しぶき☆ ▼【繁吹】しぶき 298
10 飛蚊症 ひぶんしょう 視覚症状の一。

飛島 とびしま ①山形県の島。②愛知県の村（むら）。③長崎県の島。

飛竜 ペーロン 中国伝来の競漕（きょうそう）。

11 飛魚 あご トビウオの別名。

飛鳥 あすか ①奈良県の川・地名。②近鉄吉野線の駅。

飛鳥井 あすかい 姓氏。

飛鳥馬 あすま 姓氏。

飛鳥部 あすかべ 姓氏。

13 飛蛾 こがねむし ▼【黄金虫】（こがねむし） 429

14 飛豪 ユゴー ▼【雨果】（ユゴー） 397

飛鳴 ひめ 姓氏。

←飛蝗 くびきりばった ▼【首切飛蝗】（くびきりばった） 409

飛蝗 ばった☆ 〔蝗・蝗虫・螇蚸・阜斯〕 バッタ科の昆虫の総称。

→飛蝗 ひこう バッタが大集団で移動する。

飛舗 ひじき 姓氏。

16 飛燕 ひえん 飛んでいるツバメ。

17 飛螻蛄 とびけら 〔石蚕〕 トビケラ目の昆虫の総称。

19 飛蟻 はあり ▼【羽蟻】（はあり） 303

20 飛礫 つぶて☆ ▼【礫】（つぶて） 272

22 飛騨 ひだ ①新潟・長野・富山・岐阜県境の山脈。②岐阜・富山県境の山地。③岐阜県の川・市。④富山県・岐阜県の街道。⑤旧国名。現在の岐阜県北部。

【食（飠・𩙿）〈しょくへん〉部】

食0 【食】(9) **ショク・ジキ** **くう・くらう・たべる**

0 食み出る はみでる 「ロッカーから荷物が—」

食む はむ☆ 「牛が草を—」

4 食火鶏 ひくいどり ヒクイドリ科の鳥の総称。

9 食客 いそうろう ▼【居候】（いそうろう） 112

食単 メニュー ▼【菜単】（メニュー） 324

12 食満 けま 姓氏。

13 食傷 しょくしょう 「—気味（ぎみ）」

16 食膳 しょくぜん 食事の時、食べ物などを乗せる台。

19 食蟻獣 ありくい ▼【蟻食】（ありくい） 340

食2 【飢】(10) **キ** **うえる**

0 飢える かつえる ▼【餓える】（かつえる） 408

20 飢饉 ききん 〔饑饉〕「水—」

食4 【飲】(12) **イン** **のむ**

7 飲兵衛 のんべえ 〔呑兵衛〕 のみすけ。

9 飲食 おんじき 飲むことと食べること。

飲食盃 いさはい 姓氏。

飲茶 ヤムチャ 中国風の軽い食事。

食4 【飯】(12) **ハン** **めし**

0 飯 まんま ごはん。

←飯山 いいやま ①長野県の市。②JR東日本飯山線の駅。③姓氏。

→飯山 はんざん 香川県の旧町。

飯士山 いいじさん 新潟県の山。

4 飯井 いい ①JR西日本山陰本線の駅。②姓氏。

5 飯石 いいし 島根県の郡。

飯田 いいだ ①長野県の市。②JR東海飯田線の駅。③姓氏。

飯田高原 はんだこうげん 大分県の高原。

飯田蛇笏 いいだだこつ 俳人。

飯布 はぶ 姓氏。

6 飯江 はえ 姓氏。

7 飯尾 いのお 姓氏。

8 飯事 ままごと 子どもの遊びの一。

10 飯酒盃 いさはい 姓氏。

飯桐 いいぎり 〔椅〕 イイギリ科の落葉高木。

11 飯盒 はんごう 野外で煮炊きするための、携帯用の炊飯具。

飯笥 いいけ 飯を盛る器。

飯匙 いいがい しゃもじ。

飯匙倩 はぶ★ ▼【波布】（はぶ） 212

飯盛 いいもり ①福島県の山。②大阪府の山。③長崎県の旧町。

飯盛山 めしもりやま 長野県の山。

飯粒 いいぼ めしつぶ。

12 飯給 いたぶ ①小湊鉄道（こみなとてつどう）の駅。②姓氏。

13 飯蛸 いいだこ 〔章花魚・望潮魚〕 タコの一種。

飯豊 いいで ①新潟県の川。②山形・福島県境の山（—山（さん））。③山形県の温泉・町（ちょう）。

14 飯綱 いづな キツネに似た想像上の動物。

15 飯縄 いいづな 長野県の山・高原。

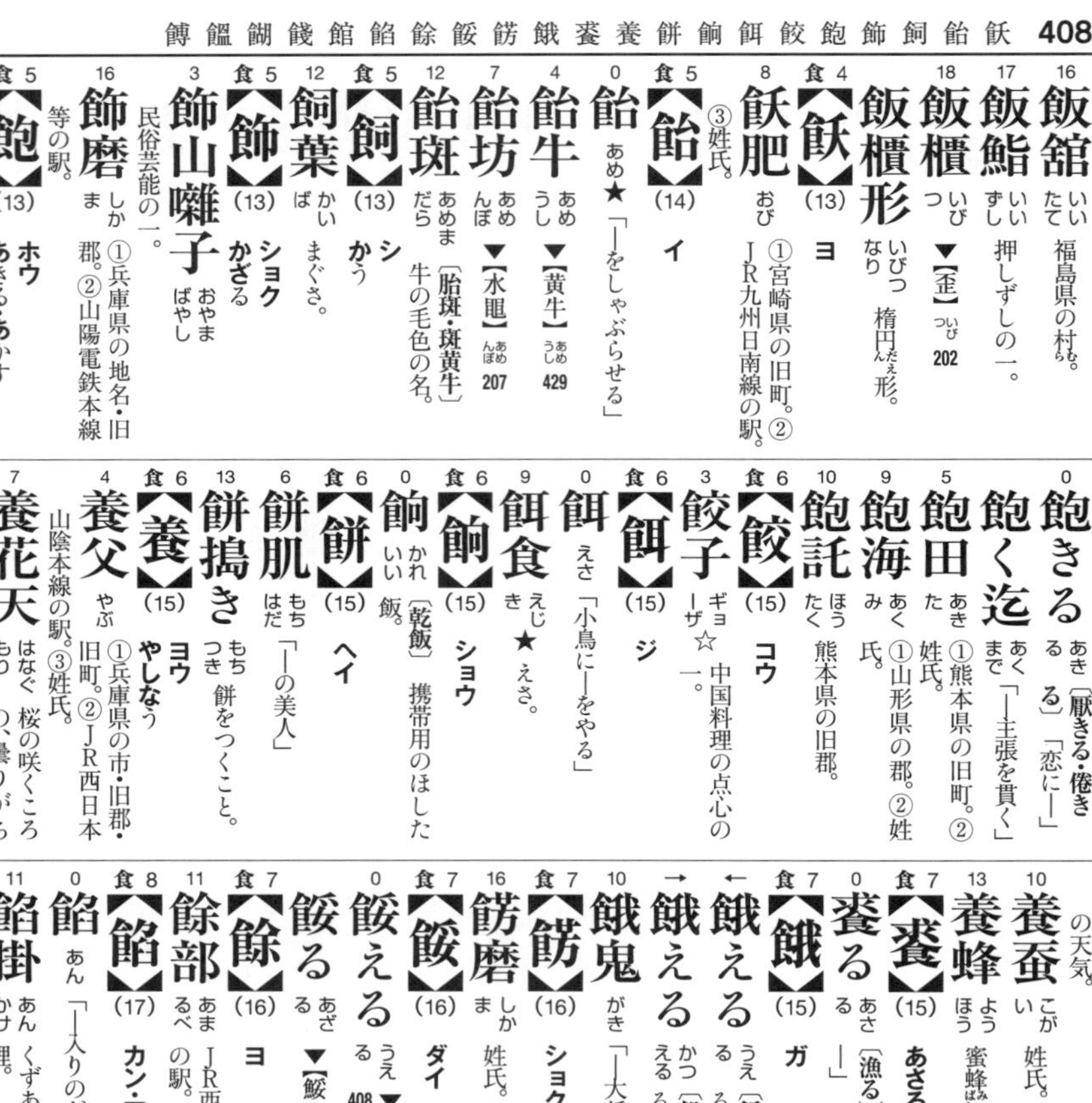

16 飯舘 いいたて 福島県の村むら。
17 飯鮨 いいずし 押しずしの一。
18 飯櫃 いいびつ ▼【歪】いびつ 202
飯櫃形 いびつなり 楕円だえん形。

食4【飫】(13) ヨ
8 飫肥 おび ①宮崎県の旧町。②JR九州日南線の駅。③姓氏。

食5【飴】(14) イ
0 飴 あめ★「—をしゃぶらせる」
4 飴牛 あめうし ▼【黄牛】あめうし 429
7 飴坊 あめんぼ ▼【水黽】あめんぼ 207
12 飴斑 あめまだら 〔胎斑・斑黄牛〕牛の毛色の名。

食5【飼】(13) シ かう
12 飼葉 かいば まぐさ。

食5【飾】(13) ショク かざる
3 飾山囃子 おやまばやし 民俗芸能の一。
16 飾磨 しかま ①兵庫県の地名・旧郡。②山陽電鉄本線等の駅。

食5【飽】(13) ホウ あきる・あかす
0 飽きる あきる 〔厭きる・倦きる〕「恋に—」
飽く迄 あくまで 「—主張を貫く」
5 飽田 あきた ①熊本県の旧町。②姓氏。
9 飽海 あくみ ①山形県の郡。②姓氏。
10 飽託 ほうたく 熊本県の旧郡。

食6【餃】(15) コウ
3 餃子 ギョーザ☆ 中国料理の点心の一。

食6【餌】(15) ジ
0 餌 えさ 「小鳥に—をやる」
9 餌食 えじき★ えさ。

食6【餉】(15) ショウ
0 餉 かれいい 〔乾飯〕携帯用のほした飯。

食6【餅】(15) ヘイ
6 餅肌 もちはだ 「—の美人」
13 餅搗き もちつき 餅をつくこと。

食6【養】(15) ヨウ やしなう
4 養父 やぶ ①兵庫県の市・旧郡・旧町。②JR西日本山陰本線の駅。③姓氏。
7 養花天 はなぐもり 桜の咲くころの、曇りがちの天気。
10 養蚕 こがい 姓氏。
13 養蜂 ようほう 蜜蜂みつばちを飼育する。

食7【餈】(15) あさる
0 餈る あさる 〔漁る〕「ごみ箱を—」

食7【餓】(15) ガ
← 餓える うえる 〔餒える〕飢える。「愛情に—」
→ 餓える かつえる 〔飢える〕うえる。
10 餓鬼 がき 「—大将」

食7【餝】(16) ショク・シキ・ジキ
16 餝磨 しかま 姓氏。

食7【餒】(16) ダイ
0 餒える うえる ▼【餓える】うえる 408
餒る あざる ▼【鯘る】あざる 418

食7【餘】(16) ヨ
11 餘部 あまるべ JR西日本山陰本線の駅。

食8【餡】(17) カン・アン
0 餡 あん 「—入りのドーナツ」
11 餡掛 あんかけ くずあんをかけた料理。
餡転餅 あんころもち あんもち。
14 餡蜜 あんみつ 食品の一。
15 餡餅 あんぴん あんを入れた餅もち。
20 餡饅 あんまん 中華まんじゅうの一。

食8【館】(16) カン
← 館 たち 貴人の邸宅。
→ 館 やかた 屋敷。
3 館山 たてやま ①千葉県の湾・平野・市。②JR東日本内房うちぼう線の駅。
7 館花 たちばな 姓氏。

食8【餞】(17) セン
0 餞 はなむけ☆ 〔贐〕「—の言葉を贈る」
7 餞別 せんべつ はなむけ。

食9【餬】(18) コ
3 餬口 ここう ▼【糊口】ここう 289

食10【餾】(19) ウン・ウ
← 餾飩 うどん 「きつね—」
→ 餾飩 ワンタン ▼【雲呑】ワンタン 398

食10【餺】(19) ハク

12 餺飥（ほうとう） 郷土料理の一。

食11【饅】(20) バン・マン

0 饅（ぬた）★ 魚介や野菜を酢みそであえた料理。

16 饅頭（まんじゅう）★ 餡（あん）を用いた菓子。

食12【饐】(21) イ

0 饐える（すえる）★ 飲食物が腐ってすっぱくなる。

食12【饑】(21) キ

15 饑餓（きが） 飢える。

20 饑饉（ききん） ▼【飢饉（ききん）】407

食12【饒】(21) ジョウ・ニョウ

0 饒か（ゆたか） 「―な資源」

5 饒田（にょた） 姓氏。

15 饒平名（のへな） 姓氏。

6 饒舌（じょうぜつ） おしゃべり。

饒舌る（しゃべる） 口数多く話す。

8 饒波川（のはがわ） 沖縄県の川。

食13【饗】(22) キョウ

0 饗（あえ） もてなし。

饗す（もてなす）〔款待す・歓待す・饗応す〕心をこめて客に応対する。

7 饗応（きょうおう） 酒食でもてなす。

饗応す（もてなす） ▼【饗す（もてなす）】409

10 饗庭（あいば・あえば） 姓氏。

饗庭野（あえばの） 滋賀県の台地。

食13【饕】(22) トウ

0 饕る（むさぼる） がつがつと音をたてて食べる。財貨・金銭をむさぼる。

18 饕餮（とうてつ）

饕餮文（とうてつもん） 青銅器に施された怪獣面文様。

【首】〈くび〉部

首0【首】(9) シュ くび

0 首（おびと） 姓氏。

首（こうべ）〔頭〕あたま。

首（しるし）〔首級〕くび。

首（はじめ） 最初。

4 首切飛蝗（くびきりばった）〔首切草螽・飛蝗〕クビキリギスの別名。

7 首里（しゅり） ①沖縄県の地名。②沖縄都市モノレールの駅。

8 首肯く（うなずく） ▼【頷く（うなずく）】404

9 首枷（くびかせ）〔頸枷〕「子は三界（さんがい）の―」

首級（しるし） ▼【首（しるし）】409

10 首途（かどで） ▼【門出（かどで）】388

14 首魁（しゅかい） 首謀者。

16 首縊り（くびくくり） 首をつって死ぬ。

18 首藤（しゅとう・すどう） 姓氏。

首8【馘】(17) カク・ケキ

9 馘首（かくしゅ）★ 解雇。

【香】〈かおり〉部

香0【香】(9) コウ・キョウ か・かおり・かおる

0 香う（におう） ▼【匂う（におう）】50

香しい（かぐわしい）☆〔芳しい・馨しい〕「―香り」

香しい（かんばしい） ▼【芳しい（かんばしい）】317

香ばしい（こうばしい） 「―かおり」

3 香子（きょうす） 香車（きょうしゃ）の別名。

4 香水蘭（ふじばかま） ▼【藤袴（ふじばかま）】332

5 香仙原（こうせんばら） 島根県の山。

6 香寺（こうでら） 兵庫県の旧町。

香芝（かしば） ①奈良県の市。②JR西日本和歌山線の駅。

香西（こうざい） ①香川県の旧町。②JR四国予讃（よさん）線の駅。

香肌峡（かはだきょう） 三重県の峡谷。

7 香我美（かがみ） ①高知県の旧町。②土佐くろしお鉄道ごめん・なはり線の駅。

香車（きょうしゃ）☆ 将棋の駒の名。

香住（かすみ） ①兵庫県の海岸・旧町。②JR西日本山陰本線の駅。

香村（かむら） 姓氏。

香里園（こうりえん） ①大阪府の地名。②京阪（けいはん）電鉄京阪本線の駅。

香良洲（からす） 三重県の旧町。

8 香具師（やし）★〔野師・弥四〕てきや。

香取（かとり） ①千葉県の郡・市。②JR東日本成田線の駅。③姓氏。

香東川 ことうがわ 香川県の川。
香林坊 こうりんぼう 石川県の地名。
9 香春 かわら ①福岡県の山(—岳だけ)・町まち・街道。②JR九州日田彦山ひこさん線の駅。
香茶菜 あきちょうじ ▼【秋丁字】あきちょうじ 276
香南 こうなん ①香川県の旧町。②高知県の市。
香美 かみ ①兵庫県の町ちょう。②高知県の旧郡・市。
10 香華 こうげ 仏前に供える香と花。
11 香魚 あゆ ▼【鮎】あゆ 417
香盒 こうごう 香箱。
香鳥 においどり ウグイスの別名。
12 香港 ホンコン 中国の特別行政区。
香焼 こうやぎ 長崎県の島・旧町。
香椎 かしい ①福岡県の地名。②JR九州の路線・駅。
香奠 こうでん 〔香典〕霊前に供える金品。
香登 かがと ①岡山県の旧町。②JR西日本赤穂あこう線の駅。
香落渓 こおちだに 三重・奈良県境の渓谷。
香嵐渓 こうらんけい 愛知県の渓谷。

13 香煎 こうせん 麦こがし。
香鼠 じゃこうねずみ ▼【麝香鼠】じゃこうねずみ 428
香蒲 がま ▼【蒲】がま 328
15 香蕈 しいたけ ▼【椎茸】しいたけ 193
16 香橘 くねんぼ ▼【九年母】くねんぼ 15
香橙 くねんぼ ▼【九年母】くねんぼ 15
17 香薷散 こうじゅさん 漢方薬の一。
香螺 ながにし ▼【長螺】ながにし 388
19 香蘭 ふじばかま ▼【藤袴】ふじばかま 332
20 香櫨園 こうろえん ①兵庫県の地名。②阪神本線の駅。
21 香饌 こうせん 僧や貧者へのほどこし。
23 香欒 ザボン ▼【朱欒】ザボン 181

香9 **【馥】**(18) **フク**

9 馥郁 ふくいく★「—たる香り」

香11 **【馨】**(20) **ケイ・キョウ**

←馨しい かぐわしい ▼【香しい】かぐわしい 409
→馨しい かんばしい ▼【芳しい】かんばしい 317
馨る かおる「バラの花が—」

【馬】〈うま〉〈うまへん〉部

馬0 **【馬】**(10) **バ うま・ま**

0 馬 マルク ▼【馬克】マルク 410
馬ノ神山 まのかみやま 青森県の山。
2 馬刀貝 まてがい☆ ▼【馬蛤貝】まてがい 411
3 馬子 まご「—にも衣装」
4 馬手 めて〔右手〕右の手。
馬爪 ばず 馬のつめ。
馬太 マタイ 十二使徒の一人。
馬内 マネ フランスの画家。
馬毛島 まげしま 鹿児島県の島。
5 馬可波羅 マルコポーロ〔瑪爾哥波羅〕イタリアの旅行家。
馬甘 うまかい 姓氏。
馬込 まごめ ①東京都の地名。②都営地下鉄浅草線の駅。③長崎県の港。
馬出九大病院前 まいだしきゅうだいびょういんまえ 福岡市営地下鉄箱崎線の駅。

馬尼刺 マニラ フィリピンの首都。
6 馬耳塞 マルセイユ フランスの都市。
7 馬克 マルク☆〔馬〕もと、ドイツの通貨単位。
馬克思 マルクス〔馬克斯〕ドイツの経済学者・革命家。
馬克斯 マルクス ▼【馬克思】マルクス 410
馬克斯維耳 マクスウェル イギリスの物理学者。
馬尾毛 ばす 馬のしっぽの毛。釣りに用いる。
馬尾藻 ほんだわら☆ ▼【神馬藻】ほんだわら 273
馬来 マレー 東南アジアの半島。
馬来田 まくた JR東日本久留里くるり線の駅。
8 馬英花 ねむのき ▼【合歓木】ねむのき 62
馬的遜 マディソン アメリカの政治家。
馬放島 まはなしじま 宮城県の島。
馬門 まかど 青森県の温泉・地名。
9 馬珂 ばかがい ▼【馬珂貝】ばかがい 410
馬珂貝 ばかがい〔馬珂・馬珂蛤・馬鹿貝〕海産の二枚貝。
馬珂蛤 ばかがい ▼【馬珂貝】ばかがい 410

馬哈默 マホメット 〔麦哈默・摩哈麦・摩哈墨〕イスラム教の開祖。
馬柵 うませ・ませ 馬を囲い入れる柵。
馬洗川 ばせんがわ 広島県の川。
馬草 まぐさ ▼【秣】まぐさ 276
馬勃 ほこりたけ ▼【埃茸】ほこりたけ 79
馬面剝 うまづらはぎ フグ目の海魚。
10 馬脊瘡 たこ ▼【胼胝】たこ 310
馬唐 おひしば ▼【雄日芝】おひしば 396
馬浜 バハマ 国名。
馬流 まながし JR東日本小海こうみ線の駅。
11 馬基雅弗利 マキャベリ イタリアの思想家。
馬牽原高原 まひきばらこうげん 山形県の高原。
馬酔木 あせび ★ツツジ科の常緑の大形低木。
馬兜鈴 うまのすずくさ 〔土青木香・馬の鈴草〕ウマノスズクサ科の、つる性多年草。
馬陸 やすで ★倍脚綱の節足動物の総称。
馬鹿 ばか ▼【莫迦】ばか 323

12 馬棘 こまつなぎ ▼【駒繋ぎ】こまつなぎ 412
馬琴力 マッキンリー アメリカの政治家。
馬蛤貝 まてがい 〔馬刀貝・蟶貝〕海産の二枚貝。
馬喰 ばくろう☆ ▼【博労】ばくろう 55
馬喰町 ばくろちょう ①東京都の地名。②JR東日本総武本線の駅。
馬歯莧 すべりひゆ ▼【滑莧】すべりひゆ 224
馬場目川 ばばめがわ 秋田県の川。
馬場島 ばんばじま 富山県の地名。
馬替 まがえ 北陸鉄道石川線の駅。
馬渡島 まだらしま 佐賀県の島。
13 馬塞棒 ませぼう ▼【笆棒】ませぼう 282
馬鈴薯 じゃがいも・ばれいしょ ▼【瓜哇芋】じゃがいも 347
馬楝 ばれん 〔馬連〕木版刷用具の一。
馬路 まじ ①島根県の地名。②JR西日本山陰本線の駅。
14 馬銜 はみ☆ 轡くつわの、馬の口にくわえさせる部分。
馬爾太 マルタ 国名。
馬銭 マチン ▼【番木鼈】マチン 254

馬徳里 マドリード スペインの首都。
16 馬蹄 ばてい 馬のひづめ。
馬蹄急就草 つわぶき ▼【橐吾】つわぶき 196
馬蹄草 かきどおし ▼【垣通し】かきどおし 79
馬頭 めず 地獄の鬼。
17 馬鮫魚 さわら ▼【鰆】さわら 420
馬鍬 まぐわ 農具の一。
馬謖 ばしょく 中国、三国蜀しょくの武将。
馬齢 ばれい☆「—を重ねる」
18 馬鞭草 くまつづら ▼【熊葛】くまつづら 234
19 馬瀬 まぜ 岐阜県の川・旧村。
馬蘭 のこんぎく ▼【野紺菊】のこんぎく 379
22 馬籠 まごめ ①岐阜県の地名。②長野・岐阜県境の峠。③宮城県の地名。

馬 2 【馭】(12) ギョ
8 馭者 ぎょしゃ ▼【御者】ぎょしゃ 133

馬 3 【馴】(13) シュン・ジュン
0 馴れる なれる 慣れる。
馴れ鮓 なれずし ▼【熟れ鮨】なれずし 235
4 馴化 じゅんか 適応する。
9 馴染み なじみ「—の店」
馴染む なじむ 〔昵む〕慣れ親しむ。
10 馴致 じゅんち☆ なれさせる。
11 馴鹿 トナカイ ★〔麋〕シカ科の哺乳ほにゅう類。
13 馴鹿苔 はなごけ ▼【花苔】はなごけ 316
馴馴しい なれなれしい 〔狎狎しい〕「初対面なのに—人」

馬 3 【馳】(13) チ
0 馳せる はせる「遠い昔に思いを—」

馬 4 【駅】(14) エキ
0 駅 うまや 律令制下、馬や人夫を備えていた所。
16 駅館川 やっかんがわ 大分県の川。

馬 4 【駄】(14) ダ
5 駄弁る だべる「喫茶店で—」
駄目 だめ「—を押す」
8 駄柄 だぼ 〔太枘〕ずれを防ぐために埋め込む枘ほぞ。
駄知 だち 岐阜県の旧町。

9 **駄科** だしな　JR東海飯田(いいだ)線の駅。

11 **駄洒落** だじゃれ　「―を言う」

駄袋 だんぶくろ　〔段袋〕布製の大きな荷物袋。

馬4 **【駁】**(14) **バク・ハク**

0 **駁** ぶち　馬の毛色が一色でないさま。

駁する ばくする　「―余地がない」

馬5 **【駕】**(15) **ガ・カ**

22 **駕籠** かご☆　乗り物の一。

駕籠舁き かごかき　駕籠をかつぐ人。

馬5 **【駒】**(15) **ク**

0 **駒** こま　馬。

4 **駒止峠** こまどとうげ　福島県の峠。

5 **駒込** こまごめ　①東京都の地名。②JR東日本山手(やまのて)線等の駅。

7 **駒返峠** こまがえりとうげ　熊本県の峠。

11 **駒鳥** こまどり　〔知更鳥〕ツグミ科の鳥。

14 **駒鳴** こまなき　①佐賀県の地名。②JR九州筑肥(ちくひ)線の駅。

19 **駒繋ぎ** こまつなぎ　〔金剛草・犬牙・馬棘・狼牙〕マメ科の草状の低木。

馬5 **【駈】**(15) **ク**

0 **駈ける** かける　「馬が野を―」

馬5 **【駝】**(15) **タ・ダ**

11 **駝鳥** だちょう　ダチョウ科の鳥。

馬5 **【駘】**(15) **タイ**

15 **駘蕩** たいとう　「春風―」

馬5 **【駐】**(15) **チュウ**

0 **駐る** とどまる　一定の場所に居続ける。

14 **駐箚** ちゅうさつ　駐在。

馬5 **【駑】**(15) **ド**

10 **駑馬** どば　おそい馬。

12 **駑鈍** どどん　鈍くて劣った才能。

馬6 **【駭】**(16) **カイ・ガイ**

0 **駭く** おどろく　▼【愕く】(おどろく) 143

馬6 **【駮】**(16) **ハク**

0 **駮** ばく　▼【貘】(ばく) 357

馬6 **【駢】**(16) **ヘン・ベン**

21 **駢儷体** べんれいたい　漢文の文体の一。「四六(しろく)―」

馬6 **【駱】**(16) **ラク**

15 **駱駝** らくだ☆　ラクダ科の一部の哺乳(ほにゅう)類。

駱賓王 らくひんのう　中国、初唐の詩人。

馬7 **【駻】**(17) **カン**

←**駻馬** あがりうま　▼【跳馬】(あがりうま) 363

→**駻馬** かんば　〔悍馬〕あばれ馬。

馬7 **【駿】**(17) **シュン**

7 **駿豆** すんず　伊豆箱根鉄道の路線。

8 **駿河** するが　①静岡県の湾。②静岡市の行政区。③旧国名。現在の静岡県中・東部。

駿東 すんとう　静岡県の郡。

駿府 すんぷ　静岡市の旧称。

10 **駿馬** しゅんめ　すぐれた馬。

馬7 **【駸】**(17) **シン**

17 **駸駸** しんしん　時がはやく進むさま。

馬8 **【騎】**(18) **キ**

0 **騎る** のる　馬に乗る。

8 **騎虎** きこ　虎(とら)の背に乗ること。「―の勢い」

10 **騎射** うまゆみ　馬上で弓を射ること。

馬8 **【騏】**(18) **キ**

22 **騏驎** きりん　一日に千里を走るという馬。

26 **騏驥** きき　足の速いすぐれた馬。

馬8 **【験】**(18) **ケン・ゲン**

←**験** げん　「―をかつぐ」

→**験** しるし　〔徴〕前兆。霊験。効果。

験し ためし　試し。「ものは―だ」

験の証拠 げんのしょうこ　▼【現の証拠】(げんのしょうこ) 245

馬8 **【騒】**(18) **ソウ さわぐ**

0 **騒めく** ざわめく　「会場が―」

18 **騒擾** そうじょう☆　騒乱。

騒騒 さいさい　さわさわと鳴るさま。

馬9 **【騙】**(19) **ヘン**

0 **騙す** だます　〔欺す・瞞す〕あざむく。

騙る かたる　〔拐る〕「人の名を―」

馬10 **【騰】**(20) **トウ**

←**騰る** あがる　「物価が―」

→**騰る** のぼる　あがる。

8 **騰波ノ江** とば ①茨城県の地名。②関東鉄道常総線の駅。

馬 10 **【驀】**(20) **バク・マク**

6 **驀地** まっしぐら ★ 〔驀直〕「―に突き進む」

8 **驀直** まっしぐら ▼【驀地】まっしぐら 413

11 **驀進** ばくしん ★ まっしぐらに進む。

馬 11 **【驄】**(21) **ソウ**

0 **驄** あしげ ▼【葦毛】あしげ 327

馬 11 **【騾】**(21) **ラ**

10 **騾馬** らば ☆ ウマとロバとの一代雑種。

馬 12 **【驚】**(22) **キョウ** **おどろく・おどろかす**

4 **驚天動地** きょうてんどうち 「―の大事件」

10 **驚破** すわ 「―一大事」

12 **驚愕** きょうがく 「―の真実」

馬 12 **【驕】**(22) **キョウ**

0 **驕る** おごる ▼【傲る】おごる 33

12 **驕奢** きょうしゃ ☆ おごっていてぜいたくなさま。

13 **驕肆** きょうし おごっていてわがままなさま。

馬 12 **【驍】**(22) **ギョウ・キョウ**

6 **驍名** ぎょうめい 勇武の評判。勇名。

馬 12 **【驒】**(22) **タ・ダ・テン**

6 **驒州** たんしゅう 飛驒国の別名。

馬 14 **【驟】**(24) **シュウ**

0 **驟か** にわか 突然。

8 **驟雨** しゅうう ☆ にわか雨。

馬 16 **【驥】**(26) **キ**

0 **驥** き 一日に千里を走るという馬。

7 **驥尾** きび ★ 駿馬の尾。また、すぐれた人の後ろ。「―に付す」

馬 16 **【驢】**(26) **リョ・ロ**

0 **驢** うさぎうま 〔驢騾・兎馬〕 ロバの別名。

10 **驢馬** ろば ウマ科の哺乳類。

21 **驢騾** うさぎうま ▼【驢】うさぎうま 413

馬 20 **【驫】**(30) **ヒョウ**

4 **驫木** とどろき JR東日本五能線の駅。

【骨】〈ほね〉〈ほねへん〉部

骨 0 **【骨】**(10) **コツ** **ほね**

0 **骨っ節** ほねっぷし 「―の強い男」

← **骨灰** こっかい 獣骨を焼いて灰にしたもの。

→ **骨灰** こっぱい ▼【粉灰】こっぱい 287

骨肉相食む こつにくあいはむ 血縁の者どうしが互いに利益を独占しようと争う。

9 **骨柄** こつがら 人がら。

10 **骨疽** こっそ カリエス。

11 **骨接ぎ** ほねつぎ 接骨。

骨粗鬆症 こつそしょうしょう 骨の組織がもろくなった状態。

骨頂 おおばん ▼【大鷭】おおばん 89

12 **骨董** こっとう 古美術や古道具。

骨牌 カルタ ☆ ▼【歌留多】カルタ 201

14 **骨蓬** こうほね ▼【河骨】こうほね 211

骨 4 **【骰】**(14) **トウ**

3 **骰子** さいころ ☆ ▼【賽子】さいころ 359

骨 6 **【骸】**(16) **カイ・ガイ**

← **骸** から 「卵の―」

→ **骸** むくろ ▼【軀】むくろ 365

骨 8 **【髀】**(18) **ヒ**

6 **髀肉** ひにく 〔脾肉〕「―の嘆」

15 **髀骶** しりだこ サルの尻の毛のない部分。

骨 9 **【髄】**(19) **ズイ**

6 **髄虫** ずいむし ▼【螟虫】ずいむし 339

骨 13 **【髑】**(23) **トク・ドク**

21 **髑髏** どくろ・しゃれこうべ・されこうべ すっかり白骨化した死者の頭がい骨。

【高】〈たかい〉部

高 0 **【高】**(10) **コウ** **たかい・たか・たかまる・たかめる**

0 **高** たか 「―が知れている」

3 **高山** こうやま ①山口県の山・岬。②鹿児島県の旧町。

高山樗牛 たかやまちょぎゅう 評論家。

高千穂野 たかじようや 熊本県の地名。

4 **高円** たかまど 姓氏。

高勾麗 こうくり ▼【高句麗】こうくり 414

高天 たかま 姓氏。

高天原 たかまがはら 日本神話で、神々のすむ国。

5 **高加索** コーカサス 西アジアの山脈。

高句麗 こうくり 〔高勾麗〕 古代朝鮮の一国。

高甲良山 たかこうらさん 和歌山県の山。

高市黒人 たけちのくろひと 持統・文武天皇期の宮廷歌人。

6 **高曲原** たかまげはら 岩手県の高原。

高向玄理 たかむこのくろまろ 大化改新期の国博士。

高任 たかとう 姓氏。

7 **高志** こし ▼【越】しこ 361

高社山 こうしゃさん 長野県の山。

高坏 たかつき 食物を盛る、足のついた台。

高来 たかき 長崎県の旧町。

高良山 こうらさん 福岡県の山。

高良内 こうらうち 福岡県の旧村。

8 **高宕山** たかごやま 千葉県の山。

9 **高砂** たかさご ①東京都の地名。②兵庫県の市。③JR西日本山陽本線の駅。④姓氏。⑤フエダイ科の海魚。

高洲山 こうしゅうざん 石川県の山。

高城 たかじょう 宮崎県の旧町。

高城山 たかしろやま 徳島県の山。

10 **高家** こうけ 〔豪家〕 江戸幕府の職名。

高原 たかはる ①宮崎県の町(ちょう)。②JR九州吉都(きっと)線の駅。

高高 たかだか 「—と抱き上げる」

高根島 こうねじま 広島県の島。

高索 たかなわ 姓氏。

高師 たかし ①愛知県の台地(—原)・地名。②豊橋鉄道渥美(あつみ)線の駅。

高師直 こうのもろなお 南北朝時代の武将。

高師浜 たかしのはま ①大阪府の地名。②南海の路線・駅。

11 **高郷** たかさと 福島県の旧村。

高崎鼻 こうざきばな 鹿児島県の岬。

高清水 たかしず 十和田観光電鉄線の駅。

高野 こうや ①和歌山県の山(—山(さん))。②和歌山県の町(ちょう)。③南海の路線。④大阪・京都・和歌山県の街道。⑤青森県の岬。

高梁 たかはし ①岡山県の川・市。②姓氏。

12 **高御座** たかみくら 天皇の位。

高翔 こうしょう 空高く飛ぶ。

高道祖 たかさい 茨城県の地名。

高雄 たかお ①台湾の都市。②京都府の地名。

高隈 たかくま 鹿児島県の山・山地。

13 **高遠** たかとお 長野県の旧町。

高群 たかむれ 姓氏。

高楠 たかくす 姓氏。

高粱 コーリャン モロコシの一種。

14 **高暮** こうぼ 広島県の地名。

15 **高槻** たかつき ①大阪府の市。②JR西日本東海道本線の駅。

高誼 こうぎ 並々ならぬよしみ。

高幣 たかしな 姓氏。

高輪 たかなわ 東京都の地名。

16 **高擌** たかはご 小鳥を捕らえる仕掛け。

17 **高嶺** たかね ☆「—の花」

18 **高擶** たかたま JR東日本奥羽(おう)本線の駅。

19 **高瀬峠** こうぜとうげ 和歌山県の峠。

←**高麗** こうらい 朝鮮の王朝の一。

→**高麗** こま ①埼玉県の地名・旧郡。②西武池袋線の駅。

高麗人参 こうらいにんじん ウコギ科の多年草。

高麗川 こまがわ ①埼玉県の川・旧村。②JR東日本八高(はちこう)線等の駅。

高麗笛 こまぶえ 〔狛笛〕 雅楽用の楽器の一。

高麗鼠 こまねずみ 〔独楽鼠〕 ハツカネズミ。

23 **高鷲** たかす 岐阜県の旧村。

【髟】〈かみがしら〉部

髟3 **【髢】**(13) テイ

0 **髢** かもじ 〔髪文字〕 そえがみ。

髟4 **【髪】**(14) ハツ かみ

4 **髪切虫** かみきりむし ▼【天牛】かみきりむし 89

髪文字 かもじ ▼【髢】かもじ 414

7 **髪状** かんざし 髪のはえ具合。

9 **髪剃り** こうぞり 髪をそる刃物。

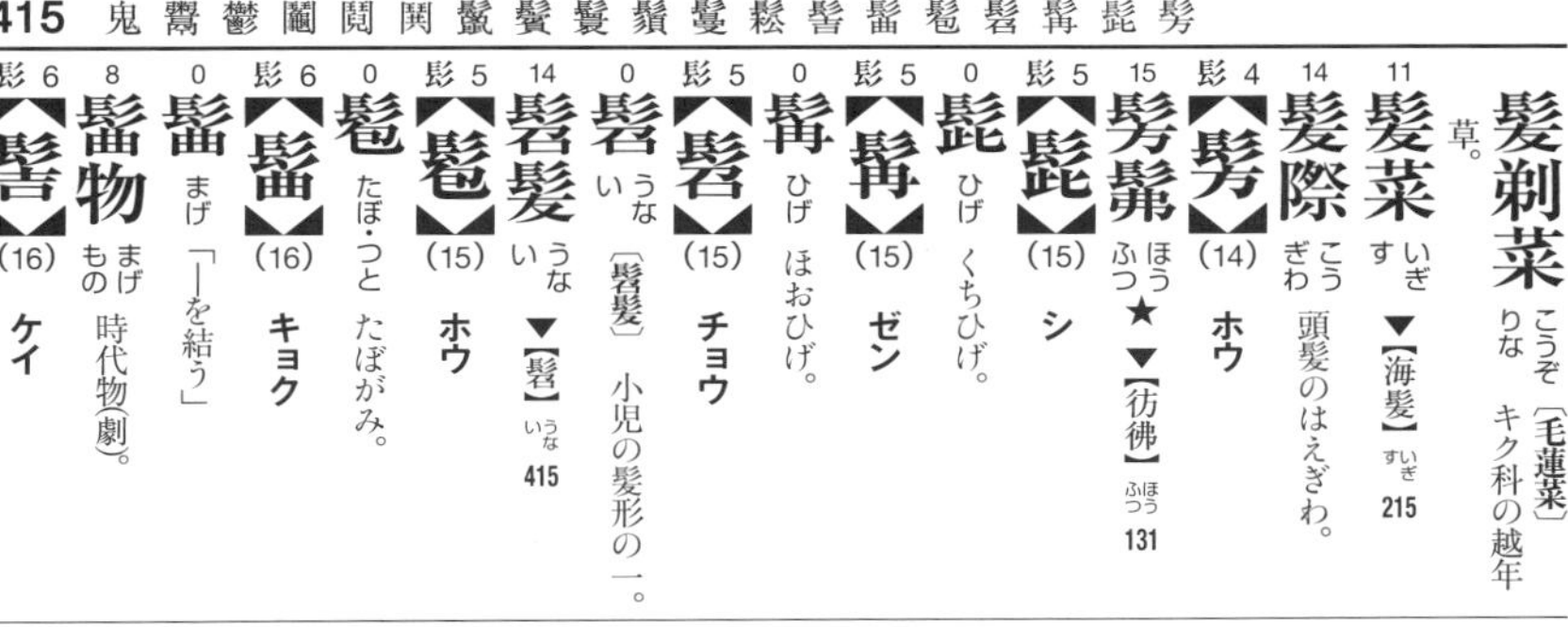

髪剃菜　こうぞりな　〔毛蓮菜〕キク科の越年草。

11　髪菜　いぎす　▼【海髪】いぎす　215

14　髪際　こうぎわ　頭髪のはえぎわ。

髟 4　【髣】(14)　ホウ

15　髣髴　ほうふつ★　▼【彷彿】ほうふつ　131

髟 5　【髭】(15)　シ

0　髭　ひげ　くちひげ。

髟 5　【髯】(15)　ゼン

0　髯　ひげ　ほおひげ。

髟 5　【髫】(15)　チョウ

0　髫　うない　〔髫髪〕小児の髪形の一。

14　髫髪　うない　▼【髫】うない　415

髟 5　【髱】(15)　ホウ

0　髱　たぼ・つと　たぼがみ。

髟 6　【髷】(16)　キョク

0　髷　まげ　「―を結う」

8　髷物　まげもの　時代物(劇)。

髟 6　【髻】(16)　ケイ

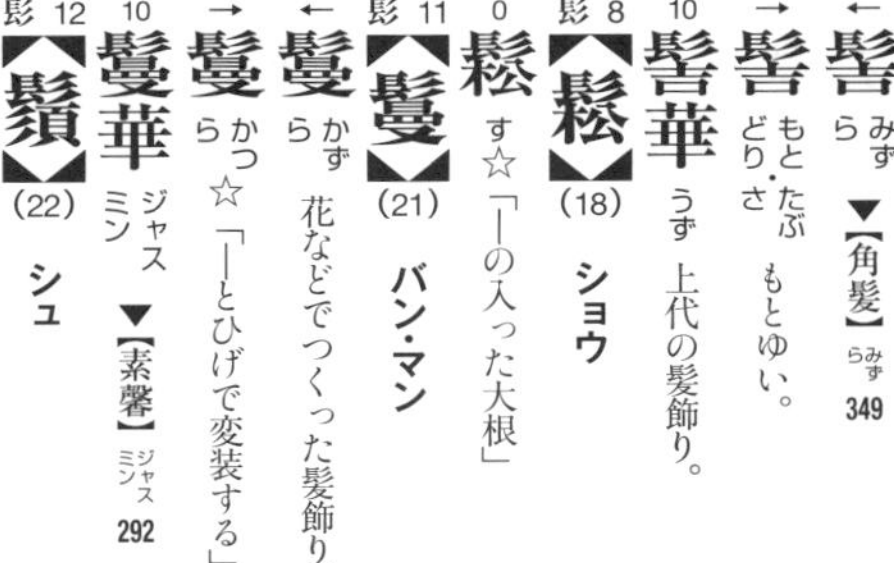

←髻　みずら　▼【角髪】みずら　349

→髻　もとどり・たぶさ　もとゆい。

10　髻華　うず　上代の髪飾り。

髟 8　【鬆】(18)　ショウ

0　鬆　す☆　「―の入った大根」

髟 11　【鬘】(21)　バン・マン

←鬘　かずら　花などでつくった髪飾り。

→鬘　かつら☆　「―とひげで変装する」

10　鬘華　ジャスミン　▼【素馨】ジャスミン　292

髟 12　【鬚】(22)　シュ

0　鬚　ひげ　あごひげ。

15　鬚髯　しゅぜん　あごひげと、ほおひげ。

髟 13　【鬟】(23)　カン

0　鬟　みずら　▼【角髪】みずら　349

髟 14　【鬢】(24)　ヒン・ビン

0　鬢　びん☆　頭の左右側面の髪。「―に白いものがまじる」

髟 15　【鬣】(25)　リョウ

0　鬣　たてがみ　ウマやライオンの首の後ろの毛。

10画　髟部 4―15画　鬥部 6―16画　鬯部 19画　鬲部 12画　鬼部 0画

【鬥】〈たたかいがまえ〉〈とうがまえ〉部

鬥 6　【鬨】(16)　コウ

0　鬨の声　ときのこえ　「―をあげる」

鬥 8　【鬩】(18)　ゲキ・ケキ

0　鬩ぎ合い　せめぎあい　「与野党の―が続く」

鬩ぐ　せめぐ★　争いあう。

鬥 16　【鬮】(26)　キュウ

0　鬮　くじ　▼【籤】くじ　287

【鬯】〈ちょう〉部

鬯 19　【鬱】(29)　ウツ・ウチ

0　鬱ぐ　ふさぐ　「気分が―」

8　鬱金　うこん☆　ショウガ科の多年草。

鬱金香　チューリップ　ユリ科の多年草。

鬱屈　うっくつ　「―した日々」

9　鬱勃　うつぼつ　「―たる闘志」

11　鬱陶しい　うっとうしい　心が晴れ晴れしない。

12　鬱然　うつぜん　草木の茂るさま。

13　鬱蒼　うっそう　「―とした森」

15　鬱憤　うっぷん☆　「―を晴らす」

29　鬱鬱　うつうつ　思い沈むさま。

【鬲】〈かなえ〉〈れき〉部

鬲 12　【鬻】(22)　イク・シュク

0　鬻ぐ　ひさぐ★　〔販ぐ・粥ぐ〕売る。

【鬼】〈おに〉〈きにょう〉部

鬼 0　【鬼】(10)　キ　おに

0　鬼　きさらぎ　姓氏。

鬼の矢幹　おにのやがら　〔赤箭・天麻〕ラン科の腐生植物。

鬼の舌震　おにのしたぶるい　島根県の峡谷。

鬼の霍乱　おにのかくらん　いつも健康な人が珍しく病気になることのたとえ。

3　鬼子母神　きしもじん・きしぼじん

安産や育児の神。

4 **鬼太鼓** おにだいこ・おんでこ　新潟県の民俗芸能。

5 **鬼石** おにし　群馬県の旧町。

6 **鬼灯** ほおずき★　▼【酸漿】(ほおずき) 377

鬼百合 おにゆり　〔巻丹〕 ユリ科の多年草。

7 **鬼志別** おにしべつ　北海道の地名。

8 **鬼門平** おんかどびら　鹿児島県の断崖。

鬼油麻 ひきよもぎ　▼【引艾】(ひきよもぎ) 128

9 **鬼首峠** おにこうべとうげ　宮城県の峠。

鬼怒川 きぬがわ　①栃木県の川・温泉・渓谷。②東武の路線。

鬼怒沼 きぬぬま　①栃木県の沼。②栃木・群馬県境の山。

鬼面山 きめんざん　福島県の山。

鬼面川 おものがわ　山形県の川。

10 **鬼哭啾啾** きこくしゅうしゅう　鬼気迫る恐ろしいさま。

鬼舐頭 はげあたま　▼【禿げ頭】(はげあたま) 275

11 **鬼宿** たまおのぼし・きしゅく　二十八宿の一。

12 **鬼無** きなし　①香川県の地名。②JR四国予讃(よさん)線の駅。

鬼無里 きなさ　長野県の旧村。

13 **鬼遣** おにやらい☆　〔追儺〕 大みそかの年中行事の一つ。

15 **鬼箭木** にしきぎ　▼【錦木】(にしきぎ) 385

16 **鬼頭魚** しいら　▼【鱰】(しいら) 421

17 **鬼鍼草** せんだんぐさ　▼【栴檀草】(せんだんぐさ) 189

20 **鬼籍** きせき☆　「―に入る」

鬼4 **【魁】**(14)　**カイ・ケ**

0 **魁** さきがけ　①〔先駆け〕「春の―」②姓氏。

6 **魁芋** いもがしら　▼【芋頭】(いもがしら) 315

11 **魁梧** かいご　体の立派なこと。

12 **魁偉** かいい　「容貌―」

魁蛤 いたやがい　▼【板屋貝】(いたやがい) 185

鬼4 **【魂】**(14)　**コン　たましい**

0 **魂** たま　〔霊・魄〕 たましい。

8 **魂呼ばい** たまよばい　死者の霊魂を呼び戻す儀式。

9 **魂胆** こんたん　策略。悪だくみ。

10 **魂消る** たまげる☆　非常に驚く。

11 **魂祭** たままつり　先祖の霊をまつる行事。

鬼5 **【魄】**(15)　**ハク・タク**

0 **魄** たま　▼【魂】(また) 416

鬼5 **【魅】**(15)　**ミ**

0 **魅する** みする　人を引きつける。

12 **魅惑** みわく　「―的な目」

鬼8 **【魏】**(18)　**ギ**

0 **魏** ぎ　古代中国の国名。

鬼8 **【魍】**(18)　**ボウ・モウ**

18 **魍魎** もうりょう・すだま　化け物。

鬼11 **【魑】**(21)　**チ**

15 **魑魅** ちみ・すだま　化け物。

魑魅魍魎 ちみもうりょう★　様々な化け物。

鬼11 **【魔】**(21)　**マ**

7 **魔利提列瑣** マリアテレジア　オーストリアの女帝。

10 **魔除け** まよけ　災いや魔物を近づけないためのお守り。

15 **魔魅** あやかし　▼【怪士】(あやかし) 138

鬼14 **【魘】**(24)　**エン**

0 **魘される** うなされる★　「悪夢に―」

【魚】〈うお〉〈うおへん〉部

魚0 **【魚】**(11)　**ギョ　うお・さかな**

3 **魚叉** やす　▼【簎】(やす) 286

魚子 ななこ　〔斜子・七子〕 彫金技法の一。

4 **魚井** なまい　姓氏。

5 **魚目燕石** ぎょもくえんせき　にせもの。

6 **魚扠** やす　▼【簎】(やす) 286

7 **魚児牡丹** けまんそう　▼【華鬘草】(けまんそう) 322

魚条 すわやり　▼【楚割】(すわやり) 194

←**魚虎** かわせみ　▼【翡翠】(かわせみ) 304

魚虎 さかまた　▼【逆戟】(さかまた) 369

→**魚虎** はりせんぼん　〔針千本〕 フグ目の海魚。

魚狗 かわせみ　▼【翡翠】(かわせみ) 304

魚取沼 ゆとりぬま　宮城県の沼。

9 **魚屋** ととや　姓氏。

11画　10画　鬼部4–14画　11画　魚部0画

11 **魚貫** おにき 熊本県の岬(―崎)・地名。

魚梁瀬 やなせ 高知県の地名。

12 **魚葉** かれい ▼【鰈】いかれ 420

13 **魚肆** いさば ▼【五十集】いさば 17

14 **魚緒** いおすけ 姓氏。

魚網鴻離 ぎょもうこうり 望みのものが得られず、別のものが得られるたとえ。

15 **魚膠** にべ ▼【鮸膠】べに 418

魚蝨 うおじらみ・ちょう 鰓尾(さいび)目チョウ科の節足動物の総称。

魚鋤 いおすき ▼【商陸】すいおき 70

21 **魚籃** びく ▼【魚籠】くび 417

22 **魚籠** びく☆ 〔魚籃〕釣れた魚を入れておくかご。

24 **魚鱗** ぎょりん 陣形の一。

魚 2 **【魞】** (13) **えり**

0 **魞** えり 定置の漁具。

魚 4 **【魥】** (15) **ゴウ・キョウ**

0 **魥** こち ▼【鯒】ちこ 418

6 **魥池** こちがいけ 愛知県の地名。

魚 4 **【魦】** (15) **サ**

0 **魦** いさざ スズキ目の淡水魚。

3 **魦口** はえのくち 愛知県の地名。

魚 4 **【魣】** (15) **ショ・ユイ**

0 **魣** かます ▼【魳】すかま 417

魚 4 **【魳】** (15) **ソウ・シ**

0 **魳** かます★ 〔魣・梭魚・梭子魚〕カマス科の海魚。

魚 4 **【魹】** (15) **とど**

0 **魹** とど ▼【胡獱】どと 309

魹ケ崎 とどがさき 岩手県の岬。

魚 4 **【魬】** (15) **ハン**

0 **魬** はまち ブリの若魚。

魚 4 **【魵】** (15) **フン**

5 **魵穴** えびあな 新潟県の地名。

魚 4 **【魴】** (15) **ホウ**

16 **魴鮄** ほうぼう 〔竹麦魚〕カサゴ目の海魚。

魚 4 **【魯】** (15) **ロ**

5 **魯本茲** ルーベンス ベルギー西部、フランドルの画家。

6 **魯迅** ろじん 中国の文学者。

魯西安納 ルイジアナ アメリカの州。

魯西亜 ロシア ▼【露西亜】ロシア 400

11 **魯魚** ろぎょ 形のよく似た「魯」と「魚」の字のように、書き誤りやすい文字。

魯魚亥豕 ろぎょがいし 「魯魚(ろぎょ)」に同じ。

魚 5 **【鮖】** (16) **かじか**

0 **鮖** かじか カジカ科の淡水魚。

魚 5 **【鮗】** (16) **このしろ**

0 **鮗** このしろ★ ▼【鰶】このしろ 420

魚 5 **【鮓】** (16) **サ**

0 **鮓** すし ▼【鮨】しす 418

魚 5 **【鮏】** (16) **セイ**

0 **鮏** さけ ▼【鮭】けさ 418

魚 5 **【鮎】** (16) **デン・ネン**

← **鮎** あゆ☆ 〔鮧・鰻鯽・記月魚・銀口魚・香魚・細鱗魚・年魚〕サケ目の淡水魚。

→ **鮎** なまず ▼【鯰】ずなま 419

8 **鮎並** あいなめ☆ ▼【鮎魚女】あいなめ 417

11 **鮎魚女** あいなめ 〔鮎並・相嘗魚・鰷身魚〕カサゴ目の海魚。

12 **鮎喰川** あくいがわ 徳島県の川。

17 **鮎擬** あゆもどき ドジョウ科の淡水魚。

魚 5 **【鮊】** (16) **ハ・ハク**

3 **鮊子** いかなご ▼【玉筋魚】いかなご 244

8 **鮊岳** かしべだけ 青森県の山。

魚 5 **【鮒】** (16) **フ**

0 **鮒** ふな☆ 〔鯽〕フナ属の淡水魚。

魚 5 **【鮃】** (16) **ヘイ**

0 **鮃** ひらめ☆ 〔比目魚・平目〕カレイ目の海魚。

魚 5 **【鮑】** (16) **ホウ**

0 **鮑** あわび 〔串貝・石決明・蚫・鮑鰒・鰒〕ミミガイ科の大形巻貝。

8 **鮑叔牙** ほうしゅくが 中国、春秋戦国時代の政治家。

11 **鮑魚** とこぶし ▼【常節】とこぶし 122

20 **鮑鰒** あわび ▼【鮑】びあわ 417

魚 6 **【鮟】** (17) **アン**

0 **鮟** なまず ▼【鯰】ずなま 419

22 鮟鱇 あんこう 〔華臍魚・琵琶魚〕 アンコウ科の海魚。

鮟鱇形 あんこうがた あんこ 力士の体形の一。

魚6 【鮪】(17) イ

← 鮪 しび 〔王鮪・碧魚・黄頰魚〕 マグロの別名。

→ 鮪 まぐろ☆ 〔鱩・金鎗魚・黒漫魚〕 マグロ属の大形の海魚。

魚6 【鮧】(17) テイ・イ

← 鮧 あゆ ▼【鮎】あゆ 417

→ 鮧 なまず ▼【鯰】なまず 419

魚6 【鮱】(17) おおぼら・えび・ばた

0 鮱 おおぼら ボラ科の海魚。

魚6 【鮠】(17) ガイ

0 鮠 はや・はえ 〔鰷〕 オイカワ・カワムツ・ウグイなどの別名。

魚6 【鮨】(17) キ・ゲイ

0 鮨 すし 〔鮓・寿司〕 日本料理の一。

13 鮨詰め すしづめ 「—の電車」

魚6 【鮭】(17) ケイ・カイ

0 鮭 さけ・しゃけ☆ 〔鮏・年魚・石桂魚〕 サケ科の海魚。

3 鮭川 すけがわ 姓氏。

魚6 【鮬】(17) コ

0 鮬 せいご スズキの若魚。

魚6 【鮫】(17) コウ

0 鮫 さめ ①軟骨魚類の一部の総称。②青森県の岬(—角かど)・地名。③JR東日本八戸はちのへ線の駅。

5 鮫皮 さめがわ 〔沙皮〕 加工したサメの皮。

6 鮫肌 さめはだ ざらざらとした皮膚。

9 鮫洲 さめず ①東京都の地名。②京急本線の駅。

魚6 【鮴】(17) ごり・めばる

← 鮴 ごり★ 〔石伏魚〕 淡水魚カジカの別名。

→ 鮴 めばる ▼【眼張】めばる 264

11 鮴崎 めばるざき 広島県の岬・地名。

魚6 【鮞】(17) ジ

0 鮞 はららご 魚類の産卵前の卵塊。

魚6 【鮮】(17) セン あざやか

9 鮮卑 せんぴ 古代アジアの遊牧民族。

魚6 【鮲】(17) まて・こち

← 鮲 こち ▼【鯒】こち 418

→ 鮲 まて ▼【蟶】まて 340

魚7 【鯏】(18) あさり・うぐい

← 鯏 あさり ▼【浅蜊】あさり 216

鯏 いぐい ▼【鯎】いぐい 418

→ 鯏 うぐい ▼【鯎】うぐい 418

魚7 【鯎】(18) うぐい

← 鯎 いぐい 〔鯏・石斑魚〕 川魚ウグイの古名。

→ 鯎 うぐい 〔鱲・石斑魚・石礬魚・鯏〕 コイ目の淡水魚。

魚7 【鯑】(18) かずのこ

0 鯑 かずのこ ニシンの卵。

魚7 【鯇】(18) カン

0 鯇 あめ・あめのうお 〔鯇魚・江鮭〕 サケ目の淡水魚、ビワマスの別名。

魚7 【鯒】(18) こち

0 鯒 こち☆ 〔鮲・牛尾魚・鮍〕 コチ科の海魚。

魚7 【䱐】(18) こち

7 䱐尾 こちお 愛知県の地名。

魚7 【鯊】(18) サ

0 鯊 はぜ☆ 〔蝦虎魚・沙魚・竹魚・年俊魚〕 ハゼ亜目の魚。

魚7 【鮹】(18) ショウ

---

0 鮹 たこ ▼【蛸】たこ 337

魚7 【鮾】(18) ダイ

0 鮾る あざる 〔餒る・餧る〕 魚肉がくさる。

魚7 【鮸】(18) ベン

0 鮸 にべ☆ 〔金鱗魚・石首・石首魚〕 ニベ科の海魚。

15 鮸膠 にべ 〔魚膠・鰾膠〕 にかわの一種。

鮸膠無い にべない☆ そっけない。

魚7 【鯆】(18) ホ

12 鯆越 いるかごえ 愛媛県の地名。

魚7 【𩸽】(18) ほっけ

0 𩸽 ほっけ☆ カサゴ目の海魚。

魚7 【鯉】(18) リ

0 鯉 こい コイ科の淡水魚。

15 鯉幟 こいのぼり コイのかたちに作った吹き流し。

16 鯉濃 こいこく 筒切りにしたコイを用いた料理。

魚8 【鰑】(19) エキ

0 鰑 するめ☆ 〔寿留女・小蛸魚〕 イカの干物。

10 鰑烏賊 するめいか 〔柔魚〕 イカの一種。

11画 魚部 6—8画

魚8 【鯨】(19) **ゲイ くじら**

→鯨 いさな 〔鯨魚・勇魚〕クジラの古名。

←鯨 くじら クジラ目の水生哺乳(ほにゅう)類。

6 鯨伏 いさふし 姓氏。

8 鯨波 とき★ 士気を鼓舞する叫び声。

9 鯨津 ときつ 姓氏。

11 鯨魚 いさな ▼【鯨】(いさな) 419

魚8 【鯢】(19) **ゲイ**

0 鯢 さんしょううお ▼【山椒魚】(さんしょううお) 115

魚8 【鯔】(19) **シ**

←鯔 いな 〔撥尾魚〕ボラの若魚。

鯔 とど ボラの成長したもの。

→鯔 ぼら 〔鯔・蛇頭魚〕スズキ目の海魚。

9 鯔背 いなせ★ 粋(いき)で、威勢よく、さっぱりとしたさま。「―な若い衆」

魚8 【鰙】(19) **ジャク**

0 鰙 わかさぎ 〔公魚・若鷺〕サケ目の淡水魚。

魚8 【鯱】(19) **しゃち・しゃちほこ**

←鯱 しゃち イルカ科の哺乳(ほにゅう)類。

→鯱 しゃちほこ 想像上の、魚に似た海獣。

9 鯱城 さちじょう 姓氏。

13 鯱蛾 しゃちほこが ▼【天社蛾】(しゃちほこが) 90

魚8 【鯧】(19) **ショウ**

0 鯧 まながつお 〔鰪・学鰹・真魚鰹〕スズキ目の海魚。

魚8 【鯳】(19) **すけとうだら**

0 鯳 すけとうだら ▼【介党鱈】(すけとうだら) 20

魚8 【鯖】(19) **セイ**

0 鯖 さば☆ 〔青魚・青花魚〕サバ科のサバ類の海魚。「―を読む」

7 鯖折り さばおり 相撲(すもう)の決まり手。

12 鯖雲 さばぐも うろこ雲。

19 鯖瀬 さばせ JR四国牟岐(むぎ)線の駅。

魚8 【鯯】(19) **セイ**

←鯯 このしろ ▼【鰶】(このしろ) 420

→鯯 さっぱ 〔拶双魚〕ニシン目の海魚。

魚8 【鯮】(19) **ソウ**

7 鯮沢 かじかざわ 秋田県の地名。

魚8 【鯘】(19) **ダイ**

0 鯘る あざる ▼【鮾る】(あざる) 418

魚8 【鯛】(19) **チョウ**

0 鯛 たい☆ タイ科の海魚。

魚8 【鯲】(19) **どじょう**

0 鯲 どじょう ▼【泥鰌】(どじょう) 212

魚8 【鯰】(19) **なまず**

0 鯰 なまず☆ 〔鮫・鮎・鮧〕ナマズ目の淡水魚。

5 鯰田 なまずた JR九州筑豊(ちくほう)本線の駅。

魚8 【[魚+長]】(19) **はも**

0 [魚+長] はも ▼【鱧】(はも) 421

14 [魚+長]網代 きびなごあじろ 長崎県の地名。

魚8 【鯡】(19) **ヒ**

0 鯡 にしん ▼【鰊】(にしん) 420

魚8 【鯥】(19) **リク**

0 鯥 むつ☆ 〔花鯡〕スズキ目の海魚。

4 鯥五郎 むつごろう スズキ目の海魚。有明海・八代海に生息する。

魚9 【𩺊】(20) **あら**

0 𩺊 あら 〔鰵・阿羅〕スズキ目の海魚。

魚9 【鰄】(20) **イ**

0 鰄 かいらぎ 〔梅花皮〕サメの皮。

魚9 【鰕】(20) **カ**

0 鰕 えび ▼【海老】(えび) 214

魚9 【鰐】(20) **ガク**

0 鰐 わに ワニ目の爬虫(はちゅう)類の総称。

3 鰐川 わにがわ 茨城県の、北浦と外浪逆浦(そとなさかうら)の間の流路。

12 鰐塚 わにつか 宮崎県の山地・山。

魚9 【鰀】(20) **カン**

5 鰀目 えのめ ①石川県の地名。②姓氏。

魚9 【鰉】(20) **コウ**

0 鰉 ひがい コイ目の淡水魚。

魚9 【鯸】(20) **コウ**

17 鯸鮧魚 ふぐ ▼【河豚】(ふぐ) 211

魚9 【鰓】(20) **サイ・シ**

←鰓 あぎと ▼【顎門】(あぎと) 405

→鰓 えら 〔腮・顋〕水生動物の呼吸器官。

魚9 【鰌】(20) **シュウ**

0 **鰌** どじょう ▼【泥鰌】どじょう 212

魚9 **【鰍】**(20) **シュウ**

← **鰍** いな ブリの若魚。

→ **鰍** かじか 〔杜父魚・石伏魚〕カジカ科の魚の総称。

7 **鰍沢** かじかざわ 山梨県の町(ちょう)。

鰍沢口 かじかざわぐち JR東海身延(みのぶ)線の駅。

魚9 **【鰆】**(20) **シュン**

0 **鰆** さわら★〔馬鮫魚〕スズキ目の海魚。

魚9 **【鯽】**(20) **ソク・ゾク・セキ**

0 **鯽** ふな ▼【鮒】ふな 417

魚9 **【鰖】**(20) **タ・イ**

0 **鰖** たかべ スズキ目の海魚。

魚9 **【鰈】**(20) **チョウ**

0 **鰈** かれい☆〔魚葉・比目魚・王余魚〕カレイ科の海魚。

魚9 **【鯷】**(20) **テイ**

0 **鯷** ひしこ・しこ カタクチイワシの別名。

魚9 **【鰚】**(20) **はらか**

0 **鰚** はらか〔腹赤〕ニベまたはマスの別名。

魚9 **【𩹉】**(20) **ヒ**

0 **𩹉** とびうお〔止比乎・文鰩魚〕トビウオ科の海魚。

12 **𩹉越崎** あごえざき 島根県の地名。

魚9 **【鰒】**(20) **フク**

← **鰒** あわび ▼【鮑】あわび 417

→ **鰒** ふぐ ▼【河豚】ふぐ 211

11 **鰒魚** とこぶし ▼【常節】とこぶし 122

魚9 **【鰘】**(20) **むろあじ**

0 **鰘** むろあじ〔室鰺〕ムロアジ類の海魚。

魚9 **【鰊】**(20) **レン**

0 **鰊** にしん☆〔鯡・青魚〕ニシン目の海魚。

13 **鰊群来** にしんくき 春、産卵のためにニシンが回遊してくること。

魚10 **【鰯】**(21) **いわし**

0 **鰯** いわし〔鰮〕イワシ類の海魚の総称。

12 **鰯雲** いわしぐも 巻積雲。

19 **鰯鯨** いわしくじら ヒゲクジラの一種。

魚10 **【鰪】**(21) **オウ**

0 **鰪** まながつお ▼【鯧】まながつお 419

---

16 **鰪橋** たなごばし 福島県の地名。

魚10 **【鰮】**(21) **オン**

0 **鰮** いわし☆ ▼【鰯】いわし 420

魚10 **【鰥】**(21) **カン**

0 **鰥** やもめ・やもお ▼【寡夫】やもめ 105

4 **鰥夫** やもめ・やもお 妻に死なれた夫。

魚10 **【鰭】**(21) **キ**

0 **鰭** ひれ 魚類の器官。尾びれ・背びれなど。

鰭ケ崎 ひれがさき 流鉄流山(ながれやま)線の駅。

魚10 **【鰤】**(21) **シ**

0 **鰤** ぶり☆〔海鰱〕スズキ目の海魚。

魚10 **【鰣】**(21) **シ・ジ**

0 **鰣** はす コイ目の淡水魚。

魚10 **【鰧】**(21) **トウ**

0 **鰧** おこぜ〔虎魚〕カサゴ目の海魚のうちオコゼ類の魚の総称。

魚10 **【鰢】**(21) **バ**

0 **鰢** つくら ボラの幼魚。

5 **鰢台** とどだい 宮城県の地名。

魚10 **【鰰】**(21) **はたはた・いな**

0 **鰰** はたはた☆〔鰰鱩・鱩・沖鰺・燭魚・雷魚〕スズキ目の海魚。

24 **鰰鱩** はたはた ▼【鰰】はたはた 420

魚10 **【鰡】**(21) **リュウ**

0 **鰡** ぼら☆ ▼【鯔】ぼら 419

魚11 **【鱆】**(22) **ショウ**

0 **鱆** たこ ▼【蛸】たこ 337

魚11 **【鰷】**(22) **チョウ・ジョウ**

0 **鰷** はや・はえ ▼【鮠】はや 418

7 **鰷身魚** あいなめ ▼【鮎魚女】あいなめ 417

魚11 **【鰶】**(22) **セイ**

0 **鰶** このしろ〔鮗・鱅・鰗〕ニシン目の海魚。

魚11 **【鰺】**(22) **ソウ**

0 **鰺** あじ☆ アジ科の海魚。

鰺ケ沢 あじがさわ ①青森県の町(まち)。②JR東日本五能線の駅。

8 **鰺刺** あじさし アジサシ亜科の水鳥の総称。

魚11 **【鱈】**(22) **たら**

0 **鱈** たら 〔鱈魚・大口魚・雲頂魚・雪魚・雪鱸〕 タラ科の海魚。

13 **鱈腹** たらふく 「—つめこむ」

魚 11 **【鱁】** (22) チク

17 **鱁鮧** うるか 〔潤香〕 アユの内臓や卵などを塩漬けにした食品。

魚 11 **【鰾】** (22) ヒョウ

0 **鰾** うきぶくろ・ふえ 魚類の体内にある袋。

13 **鰾蛸魚** いか ▼【烏賊】かい 231

15 **鰾膠** にべ ▼【鮸膠】べに 418

魚 11 **【鰻】** (22) バン・マン

0 **鰻** うなぎ 〔鰻魚・鰻鱺・鱓・泉海魚・泥鰍〕 ウナギ目の魚。

17 **鰻簗** うなぎやな うなぎをとる仕掛け。

19 **鰻鱺** うなぎ ▼【鰻】ぎうな 421

魚 11 **【鱅】** (22) ヨウ

0 **鱅** このしろ ▼【鰶】このしろ 420

魚 11 **【鰱】** (22) レン

0 **鰱** たなご ▼【鱮】ごたな 421

魚 12 **【鱊】** (23) イツ

0 **鱊** いさざ シロウオの別名。

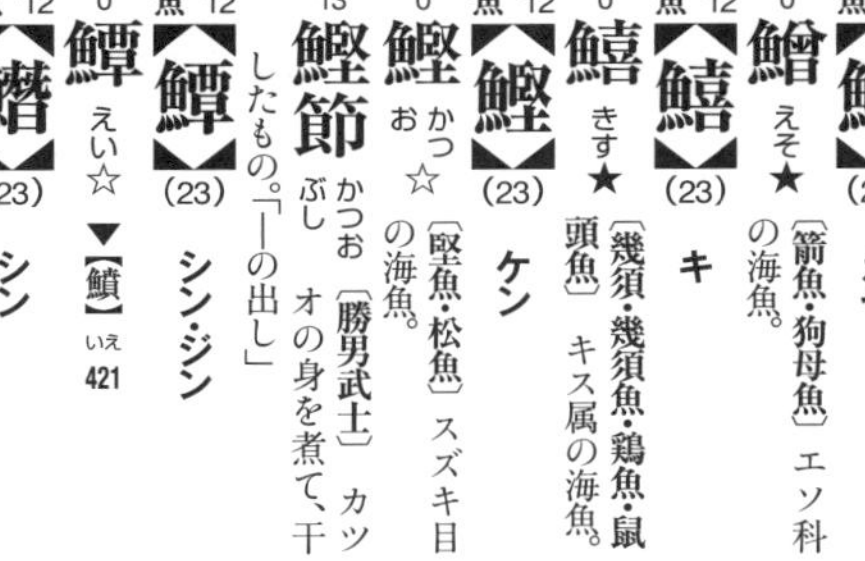

魚 12 **【鱛】** (23) えそ

0 **鱛** えそ★ 〔箭魚・狗母魚〕 エソ科の海魚。

魚 12 **【鱚】** (23) キ

0 **鱚** きす★ 〔幾須・幾須魚・鶏魚・鼠頭魚〕 キス属の海魚。

魚 12 **【鰹】** (23) ケン

0 **鰹** かつお☆ 〔堅魚・松魚〕 スズキ目の海魚。

13 **鰹節** かつおぶし 〔勝男武士〕 カツオの身を煮て、干したもの。「—の出し」

魚 12 **【鱏】** (23) シン・ジン

0 **鱏** えい☆ ▼【鱝】いえ 421

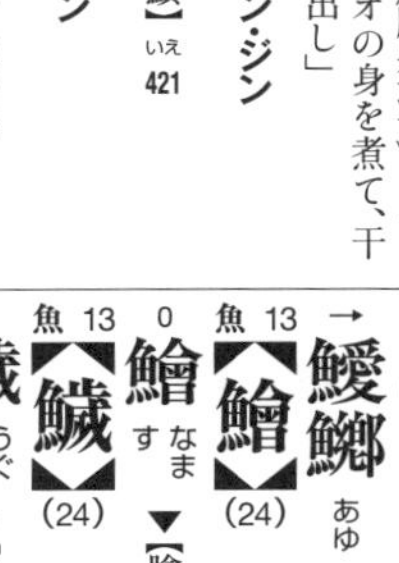

魚 12 **【[魚朁]】** (23) シン

0 **[魚朁]** めいただき メダカの別名。

魚 12 **【鱘】** (23) シン・ジン

11 **鱘魚** ちょうざめ ▼【蝶鮫】ちょうざめ 338

魚 12 **【鱓】** (23) セン・タ

← **鱓** うつぼ ウツボ科の海魚。

→ **鱓** ごまめ 〔古女・田作〕 カタクチイワシの素干し。

魚 12 **【鱒】** (23) ソン

0 **鱒** ます☆ サケ科の魚類の一部の称。

魚 12 **【鱝】** (23) フン

0 **鱝** えい 〔鱏・海鶏魚・海鷂魚〕 エイ目の軟骨魚類の総称。

魚 12 **【[魚歯]】** (23) まぐろ

0 **[魚歯]** まぐろ ▼【鮪】ろまぐ 418

魚 13 **【鱫】** (24) あい

← **鱫鱜** あいきょう 内臓を取り除いた子持ち鮎ゆあの塩漬け。

→ **鱫鱜** あゆ ▼【鮎】ゆあ 417

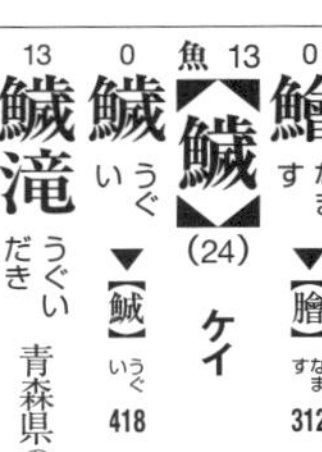

魚 13 **【鱠】** (24) カイ・エ

0 **鱠** なます ▼【膾】すなま 312

魚 13 **【鱥】** (24) ケイ

0 **鱥** うぐい ▼【鯎】いうぐ 418

13 **鱥滝** うぐいだき 青森県の地名。

魚 13 **【鱟】** (24) コウ

0 **鱟** かぶとがに ▼【兜蟹】がにかぶと 37

11 **鱟魚** かぶとがに ▼【兜蟹】がにかぶと 37

魚 13 **【鱪】** (24) しいら

0 **鱪** しいら☆ 〔寄魚・鬼頭魚・勒魚〕 スズキ目の海魚。

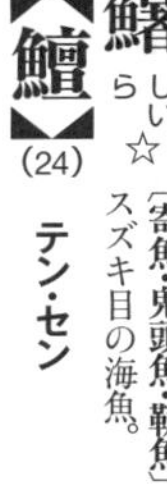

魚 13 **【鱣】** (24) テン・セン

0 **鱣** うなぎ ▼【鰻】ぎうな 421

8 **鱣苗代** うなぎなわしろ 青森県の地名。

魚 13 **【鱩】** (24) はたはた

0 **鱩** はたはた ▼【鰰】はたはた 420

魚 13 **【鱗】** (24) リン

0 **鱗** うろこ 魚類の体表をおおう小薄片。

10 **鱗粉** りんぷん チョウ・ガの羽の表面を覆う微細で偏平な小片。

12 **鱗雲** うろこぐも 巻積雲。

魚 13 **【鱧】** (24) レイ

0 **鱧** はも☆ 〔[魚長]〕 ウナギ目の海魚。

魚 14 **【鱮】** (25) ショ

0 **鱮** たなご 〔鰱・田平子〕 タナゴ類の淡水魚。

魚 14 **【鱭】** (25) セイ

11 **鱭魚** えつ 〔斉魚〕 ニシン目の海魚。

魚 15 **【鱶】** (26) ショウ

0 **鱶** ふか☆ 大形のサメ類の俗称。

魚 15 **【鱵】** (26) シン

0 **鱵** さより☆ 〔細魚・針魚・水針魚〕 ダツ目の海魚。

魚 15【鱲】(26) リョウ

3 **鱲子** からすみ ★ ボラなどの卵巣の食品。

魚 16【鱸】(27) ロ

0 **鱸** すずき ☆ 〔紫鱸魚・松江魚〕スズキ目の海魚。

【鳥】〈とり〉部

鳥 0【鳥】(11) チョウ とり

5 **鳥甲山** とりかぶとやま 長野県の山。

鳥目 ちょうもく 金銭。

6 **鳥羽** とば ①三重県の市・港。②近鉄の路線。③近鉄鳥羽線等の駅。④京都府の地名。⑤姓氏。

7 **鳥見山** とみやま 奈良県の丘・山。

8 **鳥居本** とりいもと ①滋賀県の地名。②近江鉄道本線の駅。③京都府の地名。

鳥取 とっとり ①山陰地方の県。②鳥取県東部の温泉・平野・砂丘・市・港。③北海道の地名。

9 **鳥威し** とりおどし かかしの一種。

鳥屋 とや 〔塒〕鳥小屋。

鳥屋峠 とやとうげ 岐阜県の峠。

鳥屋野潟 とやのがた 新潟県の湖。

鳥海礁 とりみぐり 新潟県沖の浅堆(せんたい)。

鳥冠 とさか ▼【鶏冠】とさか 425

←**鳥栖** とぐら 鳥のねぐら。

→**鳥栖** とす ①佐賀県の市。②JR九州鹿児島本線等の駅。③姓氏。

鳥馬 つぐみ ▼【鶇】つぐみ 425

11 **鳥兜** とりかぶと 〔草烏頭〕キンポウゲ科の多年草。

鳥兜山 とりかぶとやま 山形県の山。

12 **鳥越** とりごえ ①東京都の地名。②石川県の旧村。③姓氏。

鳥渡 ちょっと ☆ ▼【一寸】ちょっと 1

鳥遊 たかなし 姓氏。

14 **鳥総松** とぶさまつ 正月の飾りの一。

17 **鳥瞰** ちょうかん 高い所から見下ろす。

23 **鳥黐** とりもち 小鳥などを捕らえるために用いる粘りけのあるもの。

鳥 1【鳦】(12) イツ

0 **鳦** つばめ ▼【燕】つばめ 235

鳥 2【鳩】(13) キュウ・ク

0 **鳩** はと 〔鴿〕ハト科に属する鳥の総称。

鳩める あつめる 集める。

6 **鳩合** きゅうごう ▼【糾合】きゅうごう 290

7 **鳩尾** みぞおち・みずおち・きゅうび ★ 胸骨の下のくぼんだ所。

9 **鳩首協議** きゅうしゅきょうぎ 何人かが集まり、相談する。

鳩首凝議 きゅうしゅぎょうぎ 一か所に集まって相談する。

14 **鳩酸草** かたばみ ▼【酢漿草】かたばみ 377

鳥 2【鳰】(13) にお

←**鳰** かいつぶり ▼【鸊鷉】かいつぶり 426

→**鳰** にお ★ カイツブリの古名。

鳥 2【鳧】(13) フ

←**鳧** かも ▼【鴨】かも 423

→**鳧** けり 〔計里〕チドリ科の鳥。

12 **鳧葵** あさざ ▼【莕菜】あさざ 322

鳥 3【鳶】(14) エン

←**鳶** とび ☆ 〔鵄・鴟〕タカ科の鳥。

→**鳶** とんび トビのこと。

3 **鳶口** とびぐち 火消しなどに使う道具の一。

←**鳶尾** いちはつ 〔一八・紫羅傘・鳶尾草〕アヤメ科の多年草。

→**鳶尾** えんび 植物イチハツの漢名。

鳶尾草 いちはつ ▼【鳶尾】いちはつ 422

9 **鳶飛魚躍** えんぴぎょやく 生きとし生けるものが満足して楽しんでいること。

18 **鳶職** とびしょく 建築の基礎工事などの職人。

鳥 3【鳳】(14) ホウ

0 **鳳** おおとり・ほう 中国の想像上の鳥。

5 **鳳仙花** ほうせんか ツリフネソウ科の一年草。

6 **鳳至** ふげし ①石川県の旧郡。②姓氏。

7 **鳳尾生** はこねそう ▼【石長生】はこねそう 267

鳳尾松 そてつ ▼【蘇鉄】そてつ 333

鳳尾草 はこねそう ▼【石長生】はこねそう 267

鳳尾蕉 そてつ ▼【蘇鉄】そてつ 333

鳳来 ほうらい 愛知県の渓谷(―峡)・湖・旧町。

10 **鳳珠** ほうす 石川県の郡。

11 **鳳凰** ほうおう ☆ 中国の想像上の鳥。

鳳梨 パイナップル パイナップル科の常緑多年草。

15 鳳蝶 あげはちょう☆ ▼【揚羽蝶】あげはちょう 158

鳳翩山 ほうべんざん 山口県の山。

鳳輦 ほうれん 天子の乗る車。

18 鳳雛 ほうすう 優れた資質を持つ子ども。

鳥3【鳴】(14) メイ なく・なる・ならす

3 鳴子百合 なるこゆり 〔黄精〕 ユリ科の多年草。

5 鳴矢 なるや・かぶらや 姓氏。

6 鳴虫山 なきむしやま 栃木県の山。

8 鳴門 なると ①四国・淡路あわじ島間の海峡。②徳島県の市。③JR四国の路線・駅。

9 鳴海 なるみ ①愛知県の旧町。②名鉄名古屋本線の駅。

13 鳴雷月 なるかみづき 陰暦六月。

14 鳴蜩 あぶらぜみ セミの一種。

鳥4【鴉】(15) ア

0 鴉 からす ▼【烏】からす 231

4 鴉片 あへん ▼【阿片】あへん 391

12 鴉葱 しらいとそう 〔白糸草〕 ユリ科の多年草。

23 鴉鷺 あろ カラスとサギ。

鳥4【鴈】(15) ガン

0 鴈 がん ▼【雁】がん 395

鳥4【鴃】(15) ケツ・ゲキ・ケキ・ケイ

0 鴃 もず ▼【百舌】もず 259

6 鴃舌 げきぜつ 「南蛮―の徒」

鳥4【鴆】(15) チン

0 鴆 ちん 〔酖〕 中国にすむという伝説上の毒鳥。

8 鴆毒 ちんどく 鴆の羽根を酒にひたしてつくった毒薬。

鳥4【鴇】(15) ホウ

← 鴇 とき☆ 〔鴾・鴇・紅鶴・朱鷺・桃花鳥〕 トキ科の鳥。

→ 鴇 のがん 〔野雁〕 ノガン科の鳥。

鳥5【鴛】(16) エン・オン

8 鴛泊 おしどまり 北海道の旧村。

16 鴛鴦 おしどり・おし・えんおう★ カモ科の水鳥。

鳥5【鴨】(16) オウ

0 鴨 かも 〔鳧〕 カモ目カモ科の、ある類の鳥の総称。

3 鴨子 おうし アヒルの卵。

4 鴨公 かもきみ 奈良県の旧村。

6 鴨舌草 こなぎ ▼【小水葱】こなぎ 107

8 鴨居 かもい 建具をはめる開口部の横木。

鴨長明 かものちょうめい 鎌倉初期の歌人・随筆作者。

11 鴨脚草 ゆきのした ▼【虎耳草】ゆきのした 334

鴨脚樹 いちょう☆ ▼【公孫樹】いちょう 39

鴨部川 かべがわ 香川県の川。

← 鴨跖草 つきくさ 〔鴨頭草・鶏冠草・帽子草〕 植物ツユクサの古名。

→ 鴨跖草 つゆくさ 〔帽子草〕 ツユクサ科の一年草。

15 鴨嘴 かものはし 〔鴨嘴獣〕 単孔目の原始的な哺乳ほにゅう類。

16 鴨頭草 つきくさ ▼【鴨跖草】つきくさ 423

鳥5【鴞】(16) キョウ・ヨウ

0 鴞 ふくろう ▼【梟】ふくろう 190

鳥5【鴝】(16) ク

18 鴝鵒眼 くよくがん 端渓産の硯石に出る斑紋はんもん。

鳥5【鴟】(16) シ

← 鴟 とび ▼【鳶】とび 422

→ 鴟 ふくろう ▼【梟】ふくろう 190

3 鴟山 とびやま 姓氏。

5 鴟目虎吻 しもくこふん フクロウの目つきとトラの口もと。残忍で凶暴な人相のたとえ。

7 鴟尾 しび☆ 〔鵄尾〕 飾り瓦の一。

鴟尾草 いちはつ ▼【鳶尾】いちはつ 422

11 鴟魚 さかまた ▼【逆戟】さかまた 369

鴟梟 しきょう 〔鴟鴞〕 フクロウの別名。

16 鴟鴞 しきょう ▼【鴟梟】しきょう 423

← 鴟鵂 このはずく ▼【木の葉木菟】このはずく 178

→ 鴟鵂 みみずく ▼【木菟】みみずく 179

鳥5【鴫】(16) しぎ

0 鴫 しぎ★ 〔鷸〕 シギ科とその近縁の科の鳥の総称。

7 鴫良 しぎら 大分県の温泉。

11 鴫野 しぎの ①大阪府の地名。②JR西日本片町線の駅。

鳥5【鴘】(16) ヘン

19 鴘鶍 あとり ▼【獦子鳥】あとり 243

鳥6【鵂】(17) キュウ

21 **鵂鶹** いいとよ 〔休留〕 フクロウの古名。

鳥6 **【鴻】**(17) **コウ・ゴウ**

← **鴻** おおとり ガン・ハクチョウなどの大形の鳥。

→ **鴻** ひしくい ▼【菱食】(ひしくい) 325

3 **鴻之舞** こうのまい 北海道の地名。

10 **鴻恩** こうおん 〔洪恩〕 大恩。

11 **鴻巣** こうのす ①埼玉県の市。②JR東日本高崎線の駅。③姓氏。

13 **鴻業** こうぎょう 大きな事業。

18 **鴻鵠** こうこく 大人物のたとえ。

20 **鴻臚館** こうろかん 外交使節の接待施設。

鳥6 **【鴿】**(17) **コウ・ゴウ**

← **鴿** どばと イエバトのこと。

→ **鴿** はと ▼【鳩】(はと) 422

鳥6 **【鵖】**(17) **シ**

0 **鵖** しめ 〔蠟嘴〕 アトリ科の小鳥。

鳥6 **【鵄】**(17) **シ**

0 **鵄** とび ▼【鳶】(とび) 422

7 **鵄尾** しび ▼【鴟尾】(しび) 423

鳥6 **【鵆】**(17) **ちどり**

0 **鵆** ちどり★ 〔夜燕・乳鳥・冬燕・水史鳥〕 チドリ科の鳥の総称。

鳥6 **【鵃】**(17) **トウ・チョウ**

7 **鵃沢** みさござわ 福島県の地名。

8 **鵃岳** びしゃごだけ 鹿児島県の山。

鳥6 **【鴾】**(17) **とき・つき**

0 **鴾** とき☆ ▼【鴇】(とき) 423

鳥6 **【鴾】**(17) **ボウ**

0 **鴾** とき ▼【鴇】(とき) 423

鳥6 **【鴧】**(17) **ユウ**

0 **鴧** あじ トモエガモの別名。

鳥7 **【鵝】**(18) **ガ**

11 **鵝鳥** がちょう ▼【鵞鳥】(がちょう) 424

鳥7 **【鵞】**(18) **ガ**

4 **鵞毛玉鳳花** さぎそう ▼【鷺草】(さぎそう) 426

6 **鵞耳櫪** さわしば 〔沢柴〕 カバノキ科の落葉高木。

10 **鵞梅** ぶんごうめ 〔豊後梅〕 ウメの一品種。

11 **鵞鳥** がちょう 〔鵝鳥〕 野生のガンの飼育変種。

19 **鵞璨皤児** ガリバー ガリ物語の主人公。

鳥7 **【鵟】**(18) **キョウ**

0 **鵟** のすり タカ科の鳥。

鳥7 **【鵙】**(18) **ゲキ・ケキ**

← **鵙** ほととぎす ▼【杜鵑】(ほととぎす) 182

→ **鵙** もず★ ▼【百舌】(もず) 259

鳥7 **【鵠】**(18) **コク**

← **鵠** くぐい 〔白鵠〕 ハクチョウの古名。

→ **鵠** はくちょう 〔白鳥〕 カモ科の大形の水鳥。

4 **鵠戸沼** くげとぬま 茨城県の沼。

8 **鵠沼** くげぬま ①神奈川県の海岸・地名。②江ノ島電鉄の駅。

鳥7 **【鵤】**(18) **サン**

← **鵤** いかる☆ ▼【斑鳩】(いかる) 164

→ **鵤** いかるが☆ ▼【斑鳩】(いかるが) 164

鳥7 **【鵢】**(18) **シン**

11 **鵢崎** みさざき 岩手県の地名。

鳥7 **【鵜】**(18) **テイ**

0 **鵜** う ペリカン目ウ科の鳥の総称。

4 **鵜戸崎** うどざき 宮崎県の岬。

7 **鵜住居** うのすまい ①岩手県の旧村。②JR東日本山田線の駅。

鵜呑み うのみ☆ 「師の説を―にする」

鵜来島 うぐるしま 高知県の島。

9 **鵜峠** うど 島根県の地名。

12 **鵜渡根島** うどねじま 東京都の島。

鵜渡越 うどごえ 長崎県の地名。

13 **鵜飼い** うかい 漁法の一。

鳥7 **【鵐】**(18) **ブ**

0 **鵐** しとど 〔巫鳥〕 ホオジロなどの古名。

鳥8 **【鵶】**(19) **ア**

0 **鵶** からす ▼【烏】(からす) 231

鳥8 **【鶍】**(19) **いすか**

0 **鶍** いすか 〔交喙・交喙鳥〕 スズメ目アトリ科の小鳥。

鶍の嘴 いすかのはし 物事が食い違うこと。

鳥8 **【鵫】**(19) **カン**

0 **鵫** あかきじ キジ科の鳥。

鳥 8 **【鶏】**(19) **ケイ にわとり**

←**鶏** かけ ニワトリの古名。

鶏 とり ニワトリのこと。

→**鶏** にわとり 〔雞〕キジ科の鳥。

6 **鶏肋** けいろく☆ 役立たないが、捨て難いもの。

7 **鶏児腸** よめな 〔嫁菜〕キク科の多年草。

8 **鶏知** けち ①長崎県の湾。②姓氏。

鶏明 あかつき ▼【暁】あかつき 173

鶏盲 とりめ 〔雀盲・夜盲・鳥目〕視力障害の一。

9 **鶏冠** とさか☆ 〔鳥冠・毛角・毛冠〕「―に来る」

鶏冠井 かいで ①京都府の地名。②姓氏。

鶏冠木 かえで ▼【楓】かえで 195

鶏冠海苔 とさかのり スギノリ目の海藻。〔紅菜・赤菜〕

鶏冠草 つきくさ ▼【鴨跖草】つきくさ 423

10 **鶏桑** やまぐわ 〔山桑〕クワ科の落葉高木。

11 **鶏眼** うおのめ 〔魚の目〕「たこ」の一種。

鶏眼草 やはずそう ▼【矢筈草】やはずそう 266

←**鶏魚** いさき 〔伊佐木〕スズキ目の海魚。

→**鶏魚** きす ▼【鱚】きす 421

鶏蛋糕 カステラ ▼【加須底羅】カステラ 48

13 **鶏腸草** はこべ ▼【繁縷】はこべ 298

14 **鶏鳴狗盗** けいめいくとう★ 小策を弄(ろう)する人のたとえ。

16 **鶏頭** けいとう ヒユ科の一年草。

鳥 8 **【鵼】**(19) **コウ**

0 **鵼** ぬえ 〔鵺〕トラツグミの別名。

鳥 8 **【鶊】**(19) **コウ**

21 **鶊鶬** ひばり ▼【雲雀】ひばり 398

鳥 8 **【鵲】**(19) **ジャク・シャク**

0 **鵲** かささぎ☆ 〔鵲雀〕カラス科の鳥。

7 **鵲豆** ふじまめ 〔藤豆〕マメ科のつる性一年草。

11 **鵲雀** かささぎ ▼【鵲】かささぎ 425

鵲巣鳩居 じゃくそうきゅうきょ 他人の地位を横取りすることのたとえ。

鳥 8 **【鶉】**(19) **シュン・ジュン・タン**

0 **鶉** うずら☆ キジ科の小鳥。

6 **鶉衣** じゅんい☆ つぎはぎの衣。

鳥 8 **【鵯】**(19) **ヒ・ヒツ**

0 **鵯** ひよどり・ひよ☆ 〔白頭鳥〕ヒヨドリ科の鳥。

3 **鵯上戸** ひよどりじょうご ナス科のつる性多年草。

7 **鵯花** ひよどりばな 〔山蘭〕キク科の多年草。

12 **鵯越** ひよどりごえ ①兵庫県の古道。②神戸電鉄有馬(ありま)線の駅。

鳥 8 **【鵩】**(19) **フク**

0 **鵩** ふくろう ▼【梟】ふくろう 190

鳥 8 **【鵬】**(19) **ホウ**

0 **鵬** おおとり・ほう 中国の想像上の鳥。

12 **鵬程万里** ほうていばんり★ 遠い道のりのたとえ。

鳥 8 **【鵡】**(19) **ブ・ム**

3 **鵡川** むかわ ①北海道の川・旧町。②JR北海道日高本線の駅。③姓氏。

鳥 8 **【鵺】**(19) **ヤ**

0 **鵺** ぬえ☆ ▼【鵼】ぬえ 425

鳥 9 **【鶚】**(20) **ガク**

0 **鶚** みさご☆ 〔雎鳩〕ミサゴ科の猛鳥。

鳥 9 **【鶡】**(20) **カツ**

0 **鶡** やまどり 〔山鳥〕キジ科の鳥。

鳥 9 **【鶿】**(20) **シ**

0 **鶿** さぎ ▼【鷺】さぎ 426

鳥 9 **【鶫】**(20) **つぐみ**

0 **鶫** つぐみ☆ 〔鳥馬・桃花鳥〕ツグミ科の鳥。

鳥 9 **【鶩】**(20) **ボク・ブ**

0 **鶩** あひる☆ ▼【家鴨】あひる 103

鳥 10 **【鶯】**(21) **オウ**

0 **鶯** うぐいす 〔鸎・黄鸝・黄鳥・黄伯労・黄袍・喚起鳥・金衣公子・春告鳥・青鳥・楚雀・蒼庚・博黍・反舌〕ウグイス科の小鳥。

11 **鶯巣** うぐす JR東海飯田(いいだ)線の駅。

15 **鶯遷** おうせん 昇進・転居などした人を祝うことば。

鳥 10 **【鶲】**(21) **オウ**

0 **鶲** ひたき☆ 〔火焼〕ヒタキ科に属する鳥の総称。

鳥 10 **【鶴】**(21) **カク**

←**鶴** たず ▼【田鶴】たず 251

→**鶴** つる ツル科の鳥の総称。

5 **鶴立企佇** かくりつきちょ 心から待ち望むこと。

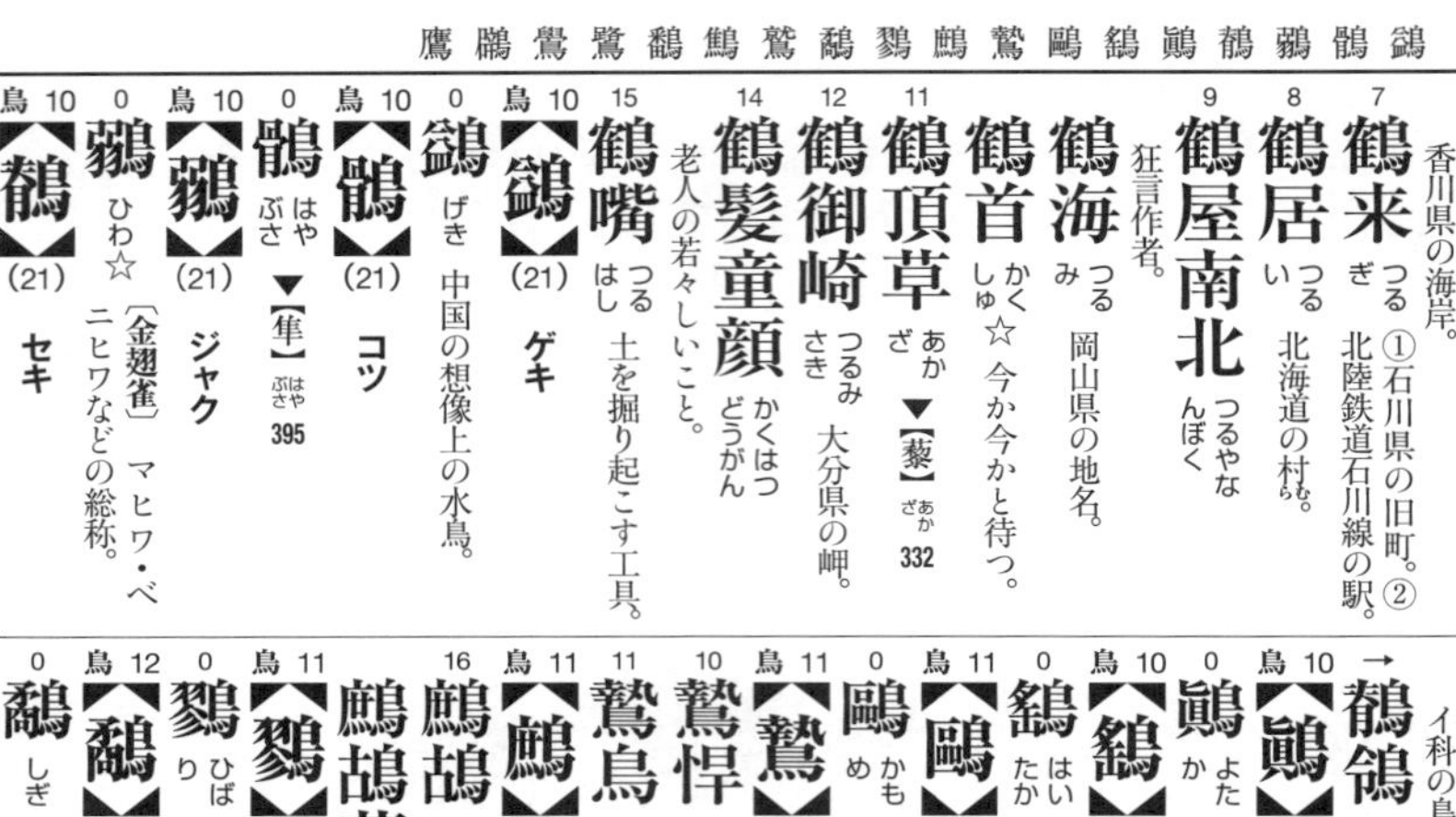

6 鶴羽海岸 つるわかいがん 香川県の海岸。

7 鶴来 つるぎ ①石川県の旧町。②北陸鉄道石川線の駅。

8 鶴居 つるい 北海道の村(むら)。

9 鶴屋南北 つるやなんぼく 狂言作者。

鶴海 つるみ 岡山県の地名。

鶴首 かくしゅ☆ 今か今かと待つ。

11 鶴頂草 あかざ ▼【藜】あかざ 332

12 鶴御崎 つるみさき 大分県の岬。

14 鶴髪童顔 かくはつどうがん 老人の若々しいこと。

15 鶴嘴 つるはし 土を掘り起こす工具。

鳥 10 【鷁】(21) ゲキ

0 鷁 げき 中国の想像上の水鳥。

鳥 10 【鶻】(21) コツ

0 鶻 はやぶさ ▼【隼】はやぶさ 395

鳥 10 【鶸】(21) ジャク

0 鶸 ひわ☆ 〔金翅雀〕 マヒワ・ベニヒワなどの総称。

鳥 10 【鶺】(21) セキ

←鶺鴒 せきれい★ 〔雪姑・脊令・石敲・嫁学鳥〕 セキレイ科の鳥の一部の総称。

→鶺鴒 にわたたき 126 ▼【庭叩き】にわたたき

鳥 10 【鷆】(21) テン

0 鷆 よたか ▼【夜鷹】よたか 85

鳥 10 【鷂】(21) ヨウ

0 鷂 はいたか タカ科の鳥。

鳥 11 【鷗】(22) オウ

0 鷗 かもめ カモメ科の鳥の、ある類の総称。

鳥 11 【鷙】(22) シ・チツ

10 鷙悍 しかん 勇猛なさま。

11 鷙鳥 しちょう ワシやタカなどの猛鳥。

鳥 11 【鷓】(22) シャ

16 鷓鴣 しゃこ シャコ属の鳥の総称。

鷓鴣菜 まくり 214 ▼【海人草】まくり

鳥 11 【鷚】(22) リュウ

0 鷚 ひばり ▼【雲雀】ひばり 398

鳥 12 【鷸】(23) イツ

0 鷸 しぎ ▼【鴫】しぎ 423

10 鷸蚌 いつぼう★ 「―の争い」

鳥 12 【鷲】(23) シュウ・ジュ

0 鷲 わし タカ科の大形の鳥。

3 鷲子山 とりのこさん 茨城・栃木県境の山。

6 鷲羽山 わしゅうざん 岡山県の山。

7 鷲見 すみ 姓氏。

9 鷲神社 おおとりじんじゃ 東京都にある神社。

←鷲峰山 じゅうぶさん 京都府の山。

→鷲峰山 じゅうぼうさん 鳥取県の山。

14 鷲摑み わしづかみ☆ 「札束を―にして逃走した」

15 鷲敷 わじき 徳島県の旧町。

鳥 12 【鷦】(23) ショウ

23 鷦鷯 みそさざい☆ 〔巧婦鳥・溝三歳・溝鷦鷯・蒙鳩・女匠桃虫・襪雀・三十三才〕 ミソサザイ科の小鳥。

鳥 12 【鷭】(23) ハン・バン

←鷭 ばん 〔方目〕 クイナ科の鳥。

→鷭 もず ▼【百舌】もず 259

鳥 12 【鷺】(23) ロ

0 鷺 さぎ☆ 〔鷥・雪客〕 サギ科の鳥の総称。

鷺ノ宮 さぎのみや 西武新宿線の駅。

8 鷺苔 さぎごけ 〔通泉草〕 ゴマノハグサ科の多年草。

9 鷺草 さぎそう 〔鷺毛玉鳳花〕 ラン科の多年草。

10 鷺宮 さぎのみや 東京都の地名。

鳥 13 【鷽】(24) カク・ガク

0 鷽 うそ☆ 〔揣老婆〕 スズメ目アトリ科の鳥。

12 鷽替 うそかえ 太宰府天満宮などの神事。

鳥 13 【鷿】(24) ヘキ

21 鷿鷉 かいつぶり 〔鳰〕 カイツブリ科の水鳥。

鳥 13 【鷹】(24) ヨウ・オウ

0 鷹 たか 〔蒼鷹〕 タカ科の鳥のうち中・小形のもの。

5 鷹司 たかつかさ 姓氏。

6 鷹匠 たかじょう 鷹使い。

9 鷹架沼 たかほこぬま 青森県の湖。

10 鷹栖 たかす 北海道の町(ちょう)。

鷹峯 たかがみね 京都府の地名。

11 鷹巣 たかのす ①秋田県の盆地・旧町。②秋田内陸縦貫鉄道秋田内陸線の駅。③神奈川県の山。

12 **鷹揚** おうよう★ ゆったりと振る舞うこと。「―に構える」

鳥 17 **【鸚】**(28) **オウ・イン**

0 **鸚** うぐいす ▼【鶯】うぐいす 425

5 **鸚可** いんこ ▼【鸚哥】いんこ 427

10 **鸚哥** いんこ 〔鸚可・音呼・秦吉了〕 オウム目の鳥のうち、小形のもの。

19 **鸚鵡** おうむ オウム目の鳥で尾の短いもの。

鳥 17 **【鸛】**(28) **カン**

0 **鸛** こうのとり☆ 〔鸛鳥〕 コウノトリ科の鳥。

11 **鸛鳥** こうのとり ▼【鸛】こうのとり 427

鳥 19 **【鸞】**(30) **ラン**

14 **鸞鳳** らんぽう・らんほう 優れた人物のたとえ。

16 **鸞豬** やまあらし ▼【豪猪】やまあらし 356

【鹵】〈ろ〉部

鹵 0 **【鹵】**(11) **ロ**

4 **鹵水** にがり ▼【苦汁】にがり 318

5 **鹵汁** にがり ▼【苦汁】にがり 318

13 **鹵塩** にがり ▼【苦汁】にがり 318

19 **鹵簿** ろぼ 行幸・行啓のときの行列。

鹵 9 **【鹹】**(20) **カン・ケン**

0 **鹹い** からい 辛い。

4 **鹹水** かんすい 中華そばの製麵(せいめん)に用いる、炭酸カリウムなどをとかした液。

8 **鹹味** かんみ 塩からい味。

9 **鹹草** あしたば 〔明日葉・鹹葉〕 セリ科の多年草。

12 **鹹湖** かんこ 塩分を含んだ湖。

鹹葉 あしたば ▼【鹹草】あしたば 427

鹵 13 **【鹼】**(24) **カン・ケン**

4 **鹼化** けんか 石鹼(せっけん)製造に用いられる化学反応。

【鹿】〈しか〉部

鹿 0 **【鹿】**(11) **ロク**

0 **鹿** しか シカ科の哺乳(ほにゅう)類の総称。

鹿の子 かのこ シカの子。

鹿の子斑 かのこまだら シカの夏毛のように白い斑点のある模様。

鹿ケ谷 ししがたに 京都府の地名。

3 **鹿久居島** かくいしま 岡山県の島。

鹿子前 かしまえ 長崎県の地名。

鹿子草 かのこそう 〔甘松・纈草〕 オミナエシ科の多年草。

鹿川 かのかわ 広島県の地名。

4 **鹿王院** ろくおういん 京福(けいふく)電気鉄道嵐山(あらしやま)本線の駅。

鹿火屋 かびや 獣を追い払うため火をたく小屋。

鹿爪らしい しかつめらしい 「―顔つき」

6 **鹿老渡** かろうと 広島県の地名。

← **鹿角** かづの ①秋田県の郡・市。②岩手・秋田県間の街道。

→ **鹿角** ろっかく シカのつの。

← **鹿角菜** ひじき ▼【羊栖菜】ひじき 301

→ **鹿角菜** ふのり ▼【布海苔】ふのり 121

鹿児 かこ 土佐電気鉄道後免(ごめん)線の停留所。

鹿折 ししおり 宮城県の旧町。

鹿折唐桑 ししおりからくわ JR東日本大船渡(おおふなと)線の駅。

鹿足 かのあし 島根県の郡。

鹿沢 かざわ 群馬県の温泉・高原。

鹿忍 かしの 岡山県の地名。

鹿尾菜 ひじき★ ▼【羊栖菜】ひじき 301

9 **鹿威し** ししおどし 庭園などに用いられる、流水と竹筒で音を出すしかけ。

鹿屋 かのや 鹿児島県の台地・市。

鹿垣 ししがき 木や竹の垣根。

10 **鹿骨** ししぼね 東京都の地名。

鹿砦 さかもぎ・ろくさい ▼【逆茂木】さかもぎ 369

鹿特担 ロッテルダム 〔路照〕 オランダの都市。

11 **鹿教湯** かけゆ 長野県の温泉。

鹿部 しかべ ①北海道の温泉・町(ちょう)。②JR北海道函館本線の駅。

鹿野山 かのうざん 千葉県の山。

鹿梨 かりん ▼【花櫚】かりん 316

12 **鹿韮** ぼたん ▼【牡丹】ぼたん 238

鹿葱 なつずいせん ヒガンバナ科の多年草。

鹿渡 かど ①秋田県の地名。②JR東日本奥羽(おうう)本線の駅。

鹿嵐山 かならせやま 大分県の山。

13 **鹿塩** かしお 長野県の地名。

14 **鹿鳴草** はぎ ▼【萩】はぎ 326

16 **鹿蹄草** いちやくそう 〔一薬草〕 イチヤクソウ科の常緑多年草。

19 **鹿瀬** かのせ ①新潟県の旧町。②JR東日本磐越西線の駅。

22 **鹿驚** かかし☆ ▼【案山子】かかし 188

鹿 2 **【麁】**(13) **ソ**

5 **麁本** そほん ▼【麤本】そほん 428

10 **麁栲** あらたえ ▼【荒栲】あらたえ 320

11 **麁笨** そほん ▼【粗笨】そほん 288

12 **麁景** そけい そまつな景品。

15 **麁蝦夷** あらえみし 大和朝廷に服従しない者。

鹿 6 **【麇】**(17) **ビ**

0 **麇** トナカイ ▼【馴鹿】トナカイ 411

鹿 8 **【麒】**(19) **キ**

24 **麒麟** きりん ①伝説上の動物。②キリン科の哺乳類。

麒麟山 きりんざん 新潟県の温泉。

鹿 8 **【麕】**(19) **キン・クン・グン**

0 **麕** のろ ▼【麞】のろ 428

6 **麕至** きんし 群れをなすように来る。

鹿 8 **【麗】**(19) **レイ うるわしい**

0 **麗しい** うるわしい ▼【美しい】うるわしい 301

麗らか うららか☆「―な春の日」

9 **麗春花** ひなげし 397 ▼【雛罌粟】ひなげし

鹿 8 **【麓】**(19) **ロク**

0 **麓** ふもと☆ 〔梺〕 山すそ。

鹿 10 **【麝】**(21) **シャ・ジャ**

9 **麝香草** じゃこうそう 〔亀甲香・金杜香・鈴子香〕 シソ科の多年草。

麝香猫 じゃこうねこ 〔霊猫〕 ジャコウネコ科の哺乳類の総称。

麝香鹿 じゃこうじか アジア大陸に生息する小形のシカ。

麝香鼠 じゃこうねずみ 〔香鼠〕 トガリネズミ科の哺乳類。

鹿 11 **【麞】**(22) **ショウ**

0 **麞** のろ 〔獐・麕〕 シカ科の哺乳類。

鹿 22 **【麤】**(33) **ソ**

11 **麤本** そほん 〔素本・麁本〕 漢文の書物で、訓点や注釈のない白文だけのもの。

【麥（麦）】〈むぎ〉〈ばくにょう〉部

麦 0 **【麦】**(7) **バク むぎ**

7 **麦秀黍離** ばくしゅうしょり 亡国の嘆き。

9 **麦哈黙** マホメット ▼【馬哈黙】マホメット 411

10 **麦酒** ビール アルコール飲料の一。

麦哲倫 マゼラン ▼【麻斉崙】マゼラン 429

11 **麦魚** めだか 〔目高・丁斑魚〕 メダカ目の淡水魚。

12 **麦葱** あさつき ▼【胡葱】あさつき 309

17 **麦薯蕷** むぎとろ 麦飯にとろろ汁をかけた食べ物。

麦 4 **【麨】**(15) **ショウ**

0 **麨** はったい ▼【糗】はったい 289

麦 4 **【麩】**(15) **フ**

←**麩** ふ グルテンを練り固めた食品。

→**麩** ふすま★ ▼【麬】ふすま 428

麦 4 **【麪】**(15) **ベン・メン**

4 **麪木** たがやさん ▼【鉄刀木】たがやさん 382

5 **麪包** パン ▼【麵麭】パン 428

20 **麪櫧** しらかし ▼【白樫】しらかし 258

麦 5 **【麬】**(16) **フ**

0 **麬** ふすま 〔麩〕 むぎかす。

麦 8 **【麴】**(19) **キク**

0 **麴** こうじ 〔糀〕 酒などの醸造に用いる材料。

麦 9 **【麵】**(20) **ベン・メン**

12 **麵棒** めんぼう 麵をうつとき使う棒。

16 **麵麭** パン☆ 〔麪包〕「人の生くるは―のみによるにあらず」

【麻（麻）】〈あさ〉〈あさかんむり〉部

麻 0 **【麻】**(11) **マ あさ**

0 **麻** お アサの古名。

←**麻生** あさお 川崎市の行政区。

→**麻生** あそう ①茨城県の旧町。②姓氏。

麻生田 おうだ 三岐鉄道北勢線の駅。

麻生津 おうづ 和歌山県の旧村。

麻布 あざぶ 東京都の地名・旧区。

7 麻里府 まりふ 山口県の地名。

8 麻斉崙 マゼラン 〔麦哲倫〕ポルトガルの航海者、探険家。

9 麻耶夫人 まやふ・まやぶ じん・にん 釈迦の生母。

10 麻疹 はしか・ましん ☆〔痲疹〕急性の感染症の一。

麻栗樹 チーク クマツヅラ科の落葉大高木。

11 麻魚 しびれえい ▼【痺鱝】しびれえい 256

麻笥 おけ 績麻(うみ)を入れる器。

麻雀 マージャン 室内遊技の一。

麻婆豆腐 マーボーどうふ 中国の豆腐料理。

12 麻植 おえ 徳島県の旧郡。

麻植塚 おえづか JR四国徳島線の駅。

麻葉繡毬 こでまり ▼【小手毬】こでまり 107

13 麻幹 おがら 〔苧殻・苧幹〕皮を取ったアサの茎。

麻痺 まひ 「交通が—状態になる」

14 麻裳 あさも 麻でつくった裳(も)。

17 麻綿原 まめんばら 千葉県の丘陵。

麻績 おみ ①長野県の村(むら)。②姓氏。

麻4 【麾】(15) キ

0 麾く さしまねく 指図する。

3 麾下 きか 「—の部隊」

【黄(黄)】〈き〉部

黄0 【黄】(11) コウ・オウ き・こ

0 黄な粉 きなこ ★大豆をいってひいた粉。

4 黄牛 あめうし 〔飴牛〕あめ色の牛。

黄心樹 おがたまのき ▼【小賀玉の木】おがたまのき 109

黄水仙 きずいせん 〔長寿花〕ヒガンバナ科の多年草。

黄毛鷺 あまさぎ ▼【尼鷺】あまさぎ 111

5 黄皮木 わんぴ 〔黄枇〕ミカン科の小高木。

6 黄瓜 きゅうり ▼【胡瓜】きゅうり 308

黄瓜菜 にがな 〔黄花菜・苦菜〕キク科の多年草。

黄吉 すもも ▼【李】すもも 182

黄色蛇 あおだいしょう ▼【青大将】あおだいしょう 400

黄肌鮪 きはだまぐろ スズキ目の海魚。マグロの一。

7 黄花菜 にがな ▼【黄瓜菜】にがな 429

黄伯労 うぐいす ▼【鶯】うぐいす 425

8 黄金 こがね 〔金〕おうごん。

黄金虫 こがねむし 〔金亀虫・金亀子・金牛児・飛蛾〕コガネムシ科の昆虫の総称。

←黄昏 たそがれ ★〔誰彼〕「—の町」

→黄昏 ねむのき ▼【合歓木】ねむのき 62

黄波戸 きわど ①山口県の漁港。②JR西日本山陰本線の駅。

黄枇 わんぴ ▼【黄皮木】わんぴ 429

黄茅 あぶらがや ▼【油茅】あぶらがや 213

9 黄泉 よみ ☆死者の国。

黄草 かりやす ▼【青茅】かりやす 400

黄独 ところ ▼【野老】ところ 378

10 黄疸 おうだん 皮膚や粘膜が黄色くなる症状。

黄島 おうしま 長崎県の島。

黄袍 うぐいす ▼【鶯】うぐいす 425

黄連花 くされだま 〔硫黄草・草連玉〕サクラソウ科の多年草。

黄連雀 きれんじゃく 〔十二黄雀〕レンジャク科の鳥。

11 黄雀 にゅうないすずめ ▼【入内雀】にゅうないすずめ 37

←黄鳥 うぐいす ▼【鶯】うぐいす 425

→黄鳥 ほたる ▼【蛍】ほたる 336

←黄麻 いちび ▼【莔麻】いちび 323

→黄麻 つなそ ▼【綱麻】つなそ 295

12 黄葵 とろろあおい ▼【黄蜀葵】とろろあおい 429

黄貂 てん ▼【貂】てん 357

黄道吉日 こうどうきちにち 何事を行うにも吉である日。

黄揚羽 きあげは ▼【黄鳳蝶】きあげは 430

黄葉 もみじ ▼【紅葉】もみじ 291

13 黄蜀葵 とろろあおい 〔黄葵・秋葵・一日花〕アオイ科の一年草。

黄楊 つげ ★〔錦熱黄楊・柘植・柞木〕ツゲ科の常緑小高木。

黄粱一炊 こうりょういっすい 一生が夢のようにはかないこと。

12画 11画 麻部4画 12画 黄部0画

14 黄綬褒章 おうじゅほうしょう 褒章の一。

黄塵 こうじん 黄色の土けむり。

黄精 なるこゆり ▼【鳴子百合】なるこゆり 423

黄精葉鉤物 なべわり ▼【鍋破】なべわり 385

黄鳳蝶 きあげは 〔黄揚羽〕アゲハチョウ科のチョウ。

15 黄槿 はまぼう アオイ科の落葉低木。

黄熱 おうねつ・こうねつ 感染症の一。

16 黄頷蛇 あおだいしょう ▼【青大将】あおだいしょう 400

黄頬魚 しび ▼【鮪】しび 418

←黄檗 おうばく ①禅宗の一派。②京都府の地名。③JR西日本奈良線等の駅。

→黄檗 きはだ ▼【黄蘗】きはだ 430

18 黄藤 えんじゅ ▼【槐】えんじゅ 196

黄鼬 てん ▼【貂】てん 357

19 黄鶏 かしわ☆ ニワトリの肉。

黄鯝魚 わたか ▼【腸香】わたか 311

黄顙 ぎぎ ▼【義義】ぎぎ 303

黄顙魚 ぎぎ ▼【義義】ぎぎ 303

20 黄鐘 おうしき 日本音楽の音名の一。

黄蘗 きはだ 〔黄檗・檗・蘗・蘗木〕ミカン科の落葉高木。

黄櫨 はぜ・はぜのき☆ ▼【櫨】はぜ 200

黄櫨色 はじいろ 赤みのさしたにぶい黄色。

黄櫨漆 はぜ・はぜのき ▼【櫨】はぜ 200

21 黄鶲 きびたき 〔金花〕ヒタキ科の小鳥。

黄鶺鴒 きせきれい セキレイ科の小鳥。

30 黄鸝 うぐいす ▼【鶯】うぐいす 425

【黍】〈きび〉部

黍 0 【黍】(12) ショ

0 黍 きび☆ 〔稷〕イネ科の一年草。

6 黍団子 きびだんご 〔吉備団子〕キビの粉で作った団子。

11 黍魚子 きびなご 〔吉備奈仔〕ニシン目の海魚。

黍 3 【黎】(15) レイ・ライ

4 黎巴嫩 レバノン 国名。

8 黎明 れいめい 夜明け。

黍 11 【黐】(23) チ

0 黐 もち とりもち。

黐の木 もちのき 〔檍・冬青〕モチノキ科の常緑高木。

22 黐躑躅 もちつつじ 〔羊躑躅〕ツツジ科の落葉低木。

【黑(黒)】〈くろ〉部

黒 0 【黒】(11) コク くろ・くろい

3 黒三稜 みくり ▼【三稜草】みくり 7

←黒子 くろご ▼【黒衣】くろご 430

→黒子 ほくろ☆ 〔黶〕皮膚にできる暗褐色などの斑点。

←黒木 くろぎ 福岡県の町。

→黒木 こくたん ▼【黒檀】こくたん 430

5 黒布 くろめ 〔黒菜〕カジメ属の海藻。

6 黒衣 くろご★ 〔黒子〕裏で操る人。

8 黒参 ごまのはぐさ ▼【胡麻の葉草】ごまのはぐさ 309

10 黒桜子 やまもも ▼【楊梅】やまもも 195

黒框 くろわく 黒色のわく。

黒酒 くろき 黒い色の酒。

黒桃花毛 くろつきげ 馬の毛色の名。

黒梅擬 くろうめもどき 〔鼠李〕クロウメモドキ科の落葉低木。

11 黒菜 くろめ ▼【黒布】くろめ 430

黒部 くろべ ①富山県の川・湖・峡谷・市。②JR西日本北陸本線の駅。

12 黒猩猩 くろしょうじょう チンパンジーの別名。

黒智爾 ヘーゲル ▼【希傑爾】ヘーゲル 121

黒斑山 くろふやま 群馬・長野県境の山。

13 黒蜥蜴 くろとかげ 江戸川乱歩の小説。

14 黒蜴蜓 くろとかげ 広津柳浪の小説。

黒漫魚 まぐろ ▼【鮪】まぐろ 418

17 黒檜岳 くろびだけ 栃木県の山。

黒檀 こくたん 〔黒木・烏木・烏文木〕カキノキ科の常緑大高木。

18 黒鵐 くろじ ホオジロ科の小鳥。

19 黒鯛 ちぬだい ▼【茅渟鯛】ちぬだい 319

黒 4 【黙】(15) モク だまる

12画 黍部 0―11画 黒部 0―4画

0 **黙** しじま 〔無言〕だまりこくっていること。

← **黙す** もくす だまる。

→ **黙す** もだす☆ だまる。

黙り だんまり 「―をきめこむ」

5 **黙加** メッカ サウジアラビアの都市。

黙示 もくし・もくじ ユダヤ教・キリスト教で、神が人に神意・真理を示すこと。

黑5 **【黛】**(16) タイ

0 **黛** まゆずみ ▼【眉墨】まゆずみ 263

黑5 **【黜】**(17) チュツ

0 **黜ける** しりぞける 官位を落とす。

10 **黜陟** ちゅっちょく 登用・罷免・昇任・降格を行うこと。

黑5 **【黝】**(17) ユウ

0 **黝い** あおぐろい 「―あざ」

黑8 **【黥】**(20) ゲイ・ケイ

9 **黥面** げいめん 顔に入れ墨をすること。

黑9 **【黯】**(21) アン

11 **黯淡** あんたん うすぐらいさま。

16 **黯澹** あんたん ▼【暗澹】あんたん 173

黑11 **【黴】**(23) バイ・ビ

0 **黴** かび 「―が生える」

8 **黴雨** つゆ ▼【梅雨】ばいう 190

10 **黴臭い** かびくさい 「―理論」

11 **黴菌** ばいきん 有害な微生物の俗称。

黑14 **【黶】**(26) エン

← **黶** あざ ▼【痣】あざ 255

→ **黶** ほくろ ▼【黒子】ほくろ 430

【黽】〈べんあし〉部

黽0 **【黽】**(13) ボウ・ビン・ベン・メン

10 **黽勉** びんべん つとめはげむ。

黽4 **【黿】**(17) ゲン

0 **黿** すっぽん ▼【鼈】すっぽん 431

黽12 **【鼈】**(25) ヘツ・ベツ

0 **鼈** すっぽん★ 〔黿・丸魚・脚魚・泥亀〕淡水産のカメ。

5 **鼈甲** べっこう カメ類の甲羅。

10 **鼈宮谷** べくみや 姓氏。

【鼎】〈てい〉部

鼎0 **【鼎】**(13) テイ

0 **鼎** かなえ★ ①三本足の青銅器の一。②長野県の旧町。③JR東海飯田(いいだ)線の駅。

5 **鼎立** ていりつ☆ 「三派が―する」

15 **鼎談** ていだん 「新進作家三人の―」

【鼓】〈つづみ〉部

鼓0 **【鼓】**(13) コ つづみ

0 **鼓ケ岳** つづみがたけ 京都府の山。

鼓ケ浦 つづみがうら ①三重県の海岸。②近鉄名古屋線の駅。

3 **鼓弓** こきゅう ▼【胡弓】こきゅう 308

鼓子花 ひるがお ▼【旋花】ひるがお 167

6 **鼓虫** みずすまし ▼【水澄】みずすまし 207

7 **鼓豆虫** みずすまし ▼【水澄】みずすまし 207

13 **鼓滝** つづみがたき 能勢(のせ)電鉄妙見(みょうけん)線の駅。

鼓腹撃壌 こふくげきじょう☆ 太平を謳歌(おうか)するさま。

【鼠】〈ねずみ〉部

鼠0 **【鼠】**(13) ショ・ソ

0 **鼠** ねずみ ネズミ亜目に属する哺乳(ほにゅう)類。

鼠ケ関 ねずがせき ①山形県の地名・港。②JR東日本羽越(うえつ)本線の駅。

7 **鼠尾草** あきのたむらそう ▼【紫参】あきのたむらそう 294

鼠李 くろうめもどき ▼【黒梅擬】くろうめもどき 430

8 **鼠径** そけい ▼【鼠蹊】そけい 431

鼠姑 わらじむし ▼【草鞋虫】わらじむし 321

11 **鼠梓木** ねずみもち ▼【鼠黐】ねずみもち 431

13 **鼠賊** そぞく こそどろ。

14 **鼠算** ねずみざん 「―式に増える」

15 **鼠輩** そはい 陰で策動するような取るに足りない人間。

16 **鼠頭魚** きす ▼【鱚】きす 421

17 **鼠蹊** そけい 〔鼠径〕股の付け根の内側。

鼠講 ねずみこう 無限連鎖講。

19 **鼠麴草** ははこぐさ 〔母子草〕キク科の越年草。

23 **鼠黐** ねずみもち 〔鼠梓木・女貞・玉椿〕モクセイ科

の常緑低木。

鼠5 **【鼬】**(18) **ユウ**

0 **鼬** いたち 〔鼬鼠〕 イタチ科の哺乳(ほにゅう)類。

8 **鼬事** いたちごっこ らちのあかないこと。

11 **鼬魚** いたちうお 〔油身魚〕 スズキ目の海魚。

13 **鼬鼠** いたち ▼【鼬(いたち)】 432

鼠7 **【鼯】**(20) **ゴ**

← **鼯鼠** むささび 〔鼺鼠〕 リス科の哺乳(ほにゅう)類。

→ **鼯鼠** ももんが 〔野衾〕 リス科の哺乳(ほにゅう)類。

鼠9 **【鼴】**(22) **エン**

0 **鼴** もぐら ▼【土竜(もぐら)】 76

鼠10 **【鼹】**(23) **エン**

13 **鼹鼠** もぐら ▼【土竜(もぐら)】 76

鼠10 **【鼷】**(23) **ケイ**

13 **鼷鼠** はつかねずみ ▼【二十日鼠(はつかねずみ)】 17

鼠15 **【鼺】**(28) **ルイ**

13 **鼺鼠** むささび ▼【鼯鼠(むささび)】 432

【鼻(鼻)】〈はな〉〈はなへん〉部

鼻0 **【鼻】**(14) **ビ** **はな**

3 **鼻下長** びかちょう 色好みで女に甘いこと。

5 **鼻白む** はなじろむ 興ざめする。

9 **鼻茸** はなたけ 鼻の中にできるキノコのようなできもの。

鼻面崎 はなづらざき 愛媛県の岬。

11 **鼻梁** びりょう 鼻筋。

19 **鼻繰瀬戸** はなぐりのせと 山口県の瀬戸。

鼻3 **【鼾】**(17) **カン**

0 **鼾** いびき 「—をかく」

7 **鼾声** かんせい いびきの音。

鼻10 **【齅】**(24) **キュウ**

0 **齅ぐ** かぐ ▼【嗅ぐ(かぐ)】 71

【齊(斉)】〈せい〉部

齊0 **【斉】**(8) **セイ**

0 **斉う** ととのう 整う。

斉しい ひとしい 〔均しい〕 等しい。

5 **斉民要術** せいみんようじゅつ 中国の農業書。

8 **斉斉哈爾** チチハル 中国の都市。

11 **斉魚** えつ ▼【鱭魚(えつ)】 421

15 **斉墩果** えごのき 〔斉墩果・売子木〕 エゴノキ科の落葉小高木。

齊3 **【斎】**(11) **サイ**

← **斎** いつき ①心身を清め神に仕える。②広島県の島・灘(なだ)。③姓氏。

斎 いみ ▼【忌(いみ)】 136

→ **斎** とき 〔斎食〕 僧の午前の食事。

斎む いむ 忌む。

2 **斎人** いわいびと 神を祭る人。

3 **斎子** いむこ 神の祭りに奉仕する少女。

7 **斎戒沐浴** さいかいもくよく 水を浴びて心身を清める。

斎忌 ゆき 大嘗(だいじょう)祭のとき、新穀を奉る第一の国郡。

斎串 いぐし 玉串。

斎杙 いぐい 神事で奉るくい。

9 **斎瓮** いわいべ 〔忌瓮〕 神に供える清めた容器。

斎垣 いがき 神社等にめぐらす垣。

斎食 とき ▼【斎(とき)】 432

10 **斎宮** いつきのみや 神をまつる場所。

斎庭 ゆにわ ▼【斎場(ゆにわ)】 432

11 **斎部** いみべ・いんべ 姓氏。

12 **斎場** ゆにわ 〔斎庭〕 清めた場所。

15 **斎蔵** いみくら 古代、神物などを納めた蔵。

斎墩果 えごのき 432 ▼【斉墩果(えごのき)】

齊7 **【齎】**(21) **セイ・サイ・シ**

0 **齎す** もたらす★ 「幸福を—」

【齒(歯)】〈は〉〈はへん〉部

齒0 **【歯】**(12) **シ** **は**

0 **歯** よわい ▼【齢(よわい)】 433

歯する よわいする 付き合う。

歯に衣着せぬ はにきぬきせぬ 思った通りを言う。

4 **歯牙** しが☆ 「—にもかけない」

6 **歯朶** しだ☆ ▼【羊歯(しだ)】 301

7 **歯応え** はごたえ 「こりこりとした—」

8 **歯軋り** はぎしり 「—して残念がる」

14・15画
13画 鼠部 5–15画
14画 鼻部 0–10画 齊部 0–7画
15画 齒部 0画

歯茎 はぐき〖歯齦〗「―から血が出る」

歯刷子 はブラシ 歯をみがくブラシ。

歯垢 しこう 歯の汚れ。

歯痒い はがゆい もどかしい。

歯槽膿漏 しそうのうろう 炎症による歯の組織の破壊。

歯舞 はぼまい 北海道の諸島・旧村・漁港。

歯齦 はぐき 歯ぐき。

歯齦 はぐき ▼〖歯茎〗はぐき 433

6【齒】シツ ▼〖歯茎〗

5【齗】(20) ギン

5【齘】(20) ショ・ソ ▼〖―をきたす〗

5【齟齬】そご★「―をきたす」

22【齟齬】そご 区切り。段落。

5【齡】(20) シュツ

5【齢】(20) レイ

9【齢】よわい☆〖歯〗「―を重ねる」

6【齢草】よいぐさ キクの別名。

0【齧る】かじる★〖噛〗「リンゴを―」(21) ゲツ・ケチ・ケツ

齧歯類 げっしるい★ 動物分類の一つ。

齧髪虫 かみきりむし ▼〖天牛〗かみきりむし 89

14【齷】アク

9【齪】(24)

9【齪促】あくせく ▼〖偓促・齷齪〗あくせく「―と働く」433

22【齷齪】あくせく

9【齲】ウ・ク

12【齲歯】うし 虫歯。

龍部 0–6画

【龍(竜)】〈りゅう〉部

0【竜】(10) リュウ たつ

3【竜子】いも ▼〖蝶螈〗いもり 340

【四国種】

4【竜爪稗】しこくびえ ネ科の一年草。

6【竜舌蘭】りゅうぜつらん アガベ属の大形多年草。

7【竜串】たつくし 高知県の海岸。

9【竜胆】りんどう★ リンドウ科の多年草。

9【竜飛】たっぴ ▼〖龍飛〗たっぴ 433

10【竜飛海底】たっぴかいてい JR北海道海峡線の駅。

10【竜骨】りゅうこつ ▼〖舟航〗らっかわ 314

竜涎香 りゅうぜんこう 動物性香料の一。

竜葵 いぬほおずき ▼〖犬酸漿〗いぬほおずき 240

竜葵 うみほおずき ▼〖海酸漿〗うみほおずき 215

竜蝦 いせえび ▼〖伊勢海老〗いせえび 24

竜髭菜 アスパラガス ▼〖石刁柏〗アスパラガス 267

竜蝨 げんごろう ゲンゴロウ科の昆虫。

竜頭滝 りゅうずのたき 栃木県の滝。

竜頭鷁首 りゅうとう・りょうとう・うずげきす 朝廷の儀式に使われた二艘一対の船。

18【竜蟠虎踞】りょうばんこきょ 豪傑が根拠地をかまえて威勢を振るう。

0【龍】(16) リョウ・リュウ・ロウ

9【龍飛】たっぴ〖竜飛〗「―崎・地名」青森県の岬

11【龍郷】たつごう 鹿児島県の町。

3【龐】(19) ホウ・ボウ・ロウ

4【龐太我刺私】ピタゴラス ギリシアの哲学者。

6【龕】(22) カン・ガン

0【龕】がん 仏像をおさめる仏具。

龜部 0画

【龜(亀)】〈かめ〉部

0【亀】(11) キ・キュウ・ク・キン

6【龔】(22) キョウ

14【襲察洛夫】ゴンチャロフ ロシアの小説家。

0【亀】かめ「鶴は千年―は万年」きぼ☆ カメの甲羅を用いた占い。

4【亀卜】きぼく

4【亀戸】かめいど ①東京都の地名。②JR東日本総武本線の駅・東武の路線・駅。③JR西日本津山線

→【亀甲】きこう カメの甲羅。

←【亀甲香】じゃこう ▼〖麝香草〗じゃこう 428

13【亀裂】きれつ 細かい割れ目。

13【亀嵩】かめだけ ①島根県の地名。②JR西日本木次線の駅。

17【亀嶺高原】きれいこうげん 熊本・鹿児島県境の高原。

23【亀鑑】きかん 人のおこないの手本、模範。「もって世人の―に供すべし」

項目索引

● 本辞典に収録した難読漢字の語の読みを五十音順(同じ読みの場合は本文の掲載ページ順)に配列し、その漢字表記を掲げ、本文の掲載ページを示しました。
● 調べたい語の読みから、その漢字表記を調べたり、難読漢字の語を直接引いたりすることができます。

【あ】

読み	漢字	ページ
ああ	啞啞	69
ああ	嗚呼	71
ああ	如彼	94
アークライト	阿克来	391
アーサー	亜撒	19
アーモンド	扁桃	149
アール	亜爾	19
あい	埃	79
あい	藍	332
あいあい	曖曖	174
あいあい	欸乃	200
あいあい	藹藹	332
あいあい	靄靄	400
あいあいがさ	相合傘	262
あいえつ	哀咽	67
あいえん	哀婉	67
あいえんきえん	合縁奇縁	62
あいお	和生	67
あいお	秋穂	276
あいおい	相生	262
あいか	秋鹿	276
あいが	相賀	263
あいがかり	相懸り	263
あいかた	敵娼	163
あいかっぷみさき	愛冠岬	143
あいがも	間鴨	389
あいかわ	合川	62
あいがわ	安威川	100
あいがん	愛玩	143
あいき	噫気	73
あいぎ	間着	389
あいきこつりつ	哀毀骨立	67
あいきょう	愛嬌	143
あいきょう	鱫鱜	421
あいきょうげん	間狂言	389
あいくち	匕首	51
あいご	藍子	332
あいこう	愛甲	143
あいごま	間駒	389
あいさ	秋沙	276
あいさつ	挨拶	155
あいざめ	藍鮫	332
あいさり	相去	262
あいじま	安居島	100
あいしゃ	間遮	389
あいじゃく	愛着	143
あいじゃくり	合決り	62
あいしょう	愛妾	143
あいしょう	愛荘	143
あいしょう	愛誦	143
あいじるし	合標	63
あいずみ	藍住	332
アイスランド	愛撒倫	143
あいぜんみょうおう	愛染明王	143
あいそ	愛想	143
あいた	英多	317
あいた	莫太	323
あいだ	英田	317
あいたい	饕饕	400
あいだい	欸乃	200
あいたいじに	相対死	262
あいたいすましれい	相対済令	262
あいちみと	愛知御津	143
あいつ	彼奴	131
あいづ	会津	24
あいつき	相槻	263
あいづち	相槌	263
あいづばんげ	会津坂下	24
あいづばんだいさん	会津磐梯山	24
あいづみさと	会津美里	24
あいづわかまつ	会津若松	24
あいて	対手	106
あいとう	哀悼	67
あいなめ	鮎魚女	417
あいにく	生憎	250
あいの	始罪	95
あいのうしょう	塩嚢鈔	82
あいのだけ	間ノ岳	389
あいので	間の手	389
あいのり	相乗	262
あいば	合庭	62
あいば	饗庭	409
あいびき	媾曳き	97
あいびょう	愛猫	143
あいびん	哀憫	67
あいぶ	愛撫	143
あいふく	間服	389
あいまい	曖昧	174
あいまいもこ	曖昧模糊	174
あいまいや	曖昧屋	174
あいまって	相俟って	262
あいみ	会見	24
あいみたがい	相身互い	262
あいみん	哀憫	67
あいむこ	相婿	263
あいもの	四十物	74
あいよく	愛慾	143
あいら	吾平	64
あいら	姶良	95
アイルランド	愛蘭土	143
あいれん	哀憐	67
あいれん	愛憐	143
あいろ	文色	164
あいろ	隘路	394
アインシュタイン	愛因斯坦	143
あう	逢う	370
あう	遭う	373
あうら	足占	362
あうん	阿吽	391
あえ	安拝	100
あえ	饗	409
あえぐ	喘ぐ	71
あえて	敢えて	163
あえば	合庭	62
あえば	饗庭	409
あえばの	饗庭野	409
あえもの	和え物	67
あえもの	肖者	307
あえる	和える	67
あお	安居	100
あお	碧	270
あお	粟生	288
あお	英保	317
あお	蒼	327
あお	襖	345
あおい	葵	325
あおい	蒼い	327
あおうきくさ	青萍	400
あおうづ	粟津	288
あおうどうでんぜん	亜欧堂田善	19
あおうまのせちえ	白馬節会	258
あおかみ	阿老神	391
あおきこんよう	青木昆陽	400
あおぎり	梧桐	190
あおぐ	扇ぐ	149
あおぐろい	黝い	431

あおげら	緑啄木鳥	297	あかいわ	赤磐	360	あがちご	贖児	360
あおさ	石蓴	268	あかえい	赤鱏	361	あかつき	暁	173
あおさぎ	青鷺	401	あかえそ	赤鱛	360	あがつま	吾妻	64
あおざし	青繦	401	あかかがち	赤酸漿	360	アカデミー	翰林院	304
あおじ	蒿雀	327	あかがし	赤樫	360	あかとんぼ	赤蜻蛉	360
あおじ	青瓷	400	あかがね	赤銅	360	あかな	紫菘	294
あおじく	緑萼梅	297	あかがね	銅	384	あがなう	購う	359
あおじか	青鹿	400	あかがねくじ			あがなう	贖う	359
あおすだれ	青簾	401		銅公事	384	あかなす	赤茄子	360
あおそ	青麻	400	あかぎ	赤来	360	あかなべ	銅鍋	384
あおそこひ	青底翳	400	あかぎ	赤城	360	あかにし	赤螺	360
あおだいしょう			あがき	足搔き	362	あかぬけ	垢抜け	79
	青大将	400	あかきじ	鶾	424	あかね	茜	321
あおつづらふじ			あがきみ	吾が君	64	あがの	吾野	64
	青葛藤	400	あかぎれ	皸	260	あかのまんま		
あおなお	青女子	400	あがく	足搔く	362		赤飯	360
あおなぎやま			あかぐなやま			あがのやき	上野焼	8
	青薙山	400		赤久縄山	360	あかは	明衣	171
あおにび	青鈍	400	あかげら	赤啄木鳥	360	あかばな	柳葉菜	188
あおのり	乾苔	16	あかご	赤子	360	あかはに	赤土	360
あおばかま	襖袴	345	あかざ	藜	332	あかはに	赤埴	360
あおばずく			あかし	明石	171	あかひこ	赤孫	360
	青葉木菟	400	あかし	明自	171	あがひ	赤平	360
あおばと	緑鳩	297	あかし	灯	229	あがほ	英賀保	317
あおびょうたん			あかし	証	350	あかぼし	明星	171
	青瓢箪	401	アカシア	金合歓	380	あかぼしやま		
あおふくべ	青瓢	400	あかした	丹下	12		赤帽子山	360
あおみ	碧海	270	あかしで	赤垂柳	360	あかま	赤間	360
あおみどろ	水綿	207	あかしな	明科	171	あかまっこやま		
あおみなづき			あかしまかぜ				赤摩木古山	360
	青水無月	400		暴風	174	あかむし	赤剝け	360
あおむし	螟蛉	339	あかしょうびん			あがめる	崇める	117
あおや	青谷	400		赤翡翠	360	あがもの	贖物	360
あおやぎ	青柳	400	あかしらつるばみ			あからおとめ		
あおゆ	青柚	400		赤白橡	360		紅顔少女	291
あおりいか			あかじるし	赤符	360	あからがお	赭ら顔	361
	障泥烏賊	395	あかすぐり	赤酢塊	360	あからぎとうげ		
あおる	呷る	65	あかずのもん				赤良木峠	360
あおる	煽る	234		不開門	10	あからさま	白地	258
あか	垢	79	あかぜ	赤歳	360	あからめる	赧める	361
あか	淦	219	あかそ	赤麻	360	あかり	亜雁	19
あか	英賀	317	あかぞめえもん			あかり	灯	229
あか	閼伽	390		赤染衛門	360	あがりうま	跳馬	363
あかあれとうげ			あがた	懸田	147	あがりがまち		
	赤荒峠	360	あがた	県	262		上がり框	7
あかい	朱い	181	あがたいぬかい			あがりざしき		
あかい	紅い	290		県犬養	262		揚座敷	158
あかいだけ			あかだし	赤出汁	360	あかりしょうじ		
	閼加井嶽	390	あかたては	赤蛺蝶	360		明障子	171
			あがたぬし	県主	262	あがりみち	上道	9

あがる	上ル	7			
あがる	昂がる	170			
あがる	騰る	412			
あがるさん					
	閼伽流山	390			
あがわ	吾川	64			
あかん	阿寒	392			
あかんべ	赤目	360			
あき	安岐	99			
あき	安芸	99			
あぎ	阿魏	392			
あきあき	厭き厭き	57			
あきう	秋保	276			
あきおさ	商長	70			
あきからまつ					
	秋唐松	276			
あきさす	贍す	359			
あきしま	昭島	172			
あきぜみ	秋蟬	276			
あきた	飽田	408			
あきたらない					
	慊らない	144			
あきちょうじ					
	秋丁字	276			
あきつ	蜻蛉	337			
あきついり	秋入梅	276			
あきつかみ	現つ神	245			
あきつしま	秋津洲	276			
あきてる	日照	169			
あぎと	顎門	405			
あきな	阿支奈	391			
あきにれ	秋楡	276			
あきのたむらそう					
	紫参	294			
あきは	秋葉	276			
あきはばら	秋葉原	276			
あきゆりとう					
	秋勇留島	276			
あきょう	阿膠	392			
あきら	審	105			
あきらか	瑩らか	246			
あきらか	瞭らか	265			
あきらか	章らか	281			
あきらめる	断念る	165			
あきらめる	諦める	354			
あきる	秋留	276			
あきる	飽きる	408			
あきれる	呆れる	65			
あきんど	商人	70			
あく	灰汁	229			

あぐ	鐙	387	あけごろも	緋袍	296	あこやがい		あざぶ	麻布	429	
あぐい	安居院	100	あけすど	揚簀戸	158		阿古屋貝	391	あさぼらけ	朝朗	178
あぐい	日外	168	あけた	安慶田	100	あごわん	英虞湾	317	あさま	朝熊	178
あぐい	英比	317	あけた	阿慶田	392	あごんきょう		あさましい			
あぐい	阿久比	391	あけたて	開け閉て	389		阿含経	391		浅猿しい	216
あくいがわ	鮎喰川	417	あけち	明智	171	あさ	厚狭	57	あさまだき	朝未明	177
あくごう	悪業	141	あけちれい	上地令	8	あさ	安佐	99	あざみ	晧見	65
あくざけ	灰酒	229	あげつらう	論う	353	あざ	痣	255	あざみ	莇	322
あくじき	悪食	141	あげな	安慶名	100	あさい	朝寝	178	あざみ	薊	330
あくしつ	悪疾	141	あけに	明荷	171	あさい	浅井	216	あざむい	浅海井	216
あくしゃ	幄舎	122	あけの	明野	171	あざえ	晧部	65	あざむく	紿く	293
あくじょう	悪尉	141	あけのころも			あさお	麻生	428	あさも	麻裳	429
あくせきじま				緋衣	296	あさか	安積	100	あさもよい	朝催	177
	悪石島	141	あげのしょう			あさか	朝霞	178	あざらし	海豹	215
あくせく	齷齪	433		安下庄	99	あさか	阿積	392	あさり	浅利	216
あくた	芥	316	あげはちょう			あさがお	朝顔	178	あさり	浅蜊	216
あくたい	悪態	141		揚羽蝶	158	あさかごんさい		あさりば	求食場	208	
あくたがわやすし			あけはま	明浜	171		安積艮斎	100	あさる	饗る	408
	芥川也寸志	316	あけばり	幄	122	あさかみ	阿坐上	391	あざる	鯘る	418
あくたろう	悪太郎	141	あけび	通草	370	あさがら	白辛樹	258	あざわらう	嘲笑う	73
あくち	口頭瘡	59	あけひばり	揚雲雀	158	あさがれい	朝餉	178	あし	悪し	141
あくつ	圷	77	あけぼの	曙	174	あさぎ	浅葱	216	あし	葦	326
あくつ	峠	77	あげまき	総角	296	あさぎ	旦来	169	あし	趾	362
あくつ	阿久津	391	あげまつ	上松	8	あさくらざんしょう		あじ	庵治	126	
あぐに	粟国	288	あげみず	上水	8		巴椒	120	あじ	鰺	420
あぐねる	倦ねる	31	あけら	朱楽	181	あさけ	朝明	177	あじ	鵆	424
あくば	悪罵	141	あげる	扛げる	151	あさげ	朝餉	178	アジア	亜細亜	19
あくび	欠伸	200	あこ	下炬	5	あざける	嘲る	73	あしあぶり	足焙り	362
あくぼくとうせん			あこ	吾子	64	あさご	朝来	177	あしうら	蹠	364
	悪木盗泉	141	あこ	吾子	64	あさぎ	莇菜	322	あしおと	跫	363
あくま	阿曲	391	あご	網子	296	あさじ	朝地	177	あしか	海驢	215
あくまで	飽く迄	408	あご	阿児	391	あさじ	朝勤	177	あじか	笶	286
あくみ	飽海	408	あご	顎	405	あさじ	浅茅	216	あしかが	足利	362
あぐむ	倦む	31	あご	飛魚	407	あさしな	浅科	216	あしかがたかうじ		
あぐむ	足組む	362	あこう	榕	197	あさつき	胡葱	309		足利尊氏	362
あぐら	胡坐	308	あこう	赤穂	360	あさづきよ	朝月夜	177	あしかがよしあきら		
あくらつ	悪辣	141	あこうだい	赤魚鯛	360	あさって	明後日	171		足利義詮	362
あぐりあみ	揚繰網	158	アコーディオン			あさど	浅倫	216	あじがさわ	鰺ヶ沢	420
あくりょう	悪霊	141		手風琴	150	あさと	安里	100	あしかじま	海鹿島	215
あけ	朱	181	あこがれ	憧れ	146	あさな	字	98	あしかせ	足枷	362
あげ	安芸	99	あこがれる	憧れる	146	あさなう	糾う	290	あしかび	葦牙	326
あげあし	挙足	154	あこぎ	阿漕	392	あさなさな	朝朝	177	あじがも	阿遅鴨	392
あげい	上井	8	あこぎがうら			あさなみ	浅海	216	あしがら	足柄	362
あげお	上尾	8		阿漕ヶ浦	392	あさのながのり		あしがら	足搦	362	
あけがた	払暁	150	あごごえざき				浅野長矩	216	あしからず	不悪	10
あけがた	暁方	173		鰑越崎	420	あさば	浅羽	216	あしがらみ	足搦	362
あけがらす	明烏	171	あこだうり			あさはか	浅墓	216	あじかわ	庵治川	126
あげきん	上金	8		阿古陀瓜	391	あさひ	旭	169	あじかわ	安治川	100
あげく	挙句	154	あこめ	衵	343	あさひな	朝夷	177	あじき	安食	100
あげくび	盤領	261	あこや	阿呼	391	あさびらき	朝発	177	あじき	阿食	391

あしぎぬ 絁 293	あすか 明日香 171	あせも 汗疹 208	あだびと 他人 22
あしげ 葦毛 327	あすか 飛鳥 407	あせり 安栖里 100	あだびと 徒人 132
あしげ 足蹴 362	あすかい 飛鳥井 407	あせる 焦躁る 232	あたみ 熱海 235
あじけない	あすかべ 安宿 100	あせる 褪せる 345	アダム 亜当 19
味気無い 66	あすかべ 飛鳥部 407	あぜん 唖然 69	アダムスミス
あじさい 紫陽花 294	あずかる 与る 9	あそ 安蘇 100	亜当須美須 19
あじさし 鯵刺 420	あずき 小豆 108	あそ 阿曾 392	あだやおろそか
あしざま 悪し態 141	あずきがゆ 小豆粥 108	あそ 阿蘇 392	徒や疎か 132
あじしま 網地島 296	あすけ 足助 362	あそう 麻生 428	あたら 可惜 59
あじす 阿知須 391	あずけあい 預合い 404	あそうぎ 阿僧祇 392	あたらしんみょう
あした 明日 171	あずさ 梓 191	あそうず 浅水 216	可惜身命 59
あした 朝 177	あずさみこ 梓巫女 191	あそうの 薊野 330	あたり 四辺 74
あしたかやま	あずさゆみ 梓弓 191	あそうわん 浅茅湾 216	あたる 中る 11
愛鷹山 143	あずさわ 小豆沢 108	あそこ 彼処 131	あちこち 彼方此方 131
あしだち 足立 362	あずち 垜 79	あそぬま 阿曹沼 392	あちのおみ
あしたば 鹹草 427	あずち 的山 259	あそびめ 白女 257	阿知使主 391
あしだひとし	あすなろ 翌檜 304	あそぶ 游ぶ 224	あちゃらづけ
芦田均 317	アスパラガス	あそん 朝臣 177	阿茶羅漬 391
あしだまり 足駐 362	石刁柏 267	あた 咫 68	あつ 厚保 57
あしたれぼし	アスファルト	あだ 仇 20	あつい 渥い 221
尾宿 112	土瀝青 77	あだ 婀娜 96	あつい 篤い 285
あしでまとい	あすま 遊馬 372	あだ 徒 132	あつい 醇い 377
足手纏い 362	あすま 飛鳥馬 407	あたいせんきん	あっか 安家 100
あしとみ 安次富 99	あずま 東 184	値千金 31	あっかどう 安家洞 100
あしなえ 蹇 363	あずまうた 東歌 184	あたう 能う 310	あつかましい
あしなか 足半 362	あずまかがみ	あだうち 仇討 21	厚顔しい 57
あしへん 足偏 362	吾妻鏡 64	あたか 安宅 99	あつかん 熱燗 235
あじま 味鎌 66	あずまじ 東道 184	あたかも 宛も 101	あっかん 圧巻 77
あじまの 味真野 66	あずまや 四阿 74	あたがわ 熱川 235	あつけ 暑気 173
あしまめ 足忠実 362	あずみ 阿閉 392	あだけ 徒気 132	あっけし 厚岸 57
あじみ 安心院 99	あすわ 足羽 362	あたごごけ 愛宕苔 143	あっけしそう
あじむ 安心院 99	あぜ 畦 253	あだごと 徒事 132	厚岸草 57
あしもと 足許 362	あぜ 綜 296	あたごやま 愛宕山 143	あっけない
あしゃ 啞者 69	あせい 蛙声 336	あたしか 新鹿 167	呆気ない 65
あじゃらしい	あせいしがわ	あだしの 徒野 132	あっこうぞうごん
戯しい 148	浅瀬石川 216	あたたか 燠か 234	悪口雑言 141
あじゃらやま	あぜがみ 畦上 65	あたたじま	あっさぶ 厚沢部 56
阿闍羅山 392	あぜかわ 畝川 253	阿多田島 391	アツシ 厚司 56
あじゃり 阿闍梨 392	あぜくら 校倉 189	あたためる 燠める 234	あつしお 熱塩 235
あしゅくぶつ	あぜくら 畦倉 253	あだたらやま	あっしょ 押書 152
阿閦仏 392	あぜち 按察 154	安達太良山 100	あっせん 斡旋 165
あしゅら 阿修羅 392	あぜち 按察使 154	あだち 安達 100	あっそ 朝来 177
アショカおう	あぜつ 畴津 254	あだち 足立 362	あづち 安土 99
阿育王 391	あせとり 汗袗 208	あだち 足達 362	あっとこ 厚床 56
あしょこ 足寄 362	あぜぬり 畦塗 253	あだちがはら	あっぱれ 天晴れ 90
あしろ 安代 99	あせばむ 汗湿む 208	安達ヶ原 100	あつび 安比 100
あじろ 網代 296	あせび 馬酔木 411	あだな 徒名 132	あつべつ 厚別 56
あじろ 足代 362	あせみずく	あだな 渾名 222	あつま 厚真 57
あす 明日 171	汗水漬く 208	あだなさけ 徒情 132	あづま 吾妻 64
あず 垪 78	あぜみち 畦道 253	あだばな 狂花 240	あづまやさん

	吾妻耶山	64	あとしまつ	後始末	131	あのえ	海江	214
あつまる	湊まる	222	あとずさり	後退り	132	あのお	穴生	278
あつまる	聚まる	306	あとばらい	後払い	131	あのくかんのん		
あつまる	萃まる	324	あとみ	迹見	369		阿耨観音	392
あつみ	渥美	221	あとめ	跡目	363	あのくだっち		
あつみ	温海	221	あとやく	後厄	131		阿耨達池	392
あづみ	安曇	100	あとり	獦子鳥	243	あのりざき	安乗崎	100
あづみの	安曇野	100	アドリア	亜得亜	19	あば	浮子	213
あつめ	猿女	243	あな	坎	77	あば	網端	296
あつめる	攅める	161	あな	坑	78	あばく	発く	257
あつめる	聚める	306	あな	孔	98	あばく	訐く	350
あつめる	蒐める	327	あな	窟	280	あばしり	網走	296
あつめる	輯める	366	あない	案内	188	あばずれ	阿婆擦れ	392
あつめる	錘める	385	あないち	天名地鎮	90	あばた	痘痕	256
あつめる	鳩める	422	あなうら	跗	362	あはなち	畦放	253
あつもと	淳本	220	あなかがり	穴縢り	279	あはや	足速	362
あつもの	羹	303	あなかしこ	穴賢	279	あばら	肋	307
あつらえる	誂える	351	あながち	強ち	129	あばらぼね	肋骨	307
あつれき	軋轢	365	あなかま	嗟囂	72	あばらや	荒ら屋	320
あて	宛	101	あながま	窖窯	279	あびきょうかん		
あてうま	試馬	351	あなぐま	穴熊	279		阿鼻叫喚	392
あてお	阿天坊	391	あなぐら	窖	279	あびこ	吾孫	64
あてがいぶち			あなご	穴子	278	あびこ	安孫子	100
	宛行扶持	101	あなし	穴磯	279	あびこ	我彦	148
あてがう	宛行う	101	あなじ	乾風	16	あびこ	我孫子	148
あてこすり			あなすえ	足末	362	あびこ	阿孫	392
	当て擦り	110	あなた	貴女	358	あびら	安平	99
あてじ	宛字	101	あなた	彼方	131	あびらうんけん		
あてすがた	艶姿	315	あなた	貴方	358		阿毘羅吽欠	391
あてずっぽう			あなた	貴男	358	あひる	安蒜	100
	当寸法	110	あなどる	侮る	29	あひる	家鴨	103
あてど	当て所	110	あなひら	跗	362	あひる	畔蒜	253
アテネ	雅典	396	あなほ	孔王	98	あぶ	虻	335
あてびと	貴人	358	あなまどい	穴惑い	278	あぶく	泡	213
あてみや	貴宮	358	あなみこれちか			あぶくぜに	泡銭	213
あてやか	貴やか	358		阿南惟幾	391	あふげいごう		
あでやか	艶やか	315	あぬめ	穴布	278		阿附迎合	391
あてらざわ	左沢	119	あなんだ	阿難陀	392	あぶす	溢す	224
あてる	中てる	11	あに	豈	356	あぶだ	頞浮陀	404
あと	后	62	あに	阿仁	391	あぶつに	阿仏尼	391
あと	址	78	あにあい	阿仁合	391	あぶとみさき		
あと	痕	255	アニス	大茴香	87		阿伏兎岬	391
あと	迹	369	あによめ	嫂	97	あぶない	浮雲い	218
あと	阿刀	391	あねご	姐御	95	あぶはち	虻蜂	335
あと	阿堵	391	あねさんかぶり			あぶら	鐙	387
あど	迎合	368		姉様被	95	あぶら	膏	312
あとかた	跡形	363	あの	安濃	100	あぶらあせ	脂汗	310
あとがわ	安曇川	100	あの	彼の	131	あぶらかす	油糟	213
あどけない			あのう	穴太	278	あぶらがや	油茅	213
	仇気無い	21	あのう	賀名生	358	あぶらぎり	罌子桐	300
あのえ	海江	214	あぶらげ	油揚	213			
あのお	穴生	278	あぶらすまし					
あのくかんのん				油清汁	213			
	阿耨観音	392	あぶらぜみ	鳴蜩	423			
あのくだっち			あぶらでり	油照	213			
	阿耨達池	392	あぶらでん	油田	213			
あのりざき	安乗崎	100	あぶらな	雲薹	329			
あば	浮子	213	あぶらなぎ	油凪	213			
あば	網端	296	あぶらむし	蚜虫	335			
あばく	発く	257	アフリカ	阿弗利加	391			
あばく	訐く	350	あぶる	炙る	230			
あばしり	網走	296	あぶるまがわ					
あばずれ	阿婆擦れ	392		破間川	269			
あばた	痘痕	256	あふれる	溢れる	224			
あはなち	畦放	253	あふれる	溢れる	224			
あはや	足速	362	あべ	安倍	100			
あばら	肋	307	あべ	阿倍	392			
あばらぼね	肋骨	307	あべの	阿倍野	392			
あばらや	荒ら屋	320	あべのせいめい					
あびきょうかん				安倍晴明	100			
	阿鼻叫喚	392	あへん	阿片	391			
あびこ	吾孫	64	あぼ	阿保	391			
あびこ	安孫子	100	あほう	阿呆	391			
あびこ	我彦	148	あぼう	阿房	100			
あびこ	我孫子	148	あほうどり	信天翁	30			
あびこ	阿孫	392	あぼし	網干	296			
あびら	安平	99	あま	海人	214			
あびらうんけん			あま	海士	214			
	阿毘羅吽欠	391	あま	海女	214			
あひる	安蒜	100	あま	海部	215			
あひる	家鴨	103	あま	白水郎	257			
あひる	畔蒜	253	あま	阿万	391			
あぶ	虻	335	あまあい	雨間	397			
あぶく	泡	213	あまい	天井	90			
あぶくぜに	泡銭	213	あまか	安墓	100			
あふげいごう			あまかい	天海	90			
	阿附迎合	391	あまがえる	蛙壟	336			
あぶす	溢す	224	あまかいる	天翔る	90			
あぶだ	頞浮陀	404	あまかざり	雨厳	397			
あぶつに	阿仏尼	391	あまがせ	天ヶ瀬	89			
あぶとみさき			あまがせ	天瀬	91			
	阿伏兎岬	391	あまがたり	天語	91			
あぶない	浮雲い	218	あまがつ	天児	90			
あぶはち	虻蜂	335	あまがっぱ	雨合羽	397			
あぶら	鐙	387	あまぎ	甘木	248			
あぶら	膏	312	あまぎる	天霧る	91			
あぶらあせ	脂汗	310	あまく	安幕	100			
あぶらかす	油糟	213	あまぐ	雨具	397			
あぶらがや	油茅	213	あまくだり	天下り	89			
あぶらぎり	罌子桐	300	あまぐみ	疎組み	254			

あまぐも	雨雲	397		天日槍	90	あもう	天生	90	あらい	粗い	288
あまこ	蜑子	337	あまのむらくものつるぎ			あもう	天羽	90	あらいぐま	洗熊	217
あまご	天魚	90		天叢雲剣	91	あもう	夫生	91	あらいざらい		
あまごい	祈雨	272	あまのり	甘海苔	248	あもりがわ	天降川	90		洗い浚い	216
あまさぎ	尼鷺	111	あまは	天羽	90	あや	文	164	あらいざらし		
あまざらし	雨曝し	397	あまはらし	雨晴	397	あや	漢	224		洗い晒し	216
あまじ	天道	90	あまひき	雩	397	あや	絢	294	あらう	潞う	226
あまじお	甘塩	248	あまびし	烏柿	231	あや	綾	297	あらえびす	荒夷	91
あまじし	痣	256	あまみ	奄美	91	あやう	危	56	あらえみし	麁蝦夷	428
あます	剰す	47	あまも	甘藻	248	あやうい	殆うい	203	あらがう	抗う	151
あますが	天清	90	あまもよい	雨催い	397	あやうじ	漢氏	224	あらがき	荒籬	320
あまずら	甘葛	248	あまよけ	雨避け	397	あやかし	怪士	138	あらかじめ	予め	16
アマゾン	亜馬孫	19	あまり	安暮	100	あやかる	肖る	307	あらかた	粗方	288
あまた	天田	90	あまりこ	余子	28	あやし	愛子	143	あらがね	鉱	382
あまた	数多	163	あまりべ	余戸	28	あやしい	恠しい	91	あらかわ	安楽川	100
あまだい	方頭魚	167	あまる	剰る	47	あやしい	妖しい	94	あらかん	阿羅漢	392
あまだれ	雨滴	397	あまる	贏る	359	あやどる	綾取る	297	アラキ	阿刺吉	392
あまだれ	霤	399	アマルガム	汞和金	208	あやなす	彩なす	130	あらき	檗	82
あまちゃ	土常山	76	あまるべ	余部	28	あやに	奇に	91	あらき	新城	166
あまちゃづる			あまるべ	餘部	408	あやの	安養野	100	あらき	新規	166
	甘茶蔓	248	あまるめ	余目	28	あやはとり	漢織	224	あらき	新墾	167
あまづけ	味漬	66	あみ	罔	300	あやべ	綾部	297	あらき	殯	203
あまつさえ	剰え	47	あみ	醤蝦	378	あやまちりょう			あらきだ	新墾田	167
あまっさえ	剰え	47	あみがさいっかい				過料	371	あらぐすく	新城	166
あまつばめ	胡燕子	309		編笠一蓋	297	あやまる	愆る	144	あらくれ	荒塊	320
あまてらすおおみかみ			あみす	安主	99	あやまる	謬る	354	あらごと	荒事	320
	天照大神	90	あみすき	網結	296	あやみ	漢見	224	あらこも	粗薦	288
あまと	天土	89	あみそ	網麻	296	あやめ	文目	164	あらさがし	粗捜し	288
あまど	雨戸	397	あみだ	阿弥陀	391	あやめ	菖蒲	324	あらし	嵐	117
あまどころ	甘野老	248	あみぼし	亢宿	19	あやめたむ	地楡	77	あらしこ	粗鉋	288
あまな	山慈姑	115	アムステルダム			あやめどり	菖蒲鳥	324	あらしね	荒稲	320
あまなう	和う	67		安特堤	100	あやめる	危める	56	あらず	非ず	401
あまに	亜麻仁	19	アムンゼン	阿夢森	392	あやらぎ	綾羅木	297	アラスカ	阿拉斯加	391
あまねく	遍く	372	あめ	飴	408	あやんど	漢人	224	あらせいとう		
あまねし	洽し	216	あめ	鮠	418	あゆ	阿諛	392		紫羅欄花	294
あまねし	浹し	217	あめいせんそう			あゆ	鮎	417	あらそ	粗麻	288
あまのう	甘名宇	248		蛙鳴蝉噪	336	あゆい	脚結	310	あらそう	諍う	352
あまのうずめのみこと			あめうし	黄牛	429	あゆげいごう			あらぞめ	粗染	288
	天鈿女命	91	あめたに	阿免谷	391		阿諛迎合	392	あらたえ	荒栲	320
あまのかぐやま			あめつち	天地	90	あゆちがた			あらたか	灼か	230
	天香久山	90	あめのうお	鯇	418		年魚市潟	124	あらたの	新野	166
あまのがわ	天の川	89	あめふらし	雨虎	397	あゆついしょう			あらたま	璞	247
あまのさぐめ			あめふりぼし				阿諛追従	392	あらたまばし		
	天探女	90		畢宿	254	あゆみこたん				新瑞橋	167
あまのじゃく			あめますだけ				歩古丹	202	あらためる	更める	175
	天の邪鬼	89		阿女鱒岳	391	あゆもどき	鮎擬	417	あらためる	検める	192
あまのたぢからおのみこと			あめまだら	飴斑	408	あら	粗	288	あらためる	革める	401
			アメリカ	亜米利加	19	あら	鯳	419	あらち	愛発	143
	天手力男命	90	あめんぼ	水黽	207	あらい	洗膾	217	あらちのせき		
あまのひぼこ			アモイ	厦門	57	あらい	笑い	283		愛発関	143

あらと	粗砥	288	ありだ	有田	176	あわだつ	粟立つ	288
あらに	粗煮	288	ありたそう	土荊芥	76	あわてもの	慌て者	144
あらの	曠野	174	ありてい	有体	176	あわてる	慌てる	144
あらのら	荒野	320	ありどおし	虎刺	334	あわび	鮑	417
あらばしり	新走り	166	ありまき	蚜虫	335	あわふきむし		
あらばち	新鉢	167	ありまのみこ				泡吹虫	213
アラバマ	阿拉巴麻	391		有間皇子	177	あわもり	泡盛	213
アラビア	亜剌比亜	19	ありめ	有銘	177	あわや	咄嗟	144
あらひとがみ			ありもどき	蟻擬	340	あわゆき	泡雪	213
	現人神	246	ありわらのなりひら			あわゆき	淡雪	221
あらぼとけ	新仏	166		在原業平	77	あわら	芦原	317
あらぼん	新盆	166	ある	或る	148	あわれ	憐れ	146
あらまき	新巻	166	あるいは	或いは	148	あわれむ	憫れむ	146
あらまき	荒巻	320	アルカリ	亜爾加里	19	あわれむ	憐れむ	146
あらまき	荒蒔	320	アルキメデス			あんあんり	暗暗裡	173
あらみたま	荒御魂	320		亜爾吉墨都	19	あんいつ	安佚	99
あらむしろ	粗蓙	288	あるく	歩行く	202	あんうつ	暗鬱	173
あらめ	荒布	320	アルコール	酒精	376	あんえい	晏嬰	172
あらや	新谷	166	あるじ	主	13	あんえい	暗翳	173
あらや	顕谷	405	アルジェリア			あんか	行火	341
あらやしき				阿爾及	392	あんかけ	餡掛	408
	阿頼耶識	392	アルゼンチン			あんき	諳記	353
あらゆる	所有	149		亜爾然丁	19	あんぎゃ	行脚	341
あらら	荒荒	320	アルパカ	羊駄	301	あんきょ	暗渠	173
あららぎ	塔	80	アルプス	亜力伯	19	あんぐう	行宮	341
あららぎ	蘭	333	あるへいぐま			あんご	安居	100
あられ	霰	399		有平隈	176	あんこう	鮟鱇	418
あらわ	露	400	あるへいとう			あんこがた	鮟鱇形	418
あらわざ	荒業	320		有平糖	176	あんこくじしけい		
あらわす	露す	400	あれ	彼	131		安国寺恵瓊	100
あらわす	顕す	405	アレキサンダー			アンゴラ	諳咯剌	353
あらわれる	見れる	347		亜歴山	19	あんころもち		
あり	蟻	340	アレキサンドリア				餡転餅	408
ありあり	歴歴	202		亜歴山特	19	あんざいしょ		
ありえ	有家	176	あれこれ	彼是	131		行在所	341
ありか	在り処	77	あれしき	彼式	131	あんじき	安飾	100
ありがたい	難有い	397	あろ	鴉鷺	423	あんししゅんじゅう		
ありがとう	有難う	177	あわ	安房	100		晏子春秋	172
ありきたり			あわ	安和	100	あんじょ	晏如	172
	在り来り	77	あわ	沫	213	あんしょう	暗誦	173
ありくい	蟻食	340	あわ	粟	288	あんしょう	暗礁	173
ありさき	衽先	343	あわ	阿波	391	あんじょう	味善う	66
ありさだ	在狭田	77	あわい	間	389	あんじん	按針	154
ありじごく	蟻地獄	340	あわしがき	醂し柿	377	あんしんりつめい		
ありしまたけお			あわしじぉ	阿波縅	391		安心立命	99
	有島武郎	177	あわす	淡す	220	あんじんりゅうみょう		
アリストテレス			あわせ	袷	344		安心立命	99
	亜理斯多徳	19	あわせる	協せる	54	あんず	杏子	181
ありそ	荒磯	320	あわただしい			あんだ	簓輿	285
アリゾナ	阿里蘇那	391		慌ただしい	144	あんたろま	安足間	100
						あんたん	暗澹	173
						あんたん	黯淡	431
						あんち	奄智	91
						アンチモン	安賢母	100
						あんちゅうもさく		
							暗中模索	173
						アンデルセン		
							安得仙	100
						あんど	安堵	100
						アンドレーエフ		
							安得烈夫	100
						アントワープ		
						あんどん	行灯	341
						あんない	案内	188
						あんにょうじょうど		
							安養浄土	100
						あんにん	杏仁	181
						あんにんどうふ		
							杏仁豆腐	181
						あんねいちつじょ		
							安寧秩序	100
						あんのん	安穏	100
						あんば	鞍馬	402
						あんばい	塩梅	81
						あんばい	按排	154
						あんばち	安八	99
						あんぴん	餡餅	408
						あんぶん	按分	154
						アンペラ	筓簾	283
						あんぼう	安房	100
						あんぼう	罨法	300
						あんぼんたん		
							安本丹	99
						あんま	按摩	154
						あんま	阿間	392
						あんまん	餡饅	408
						あんみつ	餡蜜	408
						アンモニア		
							諳謨尼亜	353
						あんや	闇夜	390
						あんら	菴羅	323
						あんり	行履	342
						あんりゅうまち		

	安立町	99	いいぼ	飯粒	407	いかけ	鑄掛	384	いかんせんばん		
	【い】		いいもり	飯盛	407	いかけじ	沃懸地	210		遺憾千万	373
い	亥	19	いいやま	飯山	407	いかご	五十子	17	いかんそく	維管束	295
い	匦	51	いいわけ	言訳	349	いかざき	五十崎	17	いき	伊支	23
い	猪	242	いう	謂う	353	いかさま	如何様	94	いき	呼吸	65
い	胆	309	いう	道う	372	いがしま	五十島	17	いき	壱岐	83
い	繭	333	いうならく	説道	352	いかす	活かす	215	いき	葬器	130
い	蜘糸	338	いえき	家業	103	いかずち	雷	399	いき	粋	287
いあい	居合	112	いえしき	己己己己	119	いかた	伊方	23	いきいき	活活	215
いあく	帷幄	122	いえだに	家蜱	103	いかだ	筏	284	いきうつし	生写し	249
いい	依違	28	いえづと	家苞	103	いがた	鑄型	384	いきか	閾下	390
いい	委蛇	94	いえども	雖も	397	いかたに	五十谷	17	いきき	往き来	131
いい	怡怡	138	いえのころうとう			いかだや	枠谷	191	いきけんこう		
いい	萄違	242		家子郎等	103	いカタル	胃加答児	308		意気軒昂	143
いい	良い	315	いえのころうどう			いかつい	厳つい	163	いきさつ	経緯	292
いい	謂	353		家子郎等	103	いかで	如何で	94	いきさん	一貴山	2
いい	透迤	371	いえる	癒える	257	いがとうめ			いきしょうちん		
いい	飯井	407	いお	五百	18		伊賀専女	23		意気銷沈	143
いいがい	飯匙	407	いおい	廬井	126	いかなご	玉筋魚	244	いぎす	海髪	215
いいぎり	竈馬	280	いおう	硫黄	270	いかに	如何に	94	いきすだま	生魑魅	250
いいぎり	飯桐	407	いおえ	五百枝	18	いかに	甚麼	249	いきせききって		
いいぐさ	言種	349	いおえ	五百重	18	いかのぼり	紙鳶	291		息急き切って	140
いいくるめる			いおき	伊尾木	23	いかのもちい			いきそう		
	言い包める	349	いおぎ	五百木	18		五十日の餅	17		意気沮喪	143
いいけ	飯筒	407	いおきべ	五百旗頭	18	いかばかり			いぎたない	寝穢い	105
いいし	井石	18	いおすき	商陸	70		如何許り	94	いきづかい	息遣い	140
いいし	飯石	407	いおすけ	魚緒	417	いかはた	五十幡	18	いきつき	生月	249
いいじさん	飯土山	407	いおずみ	五十棲	18	いかほ	伊香保	23	いきづく	息衝く	141
いいしろ	邑代	18	いおつ	五百筒	18	いがみあう			いきどおり	憤	146
いいずし	飯鮨	408	いおり	庵	126		啀み合う	69	いきどおる	憤る	146
いいだ	飯田	407	いおろび	五百籠	18	いかめしい			いきな	生名	249
いいだくだく			いか	五十日	17		厳めしい	163	いきみ	五十公	17
	唯唯諾諾	70	いか	伊香	23	いかもの	如何物	94	いきみ	忌寸	136
いいだこ	飯蛸	407	いか	烏賊	231	いがらし	五十嵐	18	いきみたま	生身魂	249
いいだしっぺ			いか	紙鳶	291	いかり	五十里	17	いぎょう	易行	170
	言出しっ屁	349	いが	毬	205	いかり	錨	385	いぎょう	異形	253
いいだだこつ			いが	衣蛾	342	いかりがせき			いぎょう	肄業	307
	飯田蛇笏	407	いかい	猪甘	242		碇ヶ関	270	イギリス	英吉利	317
いいたて	飯舘	408	いかい	猪飼	242	いかりがた	怒り肩	139	いきりたつ		
イーチャン	一荘	2	いかい	猪養	242	いかりそう	碇草	270		熱り立つ	235
いいづな	飯縄	407	いかい	遺誡	373	いかりぼし	碇星	270	いきりょう	生霊	250
いいで	飯豊	407	いがい	貽貝	358	いかりや	奴借屋	93	いきれ	熅れ	234
いいとよ	鴟鶴	424	いがい	遺骸	373	いかる	忿る	138	いく	往く	131
イートン	伊頓	24	いかいの	猪飼野	242	いかる	慍る	144	いぐ	印具	56
いいなおすり			いかが	如何	94	いかる	斑鳩	164	いかる	矉る	265
	井伊直弼	18	いかがわ	五十川	17	いかる	瞋る	265	いくい	生夷	249
いいなずけ	許婚	350	いかき	竹籠	282	いかるが	何鹿	26	いぐい	堰杙	80
いいのや	井伊谷	18	いがき	斎垣	432	いかるが	斑鳩	164	いぐい	鯎	418
イーファン	一翻	3	いかく	威嚇	95	いかん	如何	94	いぐい	斎杙	432
			いがぐり	毬栗	205	いがん	胃癌	308	いくいく	郁郁	375

読み	表記	頁
いくいな	生稲	250
いくいね	生稲	250
いくえ	幾重	125
いくさ	戦	148
いぐさ	藺草	333
いくさか	生坂	249
いくさがわ	軍川	365
いくさざわだけ	軍沢岳	365
いくさだにとうげ	軍谷峠	365
いくさばた	軍畑	365
いくじ	意気地	143
いくじ	生地	249
いぐし	斎串	432
いくしま	生島	249
いくた	生田	249
いくたはら	生田原	249
いくたび	幾度	125
いくたり	幾人	125
いぐち	兎唇	36
いくどうおん	異口同音	253
いくとせ	幾年	125
いくに	夷隔	91
いくの	生野	250
いくばく	幾許	125
いくび	猪首	242
いくひな	生夷	249
いくも	芋毛	315
いくもがわ	生雲川	250
いくり	海石	214
いぐり	鋳繰り	384
いぐるみ	熠繳	267
いぐろ	井畔	19
いくん	懿訓	147
いくん	貽訓	358
いけい	畏敬	253
いけがき	生籬	250
いけごややま	池木屋山	209
いけじり	池尻	209
いけす	生け簀	249
いけずみ	埋け炭	79
いけた	井桁	19
いげつ	遺撃	373
いけづくり	活け作り	215
いけどり	生擒	250
いけない	不可ない	10
いけにえ	犠牲	239
いげのき	神母木	273
いけのたいが	池大雅	209
いけばな	活花	215
いけま	生馬	249
いける	埋ける	79
いけん	遺賢	373
いこ	眠蚕	264
いこい	憩	146
いこう	意嚮	143
いこう	憩う	146
いこう	衣桁	342
いごこち	居心地	112
いこじ	依怙地	28
いこま	生駒	250
いこよか	岐嶷	115
いごん	遺言	373
いさ	伊佐	23
いさ	石原	268
いさい	五百井	18
いさお	勲	50
いさお	有功	176
いさかい	諍い	352
いさかわ	去来川	57
いさき	鶏魚	425
いさぎよい	潔い	226
いさご	沙	209
いさご	砂	269
いさご	砂子	269
いさごむし	石蚕	268
いささ	鯵	417
いささ	鱚	421
いささか	些か	19
いささめに	仮初に	24
いささわ	十六沢	52
いさとい	寝聰い	105
いさな	小魚	109
いさな	鯨	419
いざなう	誘う	352
いざなきのみこと	伊弉諾尊	23
いざなぎのみこと	伊弉諾尊	23
いざなみのみこと	伊弉冉尊	23
いさは	斑葉	164
いさば	五十集	17
いさはい	飲食盃	407
いさはい	飯酒盃	407
いさはや	諫早	353
いさふし	鯨伏	419
いさみあし	勇み足	49
いさめる	諫める	353
いさやま	不知山	10
いさやま	諫山	353
いざよい	十六夜	52
いさらい	臀	312
いざりうお	鼈魚	364
いざりがわ	漁川	225
いざりばた	居坐機	112
いざりび	漁火	225
いさる	漁る	225
いざる	漁る	225
いざる	膝行る	312
いさわ	石和	267
いさわ	胆沢	309
いざわ	射和	106
いし	椅子	30
いし	懿旨	147
いし	縊死	298
いし	頤使	404
いしが	石蟹	268
いじか	石鏡	268
いしがめ	水亀	207
いしかわのいらつめ	石川郎女	267
いしがんとう	石敢当	268
いしき	石城	268
いしく	石工	267
いしくれ	石塊	268
いしげ	石下	267
いしこし	石越	268
いしずえ	礎	271
いしずり	石摺り	268
いしたたき	石叩き	267
いしだたみ	甃	248
いしづき	鐏	387
いしどりや	石鳥谷	268
いしなぎ	石投	267
いしなご	石子	267
いしに	夷隔	91
いしのまき	石巻	267
いしばしたんざん	石橋湛山	268
いしぶし	石斑魚	268
いしぶみ	碑	270
いしみ	五十君	17
いしみ	筒	282
いじみ	一二三	1
いじみ	五十公	17
いしみかわ	石見川	267
いじめる	苛める	317
いしもだ	石母田	267
いしもち	石首魚	268
いしもちそう	石竜牙草	268
いしゃ	倚藉	30
いしゃ	慰藉	145
いしゃりょう	慰藉料	145
いしゅ	意趣	143
いしゅう	蝟集	338
いじゅういん	伊集院	23
いしゅく	胃宿	308
いしゅく	萎縮	323
いしゆみ	弩	129
いしょう	衣裳	342
いじょう	囲繞	75
いしょうびつ	衣裳櫃	342
いじょうふ	偉丈夫	33
いじょく	居職	112
いじら	伊自良	23
いじらしい	可憐しい	59
いじる	弄る	127
いしろ	井代	18
いしわた	石腸	268
いしんでん	一身田	1
いす	椅子	192
いず	伊豆	23
いすか	鶍	424
いずかた	何方	25
いすかのはし	鶍の嘴	424
いすくめる	射竦める	106
いずくんぞ	安んぞ	99
いずくんぞ	曷くんぞ	175
いずくんぞ	烏くんぞ	231
いずこ	何処	26
いずし	出石	43
いずしま	出島	43
いすず	五十鈴	18
いすだ	柞田	186

いすのき	柞 186	いたいたしい		一衣帯水 1	いちもうだじん		
いずはら	巌原 118		傷傷しい 34	いちかばちか		一網打尽 2	
いずはら	泉原 211	いたが	板荷 185	一か八か 1	いちもくりょうぜん		
いずみ	夷隅 91	いだきそ	伊太祈曽 23	いちき 市来 120		一目瞭然 1	
いずみ	出水 43	いたく	甚く 248	いちげ 一夏 2	いちもつ	逸物 371	
いずみ	和泉 67	いだく	懐く 146	いちげん 一見 1	いちやくそう		
いずみ	厳美 164	いたけだか	威丈高 95	いちげんこじ		鹿蹄草 428	
いずみ	涼 222	いたこ	潮来 227	一言居士 1	いちゆう	一揖 2	
いずみしきぶ		いたご	板子 185	いちこ 巫子 119	いちょう	公孫樹 39	
	和泉式部 67	いだしぎぬ	出衣 43	いちご 苺 319	いちようらいふく		
いずめ	出目 43	いたじゃくり		いちごいちえ		一陽来復 2	
いずも	出雲 43		板決り 185	一期一会 2	いちりゅうまんばい		
いずものおくに		いたずき	労き 49	いちごいちじゅう		一粒万倍 2	
	出雲阿国 43	いたずら	悪戯 141	一伍一什 1	いちる	一縷 3	
いずやま	厳山 164	いたずらに	徒に 132	いちこつ 壱越 83	いちれんたくしょう		
イスラエル	以色列 22	いただく	戴く 148	いちころ 一転 2		一蓮托生	
いするぎ	岩動 116	いたち	鼬 432	いちごんはんく	いちろい	一礼比 1	
いするぎ	石動 268	いたちうお	鼬魚 432	一言半句 1	いちろい	一呂比 1	
いずるはら	出流原 43	いたちごっこ		いちじく 九 15	いつ	何時 26	
いずれ	何れ 25		鼬事 432	いちじく 無花果 233	いつ	稜威 277	
いすわる	居坐る 112	いたちぼり	立売堀 280	いちしちにち	いづい	井出井 18	
いずんま	出島 43	いたつき	平題箭 124	一七日 1	いっかい	一介 1	
いせ	伊勢 23	いだてん	韋駄天 402	いちじつせんしゅう	いっかくせんきん		
いせ	縮緯 298	いたどり	虎杖 334	一日千秋 1		一攫千金 3	
いせえび	伊勢海老 24	いたなみ	板列 185	いちじゅういっさい	いっかげん	一家言 2	
いせき	遺蹟 373	いたび	木蓮子 179	一汁一菜 1	いっかけんぞく		
いぜな	伊是名 23	いたぶ	飯給 407	いちじょうかねら		一家眷属 2	
いせはた	伊勢八太 24	いたぶる	甚振る 249	一条兼良 1	いつき	斎 432	
いせやち	伊勢八知 24	いたましい		いちず 一途 2	いっき	一揆 2	
いぜんけい	已然形 119		惨ましい 142	いちだ 一朶 1	いっき	一簣 2	
いそ	磯 271	いたまた	板全 185	いちねんほっき	いっき	一饋 2	
いそいそ	嬉嬉 97	いたみ	伊丹 23	一念発起 2	いっきかせい		
いそいそ	怡怡 138	いだみち	猪田道 242	いちのはざま		一気呵成	
いそいち	五十市 17	いたむ	悼む 142	一風迫 2	いっきく	一掬 2	
いそう	石生 267	いたむ	戚む 148	いちのへ 一戸 1	いつきのみや		
いぞう	倚像 30	いたむ	疼む 255	いちのもと 櫟本 200		斎宮 432	
いそうろう	居候 112	いためじお	撓塩 160	いちは 市坡 120	いっく	一宮 2	
いそがい	磯谷 271	いためる	撓める 160	いちはさま 一迫 2	いつくし	厳美 118	
いそがい	礒貝 271	いためる	炒める 230	いちばた 一畑 2	いつくしま	厳島 164	
いそがわ	五十川 17	いたもち	板茂 185	いちはつ 鳶尾 422	いつくしむ	愛しむ 143	
いそぎんちゃく		いたやがい	板屋貝 185	いちはな 市塲 120	いっこうりょうぜつ		
	菟葵 326	イタリア	伊太利 23	いちはやく 逸早く 371		一口両舌	
いそじ	五十路 18	いたる	到る 46	いちび 薗麻 323	いっこく	一穀 2	
いそしむ	勤しむ 49	いたわさ	板山葵 185	いちべつ 一瞥 3	いっこけいせい		
いそたけ	五十猛 17	いたわしい	労しい 49	いちぼくいっそう		一顧傾城 3	
イソップ	伊曾保 23	いたわる	労る 49	一木一草 1	いっこん	一献 2	
いそのかみ	石上 267	いたん	畏憚 253	いちまかせ	いっこんぞめ		
いそむら	五十村 17	いち	壱 83	一番合戦 2		一斤染	
いそめ	磯蚯蚓 271	いちい	紫松 294	いちまつ 一抹 2	いっさい	一切 1	
いたいけ	幼気 125	いちいたいすい		いちめがさ 市女笠 120	いっさいがっさい		

	一切合切	1	いっぱん	一斑	2	いとこ	従兄弟	132	いなば	因幡	75
いっさつたしょう			いっぴ	一臂	2	いとこ	従弟	132	いなふち	南淵	55
	一殺多生	2	いっぴきおおかみ			いとこ	従姉	132	いなべ	員弁	68
いっさん	一盞	2		一匹狼	1	いとこ	従姉妹	132	いなほ	稲穂	278
いっさんいちねい			いっぴょう	一瓢	2	いとこ	従妹	132	いなみ	印南	56
	一山一寧	1	いっぴんいっしょう			いとざくら	糸桜	290	いなみの	印南野	56
いっし	一矢	1		一顰一笑	3	いとさめ	糸雨	290	いなみぼし	牛宿	238
いつじ	軼事	366	いっぺきばんけい			いとしい	愛しい	143	いなむ	否む	2
いっしき	一色	1		一碧万頃	2	いとび	糸鮪	290	いなむ	辞む	367
いっしゃせんり			いっぺんとう			いとしろ	石徹白	268	いなむら	稲叢	278
	一瀉千里	3		一辺倒	1	いととんぼ	糸蜻蛉	290	いなり	稲荷	278
いっしゅ	一炷	2	いつぼう	鷸蚌	426	いとのこ	糸鋸	290	いなわしろ	猪苗代	242
いっしゅう	一蹴	3	いっぽん	一品	2	いとはん	嬢はん	97	いなん	渭南	221
いっしょ	佚書	25	いっぽんぎ	一本気	1	いとま	暇	174	いにしえ	古	60
いっしょういちえい			いっぽんどっこ			いとまきえい			いにょう	囲繞	75
	一觴一詠	3		一本独鈷	1		糸巻鱝	290	いぬ	戌	147
いっしょうさんたん			いつまでぐさ			いとまごい	暇乞い	174	いぬ	狗	240
	一倡三歎	2		何時迄草	26	いとまん	糸満	290	いぬい	乾	16
いっすい	溢水	224	いつや	乙夜	15	いとゆう	糸遊	290	いぬおうもの		
いっすいのゆめ			いづら	五浦	18	いとよ	糸魚	290		犬追物	240
	一炊の夢	2	いつらく	佚楽	25	いとよりだい			いぬかいつよし		
いっせいちご			いつわる	詐る	350		糸縒鯛	290		犬養毅	240
	一世一期	1	いで	井代	18	いとわっぷ	糸割符	290	いぬかみのみたすき		
いっせいちだい			いてかえる			いな	伊南	23		犬上御田鍬	240
	一世一代	1		凍て返る	42	いな	鯔	419	いぬがや	犬榧	240
いっせつたしょう			いてき	夷狄	91	いなう	否諾	65	いぬがらし	犬芥	240
	一殺多生	2	いできた	出北	43	いなか	田舎	251	いぬき	居抜き	112
いっせん	一閃	2	いてぐも	凍て雲	42	いながら	坐ら	78	いぬくぐ	塼子苗	271
いっちゃくしゅ			いてざ	射手座	106	いながら	稲幹	278	いぬぐす	犬樟	240
	一擲手		いでたち	出で立ち	43	いなぎ	因支	75	いぬざんしょう		
いっちゅう	一籌	3	いてつく	凍て付く	42	いなぎ	稲城	278		犬山椒	240
いっちょう	一挺	2	いでゆ	出で湯	43	いなぎ	稲置	278	いぬたで	犬蓼	240
いっちょういっし			いてる	凍てる	42	いなご	少名子	110	いぬたで	紅草	290
	一張一弛	2	いと	最	176	いなご	蝗	338	いぬつげ	犬黄楊	240
いっちょういっせき			いと	紘	292	いなさ	引佐	128	いぬばさりとうげ		
	一朝一夕	2	いと	綸	297	いなさ	東南風	184		犬挾峠	240
いっちょうら			いど	怡土	138	いなさく	稲作	278	いぬびわ	犬枇杷	240
	一張羅	2	いといがわ	糸魚川	290	いなしき	稲敷	278	いぬふぐり	犬陰嚢	240
いつつぎぬ	五つ衣	17	いといざわ	糸魚沢	290	いなす	往なす	131	いぬぶな	犬橅	240
いっていじ	一丁字	1	いとう	伊富魚	23	いなずさ	稲梓	278	いぬぼうさき		
いってき	一擲	3	いとう	厭う	57	いなずま	電	398		犬吠埼	240
いってきせんきん			いとう	渭東	221	いなせ	否然	65	いぬほおずき		
	一擲千金	3	いとうじゃくちゅう			いなせ	否諾	65		犬酸漿	240
いっと	一青	2		伊藤若冲	24	いなせ	鯔背	419	いぬまき	犬槙	240
いづな	飯綱	407	いとうづ	到津	46	いなだ	生稲	250	いねこき	稲扱き	278
いつなんどき			いとく	懿徳	147	いなだ	鰍	420	いぬふぐな		
	何時何時	26	いとぐち	緒	296	いなつき	稲築	278	いねつきむし		
いつに	一に	1	いとけない			いなでら	猪名寺	242		稲春虫	278
いっぱし	一端	2		幼けない	125	いななく	嘶く	73	いのう	稲生	278
いづはら	厳原	164	いとこ	従兄	132	いなば	印波	56	いのうえかおる		
										井上馨	18

いのうえこわし 井上毅 18	いぶき 伊吹 23	いまもって 今以て 21	いやしい 鄙しい 376
いのうただたか 伊能忠敬 23	いぶき 息吹 140	いまよう 今様 21	いやしい 陋しい 392
いのお 飯尾 407	いぶき 雪吹 398	いまり 伊万里 23	いやしくも 苟も 318
いのくち 井口 18	いぶきじゃこうそう 伊吹麝香草 23	いまわ 今際 21	いやしむ 賤しむ 359
いのこ 亥の子 19	いぶきとらのお 伊吹虎尾 23	いまわのきわ 今際の際 21	いやす 癒やす 257
いのこ 豕 356	いぶきぼうふう 伊吹防風 23	いみ 忌 136	いやだにやま 弥谷山 129
いのこずち 牛膝 238	いぶしぎん 燻し銀 236	いみあけ 忌明け 136	いやちこ 灼然 230
いのこへん 豕偏 356	いぶす 燻す 236	いみき 忌寸 137	いやなが 弥永 129
いのしし 猪 242	いぶすき 指宿 155	いみきらう 忌嫌う 136	いやはて 弥終 129
いのしりぐさ 猪尻草 242	いぶすき 揖宿 158	いみくら 斎蔵 432	いやます 弥増す 129
いのちからがら 命辛辛 66	イプセン 易卜生 170	いみことば 忌詞 136	いやみ 厭味 57
いのちみょうが 命冥加 66	いぶだけ 伊部岳 23	いみず 射水 106	いゆう 畏友 253
いのまた 猪俣 242	いぶり 以布利 22	いみな 諱 354	いよいよ 愈愈 144
いのも 井面 19	いぶり 千夫 53	いみべ 斎部 432	いよかん 伊予柑 23
いのる 禱る 275	いぶり 胆振 309	いむ 斎む 432	いよさんがわ 伊予寒川 23
いはい 位牌 25	いぶりはし 動橋 49	いむけ 射向 106	いよたつ 弥立つ 129
いはい 違背 372	いへや 伊平屋 23	いむこ 斎子 432	いより 伊従 23
いばく 帷幕 122	いへんさんぜつ 韋編三絶 402	いも 痘瘡 256	いらいら 苛苛 317
いばしんえん 意馬心猿 143	いぼ 揖保 158	いも 芋 315	いらう 弄う 127
いはつ 衣鉢 342	いぼ 疣 255	いもあらい 一口 1	いらえ 応え 136
いはら 庵原 126	いほう 位袍 25	いもがさ 疱瘡 255	いらか 甍 248
いはら 井原 19	いほう 彙報 130	いもがさ 痘瘡 255	いらが 刺蛾 46
いばら 茨 320	いほう 移封 276	いもがしら 芋頭 315	いらがわ 五十川 17
いばらお 荊尾 320	いぼくさ 疣草 255	いもがゆ 芋粥 315	いらく 怡楽 138
いばらがに 棘蟹 192	いぼじ 疣痔 255	いもがら 芋幹 315	いらくさ 刺草 46
いばらぎ 彭城 130	いぼたが 水蠟蛾 207	いもかわ 妹川 95	いらござき 伊良湖岬 23
いばらぎ 薊木 324	いぼたのき 水蠟樹 207	いもせ 妹背 95	いらす 貸す 358
いばり 尿 111	いぼたろう 虫白蠟 335	いもせやま 妹背山 95	いらだつ 苛立つ 317
いばりぶくろ 尿袋 111	いぼたろうむし 水蠟樹蠟虫 207	いもちびょう 稲熱病 278	いらつこ 郎子 375
いばんじゅうてき 夷蛮戎狄 91	いぼむしり 疣笔 255	いもづるしき 芋蔓式 315	いらつめ 郎女 375
いび 揖斐 158	いまいましい 忌忌しい 136	いもの 鋳物 384	いらぶ 伊良部 23
いび 萎靡 323	いまきいれ 今給黎 21	いもむし 芋虫 315	いらむし 刺虫 46
いびき 鼾 432	いまぎいれ 今給黎 21	いもり 蠑螈 340	イラン 伊蘭 24
いびつ 歪 202	いましめ 警め 354	いや 厭 57	いり 伊梨 23
いびつなり 飯櫃形 408	いましめる 戒める 148	いや 否 129	いり 伊犁 23
いふ 位封 25	いましめる 縛める 298	いや 射屋 106	いり 圦 77
いふ 畏怖 253	いまじょう 今庄 21	いや 弥 129	いりあい 入会 37
いぶ 慰撫 145	います 在す 77	いや 揖屋 158	いりあい 入相 37
いふうりんりん 威風凜凜 95	いまだ 未だ 180	いや 祖谷 274	いりあけ 入明 37
いぶかしい 訝しい 350	いまだて 今立 21	いやいや 否否 65	いりうだ 入生田 37
いぶかる 訝る 350	いまづき 居待月 112	いやおう 否応 65	いりおもて 西表 346
	いまばり 今治 21	いやがうえに 弥が上に 129	いりか 入峨 37
	いまみやえびす 今宮戎 21	いやぐち 祖谷口 274	いりき 入来 37
		いやさか 弥栄 129	いりき 已里木 119
		いやじ 忌地 136	いりこ 海参 214
		いやしい 賤しい 359	いりこ 熬り子 235
			イリノイ 変倫諾爾 83

いりまめ	炒り豆	230	いわくらじ	岩崎寺	116	いんぎょう	印形	56	印度支那	56	
いりむこ	入婿	37	いわくらともみ			いんきょもじ			いんとん	隠遁	394
いりもや	入母屋	37		岩倉具視	116		殷墟文字	203	いんなみ	印南	56
いりや	入谷	37	いわぐろ	岩畔	116	いんぎん	慇懃	144	いんにんじちょう		
いりやま	杁山	180	いわし	鰯	420	イングランド				隠忍自重	394
いりん	彝倫	130	いわしくじら				英蘭	317	いんねん	因縁	75
いる	煎る	234		鰯鯨	420	いんげい	印契	56	いんのしま	因島	75
いるい	彙類	130	いわしぐも	鰯雲	420	いんげしま	院下島	392	いんのしょう		
いるか	海豚	215	いわしみず	石清水	268	いんげんまめ				院庄	392
いるかごえ	鰡越	418	いわすぎ	岩漱	116		隠元豆	394	いんば	印旛	56
いるま	入間	37	いわせ	岩橋	116	いんこ	鸚哥	427	いんばい	淫売	219
イルマン	伊留満	23	いわせおやま			いんこう	咽喉	67	いんばら	因原	75
いれ	謂例	353		石清尾山	268	いんこう	淫行	219	いんび	淫靡	219
いれこざけ	内子鮭	40	いわた	磐田	271	いんごう	因業	75	いんぶ	伊武部	23
いれじち	入れ質	37	いわたけ	石茸	268	いんざい	印西	56	いんぶつ	音物	403
いれずみ	刺青	46	いわたばこ	岩煙草	116	いんざいまきのはら		いんべ	伊部	23	
いれる	容れる	103	いわたり	岩垂	116		印西牧の原	56	いんべ	印部	56
いれる	淹れる	219	いわと	石刀	267	いんし	淫祀	219	いんべ	忌部	136
いれる	納れる	292	いわと	磐戸	271	いんし	淫祠	219	いんべ	斎部	432
いろ	情人	142	いわな	岩魚	116	いんじ	印璽	56	いんぺい	隠蔽	395
いろ	情夫	142	いわなし	岩棠子	116	いんじゅ	印綬	56	いんめつ	湮滅	221
いろ	情婦	142	いわね	巌根	118	いんじゅんこうしょ		いんも	恁麼	139	
いろいろ	種種	278	いわば	謂ば	353		因循苟且	75	いんもつ	音物	403
いろいろおどし			いわひば	巻柏	120	いんじゅんこそく		いんやく	印鑰	56	
	色色縅	315	いわぶき	岩款冬	116		因循姑息	75	いんゆ	引喩	128
いろうざき	石廊崎	268	いわふじ	胡豆	308	いんじょう	引接	128	いんようどう		
いろうだけ	易老岳	170	いわふねのさく			いんしん	殷賑	203		陰陽道	393
いろか	色香	315		磐舟柵	271	いんしんふつう			いんりつ	韻律	403
いろぐすり	色釉	315	いわみ	石見	267		音信不通	403	いんろう	印籠	56
いろごと	情事	142	いわむらじ	岩村田	116	いんずう	員数	68	いんわい	淫猥	219
いろつや	色艶	315	いわむろ	石室	267	いんせい	隠棲	394			
いろは	伊呂波	23	いわや	巌谷	118	いんせき	姻戚	95	【う】		
いろまち	色街	315	いわや	窟	280	いんせき	隕石	394			
いろよい	色好い	315	いわゆる	所謂	149	いんぜん	院宣	392	う	兎	36
いろり	囲炉裏	75	いわれ	磐余	271	いんぞう	印相	56	う	卯	55
いわ	磐	271	いわれ	謂	353	いんだいなごん			う	鵜	424
いわいがめやま			イワン	伊王	23		尹大納言	111	うい	愛い	143
	祝瓶山	272	いわんや	況んや	211	インチ	吋	63	ウィーン	維納	295
いわいびと	斎人	432	いわんや	刎んや	267	いんち	引致	128	ういういしい		
いわいべ	斎瓮	432	いんいつ	淫佚	219	いんちん	影青	130		初初しい	45
いわえん	頤和園	404	いんいん	殷殷	203	いんちんこう			ういきょう	茴香	320
いわお	巌	118	いんう	淫雨	219		茵蔯蒿	320	ヴィクトリア		
いわがねそう			いんうつ	陰鬱	393	いんつう	銀子	383		維多利亜	295
	了鳳草	16	いんえい	胤裔	308	インディアナ			ウイグル	回紇	75
いわき	岩城	116	いんえい	陰翳	393		英聱安納	317	ういこうぶり		
いわき	石城	268	いんか	允可	35	インド	印度	56		初冠	45
いわき	磐城	271	いんか	印顆	56	いんとう	淫蕩	219	ういざん	初産	45
いわぎ	岩城	116	いんかん	殷鑑	203	いんどおじ	印通寺	56	ういじん	初陣	45
いわく	曰く	175	いんきょ	允許	35	いんとく	隠匿	394	ういてんべん		
いわくら	磐座	271	いんぎょう	允恭	35	インドシナ				有為転変	176
									ういまご	初孫	45

ウィリアム-テル		うがんじゅ	拝所 153	うご	羽後 303	うしろだて	後ろ楯 131	
	維廉底爾 295	うき	宇城 101	うこうしゅんすう		うしん	有心 176	
ういろう	外郎 84	うき	浮き 218		禹行舜趨 275	うす	有珠 176	
ウーロンちゃ		うき	浮標 218	うごうのしゅう		うす	臼 313	
	烏竜茶 231	うきあな	浮孔 218		烏合の衆 231	うず	烏頭 231	
うえ	筌 283	うきぎ	翻車魚 304	うこぎ	五加 18	うず	雲珠 398	
ウェーバー	韋柏 402	うきくさ	萍 324	うごく	盪く 261	うず	髻華 415	
うえお	筌尾 283	うきごり	浮鰍 218	うこさべん		うすい	淡い 220	
うえき	樹木 198	うきな	憂き名 145		右顧左眄 59	うすい	碓井 270	
うえじまおにつら		うきぬなわ	浮き蓴 218	うごし	打越 150	うすい	碓氷 270	
	上島鬼貫 8	うきは	浮羽 218	うこっけい	烏骨鶏 231	うすい	磨井 271	
うえのきぬ	表衣 342	うきばるしま		うごめく	蠢く 341	うすき	宇宿 101	
ウェブスター			浮原島 218	うこん	鬱金 415	うすき	臼杵 313	
	韋白斯特 402	うきぶくろ	浮き嚢 218	うこんえふ		うずく	疼く 255	
うえほんまち		うきぶくろ	鰾 421		右近衛府 59	うずくまる	蹲る 364	
	上本町 8	うきぶち	浮鞭 218	うさいかく	烏犀角 59	うすげむし	薄桂 331	
うえる	栽える 189	うきま	浮間 218	うさぎ	兎 36	うずしお	渦潮 222	
うえる	樹える 198	うきまふなど		うさぎうま	驢 413	うずたかい	堆い 80	
うえる	種える 277		浮間舟渡 218	うさん	烏盞 231	うすにび	薄鈍 331	
うえる	芸える 316	うきみ	憂き身 145	うさんくさい		うすのろ	薄鈍 331	
うえる	餓える 408	うきやがら	浮矢幹 218		胡散臭い 309	うすばえざき		
ウェルナー	偉爾納 33	うきよ	憂世 145	うし	丑 10		白磐崎 313	
うえん	有縁 177	うきょく	迂曲 368	うし	大人 85	うすばかげろう		
うえん	烏焉 231	うく	宇久 100	うし	齲歯 433		薄羽蜉蝣 331	
うえん	迂遠 368	うくい	宇久井 100	うじ	蛆 336	うすべ	護田鳥 355	
うえんべつ	雨煙別 397	うぐい	宇久井 100	うじい	雲林院 398	うすべり	薄縁 331	
うおじらみ	魚蝨 417	うぐい	鯎 418	うじうぶすな		うずまがわ	巴波川 120	
うおのめ	鶏眼 425	うぐいす	鴬 425		氏産土 205	うずまさ	太秦 89	
うが	烏賀 231	うぐいだき	鯎滝 421	うしお	海潮 215	うずみび	埋み火 79	
うかい	宇甘 100	うぐす	宇久須 100	うしお	潮 227	うすむらさき		
うかい	迂回 368	うぐす	鴬巣 425	うしおじる	潮汁 227		淡紫 221	
うかい	鵜飼い 424	うぐるしま	鵜来島 424	うじがみ	氏神 205	うずめる	埋める 81	
うがい	嗽 72	うけ	有卦 176	うしく	牛久 238	うすもの	羅 301	
うかいこつ	烏喙骨 231	うけ	筌 283	うじこ	氏子 205	うずら	鶉 425	
うかうか	虚虚 334	うげ	有家 176	うししゅべつがわ		うすらひ	薄ら氷 331	
うかがう	伺う 27	うけい	祈 272		牛朱別川 238	うせる	失せる 91	
うかがう	窺う 280	うけいがり	祈狩り 272	うししゅべつがわ		うぜん	羽前 303	
うかしま	浮島 218	うけいゆ	誓湯 352		牛首別川 238	うそ	咥 70	
うかつ	迂闊 368	うけうり	請売り 352	うじすじょう		うそ	嘘 72	
うがつ	穿つ 279	うけおい	請負 352		氏素性 205	うそ	鷽 426	
うかとうせん		うけがう	肯う 308	うしとら	艮 314	うぞうむぞう		
	羽化登仙 303	うけしま	請島 352	うしなう	喪う 71		有象無象 177	
うかのみたま		うげつ	雨月 397	うしのした	牛舌魚 238	うそかえ	鷽替 426	
	倉稲魂 31	うけどがわ	請戸川 352	うしのしま	牛島 238	うそしっかりがんとりちょう		
うかのめ	稲魂女 278	うけのくち	筌ノ口 283	うしば	丑番 10		咥多雁取帳 70	
うかぶ	泛かぶ 210	うけもちのかみ		うしぶか	牛深 238	うそつき	嘘吐き 72	
うかみ	窺見 280		保食神 30	うしま	牛島 238	うそふき	嘯 73	
うから	親族 348	うける	享ける 20	うしみつ	丑三 10	うそぶく	嘯く 73	
うかれめ	浮れ女 218	うける	承ける 151	うじょう	有情 177	うそりやまこ		
うかん	有漢 177	うける	薬ける 277	うしろく	後宮 132			

	宇曾利山湖	101	うちのまき	内牧 40	うつつがわ	現川 246	うどざき	鵜戸崎 424	
うた	打宅	150	うちのみ	内海 40	うって	討っ手 350	うとそうそう		
うだ	宇陀	101	うちのり	内法 40	うっとうしい			烏兎匆匆 231	
うだ	打它	150	うちばなりじま		鬱陶しい 415	うどねじま			
うだい	宇内	100		内離島 41	うつぶし	空五倍子 279		鵜渡根島 424	
うだい	有待	176	うちべり	内耗 40	うつぶす	俯す 32	うどねり	内舎人 40	
うたいぞめ	謠初	354	うちべんけい		うつぶな	内船 40	うとましい		
うたいもんく			内弁慶 40	うっぷるい	十六島 52		疎ましい 254		
	謳い文句	354	うちまたごうやく		うっぷん	鬱憤 415	うどん	饂飩 408	
うたう	哦う	68		内股膏薬 40	うつべ	内部 40	うどんげ	優曇華 35	
うたう	唄う	69	うちみだりのはこ		うつぼ	靱 401	うない	髫 415	
うたう	詠う	350		打乱筥 150	うつぼ	靫 401	うながす	促す 30	
うたう	謳う	354	うちょうてん		うつぼ	鱓 421	うなかみ	海上 214	
うたかぐさ	升麻	53		有頂天 177	うつぼがい	靫貝 401	うなぎ	鰻 421	
うたかた	泡沫	213	うちょうてんがい		うつぼかずら		うなぎなわしろ		
うたかわ	雅楽川	396		有頂天外 177		靫蔓 401		鰻苗代 421	
うたぐる	疑る	254	うちわ	内曲 40	うつぼかもん		うなぎやな	鰻簗 421	
うたげ	宴	103	うちわ	団扇 75		空勘文 279	うなされる		
うたざいもん			うつ	伐つ 25	うつぼがわら			魘される 416	
	歌祭文	201	うつ	射つ 106		靫瓦 401	うなざわ	海沢 214	
うたざわ	哥沢	68	うつ	批つ 152	うつぼつ	鬱勃 415	うなじ	海路 215	
うたしない	歌志内	201	うつ	拍つ 153	うつみ	内海 40	うなじ	項 403	
うたすつ	歌棄	201	うつ	搏つ 159	うつむく	俯く 32	うなずく	頷く 404	
うたせあみ			うつ	撃つ 159	うつめ	上旬 8	うなだれる		
	打た瀬網	150	うつい	内日 40	うつりょうし			項垂れる 403	
うたた	転	365	うつい	日内 168		尉繚子 107	うなづれ	女連 93	
うたたね	仮寝	24	ういがわ	打井川 150	うつる	感染る 144	うなて	池溝 209	
うだつ	梲	191	うつうつ	蔚蔚 328	うつろ	空ろ 279	うなて	雲梯 398	
うたつやま	卯辰山	56	うつうつ	鬱鬱 415	うつろいぎく		うなばら	海原 214	
うたるべ	宇樽部	101	うつおばしら			移菊 277	うなべつだけ		
うち	中	11		空柱 279	うできき	腕利き 311		海別岳 214	
うち	家	103	うつぎ	樗木 199	うでくらべ	腕競べ 311	うなみ	卯波 56	
うち	有知	176	うつぎ	空木 279	うでずく	腕尽く 311	うなめ	宇納 101	
うち	裏	344	うづき	卯月 56	うでっこき		うなめ	畦目 253	
うちいり	討入り	350	うつぎだけ	空木岳 279		腕っ扱き 311	うなる	唸る 70	
うちかけ	褂襠	344	うつくしい	姸しい 95	うてな	台 61	うに	海胆 214	
うちき	袿	343	うっくつ	鬱屈 415	うてな	蕚 325	うに	雲丹 398	
うちぎきしゅう			うつけもの	呆気者 65	うでまくり	腕捲り 311	うぬ	汝 209	
	打聞集	150	うつしみ	現身 246	うでる	茹でる 321	うぬぼれ	自惚れ 313	
うちぎぬ	打衣	150	うつしよ	現世 246	うと	宇土 101	うぬら	汝等 209	
うちこ	内子	40	うつす	遷す 374	うど	有度 176	うね	宇弩 101	
うちこわす			うつす	鈔す 382	うど	独活 241	うね	有年 176	
	打ち毀す	150	うつせがい	虚貝 334	うど	鵜峠 424	うね	畦 253	
うちた	打田	150	うつせみ	空蟬 279	うとい	疎い 254	うね	畴 254	
うちつおみ	内臣	40	うつぜん	鬱然 415	うとう	善知鳥 71	うねざき	畦崎 253	
うちつみやけ			うっそう	鬱蒼 415	うどう	有動 177	うねさわ	釆沢 237	
	内官家	40	うづち	卯槌 56	うとうと	昏昏 177	うねの	畦野 253	
うちづら	内面	40	うっちゃる		うとく	有徳 177	うねび	傍歆 33	
うちと	内外	40		打っ遣る	150	うどごえ	鵜渡越 424	うねび	畝尾 253
うちとみ	内外海	40	うつつ	現 245	うどざき	宇土崎 100	うねび	畝傍 253	

うねめ	采女	236	うまかい	宇合	100	うめもとりゅう		うりはり	六月一日	39	
うねる	蜿蜒る	337	うまかい	馬甘	410		楳茂都流	195	うりゅう	瓜生	347
うのけ	兎の毛	36	うまごやし	苜蓿	320	うやがわ	敬川	163	うりよね	瓜	290
うのけ	宇ノ気	100	うまさけ	味酒	66	うやく	烏薬	231	うりわり	瓜破	347
うのしま	宇島	101	うましくに	美し国	301	うやまう	敬う	163	うる	傴僂	33
うのすまい	鵜住居	424	うまずめ	石女	267	うやむや	有耶無耶	176	うる	沽る	211
うのはな	卯の花	55	うませ	馬柵	411	うゆう	烏有	231	うるおう	湿う	222
うのはなくたし			うまづらはぎ			うよきょくせつ			うるおう	霑う	399
	卯の花腐し	55		馬面剝	411		紆余曲折	290	うるか	鰶鮞	399
うのみ	鵜呑み	424	うまに	旨煮	170	うよねはん			うるぎ	売木	36
うば	乳母	16	うまのあしがた				有余涅槃	176	うるきぼし	女宿	93
うば	姥	96		毛茛	205	うらかた	卜兆	55	ウルグアイ	宇柳貝	101
うばい	優婆夷	35	うまのすずくさ			うらがなしい			うるさい	五月蠅い	18
うばう	攫う	345		馬兜鈴	411		心悲しい	136	うるさがた	煩型	234
うばがい	姥貝	96	うまや	厩	57	うらがれる			うるさんまち		
うばがい	姥母井	274	うまや	駅	411		末枯れる	180		蔚山町	328
うばがたに	雪母谷	398	うまやどのおうじ			うらき	末木	180	うるしお	漆生	225
うばぐち	右左口	59		厩戸皇子	57	うらごし	裏漉し	344	うるしかき	漆搔き	225
うばぐち	左右口	119	うまゆみ	騎射	412	うらさびしい			うるしかぶれ		
うばざくら	姥桜	96	うみ	膿	312		心淋しい	136		漆瘡	225
うばしま	祖母島	274	うみうし	海牛	214	ウラジオストク			うるしね	粳稲	289
うばそく	優婆塞	35	うみお	績麻	299		浦塩斯徳	218	うるち	粳	288
うはつ	有髪	177	うみそ	績麻	299	うらしまそう			うるま	潤間	227
うばめがし	姥芽櫧	96	うみぞうめん				虎掌	334	うるま	生間	250
うばゆり	姥百合	96		海索麺	214	うらじろのき			うるま	粳間	288
うばら	茨	320	うみたけ	海筍	215		白梨樹	258	ウルムチ	烏魯木斉	231
うばらない	卯原内	56	うみのくち	海ノ口	214	うらだな	裏店	344	うるめいわし		
うぶ	初	44	うみほおずき			うらどめ	浦富	218		潤目鰯	227
うぶ	生	249		海酸漿	215	うらなう	占う	55	うるもち	粳餅	289
うぶかた	宇方形	100	うみほたる	海蛍	215	うらなり	末成り	180	うるもんべつこ		
うぶかた	幼方	125	うみやめぼし			うらば	末葉	180		得茂別湖	132
うぶかた	生方	125		危宿	56	うらしない			うるわしい	懿しい	147
うぶぎ	産衣	250	うむ	倦む	31	うらしい	卜食	55	うるわしい	美しい	301
うぶすな	産土	250	うむ	有無	177	うらぶみ	卜書	55	うれ	宇連	101
うぶめ	姑獲鳥	94	うむ	熟む	235	うらべ	卜部	55	うれい	愁い	144
うぶめ	産女	250	うむ	績む	298	うらほろ	浦幌	218	うれえぶみ	愁文	144
うぶめぎ	産婦木	250	うむ	膿む	312	うらぼん	盂蘭盆	260	うれえる	患える	141
うぶや	産屋	250	うむき	海蛤	215	うらみつらみ			うれしい	嬉しい	97
うぶやしない			うめ	楳	195		恨み辛み	140	うれしの	嬉野	97
	産養	250	うめがえ	梅枝	190	うらむ	怨む	138	うれつきとうば		
うぶやま	産山	250	うめがえ	梅香家	190	うらむ	憾む	146		梢付き塔婆	191
うぶんぼく	烏文木	231	うめがとう	梅ヶ峠	190	うらやむ	羨む	303	うろ	有漏	177
うべ	宇部	101	うめく	呻く	66	うららか	麗らか	428	うろ	烏鷺	231
うべなう	宜う	101	うめざこ	梅迫	190	ウラル	烏拉児	231	うろ	虚	334
うべなう	諾う	353	うめず	楳図	195	うらわ	浦曲	218	うろ	迂路	368
うま	午	53	うめたに	梅渓	190	うり	瓜	347	うろ	雨路	397
うまい	上手い	8	うめのきごけ			うりけん	沽券	211	うろおぼえ	疎覚え	254
うまい	旨い	170		梅樹苔	190	うりざね	瓜実	347	うろこ	鱗	421
うまい	熟寝	235	うめびしお	梅醬	190	うりざねがお			うろこぐも	鱗雲	421
うまおこし	午起	53	うめもどき	梅擬	190		瓜実顔	347	うろたえる		
						うりづら	瓜連	347			

	狼狽える	241	うんじょう	醞醸 377	えいしゅん	英俊 317	えげん	慧眼 145
うろつく	彷徨く	131	うんじょうびと		えいしょえんせつ		えこう	回向 75
うろぬく	虚抜く	334		雲上人 398		郢書燕説 375	えこう	衣桁 342
うろん	胡乱	308	うんじょうりょうへん		えいせん	曳船 175	えごうしゅう	
うわき	浮気	218		雲蒸竜変 398	えいぜん	営繕 70		会合衆 24
うわぎ	上衣	8	うんぜん	雲仙 398	えいそう	営倉 70	えこく	衣裓 342
うわぎ	薺蒿	332	うんぞうがゆ		えいそう	営巣 70	えこだ	江古田 208
うわぐすり	釉	378		温精粥 222	えいたい	永代 207	えこた	江古田 208
うわぐそく	表具足	342	うんたまもり		えいだつ	穎脱 278	えことば	絵詞 293
うわごと	囈語	73		運玉森 371	えいち	叡知 59	えこのき	斉墩果 432
うわごもり	上籠	9	うんちく	蘊蓄 333	えいてつ	瑩徹 246	えごのり	恵胡海苔 140
うわごろも	上挙母	8	うんてい	雲梯 398	えいのまる	永犬丸 207	えこひいき	
うわさ	噂	73	うんでい	雲泥 398	えいほう	鋭鋒 384		依怙贔屓 28
うわすべり	上辷り	8	うんでいばんり		えいまい	英邁 317	えごま	荏胡麻 321
うわぜい	上背	8		雲泥万里 398	えいゆ	贏輸 359	えさ	餌 408
うわつく	浮つく	218	うんどんこん		えいようえいが		えさし	枝幸 183
うわづみ	上積み	9		運鈍根 371		栄耀栄華 186	えさん	恵山 140
うわて	上手	7	うんぬん	云云 17	えいりょ	叡慮 59	えし	壊死 82
うわなり	嫐	97	うんのう	蘊奥 332	えいろう	永牢 207	えし	画師 252
うわなり	後妻	131	うんびん	雲鬢 398	エーカー	英町 317	えじ	衛士 342
うわのそら	上の空	7	うんぶてんぷ		エーゲかい	多島海 84	えじき	餌食 408
うわのはら				運否天賦 371	エーテル	依的児 28	エジソン	愛迪生 143
	兎和野原	36	うんめいでん		ええん	会䴨 24	エジプト	埃及 79
うわばき	上履	9		温明殿 221	えがお	笑顔 252	えじま	江島 208
うわばみ	蟒蛇	339	うんも	雲母 398	えがきべ	画部 252	えしゃく	会釈 24
うわひ	上翳	9			えかく	永覚 207	えしゃじょうり	
うわべ	上辺	8	【え】		えがく	画く 252		会者定離 24
うわまえ	上前	8			エカテリーナ		えしん	回心 75
うわみずざくら			え	画 252		悦加的俚拿 141	えずく	嘔吐く 72
	上溝桜	9	えあいがわ	江合川 208	えがらっぽい		えせ	似非 27
うんい	云為	17	えあわせ	絵合 293		薮辛っぽい 334	えそ	壊疽 82
うんえんかがん			えい	穎娃 278	えがわ	画章 252	えそ	鱛 421
	雲煙過眼	398	えい	櫻 300	えがわ	穎川 278	えぞ	蝦夷 338
うんか	浮塵子	218	えい	穎娃 404	えきえぼし	胃宿 308	えぞえ	江副 208
うんか	雲霞	398	えい	鱝 421	えきか	腋窩 311	えぞぎく	蝦夷菊 338
うんき	温気	221	えいいき	塋域 81	エキス	越幾斯 361	えぞすみれ	蝦夷菫 338
うんげい	雲霓	398	えいか	穎果 278	えきせん	易占 170	えそらごと	絵空事 293
うんげん	繧繝	299	えいき	盈虧 260	えきびょう	疫病 255	えたい	得体 132
うんげんにしき			えいきょ	盈虚 260	えきもん	掖門 156	えたいだけ	恵岱岳 140
	繧繝錦	299	えいきょく	郢曲 375	えきら	奕葉 92	えだがみ	裔神 344
うんこう	耘耕	305	えいぐ	影供 130	えきり	江吉良 208	えたじま	江田島 208
うんこう	芸香	316	えいけつ	永訣 207	えきり	疫痢 255	えだてくじま	
うんさんむしょう			えいげつ	盈月 260	えきれい	疫癘 255		枝手久島 183
	雲散霧消	398	えいご	穎悟 278	エクアドル	厄瓜多 56	えだみち	岐路 115
うんじ	云爾	17	えいこう	曳航 175	えぐい	蘞い 334	えだる	柄樽 187
うんしゃ	蘊藉	333	えいごう	永劫 207	えくに	足国 362	えち	愛知 143
うんしゅうみかん			えいこせいすい		えくぼ	靨 401	えちがわ	愛知川 143
	温州蜜柑	221		栄枯盛衰 185	えぐる	抉る 151	えちごかんがわ	
うんしゅうむさん			えいさい	穎才 278	えげ	会下 24		越後寒川 361
	雲集霧散	398	えいしゅ	贏輸 359	えげ	慧解 145	エチルアルコール	
			えいじゅ	衛成 342				

依知爾亜爾箇保児	28	えびかずら	葡萄蔓 326	えり	鯀	417	円鑿方枘	40
えつ	鯔魚 421	えびがに	蝦蟹 338	えりくび	襟首 345	えんざん	鉛槧 382	
えっさい	雀鷃 395		エビクロス		えりぐり	衿刳 343	えんじ	臙脂 313
えっする	謁する 352		葉皮休緑斯 326	えりごのみ		えんじ	衍字 342	
えつねん	越年 361	えびす	夷 91		選り好み 374	えんじゃく	燕雀 235	
えつり	桟 189	えびす	恵比寿 140	エリザベス		えんじゅ	槐 196	
えづりこ	江釣子 208	えびす	恵比須 140		以利沙伯 22	えんすい	円錐 40	
エディンバラ		えびす	胡 308	えりぜに	撰り銭 160	えんせい	厭世 57	
	以丁堡 22	えびすちょう		えりぬき	選り抜き 374	えんせいがい		
えてこう	猿公 243		胡町 308	えりも	襟裳 345		袁世凱 343	
えてんらく	越天楽 361	えびちゃ	葡萄茶 326	える	鏤る 386	えんせき	筵席 284	
えと	干支 123	えびづる	蘡薁 333	える	鐫る 387	えんせき	縁戚 297	
えど	穢土 278	えびね	海老根 214	える	雕る 397	えんせん	厭戦 57	
えとき	絵解き 293	えびはら	蛯原 336	えん	役 131	えんぜん	婉然 96	
えとく	会得 24	えひめ	愛媛 143	えんえき	演繹 225	えんぜん	嫣然 97	
えとも	恵曇 140	えびら	箙 285	えんえん	奄奄 91	えんぜん	宛然 101	
えとも	絵鞆 293	えふ	衛府 342	えんえん	炎炎 230	えんそう	淵藪 221	
えとろふ	択捉 151	えぶね	家船 103	えんえん	蜿蜒 337	えんそく	堰塞 80	
えな	恵那 140	えぶり	朳 181	えんお	厭悪 57	えんたん	簷端 286	
えな	胞衣 309	えぶりさしだけ		えんおう	冤枉 41	えんてい	堰堤 80	
えな	衣奈 342		朳差岳 181	えんおう	鴛鴦 423	えんてんかつだつ		
えない	榎井 196	えべおつ	江部乙 208	えんか	嚥下 73		円転滑脱 40	
えなが	柄長 187	えほう	吉方 61	えんか	烟霞 231	えんとう	簷頭 286	
えなんじ	淮南子 221	えぼし	烏帽子 238	えんか	燕窩 235	えんどう	淵衷 219	
えにし	縁 297	エホバ	耶父華 306	えんが	簷瓦 286	えんどう	豌豆 356	
えにしだ	金雀児 381	えま	江馬 208	えんがい	掩蓋 156	えんにょう	延繞 127	
エニセイ	伊爾謝 24	えま	絵馬 293	えんがる	遠軽 373	えんのおづの		
えにわ	恵庭 140	エマーソン	恵馬遜 140	えんがんこけい			役小角 131	
えぬ	江沼 208	えみ	江御 208		燕頷虎頭 235	えんのぎょうじゃ		
えのかわ	可愛川 59	えみし	蝦夷 338	えんがんとうひつ			役行者 131	
えのき	榎 196	えみのおしかつ			燕頷投筆 235	えんばく	燕麦 235	
えのきだけ	榎茸 196		恵美押勝 140	えんき	厭忌 57	えんぱく	淹博 219	
えのこ	犬子 240	えむ	咲む 68	えんぎ	衍義 342	えんび	鳶尾 422	
えのころ	犬子 240	えむかえ	江迎 208	えんきょく	婉曲 96	えんび	猿臂 243	
えのころぐさ		えもんかけ		エンケ	恩刻 139	えんびぎょやく		
	狗尾草 240		衣紋掛け 342	えんげ	嚥下 73		鳶飛魚躍 422	
えのだけ	可愛岳 59	えやみ	疫病 255	えんげつ	偃月 32	えんびふく	燕尾服 235	
えのと	榎戸 196	えやみぐさ	疫草 255	エンゲルス	恩格斯 139	えんぶ	厭舞 57	
えのみ	江御 208	えようえいが		えんけん	偃蹇 32	えんぶくか	艶福家 315	
えのめ	鰓目 419		栄耀栄華 186	えんげん	怨言 138	えんぶしゅうぶん		
えのもとたけあき		えよみ	江与味 208	えんげん	淵源 221		偃武修文 32	
	榎本武揚 196	えら	江良 208	えんご	掩護 156	えんぶだい	閻浮提 390	
えはら	蛯原 336	えら	鰓 419	えんこう	猿猴 243	えんぶん	艶聞 315	
えばら	荏原 321	えらい	豪い 356	えんこうそくげつ		えんべい	掩蔽 156	
えばらたいぞう		えらぶ	択ぶ 151		猿猴捉月 243	えんべつ	遠別 373	
	穎原退蔵 225	えらぶ	撰ぶ 160	えんごさく	延胡索 127	えんぽ	援輔 158	
えび	江尾 208	えらぶつ	偉物 33	えんこん	怨恨 138	えんぽう	延袤 127	
えび	海老 214	えらもの	偉物 33	えんさ	怨嗟 138	えんぽう	遠方 373	
えび	衣斐 342	えらん	栄蘭 186	えんざい	冤罪 41	えんま	閻魔 390	
えびあな	鱝穴 417	えり	衿 343	えんさくほうぜい		えんまこおろぎ		

	閻魔蟋蟀	390	おう	逐う	370	おうだ	網田	296	おおい	大飯	86
えんや	垣谷	79	おうあちょうたつ			おうだ	麻生田	428	おおいがわ	大堰川	88
えんや	艶冶	315		嘔啞嘲哳	72	おうたぐろ	太田黒	89	おおいしくらのすけ		
えんり	垣籬	79	おういつ	横溢	197	おうだん	黄疸	429		大石内蔵助	86
えんりえど			おうう	奥羽	92	おうち	棟	195	おおいしちから		
	厭離穢土	57	おうう	慍嫗	97	おうち	相知	262		大石主税	86
えんりゃく	延暦	127	おうおう	怏怏	138	おうち	路	363	おおいた	大分	86
えんれい	婉麗	96	おうおう	汪汪	209	おうち	邑知	374	おおいわ	大盤	89
			おうか	相可	262	おうづ	麻生津	483	おおう	蔽う	330
【お】			おうか	謳歌	354	おうと	嘔吐	72	オーウェン	奥文	92
お	麻	428	おうが	横臥	197	おうとう	桜桃	188	おおえ	大役	86
おあま	小天	107	おうがらいりん			おうとつ	凹凸	43	おおえのまさふさ		
おい	甥	250		枉駕来臨	183	おうな	媼	97		大江匡房	86
おい	笈	282	おうからんまん			おうなつ	押捺	152	おおみ	大臣	86
おいかけ	綾	296		桜花爛漫	188	おうぬきだわ			おおみ	大麻績	88
おいかまなえぬま			おうき	仰木	24		王貫峠	245	おおが	大神	87
	生花苗沼	249	おうき	芬木	317	おうねつ	黄熱	430	おおがき	大柿	87
おいかわ	及川	14	おうぎ	仰木	24	おうのう	懊悩	146	おおかじ	於岡次	167
おいかわ	笈川	282	おうぎ	奥義	92	おうばく	黄檗	430	おおかしわ	大膳	89
おいかわ	追河	369	おうぎがやつ			おうばんぶるまい			おおかた	大方	86
おいけ	御池	133		扇ガ谷	149		椀飯振舞い	194	おおがた	生形	249
おいし	大石	86	おうぐち	生口	249	おうひ	横披	197	おおかみ	狼	241
おいし	生石	249	おうご	朸	181	おうへい	横柄	197	おおがれあたまやま		
おいしい	美味しい	302	おうご	淡河	220	おうまがとき				大崖頭山	88
おいずるがだけ			おうさか	相坂	262		逢魔が時	370	おおかわ	大鼓	88
	笈ヶ岳	282	おうさか	逢坂	370	おうみ	芋蕷	319	おおかわち	大河内	87
おいそ	老蘇	305	おうさかとうげ			おうみ	近江	368	おおぎ	青木	400
おいだ	種田	277		逢阪峠	370	おうみ	青海	400	おおぎまち	正親町	201
おいたま	置賜	300	おうざさん	皇座山	260	おうみのみふね			おおぎみ	大宜味	87
おいつかみじま			おうさつ	殴殺	203		淡海三船	220	おおぎょう	大仰	86
	御五神島	133	おうさつ	鏖殺	386	おうむ	雄武	396	おおぎり	大喜利	87
おいて	措いて	157	おうし	鴨子	423	おうむ	鸚鵡	427	おおくえやま		
おいて	於いて	167	おうしお	王子保	244	おうめ	青梅	400		大崩山	88
おいて	追風	369	おうしき	黄鐘	430	おうよう	鷹揚	427	おおぐすやま		
おいど	御居処	133	おうしま	黄島	429	おうら	邑楽	374		大楠山	88
おいなた	小向田	108	おうじま	奥武島	92	おうろく	女王禄	93	おおくのひめみこ		
おいぬま	逐沼	370	おうじゃく	往昔	131	おえ	小江	108		大伯皇女	86
おいばね	追羽子	369	おうじゅほうしょう			おえ	麻植	429	おおくび	大顔	88
おいめ	負目	357		黄綬褒章	430	おえつ	嗚咽	71	おおくま	大隈	88
おいやけ	岡宅	116	おうしょ	押書	152	おえづか	麻植塚	429	おおくましげのぶ		
おいら	己等	119	おうしょう	鞅掌	402	おおあざ	大字	86		大隈重信	88
おいらく	老楽	305	おうじょう	往生	131	おおあだ	大阿太	87	おおくら	大内蔵	86
おいらせ	追良瀬	369	おうじょうぎわ			おおあたま	巨頭	12	オークランド		
おいらせがわ				往生際	131	おおあにがわ				奥克蘭	92
	奥入瀬川	92	おうす	御薄	135		大阿仁川	86	おおくれ	大樟	88
おいらん	花魁	316	おうせ	逢瀬	370	おおあま	大海	87	おおけび	大裂裟	88
おいらんそう			おうせい	旺盛	170	おおあまのおうじ			おおげじま	大下島	85
	花魁草	316	おうせき	往昔	131		大海人皇子	87	おおこ	大日子	86
おいわけ	辺方	368	おうせん	鶑遷	425	おおあわ	粱	289	おおご	大胡	87
おいわけ	追分	369	おうだ	殴打	203	おおい	大炊	87	おおこうち	大川内	85

おおこうち 大河内 87	おおたり 大足 86	大喰岳 88	大山蓮華 85
おおこそ 大社 86	おおだるみとうげ	おおはる 大治 87	おおゆけ 大湯座 88
おおさ 大佐 86	大弛峠 86	おおばん 大鷭 89	おおよう 大様 88
おおさ 大長 87	おおだるみとうげ	おおばんぶるまい	おおよそ 大凡 85
おおさか 大幸 87	大垂水峠 87	大盤振舞い 89	おおよろぎさん
おおさき 大幸 87	おおたわ 大凪 85	おおひきしま	大万木山 85
おおさき 大崎 88	おおち 大内 86	大墓島 89	おおわらわ 大童 88
おおさこ 大迫 87	おおち 邑智 374	おおびしま 大飛島 87	おおん 大御 88
おおざっこ 大雑把 88	おおづ 大津 87	おおひと 大仁 85	おか 岡 116
おおさびやま	おおつき 大槻 88	おおひなた 大日南 86	おか 陸 393
大佐飛山 86	おおつくしま	おおひら 大衡 89	おが 男鹿 252
おおざれやま	大築島 89	おおぶ 大府 87	おがきえ 小垣江 108
大座礼山 87	おおつごもり	おおぶけ 大更 86	おがくず 大鋸屑 89
おおし 太子 89	大晦 88	おおふなと 大船渡 88	おかしい 可笑しい 59
おおしい 雄雄しい 396	おおつめ 大角集 86	おおほ 大穂 87	おかしない 笑内 282
おおしこうちのみつね	おおとう 大任 86	おおぼけ 大歩危 87	おかじょうき
凡河内躬恒 42	おおどせさき	おおほら 大洞 87	陸蒸気 393
おおじま 大島 87	大戸瀬崎 85	おおほら 鮃 418	おがしらとうげ
おおじゃ 大蛇 88	おおどち 大栃 87	おおまえつぎみ	尾頭峠 112
おおじろもりやま	おおともそうりん	大臣 86	おかす 干す 123
大白森山 86	大友宗麟 86	おおまがどき	おかす 冒す 263
おおず 大洲 87	おおとものさかのうえの	大禍時 88	おかず 御菜 134
おおすけ 大副 87	いらつめ	おおまなごさん	おかせ 苧ヶ瀬 319
オースティン	大伴坂上郎女 86	大真名子山 87	おがたけさん
墺斯陳 82	おおとものたびと	おおまま 大間々 88	尾形乾山 112
オーストラリア	大伴旅人 86	おおまめうだ	おがたこうあん
濠太剌利 228	おおとものやかもち	大豆生田 86	緒方洪庵 296
オーストリア	大伴家持 86	おおみ 大海 87	おがたこうりん
墺太利 82	おおとよ 大豊 88	おおみか 大甕 89	尾形光琳 112
おおすみ 大隅 88	おおとり 鳳 422	おおみさき 大三東 85	おかだま 丘珠 11
おおすみのはな	おおとり 鴻 424	おおみつ 大三 85	おがたまのき
大角鼻 86	おおとり 鵬 425	おおみなせじま	小賀玉の木 109
おおずめ 大角集 86	おおとりじんじゃ	大水無瀬島 85	おがち 雄勝 396
おおせ 役 131	鷲神社 426	おおみやま 大深山 88	おかちまち 御徒町 134
おおせる 遂せる 371	おおなぎ 大梛 88	オーム 欧姆 200	おがつ 雄勝 396
おおぞね 大曾根 88	おおなん 邑南 374	おおむがわ 大武川 87	おかどちがい
おおぞれ 大嵐 88	おおにゅう 大入 85	おおむく 大椋 88	御門違い 133
おおだ 大田 86	おおにゅうだけ	おおむた 大牟田 86	おがの 小鹿野 109
おおだい 大平 86	大丹生岳 85	おおむね 概ね 196	おかはら 岡原 116
おおたか 大鷹 89	おおねじめ 大根占 87	おおむらじ 大連 88	おかふもと 岡麓 116
おおたから 大財 87	おおの 巨野 12	おおむろ 大室 87	おかぼ 陸稲 393
おおたき 大多喜 86	おおのぶ 大生 86	おおもり 大杜 86	おかぼれ 傍惚れ 33
おおだくま 大詫間 88	おおのやすまろ	おおや 大宅 86	おかみ 女将 93
おおだて 大館 89	太安万侶 89	おおや 大谷 86	おかみ 御上 132
おおたてばしま	おおのり 大法 87	おおや 大家 87	おかみ 御内儀 133
大館場島 89	おおば 大庭 87	おおやこ 大陽胡 88	おかみごうがわ
おおたどうかん	おおば 大饗 89	おおやしま 大八洲 85	尾上郷川 112
太田道灌 89	おおばこ 車前草 365	おおやち 大谷地 86	おかめ 阿亀 392
おおたに 大渓 88	おおはた 大圃 87	おおやなぎ 大楊 88	おかめはちもく
おおだら 大多羅 86	おおばみだけ	おおやまれんげ	傍目八目 33

おがも	小鴨	110	おくそく	臆測	312	おこうこう	御香香	134	おざく	小作	108
おから	雪花菜	398	おくたく	臆度	312	おごうち	小河内	108	おざくさん	石裂山	268
おがら	麻幹	429	おくつき	奥津城	92	おこうやま	岡豊山	116	おさしま	筴島	283
おかわ	御厠	134	おくて	晩生	173	おごおり	小郡	109	おさだ	長田	388
おがわ	緒川	296	おくて	晩稲	173	おこがましい			おさつ	長都	388
おがわら	牡瓦	238	おぐな	童男	281		痴がましい	256	おさない	小山内	107
おがわらこ			おぐに	小国	108	おこし	興	313	おさない	幼い	125
	小川原湖	107	おくにし	玉今西	244	おこし	起	361	おさない	長内	388
おき	小旧	107	おくにし	王宮西	245	おこぜ	臆	420	おさふね	長船	388
おき	澳	227	おくび	噯	73	おごせ	越生	361	おさふねながみつ		
おき	熾	235	おくびょう	臆病	312	おごそか	壮か	83		長船長光	388
おき	隠岐	394	おくみ	衽	343	おごそか	厳か	163	おさべ	他戸	22
おぎ	小木	107	おくみおもて			おこそずきん			おさむし	歩行虫	202
おぎ	小城	109		奥三面	92		御高祖頭巾	134	おさむない	納内	292
おぎ	荻	322	おくめん	臆面	312	オゴタイ	窩闊台	280	おさめる	攻める	162
おきあがりこぼし			おくものべ	奥物部	92	おこたる	懈る	146	おさめる	理める	246
	起き上り小法師	361	おぐら	巨椋	12	おこっぺ	興部	313	おさめる	蔵める	330
おきあみ	沖醬蝦	210	おぐら	小椋	109	おごと	雄琴	396	おさらい	御浚	134
おきかむろじま			おぐら	御倉	134	おこのぎ	小此木	108	おさらぎ	大仏	86
	沖家室島	210	おくらとまち			おごのり	海髪	215	おさらぎじろう		
おぎくぼ	荻窪	323		御蔵跡町	135	おこば	大畑	87		大仏次郎	86
おきくむし	蟖虫	339	おぐりただまさ			おこばた	大河端	87	おさりざわ	長去沢	112
おぎじま	男木島	252		小栗忠順	109	おこばちやま			おさるがわ	長流川	388
おきたま	置賜	300	おくりな	諡	354		於古発山	167	おさんどん		
おきつ	興津	313	おくりょうらくげつ			おこぼれ	御零れ	135		御饗どん	135
おきて	掟	157		屋梁落月	113	おこもり	御籠り	135	おし	忍	137
おきな	翁	303	おくる	貽る	358	おこり	瘧	256	おし	鴛鴦	423
おきなが	息長	140	おくる	賻る	359	おこる	熾る	235	おじ	伯父	27
おきなぐさ	翁草	303	おぐるす	小栗栖	109	おごる	倨る	31	おじ	叔父	58
おきなじま	翁島	303	おぐるま	旋覆花	168	おごる	傲る	33	おしあげ	押上	152
おきなじま	翁島	303	おくればせ			おごる	奢る	92	おじいさん		
おきなじる	沖魚汁	210		後れ馳せ	131	おこわ	御強	134		御祖父さん	134
おきなます	沖膾	210	おけ	桶	191	おさ	曰佐	175	おじいさん		
おぎの	荻布	323	おけ	槽	197	おさ	筬	283		御爺さん	135
おきのえらぶしま			おけ	麻笥	429	おさ	長	387	おしえる	訓える	350
	沖永良部島	210	おけちみゃく			おさえる	制える	46	おしお	忍峡	137
おきび	熾火	235		御血脈	133	おさえる	圧える	77	おしか	牡鹿	238
おきゃん	御侠	134	おけつ	悪血	141	おさか	刑坂	44	おじか	牡鹿	238
おぎゅう	大給	88	おけつ	瘀血	256	おさか	小坂	108	おじか	男鹿	252
おぎゅうそらい			おけと	置戸	300	おさか	忍坂	137	おしがたお	押ヶ峠	152
	荻生徂徠	322	おけはざま	桶狭間	191	おさかべ	刑事	44	おしがとう	大石峠	86
おく	舎く	29	おけら	朮	180	おさかべ	刑部	44	おしかどとうげ		
おく	居く	112	おけら	螻蛄	340	おさかべ	小刑部	108		押角峠	152
おく	措く	157	おけらまいり			おさかべ	押加部	152	おしかべ	忍壁	137
おく	擱く	161		白朮参り	257	おさかべ	長坂部	388	おしき	折敷	151
おく	邑久	374	おける	於ける	167	おさかべ	長壁	388	おじぎ	御辞儀	135
おぐ	尾久	112	おこ	小子	107	おさがり	御下り	132	おじぎそう	含羞草	63
おくう	屋烏	112	おこ	痴	256	おさがり	御降り	134	おしくらまんじゅう		
おぐし	御髪	135	おご	於胡	167	おざきほうさい				押し競饅頭	152
おくする	臆する	312	おこうこう	御香香	134		尾崎放哉	112	おじけ	怯気	139

(21)

項目索引 ▼おがも―おじけ

おじごろ	小路頃	110		御垂髪	133	おちこち	遠近	373	おとぎりそう		
おしさか	忍坂	137	おぜがわ	小瀬川	110	おちど	越度	361		弟切草	128
おじさん	小父さん	107	おせざき	大瀬崎	89	おちふるい	十二仏	52	おとく	汚瀆	208
おしずみ	印具	56	おせち	御節	135	おちふるい	十二神	52	おとくに	乙訓	15
おしぜみ	啞蟬	69	おぜぬま	尾瀬沼	112	おちぶれる			おどける	戲ける	148
おしどまり	鴛泊	423	おぞ	於曾	167		零落れる	399	おとご	乙子	14
おしとみさき			おそい	晏い	172	おぢや	小千谷	107	おとこえし	男郎花	252
	押登岬	152	おそい	晩い	173	おちゅうど	落人	326	おとこぎ	俠気	29
おしどり	鴛鴦	423	おそぎ	小曾木	109	おちる	堕ちる	80	おとこだて	男伊達	252
おしなべて			おそきない	晩生内	173	おちる	墜ちる	82	おとごづき	乙子月	14
	押し並べて	152	おそまき	遲蒔き	372	おちる	隕ちる	394	おとこやもめ		
おしの	忍野	137	おぞましい	悍しい	141	おっかわ	乙川	15		男鰥	252
おしはかる	臆る	312	おぞましい			おづき	小月	107	おとさた	音沙汰	403
おしばらきょう				鈍ましい	382	おっきらい	越喜来	361	おどし	威し	95
	忍原峡	137	おそらかんざん			おっくう	億劫	34	おどし	縅	297
おしべ	雄蕊	396		恐羅漢山	140	オックスフォード			おとしだね	落し胤	326
おしま	小島	109	おそれ	畏れ	252		牛津	238	おとしべ	落部	326
おしま	渡島	223	おそれる	怕れる	139	おつけ	御汁	133	おとしべ	音標	403
おしま	男島	252	おそれる	怖れる	139	おっしゃる	仰る	24	おとしめる	貶める	358
おじま	小島	109	おそれる	憎れる	145	おっしゃる	被仰る	343	おとす	墜す	82
おしまさわら			おそれる	懼れる	147	おって	追而	369	おとす	貶とす	357
	渡島砂原	223	おそれる	畏れる	253	おってがき			おとす	隕とす	394
おじまや	小島谷	109	おそれる	疎れる	281		追而書き	369	おどす	喝す	69
おしみ	忍海	137	おた	意太	143	おっと	良人	315	おどす	縅す	297
おしみず	押水	152	おだ	織田	299	おっと	越戸	361	おどす	脅す	309
おしむ	愛しむ	143	おたあさま	御母様	133	おっとせい	膃肭臍	311	おとたちばなひめ		
おしめ	襁褓	345	おだいとう	尾岱沼	112	おっとも	乙供	15		弟橘媛	128
おしゃく	雛妓	397	おたけび	雄叫び	396	おつねん	越年	361	おとつい	一昨日	2
おしゃまんべ			おだごえ	小田越	107	おっぱ	追波	369	おとづき	弟月	128
	長万部	387	おたすや	小勤	108	おっぱ	追浜	369	おとど	大殿	88
おしょう	和尚	67	おだてる	煽てる	234	おっぺがわ	越辺川	361	おととい	一昨日	2
おじょく	汚辱	208	おたに	子丹	98	おっぺす	押圧す	152	おととし	一昨年	2
おじょく	汚濁	208	おたのしけ	大楽毛	88	おつぼね	御局	133	おとな	大人	85
おしょろ	忍路	137	おたふく	阿多福	391	おてしょ	御手塩	133	おとなしい		
おしりりかがわ			おたべ	小辺	107	おでまし	御出座	133		柔順しい	187
	尾白利加川	112	おたみ	大田見	86	おてもと	御手許	133	おとなしい		
おしろ	忍路	137	おためごかし			おでん	御田	133		温和しい	221
おしろい	白粉	258		御為倒し	134	おてんしょうだけ			おとひめ	乙姫	15
おしろいばな			おたり	小谷	108		大天井岳	85	おとふけ	音更	403
	白粉花	258	オタワ	倭塔瓦	30	おてんとうさま			おとべ	乙部	15
おしん	悪心	141	おだわら	小田原	107		御天道様	133	おとまる	乙丸	14
おす	圧す	77	おち	穏地	278	おてんば	御転婆	134	おとめ	乙女	15
おす	推す	157	おち	越知	361	おと	乙	14	おとめ	乙面	15
おす	捺す	157	おち	越智	361	おといねっぷ			おともり	乙守	15
おす	雄	396	おち	遠地	373		音威子府	403	おとや	弟矢	128
おすい	襲	345	おちいし	落石	326	おどおど	怖怖	139	おとり	囮	75
おずおず	怖ず怖ず	139	おちうど	落人	326	おとがい	頤	404	おどり	小鳥	109
おすたかやま			おちか	小値賀	109	おとがわ	男川	252	おとりこし	御取越	133
	御巣鷹山	134	おちかた	遠方	373	おとぎばなし			おどりこそう		
おすべらかし							御伽噺	133		野芝麻	378

おどろ	棘 192	おば	叔母 58	おひれ	尾鰭 112		御神渡り 134
おどろく	愕く 143	おばあさん		おふく	於福 167	おむつ	御襁褓 135
おとわ	音羽 403		御祖母さん 134	おふけやき		おむろ	御室 134
おないどし	同い年 63	おばあさん			御深井焼 134		御室仁和寺 134
おながざる	尾長猿 112		御婆さん 134	おぶさ	緒総 296	おめおめ	喀喀 70
おながら	小半 107	オハイオ	阿海阿 391	おぶすま	男衾 252	おめかし	御粧し 134
おながわ	女川 93	おはぐろ	鉄漿 383	おぶせ	小布施 107	おめく	叫く 62
おなご	女子 93	おはこ	十八番 52	おぶちぬま	御尾駮沼 112	おめし	御召 133
おなぶち	小女淵 107	おはこ	伯母子 27	おぶない	小船井 109	おめずおくせず	
おなもみ	葈耳 326	おはさま	小母 109	おふゆ	雄冬 396		怖めず憶せず 139
おなや	女屋 93	おばさん	小母さん 108	おふれがき	御触書 135	おめでとう	
おなんどいろ		おばし	小椅 109	おぼえる	憶える 146		御目出度う 133
	御納戸色 134	おはじき	御弾き 134	オホーツク		おめみえ	御目見得 133
おにき	魚貫 417	おばしま	欄 200		鄂哥都加 376	おもいがわ	思川 139
おにこうべとうげ		おばすて	姨捨 95	おぼこ	未通女 180	おもう	惟う 142
	鬼首峠 416	おはせ	小泊瀬 108	おぼしい	思しい 139	おもうさま	御父様 133
おにし	鬼石 416	おばた	小俣 109	おぼしめし		おもえ	重茂 378
おにしべつ	鬼志別 416	おばた	小圃 109		思し召し 139	おもえらく	
おにだいこ	鬼太鼓 416	おばた	小墾田 110	おぼつかない			以為らく 22
おにのかくらん		おはなべやま			覚束無い 348	おもがい	面繋 401
	鬼の霍乱 415		御鼻部山 135	おぼない	小保内 109	おもかげ	面影 401
おにのしたぶるい		おばま	小汀 107	おぼれる	生保内 249	おもかじ	面舵 401
	鬼の舌震 415	おばま	小浜 109	おぼれる	溺れる 225	おもげぎょ	本懸魚 180
おにのやがら		おばやし	小林 108	おぼろ	朧 178	おもご	面河 401
	鬼の矢幹 415	おはらい	御祓 134	おぼろげ	朧げ 178	おもし	重石 378
おにやらい	鬼遣 416	おはらめ	大原女 87	おぼろづき	朧月 178	おもしろい	面白い 401
おにゅう	遠敷 373	おび	魸肥 408	おぼろづくよ		おもだか	沢瀉 210
おにゆり	鬼百合 416	おひいさま	御姫様 134		朧月夜 178	おもちゃ	玩具 245
おの	大沼 87	おびえる	怯える 138	おまえざき	御前崎 134	おもと	万年青 9
おの	斤 165	おびきだす		おまい	御負う 123	おもと	小本 108
おの	斧 165		誘き出す 352	おまさま	小間 109	おもと	御許 134
おのあいだ	尾之間 112	おひしば	雄日芝 396	おまし	御座 134	おもとだけ	
おのえ	尾上 112	おひたき	御火焚 133	おまた	大亦 86		於茂登岳 167
おのえさいしゅう		おひたし	御浸し 134	おまち	大間知 88	おもねる	阿る 391
	尾上柴舟 112	おびただしい		おまちや	小野豆 109	おものがわ	雄物川 396
おのがみ	小野上 109		夥しい 85	オマハ	哈馬哈 68	おものゆい	鬼面川 416
おのころじま		おひつ	御櫃 135	おまな	御虎子 133	おもはゆい	面映い 401
	自凝島 313	おひつ	小櫃 110	おみ	使主 28	おもむく	趣く 361
おのずから	自ら 313	おひつじざ	牡羊座 238	おみ	臣 379	おもむろに	徐に 132
おのづくり	斧旁 165	おびと	首 409	おみ	麻績 429	おもや	母屋 204
おのっぷない		おびとけ	帯解 122	おみおつけ		おもり	錘 385
	雄信内 396	おびふう	帯封 122		御御御付 134	おもわく	思惑 139
おののいもこ		おびやかす	脅かす 309	おみき	御神酒 134	おもんぱかる	
	小野妹子 109	おひょう	大鮃 89	おみくじ	御神籤 134		慮る 145
おののく	戦く 148	おびら	小平 107	おみそれ	御見逸れ 133	おもんみる	惟る 142
おののたかむら		おびら	尾平 112	おみたま	小美玉 109	おや	祖 274
	小野篁 109	おびらしべがわ		おみな	嫗 97	おやいで	小柳出 109
おのぼり	尾登 112		小平蘂川 107	おみなえし	女郎花 93	おやがい	小屋貝 108
おのみち	尾道 112	おびる	佩びる 29	おみぬぐい	御身拭 133	おやけ	小宅 108
おば	伯母 27	おひるぎ	雄蛭木 396	おみわたり			

おやじ	親父	348	おろぬく	疎抜く	254	おんねとう	温根沼	222	かいがた	海潟	215
おやしらず	親不知	348	おわい	汚穢	208	おんねべつだけ			かいかつ	快闊	137
おやす	小安	108	おわす	御座す	134		遠音別岳	373	がいかつ	概括	196
おやふる	生振	249	おわせ	尾鷲	112	おんねん	怨念	138	かいき	甲斐絹	252
おやべ	小矢部	107	おわる	了わる	16	おんのこ	臣	379	かいぎゃく	諧謔	353
おやま	女形	93	おんあんぼう			おんばひがさ			がいきゅう	外舅	84
おやま	小山	107		温庵法	222		乳母日傘	16	かいきん	開襟	389
おやまばやし			おんい	蔭位	328	おんばら	乙原	15	がいく	街衢	342
	飾山囃子	408	おんが	遠賀	373	おんぶ	負んぶ	357	かいくぐる		
おやゆび	拇	153	おんがた	恩方	139	おんべつ	音別	403		掻い潜る	159
おやゆび	拇指	153	おんかどびら			おんま	御馬	134	かいけ	皆生	259
おやゆび	拇趾	153		鬼門平	416	おんみ	御身	133	かいけいのはじ		
およぐ	游ぐ	224	おんぎ	恩誼	139	おんみつ	隠密	394		会稽の恥	24
およぶ	曁ぶ	174	おんきゅう	温灸	221	おんみょう	陰陽	393	かいげん	開眼	389
およぶ	逮ぶ	371	おんこちしん			おんみょうどう			かいけんざん		
オランダ	和蘭	67		温故知新	221		陰陽道	393		海見山	214
おり	檻	199	おんさ	音叉	403	オンモン	諺文	353	かいこ	蚕	335
おり	滓	224	おんし	恩賜	139	おんようどう			かいご	悔悟	139
おり	澱	227	おんじき	飲食	407		陰陽道	393	かいご	改悟	162
オリーブ	阿利布	391	おんじゃく	温石	221	おんりえど			かいご	魁悟	416
おりがわ	小里川	108	おんしゅう	怨讐	138		厭離穢土	57	かいこう	恢弘	139
おりくちしのぶ			おんしゅう	恩讐	139	おんりょう	怨霊	138	かいこう	蟹行	340
	折口信夫	151	おんじゅく	御宿	134	おんる	遠流	373	かいこう	邂逅	374
おりたて	下立	4	おんじゅつ	恩恤	139				かいこう	開閫	389
おりと	下戸	4	おんじょうじ			【か】			かいこつ	回紇	75
おりふせ	折敷瀬	151		園城寺	76	か	蚊	335	かいこん	悔恨	139
おりべがわ	居辺川	112	おんしんふつう			か	顆	405	かいさい	快哉	137
おりべやき	織部焼	299		音信不通	403	が	蛾	337	がいさい	涯際	219
おりゅうざこ			オンス	穏斯	278	カートライト			かざい	眦眥	265
	折生迫	151	おんずいこ	音水湖	403		卡特頼特	55	かざん	改竄	162
おりわたり	折渡	151	おんぞ	御衣	133	カーネギー	卡内基	55	かいし	海市	214
おる	居る	112	おんぞうし	御曹司	134	かあぶりとうげ			がいし	碍子	270
オルガン	風琴	406	おんた	小鹿田	109		顔振峠	405	かいしき	掻敷	159
オルゴール	自鳴琴	313	おんたい	御大	132	カーライル	喀来爾	70	がいして	概して	196
オルドス	鄂爾多斯	376	おんたく	恩沢	139	かい	櫂	199	かいしゃ	膾炙	312
おれ	乃公	13	おんたけ	御岳	133	かい	甲斐	252	かいじゅう	懐柔	146
おれ	俺	31	おんたけさん			かい	隗	394	がいしゅういっしょく		
オレンジ	甜橙	249		御嶽山	135	がい	垓	78		鎧袖一触	386
おろか	疎か	254	おんぢ	恩智	139	がい	蓋	327	かいしゅん	買春	358
おろか	痴か	256	おんでこ	鬼太鼓	416	がいあん	父安	13	かいじょ	海恕	214
おろく	小禄	109	おんど	音戸	403	かいい	魁偉	416	かいしょう	快捷	137
おろし	下石	4	おんど	音頭	403	かいえだ	海江田	214	かいしょう	甲斐性	252
おろし	下嵐	5	おんどり	牡鶏	238	がいか	凱歌	43	かいじん	灰燼	229
おろし	颪	406	おんどり	雄鳥	396	がい	崖下	117	かいすい	恢恢	139
おろしうり	卸売	56	オンドル	温突	221	かいかい	晦晦	173	かいぜ	皆瀬	259
おろしがね	卸し金	56	おんな	婦	96	がいがい	皚皚	260	がいせい	外甥	84
おろしま	小呂島	108	おんな	恩納	139	かいがいしい			がいせい	慨世	144
オロシャ	俄羅斯	29	おんながた	女形	93		甲斐甲斐しい	252	がいせい	蓋世	327
おろそか	疎か	254	おんなたらし			がいかく	外郭	84	かいせき	懐石	146
おろち	大蛇	88		女誑し	93						

がいせき	外戚	84	
がいせつ	凱切	47	
かいせん	疥癬	255	
がいせん	凱旋	43	
がいぜん	蓋然	327	
がいそう	効奏	49	
がいそう	咳嗽	68	
かいぞえ	介添	20	
かいた	海田	214	
かいた	頴田	404	
かいたい	懈怠	146	
かいたい	拐帯	152	
かいだい	海内	214	
かいたいち	海田市	214	
がいたん	慨歎	144	
かいちゅう	改鋳	162	
かいちゅう	蛔虫	336	
がいちゅう	鎧冑	386	
かいちょく	戒飭	148	
かいづ	海津	214	
かいつぶり	鸊鷉	426	
かいで	鶏冠井	425	
かいてい	階梯	394	
かいていろうげつ			
	海底撈月	214	
かいと	垣内	78	
かいと	垣外	78	
かいとう	垣内	78	
かいとう	灰陶	229	
かいどう	海棠	215	
かいどう	街道	342	
がいとう	外套	84	
かいな	腕	311	
かいな	荷稲	322	
かいなひねり			
	腕捻り	311	
かいなやま	腕山	311	
かいねり	掻練	159	
かいば	飼葉	408	
かいはく	灰白	229	
かいばら	柏原	187	
がいはんぼし			
	外反拇趾	83	
かいひ	開披	389	
かいひ	開扉	389	
かいびゃく	開闢	389	
かいぶ	海部	215	
がいふう	凱風	43	
かいふく	恢復	139	
かいほ	海保	214	
かいほつ	開発	389	
かいまき	掻巻	159	
かいまみる			
	垣間見る	79	
かいみょう	戒名	148	
かいめい	晦冥	173	
かいめつ	潰滅	226	
かいもん	開閩	389	
かいやぐら	蜃楼	337	
かいゆう	灰釉	229	
かいよう	懐孕	146	
かいよう	潰瘍	226	
かいよね	羅	290	
かいらい	傀儡	33	
かいらぎ	鰄	419	
かいらん	壊乱	82	
かいらん	潰乱	226	
かいらん	解纜	349	
かいり	乖離	14	
かいり	懐裡	146	
かいり	海狸	215	
かいり	浬	218	
かいりゅう	開立	389	
かいりん	介鱗	20	
かいれい	乖戻	14	
かいれい	瑰麗	247	
カイロ	改羅	162	
かいろうどうけつ			
	偕老同穴	32	
かいろこうり			
	薤露蒿里	330	
かいわい	界隈	253	
かう	支う	162	
かえす	反す	58	
かえす	孵す	99	
かえだま	替玉	176	
かえつ	下越	5	
かえって	却って	56	
かえで	楓	195	
かえらずだけ			
	不帰岳	10	
かえらずのけん			
	不帰嶮	10	
かえりみる	省みる	262	
かえる	反る	58	
かえる	孵る	99	
かえる	復る	135	
かえる	易える	170	
かえる	更える	175	
かえる	蛙	336	
かえる	還る	374	
かえるまた	蟇股	339	
がえん	賀筵	358	
がえんずる			
	肯んずる	308	
かおう	花押	316	
かおかたち	顔貌	405	
かおつなぎ	顔繋ぎ	405	
かおみせ	顔見世	405	
かおよぐさ	貌佳草	357	
かおる	馨る	410	
かおれ	川上	118	
かか	呵呵	65	
かか	禾果	275	
かか	禾稼	275	
がが	峨峨	116	
がが	莪	117	
かかあ	嚊	73	
かかあでんか			
	嚊天下	73	
かかい	抱井	153	
かがい	燿歌	98	
カカオ	加加阿	48	
かかく	過客	371	
ががく	雅楽	396	
かがくしゅう			
	下学集	4	
かがくじょうたつ			
	下学上達	4	
かかげのはこ			
	掻上の筥	159	
かかし	案山子	188	
かかずらう	係う	29	
かがつめ	蚊爪	335	
かかと	踵	363	
かがと	香登	410	
かかのくけど			
	加賀潜戸	48	
ががぶた	金銀蓮花	381	
かかみ	各務	61	
かがみ	各務	61	
かがみ	覚美	348	
かがみ	鏡味	386	
かがみ	鑑	387	
かがみ	香我美	409	
かがみ	香美	410	
かがみがなる			
	鏡ヶ成	386	
かかみがはら			
	各務ヶ原	61	
かかみがはら			
	各務原	61	
かがみしこう			
	各務支考	61	
かがむ	屈む	112	
かがやく	燿く	236	
かがやく	耀く	304	
かからしま	加唐島	48	
かがり	篝	285	
かがりび	篝火	285	
かかる	斯かる	165	
かかる	繋る	299	
かかる	罹る	301	
かがる	縢る	298	
かかわらず	不拘	10	
かかわらず	拘らず	152	
かかわる	係わる	29	
かかん	果敢	183	
ががんぼ	大蚊	87	
かき	柿	186	
かき	牆	237	
かき	牡蠣	238	
かき	花卉	315	
かぎ	鉤	382	
かぎ	鍵	385	
かぎ	鑰	387	
がき	餓鬼	408	
かきいれどき			
	書入れ時	175	
かきうち	垣内	78	
かきがい	関伽井	390	
かきがらちょう			
	蠣殻町	341	
かきざき	礒崎	270	
かぎざき	鉤裂き	382	
かきざきはきょう			
	蠣崎波響	341	
かきじま	牡蠣島	238	
かきつ	嘉吉	72	
かきつばた	杜若	182	
かきどおし	垣通し	79	
かきのうらじま			
	蠣浦島	341	
かきひさ	礒久	270	
かきべ	部曲	376	
かきむしる			
	掻き毟る	159	
かきもち	欠き餅	200	
かぎやま	鑰山	387	
かきょう	火坑	229	

がぎょう	丸桁	12	かくない	廊内	126		梯川	191	かざかみ	風上	406
かぎる	劃る	47	かくのごとし			かけひ	筧	284	かさがみくろはえ		
かきわ	垳和	79		如斯	94	かげひなた	陰日向	393		笠上黒生	283
かきん	家禽	103	かくのだて	角館	349	かけや	掛合	156	かさぎ	笠置	283
かきん	瑕瑾	246	かくはつどうがん			かけやま	佳景山	28	かさく	寡作	105
かく	恁く	139		鶴髪童顔	426	かけゆ	鹿教湯	427	かざぐるま	風車	406
かく	描く	157	かくはん	攪拌	162	かげゆ	勘解由	49	かさご	笠子	283
かく	搔く	159	かくひつ	擱筆	161	かげゆし	勘解由使	49	かざこし	風越	406
かく	斯く	165	がくふ	岳父	116	かけら	欠片	200	かささ	笠沙	283
かく	梻	197	かくま	角間	349	かける	挂ける	154	かささぎ	鵲	425
かく	昇く	313	かくまう	匿まう	51	かける	翔る	304	かざし	挿頭	155
かく	賀来	358	かくまつじゃく			かける	駈ける	335	かざしがおか		
かく	闕く	390		郭沫若	375	かける	駆ける	412		挿頭丘	155
かぐ	嗅ぐ	71	がくめきさん			かげる	翳る	304	かざす	挿頭す	155
がく	萼	325		岳滅鬼山	116	かげろう	蜉蝣	337	かざす	翳す	304
がくい	覚井	348	かもだに	角茂谷	348	かげろう	炎	394	かさど	笠戸	283
かくいしま			かくやく	赫奕	361	かけろまじま			かさね	襲	345
	鹿久居島	427	かぐら	神楽	273		加計呂麻島	48	かさねる	皐ねる	80
かくう	架空	186	かぐらい	隠井	394	かげん	寡言	105	かさねる	畳ねる	254
かくえき	赫奕	361	かぐらざか	神楽坂	274	かげん	訛言	350	かさねる	累ねる	293
がくがく	愕愕	143	かぐらづき	神楽月	273	かこ	水夫	206	かさねる	襲ねる	345
がくがく	謂謂	353	かくらん	攪乱	162	かこ	鉸具	383	かさのいらつめ		
かくぎょう	角行	348	かくらん	霍乱	399	かこ	鹿児	427		笠女郎	283
かくきょへい			かくりつきちょ			かご	籠	287	かざはや	風早	406
	霍去病	399		鶴立企佇	425	かご	駕籠	412	かざはや	風配	406
かくさ	較差	366	かくりん	獲麟	243	かこう	嘉肴	72	かさばる	嵩張る	117
かくざ	擱坐	161	かくれる	窶れる	280	かこう	華甲	322	かさぶた	瘡蓋	256
かくし	客死	102	かぐわしい	香しい	409	かこうがん	花崗岩	316	かざまうら	風間浦	406
かくしがまえ			かけ	加計	48	かごかき	駕籠舁き	412	かざみ	汗衫	208
	匸構	51	かけ	加樋	48	かこく	禾穀	275	がざみ	蝤蛑	338
かくしゃく	矍鑠	266	かけ	賭け	359	かこつ	喞つ	71	かさむ	嵩む	117
かくしゃく	赫灼	361	かけ	鶏	425	かこつける			かざり	花厳	316
かくしゅ	馘首	409	かげ	景	173		託つける	350	かざり	錺	384
かくしゅ	鶴首	426	かげ	翳	304	かごのとやま			かざりしょく		
かくしゅく	角宿	348	がけ	崖	117		籠ノ登山	287		錺り職	384
かくす	匿す	51	かけい	筧	284	かごのぼう	籠坊	287	かざりや	錺谷	384
かくす	秘す	276	かけいだ	筧田	284	かごめ	籠目	287	かざる	文る	164
かくす	蔵す	330	かけがわ	県川	262	かこん	禍根	274	かざわ	鹿沢	427
かくする	画する	252	かげきよどう			かごん	過言	371	かざん	花山	315
かくせい	覚醒	348		景清洞	173	かさ	嵩	117	かし	下賜	5
かくせい	隔世	394	かけことば	掛詞	156	かさ	暈	173	かし	樫	197
かくぜん	赫然	361	かけす	懸巣	147	かさ	毬	205	かし	河岸	211
がくぜん	愕然	144	かけずやま	掛頭山	156	かさ	瘡	256	かし	瑕疵	246
かくだ	角田	348	がけっぷち	崖っ縁	117	かさ	笠	283	かし	華氏	322
かくたん	喀痰	70	かけつめ	繋爪	299	かさい	加西	48	かじ	加治	48
かくちく	角逐	348	かげのぶやま			かさい	河西	211	かじ	舵	277
がくでん	学田	98		景信山	173	かさい	笠合	283	かじ	鍛冶	386
がくでん	楽田	194	かけはぎ	掛接ぎ	156	かさい	葛西	323	かしあげ	借上	31
かくど	赫怒	361	かけはし	梯	191	かさい	葛西	325	かしい	香椎	410
かくとう	加久藤	47	かけはしがわ			かさかけ	笠懸	283	かしいがわ	樫井川	197

かしえ	炊江	230	かしょ	華胥	322	かすみ	加住	48	かたかい	片貝	237
かしお	鹿塩	428	かしょうざ	荷葉座	322	かすみ	霞	399	かたがた	旁	167
かじか	河鹿	211	かしょうざん			かすみ	香住	409	かたかみ	片上	237
かじか	魳	417		迦葉山	368	かすみめ	霞み目	304	かたがみ	潟上	226
かじか	鰍	420	かしょうぶつ			かすむ	霞む	304	かたき	仇	21
かじかざわ	鰍沢	419		迦葉仏	368	かすむ	霞む	399	かたぎ	堅気	80
かじかざわ	鰍沢	420	かしょく	稼穡	278	かすめる	掠める	157	かたぎ	気質	206
かじかざわぐち			かしょく	華燭	322	かすもり	烏森	231	かたくちいわし		
	鰍沢口	420	がじる	臥侮	380	かすや	粕屋	288		片口鰯	237
かじかむ	悴む	142	かじる	齧る	433	かすや	糟屋	289	かたくな	頑	404
かじき	加治木	48	かしわ	柏	187	かずやま	卍山	54	かたくり	山慈姑	115
かじき	旗魚	168	かしわ	黄鶏	430	かずら	葛	325	かたくり	片栗	237
かじきとう			かしわじま	神集島	273	かずら	鬘	415	かたげる	傾げる	33
	加持祈禱	48	かしわで	柏手	187	かずらやま	葛山	325	かたじけない		
かしぐ	炊ぐ	230	かしわで	膳	312	かすり	絣	295		忝い	138
かしげる	傾げる	33	かしわら	柏原	187	かすり	紉	295	かたじけなみだ		
かしこじま	賢島	359	かしん	嘉辰	72	かする	嫁する	97		辱涙	368
かしこどころ			がしんしょうたん			かする	掠る	158	かたしも	堅下	80
	賢所	359		臥薪嘗胆	380	かせ	枷	186	かたじるし	肩章	308
かしこまる	畏まる	252	かす	仮す	24	かせ	梓	188	かたしろ	形代	130
かしずく	傅く	33	かす	渣	222	かせ	械	190	かたず	固唾	75
かしだて	樫立	197	かす	滓	224	かせ	甲羸	252	かたすかし		
かじつ	嘉日	72	かす	糟	289	かぜ	風邪	406		肩透かし	308
かしの	鹿忍	427	かす	藉す	332	かせい	禾生	275	かた	堅田	80
かしば	香芝	409	かず	員	68	かせいソーダ			かたたがえ	方違え	167
かじばし	鍛冶橋	386	かず	算	284		苛性曹達	317	かたち	容	103
かしはら	橿原	199	ガス	瓦斯	247	かせいちがわ			かたち	状	240
かしばり	浸針	217	かすい	禾穂	275		加勢蛇川	48	かたち	象	356
かしべだけ	鮑岳	417	かずい	嘉瑞	72	かせだ	加世田	48	かたち	貌	357
かしま	嘉島	72	かずい	花蕊	316	かせだ	笠детеピース	283	かたちばかり		
かしまえ	鹿児前	427	かすう	過陬	371	かせつ	架設	186		形許り	130
かしましい	姦しい	95	かずえのかみ			かせん	佳饌	28	かたつき	肩衝	308
かじまり	梶鞠	191		主計頭	13	かせん	火箭	229	かたづく	嫁く	97
カシミール	箇失密	284	かすか	幽か	125	かせん	花甎	316	かたつむり	蝸牛	338
かじめ	搗布	159	かすが	春日	171	がぜん	俄然	29	かたどる	象る	356
かしも	加子母	47	かすがい	春日井	171	かそ	過疎	371	かたの	交野	20
かしゃ	仮借	24	かすがい	鎹	386	かそ	加蘇	45	かだのあずままろ		
かじや	鍛冶屋	386	かすがき	糧垣	289	かぞいろは	父母	237		荷田春満	322
かじゃ	冠者	41	かすがばる	春日原	171	がぞうごえ	峨蔵越	116	かたばみ	酢漿草	377
かしゃく	仮借	24	かすかべ	春日部	171	かぞえる	算える	284	かたひじ	肩肘	308
かしゃく	呵責	65	かすかべ	月下部	176	かぞえる	計える	349	がたひし	我他彼此	148
かしゃく	掛錫	156	かずき	被衣	343	かそせ	風合瀬	406	かたびら	帷子	122
かしゅう	賀集	358	かずさ	上総	9	かそり	加曽利	48	かたぶつ	堅物	80
かじゅう	佳什	28	かすざめ	精鮫	289	かた	賀田	358	かたほ	偏	33
がしゅう	我執	148	かすじる	粕汁	288	かだ	加太	47	かたみ	筐	283
かしゅういも			カステラ	加須底羅	48	かたい	下腿	5	かたみがわり		
	何首烏芋	26	かずのこ	鯑	418	かたい	方結	167		互替り	18
かじゅうじ	勧修寺	50	カスピかい	裏海	344	かたい	牢い	239	かたみに	互に	18
がじゅまる	榕樹	197	かすぶち	粕淵	288	かたい	緊い	297	かたむく	仄く	21
かしょ	個所	31	かすべ	春部	172	かたおなみ	片男波	237	かたやま	剛山	46

読み	表記	頁	読み	表記	頁	読み	表記	頁	読み	表記	頁
かたやまづ	片山津	237	がっこうぼさつ			かて	粮	289	かながきろぶん		
かたよる	偏る	33		月光菩薩	176	かててくわえて			仮名垣魯文		24
かたら	労等	49	かっこんとう			糅てて加えて	289	かながしら	鉄頭	383	
かたりぐさ	語り種	351		葛根湯	325	かでな	嘉手納	72	かながわ	神奈川	273
かたりべ	語部	351	かづさ	加津佐	48	かでめし	糅飯	289	かなき	十七夜	52
カタル	加答児	48	かっさい	喝采	69	かでん	瓜田	347	かなぎ	金木	380
かたる	談る	353	がっさい	合切	62	がてん	合点	62	かなぎ	金城	380
かたる	騙る	412	がっさん	月山	176	がでんいんすい			かなぐ	金具	380
がたろ	河太郎	210	かっし	甲子	251		我田引水	148	かなくぎりゅう		
カタログ	型録	79	かつしか	葛飾	325	かでんりか				金釘流	381
かたわら	傍ら	33	かつしかほくさい				瓜田李下	347	かなぐすく	金城	381
かたん	荷担	322		葛飾北斎	325	かと	蝌蚪	338	かなさごう	金砂郷	380
かち	徒士	132	かっしき	喝食	69	かど	上	7	かなさし	金指	380
かち	徒歩	132	がっしょうれんこう			かど	廉	126	かなじ	金持	380
がち	雅致	396		合従連衡	62	かど	稜	277	かなしい	哀しい	67
かちあう	搗ち合う	159	かっする	渇する	219	かど	鹿渡	427	かなしい	愛しい	143
かちいろ	搗色	159	かっせん	合戦	62	かとう	瓦灯	247	かなしばり	金縛り	381
かちえ	褐衣	344	かつぜん	戛然	148	かとう	裹頭	344	かなた	彼方	131
かちがわ	勝川	49	かつぜん	豁然	355	かとう	買島	358	カナダ	加奈陀	48
かちぐり	搗ち栗	159	かった	刈田	44	かとうしゅうそん			かなだ	金田	380
かちどき	勝鬨	50	かったつ	闊達	390		加藤楸邨	48	かなつ	金津	381
かちべがわ	勝部川	50	かっちゅう	甲冑	251	かとうせいじ			かなづち	鉄鎚	383
かちゅう	渦中	222	かつて	曾て	176		寡頭政治	105	かなとこ	鉄床	382
がちゅう	牙籌	238	がってん	合点	62	かどかど	廉廉	126	かなぶん	金蚕	381
かちゆみ	歩射	202	かっとう	葛藤	325	かどがわ	門川	388	かなへび	蛇舅母	336
がちょう	鵞鳥	424	かっとしみさき			かどで	門出	388	かなまり	金余	380
かつ	且つ	10		葛登支岬	325	かどの	葛野	325	かなまり	金椀	381
かつ	克つ	36	かづの	鹿角	427	かどはら	勝原	50	かなめ	要	346
かつ	戡つ	148	かっぱ	合羽	62	かどま	門真	389	かなめ	要目	346
かつえる	餓える	408	かっぱ	喝破	69	かどや	廉屋	126	かなめもち	要黐	346
かつお	鰹	421	かっぱ	河童	211	かとり	楫取	194	かなもの	金谷	380
かつおぎ	堅魚木	80	かっぷく	恰幅	140	かとり	縑	298	かなや	金谷	380
かつおぶし	鰹節	421	かっぽ	闊歩	390	かとり	香取	409	かなやまちょう		
かっかく	赫赫	361	かっぽう	割烹	47	カトリック	加特力	48		銀山町	383
かっかそうよう			かっぽれ	活惚れ	215	かどわかす			かならせやま		
	隔靴搔痒	394	かつま	羯磨	303		勾引かす	50		鹿嵐山	428
かつかつ	戛戛	148	かつまた	勝又	49	かとん	火遁	229	かなり	可成り	59
かつき	甲木	251	かつまだ	勝間田	49	かな	也	15	カナリア	金糸雀	380
かっき	客気	102	かづみ	加積	48	かな	仮名	24	かなわじま	金輪島	381
がつぎ	勝木	49	かつもく	刮目	45	かな	哉	68	かに	可児	59
かつきてき	劃期的	47	かつら	曾良	176	かないわ	金石	380	かに	蟹	340
かつぎょう	渇仰	219	かつら	桂	188	かなう	協う	54	かにえ	蟹江	340
かっくみ	川汲	118	かつら	鬘	415	かなう	叶う	60	かにくさ	蟹草	340
かっけ	脚気	310	かつらお	葛尾	325	かなう	敵う	163	かにば	蟹場	340
かつげがわ	葛下川	325	かつらぎ	葛城	323	かなう	諾う	353	かにゆ	加仁湯	47
かっこ	括弧	154	かつらぎ	葛城	325	かなう	適う	373	かにゅうどうやま		
かっこ	羯鼓	303	かつらむき	桂剝き	189	かなえ	稲	277		加入道山	47
かっこう	恰好	140	かつれん	勝連	50	かなえ	鼎	431	かね	矩	267
かっこう	郭公	375	かつろうさん			かなえざき	叶崎	60	かね	鉦	382
かつごう	渇仰	219		葛老山	325	かながき	国字垣	75	かねがね	予予	16

かねがふち	鐘ヶ淵	387	かばしま	椛島	192	かぶらや	鏑矢	386
かねさか	包坂	50	かはだきょう			かぶらや	鳴矢	423
かねさき	銅前	384		香肌峡	409	かふり	加布里	48
かねじゃく	曲尺	175	かばたけ	神畑	273	かぶる	被る	343
かねしろ	金城	381	かばね	姓	95	かぶれる	感染れる	144
かねずめ	金集	381	かばね	屍	113	かぶれる	気触れる	206
かねづる	金蔓	381	かばやき	蒲焼	328	かぶろ	禿	275
かねて	予て	16	かばやますけのり			かぶん	寡聞	105
かねながしんのう				樺山資紀	196	かべ	可部	59
	懐良親王	146	かはん	河畔	211	かべ	河辺	210
かねまき	印牧	56	かばん	鞄	402	かへい	歌病	201
かねんて	金手	380	かひ	痂皮	255	がへい	画餅	252
かの	狩野	241	かび	黴	431	かべがわ	鴨部川	423
かのあし	鹿足	427	かびくさい	黴臭い	431	かべしま	加部島	48
かのう	化膿	51	カピタン	甲必丹	251	かほ	花圃	316
かのう	十七夜	60	かひや	鹿火屋	427	かぼちゃ	南瓜	54
かのう	叶	60	がびょう	画鋲	252	かほんか	禾本科	275
かのう	狩野	241	かびら	川平	118	かま	可真	59
かのうざん	鹿野山	427	かびん	花瓶	316	かま	罐	300
かのうたんゆう			かふ	跏趺	362	かま	釜	382
	狩野探幽	241	かぶ	蕪	330	かま	鎌	386
かのうほうがい			がふ	楽府	194	がま	蒲	328
	狩野芳崖	241	がふ	衙府	252	がま	蝦蟇	338
かのえ	庚	125	カブール	加布爾	48	がま	降魔	393
かのえさる	庚申	125	かぶき	冠木	41	かまいたち	鎌鼬	386
かのえとら	庚寅	125	かぶき	歌舞伎	201	かまう	介意う	20
かのかわ	鹿川	427	かぶきもん	冠木門	41	がまがえる	蝦蟇	338
かのがわ	狩野川	241	かぶす	臭橙	313	がまがみ	竈神	280
かのこ	家子	103	かぶせあみ	掩網	156	かまきり	螳螂	339
かのこ	鹿の子	427	かぶせぎ	枸櫞	186	かまくえん	鎌苑	386
かのこそう	鹿子草	427	かぶつちのたち			がまぐち	蝦蟇口	338
かのこまだら				頭椎の大刀	405	がまごおり	蒲郡	328
	鹿の子斑	427	かぶと	兜	36	かます	叺	59
かのじょ	彼女	131	かぶと	加太	47	かます	魳	417
かのせ	鹿瀬	428	かぶと	甲頭	252	かまた	蒲田	328
かのと	辛	367	かぶとがに	兜蟹	37	がまだ	蒲田	328
かのととり	辛酉	367	かぶとぎく	兜菊	36	かまたき	缶焚き	300
かのとみ	辛巳	367	かぶとちょう			かまち	框	188
かのはら	神農原	274		兜町	36	かまつか	一寸八分	1
かのや	鹿屋	427	かぶとむし	兜虫	36	かまつか	一尺八寸	1
カノンほう	加農砲	48	かぶとやま	甲山	251	かまつか	寸八寸	106
かば	椛	192	かぶやま	加無山	48	かまつか	鎌柄	386
かば	樺	196	かぶら	蕪	330	かまど	竈	280
かば	河馬	211	かぶら	鏑	386	かまど	竈門	280
かば	蒲	328	かぶらがわ	鏑川	386	かまどうま	竈馬	280
かばい	歌唄	201	かぶらぎ	甲木	251	かまどざき	蒲戸崎	328
がはいしざん			かぶらぎ	蕪城	330	かまとと	蒲魚	328
	我拝師山	148	かぶらぎきよかた			かまびすしい		
かばう	庇護う	125		鏑木清方	386		喧しい	71
かばさん	加波山	48	かぶらこ	加布良古	48	かまぼこ	蒲鉾	328

かまやま	竈山	280			
かまゆで	釜茹で	382			
かみ	長官	388			
かみあがた	上県	8			
かみあくつ	上峠	8			
かみあなま	上穴馬	8			
かみありす	上有住	8			
かみありづき					
	神在月	273			
かみうけな	上浮穴	8			
かみおみ	上績	9			
かみがた	上方	8			
かみかんき	上神吉	8			
かみかんばい					
	上神梅	8			
かみぎょう	上京	8			
かみきりむし					
	天牛	89			
かみくいしき					
	上九一色	7			
かみくら	上座	8			
かみこ	紙衣	291			
かみこあに					
	上小阿仁	8			
かみごおり	上郡	8			
かみごま	上狛	8			
かみさいばら					
	上齋原	9			
かみざき	神前	273			
かみししおり					
	上鹿折	8			
かみしひ	上志比	8			
かみしほろ	上士幌	7			
かみしも	裃	343			
かみしょこつ					
	上渚滑	8			
かみじり	瓶尾	247			
かみす	神栖	273			
かみずる	上水流	8			
かみせんだい					
	上川内	7			
かみそり	剃刀	46			
かみだき	上滝	9			
かみつが	上都賀	8			
かみつけ	神着	273			
かみつけの	上毛布	8			
かみつぶて	紙礫	291			
かみつみち	上道	9			
カミツレ	加密列	48			
かみて	上手	7			

かみとまい	上斗米	8	かめ	亀	433		莎草	322	からざけ	乾鮭	16
かみとんだ	上富田	9	かめいど	亀戸	433	かやのみや	賀陽宮	358	からさわ	柄沢	187
かみなと	神湊	273	かめがもり	瓶ヶ森	247	かやふ	芽生	317	からさわ	涸沢	219
かみなりおこし			かめかん	甕棺	248	かやぶき	茅葺き	319	からし	芥子	316
	雷粔籹	399	かめだけ	亀嵩	433	かやもり	柏森	187	からじる	雪花菜汁	398
かみねさん	神峰山	273	かめのこう	亀甲	433	かゆ	粥	288	からす	烏	231
かみねのたお			かめのて	石蜐	268	かゆい	痒い	255	からす	香良洲	409
	上根ノ峠	8	かめむし	椿象	195	かゆにたとうげ			ガラス	硝子	270
かみのかわ	上三川	7	カメレオン	避役	374		粥新田峠	288	からすうり	烏瓜	231
かみのせき	上関	9	かめわりとうげ			かゆばしら	粥柱	288	からすがい	蚌貝	335
かみのっぽろ				瓶割峠	248	かよう	斯様	165	からすがせん		
	上野幌	8	かも	賀茂	358	かよう	賀陽	358		烏ヶ山	231
かみのほ	上之保	7	かも	鴨	423	かよう	通生	370	からすき	唐鋤	69
かみのやま	上山	7	かもい	神威	273	かようだけ	荷葉岳	322	からすきぼし		
かみひら	上平	8	かもい	鴨居	423	かよわい	嬴弱い	303		参宿	57
かみふかわ	上深川	8	かもう	蒲生	328	から	掛絡	156	からすま	烏丸	231
かみぶん	上分	8	かもう	蒲生	328	から	漢	224	からすまおいけ		
かみへい	上閉伊	8	がもううじさと			から	甘良	248		烏丸御池	231
かみほろむい				蒲生氏郷	328	から	虚	334	からすみ	鱲子	422
	上幌向	9	がもうだみさき			から	辛良	367	からすむぎ	烏麦	231
かみましき	上益城	8		蒲生田岬	328	から	骸	413	からせばる	唐瀬原	69
かみみお	上三緒	7	かもうり	甐瓜	205	がら	瓦落	247	からだ	軀	365
かみみのち	上水内	8	かもえない	神恵内	273	からい	辣い	367	からたけ	幹竹	124
かみもく	上牧	8	かもきみ	鴨公	423	からい	鹹い	427	からたけ	漢竹	224
かみもとぶ	上本部	8	かもく	寡黙	105	からいせんりゅう			からたち	枳殻	187
かみやつで	紙八手	291	かもじ	髢	414		柄井川柳	187	からたちばな		
かみやはぎ	上矢作	8	かもしか	羚羊	302	からうと	唐人	69		唐橘	69
かみゆうべつ			かもす	醸す	378	からかう	揶揄う	158	からっかぜ	乾っ風	16
	上湧別	9	かものちょうめい			からかさたけ			からつゆ	空梅雨	279
かみよない	上米内	8		鴨長明	423		傘茸	33	からとだい	唐櫃台	69
カミルレ	加密列	48	かものはし	鴨嘴	423	からかされんぱん			からはじかみ		
かみわくや	上涌谷	8	かものまぶち				傘連判	33		呉茱萸	64
かみわざ	神事	273		賀茂真淵	358	カラカス	加拉架	48	からはなそう		
かむ	咀む	66	かもみおやじんじゃ			からかぬち	辛鍛	367		蛇麻	336
かむ	嚼む	73		賀茂御祖神社	358	からから	呵呵	65	からひつ	辛櫃	367
かむ	擤む	161	かもめ	鷗	426	からがら	辛辛	367	からびつ	唐櫃	69
かむい	神威	273	かもわけいかずちじんじ			がらがらへび			からぶき	乾拭き	16
かむきり	冠切	41	ゃ				響尾蛇	403	からふと	樺太	196
がむしゃら				賀茂別雷神社	358	からくじ	空籤	279	からほり	空堀	279
	我武者羅	148	かもん	掃部	157	がらくた	我楽多	148	からまつ	落葉松	326
カムチャツカ			かもん	窠文	280	からくにだけ			からみ	空身	279
	堪察加	80	かや	伽倻	26		韓国岳	402	からむ	絡む	295
かむながら	随神	394	かや	加悦	48	からくり	機関	198	からむぎ	殻麦	203
かむら	香村	409	かや	榧	196	からくれない			からむし	苧	319
かむりき	冠着	41	かや	茅	319		韓紅	402	からめて	搦め手	159
かむりづけ	冠付け	41	かや	蚊帳	335	からけつ	空穴	279	からもも	唐桃	67
かむろ	学文路	98	かやきり	茅蟋蟀	319	からげる	絡げる	295	カラン	活嘴	215
かむろ	禿	275	かやくぐり	茅潜	319	からこうとうげ			がらん	伽藍	26
かむろさん	神室山	273	かやさん	可也山	59		辛香峠	367	かり	雁	395
かめ	瓶	247	かやつりぐさ			カラコルム	和林	67	かりう	狩生	241

かりうち	樗蒲	198	かるまい	軽米	366	かわせみ	翡翠	304
かりうど	狩人	241	かるめやき	軽目焼	366	かわそえ	川副	175
かりかちとうげ			カルメラ	浮石糖	218	かわだ	河和田	211
	狩勝峠	241	かるめる	上下	7	かわたけもくあみ		
かりがね	雁	395	かるわざ	軽業	366		河竹黙阿弥	211
かりがね	雁が音	395	かれ	渠	222	かわたび	川渡	118
かりがね	雁金	395	かれい	鰈	420	かわたびおんせん		
かりがねてん			かれいい	餉	408		川渡温泉	118
	雁点	395	かれいさき	干飯崎	123	かわたれどき		
がりがりもうじゃ			かれおばな	枯尾花	186		彼誰時	131
	我利我利亡者	148	かれがれ	離れ離れ	397	かわち	川内	118
かりぎぬ	狩衣	241	がれき	瓦礫	247	かわち	河内	210
かりさか	雁坂	395	かれさんすい			かわちながの		
かりそめ	仮初め	24		枯山水	186		河内長野	210
ガリバー	鷲鵐幡兒	424	かれる	嗄れる	72	かわづ	河津	211
カリフォルニア			かれる	槁れる	196	かわつら	川連	118
	加利福尼	48	かれる	涸れる	219	かわと	川跡	118
がりべん	我利勉	148	かれん	可憐	59	かわとこ	川底	118
かりも	下里母	4	かれんちゅうきゅう			かわなべ	川辺	118
かりや	仮谷	24		苛斂誅求	317	かわにな	川蜷	118
かりやす	青茅	400	かろ	賀露	358	かわの	河曲	210
かりゅう	花柳	316	かろうと	鹿老渡	427	かわはぎ	皮剝	260
かりゅうど	狩人	241	かろこん	瓜呂根	347	かわはだ	川鰭	118
かりょう	科料	276	ガロン	哦	68	かわばた	川楷	118
かりょう	過料	371	かわい	河飯	211	かわひがしへきごとう		
がりょう	臥竜	380	かわいい	可愛い	59		河東碧梧桐	211
がりょう	臥梁	380	かわいおとくに			かわむら	河邨	211
がりょうてんせい				河合乙州	211	かわも	川面	118
	画竜点睛	252	かわいぎょくどう			かわもと	川源	118
がりょうばい				川合玉堂	118	かわや	厠	57
	臥竜梅	380	かわいそう	可哀想	59	かわやなぎ	川楊	118
かりょうびんが			かわいそら			かわら	川原	118
	迦陵頻伽	368		河合曾良	211	かわら	瓦	247
ガリレオ	傑里烈遠	33	かわうそ	獺	243	かわら	航	314
かりわ	刈羽	44	かわおおち	川大内	118	かわら	香春	410
かりん	花櫚	316	かわかめ	川尻	118	かわらけ	土器	77
かりんとう	花林糖	316	かわく	燥く	236	かわらげ	川原毛	118
かる	猟る	242	かわげ	河芸	211	かわらご	川原子	118
かる	薫る	332	かわげた	川桁	118	かわる	易わる	170
かるが	狩留家	241	かわぐら	横翅	345	かわる	渝わる	223
カルカッタ			かわご	皮籠	260	かわわ	河匂	210
	加爾各搭	48	かわごろも	裘	344	かん	款	201
かるがはま			かわじとしあきら			かん	潤	226
	狩留賀浜	241		川路聖謨	118	かん	燗	235
かるがも	軽鴨	366	かわす	躱す	365	かん	柵	256
かるかや	刈萱	366	かわず	蛙	336	かん	缶	300
かるかん	軽羹	366	かわずちゃばん			がん	癌	256
カルサン	軽衫	366		蛙茶番	336	がん	雁	395
カルタ	歌留多	201	かわずる	川水流	118	がん	龕	433
カルビン	加爾平	48	かわせ	為替	230	かんあおい	寒葵	104

かんえんろうちょう		
	檻猿籠鳥	199
かんおんじ	観音寺	348
かんか	干戈	123
かんか	瞰下	265
かんか	轗軻	367
かんが	官衙	101
かんがい	灌漑	229
かんがえる	勘える	49
かんかく	卯角	12
かんかく	扞格	151
がんがはらすりやま		
	雁ヶ腹摺山	395
かんがみる	鑑みる	387
かんがらす	寒鴉	104
カンガルー	更格盧	175
かんかん	侃侃	28
かんがん	宦官	102
かんかんがくがく		
	侃侃諤諤	28
かんかんじょ		
かんかんじょ	侃侃如	28
がんぎ	雁木	395
かんきつるい		
	柑橘類	186
かんきゅう	感泣	144
かんきゅうじざい		
	緩急自在	297
かんきょう	乾薑	16
がんぎょう	丸桁	12
がんぎょう	元慶	35
かんきん	寒禽	104
かんきん	看経	262
かんぎん	閑吟	389
がんきん	元金	35
がんく	岸駒	116
がんぐ	玩具	245
がんくび	雁首	395
かんぐる	勘繰る	49
かんげ	勧化	50
かんけい	奸計	93
かんけつ	間歇	389
かんけぶんそう		
	菅家文草	323
かんけん	管見	284
かんけん	諫言	353
かんこ	鹹湖	427
かんご	欵語	201
かんこう	箝口	284
かんこう	緘口	297

(31) 項目索引 ▼かりうち―かんこう

かんこう	菅公	323	かんじょう	勧請	50	かんてい	艦艇	314	かんばら	蒲原	328
がんこうしゅてい			かんじょう	干城	123	かんてい	旱天	170	かんばら	鎌原	386
	眼高手低	264	かんじょう	灌頂	229	カント	干徳	123	かんばらとうげ		
かんこく	澗谷	226	かんしん	奸臣	93	かんど	神戸	272		神原峠	273
かんこつだったい			かんじん	肝心	307	かんとう	竿灯	282	かんぱん	干犯	123
	換骨奪胎	158	がんじん	鑑真	387	かんどう	勘当	49	かんぱん	甲板	251
かんこどり	閑古鳥	389	がんしんけい			かんとう	巌頭	118	かんぴ	韓非	402
がんこみさき				顔真卿	405	がんどう	強盗	129	がんぴ	岩菲	116
	雁子岬	395	かんじんちょう			かんとうだき			がんぴ	雁皮	395
かんごり	寒垢離	104		勧進帳	50		関東煮き	390	がんぴし	雁皮紙	395
かんさ	奸詐	93	かんす	鑵子	387	かんどころ	肝所	307	かんぴょう	干瓢	123
かんさ	感作	144	かんすい	椢水	190	かんどりざき			かんぷ	完膚	101
かんさがわ	寒狭川	104	かんすい	鹹水	427		梶取崎	191	カンフー	功夫	48
かんざき	神前	273	かんすぼん	巻子本	120	かんな	神流	273	かんぶくろ	紙袋	291
かんざき	神埼	273	かんする	刊する	44	かんな	鉋	383	かんぶつえ	灌仏会	228
がんさく	贋作	359	かんぜ	観世	348	かんながら	随神	394	がんぶつそうし		
かんざし	簪	286	かんせい	喊声	70	かんなぎ	巫	119		玩物喪志	245
かんざし	釵	382	かんせい	檻穽	199	かんなぎ	巫部	119	かんべ	神戸	272
かんざし	髪状	414	かんせい	陥穽	392	かんなぜん	看話禅	262	かんぺき	完璧	101
カンザス	干薩斯	123	かんせい	鼾声	432	かんなづき	神無月	273	かんぺき	癇癖	256
かんざね	神実	273	がんぜない			かんなび	甘南備	248	かんぼく	山栄樹	114
かんざまし				頑是ない	404	かんなべ	神辺	273	かんぼく	灌木	228
	燗冷まし	235	かんそう	盥漱	261	かんなべやま			カンボジア	柬蒲塞	186
かんざらい	寒復習	104	かんそう	甘草	248		神鍋山	274	かんまき	上牧	8
かんざらし	寒晒し	104	かんぞう	萱草	325	かんなみ	函南	43	かんまた	神俣	273
がんざん	元三	35	がんぞう	贋造	359	かんなめさい			かんみ	鹹味	427
かんし	干支	123	かんだ	神田	273		神嘗祭	274	がんみ	玩味	245
かんし	諫止	353	かんだ	苅田	316	かんなり	金成	380	かんみち	上道	9
かんし	鉗子	382	ガンダーラ	健駄羅	32	かんなわ	鉄輪	383	かんむ	桓武	188
かんじ	莞爾	322	かんだかい	甲高い	251	かんなん	艱難	315	かんもく	緘黙	297
がんじがらめ			かんたく	寒石	104	かんにゅう	嵌入	117	がんもどき	雁擬き	396
	雁字搦め	395	かんたく	澣濯	227	かんにん	堪忍	80	がんもん	願文	406
かんじき	樏	198	かんだちべ	上達部	9	かんぬき	閂	389	かんゆ	韓愈	403
ガンジス	恒河	140	かんだちめ	上達部	9	かんぬし	神主	273	かんよう	涵養	219
かんしゃ	甘蔗	248	かんだつ	神立	273	かんねい	奸佞	93	かんら	甘楽	248
かんしゃく	癇癪	256	かんたん	肝胆	307	かんのうら	甲浦	252	かんらん	橄欖	198
かんしゅ	貫首	357	かんたん	邯鄲	375	がんのす	雁ノ巣	395	かんらん	甘藍	248
かんじゅ	貫首	357	がんちく	含蓄	63	かんのせがわ			かんりてんとう		
がんしゅ	癌腫	256	かんちょう	巻峡	120		神野瀬川	273		冠履顛倒	41
がんしゅう	含羞	63	かんちゃざん			かんのん	観音	348	かんりん	翰林	304
かんじゅじ	勧修寺	50		菅茶山	323	かんば	駻馬	412	かんりんまる		
かんじゅしま			かんちょう	浣腸	217	かんばしい	芳しい	317		咸臨丸	68
	干珠島	123	かんちょう	間諜	389	かんばしる	甲走る	251	かんれい	管領	284
かんしょ	甘蔗	248	かんちょう	元朝	35	かんばせ	顔	405	かんろ	寒露	104
かんしょ	甘藷	248	かんちょうがはま			かんはた	綺	295	かんろ	甘露	248
かんじょ	寛恕	105		灌頂ヶ浜	229	かんぱち	間八	389	がんろう	玩弄	245
がんしょ	雁書	396	かんつう	姦通	95	かんぱつ	渙発	222	がんろう	頑陋	404
かんしょう	冠省	41	かんづかさ	神官	273	かんぱつ	煥発	233	かんわきゅうだい		
かんしょう	癇性	256	かんつけ	上莵毛	9	かんばら	菅原	323		閑話休題	389
かんしょう	緩衝	297	かんてい	戡定	148						

【き】

語	表記	頁
き	寸	106
き	柝	187
き	樹	198
き	生	249
き	驥	413
ぎ	魏	416
きあけ	忌明け	136
きあげは	黄鳳蝶	430
きいちご	木苺	179
キーツ	済慈	219
きいっぽん	生一本	249
きいひき	紀伊日置	290
キールン	基隆	79
きいれ	喜入	70
きいれ	結黎	294
きう	気宇	205
きえ	帰依	121
きえい	虧盈	335
きえん	帰燕	121
ぎえんきん	義捐金	302
ぎえんれい	棄捐令	194
きおう	競う	281
きおくれ	気後れ	206
きおろし	木下	178
ぎおん	祇園	272
ぎおんしょうじゃ	祇園精舎	272
きか	奇貨	91
きか	奇禍	91
きか	幾何	125
きか	机下	180
きか	麾下	429
きが	気駕	206
きが	起駕	361
きが	饑餓	409
きがい	気概	206
ぎがく	伎楽	24
きがね	木尺	187
きかん	幾諫	125
きかん	祁寒	272
きかん	亀鑑	433
きき	嬉嬉	97
きき	忌諱	136
きき	悸悸	142
きき	暉暉	174
きき	熙熙	235
きき	記紀	349
きき	騏驥	412
きぎ	機宜	198
ぎぎ	巍巍	118
ぎぎ	義羲	303
ききかいかい	奇奇怪怪	91
ききざけ	利酒	45
きぎす	雉子	396
きぎぬ	生絹	250
ききめ	効目	49
ききょ	歔欷	200
ききょう	奇矯	92
ききょう	悸驚	142
ききょう	桔梗	188
ぎきょうしん	義俠心	302
ききょく	枳棘	187
ききん	饑饉	407
きく	企救	24
きく	利く	45
きく	効く	49
きく	危懼	56
きく	聴く	64
きく	喜懼	70
きく	崎嶇	117
きく	訊く	350
きぐ	危惧	56
ぎく	疑懼	254
きくいただき	菊戴	324
きくいむし	木蠹虫	179
きぐう	寄寓	104
きぐう	寄偶	301
きくがおか	企救丘	24
きくじゅんじょう	規矩準縄	348
きくすいかみきり	菊吸天牛	324
きぐつ	木杏	178
きくならく	聞誥	306
きくみ	善嚢	71
きくらげ	木耳	178
ぎげ	義解	303
きげん	機嫌	198
きこ	騎虎	412
きこう	希覯	121
きごう	揮毫	158
きこうでん	乞巧奠	15
きこく	枳殻	187
きこくしゅうしゅう	鬼哭啾啾	416
きこつ	気骨	206
きこない	木古内	178
きこにち	帰忌日	121
きこり	樵夫	198
きさ	吉舎	61
きざ	気障	206
きさい	私	275
きさい	私市	275
きさい	私都	275
きさいち	私市	275
きさかた	象潟	356
きさき	后	62
ぎざぎざ	刻刻	45
きさご	細螺	293
きささげ	木豇豆	179
きざす	兆す	36
きざはし	陛	393
きざはし	階	394
きさらぎ	如月	94
きさらぎ	鬼	415
きさらづ	木更津	178
きざん	基山	79
きし	愧死	144
きし	旗幟	168
きじ	素地	291
きじ	雉	396
ぎじ	擬餌	161
ぎしぎし	羊蹄	301
きしく	岐宿	115
きしだくにお	岸田国士	116
きしとみ	宜志富	101
きしの	木住野	178
きしの	来住野	182
きしぶ	生渋	249
きしべ	吉志部	61
きしべ	吉師部	61
きしぼじん	鬼子母神	415
きしま	杵島	183
きじま	城島	79
きしむ	軋む	365
きじむしろ	雉蓆	396
きしめん	碁子麺	192
きしもじん	鬼子母神	415
きじやま	木地山	178
きしゅう	箕帚	284
きしゅく	危宿	56
きしゅく	箕宿	284
きしゅく	耆宿	305
きしゅく	鬼宿	416
きしょう	徽章	136
きしょう	毀傷	203
きしょう	稀少	277
きじょう	木城	179
きじょう	軌条	365
きしょうもん	起請文	361
きしょく	気色	205
きしる	軋る	365
きしん	姫新	96
きしん	帰心	121
きじん	畸人	254
きす	鱚	421
きず	瑕	246
きずあと	傷痕	146
きすい	汽水	209
きずい	奇瑞	91
きずいせん	黄水仙	429
きすう	帰趨	121
きすき	木次	178
きすぎ	来生	182
きずぐち	創口	47
きずな	絆	293
きする	期する	177
きせき	奇蹟	92
きせき	鬼籍	416
きせきれい	黄鶺鴒	430
キセル	煙管	233
きぜわ	生世話	249
きぜわしい	気忙しい	205
きぜん	喟然	70
きぜん	毅然	204
きそう	寄贈	104
きそう	箕帚	284
きぞう	寄贈	104
きそく	気色	205
きそくえんえん	気息奄奄	206
きそば	生蕎麦	250
きそはじめ	着衣始め	302
きそん	毀損	203
きた	木田	178
きた	蟻打	239
きたあいき	北相木	51
きたあまべ	北海部	51
きたい	危殆	56

きだい	稀代	277	きっくつ	佶屈	28	きなくさい	焦臭い	232	ぎばち	義蜂	303
きたいかるが			きつけい	杯付	185	きなこ	黄な粉	429	ぎばへんじゃく		
	北鶻	51	きづくり	木造	179	きなさ	鬼無里	416		耆婆扁鵲	305
きたいちゃん			きっこう	拮抗	154	きなし	鬼無	416	きばるやま	木原山	179
	北一已	51	きっこう	亀甲	433	きなり	生成	249	きはん	羈絆	301
きたおとり	北小谷	51	きっさ	喫茶	70	ぎなん	岐南	115	きひ	己斐	119
きたがた	北方	51	きっさかとうげ			ギニア	銀名	383	きび	吉備	61
きたがたまくわ				吉坂峠	61	キニーネ	規尼涅	348	きび	羈縻	301
	北方真桑	51	きっさき	鋒	384	きぬ	帛	121	きび	驥尾	413
きたごうど	北神戸	51	きつし	棋豆志	187	きぬ	衣	342	きび	黍	61
きたしのだ	北信太	51	きつじつ	吉日	61	きぬうら	衣浦	342	きびしい	酷しい	377
きたじょう	北条	51	ぎっしゃ	牛車	238	きぬがさ	衣笠	342	きびしょ	急焼	138
きたたかき	北高来	51	きっしょう	吉祥	61	きぬがさ	衣蓋	342	きびす	踵	363
きたたき	木叩	178	きっしょうてんにょ			きぬかずき	衣被	342	きびたき	黄鶲	430
きだなか	段半	203		吉祥天女	61	きぬかつぎ	衣被	342	きびだんご	黍団子	430
きたばたけ	北畠	51	きっすい	喫水	70	きぬがわ	鬼怒川	416	きびなご	黍魚子	430
きたばたけちかふさ			きっすい	生粋	249	きぬぎぬ	後朝	132	きびなごあじろ		
	北畠親房	51	きつぜん	屹然	115	きぬごし	絹漉し	295		鯑網代	419
きたびっぷ	北比布	51	きっそう	吉左右	61	きぬずれ	衣擦れ	342	きびのまきび		
きたむら	喜多村	70	きづた	木蔦	179	きぬた	砧	269		吉備真備	62
きたもろかた			きったん	吉旦	61	きぬた	碪	270	きふ	肌膚	307
	北諸県	51	きったん	契丹	92	きぬぬま	鬼怒沼	416	きぶかわ	貴生川	358
ぎだゆう	義太夫	302	きっちょう	吉兆	61	きね	杵	183	きぶし	木五倍子	178
きたん	奇譚	92	ぎっちょう	毬打	205	きねづか	杵柄	183	きぶね	貴船	358
きたん	忌憚	136	きっちょむ	吉四六	61	きねや	稀音家	277	きべ	木部	179
きたん	愧赧	144	きつつき	啄木鳥	69	きのう	帰納	121	きべい	器皿	72
ぎだん	疑団	254	きっと	吉都	61	きのう	昨日	171	きべいち	木部市	179
きちじ	吉事	61	きっと	屹度	115	きのえ	木上	178	きべとうげ	金辺峠	380
きちじつ	吉日	61	きつね	狐	241	きのえ	木江	178	きぼう	冀望	40
きちじょう	吉祥	61	きつねあざみ			きのえ	甲	251	きぼう	既望	168
きちじょうてんにょ				狐薊	241	きのえがわ	甲川	251	きぼう	欺罔	201
	吉祥天女	61	きつねつき	狐憑き	241	きのこ	茸	321	ぎぼく	亀卜	433
きちにち	吉日	61	きっぷ	気風	206	ぎのざ	宜野座	101	ぎぼし	擬宝珠	161
ぎちょう	義塚	303	きっぽう	吉報	62	きのさき	城崎	79	ぎぼしゅがせん		
きちょうめん			きづま	気褄	206	きのすぐり	木勝	179		擬宝珠山	161
	几帳面	42	きりつ	屹立	115	きのつらゆき			きぼね	気骨	206
きつ	寸津	106	きれがわ	喜連川	70		紀貫之	290	きまぐれ	気紛れ	206
きつ	木津	179	きてつ	軌轍	365	きのと	乙	14	きませ	著座	324
きつい	木対	92	きてれつ	奇天烈	91	きのへ	岐阜	115	きまた	木全	178
きっかわ	吉川	61	きど	城戸	79	きのみや	来宮	182	きまち	来待	182
きっかわ	橘川	198	きとう	城頭	79	きのもと	木ノ本	178	きまめ	気忠実	206
きづがわ	木津川	179	きとう	木頭	179	きのもと	木之本	178	きまりわるい		
きつき	城	79	きとう	祈禱	272	きのよしもち				極り悪い	192
きつき	杵築	183	きとく	危篤	56		紀淑望	290	ぎまん	欺瞞	201
きつきつ	吃吃	62	きとく	奇特	91	ぎのわん	宜野湾	101	きみ	公	39
きつきつ	拮拮	154	きどたかよし			きば	牙	238	きみ	吉躬	61
きっきゅうじょ				木戸孝允	178	きはだ	黄蘗	430	きみ	王	244
	鞠躬如	402	キナ	規那	348	きはだまぐろ			きみまちさか		
きっきょう	吃驚	62	きない	畿内	254		黄肌鮪	429		侯后阪	135
きっきん	喫緊	70	きなか	半銭	54	きばち	樹蜂	198	きみゃく	気脈	206

きむすめ	生娘	249		九竅	15	きゅうへい	旧弊	169	きょうこう	恐慌	140
キムチ	沈菜	210	きゅうくつ	窮屈	280	きゅうほう	臼砲	313	きょうごう	校合	189
きめ	肌理	307	きゅうこ	炱乎	116	きゅうらぎ	厳木	118	ぎょうこう	僥倖	34
きめる	極める	192	きゅうこ	舅姑	313	きゅうらぎ	厳木	164	きょうこうきんげん		
きめんざん	鬼面山	416	きゅうこう	丘岡	11	きゅうり	胡瓜	308		恐惶謹言	140
きも	胆	309	きゅうこう	九皐	15	きゅうりゅう			きょうごく	京極	20
きもいり	肝煎	307	きゅうこう	救荒	163		穹窿	279	きょうこつ	軽忽	366
きもう	欺罔	201	きゅうこう	躬行	365	きゅうろう	旧臘	169	きょうこつ	頬骨	404
きもつき	肝付	307	きゅうごう	糾合	290	キュリー	居里	112	きょうさ	教唆	163
きもつき	肝属	307		きゅうごしらえ		きよい	浄い	216	きょうさく	警策	354
きもべつ	喜茂別	70		急拵え	138	きよう	崎陽	117	きょうざつ	夾雑	91
ぎゃくさや	逆鞘	369	きゅうじ	給仕	294	きょう	今日	21	きょうざめ	興醒め	313
きゃくし	客死	102	きゅうじ	給餌	294	きょう	凶	43	ぎょうさん	仰山	24
きゃくしき	格式	188	きゅうしゃ	厩舎	57	きょう	姜	95	ぎょうざんやき		
ぎゃくと	逆睹	369	きゅうしゅきょうぎ			ぎょう	技癢	151		楽山焼	194
きゃしゃ	華奢	322		鳩首協議	422	ぎょう	尭	36	きょうし	孝子	98
きゃたつ	脚立	310	きゅうしゅぎょうぎ			きょうあい	狭隘	241	きょうし	驕肆	413
きゃつ	彼奴	131		鳩首凝議	422	きょうあく	梟悪	190	きょうじ	矜恃	266
きゃはん	脚絆	310	ぎゅうしゅく			きょういき	境域	81	きょうじ	脇侍	310
キャベツ	甘藍	248		牛宿	238	きょうおう	饗応	409	きょうしゃ	香車	409
きやま	城山	79	きゅうじゅつ			ぎょうが	仰臥	25	きょうしゃ	驕奢	413
きゃら	伽羅	26		救恤	163	きょうかく	侠客	29	きょうじや	経師屋	292
きゃらばし	伽羅橋	26	きゅうしゅん			きょうがく	驚愕	413	きょうじゃく		
きやん	喜屋武	70		急峻	138	きょうかたびら				景迹	173
きゃん	侠	29	ぎゅうじる	牛耳る	238		経帷子	292	ぎょうじゃにんにく		
きゃんきゃん			きゅうしん	丘疹	11	きょうかつ	恐喝	140		行者葫	341
	喧喧	68	きゅうしん	灸鍼	230	きょうかん	叫喚	62	きゅうしゅ	梟首	190
きゆ	覬覦	348	きゅうじん	吸塵	62	ぎょうき	澆季	226	きゅうしゅ	興趣	313
きゆう	杞憂	181		九仞の功	15	ぎょうき	行基	341	きょうしゅう		
きゅう	灸	230	きゅうす	急須	138	きょうきょう				嬌羞	97
きゅう	玖	245	きゅうせい	急逝	138		恟恟	140	ぎょうじゅうざが		
ぎゅう	妓夫	94	きゅうせん	弓箭	128	きょうきょう				行住坐臥	341
ぎゅういんばしょく			きゅうぜん	翕然	304		軽軽	366	きょうしゅぼうかん		
	牛飲馬食	238	きゅうせんぼう			ぎょうぎょうし				拱手傍観	154
きゅうか	毬果	205		急先鋒	138		行行子	341	ぎょうしゅん		
きゅうかく	嗅覚	71	きゅうそ	窮鼠	280	ぎょうぎょうしい				尭舜	36
きゅうがく	丘壑	11	きゅうそだい				仰仰しい	25	ぎょうじょう		
きゅうかつ	久闊	14		窮措大	280	きょうく	恐懼	140		行状	341
きゅうかんちょう			ぎゅうたろう			きょうげき	挟撃	154	きょうしょうぶんか		
	秦吉了	276		妓夫太郎	94	きょうげき	矯激	267		仰韶文化	25
きゅうきゅう			きゅうだん	糾弾	290	きょうけち	夾纈	91	きょうしょく		
	炱炱	116	きゅうちょう			きょうけん	凶歉	43		矯飾	267
きゅうきゅう				窮鳥	280	きょうけん	狂狷	240	きょうじる	興じる	313
	汲汲	209	きゅうてつ	丘垤	11	きょうげんきぎょ			きょうじん	兇刃	35
きゅうきゅう			きゅうとう	旧套	169		狂言綺語	240	きょうじん	強靱	129
	究竟	279	キューバ	玖馬	245	きょうげんきご			きょうす	香子	409
きゅうぎゅうのいちもう			きゅうび	鳩尾	422		狂言綺語	240	きょうせい	匡正	51
	九牛の一毛	15	きゅうひ	求肥	208	きょうこ	鞏固	402	きょうせい	嬌声	97
きゅうきょ	急遽	138	きゅうふ	丘阜	11	きょうご	向後	62	きょうせい	矯正	267
きょうこう						きょうこう	向後	62	ぎょうせき	暁夕	173

ぎょうせき	行跡	342	
ぎょうそ	翹楚	304	
ぎょうそう	競漕	281	
ぎょうそう	形相	130	
ぎょうそく	脇息	310	
ぎょうだ	怯憚	139	
ぎょうだ	行田	341	
きょうだい	兄弟	35	
きょうちくとう	夾竹桃	91	
ぎょうちゅう	蟯虫	340	
きょうてい	筐底	283	
きょうてん	経典	292	
きょうでん	経田	292	
きょうてん	仰天	24	
ぎょうてん	行天	341	
きょうてんどうち	驚天動地	413	
きょうど	匈奴	50	
きょうど	強弩	129	
きょうどう	嚮導	73	
きょうとうほ	橋頭堡	198	
ぎょうどざき	行当岬	341	
きょうにん	杏仁	181	
きょうねん	享年	20	
ぎょうねん	行年	341	
きょうはて	京終	20	
きょうひつ	匡弼	51	
きょうふ	怯夫	138	
ぎょうぶざき	刑部岬	44	
ぎょうぶしょう	刑部省	44	
きょうべん	教鞭	163	
ぎょうぼう	翹望	304	
ぎょうぼうだわ	京坊峠	20	
きょうぼく	喬木	71	
きょうほん	狂奔	240	
きょうみしんしん	興味津津	313	
きょうむく	京椋	20	
ぎょうめい	暁鶏	413	
きょうもん	経文	292	
きょうゆう	梟雄	190	
きょうらいし	教来石	163	
きょうらんどとう	狂瀾怒濤	240	
きょうりきこ	強力粉	129	
きょうりゃく	劫掠	48	
きょうりょう	橋梁	198	
きょうりょう	狭量	241	
きょうりょう	較量	366	
きょうりん	杏林	181	
きょうわく	誑惑	351	
ギョーザ	餃子	408	
きょかい	巨魁	12	
きょき	歔欷	201	
きょきょじつじつ	虚虚実実	334	
きょきん	醵金	378	
きょく	巨軀	12	
きょくがくあせい	曲学阿世	175	
ぎょくがん	玉顔	244	
ぎょくこう	玉匣	244	
きょくごま	曲独楽	175	
きょくし	旭志	169	
ぎょくじ	玉璽	244	
きょくじつしょうてん	旭日昇天	169	
きょくせき	跼蹐	363	
きょくせん	玉蟾	244	
きょくぜん	凝然	117	
きょくてんせきち	跼天蹐地	363	
きょくとつししん	曲突徙薪	175	
ぎょくれん	玉簾	244	
きょごう	倨傲	31	
ぎょじ	御璽	135	
きよしこうじん	清荒神	220	
きょじつ	虚実	334	
ぎょしゃ	御者	133	
ぎょしやすい	御し易い	132	
きょしゅう	去就	57	
きょしゅく	虚宿	334	
きょしょう	去声	57	
ぎょしょく	漁色	225	
きょしんたんかい	虚心坦懐	334	
きょせい	去声	57	
きょぜん	居然	112	
きょそ	挙措	154	
きょそしんたい	挙措進退	154	
きょなん	鋸南	384	
きよね	清音	220	
きょはく	巨擘	12	
きよはらのぶかた	清原宣賢	220	
きよはらのふかやぶ	清原深養父	220	
きよはらのもとすけ	清原元輔	220	
ぎょぶつ	御物	133	
きょぼ	墟墓	82	
きょほうへん	毀誉褒貶	203	
きよみず	清水	220	
きよむら	浄村	216	
ぎょめいぎょじ	御名御璽	133	
きめる	浄める	216	
ぎもうこうり	魚網鴻離	417	
ぎょもくえんせき	魚目燕石	416	
ぎょりん	魚鱗	417	
キョン	羌	302	
きら	吉良	61	
きら	棋羅	192	
きら	浮垢	218	
きら	雲母	398	
ぎらい	儀礼	34	
きらきら	晃晃	172	
きらず	雪花菜	398	
きらぼし	綺羅星	295	
きらめく	煌めく	233	
きらよしひさ	吉良義央	61	
きらら	雲母	398	
きらんそう	金瘡小草	381	
きり	桐	190	
きり	錐	385	
きりあけ	切明	44	
きりきり	吉里吉里	61	
ぎりぎり	限り限り	392	
きりぎりす	蟋斯	339	
きりこ	切り籠	44	
きりさめ	霧雨	399	
ギリシア	希臘	121	
キリシタン	切支丹	44	
きりすてごめん	切捨御免	44	
キリスト	基督	79	
きりたっぷ	霧多布	399	
きりつぼ	桐壺	190	
きりのう	尾能	112	
きりは	切羽	44	
きりもみ	錐揉み	385	
きりゅう	吉柳	61	
きりゅう	桐生	190	
きりょう	縹緻	299	
ぎりょう	技倆	151	
きりん	麒驎	412	
きりん	麒麟	428	
きりんざん	麒麟山	428	
きる	伐る	25	
きる	剪る	47	
きる	截る	148	
きる	斬る	165	
きる	著る	324	
きる	衣る	342	
きる	鑚る	387	
きれ	吉礼	61	
きれ	片	237	
きれい	綺麗	295	
きれいこうげん	亀嶺高原	433	
きれうりわり	喜連瓜破	70	
きれじ	裂れ痔	344	
きれつ	亀裂	433	
きれと	切戸	44	
きれんじゃく	黄連雀	429	
きろ	岐路	115	
ぎろう	妓楼	94	
キログラム	瓩	247	
キロメートル	粁	287	
キロリットル	竏	280	
きわ	岐波	115	
きわだつ	際立つ	395	
きわど	黄波戸	429	
きわどい	際疾い	395	

きわまる	谷まる	355	ぎんせつ	銀屑	383	くうけい	空閨	279
きわもの	際物	395	ぎんぜん	銀髯	383	ぐうこ	郡戸	375
きん	金武	380	きんせんか	金盞花	381	ぐうご	耦語	305
きんあつ	禁遏	274	きんだいち	金田一	380	ぐうじ	宮司	103
きんぎょくと			きんだち	公達	39	グーテンベルク		
	金烏玉兎	381	きんたん	鬓端	378		谷騰堡	355
きんおうむけつ			きんちょく	謹飭	354	ぐうない	宮内	103
	金甌無欠	381	きんつば	金鐔	381	クーニャン	姑娘	94
きんか	槿花	197	きんてん	均霑	78	クーリー	苦力	318
きんかい	欣快	77	きんでんぎょくろう			クーロン	庫侖	126
きんかく	巾幗	120		金殿玉楼	—	ぐうわ	寓話	104
きんかん	金橘	381	きんとうが	紅東瓜	291	くえ	九絵	15
きんかん	金簪	381	きんとん	金団	380	くえ	垢穢	79
きんきじゃくやく			ぎんなん	銀杏	383	くえき	苦役	318
	欣喜雀躍	200	きんのう	勤皇	49	くえにち	凶会日	43
きんきん	僅僅	33	きんぱく	金箔	381	くえん	枸櫞	186
キングズリー			きんぶさん	金峰山	381	くおん	久遠	14
	金斯黎	381	きんぼ	欽慕	201	くか	久賀	14
きんげき	覲隙	378	ぎんぽ	銀宝	383	くが	久我	14
きんけつ	禁闕	274	きんぽう	金峰	381	くが	古閑	60
きんこ	金海鼠	380	きんぼうげ	毛茛	205	くが	玖珂	245
きんこんいちばん			ぎんみ	吟味	63	くが	陸	393
	緊褌一番	297	きんむく	金無垢	381	くかい	九界	15
きんざんじみそ			きんめだい	金眼鯛	381	くがいそう	九蓋草	15
	径山寺味噌	131	きんもくせい			くがつなん		
きんし	金鵄	381		金木犀	380		陸羯南	393
きんし	齦至	428	きんもつ	禁物	274	くかく	区劃	51
きんじき	禁色	274	きんり	禁裏	274	くかたち	探湯	157
きんしつ	琴瑟	246	ぎんりょうそう			くがはら	久が原	13
きんしゃ	金砂	380		銀竜草	383	くがみやま	国上山	75
きんしゃ	金紗	381	きんるざいく			くがやま	久我山	14
きんしゅ	筋腫	283		金鏤細工	381	かんず	公官洲	39
きんじゅ	近習	368				くき	久喜	14
きんしゅう	錦繡	385	【く】			くき	九鬼	15
きんじゅう	禽獣	275	く	口	59	くき	岫	116
きんじゅう	近習	368	く	玖	245	くき	群来	303
きんじょう	今上	21	ぐあい	工合	118	くぎ	釘	382
きんじょう	金城	381	グアム	瓜姆	347	くぎの	久木野	13
きんじょう	錦上	39	くい	久井	13	くきょう	究竟	279
ぎんじょう	吟醸	63	くい	杭	183	くぎょう	公卿	39
ぎんじる	吟じる	63	ぐいぐい	呷呷	65	くきら	拘耆羅	153
きんしんしゅうこう			くいしやま	工石山	118	くく	煦煦	233
	錦心繡口	385	くいせ	代瀬	182	くぐい	鵠	424
きんす	金子	380	くいぜ	株	188	くぐし	久々子	13
きんすとうげ			くいな	水鶏	207	くぐつ	傀儡	33
	金子峠	380	くう	喰う	71	くぐつし	傀儡師	33
きんせいがわ			クウェート	科威都	276	くぐなり	十八成	52
	金生川	380	ぐうか	郡可	375	くぐの	久々野	13
きんせいぎょくしん			ぐうきょ	寓居	104	くぐまる	踞る	363
	金声玉振	380	くうげ	供花	28	くくめる	銜める	383

くくり	八十一鱗	37			
くくる	括る	154			
くくる	縊る	298			
くぐる	潜る	227			
くげ	供花	28			
くげ	供笥	28			
くげ	公家	39			
くげあく	公家悪	39			
くけい	矩形	267			
くけた	久下田	13			
くげとぬま	鵠戸沼	424			
くげどはな	潜戸鼻	227			
くけぬい	絎縫い	294			
くげぬま	鵠沼	424			
くける	絎ける	294			
くこ	枸杞	186			
くご	供御	28			
くご	箜篌	284			
くこん	九献	15			
くさ	瘡	256			
くさあじさい	胡蝶花	309			
くさいきれ	草熱れ	321			
くさいちご	草苺	321			
くさか	日下	168			
くざかい	区界	51			
くさかげんずい					
	久坂玄瑞	14			
くさかべ	日下部	168			
くさかんむり					
	艸冠	315			
くさぎ	臭梧桐	313			
くさき	久崎	14			
くさき	国崎	75			
くさぎる	耘る	305			
くさくさ	快快	138			
くさぐさ	種種	278			
くさすぎかずら					
	草杉蔓	321			
くさだ	雑田	396			
くさつみ	久種	14			
くさなぎ	日柳	169			
くさなぎ	草薙	321			
くさび	楔	194			
くさびがたもじ					
	楔形文字	194			
くさひばり	草雲雀	321			
くさぼけ	草木瓜	321			
くさま	日馬	169			
くさまくら	草枕	321			

見出し	漢字	頁	見出し	漢字	頁	見出し	漢字	頁	見出し	漢字	頁
くさみ	朽網	180	くずあん	葛餡	325	くせかんのん			くつかけ	沓掛	210
くさむす	草生す	321	くずう	葛生	325		救世観音	163	くつがた	沓形	210
くさむら	叢	59	くずえ	葛江	325	くせげ	癖毛	257	くつかぶり	沓冠	210
くさやま	種山	277	くずおれる	頽れる	405	くぜつ	口舌	59	くつき	朽木	180
くさり	鎖	433	くずかご	屑籠	113	くせもの	曲者	175	くっきょう	屈強	112
くさりだお	鎖峠	386	くずきり	葛切り	325	くぜん	瞿然	265	くっきょう	究竟	279
くされだま	黄連花	429	ぐずぐず	遅遅	372	くせんぶ	九千部	15	くっさく	掘鑿	156
くさんだわ	草峠	321	ぐすくべ	城辺	79	くそ	糞	289	くっしゃろこ		
くし	串	14	ぐすくま	城間	79	くそう	口唱	59		屈斜路湖	112
くし	久志	14	ぐすくやま	城山	79	くだかじま	久高島	14	くったら	倶多楽	31
くし	櫛	200	くすぐり	擽り	161	くだく	摧く	159	くっちゃん	倶知安	31
くじ	久慈	14	くすぐる	擽る	161	くだす	降す	392	くっとう	屈撓	112
くじ	公事	39	くすくれば	末呉庭	180	くたに	久谷	14	くつな	忽那	138
くじ	籤	287	くずこ	葛粉	325	くたびれる			くつなしょとう		
ぐしかみ	具志頭	40	くすし	薬	331		草臥れる	321		忽那諸島	138
くしくも	奇しくも	91	くすじり	楠後	195	くだまつ	下松	4	くつぬぎ	沓脱ぎ	210
くしげ	櫛笥	200	くすだま	薬玉	331	くたみ	救民	163	くつの	沓野	210
くしけずる	梳る	200	くすね	天鼠矢	90	くだもの	果物	183	くつばみ	轡	367
くじける	挫ける	155	くすのき	楠	195	くだら	百済	259	くつびき	臥機	380
ぐしけん	具志堅	40	くすのき	樟	197	ぐたら	二荒	17	くつべら	靴篦	402
くしざし	串刺	12	くすのきまさしげ			くだり	条	181	くづめらくがみ		
くしだ	奇田	91		楠木正成	195	くだり	行	341		苦爪楽髪	318
くしなだひめ			くすのきまさつら			くだりばら	瀉腹	228	くつろぐ	寛ぐ	105
	奇稲田姫	91		楠木正行	195	くだる	瀉る	228	くつわ	轡	367
くじゃく	孔雀	98	くずは	楠葉	195	くだる	降る	393	くつわた	七寸五分	3
くしゃくにけん			くずは	樟葉	197	くだん	件	25	くつわだ	三方一方	6
	九尺二間	15	くずはがわ	葛葉川	325	くだんのごとし			くつわだ	三方一所	6
くしゃみ	嚏	73	くずはら	葛原	325		件如	25	くつわむし	轡虫	367
くじゅ	口受	59	くすぶる	燻る	236	くち	勲知	50	くでけん	久手堅	13
くじゅう	久住	14	くずまき	葛巻	325	ぐち	愚痴	144	くでま	工手間	118
くじゅう	苦汁	318	くずまんじゅう			くちうら	口占	59	くでん	口伝	59
くじゅうさん				葛饅頭	325	くちき	朽木	180	くどい	諄い	352
	九重山	15	くすみ	久寝	14	くちごもる	口籠る	59	くとうてん	句読点	60
ぐじょう	郡上	375	くすみ	九首見	15	くちずさむ	口遊む	59	くどお	久遠	14
くじょうかねざね			くすみ	来見	182	くちすすぐ	嗽ぐ	72	くどく	功徳	48
	九条兼実	15	くすみ	久住	14	くちづて	口伝て	59	くどく	口説く	59
ぐじょうはちまん			くすもち	葛餅	325	くちなし	梔子	191	くどくど	諄諄	352
	郡上八幡	375	くすもと	樟本	197	くちなわ	蛇	336	くどやま	九度山	15
くしら	串良	12	くすやがたけ			くちのえらぶじま			くどん	瞿曇	265
くじら	鯨	419		久須夜ヶ岳	14		口永良部島	59	ぐどん	愚鈍	144
くしり	久後	14	くずゆ	葛湯	325	くちばし	嘴	72	くないちょう		
くしろ	釧	382	くずり	屈狸	112	くちはっちょう				宮内庁	103
くしろ	釧路	382	くずりゅう	九頭竜	15		口八丁	59	くなしり	国後	75
くす	楠	195	くずれる	頽れる	405	くちまめ	口忠実	59	くに	久邇	14
くす	玖珠	245	くすんごぶ			くちもと	口許	59	くに	六合	39
くず	国巣	75		九寸五分	15	くちゅう	苦衷	318	くに	恭仁	140
くず	国樔	76	くせ	久世	14	くつ	履	113	くに	邦	375
くず	屑	113	くぜ	久世	14	くついし	沓石	210	くに	郷里	375
くず	葛	325	くぜ	久瀬	14	くつう	三方一新	6	くにかね	国包	75
ぐず	愚図	144	ぐぜい	弘誓	128				くにがみ	国頭	76

読み	表記	頁	読み	表記	頁	読み	表記	頁	読み	表記	頁
くにきだどっぽ			くぼてさん			くも	蜘蛛	338	くらます	晦ます	173
	国木田独歩	75		求菩提山	208	くもいがはら			くらむ	眩む	263
くにさき	国東	75	くぼない	久保内	14		雲井原	398	グラム	瓦	247
くにじま	柴島	186	くぼみ	窪	280	くもざる	蜘蛛猿	338	くらら	苦参	318
くにたがわ	柞田川	186	くぼむ	凹む	43	くもずがわ	雲出川	398	くららせと		
くにたち	国立	75	くほん	九品	15	くもそうやま				倉良瀬戸	31
くにつかみ	地祇	77	くほんぶつ	九品仏	15		雲早山	398	グラント	格蘭徳	188
くにてる	都光	375	くま	久万	13	くもつ	供物	28	くり	庫裏	126
くにのみやつこ			くま	曲	173	くもひとで			くり	栗	190
	国造	75	くま	熊	234		蜘蛛海星	338	くりいろ	涅色	217
くにふさ	国英	75	くま	球磨	245	くもん	公文	39	くりいろ	早色	259
くにぶり	国風	75	くま	阿	391	くやしい	口惜しい	59	グリーンランド		
くにわけ	国領	76	くまい	熊居	234	くゆらす	燻らす	236		臥児狼徳	380
くぬぎ	功刀	48	ぐまい	愚昧	144	くよう	供養	28	くりから	倶利伽羅	31
くぬぎ	椚	192	くまがい	熊谷	234	くよくがん	鳲鳩眼	423	くりから	倶利迦羅	31
くぬぎの	栩野	188	くまがいそう			くら	庫	126	くりごと	繰言	299
くねんぼ	九年母	15		熊谷草	234	くら	鞍	402	グリセリン		
くの	求野	208	くまがや	熊谷	234	くらい	冥い	41		廣利設林	335
くのえこう	薫衣香	330	くまがわ	阿川	391	くらい	昧い	172	くりぬく	刳り貫く	45
くのへ	九戸	15	くまげら	熊啄木鳥	234	くらい	晦い	172	くりはま	久里浜	14
くのり	九里	15	くまざさ	隈笹	394	くらい	闇い	390	くりまじま	来間島	182
くば	玖波	245	くまざわ	熊沢	234	くらう	喰らう	71	くりや	厨	57
くばしま	久場島	14	くましね	奠稲	92	くらがえ	鞍替え	402	くりやがわ	厨川	57
ぐはん	虞犯	335	くましろ	神代	273	くらかけ	鞍掛	402	くりやがわ	庵川	126
くび	頸	405	くまぜみ	熊蟬	234	くらがの	倉賀野	31	くりやがわ	厨川	126
くびかせ	首枷	409	くまそ	熊襲	234	くらがり	闇がり	390	くりゅう	栗生	190
くびき	軛	366	くまた	杭全	183	くらがりけいこく			くる	刳る	45
くびき	頸城	405	くまたか	熊鷹	234		闇苅渓谷	390	くるしの	苦林野	318
くびきりばった			くまつづら	熊葛	234	くらがりとうげ			くるしま	来島	182
	首切飛蝗	409	くまで	熊手	234		暗峠	173	くるしめる		
くびくくり	首縊り	409	くまどり	隈取り	394	くらき	久良岐	14		窘しめる	279
ぐびじんそう			くまなく	隈無く	394	くらき	久郎	14	くるす	来住	182
	虞美人草	335	くまのい	熊の胆	234	くらげ	水母	206	くるす	来栖	182
くびす	踵	363	くまばち	熊蜂	234	くらし	生計	249	くるそやま		
くびれる	括れる	154	くまやなぎ	熊柳	234	くらた	庫田	126		倶留尊山	31
くびれる	縊れる	298	ぐみ	茱萸	321	くらだけ	鞍岳	402	くるそん	狗留孫	240
ぐぶ	供奉	28	くみする	与する	9	グラックス			くるびょう	佝僂病	26
ぐぶ	弘布	128	くみはま	久美浜	14		哥拉基士	68	くるぶし	踝	363
くふう	工夫	118	くみはん	組版	293	くらつくりのとり			くるま	俥	29
ぐふう	颶風	406	くみひも	組紐	293		鞍作止利	402	くるまえび	車海老	365
くぶくりん			くみやま	久御山	14	グラッドストン			くるまざきじんじゃ		
	九分九厘	15	ぐみょう	求名	208		葛拉徳士呑	325		車折神社	365
くぶしろ	久布白	14	ぐみょうじ	弘明寺	128	くらて	鞍手	402	くるみ	呉桃	64
くぶんでん	口分田	59	ぐみょうちょう			くらのすけだいら			くるみ	胡桃	308
くべる	焼べる	232		共命鳥	39		内蔵助平	41	くるみざわ	胡桃沢	308
くぼ	窪	280	くむ	汲む	209	クラブ	倶楽部	31	くるむ	包む	50
くぼう	公方	39	くむ	酌む	376	くらべる	較べる	366	くるめ	久留米	14
ぐほう	弘法	128	くめかわ	粂川	287	くらほね	橘作	198	くるめく	眩く	263
ぐほう	求法	208	くめはち	粂八	287	くらほね	鞍橋	402	くるめく	転く	365
くぼち	凹地	43	くめん	工面	118	くらま	鞍馬	402	くるる	枢	184

くるど	枢戸	184	くろちく	烏竹	231	け	卦	55	けいずかい		
くるわ	郭	375	くろつきげ			け	筓	282		窩主買い	280
くれ	久礼	14		黒桃花毛	430	け	褻	345	けいせい	傾城	33
くれ	佉	24	くろつぐ	椶櫚	189	げ	偈	32	けいせい	経世	292
くれ	榑	196	くろとかげ	黒蜥蜴	430	けあげ	蹴上	364	げいせい	芸西	316
グレー	虞礼	335	くろとかげ	黒蝎蜒	430	げあんご	夏安居	83	けいせじま		
クレオパトラ			くろびだけ	黒檜岳	430	けい	京	20		慶伊瀬島	145
	克勒巴都拉	36	くろふやま	黒斑山	430	けい	罫	300	けいせつ	蛍雪	336
くれぐれ	呉呉	64	くろべ	黒部	430	けいあんげんじゅ			けいせん	桂川	188
くれこ	久連木	14	くろまめ	烏豆	231		桂庵玄樹	189	けいぜん	夐然	83
グレゴリー			くろみ	玄身	244	けいおう	京王	20	けいそ	珪素	245
	業列互利	194	クロムウェル			けいが	繫駕	299	けいそう	勁草	49
グレシャム				格朗空	188	げいか	猊下	242	けいそう	軽躁	366
	虞良舎漢	335	くろめ	黒布	430	けいがい	形骸	130	けいだい	境内	81
くれせ	呉妹	64	くろもじ	烏樟	231	けいがい	荊芥	320	けいちつ	啓蟄	69
くれた	榑田	196	くろやなぎ	畔柳	253	けいがい	謦咳	354	けいちゅう	契沖	92
くれたけ	呉竹	64	くろわく	黒框	430	けいかん	圭冠	77	けいちょうふはく		
くれない	紅	290	くわ	鍬	385	けいかん	挂冠	154		軽佻浮薄	366
くれなずむ			くわい	慈姑	144	けいかん	桂冠	189	けいづるやま		
	暮れ泥む	174	くわえる	銜える	383	けいかん	荊冠	320		景鶴山	173
くれはとり	呉服	64	くわがた	鍬形	385	けいがん	慧眼	145	けいてき	勍敵	49
くれはとり	呉織	64	くわこ	野蚕	379	けいがん	炯眼	230	けいてん	経典	292
くれまどう			くわご	野蚕	379	けいき	京畿	20	けいとう	鶏頭	425
	暗れ惑う	173	くわしい	精しい	289	げいぎ	芸妓	316	けいは	瓊葩	247
くれる	呉れる	64	くわみずばし			けいきょく	荊棘	320	けいはい	詣拝	351
くれる	眩れる	263		神水橋	273	けいけい	炯炯	230	けいばい	競売	281
ぐれん	紅蓮	291	ぐんげ	郡家	375	けいけい	軽軽	366	けいはん	京阪	20
くろ	畔	253	くんこ	訓詁	350	けいげき	携隙	159	げいびけい	猊鼻渓	242
くろい	玄い	243	くんこう	薫香	330	けいけん	敬虔	163	けいひん	京浜	20
くろうと	玄人	243	くんしひょうへん			けいこ	稽古	278	けいびん	慧敏	145
くろうど	蔵人	330		君子豹変	64	げいこ	芸妓	316	げいひんかん		
くろうとはだし			くんじょう	燻蒸	236	けいこく	経国	292		迎賓館	368
	玄人跣	243	ぐんじょう	群青	303	けいさい	荊妻	320	けいふ	系譜	290
くろうばる	九郎原	15	くんずほぐれつ			けいさいとんじ			けいべつ	軽蔑	366
くろうめもどき				組んず解れつ	293		荊妻豚児	320	けいべん	軽便	366
	黒梅擬	430	くんせい	燻製	236	けいし	京師	20	げいぼうやさかきょう		
くろがね	鉄	382	くんだ	栗田	190	けいし	家司	103		芸防弥栄峡	316
くろがね	鉄工	382	くんちょう	君寵	64	けいし	罫子	113	けいほく	京北	20
くろかわ	細川	295	くんとう	薫陶	330	けいし	罫紙	300	けいま	桂馬	189
くろき	黒酒	430	くんなか	国中	75	けいじ	携持	158	けいめいくとう		
くろぎ	黒木	430	くんぬい	国縫	76	けいじじょう				鶏鳴狗盗	425
くろくらがわ			くんねっぷ	訓子府	350		形而上	130	げいめん	鯢面	431
	玄倉川	244	くんねべつがわ			けいじつ	頃日	403	けいもう	啓蒙	69
くろご	黒衣	430		勲禰別川	50	けいしゅう	閨秀	390	けいよう	京葉	20
くろじ	黒鶫	430	くんぷう	薫風	330	けいしゅく	奎宿	92	けいら	警邏	366
くろしょうじょう			くんゆう	薰蕕	330	げいしょうい			けいりゅう	繫留	299
	黒猩猩	430	くんれつ	皸裂	260		霓裳羽衣	399	けいりん	経綸	292
くろだ	畔田	253	くんろ	薰炉	330	けいしょううんかく			けいるい	繫累	299
くろだい	烏頬魚	231					卿相雲客	56	けいれん	痙攣	255
くろたけ	玄岳	244	《け》			けいしん	京津	20	けいろく	鶏肋	425

(41)

けう	希有	121	げじ	下知	5	けちらす	蹴散らす	364	けねん	懸念	147
けうとい	気疎い	206	げじ	蚰蜒	336	けちんぼう	吝坊	65	けねん	掛念	156
ゲーテ	瓜得	347	けしかける	嗾ける	72	けつえん	掲焉	156	けば	毳	205
けおされる			けしからん			けつえん	結縁	294	げば	下馬	5
	気圧される	205		怪しからん	138	けっか	闕下	390	けばけば	毳毳	205
けおとす	蹴落とす	364	けしき	景色	173	けっかい	決潰	209	けばけばしい		
けが	怪我	138	けしき	気色	205	げっかひょうじん				毳毳しい	205
けが	気駕	206	けしきばむ				月下氷人	176	げひょう	下馬評	5
けがす	穢す	278		気色ばむ	205	けっかふざ			けばらいち	花原市	316
けかちやま	毛勝山	205	げじげじ	蚰蜒	336		結跏趺坐	294	けひ	気比	205
けがれる	穢れる	278	けしむらさき			けつがん	頁岩	403	けびいし	検非違使	192
げかん	下浣	5		滅紫	225	げきつ	謫詭	354	けびょう	仮病	24
げき	外記	84	げじゅ	偈頌	32	けっき	蹶起	364	けびょう	花瓶	316
げき	戟	148	げしゅにん	下手人	4	けつけつ	孑孑	98	げびる	下卑る	5
げき	檄	199	けしょう	化粧	51	げっこう	激昂	227	けぶり	気振り	206
げき	鶍	426	げじょう	下条	4	けっさい	潔斎	226	けぼり	牙彫	238
げきしょう	激賞	227	けしん	化身	51	げっさく	月朔	176	けま	食満	407
げきじょう	撃攘	159	けしんめっち			けっさつ	結紮	294	けまちょう	毛馬町	205
げきじん	激甚	227		灰身滅智	229	けつじょう	潔浄	226	けまない	毛馬内	205
げきぜつ	駃舌	423	けす	銷す	384	げっしょう	月性	176	けまり	蹴鞠	364
げきたく	撃柝	159	げす	下種	5	げっしるい	齧歯類	433	けまんそう	華鬘草	322
げきとして			けずりぐし	梳り櫛	191	けつぜん	孑然	98	けみ	検見	192
	関として	390	けずる	刪る	44	けったい	卦体	55	けみがわ	検見川	192
げきぶん	檄文	199	けずる	刮る	45	けったくそ	卦体糞	55	けみする	閲する	390
げぎょ	懸魚	147	げせない	解せない	349	けったん	血痰	341	けむやま	煙山	233
げきりょ	逆旅	369	げせわ	下世話	4	げったん	月旦	176	けむりやま	烟山	231
げきりん	逆鱗	369	けせん	気仙	205	けってき	抉剔	151	けむる	烟る	231
げきろう	激浪	227	げせん	下賤	5	げっぺい	月餅	176	けや	芥屋	316
けく	希求	121	けせんぬま	気仙沼	205	けつべつ	訣別	350	げや	下野	5
げくう	外宮	84	けそう	懸想	147	げつべつ	月鼈	176	けやき	欅	200
げげ	解夏	349	けた	桁	189	けつまずく	蹴躓く	364	げゆ	解由	349
けげん	怪訝	138	けた	気田	205	けづめ	距	362	けら	下良	4
けこ	筍籠	282	げた	下駄	5	げてもの	下手物	4	けら	介良	20
けこ	花籠	316	けたい	懈怠	146	げとう	夏油	83	けら	螻蛄	340
けご	毛蚕	205	げだい	外題	84	げどう	外道	84	けら	解良	349
けご	筍籠	282	けたか	気高	206	けどういん	祁答院	272	けら	計良	383
げこ	下戸	4	けだかい	気高い	206	げどく	解毒	349	けら	鍬	383
げこう	下向	4	けだし	蓋し	327	けとばす	蹴飛ばす	364	けらつつき	啄木鳥	69
げこくじょう			けだし	蹴出し	364	けどられる			けらどおり	介良通	20
	下剋上	5	げだつ	解脱	349		気取られる	205	けらま	慶良間	145
けごん	華厳	322	けだもの	獣	243	けない	毛乃	204	けり	鳧	422
けさ	今朝	21	けだるい	気怠い	206	けなげ	健気	32	ける	蹴る	364
けさ	袈裟	343	けち	吝	65	けなしがせん			げるまじま		
けさがけ	袈裟懸	343	けち	鶏知	425		毛無山	205		慶留間島	145
げさく	戯作	148	げち	下知	5	けなしやま	怪無山	138	けれん	外連	84
けさまるやま			けちえん	掲焉	156	けなす	貶す	357	げろ	下呂	4
	袈裟丸山	343	けちえん	結縁	294	げに	実に	102	げろう	下郎	5
けさん	華山	322	けちけち	吝吝	65	げにん	下人	4	げろう	下﨟	5
けし	芥子	316	けちみゃく	血脈	341	げねつ	解熱	349	けわい	化粧	51
けし	夏至	83	げちょう	牙彫	238	けねべつ	計根別	349	けわしい	嶮しい	117

読み	語	頁	読み	語	頁	読み	語	頁	読み	語	頁
けん	妍	95		肩甲骨	308	けんじゅうらい			こい	鯉	418
けん	腱	311	けんこく	圏谷	76		捲土重来	156	ごい	語彙	351
けん	間	389	げんこつ	拳骨	154	けんどちょうらい			こいき	小粋	109
げん	絃	292	げんごろう	竜蝨	433		捲土重来	156	こいこく	鯉濃	418
げん	験	412	けんこん	乾坤	16	けんどん	慳貪	146	ごいさぎ	五位鷺	18
けんあい	險隘	393	けんこんいってき			げんなま	現生	246	こいざわ	越沢	361
けんあん	懸案	147		乾坤一擲	16	げんのう	玄翁	244	こいし	礫	272
けんいち	見市	347	けんさん	研鑽	269	げんのしょうこ			ごいし	碁石	270
けんいん	牽引	239	けんさん	見参	347		現の証拠	245	こいしろ	漕代	226
けんうん	眩暈	263	けんし	妍姿	95	けんのん	剣呑	46	こいしわら	小石原	107
けんえん	倦厭	31	けんし	絹糸	295	けんばのろう			こいつ	此奴	202
けんえん	嫌厭	97	けんし	繭糸	299		犬馬の労	240	こいで	小出	107
けんえん	慊焉	144	げんし	元巳	35	けんばん	鍵盤	385	こいどとうげ		
けんえん	犬猿	240	けんしゅう	献酬	242	げんびけい	厳美渓	164		越道峠	361
けんえんがくは			けんしゅん	険峻	393	ケンブリッジ			こいぬ	仔犬	22
	蘐園学派	333	けんじょ	巻舒	120		剣橋	46	こいねがう	希う	121
けんか	喧嘩	71	けんしょう	肩章	308	けんぺいりつ			こいのぼり	鯉幟	418
けんか	鹼化	427	けんしょう	腱鞘	311		建蔽率	127	こいわずらい		
けんが	懸河	147	けんじょう	諠譁	353	けんぺき	肩癖	308		恋煩い	141
げんか	絃歌	292	けんじょう	玄奘	244	けんべつ	甄別	248	こう	乞う	15
けんかい	狷介	241	げんじょうらく			げんぼう	玄昉	244	こう	劫	48
けんがい	懸崖	147		還城楽	374	けんぼっきとう			こう	国府	75
げんがく	衒学	342	げんすい	元帥	35		嶮暮帰島	117	こう	府中	165
けんき	嫌忌	97	けんせい	牽制	239	けんぼなし 玄圃梨		244	こう	斯う	165
げんき	衒気	342	けんせき	譴責	355	けんまこくげき			こう	溝	224
けんぎゅう	牽牛	239	けんぜつ	懸絶	147		肩摩轂撃	308	こう	爻	237
げんぎょ	懸魚	147	けんそ	嶮岨	117	けんもつ	献物	242	ごう	業	194
けんぎょう	祆教	272	けんそ	険阻	393	けんらん	絢爛	294	ごう	毫	205
けんぎょう	検校	192	けんぞく	眷属	264	けんりん	倹吝	31	ごう	盒	261
けんきょうふかい			げんぞく	還俗	374	けんれい	悷戻	144	ごう	郷	298
	牽強附会	239	けんそもり	嶮岨森	117	けんれんかいかく			こうい	更衣	175
げんげ	紫雲英	294	けんそん	謙遜	354		牽攣乖隔	239	こういん	勾引	50
けんけい	券契	45	けんたい	倦怠	31	けんわんちょくひつ			こういん	庚寅	125
けんげき	剣戟	46	けんだか	権高	197		懸腕直筆	147	こうう	項羽	403
けんけつ	欠缺	200	けんたん	健啖	32	【こ】			こううん	光暈	35
げんげつ	幻月	124	げんち	言質	349				こううん	耕耘	305
けんけん	涓涓	217	けんちゅう	絹紬	295	こ	児	36	こううんりゅうすい		
げんげん	乾元	16	けんちん	巻繊	120	こ	觚	349		行雲流水	341
けんけんごうごう			けんちんじる			ご	伍	25	こうえん	溢焉	224
	喧喧囂囂	71		巻繊汁	120	ご	棊	192	こうえん	講筵	354
けんけんひきゅう			けんつく	剣突	46	ご	豆汁	355	こうお	好悪	93
	蹇蹇匪躬	363	けんてき	涓滴	217	ゴア	臥亜	379	こうおん	鴻恩	424
けんけんふくよう			けんてき	硯滴	270	こあいだめい			こうか	甲賀	252
	拳拳服膺	154	けんてん	圏点	76		小合溜井	108	こうか	紅霞	291
けんこ	眷顧	264	けんでん	喧伝	71	こあくつ	小圷	108	こう	公衙	39
けんこ	拳固	154	けんどう	萱堂	325	こあざ	小字	108	こうが	姮娥	96
けんこう	権衡	197	けんどう	諠闃	353	こあぜ	小畔	110	ごうか	劫火	48
けんこう	軒昂	365	けんとくさん			こあにがわ			ごうか	業火	194
げんこう	元寇	35		乾徳山	16		小阿仁川	108	こうかい	狡獪	241
けんこうこつ			こい	己斐	119	こうがい	慷慨	145			

こうがい	梗概	190	ごうこ	豪賈	356	こうしゃさん		こうせん	口銭	59	
こうがい	笄	282	こうごいし	神籠石	274		高社山	414	こうせん	句践	60
こうかく	口角	59	こうこう	口腔	59	こうしゅ	叩首	60	こうせん	香煎	410
こうかく	岬角	116	こうこう	呆呆	183	こうしゅうざん		こうせん	香饌	410	
こうかく	考覈	305	こうこう	煌煌	234		高洲山	414	こうぜん	哄然	68
こうかく	骭核	308	こうこう	皓皓	260	こうしゅく	亢宿	19	こうぜん	昂然	170
ごうがしゃ	恒河沙	140	こうこう	耿耿	306	こうじゅさん		こうぜん	浩然	217	
こうかず	神一	272	こうこう	肓肓	312		香薷散	410	こうぜん	耿然	306
こうかつ	宏闊	101	こうこう	逞逞	371	こうしゅない		こうぜん	傲然	34	
こうかつ	狡猾	241	こうこう	鏗鏗	386		光珠内	35	こうせんばら		
こうかん	交驩	20	こうごう	曠劫	174	こうじゅほうしょう			香仙原	409	
こうかん	槓桿	196	こうごう	苟合	318		紅綬褒章	291	こうそ	控訴	156
こうかん	浩瀚	217	こうごう	香盒	410	こうじゅん	交詢	20	こうそ	皇祚	260
こうかん	降鑒	393	ごうごう	囂囂	74	こうじょ	控除	156	こうぞ	楮	194
こうがん	睾丸	265	こうごうしい			こうじょ	耕鋤	305	ごうそ	強訴	129
ごうかん	合巻	62		神神しい	273	こうしょう	口誦	59	こうそう	恈惚	31
ごうかん	強姦	129	こうこうや	好好爺	93	こうしょう	哄笑	68	こうそう	訌争	350
ごうがん	傲岸	33	こうごえ	甲越	252	こうしょう	工廠	118	こうそう	鏗鏘	386
ごうかんちゅうびゅう			こうこく	闔国	390	こうしょう	高翔	414	こうそく	梗塞	190
	合歓綢繆	62	こうこく	鴻鵠	424	こうじょう	定考	102	こうぞり	髪剃り	414
ごうがんふそん			こうござき	革籠崎	401	こうじょうきく			こうぞりな	毛蓮菜	205
	傲岸不遜	33	こうこつ	恍惚	140		鉤縄規矩	382	こうぞりな	髪剃菜	415
こうき	合木	62	こうこつかん			こうしょく	更埴	175	こうそん	耗損	305
こうき	弘毅	128		硬骨漢	270	こうじる	昂じる	170	こうた	幸田	124
こうぎ	交誼	20	こうさ	交叉	20	こうじろ	神代	273	こうた	額戸	405
こうぎ	好誼	93	こうさ	較差	366	こうじろまち			こうだい	宏大	101
こうぎ	高誼	414	こうさい	香西	409		神代町	273	こうたいごう		
ごうき	剛毅	46	こうさか	上坂	8	こうしん	亢進	19		皇太后	260
ごうきかだん			こうざき	神崎	273	こうしん	庚申	125	こうだいむへん		
	剛毅果断	46	こうざきばな			こうしん	港津	222		宏大無辺	101
こうきてい	康熙帝	126		高崎鼻	414	こうしん	甲申	251	こうだか	甲高	251
ごうきゅう	号泣	60	こうさく	視告朔	348	こうじん	巷塵	120	こうたく	膏沢	312
こうきょ	薨去	330	こうさく	鋼索	385	こうじん	後塵	132	こうたけ	皮茸	260
こうぎょう	砿業	269	こうざま	格狭間	188	こうじん	黄塵	430	こうたり	神足	273
こうぎょう	鴻業	424	こうし	嚆矢	73	こうじんだに			こうだろはん		
こうぎわ	髪際	415	こうし	後嗣	132		荒神谷	320		幸田露伴	124
ごうく	業苦	194	こうし	格子	188	こうしんづか			こうたん	浩歎	217
こうくう	口腔	59	こうし	犢	240		庚申塚	125	こうだん	巷談	120
こうくり	高句麗	414	こうし	皓歯	260	こうす	小有珠	108	こうち	河内	210
こうけ	高家	414	こうじ	垢膩	79	こうずい	洪水	215	こうちゃく	膠着	312
こうげ	上毛	8	こうじ	好餌	94	こうずか	好事家	93	こうちょ	皇儲	260
こうげ	香華	410	こうじ	小路	110	こうずけ	上野	8	こうちょう	紅潮	291
こうけい	肯綮	308	こうじ	柑子	186	こうする	稿する	278	こうちょうどうぶつ		
こうげい	虹霓	335	こうじ	麹	428	こうせい	後世	131		腔腸動物	311
ごうけしだい			ごうし	合祀	62	こうせい	後生	131	ごうちん	轟沈	367
	江家次第	208	ごうし	郷士	375	こうせい	甲西	251	こうづ	上津	8
こうけち	纐纈	300	こうじつ	狎昵	240	こうせつ	巷説	120	こうづ	国府津	75
こうけつ	纐纈	300	こうしま	府島	126	こうぜつ	口舌	59	こうづ	郡津	375
こうけつ	膏血	312	こうじや	糀谷	289	こうぜとうげ			ごうつ	江津	208
こうご	向後	62	こうしゃく	侯爵	29		高瀬峠	414	こうつうら	上津浦	8

こうづき	上月	7	こうのまい	鴻之舞	424	こうもん	閤門	390	こうろき	興梠	313
こうつきがわ			こうのみなと			ごうもん	拷問	154	こうろぎ	興梠	313
	甲突川	251		神湊	273	こうや	曠野	174	ごうろく	郷緑	375
ごうつくばり			こうのみや	国府宮	75	こうや	紺屋	293	こうろんおつばく		
	業突く張り	194	こうのもろなお			こうや	高野	414		甲論乙駁	252
こうづしま	神津島	273		高師直	414	ごうや	岩屋	116	こうわ	媾和	97
こうづばら	甲津原	251	こうのやま	神野山	273	こうやがみ	紙屋紙	291	こうわ	河和	211
こうでい	拘泥	153	こうばい	勾配	50	こうやき	青焼	410	ごうん	五蘊	18
こうでい	膠泥	312	こうはく	侯伯	29	こうやく	青薬	312	こえ	贄	359
こうでら	国府寺	75	こうばしい			こうやま	神山	272	こえさし	小枝	108
こうでら	香寺	409		芳ばしい	317	こうやま	高山	413	ごえつどうしゅう		
こうてん	昊天	170	こうばしい			こうやまき	傘松	33		呉越同舟	64
こうでん	香奠	410		香ばしい	409	こうゆ	膏腴	312	こえとい	声問	83
ごうてんじょう			ごうはら	業腹	194	こうよう	昂揚	170	こえな	越名	361
	格天井	188	こうはん	広汎	125	こうよく	高沃	312	こえる	肥える	312
ごうと	合渡	62	こうはん	攪拌	162	ごうよく	強欲	129	こえる	踰える	363
ごうと	神門	273	こうはん	甲板	251	こうら	甲良	251	コエンドロ	胡荽	308
ごうど	神戸	272	こうひ	考妣	305	ごうら	強羅	130	ごおう	五黄	18
ごうど	顔戸	405	こうび	糠粃	289	こうらい	高麗	414	ごおう	牛王	238
こうとう	叩頭	60	こうふ	岡阜	116	こうらいにんじん			ごおう	牛黄	238
こうとう	喉頭	71	こうぶ	荒蕪	320		高麗人参	414	ごおういんだいら		
こうとう	昂騰	170	こうふうせいげつ			こうらうち	高良内	414		牛王院平	238
ごうとう	豪宕	356		光風霽月	35	こうらさん	高良山	414	コーカサス	高加索	414
こうどうきちにち			ごうぶくろ	甲袋	252	こうらん	勾欄	50	こおげ	郡家	375
	黄道吉日	429	こうふん	口吻	59	こうらん	攪乱	162	こおげじま		
こうとうむけい			こうべ	兄部	35	こうらんけい				小大下島	107
	荒唐無稽	320	こうべ	神戸	273		香嵐渓	410	ゴーゴリ	果戈里	183
こうとくしゅうすい			こうべ	首	409	こうり	行李	341	こおざと	郡里	375
	幸徳秋水	124	こうべき	降冪	393	ごうり	毫釐	205	こおちだに	香落渓	410
ごうどはら	神戸原	414	こうぼ	酵母	377	こうりえん	香里園	409	こおどり	雀躍り	395
ごうな	寄居虫	103	こうぼ	高暮	414	ごうりき	剛力	46	コーヒー	珈琲	245
こうない	郷内	375	こうぼう	光芒	35	こうりじま			こおり	桑折	189
こうなぎ	巫部	119	こうぼう	広袤	125		古宇利島	60	こおり	郡	375
こうなご	小女子	107	ごうほうらいらく			ごうりゃく	劫掠	48	コーリャン	高粱	414
こうなん	岡南	116		豪放磊落	356	こうりゅう	上竜	8	ゴールデンゲート		
こうなん	香南	410	こうほね	河骨	211	こうりゅう	亢竜	19		金門峡	380
こうぬ	甲奴	251	ごうま	降魔	393	こうりゅう	勾留	50	こおろぎ	蟋蟀	339
こうねじま	高根島	414	こうまた	府役	126	こうりゅう	拘留	153	ごおん	呉音	18
こうねつ	黄熱	430	こうみ	神海	273	こうりょう	亢竜	19	コカ	古柯	60
こうの	巷野	120	こうむる	蒙る	328	こうりょう	荒寥	320	こか	胡笳	309
こうの	河野	211	こうめ	神目	273	こうりょう	較量	366	こが	久我	14
こうの	畊野	253	ごうも	毫も	205	こうりょういっすい			こが	古河	60
ごうのいけ	神之池	272	ごうもうふか				黄粱一炊	429	こが	古閑	60
こうのうら	神浦	273		毫毛斧柯	205	こうりんぼう			ごか	五和	18
ごうのうら	郷ノ浦	375	こうもと	河本	210		香林坊	410	ごか	五神	18
ごうのかわ	江の川	208	こうもり	洋傘	217	こうるい	紅涙	291	ごか	五箇	18
こうのしま	神島	273	こうもり	蝙蝠	339	こうれい	伉儷	25	こかい	小貝	108
こうのす	鴻巣	424	こうもん	告文	64	こうろう	上郎	8	こがい	蚕飼い	335
こうのだい	国府台	75	こうもん	肛門	307	こうろえん	香櫨園	410	こがい	養蚕	408
こうのとり	鸛	427	こうもん	閻門	389	こうろかん	鴻臚館	424	ごかい	沙蚕	209

ごかく	牛角	238	こくくじら	克鯨	36	ここかしこ		
こかげ	木陰	179	ごくげつ	極月	192		此処彼処	202
ごかしょう	五個荘	18	ごくさいしき			ごこくほうじょう		
ごかしょう	五箇荘	18		極彩色	192		五穀豊饒	18
ごかせ	五ヶ瀬	17	こくさぎ	小臭木	108	ごごしま	興居島	313
こかつ	涸渇	219	こくじ	国璽	76	こごた	小牛田	107
こがね	黄金	429	こくしゅく	穀菽	277	ここち	心地	136
こがねむし	黄金虫	429	こくしょう	濃漿	228	ごことのや	小説家	110
ごかのしょう			こくす	哭す	68	ここに	是に	172
	五家荘	18	ごくすい	曲水	175	ここのえ	九重	15
ごかやま	五箇山	18	こくぞう	虚空蔵	334	ここのそじ	九十	15
こがら	小雀	109	こくぞうむし			こごめどおり		
こがらし	凩	42		穀象虫	277		小籠通	110
こかわ	粉河	287	こくだか	石高	268	こごめばな	小米花	108
こがわら	小川原	107	こくたん	黒檀	430	ここら	此辺	202
こかん	股間	308	ごくつぶし	穀潰し	277	こごる	凝る	42
ごかん	互換	18	ごくどう	極道	192	こころ	意	143
こき	古稀	60	こくばがわ	国場川	75	こころえがお		
こぎいた	胡鬼板	308	ごくぼそ	極細	192		心得顔	136
こきいろ	濃き色	227	ごくもん	獄門	243	こころづけ	心付け	136
こきおろす			こぐわ	蚕桑	335	こころばえ	心延え	136
	扱き下ろす	151	こけ	苔	318	こころもとない		
こぎかわ	近木川	368	こけ	虚仮	334		心許無い	136
ごきくら	五鬼荘	18	ごけ	碁笥	270	こころやり	心遣り	136
ごきしちどう			こけい	孤閨	99	ごごんぜっく		
	五畿七道	18	こけおどし				五言絶句	18
ごきそ	五器所	18		虚仮威し	334	ここんちょもんじゅう		
ごきそ	御器所	135	こげき	戸隙	149		古今著聞集	60
こきつかう			こけしのぶ	苔忍	319	ここんとうざい		
	扱き使う	151	こけむしる	苔筵	319		古今東西	60
ごきづる	合器蔓	62	こけむす	苔生す	318	ござ	茣蓙	322
ごきでん	弘徽殿	128	こけもも	苔桃	319	こさい	巨細	12
こきびる	濃昼	227	こけら	柿	185	こさい	古在	60
ごきぶり	蜚蠊	338	こげら	小啄木	109	ございしょ	御在所	133
こきゃく	沽却	211	こけらおとし			こざかい	小坂井	108
こきゅう	胡弓	308		柿落とし	185	こざかしい		
こきよう	小器用	110	こけりんどう				小賢しい	110
ごぎよう	御形	133		苔竜胆	319	こさかべ	小阪部	133
こきりこ	小切子	107	こける	痩ける	256	こさがり	小下里	107
こきん	孤衾	99	こける	転ける	365	こさがわ	小砂川	108
こぎん	小巾	107	こけん	沽券	211	こさこ	小迫	108
こく	扱く	151	こげん	古諺	60	こざさ	小佐々	108
こく	放く	162	ここ	呱呱	68	こさつ	古刹	60
こく	濃	227	ここ	此処	202	コサック	哥薩克	68
こく	石	267	ここ	故後	162	こざわ	小沢	108
こぐ	漕ぐ	226	こごう	枯槁	186	こし	小師	109
ごくい	極意	192	ここう	糊口	289	こし	越	361
ごくいん	極印	192	ここう	股肱	308	こし	躾	363
こくう	虚空	334	ここう	虎口	334	こし	輿	367
こくが	国衙	76	こごう	小督	110	こじ	居士	112

こじ	巾子	120			
こじ	怙恃	139			
こじ	火匙	229			
ごし	兀子	35			
こじあける					
	抉じ開ける	151			
こしあぶら	金漆	381			
こしあん	漉し餡	226			
こしかた	来し方	182			
こじがた	巾子形	120			
こしがや	越谷	361			
こしき	甑	248			
こしき	轂	367			
こじき	乞食	15			
こしきがだい					
	小式ケ台	108			
こしきじま	甑島	248			
こしぎんちゃく					
	腰巾着	311			
こしけ	帯下	122			
こしごえ	腰越	311			
こしじ	越路	361			
こした	袴下	343			
こしだか	要高	346			
こしたやみ	木下闇	178			
こしたんたん					
	虎視眈眈	334			
こじっかり	小確り	110			
こしの	越硒	361			
こしま	小島	109			
こじま	児島	36			
こしみず	輿水	367			
こしやま	趣山	361			
こしゅ	虎鬚	334			
こじゅう	扈従	149			
ごじゅうから					
	五十雀	17			
こじゅうと	小舅	109			
こじゅうとめ					
	小姑	108			
こじゅけい	小綬鶏	110			
ごしゅゆ	呉茱萸	64			
こしょう	扈従	149			
こしょう	胡椒	309			
こじょう	弧状	129			
こしょう	午餉	53			
ごしょう	後生	131			
ごしょう	御訨	135			
ごしょうだいじ					
	後生大事	131			

見出し	表記	頁
こじょうはま	虎杖浜	334
ごじょうめ	五城目	18
ごしょがき	御所柿	133
ごしょがけ	後生掛	131
ごしょがわら	五所川原	18
ごじょく	五濁	18
こしょやま	古処山	60
こしらえる	拵える	155
こしらず	子不知	98
こじり	鐺	387
こじる	抉じる	151
ごじる	呉汁	64
こじれる	拗れる	154
こじろもりやま	小白森山	107
こす	濾す	228
ごす	呉須	64
こすい	狡い	241
こずえ	梢	191
こずかた	不来方	10
こすずがや	子鈴谷	98
こすごう	越河	361
こずち	上有賀	8
こすっからい	狡っ辛い	241
こすど	小須戸	109
こすみ	尖み	110
ごずめず	牛頭馬頭	238
コスモス	秋桜	276
こすもやま	越百山	361
こずや	小鳥谷	109
こする	擦る	161
ごする	伍する	25
ごする	期する	177
こせ	巨勢	12
こせ	小瀬	110
こせ	居勢	112
ごせ	後世	131
ごせ	御所	133
ごぜ	御前	134
ごぜ	瞽女	265
こせい	湖西	222
こせがれ	小倅	109
ごせち	五節	18
こせつ	古拙	60
こぜりあい	小競合い	110
ごぜん	御前	134
こせんすい	枯山水	186
こぞ	去年	57
こそげる	刮げる	45
こそこそ	窃窃	279
こぞって	挙って	154
こぞめづき	木染月	179
こだいじさんち	孔大寺山地	98
こたえる	堪える	80
こたえる	応える	136
こだかやま	己高山	119
ごたく	御託	134
こたくみ	木工	178
こだくみ	木工	178
こたけ	古武	60
こたじま	答島	283
こだち	木立	178
こたつ	炬燵	230
こだつの	小立野	108
こたば	小把	108
こたま	小玉	109
こだま	児玉	36
こだま	木霊	179
こだま	樹神	198
こだわる	拘る	152
こたん	古潭	60
こたん	枯淡	186
こたんべつ	古丹別	60
こち	東風	184
こち	鯒	418
こちお	鮴尾	418
こちがいいけ	鯳池	417
ごちそう	御馳走	135
こちとら	此方人等	202
こちぼら	木知原	178
こちゅう	壺中	83
こちょう	胡蝶	309
こちょうらん	胡蝶蘭	309
こちら	此方	201
こちんだ	東風平	184
こつ	忽	138
こつえん	忽焉	138
こづか	小柄	109
こっかい	骨灰	413
こつがら	骨柄	413
こっきしん	克己心	36
こっきゅう	哭泣	68
こづくし	小筑紫	109
こっくり	狐狗狸	241
こっけい	滑稽	224
こつごつ	兀兀	35
こつこつ	忽忽	138
こつぜん	忽然	138
こっそ	骨疽	413
こつそしょうしょう	骨粗鬆症	413
こっち	此方	202
こっとい	特牛	239
こっとう	骨董	413
こつなぎ	小繋	110
こつにくあいはむ	骨肉相食む	413
こっぱ	木端	179
こっぱい	粉灰	287
こっぱみじん	木端微塵	179
コップ	洋杯	217
コッホ	古弗	60
こて	籠手	287
こて	鏝	386
ごて	後手	131
ごて	御亭	134
こてい	小体	108
こてき	胡狄	308
こてさし	小手指	107
こてつ	故敵	162
こてはし	犢橋	240
こでまり	小手毬	107
ごてん	碁点	270
ごてんば	御殿場	135
こと	箏	285
こと	糊塗	289
ごと	毎	204
ことい	特牛	239
こというし	特牛	239
ことう	厚東	57
ことうがわ	香東川	410
ことうけ	小藤衣	110
ことうけ	小藤花	110
ごとく	如く	94
ごとく	悟得	141
ことごとく	悉く	141
ことさら	殊更	203
ことし	今年	21
ことじ	琴柱	246
ごとし	如し	94
ことだま	言霊	349
ことづけ	言託	349
ことづて	言伝	349
ことといばし	言問橋	349
ことなかれ	事勿れ	16
ことなみ	琴南	246
ことに	琴似	246
ことば	詞	350
ことばがき	詞書	350
ことびきやま	琴弾山	246
ことひら	琴平	246
ことひらぐう	金刀比羅宮	380
ことほぐ	言祝ぐ	349
こどまり	小泊	108
こともなげ	事も無げ	16
ことり	部領	376
ことわざ	諺	353
ことわり	理	246
ことわる	謝る	354
ことわる	辞る	367
こないだ	此間	202
こなから	二合半	17
こなぎ	小水葱	107
こなす	熟す	235
こなた	此方	202
こなみじん	粉微塵	288
こならやま	小楢山	110
こなれる	熟れる	235
こにい	古新居	60
こにや	古仁屋	60
こぬかあめ	小糠雨	110
こぬれ	木末	178
コネチカット	干捏底格	123
こねる	捏ねる	155
この	此の	201
このう	甲能	252
このうら	金浦	381
このえ	近衛	368
このかた	以来	22
このこ	海鼠子	215
このしろ	鰶	420
このたび	此度	202
このてがしわ	側柏	32
このは	木葉	179
このはずく	木の葉木菟	178
このはな	此花	202

見出し	漢字	頁	見出し	漢字	頁	見出し	漢字	頁	見出し	漢字	頁
このはなのさくやびめ	木花開耶姫	178	こぶし	拳	154	ごましま	胡掌島	309	こもうの	蒲生野	328
ごのへ	五戸	18	こぶし	辛夷	367	ごまだんざん			こもがい	熊川	234
このみ	許斐	350	こぶしがたけ				護摩壇山	355	こもかぶり	薦被り	331
このり	兄鶺	35		甲武信ヶ岳	251	こまつたてわき			こもごも	交交	20
このわた	海鼠腸	215	ごふじょう	御不浄	133		小松帯刀	108	こもだ	籠田	287
こば	木端	179	こぶちざわ	小淵沢	109	こまつなぎ	駒繋ぎ	412	こもの	菰野	326
こばい	故買	162	こぶなぐさ	小鮒草	110	こまどとうげ			こものなり	小物成	108
こはく	琥珀	246	こぶや	昆布野	170		駒止峠	412	こもぶち	藪淵	328
こはぐら	古波蔵	60	こぶん	乾分	16	こまどり	駒鳥	412	こもる	籠る	287
こばくら	古波蔵	60	こぶん	股分	308	こまなき	駒鳴	412	こもろ	小諸	18
ごはさん	御破算	134	こふん	胡粉	308	こまなごさん			こもんじょ	古文書	60
こはぜ	鞐	402	ごへいかつぎ				小真名子山	109	こや	昆陽	170
こはた	木幡	179		御幣担ぎ	135	こまぬく	拱く	154	こや	蚕屋	335
こはだ	小鰭	110	コペルニクス			こまねく	拱く	154	こやいづ	小柳津	109
こはだ	木皮	178		可辟児	59	こまねずみ	高麗鼠	414	こやけ	小家	109
こはちががわ			コペンハーゲン			ごまのはぐさ			こやす	小保	109
	小八賀川	107		哥木哈牙	68		胡麻の葉草	309	こやすがい	子安貝	98
ごはっと	御法度	133	ごぼう	御坊	133	こまぶえ	高麗笛	414	こやすのき	平産樹	124
こばな	小塙	109	ごぼう	牛蒡	238	こまめ	古満目	60	こゆ	児湯	36
こばなわ	庁	125	こぼけ	小歩危	108	こまめ	小忠実	108	ごゆ	御油	133
こばほくふう			こぼす	零す	399	ごまめ	鱓	421	こゆるぎがさき		
	胡馬北風	308	こぼつ	毀つ	203	こまやか	濃やか	227		小動ヶ崎	109
こはま	粉浜	288	こぼとけ	小仏	107	こまやか	細やか	293	こよい	今宵	21
ごばん	碁盤	270	こぼりともと			ごみ	塵	81	こよう	雇傭	396
こばんちゃや				小堀鞆音	109	こみあげる			ごようたし	御用達	133
	木場茶屋	179	こぼれぐち	河堀口	211		込上げる	368	ごようまい	珸瑶瑁	246
こび	古井	60	こぼれる	毀れる	203	こみいる	込入る	368	こよし	子吉	98
ゴビ	戈壁	147	こぼれる	翻れる	304	こみざん	繁桟	298	こより	紙撚	291
こびき	木挽き	179	こぼんのう	子煩悩	98	こみち	小径	108	ごらいこう	御来光	133
こびきちょう			こま	巨摩	12	こみばこ	塵箱	82	ごらいごう	御来迎	133
	木挽町	179	こま	狛	240	こみむし	塵芥虫	82	こらえる	堪える	80
こびしま	小飛島	109	こま	独楽	241	こみや	込谷	368	こり	古里	60
こひつじ	羔	302	こま	駒	412	ごみわたり	垁渡	79	こり	垢離	79
こひなた	小日向	107	こま	高麗	414	ゴム	護謨	355	こり	梱	190
こびやま	小檜山	110	こま	齣	433	こむがわ	小武川	108	こり	狐狸	241
ごびゅう	誤謬	351	ごま	胡麻	309	こむそう	虚無僧	334	ごり	鮴	418
こひょう	小兵	108	ごま	護摩	355	こむら	腓	311	こりごり	懲り懲り	147
こびる	媚びる	97	こまい	梲	195	こむらがえり	腓返り	311	こりば	郡場	375
こひるいまき			こまい	氷魚	208	こめいじ	古明地	60	ごりむちゅう		
	小比類巻	107	こまいこ	小舞子	110	こめかし	米浙	287		五里霧中	18
こひろとうげ			こまいぬ	狛犬	240	こめかみ	顳顬	406	ごりやく	御利益	133
	小広峠	107	こまうど	狛人	240	こめつが	米栂	287	こりる	懲りる	147
こふ	誇負	351	こまえ	狛江	240	こめつきむし			コリント	哥林多	68
こぶ	瘤	256	こまがえりとうげ				米搗虫	287	コルシカ	哥塞牙	68
こぶがはら	古峰原	60		駒返峠	412	こめびつ	米櫃	287	これ	惟	142
こふくげきじょう			ごまかす	誤魔化す	135	こめまき	古馬牧	9	これ	此れ	201
	鼓腹撃壌	431	こまがわ	高麗川	414	こめる	籠める	287	これこれ	此れ此れ	201
こまごま	細細	293	ごめん	後免	131	これなが	伊永	23			
こふけ	小更	108	こまごめ	駒込	412	こも	薦	331	こればかり	是許	172
ごぶさた	御無沙汰	135	こまじま	狛島	240	こもいけ	蔣池	328	これまさ	是政	172

読み	表記	頁	読み	表記	頁	読み	表記	頁	読み	表記	頁
これむね	伊統	23	コンクリート			こんでん	墾田	82		塞翁が馬	81
コレラ	虎列刺	334		混凝土	219	コント	孔徳	98	さいおん	蔡温	328
ころ	転	365	ごんげ	権化	197	こんとう	昏倒	171	さいおんじきんもち		
ころ	頃	403	ごんげん	権現	197	こんどう	金堂	381		西園寺公望	346
ごろ	語呂	351	コンゴ	公額	39	ごんどうくじら			さいか	災禍	230
ころう	固陋	75	こんこう	混淆	219		巨頭鯨	12	さいか	雑賀	396
ころう	虎狼	334	こんこう	金光	380	こんとうこう			さいか	雑賀	396
ごろうじる			こんごう	金剛	381		今東光	21	さいかい	崔嵬	117
	御覧じる	135	こんごうりき			ゴンドラ	画舫	252	さいかいもくよく		
ゴローニン	兀老尹	35		金剛力	381	こんとん	混沌	219		斎戒沐浴	432
ころがき	枯露柿	186	ごんごどうだん			こんな	此様	202	さいかざき	雑賀崎	396
ころぎす	蟋蟀	339		言語道断	349	こんにゃく	蒟蒻	327	さいかち	皁莢	259
ころだい	胡盧鯛	309	こんこん	懇懇	146	こんの	木尾	178	さいがね	西金	346
ごろつき	破落戸	269	こんこん	昏昏	171	こんぱい	困憊	75	さいがわ	犀川	239
ごろね	転寝	365	こんこん	滾滾	225	コンパス	円規	40	さいかん	才幹	150
ころも	挙母	154	こんこん	野狐	379	こんば	外山	83	さいがん	西岸	346
ころもがえ	更衣	175	こんじく	坤軸	78	こんばるぜんちく			さいき	佐伯	26
ころもがわ	衣川	342	こんじちょう				金春禅竹	380	さいき	債鬼	34
コロラド	考老来桂	305		金翅鳥	381	こんばるりゅう			さいき	才器	150
コロリ	古呂利	60	こんじゃく	今昔	21		金春流	380	さいき	猜忌	242
コロンビア			こんしゅ	婚娶	96	こんぶ	昆布	170	さいき	砦木	269
	哥倫比亜	68	ごんしゅ	勤修	49	こんぺいとう			さいぎ	幸木	124
コロンブス 閣龍		390	こんじゅほうしょう				金平糖	380	さいぎしん	猜疑心	242
コロンボ	考老母	305		紺綬褒章	293	ごんべえとうげ			さいきん	細菌	293
こわい	強い	129	こんじょう	紺青	292		権兵衛峠	197	さいぐさ	三枝	6
こわい	怖い	139	ごんじりとうげ			こんぺき	紺碧	293	さいこ	柴湖	186
こわいい	強飯	129		権次入峠	197	こんぼう	棍棒	192	さいご	最期	176
こわいろ	声色	83	こんしん	渾身	222	こんぼう	梱包	190	さいごう	西郷	346
こわうらわん			こんすい	昏酔	171	こんぼくとうげ			ざいごう	在郷	77
	古和浦湾	60	ごんずい	権萃	197		根北峠	189	ざいごう	罪業	300
こわきだに	小涌谷	109	ごんずい	権瑞	197	こんめい	昏迷	171	さいごうつぐみち		
こわく	蠱惑	341	こんぜ	今世	21	こんめい	昏冥	171		西郷従道	346
こわくだに	小涌谷	109	こんせい	今世	21	こんやく	困阨	75	さいごっぺ		
こわぐち	強口	129	こんせい	金精	381	こんよ	坤輿	78		最後っ屁	176
こわごわ	怖怖	139	こんせき	今昔	21	こんりゅう	建立	127	さいころ	賽子	359
ごわごわ	強強	129	こんせき	痕跡	255	こんりゅう	袞竜	343	サイゴン	西貢	346
こわしみずこうげん			こんせんだいち			こんりんざい			さいさい	騒騒	412
	強清水高原	129		根釧台地	189		金輪際	381	さいさき	幸先	124
こわす	毀す	203	こんぞうじ	金蔵寺	381	こんろ	焜炉	232	さいざき	幸崎	124
こわた	木綿	179	こんだく	溷濁	224	こんろう	軒廊	365	さいさく	砦柵	269
こわた	木幡	179	こんだて	献立	242				さいし	嘴子	72
こわね	声音	83	ごんだやま	権田山	197	**【さ】**			さいし	祭祀	274
こわめし	強飯	129	ごんだわら	権田原	197				さいし	釵子	382
こわもて	強持	129	こんたん	魂胆	416	ザーサイ	搾菜	159	さいしょ	税所	277
こわもて	強面	129	こんちくしょう			さい	采	236	さいしょう	妻妾	95
こん	献	242		此畜生	202	さい	犀	239	さいしょう	宰相	103
ごんぎょう	勤行	49	ゴンチャロフ			さい	西院	346	さいじょうやそ		
ごんぎり	五寸切	18		糞浴洛夫	433	さい	載	366		西条八十	346
ごんぐじょうど			こんでい	健児	32	さいいん	西院	346	さいせつ	砕屑	269
	欣求浄土	200	こんでい	金泥	380	さいえん	才媛	150	さいぜん	截然	148
						さいおうがうま					

さいた	財田	357	さえざえ	冴え冴え	41	さかな	肴	308	さきくさ	三枝	6
さいたい	臍帯	312	さえずる	囀る	74	さかなで	逆撫で	369	さぎごけ	鷺苔	426
さいたかね	最高値	176	さえのかみ	道祖神	372	さかねじ	逆捩じ	369	さきさか	向坂	62
さいたく	採択	156	さえる	冴える	41	さがのせき	佐賀関	26	さきさか	勾坂	50
さいちゅう	最中	176	さお	棹	193	さかのぼる	遡る	373	さぎさか	匂坂	50
さいづち	才槌	150	さお	竿	282	さかば	酒場	376	さぎさか	包坂	50
さいでん	財田	357	ざおうさん	蔵王山	330	さかびと	掌酒	157	さぎしま	佐木島	26
さいと	西都	346	さおしろ	竿代	282	さかべ	争戸	16	さぎす	白鷺洲	259
さいど	妻弩	95	さおとめ	五月女	18	さかべ	坂戸	78	さぎそう	鷺草	425
さいど	道祖土	372	さおとめ	早乙女	170	さかべ	坂部	78	さぎだいら	崎平	117
さいとう	西東	346	さおもの	棹物	193	さかほぎ	坂祝	78	さぎちょう	左義長	119
さいとざき	西戸崎	345	さおり	佐織	27	さかまき	榊巻	196	さきと	前刀	46
さいとやき			さおり	小織	110	さかまた	逆戟	369	さぎのみや	鷺ノ宮	426
	道祖土焼	372	さか	属	113	さがみ	相模	263	さぎのみや	鷺宮	426
さいなむ	苛む	317	さか	阪	391	さかもぎ	逆茂木	369	さきはな	咲花	68
さいのかみ	道祖神	372	さが	嵯峨	117	さかもち	坂茂	78	さきばら	先原	36
さいのかわら			さが	性	139	さかもと	阪本	391	さきぶれ	先触れ	36
	賽の河原	359	さが	祥	274	さかもり	酒盛り	376	さきまけ	先負	36
さいのこ	西ノ湖	345	ざが	座臥	126	さかや	酒屋	376	さきみたま	幸御魂	124
さいは	摧破	159	さかい	界	253	さかやき	月代	176	さきもの	先物	36
さいはい	儕輩	34	さかいぎとうげ			さかゆめ	逆夢	369	さきもり	防人	391
さいはい	采配	237		界木峠	253	さがら	佐良	26	さきやま	向山	62
さいばい	栽培	189	さかいで	坂出	78	さがら	相良	262	ざきょう	座興	126
さいばし	菜箸	324	さかいのみょうじんとう			さがら	相楽	263	さきょうしき		
さいはて	最果て	176	げ			さがらはんがんじょうじ				左京職	119
さいばら	催馬楽	34		境明神峠	81		相良藩願成寺	262	さぎり	狭霧	241
さいばり	前張	46	さかいべ	阪合部	391	さかり	盛	261	さく	剖く	47
サイパン	塞班	81	さがえ	寒河江	104	さかる	離る	397	さく	割く	47
さいひ	柴扉	186	さかおり	酒折	376	さがる	下ル	4	さく	幘	123
さいふ	財布	357	さかき	坂城	78	さかわ	逆鱠	369	さく	柵	186
さいほうじょうど			さかき	坂寄	78	さかわ	酒匂	376	さく	簀	286
	西方浄土	345	さかき	彭城	130	さかん	主典	13	さくいん	索引	291
さいみ	細布	293	さかき	榊	196	さかん	壮ん	83	さくげつ	朔月	177
さいもく	西牧	346	さかご	逆児	369	さかん	殷ん	203	さくさく	噴噴	72
さいもん	祭文	274	さかさ	倒さ	31	さかん	熾ん	235	さくさべ	佐左部	26
さいやく	災厄	230	さかさい	逆井	369	さかん	目	261	さくさん	柞蚕	186
さいゆう	彩釉	130	さかさま	逆様	369	さかんに	旺んに	170	さくさん	醋酸	377
さいり	犀利	239	さかしい	賢しい	359	さき	前	46	さくじ	左今作	119
さいりょう	宰領	103	ざがしら	座頭	126	さき	嚢	175	さくしゅ	搾取	159
さいりん	蔡倫	328	さかずき	杯	185	さぎ	詐欺	350	さくじょう	錫杖	385
さいれい	災厲	230	さかた	佐渇	26	さぎ	鷺	426	さくせい	鑿井	387
さいろう	豺狼	356	さかたざめ	塔婆	80	さきう	先生	36	さくそう	錯綜	385
さいわい	幸い	124	さかだる	樽	200	さきえだ	崎枝	117	さくたん	朔旦	177
さいわいぎ	幸木	124	さかつこ	造酒児	370	さきおととい			さくなみ	作並	27
ざえ	才	150	さかつら	酒頰	376		一昨昨日	2	さくなり	作様	27
さえかえる			さかつらがん			さきおととし			さくにゅう	搾乳	159
	冴え返る	41		酒頰雁	376		一昨昨年	2	さくばく	索莫	291
さえき	佐伯	26	さかて	逆手	369	さきおり	裂織り	344	さくふう	朔風	177
さえぐさ	三枝	6	さかて	酒手	376	さきがけ	魁	416	さくへきとうこう		
さえぐさ	三枝松	6	さかど	酒殿	376	さきぎり	先限	36		鑿壁偸光	387

読み	語	頁	読み	語	頁	読み	語	頁	読み	語	頁
さくも	祥雲	274	ささがわ	左三川	119	さしこ	指袴	155	さそり	蠍	340
さくやく	炸薬	230	ささきべ	雀部	395	さしさわり	差障り	119	さそん	差損	119
さくらうぐい			ささぐり	小栗	109	さしずめ	差詰め	119	さた	沙汰	209
	桜鯎	188	ささぐり	篠栗	286	さしつかえる			さだ	蹉跎	363
さくらえび	桜海老	188	ささげ	豇豆	356		差し支える	119	さだかね	貞包	357
さくらそう	桜草	188	ささげつつ	捧げ銃	157	さして	指手	154	さたん	嗟嘆	71
さくらたで	桜蓼	188	ささげる	捧げる	157	さして	然して	232	さたん	左袒	119
サクラメント			ささげる	献げる	242	さしなべ	銚子	383	さだん	定	102
	桜府	188	ささたけ	篠竹	286	さしぬき	指貫	154	さちじょう	鯱城	419
さくららん	桜蘭	188	ささなみ	漣	226	さしね	指値	154	さちゅうぐうご		
さくらんぼ	桜桃	188	ささばる	笹原	282	さしば	差羽	119		沙中偶語	209
さくりばみ			ささべ	細瓮	293	さしば	鷩	304	さつお	猟夫	242
	決り食み	209	ささべ	雀部	395	さしばえ	螫蠅	339	さっか	咲嘩	68
さくる	決る	209	ささみ	笹身	282	さしはさむ	挟む	154	さっか	属	113
さくれつ	炸裂	230	ささめ	私語	275	さしぶ	烏草樹	231	さっか	擦過	161
ざくろ	柘榴	187	ささめ	莎草	322	さしま	猿島	243	さっか	札苅	180
ざくろ	石榴	268	ささめき	私語	275	さしまねく	麾く	429	さつき	五月	18
ざくろそう	柘榴草	187	ささめきごと			さしみ	刺身	46	さつき	皐月	260
さけ	鮭	418		私語	275	さしめ	尺目	111	さっき	箚記	285
さけさかな	酒肴	376	ささめごと	私語	275	さしもぐさ	指焼草	155	さつきばれ		
さげすむ	蔑む	329	ささめゆき	細雪	293	さしもの	指物	154		五月晴れ	18
さけびたり	酒浸り	376	ささやか	細やか	293	さしゅ	詐取	350	さっきゅう	早急	170
さけぶ	号ぶ	60	ささやき	私語	275	さじゅう	茶湯	321	さっくる	咲来	68
さける	辟ける	367	ささやく	囁く	74	さしょう	些少	19	さっこり	裂織り	344
さこ	迫	369	ささやま	篠山	286	さしょう	詐称	350	さっこん	昨今	171
サゴ	沙穀	209	ささら	簓	286	ざしょう	坐礁	78	さっさ	佐佐	26
ざこ	雑魚	396	ささらがい	簓貝	286	ざしょう	挫傷	155	さっさ	左雨	119
ざこ	雑喉	396	ささりとうげ			さじん	左衽	119	さっさつ	察察	105
さこう	栄生	185		佐々里峠	26	さす	叉手	58	さっさつ	颯颯	406
さごう	佐合	26	さされいし	細石	293	さす	射す	106	さっしょう	札沼	180
さこうべん			ざされおやま			さす	扠首	151	ざっしょのくま		
	左顧右眄	119		佐々連尾山	26	さす	注す	212		雑餉隈	397
さこお	岾尾	116	さざんか	山茶花	114	さす	砂洲	269	さっすい	撒水	160
さこし	坂越	78	さし	渣滓	222	さす	座主	126	さっする	察する	105
さごし	青箭魚	400	さし	砂嘴	269	さすが	刺刀	46	さっそう	颯爽	406
サゴやし	沙穀椰子	209	さし	蠁子	340	さすが	刺鉄	46	さっそく	早速	170
さごろも	狭衣	241	さじ	匙	51	さすが	流石	218	さったとうげ		
ささ	些些	19	さじ	瑣事	247	さすけ	佐介	26		薩埵峠	331
ささ	小竹	108	ざし	座視	126	さすな	佐須奈	26	さっつる	札弦	180
ささ	嵯嵯	117	さしう	佐志生	26	さすまた	刺股	46	さって	幸手	124
ささ	瑣瑣	247	さしおうぎ	指扇	154	さすらい	流離	219	さってき	札的	180
ささ	酒	376	さしがね	指矩	154	さすらう	流離う	219	ざっとう	雑沓	396
ささ	旦座	10	さしがめ	刺椿象	46	さする	摩る	159	さつない	札内	180
ささ	佐々	26	さしき	佐敷	26	さすれば	然すれば	232	さっぱ	撒播	160
ささい	些細	19	さしき	挿木	155	させつ	挫折	155	さっぱ	鯯	419
ささえ	竹筒	282	さじき	桟敷	189	させぼ	佐世保	26	ざっぱく	雑駁	397
さざえ	栄螺	185	さしきじ	差木地	119	ぜぜん	坐禅	78	さつばつ	殺伐	203
ささがき	笹搔	282	ざしきわらし			さそうがわ	笹生川	282	さっぴない	札比内	180
ささがなる	笹ヶ平	282		座敷童	126	さぞや	嚔や	73	さつびら	札片	180
ささがに	細蟹	293	さしこ	刺子	46	さそら	採蘇羅	156	さっぽろ	札幌	180

さつま	薩摩	331	さね	札	180	さまたげる	碍げる	270	ざゆう	座右	126
さつまいも	薩摩芋	331	さね	核	188	さまつ	瑣末	247	さゆり	小百合	108
さつませんだい			さねかずら	真葛	264	さまで	然迄	232	さよ	佐用	26
	薩摩川内	331	さねかた	実方	102	さまに	様似	197	さよ	小夜	108
さつまたき			さねかた	真方	263	ざまみ	座間味	126	さよう	左様	119
	薩摩高城	331	さねかわ	実川	102	さまよう	彷徨う	131	さより	鱵	421
さるめ	猿女	243	さねはぎ	実刎ぎ	102	さみ	佐海	26	さら	佐良	26
さつりく	殺戮	203	さねぶとなつめ			さみ	沙弥	209	さらい	作礼	27
さて	扨	151		酸棗	377	さみず	三水	6	さらいげつ	再来月	41
さで	叉手	58	さのも	讃母	355	さみせん	三味線	6	さらいしゅう		
さで	桟手	189	さば	佐波	26	さみだれ	五月雨	18		再来週	41
さていゆうけつ			さば	生飯	250	さむえ	作務衣	27	さらいねん	再来年	41
	左提右挈	119	さば	鯖	419	さむかわ	寒川	104	さらう	復習う	135
さておき	扨措	151	さはい	差配	119	さむがわ	寒川	104	さらう	攫う	162
さてつ	蹉跌	364	さばえ	五月蠅	18	さむらい	侍	28	さらう	浚う	217
さと	郷	375	さばおり	鯖折り	419	さむらいどころ			さらう	渫う	228
さど	佐渡	26	さばく	捌く	156		侍所	29	さらけ	浅甕	216
さとい	聡い	306	さばく	沙漠	209	さめ	白眼	258	サラサ	更紗	175
さといも	青芋	400	さばぐも	鯖雲	419	さめ	鮫	418	さらさら	更更	175
さとう	甘蔗	248	さばせ	鯖瀬	419	さめうらこ			さらし	晒布	172
さどう	茶道	321	さはち	皿鉢	260		早明浦湖	170	さらしあん	晒餡	172
さどう	茶頭	321	さばねとうげ			さめがい	醒ヶ井	377	さらしくび	晒首	172
さとうきび	砂糖黍	269		猿羽根峠	243	さめがい	醒井	377	さらしこ	漂白粉	226
さとうだいこん			サハラ	撒哈拉	160	さめがわ	鮫皮	418	さらしな	左良階	119
	甜菜	249	さはり	響銅	403	さめず	鮫洲	418	さらしな	更科	175
さとす	覚す	348	さはんじ	茶飯事	321	さめはだ	鮫肌	418	さらしな	更級	175
さとす	諭す	354	さび	寂	104	さめる	褪める	345	さらす	晒す	172
さとつ	咄吶	69	さび	錆	385	さめる	醒める	377	さらす	曝す	190
さとみとん	里見弴	378	さびあゆ	錆鮎	385	さもあらばあれ			さらそうじゅ		
さとる	覚る	348	ザビエル	雑末耶	396		遮莫	373		沙羅双樹	209
さとわ	里曲	378	さびがわ	蛇尾川	336	さもち	西海	346	さらち	更地	175
さどわら	佐土原	26	さびしい	淋しい	221	さもなくば			さらばかり	盤秤	261
さない	咄吶	69	さびしろ	淋代	221		然も無くば	232	さらべつ	更別	175
さなえ	早苗	170	さびねず	錆鼠	385	さもも	早桃	170	ざらめ	粗目	288
さなえ	草苗	321	さびる	錆びる	385	さや	匣鉢	51	さらやま	佐良山	26
さなか	最中	176	さびれる	寂れる	104	さや	紗綾	291	さらゆ	新湯	167
さながら	宛ら	101	サファイア	青玉	400	さや	莢	322	ざりがに	蜊蛄	339
さなぎ	蛹	337	さぶさき	鯖崎	385	さや	鞘	402	さりげない		
さなぎしま	佐柳島	26	さぶさわ	寒風沢	104	さやいんげん				然り気無い	232
さなげ	猿投	243	さぶみ	左鐙	119		莢隠元	322	さる	沙流	209
さなごうち			サフラン	泊夫藍	215	さやえんどう			さる	然る	232
	佐那河内	26	さぶり	佐分	26		莢豌豆	322	さる	猴	242
さなだ	真田	263	サボテン	仙人掌	22	さやか	明か	171	さる	申	252
さなだひも	真田紐	263	さほど	然程	233	さやか	爽か	237	ざる	笊	282
さなだむし	真田虫	263	さほろ	佐幌	26	さやく	鎖鑰	386	さるおがせ	猿麻桛	243
さなぶり	早苗饗	170	ザボン	朱欒	181	さやま	早山	170	さるがく	猿楽	243
さなるこ	佐鳴湖	26	さま	狭間	241	さやま	狭山	241	ざるがたけ	笊ヶ岳	282
さぬき	佐貫	26	さま	様	197	さやま	猿山	243	さるぐつわ	猿轡	243
さぬき	散伎	163	さまざま	種種	278	さやみどろ	鞘味泥	402	サルサ	撒児沙	160
さぬき	讃岐	355	さます	醒ます	377	さゆ	白湯	258	さるすべり	百日紅	259

見出し	漢字	頁	見出し	漢字	頁	見出し	漢字	頁	見出し	漢字	頁
ざるそば	笊蕎麦	282	さわり	障り	395	さんじゅう	卅	53		産寧坂	250
さるとりいばら			さん	参	57	さんしゅゆ	山茱萸	114	さんのう	山王	114
	菝葜	324	さんいつ	散佚	163	さんじゅん	刪潤	44	さんのへ	三戸	6
さるのこしかけ			さんがい	三界	6	さんしょ	山墅	115	さんのみち	三通	7
	胡孫眼	308	ざんがい	残骸	203	さんじょ	刪除	44	さんのみや	三宮	7
サルビア	繖爾維亜	299	さんかく	参画	57	さんしょう	山椒	115	さんば	撒播	160
さるひき	猿曳	243	さんがわ	寒川	104	さんしょううお			さんばいきゅうはい		
さるまた	猿股	243	さんがん	巉巌	118		山椒魚	115		三拝九拝	6
さるまみやま			さんぎ	三岐	6	さんじょうさねとみ			さんばがわ	三波川	6
	猿喰山	243	ざんき	慚愧	145		三条実美	6	さんはさまがわ		
ざるもりやま			ざんぎり	散切り	163	さんしょうも				三迫川	6
	笊森山	282	さんきんこうたい				槐葉蘋	196	さんばし	桟橋	189
さるやま	猿山	243		参観交代	57	さんしょく	蚕食	335	さんばせききょう		
さる	沙留	209	さんぐう	参宮	57	さんじょく	産褥	250		三波石峡	6
さるるがわ	猿留川	243	さんげ	散華	163	さんしん	三線	7	さんばそう	三番叟	7
さるわたり	猿渡	243	ざんげ	懺悔	147	ざんしん	斬新	165	ざんばみさき		
ざれうた	戯れ歌	148	ざんげん	讒言	355	ざんしんきばつ				残波岬	203
されこうべ	髑髏	413	さんげんぢゃや				斬新奇抜	165	さんばん	三蟠	7
ざれごと	戯れ言	148		三軒茶屋	7	さんず	三途	7	さんび	酸鼻	377
されど	然れど	232	さんご	珊瑚	245	さんすい	饘炊	236	さんびゃくだいげん		
さろま	佐呂間	26	さんごう	三郷	7	ざんすい	三水	6		三百代言	6
さわ	佐波	26	さんごう	塹壕	81	さんすいしゃ			さんびん	三一	6
さわ	茶話	321	さんごしょう				撒水車	160	さんぶ	山武	114
さわあららぎ				珊瑚礁	245	さんすくみ	三竦み	7	さんぶ	差布	119
	沢蘭	210	ざんさ	残渣	203	さんぜ	三瀬	7	さんぶく	三伏	6
さわい	雑居	396	さんさいずえ			さんぜん	潸然	227	さんぶくとうげ		
さわおぐるま				三才図会	5	さんぜん	燦然	236		三伏峠	6
	沢小車	209	さんざし	山櫨子	115	ざんぜん	巉然	117	サンフランシスコ		
さわぎきょう			さんさん	潸潸	227	さんだ	三田	6		桑港	189
	沢桔梗	209	さんさん	燦燦	236	さんだい	参内	57	さんべ	三瓶	7
さわぐ	噪ぐ	73	さんさん	珊珊	245	さんだつ	簒奪	286	さんぽう	三方	7
さわぐるみ	沢胡桃	209	さんさん	散散	163	さんだらぼっち			さんぽう	三方	6
さわしがき	醂し柿	377	さんさんくど				桟俵法師	189	ざんぼう	讒謗	355
さわしば	鵲耳櫪	424		三三九度	5	さんたん	惨憺	142	さんぽうこう		
さわす	醂す	377	さんさんごご			さんたんか	売子木	36		三方高	6
さわた	雑太	396		三三五五	5	さんだんべき			さんぽうじやま		
さわたり	沢渡	209	さんし	簒弑	286		三段壁	6		三傍示山	7
さわたり	猿渡	243	さんし	慚死	145	サンチ	珊	245	さんぼく	山北	114
さわひよどり			ざんし	残滓	203	ざんてい	暫定	174	さんま	秋刀魚	276
	沢鵯	210	さんじ	暫時	174	さんてん	山顚	115	さんまい	三昧	6
ざわめく	騒めく	412	さんしい	簒弑	286	さんとう	三島	7	さんまい	三枚	6
さわやか	爽やか	237	さんししょうか			さんどう	山東	114	さんまん	散漫	163
さわら	佐原	26		三家渉河	6	さんとうきょうでん			さんみ	三位	6
さわら	早良	170	さんした	三下	5		山東京伝	114	さんみいったい		
さわら	椹	195	さんしちそう			さんどごや				三位一体	6
さわら	砂原	269		山漆草	115		三斗小屋	6	さんむ	山武	114
さわら	鰆	420	さんしつ	饘室	236	さんとして			さんめんろっぴ		
さわらぎ	椹木	195	さんじゃく	山鵲	115		燦として	236		三面六臂	6
さわらび	早蕨	170	さんじゅ	傘寿	33	サントメ	桟留	189	さんや	山谷	114
さわり	触り	349	さんしゅう	簒輯	299	さんねいざか			さんらい	山籟	115

さんらん	燦爛	236	ジェームズ 若迷斯 142	しかい	斯界	165	しかん	子癇	98		
さんりゅう	産瘤	250	シェリーしゅ		しかいう	云爾	17	しかん	屍諫	113	
さんりんぼう				該里酒 351	しかく	刺客	46	しかん	弛緩	128	
	三隣亡	7	ジェリコー 哲立科 69	しかくごうま			しかん	鷙悍	426		
さんる	珊瑠	245	ジェンナー 善那 71		四角号碼 74		しかんたざ				
さんろう	参籠	57	しお	入	37	シカゴ	市俄古 120		只管打坐 61		
			しお	志雄	137	しかし	然し	232	しき	志木	137
【し】			しお	汐	209	しかじか	然然	233	しき	志紀	137
し	秭	276	しおいり	塩入	81	しかして	然して 232	しき	磯城	271	
し	肆	307	じおう	地黄	77	しかじょう 四ヶ城 74		しき	職	307	
じ	痔	255	しおおせる			しかず	如かず	94	しぎ	信貴	30
しあさって				為果せる 230	しかた	志方	137	しぎ	鳴	423	
	明明後日 171		しおがま	塩釜	81	じかたび 地下足袋 77		じき	瓷器	247	
シアトル	舎路	29	しおがま	塩竈	81	しかつ	師勝	121	じぎ	児戯	36
しあわせ	幸せ	124	しおかり	塩狩	81	しかつめらしい			しきい	閾	390
しい	思惟	139	しおくび	入首	37		鹿爪らしい 427		しきいし	舗石	34
しい	恣意	140	しおさい	潮騒	227	しかと	確と	271	しきがわら	甓	248
しい	新印	166	しおしお	悄悄	141	じかどうちゃく			じきげ	直下	262
しい	椎	193	しおじま	雌雄島 397			自家撞着 313	じきじき	直直	262	
じい	示威	272	しおつ	四方津 74	じかに	直に	262	しきしないしんのう			
じい	祖父	274	しおで	牛尾菜 238	しかねる 为兼ねる 235				式子内親王 127		
しいか	詩歌	351	しおで	鞍	402	しかのしま 志賀島 137		しきしま	磯城島 271		
しいがもと	椎本	193	しおどめ	汐留	209	しがのたかあなほのみや			しきたり	為来り 230	
しいぎゃく	弑逆	128	しおなす	塩生	81		志賀高穴穂宮 137		じきに	直に	262
シーザー	該撒	351	しおの	入野	37	しかのみならず			しぎの	鴫野	423
しいざかい 志比堺 137		しおのえ	塩江	81		加之	47	しきぶしょう			
しいしば	椎柴	193	しおのは	入之波 37	じがばち	似我蜂	27		式部省 127		
しいす	弑す	127	しおのみさき			しかばね	屍	113	しきぶち	及淵	14
しいそさん				潮岬	227	しかべ	鹿部	427	しきみ	梻	191
	尸位素餐 111		しおひがり 潮干狩 227	しかま	色益	315	しきみ	樒	198		
しいたけ	椎茸	193	しおひたし	塩浸	81	しかま	色麻	315	しきみ	閾	390
しいたげる	虐げる 334	しおまねき	望潮	177	しかま	錣磨	384	しきもく	式目	127	
しいだにだお			しおらしい			しかま	飾磨	408	しぎゃく	刺客	46
	椎谷峠 193			殊勝しい 203		しかま	鉇磨	408	しぎゃく	嗜虐	72
しいな	粃	287	しおり	撓	160	しかみ	爾見	237	しぎゃく	弑逆	128
シーボルト			しおり	栞	188	じがみやま 地神山	77	しきょう	鴫梟	423	
	失勃児杜 91	しおりとうげ			しかめる	顰める 406	じきょう	自彊	313		
しいら	鱪	421		枝折峠 183		しかも	然も	232	しきょく	私曲	275
しいる	囚いる 300	しおれる	凋れる	42	しがらき	信楽	30	しぎら	鴫良	423	
しいる	誣いる 352	しおれる	悄れる 141	しがらき	志楽	137	しきりに	遮りに 370			
しいん	子音	98	しおれる	萎れる 323	しがらきのみや			しきりに	頻りに 405		
しうら	市浦	120	しおん	紫苑	294		紫香楽宮 294		しぎん	歯齦	433
しうんこつ			しか	志賀	137	しがらみ	柵	186	しく	及く	14
	紫雲古津 294		しか	疵瑕	255	しかり	然り	232	しく	舗く	34
しうんでやま			しか	知客	266	しかり	爾り	237	しく	布く	120
	紫雲出山 294		しか	鹿	427	しかりべつ 然別	232	しく	藉く	332	
しえ	紫衣	294	しが	四賀	74	しかる	叱る	61	しぐさ	仕種	22
しえ	縞衣	295	しが	滋賀	222	しかる	呵る	66	しぐさ	科	275
シェークスピア		しが	歯牙	432	しかる	而る	305	じくじ	忸怩	138	
	沙翁	209	じか	時下	172				しくじる	失敗る	91

じくど	竺土	282	しころ	錏	384	シシャモ	柳葉魚	188	しずはま	清水浜	220
じくもの	軸物	366	じこん	爾今	237	ししゃやく	止瀉薬	201	しずま	賤間	359
しぐれ	時雨	172	しさ	示唆	272	ししゅ	錙鉄	385	しずま	閑妻	389
			しさい	仔細	22	ししゅう	刺繍	46	しずま	静間	401
	軸轤千里	314	しさかじま	四阪島	74	ししゅう	屍臭	113	しずみ	志都美	137
しけ	時化	172	しさる	退る	369	しじゅう	四十	74	じする	侍する	28
しけ	絓	293	しざる	退る	369	しじゅう	始終	95	しずわ	後輪	132
じげ	地下	77	しし	嗣子	72	しじゅうから			しせい	市井	120
しげいさ	淑景舎	220	しし	孜孜	98		四十雀	74	しせい	辞世	367
しげいしゃ	淑景舎	220	しし	宍	101	しじゅうはっせがわ			じせいじ	持世寺	155
しげおか	茲岡	320	しし	死屍	203		四十八瀬川	74	しせき	咫尺	68
しげく	繁く	298	しし	獅子	243	ししゅく	蕢宿	349	じせんせき	二千石	17
しげし	繁し	298	しし	獣	243	じしゅこう	十炷香	52	しそ	紫蘇	294
しげしげ	熟熟	235	しし	蛍蛍	335	しじゅほうしょう			しそう	使嗾	28
しげしげ	繁繁	298	しじ	志道	137		紫綬褒章	294	しそう	宍粟	101
しげた	繁田	298	しじ	侍史	29	しじゅん	諮詢	354	しそう	詞藻	350
しげどう	滋藤	222	しじ	弐志	127	じじゅん	耳順	306	じぞう	地蔵	77
しげの	滋野	222	じじ	孳孳	99	ししょう	嗤笑	72	しそうけんご		
しげのやすつぐ			じじ	爺	237	しじょうなわて				志操堅固	137
	重野安繹	378	じじい	爺	237		四条畷	74	しそうのうろう		
しける	湿気る	222	ししおどし	鹿威し	427	しじら	縮羅	298		歯槽膿漏	433
しげる	滋る	222	しおり	鹿折	427	シシリー	細細里	293	しそく	紙燭	291
じげん	慈眼	144	しおりからくわ			ししるいるい			しそこなう		
じげんりゅう				鹿折唐桑	427		死屍累累	203		為損なう	230
	示現流	272	ししがき	鹿垣	427	しじんかいめつ			しそちょう	始祖鳥	95
しこ	四股	74	ししがたに	鹿ヶ谷	427		澌尽灰滅	227	しだ	信太	30
しこ	指呼	154	ししき	志々伎	137	ししんでん	紫宸殿	294	しだ	志太	137
しこ	鯣	420	ししくい	宍咋	101	しず	倭文	30	しだ	紫田	294
じご	爾後	237	ししくい	宍喰	101	じす	岐責	121	しだ	羊歯	301
しこう	伺候	27	ししくこうげん			しすい	泗水	211	したい	肢体	308
しこう	嗜好	72		獅子吼高原	243	しすい	酒々井	376	じだいしゅぎ		
しこう	歯垢	433	ししし	志道	137	しすい	雌蕊	397		事大主義	16
しごう	糸毫	290	ししど	宍戸	101	しずうら	静浦	401	したがう	循う	135
しごう	試毫	351	ししど	宍人	101	しずえ	下枝	4	したがう	殉う	203
しごう	諡号	354	ししど	宍戸	101	しずか	寂か	104	したがう	率う	244
しこうして	而して	305	ししびしお	醢	377	しずか	後河	131	したがう	違う	373
しこお	醜男	377	ししふんじん			しずか	恬か	141	したがえる	隨える	394
しごき	扱帯	151		獅子奮迅	243	しずか	閑か	389	しだかこ	志高湖	137
しごく	扱く	151	ししぼね	鹿骨	427	しずがたけ	賤ヶ岳	359	したく	支度	162
しごく	至極	313	ししま	四十万	74	しずかり	静狩	401	したじ	助枝	48
じこく	二黒	17	しじま	静寂	401	しずかわ	後川	131	しただ	下田	4
しこくびえ	竜爪稗	433	しじま	黙	431	しずく	雫	398	したたい	舌代	313
しこたん	色丹	315	しじみ	志染	137	しずくいし	雨下石	397	したたか	強か	129
しこつ	篩骨	285	しじみ	志深	137	しずくいし	雫石	398	したためる	認める	352
しこつ	趾骨	362	しじみ	蜆	337	しずしず	徐徐	132	したたり	瀝り	228
しこつこ	支笏湖	162	しじみちょう			しずたに	閑谷	389	したたる	瀝る	228
しこつざき	死骨崎	203		小灰蝶	108	しずない	静内	401	しただん	下段	5
しこな	醜名	377	しじみばな	蜆花	337	しずはた	志豆機	137	したっぱ	下っ端	4
しこめ	醜女	377	しじめ	志志目	137	しずはたやま			したて	下手	4
しこり	凝り	42	じしゃく	磁石	270		賤機山	359	したて	下手	4

したばき	下穿き	5	しっかり	確り	271	十返舎一九	52		撓垂れる	160			
したばき	下履き	5	しっかわ	後川	131	しっぽ	尻尾	111	しなと	階戸	394		
したびらめ	舌鮃	313	しづがわ	志津川	137	しっぽう	七宝	3	しなの	信濃	30		
しだみ	志段	137	じっかん	十干	52	じっぽうさん			しなの	科野	276		
したみざけ	滴酒	222	しつき	後月	131		十方山	52	しなのがき	君遷子	64		
したむ	滴む	222	しづき	志筑	137	しっぽく	卓袱	54	しなのき	科木	276		
したや	下谷	4	しづきやま	指月山	154	しつよう	執拗	79	しなびる	萎びる	323		
しだやば	志太野坡	137	しっくい	漆喰	225	じづら	字面	98	しなべ	品部	68		
したら	設楽	350	しつけ	躾	65	しつらえる	設える	350	しなみ	階見	394		
したら	雑楽	396	しづけづつ	日月	168	して	為手	230	しなやか	撓やか	160		
しだりお	垂り尾	78	しっこ	疾呼	255	しで	垂	78	じならし	地均し	77		項目索引
しだれざくら			しつこい	執拗い	79	しで	死出	202	しにぎわ	死に際	202		
	枝垂桜	183	しっこう	膝行	312	しでかす	為出来す	230	しにせ	老舗	305		▼
しだれやなぎ			しっこく	柊桔	189	してき	柴笛	186	しにたい	死に体	202		
	枝垂柳	183	じっこくとうげ			してぐり	為栗	230	しにょう	屎尿	113		したばき
しだれる	垂れる	78		十石峠	52	しではら	幣原	123	にじん	神人	272		
したん	紫檀	294	じっこくとうげ			しではらきじゅうろう			じねこ	笹子	282		―
じだん	示談	272		十国峠	52		幣原喜重郎	123	じねんじょ	自然薯	313		
じだんだ	地団駄	77	じっこん	昵懇	171	しでむし	埋葬虫	79	しの	篠	286		しばしょうじょ
しち	漆	225	しつしつ	瑟瑟	246	してん	肆店	307	しのあき	東明	184		
しちかしゅく			しっしつ	叱叱	61	しでんいっせん			しのぎ	鎬	386		
	七ヶ宿	3	しつしゅく	室宿	102		紫電一閃	294	しのぐ	凌ぐ	42		
しちごんぜっく			じっしゅこう			しど	志度	137	しのだ	信太	30		
	七言絶句	3		十炷香	52	しどう	斯道	165	しのだ	信田	30		
しちしちにち			しっせい	叱正	61	しとうず	襪	345	しのだ	小竹田	108		
	七七日	3	しっせい	叱声	61	しとぎ	粢	288	しのだやま	信太山	30		
しちてんばっとう			しっせき	叱責	61	じとく	自瀆	313	しのつく	篠突く	286		
	七顛八倒	3	しっそう	失踪	91	しとざかとうげ			しののめ	東雲	184		
しちとうい	七島藺	3	しった	叱咤	61		志戸坂峠	137	しのばずのいけ				
しちどうがらん			しったるた	悉達多	141	しどたいら	志戸平	137		不忍池	10		
	七堂伽藍	3	しったん	悉曇	141	しとだち	章断ち	281	しのぶ	信夫	30		
しちなんはっく			しつっこい	執拗い	79	しとづつ	尿筒	112	しのぶ	偲ぶ	32		
	七難八苦	3	しって	尻手	111	しとど	鵐	424	しのぶ	篠生	286		
しちのへ	七戸	3	じって	十手	52	シドニー	雪特尼	398	しのぶ	忍	323		
しちみ	七味	3	しっと	嫉妬	97	しとね	茵	320	しのぶがおか				
しちめんざん			しっと	疾妬	255	しとまえ	尿前	111		忍岡	137		
	七面山	3	じっと	凝と	42	しとみ	蔀	329	しのぶぐさ	垣衣	79		
しちめんちょう			しっとく	拾得	155	しとめる	為留める	230	しのろ	篠路	286		
	七面鳥	3	じっぱひとからげ			しとやか	淑やか	220	しば	斯波	165		
しちめんどう				十把一絡げ	52	しとる	湿る	222	しば	柴	186		
	七面倒	3	しっぴ	櫛比	200	シトロン	手柑	150	しば	柿薪	186		
しちょう	弛張	128	しっぷうもくう			しな	科	275	しば	標葉	198		
しちょう	征	131		櫛風沐雨	200	じな	地名	77	しばあめ	簾雨	113		
しちょう	輜重	366	しっぺい	疾病	255	シナイ	西奈	346	しはい	紙背	291		
しちょう	鷙鳥	426	しっぺい	竹箆	282	しない	竹刀	281	しばい	司馬懿	60		
しちるい	七類	3	しっぺいがえし			しなう	撓う	160	しばえび	芝海老	315		
しづ	志津	137		竹箆返し	282	しなうす	品薄	68	しばし	暫し	174		
しっかい	悉皆	141	しっぺがえし			しながどり	息長鳥	140	しばしば	屡	113		
しっかい	集解	396		竹箆返し	282	じなた	地鉈	77	しばしょうじょ				
じっかい	十戒	52	じっぺんしゃいっく			しなだれる				司馬相如	60		

しばせん	司馬遷	60	しぼむ	萎む	323	しめなわ	注連縄	212	しもとまい 下斗米	4
しばた	新発田	166	しほろ	士幌	82	しめの	禁野	274	しもとめ 下斗女	4
しばたきゅうおう			しま	四万	74	しめもらい			しもとんべつ	
	柴田鳩翁	186	しま	志摩	137		注連貫い	212	下頓別	5
しばな	塩場菜	81	しま	洲	216	しめゆう	染木綿	187	しもにいかわ	
しばふ	芝生	315	しま	縞	298	しめる	緊める	297	下新川	5
しばらく	暫く	174	しまあじ	縞鰺	298	しめんそか			しもにた 下仁田	4
しばりのゆ			しまう	終う	293		四面楚歌	74	しものいしき	
	志張ノ湯	137	しまうじなが			しも	下	4	下ノ一色	4
ジバン	襦袢	345		島氏永	117	しも	下条	4	しものかえ	
しび	紫尾	294	しまうま	斑馬	164	しもあがた 下県		5	下ノ加江	4
しび	鮪	418	しまおくそく			しもあくつ 下圷		4	しものしょう	
しび	鴟尾	423		揣摩臆測	158	しもあさひ 下日		4	下庄	4
しびうたん			しまがれやま			しもいち	下市	4	しものせき 下関	5
	志美宇丹	137		縞枯山	298	しもうけ	下筌	5	しもふさ 下総	5
しびる	痺る	256	しまき	風巻	406	しもうさ	下総	5	しもべ 下部	5
しびれえい 痺鱝		256	しまげら 縞啄木鳥		298	しもうたや 仕舞屋		22	しもべ 僕	34
しびれこ 四尾連湖		74	しましま	島々	117	しもうま	下馬	5	しもへい 下閉伊	5
しびれる	痺れる	256	しますえ	島居	117	しもかまがり			しもましき 下益城	5
しひん	資稟	358	しまづなりあきら				下蒲刈	5	しもみのち 下水内	4
しびん	溲瓶	224		島津斉彬	117	しもがも	下鴨	5	しもやまと 下山門	4
しふ	師傅	121	しまのこし 島越		117	しもかわ	下川	4	しもゆいの 下唯野	5
しぶき	繁吹	298	しまんと	四万十	74	しもきょう 下京		4	しもん 縉門	295
しふく	紙幅	291	しみ	紙魚	291	じもく	除目	393	しもん 諮問	354
しふく	雌伏	397	しみ	肝斑	307	しもくこふん			しゃあしゃあ	
しぶく	重吹く	378	しみじみ	染染	187		鴟目虎吻	423	洒洒	216
じふく	地福	77	しみず	清水	220	じもくじ	甚目寺	249	ジャイナきょう	
じぶさかとうげ			しみずうら 冷水浦		41	しもげ	下毛	4	耆那教	305
	治部坂峠	211	しみどうふ			しもこう	下府	5	しゃか 卸下	56
しぶし	志布志	137		凍み豆腐	42	しもごう	下郷	5	しゃか 潟下	228
しぶぞう	四不像	74	しみる	凍みる	42	しもこうべちょうりゅう			しゃか 釈迦	378
しぶつさん 至仏山		313	しみる	沁みる	209		下河辺長流	4	しゃが 卸下	56
ジフテリア			しみる	浸みる	217	しもごえ	下肥	5	しゃが 射干	106
	実布的利亜	102	しむかっぷ 占冠		55	しもざわ	子母沢	98	じゃがいも 瓜哇芋	347
しぶや	渋谷	219	じむぐり	地潜	77	しもしい	下志比	4	ジャガタラ 咬𠺕吧	68
ジブラルタル			しめ	七五三	3	しもじも	下下	4	しゃがれる 嗄れる	72
	日巴拉太	168	しめ	志免	137	しもだ	下田	4	じゃき 邪気	375
しぶんごれつ			しめ	鴫	424	しもたや	仕舞屋	22	しゃきょう 写経	41
	四分五裂	74	しめかざり			しもつが	下都賀	4	しゃく 勺	50
しべ	稲	277		注連飾り	212	しもつき	霜月	399	しゃく 癪	257
しべ	蘂	333	しめかす	搾め滓	159	しもつけ	下野	5	しゃく 笏	282
しべちゃ	標茶	198	しめくくり			しもつけそう			しゃく 酌	376
しべつ	士別	82		締め括り	297		繍線菊	299	しゃくう 杓う	181
しべつ	標津	198	しめくくる			しもつま	下真	5	しゃくし 杓子	181
しべとろ	蕊取	330		締め括る	297	しもつま	下間	5	しゃくじい 石神井	268
シベリア 西比利亜		345	しめさば	締め鯖	297	しもつみち 下通		5	しゃくしじょうぎ	
しぼ	皺	260	しめじ	湿地	222	しもて	下手	4	杓子定規	181
しほうざし 四方指		74	じめじめ	湿湿	222	しもと	楉	326	しゃくしゃく	
しぼくさ	忍草	137	しめっぽい			しもとっぷ 下徳富		5	灼灼	230
しぼつ	志発	137		湿っぽい	222	しもとべい 下斗米		4	しゃくしゃく	

しゃくじょう	綽緯 296	じゃこうじか	麝香鹿 428	しゃみじま	沙弥島 209		舟楫 314	
	錫杖 385	じゃこうそう		しゃみせん	三味線 6	しゅうしゅう		
しゃくじょうだけ			麝香草 428	しゃみょう	捨命 156		蒐集 327	
	錫杖岳 385	じゃこうねこ		シャム	暹羅 174	しゅうしゅう		
しゃくぜん	灼然 230		麝香猫 428	しゃめん	赦免 361		集輯 396	
じゃくそうきゅうきょ		じゃこうねずみ		シャモ	軍鶏 365	しゅうしょう		
	鵲巣鳩居 425		麝香鼠 428	しゃもじ	杓文字 181		愁傷 144	
ジャクソン 査其遜 186		しゃこたん	積丹 278	しゃもん	借問 31	しゅうしょうろうばい		
しゃくだん	斫断 165	しゃさいとりょく		じゃらい	射礼 106		周章狼狽 66	
じゃくち	寂地 104		車載斗量 365	しゃらくさい		しゅうじょく		
しゃくどう	赤銅 360	しゃし	奢侈 92		洒落臭い 216		就褥 111	
しゃくどう	赤藤 360	しゃしゃんぼ		じゃり	砂利 269	しゅうせん	秋蟬 276	
しゃくとりむし			南燭 55	シャリベツ	舎利別 29	しゅうせん	鞦韆 402	
	尺蠖 111	しゃしょう	捨象 156	しゃりほつ	舎利弗 29	しゅうそう	周匝 66	
しゃくなげ 石南花 268		しゃしょく	社稷 292	しゃりゅう	者流 305	しゅうそう	周桑 66	
しゃくなんごし		ジャスミン	素馨 292	しゃれ	洒落 216	しゅうそう	十三 52	
	石楠越 268	しゃせきしゅう		しゃれこうべ		しゅうそく	終熄 293	
しゃくねつ	灼熱 230		沙石集 209		髑髏 413	じゅうたい	紐帯 292	
しゃくねつ	赤熱 360	しゃぜん	褚甞 361	じゃれる	戯れる 148	じゅうたん	絨毯 295	
じゃくねん	寂然 104	しゃだつ	洒脱 216	ジャワ	爪哇 236	しゅうち	羞恥 302	
しゃくぶく	折伏 151	しゃだん	遮断 373	ジャンク	戎克 147	しゅうち	須知 404	
しゃくほう	爵封 237	しゃち	鯱 419	シャンハイ	上海 8	しゅうちゃく		
しゃくま	舎熊 29	しゃちほこ	鯱 419	シャンパン	三鞭酒 7		執着 79	
しゃぐま	赤熊 360	しゃちほこが		しゅ	株 188	しゅうちょう		
しゃくみ	曲見 175		天社蛾 90	しゅ	銖 383		酋長 376	
しゃくみょう		しゃっかん	借款 31	じゅ	従 132	しゅうちんぼん		
	惜命 142	じゃっき	惹起 142	しゅう	市邑 120		袖珍本 343	
じゃくめつ	寂滅 104	じゃっく	赤口 360	しゅう	雌雄 397	しゅうと	姑 94	
じゃくめついらく		じゃっく	惹句 142	じゅう	拾 155	しゅうと	岳父 116	
	寂滅為楽 104	しゃっくり	噦 73	じゅういつ	充溢 36	しゅうと	舅 313	
しゃくもん	借問 31	しゃっこう	赤口 360	しゅうう	驟雨 413	しゅうとく	宿徳 104	
しゃくや	借家 31	しゃてい	舎弟 29	しゅうえん	終焉 293	じゅうにから		
しゃくやく	綽約 296	しゃな	紗那 291	しゅうか	衆寡 341		十二雀 52	
しゃくやく	芍薬 315	しゃにむに		しゅうかいどう		じゅうにかんの		
じゃくやく	雀躍 395		遮二無二 373		秋海棠 276		十二貫野 52	
しゃくりなき		じゃねい	邪佞 375	しゅうぎ	祝儀 272	じゅうにそう		
	噦り泣き 73	じゃのひげ	蛇の鬚 336	じゅうき	什器 21		十二社 52	
しゃくる	噦る 73	じゃのめ	蛇の目 336	しゅうきゅう		じゅうにひとえ		
しゃくる	決る 209	しゃば	娑婆 96		蹴球 364		十二単 52	
しゃくろく	爵禄 237	じゃはなのぼる		しゅうげ	集解 396	じゅうば	戎馬 147	
しゃけ	社家 272		謝花昇 354	しゅうけい	適勁 371	じゅうぶさん		
しゃけ	鮭 418	じゃばら	蛇腹 336	しゅうげん	祝言 272		鷲峰山 426	
しゃけつ	瀉血 228	しゃはん	這般 369	しゅうごろし		しゅうふつ	修祓 31	
じゃけついら		しゃふつ	煮沸 232		主殺し 13	しゅうぶん	醜聞 377	
	蛇結茨 336	しゃへい	遮蔽 373		十姉妹 52	しゅうへき	皺襞 260	
しゃこ	硨磲 270	しゃべる	喋る 71	じゅうしゃ	従者 132	シューベルト		
しゃこ	蝦蛄 338	しゃべる	饒舌る 409	しゅうじゃく			叔伯特 58	
しゃこ	鴎鴣 426	ジャマイカ	牙買加 238		執着 79	じゅうほうさん		
しゃこう	藉口 332	しゃみ	沙弥 209	しゅうしゅう			鷲峰山 426	
						しゅうほうみょうちょう		

	宗峰妙超	102	じゅじゅつ	呪術	66	しゅら	修羅	31	しょう	兄鷹	35
シューマイ	焼売	232	しゅしょう	殊勝	203	しゅらい	周礼	66	しょう	升	53
シューマン	叔曼	58	しゅじょう	拄杖	153	しゅらい	入来	37	しょう	少輔	110
しゅうめい	襲名	345	しゅじょう	衆生	341	しゅらば	修羅場	31	しょう	笙	282
しゅうらん	収攬	58	しゅす	繻子	299	しゅり	修理	31	しょう	背負う	309
しゅうりん	秋霖	276	じゅず	数珠	163	しゅり	首里	409	じょう	判官	45
じゅうりん	蹂躪	363	じゅすい	入水	37	しゅりしき	修理職	31	じょう	尉	107
ジュール	朱爾	58	しゅせい	守成	101	しゅりゅうだん			じょう	帖	121
しゅうれん	収斂	58	しゅぜん	鬚髯	415		手榴弾	150	じょう	穣	278
しゅえい	輸贏	366	しゅぜんじ	修善寺	31	しゅろ	棕櫚	193	しょうい	傷痍	34
しゅかい	首魁	409	じゅそ	呪詛	66	じゅろう	入牢	37	じょうい	攘夷	161
じゅかい	授戒	156	じゅそつ	戌卒	147	しゅん	旬	170	じょういかたつ		
しゅかくてんとう			じゅだい	入内	37	しゅんあしゅうせん				上意下達	9
	主客顚倒	13	しゅちょう	腫脹	311		春蛙秋蟬	172	しょいだん		
しゅかん	手翰	150	しゅちん	繻珍	299	じゅんい	鶉衣	425		焼夷弾	232
じゅがん	入眼	37	しゅっかい	述懐	368	じゅんか	醇化	377	しょうえん	硝煙	270
しゅき	朱熹	181	しゅっけ	出家	43	じゅんか	馴化	411	しょうえん	荘園	321
しゅぎょう	修行	31	しゅっこつ	倏忽	241	しゅんげん	俊彦	29	しょうおう	蕉翁	329
しゅぎょう	執行	79	しゅっしょしんたい			しゅんげん	峻厳	117	じょうおうだな		
しゅくあ	宿痾	104		出処進退	43	じゅんこうろかい				紹鷗棚	293
しゅくがわ	夙川	84	しゅっすい	出穂	43		蓴羮鱸膾	328	しょうか	昇華	171
じゅくし	熟柿	235	しゅったい	出来	43	じゅんさい	蓴菜	328	しょうか	銷夏	384
しゅくしゅく			しゅっとう	出東	43	じゅんさいぬま			しょうか	頌歌	404
	粛粛	307	しゅっぱん	出帆	43		蓴菜沼	328	しょうが	生姜	279
しゅくしん	粛慎	307	しゅっぽん	出奔	43	じゅんし	荀子	321	しょうかい	哨戒	69
しゅくてつ	叔姪	58	しゅつらん	出藍	43	しゅんじゅん			しょうがい	障碍	395
しゅくのへ	宿戸	104	しゅつろ	出廬	43		逡巡	370	しょうかいせき		
しゅくばく	菽麦	324	しゅてんどうじ			じゅんじゅん				蔣介石	328
しゅくや	夙夜	84		酒呑童子	376		恂恂	140	しょうがくぼう		
しゅくやむび			しゅとう	酒盗	376	しゅんしょう				正覚坊	201
	夙夜夢寐	84	しゅとう	首藤	409		峻峭	117	じょうかん	賞鑑	359
じゅげ	頌偈	404	しゅにえ	修二会	31	じゅんじょうかれん			じょうかん	上浣	8
じゅけい	綬鶏	296	ジュネーブ	寿府	106		純情可憐	291	じょうがんじがわ		
じゅげむ	寿限無	106	しゅばしこう			しゅんせい	竣成	281		常願寺川	122
じゅげん	入眼	37		朱嘴鶴	181	しゅんせつ	浚渫	217	しょうかんのん		
しゅげんどう			しゅばつ	修祓	31	しゅんそく	瞬息	265		聖観音	306
	修験道	31	ジュバン	襦袢	345	じゅんち	馴致	411	しょうき	焼燬	232
しゅこう	酒肴	376	しゅぶとがわ			じゅんび	洵美	216	しょうき	瘴気	256
じゅごん	儒艮	34		朱太川	181	じゅんぴつ	潤筆	227	しょうき	鍾馗	385
じゅごん	呪禁	66	しゅほう	修法	31	しゅんぷうたいとう			しょうぎ	娼妓	96
しゅし	酒巵	376	じゅぼくどう				春風駘蕩	172	しょうぎ	床几	125
しゅし	酒肆	376		入木道	37	じゅんぷうびぞく			しょうぎがしらやま		
じゅし	竪子	281	しゅまりない				醇風美俗	377		将棊頭山	107
じゅし	豎子	356		朱鞠内	181	しゅんべつ	峻別	117	しょうきょう		
じゅしゃく	授爵	157	しゅみせん	須弥山	404	しゅんぽう	俊髦	30		生姜	249
しゅしゅ	守株	101	しゅもく	撞木	160	じゅんぽう	遵奉	373	しょうぎょう		
しゅじゅ	侏儒	29	しゅもくざめ			じゅんぼく	醇朴	377		聖教	306
しゅじゅ	種種	278		撞木鮫	160	しゅんめ	駿馬	412	じょうく	縄矩	297
しゅしゅたいと			しゅゆ	須臾	404	じゅんら	巡邏	118	しょうけい	小逕	109
	守株待兎	101	しゅよう	腫瘍	311	しゅんりん	春霖	172	しょうけい	少頃	110

しょうけい 憧憬 146	しょうしょう 悚悚 141	じょうたい 上腿 9	じょうぶつ 成仏 147
しょうけい 捷径 157	しょうしょう 悄悄 141	じょうたく 沼沢 211	しょうへい 招聘 153
しょうげん 将監 107	しょうしょう 晶晶 173	じょうだん 串戯 12	しょうへいが 障屏画 395
じょうげん 鄭玄 376	しょうしょう 瀟湘 228	しょうちゅう 焼酎 232	しょうへいこう 昌平黌 171
じょうこ 上戸 7	しょうしょう 蕭牆 331	じょうちょ 情緒 142	じょうへん 城辺 79
じょうご 上戸 7	しょうじょう 丞相 11	しょうちょう 消長 217	しょうぼう 正法 201
じょうご 漏斗 226	しょうじょう 猩猩 242	しょうちょう 冗長 41	じょうぼうじ 浄法寺 216
しょうごいん 聖護院 306	しょうじょう 蕭条 331	しょうちょう 定朝 102	しょうぼく 勝北 49
しょうこう 昇汞 171	しょうじょう 霄壌 399	しょうちょく 詔勅 350	しようまっせつ 枝葉末節 183
しょうこうしゅ 紹興酒 293	しょうじょう 上声 8	じょうちょてんめん 情緒纏綿 142	しょうまる 正丸 201
しょうこうねつ 猩紅熱 242	しょうじょう 丞相 11	しょうでん 生田 249	じょうまん 冗漫 41
しょうごく 訟獄 350	しょうじょう 穣穣 278	じょうど 壌土 82	じょうみゃく 静脈 401
じょうこしゃそ 城狐社鼠 79	しょうじょう 裛裛 344	しょうとう 松濤 183	しょうみょう 声明 83
しょうこん 性根 139	しょうしょうけん 向象賢 62	しょうどう 聳動 306	しょうみょう 称名 276
じょうさい 城砦 79	しょうしょうじご 咕嚕耳語 66	じょうとう 上道 9	しょうむげんざん 小無間山 109
じょうざい 浄財 216	しょうじょうじげ 咕嚕耳語 66	じょうとう 常套 122	しょよめんやしゃ 笑面夜叉 282
じょうざい 錠剤 385	しょうじょうばえ 猩猩蠅 243	じょうどう 上道 9	しょうやま 生山 249
しょうさいふぐ 潮前河豚 227	しょうじん 精進 289	しょうとうさん 生藤山 250	しょうゆ 醬油 377
じょうさいや 定斎屋 102	しょうず 小豆 108	しょうどしま 小豆島 108	しょうよう 従容 132
じょうさく 城柵 79	じょうず 上手 7	しょうなん 沼南 211	しょうよう 慫慂 145
じょうさし 状差し 240	しょうすい 傷悴 34	しょうなん 湘南 222	しょうよう 逍遥 370
じょうざんけい 定山渓 102	しょうすい 憔悴 146	しょうにか 小児科 108	しょうらい 松籟 183
しょうじ 小路 110	しょうすい 祥瑞 274	しょうにゅうどう 鍾乳洞 385	しょうらい 請来 352
しょうじ 床子 125	しょうせい 上声 8	しょうにん 上人 7	しょうらじま 諸浦島 352
しょうじ 東海林 184	じょうせき 定石 102	しょうね 性根 139	しょうらん 照覧 234
しょうじ 肖似 307	じょうぜつ 饒舌 409	しょうのう 樟脳 197	じょうらん 擾乱 161
しょうじ 曚時 399	しょうぜん 悚然 141	しょうはい 賞牌 359	じょうらん 淨乱 353
じょうし 上巳 7	しょうぜん 蕭然 331	しょうはく 上膊 9	しょうり 燮理 236
じょうし 上梓 8	しょうそう 少壮 110	じょうばこ 状箱 240	しょうり 牆籬 237
しょうじがたけ 障子ヶ岳 395	しょうそう 焦躁 232	しょうばな 城端 79	しょうりょう 渉猟 220
じょうしぐん 娘子軍 96	じょうぞく 上蔟 9	じょうはり 浄玻璃 216	しょうりょう 秤量 276
しょうじこ 精進湖 289	じょうぞくとうげ 装束峠 344	しょうび 焦眉 232	しょうりょう 精霊 289
しょうしゃ 瀟洒 228	じょうそん 仍孫 21	しょうび 鍾美 385	しょうりょう 蕭寥 331
しょうじゃく 正雀 201	じょうだ 嫋娜 97	じょうびたき 尉鶲 107	じょうるり 浄瑠璃 216
じょうしゃひっすい 盛者必衰 261	じょうしょ 情緒 142	しょうふ 娼婦 96	しょうれんじ 正蓮寺 201
じょうじゅ 成就 147		しょうふ 正麩 201	
しょうじゅん 頌春 404		しょうふ 生麩 250	
じょうしょ 情緒 142		しょうふ 菖蒲 324	
		しょうふう 蕉風 329	
		しょうふく 慴伏 145	

じょうろ	如雨露 94		女丈夫 93	しらせる	報せる 80	しりぞける	斥ける 165
しょうろう	鐘楼 199	しょする	署する 300	しらと	白土 257	しりぞける	黜ける 431
じょうろう	上﨟 9	じょする	恕する 140	しらに	白土 257	しりたかやま	
ジョージア		じょせい	女婿 93	しらぬい	不知火 10		後高山 132
	荵耳日亜 142	じょせつ	霽雪 295	しらぬか	白糠 259	しりだこ	髀胝 413
ショーペンハウアー		しょせん	所詮 149	しらぬひ	不知火 10	じりつ	而立 305
	蕭本浩 330	しょっきり		しらはえ	白南風 258	しりぬぐい	尻拭い 111
しょかつりょう			初っ切り 44	しらはげやま		しりはみさき	
	諸葛亮 352	しょっつる	塩汁 81		白剥山 258		尻羽岬 111
しょかんべつ		しょっぱい		しらはたけ	白癜 259	しりべし	後志 131
	暑寒別 173		塩っぱい 81	しらひげばし		しりめ	尻目 111
しょき	暑気 173	しょっぱな	初っ端 44		白鬚橋 259	しりめつれつ	
じょくあく	濁悪 227	しょなぬか	初七日 44	しらひげやま			支離滅裂 162
しょくざい	贖罪 360	しょなのか	初七日 44		白髭山 258	しりょう	死霊 203
しょくじ	植子 193	しょばん	勝幡 50	しらびそ	白檜曾 259	シリング	志 137
しょくしないしんのう		ショパン	勺旁 50	しらふ	素面 292	しる	識る 354
	式子内親王 127	じょめい	舒明 314	しらぶたかゆ		しるこ	汁粉 208
しょくしょう		しょや	庶野 126		白布高湯 257	しるし	徴 136
	食傷 407	しょろ	庶路 126	しらべる	検べる 192	しるし	標 198
しょくしょく		じょろうぐも		しらまさんみゃく		しるし	璽 247
	唧唧 71		女郎蜘蛛 93		白馬山脈 258	しるし	記 349
しょくじん	蝕甚 338	しょわけ	諸訳 352	しらみ	虱 335	しるし	首 409
じょくせ	濁世 227	しょんずい	祥瑞 274	しらむ	白む 257	しるし	験 412
しょくぜん	食膳 407	しら	新羅 167	しらも	仙薬 22	しるしばんてん	
じょくそう	褥瘡 345	シラー	席労 122	しらやとうげ			印半纏 56
しょくたく	嘱託 73	しらあえ	白和え 258		白谷峠 258	しるす	標す 198
しょくち	諸口 352	じらい	爾来 237	しらやまぎく		しるす	誌す 351
じょくち	辱知 367	しらいとそう			東風菜 184	しるす	銘す 384
しょくぼう	嘱望 73		鴉葱 423	しらよね	白米 258	しるべ	導 107
しょくみん	殖民 203	じらいや	児雷也 36	しらん	紫蘭 294	しるべ	知る辺 266
しょくもく	嘱目 72	しらうお	白魚 258	しらん	芝蘭 315	シルラ	新羅 167
しょげる	悄気る 141	しらおい	白老 258	しらんぎょくじゅ		しれい	砥礪 269
しょこう	曙光 174	しらが	白髪 258		芝蘭玉樹 315	しれつ	熾烈 235
しょこつ	渚滑 220	しらかし	白樫 258	しり	尻 111	しれとこ	知床 266
しょさ	所作 149	しらがだけ	白鹿岳 258	しり	後 131	しれとこしゃり	
じょさい	如在 94	しらがだけ	白髪岳 258	しり	臀 312		知床斜里 266
じょさいない		しらがたろう		シリア	叙利亜 58	しれとみさき	
	如才無い 94		白髪太郎 258	しりあげむし			知人岬 266
しょさんべつ		しらかば	白樺 258		挙尾虫 154	しれもの	痴れ者 256
	初山別 44	しらかべ	白壁 259	しりうち	尻内 111	じれる	焦れる 232
しょし	書肆 175	しらぎ	新羅 167	しりうち	知内 266	じろ	地炉 77
じよしとうげ		しらくも	白癬 259	しりえ	後 131	しろい	咳い 260
	地芳峠 77	しらげうた	後挙歌 132	しりがい	鞦 402	しろい	皓い 260
しょしゃざん		しらける	白ける 257	しりからげ	尻絡げ 111	じろう	痔瘻 255
	書写山 175	しらげる	精げる 289	しりごみ	尻込み 111	しろうお	素魚 292
じょしゅく	女宿 93	しらす	白砂 258	しりすぼみ	尻窄み 111	じろうしゅ	治聾酒 111
しょしょ	処暑 42	しらす	白洲 258	しりぞける	却ける 56	しろうと	素人 291
じょじょう	如上 94	しらず	不知 10	しりぞける	屏ける 113	しろうり	浅瓜 216
じょじょう	抒情 151	しらすか	白須賀 258	しりぞける	擯ける 161	しろかね	白金 258
じょじょうふ		しらずしらず				しろがね	白銀 258

しろがね	銀	383	しんかん	震撼	399	しんしま	新島	166	しんちょう	晨朝	173
しろざ	白藜	259	しんがん	真贋	264	しんじま	新島	166	しんちょうげ		
しろそこひ	白内障	257	しんき	心悸	136	しんしましま				沈丁花	210
しろたえ	白栲	258	しんき	新禧	167		新島々	166	しんちょく	進捗	371
シロップ	果蜜	183	じんぎ	仁義	21	しんしゃ	辰砂	367	しんちんたいしゃ		
しろつめくさ			じんぎ	神祇	273	しんしゃく	斟酌	165		新陳代謝	166
	白詰草	258	ジンギスカン			しんじゅう	心中	136	じんづう	神通	273
しろひとり	白灯蛾	258		成吉思汗	147	しんしゅく	参宿	57	しんでんばる		
しろみ	銀鏡	383	じんきちもり			しんしゅく	心宿	136		新田原	166
しろもの	代物	23		甚吉森	249	しんしゅく	軫宿	366	しんとう	榛東	196
しわ	志和	137	しんきゅう	鍼灸	386	しんしゅつ	滲出	225	しんとう	滲透	225
しわ	皺	260	しんきょうごく			しんじゅつ	賑恤	358	しんとう	神道	273
しわ	紫波	294		新京極	166	しんじゅつ	仁恤	21	しんとう	震盪	399
しわい	吝い	65	しんきろう	蜃気楼	337	しんじゅん	浸潤	217	しんどうのごえ		
しわがれる	嗄れる	72	しんきん	宸襟	103	しんじょ	晋書	172		新道野越	167
しわきがわ	柴木川	186	しんぎん	呻吟	66	しんじょ	糝薯	289	しんとつかわ		
しわく	塩飽	81	じんく	深紅	220	しんじょ	仁恕	21		新十津川	166
しわざ	仕業	22	じんく	甚句	248	しんしょう	身上	364	しんとね	新利根	166
しわす	師走	121	しんぐう	新宮	166	しんしょう	震慴	399	じんない	陳内	393
しわすだ			じんぐうこうごう			しんじょう	新荘	166	しんに	嗔恚	72
	十二月一日	52		神功皇后	273	しんじょう	身上	364	しんにゅう	之繞	12
しわすだ	十二月田	52	しんげ	新家	166	しんじょうさい			しんにゅうさ		
しわち	志和地	137	しんけい	晨鶏	173		新嘗祭	167	しんにょう	之繞	12
しわひめ	志波姫	137	しんけみがわ			しんじょはら			じんにん	神人	272
しわぶき	咳き	68		新検見川	167		新所原	166	しんのぶしゃがわ		
しわんぼう	吝坊	65	しんげん	箴言	285	しんしろ	新城	166		新信砂川	166
じん	塵	81	しんこ	新香	166	しんしん	岑岑	116	しんばく	槙柏	196
じんあい	塵埃	82	しんこ	糝粉	289	しんしん	沈沈	210	しんばる	新原	166
しんい	嗔恚	72	しんこう	信仰	30	しんしん	津津	216	しんばんば	新馬場	166
しんい	瞋恚	265	しんこう	親狎	348	しんしん	縉紳	298	しんび	靫皮	401
しんいのくち			しんこう	新郷	166	しんしん	蓁蓁	327	しんびょう	信憑	30
	新井口	166	しんごう	神郷	273	しんしん	駸駸	412	しんぶ	新府	166
しんいんひょうびょう			じんこう	塵劫	82	しんじん	審訊	105	じんべえざめ		
	神韻縹渺	274	じんこう	塵垢	82	しんしん	深心	220		甚兵衛鮫	249
じんう	腎盂	311	じんこう	沈香	210	しんしんこうじゃく			しんぽ	新甫	166
しんうおのめ			じんざい	神西	273		心神耗弱	136	じんぼうちょう		
	新魚目	166	しんさんだ	新三田	166	じんすい	尽瘁	111		神保町	273
しんえん	深淵	220	しんし	参差	57	しんせい	真正	263	しんぼち	新発意	166
しんおう	深奥	220	しんし	真摯	264	しんせい	辰星	367	しんぼっち	新発意	166
しんか	心窩	136	しんし	簪	287	じんせい	靱性	401	じんましん	蕁麻疹	329
しんがい	震駭	399	しんし	紳士	293	しんせき	真蹟	264	しんみょういけ		
じんかい	塵芥	81	しんし	辛巳	367	じんせき	神石	273		新澪池	167
じんかい	燼灰	236	しんじ	信士	30	じんぜん	荏苒	321	しんむらいずる		
しんがし	新河岸	166	しんじ	宍道	101	じんぞう	腎臓	311		新村出	166
しんかっし	新甲子	166	じんじつ	人日	20	しんそこ	真底	264	しんめんぼく		
しんがね	芯鉄	316	じんじつ	尽日	111	しんだ	糂汰	289		真面目	264
シンガポール			じんじふせい			しんだい	身代	364	しんめんもく		
	新嘉坡	167		人事不省	20	じんだい	神代	273		真面目	264
しんがり	殿	203	しんししほしゃ			しんだち	信達	30	しんもえだけ		
しんかん	宸翰	103		唇歯輔車	69	しんちゅう	真鍮	264			

	新燃岳	167	すいせい	彗星	130		陶部	393
じんもん	訊問	350	すいぜん	垂涎	78	すえど	土器土	77
しんやばけい			すいぞう	膵臓	312	すえはるかた		
	深耶馬渓	220	すいた	吹田	64		陶晴賢	393
しんゆう	辛酉	367	すいたい	推戴	157	すえやま	陶山	393
しんら	新羅	167	すいとう	出納	43	すえよし	末次	180
しんら	森羅	193	すいどう	隧道	395	すえる	据える	157
じんらい	迅雷	368	ずいどう	隧道	395	すえる	饐える	409
しんらつ	辛辣	367	すいとん	水団	206	すおう	周防	66
しんらばんしょう			すいにん	垂仁	78	すおう	素襖	292
	森羅万象	193	すいば	酸葉	377	すおう	蘇芳	333
しんらん	親鸞	348	すいはみね	翠波峰	304	すおうのないし		
しんりゃく	侵掠	30	すいばら	水原	206		周防内侍	66
じんりょう	神領	274	すいび	翠微	304	すがい	菅	323
しんろう	滲漏	225	すいび	衰微	343	すがい	集貝	396
しんろく	神鹿	273	すいびょう	水瓶	207	ずがいこつ	頭蓋骨	396
しんわ	心窩	136	すいまつ	水沫	206	すかいさん	皇海山	260
			ずいむし	螟虫	339	すがうち	隅垣内	394
	【す】		すいよ	睡余	265	すがえますみ		
す	洲	216	すいよ	酔余	376		菅江真澄	323
す	簀	286	すいらん	翠嵐	304	すがおぬま	菅生沼	323
す	酢	377	すいらん	翠巒	304	すががき	清掻	220
ず	鬆	415	ずいりゅうさん			すがかわ	須賀川	404
ず	頭	405		瑞龍山	246	すかす	賺す	359
すあい	牙儈	238	すいれん	睡蓮	265	すがすがしい		
すい	錘	385	すう	吮う	65		清清しい	220
ずい	隋	394	スウィフト			すがたえ	姿絵	96
すいえん	垂涎	78		斯維弗的	165	すがたかたち		
すいか	燧火	236	スウェーデン				姿形	96
すいか	西瓜	345		瑞典	246	すがたみ	姿見	96
すいか	誰何	352	すうきけい	枢機卿	184	すがぬい	絓縫	293
すいが	酔臥	376	すうけい	崇敬	117	すがの	萱野	325
ずいか	瑞花	246	すうげつ	陬月	393	すがめた	眇田	263
すいがい	透垣	370	すうこう	趨向	362	すがめつ	眇めつ	263
すいかずら	忍冬	137	ずうずうしい			すかゆ	酸ケ湯	377
すいがら	吸殻	62		図図しい	75	すかり	脈窶	310
ずいき	芋茎	315	すうせい	趨勢	362	すがる	縋る	298
すいきん	水禽	207	ずたうい	図体	75	すがる	蜾蠃	337
すいこ	出挙	43	スーダン	蘇丹	333	すがれる	尽れる	111
すいこう	推敲	157	スープ	肉汁	307	すがわら	菅原	323
すいさん	出生	43	すえ	仮髪	24	すがわらのたかすえのむすめ		
すいさん	炊爨	230	すえ	仮髻	24		菅原孝標女	324
すいし	出師	43	すえ	季	98	すがわらのみちざね		
すいじょう	春照	172	すえ	裔	344		菅原道真	324
すいじん	粋人	287	すえ	陶	393	すかんびん	素寒貧	292
すいじん	随身	394	すえ	須恵	393	すかんぽ	酸模	377
ずいじん	随身	394	ずえ	図会	75	すき	主基	13
すいじんのもり			すえいし	居石	112	すき	周吉	66
	水神森	206	スエズ	蘇士	333	すき	寸喜	106
スイス	瑞西	246	すえつくりべ					

すき	数寄	163			
すき	耒	305			
すき	鋤	384			
すき	陶器	393			
すき	隙	394			
すぎ	椙	193			
すぎがたわ	杉が瓝	181			
すぎかみきり					
	杉天牛	181			
すきげ	梳き毛	191			
すぎごけ	杉蘚	181			
すぎども	杉塘	181			
すぎな	間荊	70			
すぎのめ	杉妻	181			
すきま	隙間	394			
すきや	数寄屋	163			
すきや	透綾	370			
すぎやまさんぷう					
	杉山杉風	181			
ずきょう	誦経	352			
ずきん	頭巾	405			
すく	梳く	191			
すく	漉く	226			
すく	空く	279			
すく	鋤く	384			
ずく	木菟	179			
ずく	銑	383			
すくう	拯う	155			
すくう	掬う	156			
すくう	済う	219			
すぐき	酸茎	193			
すぐさま	直様	262			
すくすく	直直	262			
すくない	寡ない	105			
すくない	尠い	111			
すくに	宿尼	104			
すぐに	直に	262			
すくね	宿禰	104			
すくね	足尼	104			
すぐの	直箟	262			
ずくのき	豆蔲木	356			
すくむ	竦む	281			
すくめる	竦める	281			
すくも	宿毛	104			
すくもじま	粘島	288			
すくもむし	蜻蜻	340			
すくよか	健よか	32			
すぐり	村主	182			
すぐり	酸塊	377			
すぐる	直流	262			

すぐる	選る	374	すじぐろしろちょう		すせ	嵩山	117	すなみ	巣南	191	
すぐれる	勝れる	49		条黒白蝶	181	すせんじ	周船寺	66	すなみ	角南	348
すぐれる	卓れる	54	しずめ	鮨詰め	418	すぜんじ	鋳銭司	384	すなめり	砂滑	269
すぐれる	儔れる	396	しゅん	崇峻	117	すそ	裾	344	すなわち	則ち	46
すぐろ	勝呂	50	ずしょ	調所	353	すそご	裾濃	344	ずぬける	図抜ける	75
すぐろの	末黒野	180	しじょう	素性	291	すそばな	裾花	344	すね	脛	310
すけ	副	47	しじん	崇神	117	すだ	栖田	189	すねる	拗ねる	154
すけ	助柱	48	すす	煤	234	すだ	隅田	394	すのこ	簀子	286
すけ	次官	200	ずす	珠洲	245	スターリン	斯大林	165	すのさき	洲崎	216
すげ	摺宜	159	ずず	錫	385	すだく	集く	396	すのまた	墨俣	82
すげ	習宜	304	ずず	数珠	163	ずたずた	寸寸	106	すばしり	須走	403
すげ	菅	323	すずかけ	篠懸	286	すだち	月出里	176	すはま	洲浜	216
すけがわ	鮭川	418	すずかぜ	涼風	221	すだち	酢橘	377	すばやい	敏捷い	162
すけそうだら			すすき	薄	331	ずだぶくろ	頭陀袋	405	すばりきょうこく		
	助宗鱈	48	すすき	進木	371	すだま	魑魅	416		素波里峡谷	292
すけだち	助太刀	48	すすき	進来	371	すだま	魍魎	416	すばる	昴	172
すけっと	助っ人	48	すずき	鐸木	387	すたる	廃る	126	すばる	昴宿	172
すけとうだら			すずき	鱸	422	すだれ	簾	286	スピノザ	斯密乃雑	165
	介党鱈	20	すすきだきゅうきん			すたれる	頽れる	405	すふ	周布	66
すげる	挿げる	155		薄田泣菫	331	スタンダール			すふまさのすけ		
すご	巣子	191	すすきの	薄野	331		斯通達爾	165		周布政之助	66
すこう	崇光	117	すすぐ	洒ぐ	216	ずつ	宛	101	すべ	術	342
すごうこうげん			すすぐ	漱ぐ	226	すっき	須築	404	スペイン	西班牙	346
	数河高原	163	すすぐ	濯ぐ	228	すっつ	須都	404	すべからく	須く	403
すこし	寡し	105	すすぐ	雪ぐ	397	すっぱ	透波	370	すべかわ	渾川	222
すごすご	悄悄	141	すずし	生絹	250	すっぱぬく			すべて	凡て	42
スコット	寿基徳	106	すずしろ	蘿蔔	334		素っ破抜く	291	すべて	都て	375
スコットランド			すずたけ	篠竹	286	すっぽん	鼈	431	すべらかし	垂髪	78
	蘇格蘭	333	すずな	菘	324	すてご	棄て子	194	すべりひゆ	滑莧	224
すこぶる	頗る	404	すずのこ	篠の子	286	ステッキ	洋杖	217	すべる	統べる	295
すごろく	双六	58	すすぼこり	煤埃	234	すでに	已に	119	すべる	辷る	368
ずごん	呪禁	66	すすまん	須々万	403	すてる	舎てる	29	ずほう	修法	31
すさ	苆	317	すずみ	涼み	221	すてる	棄てる	194	すぼし	角宿	348
ずさ	従者	132	すずむし	鈴虫	383	すど	簾戸	286	ずぼし	図星	75
すさい	周匝	66	すずめ	雀	395	すど	須津	404	すぼむ	窄む	279
すざく	朱雀	181	すずめが	雀蛾	395	すどう	角藤	349	ズボン	洋袴	217
すさのおのみこと			すずめえんどう			すどう	陶東	393	すま	須磨	404
	素戔嗚尊	291		雀野豌豆	395	すどう	首藤	409	すましじる	清し汁	220
すさび	遊び	372	すずめのおごみ			すとく	崇徳	117	すまた	寸又	106
すさまじい				雀の芋小筒	395	ストックホルム			スマトラ	蘇門答剌	333
	凄まじい	42	すずめのてっぽう				士篤恒	82	すみ	角	348
すさみ	周参見	66		看麦娘	262	すどり	渚鳥	220	すみ	鷲見	426
すさむ	荒む	320	すずめばち	雀蜂	395	すな	沙	209	ずみ	桷	190
すさる	退る	369	すすめる	前める	46	すなかぶり	砂被り	269	すみか	住み処	27
ずさん	杜撰	182	すすめる	奨める	92	すなご	砂金	269	すみず	角水	348
すし	鮨	418	すずらん	鈴蘭	383	すなどり	漁	225	すみすとう		
すじ	条	181	すずり	硯	270	すなどる	漁る	225		須美寿島	404
ずし	厨子	57	すすりなく	歔欷く	200	すなびきそう			すみせん	須弥山	404
ずし	逗子	370	すする	啜る	70		窈衣	279	すみぞめ	墨染	82
すじかい	筋交い	283	すずろに	坐に	78	すなぼこり	砂埃	269	すみだ	隅田	394

見出し	漢字	頁	見出し	漢字	頁	見出し	漢字	頁	見出し	漢字	頁
すみとり	炭斗	231	するどい	尖い	110	せいじま	瀬居島	228	セーヌ	塞納	81
すみのえのかみ			するめ	鯣	418	ぜいじゃく	脆弱	310	ぜえろく	贅六	359
	住吉神	27	するめいか	鯣烏賊	418	せいじゅう	製絨	344	せかい	清和井	220
すみのくらりょうい			すれすれ	擦擦	161	せいしゅく	井宿	19	せがき	施餓鬼	167
	角倉了以	348	すれる	擦れる	161	せいしゅく	星宿	172	せがれ	倅	31
すみのどう	住道	27	ずろう	杜漏	182	せいせい	井井	18	せき	咳	68
すみはだ	澄肌	227	すわ	諏訪	352	せいせい	整斉	163	せき	堰	80
すみやか	亟やか	19	すわ	驚破	413	せいせい	棲棲	193	せき	寂	104
すみよう	住用	27	すわえ	杪	185	せいせい	済済	219	せきがく	碩学	270
すみれ	菫	324	すわやり	楚割	194	せいせい	清清	220	せきがん	隻眼	395
すむ	栖む	189	すわる	坐る	78	せいせい	萋萋	324	せきかんとう		
すむ	棲む	193	ずんぎり	寸切	106	せいせい	精精	289		石敢当	268
すむ	清む	220	すんげき	寸隙	106	ぜいせい	嚽嚌	73	せきく	隻句	395
すめら	皇	260	すんごう	寸毫	106	せいぜつ	凄絶	42	せきこ	潟湖	226
すめらぎ	天皇	90	すんず	駿豆	412	せいそ	清楚	220	せきしもうで		
すめらぎ	皇	260	すんそうしゅんき			せいそう	悽愴	142		関下有知	390
すもう	相撲	263		寸草春暉	106	せいそう	棲息	193	せきじゅ	碩儒	270
すもうなだ	角力灘	348	すんで	既	168	せいぞろい	勢揃い	50	せきしゅつ	析出	184
すもと	栖本	189	すんとう	駿東	412	ぜいたく	贅沢	359	せきじゅん	石筍	268
すもも	李	182	ずんどう	寸胴	106	せいだん	西淡	346	せきしょう	石菖	268
すもん	守門	101	すんぷ	駿府	412	ぜいちく	筮竹	284	せきしょうも		
すや	徒矢	132				せいちゅう	掣肘	157		石菖藻	268
すやま	寿山	106	【せ】			せいちょう	清澄	220	せきじん	籍甚	286
すやま	陶山	393	せ	兄	35	せいどん	生吞	249	せきすいじ	積翠寺	278
すゆ	須臾	404	せ	畝	253	せいないろ	清内路	220	せきすん	尺寸	111
すら	修羅	31	せ	石蜐	268	ぜいにく	贅肉	359	せきせいいんこ		
すり	修理	31	せ	脊	310	せいのう	才男	150		背黄青鸚哥	309
すり	掏摸	157	ぜあみ	世阿弥	11	せいのお	才男	150	せきせき	戚戚	148
すりあげはら			せい	所為	149	せいはい	儕輩	34	せきぜん	寂然	104
	磨上原	271	せい	石蜐	268	せいはん	蹟攀	364	せきそ	尺素	111
すりあし	摺り足	159	せいあ	井蛙	19	せいひつ	静謐	401	せきぞろ	節季候	284
すりうす	磨り臼	271	セイウチ	海象	215	せいぼ	歳暮	202	せきたてる		
すりえ	摺り餌	161	せいえん	凄艶	42	せいぼく	清穆	220		急き立てる	138
すりガラス			ぜいえん	説苑	352	セイミ	舎密	29	せきち	瘠地	256
	磨り硝子	271	せいか	砌下	269	せいみんようじゅつ			せきちく	瞿麦	265
すりこぎ	摺り粉木	161	せいが	菁莪	324		斉民要術	432	せきつい	脊椎	310
すりこぎやま			せいがいは	青海波	400	せいもく	井目	18	せきてん	釈奠	378
	摺古木山	159	せいかたんでん			ぜいゆう	贅疣	359	せきとく	尺牘	111
すりしき	修理職	31		臍下丹田	312	せいよ	西予	345	せきとめる		
すりつづみ	摺鼓	158	せいかん	擠陥	161	せいらん	晴嵐	173		堰き止める	80
すりむく	擦り剝く	161	せいきけんじょ			せいるい	声涙	83	せきびら	関平	390
ずりょう	受領	58		旌旗巻舒	167	せいれい	精霊	289	せきめい	惜命	142
すりよる 摩り寄る		159	せいぎょ	制御	46	せいれい	聖霊	306	せきりょう	寂寥	104
する	剃る	46	せいきょう	誠恐	351	せいれいかっきん			せきれい	鶺鴒	426
する	掏る	157	せいご	鮬	418		精励恪勤	289	せきろうざん		
する	摺る	159	せいこく	正鵠	201	せいろ	蒸籠	327		石老山	267
する	擦る	161	せいこうどく			せいろ	聖籠	306	せきわけ	関脇	390
する	為る	230		晴耕雨読	173	せいろう	蒸籠	327	せく	咳く	68
ずるい	狡い	241	せいこく	正鵠	201	ぜいろく	贅六	359	せく	喘く	71
するが	駿河	412	せいしき	清拭	220	セイロン	錫蘭	385	せく	堰く	80

せく	急く	138	せっそきょう		せり	迫	368	ぜんしゃ 繕写 299	
せぐくまる	踞る	363		接岨峡 157	せりこし	芹草越	316	せんじゃく 疝癪 254	
ぜげん	女衒	93	せった	雪駄	398	せりた	迫田	369	せんじゃく 孱弱 99
せこ	世故	11	ぜつだい	舌代	313	せりだし	迫り出し 368	せんじゃく 選択 374	
せこ	勢子	50	せっちん	雪隠	398	せりだんの	芹谷野 316	せんじゅ 千住 53	
せじ	世辞	11	せっつ	摂津	159	せりばいばい			せんじょ 蟾蜍 340
ぜじょう	軟障	366	せっつく	責付く	357		糶羅売買 290	せんしょう 僭称 34	
ぜぜ	銭司	383	ぜってん	絶巓	295	せりふ	台詞	61	せんしょう 先蹤 36
ぜぜ	膳所	312	せっとうがたけ			せる	競る	281	せんじょう 洗滌 217
せせこましい				節刀ヶ岳 284	せる	糶る	290	ぜんじゃく 禅寂 274	
	狭隘しい 241	せつな	刹那	45	せる	迫る	369	ぜんじょう 禅譲 274	
せせらぎ	細流	293	せっぱ	切羽	44	セレナーデ 小夜曲 108	せんじる 煎じる 234		
せせびこさん					セロリ	塘蒿	81	せんす 扇子 149	
	雪彦山 398	せっぶ	節婦	284	せわしい	忙しい	137	せんず 千頭 53	
せせらわらう			せっぷん	接吻	157	せわた	背腸	309	せんずまんざい
	嘲笑う 73	せつぶんそう			せん	栓	189	千秋万歳 53	
せせりちょう				菟葵 326	せん	磚	271	せんぜい 占筮 55	
	拶蝶 156	ぜっぽう	舌鋒	313	せん	疘	390	せんぜい 蟬蛻 340	
せせる	拶る	156	せど	背戸	309	ぜんう	単于	54	せんせん 専占 106
せた	勢多	50	せどうか	旋頭歌 168	せんえい	尖鋭	110	せんせん 潺潺 227	
せたがや	世田谷	11	せどり	競取り	281	せんえつ	僭越	34	せんせんきょうきょう
せちえ	節会	284	せなかあぶりやま			せんかたない			戦戦兢兢 148
せちがらい				背中炙山 309		詮方無い 351	せんそ 吮疽 65		
	世知辛い 11	せなぶとん	背蒲団 309	せんがんざん			せんそ 蟾酥 340		
せちご	清児	220	ぜにあおい	銭葵	383		千巌山 53	ぜんぞう 漸増 226	
せちばる	世知原	11	ぜにごけ	銭苔	383	せんき	疝気	254	せんぞく 千束 53
せつ	癤	257	ぜにばこ	銭函	383	せんぎ	僉議	34	せんぞくいけ
ぜっか	絶佳	295	ぜにもうけ	銭儲け 383	せんぎ	詮議	351	洗足池 216	
せっかい	狭匙	241	セネガル	塞内牙	81	ぜんき	前鬼	46	せんだ 千旦 53
ぜっかいちゅうしん			せのうえ	瀬之上	228	せんきょ	船渠	314	せんだい 川内 118
	絶海中津 295	せのうみ	石花海	267	ぜんぎょう	善行	71	せんだいはぎ	
せっかく	刺客	295	せのお	妹尾	95	せんけん	嬋妍	97	千代萩 53
せっかく	尺蠖	111	せば	洗波	216	せんごう	煎熬	234	ぜんだいみもん
せっき	夕暉	83	せば	洗馬	216	せんごくぶね			前代未聞 46
せっく	節供	284	せふり	背振	309		千石船 53	せんだち 先達 36	
せっく	隻句	395	せまる	逼る	372	ぜんごさく	善後策	71	せんだつ 先達 36
せっけん	席捲	122	せみ	蟬	340	せんざい	前栽	46	せんだって 先達て 36
せっけん	石鹸	268	せみくじら	背美鯨	340	ぜんざい	善哉	71	せんだまき 千手巻 53
せっこう	斥候	165	せみしぐれ	蟬時雨	340	せんざいいちぐう			せんだん 栴檀 189
せっこう	浙江	217	せみたけ	蟬茸	340		千載一遇 53	せんだんぐさ	
せっこく	石斛	268	せむし	傴僂	33	せんさく	穿鑿	279	栴檀草 189
せっさたくま			せめぎあい			せんさく	詮索	351	センチグラム
	切磋琢磨 44		鬩ぎ合い 415	せんざん	仙山	22	瓱 248		
せっしゃくわん			せめぐ	鬩ぐ	415	せんざんこう			せんちこがね
	切歯扼腕 44	せめる	謐める	355		穿山甲 279	雪隠金亀子 398		
せっしょう	折衝	151	せや	瀬谷	228	ぜんじ	漸次	226	センチメートル
せっしょう	摂政	159	せらだ	世良田	11	せんじぐすり			粴 289
せっしょう	殺生	203	せり	競	281		煎じ薬 234	せんちゃ 煎茶 234	
せっせい	拙誡	153	せり	芹	316	ぜんじの	善師野	71	せんちゃく 選択 374
せつせつ	屑屑	113				せんじゃ	撰者	160	せんちゅう 箋注 285
せつぜん	截然	148							

せんちょうむた 　　　　千町無田 53	せんぼうしさ 　　　　瞻望咨嗟 266	そうご　　寒河 104	蔵々瀬戸 330				
センチリットル	せんぼく　仙北 22	そうこう　愴惶 145	そうだ　　左右田 119				
甅 281	せんぼくとうげ	そうこう　糟糠 289	そうたい　掃苔 157				
せんづ　　泉津 211	釧北峠 382	そうこう　霜降 399	そうだがつお				
せんつうざん	ぜんまい　発条 257	そうごう　小郷 109	宗太鰹 102				
船通山 314	ぜんまい　薇 331	そうごう　湊合 222	そうつ　　寒水 104				
せんでき　洗滌 217	せんまけ　先負 36	そうごう　相好 262	そうてい　壮丁 83				
せんでん　閃電 389	せんまや　千厩 53	そうこく　相剋 262	そうてい　漕艇 226				
セント　　仙 22	せんめい　闡明 390	ぞうごん　荘厳 321	そうてい　装幀 344				
セント　　聖 306	せんめつ　殲滅 203	ぞうごん　雑言 396	そうと　　壮途 83				
せんど　　先途 36	せんもう　罧網 382	そうさ　　匝瑳 51	そうとう　掃討 157				
せんとう　銭湯 383	せんりつ　戦慄 148	そうさ　　窓紗 279	そうとめ　早乙女 182				
せんどう　煽動 234	せんろく　鎗録 387	ぞうさ　　造作 370	ぞうに　　雑煮 396				
ぜんどう　蠕動 340	せんろっぽん	そうさい　相殺 262	そのせ　　三ノ瀬 5				
セントヘレナ	纖六本 299	そうさい　惣菜 142	そうは　　掻爬 159				
聖意勒納 306	【そ】	そうし　　冊子 41	そうはく　糟粕 289				
ぜんとりょうえん	そい　　　曹以 175	そうし　　桑梓 189	そうはく　蒼白 327				
前途遼遠 46	そいつ　　其奴 40	そうし　　荘子 321	そうばな　総花 296				
セントルイス	そいぼし　房宿 149	そうじ　　掃除 157	そうびょう　宗廟 102				
聖路易 306	そう　　　傍う 33	そうじ　　荘子 321	ぞうひょう　雑兵 396				
せんない　詮無い 351	そう　　　副う 47	ぞうしがや	ぞうひん　臓品 359				
ぜんなんぜんにょ	そう　　　左右 119	雑司ヶ谷 396	ぞうふ　　臓腑 313				
善男善女 71	そう　　　箏 285	ぞうしき　雑色 396	ぞうぶつ　臓物 359				
せんにく　膻肉 303	そううつ　躁鬱 364	ぞうしちょう	そうふれん　相府蓮 262				
せんねんぼく	そえもんちょう	雑司町 396	そうふん　燥吻 236				
朱竹 181	宗右衛門町 102	ぞうじてんぱい	そうぶん　奏聞 92				
せんのう　仙翁 22	そうえん　竈煙 280	造次顚沛 370	そうべつ　壮瞥 83				
せんのき　栓木 189	ぞうお　　憎悪 145	そうじゃ　総社 296	そうぼう　忽忙 139				
せんば　　千波 53	そうが　　爪牙 236	そうしゅう　棗脩 193	そうぼう　相貌 263				
せんば　　船場 314	ぞうか　　雑歌 396	そうしょ　叢書 59	そうぼう　蒼氓 327				
ぜんば　　前場 46	そうがん　象嵌 356	そうしょう　層霄 59	ぞうぼう　像法 34				
せんばく　船舶 314	そうき　　叢記 59	そうじょう　僧正 34	そうま　　宗右馬 102				
せんばく　阡陌 390	そうぎ　　宗祇 102	そうじょう　宋襄 101	そうま　　相馬 262				
せんはた　千畑 53	そうぎ　　葬儀 326	そうじょう　騒擾 412	そうまい　爽昧 237				
せんび　　鮮卑 418	そうきゅう　早急 170	そうず　　僧都 34	そうまくり　総捲り 296				
ぜんぴょういっぱん	そうきゅう　蒼穹 327	そうず　　添水 221	そうまんれいご				
全豹一斑 25	ぞうきん　雑巾 396	そうすい　総帥 296	草満囹圄 321				
せんびょうしつ	そうく　　痩軀 256	そうすい　雑炊 396	そうめい　聡明 306				
腺病質 311	そうく　　走狗 361	そうする　奏する 92	そうめん　素麺 306				
せんぶ　　宣撫 103	そうぐう　遭遇 373	そうせき　踪跡 363	そうもう　草莽 321				
せんぶ　　先負 36	そうくつ　巣窟 191	そうそう　匆匆 50	ぞうもつ　臓物 359				
せんぶり　千振 53	そうけ　　笊笥 282	そうそう　嘈嘈 72	そうもん　奏聞 92				
せんべい　煎餅 234	ぞうげ　　象牙 356	そうそう　愴愴 145	そうもん　相聞 263				
せんべつ　餞別 408	ぞうげ　　雑毛 396	そうそう　簇簇 286	そうや　　宗谷 102				
せんべん　先鞭 36	そうけい　聡慧 306	そうそう　蹌蹌 364	そうゆう　曾遊 176				
せんべんいちりつ	そうけい　造詣 370	そうそう　錚錚 385	そうよう　掻痒 263				
千篇一律 53	そうけつ　蒼頡 327	そうそう　鏘鏘 386	ぞうよう　雑徭 396				
せんぼう　羨望 303	そうけん　双肩 58	そうそうのへん	そうらい　爽籟 237				
せんぼう　先鋒 36		滄桑の変 225	そうらく　相楽 263				
		ぞうぞのせと	そうり　　沢入 209				

ぞうり	草履	321	そけい	磯鶏	271	そぞろ	漫ろ	226	そば	岨	116
そうりん	薮林	332	そけい	素馨	292	そぞろごと	漫ろ言	226	そば	稜	277
そうれき	槽櫪	197	そけい	麁景	428	そぞろに	坐に	78	そば	蕎麦	329
そうろ	草廬	321	そけい	鼠蹊	431	そだ	粗朶	288	そはい	鼠輩	431
そうろう	踉蹌	364	そげき	狙撃	240	そち	措置	157	そばえ	日照雨	169
そうろうぶん			そげだに	粉谷	185	そちこち	其方此方	40	そばがき	蕎麦掻き	329
	候文	31	そげん	遡源	373	そちとら	其方等	40	そばかす	雀斑	395
ぞうわい	贈賄	359	そご	齟齬	433	そちら	其方	40	そばだつ	峙つ	116
そえうた	諷歌	354	そこいじ	底意地	125	そっか	足下	362	そばだつ	聳つ	306
そえじまたねおみ			そこう	遡行	373	そっきょ	卒去	54	そばだてる	側てる	32
	副島種臣	47	そこう	遡航	373	そっきょ	卒遽	54	そばだてる	欹てる	162
そえち	添乳	221	そごう	十合	52	そっきょぎ	測距儀	222	そばづえ	側杖	32
そえひ	傍陽	33	そごう	十河	52	そつじ	卒爾	54	そばつぶやま		
そお	嚅哦	74	そこごころ	底心	125	そつじゅ	卒寿	54		蕎麦粒山	329
そお	曾於	176	そこつ	粗忽	288	そっせん	帥先	121	そばのかみ	曽波神	175
ソース	索子	291	そこど	底土	125	そったくどうじ			そばみち	岨道	116
ソーダ	曹達	175	そこなう	害う	103		啐啄同時	70	そばめ	側妻	32
ソーダすい	曹達水	175	そこばく	若干	318	そっちのけ			そばめる	側める	32
そが	宗岳	102	そこひ	内障	40		其方退け	40	そばやく	側役	32
そが	蘇我	333	そし	疎食	254	そっとのひん			そびえる	聳える	306
そがい	背向	309	そじ	十路	52		率土の浜	244			
そがい	阻碍	392	そじ	南界	54	そっぱ	反っ歯	58		聳やかす	306
そがのいるか			そしがや	祖師谷	274	そっぽ	外方	84	そびれる	逸れる	371
	蘇我入鹿	333	そして	然して	232	そで	袖	343	そぶえ	祖父江	274
そがのえみし			そしゃく	咀嚼	66	そでがうら	袖ヶ浦	343	そほう	曾方布	176
	蘇我蝦夷	333	そじょう	疏状	254	そでし	袖師	343	そほん	粗笨	288
そがわ	十川	52	そじょう	遡上	373	そてつ	蘇鉄	333	そほん	麤本	428
そぎ	枌	185	そしょく	蘇軾	333	そとおりひめ			そま	杣	182
そきゅう	訴求	350	そしる	謗り	354		衣通姫	342	そまかわ	杣河	182
そぐ	削ぐ	46	そしる	誹る	354	そとづら	外面	84	そむぎやま		
そぐ	殺ぐ	203	そしろ	十代	52	そとなさかうら				蕎麦粒山	329
そくい	続飯	295	そすい	疏水	254		外浪逆浦	84	そむく	乖く	14
そくいん	惻隠	144	そせい	蘇生	333	そとば	卒塔婆	54	そむく	反く	58
そくえん	測鉛	222	そせいらんぞう			そとばなりじま			そむく	叛く	58
ぞくげん	俗諺	30		粗製濫造	288		外離島	84	そむく	負く	357
ぞくさんへんち			そそ	楚楚	194	そとめ	外海	84	そめゆう	染木綿	187
	粟散辺地	288	そそう	沮喪	212	そとも	蘇洞門	333	そもう	梳毛	191
そくじつ	仄日	22	そそう	粗相	288	そなた	其方	40	そもさん	什麼生	21
そくず	萌蘆	327	ぞぞう	塑像	81	そなれ	磯馴れ	271	そもじ	其文字	40
そくそく	促促	30	そそぎかいがん			そなわる	具わる	40	そもそも	抑	152
そくそく	惻惻	144		曾々木海岸	176	そに	十二	52	そや	征矢	131
ぞくちょう	続貂	295	そそぐ	酒ぐ	216	そに	曾爾	176	そやぎみ	十八公	52
そくてんきょし			そそぐ	漉ぐ	226	そね	曾禰	176	そやきょう	岨谷峡	116
	則天去私	46	そそぐ	瀉ぐ	228	そねざき	曾崎	176	そやつ	其奴	40
ぞくひ	賊匪	358	そそぐ	灌ぐ	228	そねむ	嫉む	97	そよう	蘇葉	333
そくぶん	仄聞	22	そそぐ	雪ぐ	397	その	其の	40	そよかぜ	微風	135
ソクラテス			ぞぞく	鼠賊	431	その	苑	317	そよぐ	嫋ぐ	97
	蘇格拉底	333	そそのかす	唆す	69	そのぎ	彼杵	131	そよぐ	戦ぐ	148
ぞくりゅう	粟粒	288	そそりたつ			そのだ	苑田	317	そよご	冬青	83
そけ	村挙	182		聳り立つ	306	そば	側	32	そよそよ	戦戦	148

読み	漢字	頁	読み	漢字	頁	読み	漢字	頁	読み	漢字	頁
そら	宙	102	たいか	大家	87	たいせん	題簽	405	だいもつ	大物	87
ゾラ	佐拉	26	たいか	大廈	88	たいせんざん			だいやがわ	大谷川	86
そらち	空知	279	たいかん	大姦	88		大船山	88	だいやむこう		
そらとぼける			たいき	大逵	88	だいせんざん				大谷向	86
	空惚ける	279	たいき	大樹	89		大川山	85	だいゆうざん		
そらまめ	蚕豆	335	だいぎ	砧木	269	たいぜんじじゃく				大雄山	88
そらんじる			たいきょくけん				泰然自若	212	たいら	平良	124
	諳んじる	353		太極拳	89	たいそう	大簇	89	たいら	平楽	124
そり	橇	198	たいきんせきぎょく			たいそう	大爽	89	たいらい	平井	124
そりはし	反橋	58		堆金積玉	80	だいた	代田	22	たいらか	坦らか	78
そりまち	反町	58	たいこ	大賈	88	だいたい	大腿	88	たいらぎ	玉珧	244
そる	剃る	46	たいご	隊伍	394	だいだい	橙	199	たいらく	平久	123
それ	其れ	40	だいご	大子	85	だいたんふてき			たいらだて	平舘	124
それ	夫れ	91	だいご	醍醐	377		大胆不敵	87	たいらっぴょうやま		
それがし	某	187	だいこう	乃公	13	たいと	泰斗	212		平標山	124
それきり	其れ限り	40	たいこうたいごう			たいこう	台東	61	たいらのこれもり		
それぞれ	某れ某れ	187		太皇太后	89	たいとう	擡頭	161		平維盛	124
それどころ	其れ処	40	たいこうぼう			たいとう	駘蕩	412	たいらのただのり		
それる	逸れる	371		太公望	89	だいどがわ	大戸川	85		平忠度	124
そろい	揃い	158	だいこくちょう			だいなごん	大納言	87	たいらのまさかど		
そろう	揃う	158		大国町	87	だいにのさんみ				平将門	124
そろう	疎漏	254	だいこたき	大根焚	87		大弐三位	86	たいらわん	平良湾	124
そろえる	揃える	158	だいごみ	醍醐味	377	だいにゅう	大入	85	だいり	内裏	40
そろそろ	徐徐	132	たいこもち	幇間	122	たいの	岱明	116	たいりょ	大呂	86
そろばん	算盤	284	だいこん	蘿蔔	334	たいはい	大施	87	たいろいけ	大路池	86
そわみち	岨道	116	たいざ	間人	389	たいはい	頽廃	405	だいわ	大和	87
そんい	巽位	120	だいさいことう			たいはく	太白	89	たうど	田人	250
そんきょ	蹲居	364		大柴胡湯	87	だいばだった			たえ	妙	94
そんきょ	蹲踞	364	たいざんこうもう				提婆達多	158	たえ	栲	189
そんしょく	遜色	373		泰山鴻毛	212	だいばつ	題跋	405	たえ	田便	251
そんそせっしょう			たいさんぼく			たいふ	大夫	86	たえなか	妙中	94
	樽俎折衝	198		泰山木	212	たいふ	大副	88	たえる	勝える	49
そんたく	忖度	137	たいし	太子	89	たいふ	大輔	88	だえん	楕円	194
そんふうし	村夫子	182	たいじ	大地	89	たいふ	乃父	13	たお	圠	115
そんぷうし	村夫子	182	たいじ	対峙	106	たいぶ	大夫	86	たおさどり	田長鳥	251
			たいしゃ	代赭	23	たいぶ	大分	86	たおす	仆す	22
【た】			だいしゃか	大釈迦	88	たいふう	颱風	406	たおす	艶す	164
た	誰	352	たいしゃく	帝釈	121	だいぶく	大仏供	86	たおやか	嫋やか	97
ダーウィン	大因	86	たいしゃくてん			だいぶさみさき			たおやめ	手弱女	94
ダース	打	150		帝釈天	121		大房岬	87	たおれる	艶れる	164
タイ	泰	212	たいしょ	対蹠	106	だいぼさつ	大菩薩	88	たか	多可	84
たい	袋	343	たいじょうえ			たいま	当麻	110	たか	高	413
たい	鯛	419		大嘗会	88	たいま	當麻	254	たか	鷹	426
だい	弟鷹	128	たいしょうじ			たいまい	玳瑁	245	たが	箍	284
だい	朶頤	181		大聖寺	88	たいまつ	松明	183	たかい	喬い	71
たいえい	退嬰	369	たいじん	大人	89	たいまのけはや			たかい	巍い	117
たいえんれき			たいず	大豆	86		当麻蹴速	110	たかい	隆い	393
	大衍暦	87	たいせい	泰西	212	だいむげんざん			たがう	違う	372
だいおんじょう			たいせき	対蹠	106		大無間山	88	たがえる	違える	372
	大音声	87	たいせん	大山	85	たいめい	岱明	116	たかお	高雄	414

たかがみね	鷹峯	426	たかべ	鯖	420	たぐう	匹う	51	たけの	岳野	116
たかき	高来	414	たかほこぬま			たぐえる	類える	406	たけのうちのすくね		
たかぎ	喬木	71		鷹架沼	426	たくさい	侘傺	29		武内宿禰	202
たかくす	高楠	414	たかま	高天	414	たくしま	度島	126	たけのこ	筍	283
たかくま	高隈	414	たかまがはら			たくする	託する	350	たけひご	竹籤	282
たかこうらさん				高天原	414	たくはつ	托鉢	151	たけふ	武生	202
	高甲良山	414	たかまげはら			たくひやま	焼火山	232	たけべ	建部	127
たかごやま	高宕山	414		高曲原	414	たくま	琢磨	246	たけみつ	竹光	281
たかさい	高道祖	414	たかまど	高円	413	たくま	詫麻	350	たけむら	篁村	285
たかさご	高砂	414	たがみ	田上	250	たくま	詫間	351	たげり	田計里	251
たかさと	高郷	414	たかみくら	高御座	414	たくましい	逞しい	370	たける	哮る	68
たかし	高師	414	たかむこのくろまろ			たくみ	任美	25	たける	建	127
たかしず	高清水	414		高向玄理	414	たくみ	佗美	29	たける	悍る	141
たかしな	高幣	414	たかむしろ	簟	286	たくみ	内匠	40	たける	長ける	387
たかしのはま			たかむら	篁	285	たくみ	匠	51	たける	闌ける	390
	高師浜	414	たかむれ	高群	414	たくみ	工首	118	たけるべ	建王部	127
たかじょう	高城	414	たがめ	田鼈	251	たくむ	工む	118	たけるべ	建部	127
たかじょう	鷹匠	426	たがやさん	鉄刀木	382	たくら	宅	101	たこ	凧	42
たがじょう	多賀城	84	たかやまちょぎゅう			タクラマカン			たこ	胼胝	310
たかじょうや				高山樗牛	413		塔克拉瑪干	80	たこ	蛸	337
	高千穂野	413	たから	用	250	たくらむ	企む	24	たご	担桶	153
たかしろやま			たから	財	357	たぐる	手繰る	150	たご	田子	250
	高城山	414	たからお	荊尾	320	たくれい	鐸鈴	387	だこ	唾壺	70
たかす	高鷲	414	たからべ	財部	357	たくわえる	貯える	358	たこいと	凧糸	42
たかす	鷹栖	426	たからべたけし			たけ	丈	9	たごくら	田子倉	250
たがそで	誰が袖	352		財部彪	357	だけ	丈	9	たごし	手輿	150
たかだか	高高	414	たかる	集る	396	だけ	嶽	117	たこじま	蛸島	337
たかたま	高擶	414	だかん	兌換	36	たけうちせいほう			たごのうら		
だかつ	蛇蝎	336	たき	多気	84		竹内栖鳳	281		田子の浦	250
たかつかさ	鷹司	426	たき	多芸	84	たけがり	茸狩	321	たこのき	蛸の木	337
たかつき	高坏	414	たき	瀧	228	だけかんば	岳樺	116	たこわん	多幸湾	84
たかつき	高槻	414	だき	唾棄	70	だけさわ	岳沢	116	ださ	打坐	150
たかとう	高任	414	だき	惰気	144	たけし	武石	202	だざいふ	大宰府	87
たかとお	高遠	414	だきがえりけいこく			たけし	猛し	242	だざいふ	太宰府	89
たかどの	楼	195		抱返渓谷	153	たけしま	多景島	84	たじ	多治	84
たかとぶ	雛飛	365	たきぎ	薪	331	たけしょうぎ			だし	出汁	43
たかな	大芥菜	86	たきざわばきん				竹床几	282	だし	山車	114
たかなし	小鳥遊	109		滝沢馬琴	225	たけた	建桁	127	たじい	丹治	13
たかなし	少女遊	110	たきし	当信	110	たけだ	竹田	281	たしか	慥か	145
たかなし	鳥遊	422	たぎの	当野	110	たけだ	健田	32	たしからわん		
たかなわ	高索	414	たぎる	滾る	225	たけだ	菌田	324		慥柄湾	145
たかなわ	高輪	414	たきれんたろう			たけだけしい			たじかわしもみょう		
たかね	高嶺	414		滝廉太郎	225		猛猛しい	242		立川下名	280
たがね	鏨	386	たく	多久	84	たけたづ	竹田津	281	たしさいさい		
たかのす	鷹巣	426	たく	栲	189	たけち	武市	202		多士済済	84
たかはし	高撥	414	たく	炷く	230	たけちのくろひと			たしせいせい		
たかはし	高梁	414	たく	焚く	233		高市黒人	414		多士済済	84
たかはる	高原	414	だくあし	跑足	362	たけなが	嶽永	117	だしだいら	出平	43
たかぶる	昂ぶる	170	たくあん	沢庵	209	たけなが	武良	202	だしな	駄科	412
たかべ	沈鳬	210	たぐい	類い	406	たけなわ	酣	377	たしなむ	嗜む	72

たしなめる	窘める	279	ただのうみ	忠海	138		立待月	280	だて	伊達	23
たしぶ	田染	251	ただみ	只見	61	たちまちみさき			たてい	侘傺	29
たじべ	丹治部	13	ただよ	直世	262		立待岬	280	たていし	立石	280
たじま	但馬	27	ただよう	漾う	226	たちもり	日月	168	たていと	経糸	292
だしもの	演物	225	たたら	多々良	84	たちもり	日日	168	たてがみ	鬣	415
だじゃく	惰弱	144	たたら	踏鞴	363	たちやがわ	立谷川	280	たてかわ	竪川	281
だじゃれ	駄洒落	412	たたら	鈩	382	だちょう	駝鳥	412	たてごと	竪琴	281
たしょう	多生	84	たたらぼし	婁宿	97	たつ	発つ	257	たてしな	立科	280
だじょうかん			たたらやま	鑪山	387	たつ	竪つ	281	たてしな	蓼科	329
	太政官	89	たたり	祟り	274	たつ	経つ	292	たてつく	楯突く	194
たしろ	太城	89	たたり	絡梁	295	たつ	裁つ	344	たてつぼ	建坪	127
たしろたい	田代平	251	たたる	祟る	274	たつ	起つ	361	たてぬき	楯又	194
たず	田鶴	251	ただれる	爛れる	236	たつ	辰	367	たてぬき	経緯	292
たすき	襷	345	ただれる	糜れる	289	たつき	方便	167	たてのうみ	蓼ノ海	329
たずき	方便	167	たち	城	79	たつき	生計	249	たてのうみ	蓼ノ海	329
たすきぼし	翼宿	304	たち	太刀	89	だっきゅう	脱臼	310	たてはちょう		
たすけ	田助	251	たち	性	139	たつくし	竜串	433		蛺蝶	337
たすける	扶ける	152	たち	質	359	たっけい	磔刑	271	たてばんこ	立版古	280
たすける	援ける	158	たち	達	371	たっこ	田子	250	たてひき	達引き	371
たすける	輔ける	366	たち	館	408	たつごう	龍郷	433	たてやま	立山	280
たずねる	原ねる	57	だち	駄知	411	だっこう	脱稿	310	たてやま	館山	408
たずねる	訊ねる	350	たちあおい	立葵	280	たっこぶとう			たてる	樹てる	198
タスマニア	達斯馬尼	371	たちあらい	大刀洗	85		達古武沼	371	たてる	点てる	231
だせい	惰性	144	たちあらい	太刀洗	85	だっさいき	獺祭忌	243	たてる	閉てる	389
たそがれ	黄昏	429	たちい	起ち居	361	たつた	立田	280	たてわき	帯刀	122
だそく	蛇足	336	たちうお	太刀魚	89	たっちゅう	塔頭	80	たてわく	立涌	280
ただ	只	61	たちうち	鉦内	382	たっつけ	裁着	344	たとい	仮令	24
ただ	唯	70	たちかわ	刀川	44	たって	達て	371	たとうがみ	畳紙	254
ただ	惟	142	たちくい	立杭	280	だっと	脱兎	310	たとえ	仮令	24
たたえる	湛える	222	たちくえきょう			たづな	手綱	150	たとえ	譬え	355
たたえる	称える	276		立久恵峡	280	たつの	辰野	367	たどし	多度志	84
たたき	三和土	6	たちごり	日日	168	たつのおとしご			たどつ	多度津	84
たたき	敲き	163	たちしろ	帯壬	122		海馬	214	たどる	辿る	368
たたき	尋木	107	たちどころに			たっぱ	立端	280	たどん	炭団	231
たたく	叩く	60		立ちに	280	たっぴ	龍飛	433	たな	店	125
ただくま	忠隈	138	たちどまる	佇立る	27	たっぴかいてい			たなおろし	店卸	125
ただごと	徒事	132	たちのく	立ち退く	280		竜飛海底	433	たなかみやま		
ただす	匡す	51	たちはき	帯刀	122	たっぴぬま	田光沼	251		田上山	250
ただす	糾す	290	たちばな	橘	198	たっぺ	竹篦	282	たなぐら	棚倉	193
ただす	質す	359	たちばな	橘樹	198	たつま	辰馬	367	たなこ	店子	125
ただすのもり			たちばな	館花	408	たつみ	巽	120	たなご	鱮	421
	糺ノ森	290	たちばなあけみ			たつめざき	立目崎	280	たなごころ	掌	157
たたずむ	佇む	27		橘曙覧	198	だつりゃく	奪掠	92	たなごばし	鱮橋	420
ただち	田立	251	たちばなのはやなり			たつるはま	田鶴浜	251	たなざらし	店晒し	125
ただちに	直に	262		橘逸勢	198	たつわれさん			たなすはら	種芋原	277
ただなえじま			たちまち	乍ち	14		竪破山	281	たなばた	七夕	3
	祇苗島	272	たちまち	奄ち	91	たて	殺陣	203	たなべ	田辺	251
ただならぬ			たちまち	忽ち	138	たて	盾	262	たなべ	田部	251
	常ならぬ	122	たちまち	倐ち	241	たて	経	292	たなぼた	棚牡丹	193
ただに	啻に	71	たちまちづき			たで	蓼	329	たなや	店屋	125

たに	峪	117	たばやま	丹波山	13	たまつき	玉調	244
たに	渓	219	たばるざか	田原坂	251	たまに	偶に	32
だに	蜱	338	たび	足袋	362	たまにゅう	玉生	244
たにおか	潤岡	226	だび	茶毘	323	たまねぎ	玉葱	244
たにぐみ	谷汲	355	たびたび	度度	126	たまのこし	玉の輿	244
たにこう	谷行	355	たびら	田平	251	たまのや	玉祖	244
たにし	田螺	251	たびらこ	田平子	251	たまばえ	瘿蠅	257
たにたてき	谷干城	355	ダビンチ	達芬奇	371	たまばち	瘿蜂	257
たにはし	谷梯	355	たふ	袋布	343	たままつり	魂祭	244
たにぶんちょう			たぶさ	田総	251	たまむし	吉丁虫	61
	谷文晁	355	たぶさ	髻	415	たまもの	賜	358
たにまた	谷全	355	たぶし	旅伏	167	たまゆら	玉響	244
だにやままち			たぶせ	田布施	251	たまよばい		
	段山町	203	たぶのき	椨	193		魂呼ばい	416
たぬき	狸	241	たぶらかす	誑かす	351	たまらい	玉来	244
たぬきこ	田貫湖	251	ダブリン	怠武林	139	たまらない		
たぬしまる	田主丸	250	たべ	多配	84		堪らない	80
たぬまおきつぐ			だべる	駄弁る	411	たまり	玉里	244
	田沼意次	251	たぼ	田保	251	たまりかねる		
たね	種子	277	たぼ	答鉢	283		堪り兼ねる	80
たね	胤	308	たぼ	髱	415	タマリンド		
たねがいけ			だほ	拿捕	155		答満林度	283
	多鯰ヶ池	84	だぼ	駄�褒	411	たまる	溜まる	225
たねがしま	種子島	277	たま	珠	245	たまわる	賜る	358
たねさし	種差	278	たま	瑶	246	だみえ	濃絵	228
たねだ	種田	277	たま	璧	247	たみくさ	民草	205
たねださんとうか			たま	魂	416	だみごえ	濁声	227
	種田山頭火	277	だま	塊	81	だみん	惰眠	144
たねもみ	種籾	277	たまうき	玉盞	244	たむけ	手向け	149
たのうら	田浦	251	たまおのぼし			たむし	頑癬	404
たのかみ	田母神	251		鬼宿	416	たむろする	屯する	113
たのきみ	田公	250	たまかじ	玉楮	244	ため	為	230
たのしい	愉しい	144	たまかずら	玉葛	244	だめ	駄目	411
たのしむ	娯しむ	96	たまかずら	玉鬘	244	ためがき	為書き	230
たのはた	田野畑	251	たまき	玉城	244	ためし	例	29
たのはる	田ノ原	250	たまき	玉真	244	ためし	験し	412
たのむ	怙む	139	たまき	玉置	244	ためつすがめつ		
たのむ	恃む	140	たまき	環	247		矯めつ眇めつ	267
たのむら	田能村	251	たまぐし	玉串	244	ためとうげ	多米峠	84
たのも	田母	251	たまぐすく	玉城	244	ためながしゅんすい		
たのもし	頼母子	405	たまくら	手枕	149		為永春水	230
たのもしこう			たまくら	霊鞍	399	ためらう	躊躇う	364
	頼母子講	405	たまげる	魂消る	416	ためらう	逡巡う	370
たばがみ	煙上	233	たまさか	偶さか	32	ためる	溜める	225
たばかる	謀る	354	たましい	霊	399	ためる	矯める	267
たばがわ	丹波川	13	たましずめ	鎮魂	386	ためる	貯める	358
タバコ	煙草	233	だます	騙す	412	たも	攩網	162
たばしねやま			たまずさ	玉梓	244	たもあみ	攩網	162
	束稲山	182	たまだな	霊棚	399	たもがみ	田神	251
たばた	田端	251	たまたま	偶	32	たもきぬま		

	田面木沼	251			
たもだ	給田	294			
たもと	袂	343			
たもん	田麦	251			
たもんざん	多聞山	84			
たもんてん	多聞天	84			
たやすい	容易い	103			
たやまかたい					
	田山花袋	250			
たゆう	太夫	89			
たゆたう	揺蕩う	158			
たゆまず	弛まず	128			
たよろ	多寄	84			
たら	多良	84			
たら	太良	89			
たら	鱈	421			
たらい	盥	261			
ダライラマ					
	達頼喇嘛	372			
たらぎ	多良木	84			
たらしこみ	溜込	225			
たらしこむ					
	誑し込む	351			
たらたら	滴滴	226			
たらちね	垂乳根	78			
だらに	陀羅尼	392			
たらのき	楤の木	194			
たらばがに					
	多羅波蟹	84			
たらふく	鱈腹	421			
たらま	多良間	84			
たらみ	多良見	84			
タリム	塔里木	80			
たる	樽	198			
たるい	垂井	78			
だるい	怠い	139			
たるき	棰	193			
たるたま	垂玉	78			
たるひ	垂氷	78			
だるま	達磨	371			
だるまやま	達磨山	372			
たるみ	垂水	78			
たるみ	垂見	78			
たるみ	樽見	198			
たるみず	垂水	78			
たるむ	弛む	128			
たれ	誰	352			
だれ	誰	352			
たれがし	誰某	352			
だれそれ	誰某	352			

たれる	低れる	27	たんしょく	貪色	357	だんりんこうごう		ちくぜん	筑前	283
たれる	垂れる	162	だんじり	檀尻	199		檀林皇后 199	ちくぜんはぶ		
たれる	滴れる	226	たんしん	誕辰	353	だんろ	煖炉 234		筑前垣生	283
だれる	怠れる	139	たんす	箪笥	286	【ち】		ちくに	千国	53
たろう	田老	251	たんせき	旦夕	169			ちくはく	竹帛	282
たわ	扎	115	たんせき	痰咳	256	チーク	麻栗樹 429	ちくぶしま	竹生島	281
たわけ	白痴	258	たんせきらいてい			ちいさがた	小県 108	ちくま	千曲	53
たわけもの	戯け者	148		祖親裸裎 343		チーズ	乾酪 16	ちくら	千倉	53
たわける	戯ける	148	たんせん	嘆羨	72	チートイツ	七対子 3	チグリス	地革利斯	77
たわごと	戯言	148	たんそ	炭疽	231	ちいわきょう		ちくろく	逐鹿	370
たわし	束子	182	たんたいぎ	炭太祇	231		乳岩峡 16	ちくわ	竹輪	282
たわむ	撓む	160	たんだだわ	谷田峠	355	ちえ	智慧 173	ちご	児	36
たわやめ	手弱女	150	たんたん	坦坦	78	チェーホフ	折和甫 151	ちご	稚児	277
たわらご	俵子	32	たんたん	淡淡	221	ちえぶん	智恵文 173	ちさ	苣	318
たわらもと	田原本	251	たんたん	湛湛	222	チェンバレン		ちし	致仕	313
たわらやそうたつ			たんたん	眈眈	263		張伯倫 130	ちじ	千路	53
	俵屋宗達 32		たんちゃ	磚茶	271	ちかい	邇い 374	ちしお	千入	52
たわわ	撓	160	たんちゃ	谷茶	355	ちかう	盟う 261	ちしお	血潮	341
たん	段	203	たんちょ	端緒	281	ちがさき	茅ヶ崎 319	ちしつ	知悉	266
たんあい	淡靄	221	たんちょうづる			ちかしい	親しい 348	ちしゃ	萵苣	326
たんか	啖呵	70		丹頂鶴 13		ちがね	千金 53	ちしゃくいん		
たんか	譚歌	355	たんつう	緞通	297	ちかぶみ	近文 368		智積院	173
たんがい	痰咳	256	ダンテ	但丁	27	ちかむね	邇宗 374	ちしろ	茅代	319
たんかいの	端海野	281	たんでき	耽溺	306	ちがや	茅 319	ちしろだい	千城台	53
たんがしま	男鹿島	252	たんとうがわ			ちから	主税 13	ちす	峡簀	121
たんがん	歎願	201		丹藤川 13		ちから	税 277	ちず	智頭	173
たんがん	齦顔	361	たんどく	耽読	306	ちからしば	狼尾草 241	ちせ	持是	155
だんかんれいぼく			だんどく	檀特	199	ちき	知己 266	ちたつ	笞撻	283
	断簡零墨	165	だんどさん	段戸山	203	ちぎ	千木 53	ちだつ	褫奪	345
だんきょう	灘響	229	だんな	旦那	169	ちぎ	地祇 77	ちち	遅遅	372
だんぎよけい			タンニン	単寧	54	ちぎ	遅疑 372	ちち	千千	52
	断魚渓 165		たんのう	堪能	80	ちぎょう	知行 266	ちちこぐさ		
たんく	短軀	267	だんのうら	壇ノ浦	82	ちきょうだい			天青地白	90
タングート	党項	36	たんのわ	淡輪	221		乳兄弟 16	チチハル	斉斉哈爾	432
たんげ	丹下	12	たんば	丹波	13	ちきら	千装 53	ちちぶ	知父	266
たんげい	端倪	281	たんばくしつ			ちぎら	千木良 53	ちちぶ	秩父	276
たんげつ	潭月	227		蛋白質	336	ちぎら	千吉 53	ちちゅ	蜘蛛	338
たんご	端午	281	たんばら	丹原	13	ちぎら	千金良 53	ちちゅう	蜘蛛	338
だんご	団子	75	たんび	丹比	13	ちぎら	千輝 53	ちりぼし	井宿	19
たんさ	嘆嗟	72	だんぶくろ	駄袋	412	ちきり	榺 196	ちちわ	千千岩	53
たんざく	短尺	267	たんぼ	田保	251	ちぎり	杠秤 181	ちぢわ	千々石	53
たんじ	丹治	13	たんぼ	田圃	251	ちぎる	千切る 53	ちつ	帙	121
だんじき	断食	165	たんぽぽ	蒲公英	328	ちくご	筑後 283	ちつ	膣	312
たんしひょういん			だんまり	暗闘	173	ちくさ	千種 53	ちっきょ	蟄居	339
	箪食瓢飲	286	だんまり	黙り	431	ちくさい	蓄財 327	ちっする	蟄する	339
たんしゅう	驛州	413	タンメン	湯麺	223	ちくし	筑紫 283	ちっとも	些とも	19
たんしょ	端緒	281	たんもの	反物	58	ちくしの	筑紫野 283	ちっぷべつ	秩父別	276
たんしょう	歎傷	201	たんらん	貪婪	357	ちくしょう	畜生 253	ちと	些と	19
だんしょうしゅぎ			だんらん	団欒	75	ちくじょう	筑上 283	ちとせ	千年	53
	断章取義 165		だんりん	檀林	199	ちくせい	筑西 283	ちとせ	千歳	53

ちとせあめ	千歳飴	53	ちゃきちゃき		ちゅうばち	中鉢	12	ちょうしゅく
ちとせらん	虎尾蘭	334		嫡嫡	97	ちゅうばつ	誅伐	351
ちどめぐさ	石胡荽	267	ちゃじゅう	茶頭	321	ちゅうひ	沢鵟	209
ちどり	衛	424	ちゃじょ	茶所	321	ちゅうぶ	中風	12
ちな	知名	266	ちゃせん	茶筅	321	ちゅうぶう	中風	12
ちなまぐさい			ちゃたく	茶托	321	ちゅうぼう	厨房	57
	血腥い	341	ちゃたてむし			ちゅうみつ	稠密	277
ちなみに	因に	75		茶柱虫	321	チューリップ		
ちぬ	茅渟	319	ちゃたん	北谷	51		鬱金香	415
ちぬ	血沼	341	ちゃちゃだけ			ちゅうりょ	仲呂	25
ちぬだい	茅渟鯛	319		爺爺岳	237	ちゅうりょ	儔侶	35
ちの	茅野	319	ちゃつ	楪子	194	ちゅうれん	柱聯	187
ちのね	茅根	319	ちゃっこ	着袴	302	ちゅうろう	柱廊	187
ちのみご	乳呑み児	16	チャップリン			ちゅっちょく		
ちのり	血糊			卓別麟	54		黜陟	431
ちのわ	茅の輪	319	チャド	在得	77	チュニス	突尼斯	279
ちはつ	薙髪	331	ちゃどう	茶道	321	ちゅんけん	屯蹇	113
ちばな	散花	163	チャプスイ	雑砕	396	ちょ	緒	296
ちはや	千岩	53	ちゃぶだい	卓袱台	54	ちょい	儲位	35
ちびふで	禿筆	275	チャボ	矮鶏	267	ちょう	梃	191
ちびる	禿びる	275	チャルメラ	哨吶	69	ちょう	蝶	338
ちひろ	千尋	53	ちゃわ	茶話	321	ちょう	貼	358
ちひろざき	千尋岬	53	チャン	瀝青	228	ちょう	魚贏	417
ちぶ	知夫	266	ちゆ	治癒	211	ちょうあい	寵愛	106
チフス	窒扶斯	279	ちゅうあい	仲哀	25	ちょうえい	冢塋	41
ちぶり	千夫	53	ちゅうか	中和	12	ちょうか	釣果	382
ちぶり	千役	53	ちゅうかい	衷懐	343	ちょうかみ	庁守	125
チベット	西蔵	346	ちゅうがえり			ちょうかん	鳥瞰	422
チマ	裳	344		宙返り	102	ちょうき	寵姫	106
ちまき	粽	289	ちゅうかん	中浣	12	ちょうきゅう		
ちまた	岐	115	ちゅうぐう	中宮	12		貂裘	357
ちまた	巷	120	ちゅうげん	中原	12	ちょうきん	朝覲	178
ちまた	街	342	ちゅうげん	中間	12	ちょうこう	兆候	36
ちまなこ	血眼	341	ちゅうごし	中腰	12	ちょうこうぜつ		
ちまみれ	血塗れ	341	ちゅうさく	籌策	286		長広舌	388
ちみ	魑魅	416	ちゅうさつ	駐箚	412	ちょうこく	肇国	307
ちみつ	緻密	298	ちゅうじき	中食	12	ちょうさくりん		
ちみどろ	血塗ろ	341	ちゅうしゃく				張作霖	130
ちみもうりょう				註釈	351	ちょうざめ	蝶鮫	338
	魑魅魍魎	416	ちゅうず	中主	11	ちょうさん	逃散	369
チムール	帖木児	121	ちゅうせき	柱石	187	ちょうさん	凋残	42
ちもり	道守	372	ちゅうせん	抽籤	153	ちょうさんりし		
チャーシュー			ちゅうたい	紐帯	292		張三李四	130
	叉焼	58	ちゅうちゅう			ちょうし	銚子	383
チャーハン	炒飯	230		忡忡	138	ちょうじ	丁子	4
チャイコフスキー			ちゅうちょ	躊躇	364	ちょうじ	寵児	106
	柴可夫斯基	186	ちゅうちょう			ちょうじゃがはら		
ちゃうすばる				惆悵	142		長者原	388
	茶臼原	321	ちゅうづり	宙吊り	102	ちょうじゃばる		
ちゃかす	茶化す	321	ちゅうとう	偸盗	33		長者原	388

ちょうしゅく					
	張宿	130			
ちょうしょう					
	嘲笑	73			
ちょうしょう					
	長嘯	388			
ちょうじょう					
	牒状	238			
ちょうじょう					
	重畳	378			
ちょうじょく					
	寵辱	106			
ちょうしんそうく					
	長身瘦軀	388			
ちょうしんるこつ					
	彫心鏤骨	130			
ちょうず	手水	149			
ちょうせい	長生	388			
ちょうせき	潮汐	227			
ちょうぞう	肇造	307			
ちょうそかべ					
	長曾我部	388			
ちょうそかべもとちか					
	長宗我部元親	388			
ちょうたく	彫琢	130			
ちょうたく	雕琢	397			
ちょうたつ	暢達	174			
ちょうちゃく					
	打擲	150			
ちょうちゅうてんこく					
	彫虫篆刻	130			
ちょうちょう					
	丁丁	3			
ちょうちょう					
	喋喋	71			
ちょうちょう					
	沼沼	368			
ちょうちょうなんなん					
	喋喋喃喃	71			
ちょうちょうはっし					
	丁丁発止	4			
ちょうちん	提灯	158			
ちょうつがい					
	蝶番	338			
ちょうていきょくほ					
	長汀曲浦	388			
ちょうど	丁度	4			
ちょうど	恰度	140			
ちょうとん	朝暾	178			
ちょうな	手斧	150			

読み	語	頁	読み	語	頁	読み	語	頁	読み	語	頁
ちょうな	釿	382	ちょりゅう	潴溜	228	ちんにゅう	闖入	390	つか	柄	187
ちょうば	丁場	4	ちょろぎ	甘露子	248	ちんぴ	陳皮	393	つが	栂	187
ちょうば	跳馬	363	チョンガー	総角	296	ちんぶ	鎮撫	386	つが	都賀	375
ちょうはん	丁半	4	ちょんまげ	丁髷	4	ちんぷ	陳腐	393	つがい	番	254
ちょうび	掉尾	157	ちらいおつ	知来乙	266	ちんぷんかんぷん			つがいけこうげん		
ちょうふ	貼付	358	ちらんこうぼう				珍紛漢紛	245		栂池高原	187
ちょうぶ	町歩	252		治乱興亡	211	ちんむるい	珍無類	245	つかえ	痞え	256
ちょうぶくしこ			チリ	智利	173	ちんめん	沈湎	210	つかえる	事える	16
	長節湖	388	ちり	塵	81	ちんりん	沈淪	210	つかえる	支える	162
ちょうぼ	朝暮	178	ちりあくた	塵芥	81				つかさ	丘	11
ちょうほう	諜報	354	ちりけ	身柱	365	【つ】			つかさ	官	101
ちょうほう	重宝	378	ちりこぼし	張宿	130				つかさ	属	113
ちょうぼう	眺望	264	ちりっぷ	散布	163	ついえ	費え	358	つかさどる	司る	60
ちょうぼん	超凡	361	ちりはま	千里浜	53	ついえる	潰える	226	つかだ	冢田	41
ちょうめい	澄明	227	ちりばめる	鏤める	386	ついかんばん			つかのま	束の間	182
ちょうも	暢茂	174	ちりべつ	知利別	266		椎間板	193	つかのめ	塚目	80
ちょうもく	鳥目	422	ちりほこり	塵埃	82	ついき	立木	280	つかはらぼくでん		
ちょうもん	頂門	403	ちりましほ			ついき	築城	285		塚原卜伝	80
ちょうよう	重陽	378		知里真志保	266	ついじ	築泥	285	つかまえる		
ちょうらく	凋落	42	ちりめん	縮緬	298	ついしかり	対雁	106		捉まえる	155
ちょうりょう			ちりゅう	知立	266	ついしょう	追従	369	つかまち	筑摩地	283
	跳梁	363	ちりれんげ			ついたち	朔	177	つかまつる	仕る	22
ちょうろう	嘲弄	73		散り蓮華	163	ついたて	衝立	342	つかむ	摑む	159
ちょがみず	児ヶ水	36	ちりんがしま			ついて	就いて	111	つかる	浸かる	217
ちょき	猪牙	242		知林ヶ島	266	ついで	序で	125	つかれる	労れる	49
ちょきぶね	猪牙舟	242	ちろり	銚釐	383	ついどう	隧道	395	つき	坏	78
ちょく	猪口	242	ちわた	千綿	53	ついな	追儺	369	つき	槻	197
ちょくし	勅旨	49	ちん	亭	20	ついに	終に	293	つき	調	353
ちょくじ	植字	193	ちん	狆	240	ついのすみか			つぎかい	調使	353
ちょくせつ	直截	262	ちん	鴆	423		終の栖	293	つきがわ	槻川	197
ちょくめい	勅命	49	チンキ	丁幾	4	ついばむ	啄ばむ	69	つぎき	接木	157
ちょこ	猪口	242	ちんぎょらくがん			ついひじ	築泥	285	つきぎめ	月極	176
ちょこざい	猪口才	242		沈魚落雁	210	ついやま	津居山	216	つきくさ	鴨跖草	423
チョゴリ	襦	345	ちんぎん	賃金	358	ついり	入梅	37	つきさむ	月寒	176
チョコレート			ちんぐるま	稚児車	277	ついり	墜栗花	82	つきしねべ	搗米部	159
	植古聿	194	チンゲンサイ			つうぎょう	通暁	370	つぎしょ	朽折	180
ちょさい	樗材	198		青梗菜	400	つうこく	痛哭	256	つきだて	槻館	197
ちょちく	儲蓄	35	ちんじ	椿事	195	つうじ	通詞	370	つきだて	築館	285
ちょっと	一寸	1	ちんじゅ	椿寿	195	つうしょう	通宵	370	つきつくり	坏作	78
ちょとつもうしん			ちんじゅ	鎮守	386	つうず	通塗	370	つきつくり	杯作	185
	猪突猛進	242	ちんぜい	鎮西	386	つうちょう	通牒	370	つきなみ	月次	176
ちょはっかい			ちんせき	枕席	184	つうば	痛罵	256	つきのかわ	調川	353
	猪八戒	242	ちんせつ	椿説	195	つうよう	痛痒	256	つきのき	槻木	197
ちょぼいち	樗蒲一	198	ちんぞう	頂相	403	つえ	杖	181	つぎはぎ	継ぎ接ぎ	295
ちょま	苧麻	319	チンタオ	青島	400	つえたて	杖立	181	つきひがい	海鏡	215
チョモランマ			ちんちょう	珍重	245	つえたてごんげんごえ			つきみづき		
	珠穆朗瑪	245	ちんとう	枕頭	184		杖立権現越	181		月不見月	176
ちょりつ	佇立	27	ちんとう	陳套	393	ツェッペリン			つきもの	憑き物	146
ちょりゅう	佇立	27	ちんどく	鴆毒	423		非伯林	401	つきやま	築山	285
			ちんなけい	陳和卿	393	つか	束	182	つきる	殄きる	203

つきる	竭きる	281	つげ	柘植	187	つつ	酘	376	つとに	夙に	84
つく	即く	56	つげ	都祁	375	つづ	通津	370	つとめ	務め	49
つく	吐く	63	つげ	闘鶏	390	つつうら	十九浦	52	つとめる	勉める	49
つく	憑く	146	つげ	黄楊	429	つつうら	廿浦	127	つな	維	295
つく	捺く	157	つけち	付知	23	つっかい	突っ支い	279	つなぎ	津奈木	216
つく	搗く	159	つける	傅ける	33	つつがない	恙無い	141	つなぎ	繋	299
つく	撞く	160	つける	注ける	212	つつがむし	恙虫	141	つなぐ	繋ぐ	299
つく	点く	231	つけんじま	津堅島	216	つづき	綴喜	296	つなそ	綱麻	295
つく	著く	324	つごもり	晦	172	つづき	都筑	376	つなみ	津波	216
つく	衝く	342	つし	都志	375	つっけんどん			つなん	津南	216
つく	附く	392	つじ	十字	52		突っ慳貪	279	つね	恒	140
つぐ	亞ぐ	19	つじ	津道	216	つつじ	躑躅	364	つねずみ	常澄	122
つぐ	嗣ぐ	72	つじい	逵井	371	つつじがおか			つねとう	恒任	140
つぐ	注ぐ	212	つじうら	辻占	368		榴ヶ岡	197	つねる	抓る	151
つくい	津久井	216	つじぎり	辻斬り	368	つつしむ	愨む	144	つの	都農	376
つくえ	几	42	つじつま	辻褄	368	つつじょうさん			つの	都濃	376
つくえ	案	188	つじどう	辻堂	368		筒上山	284	つのづ	都野津	375
つくお	踞尾	363	つしま	対馬	106	つつましい			つのはず	角筈	348
つくし	土筆	77	つしむら	対村	106		慎ましい	144	つのらす	募らす	50
つくし	竺志	282	つじむら	逵邑	371	つづまやか	約やか	291	つのり	伝法	25
つくし	筑紫	283	つずき	綴	296	つつみ	管見	284	つのり	募り	50
つくしいん			つずみ	都住	375	つづみがうら			つば	唾	70
	四十九院	74	つずら	廿楽	127		鼓ヶ浦	431	つば	鍔	385
つくす	竭くす	281	つた	蔦	329	つづみがたき			つばいち	海柘榴市	214
つくだ	佃	27	つだ	豆田	355		鼓滝	431	つばいもも	椿桃	195
つくだに	佃煮	27	つたうるし	蔦漆	329	つづみがたけ			つばき	椿	195
つくづく	熟熟	235	つたかずら	蔦蔓	329		鼓ヶ岳	431	つばきちんざん		
つくつくぼうし			つだそうきち			つつみちゅうなごんもの				椿椿山	195
	寒蟬	104		津田左右吉	216	がたり			つばくろ	乙鳥	15
つくとり	木兎鳥	178	つたない	拙い	153		堤中納言物語	80	つばくろすやま		
つくね	捏ね	196	つち	槌	344	つつむ	裏む	344		燕巣山	235
つくねいも	捏ね薯	155	つちあけび	土通草	76	つつむ	韜む	403	つばくろだけ		
つくねる	捏ねる	155	つちいばんすい			つづめる	約める	291		燕岳	235
つくば	筑波	283		土井晩翠	76	つつもたせ	美人局	301	つばさ	翅	304
つくばい	蹲	364	つちかう	培う	80	つつやま	廿山	127	つばな	茅花	319
つくばね	衝羽根	342	つちくれ	土塊	77	つづら	葛	325	つばに	椿紅	195
つくばねそう			つちすがり	土棲蜂	77	つづら	葛籠	325	つばめ	燕	235
	杜蒙	182	つちたる	土樽	77	つづらおさぎ			つばめさりづき		
つくみ	津久見	216	つちだる	土樽	77		葛籠尾崎	325		燕去月	235
つぐみ	鶫	425	つちのえ	戊	147	つづらおり	葛折	325	つばら	委曲	94
つぐむ	噤む	73	つちのえいぬ			つづらがたけ			つぶ	螺	339
つくも	九十九	15		戊戌	147		津々良ヶ岳	216	つぶさに	具に	40
つくも	江浦草	208	つちのえたつ			つづらふじ	葛藤	325	つぶさに	悉に	141
つくよね	春米	313		戊辰	147	つづりかた	綴り方	296	つぶす	潰す	226
つくら	鱈	420	つちのと	己	119	つづる	綴る	296	つぶて	礫	272
つくり	旁	167	つちび	犯土日	240	つづれおり			つぶやく	呟く	65
つくる	創る	47	つちふる	霾る	400		綴れ織り	296	つぶより	粒選り	288
つくろいぐさ			つちぼたる	地蛍	77	つて	伝	25	つぶら	円ら	40
	繕い草	299	つちみかど	土御門	76	つと	苞	319	つぶら	螺良	339
つげ	柘植	153	つつ	豆酘	355	つと	髱	415	つぶらい	円井	40

読み	語	頁	読み	語	頁	読み	語	頁	読み	語	頁
つぶらや	円谷	40	つゆ	梅雨	190	つるみさき	鶴御崎	426	ていてつ	蹄鉄	363
つぶる	瞑る	265	つゆ	汁	208	つるむ	交尾む	20	ていとう	堤塘	80
つぶれる	潰れる	226	つゆあけ	出梅	43	つるむ	連む	370	ていとん	停頓	33
つぼ	壼	83	つゆくさ	鴨跖草	423	つるむらさき			ていね	手稲	150
つぼうちしょうよう			つゆざむ	梅雨寒	190		蔓紫	329	ていねい	丁寧	4
	坪内逍遥	78	つよい	勁い	49	つるやなんぼく			ていねん	丁年	4
つぼこうぶり			つよい	劭い	49		鶴屋南北	426	ていはく	碇泊	270
	鐙冠	387	つよい	毅い	204	つるわかいがん			ていはつ	剃髪	46
つぼすみれ	壺菫	83	つよい	適い	371		鶴羽海岸	426	ていはつらくしょく		
つぼだい	壺鯛	83	つらい	辛い	367	つれづれ	徒然	132		剃髪落飾	46
つぼね	局	111	つらじま	連島	371	つわぶき	橐吾	196	ていぶん	綴文	296
つぼみ	莟	322	つらつら	熟	235	つわもの	兵	39	ていぼう	丁卯	4
つぼみ	蕾	331	つらつらつばき			つわり	悪阻	141	ていりつ	鼎立	431
つま	具	40		列列椿	44	つんざく	劈く	47	ているい	涕涙	217
つま	端	281	つらなる	列なる	44	つんどく	積ん読	278	デウス	天主	90
つま	褄	344	つらなる	聯なる	306				てうりじま	天売島	90
つま	都万	375	つらねる	陳ねる	393	【て】			デカグラム	瓧	247
つまご	妻籠	95	つらら	氷柱	208	てあぶり	手焙	150	でかす	出来す	43
つまご	爪籠	236	つりあぶ	吊虻	63	てい	悌	142	てかせ	手枷	150
つまごい	嬬恋	98	つりがね	釣鐘	382	てい	手結	150	デカメートル		
つましい	倹しい	31	つりずら	廿楽	127	ていかい	低回	27		籵	287
つまずく	躓く	364	つりどこ	吊り床	63	ていかん	定款	102	てかりだけ	光岳	35
つまだつ	爪立つ	236	つる	攣る	161	ていかん	諦観	354	デカリットル		
つまづま	端端	281	つる	蔓	329	ていきゅう	啼泣	71		竍	280
つまはじき	爪弾き	236	つる	都留	375	ていきゅう	涕泣	217	デカルト	笛卡児	283
つまびく	爪弾く	236	つる	鶴	425	ていきん	庭訓	126	でき	出来	43
つまびらか	詳らか	351	つるい	鶴居	426	ていげん	鄭玄	376	できあい	溺愛	225
つまみ	摘まみ	159	つるうめもどき			ディケンズ	迭更斯	368	てきか	滴下	226
つまむ	撮む	160		蔓梅擬	329	でいこ	梯梧	191	てきがい	敵愾	163
つまようじ	爪楊枝	236	つるが	敦賀	163	でいご	梯梧	191	テキサス	得撒	132
つみ	雀鷂	395	つるぎ	鶴来	426	ていこく	啼哭	71	できし	溺死	225
つみとが	罪科	300	ツルゲーネフ			ていさつ	偵察	33	てきず	手創	150
つみれ	摘入	159		屠格涅夫	113	ていじ	呈示	65	てきちょく	彳	130
つむ	抓む	151	つるし	九十九院	15	ていしゅく	氐宿	205	てきちょく	躑躅	364
つむ	紡錘	292	つるしいん			ていじゅん	悌順	142	てきめん	覿面	348
つむぎ	紬	293		四十九院	74	ていしょ	汀渚	208	てきりつ	彳立	130
つむじ	旋毛	167	つるしま	釣島	382	ていしょく	抵触	153	てぐす	天蚕糸	90
つむじかぜ	旋風	167	つるどくだみ			ていしん	挺身	155	てぐすね	手薬煉	150
つむる	瞑る	265		蔵蓺	329	ていしん	逓信	370	でぐちおにさぶろう		
つめ	爪	236	つるな	蔓菜	329	ていずい	禎瑞	274		出口王仁三郎	43
つめあと	爪痕	236	つるにんじん			ていする	呈する	65	でくのぼう		
つめたがい				蔓人参	329	ていする	訂する	349		木偶の坊	179
	津免多貝	216	つるはし	鶴嘴	426	ていせい	提撕	158	でぐるま	輦	366
つめれんげ	爪蓮華	236	つるばみ	橡	198	ていせい	鄭声	376	でくわす	出会す	43
つも	都茂	375	つるべ	釣瓶	382	ていせいこう			てこ	梃子	191
つもと	港元	222	つるべうち				鄭成功	376	てこずる	手子摺る	149
つもり	心算	136		連べ打ち	370	ていたく	第宅	282	でこぼこ	凸凹	43
つや	津谷	216	つるまき	弦巻	129	ていたらく	為体	230	てごめ	手籠め	150
つや	通夜	370	つるまさき	蔓柾	329	ていだん	鼎談	431	でし	弟子	128
つややか	艶やか	315	つるみ	鶴海	426	ていちょう	鄭重	376			

てしお	天塩	90	でばじま	出羽島	43	てんせつ	点綴	231	てんらく	顚落	406
てしかが	弟子屈	128	てはだ	弖秦	128	てんそく	塡足	81			
てしがわら			てひと	才伎	150	てんそく	塡塞	81	【と】		
	勅使河原	49	てほどき	手解き	150	てんたん	恬淡	141	どあい	土合	76
デシグラム	瓩	247	てま	天万	89	てんちゅう	天誅	91	とあさ	遠浅	373
てしま	豊島	356	てまえ	点前	231	でんつくとうげ		とあみ	投網	152	
でじま	出島	43	てまり	手鞠	150		伝付峠	25	とい	土肥	76
デシリットル			てみきん	手見禁	149	てんてい	点綴	231	とい	樋	198
	竕	280	でゆ	出湯	43	てんてつ	点綴	231	どい	得居	132
でずいり	手数入り	150	デュマ	杜馬	182	てんてん	輾展	367	といかんべつ		
てすき	手綴	150	てら	弖良	128	でんでんむし				間寒別	70
てすさび	手遊び	150	てらう	衒う	342		蝸牛	338	といし	砥石	269
てすり	手摺り	150	てらうちまさたけ			てんとう	天道	90	といち	十一	52
でたらめ	出鱈目	43		寺内正毅	106	てんとう	顚倒	406	ドイツ	独逸	241
てだれ	手練	150	てらつつき	寺啄	106	てんとうむし			どいつ	何奴	26
てちょう	手帖	149	てらどまり	寺泊	106		天道虫	90	といで	戸出	149
てつがい	手結	150	てりはきょうげん			てんとうむしだまし			といや	問屋	70
てづかやま	帝塚山	121		照葉狂言	234		偽瓢虫	32	ドイル	道爾	372
てっけい	竹鶏	282	てりゅうだん			てんのう	天王	89	とう	薹	332
てっけつ	剔抉	46		手榴弾	150	てんのう	天応	90	とう	訪う	350
てっこう	手っ甲	149	てる	手流	150	てんのうじ	天王寺	89	どう	如何	94
てっさん	鉄傘	383	てるおか	光岡	35	でんぱ	伝播	25	とうあんご	冬安居	83
てっしょう	徹宵	136	てるおか	暉峻	174	てんぴさん	天妃山	90	とういん	東瀛	184
てっする	撤する	160	てるはきょうげん			てんぴん	天秤	90	とうえい	東瀛	185
でっする	涅する	217		照葉狂言	234	てんびん	天秉	91	とうか	棹歌	193
てっせん	鉄線蓮	383	でわ	出羽	43	てんぷ	貼付	358	とうかい	韜晦	403
てったい	撤退	160	てん	貂	357	でんぶ	田麩	251	とうがいこつ		
てつだう	手伝う	149	てんがちゃや			でんぶ	臀部	312		頭蓋骨	405
でっち	丁稚	4		天下茶屋	89	でんぷう	癜風	257	とうかえで	唐楓	69
でっちあげ			てんかふん	天瓜粉	90	テンプラ	天麩羅	91	どうかつ	恫喝	141
	捏ち上げ	155	てんかん	癲癇	257	でんぷん	澱粉	247	どうがね	道金	184
でっちょうそう			てんぐ	天狗	90	てんぼう	覘望	348	とうがらし	唐芥子	69
	粘葉装	288	てんぐさ	心太草	136	でんぼう	伝法	25	とうかん	投函	151
でっちり	出っ尻	43	てんけつ	顚蹶	406	でんぼう	伝法	25	とうがん	冬瓜	83
てっつい	鉄槌	383	てんげんみつご			てんま	天満	90	とうかんそう		
てっとう	鉄桶	383		甜言蜜語	249	デンマーク	丁抹	4		道灌草	372
てっぺん	天辺	90	てんこく	篆刻	285	てんません	伝馬船	25	どうかんやま		
てつや	徹夜	136	てんさい	甜菜	249	てんまつ	顚末	406		道灌山	372
てておや	父親	237	てんさく	添削	221	てんまばやし			どうき	動悸	49
でとはま	出戸浜	43	てんし	天資	90		天間林	90	とうきび	唐黍	69
てながえび	草蝦	321	てんじ	典侍	40	てんめつ	殄滅	203	とうぎり	当限	110
てなずける			てんじく	天竺	90	てんめん	纏綿	300	どうきん	同衾	63
	手懐ける	150	てんしょ	篆書	285	てんもうかいかい			とうぐう	春宮	172
テニソン	丁尼生	4	てんじょう	天井	90		天網恢恢	91	どうくつ	洞窟	217
てには	手爾波	150	てんじょうびと			てんもくさん			とうげ	峠	116
てにをは	弖爾乎波	128		殿上人	204		天目山	90	とうげ	手向	149
てぬるい	手緩い	150	てんじょうむきゅう			でんや	田爺	251	どうけい	憧憬	146
てのひら	掌	157		天壌無窮	91	てんやもの	店屋物	125	とうげん	套言	92
では	出端	43	てんじんちぎ			てんゆ	諂諛	353	とうご	套語	92
では	出端	43		天神地祇	90	てんゆう	天佑	90	どうこ	銅壺	384

読み	語	頁	読み	語	頁	読み	語	頁	読み	語	頁
どうこう	瞳孔	265	どうてん	動顛	49	どうもく	瞠目	265	とかく	兎角	36
どうこういきょく			とうとう	丁丁	3	どうもと	筒元	284	とかくきもう		
	同工異曲	63	とうとう	到頭	46	とうもろこし				兎角亀毛	36
どうこく	慟哭	145	とうとう	幢幢	123		玉蜀黍	244	とがくし	戸隠	149
とうごま	唐胡麻	69	とうとう	洞洞	217	とうや	洞爺	217	とがくししょうま		
どうさ	礬水	271	とうとう	滔滔	225	とうや	陶冶	393		戸隠升麻	149
とうさい	搭載	158	とうとう	瞳瞳	265	とうやま	頭山	405	とかげ	蜥蜴	338
とうさん	父さん	237	とうとう	蕩蕩	330	とうゆ	桐油	190	とかしき	渡嘉敷	223
とうし	禱祀	275	とうとう	遂遂	371	どうよく	胴欲	310	とがしらじま		
とうじ	冬至	83	とうとぶ	尚ぶ	111	どうらん	胴乱	310		桃頭島	190
とうじ	杜氏	182	どうとんぼり			とうりせいけい			とかす	梳かす	191
とうじ	蕩児	330		道頓堀	372		桃李成蹊	190	とがた	斗形	165
どうし	道志	372	とうな	東名	184	とうりてん	切利天	136	とかち	十勝	52
どうじゃく	瞳若	265	とうなす	唐茄子	69	とうりゅう	逗留	370	とがにん	咎人	65
とうしゃばん			とうなる	東平	184	とうりょう	棟梁	193	とがの	戸叶	149
	謄写版	354	とうに	唐丹	69	とうろ	塘路	81	とがの	斗賀野	165
とうしょ	島嶼	117	とうに	疾うに	255	とうろう	灯籠	229	とがのお	栂尾	187
どうしょういむ			とうにん	桃仁	189	とうろう	螳螂	339	とがま	利鎌	45
	同床異夢	63	とうのしょう			とえはたえ			とがみ	土甘	76
どうしょうてっぺき				東庄	184		十重二十重	52	とがめる	咎める	65
	銅牆鉄壁	384	とうのすやま			とおあさ	遠浅	373	とがめる	尤める	111
とうじん	蕩尽	330		多峯主山	84	とおかえびす			とがめる	譴める	355
とうす	刀子	44	とうのはる	唐の原	69		十日戎	52	とから	吐噶喇	63
とうする	党する	36	とうのまる	塔丸	80	とおがさやま			とがらす	尖らす	110
とうずる	搭ずる	158	とうのみね	多武峰	84		遠笠山	373	とがり	戸ヶ里	149
とうせい	濤声	228	とうばる	桃原	190	とおがった	遠刈田	373	とがりやま	鋒山	384
とうせん	当籤	110	とうはん	登攀	257	とおかわ	十川	52	とがりょう	科料	276
とうせん	東山	184	とうび	掉尾	157	とおざかとうげ			とかわ	外川	83
とうせん	盗泉	261	とうびょう	投錨	152		遠阪峠	373	とき	刻	45
とうせんじ	湯泉地	223	とうふつこ	東沸湖	184	とおざかる	遠離る	373	とき	北向	51
どうせんとうげ			とうふつこ	濤沸湖	228	とおし	篦	286	とき	十時	52
	道戦峠	372	とうぶつみさき			とおしま	十島	52	とき	土岐	76
とうそう	凍瘡	42		湯沸岬	223	とおす	透す	370	とき	土時	76
とうそう	痘瘡	256	とうべつ	当別	110	とおせ	遠妹	373	とき	秋	276
どうそじん	道祖神	372	とうへんぼく			とおだ	遠田	373	とき	鬨城	300
とうた	淘汰	221		唐変木	69	とおとうみ	遠江	373	とき	鯨波	419
とうだ	任田	25	どうほう	同胞	63	とおのく	遠退く	373	とき	鵇	423
とうたい	凍餒	42	とうほん	搨本	159	とおふつ	十弗	52	とき	斎	432
どうたん	満天星	223	とうほん	謄本	354	とおる	徹る	136	とぎ	伽	26
どうだんつつじ			とうま	当麻	110	とおる	疏る	254	とぎ	富来	105
	満天星	223	とうみ	東御	184	とおる	透る	370	ときえだもとき		
とうち	土有知	76	とうみょう	灯明	229	とが	利賀	45		時枝誠記	172
とうつるとう			どうみょうじ			とが	咎	65	ときがわ	都幾川	375
	濤釣沼	228		道明寺	372	とが	問叶	70	ときた	常田	122
どうてい	道程	372	とうむしろ	籐筵	287	とが	栂	187	ときつ	鯨津	419
どうてき	投擲	152	とうめ	専女	106	とが	梅	187	ときつ	時津	172
どうてつ	饕餮	409	とうめ	当銘	110	とが	都雅	376	ときの	研野	269
とうてつもん			どうめき	百目木	259	とが	門可	388	ときのこえ	鬨の声	415
	饕餮文	409	どうめき	百目鬼	259	とかい	渡会	223	ときまた	時又	172
とうてん	読点	352	どうもう	獰猛	243	とかきぼし	奎宿	92	とぎょ	渡御	223

どきょう	読経	352	とくひつ	禿筆	275	とさつ	屠殺	113
ときよじせつ			とくほん	読本	352	とざま	外様	84
	時世時節	172	どくみ	毒味	204	どさんこ	道産子	372
とぎれる	跡切れる	363	とくめい	匿名	52	とし	利し	45
ときわ	常葉	122	とぐら	戸倉	149	とし	歳	202
ときわ	常磐	122	とぐら	鳥栖	422	とじ	刀自	44
ときわ	常盤	122	とくりき	徳力	136	とじ	杜氏	182
ときわず	常磐津	122	とぐろ	蜷	81	とじきみ	戸閾	149
ときんいばら			どくろ	髑髏	413	としごいのまつり		
	頭巾薔薇	405	とくろうぼうしょく				祈年祭	272
とく	釈く	378		得隴望蜀	132	としごろ	年比	124
とぐ	磨ぐ	271	とけ	土気	76	としし	菟糸子	326
どく	退く	369	とけ	東家	184	とした	戸下	149
どくが	毒牙	204	とげ	刺	45	としとくじん		
とくがわいえなり			とけい	土圭	76		歳徳神	202
	徳川家斉	136	とけい	時計	172	としは	年端	124
とくがわいえのぶ			とげうお	棘魚	192	としべつがわ		
	徳川家宣	136	どげざ	土下座	76		利別川	45
とくがわいえもち			とげとげしい			としま	利島	45
	徳川家茂	136		刺刺しい	46	としま	十島	52
とくがわなりあき			とける	融ける	339	としま	富島	105
	徳川斉昭	136	とける	釈ける	378	としま	年増	124
とくがわみつくに			とける	鎔ける	386	としま	豊島	356
	徳川光圀	136	とこ	土庫	76	としもいこ	年萌湖	124
とくがわよしのぶ			どこ	何所	26	としゅく	斗宿	165
	徳川慶喜	136	とこい	林井	237	としゅくうけん		
とくごうとうげ			とごうち	戸河内	149		徒手空拳	132
	徳本峠	136	とごし	戸越	149	としょう	斗筲	165
とくさ	木賊	179	とこしえ	永久	207	としょう	杜松	182
とくさがみね			とこすみ	往住	131	どじょう	泥鰌	212
	十種ヶ峰	52	とこなつ	常夏	122	どしょうぼね		
とくじ	徳地	136	とこなみ	床次	125		土性骨	76
とくしゅう	特輯	239	とこなみ	床波	125	どしょうまち		
とくしょく	瀆職	228	とこなみ	往住	131		道修町	372
とくしん	瀆神	228	とこなみがわ			とじる	綴じる	296
どくじんとう				常浪川	122	としん	渡津	223
	独参湯	241	とこなめ	常滑	122	とす	賭す	359
どくせんじょう			とこぶし	常節	122	とす	鳥栖	422
	独擅場	241	とこやみ	常闇	122	とせつだこう		
とくそく	督促	265	ところ	処	42		斗折蛇行	165
どくだみ	蕺草	330	ところ	常呂	122	とそ	屠蘇	113
とぐち	渡久地	223	ところ	野老	378	とそつてん	兜率天	37
とくと	篤と	285	ところてん	心太	136	とだ	戸田	149
とくとう	禿頭	275	とさ	土佐	76	とだ	樋田	198
とくとみそほう			とさ	遂佐	371	とだえる	途絶える	370
	徳富蘇峰	136	とさか	鶏冠	425	とたてぐも		
とくとみろか			とさかのり				戸閉蜘蛛	149
	徳富蘆花	136		鶏冠海苔	425	とたん	塗炭	81
とくながすなお			とざき	門崎	389	どたんば	土壇場	77
	徳永直	136	とざす	鎖す	386	とち	栃	187

とちあき	栩秋	188	とつか	取柄	58
とちおやま	橡尾山	198	とつかわ	十津川	52
とちかがみ	水龍	207	とっかん	吶喊	65
とちき	栩木	188	とつぐ	嫁ぐ	97
とちぎ	栃木	187	ドック	船渠	314
とちざわ	栃沢	187	とつくに	外つ国	83
とちのき	栃木	187	とっくに	疾っくに	255
とちのき	橡	198	とっこつ	突兀	279
とちもち	栃餅	187	とっさ	咄嗟	66
どちら	何方	25	とつじょ	突如	279
とつか	取柄	58	とったべつ	戸蔦別	149
とつかわ	十津川	52	どっち	何方	26
とっかん	吶喊	65	とって	把手	152
とつぐ	嫁ぐ	97	とっとき	取っ置き	58
ドック	船渠	314	とつとつ	咄咄	66
とつくに	外つ国	83	とつとつ	訥訥	350
とっくに	疾っくに	255	とっとり	富取	105
とっこつ	突兀	279	とっとり	鳥取	422
とっさ	咄嗟	66	とっびょうしもない		
とつじょ	突如	279		突拍子もない	279
とったべつ	戸蔦別	149	とつぶがわ	徳富川	136
どっち	何方	26	とつべん	訥弁	350
とって	把手	152	とで	戸手	149
とっとき	取っ置き	58	どて	土手	76
とつとつ	咄咄	66	とてつもない		
とつとつ	訥訥	350		途轍もない	370
とっとり	富取	105	とても	迚も	368
とっとり	鳥取	422	どてら	褞袍	345
とっびょうしもない			とど	百百	259
	突拍子もない	279	とど	胡獱	309
とつぶがわ	徳富川	136	とど	鱸	419
とつべん	訥弁	350	どどいつ	都都逸	375
とで	戸手	149	どとう	怒濤	139
どて	土手	76	とどがさき	鮐ヶ崎	417
とてつもない			とどかわ	椴川	194
	途轍もない	370	とどく	壹毒	341
とても	迚も	368	とどしま	海驢島	215
どてら	褞袍	345	とどだい	鯔台	420
とど	百百	259	とどのう	斉う	432
とど	胡獱	309	とどほっけ	椴法華	194

読み	表記	頁	読み	表記	頁	読み	表記	頁	読み	表記	頁
とどまこうげん			とのみ	富海	105	とみおか	登美丘	257	ともべ	友部	58
	富満高原	105	とのむら	外村	84	とみか	富加	105	ともべ	品部	68
とどまつ	椴松	194	とば	鳥羽	422	とみくじ	富籤	105	ともぼし	氏宿	205
とどまる	止まる	201	どば	怒罵	139	とみぐすく	豊見城	356	ともる	点る	231
とどまる	駐る	412	どば	駑馬	412	とみこうみ			どもる	吃る	62
とどむる	禁むる	274	とばく	賭博	359		左見右見	119	とや	鳥屋	422
とどめき	百々米木	259	とばせじま	戸馳島	149	とみさと	十三里	52	とやかく	兎や角	36
とどめる	留める	253	とばっちり	迸り	371	とみさとけいこく			とやとうげ	鳥屋峠	422
ととや	魚屋	416	どばと	鴿	424		富郷渓谷	105	とやのがわ		
とどろ	土々呂	76	とばのえ	騰波ノ江	413	とみさん	富山	104		鳥屋野潟	422
とどろき	二十六木	17	とばり	帳	122	とみた	頓田	404	とやま	外山	83
とどろき	舎利弗	29	とばり	戸張	149	とみてぼし	虚宿	334	とやま	富山	104
とどろき	八十八旗	37	とび	鳶	422	とみに	頓に	404	とゆう	都邑	375
とどろき	十六木	52	とびうお	鱲	420	ドミニカ	土弥尼加	76	とゆけ	豊受	356
とどろき	土々呂木	76	とびぐち	鳶口	422	とみや	頓宮	404	とゆら	豊浦	356
とどろき	等々力	283	とびしま	飛蠟鮎	407	とみやま	鳥見山	422	とよあけ	豊明	356
とどろき	轟	367	とびしま	飛島	407	とみよ	富魚	105	とよあしはら		
とどろき	蠡木	413	とびしょく	鳶職	422	とめ	留目	253		豊葦原	356
とどろく	轟く	367	とびたきゅう			とめ	登米	257	とよころ	豊頃	356
どどん	駑鈍	412		飛田給	406	どめき	百目木	259	とよさか	豊栄	356
ドナウ	多悩	84	とびやま	鴎山	423	どめき	百目鬼	259	とよしき	豊四季	356
となえる	称える	276	とびらえ	扉絵	149	どめき	轟	367	とよしな	豊科	356
となえる	誦える	351	どぶいけすじ			とめそで	留袖	253	とよとみ	豊臣	356
トナカイ	馴鹿	411		丼池筋	13	とめど	止め処	201	とよの	豊能	356
となき	渡名喜	223	とぶさまつ	鳥総松	422	とも	伴	27	とよはとり	豊服	356
どなた	何方	26	とぶすま	戸襖	149	とも	朋	177	とよひら	豊平	356
となみ	砺波	270	どぶづり	淵釣	221	とも	舳	314	どよめく	動揺めく	49
となみ	礪波	271	どぶねずみ	溝鼠	224	とも	艫	314	どよめく	響めく	403
どなり	土成	76	とふのうら			とも	鞆	402	とら	寅	103
どなる	怒鳴る	139		十府ノ浦	52	ともえ	巴	119	とら	虎	334
とにかく	兎に角	36	どぶろく	濁酒	227	ともえがわ	巴川	119	どら	銅鑼	384
とね	刀根	44	とべ	砥部	269	ともえごぜん			とらえる	捉える	155
とね	刀禰	44	とべら	海桐	214		巴御前	120	ドラクロア		
とね	利子	45	とほあくはつ			ともおく	鞆奥	402		徳拉克洛亜	136
とね	利根	45		吐哺握髪	63	ともかく	兎も角	36	とらつぐみ	虎鶫	334
とねり	舎人	29	とぼける	恍ける	140	ともがら	輩	366	とらでん	団乱旋	75
とねりこ	梣	191	とぼそ	枢	184	ともぎれ	共布	39	とらのお	珍珠菜	245
とねりしんのう			とほそくはつ			ともしい	乏しい	14	とらふぐ		
	舎人親王	29		吐哺捉髪	63	ともしび	灯火	229		虎斑木菟	334
どの	何の	25	とほり	砥堀	269	ともだち	友達	58	トラホーム	虎眼	334
とのい	宿直	104	とまこまい	苫小牧	318	ともち	砥用	269	とらみ	東浪見	184
とのいけ	外池	84	とまた	苫田	318	ともなが	朝永	177	どらやき	銅鑼焼	384
とのうら	外浦	84	とまち	苫戸地	318	ともながしんいちろう			とらわれ	囚われ	74
とのえ	外江	84	トマト	蕃茄	330		朝永振一郎	177	とり	禽	275
とのき	富木	105	とまどう	戸惑う	149	ともに	倶に	31	とり	酉	376
とのごおり	都於郡	375	とまびさし	苫庇	318	ともに	偕に	32	とり	鶏	425
とのさき	外崎	84	とまべち	苫米地	318	とものみやつこ			とりあえず	不取敢	10
とのしょう	土庄	76	とままえ	苫前	318		伴造	28	とりあえず		
とのしょう	富野荘	105	とまる	止まる	201	とものみやつこ				取り敢えず	58
とのちゃ	砥茶	269	とみあい	富合	105		伴部	28	とりいもと	鳥居本	422

見出し	表記	頁	見出し	表記	頁	見出し	表記	頁	見出し	表記	頁
とりえ	取柄	58	どろのき	白楊	258	どんよく	貪欲	357	なかかわち	中河内	11
とりおどし	鳥威し	422	どろまみれ	泥塗れ	212	どんらん	貪婪	357	なかかんばら		
とりかぶと	鳥兜	422	とろろ	薯蕷	332	【な】				中蒲原	12
とりかぶとやま			とろろあおい						なかぎょう	中京	11
	鳥甲山	422		黄蜀葵	429	なあき	奈英	92	なかぐすく	中城	12
とりかぶとやま			トロント	多倫多	84	なあらい	名洗	63	ながくて	長久手	387
	鳥兜山	422	とわ	永久	207	ない	地震	77	なかくびき	中頸城	12
とりこ	俘虜	30	トン	屯	113	ナイアガラ			なかご	中心	11
とりこ	虜	335	どん	丼	13		尼亜吉拉	111	なかご	茎	318
とりごえ	鳥越	422	どんが	嫩芽	97	ないえ	奈井江	92	なかごぼし	心宿	136
とりだにやま			どんぐり	団栗	75	ないがしろ	蔑ろ	329	なかごみ	中込	11
	酉谷山	376	どんげ	曇華	174	ないぎ	内儀	40	ながさ	長峡	388
とりで	取手	58	どんげいちげん			ないくう	内宮	40	ながさ	長狭	388
とりで	砦	269		曇華一現	174	ないこう	内訌	40	なかさつない		
とりなす	執成す	79	とんげつ	遯月	373	ないし	乃至	13		中札内	11
とりのこさん			どんこ	冬菇	83	ないしのかみ			なかさと	中里	11
	鷲子山	426	とんざ	頓挫	404		尚侍	111	ながしの	長篠	388
トリポリ	的波里	259	とんざん	遯竄	373	ないしのすけ			なかしべつ	中標津	12
とりみぐり	鳥海礁	422	どんじゃく	貪着	357		典侍	40	ながす	長沙	388
とりむら	西村	376	どんじゃく	頓着	404	ないしょ	内緒	40	ながすねひこ		
とりめ	鶏盲	425	どんしゅう	呑舟	65	ないじょうし				長髄彦	388
とりもち	鳥黐	422	とんしゅさいはい				撫牛子	160	ながずみ	長住	388
とりもの	捕物	156		頓首再拝	404	ないとうこなん			なかせんどう		
とる	把る	152	どんす	緞子	297		内藤湖南	41		中山道	11
とる	摂る	159	とんそう	遁走	372	ないまぜ	綯い交ぜ	296	なかそり	中双里	11
とる	撮る	160	とんだ	富田	105	ないり	泥梨	212	なかたお	中峠	12
とる	采る	236	とんだばやし			ナイル	尼羅	111	なかたがい	仲違い	25
とる	獲る	243		富田林	105	なう	綯う	296	なかたど	仲多度	25
とる	盗る	261	とんちゃく	頓着	404	なえぎ	苗木	319	なかつかさ	中務	12
とる	乗る	275	どんちょう	曇徴	174	なえる	萎える	323	ながつかたかし		
とる	穫る	278	どんちょう	緞帳	297	なお	猶	243		長塚節	388
とる	脱る	310	どんちんかん			なおいり	直入	262	ながつき	長月	387
とる	録る	385		頓陳漢	404	なおきさんじゅうご			ながつた	長津田	388
ドル	弗	128	どんてん	曇天	174		直木三十五	262	ながっちり	長っ尻	387
トルコ	土耳古	76	どんと	呑吐	65	なおさら	尚更	111	なかつの	中角	11
トルストイ	杜翁	182	とんな	甚麼	249	なおざり	等閑	283	なかっぺ	中部	12
トルファン	吐魯蕃	63	とんばら	頓原	404	なおなお	猶猶	243	なかつや	中家	12
どれ	何れ	25	とんび	鳶	422	なおらい	直会	262	ながつらうら		
とれつ	堵列	80	どんぶり	丼	13	なか	廓内	126		長面浦	388
どれほど	何程	26	どんぶり	丼石	18	なか	那珂	374	なかで	点	231
とろ	瀞	228	どんぶりかんじょう			なか	那賀	374	ながと	長門	388
ドロイゼン	特雷新	239		丼勘定	13	ながいうた			なかとみ	中臣	11
どろがわ	洞川	217	どんぶりめし				長井雅楽	387	なかとろ	長瀞	388
とろきぼし	觜宿	349		丼飯	13	なかいぶり	中飯降	12	なかとんべつ		
どろきょう	瀞峡	228	とんべつ	頓別	404	ながいも	長芋	388		中頓別	12
どろく	土呂久	76	とんべつ	筋斗	283	ながえ	轅	366	なかなか	中中	11
とろける	蕩ける	330	とんぼ	蜻蛉	337	ながお	長央	388	なかにいかわ		
どろじあい	泥仕合	212	とんまくやま			なかおみ	中麻績	12		中新川	12
トロツキー				富幕山	105	ながかい	長合	388	なかにいだ	中新田	12
	托洛斯基	151	とんや	問屋	70	なかがみ	中頭	12	ながにし	長螺	388

なかのしま	中能島	12
なかば	央ば	91
なかばち	中鉢	12
なかばる	中原	12
なかふかわ	中深川	12
なかふにゅう 中舟生		11
なかへち	中辺路	11
なかま	中間	12
なかみせ	仲見世	25
なかみょう	中名	11
なかみよりおんせん 中三依温泉		11
なかむら	中邑	11
なかむらかれ 仲村渠		25
なかむらくさたお 中村草田男		11
なかむらつね 中村彝		11
ながめ	菜椿象	324
なかや	中谷	11
ながよ	長与	387
なから	半ら	53
ながら	乍ら	14
ながら	長柄	388
ながらえる	存える	98
ながらがわ	長良川	388
ながらやま	長等山	388
なかれ	勿れ	50
ながわ	名川	63
ながわ	奈川	92
なかんずく	就中	111
なかんだかり 仲村渠		25
なぎ	凪	42
なぎ	梛	191
なぎ	水葱	207
なぎ	那岐	374
なぎいかだ	梛筏	191
なきがら	亡骸	19
なきごと	泣言	211
なぎさ	汀	208
なぎさ	渚	220
なきじゃくる 泣き噦る		211
なきじん	今帰仁	21
なぎそ	南木曾	54
なぎなた	長刀	387
なきむしやま 鳴虫山		423
なきり	波切	212
なく	哭く	68
なく	啼く	71
なく	泣く	217
なぐ	凪ぐ	42
なぐ	薙ぐ	331
なくい	名久井	63
なぐすく	世名城	11
なぐもちゅういち 南雲忠一		55
なぐりがき 擲り書き		161
なぐる	撲る	160
なぐわ	南桑	55
なげいしとうげ 投石峠		151
なげうつ	抛つ	153
なげく	呼く	62
なげく	喞く	70
なげく	慨く	144
なげく	歎く	201
なげし	長押	183
なご	奈古	92
なごう	長知	388
なこうど	仲人	25
なこうどじま 媒島		97
なごし	浪越	219
なごしのはらえ 夏越の祓		83
なごせ	名越	63
なこそ	勿来	50
なこそのせき 勿来関		50
なごのうら 奈呉ノ浦		92
なごのうら 長太ノ浦		387
なこふなかた 那古船形		374
なごみ	和水	67
なごや	奈古谷	92
なごらん	名護蘭	63
なごり	名残	63
なごん	納言	292
なさかうら	浪逆浦	219
なさぬなか 生さぬ仲		249
なさみのせと 那沙美瀬戸		374
なし	梨	192
なし	莫し	323
なしくずし 済し崩し		219
なしじ	梨子地	192
なじみ	馴染み	411
なじむ	馴染む	411
なじる	詰る	351
なす	済す	219
なす	為す	230
なす	生す	249
なす	茄子	317
なす	那須	374
なすかわ	那次川	374
なずな	薺	332
なずながゆ	薺粥	332
なすのよいち 那須与一		375
なずむ	泥む	212
なする	擦る	161
なぜ	何故	26
なぜ	名瀬	63
なぞ	謎	354
なぞらえる 準える		225
なた	奈多	92
なた	鉈	382
なだ	灘	229
なたあみ	旮網	115
なだい	名代	63
なだい	名題	63
なたぎりとうげ 山刀伐峠		113
なだち	名立	63
なたね	菜種	324
なたまめ	鉈豆	382
なだめる	宥める	103
なだれ	雪崩	398
なだれる	傾れる	33
なち	生池	249
なついん	捺印	157
なつか	長束	388
なつく	懐く	146
なっしょ	納所	292
なつずいせん 鹿葱		427
なっとう	納豆	292
なっとく	納得	292
なつはづき 夏初月		83
なつみ	擾	161
なつめ	棗	193
なつめやし	棗椰子	193
なでしこ	瞿麦	265
なでる	撫でる	160
なでん	南殿	55
など	等	283
ななえ	七飯	3
ななお	七生	3
ななかい	七会	3
ななかまど	七竈	3
ななきた	七北田	3
ななくさ	七種	3
ななくま	七隈	3
ななこ	魚子	416
ななしぐれやま 七時雨山		3
ななそ	七十	3
ななそじ	七十路	3
ななつがま	七釜	3
ななななぬか	七七日	3
ななのか	七七日	3
ななふく	七福	3
ななふし	竹節虫	282
ななま	菜生	324
なに	甚麼	249
なにがし	某	187
なにくそ	何糞	26
なにくれ	何呉	26
なにとぞ	何卒	26
なにとて	何迚	26
なにやかや 何や彼や		25
なにゆえ	何故	26
なにわ	浪速	219
なにわ	難波	397
なにわいばら 難波薔薇		397
なぬか	七日	3
なぬきがわ	名貫川	63
なぬし	名主	63
なのか	七日	3
なのくに	奴国	93
なのり	名告り	63
なのりそ	莫告藻	323
なのる	名告る	63
なばえ	難波江	397
なばき	南白亀	54
なばため	生天目	249
なばらきょう		

	南原峡	55	なみあい	浪合	219	ならう	肄う	307	なれる	馴れる	411
なはり	奈半利	92	なみあし	並足	11	ならかしわ	楢槲	195	なわ	名和	63
なはり	奈判利	92	なみかた	波方	212	ならく	奈落	92	なわ	灘波	229
なばり	名張	63	なみかわ	濤川	228	ならさか	乃楽坂	13	なわしろ	苗代	319
なびか	並河	11	なみき	並樹	11	ならしの	習志野	304	なわせみ	蚱蟬	336
なびく	靡く	401	なみき	丼木	124	ならす	均す	77	なわて	畷	254
なぶち	南淵	55	なみき	行木	341	ならだ	奈良田	92	なわばしご	縄梯子	297
なぶる	嬲る	98	なみだ	列田	44	ならとうげ	楢峠	195	なんきんぜ		
なべ	鍋	385	なみだ	涕	217	ならは	楢葉	195		南京黄櫨	54
なべかけ	鍋掛	385	なみだあめ	涙雨	219	ならびがおか			なんご	喃語	71
なべて	並べて	11	なみだきん	涙金	219		双ヶ岡	58	なんこう	軟膏	365
なべな	山芹菜	114	なみだぐむ	涙含む	219	ならびに	丼に	124	なんじ	汝	209
なべら	鍋原	385	なみだばし	泪橋	213	ならぶ	列ぶ	44	なんじゃい	南蛇井	55
なべわり	鍋破	385	なみだもらい			ならべる	併べる	29	ナンセン	南森	55
なへん	那辺	374		涙脆い	219	ならやま	平城山	124	なんぞ	曷ぞ	175
ナポリ	那波里	374	なみなみ	盆盆	260	ならわ	成岩	147	なんぞ	胡ぞ	308
ナポレオン	奈翁	92	なみのばる	波野原	212	ならわし	慣わし	145	なんたいさん		
なまあくび	生欠	249	なみはな	浪花	219	ならわし	習わし	304		男体山	252
なまい	生井	249	なむ	南無	55	なり	也	15	なんたいさん		
なまい	魚井	416	なめいし	大理石	88	なり	形	130		難台山	397
なまぐさい	腥い	311	なめがた	行方	341	なり	形姿	130	なんだん	南淡	55
なまくら	鈍ら	382	なめかわ	滑川	224	なり	業	194	なんてん	南天	55
なまけもの	樹懶	198	なめがわ	滑川	224	なりかたぢ	形姿	130	なんと	南砺	55
なまける	懶ける	147	なめがわ	滑河	224	なりひらだけ			なんど	納戸	292
なまこ	海鼠	215	なめき	行木	341		業平竹	194	なんなんとする		
なまじ	憖	146	なめくじ	蛞蝓	336	なりひらばし				垂んとする	78
なます	焠す	232	なめこ	滑子	224		業平橋	194	なんば	難波	397
なます	膾	312	なめざわ	奈女沢	92	なります	成増	147	なんば	軟派	365
なまず	癜	257	なめし	滑石	224	なりもと	業本	194	なんばら	南原	54
なまず	鯰	419	なめしがわ	鞣革	402	なりゅうざき			なんばんぎせる		
なまずた	鯰田	419	なめす	鞣す	402		成生岬	147		南蛮煙管	55
なまぜ	生瀬	250	なめた	行田	341	なりわ	成羽	147	なんばんはこべ		
なませふじ			なめづ	滑津	224	なりわい	生業	250		南蛮繁縷	55
	生瀬富士	250	なめとこけいこく			なる	奈留	92	なんびん	難平	397
なまため	生天目	249		滑床渓谷	224	なる	生る	249	なんぼろ	南幌	55
なまち	奈街	92	なめらふぐ	滑河豚	224	なるかみづき			なんもく	南牧	54
なまなか	生半	249	なめりかわ	滑川	224		鳴雷月	423	なんりょ	南呂	54
なまぬるい	生温い	250	なめる	嘗める	72	なるこゆり					
なまはげ	生剝げ	249	なや	納屋	292		鳴子百合	423	【に】		
なまぶし	生節	250	なやむ	悩む	363	なるたけ	成る丈	147	に	丹	12
なまむぎ	生麦	249	なゆた	那由他	374	なると	鳴門	423	に	弐	127
なまめかしい			なよたけ	弱竹	129	なるとう	成東	147	にい	丹比	13
	妖かしい	94	なより	那縁	375	なるみ	鳴海	423	にい	仁位	21
なまめく	艶く	315	なよろ	名寄	63	なるや	鳴矢	423	にい	新井	166
なまめぼし	壁宿	82	なら	平城	124	なれずし	熟れ鮨	235	にい	新居	166
なまり	訛り	350	なら	柞	186	なれなれしい			にいかっぷ	新冠	166
なまる	訛る	350	なら	楽世	194		馴馴しい	411	にいくら	新座	166
なまる	鈍る	382	なら	楢	195	なれる	慣れる	145	にいごうがわ		
なまわん	奈摩湾	92	ならう	倣う	32	なれる	熟れる	235		新井郷川	166
なみ	浪	219	ならう	婳う	97	なれる	狎れる	240	にいざ	新座	166

にいさと	新里	166
にいさん	兄さん	35
にいじま	新島	166
にいじゅく	二井宿	17
にいた	仁井田	21
にいた	熟田	235
にいだ	仁井田	21
にいだがわ		
	新井田川	166
にいだがわ	新田川	166
にいでら	新寺	166
にいなめさい		
	新嘗祭	167
にいにいぜみ		
	蜩蛁	340
にいはま	新居浜	166
にいはり	新治	166
にいばり	新治	166
にいはる	新治	166
にいほ	新穂	167
にいぼん	新盆	166
にいみ	新見	166
にいや	新谷	166
にいろ	丹色	13
にうだに	二宇谷	17
にえ	仁江	21
にえ	沸	213
にえ	牲	239
にえ	贄	359
にえかわ	贄川	359
にえたぎる		
	煮え滾る	232
にお	仁尾	21
にお	稲積	278
にお	鳰	422
におい	臭い	313
においどり	香鳥	410
におう	仁王	21
におう	匂う	50
におうず	仁王頭	21
におうのみや		
	匂宮	50
にがおえ	似顔画	27
にがき	苦棟樹	318
にがた	仁方	21
にがたけ	苦竹	318
にがつでん	二月田	17
にがな	黄瓜菜	429
にがにがしい		
	苦苦しい	318

にかほ	仁賀保	21
にがよもぎ	苦艾	318
ニカラグア		
	尼喀拉瓜	111
にがり	苦汁	318
にかわ	膠	312
にき	仁木	21
にきえみし	熟蝦夷	235
にきしね	和稲	67
にぎしま	二木島	17
にぎす	似義須	27
にぎた	和太	67
にきたえ	和栲	67
にきたつ	熟田津	235
にきて	和幣	67
にぎにぎ	握握	158
にきび	面皰	401
にぎやか	賑やか	358
にくい	悪い	141
にくい	難い	397
にくさんぼりん		
	肉山脯林	307
にくしょうよう		
	肉蓯蓉	307
にくずく	肉豆蔲	307
にくてい	憎体	145
にくむ	悪む	141
にぐらやま	荷鞍山	322
にげる	逃げる	372
にごい	似鯉	27
にこうきょう		
	二河峡	17
にこげ	和毛	67
にこごり	煮凝り	232
にこで	柔手	187
にこにこ	欣欣	200
にこぼす	煮零す	232
にこやか	和やか	67
ニコライ	尼格来	111
にごりかわ	濁川	227
にごりがわ	濁川	227
にごりご	濁河	227
にごる	濁る	224
にさかとうげ		
	荷坂峠	322
にさと	新里	166
にし	爾志	237
にじ	虹	335
にしあざい	西浅井	346
にしあち	西阿知	346

にしあまね	西周	346
にしありえ	西有家	346
にしいややま		
	西祖谷山	346
にしいわい	西磐井	346
にしえ	螺江	339
にしえい	西潁娃	346
にしおえ	西麻植	346
にしおきたま		
	西置賜	346
にしおこっぺ		
	西興部	346
にしがいと	西垣内	346
にしがほう	西ヶ方	345
にしかん	西蒲	346
にしかんばら		
	西蒲原	346
にしき	錦	384
にしきおり	錦織	385
にしきぎ	錦木	385
にしくびき	西頸城	346
にしごう	西郷	346
にしごうし	西合志	346
にしこり	錦織	385
にししかま	西飾磨	346
にしじん	西新	346
にしせんぼく		
	西仙北	345
にしそのぎ	西彼杵	346
にしだいてん		
	西大巓	345
にしたっぷ	西達布	346
にしちにち	二七日	16
にしとなみ	西礪波	346
にしな	仁科	21
にしなり	西成	346
にしのうらみさき		
	西浦岬	346
にしのおもて		
	西之表	345
にしのぶと	西登戸	346
にしのみや	西宮	346
にしはず	西幡豆	346
にしふさ	西総	346
にします	虹鱒	335
にじむ	滲む	225
にじむ	煮染む	232
にしむかい	西向	345
にしむこう	西向日	346
にしむら	西邨	346

にしむろ	西牟婁	346
にしめ	煮染め	232
にしめ	西銘	346
にしめや	西目屋	345
にしめら	西米良	346
にしもない		
	西馬音内	346
にしもろかた		
	西諸県	346
にじゅう	廿	127
にじょうさん		
	二上山	17
にじる	躙る	364
にしん	鰊	420
にしんくき	鯡群来	420
ニス	仮漆	24
にせ	贋	359
にた	仁田	21
にた	仁多	21
にたき	煮焚き	232
にたない	似内	27
にたやまとうげ		
	仁田山峠	21
にたんおさ	二反長	17
にちうん	日暈	169
にちぜんぐう		
	日前宮	169
にちはら	日原	169
にっかわ	新川	166
にっかわ	日川	168
にっき	日暑	169
にっけい	肉桂	307
にっけい	肉髻	307
にっこうがわ		
	日向川	168
にっさか	日坂	169
にっしょう	入声	37
にっしょうとうげ		
	日勝峠	169
にった	新田	166
にったき	日立木	168
にっちもさっちも		
	二進も三進も	17
にっちゅう	日中	168
にっとう	入戸	37
にっとう	入唐	37
にっぱし	日橋	169
にっぱら	日原	169
にっぽう	日豊	169
にっぽり	日暮里	169

読み	表記	頁
にとべ	新渡戸	167
にとべいなぞう	新渡戸稲造	167
にとり	似鳥	27
にな	蜷	337
になう	担う	153
にながわ	蜷川	337
ににぎのみこと	瓊瓊杵尊	247
にぬり	丹塗り	13
にのくち	新ノ口	166
にのしま	似島	27
にのはさまがわ	二迫川	17
にのへ	二戸	17
にのまえ	一	1
にびいろ	鈍色	382
にぶ	丹生	13
にぶし	仁伏	21
にぶな	仁鮒	21
にぶの	仁豊野	21
にべ	鮸	418
にべ	鮸膠	418
にへい	二瓶	17
にべない	鮸膠無い	418
にほんりょういき	日本霊異記	168
にま	仁万	21
にま	仁摩	21
にま	邇摩	374
にま	邇磨	374
にむら	仁邨	21
にやけ	若気	318
にやま	仁山	21
にゅう	丹生	13
にゅうかわ	丹生川	13
にゅうがわ	丹生川	13
にゅうがわ	壬生川	83
にゅうきょう	入鋏	37
にゅうしん	入津	37
にゅうせい	入声	37
にゅうぜん	入善	37
にゅうたばる	新田原	166
にゅうつ	入津	37
にゅうづ	入津	37
ニュートン	牛頓	238
にゅうないすずめ	入内雀	37
にゅうの	入野	37
にゅうのがわ	丹生ノ川	13
にゅうのや	丹生谷	13
にゅうばい	入梅	37
ニューメキシコ	新墨是可	167
にゅうめん	煮麺	232
ニューヨーク	紐育	292
にゅうろう	入牢	37
にょうご	女御	93
にょうはち	鐃鈸	387
にょうぼう	女房	93
にょしょう	女性	93
にょぜがもん	如是我聞	94
によた	饒田	409
によど	仁淀	21
によどがわ	仁淀川	21
にょほうさん	女峰山	93
にょぼん	女犯	93
にょらいし	如偶子	94
にら	韮	403
にらさき	韮崎	403
にらさわ	韮沢	403
にらむ	睨む	265
にらやま	韮山	330
にらやま	韮山	403
にる	煮る	232
にれ	楡	195
にれぎ	楡木	195
にろう	二郎	17
にわ	上神	8
にわ	丹羽	13
にわ	土神	76
にわうめ	郁李	375
にわか	仁輪加	21
にわか	俄	29
にわか	驟か	413
にわかに	卒に	54
にわかに	暴かに	174
にわかに	遽に	374
にわかぶげん	俄分限	29
にわざくら	朱桜	181
にわたたき	庭叩き	126
にわとこ	庭常	126
にわとり	鶏	425
にんきょう	任侠	25
にんじょうざた	刃傷沙汰	44
にんじん	人参	20
にんず	人数	20
にんずう	人数	20
にんとく	仁徳	21
にんな	仁和	21
にんな	任那	25
にんなじ	仁和寺	21
にんにく	大蒜	88
にんにく	忍辱	137
ニンポー	寧波	105
にんみょう	仁明	21

【ぬ】

読み	表記	頁
ぬいかけざや	縫懸鞘	298
ぬいぐるみ	縫い包み	298
ぬいとり	繍	299
ぬえ	鵺	425
ぬか	糠	289
ぬかあめ	糠雨	289
ぬかいだけ	額井岳	405
ぬかか	糠蚊	289
ぬかじゅうたくまえ	額住宅前	405
ぬかす	吐かす	63
ぬかずく	額突く	405
ぬかた	額田	405
ぬかたのおおきみ	額田王	405
ぬかづけ	糠漬け	289
ぬかびら	糠平	289
ぬかびらがわ	額平川	405
ぬかみそ	糠味噌	289
ぬかよろこび	糠喜び	289
ぬかりや	奴借屋	93
ぬかる	泥濘る	212
ぬかるみ	泥濘	212
ぬき	貫	357
ぬきいと	緯糸	298
ぬきえもん	抜き衣紋	152
ぬきしろ	緯白	298
ぬきんでる	抽んでる	153
ぬく	抽く	153
ぬくい	温い	221
ぬくい	貫井	357
ぬぐう	拭う	155
ぬぐう	捫う	158
ぬくぬく	温温	222
ぬくみ	生見	249
ぬくみず	温水	221
ぬくみとうげ	温見峠	221
ぬくもり	温もり	221
ぬくり	抜里	152
ぬけどだけ	抜戸岳	152
ぬける	脱ける	310
ぬさ	幣	123
ぬし	塗師	81
ぬしま	沼島	211
ぬすびとはぎ	盗人萩	261
ぬすむ	偸む	33
ぬた	沼田	211
ぬた	饅	409
ぬたがわ	沼田川	211
ぬだち	月出里	176
ぬなわ	蓴	328
ぬのしだ	布師田	121
ぬのせ	布忍	120
ぬのびき	布引	120
ぬのべ	布部	121
ぬばたま	射干玉	106
ぬひ	奴婢	93
ぬま	沼間	211
ぬまさき	沼前	211
ぬまづ	沼津	211
ぬまとらのお	宿星菜	104
ぬめ	絖	294
ぬめり	滑り	224
ぬらす	濡らす	228
ぬらぬら	滑滑	224
ぬらりひょん	滑瓢	224
ぬりこぼし	柳宿	188
ぬりど	漆土	225
ぬりべ	漆部	225
ぬるい	温い	221
ぬるかわ	温川	221
ぬるで	白膠木	258
ヌルハチ	奴児哈赤	93
ぬるまゆ	微温湯	135

ぬるむ	温む	221	ねずみこう	鼠講	431	ねんじゅ	念珠	138	のぎ	能義	310
ぬるゆ	微温湯	135	ねずみざん	鼠算	431	ねんば	根場	189	のぎ	芒	315
ぬるゆ	温湯	222	ねずみもち	鼠黐	431	ねんばがはら			のきした	檐下	199
ぬれぎぬ	濡れ衣	228	ねぞう	寝相	105		念場原	138	のきしのぶ	軒忍	365
ぬわじま	怒和島	139	ねだ	根太	189	ねんび	燃眉	235	のきば	軒端	365
			ねたば	寝刃	105				のぎまれすけ		
【ね】			ねたむ	妬む	95	【の】				乃木希典	13
ね	価	28	ねだる	強請る	130	の	幅	122	のく	退く	369
ね	子	98	ねっことうげ			の	廼	127	のぐつなじま		
ねあがり	根上	189		猫越峠	242	のいくらばる				野忽那島	379
ねあせ	盗汗	261	ねつぞう	捏造	155		野井倉原	378	のぐるみ	野胡桃	379
ねい	婦負	96	ねっとう	熱闘	235	のう	喃	71	のげいとう	野鶏頭	379
ねいかん	佞奸	27	ねっぷ	熱郛	235	のう	能生	310	のけえぼしやま		
ねいは	寧波	105	ねなしかずら			のうえ	袘衣	343		仰烏帽子山	25
ねいりばな				根無葛	189	のうか	苗鹿	319	のげし	野芥子	379
	寝入り端	105	ねのくち	子ノ口	98	のうがき	能書き	310	のけぞる	仰け反る	24
ねう	根雨	189	ねば	根羽	189	のうげ	直下	262	のけもの	除け者	393
ねえさん	姉さん	95	ネパール	泥婆羅	212	のうけんだい			のこぎり	鋸	384
ねえさん	姐さん	95	ネバダ	尼哇達	111		能見台	310	のこす	貽す	358
ねおろし	嶺颪	118	ねはん	涅槃	217	のうこうそく			のこす	遺す	373
ねぎ	禰宜	275	ねびきとうげ				脳梗塞	311	このしま	能古島	310
ねぎ	葱	326		根曳峠	189	のうさつ	悩殺	142	のこんぎく	野紺菊	379
ねぎごと	祈ぎ事	272	ねびる	沢蒜	209	のうし	直衣	262	のさか	野栄	379
ねぎま	葱鮪	326	ねぶかわ	根府川	189	のうじ	能事	310	のさっぷみさき		
ねぎらう	労う	49	ねぶた	佞武多	27	のうしま	納島	292		納沙布岬	292
ねくたれる			ねぶる	舐る	314	のうしんとう			のし	熨斗	235
	寝腐れる	105	ねむい	睡い	265		脳振盪	310	のじ	野地	378
ねぐら	塒	81	ねむのき	合歓木	62	のうぜんかずら			のじこ	野鵐	379
ねこかぶり	猫被り	63	ねむりぐさ	含羞草	63		凌霄花	42	のしゃっぷみさき		
ねこし	子子子	98	ねむる	睡る	265	のうぜんはれん				野寒布岬	379
ねこそぎ	根刮ぎ	189	ねむろ	根室	189		凌霄葉蓮	42	のしろ	能代	310
ねごと	噂囈	70	ねめまわす			のうそ	嚢祖	175	のす	伸す	27
ねこなでごえ				睨め回す	265	のうちゅう	嚢中	74	のす	熨す	235
	猫撫で声	242	ねめる	睨める	265	のうてい	嚢底	74	のすり	鵟	424
ねこばば	猫糞	242	ねや	閨	390	のうど	農奴	368	のせ	能勢	310
ねこまたぎ	猫跨ぎ	242	ねやがわ	寝屋川	105	のうとりだけ			のせがわ	野迫川	379
ねごろ	根来	189	ねらう	狙い	240		農鳥岳	368	のぞき	下位	4
ねざさ	千里竹	53	ねりぎぬ	練絹	297	のうねん	南畝	55	のぞき	乃位	13
ねざめのとこ			ねりま	練馬	297	のうみ	能美	310	のぞき	及位	14
	寝覚ノ床	105	ねる	寐る	104	のうらん	悩乱	142	のぞき	苣戸	323
ねじ	螺子	339	ねる	煉る	234	のおがた	直方	262	のぞく	窺く	280
ねじあやめ	捩菖蒲	156	ねる	錬る	385	ノーベル	諾貝爾	353	のぞく	覗く	348
ねじける	拗ける	154	ネルソン	納爾孫	292	のがた	野方	378	のぞく	臨く	380
ねじばな	捩花	156	ネロ	尼馬	111	のかなん	野能南	379	のぞむ	苣む	323
ねじめ	根占	189	ねんぐ	年貢	124	のかのいけやま			のぞむ	覬む	348
ねじる	捩る	156	ねんげみしょう				野鹿池山	379	のぞりこ	野反湖	378
ねじれる	捩れる	156		拈華微笑	153	のがれる	遁れる	372	のだいこ	野甘間	379
ねず	杜松	182	ねんごろに	懇ろに	146	のがん	鴇	423	のだおい	野田生	378
ねずがせき	鼠ヶ関	431	ねんざ	捻挫	157	のき	宇	100	のたくる	蜿蜒る	337
ねずみ	鼠	431	ねんさい	燃犀	235	のぎ	禾	275	のだけ	土当帰	76

のだて	野点	379	のぼりょうとうげ		のわき	野分	378	はいちゃく 廃嫡 126	
のたまう	宣う	103		登竜峠 257	のんき	暢気	174	はいちょう 蠅帳 340	
のたまわく	曰く	175	のぼる	升る	53	のんべえ	飲兵衛	407	ばいちょう 陪塚 393
のち	野馳	379	のぼる	蹈る	364	【は】			はいつくばう
のつけ	野付	378	のぼる	陞る	393				這い蹲う 369
のっけ	仰	24	のぼる	騰る	412	ハーグ	海牙	214	はいとう 佩刀 29
ノット	節	284	のみ	乃美	13	バーベナ	美女桜	301	ハイドン 海頓 215
のっとる	則る	46	のみ	爾	237	バーミンガム			バイナップル
のつはる	野津原	379	のみ	而已	305		北明翰	51	鳳梨 423
のっぴき	退っ引き 369	のみ	能美	310	ハーモニカ 口風琴 59	はいならし 灰均し 229			
のっぺい	能平	310	のみ	蚤	335	はあり	羽蟻	303	はいぬづか 羽犬塚 303
のっぺいじる		のみ	鑿	387	ばい	蛽	337	ハイネ 海涅 214	
	濃餅汁 228	のみのすくね		パイ	牌	238	はいはい 這い這い 369		
のっぺらぼう			野見宿禰 379	はいえつ	拝謁	153	はいばら 榛原 196		
	野箆坊 379	のみばった 蚤飛蝗 335	はいえん	煤煙	134	はいばら 生原 249			
のっぽろ	野幌	379	のむ	嚥む	73	バイオリン 提琴	158	はいびゃくしん	
のと	能都	310	のむらこどう		はいかい	俳徊	132	這柏槙 369	
のと	能登	310		野村胡堂 379	はいかい	誹諧	353	はいふ 肺腑 309	
のど	喉	71	のも	野母	378	ばいかうつぎ			はいふう 誹風 353
のどか	長閑	388	のも	野茂	379		梅花空木 190	ハイフォン 海防 214	
のとろ	能取	310	のもせ	野面	379	はいかぐら 灰神楽 229	はいまつ 這松 369		
のなまいさき		のより	野与	378	はいかつぎ 灰被ぎ 229	ばいまわし 貝回し 357			
	沼前岬 211	のら	野良	379	バイカル	貝加爾 357	ばいも 貝母 357		
ののえ	野於	379	のらいぬ	野良犬 379	バイカル	白乾児 258	はいよう 佩用 29		
ののしる	罵る	300	のり	法	213	はいき	早岐	170	はいる 這入る 369
ののだけ	箆岳	285	のり	海苔	214	ばいきん	黴菌	431	バイロン 拝倫 153
のば	野庭	379	のり	生血	249	ばいけいそう			はう 爬う 237
のはがわ	饒波川 409	のり	範	285		梅蕙草 190	はう 這う 369		
のびのび	延延	127	のり	糊	289	はいげき	排撃	157	はうた 端唄 281
のびのび	暢暢	174	のり	規	348	はいけん	佩剣	29	はえ 南風 54
のびる	暢びる	174	のりかわ	教川	163	ばいごま	貝独楽 357	はえ 破壊 269	
のびる	野蒜	379	のりくら	乗鞍	14	はいし	稗史	277	はえ 蠅 340
のぶかた	延方	127	のりごと	告り言	64	はいじく	敗衄	163	はえ 飯江 407
のぶき	信木	30	のりごと	法事	213	はいじま	葩島	327	はえ 鮠 418
のぶき	野蕗	379	のりしろ	糊代	289	バイシャ	吠舎	65	はえいわ 栄岩 185
のぶしゃ	信砂	30	のりと	祝詞	272	ばいしゅん	買春	358	はえとりぐも
のぶと	登戸	257	のりめん	法面	213	ばいしんじ	梅津寺	190	蠅取蜘蛛 340
のぶどう	野葡萄	379	のりゆみ	賭弓	359	はいずみ	掃墨	157	はえなわ 延縄 127
のぶれば	陳者	393	のる	騎る	412	はいせいせい			はえのくち 鮠口 417
のへじ	野辺地	378	ノルウェー	諾威	353		裴世清 344	はえのさき 南風崎 54	
のへな	饒平名	409	のるかそるか		はいせつ	排泄	157	はえばる 南風原 54	
のべる	展べる	113		伸るか反るか 27	はいぜん	沛然	210	はお 番長 254	
のべる	舒べる	314	のれん	暖簾	174	はいぜん	需然	399	パオ 包 50
のべる	陳べる	393	のろ	欒	428	ばいせん	焙煎	233	パオズ 包子 50
のほうず	野放図	379	のろい	鈍い	382	はいたい	廃頽	126	はか 捗 155
のほじま	野甫島	379	のろう	呪う	66	はいたい	胚胎	309	はか 破瓜 269
のぼせる	逆上せる 369	のろけ	惚気	142	はいたか	鶻	426	はが 垪和 79	
のぼの	能褒野	310	のろし	狼煙	242	はいだて	佩楯	29	はが 垪賀 79
のぼり	幟	123	のろのろ	鈍鈍	382	ハイチ	海地	214	はが 塀和 80
のぼりと	登戸	257	のろま	鈍間	382	はいち	背馳	309	はが 芳賀 317

ばか	莫迦	323	はく	刷く	45	ばくとした		はこだて	函館	43	
はかい	破潰	269	はく	吐く	63		漠とした	225	はこねうつぎ		
はがい	羽交い	303	はく	喀く	70	はくないしょう			箱根空木	285	
ばかがい	馬珂貝	410	はく	穿く	279		白内障	257	はこねそう	石長生	267
はかざ	袴狭	343	はく	箔	285	はくね	莫根	323	はこびと	運戸	371
はかし	佩刀	29	はぐ	剝ぐ	47	ばくばく	寞寞	105	はこぶ	搬ぶ	159
はかじるし	墓標	81	はぐ	接ぐ	157	ばくばく	邈邈	374	はこぶね	方舟	167
はかせ	博士	55	はぐ	刎ぐ	47	はくび	白眉	258	はこべ	繁縷	298
はかた	伯太	27	ばく	貘	357	はくふ	瀑布	228	はこやなぎ	白楊	258
はかた	伯方	27	はくあ	白堊	258	はぐま	白熊	258	はこやのやま		
はかた	博多	55	はくい	羽咋	303	はくもくれん			藐姑射の山	332	
はがちざき	波勝岬	212	はくいんぼうしょう				白木蓮	257	はごろも	羽衣	303
はかどる	捗る	155		博引旁証	55	はくらい	舶来	314	はさ	稲架	278
はかない	果敢無い	183	はくうんぼく			はくらく	伯楽	27	はざかいき	端境期	281
はかなぎ	墓巌	81		玉鈴花	244	はぐり	葉栗	326	はざかわ	迫川	369
はかなむ	果無む	183	はぐき	歯茎	433	はぐれ	波久礼	212	はさま	迫	368
はかばかしい			ばくぎゃく	莫逆	323	はぐれる	逸れる	371	はざま	峡	116
	捗捗しい	155	はぐくむ	哺む	69	ばくれん	莫連	323	はざま	狭間	241
ばがぼん	婆伽梵	96	はぐさ	芳	323	はくろ	白露	259	はざま	硲	270
はかま	袴	343	はくし	博士	55	ばくろ	暴露	174	はざま	羽間	303
はかまぎ	袴着	343	はくしま	白島	258	ばくろう	博労	55	はざま	迫	368
はかまごし	袴腰	343	ばくしゅうじょり			ばくろちょう			はざま	間	399
はかまだけ	袴岳	343		麦秀黍離	428		馬喰町	411	はさみ	波佐見	212
はがや	芳谷	317	はくしゅかっさい			はけ	刷毛	45	はさみ	螯	339
はがゆい	歯痒い	433		拍手喝采	153	はけ	波介	212	はさみ	鋏	384
はかり	秤	276	ばくしょ	曝書	174	はげ	半家	54	はさみむし	鋏虫	384
ばかり	許り	350	ばくしん	驀進	413	はげ	禿	275	はさむ	夾む	91
はかりごと	謀	354	ばくする	駁する	412	はげあたま	禿げ頭	275	はさむ	挿む	155
はかる	忖る	137	はくせい	剝製	47	はげいとう	葉鶏頭	326	はさむ	鋏む	384
はかる	揣る	158	はくせき	白皙	258	はげいとう	雁来紅	395	ばさら	婆娑羅	96
はかる	料る	165	はくせきれい			はけぐち	捌け口	156	ばさら	縛日羅	298
はかる	籌る	286		白鶺鴒	259	はげしい	烈しい	232	はし	梁	192
はかる	議る	355	はくせん	白癬	259	はげたか	禿鷹	275	はし	波子	212
はかわ	波川	212	ばくぜん	漠然	225	はげたけ	兀岳	35	はし	箸	285
はき	杷木	185	はくた	伯太	27	はけのみや			はし	觜	349
はき	破毀	269	ばくだい	莫大	323		八景水谷	38	はじ	吐師	63
はき	覇気	346	はくだつ	剝奪	47	はげのゆ	岐ノ湯	116	はじ	土師	76
はぎ	脛	310	バグダッド			はける	捌ける	156	はじ	辱	367
はぎ	萩	326		巴格達都	120	はげる	剝げる	47	はじいろ	黄櫨色	430
はぎあわせる			はくち	泊地	213	はげる	禿げる	275	はしお	箸尾	285
	接ぎ合せる	157	はくち	白痴	258	はこ	函	43	はしか	麻疹	429
はきい	波木井	212	はくち	白雉	258	はこ	筥	282	はじか	葉鹿	326
はぎしり	歯軋り	432	はくち	博打	55	はこ	篋	285	はじかの	初鹿野	45
パキスタン			ばくちみさき			はご	羽子	303	はしかぼり	芒彫	315
	巴基斯担	120		博奕岬	55	はごいた	羽子板	303	はしかみ	階上	394
はきだめ	掃き溜め	157	はくちゅう	伯仲	27	はこう	跛行	362	はじかみ	椒	193
はぎめ	接ぎ目	157	はくちょう	鵠	424	はこうち	筥内	282	はじかみ	薑	330
はきもの	履物	113	はくちょうげ			はこざき	筥崎	284	はじかみいお		
はききょう	破鏡	269		白丁花	257	はこせこ	筥迫	284		椒魚	193
はく	佩く	29	ばくと	博徒	55	はごたえ	歯応え	432	はじき	土師器	76

はじきさき	弾崎	130	はすいも	白芋	257	バター	牛酪	238	はちかい	八開	38
はしけ	艀	314	はすかい	斜交い	165	はたえ	二十重	17	バチカン	和地関	67
はじける	弾ける	130	はずかしい			はだえ	膚	312	はちく	淡竹	220
はしご	梯子	191		羞ずかしい	302	はたおり	機織	198	はちす	蓮	328
はしこい	捷い	157	はずかしめる			はたおり	畑下	253	はちすか	蜂須賀	337
はじさらし	恥曝し	141		僇める	34	はたかじま	波高島	212	はちのへ	八戸	37
はしため	婢	96	パスカル	巴斯噶	120	はたがや	幡ヶ谷	123	はちぶせ	鉢伏	383
はじとみ	半蔀	54	バスケットボール			はだかる	開かる	389	はちまんたい		
はしはこうぶり				籠球	287	はたき	叩き	60		八幡平	38
	圭冠	77	はすっぱ	蓮っ葉	328	はたき	払塵	150	はちみつ	蜂蜜	337
はしばし	端端	281	はすのはかずら			はたく	叩く	60	はちめんれいろう		
はしはま	波止浜	212		蓮葉葛	328	はたけ	畑毛	253		八面玲瓏	38
はしばみ	榛	196	はずま	弭間	129	はたけ	畠	253	はちめんろっぴ		
はしばみ	端食み	281	はすみ	羽須美	303	はたけ	疥	255		八面六臂	38
はしぶとがらす			はずみ	荷見	322	はたける	開ける	389	はちもり	八森	38
	嘴太鴉	72	はずみ	勢み	50	はたご	旅籠	167	はちや	八屋	38
はしべつ	箸別	285	はずみさき	羽豆岬	303	はだし	裸足	344	はちゅうるい		
はしま	端島	281	はする	派する	217	はたしょう	秦荘	276		爬虫類	237
はじめ	首	409	はせ	初瀬	45	はたせ	肌勢	307	はついぼし	室宿	102
はじめて	甫めて	250	はせ	番町	254	はたたがみ	霹靂神	399	はつうま	初午	45
はじめる	創める	47	はせ	長谷	388	はたたて	幟建	123	ばつえい	末裔	180
はじめる	肇める	307	はぜ	櫨	200	はたち	二十歳	17	はつか	二十日	16
はしもと	筈本	349	はぜ	櫟	289	はたち	廿枝	127	はっか	八筒	38
はしゃぐ	燥ぐ	236	はぜ	鯊	418	はたと	礑と	271	はっか	薄荷	331
はしやま	杤山	185	はせがわ	長谷川	388	はだの	秦野	276	ばっか	幕下	122
ばしょう	芭蕉	317	はせがわ	長谷河	388	はたはた	蠑蚔	339	ばっかい	抜海	152
ばしょく	馬謖	411	はぜかわ	櫨川	200	はたはた	鰰	420	はっかいさん		
はしょる	端折る	281	はぜがわ	土師川	76	はたぶ	幡生	123		八海山	38
はじらう	含羞う	63	はせくらつねなが			はたべげんや			はつかいち	廿日市	127
はしりい	走井	361		支倉常長	162		端辺原野	281	はっかくこ	八鶴湖	39
はしりこたん			はぜのき	櫨	200	はたま	端間	281	はっかとうげ		
	走古丹	361	はせば	長谷場	388	はたまた	将又	107		発荷峠	257
はしりじま	走島	361	はせべ	丈部	9	はため	傍目	33	はつかねずみ		
はしりどころ			はせべ	走部	361	はためいわく				二十日鼠	17
	走野老	361	パセリ	旱芹	170		傍迷惑	33	はつかり	初狩	45
はしりみず	走水	361	はせる	馳せる	411	はたもの	畠物	253	はづき	葉月	326
はしる	奔る	92	はぜる	爆ぜる	236	はたらき	働き	34	はっく	白駒	258
はしる	趨る	362	ばせんがわ	馬洗川	411	はたらきづめ			はっけ	八卦	38
はじる	愧じる	144	はそう	爬搔	237		働き詰め	34	はっけいじま		
はじる	憗じる	145	はそう	瓼	248	はたりす	畑栗鼠	253		八景島	38
はじる	羞じる	302	はそく	把捉	152	はだれ	斑	164	ばっこ	跋扈	362
はしろ	波白	212	はた	側	32	はたん	破綻	269	はっこう	白虹	258
はす	斜	165	はた	将	107	はたんきょう			はっこう	薄幸	331
はす	蓮	328	はた	幡	123		巴旦杏	119	はっこう	醱酵	378
はす	鯏	420	はた	幡多	123	はち	捌	156	はっこうださん		
はず	巴豆	119	はた	波田	212	はち	蜂	337		八甲田山	38
はず	幡豆	123	はた	秦	276	ばち	撥	160	はっさか	八坂	38
はず	筈	283	はた	羽太	303	ばち	枹	187	はっさく	八月一日	37
ばす	馬尾毛	410	はだ	秦	276	ばち	罰	300	はっさく	八月朔	37
ばず	馬爪	410	はだ	膚	312	はちいつ	八佾	38	はっさく	八朔	38

はっさむ	発寒	257	はとり	服	177	酷だしい 377	ばば	婆	96	
はっしん	発疹	257	はとり	服織	177	はなばなしい	パパイア	蕃瓜樹 330		
ばつぞく	閥族	390	はとり	織	299	華華しい 322	ははかべ	波波泊部 212		
はつた	弾田	129	はとりこ	羽鳥湖 303	はなび	煙火	233	はばかり	憚り	146
はった	八田	38	はとりだ	幡織田 123	はなびしそう		はばかり	羽計	303	
ばった	飛蝗	407	はな	渼	213	金英草 380	はばかりながら			
はったい	糗	289	はな	端	281	はなびら 花弁 315		憚り乍ら 146		
はつたけ	青頭菌 400	はな	纏頭	300	はなひりのき	はばかる	憚る	146		
はっちとうげ		はないかだ 花筏 316	嚏の木 73	はばき	脛巾	310				
	鉢地峠 383	はなうつぎ 花卯木 315	はなぶさ	英	317	はばき	鋼	386		
はっちょうなわて		はなおか	華岡 322	はなぶさいっちょう	ははきぎ	帚木	121			
	八丁畷 37	はなおれとうげ	英一蝶 317	ははこぐさ 鼠麹草 431						
ばってき	抜擢 152		花折峠 316	パナマ	巴奈馬 119	ははそ	柞	186		
はっと	法度 213	はなかざり 花嵐 316	はなみ	土海	76	はばたく	羽撃く 303			
はっとう	八東 38	はながたみ 花筐 316	はなむぐり 花潜 316	はばだに	祖母谷 274					
はっとり	服部 177	はなかわど 花川戸 315	はなむけ	餞	408	ハバナ	巴波那 120			
はつなり	初生り 45	はなぐすく 花城 316	はなむれさん	バハマ	馬浜	411				
はっぱ	発破 257	はなぐもり 養花天 408	花牟礼山 315	はばむ	沮む	211				
バッハ	巴哈 120	はなぐりのせと	はなやか 華やか 322	ばばめがわ						
はっぴ	法被 213		鼻繰瀬戸 432	はなやすり 花鑢 316		馬場目川 411				
ばつびょう 抜錨 152	はなごけ	花苔 316	はなわ	塙	81	ばはんせん 八幡船 38				
はっぷう	八風 38	はなござ	花茣蓙 316	はなわほきのいち	はびくの	羽曳野 303				
ばつぶん	跋文 362	はなし	噺	73	塙保己一 81	はびこる	滔る	225		
はっぽう	八峰 38	はなしか	噺家 73	はなわらび 花蕨 316	はびこる	蔓延る 329				
はつぼく	潑墨 227	はなしょうぶ		はなんどう 花堂 316	はふ	破風	269			
はつらつ	潑刺 227		花菖蒲 316	はに	埴	79	はぶ	七生	3	
はて	涯	219	はなじろむ 鼻白む 432	はにかむ 含羞む 63	はぶ	上生	8			
はで	派手 217	はなす	咄す	66	はにきぬきせぬ	はぶ	吐生	63		
はで	破手 269	はなずおう 花蘇芳 316	歯に衣着せぬ 432	はぶ	土生	76				
ばてい	馬蹄 411	はなすげ	花菅 316	はにしな	埴科 79	はぶ	埴生	79		
はてなしさんみゃく	はなすすき 花薄 316	はにゅう	埴生	79	はぶ	波入	212			
	果無山脈 183	はなだ	縹	299	はにゅう	波入	212	はぶ	羽生	303
はでば	端出場 281	はなたけ	鼻茸 432	はにゅう	羽生	303	はぶ	波布	212	
ばてるさんち		はなちがせん		はにゅうだ 羽生田 303	はぶ	飯布	407			
	場照山地 80		花知ヶ仙 316	はにわ	埴輪	79	はぶそう	蛇滅草 336		
はてるまじま	はなちるさと		はね	刎	44	はぶたえ	羽二重 303			
	波照間島 212		花散里 316	はね	波根	212	はぶつ	土生都	76	
バテレン	伴天連 28	はなづらさき		はね	羽子	303	はぶなきゅうりょう			
はてんこう 破天荒 269		鼻面崎 432	はね	翅	304		羽鮒丘陵 303			
はと	鳩	422	はなてん	放出 162	ばね	発条 257	はぶみなと 波浮港 212			
はとう	波濤 212	はなとこばこ		はねいし	反石	58	はブラシ	歯刷子 433		
はとこ	再従兄弟 41		花登筐 316	はねいし	発石	257	はふり	祝	272	
はとこ	再従姉妹 41	バナナ	甘蕉 248	はねかくし 羽隠虫 303	はふり	祝部	272			
はとさき	波渡崎 212	はなぬきがわ		はねぎ	刎木	44	はぶり	羽振り 303		
ハドソン	哈得孫 68		花貫川 316	はねさか	塙坂	81	はべる	侍る	29	
はどのみさき		はなぬきとうげ		はねず	唐棣	69	はぼたん	甘藍	248	
	波戸岬 212		花抜峠 316	はねる	刎ねる 44	はぼまい	歯舞	433		
はとば	波止場 212	はなのえん 花宴 316	はねる	撥ねる 160	はぼろ	羽幌	303			
はとむぎ	薏苡 331	はなはだ	太だ	89	ハノイ	河内	210	はまえんどう		
はとやま	八十八間 37	はなはだしい		はば	巾	120		浜豌豆 218		

はまおにしべつ	はやしゆうてき	ばらにく 肋肉 307	バルザック	
浜鬼志別 218	早矢仕有的 170	はらのまち 原町 57	巴爾札克 120	
はまおもと	はやす 囃す 74	はらばい 腹這い 311	はるさめ 春雨 172	
浜万年青 217	はやずし 早鮨 170	はらはら 悄悄 140	はるじおん 春紫苑 172	
はまぐちおさち	はやちねさん	はらまき 巻服 120	はるじょおん	
浜口雄幸 217	早池峰山 170	ばらまく 散蒔く 163	春女苑 171	
はまぐり 蛤 336	はやて 疾風 255	はらむ 孕む 98	はるだ 原田 57	
はまごう 蔓荊 329	はやと 隼人 395	バラモン 婆羅門 96	はるたち 春立 171	
はまごうち 浜河内 218	はやとものせと	バラモンきょう	はるつげどり	
はましぎ 浜鷸 218	早鞆瀬戸 170	婆羅門教 96	春告鳥 172	
はますげ 浜菅 218	はやなり 早生 170	はららご 鯑 418	はるとり 春採 172	
はまぜり 浜芹 217	はやにえ 速贄 370	はらわた 腸 311	はるな 榛名 196	
はまだらか 羽斑蚊 303	はやひのみね	はらん 波瀾 213	はるのや 春酒 172	
はまち 刃区 44	速日の峰 370	はらん 葉蘭 326	はるはやて 春疾風 172	
はまち 魬 417	はやぶさ 隼 395	はらんばんじょう	はるばる 遥遥 372	
はまとんべつ	はやま 早馬 170	波瀾万丈 213	ハルピン 哈爾浜 68	
浜頓別 218	はやみ 速見 370	はり 梁 192	バルボア 波爾勃亜 212	
はまなす 浜茄子 218	はやみぎょしゅう	はり 玻璃 245	はるまち 原町 57	
はまなわて 浜畷 218	速水御舟 370	はり 鉤 382	はるみ 晴海 173	
はまひるがお	はやり 流行り 218	はり 鍼 386	ばれい 馬齢 411	
浜旋花 218	はやる 流行る 218	ばり 罵詈 300	ばれく 破礼句 269	
はまぼう 黄槿 430	はやる 逸る 371	バリ 巴里 119	パレスチナ	
はまぼっす 浜払子 217	ばら 肚 307	はりうす 張碓 130	巴勒斯旦 120	
はまゆう 浜木綿 217	ばら 荊棘 320	ハリウッド 聖林 306	はれる 腫れる 311	
はまる 嵌まる 117	ばら 薔薇 331	はりがい 張谷 130	はれる 霽れる 400	
ハミ 哈密 68	はらいがわ 祓川 274	はりがねむし	ばれん 馬棟 411	
はみ 芳美 317	はらいせ 腹癒せ 311	線虫 297	ハワイ 布哇 121	
はみ 馬銜 411	はらう 掃う 157	はりぎり 刺楸 46	はわい 羽合 303	
はみでる 食み出る 407	はらう 攘う 161	バリケン 台湾鶩 61	ぱん 鶻 426	
はみや 頓宮 404	はらう 祓う 274	ハリス 赫黎斯 361	パン 麵麴 428	
ハミルトン	ばらうり 散売り 163	はりす 鉤素 382	ばんい 蛮夷 337	
哈蜜爾敦 68	はらえ 祓え 274	はりせんぼん	ばんえいけいば	
はむ 食む 407	はらか 鯶 420	魚虎 416	輓曳競馬 366	
はむし 金花虫 380	はらがまえ 肚構え 307	ばりぞうごん	ばんか 挽歌 156	
ハムレット 狂公子 240	はらから 同胞 63	罵詈雑言 300	ハンカチ 半巾 53	
はめ 羽目 303	ばらき 原木 57	ハリソン 哈礼孫 68	ハンガリー 洪牙利 215	
はめく 填句 81	ばらきなかやま	はりた 墾田 57	はんがんびいき	
はめごろし 嵌殺し 117	原木中山 57	はりつけ 磔 271	判官贔屓 45	
はめる 嵌める 117	パラグアイ 巴拉圭 120	はりねずみ 針鼠 381	はんき 叛旗 58	
はも 鱧 421	はらごしらえ	はりま 播磨 160	ばんきょ 盤踞 261	
はもち 羽茂 303	腹拵え 311	はりまとくさ	はんぎょく 半玉 53	
はや 甲矢 251	ばらずし 散鮨 163	播磨徳久 160	ばんきん 万鈞 9	
はや 芳養 317	はらたい 腹帯 311	はりみち 墾道 82	ばんきん 輓近 366	
はや 鮠 418	はらたいま 原当麻 57	はりむら 榛村 196	ばんきん 鈑金 382	
はやい 疾い 255	はらたかし 原敬 57	はりよ 針魚 381	バンクーバー	
はやきた 早来 170	はらたけ 原茸 57	はりょう 針用 381	晩香坡 173	
はやさめ 速雨 370	ばらだま 散弾 163	はるか 夐か 83	ばんけい 蟠渓 340	
はやし 囃子 74	はらてっけつ	はるか 遥か 372	はんげしょう	
はやししへい	爬羅剔抉 237	バルカン 巴爾幹 120	半夏生 54	
林子平 185	ばらと 茨戸 320	はるご 春蚕 172	ハンケチ 半巾 53	

読み	表記	頁
はんごう	飯盒	407
バンコク	盤谷	261
ばんこく	万斛	9
はんごんこう	反魂香	58
はんさ	煩瑣	234
ばんさい	万歳	9
ばんざい	板西	185
ばんざぶろうだけ	万三郎岳	9
はんざわ	榛沢	196
はんざん	飯山	407
ばんさん	晩餐	173
ばんじいわ	磐司岩	271
ばんじゃく	磐石	271
はんしょ	燔書	235
ばんしょ	蕃書	330
はんしょう	汎称	209
はんじょう	半畳	54
はんじょう	繁盛	298
ばんじょうがわ	番匠川	254
はんしょく	蕃殖	330
はんす	判事	45
はんすう	反芻	58
はんぜい	反正	58
ばんぜん	晩蟬	173
はんぞう	甅	248
ばんそうこう	絆創膏	293
はんだ	繁田	298
ばんだ	万朶	9
パンダ	熊猫	234
ばんだい	万代	9
はんだこうげん	飯田高原	407
はんちゅう	範疇	285
はんづら	版面	237
はんてん	半纏	54
ばんでん	番田	254
はんと	版図	237
ばんどう	阪東	391
はんどく	繁特	196
はんなぐろ	花畔	316
はんなま	半生	54
はんなり	埴破	79
はんにゃ	般若	314
はんにゃとう	般若湯	314
はんの	母野	204
はんのき	榛の木	196
はんば	半端	54
ばんば	輓馬	366
ばんばじま	馬場島	411
はんぱつ	反撥	58
はんぱん	汎汎	209
はんぶ	頷猫	404
ハンブルク	漢堡	224
はんぶんじょくれい	繁文縟礼	298
はんぺい	藩屛	332
はんぺん	半平	54
はんぽん	版本	237
はんみょう	斑猫	164
はんもん	煩悶	234
はんや	垣谷	79
バンヤ	斑枝花	164
はんよう	汎用	209
はんらん	叛乱	58
はんらん	氾濫	208
はんりょ	伴侶	28
はんれい	凡例	42
ばんれいし	蕃荔子	330

【ひ】

読み	表記	頁
ひ	枌	184
ひ	樋	198
ひ	目翳	262
ひ	陽	394
ひあがる	乾上る	16
ピアノ	洋琴	217
ひあぶり	火炙り	229
ひあわい	廂間	126
ひい	日出	168
ひいかわ	斐伊川	164
ひいき	晶屓	359
ひいじじ	曾祖父	176
ひいじだけ	平治岳	124
ピータン	皮蛋	260
ひいては	延いては	127
ひいでる	秀でる	275
ビードロ	玻璃	245
ひいばば	曾祖母	176
ぴいふ	上別府	8
ビーフン	米粉	287
ひいらぎ	柊	187
ひいらぎなんてん	柊南天	187
ビール	麦酒	428
ひいん	庇蔭	125
びう	眉宇	263
ひうお	氷魚	208
ひうしない	緋牛内	296
ひうち	日内	168
ひうち	燧	236
ひうちいし	燧石	236
ひうちがたけ	燧ケ岳	236
ひうちなだ	燧灘	236
ひえ	日吉	168
ひえ	比延	204
ひえ	稗	277
びえい	美瑛	302
ひえいざん	比叡山	204
ひえき	裨益	344
ひえごややま	稗己屋山	277
ひえだ	稗田	277
ひえだのあれ	稗田阿礼	277
ひえぬき	稗貫	277
ひえん	飛燕	407
ひお	氷魚	208
ひおう	秘奥	276
ひおうぎ	檜扇	199
ひおき	日置	169
ひおどし	緋縅	296
ひが	彼我	131
びか	微瑕	135
ひがい	梭貝	191
ひがい	鰉	419
ひがいだに	日開谷	169
びかいち	光一	35
ひかえる	扣える	151
ひかがみ	膕	312
ひがき	菱垣	325
ひかげ	日景	169
ひかげのかずら	石松	267
ひがごと	僻事	34
ひがさ	日暈	169
ひがし	乾菓子	16
ひがしいちき	東市来	184
ひがしいわい	東磐井	185
ひがしおおぶけ	東大更	184
ひがしかんばら	東蒲原	184
ひがしくしら	東串良	184
ひがしくにさき	東国東	184
ひがしくびき	東頸城	184
ひがしげじょう	東下条	184
ひがしこおげ	東郡家	184
ひがしこくばる	東国原	184
ひがしそのぎ	東彼杵	184
ひがしたかす	東鷹栖	185
ひがしたびら	東田平	184
ひがしつの	東都農	184
ひがしとなみ	東礪波	185
ひがしならわ	東成岩	184
ひがしなり	東生	184
ひがしなり	東成	184
ひがしはしさき	東猪崎	184
ひがしはず	東幡豆	185
ひがしふさをく	東総元	184
ひがしへんなざき	東平安名崎	184
ひがしほうべんざん	東鳳翩山	184
ひがしむろ	東牟婁	184
ひがしもこと	東藻琴	185
ひがしもろかた	東諸県	185
ひかす	落籍す	326
ひかた	干潟	123
ひかた	干潟	123
ひかたみさき	日方岬	168
びかちょう	鼻下長	432
ひがの	日向野	168
ひかみ	氷上	207
ひがむ	僻む	34
ひがめ	僻目	34

ひがら	日次	168	ひく	輓く	366	ひさげ	提	158		毘沙門天	204
ひがら	日雀	169	ひく	轢く	367	ひさご	瓢	347	ひじゅうだい		
ひからびる			ひく	退く	369	ひさし	庇	125		日出生台	168
	干涸びる	123	びく	微軀	135	ひさしい	尚しい	110	びしゅく	尾宿	112
ひかわ	斐川	164	びく	比丘	204	ひさつ	肥薩	308	ひじゅん	批准	152
ひかわ	氷川	207	びく	魚籠	417	ひさびさ	久久	13	ひじり	聖	306
ひかわ	簸川	286	ひくいどり	食火鶏	407	ひざまずく	跪く	363	びじれいく		
ひがん	彼岸	131	ひくいな	緋水鶏	296	ひさめ	氷雨	208		美辞麗句	302
ひがんばな	石蒜	268	びくに	比丘尼	204	ひさめ	甚雨	249	ひしろ	日代	168
ひき	日置	169	びくびく	恟恟	140	ひざもと	膝下	312	ひず	氷頭	208
ひき	疋	254	ひくま	日前	169	ピサロ	比撒羅	204	ひすい	翡翠	304
ひき	墓	339	ひぐま	羆	301	びさん	瀰散	229	ビスケット	乾蒸餅	16
ひき	誹毀	353	ひくまの	引馬野	128	ひし	彼此	131	ヒステリー		
ひぎ	比擬	204	ひぐらし	蜩	338	ひし	菱	325		歇斯的里	201
ひきあみ	曳き網	175	びくん	微醺	135	ひじ	小童	109	ビスマルク		
ひきうす	碾き臼	271	ひげ	髭	415	ひじ	日出	168		比斯馬児克	204
ひきがえる	蟇	339	ひげ	髯	415	ひじ	肱	308	ひずみ	歪	202
ひきこもごも			ひげ	鬚	415	ひしお	醢	377	ひずむ	歪む	202
	悲喜交交	143	ひけぎわ	引け際	128	ひしお	醬	377	ひせい	批正	152
ひきじがわ	引地川	128	ひけた	引田	128	ひじおり	肘折	307	びせい	美星	302
ひきしょう	日置荘	169	ひけつ	秘訣	276	ひじかた	一方	1	ひせき	丕績	11
ひきた	疋田	254	ひけん	披見	153	ひじかた	土方	76	ひぜん	疥癬	255
ひきた	疋檀	254	ひけん	比肩	204	ひじかたとしぞう			ひぜん	肥前	308
ひきた	墓田	339	ひこ	孫	99		土方歳三	76	びぜん	備前	33
ひきだし	抽斗	153	ひこ	小舌	108	ひしかり	菱刈	325	びぜん	美髯	302
ひきちゃ	碾茶	271	ひこ	彦	130	ひじかわ	土川	76	びぜん	靡然	401
ひきつぼし	斗宿	165	ひご	庇護	125	ひじかわ	肱川	308	ひそ	砒素	269
ひきつる	引き攣る	128	ひご	篦	287	ひじがわ	比地川	204	ひぞう	脾臓	311
ひきつる	痙攣る	255	ひご	肥後	308	ひしかわもろのぶ			ひそか	偸	33
ひきにく	挽き肉	156	ひご	蛮語	338		菱川師宣	325	ひそか	密か	104
ひきぬの	疋布	254	ひごい	緋鯉	296	ひじき	羊栖菜	301	ひぞく	匪賊	52
ひきひと	侏儒	29	ひこう	飛蝗	407	ひじき	飛舖	407	ひぞく	鄙俗	376
ひきふね	曳船	175	ひごう	非業	401	ひしぐ	拉ぐ	154	ひそひそ	密密	104
ひきまい	侏儒舞	29	ひこさん	英彦山	317	ひしくい	菱食	325	ひそみ	顰	406
ひきめ	蟇目	339	ひごたい	平江帯	124	ひしこ	鯷	420	ひそめる	顰める	406
ひきめかぎばな			ひごと	日毎	168	ひしだしゅんそう			ひた	引板	128
	引目鉤鼻	128	ひこぬし	孫主	99		菱田春草	325	ひた	日田	168
ひきょう	卑怯	55	ひこね	彦根	130	ひしと	犇と	239	ひだ	襞	345
びぎょう	罷業	301	ひこばえ	蘖	333	ひしな	菱科	325	ひだ	飛騨	407
ひきよもぎ	引艾	128	ひこぼし	牽牛星	239	ひじはら	土原	76	ぴた	鐚	387
ひきり	火鑽り	229	ひざ	膝	312	ひしひし	犇犇	239	ぴたいちもん		
ひきりょう	引両	128	ピサ	比察	204	ひしめく	犇めく	239		鐚一文	387
ひく	延く	127	ひさい	久居	14	ひしもち	菱餅	325	ぴたいとりやま		
ひく	弾く	130	びさい	尾西	112	ひじや	日出石	168		額取山	405
ひく	惹く	142	ひさかじま	久賀島	14	ひじゃがわ	比謝川	204	ひだか	日高	169
ひく	挽く	156	ひさかたぶり			ひしゃく	柄杓	187	ひたかくし	直隠し	262
ひく	曳く	175		久方振り	13	びしゃごだけ			ひたかつ	比田勝	204
ひく	牽く	239	ひさぎ	久木	13		鶙岳	424	ひたき	鶲	425
ひく	碾く	271	ひさぎ	楸	194	ひじやま	比治山	204	ピタゴラス		
			ひさぐ	鬻ぐ	415	びしゃもんてん				龐太我剌私	433

読み	表記	頁	読み	表記	頁	読み	表記	頁	読み	表記	頁
ひたす	浸す	219	ピット	庇得	125	ひとなのか	一七日	1		火野葦平	229
ひだすき	火襷	229	ひっぱく	逼迫	372	ひとひら	一枚	2	ひのえ	丙	11
ひたすら	只管	61	ひっぷ	匹夫	51	ひとふり	一雨	1	ひのえうま	丙午	11
ひたたれ	直垂	262	びっぷ	比布	204	ひとまとめ	一纏め	3	ひのえまた	檜枝岐	199
ひたち	常陸	122	ひづめ	蹄	363	ひとみ	一見	1	ひのかるめ	氷軽米	208
ひたち	月出	176	ひつりょくこうてい			ひとみ	瞳	265	ひのき	檜	199
ひたちない	比立内	204		筆力扛鼎	284	ひとみごくう			ひのきぼらまる		
びだつ	敏達	163	ひでや	日出谷	168		人身御供	20		檜洞丸	199
ひたひこさん			ひでり	旱	170	ひとむら	一叢	3	ひのし	火熨斗	229
	日田彦山	168	ひでりあめ	日照雨	169	ひともし	火点し	229	ひのしたかいさん		
ひたぶる	頓	404	ひとあわ	一泡	2	ひとや	獄	243		日下開山	168
ひたむき	直向き	262	ひどい	酷い	377	ひとよぎり	一節切	2	ひのしま	日島	169
ひだら	干鱈	123	ひといきれ	人熱れ	20	ひとり	一人	1	ひのしま	樋島	198
ひだりうちわ			ひといち	一日市	1	ひとりしずか			ひのためしのそう		
	左団扇	119	ひといちば				一人静	1		氷の様の奏	207
ひたる	浸る	217		一日市場	1	ひとりぼっち			ひのつめ	旭爪	169
ひだるま	火達磨	229	ひとえ	単	54		一人法師	1	ひのでがだけ		
ひちそう	七宗	3	ひとえぎぬ	単衣	54	ひとわたり	一渉り	2		日出ヶ岳	168
ひちりき	篳篥	286	ひとえに	偏に	33	ひな	鄙	376	ひのと	丁	3
ひちりっぷぬま			ひとおじ	人怖じ	20	ひな	雛	397	ひのとだけ	丁岳	4
	火散布沼	229	ひとかたならず			ひなあられ	雛霰	397	ひのはら	檜原	199
ひぢりめん	緋縮緬	296		一方ならず	1	ひなぐ	日奈久	169	ひのぼり	日登	169
ひつ	櫃	199	ひとかっぷ	単冠	54	ひなくらさん			ひのみこ	日御子	169
ひついしじま			ひとかど	一廉	2		日名倉山	169	ひのみさき		
	櫃石島	199	ひとからげ	一絡げ	2	ひなげし	雛罌粟	397		日ノ御埼	168
ひっか	筆禍	284	ひときわ	一際	2	ひなご	日名子	168	ひのみさき	日御碕	169
ひつぎ	棺	192	ひとくさり	一齣	3	ひなし	日済し	169	ひば	乾葉	16
ひつきぼし	斗宿	165	ひとくせ	一癖	3	ひなせ	日生	168	ひば	檜葉	199
ひっきょう	畢竟	254	ひとくだり	一行	1	ひなた	日向	168	ひば	比婆	204
ひつぎう	匹耦	51	ひとくら	一庫	2	ひなた	日当	168	びばい	美唄	302
びっくり	吃驚	62	ひとこしちりめん			ひなた	日南田	169	ひばかり	日計	169
ひっこうけんでん				一越縮緬	2	ひなた	陽田	394	ひはぎ	引剥	128
	筆耕硯田	284	ひとごと	他人事	22	ひなたの	日向野	168	ひばし	火箸	229
ひっさくほうへん			ひとこま	一齣	3	ひなたやま	日当山	168	ひはつえいかん		
	筆削襃貶	284	ひとしい	斉しい	432	ひなつ	日夏	169		被髪纓冠	343
ひつじ	未	180	ひとしお	一入	1	ひなづるとうげ			ひはら	樋原	192
ひつじ	稗	278	ひとしきり	一頻り	2		雛鶴峠	397	ひばら	檜原	199
ひっしき	引っ敷き	128	ひとすじなわ			ひなびる	鄙びる	376	ひばり	雲雀	398
ひつじぐさ	未草	180		一筋縄	2	ひなみ	日次	168	ひひ	沸沸	241
ひつじさる	未申	180	ひとだかり	人集り	20	ひなもり	夷守	91	ひひ	霏霏	399
ひっしゅく	畢宿	254	ひとだま	人魂	20	ひにく	髀肉	413	ひひ	日比	168
ひっせい	畢生	254	ひとつかみ	一摑み	2	ひにょうき	泌尿器	213	ひひ	皹	260
ひっそく	逼塞	372	ひとづて	人伝	20	ひぬま	涸沼	219	ひひ	皹	300
ひったしぼり			ひとつまみ	一撮み	2	ひねしょうが			びび	薑薑	20
	疋田絞り	254	ひとで	海星	214		陳生姜	393	びび	妮妮	96
ひっちゅう	匹儔	51	ひとつ	一青	2	ひねの	日根野	169	びび	微微	135
ひっちゅう	筆誅	284	ひととせ	一年	1	ひねもす	終日	293	ひびき	日正	
びっちゅう	備中	33	ひととせ	春夏秋冬	172	ひねる	捻る	157	ひびや	日比谷	168
びっちゅうこうじろ			ひととなり	為人	230	ひねる	陳ねる	393	ひふ	被風	343
	備中神代	33	ひとなぬか	一七日	1	ひのあしへい			ひぶ	日歩	169

びふか	美深	302	ひや	火箭	229	ひょうじょう 評定	351	ひより	日和	169	
ひぶた	火蓋	229	ひやかし	素見	291			ひよりやま	日和山	169	
ひぶりしま	日振島	169	ひやかす	素見す	291	びょうしょう 病牀	255	ひよる	日和る	169	
ひぶんしょう			ひやく	秘鑰	276			ひょんのみ	瓢の実	347	
	飛蚊症	406	ひゃく	佰	29	ひょうする 評する	351	ひら	曹白魚	175	
ひへい	疲弊	255	ひゃく	陌	392	ひょうせい 平声	124	ひら	比良	204	
ひぼう	誹謗	353	ひゃくざわ	百沢	259	ひょうせつ 剽窃	47	ひら	片	237	
びほう	弥縫	129	びゃくし	白芷	258	ひょうそ 瘭疽	256	ひらいで	平出	123	
ひぼし	婢僕	96	びゃくしいけ			ひょうそく 平仄	123	ひらう	平癒	124	
ひぼし	干乾し	123		白紫池	258	ひょうたん 瓢簞	347	ひらお	平生	123	
びほろ	美幌	302	ひゃくしゃくかんとう			びょうどう 廟堂	126	ひらおか	枚岡	185	
ひま	蓖麻	285		百尺竿頭	259	ひょうどとうげ		ひらか	平鹿	124	
ひま	閑	389	びゃくじゅつ				兵戸峠	39	ひらか	平賀	124
ひま	隙	394		白朮	257	ひょうのせん		ひらかた	枚方	185	
ひまかじま			びゃくしん	柏槙	187		氷ノ山	207	ひらき	開	389
	日間賀島	169	ひゃくせきかんとう			ひょうひょう		ひらく	啓く	69	
ひまご	曾孫	176		百尺竿頭	259		飄飄	406	ひらく	拓く	153
ひましゆ	蓖麻子油	328	びゃくだん	白檀	259	ひょうひょう		ひらく	披く	153	
ひまつり	日奉	169	びゃくれん	白蘞	259		飆飆	406	ひらくに	平郡	124
ヒマラヤ	喜馬拉	70	ヒヤシンス	風信子	406	ひょうびょう		ひらぐも	壁銭	82	
ひまわり	向日葵	62	ひゃっかりょうらん				縹渺	299	ひらける	展ける	113
びまん	弥漫	129		百花繚乱	259	びょうびょう		ひらこそ	平社	124	
ひみ	氷見	208	びゃっけん	僻見	34		森森	221	ひらたあつたね		
ひみこ	卑弥呼	55	ひゃっぽだ	百歩蛇	259	びょうびょう			平田篤胤	123	
ひみとうげ	日見峠	169	びやぼん	琵琶笛	246		渺渺	223	ひらつか	平塚	124
ひむろ	氷室	208	ひやま	檜山	199	びょうぶ	屏風	113	ひらど	平戸	123
ひむろやま	氷室山	208	ひゃんな	平安名	123	びょうぼう 渺茫	223	びらとり	平取	124	
ひめ	媛	97	ひゆ	比喩	204	びょうまん 渺漫	223	ひらふ	比羅夫	204	
ひめ	飛鳴	407	ひゆ	莧	322	ひょうもんちょう		びらふ	美良布	302	
ひめがき	女墻	93	ひゅうが	日向	168		豹紋蝶	357	ひらふくひゃくすい		
ひめくぐ	姫莎草	96	ひゅうがみきょう			びようやなぎ			平福百穂	124	
ひめくり	日捲り	169		日向神峡	168		未央柳	180	ひらむし	扁虫	149
ひめしゃら	赤梅檀	360	びゅうせつ	謬説	354	ひょうりょう		ひらめ	鮃	417	
ひめじょおん			ひよ	鵯	425		秤量	276	ひらめき	閃き	389
	姫女苑	96	ひょう	豹	356	ひょうろう 兵糧	39	ひらめく	閃く	389	
ひめとらのお			ひょう	雹	399	ひょうろくだま		ひらら	平良	124	
	水蔓青	207	びよう	微恙	135		表六玉	342	ひらる	平流	124
ひめむかしよもぎ			びょう	鋲	384	ひよく	肥沃	97	ひらわたり	平渡	124
	姫昔艾	96	ひょうかく	嫖客	97	ひよけ	日除け	169	びらん	糜爛	289
ひめゆり	山丹	114	びょうぎ	廟議	126	ひよけ	火除け	229	びりか	美利可	302
ひめよもぎ	野艾蒿	378	ひょうきぎょっこつ			ひよこまめ	雛豆	397	びりべつがわ		
ひも	氷面	208		氷肌玉骨	207	ひよし	日吉	168		美里別川	302
ひも	紐	292	ひょうきん	剽軽	47	ひよどり	鵯	425	びりょう	鼻梁	432
びもく	眉目	263	ひょうこ	瓢湖	347	ひよどりごえ			ひる	午	53
びもくしゅうれい			ひょうご	兵庫	39		鵯越	425	ひる	放る	162
	眉目秀麗	263	ひょうこしとうげ			ひよどりじょうご			ひる	簸る	286
ひもとく	繙く	299		兵越峠	39		鵯上戸	425	ひる	蒜	327
ひもの	乾物	16	ひょうし	拍子	153	ひよどりばな			ひる	蛭	336
ひもろぎ	神籬	274	ひょうしょう				鵯花	425	ひるがお	旋花	167
ひもんや	碑文谷	270		平声	124	ひよめき	顋門	405	ひるがこ	日向湖	168

ひるがこじま		ひわさ	日和佐 169	【ふ】		ふえふき	布施布伎 121	
	蛭ヶ小島 336	びわじま	枇杷島 185			ふえん	敷衍 163	
ひるがたけ	蛾ヶ岳 337	ひわず	繊弱 299	ふ	斑 164	ふえん	赴援 361	
ひるがみ	昼神 172	ひわだ	日和田 169	ふ	歩 202	フォーク	肉叉 307	
ひるぎ	漂木 226	ひわだとうげ		ふ	腑 311	ぶおとこ	醜男 377	
ひるげ	昼餉 172		檜皮峠 199	ふ	麩 428	ふおん	訃音 349	
ひるぜん	蒜山 327	ひわだぶき	檜皮葺 199	ぶ	分 44	ぶおんな	醜女 377	
ビルマ	緬甸 298	びん	瓶 247	ぶ	歩 202	ふか	孵化 99	
ひるむ	怯む	びん	髪 415	ブイ	浮標 218	ふか	鱶 421	
ひるむしろ	蛭蓆 337	ひんい	品位 68	フィート	呎 65	ふかい	遠い 374	
ひるめ	日霊 169	ピンイン	拼音 155	ふいご	鞴 402	ふがいない		
びるわ	美留和 302	びんがた	紅型 290	ふいちょう	吹聴 64		腑甲斐無い 311	
ひれ	肩巾 307	ひんきゅう	貧窮 357	ふいつ	不乙 10	ふかす	蒸かす 327	
ひれ	鰭 420	びんご	備後 33	フィヒテ	斐希特 164	ぶかっこう	不恰好 10	
ひれがさき	鰭ヶ崎 420	びんささら	編木 297	フイフイきょう		ふかで	深傷 220	
ひれき	披瀝 153	ひんし	瀕死 228		回回教 75	ふかみ	深海 220	
ピレネー	必里尼斯 136	ひんしつ	稟質 277	フィラデルフィア		ふかわ	布川 120	
ひれふす	平伏す 124	ひんじも	品字藻 68		費府 358	ふかわ	深川 220	
ひれんじゃく		ひんしゅく	顰蹙 406	フィリピン	比律賓 204	ふかん	俯瞰 32	
	緋連雀 296	びんじゅつ	憫恤 146	フィレンツェ		ふき	不羈 10	
ひろ	尋 107	びんしょう	敏捷 162		夫羅凌斯 91	ふき	富貴 105	
ひろ	広 125	びんずい	木鷚 179	ふいん	訃音 349	ふき	蕗 331	
ひろい	博い 55	ひんする	瀕する 228	ぶいん	無音 233	ふぎ	簿儀 225	
ひろい	宏い 101	びんずる	賓頭盧 359	フィンランド		ふぎ	賻儀 359	
ひろい	寛い 105	ひんせき	擯斥 161		芬蘭 317	ふきいし	葺き石 326	
ひろい	汎い 209	ピンセット	鉄嘴 383	ふうかん	封緘 106	ふきがたわ	吹ヶ峠 64	
ひろい	闊い 390	ひんせん	貧賤 357	ふうき	富貴 105	ふきこし	吹越 64	
ひろう	披露 153	ピンぞろ	一揃 2	フーコー	仏科 22	ふきた	揮田 158	
ひろう	鄙陋 376	びんちょうずみ		ふうさんろしゅく		ふきのとう	蕗の薹 331	
びろう	尾籠 112		備長炭 33		風餐露宿 406	ふきや	蕗谷 331	
びろう	蒲葵 328	びんちょうたん		ふうし	夫子 91	ふぎょう	俯仰 32	
ひろうこんばい			備長炭 33	ふうし	諷刺 354	ぶぎょう	奉行 92	
	疲労困憊 255	びんてん	旻天 171	ふうす	副司 47	ふきん	布巾 120	
びろうじま	枇榔島 185	ひんでんまる		ふうせいかくれい		ふきん	斧斤 165	
びろうじま	蒲葵島 328		貧田丸 357		風声鶴唳 406	ふく	幅 122	
ひろおか	広陵 125	ひんば	牝馬 238	ぶうたろう	風太郎 406	ふく	拭く 155	
ビロード	天鵞絨 91	ひんぴん	彬彬 130	ブータン	不丹 10	ふく	葺く 326	
ひろげる	拡げる 152	ひんびん	斌斌 164	ふうちょうそう		ふぐ	河豚 211	
ひろごうちだけ		ひんぴん	頻頻 405		白花菜 258	ぶく	仏供 22	
	広河内岳 125	ひんぶん	繽紛 300	ふうてん	瘋癲 256	ふくいく	馥郁 410	
ひろごうど	広神戸 125	ひんべん	黽勉 431	ふうび	風靡 406	ふくいん	幅員 122	
ひろさき	弘前 128	ひんぼ	牝牡 238	ふうふ	夫婦 91	ふくいん	福音 275	
ひろの	洋野 217	ひんぽつ	秉払 275	ふえ	不壊 10	ふくえ	福栄 275	
ひろめる	弘める 128	びんらん	便覧 30	ふえ	鰾 421	ふくさ	服紗 177	
ひわ	日羽 168	びんらん	紊乱 292	ふえい	賦詠 359	ふくし	匐枝 50	
ひわ	比和 204	びんりょう	憫諒 146	ふえき	不易 10	ふくじ	福地 274	
ひわ	鶸 426	びんろう	檳榔 199	ふえき	賦役 359	ふくしゃ	輻射 366	
びわ	枇杷 185	びんろうじゅ		ぶえき	無射 233	ふくしゅう	復讐 135	
びわ	琵琶 246		檳榔樹 199	ふえつ	斧鉞 165	ふくしゅう	覆舟 346	
ひわい	卑猥 55			ふえて	不得手 10	ふくじゅそう		

	福寿草	275	ぶこく	誣告	352		俛首帖耳	30	ふたえのとうげ		
ふくじん	副腎	47	ふごっぺ	畚部	253	ぶじゅつ	撫恤	160		二重ノ峠	17
ふくす	複斤	345	ふごの	畚野	253	ぶしょう	無精	233	ふたがみ	二神	17
ふくすみ	福住	275	ふさ	総	296	ふしょく	腐蝕	311	ふたがみやま		
ふくそう	幅輳	366	ふさがる	塞がる	81	ふじわらせいか				二上山	17
ふくぞう	腹蔵	311	ふさぐ	鬱ぐ	415		藤原惺窩	332	ふたがわ	二川	17
ふくた	富来田	105	ふざける	巫山戯る	119	ふじわらのきんとう			ふたごうら	双子浦	58
ふぐたいてん			ふさざくら	総桜	296		藤原公任	332	ふたごさん	両子山	11
	不倶戴天	10	ふさじま	総島	296	ふじわらのしょうし			ふたたびさん		
ふくで	福田	274	ぶざつ	蕪雑	330		藤原彰子	332		再度山	41
ふくべ	福部	275	ふさふさ	房房	149	ふじわらのひでさと			ふたつ	両	11
ふくべ	瓢	347	ふさふさ	総総	296		藤原秀郷	332	ふたつ	布達	121
ふくよう	服膺	177	ぶさま	無様	233	ふじわらのひでひら			ふたついり	二ツ杁	16
ふくら	吹浦	64	ふさも	房藻	149		藤原秀衡	332	ふたなぬか	二七日	16
ふくら	福良	275	ふさもと	総元	296	ふじわらのふひと			ふたなのか	二七日	16
ふくら	福浦	275	ふさわしい				藤原不比等	332	ふたの	二幅	17
ふくらすずめ				相応しい	262	ふしん	普請	173	ふたば	嫩	97
	福良雀	275	ふざんのゆめ			ふす	俛す	32	ふたばていしめい		
ふくらはぎ	脹脛	311		巫山の夢	119	ふす	臥す	379		二葉亭四迷	17
ふぐり	陰嚢	393	ふし	五倍子	18	ぶす	撫す	160	ふたまた	二亦	17
ふくろ	吹路	64	ふじ	藤	332	ぶすい	無粋	233	ふたまた	二岐	17
ふくろ	嚢	74	ぶし	仏子	22	ふすべる	燻べる	236	ふたみ	二海	17
ふくろう	梟	190	ぶし	付子	23	ふすま	衾	343	ふたみ	双三	58
ふくろこうじ			ふじうつぎ	藤空木	332	ふすま	襖	345	ふたみ	双海	58
	袋小路	343	ふじえ	葛江	325	ふすま	麩	428	ふたむら	両村	11
ふくわた	福渡	275	ふじき	白槐	258	ふせ	布施	121	ふたら	二荒	17
ふけ	普化	173	ぶじき	夫食	91	ふせい	斧正	165	ふだらく	普陀落	173
ふけ	浮気	218	ふしくれだつ			ふぜい	風情	406	ふたらさん	二荒山	17
ふけ	浮池	218		節榑立つ	284	ぶぜい	無勢	233	ふたり	二人	17
ふけ	深日	220	ふじさこ	藤咲	332	ふせぐ	禦ぐ	275	ふたりしずか		
ふけ	雲脂	398	ふじづけ	柴漬	186	ふせつ	敷設	163		二人静	17
ふけい	噴井	73	ぶしつけ	不躾	10	ふせつ	符節	283	ふだんそう	恭菜	140
ふけい	負荊	357	ふしど	臥所	380	ふせつ	誣説	352	ふち	扶持	152
ふげき	巫覡	119	ふじのうらば			ぶせつ	武節	202	ふち	淵	221
ふけこう	深日港	220		藤裏葉	332	ふせん	付箋	23	ぶち	斑	164
ふげし	鳳至	422	ふじのおりたて			ぶぜん	憮然	146	ぶち	駁	412
ふけちょう	深日町	220		富士ノ折立	105	ぶぜん	豊前	356	ふちふしき		
ふけのゆ	蒸ノ湯	327	ふじのもり	藤森	332	ふそう	扶桑	152		不知不識	10
ふけまい	更米	175	ふじばかま	藤袴	332	ふそく	富足	11	ふちゅう	釜中	382
ふけまちづき			ふしまちづき			ふそく	両	11	ふちん	浮沈	218
	更待月	175		臥待月	380	ふた	蓋	327	ふつ	布津	121
ふける	化ける	51	ふじまめ	鵲豆	425	ふだ	布田	120	ぶつ	打つ	150
ふける	深ける	220	ふしみ	伏見	25	ふだ	簡	286	ふつか	二日	17
ふける	耽る	306	ふじもと	富士根	105	ぶた	豚	356	ふつかよい	宿酔	104
ぶげん	分限	44	ぶしゃ	歩射	202	ふだい	普代	173	ぶつがん	仏龕	22
ふげんだけ	普賢岳	173	ふしゃくしんみょう			ふだい	譜代	355	ふっき	富貴	105
ふこ	封戸	106		不惜身命	10	ふだい	不鯛	10	ふづき	文月	164
ふご	畚	253	ふじゅう	藤生	332	ふたいきょう			ふっきそう	富貴草	105
ふこうだ	深郷田	220	ぶしゅかん	仏手柑	22		二居峡	17	ふつぎょう	払暁	150
ふこく	誣告	352	ふしゅちょうじ			ふたえ	二江	17	フック	虎克	334

読み	漢字	頁
ぶっく	仏供	22
ぶっくえ	文机	164
ふっこし	吹越	64
ふっこしえぼし	吹越烏帽子	64
ふっさ	福生	274
ぶっさつ	仏利	22
ぶっしょうえ	仏生会	22
ぶっしょうがだけ	仏生嶽	22
ぶっしょうざん	仏生山	22
ふっしょく	払拭	150
ぶっそうげ	仏桑花	22
ぶっちょうづら	仏頂面	22
ふっつ	富津	105
ふつつか	不束	10
ふつつきだけ	吹突岳	64
フットボール	蹴球	364
ふつはら	蓬原	329
ふっぷしだけ	風不死岳	406
ふで	聿	307
ふてい	不逞	10
ふてくされる	不貞腐れる	10
ふてね	不貞寝	10
ふてぶてしい	太太しい	89
ふでまめ	筆忠実	284
ふてる	不貞る	10
ふてん	不腆	10
ふてんま	普天間	173
ふと	不図	10
ぶと	蚋	335
ふとい	莞	322
ふとう	埠頭	80
ぶどう	葡萄	326
ぶどう	蒲萄	328
ふとうふくつ	不撓不屈	10
ふところで	懐手	146
ふどのとうげ	不土野峠	10
ふとまに	太占	89
ふとみ	太海	89
ふともも	蒲桃	328
ふとる	肥る	308
ふとろ	太櫓	89
ふとん	蒲団	328
ふな	鮒	417
ぶな	橅	199
ふなあそび	舟遊び	314
ふなうき	舟浮	314
ふなうた	舟歌	314
ふなお	船穂	314
ふなたび	船旅	314
ふなちん	船賃	314
ふなばた	舷	314
ふなばらそう	白薇	259
ふなべり	舷	314
ふなべり	船縁	314
ふなむし	船虫	314
ぶなもり	椈森	192
ふなやど	舟宿	314
ふぬけ	腑抜け	311
ふの	布野	121
ふのり	布海苔	121
プノンペン	南旺府	54
ぶばいがわら	分倍河原	44
ふばこ	文箱	164
ふばさみ	文挟	164
ふばさみ	文挾	164
ふひと	二人	17
ふひと	史	61
フビライ	忽比烈	138
ふびん	不憫	10
ふぶき	吹雪	64
ふぶく	吹雪く	64
ふべ	布部	121
ぶべつ	侮蔑	29
ふほう	訃報	349
ふぼん	不犯	10
ふみ	書	175
ふみくら	文庫	164
ふみにじる	踏み躙る	363
ふみひろげづき	文披月	164
ふみほうご	文反古	164
ふみや	文箭	164
ふむ	踏む	364
ふむ	蹈む	364
ふもと	麓	428
ぶやく	夫役	91
ぶゆ	蚋	335
ふゆあんご	冬安居	83
ふゆいちご	寒苺	104
ふゆう	富裕	105
ふよう	芙蓉	317
ふようほう	芙蓉峰	317
ブラームス	布剌謨茲	120
ぶらい	無頼	233
ブライト	武来德	202
ブラウニング	勃勞寧	49
ブラシ	刷子	45
ブラジル	伯剌西爾	27
ふらち	不埒	10
ぶらつく	逍遥く	370
プラトン	布刺度	121
ふらの	富良野	105
ふらり	婦羅理	97
フラン	法	213
ふらん	腐爛	311
フランクリン	弗蘭哥林	128
ぶらんこ	鞦韆	402
フランス	仏蘭西	22
ふり	風	406
ぶり	鰤	420
ブリキ	錻力	385
ふりくさ	振草	155
プリニウス	仏利由私	22
ぶりぶり	憤懣	146
ふりゅうもんじ	不立文字	10
ブリュッセル	比律悉	204
ふりょ	俘虜	30
ぶりょう	無聊	233
ふる	掉る	157
ふるい	旧い	169
ふるい	篩	285
ふるう	奮う	92
ふるう	振るう	155
ふるう	篩う	285
ブルータス	不盧多	10
ふるえる	甄える	406
ふるおや	古尾谷	60
ふるかまつぶわん	古釜布湾	60
ブルガリア	勃牙利	49
ふるさと	故郷	162
ふるだぬき	古狸	60
ふるって	奮って	92
ふるつわもの	古兵	60
ふるびら	古平	60
ふるぼける	古惚ける	60
ふるめじ	古明地	60
ふれ	布令	120
ぶれい	無礼	233
ぶれいこう	無礼講	233
ふれる	狂れる	240
ふろ	風呂	406
ふろ	風炉	406
プロシア	普魯西	173
フロリダ	仏勒里達	22
ふわ	不破	10
ふんいき	雰囲気	398
ふんきんしゃかく	焚琴煮鶴	233
ぶんぐいとうげ	分杭峠	44
ふんけい	刎頸	44
ふんけい	焚刑	233
ぶんげん	分限	44
ぶんご	豊後	356
ふんごう	吻合	65
ぶんごうめ	鶯梅	424
ふんこつさいしん	粉骨砕身	287
ぶんざ	文三	164
ぶんしちもっとい	文七元結	164
ふんじょう	紛擾	292
ふんしょく	扮飾	152
ふんしょこうじゅ	焚書坑儒	233
ふんする	扮する	152
ふんそう	扮装	152
ふんぞうえ	糞掃衣	289
ふんぞりかえる	踏ん反り返る	363
ふんたい	粉黛	288
ふんど	忿怒	146
ふんどし	褌	344
ふんぬ	忿怒	138
ふんばん	噴飯	73
ふんぷん	紛紛	292

ふんぷん	芬芬	317	ヘーゲル	希傑爾	121	へこむ	凹む	43	べにひわ	紅鶸	291
ぶんべい	分米	44	ベーコン	倍根	32	へさか	戸坂	149	ベネズエラ		
ぶんべん	分娩	44	ページ	頁	403	へさか	部坂	376		委内瑞拉	94
ぶんぼう	蚊虻	335	ベーダ	吠陀	65	へさき	舳	314	ベネチア	威尼斯	95
フンボルト			ベーダーンタ			へさき	艫	314	へのふだ	戸の札	149
	慳勃爾土	145		吠檀多	65	へさき	部崎	376	へびいちご	蛇苺	336
ぶんまわし	規	348	ベートーベン			べし	可し	59	へひりむし	放屁虫	162
ふんまん	憤懣	146		貝多芬	357	へしおる	圧し折る	77	べふ	別府	45
ふんやのやすひで			ベーリング	白令	257	べしみ	癋見	256	ヘブライ	希伯来	121
	文屋康秀	164	ベーロン	飛龍	407	へすび	竈墨	280	へみ	辺見	368
ふんやのわたまろ			べからず	不可	10	へすみ	竈墨	280	へみ	逸見	371
	文室綿麻呂	164	べからず	可からず	59	へずる	剝る	47	へめぐる	経回る	292
ふんゆ	粉楡	185	べかんべうし			へそ	巻子	120	へや	部屋	376
【へ】				辺寒辺牛	368	へそ	臍	312	へら	平良	124
			へき	日置	169	へそくり	臍繰	312	へら	箆	285
へ	屁	112	べき	片木	237	へた	下手	4	へら	邊羅	372
へあな	平安名	123	べき	冪	41	へた	戸田	149	へらいだけ	戸来岳	149
へい	閉伊	389	へきえき	辟易	367	へた	蔕	328	へらさぎ	篦鷺	286
へいあい	嬖愛	98	へきかい	碧海	270	へだ	戸田	149	へらじか	箆鹿	286
へいい	敝衣	163	へきがん	壁龕	82	へだい	平鯛	124	へらぶな	篦鮒	286
へいいはぼう			へきくう	碧空	270	へだてる	距てる	362	べらべら	喋喋	71
	弊衣破帽	127	へきけん	僻見	34	へちま	糸瓜	290	べらぼう	篦棒	286
へいか	兵戈	265	へきご	碧梧	270	へつい	竈	280	へり	縁	297
へいげい	睥睨	265	へきしゅく	壁宿	82	べっかい	別海	45	へりくだる	遜る	373
へいご	丙午	11	へきぜん	闢然	41	へつぎ	戸次	149	へりだか	耗り高	305
べいごま	貝独楽	357	へきたん	碧潭	270	べっけん	瞥見	265	へる	歴る	202
へいざうら	平砂浦	124	へきとう	劈頭	47	べっこう	鼈甲	431	へる	耗る	305
へいさかとうげ			へきなん	碧南	270	べっし	蔑視	329	ペルー	秘露	276
	重阪峠	378	べきべき	幂幂	41	べつじょ	蔑如	329	ベルギー	白耳義	258
へいし	斃死	164	へきれき	霹靂	399	ベッチン	別珍	45	ペルシア	波斯	212
へいし	瓶子	247	へきれきせんでん			べっとうが	別当賀	45	ヘルツ	赫茲	361
へいじ	瓶子	247		霹靂閃電	399	へっぴりごし			ベルリン	伯林	27
へいしょく	秉燭	275	ペキン	北京	51		屁っ放り腰	112	ベルン	抔恩	152
へいずる	聘ずる	306	へぐ	剝ぐ	47	べっぴん	別嬪	45	へんがく	扁額	149
へいぜい	平生	123	へくそかずら			べっぷ	別府	45	ベンガラ	紅殻	291
へいぜい	平城	124		屁糞葛	112	べっぽ	別保	45	ペンキ	番瀝青	254
へいせん	兵燹	39	ヘクトグラム			へつらう	諂う	353	へんげ	変化	83
へいせんじ	平泉寺	124		瓸	248	へど	反吐	58	べんけいそう		
へいた	平田	123	ヘクトメートル			ヘド	竈	280		景天	173
へいたん	兵站	39		粨	288	ベトナム	越南	361	へんげんせきく		
へいたん	平坦	124	ヘクトリットル			へとの	平土野	123		片言隻句	237
へいだんぞくご				竡	281	へどみさき	辺戸岬	368	へんざじま		
	平談俗語	124	べくみや	鼈宮谷	431	へなし	艫作	314		平安座島	123
へいづ	平津	124	へぐらじま	舳倉島	314	へなちょこ	埴猪口	79	ペンサム	鞭撒武	402
へいとう	弊竇	127	へぐり	平栗	124	ベニー	片尼	237	へんさん	偏衫	33
へいとん	併呑	29	へぐり	平群	124	べにおしろい			へんさん	編纂	298
へいはく	幣帛	127	へこ	兵児	39		紅白粉	290	へんしゅう	編輯	297
べいべつ	袂別	343	へご	桫欏	191	ベニス	威内斯	95	へんじゅう	篇什	285
へいま	平右馬	123	へこおび	兵児帯	39	べにたけ	紅茸	290	へんじょう	遍昭	372
へいり	敝履	163	へこさん	部子山	376	べにばな	紅藍花	291	ペンス	片	237

べんたつ	鞭撻	402		砲煙弾雨	269		封豕長蛇	106	ほうちゃく	逢着	370
べんちつ	篇帙	285	ほうおう	鳳凰	422	ほうしど	宝示戸	102	ほうちゅう	庖厨	126
へんてこ	変挺	83	ほうおくさいてん			ほうしゅ	芒種	315	ほうちょう	防諜	391
へんてつ	編綴	297		茅屋采椽	319	ほうしゅく	房宿	149	ほうていばんり		
へんてつ	編綴	345	ほうか	半靴	54	ほうしゅく	昴宿	172		鵬程万里	425
ヘンデル	罕得爾	300	ほうか	芳香	317	ほうしゅくが			ほうてき	放擲	162
へんとな	辺土名	368	ほうが	奉加	92		鮑叔牙	417	ほうてふり		
へんな	平安名	123	ほうが	萌芽	325	ほうしゅばな				棒手振り	193
べんのないし			ほうがい	妨碍	94		宝珠花	102	ほうとう	宝盗	102
	弁内侍	127	ほうかん	幇間	122	ほうしゅやま			ほうとう	放蕩	162
へんば	偏頗	33	ほうがん	判官	45		宝珠山	102	ほうとう	朋党	177
べんぱつ	辮髪	300	ほうがんびいき			ほうしょ	苞苴	319	ほうとう	餺飥	409
へんぴ	辺鄙	368		判官晶屓	45	ほうじょ	幇助	122	ほうどく	捧読	157
べんぶ	抃舞	152	ほうき	伯耆	27	ほうじょう	北条	51	ほうとく	冒瀆	263
べんぷく	冕服	41	ほうき	抛棄	153	ほうじょう	豊穣	356	ほうはい	彭湃	130
へんぺん	片片	237	ほうき	箒	285	ほうじょう	豊饒	356	ほうはい	朋輩	177
へんぺん	翩翩	304	ほうき	蜂起	337	ほうじょうえ			ほうはく	磅礴	271
べんぽう	便法	30	ほうき	蝶木	339		放生会	162	ほうはつ	蓬髪	329
へんぽうかんきゃく			ほうぎ	宝木	102	ほうじょうづがた			ほうばつ	放伐	162
	偏旁冠脚	33	ほうき	謗毀	354		放生津潟	162	ほうふ	防府	391
へんぽん	翩翻	304	ほうきゅう	俸給	32	ほうしん	疱疹	255	ほうふくぜっとう		
へんみ	辺見	368	ほうきゅう	報仇	80	ほうす	鳳珠	422		抱腹絶倒	153
べんもう	鞭毛	300	ほうきょう	豊頬	356	ぼうず	坊主	78	ほうふつ	彷彿	131
べんやく	抃躍	152	ほうきん	砲金	269	ほうすい	烹炊	232	ほうぶつせん		
べんらん	便覧	30	ぼうぐい	棒杙	193	ほうすい	紡錘	292		抛物線	153
へんりん	片鱗	237	ぼうけあみ	棒受網	193	ほうすう	鳳雛	423	ほうふら	孑孑	98
へんれい	返戻	368	ほうけい	芳馨	317	ほうずる	封ずる	106	ほうへいきょう		
べんれいたい			ぼうげき	矛戟	266	ほうずる	焙ずる	233		豊平峡	356
	駢儷体	412	ほうける	惚ける	142	ぼうせいきょう			ほうへん	褒貶	345
【ほ】			ぼうげん	妄言	94		仿製鏡	25	ほうべんざん		
			ぼうげん	謗言	354	ぼうぜじま	坊勢島	78		鳳凰山	423
ぼあい	暮靄	174	ほうこ	布袴	121	ほうせん	烹煎	232	ほうほう	彭彭	130
ほあしばんり			ほうこ	這子	369	ほうぜん	澎然	227	ほうほう	蓬蓬	329
	帆足万里	121	ほうこう	咆哮	66	ほうぜん	呆然	65	ほうほう	這這	369
ほい	宝飯	102	ほうこう	彷徨	131	ほうぜん	茫然	322	ほうほう	鋒鋩	384
ほい	布衣	120	ほうこう	膀胱	312	ほうせんか	鳳仙花	422	ほうほう	鮄鯒	417
ほい	本意	180	ほうこく	方谷	167	ほうそう	疱瘡	255	ほうほう	茫茫	321
ほいく	哺育	69	ぼうこひょうが			ほうその	祝園	272	ほうまつ	泡沫	213
ホイットマン				暴虎馮河	174	ほうた	這田	369	ほうまつむげん		
	恵特曼	140	ほうさい	堡塞	80	ほうたい	奉戴	92		泡沫夢幻	213
ほいろ	焙炉	233	ほうし	奉伺	92	ほうたい	繃帯	299	ほうもつでん		
ほいろやま	保色山	30	ほうし	放恣	162	ほうたい	蜂躉	337		宝物殿	102
ぼいん	拇印	153	ほうし	帽子	122	ほうだい	厖大	57	ほうや	保谷	30
ほう	苞	319	ほうし	眸子	265	ほうたく	宝鐸	102	ほうゆう	朋友	177
ほう	袍	343	ほうし	鉈子	384	ほうたく	飽託	408	ぼうようほろう		
ほう	鳳	422	ほうじ	房事	149	ほうだつ	宝達	102		亡羊補牢	19
ほう	鵬	425	ほうじがたお			ほうだつしみず			ほうらい	蓬莱	329
ほうえ	法会	213		防島峠	391		宝達志水	102	ほうらい	鳳来	422
ほうえき	縫腋	298	ほうじだわ	坊知峠	78	ほうだて	方立	167	ほうらく	焙烙	233
ほうえんだんう			ほうしちょうだ			ほうちゃく	宝鐸	102	ほうらつ	放埓	162

読み	表記	頁	読み	表記	頁	読み	表記	頁	読み	表記	頁
ほうらん	峰巒	117		法華津峠	213	ほぞ	臍	312		坊っちゃん	78
ほうりがわ	祝子川	272	ほけづわん			ほぞ	蔕	328	ほづつ	火筒	229
ほうりゅうざん				法花津湾	213	ほそい	繊い	299	ぼつねん	歿年	203
	宝立山	102	ぼけなす	惚け茄子	142	ほそう	舗装	34	ホップ	忽布	138
ほうる	抛る	153	ぼける	惚ける	142	ほそく	捕捉	156	ほっぺた	頬っ辺	404
ほうるい	堡塁	80	ぼける	暈る	174	ほぞち	熟瓜	235	ほっぽ	発哺	257
ほうれい	暴戻	174	ほこ	戈	147	ほぞち	臍落	312	ほつま	秀真	275
ほうれん	鳳輦	423	ほこ	槊	196	ほそぼそ	細細	293	ほつみ	八月一日	37
ほうれんそう			ほこ	受	203	ほた	榾	196	ほつみ	八月朔	37
	菠薐草	324	ほご	反故	58	ほた	榾柮	196	ほづみ	穂積	278
ほうろう	琺瑯	246	ぼこい	母恋	204	ほだ	榾柮	196	ほづめ	穂集	278
ほうろく	焙烙	233	ほこさき	鋒先	384	ぼだい	菩提	324	ほつれる	解れる	349
ほえづら	吠え面	65	ほこさきだけ			ぼだいじゅ	菩提樹	324	ほてい	布袋	121
ほえる	吠える	65		鋒尖岳	384	ほたかやま	武尊山	202	ほてい	補綴	344
ほお	朴	181	ボゴタ	波哥達	212	ほだし	絆	293	ほていあおい		
ほお	頬	404	ほこら	祠	272	ほだす	絆す	293		布袋葵	121
ほおかむり	頬被り	405	ほこり	埃	79	ほたてがい	海扇	214	ほていちく	人面竹	20
ほおじろ	頬白	404	ほこり	塵埃	82	ほたび	榾火	196	ぼてふり	棒手振り	193
ほおずき	酸漿	377	ほこりたけ	埃茸	79	ぼたもち	牡丹餅	238	ほてる	熱る	235
ほおずり	頬擦り	405	ほこる	矜る	266	ほたる	蛍	336	ほと	陰	393
ほおづえ	頬杖	404	ほころぶ	綻ぶ	296	ほたるいか	蛍烏賊	336	ほど	塊芋	81
ほおのき	朴の木	181	ぼさつ	菩薩	324	ほたるぶくろ			ほど	火床	229
ほおばる	頬張る	405	ぼし	拇指	153		山小菜	113	ほとおりぼし		
ポーランド	波蘭	213	ぼし	拇趾	153	ボタン	釦	382		星宿	172
ほか	他	22	ほしい	糒	289	ぼたん	牡丹	238	ほどがや	保土ヶ谷	30
ほかい	外居	84	ほしいい	干し飯	123	ぼちぼち	点点	231	ほとぎ	缶	300
ほかげ	火影	229	ほしいまま	縦	298	ほつえ	上枝	8	ほどく	解く	349
ほかす	放下す	162	ほしか	干し鰯	123	ぼっかく	墨客	82	ほとけのざ	仏座	22
ほかす	量す	173	ほしくさ	乾し草	16	ほっき	発起	257	ほどさん	宝登山	102
ほかま	外間	84	ほじくる	穿る	279	ほっきがい	北寄貝	51	ほととぎす	杜鵑	182
ほかわづばし			ほしこ	乾し海鼠	16	ぼっきゃく	墨客	82	ほととぎす	杜鵑草	182
	外津橋	84	ほしな	保科	30	ほっく	発句	257	ほとばしる	迸る	371
ほぎうた	寿ぎ歌	106	ほしのこやま			ほっくり	木履	179	ほとほと	殆	203
ほきえことば				星居山	172	ほっけ	魸	418	ほどほど	程程	277
	慕帰絵詞	145	ほしや	布施屋	121	ほっけじ	法花寺	213	ほとぼり	熱り	235
ほきやま	甫喜山	250	ほじゅつ	戊戌	147	ぼっこう	勃興	49	ほとり	辺	368
ほぐす	解す	349	ほしょう	歩哨	202	ぼっこんりんり			ほとんど	殆ど	203
ぼくせき	木石	178	ほじょう	圃場	76		墨痕淋漓	82	ほなで	火撫	229
ぼくそ	火糞	229	ぼじょう	慕情	145	ぼつじょ	勃如	49	ほなみ	本浪	180
ほくそえむ			ほしょくそうぜん			ほっしょう	星生	172	ぼなりとうげ		
	北叟笑む	51		暮色蒼然	174	ほっしょうじ				母成峠	204
ぼくたく	木鐸	179	ぼしん	戊辰	147		法勝寺	213	ほにゅうびん		
ぼくち	火口	229	ほずえ	上枝	8	ほっしん	発疹	257		哺乳壜	69
ぼくとう	蹼頭	123	ボストン	波士敦	212	ほっしんざん			ほねつぎ	骨接ぎ	413
ぼくとつ	朴訥	181	ほずみ	八月一日	37		発心山	257	ほねっぷし	骨っ節	413
ほぐれる	解れる	349	ほずみ	八月朔	37	ほっす	払子	150	ほのお	焔	232
ほくろ	黒子	430	ほずみ	八朔	38	ほっす	法主	213	ほのか	仄か	21
ぼけ	木瓜	178	ほずみ	秀実	275	ほっする	歿する	203	ほのぐらい	仄暗い	22
ほけきょう	法華経	213	ほせき	舗石	34	ほった	堀田	80	ほのぼの	仄仄	21
ほけづとうげ			ほぞ	枘	184	ぼっちゃん			ほのぼの	朗朗	177

読み	表記	頁	読み	表記	頁	読み	表記	頁	読み	表記	頁
ホノルル	花瑠瑠	316	ほろかない	幌加内	122	ぽんぽろと	奔幌戸	92	マカオ	澳門	227
ぼぼ	牡馬	238	ほろしりだけ			ほんま	本真	180	まがき	曲垣	175
ほばく	捕縛	156		幌尻岳	122	ほんめ	本梅	180	まがき	笆	282
ほばしら	檣	199	ほろたっぷ	幌達布	122	ほんもく	本牧	180	まがき	籬	287
ぼぼた	母畑	204	ほろづきかいがん			ほんやばけい			まかご	巻子	120
ほひつ	輔弼	366		襞月海岸	343		本耶馬渓	180	まがごと	禍言	274
ほひょう	墓標	81	ほろびる	亡びる	19	ほんろう	翻弄	304	まがごと	禍事	274
ほふく	匍匐	50	ほろほろちょう						まかす	委す	94
ホフマン	法夫満	213		珠鶏	245	【ま】			まかた	万刀	9
ポプラ	白楊樹	258	ほろむい	幌向	122	マージャン	麻雀	429	まがた	曲田	175
ほふる	屠る	113	ほろむい	幌武意	122	マーボーどうふ			まがた	潤潟	226
ほぼ	粗	288	ほろよい	微酔い	135		麻婆豆腐	429	まがたま	勾玉	50
ほほえみ	微笑み	135	ほろわた	襞錦	343	まいおう	邁往	374	まかど	馬門	410
ほほえむ	微笑む	135	ほろんじ	梵論子	192	まいこ	舞妓	314	まかね	真金	264
ほおかぶり	頰被り	405	ほんい	品位	68	まいご	迷子	369	まがまがしい		
ほむら	炎	230	ほんい	本意	180	まいしん	邁進	374		禍禍しい	274
ほめる	誉める	351	ほんかい	犯戒	240	まいす	売僧	36	まがりがね	勾金	50
ほや	海鞘	215	ほんがわ	郷川	375	まいた	蒔田	327	まかりとおる		
ほや	火屋	229	ポンかん	椪柑	193	まいたけ	舞茸	314		罷り通る	301
ほや	小火	107	ぼんくら	盆暗	260	まいだしきゅうだいびょ			まき	槙	196
ほや	茅屋	319	ぼんげ	凡下	42	ういんまえ			まき	罵城	300
ほよしだけ			ほんけがえり				馬出九大病院前	410	まき	薪	331
	甫与志岳	250		本卦還り	180	まいない	賂	358	まきあみ	旋網	247
ほら	法螺	213	ほんごう	本江	180	まいはだ	槙皮	196	まきえ	撒き餌	160
ぼら	鯔	419	ホンコン	香港	410	まいばら	米原	287	まきえ	蒔絵	327
ほらがい	法螺貝	213	ぼんさい	盆栽	260	まいまい	舞舞	314	まきばしら	真木柱	263
ほらがとうげ			ほんじすいじゃくせつ			まいまいかぶり			まきはたやま		
	洞ケ峠	217		本地垂迹説	180		蝸牛被	338		巻機山	120
ほり	濠	228	ぼんじゅさん			まいまいつぶり			まきむく	巻向	120
ほりきょうあん				梵珠山	191		舞舞螺	314	まきむく	纏向	300
	堀杏庵	80	ホンジュラス			まいや	米谷	287	まきめ	万城	9
ほりくび	堀頸	80		洪都拉斯	216	マイル	哩	69	まきめ	万城目	9
ほりた	堀田	80	ほんだ	品田	68	まいわい	真祝	264	マキャベリ		
ほりない	堀内	80	ほんだ	誉田	351	まえかがみ	前屈み	46		馬基雅弗利	411
ボリビア	玻里非	245	ほんだわら	神馬藻	273	まえじまひそか			まきり	万鬼	9
ほりゅうのしつ			ほんたん	文旦	164		前島密	46	まぎわ	間際	389
	蒲柳の質	328	ほんち	品部	68	まえだみさき			まく	捲く	156
ほる	鏨る	387	ほんづがわ	本津川	180		真栄田岬	264	まく	撒く	160
ボルドー	波爾多	212	ほんど	本渡	180	まえばる	前原	46	まく	蒔く	327
ポルトガル	葡萄牙	326	ボンド	封	106	まえみつ	前褌	46	まくあい	幕間	123
ボルネオ	浮泥	218	ほんとちょう			まお	真麻	264	まぐさ	楿	195
ほれい	甫嶺	250		先斗町	36	マオタイしゅ			まぐさ	秣	276
ほれぼれ	惚れ惚れ	142	ぼんのう	煩悩	234		茅台酒	319	まぐさだけ	秣岳	276
ほれる	惚れる	142	ぼんばい	梵唄	191	まおとこ	間男	389	まくした	幕下	123
ほろ	幌	122	ポンプ	喞筒	71	まが	真賀	264	まくしたてる		
ほろ	母衣	204	ボンベイ	孟買	99	まがい	紛い	292		捲し立てる	156
ほろ	梵論	192	ボンベイウス			まがいぶつ	磨崖仏	271	マクスウェル		
ほろ	襤褸	345		繃標烏	299	まがいもの	擬物	161		馬克斯維耳	410
ぼろいしやま			ぽんべつ	奔別	92	まがう	紛う	292	まくた	莫太	323
	双石山	58	ぼんぼり	雪洞	398	まがえ	馬替	411	まくた	馬来田	410

見出し	漢字	頁	見出し	漢字	頁	見出し	漢字	頁	見出し	漢字	頁
まくら	枕	184	ましこ	益子	260	またたび	股旅	308		松尾寺	183
まくらざき	枕崎	184	ました	益田	260	またまた	復復	135	まつばせ	松橋	183
まくらのそうし			まして	況して	211	まだら	斑	164	まっぴら	真平	264
	枕草子	184	まじない	呪い	66	まだらおやま			まっぷ	真布	263
まくらもと	枕許	184	ましの	猿野	243		斑尾山	164	まつふぐり	松陰嚢	183
まくり	海人草	214	まします	在す	77	まだらしま	馬渡島	411	まつぶし	松伏	183
まぐれあたり			まじめ	真面目	264	まだらめ	珠目	245	まつぼっくり		
	紛れ中り	292	ましら	猿	243	まち	襠	345		松毬	183
まぐろ	鮪	264	まじる	雑じる	396	まちかねやま			まつむしそう		
まぐわ	馬鍬	411	まじろぐ	瞬ぐ	265		待兼山	132		山蘿蔔	115
まぐわい	目合	261	ましん	麻疹	429	まちすじ	町筋	252	まつむしり	松毟鳥	183
まくわうり	真桑瓜	264	ます	枡	185	まちまち	区区	51	まつもむし	松藻虫	183
まげ	髷	415	ます	益す	260	マチン	番木鼈	254	まつやに	松脂	183
まげしま	馬毛島	410	ます	鱒	421	まつ	俟つ	29	まつよいぐさ		
まげて	枉げて	183	まず	先ず	36	まつ	須つ	403		待宵草	132
まげもの	髷物	415	まずい	不味い	10	まつえい	末裔	180	まつらさよひめ		
まける	輸ける	366	まずい	拙い	153	まっか	真っ赤	263		松浦佐用姫	183
まげる	枉げる	183	ますかがみ	十寸鏡	52	まつかさ	松毬	183	まつりごと	政	162
まご	馬子	410	ますぐみ	斗組	165	まっかり	真狩	264	まつる	祀る	272
まこと	真	263	ますほろ	増幌	82	マッキンリー			まつる	纏る	300
まことに	実に	102	ますます	益益	261		馬琴力	411	まつわる	纏る	300
まこまない	真駒内	264	ますみかとう			まっくら	真っ暗	263	まて	蟶	340
まごめ	馬込	410		十寸見河東	52	まつげ	睫	265	まで	迄	368
まごめ	馬籠	411	ますめ	升目	53	まつご	末期	180	マディソン	馬的遜	410
まこも	真菰	264	ますらお	益荒男	260	まっこう	真っ向	263	まてがい	馬蛤貝	411
まさ	柾	186	ますらおぶり			まっこうくじら			までさき	万里崎	9
まさか	真逆	264		丈夫振り	9		抹香鯨	153	までのこうじ		
まさかり	鉞	382	ませ	老成	304	まっさお	真っ青	263		万里小路	9
まさき	全先	25	ませ	馬柵	411	まっさら	真っ新	263	まてばしい		
まさき	松前	183	まぜ	馬瀬	411	まっしぐら	驀地	413		全手葉椎	25
まさき	柾	186	ませがき	籬垣	287	まつしめ	松七五三	183	まてら	左右良	119
まさき	柾木	186	ませき	柵木	186	まっしょう	末梢	180	まど	窓	279
まさき	真幸	264	ませぼう	笆棒	282	まつしろ	松代	183	まとい	纏	300
まさぐる	弄る	127	マゼラン	麻斉崙	429	まっせ	末世	180	まどい	円居	40
まさご	真砂	264	ませんてっけん			まっせい	末世	180	まとう	絡う	295
まさに	将に	107		磨穿鉄硯	271	まつだい	松代	183	まとう	纏う	300
まさに	当に	110	また	俣	30	まつだいらかたもり			まどう	償う	35
まさに	応に	136	また	又	58		松平容保	183	まとうだい	的鯛	259
まさに	方に	167	また	股	308	まつたけ	松茸	183	まとば	的場	259
まさむねはくちょう			また	還た	374	マッチ	燐寸	236	まとめる	纏める	300
	正宗白鳥	201	マタイ	馬太	410	まつち	真土	263	まとも	真面	264
まさめ	柾目	186	またかた	全方	25	まっちゃ	抹茶	154	マドリード	馬徳里	411
まさる	優る	35	またがる	跨がる	363	まつちやま	待乳山	132	まどろむ	微睡む	135
まさる	愈る	144	またぐ	跨ぐ	363	まつとう	松任	183	まな	真名	264
まさる	真申	263	またぐら	胯座	308	まっとう	真っ当	263	まな	真魚	264
まじ	馬路	411	まだけ	苦竹	318	まっとうする			まないた	俎板	30
ましき	益城	261	まだこ	真章魚	264		全うする	25	まなかい	目交い	261
ましけ	増毛	82	またぞろ	又候	58	まつとうや	松任谷	183	まながし	馬流	411
ましこ	増子	82	またたくま	瞬く間	265	まつなみ	松濤	183	まながつお	鯧	419
ましこ	猿子	243	またたび	木天蓼	178	まつのおでら			まながわ	真名川	264

読み	表記	頁	読み	表記	頁	読み	表記	頁	読み	表記	頁
まなぐら	万能倉	9	まま	儘	34	まる	虎子	334	まんてんか	満天下	223
まなこ	眼	264	まま	間間	389	まるがみじま			まんどころ	政所	162
まなざし	眼差し	264	ままいも	庶妹	126		円上島	40	まんなおし	間直し	389
まなじり	眦	263	ままおや	継親	295	まるき	万木	9	まんねんすぎ		
まなじり	睚	265	ままこ	継子	295	マルク	馬克	410		玉柏	244
まなせ	曲直瀬	175	ままごと	飯事	407	マルクス	馬克思	410	まんねんたけ		
まなづる	真名鶴	264	まました	間々下	389	マルコポーロ				霊芝	399
まなづる	真鶴	264	ままた	随田	394		馬可波羅	410	まんば	慢罵	145
まなでし	愛弟子	143	ままだ	間々田	389	マルセイユ	馬耳塞	410	まんば	漫罵	145
まなびや	学び舎	98	ままはは	継母	295	まるせっぷ	丸瀬布	12	まんぼう	翻車魚	304
まなべ	間部	389	まみ	貒	357	まるのみ	丸呑み	12	まんま	飯	407
まなむすめ	愛娘	143	まみあな	狸穴	241	まるまげ	丸髷	12	まんまく	幔幕	123
まにさん	摩尼山	159	まみえる	見える	347	マルメロ	榲桲	195	まんもくがいさい		
まにまに	随に	394	まみず	真水	263	まるやま	円山	40		万目睚皆	9
マニラ	馬尼剌	410	まみれる	塗れる	81	まるやまおうきょ			【み】		
まぬかれる	免れる	36	むし	蝱	338		円山応挙	40			
まぬがれる	免れる	36	むしぐさ	蝱草	338	まれ	稀	277	み	巳	119
まぬし	間主	226	むろがわ	真室川	264	まれい	磨礪	271	み	箕	284
マネ	馬内	410	まめ	忠実	138	マレー	馬来	410	みあい	美合	302
まね	真似	264	まめ	肉刺	307	まれっぷ	稀府	277	みあさ	美麻	302
まねおがとうげ			まめ	萩	324	まれふ	稀府	277	みい	三井	6
	真似男ヶ峠	264	まめた	大豆田	86	まれもの	稀者	277	みい	御井	133
まねば	万年馬	9	まめんばら	麻綿原	429	まろうど	客	102	みいけ	三池	6
まのあたり			まもる	戍る	147	まろうどざね			みいつ	御稜威	135
	目の当り	261	まもる	護る	355		客実	102	みいつ	稜威	277
まのかみやま			まやさん	摩耶山	160	まろやか	円やか	40	みいでら	三井寺	6
	馬ノ神山	410	まやふじん			まわる	廻る	127	ミイラ	木乃伊	178
まのせがわ				麻耶夫人	429	まんえん	蔓延	329	みうね	三嶺	7
	万之瀬川	9	まやぶにん			マンガン	満俺	223	みうねやま	三峰山	7
まばたき	瞬き	265		麻耶夫人	429	まんこう	満腔	223	みうらあんじん		
まはなしじま			まやま	真山	263	マンゴー	芒果	315		三浦按針	7
	馬放島	410	まゆ	眉	263	まんごきょう			みえ	三会	6
まばゆい	眩い	263	まゆずみ	眉墨	263		万古峡	9	みえ	見栄	347
まばら	疎ら	254	まゆつばもの			マンゴスチン			みえ	見得	347
まひ	麻痺	429		眉唾物	263		茫栗	321	みえいく	御影供	135
まひきばらこうげん			まゆみ	檀	199	まんざい	万歳	9	みえじ	美江寺	301
	馬牽原高原	411	まよう	紕う	292	まんざもう	万座毛	9	みお	澪	228
まびさし	眉庇	263	まよけ	魔除け	416	まんさん	蹣跚	364	みおがさき	水尾崎	206
まぶ	間夫	389	マラッカ	満剌加	223	まんじ	卍	54	みおさき	港崎	222
まぶか	目深	261	まり	鋺	384	まんじゅう	饅頭	409	みおし	水押	206
まぶし	射翳	107	まり	鞠	402	まんじゅしゃげ			みおじるし	澪標	228
まぶし	蔟	328	マリア	瑪利亜	247		曼珠沙華	175	みおつくし	澪標	228
まぶしい	眩しい	263	マリアテレジア			まんじょうめ			みおもてがわ		
まぶす	塗す	81		魔利提列瑣	416		万城目	9		三面川	6
まぶた	瞼	265	まりこ	丸子	12	まんだ	茨田	320	みおや	三社	6
まぶに	摩文仁	159	まりこ	椀子	194	まんだら	曼陀羅	175	みおや	三祖	6
マホガニー			まりし	鋺師	384	マンチェスター			みおろす	瞰下す	265
	桃花心木	189	まりふ	麻里府	429		漫識特	226	みか	甕	248
まほなか	幻中	124	まりべ	目鯉部	262	まんちゃく	瞞着	265	みがく	研く	269
マホメット	馬哈黙	411	まりも	毬藻	205				みがく	礪く	271

みかぐらだけ		みこ	皇子	260	御正体山	133	水羊羹	206
	御神楽岳 134	みごうしゃ	見巧者	347	みじろぎ	身動ぎ 365	みずら	角髪 349
みかげ	御影 135	みこし	御輿 135	みじん	微塵 135	みする	魅する 416	
みかげいし	御影石 135	みごしらえ	身拵え 365	みじんこ	微塵子 135	みせ	肆 307	
みかしき	御炊 133	みこしろ	皇子代 260	みす	御簾 135	みせ	見世 347	
みかじり	三尻 6	みこたえ	見応え 347	みす	深須 220	みせけち	見せ消ち 347	
みかた	三方 6	みこと	命 66	みずあおい	雨久花 397	みせだに	三瀬谷 7	
みかた	美方 301	みごと	見事 347	みずあたり	水中り 206	みせん	弥山 129	
みかたごこ		みことのり	詔 350	みすうち	翠簾内 304	みそ	三十 5	
	三方五湖 6	みごなし	身熟し 365	ミズーリ	米蘇利 287	みぞ	御衣 133	
みかつき	甕調 248	みこばた	神子畑 272	みずえ	瑞江 246	みぞ	溝 222	
みかつき	胐 177	みこも	水薦 207	みずおか	瑞岡 246	みぞう	未曾有 180	
みかど	帝 121	みこもとじま		みずおち	鳩尾 422	みぞおち	鳩尾 422	
みかどあげは			神子元島 272	みずかき	水掻き 207	みそか	晦日 173	
	帝揚羽 121	みごもる	身籠る 365	みずがき	瑞垣 246	みぞかくし	半辺蓮 54	
みかなぎ	御巫 133	みごろ	裯 344	みずがきやま		みそぎ	禊 274	
みかのはら	瓶原 247	ミサ	弥撒 129		瑞牆山 246	みぞぐち	溝口 222	
みかのはら	甕原 248	みさか	御坂 133	みずから	親ら 348	みそこなう		
みかぼやま		みさかい	見境 347	みすぎ	美杉 302		見損なう 347	
	御荷鉾山 134	みさかいけ		みずき	劉 47	みそさざい	鷦鷯 426	
みかめ	三瓶 7		御射鹿池 134	みずき	水城 206	みぞさらえ	溝浚え 224	
みかも	美甘 301	みさかとうげ		みずき	灯台木 229	みそじ	三十路 5	
みかわ	三加和 6		神坂峠 273	みずき	瑞木 246	みそはぎ	禊萩 274	
みかん	蜜柑 338	みさき	御崎 134	みずこぼし	水翻 207	みそひともじ		
みき	三木 6	みさき	美咲 302	みずごり	水垢離 206		三十一文字 5	
みき	神酒 273	みさくぼ	水窪 207	みずしぶき	水飛沫 206	みそめる	見初める 347	
みきのつかさ		みさご	見砂 347	みすずこ	美鈴湖 302	みぞれ	霙 399	
	造酒司 370	みさご	鶚 425	みずすまし	水澄 207	みた	三田 6	
みきもとこうきち		みさござわ	鶚沢 424	みずち	劉 47	みた	蛇田 336	
	御木本幸吉 133	みささ	三朝 7	みずてん	不見転 10	みだ	箕田 284	
みぎり	砌 269	みささがわ	三篠川 7	みずとらのお		みだいがわ		
みぎわ	水渚 207	みささぎ	御陵 134		水虎尾 206		御勅使川 134	
みぎわ	汀 208	みささき	鶚崎 424	みずなぎどり		みたき	神滝 274	
みくじ	神籤 274	みさと	三郷 7		水薙鳥 207	みたけ	御岳 133	
みくだりはん		みさと	箕郷 284	みずなみ	瑞浪 246	みたけ	御嵩 135	
	三行半 6	みさと	美里 302	みずのえ	壬 82	みたけ	御嶽 135	
みくに	三九二 5	みさと	美郷 302	みずのと	癸 257	みたけ	金峰 381	
みくびる	見縊る 347	みさやまとうげ		みずはけ	水捌け 207	みたす	充たす 35	
みくま	見雲 347		三才山峠 5	みずばな	水洟 206	みたぞの	美田園 301	
みくまり	水分り 206	ミシガン	密執安 104	みずはらしゅうおうし		みたち	御館 135	
みくらじま	御蔵島 135	ミシシッピ			水原秋桜子 207	みたて	見立 347	
みくり	三稜草 7		密士失比 104	みずぶき	水蕗 207	みたべ	屯田部 113	
みくりや	御来屋 133	みしはせ	粛慎 307	みずほ	瑞穂 246	みたべざき	三度崎 6	
みくりや	御厨 134	みしぶ	水渋 207	みすぼらしい		みだみ	美談 302	
みぐるみ	身包み 364	みしま	三島 7		見窄らしい 347	みだら	淫ら 219	
みけ	三池 6	みしゅく	三宿 7	みすみ	三角 6	みたらい	御手洗 133	
みけ	御食 134	ミシュレ	米細勒 287	みすみかん	三角寛 6	みたらし	御手洗 133	
みけん	眉間 263	みしょう	御庄 133	みずみずしい		みだり	妄り 94	
みこ	巫 119	みしょう	御荘 134		瑞瑞しい 246	みだり	漫り 226	
みこ	巫女 119	みしょうたいさん		みずようかん		みだれる	擾れる 161	

見出し	漢字	頁	見出し	漢字	頁	見出し	漢字	頁	見出し	漢字	頁
みだれる	濫れる	228	みと	水門	206	みなみぴっぷ			みば	見場	347
みだれる	紊れる	292	みと	美都	302		南比布	54	みはかし	御佩	133
みち	路	363	みとう	美東	302	みなみびふか			みはま	御浜	134
みちあえのまつり			みどう	御堂	134		南美深	54	みはら	美原	302
	道饗祭	372	みどうすじ	御堂筋	134	みなみぶち	南淵	55	みはり	哨	69
みちかけ	盈ち欠け	260	みとがめる			みなみぶちのしょうあん			みはる	瞠る	265
みちしるべ	道標	372		見咎める	347		南淵請安	55	みはるかす		
みちなり	道形	372	みとしろまち			みなみまき	南牧	54		見霽かす	348
みちのうえ	道上	372		美土代町	301	みなも	水面	206	みぶ	乳	16
みちのく	陸奥	393	みとせ	三年	6	みなもち	弓納持	128	みぶ	壬生	82
みちのくやま			みとや	三刀屋	5	みなもとのしたごう			みぶ	毛生	204
	陸奥山	393	みどり	水鳥	207		源順	224	みふうずら	三斑鶉	7
みちのり	道程	372	みどり	碧	270	みなもとのとおる			みぶがわ	三峰川	7
みちはか	道果	372	みどり	美土里	301		源融	224	みふね	御船	134
みちる	充ちる	35	みどり	翠	304	みなら	見奈良	347	みぶのただみね		
みつ	御津	134	みどりかわ	碧川	270	みならう	見倣う	347		壬生忠岑	83
みつ	蜜	338	みどりかわ	翠川	304	みなり	身形	364	みほ	美浦	302
みつい	三井	6	みどりご	嬰児	98	みなわ	水泡	206	みぼし	箕宿	284
みつえ	御杖	133	みとる	看取る	262	みぬさ	三幣	7	みほのうら	御火浦	133
みつお	三丘	6	みとる	看護る	262	みぬめはま	敏馬浜	162	みほのせき	美保関	302
みつかいどう			みとれる	見蕩れる	347	みね	三根	7	みぼろこ	御母衣湖	133
	水海道	206	みなか	皆河	259	みね	刀背	44	みま	三間	7
みつかけぼし			みなかたくまぐす			みね	嶺	118	みま	美馬	302
	軫宿	366		南方熊楠	54	みね	美祢	302	みまがう	見紛う	347
みつがしわ	三槲	7	みなかみ	水上	206	みの	三野	7	みまかる	薨る	330
みっかび	三ヶ日	5	みなぎ	美袋	302	みの	三幅	7	みまさか	美作	302
みつぎ	御調	135	みなぎる	漲る	226	みの	美努	302	みませ	御畳瀬	134
みつぎ	貢	357	みなくち	水口	206	みの	美濃	302	みませとうげ		
みづく	水漬く	207	みなごろし	鏖	386	みの	蓑	327		三増峠	7
みつくり	箕作	284	みなしご	孤	99	みのう	美嚢	302	みまな	任那	25
みづくり	深作	220	みなす	見做す	347	みのうさんち			みまな	弥麻名	129
みつくろう	見繕う	347	みなせ	水無瀬	207		水縄山地	207	みまもる	熟視る	235
みつげつ	蜜月	338	みなそこ	水底	206	みのお	箕面	284	みみ	弥美	129
みつしま	美津島	302	みなづき	水無月	207	みのおや	丹生屋	13	みみごうしゃ		
みつどもえ	三つ巴	5	みなと	湊	222	みのかさ	蓑笠	327		耳巧者	305
みつば	三葉	7	みなぬか	三七日	5	みのごい	身拭	365	みみこすり	耳語	306
みつばうつぎ			みなの	皆野	259	みのこし	見ノ越	347	みみざとい	耳聡い	306
	省沽油	262	みなのがわ	男女川	252	みのこし	見残	347	みみざわり	耳障り	306
みつばち	蜜蜂	338	みなべ	南部	55	みのしま	箕島	284	みみず	蚯蚓	335
みつまた	三叉	5	みなまた	水俣	206	みのしま	蓑島	327	みみずく	木菟	179
みつめる	凝視る	42	みなみ	南海	54	みのしろ	身代	364	みみずく	耳蝉	306
みつめる	熟視る	235	みなみ	美波	302	みのばやし	見能林	347	みみたぶ	耳朶	305
みつろう	蜜蠟	338	みなみ	美並	302	みのぶ	身延	364	みみつ	美々津	301
みてぐら	幣	123	みなみ	陽	394	みのみ	水呑	206	みみなし	耳成	305
みてくれ	見て呉れ	347	みなみあいき			みのむし	蓑虫	327	みみふたぎ	耳塞ぎ	306
みてはら	幣帛	123		南相木	54	みのも	水面	206	みめうるわしい		
みと	三津	6	みなみあまべ			みのも	箕面	284		見目麗しい	347
みと	弥刀	129		南海部	54	みのり	美野里	302	ミモザ	合歓	62
みと	御津	134	みなみかりやす			みのる	稔る	277	みもみ	実籾	102
みと	水戸	206		美並苅安	302	みのわ	箕輪	284	みや	三谷	6

みやき	三養基	7	みょうと	夫婦	91	むいちもん	無一文 233	むげがわ	武芸川 202
みやけ	三宅	6	みょうどう	名東	63	むいねやま		むげん	無間 233
みやけ	三家	6	みょうぶ	命婦	66		無憂根山 233	むげんきょう	
みやけ	官家	101	みようみまね			むうげ	無憂華 233		夢絃峡 85
みやけ	屯倉	113		見様見真似 347	むうじゅ	無憂樹 233	むげんほうよう		
みやけ	明見	171	みょうり	冥利	41	むかいなだ	向洋 62		夢幻泡影 85
みやげ	土産	76	みょうり	名利	63	むかう	嚮かう 73	むこ	婿 97
みやけかんらん			みよがいけ			むかう	対う 106	むこ	武庫 202
	三宅観瀾	6		御代ヶ池 133	むかえる	邀える 374	むこ	無辜 233	
みやこ	京	20	みよし	三生	6	むかご	零余子 399	むごい	惨い 142
みやこ	京都	20	みよし	三次	6	むかしえ	昔方 171	むこう	向日 62
みやこぐさ	百脈根 259	みよし	御代志 133	むかしかたぎ		むこうがおか			
みやこのじょう			みよし	水押	206		昔気質 171		向丘 62
	都城	375	みよた	御代田 133	むかだ	向田 62	むこうきりたちごえ		
みやこのよしか		みより	三依	6	むかつく	向津具 62		向霧立越 62	
	都良香 375	みらい	味蕾	6	むかっぱら		むこうずね		
みやすどころ			みらさか	三良坂	6		向かっ腹 62		向こう脛 62
	御息所	134	ミラノ	未蘭	180	むかで	百足 259	むこうだ	向田 62
みやずひめ	宮簀媛 103	ミラボー	美良房 302	むかばき	行縢 342	むこうだ	迎田 368		
みやすんどころ		ミリグラム	瓱	247	むかやま	武華山 202	むこうまち	向日町 62	
	御息所	134	ミリメートル			むかわ	武川 202	むこがわ	武庫川 202
みやつこ	造	370		粍	288	むかわ	鵡川 425	むごたらしい	
みやび	雅び	396	ミリリットル			むぎ	武儀 202		酷たらしい 377
みやま	太山	89		竓	281	むぎ	牟岐 238	むさ	武社 202
みやま	海山	214	ミル	老弥児 305	むぎさか	匂坂 50	むささび	鼯鼠 432	
みやま	深山	220	みる	海松	214	むきだし	剥き出し 47	むさし	六指 39
みやま	美山	301	みる	看る	262	むぎとろ	麦薯蕷 428	むさし	武蔵 202
みやま	観山	348	みる	瞻る	266	むきゅう	無窮 233	むさぼる	貪る 357
みやまど	海山道 214	みる	視る	348	むく	剥く 47	むさぼる	饕る 409	
みやまよめな		みる	覧る	348	むく	椋 193	むざん	無惨 233	
	六月菊	39	みる	観る	348	むく	無垢 233	むざん	無慚 233
みやら	宮良	103	みる	診る	350	むく	鉾久 384	むしず	虫唾 335
みゆき	御幸	133	みるがい	海松貝 214	むくいぬ	尨犬 111	むじな	狢 241	
みゆき	深雪	220	みるくい	海松食 214	むくいる	酬いる 377	むしばむ	蝕む 338	
みゆき	行幸	341	みると	美流渡 302	むくげ	尨毛 111	むしゃのこうじさねあつ		
みよ	御代	133	ミルトン	米爾頓 287	むくげ	木槿 179		武者小路実篤 202	
みょうえ	明恵	171	ミレー	弥列	129	むくちしま	六口島 39	むしゃりんどう	
みょうが	茗荷	322	みろくぼさつ			むくどり	椋鳥 193		武者竜胆 202
みょうがだに			弥勒菩薩 129	むくなしがわ		むじゅんどうちゃく			
	茗荷谷	322	みろづ	見老津 347		椋無川 193		矛盾撞着 266	
みょうがねみさき		みわく	魅惑	416	むくの	椋野 193	むしる	毟る 205	
	明鐘岬	171	ミント	女無天	93	むくのき	椋木 193	むしろ	寧ろ 105
みょうざい	名西	63	みんなじま	水納島 207	むくみ	浮腫 218	むしろ	筵 284	
みょうじ	苗字	319	みんまや	三厩	7	むくむ	浮腫む 218	むしろ	蓆 322
みょうじゅう			みんみんぜみ			むぐら	葎 326	むしろばた	筵旗 284
	命終	66		蛁蟟	336	むくろ	軀 365	むす	生す 249
みょうじょう						むくろじ	無患子 233	むずかしい	
	明星	171	【む】		むげ	無下 233		六つかしい 39	
みょうだい	名代	63	むいか	六日	39	むげ	無価 233	むずかる	憤る 146
みょうだに	名谷	63	むいちもつ	無一物 233	むげ	無碍 233	むすこ	息子 140	

(107)

項目索引 ▼みやき—むすこ

むすひのかみ	産霊の神	250	むねすえ	棟居	193	めいしゅう	命終	66	めぐる	環る	247
むすぶ	掬ぶ	156	むねたかしんのう	宗尊親王	102	めいそう	瞑想	265	めぐる	運る	371
むすめ	女	93				めいただき	鱚	421	めくるめく	目眩く	261
むせぶ	噎ぶ	72	むび	夢寐	85	めいつ	目井津	261	めげる	負げる	357
むせる	咽せる	67	むびゅう	無謬	233	めいてい	酩酊	377	めごち	雌鯒	397
むそ	六十	39	むべ	宜	101	めいてつほしん	明哲保身	171	めこぼし	目溢し	261
むそじ	六十路	39	むべ	郁子	375				めざとい	目敏い	261
むそた	六十谷	39	むほん	無品	233	めいど	冥土	41	めしうど	召人	61
むだ	六田	39	むほん	謀反	354	めいふく	冥福	41	めしうど	囚人	74
むだ	徒	132	むみょう	無明	233	めいぼうこうし	明眸皓歯	171	めしつかい	召使い	61
むたい	無体	233	むや	撫養	160				めじな	眼仁奈	264
むだぐち	徒口	132	むら	斑	164	めいみゃく	命脈	66	めしべ	雌蕊	397
むだぼね	徒骨	132	むら	邑	374	めいめい	銘銘	384	めしま	女島	93
むち	鞭	402	むらおか	邨岡	374	めいめいざら	銘銘皿	384	めしもりやま	飯盛山	407
むちうつ	撻つ	161	むらがる	叢る	59				めじろ	目白	261
むちうつ	笞つ	283	むらがる	群がる	303	めいよばんかい	名誉挽回	63	めす	辟す	367
むちうつ	鞭つ	402	むらき	斑気	164	めいりょう	明瞭	171	めす	雌	397
むつ	陸奥	393	むらご	斑濃	164	めいる	滅入る	225	めず	馬頭	411
むつ	鯥	419	むらこそ	村社	182	メーテルリンク	梅特林克	190	めだか	麦魚	428
むつあいにちだいまえ	六会日大前	39	むらさきけまん	紫華鬘	294	メートル	米	287	メッカ	黙加	431
むつかど	陸門	393	むらさきしどい	紫丁香花	294	めおと	夫婦	91	めっき	鍍金	386
むつき	睦月	265	むらさめ	群雨	303	めおとぎ	夫婦木	91	めっそう	滅相	225
むつき	襁褓	345	むらじ	連	370	めおとぶち	女夫淵	93	めて	馬手	410
むつきじま	睦月島	265	むらしぐれ	村時雨	182	めが	女鹿	93	めでたい	芽出度い	317
むつごろう	鯥五郎	419	むらしょ	村所	182	めが	妻鹿	95	めでまる	珍丸	245
むつざわ	睦沢	265	むらすずめ	群雀	303	めかけ	妾	95	めでる	賞でる	359
むつまじい	睦まじい	265	むらた	邑田	374	めかじき	眼旗魚	264	めど	目処	261
むつみ	六実	39	むらちどり	群千鳥	303	めかす	粧す	282	めど	針孔	381
むつむねみつ	陸奥宗光	393	むらむら	簇簇	286	めかた	米加田	287	めとう	芽登	318
むつよし	睦好	265	むり	武利	202	めがたき	妻敵	95	めとき	目時	261
むつれじま	六連島	39	むりょう	六糸緞	39	めがね	眼鏡	264	めどぎ	筮	284
むでん	務田	49	むれ	牟礼	238	めかぶら	和布蕪	67	めどぎ	蓍	327
むとべ	六人部	39	むれすずめ	群雀	303	めかり	和布刈	67	めどはぎ	蓍萩	327
むとべ	六部	39	むろ	無漏	233	めかり	銘刈	384	めとりかわ	娶川	96
むないた	胸板	309	むろ	牟婁	238	めぎ	小蘗	110	めとる	娶る	96
むなぎ	胸繋	309	むろあじ	鰘	420	めきがわ	目木川	261	めなだ	赤目魚	360
むなかた	宗像	102	むろう	室生	102	メキシコ	墨西哥	82	メニュー	菜單	324
むなかたしこう	棟方志功	193	むろうさいせい	室生犀星	102	めぎじま	女木島	93	めぬま	妻沼	95
むなぎ	棟木	193	むろきゅうそう	室鳩巣	102	めくばせ	眴	264	めのう	瑪瑙	247
むなぐら	胸座	309	むろざき	室咲き	102	めぐむ	恤む	140	めのと	乳母	16
むなぐろ	胸黒	309	むろらん	室蘭	102	めぐむ	萌む	325	めはじき	目弾	261
むなげ	胸毛	309				めぐらす	回らす	75	めばち	眼撥	264
むなさわぎ	胸騒ぎ	309	【め】			めぐる	捲る	156	めばる	眼張	264
むなしい	空しい	279	め	海布	214	めぐる	周る	66	めばるざき	鮴崎	418
むね	宗	102	めあわせる	妻せる	95	めぐる	廻る	127	めひしば	雌日芝	397
			めい	姪	96	めぐる	循る	135	めふじんじゃ	売布神社	36
						めぐる	循環る	135	めぶた	女部田	93
						めぐる	旋る	167	めまい	眩暈	263

見出し	漢字	頁	見出し	漢字	頁	見出し	漢字	頁	見出し	漢字	頁
めまぐるしい	目紛しい	261	も	裳	344	もがりぶえ	虎落笛	334	もだえる	悶える	143
めまんべつ	女満別	93	もいとり	主水	13	もがわ	門河	388	もたげる	擡げる	161
めむろ	芽室	318	もうかる	儲かる	35	もぎどう	没義道	210	もだす	黙す	431
めやに	目脂	261	もうぎ	舞木	314	もぎれる	捥れる	158	もたらす	齎す	432
めら	女良	93	もうぎゅう	蒙求	328	もく	杢	182	もたり	茂理	320
めら	妻良	95	もうきん	猛禽	242	もぐ	捥ぐ	158	もたれる	凭れる	43
めら	布良	120	もうける	儲ける	35	もくあみ	木阿弥	178	もち	糯	290
めら	米良	287	もうげん	妄言	94	もくげんじ	木槵子	179	もち	黐	430
めりかり	減上	222	もうこ	蒙古	328	もぐさ	百草	259	もちいる	須いる	403
メリケン	米利堅	287	もうこはん	蒙古斑	328	もぐさ	艾	315	もちお	母智丘	204
メリケンこ			もうし	孟子	98	もくし	黙示	431	もちがせ	用瀬	250
	米利堅粉	287	もうじゃ	亡者	19	もくじ	黙示	431	もちごめ	糯米	290
めりこむ	減り込む	222	もうす	帽子	122	もくしょう	目睫	261	もちつき	餅搗き	408
めりはり	乙張り	15	もうす	白す	257	もくす	黙す	431	もちづき	望月	177
メリメ	梅里美	190	もうせんごけ			もくず	藻屑	333	もちつつじ	黐躑躅	430
メリヤス	莫大小	323		毛氈苔	205	もくせい	木犀	179	もちのき	黐の木	430
メルボルン			もうそうちく			もくと	目睹	261	もちはだ	餅肌	408
	女留保論	93		孟宗竹	99	もくねじ	木螺子	179	もちひとおう		
メロン	甜瓜	249	もうた	望多	177	もくよく	沐浴	210		以仁王	22
めんえき	免疫	36	もうつうじ	毛越寺	205	もぐら	土竜	76	もちむね	用宗	250
めんか	棉花	193	もうでる	詣でる	351	もくれん	木蓮	179	もちろん	勿論	50
めんがめやま			もうどう	艨艟	314	もくれんじ	木欒子	179	もっきり	盛っ切り	261
	女亀山	93	もうぼさんせん			もくろみ	目論見	262	もっけ	物怪	239
めんこ	面子	401		孟母三遷	99	もこ	模糊	197	もっこ	畚	253
めんざい	芽先	318	もうぼだんき			もこし	裳層	344	もっこう	唐木香	69
めんせつていそう				孟母断機	99	もこと	藻琴	333	もっこう	木瓜	178
	面折廷諍	401	もうまい	濛味	228	もさ	猛者	242	もっこう	沐猴	210
メンタイ	明太	171	もうもう	濛濛	228	モザンビーク			もっこく	木斛	179
めんたいこ	明太子	171	もうもう	耄耄	305		莫三鼻給	323	もっこだけ	畚岳	253
めんちょう	面疔	401	もうり	毛利	204	もじ	門司	388	もっこつ	没骨	210
メンツ	面子	401	もうりもとなり			もじがいがん			もっしょくし		
メンデル	門得尓	389		毛利元就	204		茂師海岸	320		没食子	210
メンデルスゾーン			もうりょう	魍魎	416	もじずり	捩摺	156	もっそう	物相	239
	孟特爾遜	99	もうれつ	猛烈	242	もしま	母島	204	もったい	勿体	50
めんでん	緬甸	298	もうろう	朦朧	178	もしも	若しも	318	もったみさき		
めんどり	妻鳥	95	もうろく	耄碌	305	もしり	母子里	204		茂津多岬	319
めんどり	雌鳥	397	もえぎ	萌葱	325	もじる	捩る	156	もって	以て	22
めんば	面罵	401	もえる	萌える	324	もず	百舌	259	もって	用て	250
めんばく	綿邈	296	もおか	真岡	264	もず	百舌鳥	259	もっとい	元結	35
めんふくろう			モーゼ	美瑟	302	もずく	水雲	207	もっとも	尤も	111
	仮面梟	24	モーツァルト			モスクワ	莫斯科	323	もつれる	縺れる	299
めんぼう	麺棒	428		莫差特	323	もすそ	裳	344	もてあそぶ	弄ぶ	127
めんぼう	面皰	401	モーパッサン			もずみ	茂住	319	もてぎ	茂木	319
めんぼく	面目	401		莫泊桑	323	もずめ	物集	239	もてなす	饗す	409
めんぼく	面目	401	モール	莫臥児	323	もずめ	物集女	239	もてはやす		
めんよう	緬羊	298	もがく	踠く	363	モスリン	毛斯編	205		持て栄す	155
めんよう	緬羊	298	もがさ	疱瘡	255	もせうし	妹背牛	95	もと	故	162
めんよう	面妖	401	もがみ	最上	176	もたい	甕	248	もと	素	291
			もがり	殯	203	もたい	畳	254	もと	許	350
【も】			もがり	虎落	334	もたい	茂田井	319	もとあいかい		

読み	語	頁	読み	語	頁	読み	語	頁	読み	語	頁
	本合海	180		物部尾輿	239	モリエール	莫里哀	323	もんどり	翻筋斗	304
もとおり	本居	180	ものべ	物部	239	もりざね	守実	101	モントリオール		
もとおりのりなが			ものみゆさん			もりしょうじ				門土里留	388
	本居宣長	180		物見遊山	239		森小路	193	もんぴ	門扉	389
もどかしい			もはい	膜拝	312	もりなが	護良	355	もんぺ	雪袴	398
	牴牾しい	239	もはや	最早	176	もりもと	盛一	261	もんぽない	紋穂内	292
もとき	故木	162	もばら	茂原	319	もれる	洩れる	213	もんむ	文武	164
もどき	擬	161	もへじ	茂辺地	319	もろ	毛呂	204	もんめ	匁	50
もときん	元金	35	もほん	摹本	159	もろい	脆い	310	もんもん	悶悶	143
もとさか	源栄	224	もみ	樅	197	もろくず	諸葛	352	モンロー	文老	164
もとざわ	始沢	95	もみ	籾	287	もろこ	諸子	352			
もとす	本巣	180	もみ	紅絹	291	もろこし	唐土	69	**【や】**		
もとすこ	本栖湖	180	もみじ	紅葉	291	もろこし	大唐	87	や	箭	285
もとつめ	本集	180	もみじがり	紅葉狩	291	もろこし	蜀黍	337	ヤード	碼	271
もとで	資	358	もみじのが	紅葉賀	291	もろざき	師崎	121	やいづ	焼津	232
もとどり	髻	415	もみのきやま			もろさ	両差	11	やいと	灸	230
もとの	元堋	35		樅木山	197	もろずみ	両角	11	やいとばな	灸花	230
もとはし	元梯	35	もむ	揉む	158	モロッコ	摩洛哥	160	やいば	刃	44
もとぶ	本部	180	もめん	木綿	179	もろて	諸手	352	やえびし	八重干瀬	38
もとま	源間	224	もも	百	259	もろてん	諸点	352	やえむぐら	八重葎	38
もとめる	索める	291	もも	腿	312	もろとみ	師富	121	やお	八尾	38
もとめる	要める	346	ももいし	百石	259	もろは	諸刃	352	やおちがわ	矢落川	266
もとめる	需める	399	ももかわ	楊梅皮	195	もろはく	諸白	352	やおちょう	八百長	38
もとゆい	元結	35	ももかわ	百川	259	もろはしてつじ			やおつ	八百津	38
もとよし	本吉	180	ももき	十	52		諸橋轍次	352	やおとめうら		
もとより	固より	75	ももしき	百敷	259	もろびだけ	諸檜岳	352		八乙女浦	37
もどりばし	反橋	58	ももしま	百島	259	もろみ	醪	378	やおや	八百屋	38
もとる	悖る	142	ももた	百田	259	もろむき	諸向き	352	やおよろず	八百万	38
もとろい	物理	239	ももち	百道	259	もろもろ	諸諸	352	やおら	徐ら	132
もなか	最中	176	ももちどり	百千鳥	259	もろやま	毛呂山	204	やか	八家	38
モナコ	摩納哥	160	もものかわ	桃川	189	もろよせ	諸寄	352	やが	谷峨	355
モナリザ	蒙娜麗莎	328	ももはばき	股脛巾	308	もん	文	164	やかげ	矢掛	266
もぬけのから			ももひき	股引	308	もんこ	門戸	388	やがじ	屋我地	112
	蛻の殻	337	ももんが	鼯鼠	432	もんこう	聞香	306	やかた	館	408
モネ	莫奈	323	もや	母屋	204	もんごういか			やがて	軈て	365
ものあらがい			もや	靄	400		紋甲烏賊	292	やかび	屋嘉比	113
	物洗貝	239	もやい	催合い	34	モンゴル	莫臥児	323	やかびじま		
ものう	桃生	189	もやう	催合う	34	もんしず	門静	389		屋嘉比島	113
ものうい	物憂い	239	もやう	舫う	314	もんじゃく	文籍	164	やかべ	宅部	101
ものおじ	物怖じ	239	もやし	蘖	290	もんしろちょう			やかましい	喧しい	71
ものぐさ	懶	147	もやとうげ	雲谷峠	398		紋白蝶	292	やから	輩	366
ものずき	物数奇	239	もより	最寄り	176	もんぜんじゃくら			やがら	矢幹	266
ものども	者共	305	もらう	貰う	358		門前雀羅	388	やかん	薬罐	331
もののけ	物の怪	239	もらす	泄らす	211	モンテーニュ			やがんてつどう		
もののふ	武士	202	もらす	洩らす	213		蒙旦	328		野岩鉄道	379
もののべ	物部	239	もり	杜	182	モンテスキュー			やぎ	山羊	114
もののべ	物部	239	もり	茂理	320		孟得士瓜	99	やぎしり	焼尻	232
もののべのあらかび			もり	銛	383	もんど	主水	13	やきなまし		
	物部麁鹿火	239	もりありのり			もんどやくじん				焼き鈍し	232
もののべのおこし				森有礼	193		門戸厄神	388	やきやま	八木山	37

やぎゅう	柳生	188		査科布森	186	やすで	馬陸	411	やどかり	寄居虫	103
やぎゅうむねのり			やざいけ	谷在家	355	やすまんだけ			やとこうげん		
	柳生宗矩	188	やさか	八向	38		安満岳	100		八戸高原	37
やぎら	柳楽	188	やさか	栄栄	129	やすみや	休屋	24	やとみ	弥富	129
やきり	矢切	266	やさがし	家捜し	103	やすむ	息む	140	やどりぎ	寄生木	103
やぎり	矢切	266	やさがた	優形	35	やすやす	安安	99	やどる	舎る	29
やきん	冶金	41	やさかに	八尺瓊	37	やすやす	易易	170	やどろく	宿六	104
やきん	野禽	379	やさかにのまがたま			やすらか	泰らか	212	やな	八名	38
ヤク	犛牛	239		八尺瓊勾玉	37	やすり	鑢	387	やな	梁	192
やく	妬く	95	やさと	八郷	38	やせ	八瀬	39	やない	柳井	188
やく	灼く	230	やざま	矢狭間	266	やせがまん			やないづ	柳津	188
やく	焚く	233	やし	椰子	195		痩せ我慢	256	やないばこ	柳筥	188
やく	燔く	235	やし	野史	378	やせる	痩せる	256	やないはら	矢内原	266
やく	燎く	236	やし	香具師	409	やそ	耶蘇	306	やながせ	柳ヶ瀬	188
やくさつ	扼殺	152	やじ	野次	378	やそじま	八十島	37	やながせ	野長瀬	379
やくじょ	躍如	364	やじうま	野次馬	378	やた	八咫	38	やながわ	柳川	188
やくじょう	約定	291	やしお	八入	37	やた	矢田	266	やながわ	梁川	192
やくじん	厄神	56	やしがみね			やた	箭田	285	やながわせいがん		
やくたい	益体	260		八子ヶ峰	37	やたがい	八谷	38		梁川星巌	192
やぐちのわたし			やしき	屋舗	113	やたがらす	八咫烏	38	やなぎ	楊	195
	矢口渡	266	やしき	矢鋪	266	やだけ	箭竹	285	やなぎはえ	柳鮠	188
やくとみ	八九十三	37	やしき	邸	375	やたのかがみ			やなぎはら	楊原	195
やくないがわ			やしま	八洲	38		八咫鏡	38	やなぐい	胡籙	309
	役内川	131	やしゃ	夜叉	85	やち	谷地	355	やなせ	柳瀬	188
やくの	夜久野	85	やしゃご	玄孫	244	やちまた	八街	38	やなせ	梁瀬	192
やくびょうがみ			やしゃじんとうげ			やちまた	八衢	39	やなせ	簗瀬	286
	疫病神	255		夜叉神峠	85	やつ	八都	38	やなせ	魚梁瀬	417
やくも	八雲	38	やしゅ	野趣	379	やつ	奴	93	やなだに	柳谷	188
やくもそう	益母草	260	やじょう	爺娘	237	やつ	谷津	355	やなば	簗場	286
やくよけ	厄除け	56	やじり	鏃	386	やつえ	山谷	114	やなはじま		
やぐら	櫓	200	やしろ	屋代	112	やつお	八尾	38		屋那覇島	112
やくらいさん			やしろ	社	272	やつか	八束	38	やなはら	柵原	186
	薬莱山	331	やじろう	弥次郎	129	やつがしら	九面芋	15	やに	脂	310
やぐらなげ	櫓投げ	200	やす	夜須	85	やつがしら	戴勝	148	やにさがる		
やぐらねぎ	櫓葱	200	やす	簎	286	やつがや	谷谷	355		脂下がる	310
やくわん	扼腕	152	やす	野洲	379	やつがれ	僕	34	やにわ	矢場	266
やけ	夜開	85	やず	八頭	38	やつかわ	谷川	355	やのあさって		
やけ	自棄	313	やすい	廉い	126	やっかんがわ				弥の明後日	129
やけいじま	八景島	38	やすい	易い	170		駅館川	411	やはぎ	矢作	266
やけざかとうげ			やすいそつけん			やっきょう	薬莢	331	やばけい	耶馬渓	306
	焼坂峠	232		安井息軒	99	やっこ	奴	93	やばしら	八柱	38
やけど	火傷	229	やすおか	泰阜	212	やつしろ	八代	38	やはずがせん		
やけな	屋慶名	113	やすぎ	安来	100	やつす	俏す	30		矢筈ヶ山	266
やけぼっくい			やすくにじんじゃ			やつで	八手	37	やはずざき	矢筈崎	266
	焼け棒杭	232		靖国神社	401	やつばら	奴輩	93	やはずそう	矢筈草	266
やげん	薬研	331	やすざわ	廉沢	126	やつめうなぎ			やはずだけ	矢筈岳	266
やご	水蠆	207	やずさん	矢頭山	266		八目鰻	38	やはずとうげ		
やこう	八国生	38	やすだゆきひこ			やつれる	憔れる	146		矢筈峠	266
やごと	八事	38		安田靫彦	99	やつれる	窶れる	280	やはずやま	矢筈山	266
ヤコブセン			やすで	安手	99	やとう	傭う	34	やはせ	矢走	266

やばせ	八橋	38	山片蟠桃	114	大和魂	87	やめる	歇める	201		
やばせ	矢幡	266	やまがつ	山賤	115	やまどり	鶏	425	やめる	痛める	256
やはた	八幡	38	やまかど	山廉	115	やまどりぜんまい			やめる	罷める	301
やはば	矢巾	266	やまがら	山雀	115		山鳥薇	115	やも	八方	37
やはり	矢張り	266	やまかん	山勘	115	やまな	山字	114	やもお	鰥夫	420
やびがわ	八尾川	38	やまぐちせいし			やまなし	月見山	176	やもめ	寡夫	105
やびじ	八重干瀬	38		山口誓子	113	やまなし	月見星	176	やもめ	寡婦	105
やびとうげ	矢尾峠	266	やまぐわ	鶏桑	425	やまなみ	山脈	115	やもめ	鰥夫	420
やぶ	八生	38	やまげ	山陰	115	やまね	山鼠	115	やもり	守宮	101
やぶ	屋部	113	やまごし	山古志	114	やまのいも	薯蕷	332	やや	児	36
やぶ	藪	332	やまごぼう	商陸	70	やまのうえのおくら			やや	稍	277
やぶ	養父	408	やまさか	山嶮	115		山上憶良	113	ややさむ	稍寒	277
やぶか	藪蚊	332	やまさき	山前	114	やまのえ	山於	114	ややもすれば		
やぶがらし	藪枯	332	やましい	疚しい	254	やまのぐちばく				動もすれば	49
やぶこうじ	藪柑子	332	やましぎ	山鷸	115		山之口貘	113	やゆ	揶揄	158
やぶさか	吝か	65	やましたともゆき			やまのべ	山辺	114	やよい	弥生	129
やぶさか	悋か	142		山下奉文	113	やまはた	山服	114	やらい	矢来	266
やぶさめ	流鏑馬	219	やましな	山科	114	やまぶき	山吹	114	やり	槍	196
やぶじらみ	藪虱	332	やましなでら			やまぶどう	山葡萄	115	やりいか	槍烏賊	196
やぶそてつ	藪蘇鉄	332		山階寺	115	やまべのあかひと			やりがたけ	鑓ヶ岳	387
やぶづか	藪塚	332	やましなときつぐ				山部赤人	115	やりくり	遣り繰り	373
やぶでまり	藪手毬	332		山科言継	114	やまほととぎす			やりすえ	鎗居	386
やぶれる	敝れる	163	やまじょう	山城	114		山杜鵑	114	やりはね	遣り羽子	373
やべ	矢部	266	やましろ	山背	114	やままゆ	山繭	115	やりみない	鑓見内	387
やほ	谷保	355	やましろのおおえのおう			やまむらぼちょう			やる	行る	341
やほうがたけ				山背大兄王	114		山村暮鳥	114	やる	遣る	373
	八方ヶ岳	37	やませみ	山魚狗	115	やまめ	山女	113	やるかた	遣る方	373
やま	耶麻	306	やまそば	山阻	114	やまめ	水蠆	207	やるせない		
やまあらし	豪猪	356	やまたいこく			やまもといそろく				遣る瀬無い	373
やまあららぎ				邪馬台国	375		山本五十六	114	やればしょう		
	山蘭	115	やまだずち			やまもとかけい				破れ芭蕉	269
やまい	疾	255		山田大路	114	やまもとにふ	山本荷兮	114	やれはす	破れ蓮	269
やまいぬ	病犬	255	やまたのおろち			やまもとやすえ			やろうじだい		
やまいぬ	豺	356		八岐大蛇	38		山本安英	114		夜郎自大	85
やまうば	山姥	114	やまだびみょう			やまもも	楊梅	195	やわ	柔	187
やまおろし	山颪	115		山田美妙	114	やまやがわ			やわせ	矢合	266
やまが	山香	114	やまだよしお				山谷架橋	114	やわた	八幡	38
やまが	山鹿	115		山田孝雄	114	やまよもぎ	山艾	114	やわたばらこうげん		
やまが	山衛	115	やまづと	山苞	114	やまらっきょう				八幡原高原	38
やまかい	山峡	114	やまつみ	山祇	114		山薤	115	やわはだ	柔肌	187
やまがい	山谷	114	やまと	倭	30	やまんば	山姥	114	やわら	柔	187
やまかがし	赤棟蛇	360	やまと	和	66	やみいち	闇市	390	やわら	英原	317
やまがそこう			やまと	和徳	67	やみうち	闇討ち	390	やわら	谷和原	355
	山鹿素行	115	やまと	大和	87	やみくも	闇雲	390	やわらぐ	凱らぐ	43
やまがた	山県	114	やまと	山門	114	やみよ	闇夜	390	やわらげる	燮げる	236
やまがたありとも			やまと	山都	114	やむ	止む	201	やんごとない		
	山県有朋	114	やまとえ	大和絵	87	やむ	疾む	255		止ん事無い	201
やまがだいに			やまとたけるのみこと			ヤムチャ	飲茶	407	やんぬるかな		
	山県大弐	114		日本武尊	168	やむべつ	止別	201		已んぬる哉	119
やまがたばんとう			やまとだましい			やめ	八女	37	やんばる	山原	114

やんばるくいな			ゆうだ	紫田	294	ゆききえづき			ゆたか	饒か 409
	山原水鶏	115	ゆうだち	白雨	258		雪消月	398	ゆだに	湯谷 223
やんま	蜻蜓	338	ゆうつくり	作木綿	27	ゆきげ	幸毛	124	ゆだねる	委ねる 94
【ゆ】			ゆうどうぬま			ゆきげ	雪気	398	ユダヤ	猶太 243
				湧洞沼	224	ゆきげ	雪解	398	ゆたんぽ	湯湯婆 223
ゆあさ	湯浅	223	ゆうばり	夕張	83	ゆきだるま	雪達磨	398	ゆづかみ	湯津上 223
ゆあたり	湯中り	223	ゆうひ	熊羆	234	ゆきつぶて	雪礫	398	ゆっくり	綴り 297
ゆあみ	湯浴み	223	ゆうひつ	右筆	59	ゆきどけ	雪融け	398	ゆづる	弓弦 128
ゆい	由比	252	ゆうふう	勇払	49	ゆきのした	虎耳草	334	ゆづるは	輪樹羽 366
ゆいがはま			ゆうぶつ	尤物	111	ゆきやなぎ	噴雪花	73	ゆでる	茹でる 321
	由比ヶ浜	252	ユーフラテス			ゆく	之く	12	ゆとう	湯桶 223
ゆいごん	遺言	373		幼発拉的	125	ゆく	往く	131	ゆとうよみ	
ゆいしょ	由緒	252	ゆうべ	昨夜	171	ゆく	征く	131		湯桶読み 223
ゆいのう	結納	294	ゆうべつ	湧別	224	ゆく	適く	373	ユトランド	入徳蘭 37
ゆいまぎょう			ゆうまい	幽昧	125	ゆくえ	行方	341	ゆとりぬま	魚取沼 416
	維摩経	295	ゆうやろう	遊冶郎	74	ゆくはし	行橋	342	ゆとん	油団 213
ゆいわた	結綿	294	ゆうゆう	悠悠	142	ゆげ	弓削	128	ゆに	由仁 252
ゆう	尤	111	ゆうゆう	悒悒	142	ゆげい	靫負	401	ゆにわ	斎場 432
ゆう	木綿	179	ゆうゆう	油油	213	ゆげのどうきょう			ゆのう	弓納 128
ゆう	由宇	252	ゆうゆうじてき				弓削道鏡	128	ゆのうら	湯浦 223
ゆうあく	優渥	35		悠悠自適	142	ゆこう	柚柑	188	ゆのかわ	湯川 223
ゆうえき	誘掖	352	ゆうよく	遊弋	372	ユゴー	雨果	397	ゆのこ	湯ノ児 223
ゆうがお	夕顔	83	ゆうらっぷ	遊楽部	372	ゆこまんべつ			ゆのごう	湯郷 223
ゆうかずら	木綿鬘	179	ゆうわ	宥和	103		勇駒別	49	ゆのさわ	湯沢 223
ゆうかん	憂患	145	ゆえい	輸贏	366	ゆさ	遊佐	372	ゆのし	湯熨斗 223
ゆうき	結城	294	ゆえつ	愉悦	144	ゆざ	遊佐	372	ゆのたい	湯ノ岱 223
ゆうぎ	遊戯	372	ゆえん	所以	149	ゆさぶる	揺振る	158	ゆのつ	温泉津 221
ゆうぐ	憂虞	145	ゆえん	由縁	252	ゆざわ	涌沢	218	ゆのとう	湯ノ峠 223
ゆうげ	夕餉	83	ゆおけ	湯桶	223	ゆさん	遊山	372	ゆのひら	湯平 223
ゆうげ	遊戯	372	ゆか	川床	118	ゆし	諭旨	354	ゆのもと	湯本 223
ゆうけんぐんばい			ゆが	瑜伽	246	ゆじまた	湯岐	223	ゆは	湯葉 223
	邑犬群吠	374	ゆかい	愉快	144	ゆず	柚	187	ゆはず	弓筈 128
ゆうこん	雄渾	396	ゆがく	湯掻く	223	ゆずがき	柚垣	188	ゆはた	纐 300
ゆうしで	木綿垂	179	ゆがけ	弓懸	128	ゆすはら	檮原	199	ゆばり	尿 111
ゆうしゅつ	湧出	224	ゆがさん	瑜伽山	246	ゆすばる	油須原	213	ゆばりつぼ	尿壺 112
ゆうじょ	佑助	28	ゆかた	浴衣	218	ゆすらうめ	山桜桃	114	ゆびそ	湯檜曽 223
ゆうじょ	宥恕	103	ゆかで	叩手	60	ゆすり	強請	129	ゆびぬき	指貫 154
ゆうしょう	熊掌	234	ゆかば	行波	341	ゆずり	禅	274	ゆびわ	指環 155
ゆうすい	幽邃	125	ゆがみ	遊上	372	ゆすりか	揺蚊	158	ゆふ	由布 252
ゆうずい	雄蕊	396	ゆがむ	歪む	202	ゆずりは	杠葉	181	ゆふいん	湯布院 223
ゆうずう	融通	339	ゆかり	縁	297	ゆずりは	楪	194	ゆふいん	由布院 252
ゆうずうむげ			ゆがわら	湯河原	223	ゆずりは	譲葉	355	ゆぶね	湯槽 223
	融通無碍	339	ゆかん	湯灌	223	ゆする	強請る	130	ゆべし	柚餅子 188
ゆうずつ	長庚	388	ゆき	油木	213	ゆずる	遜る	373	ゆみ	弧 129
ゆうぜい	疣贅	255	ゆき	湯来	223	ゆするぎ	不動山	10	ゆみづえ	弓杖 128
ゆうぜい	遊説	372	ゆき	由岐	252	ゆするばち	汨坏	211	ゆみなり	弓形 128
ゆうぜん	悠然	142	ゆき	裄	344	ゆするばち	土蜂	77	ゆむし	蟷 339
ゆうぜん	油然	213	ゆき	斎忌	432	ゆぜ	湯瀬	223	ゆめうつつ	夢現 85
ゆうそくこじつ			ゆぎ	靫	401	ゆせい	油井	213	ゆめさき	夢前 85
	有職故実	177	ゆきがや	雪谷	398	ゆたか	裕か	344	ゆめさきがわ	

	夢前川	85	ようえい	揺曳	158	ようほう	養蜂	408
ゆめしま	夢洲	85	ようえき	傭役	34	ようぼうかいい		
ゆめのうきはし			ようか	八日	37		容貌魁偉	103
	夢浮橋	85	ようか	八鹿	38	ようやく	漸く	226
ゆめゆめ	努努	48	ようかい	容喙	103	ようやく	踊躍	363
ゆや	油谷	213	ようかいち	要垣内	346	ようよう	夭夭	91
ゆや	熊野	234	ようかいへんげ			ようよう	杳杳	185
ゆやごんげん				妖怪変化	94	ようよう	漸う	225
	熊野権現	234	ようかん	永観	207	ようよう	漾漾	226
ゆゆしい	由由しい	252	ようかん	羊羹	301	ようらく	瓔珞	247
ゆら	由良	252	ようかん	遙堪	373	ようろ	丁	3
ゆり	柚利	188	ようぎょう	窯業	280	よおう	余殃	28
ゆり	百合	259	ようけい	楊炯	195	ヨード	沃度	210
ゆりあげ	閖上	389	ようげき	邀撃	374	ヨードチンキ		
ゆりかご	揺籃	158	ようご	余戸	28		沃度丁幾	210
ゆりがね	淘金	221	ようころう	熔鉱炉	234	よおり	節折	284
ゆりとう	勇留島	49	ようこく	暘谷	174	ヨーロッパ	欧羅巴	200
ゆるがせ	忽せ	138	ようさい	溶滓	225	よかつ	与勝	9
ゆるぎきゅうりょう			ようさい	甕菜	248	よかわ	吉川	61
	淘綾丘陵	221	ようし	溶滓	225	よぎる	過る	371
ゆるぎばし	振橋	155	ようじ	楊子	195	よく	克く	36
ゆるす	允す	35	ようしつこひ			よく	能く	310
ゆるす	免す	36		羊質虎皮	301	よくにん	薏苡仁	331
ゆるす	宥す	103	ようしゅつ	湧出	224	よくか	翼下	304
ゆるす	恕す	140	ようしょうざん			よくしゅく	翼宿	304
ゆるす	聴す	306		遙照山	373	よぐそみねばり		
ゆるす	赦す	361	ようしん	要津	346		夜糞峰榛	85
ゆるす	釈す	378	ようす	容子	103	よくど	沃土	210
ゆるふん	緩褌	297	ようすな	西浜	346	よくとくずく		
ゆるめる	弛める	128	ようせい	夭逝	91		欲得尽く	200
ゆるやか	寛やか	105	ようぜい	陽成	394	よくや	沃野	210
ゆるゆる	緩緩	297	ようせいてい			よくよく	能能	310
ゆわく	湯湧	223		雍正帝	396	よける	避ける	374
ゆわんだけ	湯湾岳	223	ようそ	甕埴	257	よご	余呉	28
ゆんぜい	弓勢	128	ようそく	壅塞	82	よこいと	緯	298
ゆんだけ	弓丈	128	ようそろ	宜候	101	よこごごし	横川越	197
ゆんで	弓手	128	ようたい	要諦	346	よこしま	邪	375
			ようたい	容体	103	よこす	寄越す	103
【よ】			ようだい	煬帝	234	よこぜ	横瀬	197
よ	節	284	ようたし	用達	250	よごと	吉事	61
よい	佳い	28	ようちょう	窈窕	279	よごと	夜毎	85
よい	嘉い	72	ようてい	要諦	346	よごと	寿詞	106
よい	好い	93	ようていざん			よさ	与謝	10
よい	美い	301		羊蹄山	301	よさか	与祥	9
よいなら	四十八願	74	ようとう	蠅頭	340	よさこいぶし		
よいんじょうじょう			ようとして				夜来節	85
	余韻嫋嫋	28		杳として	185	よさの	与謝野	10
よう	俑	30	ようなし	益無し	261	よさのてっかん		
よう	庸	126	ようびょう	杳渺	185		与謝野鉄幹	10
よう	甕	257	ようへん	曜変	174	よさぶそん		

	与謝蕪村	10			
よし	縦	298			
よし	葦	326			
よしあし	善し悪し	71			
よしいけおんせんまえ					
	葭池温泉前	325			
よしか	吉賀	61			
よしがも	葦鴨	327			
よしかわ	吉川	61			
よしき	吉城	61			
よしき	吉敷	62			
よしきり	葦切	326			
よししげのやすたね					
	慶滋保胤	145			
よしず	葦簀	327			
よしずみ	妙ら	94			
よしだ	佳田	28			
よしだ	由田	252			
よしづ	吉津	61			
よじとうげ	余地峠	28			
よしとび	好鴟	94			
よしのがり					
	吉野ヶ里	61			
よしのぶ	吉野生	61			
よじのぼる					
	攀じ登る	161			
よしみ	妙見	94			
よしみ	誼み	352			
よしむら	葭村	325			
よじる	捩る	161			
よじる	攀じる	161			
よしんば	縦んば	298			
よす	止す	201			
よすが	縁	297			
よすすぎ	夜濯ぎ	85			
よせ	寄席	103			
よせぎ	寄木	103			
よそ	余所	28			
よそ	四十	74			
よそいき	外行	84			
よそう	装う	344			
よそおう	粧う	288			
よそじ	四十路	74			
よそゆき	外行	84			
よだ	依田	27			
よたか	夜鷹	85			
よだつ	弥立つ	129			
よだれ	涎	217			
よつかいどう					
	四街道	74			

よつくら	四ツ倉	74	よむ	訓む	350	よろん	輿論	367	らせつ	羅刹	301
よつくら	四倉	74	よむ	詠む	350	よわ	夜半	85	らせん	螺旋	339
よって	因って	75	よめ	娵	96	よわい	齢	433	らそつ	邏卒	374
よつのや	乗	14	よめき	吉目木	61	よわいぐさ	齢草	433	らち	埒	79
よっぴて	徹宵	136	よめな	鶏児腸	425	よわいする	歯する	432	らち	拉致	154
よつや	四ツ谷	74	よも	四方	74	よわら	榎原	196	らち	良知	315
よつや	四谷	74	よもかわ	四川	74	よんどころない			らちがい	埒外	79
よつや	肆矢	307	よもぎ	蓬	329		拠所無い	152	らっかん	落款	326
よつや	肆隈	307	よもぎた	蓬田	329				らっきょう	辣韮	367
よどがわ	淀川	221	よもすがら	終夜	293	【ら】			ラッコ	猟虎	242
よどむ	淀む	221	よもやまばなし			ラーメン	拉麺	154	らっこだけ	楽古岳	194
よない	米内	287		四方山話	74	ラーユ	辣油	367	らっし	藺次	331
よないみつまさ			よよし	四十四	74	らいき	礼記	272	らっぱ	乱波	15
	米内光政	287	よりあいど	寄合度	103	らいごう	来迎	182	らっぱ	喇叭	71
よなぐに	与那国	9	よりい	寄居	103	らいこうじ	来迎寺	182	らつわん	辣腕	367
よなげる	淘げる	221	よりいと	撚り糸	160	らいさんよう			ラテン	拉丁	154
よなご	米子	287	よりごのみ				頼山陽	405	らば	騾馬	413
よなは	与那覇	9		選り好み	374	らいし	耒耜	305	らはつ	螺髪	339
よなばり	吉隠	62	よりしま	寄島	103	ライきょうだい			ラプラタ	拉巴拉他	154
よなばる	与那原	9	よりしろ	憑代	146		来特兄弟	182	ラブレー	拉白礼	154
よなべ	夜業	85	よりそざき	寄磯崎	104	らいはい	礼拝	272	らほつ	螺髪	339
よなもと	米本	287	よりどころ	拠り所	152	らいばだけ	来馬岳	182	ラマ	喇嘛	71
よね	米	287	よりぬき	選り抜き	374	ライプチヒ	萊府	325	ラマ	羊駝	301
よねつめ	米集	287	よりまし	憑坐	146	らいらい	磊磊	271	ラマきょう	喇嘛教	71
よのうづ	米水津	287	よりより	度度	126	らいらい	籟籟	287	らりこっぱい		
よのもり	夜ノ森	85	よる	依る	28	らいらいきょう				乱離骨灰	15
よばい	夜這い	85	よる	倚る	30		磊々峡	271	らん	蘭	333
よばいぼし	婚星	96	よる	因る	75	らいらいらくらく			らんえ	爛壊	236
ヨハネ	約翰	291	よる	憑る	146		磊磊落落	271	らんぐい	乱杭	15
よびつぎ	呼続	65	よる	拠る	152	らいらく	磊落	271	ラングーン	蘭貢	333
よびと	呼人	65	よる	縒る	298	ライン	礼陰	272	らんこうげ	乱高下	15
よひら	四葩	74	よる	選る	374	らうす	羅臼	301	らんこし	蘭越	333
よぶ	喚ぶ	70	よる	靠る	401	らお	羅宇	301	らんさいぎょくせつ		
よぶこ	呼子	65	よるべ	寄る方	103	ラオチュー	老酒	305		蘭摧玉折	333
よぶすまそう			よろい	冑	41	らおや	羅宇屋	301	らんさん	爛燦	236
	夜衾草	85	よろい	鎧	386	らくいん	烙印	232	らんじゃ	蘭麝	333
よべ	余部	28	よろいぐさ	鎧草	386	らくがん	落雁	326	らんじゃたい		
よぼう	興望	367	よろく	余禄	28	らくがんちんぎょ				蘭奢待	333
よほうだ	一町田	1	よろける	蹌跟ける	364		落雁沈魚	326	らんじゅく	爛熟	236
よぼの	丁野	4	よろこぶ	慶ぶ	145	らくしょう	酪漿	377	らんじゅほうしょう		
よほろ	丁	3	よろこぶ	懌ぶ	146	らくしょく	落飾	326		藍綬褒章	332
よまいごと	世迷言	11	よろこぶ	欣ぶ	200	らくだ	駱駝	412	らんしょう	濫觴	228
よませ	夜間瀬	85	よろこぶ	説ぶ	352	らくはく	落魄	326	らんぞう	濫造	228
よまぜ	夜交	85	よろしい	宜しい	101	らくひんのう			らんだ	懶惰	147
よみ	黄泉	429	よろしく	宜しく	101		駱賓王	412	らんちきさわぎ		
よみがえる	甦る	250	よろしま	与路島	10	ラサ	拉薩	154		乱痴気騒ぎ	15
よみがえる	蘇る	333	よろず	万	9	ラシーヌ	藍辛	332	らんちゅう	蘭鋳	333
よみする	嘉する	72	よろつべ	万部	9	ラシャ	羅紗	301	ランプ	洋灯	217
よみたん	読谷	352	よろぼし	弱法師	129	らしゃめん	洋妾	217	らんぼう	鷽鳳	427
よみや	宵宮	103	よろめく	蹌跟く	364	ラスキン	納斯欽	292	らんぼう	鷽鳳	427

ランボー	蘭波	333	りゃくだつ	掠奪	158	りょうじ	令旨	23	りんうそうせい		
らんま	欄間	200	りゅう	笠	283	りょうじ	療治	256		霖雨蒼生	399
らんまん	瀾漫	229	りゅういん	溜飲	225	りょうじ	聊爾	306	りんえんせんぎょ		
らんまん	爛漫	236	りゅううしゃく			りょうしゅう				臨淵羨魚	380
らんらん	爛爛	236		劉禹錫	47		領袖	404	りんか	燐火	236
らんる	襤褸	333	りゅうえい	立纓	280	りょうじょう			リンカーン	林肯	185
			りゅうきゅう				繚繞	299	りんき	悋気	142
【り】				琉球	246	りょうじょく			りんぎ	稟議	277
リーキ	韮葱	403	りゅうご	輪鼓	366		凌辱	42	りんげん	綸言	297
りえん	梨園	192	りゅうさんだん			りょうぜん	亮然	20	りんこ	凜乎	42
りか	李下	182		榴霰弾	197	りょうぜん	瞭然	265	りんご	林檎	185
りかん	罹患	301	りゅうしゅく			りょうぜん	霊山	399	りんごう	梨郷	192
リキュール	璃球児	247		柳宿	188	りょうぜんざん			りんしょうじょ		
りくごう	六合	39	りゅうじょ	柳絮	188		霊仙山	399		藺相如	333
りくしょ	六書	39	りゅうしょう			りょうてんびん			りんず	綸子	297
りくちょう	六朝	39		隆昌	393		両天秤	11	りんたんとうげ		
りくとう	陸稲	393	りゅうずのたき			りょうとうげきす				鈴谷峠	383
りくりょくどうしん				竜頭滝	433		竜頭鷁首	433	りんと	凜と	42
	戮力同心	148	りゅうぜつらん			りょうとする			りんどう	竜胆	433
りげん	俚諺	30		竜舌蘭	433		諒とする	353	りんね	輪廻	366
りこうしょう			りゅうぜんこう			りょうなん	綾南	297	リンパ	淋巴	221
	李鴻章	183		竜涎香	433	りょうばんこうぎ			リンパせん	淋巴腺	221
りさい	罹災	301	りゅうたく	流謫	218		竜蟠虎踞	433	りんびょう	淋病	221
りざや	利鞘	45	りゅうだん	榴弾	197	りょうぶ	令法	23	りんぴょう	林彪	185
りしょう	離礁	397	りゅうとうげきしゅ			りょうふう	涼風	221	りんぷん	鱗粉	421
りす	栗鼠	190		竜頭鷁首	433	りょうまつ	糧秣	290	りんぼ	臨摹	380
リスト	李斯特	183	りゅうび	劉備	47	りょうめ	量目	379	りんぽ	隣保	395
リスボン	里斯本	378	りゅうほう	劉邦	47	りょうゆう	僚友	34	りんも	臨摹	380
りせい	釐正	379	リューマチス			りょうらきんしゅう			りんもう	厘毛	57
りちぎ	律義	132		僂麻質斯	34		綾羅錦繡	297	りんりん	凜凜	42
りちゅう	履中	113	りゅうらん	劉覧	47	りょうらん	繚乱	299	りんれつ	凜烈	42
りっこくし	六国史	39	りゅうりゅう			りょうり	綾里	297	りんろう	琳琅	246
りっすい	立錐	280		流流	218	りょうりょう					
りつぜん	慄然	145	りゅうりゅう				両両	11	【る】		
りっとう	栗東	190		隆隆	394	りょうりょう			るいざ	櫺茶	200
りっとく	六徳	39	りゅうりゅうしんく				嘹嘹	71	るいし	誄詞	351
リットル	立	280		粒粒辛苦	288	りょうりょう			ルイジアナ		
リットン	李頓	183	りゅうりょう				寥寥	105		魯西安納	417
りつりん	栗林	190		嚠喨	73	りょうりょう			るいじゃく	羸弱	303
りてき	釐剔	379	りゅうれい	立礼	280		稜稜	277	るいせつ	縲絏	299
りと	吏読	63	りょう	令	23	りょうる	料る	165	るいそう	羸痩	303
りとう	吏読	63	りょううん	凌雲	42	りょがい	慮外	145	るいるい	累累	293
リバプール	里味陬	378	りょうえん	遼遠	374	りょくじゅほうしょう			ルーズベルト		
りはん	離叛	397	りょうが	凌駕	42		緑綬褒章	297		羅斯福	301
リビア	利比亜	45	りょうかみ	両神	11	りょしゅう	虜囚	335	ルーブル	留	253
リビングストン			りょうけがわ			りょふい	呂不韋	65	ルーベンス	魯本茲	417
	栗賓虞斯頓	190		領家川	404	りょりゃく	虜掠	335	ルーマニア		
りふ	利府	45	りょうけん	料簡	165	りょりょく	膂力	312		羅馬尼亜	301
リベリア	利比利亜	45	りょうげん	燎原	236	リヨン	里昂	378	ルカ	路加	363
リマ	利馬	45	りょうさつ	諒察	353	りりしい	凜凜しい	42	ルクセンブルク		

	盧森堡	261	れきし	轢死	367		老驥伏櫪	305	ろくじょうのみやすどころ
るげん	縷言	299	れきしょう	暦象	174	ろきゅう	籠球	287	
るこうそう	縷紅草	299	れきだん	轢断	367	ろうきょ	陋居	392	六条御息所 39
るこく	鏤刻	386	れきふねがわ			ろうけち	﨟纈	331	ろくたんじ 六反地 39
るこつ	鏤骨	386		歴舟川	202	ろうげつ	臘月	313	ろくでなし
るざい	流罪	218	レダマ	連玉	371	ろうけつぞめ			碌でなし 270
るじ	屡次	113	れっきと	歴と	202		﨟纈染め 331		ろくに 碌に 270
るじゅつ	屡述	113	れっとうかん			ろうこく	鏤刻	386	ろくのへ 六戸 39
るす	留守	253		劣等感	48	ろうさん	老杉	304	ろくはら 六波羅 39
るすつ	留寿都	253	れっぱい	劣敗	48	ろうじゃく	老若	304	ろくはらたんだい
ルソー	盧梭	261	れっぷう	烈風	232	ろうじゃくにち			六波羅探題 39
ルソン	呂宋	65	レバノン	黎巴嫩	430		狼藉日	242	ろくぼく 肋木 307
ルター	路得	363	れぶん	礼文	272	ろうしゅく	婁宿	97	ろくやね 陸屋根 393
るたく	流謫	218	れぶんげ	礼文華	272	ろうじょう	籠城	287	ろくろ 轆轤 367
るつぼ	坩堝	78	レモン	檸檬	199	ろうする	労する	49	ろくろく 陸陸 393
るてん	流転	218	れん	葷	366	ろうする	聾する	307	ろくろしこうげん
ルノアール	羅拿	301	れんが	煉瓦	234	ろうぜき	狼藉	242	六呂師高原 39
ルビー	紅玉	290	れんが	連歌	371	ろうそう	狼瘡	242	ロサンゼルス
るふ	流布	218	れんぎょう	連翹	371	ろうそく	蠟燭	341	羅府 301
ルブラン	勒布朗	49	れんげ	蓮華	328	ろうそだい	老措大	305	ロシア 露西亜 400
るべしべ	瑠辺蘂	247	れんげじ	蓮花寺	328	ろうたける			ろじん 魯迅 417
るべしべ	留辺蘂	253	れんげそう	蓮華草	328		﨟長ける 331		ろちりめん 絽縮緬 295
るべしべがわ			れんこう	聯互	306	ろうだん	壟断	82	ろっかく 鹿角 427
	留辺志部川 253		れんこく	輦轂	366	ろうと	漏斗	226	ロック 籠句 287
るべつ	留別	253	れんごく	煉獄	234	ろうどう	郎等	375	ろっこうざき
るもい	留萌	253	れんこん	蓮根	328	ろうにゃく	老若	304	禄剛崎 274
るよべつ	留夜別	253	れんじまど	櫺子窓	200	ろうばい	狼狽	241	ろっこつ 肋骨 307
るり	瑠璃	247	れんじゃく	連雀	371	ろうばい	蠟梅	341	ろっこんしょうじょう
るりちょう	瑠璃鳥	247	レントゲン	欒琴	200	ろうはちえ	臘八会	313	六根清浄 39
るりびたき	瑠璃鶲	247	れんびん	憐愍	147	ろうべん	良弁	315	ロッシーニ 羅西尼 301
るる	縷縷	299	レンブラント			ろうほ	老圃	305	ロッテルダム
るろちがわ	瑠橡川	247		倫勃朗	32	ろうもう	老耄	305	鹿特担 427
【れ】			れんぽう	聯邦	306	ろうや	老爺	305	ろど 壚土 82
			れんれん	恋恋	141	ろうらいはんい			ろば 驢馬 413
れい	醴	378	れんれん	漣漣	226		老莱斑衣 305		ろばた 炉端 230
れいぎょ	囹圄	76	**【ろ】**			ろうらく	籠絡	287	ろふさぎ 炉塞ぎ 230
れいげん	霊験	399				ろうろう	朧朧	178	ろぼ 鹵簿 427
れいご	囹圄	76	ろ	櫓	200	ろうろう	琅琅	246	ロマン 浪漫 219
れいし	茘枝	322	ろ	絽	295	ロートル	老頭児	305	ロマンス 浪漫斯 219
れいしょ	隷書	395	ろいろぬり	蠟色塗	341	ローマ	羅馬	301	ロラン 羅蘭 301
れいせい	励精	49	ろうえい	漏洩	226	ローレンス	羅凌士	301	ろれつ 呂律 65
れいぜい	冷泉	41	ろうおう	老媼	305	ろか	濾過	228	ろんこう 論攻 353
れいぞく	隷属	395	ろうおう	老鶯	305	ろかた	路肩	363	ロンドン 倫敦 32
れいほく	苓北	320	ろうかい	老獪	305	ろぎょ	魯魚	417	ろんばく 論駁 353
れいめい	黎明	49	ろうがい	労咳	49	ろぎょがいし			ろんぽう 論鋒 353
れいり	怜悧	139	ろうかんどう				魯魚亥豕 417		**【わ】**
れいろう	玲瓏	245		滝観洞	225	ろく	陸	393	
れうけ	礼受	272	ろうぎかいてい			ろくおういん			わ 環 247
レーニン	列寧	44		蠑螺潰堤 340			鹿王院 427		ワーズワース
れきか	暦家	174	ろうぎふくれき			ろくしょう	緑青	297	華茲華司 322

(117) 項目索引 ▼るげん──ワーズワース

わいきょく	歪曲	202	わく	湧く	224	わずかに	才かに	150		和同開珎	67
わいしょう	矮小	267	わく	篗	286	わずらう	患う	141	わな	罠	300
わいせつ	猥褻	243	わぐ	和具	67	わずらう	煩う	234	わななく	戦慄く	148
わいたさん	湧蓋山	224	わくい	枠井	185	わすれぐさ	萱草	325	わなわな	戦戦	148
わいだめ	弁別	127	わくじゅん	枠順	185	わすれなぐさ			わに	丸邇	12
わいふ	隈府	394	わくせい	惑星	143		勿忘草	50	わに	和邇	67
わいろ	賄賂	358	わくでき	惑溺	143	わせ	早生	170	わに	王仁	244
わかい	嫩い	97	ワグナー	瓦格納	247	わせ	早稲	170	わに	鰐	419
わかい	少い	110	わくみず	或水	148	わせだ	早稲田	170	わにがわ	鰐川	419
わかおうじ	若王子	318	わくもん	或問	148	ワセリン	華摂林	322	わにつか	鰐塚	419
わかおみ	若麻績	318	わくや	湧谷	224	わた	棉	193	わにべ	丸部	12
わかき	嬰木	98	わくらば	病葉	255	わた	絮	295	わびしい	佗しい	29
わかくさ	嫩草	97	わくん	倭訓	30	わだ	和方	67	わびすけ	侘助	29
わがくにさん			わけ	事理	16	わたか	腸香	311	わびる	侘る	29
	吾我山	64	わけ	和気	67	わたかのじま			わびる	詫びる	351
わかこだち	若木立	318	わけぎ	分葱	44		渡鹿野島	223	わへい	話柄	351
わかさ	若舎	318	わけしり	訳知り	350	わだかまる	蟠る	340	わぼく	和睦	67
わかさ	若狭	318	わけのきよまろ			わたがみ	肩上	308	わみとうげ	和美峠	67
わかさ	若桜	318		和気清麻呂	67	わたく	渡来	223	わめく	叫く	62
わかさぎ	鮊	419	わけみや	別宮	45	わだち	轍	367	わら	和良	67
わかたらし	若帯	318	わげもの	縮物	297	わたつみ	海神	214	わら	藁	331
わかつ	頒つ	404	わける	頒ける	404	わたぬき	四月一日	74	わらう	咲う	68
わかつき	若槻	318	わごう	和合	67	わたぬき	四月朔日	74	わらう	嗤う	72
わかなご	若魚子	318	わこうど	若人	318	わたのは	渡波	223	わらぐつ	藁沓	331
わがねる	綰ねる	297	わこうどうじん			わたまし	渡座	223	わらさ	稚鰤	277
わがはい	吾が輩	64		和光同塵	67	わたむきやま			わらし	童	281
わがまま	我が儘	148	わこと	和琴	67		綿向山	296	わらじ	草鞋	321
わかみ	若美	318	わごん	和琴	67	わたらい	度会	126	わらしながわ		
わかめ	嫩芽	97	わざうた	童謡	281	わたらい	渡会	223		藁科川	331
わかめ	若布	318	わざおぎ	俳優	31	わたらい	渡来	223	わらじむし	草鞋虫	321
わかゆえ	若湯座	318	わざし	業師	194	わたらえ	度有	126	わらび	蕨	329
わからずや			わさだ	早田	170	わたらせ	渡瀬	223	わらびたい	蕨岱	329
	没分暁漢	210	わさだ	稙田	277	わたらせがわ			わらぶき	藁葺き	331
わかる	解る	349	わざと	態と	145		渡良瀬川	223	わらわ	妾	95
わかれる	岐れる	115	わさび	山葵	115	わたり	互理	18	わらわ	童	281
わかわ	吾河	64	わさまたやま			わたり	亘理	19	わりかん	割勘	47
わき	傍	33		和佐又山	67	わたり	日理	175	わりご	破り子	269
わき	腋	311	わざわい	聟い	99	わたりがに	渡蟹	223	わりだし	割出	47
わきあいあい			わざわい	禍	274	わたる	亘る	19	わりない	理無い	246
	和気靄靄	67	わざわざ	態態	145	わたる	弥る	129	わるあがき		
わきが	腋臭	311	わさんぼん	和三盆	67	わたる	渉る	220		悪足掻き	141
わきがみ	掖上	156	わし	儂	34	わち	和知	67	わるだくみ	悪巧み	141
わきざし	脇差	310	わし	鷲	426	わづか	和束	67	わるふざけ		
わきな	湧魚	224	わじき	鷲敷	426	わっかさかない				悪巫山戯	141
わきまえる	弁える	127	わしづかみ	鷲摑み	426		稚咲内	277	われ	予	16
わきみ	脇見	309	わしゅうざん			わっかない	稚内	277	われ	吾	64
わきめ	脇目	309		鷲羽山	426	わっさむ	和寒	67	われがね	破れ鐘	269
わきも	吾妹	64	わじろ	和白	67	ワット	瓦的	247	われなべ	破れ鍋	269
わきやく	脇役	310	ワシントン	華盛頓	322	わっとく	和徳	67	われもこう	吾亦紅	64
わく	和煕	67	わずか	僅か	33	わどうかいちん			わろうだ	藁蓋	331

わん	椀	194
わんきょく	湾曲	224
わんくつ	湾屈	224
わんこそば	椀子蕎麦	194
ワンタン	雲呑	398
わんぴ	黄皮木	429

【を】

| をことてん | 乎古止点 | 14 |

2009年6月20日　初版発行

三省堂 難読漢字辞典

二〇二二年 三月 一〇日 第三刷発行

編　者　三省堂編修所

発行者　株式会社 三省堂　代表者 瀧本多加志

印刷者　三省堂印刷株式会社

発行所　株式会社 三省堂

〒一〇一-八三七一

東京都千代田区神田三崎町二丁目二十二番十四号

電話　編集（〇三）三二三〇-九四一一

営業（〇三）三二三〇-九四一二

https://www.sanseido.co.jp/

〈三省堂難読漢字・608 pp.〉

落丁本・乱丁本はお取り替えいたします。

ISBN978-4-385-13592-2

部首ガイド（所属部首の分かりにくい字）

◉所属部首の分かりにくい字を部首別にまとめて示しました。

◉他の部首に属する字については、「／」のあとにまとめて、それぞれ「↓」の下に小さく所属部首を示しました。

◉所属部首は伝統的な字体で示しました。詳しくは、前見返しの「部首索引」をご参照ください。

【一】七丁下三上丈万与丑不丘世丙両並
【丨】中巨串
【丶】丸之丹主丼
【ノ】乃久及乎乍乖乗
【乙】九乞也乱乳乾
【亅】予争事
【二】云五互井亘亜些亟
【亠】／六↓八市↓巾卒↓十夜↓夕衷↓衣哀↓口衰↓衣毫↓毛率↓玄裏↓衣褒↓衣
【人】仄以企全舎倉傘舗／化↓匕合↓口命↓口禽↓内
【儿】兀允元兄光充兆克兌兎売尭免党兜
【八】公六共兵其具典兼／呉↓口興↓臼
【冂】円内冊再冑／同↓口岡↓山
【冫】／次↓欠
【几】凡処凧凩凪凱／夙↓夕鳳↓鳥
【凵】凶凹出凸函
【刀】列初利到前則／召↓口
【力】加功劣労勇務勤勝募勲／脅↓肉
【匕】化北匙／疑↓疋
【匚・匸】／巨↓丨
【十】千午升半協卒卓単南卑博／直↓目真↓目
【卜】占卦
【卩】危却卵
【厂】／仄↓人反↓又圧↓土灰↓火歴↓止贋↓貝
【厶】去参／公↓八台↓口牟↓牛
【又】収反取受叛叡叢
【口】右句古召台各吉合同名吏含君呉吝命和哀咸哉咫員哭唇唐啓商問営喜喬善嘉嘗嚮／中↓丨兄↓儿回↓囗串↓丨知↓矢鳴↓鳥
【囗】四回
【土】圧坐垂執堅報塁塞墓塵墨／去↓厶寺↓寸幸↓干卦↓卜封↓寸壻↓士
【士】壬壮壱壻／吉↓口売↓儿志↓心喜↓口嘉↓口
【夂・夊】／処↓几各↓口
【夕】外夙夜夢夥／名↓口
【大】央失夷奈奏奥奨奪奮
【女】委威姜娑婁／要↓襾
【子】字存孝孜学季孟孰孵
【宀】／穴↓穴字↓子牢↓牛空↓穴案↓木塞↓土賓↓貝
【寸】寺対封射将尋導／耐↓而辱↓辰奪↓大
【小】尖当尚尠
【尢】就
【尸】尹尽局尾／昼↓日犀↓牛
【山】岩岡崔嵬嵩／出↓凵幽↓幺豈↓豆凱↓几
【巛】巡／災↓火
【工】左巫差／功↓力式↓弋攻↓攴貢↓貝項↓頁
【己】已巳巴巻巷／改↓攴
【巾】市帛帥帝帰師席常幕
【干】平年幸幹
【幺】幽幾／畿↓田
【广】広床／応↓心唐↓口席↓巾塵↓土慶↓心摩↓手磨↓石
【廾】廿弁弄弊／升↓十
【弋】式弑／戈↓戈鳶↓鳥
【弓】弗弟／疆↓田
【彐】彗彙／尋↓寸
【彡】彬彰影／須↓頁
【彳】御微徴徽／行↓行術↓行街↓行衝↓行衛↓行衡↓行
【心】応忌志息恥悉惹悲悶愛意慕慶慮
【戈】戊戌戍成我或戚／咸↓口威↓女
【戸】所扇／啓↓口雇↓隹肇↓聿
【手】才承掌摩
【攴】改攻放政敗敲整厳／孜↓子致↓至
【文】斑斐／吝↓口対↓寸
【斗】料斛斜斡／科↓禾
【斤】斧斫斬／所↓戸
【方】／放↓攴
【无】既
【日】昆昏昼暮／亘↓二量↓里
【曰】曳曲更曷書曽曹曼最曾替／冒↓日
【月】有服望朝／勝↓力謄↓言騰↓馬
【木】東来李果柬柔案栞栽栗業／乗↓ノ相↓目彬↓彡禁↓示麓↓鹿鬱↓鬯
【欠】次欲